Peter Siebenmorgen

Franz Josef Strauß

Peter Siebenmorgen

Franz Josef
Strauß

Ein Leben im Übermaß

Siedler

Verlagsgruppe Random House FSC® N001967
Das für dieses Buch verwendete FSC®-zertifizierte Papier *EOS*
liefert Salzer Papier, St. Pölten, Austria.

Erste Auflage
August 2015

Umschlaggestaltung: Rothfos + Gabler, Hamburg
Satz: Ditta Ahmadi, Berlin
Druck und Bindung: GGP Media GmbH, Pößneck
Printed in Germany 2015
ISBN 978-3-8275-0080-9

www.siedler-verlag.de

Inhalt

Im Schlund der Politik

In einem sind sich viele seiner Freunde und die meisten Feinde von Franz Josef Strauß einig: Sie halten ihn bei allen Entscheidungen von weitreichender Bedeutung für einen Zauderer – für einen, der das Risiko scheut. Bleibt er in Bonn, geht er nach München? Wird er mit letztem Einsatz darum kämpfen, Kanzlerkandidat zu werden, oder überlässt er anderen das Feld? Lang ist die Liste der Themen und Anlässe, bei denen die Zeitgenossen diesen Mann, der um ein schnelles Wort und eine deutliche Sprache im Grunde nie verlegen ist, als unentschlossen und wankelmütig wahrnehmen.

Die wichtigste Entscheidung seines Lebens will sich in dieses Bild nicht fügen. An Rosenmontag 1957, bei einem Faschingsball in München, lernt er Marianne Zwicknagl näher kennen, bereits an Ostern feiern sie Verlobung, wenige Wochen später, am 4. Juni, dem Dienstag vor Pfingsten, folgt die Vermählung. Die Medien haben keinen Schimmer, selbst *Der Spiegel*, der in der Woche vor Ostern noch ein großes Interview mit dem Verteidigungsminister geführt hat, tappt im Dunkeln. Da Adenauer urplötzlich grundsätzliche Bedenken hat, kommt es zwischen Strauß und Augstein zu einem Gezerre um den Veröffentlichungstermin. In seiner Not – das Titelblatt ist bereits gedruckt – versucht der *Spiegel*-Chef direkten Kontakt mit Strauß aufzunehmen, doch der ist mit seiner Braut und den zukünftigen Schwiegereltern auf Verlobungsreise. »Es tut mir leid, daß ich den heiteren Himmel dieser für Sie so erfreulichen und glücklichen Tage trüben muß«, entschuldigt Augstein sich ganz artig, um die Rettung des Interviews bemüht, in einem langen Telegramm nach Rom: »Der Spiegel ist wieder einmal von einem wichtigen Ereignis völlig ahnungslos überrascht worden.«[1]

Kaum anders ergeht es den vielen politischen Freunden und Wegbegleitern, die sich durchaus für das stürmische Privatleben des demnächst zweiundvierzigjährigen Ministers interessieren. Für sie ist die bevorstehende Heirat eine eher beruhigende Nachricht. Vorbei ist dann wohl das Junggesellendasein, das den christlichen Politikern alter Prägung moralisch zweifelhaft erscheint, zumal der nachgeholte studentische Übermut

des Ministers so gar nicht zu der Würde seines Amtes passen will: nicht die
Nächte in den harmlosen Vergnügungslokalen der fünfziger Jahre, schon
gar nicht jene Besuche zu später Stunde bei Damenbekanntschaften, für die
der Herr Minister über Zäune kraxeln, durch Flur und Treppenhaus schlei-
chen muss, um unbemerkt zu bleiben, während vor dem Haus der Begehr-
ten – wie unauffällig – die Dienstlimousine mit laufendem Motor wartet.[2]

Doch nein, Strauß hat es nicht eilig, die auch für seine Parteifreunde
und Kabinettskollegen erfreuliche Kunde seiner Vermählung zu verbreiten.
Dem Bundeskanzler, den er um Urlaub ersuchen muss, schreibt er, dass er
sich »einige Tage (…) in Erholung begeben« wolle und die Absicht habe,
»die Kartage und die Osterfeiertage privat in Rom zu verbringen, wie ich es
auch die letzten Jahre getan habe.«[3] Kein Wort von der bevorstehenden
Verlobung. Woher diese Schweigsamkeit? Marianne Zwicknagl ist wahrlich
keine Braut, die man verstecken müsste: hübsch, gebildet, aus gutem Haus;
der Brauereibesitzer Max Zwicknagl, ihr Vater, den Strauß im Frankfurter
Wirtschaftsparlament kennen und schätzen gelernt hat, zählt in der CSU
zu den Honoratioren der angenehmeren Art. Auch in Bonn hat sein Name
einen guten Klang.

Aber das Schweigen – merkwürdig bei einem, der stets im Rufe stehen
wird, zu viel zu sagen – ist leicht zu erklären. Es soll das letzte Reservat von
Privatheit einer durch und durch öffentlichen Existenz schützen. Mit den
Jahren werden die Räume für Nichtöffentliches immer kleiner – umso
wichtiger ist es für Strauß, dass sie nach anderen Regeln funktionieren.
Gewiss, auch der Privatmann Strauß sieht es nicht ungern, für sein Poli-
tikerdasein bewundert zu werden, aber dessen andere Seite – der ständige
Kampf, die vielen Zweifel an ihm – soll niemals in die Privatheit eindrin-
gen. Wer mit Strauß als Freund zu tun hat und ihm dieses Maß an Ruhe
nicht gönnt, von dem wendet er sich ab.

Für die Ehe gilt das noch viel mehr. Lange hat er sich danach gesehnt,
Ausschau gehalten nach dem Glück seines Lebens, einem Ruhepunkt, einer
Gemeinschaft, in der er sich – anders als in der Politik – nicht ständig beweisen muss. In Zeiten, da Vermählungen hochpolitische Angelegenheiten
waren, wäre Strauß wohl nicht zurechtgekommen. Für die immer wieder
anklingende Nachrede, die Hochzeit mit Marianne Zwicknagl habe auch
politischen oder wirtschaftlichen Zwecken gedient, gibt es keine Anhaltspunkte. Denn als Strauß vor den Traualtar tritt, ist er schon viel zu lange ein
Mann aus eigenem Recht – von Rang und Gewicht gehört er zweifellos zu
den ersten in Staat und Gesellschaft –, als dass er darauf angewiesen wäre,

in die bayerische Honoratiorenfamilie Zwicknagl einzuheiraten, um so seinen rasanten sozialen Aufstieg aus kleinen bürgerlichen Verhältnissen abzurunden.

Auch wenn am Tag der Hochzeit die Gier der Illustrierten nach schönen Bildern groß ist, einige der besten Reporter zum Ereignis eilen und eine beträchtliche öffentliche Aufmerksamkeit das Fest begleitet, sollte für Strauß eigentlich nichts anderes gelten als für jedermann: Dieser Tag sollte der privateste aller privaten Tage in seinem Leben sein. Doch diese Privatheit ist ihm nicht vergönnt. »Demokratisch heißt jedermanns Sklave sein dürfen«,[4] so schrieb Karl Kraus, und bräuchte man einen Beweis für den Wahrheitsgehalt dieser sarkastischen Bemerkung: Die Hochzeit von Franz Josef Strauß bietet ihn.

Die Bedürfnisse der sich im Wirtschaftswunderland auf voyeuristische Vergnügungen einstellenden Öffentlichkeit sind dabei noch der geringere Teil, mag sich die Braut auch berechtigte Sorgen machen, dass ihre »Hochzeit zu einem Rummel ausarten könnte, wie es bei der armen Maria Schell der Fall war«.[5] Vergleichsweise harmlos sind auch die politischen Rücksichtnahmen, die bei der Erstellung der Gästeliste zu bedenken sind: Am besten bittet man das ganze Kabinett und verstreut großflächig Einladungen über die Führungsriegen der Unionsparteien und der Bundestagsfraktion, den Verteidigungsausschuss nicht zu vergessen! Allerdings muss sich kaum einer genötigt sehen, der Trauung auch gegen die Stimme des eigenen Herzens beizuwohnen. Denn alles geht ja ein wenig plötzlich. Wem dies noch nicht Vorwand genug ist, sich kurzfristig indisponibel zu erklären – Strauß ist anerkannt, gewiss, und seine Gaben werden allenthalben bewundert, aber die persönliche Verbundenheit mit den Bonner Kollegen reicht kaum über Parteifreundschaften hinaus, nein, richtig mögen tun ihn hier die wenigsten –, dem kommt schließlich die Politik zustatten: Keine zwei Wochen vor dem Termin muss noch einmal alles umgestoßen werden – »aus dienstlichen Gründen«, wie Strauß am 19. Mai bekanntgibt, da er zur nämlichen Zeit überraschend nach Italien und England zu politischen Konsultationen reisen muss.[6]

Wird der Kanzler kommen? Eigentlich will er nicht. Zu viel der Ehre für jenen ungestümen Mann, der es mit seiner eigenwilligen und oft respektlosen Art immer wieder versteht, Adenauer die Freude an dieser zweifellos großen politischen Begabung zu vergällen. Gerade in den Wochen vor der Hochzeit ist die Stimmung zwischen beiden eingetrübt. Denn natürlich bleibt es dem greisen Kanzler mit dem wachen Sinn für jeden Angriff auf seine Autorität nicht verborgen, dass Strauß, bei aller aufrichtigen Ergebenheit, doch zunehmend daran zweifelt, ob der alte Herr noch auf der Höhe der Zeit ist. Argen Tand hat Adenauer gerade erst zu Fragen der Atombewaffnung zum Besten gegeben. Der Auseinandersetzung mit jenen achtzehn Professoren – die Nobelpreisträger Max von Laue, Werner Heisenberg, Otto Hahn und Max Born zählen zu dieser Gruppe –, die sich seit dem Frühjahr unter großer öffentlicher Anteilnahme mit der nuklearen Strategie des Bündnisses und deren Risiken für Deutschland befassen und eine überaus kritische »Göttinger Erklärung« unterschrieben haben, ist Adenauer intellektuell nicht gewachsen. Zudem ist gerade eine Diskussion darüber im Gang, »wer außer Ihnen nach den Wahlen 1957 Bundeskanzler werden könne«, wie Strauß – sein eigener Name taucht in diesem Zusammenhang nun immer häufiger auf – an Adenauer schreibt.[7] Vorsorglich sagt der Kanzler also erst einmal ab, der vielen Termine wegen.[8] Dessen enger Vertrauter und Vorsitzender der Unionsfraktion Heinrich Krone, der Strauß recht skeptisch gegenübersteht und dem die Feierlichkeiten ohnehin etwas zu aufwendig geraten sind, berät den Kanzler in diesem Sinne.

Am Ende ist Adenauer schlau genug zu erkennen, dass er eben nicht nur eine glanzvolle Staffage für das Fest abgibt – er geleitet die Brautmutter in die Kirche –, sondern durch schlichte Präsenz die Szene schon beherrschen wird. »Franz Josef Strauß heiratet«, notiert Krone, der selbstverständlich nicht zugegen ist, am Tag der Vermählung in sein Tagebuch: »Der Münchner Kardinal traut. Vier Minister und der Bundeskanzler sind unter den Gästen. Höher geht es nimmer, es fehlt nur noch ein Legat des Papstes. Ich hatte dem Kanzler geraten, nicht nach Rott am Inn zu gehen, obwohl er an diesem Tage in Passau war. Der alte Herr war aber klüger als ich.«[9]

Auch mit der Wahl seines Trauzeugen lässt Strauß politisches Kalkül in seinen privaten Tag hineinstrahlen. Denn keinem Schulfreund oder Kommilitonen, auch keinem Kriegskameraden, keinem wirklich engen Freund ist diese Aufgabe zugedacht, sondern ausgerechnet Fritz Schäffer, dem Bundesminister der Finanzen. Gewiss hat es in den ersten Bonner Jahren viele unbeschwerte Abende mit diesem respektgebietenden Herrn gegeben. Wenigstens in der Bonner Landesgruppe der CSU sind im täglichen Umgang miteinander die alten, erbitterten Grabenkämpfe, die die Gründerzeit der Christsozialen prägten und in denen Strauß und Schäffer auf verfeindeten Seiten kämpften, nicht von Bedeutung; die vielen heiteren Erlebnisse im Bonner »Salvator« oder im »Landsknecht« wiegen schwerer.[10] Als Ministerkollegen indes finden sie wenig Gefallen aneinander: Seit Anfang des Jahres reift ein heftiger Streit zwischen dem altväterlichen Wächter der Staatsfinanzen und dem sich vehement gegen solche kleinlichen kameralistischen Bedenken wehrenden Organisator des Aufbaus der Bundeswehr heran, der sich im Frühsommer 1957 zu einem erbitterten Stellungskrieg entwickelt.

Es ist nicht auszuschließen, dass für Strauß, der im Grunde ein erstaunlich anhänglicher, streitunlustiger, ja, auch melancholischer Mensch ist, die persönlichen Begegnungen der Bonner Gründungsjahre alles aufwiegen. Aber anders als Josef Müller, der große Förderer seiner Talente und Vorsitzende der CSU in deren turbulenten Anfängen, ist Schäffer eben kein Freund im engeren Sinne. Allerdings gilt er nach wie vor, auch wenn seine Karriere in Kabinett und Partei nach unten weist, als Repräsentant der besonders gottesfürchtigen, klerikalen Strömung innerhalb der CSU – deren moralisches Ressentiment gegen Strauß, wie sich schon kurz darauf zeigt, auch nicht davor Halt machen wird, die sittliche Tüchtigkeit des Bräutigams einer genaueren Betrachtung zu unterziehen.

Diplomatisches Geschick, abwägende Rücksichtnahmen sind einer Hochzeit an sich ja nicht fremd, wenn es etwa um die Einladung und Platzierung unliebsamer Verwandtschaft geht. Und Ruhe und Besinnlichkeit erhalten an diesem einschneidenden Tag im Leben eines Menschen ohnehin kaum ihr Recht. Nun aber, am Vorabend des großen Festes, reißt die öffentliche Existenz des Franz Josef Strauß, die Politik, ihren Schlund auf, um auch den Rest an Privatheit dieses Tages zu verschlingen.

Für Montag, den 3. Juni, ist nach Rott zum Polterabend geladen. Kein Grund für Strauß, den ganzen Tag dem Müßiggang zu schenken. Bis zum späten Nachmittag also werden in der CSU-Landesleitung noch Akten abgearbeitet und Gespräche geführt, ehe sich der Minister in das eine gute Autostunde entfernte Inntal begibt.

Es ist jetzt 17 Uhr, im Radio laufen Nachrichten, und gleich die erste wirft fast alle Planungen über den Haufen, vertreibt Hochgefühl und Freude dieses Tages. Ausgerechnet heute hat sich das erste schwere Unglück in der noch kurzen Geschichte der Bundeswehr ereignet. Ein Unglück? Eine Katastrophe. Fünfzehn junge Rekruten mussten ihr Leben lassen. Zum Abschluss einer ganz normalen Übung für Fallschirmjäger in der Nähe von Kempten hat der Unterführer die Durchquerung der scheinbar harmlos dahinfließenden Iller befohlen. Allen voran, ein Maschinengewehr auf den Schultern, führt er seine Leute in den Tod. Was als Vorbereitung auf »einen

*Franz Josef Strauß heiratet Marianne Zwicknagl unter den Augen von
Bundeskanzler Konrad Adenauer, 4. Juni 1957.*

kriegsmäßigen Einsatz«, als »kleines Abenteuer« beginnt, endet in der
Mitte des Flusses, wo plötzlich untergründige Strömungen wüten.[11]

Strauß weiß sofort, was er seinem Amt schuldig ist, was die Pflicht verlangt, gerade gegenüber den Soldaten – den toten, den noch vermissten,
aber auch denen, die für den Einsatz die Verantwortung tragen. In Rott
eingetroffen, werden also kurz die Gäste begrüßt, Strauß bedankt sich beim
Singchor des Sanitätsbataillons 5 aus Degerndorf, der ein hübsches Ständ-
chen eingeübt hat, bittet aber auch, in Anbetracht der Ereignisse von der
gesanglichen Ehrung abzusehen, und bedeutet dem Musikcorps, das sich
für ein deftiges Platzkonzert präpariert hat, nur mit gedämpfter Musik auf-
zuspielen. Den Pflichten des Gastgebers wird eben Genüge getan, da fordern ihn die des Amtes – zur Gänze. Gemeinsam mit dem Brautvater bricht
er auf zur Unglücksstelle, wo inzwischen die Nacht angebrochen ist und die
nach Toten und Vermissten Ausschau haltenden Suchscheinwerfer, dicke
Nebelschwaden und Dauerregen eine gespenstische Kulisse bilden.

Der Morgen des großen Tags hat bereits begonnen, die junge Braut, die
die Nacht über kein Auge zugemacht hat, ist am Ende ihrer Kräfte – ganz
aufgelöst ist sie, für kaum ein Wort des Trostes und des Zuspruchs ihrer

Improvisierte Pressekonferenz am Rande der Hochzeitsgesellschaft:
Der Verteidigungsminister gibt Auskunft über das Unglück an der Iller vom Vortag.

besten Freundin, die bei ihr gewacht hat, mehr empfänglich, die Augen verheult, am Rande eines Nervenzusammenbruchs – nein, so hat sie sich diesen Tag, der der schönste ihres Lebens werden sollte, nicht vorgestellt. Die Turmuhr der angrenzenden Klosterkirche, wo um 11 Uhr die Trauung stattfinden soll, schlägt gerade sechs, da öffnet sich die Tür, der Bräutigam und der Brautvater sind wieder da. Doch in welchem Zustand! Durchnässt, verschwitzt und völlig übernächtigt, gezeichnet von den Bildern dieser Nacht. Der erste Vorgeschmack darauf, wie gefräßig dieses Politikerleben immer wieder vieles, fast alles vom privaten Glück vertilgen wird.

Eilends noch zur Beichte, um dann endlich vor den Traualtar zu schreiten. Doch auch der Weg zur Kirche erscheint in düsteren Farben. Kein blauer Himmel mit Schäfchenwolken, wie es ihn nur auf Barockgemälden und eben über der oberbayerischen Heimat gibt, stattdessen strömender Regen, das Duchesskleid der Braut ist völlig durchnässt. Die Straßen sind gesäumt von Schaulustigen, aber eben auch von Fahnen auf Halbmast.

Nach dem Pontifikalamt begibt sich die Hochzeitsgesellschaft in den nahegelegenen Gasthof »Zur Post«, doch bei Gänseleber »Lukullus«, indischer Schwalbennestsuppe, getrüffelten Seezungenfilets, Poularde à la

Dallmayer und Eisbombe à la Schnecki will sich ebensowenig Festtagsstimmung einstellen wie im Braustübl nebenan, wo die Journalisten zur selben Zeit die Erklärung des Ministers entgegennehmen: »Zutiefst erschüttert und bewegt gedenkt mit mir in dieser Stunde die gesamte Bundeswehr in Ehrfurcht ihrer heimgegangenen Kameraden. Ihre Opfer und das Leid ihrer Angehörigen verpflichten uns in unserem Dienst zum Schutz der Heimat. Sie mahnt jeden Soldaten zum höchsten Verantwortungsbewußtsein.«[12]

Gott sei Dank, der Hochzeit folgt die Hochzeitsreise. Und glücklicherweise ist in den ereignisreichen Wochen zuvor, während der Minister von seinem Bonner Schreibtisch häufig abwesend war, mancher Brief ungelesen geblieben, so dass freundliche Anregungen, wie man das Gute mit dem Nützlichen verbinden könnte, ihn nicht mehr vor der Abreise erreichen.

Geplant ist die jenen Deutschen, die es inzwischen wieder zu Wohlstand gebracht haben, vertraute Reise durch die Schweiz, entlang den beschaulichen, von prächtigen Alpenmassiven eingefassten Seen, nach Italien. Da würde es sich doch trefflich fügen, so schreibt ihm der Abgeordnetenkollege Hellmuth Heye, sich auf das Herzlichste für die Einladung zur Rotter Feier bedankend, »auf etwaiger Durchreise durch die Schweiz in Luzern das gerade für honigmondsüchtige Hochzeitsreisende qualifizierte Hotel ›Schweizerhof‹ anzulaufen und dort den von mir schon früher warm empfohlenen Schweizer Oberst Schaufelberger (seine Frau ist Besitzerin des Hotels und abgesehen davon eine entzückende Frau) Telefon Luzern 25 801 kennen zu lernen. Ich empfehle Ihnen das auch deshalb, weil Schaufelberger Sie über einen 30 t Panzer unterrichten kann, der, ohne dass ich alle Details kenne, vielen modernen Forderungen auch von uns zu entsprechen scheint und in zwei Prototypen bereits läuft«.[13]

Zu spät erreicht das Schreiben den Minister, und so bricht das junge Glück auf, ohne Koffer und Gemüt mit Akten zu beschweren, um endlich zu genießen, was der unglückliche Hochzeitstag ihnen verwehrte. Doch über diesen Wochen liegt ein Fluch. Räumlich lässt sich der politischen Gegenwart rasch entkommen, allein für sich bleiben die beiden indes nie. Strauß muss schon Kontakt zu seinem Ministerium halten, kann nicht einfach unerreichbar sein. Nun gut, damit ließe sich noch leben. Dummerweise aber kommt nun die Opposition, die sich in den vergangenen Jahren so oft schon über diesen blitzgescheiten Bayern mit seinen niederschmetternden Rednergaben ärgern musste, auf die Idee, das Unglück an der Iller zum Anlass zu nehmen, um ein großes Fass zu öffnen. Im September steht die Bundestagswahl an, deshalb ist Adenauer gar nicht glücklich darüber, dass Strauß, der unmittelbar nach seiner Hochzeitsreise noch für vierzehn Tage nach Amerika muss, ganze sechs Wochen von der innenpolitischen Bühne verschwindet.[14] Aus Sicht der SPD, die sich immer wieder vergeblich abgemüht hat, die Außen- und Verteidigungspolitik des Kanzlers zu durchkreuzen, bietet der tragische Unfall die Gelegenheit, einmal mit geziemender Unschuldsmiene nachzufragen, ob der Tod der Soldaten nicht vielleicht eine zwangsläufige Folge des völlig überhasteten Aufbaus der Bundeswehr und der Verteidigungskonzeption der Herren Strauß und Adenauer sei.

Sofort ist Feuer unter dem Dach der Bundesregierung, eine gefährliche Diskussion braut sich zusammen. Seit zwölf Jahren ist der Krieg vorbei – und jetzt gibt es erneut tote Soldaten zu beklagen. Die öffentliche Erregung ist groß, in der bald folgenden Redenschlacht zu diesem Thema im Deutschen Bundestag bringt der SPD-Abgeordnete Fritz Eschmann, einst Hauptmann der Wehrmacht und Ritterkreuzträger, eine weit verbreitete Ansicht auf den Punkt: »Und wenn (…) die Dinge oben nicht in Ordnung sind, wie sollen sie dann unten in Ordnung sein?«[15]

Unter diesen Umständen bleibt Strauß gar nichts anderes übrig, als die Hochzeitsreise abzubrechen und die geplanten Konsultationen in den Vereinigten Staaten abzusagen. Ein Honeymoon, wie man ihn sich wünscht: Statt mit seiner Frau das Ungemach des Rotter Fests bei Spaziergängen und Bootspartien zu vergessen, muss er sich im Bundestag einer Debatte stellen, in der es – wie gesagt, der Wahlkampf naht – nicht eben höflich zugehen wird.

Und dies ist noch nicht alles. Zwar ist es noch immer bei Strafe verboten, gewisse ostdeutsche Zeitungen in der Bundesrepublik zu besitzen, aber es braucht nur eine kurze Zeitverzögerung, bis in allen Medien der Bundesrepublik ein Artikel der *Berliner Zeitung*[16] weitergereicht wird, der am 12. Juni, eine Woche nach der Hochzeit, mit der knalligen Überschrift »Kriegsminister als Heiratsschwindler« erscheint – erläutert mit den Phantasie anregenden Unterzeilen: »CSU-Journalistin an den Rand des Selbstmords getrieben/Fünf Frauen blieben sitzen/Franz-Josef Strauß – der Bordellstammgast/Wer bezahlt die Liebes- und Alkoholtouren des Mannes, der die UdSSR ›von der Landkarte streichen‹ möchte/Ein feines Vorbild für die westdeutsche Jugend«.

Wohl macht sich kaum eine der westdeutschen Zeitungen diese ostzonalen Horrorgeschichten über Strauß, den Wüterich und Unhold, zu eigen. Aber man muss ja – Chronistenpflicht! – melden, was in der weiten Welt geschieht, und so kommt man, leider, nicht umhin, auch über die

Geschichten von all den Damen, denen Strauß angeblich die Ehe versprochen und die er dann sitzen gelassen habe, zu berichten. Man muss gar
nicht alles glauben, was das Ost-Berliner Blatt mitzuteilen hat, aber einen
gewissen Das-sieht-ihm-ähnlich-Effekt erzielen diese Schwänke aus dem
Leben dieses Mannes allemal, von dem doch jeder weiß, dass er kein Kind
von Traurigkeit ist. Recht plausibel klingt zudem, woher die *Berliner Zeitung* ihr Wissen »über die moralische Verkommenheit des Bonner Kriegsministers« gewonnen haben will, »aus der Umgebung des Staatssekretärs
Globke« nämlich. Und wie es sich für eine zünftige Enthüllungsgeschichte
jener Zeit gehört, ist auch der Bundesnachrichtendienst mit von der Partie:
»Sowohl Adenauer und vor allem Gehlen erhalten ständig sorgfältige Informationen über die vielfältigen Eskapaden des hemmungslosen Franz-
Josef Strauß.« Dieser wird, noch im Ausland auf Hochzeitsreise, telefonisch
vom Schwiegervater über die Gerüchte- und Nachrichtenlage auf dem Laufenden gehalten: »Adenauer und Gehlen Informationen über Eskapaden«,
»Globke Lieferant«, »Adenauer Zwicknagl-Heirat nahegelegt«, »Besitzer
Bonner Lokalitäten – Exzesse Strauß«, »Konzerne als Geldgeber für Liebe
und Alkohol« – die Notizen, die sich der frischgebackene Ehemann nach
einem dieser Telefonate macht, sind alles andere als beruhigend.[17]

Diese Angelegenheit politisch auszuschlachten geht selbst der Opposition zu weit. Nicht aber den innerparteilichen Widersachern: Für seine klerikalen Parteifreunde rund um den unbeugsamen Alois Hundhammer,
einen überaus züchtigen Christenmenschen, ist dies ein dankbares Geschäft. Geahnt hat Hundhammer das, was die Ostpresse da berichtet, freilich immer schon. Spätestens jetzt, wo alles schwarz auf weiß dasteht, muss
man den Dingen dringend nach und auf den Grund gehen! Bestens präpariert, ein sieben Seiten langes Typoskript und den besagten Artikel aus der
Berliner Zeitung zur Hand, klagt Hundhammer in der CSU-Landtagsfraktion am 26. Juni die schlimmen Sünden dieses feinen Herren an – während
Strauß am Bonner Schreibtisch über den Vorbereitungen für die anstehende Bundestagsdebatte zu dem Bundeswehrunglück sitzt. Die Fraktionskollegen wissen gar nicht, wie ihnen geschieht, als die Zornesrede jenes
streitbaren Ordensritters vom Heiligen Grab ihren Höhepunkt erreicht:
»Und hier schweigt der Parteivorstand und der Betroffene selbst gibt keinerlei Erklärungen ab. Einen solchen Mann«, hilf Herr, selbst Rom ist nicht
mehr das, was es mal war, »dazu noch mit seiner Braut, hat der Heilige
Vater empfangen, und der Kardinal ist nach Rott gefahren, um ihn zu
trauen.«[18]

Nicht allzu großen Rückhalt hat Hundhammer in den eigenen Reihen; wohl verfügt er noch über eine stattliche Zahl hauptsächlich oberbayerischer Anhänger in Partei und Fraktion, aber seine Zeit ist eigentlich vorbei. Immerhin ist er noch stark genug, sich gegen die Entschuldigung zu wehren, die Strauß ebenso wie Hanns Seidel, der Parteivorsitzende, der für die CSU in Kürze wieder den bayerischen Ministerpräsidenten stellen wird, von ihm verlangen.

Über Wochen und Monate zieht sich diese quälende Angelegenheit hin. Denn wenig später bricht die SPD-geführte Münchner Koalition auseinander; die CSU, seit 1954 in der Opposition, kommt wieder an die Macht. Und bei der Regierungsbildung fällt Hundhammer – trotz einer Brandrede von Strauß vor der Landtagsfraktion, in der die Minister vor ihrer Ernennung und Vereidigung erst einmal gewählt werden müssen – das Landwirtschaftsministerium zu. So wie die Mehrheitsverhältnisse und Arrangements innerhalb der CSU nun einmal sind, kann auch Seidel, der stets auf Mäßigung und Ausgleich bedachte Mann an der Spitze, dies nicht verhindern.

Spurlos sind die Ereignisse dieser schlimmen Monate im Frühjahr und Sommer, die doch eigentlich dem persönlichen Glück hätten reserviert sein sollen, an diesem äußerlich so robust erscheinenden Mann nicht vorübergegangen. Sogar Adenauer, der nun wirklich nicht übermäßig viel Mitgefühl für seine Wegbegleiter aufbringt, macht sich, wie er dem Bundespräsidenten Theodor Heuss in einer Besprechung unter vier Augen am 22. Juli 1957 anvertraut, »große Sorgen« um seinen Verteidigungsminister: »Die massiven Angriffe, die von dem sowjetzonalen Propagandaapparat auf Strauß wegen seines Privatlebens gestartet worden seien«, so hält es die Protokollniederschrift zu diesem Gespräch fest, »hätten den Minister tief getroffen. Wenn es auch gelungen sei, innerhalb der CSU den völlig ungerechtfertigten Hundhammerschen Vorstoß gegen Strauß abzuwehren, so habe Minister Strauß sich doch völlig in sich selbst zurückgezogen. Er komme beispielsweise zu keinen Sitzungen mehr und halte auch im Lande keine Reden.«[19]

Im November 1957, es ist schon einige Zeit ins Land gezogen, die Union hat bei der Bundestagswahl einen grandiosen Sieg errungen, zu dem Strauß nicht unerheblich beigetragen hat, im Spätherbst dieses bewegten Jahres also ist der Verteidigungsminister auf der politischen Bühne wieder präsent wie eh und je. Man könnte also meinen, der schreckliche Sommer des Missvergnügens sei vergessen oder wenigstens verdrängt. Die Öffentlichkeit und auch die politische Auseinandersetzung haben sich anderen Themen zugewandt. Zwischen Strauß, der sich den einstweilen nicht zu ändernden Münchner Verhältnissen fügt, und Hundhammer ist es sogar zu einer Aussprache gekommen, die an der herzlichen Abneigung zwischen den beiden nichts ändert, aber immerhin einen gewissen Waffenstillstand zur Folge hat. Doch nichts ist vergessen, keine Wunde wirklich verheilt. In höflicher Schroffheit, mit zwei Sätzen und viel Weißraum auf dem Briefbogen, gratuliert Strauß dem neuen Ministerpräsidenten zu dessen Wahl: »Zu Deinem Kabinett« – und zweifellos ist diese Zeile auf Hundhammer gemünzt – »wünsche ich Dir viel Glück«.[20] Seidel entgeht natürlich nicht, dass »Dein Glückwunsch frostig« ist, und er zeigt für »Deinen Unmut wegen der Besetzung des Landwirtschaftsministeriums (…) volles Verständnis«.[21]

Bevor es nun zu einem klärenden Gespräch zwischen den beiden kommt, erhält Seidel einen weiteren Brief von Strauß, der nicht verbirgt, wie tief die seelischen Verletzungen des Sommers sitzen: »Mich bewegt nicht nur der Unmut wegen der Besetzung des Landwirtschaftsministeriums, sondern mich erfüllt auch tiefe Verbitterung, die auf politische und persönliche Gründe zurückzuführen ist. (…) Dr. Hundhammer hat heuer, unter Anwendung kommunistischen Propagandamaterials, die Ehre meiner Person, den Frieden meiner Familie, die Position des mit der größten Verantwortung belasteten und am meisten exponierten Bundesministers, sowie das Ansehen der Partei in gewissenlosester Weise unter dem Beifall der ganzen sowjetzonalen Presse angegriffen und damit erst weiteren Angriffen neuen Auftrieb gegeben.«[22]

So ist es, wenn man mit diesem Vollblutpolitiker verheiratet ist, der einst zu den begehrtesten Junggesellen der Republik zählte: Diese zuvor vielleicht erahnte bittere Erfahrung muss Marianne Strauß in den ersten Ehewochen machen. Fortan weiß sie, dass es wirkliche Privatheit für sie beide nicht geben wird.

Die Politik war sein Leben – dieser zum Ende vieler Politikerleben in kleiner Münze verbreitete Spruch hat für Strauß tatsächlich eine tiefere Bedeutung und verweist nicht bloß auf den trivialen Umstand, dass Strauß sich im politischen Geschäft verzehrt, von dieser Leidenschaft getrieben sein Privat- und Familienleben vernachlässigt und – in Bonn auch räumlich fern der Heimat – die Seinen selten zu Gesicht bekommt. Die privatesten Momente sind nicht davor gefeit, ins Rampenlicht gerückt zu werden. Franz Josef Strauß führt, sobald er in die Politik eintritt, eine durch und durch öffentliche Existenz. Er ist nun Sklave jedermanns: Sklave der eigenen Partei, der Opposition, der Medien, der gesamten Öffentlichkeit.

ERSTER TEIL

PRÄGUNGEN
(1915–1949)

Herkunft und Kindheit

»München leuchtete«, wie es am Anfang von Thomas Manns Erzählung »Gladius Dei« heißt;[1] ja, noch immer leuchtet München, als Franz Josef Strauß am 6. September 1915 geboren wird. Die lange Periode der liberalen Regentschaft Bayerns ist mit der Abberufung des Ministerpräsidenten Clemens von Podewils-Dürniz 1912 zwar beendet; der Weltkrieg, der nun schon seit einem Jahr wütet – 910 000 Söhne seines Landes stellt der König dem Kaiser, am Ende werden 180 000 gefallen sein –, hat im Geburtsjahr von Strauß erste spürbare Folgen für die Heimatbevölkerung. Aber trotz der Engpässe in der Lebensmittelversorgung – was die Seeblockade der Engländer allein nicht bewirkt, besorgt eine Serie von Missernten – kann von echter Not noch keine Rede sein. Der Mangel, der im Elternhaus von Strauß herrscht, ist ohnehin nicht der Kriegswirtschaft geschuldet, sondern ganz normale Alltagsplage, wie sie jeder kleine Handwerker kennt; Hunger leiden muss hier freilich niemand, schließlich betreibt der Vater einen Metzgerladen, bei dem von jeher auch am Sonntag nur selten das Bessere von Schwein und Rind für die Familie abfällt, aber für alle stets genug zu Essen bleibt.

Die gute alte Ordnung ist bereits dem Tode geweiht. Sie wird den großen Krieg, der alles grundstürzend verändert, nicht überdauern. Noch allerdings »rollt, wallt und summt das unüberstürzte und amüsante Treiben der schönen und gemächlichen Stadt«[2], wie es Thomas Mann beschrieben hat; in Schwabing, wo sich seit der Jahrhundertwende Bohemiens eingerichtet haben,[3] bestimmen »junge Künstler, runde Hütchen auf den Hinterköpfen, mit lockeren Krawatten und ohne Stock, unbesorgte Gesellen, die ihren Mietzins mit Farbenskizzen bezahlen«, nach wie vor das Bild, und aus den geöffneten Fenstern dringt »Musik auf die Straße hinaus, Übungen auf dem Klavier, der Geige oder dem Violincell, redliche und wohlgemeinte Bemühungen«.[4] Hier, in der Schellingstraße 49, ist das Elternhaus von Strauß gelegen.

Mit dem Ende des Krieges, den revolutionären Wirren, die in dieser Gegend, dem Universitätsviertel, der Max-Vorstadt, ebenso ihren Ausgangspunkt nehmen wie einige Jahre später Hitler und die NSDAP – der

Völkische Beobachter wird wenige Häuser neben der Metzgerei Strauß re-
digiert und gedruckt werden –, mit der Zäsur der Jahre 1918/19 also wird
München aufhören zu leuchten. So pittoresk wie in Thomas Manns Erzählung ist die Wirklichkeit ohnehin nur für die, die es sich leisten können –
das eingesessene wohlhabende Bürgertum –, und für jene, die es sich leisten
wollen, obwohl sie es eigentlich nicht können, also die Paradiesvögel der
Schwabinger Boheme, die auf bürgerliche Konventionen pfeifen.

Die Eltern Strauß indes gehören keiner dieser beiden Gruppen an.
Franz Strauß, der Vater, und seine Frau Walburga sind wie viele andere im
Zuge von Industrialisierung und Landflucht in die Stadt gekommen.[5] Denn
in der mittelfränkischen Heimat, wo der Vater 1875, auf den Tag vierzig
Jahre vor seinem Sohn, in Kemmathen, Landkreis Feuchtwangen, geboren
wurde, sind die Perspektiven für das jüngste von fünf Kindern einer Bau-
ernfamilie wenig rosig. Der älteste Bruder übernimmt den Hof, Franz erlernt das Metzgerhandwerk. Dem Sog der Metropole folgend, die sich von
einer beschaulichen Residenz rasch zu einer modernen Großstadt wandelt,
macht er sich 1904 mit einer kleinen Metzgerei in angemieteten Räumen
selbständig. Was nach mehr klingt, als es in Wirklichkeit ist, denn wie alle
zugezogenen Kleinhandwerker steht er am unteren Ende der Zunfthierar-
chie. Mit den stolzen alteingesessenen Gewerbetreibenden und Handwer-
kern, die es zu Eigentum und einem gewissen Wohlstand gebracht haben,
verbindet eine solche Existenz weniger als mit denen, die in den neu entstehenden Fabriken Arbeit finden.[6] Immerhin, die Selbständigkeit eröffnet
dem Fleißigen Aufstiegschancen, die dem Industrieproletariat verschlossen
bleiben, und Franz Strauß, von Hause aus zu Genügsamkeit erzogen, zeigt
nach der 1904 erfolgten Geschäftseröffnung, von welchem Leistungsethos
er beseelt ist: Die Meisterprüfung vor der Handwerkskammer München
legt er mit Bestnote ab.

Auch Walburga Schießl, 1877 im niederbayerischen Unterwendling,
Landkreis Kelheim, geboren, die Franz Strauß im November 1906 in der
Münchner Ludwigskirche heiratet, kommt aus bescheidenen bäuerlichen
Verhältnissen. In die bayerische Hauptstadt ist sie gezogen, um sich als
Magd und Köchin in jener bürgerlichen Welt zu verdingen, zu der ihr Sohn
später einmal gehören wird – nicht aber Maria Strauß, das erste, am 9. Sep-
tember 1907 geborene Kind. Diese Schwester von Franz Josef Strauß, die
nach Schule und Ausbildung als Buchhalterin arbeitet, wird ihr ganzes Leben lang eine unauffällige Existenz im Hintergrund des jüngeren, großen
Bruders führen und doch einer der wichtigsten Bezugspunkte in seinem

Leben bleiben. Was später in völlige Bewunderung, Aufopferung und Hingabe für das politische Lebenswerk von Franz Josef Strauß mündet, beruht auf einer nie endenden und nie getrübten Geschwisterliebe. Dem jungen Minister, der in Bonn zum Star wird, hält sie von München aus, wo sie sich auch der Mutter – bis zu deren Tod 1962 – annimmt, den Rücken frei. Für den Vorsitzenden der CSU wird sie zur heimlichen Schatzmeisterin, wacht peinlich korrekt über das bald unübersichtliche Geflecht der offiziellen und inoffiziellen Finanzen, der Privat- und Sonderkonten, der offen deklarierten und auch der zur besonderen Verfügung des Parteivorsitzenden eingerichteten schwarzen Kassen.

Maria Strauß, die nie heiraten wird, »denn einen Mann wie meinen Bruder fand ich nie«, hat früh gelernt, »mit Würde den zweiten Platz einzunehmen«.[7] Äußerlich führt sie ihr eigenes Leben, wohnt stets in eigenen vier Wänden, geht ihrem Beruf bis zur Rente nach. Sehr oft sehen sich die Geschwister nicht, nachdem es den Bruder in die Politik verschlägt. Doch in ihren Gedanken ist sie stets bei ihm, und wenn sie gebraucht wird, ist sie sogleich zur Stelle. Stets wird sie bereitstehen, die Schwägerin bei der Erziehung der Kinder zu entlasten. Maria, die fromme und bescheidene Katholikin, für die persönlicher Verzicht keine Minderung von Lebensglück und -freude bedeutet, füllt im Grunde für Strauß die Rolle aus, die in vielen katholischen Pfarrhäusern einst eine Schwester des Geistlichen übernahm, sie ist im übertragenen Sinne eine »gute Haushälterin, die sich um die Dinge des Alltags kümmert«, und darüber hinaus »Teil seines Innersten«.[8] Mehr an der Schwester als am berühmten Bruder lässt sich erahnen, welcher Geist und welche Werte, welche Art der dienenden Lebensführung das Elternhaus von Franz Josef Strauß bestimmen und diesen prägen.

Wenige Tage nach ihrem achten Geburtstag erhält Maria Strauß ihr Brüderchen; ein gutes Jahr zuvor war ein Schwesterchen zur Welt gekommen, das aber bereits nach drei Wochen starb.[9] An jenem Tag – noch bis in ihre Pubertät glaubt die Kleine an den Klapperstorch – wird ihr der Gang ins Schlafzimmer verwehrt: »Die Mama ist krank.« Konrad Adenauer, 1876 geboren und damit etwa gleich alt wie ihre Eltern, auch er ein gläubiger und praktizierender Katholik, wird Jahrzehnte später einmal dem bekannten evangelischen Theologen Helmut Thielicke erklären, dass er die Aufklärung seiner Kinder ganz der Mutter überlassen habe: »Ich hatt' Angst, ich ging zu weit!«[10] Völlig undenkbar, dass im Elternhaus von Strauß derart locker über ein so heikles Thema – müsste man nicht dies allein schon beichten? –

geredet worden wäre. Gottesfürchtige, kirchentreue Leute sind sie, alle Insignien bayerischer Volksfrömmigkeit haben in ihrem Leben einen festen Platz: Herrgottswinkel, Weihwasserkessel, Tischgebet, die Sonntagspflicht; bei der Prozession zum Fronleichnamsfest sieht man den Vater stets andächtig in den Reihen der Marianischen Männerkongregation schreiten.

Nichts ahnend erledigt Maria am Tag der Niederkunft ihrer Mutter die Schulaufgaben und geht nach dem Abendbrot zu Bett. Doch sie scheint zu spüren, dass es keine gewöhnliche Krankheit ist, mit der die Mutter ringt. Maria findet keinen Schlaf; plötzlich dringen Babyschreie hin zu ihr, die offenkundig nicht aus irgendeiner Nachbarwohnung kommen. Am nächsten Morgen wird sie zur Mutter vorgelassen, und siehe, Franz Josef ist geboren, ruhig und friedlich liegt er da.

»Die Eltern kümmerten sich immer sehr um uns, aber sie ließen uns viel Freiheit und verschonten uns vor überflüssigen Erziehungsversuchen«,[11] so fasst Maria ihre Erinnerungen an die Kindheit zusammen. Falsch ist das wohl nicht, aber es klingt doch ein wenig gefälliger, als es vermutlich war. Denn natürlich sind es keine pädagogischen Theorien, und es sind auch keine wirklich freien Entscheidungen, die den äußeren Rahmen für das Aufwachsen der Kinder im Hause Strauß abstecken. Das Metzgerhandwerk fordert vom Vater schließlich fast den ganzen Mann; die Arbeitswoche endet erst, wenn am Samstagabend, nach Ladenschluss, gegen 21 Uhr die Reinigung der Geschäftsräume abgeschlossen ist und das Abendbrot als Nachtmahl eingenommen wird. An jedem Werktag, in aller Herrgottsfrühe, bricht er mit seinem Karren – ein Fahrzeug oder Fuhrwerk gibt es nicht – zum Schlachthof auf, der eine gute Stunde entfernt liegt, um sein Fleisch abzuholen. Nur in diesen Morgenstunden bekommt der kleine Franz Josef seinen Vater länger zu Gesicht, wenn er ihn begleitet und beim Ziehen des schwer bepackten Metzgerkarren hilft.[12] Die Mutter widmet sich, wann immer möglich, den Kindern, aber der Laden lässt auch ihr nur wenig Zeit. Die wichtigste Aufsichts- und Bezugsperson für den kleinen Franz Josef ist auf viele Jahre seine Schwester.

Ziemlich nahe an der Wirklichkeit dürfte eine Schilderung von Maria Strauß über den Kinderalltag liegen, die sie Jahrzehnte später niederschreiben wird: »Auf die Frage nach unserem Spielzeug bzw. den Spielsachen meines Bruders Franz Josef kann ich berichten, daß es in seiner Kindheit schlecht damit bestellt war. Während ich, älter als mein Bruder, noch schöne Puppen, eine Puppenküche, einen Puppenwagen, eine Puppenschaukel und einen schönen Tierbilderbaukasten hatte, sah es in den Jahren, da mein

Strauß ist ein glänzender Schüler und stets Klassenbester. Vielfach gefördert, nutzt er zielstrebig alle Aufstiegschancen, die eine gute Bildung und Ausbildung eröffnen.

Bruder Kleinkind und Kind war, durch die Kriegs- und Nachkriegszeit viel schlechter aus. Er hatte eine kleine graue Samtkatze, die er überall mitnahm, ein Sandküberl mit Schäuferl, einen sehr einfachen Baukasten, Schusser in verschiedenen Farben. Älter als er, mußte ich viel mit ihm spielen und mangels Spielsachen entwickelten wir dabei viel Phantasie. Ich hatte aus Pappe einen jungen Mann und ein junges Mädchen ausgeschnitten mit angezeichneter Unterwäsche. Aus buntem Einwickelpapier, wie es uns gerade unterkam, schnitt ich Anzüge und Kleider, Blusen, Röcke, Mäntel usw. aus. Die Bekleidungsstücke hielten wir dann auf die Papierpuppen und führten sie so mit der Hand spazieren oder auch in die Kirche. Da er dem Burschen den Namen ›Hartl‹ gegeben hatte (er kannte einen Bernhard, den man Hartl rief), nannten wird das Papierpuppenspiel ›Hartlspielen‹ und es wurde immer wieder hervorgeholt. Mit Zeitungspapier spielten wir Kaufladen. Wir schnitten das Papier in Form von Schinken, Koteletts, Wurstwaren usw. aus, die weißen Ränder waren das Fett. Gewogen haben wir mit einer selbstgebauten Waage, die aus einem kleinen Baukastenklotz mit einem darüberliegenden Lineal bestand. Ich weiß nicht mehr alles, was uns in unserer Phantasie einfiel. Mein Bruder – etwa 4 Jahre alt – kam dann auf die Idee, einen Stuhl umzulegen und sich zwischen die vier Stuhlbeine zu setzen. Das Ganze war dann sein Auto, die Stuhllehne der Motor. Obwohl das Ding natürlich feststand, fuhr er mit viel Phantasie durch die Gegend und ich mußte weglaufen, um nicht von ihm überfahren zu werden.

Mit Brummen und Fauchen imitierte er die Motorengeräusche. Es war trotz aller Armut eine schöne Kinderzeit und wir waren immer mit dem, was wir hatten, zufrieden.«[13]

Später vertreibt man sich die Zeit bei *Mensch ärgere dich nicht* und Schach – keine Frage, wer hier bald die Oberhand gewinnt. Wenn es zu einem der seltenen Kräche zwischen den Geschwistern kommt, muss der Streit, das haben die beiden ausgemacht, in Vers- und Reimform ausgetragen werden. Und wann immer es geht, verlässt man die enge, oberhalb der Metzgerei gelegene Wohnung – bestehend aus einer Wohnküche, dem Schlafzimmer der Eltern, in dem auch das Bett des kleinen Sohnes steht, und einer winzigen Kammer, in der Maria schläft – und spielt im Freien, auf der wenig befahrenen Straße vor dem elterlichen Geschäft oder in den Gärten der nahegelegenen Pinakotheken.

Ein liebevoll umsorgendes und gleichwohl strenges Regiment herrscht im Hause Strauß. Die Schwabinger Künstlernaturen, die Repräsentanten des bürgerlichen Geisteslebens, die im Universitätsviertel wohnen, oder auch die Nazi-Größen, die bald in der Nachbarschaft verkehren – wer sich in der Metzgerei mit Wurst und Fleisch versorgt, wird stets zuvorkommend bedient; beeindrucken, gar Leitbild abgeben tun sie alle nicht. In der Welt, in der Franz Josef Strauß aufwächst, gelten unerschütterliche Prinzipien und Werte. Bescheidenheit gehört dazu, aber auch die Selbstgewissheit der an festen Überzeugungen ausgerichteten, durch Kirche und Glauben bestimmten Lebensführung sowie eine tiefe Skepsis gegenüber allem, was nach der untergegangenen guten alten Ordnung, der Monarchie, gekommen ist. Politisch führt dies den Vater direkt in die Arme der Bayerischen Volkspartei (BVP). Monarchistisch orientiert auch in der 1918 angebrochenen post-monarchischen Zeit, ist dieser radikal konservative bayerische Arm des politischen Katholizismus – das Zentrum gibt es hier nicht – stets auf der Suche nach dem, was man als gottgewollte Ordnung im Diesseits glaubt finden zu können. Und so war dem ersten Schock, dem Untergang der Monarchie, sogleich der zweite gefolgt, als im November 1918 unter Führung Kurt Eisners der *Freistaat* Bayern ausgerufen wurde. Eisner, in Berlin geboren und erst 1907 ins Fränkische übergesiedelt, war nicht nur Sozialist, sondern auch Jude – es ist nicht zu beantworten, was für die politisch interessierten frommen Katholiken schlimmer gewogen hat.[14] Und Zeugnisse, wie man es im Hause Strauß konkret hielt, sind ebensowenig überliefert wie Reaktionen auf das am 21. Februar 1919 vom antisemitischen und völkisch gesinnten Grafen Arco verübte tödliche Attentat auf Eisner.

Die folgende kurze – und schließlich unter sozialdemokratischer Führung im Mai blutig niedergeschlagene – Episode einer bolschewistischen Räterepublik machte alles nur noch schlimmer. Tief grub sich die Erinnerung daran in das kollektive Gedächtnis des bürgerlichen und katholischen Bayerns ein. Es wäre erstaunlich, sollten jene revolutionären Monate nach Ende des Ersten Weltkriegs – und im vierten Lebensjahr von Franz Josef Strauß – in den kommenden Jahren kein Gesprächsthema im Elternhaus gewesen sein.

Unverdrossen in jener Zeit und auch in den kommenden Jahren der Anfechtung durch Hitler und die allmählich an Einfluss gewinnende NSDAP, wird im Elternhaus Strauß das katholische Banner hochgehalten, und dieser unerschütterliche Glaube bleibt stets der wichtigste Maßstab zur moralischen Beurteilung des Zeitgeschehens. Alles andere ist nahe des Teufels, und selbstverständlich prallt jeder Versuch der Nazis, ihn für ihre Sache zu gewinnen, daher am Vater ab. Als der kleine Franz Josef einmal aufgelesenes nationalsozialistisches Propagandamaterial nach Hause bringt, setzt es ein Donnerwetter. Das einzige Heilsversprechen, das im Hause Strauß etwas gilt, ist das der Botschaft Christi. In diesem Sinne werden die Kinder erzogen.

1922 eingeschult, scheint dem Jungen sein Lebensweg vorgezeichnet: Er soll einmal den Metzgerladen übernehmen. Stolz, durchaus geschmeichelt, gewiss, und doch nur wenig begeistert ist der Vater daher, wenn er bei den regelmäßigen Gängen zu den Lehrern immer wieder auf die außerordentliche Begabung seines Sohnes angesprochen wird, die den Wechsel auf eine höhere Schule nahelegt. Ähnlich äußert sich der Pfarrer, dem neben der Gewissenhaftigkeit, mit der sein Ministrant den Dienst verrichtet, auch dessen Wissensdurst aufgefallen ist: Der Bub, gerade neun Jahre ist er alt, rasselt die lateinischen Gebete und die Liturgie nicht einfach seelenlos herunter, sondern beginnt sich für Inhalt und Sinn der Texte zu interessieren. Ein Benediktinerpater, der bei seinen gelegentlichen Besorgungsgängen in das väterliche Geschäft von diesem Interesse des Volksschülers erfährt, steckt ihm ein Latein-Lehrbuch zu. Und Strauß, vom Schulunterricht unterfordert, gibt eine erste Kostprobe seiner Wissbegier, indem er sich autodidaktisch Zutritt zu der versunkenen Welt der alten Sprache verschafft.[15] Eher widerstrebend stimmt der Vater endlich einem Wechsel auf die Gisela-Realschule zu. Schließlich will sich der gottesfürchtige Mann nicht nachsagen lassen, er habe die Talente seines Sprößlings vergraben. Es schadet ja nicht, wenn die Schulausbildung etwas gründlicher als nötig ausfällt; vielleicht wird der Sohn am Ende gar der erste Metzger sein, der nicht nur Wurst herstellen und Schinkenstücke pökeln kann, der nicht nur das kaufmännische Rechnen beherrscht, sondern darüber hinaus sogar – wozu auch immer – fremde Sprachen.

Einmal entfesselt, ist der Lerneifer des Jungen nicht zu bremsen. Beim täglichen Ministrantendienst im Max-Joseph-Stift begegnet ihm zudem mit Johannes Zellinger, der als Bauernsohn um die Verhältnisse bildungsferner Schichten weiß, ein Priester, der noch am Anfang einer wissenschaftlichen Laufbahn steht – später wird er Lehrstuhlinhaber in München und Würzburg für kirchliche Kunstgeschichte und Patristik sein – und der sogleich die wache Intelligenz des Knaben entdeckt.

Die Eltern haben sich noch nicht richtig daran gewöhnen können, dass ihr Sohn jetzt die Realschule besucht, da drängt Zellinger sie, ihn aufs Gymnasium zu schicken. Den Rückstand im Lehrstoff holt Franz Josef mit Zellingers Hilfe auf, und schon kann er von der 1. Klasse der Realschule in die 2. des humanistischen Max-Gymnasiums wechseln. Der Übergang erfolgt ohne Probleme, bereits die ersten beiden Lateinklausuren absolviert er mit der Note »gut«. Am Ende seiner Schulzeit wird Strauß das beste Abitur seines Jahrgangs in Bayern ablegen; Turnen ist das einzige Fach, in dem es nicht ganz für ein »sehr gut« reicht, obwohl er ein vorzüglicher Sportler ist und seine Statur noch nichts von der Leibesfülle späterer Tage erahnen lässt.

Nur einmal leistet sich der Schüler Strauß einen Durchhänger.[16] Zu Beginn der Quarta bekommt er ein Fahrrad geschenkt, und bald sind die ausgedehnten Touren durch die bayerische Heimat mindestens ebenso interessant wie die Schule. Doch die »Fünf« in Geographie und die »Drei« in Deutsch, die er sich postwendend einhandelt, bleiben einmalige Ausrutscher. Dass Strauß, der sich später vom Geld, das er mit Nachhilfestunden verdient, ein Rennrad kauft, 1934 als krasser Außenseiter das schwierige, über 210 Kilometer führende Rennen »Quer durch das bayerische Hochland« gewinnt und auch Sieger der süddeutschen Straßenmeisterschaft wird, ist die sportliche, die vergleichsweise uninteressante Seite dieser Leidenschaft. Kennzeichnender für den folgenden Lebensweg ist die an Erkundungssucht grenzende Neugier, mit der er jede freie Stunde nutzt, die nicht mit Schule, Kirchendienst, Nachhilfe oder häuslichen Pflichten ausgefüllt ist. Oft fährt er allein durchs Land, da keiner der Freunde bei seinem Tempo mithalten kann. Fünfzig, hundert, zweihundert Kilometer – immer länger werden die Tagestouren; an Pfingsten 1931, als Strauß sich auf eine viertägige Expedition, inklusive Alpenüberquerung via Brenner, nach Bozen aufmacht, kann ihn nur ein italienischer Zöllner bremsen, dem der mit wenig Barem ausgestattete Radfahrer suspekt erscheint.

Es ist nicht viel, was man über Kindheit und Jugend von Strauß weiß; Markierungen und Weichenstellungen für die Zukunft lassen sich ausmachen, auch wichtige, schicksalhafte Begegnungen wie die mit Zellinger. Zu dem wenigen, was als sicher gelten kann, gehören durchaus Momente, die Spuren auf seinem weiteren Lebensweg hinterlassen haben. Dass er das Kind sparsamer Leute ist, die stets von dem wenigen, was sie erübrigen können, etwas für schlechtere Zeiten zurücklegen, wird man noch am relativ wohlhabenden Bonner Minister wiedererkennen, der Monat um Monat einen erheblichen Teil – in den ersten Jahren bis zur Hälfte – seiner Einkünfte spart. Seinen eigenen Kindern wird er diesen Ratschlag Jahrzehnte später mit auf den Weg geben. Max Josef, der ältere Sohn, beispielsweise erhält von seinen Eltern zum bestandenen Abitur einen ansehnlichen Geldbetrag, »der von nun an Dein Eigentum ist«, wie Franz Josef Strauß in einem Glückwunschbrief schreibt: »Wir empfehlen Dir, ihn so gut wie möglich nach Deinen banktechnischen Erfahrungen anzulegen, den Ertrag zu verwenden und das Geld selbst für Dein Studium aufzuheben.«[17]

Die merkwürdige Mischung aus Zuversicht und Skepsis, aus Vertrauen in die göttliche Vorsehung, beruhend auf der unerschütterlichen Heilsgewissheit des Schöpferglaubens, und düsterer Ahnung angesichts der ungewissen Zukunft, eine Ängstlichkeit, die reichlich Nahrung in den Zeitumständen findet – von profanen Erfahrungen wie Inflation und Währungsschnitt bis hin zu der totalitären Herausforderung der gottgewollten Ordnung –, diese Mischung aus Hoffen und Bangen, Sich-Fügen und Widersagen ist eine Mitgift des Elternhauses, die ihn bis an sein Lebensende begleiten wird. Aber keine der Prägungen, die sich benennen lassen, so tief sie auch reichen mögen, erklären das Individuelle, das Persönliche an Franz Josef Strauß: die Erfahrung des sozialen Aufstiegs, an dem auch ein wenig wohlwollender Betrachter kaum Züge des Parvenühaften erkennen kann; der Wille, die Fesseln abzustreifen, die seine Herkunft ja zunächst einmal bedeutet, um seine Zukunft zu gestalten; das Misstrauen gegen die herrschenden Schichten, die alten Eliten ebenso wie das zu Macht und Einfluss gelangte Bürgertum, jene Kräfte also, die in Weimar versagt haben und Hitler möglich machten – Strauß hat in den Elternhäusern seiner Mit- und Nachhilfeschüler genügend Anschauungsmaterial sammeln können.[18]

Bedeutsam ist das alles zur Entfaltung seiner Persönlichkeit, doch einzig-
artig ist dieses Muster nicht. So wenig wie die beengende Wirklichkeit des
zwischen noch kleinbürgerlichen und schon kleinen bürgerlichen Verhältnissen changierenden Elternhauses, das aber – über allem anderen ra-
gend – moralisch intakt jegliche Prüfung des Lebens und der Geschichte
besteht und somit, bei allem Hintersichlassen, auch etwas ist, was dem Auf-
steigenden nicht mehr als Stigma hinderlich, vielmehr schon fast berech-
tigter Rückhalt herkunftgewissen Stolzes ist. Wichtige Momente in der
Entwicklung, für die beginnende Entfaltung der Persönlichkeit von Strauß
liegen hier zweifellos vor. Doch auch dies sind keinesfalls singuläre Erfahrungen, sondern doch eher Bausteine zu einer kollektiven Biographie des
neuen Bürgertums, wie es sich nach 1945 in Westdeutschland herausbilden
wird. Sie prägen Strauß, sie prägen einen völlig anderen Charakter wie Helmut Kohl, sie prägen Abertausende. Sie erklären damit immerhin eines, was
Strauß politisch stets zugute kommen wird und was auch seine Gegner ihm
nicht werden nehmen können: Er ist ein Kind des Volkes.

Das Aufbrausende, Brachiale, die Kraft des heiligen Zorns, dieses Temperament im Übermaß – von dem, was wir über den adoleszenten Strauß
wissen, lässt sich nicht sagen: Hier ist es schon. Er war allem Anschein nach
ein artiger Bub, ein fleißiger, die Obrigkeit respektierender Pennäler; die
einzigen Anhaltspunkte dafür, dass er auch mal über die Stränge geschlagen
haben mag, sind ein Verweis wegen »Unfugs in der Stenographiestunde«
sowie eine Stunde Arrest nach einem Museumsbesuch.[19] Angesehen inmitten der Bürgerkinder und Sprösslinge von Familien alten Geschlechts, die
mit ihm die Schulbank drücken, ist er wegen seiner herausragenden Intelligenz und Leistung. Dass er niemandem als Streber gilt, dafür sorgen schon
seine Hilfsbereitschaft – natürlich lässt er seine Hausaufgaben, vor allem
die schweren Latein- und Griechischübersetzungen, vor Unterrichtsbeginn
abkupfern – und sein geselliges Wesen.

Die erste Phase des Aufstiegs von Franz Josef Strauß besteht im Überwinden der Schranken seiner Herkunft. Stets wird Strauß dankbar bleiben
für die Entsagungen, die seine Familie auf sich genommen hat, um ihm den
Weg zu ebnen – nicht nur, dass die tätige Hand des Buben im elterlichen
Haus durch die vermehrte Beanspruchung der höheren Schule mehr und
mehr verloren geht; zudem kostet Bildung Geld, für die Lehrmittel muss
jeder selbst aufkommen. Auch die Förderung, die er erfahren hat, vergisst
er nicht. Die Offenheit, mit der mancher Mitschüler, Guntram Graf von
Lösch zum Beispiel, diesem seltsamen Vogel aus einer ihnen fremden Welt

begegnet, wird mit Freundschaft bis zum Tod belohnt. Die wichtigste der Erfahrungen jedoch, die Strauß in dieser Zeit gesammelt hat, besteht wohl darin, dass es letztlich seine eigene Leistung ist, die ihn vorangebracht hat, dass alle Unterstützung ihn im Grunde nur in jenes Recht versetzt hat, das ihm bei seinen Gaben zustand – das ihm allerdings verwehrt geblieben wäre, wären da nicht die selbstlosen, auf sein Glück bedachten Förderer gewesen.

Fronterfahrungen

In der Schule ist ihm beinahe alles zugeflogen. Nur für die Abiturklausur in Mathematik muss sich der Primaner noch mal auf den Hosenboden setzen. Die glänzend bestandene Reifeprüfung bestätigt eindrucksvoll, wie richtig der Ratschlag seines Förderers Zellinger gewesen ist, dem Jungen die Entfaltung seiner Talente durch die bestmögliche Schulbildung zu ermöglichen. Überraschend tun sich nun, nach Schulabschluss im Frühjahr 1935 und sogleich abgeleistetem Arbeitsdienst – »bei dem meine Tätigkeit in Roden und Entwässerungsarbeiten bestand«[1] –, Schwierigkeiten auf: Der erste Immatrikulationsantrag an der Münchner Ludwig-Maximilians-Universität wird ohne Angabe von Gründen abgelehnt. Es ist plausibel, auch wenn es keine Beweise dafür gibt, dass dies der aufrechten und regimekritischen Haltung des Vaters zuzuschreiben ist, wie Strauß in seinen Erinnerungen mutmaßen wird.[2] Sein Mentor Zellinger jedoch interveniert, und das Problem ist aus der Welt. Zum Winter 1935/36 kann Strauß sein Studium aufnehmen. Zunächst schreibt er sich für Germanistik, klassische Philologie und Archäologie ein, bald belegt er Vorlesungen in Geschichte, zum Ende rundet er seine Studien mit einigen Semestern Volkswirtschaft und Jura ab.

Aufgrund seines herausragenden Abiturs ist zudem die Frage der Finanzierung des Studiums fast beantwortet, bevor sie sich überhaupt stellt. Strauß wird in das Maximilianeum aufgenommen, eine 1860 von König Max II. von Bayern gegründete Stiftung zugunsten hochbegabter Landeskinder, zugleich eine »Pflanzschule für Beamte«.[3] Dazu passt es, dass sein erster ernsthafter Berufswunsch – nachdem die kindlichen Überlegungen, es als »Lokomotivführer, Pfarrer, Gewerkschaftsführer (oder) Maschineningenieur«[4] zu versuchen, verworfen sind – in Richtung Lehramt geht, wo er sich sowohl der Liebe zu den alten Sprachen und der antiken Geschichte hingeben als auch seine in vielen Nachhilfestunden erprobten pädagogischen Talente entfalten könnte. Noch bis zu seinem Lebensende wird Strauß Post von seinen ehemaligen Schülern erhalten. Willi Stickler, der seit Jahrzehnten Chemie an der University of Denver lehrt, besucht ihn 1986 in München und vergisst in seinem Dankesbrief nicht daran zu erinnern, »wie Du mir Nachhilfe in Latein und Griechisch erteilt hast, wie Du in mir (heute unersättlichen) Wissensdurst erweckt hast und so die Samen zur wissenschaftlichen Laufbahn gesät hast«.[5]

Im Laufe des Studiums gewinnt Strauß mehr und mehr Spaß am wissenschaftlichen Arbeiten, und überhaupt beginnen sich in diesen Jahren seine geistigen Perspektiven zu weiten. In einem ausführlichen, drei eng beschriebene Seiten umfassenden Wehrmachtslebenslauf, der, 1941 verfasst, kein Wort enthält, dessen Strauß sich nach dem Kriege schämen müsste, heißt es: »In diesen Jahren kam ich heran an die Fragen und Probleme der Kulturgestaltung, an die tragische Literatur der Griechen und ihre Übernahme bei den deutschen Dichtern, überhaupt an den Humanismus als Erziehungs- und Kulturform im allgemeinen. Die höheren Semester brachten eine Wendung zur Geschichte mit sich (...). Besonders bewegte mich dabei die Frage der Geschichtsphilosophie, des geschichtlichen Denkens und der geschichtlichen Erscheinung (...). Aus einem Grenzgebiet entstand auch meine Doktorarbeit über die Gestaltung der antiken Imperiumsidee, die ich bis kurz vor den Abschluss brachte. In dieser Zeit legte ich auch mein Berufsziel endgültig fest: ich wollte höherer Lehrer werden und wenn möglich als Dozent dann für Geschichte an die Hochschule mich emporarbeiten.«[6]

Studium, Gelderwerb als Nachhilfslehrer und die Pflege seiner Hobbys wie das Radeln miteinander zu verbinden – darüber hinaus ein geselliger Mensch zu sein – »war nicht leicht«, erinnert sich Strauß Jahrzehnte später. Vergnügungen wie der Tanzkurs beim seinerzeit über die Münchner Stadtgrenzen hinaus bekannten Tanzmeister Valenzi sind eher gesellschaftliche Pflichtübungen für den jungen, aufstrebenden Mann, die er wegen ihrer »Geselligkeit« und dem hübschen Ambiente des Nobelhotels »Vier Jahreszeiten« schätzt. Das täuscht ihn jedoch nicht darüber hinweg, dass er »auf diesem Gebiet keine besonderen Fähigkeiten« besitzt: »Sicher war ich meiner Sache nie.«[7]

Von Jahr zu Jahr entfernt der junge Strauß sich weiter von der Lebensbahn, die ihm einst vorgezeichnet schien. Allerdings, so schreibt er in seinen Erinnerungen: »Das Verhältnis zu meiner Mutter und zu meinem Vater blieb auch nach dem Wechsel auf das Gymnasium stets gut, und es gab keinerlei Entfremdung. Sicher spürten die Eltern, daß der Bub sich jetzt mit Gedanken beschäftigte und in Kreise kam, mit denen sie nicht vertraut waren und mit denen sie wenig anfangen konnten« – also doch ein Stück Entfremdung –, »(a)ber ihr Stolz überwog. Hervorragende Noten, die ich nach Hause brachte, beschleunigten die Versöhnung mit der neuen Entwicklung.« Und dann ein merkwürdiger Satz, der das Verhältnis zu den

Eltern charakterisieren soll: »Das persönliche wie das politische Vertrauensverhältnis zum Elternhaus hat unter meinem Eintritt in eine für meine
Familie neue Welt niemals gelitten.«[8]

Es ist leicht vorstellbar, dass der Kampf um Anerkennung für den eingeschlagenen Weg mit den ersten guten Schulnoten nicht abgeschlossen
war. An der aufopferungsvollen Hingabe der Eltern, der Treue zu ihrem
Sohn, der die durch Stand und Herkunft vorgegebenen Bahnen verlässt
und eine ihnen fremde Welt betritt, am selbstlosen Streben von Vater und
Mutter, dem Jungen alles zu ermöglichen, damit er es einmal besser hat als
sie, besteht kein Zweifel. Aber ist es Nestwärme, ist es Herzlichkeit, die
durch den Begriff des »Vertrauensverhältnisses«, das nicht gelitten habe,
schillert, ist es Liebe, ist es gar tiefere Seelennähe?[9]

Allein, dass es nicht nur das »persönliche«, sondern auch das »politische Vertrauensverhältnis« ist – ein Wort, das zum Zeitpunkt der Niederschrift auch das Verhältnis zu Gerold Tandler oder Edmund Stoiber bezeichnen könnte –, dokumentiert die seltsame Ausdrucksschwäche, um das
Mindeste zu sagen, des späten, eigentlich doch unvergleichlich wortge-
wandten Strauß, die ihn immer dort überkommt, wo es um seelische und
emotionale Befindlichkeiten geht. Aus der Sprachlosigkeit bei der Benennung seiner Gefühle für die Eltern ragt immerhin das Moment aufrichtigen
Danks hervor. Die tiefe Verwurzelung im katholischen Milieu, gepaart mit
der erzieherischen Strenge, die das Kinderleben im Elternhaus bestimmt,
machen den Heranwachsenden immun gegen alle Verführungen der Zeit.
Immer wieder wird dem Knaben beigebracht, welches Verderben die Nazis,
die man lange vor der Machtergreifung in der Schellingstraße ihr Unwesen
treiben sehen kann, über Deutschland bringen werden.

Seit 1925 liegt auch noch die Parteizentrale der Nazis in direkter Nachbarschaft – Schellingstraße 50 –, und niemand kann ahnen, welche Blut-
spur von hier aus durch Deutschland, Europa und schließlich die ganze
Welt ziehen wird. Brave, anständige, glaubensfeste Leute wie die Eltern
Strauß müssen die Details der Zukunft gar nicht kennen, um zu wissen,
dass hier größtes Unheil droht. Wenn Franz Josef Strauß sich im Kreise
seiner Mitschüler energisch gegen die ersten erkennbaren Anfechtungen
durch die neue Zeit verwahrt, denen Teile seines Umfelds zu erliegen scheinen, zeigt sich darin wohl eher die Resonanz der Werte, die im Elternhaus
etwas bedeuten, als seine später zutage tretende brillante analytische Begabung. Die Geschichte hat dem Vater leider Recht gegeben; Strauß hat also
allen Grund, das »politische Vertrauensverhältnis« als in schwerer Zeit

bewährt zu würdigen, auch dankbar dafür zu sein, dass die Eltern ihn in die richtige Bahn gelenkt haben.

Dies gilt umso mehr, als der junge Strauß geradezu idealtypisch jenem Menschenschlag entspricht, den die braune Bewegung braucht und dem sie ja tatsächlich einiges zu bieten hat. Er ist über die Maßen intelligent, in bester körperlicher Verfassung – und überdies noch dunkelblond –, ein robuster, willensstarker Typ, der die durch seine soziale Herkunft vorgegebenen Grenzen überwinden will. Wie wäre sein Weg verlaufen, hätte es nicht frühzeitig Förderer und Mentoren gegeben, die ihm die Möglichkeit eröffnet haben, aus diesen Beschränkungen auszubrechen? Diese eine Weichenstellung bewirkt nun, dass die moralischen Impfungen der Kindheit tatsächlich umfassenden Schutz gegen jede Anfechtung bieten. Während in München beim Oktoberfest 1938 – gerade wird das Münchner Abkommen geschlossen – »überschwängliche Freude (…) über den nunmehr gesicherten Frieden« herrscht, blickt Strauß düster in die Zukunft. Mit seinem Freund und Nachhilfeschüler Stickler wettet er, »daß wir spätestens ein Jahr nach dem Vertrag von München uns im Krieg mit England befinden«.[10]

Sogar die ärmlichen Verhältnisse, die den jungen Mann zwingen, sein Leben und dessen materielle Absicherung weitgehend selbst in die Hand zu nehmen, bewirken so ihr Gutes. Je nach Zahlungsfähigkeit der Eltern verlangt Strauß zuletzt zwischen 1,50 Mark und 3 Mark für die Nachhilfestunde; seine monatlichen Einnahmen belaufen sich vor Kriegsbeginn auf rund 200 Mark. Nur zum geringsten Teil wird das so Verdiente in Biergärten und Brauhäusern durchgebracht oder in Büchern angelegt. Bis zum Ausbruch des Zweiten Weltkriegs hat sich Strauß nicht nur eine Schreibmaschine und ein Motorrad, eine 200er Puch, gekauft, sondern auch den stattlichen Betrag von 3200 Reichsmark auf seinem Sparbuch angesammelt.[11] Strauß, dem nichts geschenkt wird, der sich fast alles erarbeiten muss, gewinnt so ein immer stärkeres Selbstbewusstsein: das, was er ist, aus eigenem Recht zu sein.

Damit verlieren auch die höheren Gesellschaftsschichten, in die der ehrgeizige Student strebt und denen er in Gestalt von Kommilitonen und Nachhilfeschülern begegnet, allmählich ihren Glanz und Zauber. »Als wir weiland als junge Menschen in Gespräche vertieft an den Priel pilgerten«, das wird ihm Jahrzehnte später eine ihm eng ans Herz gewachsene Studienfreundin in Erinnerung an die gemeinsame Zeit 1938/39 schreiben, »und Du die Dir damals wohl neue, liberale, großzügige tolerante Lebensform der wohlhabenden Familie Grokenberger kennenlerntest, hast Du einmal, halb vorwurfsvoll und halb ermahnend gesagt: ›Dorothee, Dein Leben hat keinen Tiefgang.‹«[12]

Über die Zeit seines Studiums und die Jahre in der Wehrmacht geben nicht wenige Berichte Auskunft, die in einem übereinstimmen: der dokumentierten Ablehnung des Nationalsozialismus. Im Vordergrund stehen dabei kleine Heldenstücke oder jedenfalls Anekdoten – zu deren Verbreitung Strauß nicht unwesentlich beigetragen hat –, die das analytische Genie späterer Tage bereits im Dritten Reich erahnen lassen sollen. Um nur eine zu zitieren: »Ich hatte einige Ersparnisse, die ich mir als Nachhilfelehrer erworben hatte; einen Teil davon setzte ich damals ein und machte den Führerschein. Meine Schwester hielt das für völlig sinnlos, da ich mir weder jetzt noch in nächster Zukunft ein Auto kaufen könne. ›Was willst Du denn mit dem Führerschein anfangen?‹ Meine Antwort sei gewesen, so erzählt sie noch heute jedermann: ›Der fängt doch einen Krieg an. Meinst Du, daß ich für den Deppen zu Fuß durch Europa marschiere!‹«[13]

So spektakulär derartige Geschichten klingen, die im Rückblick bestimmt nicht an erzählerischer Farbe verloren haben, sie verstellen eher den Blick für das Wesentliche, die Tiefe, in dieser Lebensphase von Strauß. Denn Strauß ist längst noch nicht der respektlos, unverschnörkelt drauflosredende Haudegen, auch wenn er gelegentlich schon einen Vorgeschmack auf jene unbedachte Offenherzigkeit gibt, die den Politiker auszeichnen wird. Einige Tage vor Ausbruch des Zweiten Weltkriegs etwa sendet er seinem Freund Rudi Mitterwieser in die Max-II-Kaserne eine Ansichtskarte, die den wenig wehrertüchtigenden Satz enthält: »Mir geht es gut, but I see black, und ich komme mir vor wie auf der Insel der Seligen vor der Abfahrt in die Hölle.«[14]

Schlimmer, nahezu selbstmörderisch, ist ein Vorfall, den Strauß in seinen Memoiren schildert und der durch andere schriftliche Quellen belegt ist: »Im Dezember 1939« – Strauß ist inzwischen an den Westwall verlegt worden – »äußerte ich mich auf Munitionswache in einem einsamen Eifeldorf gegenüber meinen Kameraden über den Ernst der Lage: daß ich den Krieg für verloren hielte, daß Hitler, Göring, Goebbels und Himmler Kriegsverbrecher seien, daß ich die Steigerung ›dumm, saudumm, kriegsfreiwillig‹ nur allzu richtig fände.«[15] Strauß wird denunziert und einem mehrstündigen Verhör unterzogen. Mit Händen und Füßen setzt er sich zur Wehr, bestreitet, relativiert, beschwichtigt. Dennoch muss er am Ende

Strauß mit seiner älteren Schwester Maria
Anfang der 1940er Jahre.

einen Tatbericht unterschreiben, den sein Batteriechef weiterleitet, der aber schließlich bei dessen Vorgesetztem, Major Ludwig Fergg, im Papierkorb landet.[16] Vierzig Jahre später, in seinem Kandidatenwahlkampf 1980, ist die Erinnerung an den rebellischen Strauß in jenem Eifelort noch hellwach. So kann Alois Mertes, der als Direktkandidat der CDU in dem Gasthof eine Wahlkundgebung abhält, in dem Strauß damals einquartiert war, diesem nicht nur die herzlichsten Grüße seiner einstigen Quartierswirtin übermitteln, sondern weiß auch zu berichten, dass sich diese Dame bestens daran erinnere, sich »während des ganzen Krieges« immer wieder gesorgt zu haben: »Hoffentlich passiert dem Franz Josef Strauß nichts; denn er kritisiert den Hitler und die Nazis allzu scharf und allzu offen.«[17]

Anfang 1940 berichtet Strauß seinem hochgeschätzten Professor, dem Altphilologen Franz Dirlmeier, wie er die Weihnachtstage verlebt hat, und schon aus dieser Schilderung lässt sich der tiefe Ernst erahnen, der den jungen Soldaten umtreibt: »Weihnachten habe ich ruhig verbracht, wie jedes Jahr die Bibel gelesen, diesmal – horribile dictu – eine englische Ausgabe, und an den Feiertagen das letzte Buch Wiecherts vorgenommen ›Das einfache Leben‹. Der Duft meiner geliebten Brazilzigarren und reichlich Alkoholika begleiteten die Lektüre, in der ich jenen schönen Satz fand: ›… ein guter Offizier war jener gewesen und ein guter Kamerad, doch wenn man die Uniform auszog, mußte man wohl mehr sein als dies. Das Leben verlangte mehr als ein Kriegsschiff verlangt.‹ Manchem ›Soldaten‹ ins Stammbuch zu schreiben, oder …?«[18]

Von soldatischer Begeisterung ist in diesen Zeilen nichts zu spüren, und das liegt sicher nicht nur daran, dass Strauß, fern der Heimat, sich nach München, der Universität und seinen altphilologischen Studien sehnt. Es ist auch mehr als bloß Reserve gegen den Kommiss, mehr als ein pessimistischer Blick auf den ihm wahrscheinlich erscheinenden Ausgang des Kriegs, was Strauß bewegt und ihm die Feder führt. »Die viele Arbeit, die Sie jetzt haben«, so beglückwünscht er seinen Professor, »ist ein wahrer Segen in diesen Zeiten, glaub ich, die einzig wirkliche ›Produktion‹ in der Gegenwart, nur schwingt für mich ein leiser Unterton des Schmerzes und der Trauer mit, wenn ich an Ihre Agamemnoninterpretationen denke, die mir wieder entgehen. Doch die Hauptsache ist, daß so etwas heute überhaupt noch möglich ist, und darüber freue ich mich, und wenn es die Umstände fügen, wird bei einem Ihrer Kollegs im neuen Semester eine schlichte Kanoniersuniform erscheinen, die einen Humanisten als Inhalt hat trotz der äußeren Verwilderung und Barbarisierung.«[19]

Diese unverhohlenen Worte sind umso bemerkenswerter, wenn man bedenkt, dass sich Dirlmeier ziemlich weit auf den Nationalsozialismus eingelassen hat: Er ist Gauleiter des NS-Dozentenbundes, aber wohl doch, wie Strauß im Rückblick meint, anständig geblieben, denn er »hat in dieser Funktion (…) vielen geholfen, die mit den Nazis ihre Schwierigkeiten hatten«.[20]

Kaum ein Brief des zwangsuniformierten Studenten an seinen verehrten Professor, der nicht mit düsteren Bemerkungen seine innere Unruhe und Distanz zum Zeitgeschehen, aber auch seine Suche nach Halt und Orientierung im Ungewissen offenbarte: »Ich habe reichlich nachgedacht«, schreibt Strauß im Oktober 1939 in Erinnerung an einen Abend in München, an dem Zukunftspläne für die Zeit nach dem noch ausstehenden Referendarexamen erörtert worden sind, »und bin dazu gekommen, Ihre Ansichten, die mir sehr wertvoll zu hören waren, weitgehend anzunehmen oder für mich zu verwerten. Es war mir gewissermaßen eine Bestätigung meiner früheren Überlegungen, nur ist der Gesamteindruck für mich noch dunkler und die Alternative, vor der wir stehen, schmerzlich und unheimlich. Für mich persönlich weiß ich gerade jetzt wieder, wenn ich hinauskommen sollte, wie wertvoll unsere Arbeit ist und wie dankbar wir für sie sein müssen, dies ist, glaube ich, der einzige positive Punkt meines Barrasdaseins, wieder klar umrissene Ziele, Aufgabe und Weg zu sehen, und dies schärfer und unerbittlicher denn je.«[21]

Ein gutes halbes Jahr später ist für Strauß die Zeit im militärischen Wartestand zu Ende, seine Einheit greift nun in das Kriegsgeschehen ein. Am
10. Mai 1940 überschreitet sie bei Echternach die Grenze nach Luxemburg.
Für den Altphilologen in Uniform beginnt der Frankreichfeldzug. »Was soll
ich Ihnen erzählen von zerschossenen Tanks, ausgebrannten Ortschaften,
Feuerüberfällen, Luftkämpfen u. dgl., ich glaube es hat keinen Sinn. Wir
stehen alle in der Hand der Vorsehung, und ohne den Willen Gottes fällt
kein Haar von meinem Haupte. Um mit Rilke zu reden, ich weiß, daß ich
Raum zu einem zweiten zeitlos breiten Leben habe ... im Reiche der humanitas und pietas christiana.«[22]

Wenige Tage später – »der Beginn des 2. Teils der großen Offensive in
unserem Abschnitt«[23], ein »furchtbares Wüten von Stahl und Eisen«, hat die
vergangene Nacht zerrissen – geht ein weiterer Brief nach München ab, der
nur ganz knapp auf das Kriegsgeschehen eingeht (»Ich will von all dem aber
nicht erzählen und nur den entscheidungsschweren Morgen des Tags für
Sie festgehalten haben«). Wichtigeres gilt es mit dem akademischen Lehrer
zu erörtern: »Vollkommen richtig haben Sie in Ihrem Brief von der großen
Einsamkeit geschrieben, die in und um uns herrscht, und dies umso mehr,
je sensibler der Mensch ist, je tiefer seine Auffassung des Lebens und die
Achtung vor ihm gegründet ist. (...) Vom Begriff des Schicksals kann ich
nicht reden, weil ich mit ihm noch nicht fertig bin, ich weiß nur jetzt, welch
ungeheure Aufgabe auf uns Erzieher wartet« – Strauß steht mitten in seiner
zweiten Examensprüfung, für die er die Fronturlaube nutzt – »und wie
hoch die Voraussetzungen heute dafür sein müssen, um heute vor einer
Jugend Humanismus predigen zu können. Und doch wird, wenn wir zurückkehren an unseren stillen Arbeitsplatz, die Hand sich ausstrecken nach
Sophokles und Plato, mehr zuerst als nach Homer und Pindar, und daneben wird immer die Bibel stehen müssen, mit deren Eintritt in den menschlichen Bereich der Begriff Opfer in eine höhere Daseinsordnung erhoben
worden ist.« Und weiter: »Ich habe heuer wohl ein unvergeßliches Pfingsten erlebt, und nie hat mir die alte Hymne ›Veni Creator Spiritus ...‹ im
Inneren stärker widergeklungen als in diesen Tagen, wo das Auge soviel
Zerstörung sehen mußte. Es ist mir immer ein Zeichen, ein Beweis für die
Schuld, die Verkehrung des Menschen, wenn er Schutz suchen muß unter
der Erde in künstlichen Deckungen, auf der er als homo erectus wandeln
sollte, im Gegensatz zum Tier, das pronus geschaffen ist.«

In diesen gerade in den frühen Kriegstagen ungeheuren Sätzen steckt
natürlich ein gehöriger Schuss romantischer Sentimentalität und überbor-

dende Idealisierung jenes Humanismus, der in Schule und Studium sein Herz erobert hat. Gepaart mit dem christlichen Glauben, den die Eltern in ihm entzündet haben, jener Urfrömmigkeit, die sich Strauß – trotz der zunehmenden Distanz zur Amtskirche und deren Dogmentreue, die er als fatale Verhärtung empfindet – auch in Zukunft bewahren wird, ist das ein starker Schutzschild, mit dem dieser Soldat gegen die Barbarei der Gegenwart gefeit ist. Im Laufe der Zeit wird das Schwärmerisch-Bekenntnishafte mehr und mehr abklingen, aber die Substanz dieses Denkens und dieser Ideen wird stets erkennbar bleiben: dass der Mensch nicht zum gebeugten Gang geboren sei. Im Krieg ist dies ein Vorwurf an jene, die von Menschen verlangen, sich wie Tiere zu verhalten; fünfundzwanzig Jahre später, wenn Strauß in der Debatte um den Nationalsozialismus eine vielen Zeitgenossen anstößige Position beziehen wird, die arg nach Schlussstrich riecht, taucht diese seinen humanistischen Idealen entsprungene Denkfigur in anderem Zusammenhang wieder auf: Nun wendet er sie gegen jene, die den Nachkriegsdeutschen das Urmenschliche, den aufrechten Gang, verwehren wollen.

Dass Dirlmeier sich, anders als Strauß, mit den Nazis arrangiert hat, stört seinen Schüler offensichtlich nicht. Was zählt, sind die »vertraute(n), erfüllte(n) Stunden (…) aus den Tagen, da Sie mir Sophokles, Aristoteles, die hellenistischen Meister der Rede, oder kurz gesagt, die humanitas nahe brachten in ihrem weitesten Sinne«. Und Strauß hat in jener Zeit der Prüfung und moralischen Bewährung keinen Grund, am Vorbild zu zweifeln. Denn auch sein Professor brennt keineswegs für den Krieg: »(B)ei Ihnen weiß ich, daß der Ernst, der hoc tempore angebracht ist, in Ihrem Tun und Denken zum Ausdruck kommt. Ist es aber allgemein so? Kann diese Haltung nur dann aufgebracht werden, wenn Fliegerbomben in sinnfälliger Weise auch zuhause manchen das Gesicht des Krieges näher bringen?« Während fast ein ganzes Volk in Siegesrausch verfällt, ist sich Strauß sicher, seinem Lehrer anvertrauen zu dürfen: »Möge der Daimon Europas eine große Katastrophe verhindern und die Verblendeten zur Einsicht bringen. Quem Deus perdere vult, eum prius dementat«[24] – *wen Gott verderben will, den straft er mit Verblendung.*

Kaum ist die Schlacht im Westen geschlagen, zum 1. November 1940 die Ernennung zum Unteroffizier erfolgt und bei einem Studienurlaub um die Jahreswende 1940/41 endlich die letzte Examensprüfung abgelegt, wird Strauß auf Flugabwehr umgeschult und im Frühjahr 1941 an die Ostfront

*An der Ostfront: Lagebesprechung mit seinem Chef Hauptmann Fraß (links)
in Tschernischewskaja, 26. November 1942.*

versetzt. Von Beginn des Russlandfeldzugs an ist seine Einheit dabei, er selbst allerdings verbringt die Zeit vom 7. September 1941 bis zu seiner Beförderung zum Leutnant auf einem Offizierslehrgang in Altendamm bei Stettin. Aus dieser Phase und aus den kommenden Monaten sind keine Feldpostbriefe erhalten; die wenigen schriftlichen Spuren geben jedoch keinen Anlass zur Vermutung, dass sich seine Einstellung verändert hat. Wohl selten haben militärische Vorgesetzte einen so merkwürdigen Lebenslauf eines Offiziersanwärters gelesen wie den bereits zitierten von Franz Josef Strauß. Nichts Völkisches lugt aus ihm hervor, statt Soldateneifer zur Schau zu stellen, bekennt sich Strauß dazu, bei seiner ziemlich »umfangreichen Privatlektüre« während der Schulzeit und des Studiums die »bedeutenden Geschichtsschreiber Ranke und Mommsen« gern gelesen und außer an den Klassikern viel Freude an modernen Erzählern gefunden zu haben, von denen er unter anderem ausgerechnet Hermann Hesse explizit erwähnt.[25]

Der Fronteinsatz im Osten bleibt vergleichsweise kurz, doch außer Stalingrad, dem er mit Glück entgangen ist, gibt es wohl keine Angst in diesem Krieg, die er nicht durchlebt hätte. Seine Schwester aber sei, so wird er später sagen, »in größerer Gefahr« gewesen, »als ich jemals im Kriege war«:[26] Sie musste nicht nur dreimal miterleben, wie die elterliche Wohnung ausgebombt wurde, sondern hatte auch Glück, dass eine wenige Meter neben ihrem Schreibtisch niedergehende Luftmine sich als Blindgänger erwies. Von Auschwitz und den anderen Vernichtungslagern, beteuert Strauß in seinen »Erinnerungen«, habe er erst 1945 erfahren, doch Kriegsverbrechen aller Art, auch Massenerschießungen, sind ihm nicht verborgen geblieben.[27]

Verbürgt ist, daß Strauß, ohne deshalb gleich Aufrührer zu sein, immer wieder Befehle abzuwenden weiß, die militärisch sinnlose Menschenopfer gekostet hätten.[28] Noch bis in seine letzten Tage hinein wird er ausführliche Korrespondenzen mit ehemaligen Kriegskameraden führen, die facettenreich schildern, »daß man auch in der Wehrmacht des Dritten Reichs nicht immer Kadavergehorsam üben mußte, sondern auch selbständig denken durfte«, wobei freilich »immer der Schatten des Führerbefehls und der Vorwurf der Nichtbefolgung von Führerbefehlen« über einem schwebte.[29]

Anfang 1943 erhält Strauß Befehl, an einem Lehrgang der Feldflak-Artillerieschule XIII in Stolpmünde teilzunehmen. Die Zeit bis zum Kriegsende wird er im Wesentlichen, von kurzen Abkommandierungen nach Dänemark und Frankreich abgesehen, an der Flakschule IV in Altenstadt bei Schongau verbringen, nahe der oberbayerischen Heimat also.

Am 12. Januar verlässt er die Ostfront Richtung Heimat. Da der Zug tagelang auf offener Strecke liegenbleibt, kommt er mit erfrorenen Füßen an. Glück im Unglück: Er erhält einen mehrwöchigen Genesungsurlaub. Natürlich nutzt er diesen, um seiner geliebten Alma mater einen Besuch abzustatten. Gerade sind die Geschwister Scholl gefasst und hingerichtet worden. Strauß wird Zeuge einer Versammlung der Studentenschaft, auf der die Redner unter dem Beifall des Auditoriums gegen die »Verräter« und »Drückeberger« wettern. Hermann Bengtson, später Ordinarius für alte Geschichte und ebenso wie Strauß ein Schüler Walter Ottos, bei dem immer noch die nicht abgeschlossene Dissertation über »Justins Epitome der Historiae Philippicae des Trogus Pompeius« anhängig ist, beobachtet das hasserfüllte Treiben aus der Ferne, als er Strauß entdeckt. Der kommt auf ihn zu und bemerkt trocken, »indem er auf die tobende Protestversammlung zeigte: ›Die müssen alle weg.‹« Bengtson erwidert: »Aber Herr Strauß, dann geht der Krieg verloren«, worauf Strauß entgegnet: »Der Krieg ist schon verloren.«[30]

Bei aller Verachtung für die Nazis und allem Hass auf deren Krieg, die Strauß empfindet – die Art von Widerstand, wie ihn die mutigen Anhänger der Weißen Rose betreiben, ist seine Sache nicht. »Ich möchte nicht den Menschen, die aus Idealismus einerseits und Entrüstung und Empörung heraus andererseits eine Aktion unternommen haben und dabei unter die Räder gekommen sind, wahrscheinlich mißhandelt worden sind, und umgebracht wurden, (...) jetzt nachträglich, nach den Maßstäben des Erfolgs oder Mißerfolgs, ein schäbiges Urteil entgegenbringen« – diese niemals öffentlich bekundete, aus dem Abstand von fünfundzwanzig Jahren formulierte Meinung dürfte auch seinem zeitgenössischen Urteil entsprochen haben: »Nur habe ich solche Widerstandsformen angesichts einfach des Aufgebots an Staatsgewalt, für sinnlos gehalten. Ich war der Meinung, daß die einzige Möglichkeit – wenn überhaupt, sogar die war noch trügerisch – nur beim Militär liegt.«[31]

Tatsächlich kommt Strauß Anfang 1944 mit den äußeren Rändern jener Wehrmachtskreise, die das Attentat auf Hitler planen, in Berührung. Deren Vorhaben ist eher schon was für seinen Geschmack: keine gutgemeinte spontane Aktion, ohne Gedanken für den Tag danach, sondern – so jedenfalls stellen ihm sich die Dinge dar – ein nach Maßgabe der Umstände vergleichsweise durchorganisierter Staatsstreich, der Hitler beseitigen und zugleich die politische und militärische Führung überall im Land in friedensbereite Hände legen soll. Es ist kein Zufall, dass man in den verschwörerischen Zirkeln der Wehrmacht auf diesen jungen Leutnant aufmerksam geworden ist, denn mit Fortgang des Krieges schert sich Strauß immer weniger um die Risiken loser Reden. Nicht, dass er ungefragt zu großen Sprüchen neigte, aber Diskussionen über die Aussicht, siegreich aus den Schlachten heimzukehren, weicht er, »nach einem vorsichtigen Abtasten«[32], selten aus. Auch Heinrich Lades gegenüber nicht, der als Ordonnanzoffizier beim Münchner Wehrbezirkskommando schon seit längerem in die Vorbereitungen des 20. Juli einbezogen ist und schnell Vertrauen fasst. In groben Zügen weiht er Strauß in die Planungen ein und weist ihm seine Rolle zu: Nach dem Attentat auf Hitler werde das Militär eine Übergangsregierung bilden und brauche dafür tatkräftige Helfer, die auf lokaler und regionaler Ebene unbeirrbare Nazis entfernen sollen. »Auf mich wäre, so das Resultat der Gespräche mit Lades, die Aufgabe zugekommen, in unserem Garnisonsbereich ›reinen Tisch zu machen‹, was nicht Erschießen, sondern Festnahme eifernder Nazis meinte.«[33]

Die schwärmerischen, grüblerischen Seiten des begeisterten Humanisten treten im Lauf der Jahre immer weiter in den Hintergrund. Dort bleiben sie, bis an sein Lebensende, präsent, doch mehr und mehr drängt nun der Tatmensch des angewandten Humanismus aus ihm hervor. Schon bei den ersten Schritten dieser Entwicklung bilden sich dabei zwei unterscheidbare, aber von seinen Kritikern selten unterschiedene Wesenszüge heraus, die auch den späteren Politiker auszeichnen werden. Waghalsig, mit hoher persönlicher Risikobereitschaft – manchmal ist es die Kardinaltugend der Tapferkeit, die ihn leitet, doch oft genug fehlt die Mäßigung, so dass vieles doch nur tollkühn ist – streitet er für das, was ihm richtig erscheint. Ganz anders hingegen, bedächtig und voller Skrupel, handelt er, wenn die Sache, um die es ihm letztlich zu tun ist, vom abenteuerlichen Herz in den Abgrund gerissen zu werden droht. Manchmal gewinnt die abwägende Vernunft erst spät die Oberhand; der undurchdachte Trennungsbeschluss der CSU von Wildbad Kreuth aus dem Jahre 1976 ist hierfür ein Musterbeispiel. Mit Zauderhaftigkeit im Letzten, im Sinne von feigem Zurückschrecken vor dem Entschluss, jedoch ist dies nicht zu verwechseln. Quintus Fabius Maximus, der den auch Strauß gelegentlich zugedachten Beinamen »Cunctator« trug, »der Zögerer«, hat mit seiner hinhaltenden Taktik seinen eigenen Ruf und den von Rom nicht gemehrt, denn seine Vorsicht wurde mit Ängstlichkeit vor der Konsequenz verwechselt und als Feigheit missverstanden. Die Befreiung vom Cunctator schien Rom zwar für einen Augenblick wieder Erhabenheit und Stärke zu verleihen – und bescherte ihm schließlich doch nur die verheerende Entscheidungsschlacht bei Cannae.

Nichts geht und alles ist machbar

Es kann nicht mehr lange dauern, einige Tage, vielleicht nur wenige Stunden noch, dann wird der Krieg für Strauß beendet sein. Er und seine Kameraden warten und hoffen, dass die Amerikaner bald nach Altenburg vorstoßen werden. Entgegen der Order, Schongau und Umgebung bis zum letzten Mann zu verteidigen, arbeiten sie insgeheim auf eine kampflose Kapitulation hin. So leben sie in ständiger Gefahr, sich mit fanatischen Offizieren oder SS-Schergen anzulegen, die entschlossen sind, mit der Waffe in der Hand unterzugehen, und nicht lange fackeln, wenn sie einem begegnen, der dazu nicht bereit ist: Wer nicht von Feindeshand getötet werden will, muss damit rechnen, vom »fliegenden Standgericht« der Waffen-SS erschossen zu werden. Die letzten Tage und Stunden sind womöglich die lebensgefährlichsten für Strauß im Krieg.[1]

In dieser ungewissen Stimmung zwischen Hoffen und Bangen schwingt er sich am Abend des 25. April 1945 auf sein Fahrrad, um von Schongau aus nach München zu fahren, wo Eltern und Schwester bei Marias Firmpatin Unterschlupf gefunden haben. Alle über Winter und Frühjahr zusammengesparten Lebensmittel und Wehrmachtszuteilungen an Schnaps und Zigaretten hat er mitgebracht: »Ihr glaubtet, daß Ihr bisher gehungert habt, aber die Zeit des großen Hungers kommt jetzt erst auf Euch zu und Ihr werdet das, was ich Euch jetzt gebracht habe, gut gebrauchen können.«[2] Eine Stunde Schlaf, dann bricht der Sohn und Bruder auf in die Nacht, an deren Ende sein letzter Tag im Kriege anbrechen wird.

Bevor die Amerikaner am 27. April Altenstadt erreichen[3], wird in Windeseile die Flakkaserne geräumt; Strauß, der die Personalpapiere seiner Abteilung verwaltet, hilft dabei, den 2500 Soldaten vorzeitig Entlassungsscheine auszustellen, und als alles getan ist, entlässt er sich am Ende selbst. Während die Amerikaner durch das Haupttor kommend die Kaserne besetzen, radelt der in Zivil gekleidete Oberleutnant durch ein rückwärtiges Tor hinaus aus dem Krieg. Am nächsten Tag erregt allerdings das von ihm selbst in den Wehrpass eingetragene Entlassungsdatum – 20. April 1945 – Misstrauen bei einer US-Militärkontrolle, und er wird erst einmal festgenommen.

Doch nur wenige Wochen ist Strauß Kriegsgefangener; und da er gern der Bitte seines Vernehmungsoffiziers entspricht, einen Erfahrungsbericht über die Taktik der sowjetischen Luftwaffe und deren flakmäßige Bekämpfung anzufertigen, übersteht er die meiste Zeit davon bei amerikanischer Truppenverpflegung und größtmöglicher Bewegungsfreiheit. Die Amerikaner finden an ihm Gefallen; der Executive Officer des in Schongau liegenden 939. Feldartillerie-Bataillons empfiehlt ihn wärmstens der Militärregierung: Strauß sei in der Region bekannt und beliebt, spreche ein passables Englisch und habe sich bisher gutwillig und kooperativ gezeigt, »so daß wir nicht zögern, ihn der Alliierten Militärregierung für jedweden Dienst, für den er von Nutzen sein könnte, zu empfehlen«.[4]

Kaum in die Freiheit entlassen, erbittet er von den amerikanischen Besatzern eine Reiseerlaubnis nach München, die bei der Gelegenheit gleichfalls feststellen, dass Strauß ein recht ordentliches Englisch spricht und überhaupt gut in der Verwaltung zu gebrauchen wäre. Sofort, am 2. Juni, tritt also der Oberleutnant a. D. seinen Dienst als stellvertretender Landrat von Schongau an; da dieser nebenamtliche Posten nicht besoldet werden kann, besetzt Strauß, der zur Abrundung seiner Universitätsstudien immerhin noch zwei Semester Jura gehört hat, pro forma die vakante Stelle des Juristischen Sachbearbeiters beim Landrat.[5]

Seit einem Monat ist der Krieg beendet, da erhalten die Eltern und die Schwester, die seit dem nächtlichen Besuch im April nichts mehr von ihm gehört haben, einen Brief – endlich das ersehnte Lebenszeichen: »Nachdem im Radio von schweren Kämpfen bei Schongau und Peiting die Rede war, seid Ihr möglicherweise in schlimmer Sorge gewesen, wenn Ihr es gehört habt. Aber die Meldung war reiner Schwindel, wie das meiste bei den Nazis. Wir haben den Widerstand gründlich sabotiert und die Nazis so eingeschüchtert, daß sie froh waren, nicht erschossen zu werden.« Ihm selbst gehe es den Umständen entsprechend gut: »Kriegsgefangener bin ich bis jetzt nicht geworden, obwohl ich einige Tage festgesetzt war. Wahrscheinlich wird man uns nur durch ein Lager oder eine Kommission schleusen. Z. Zt. arbeite ich am Landratsamt hier und befinde mich im allgemeinen ganz wohl.«[6]

Am Anfang ist der einen Tag vor Strauß ins Amt gesetzte neue Landrat Xaver Bauer gar nicht glücklich über seinen Stellvertreter, bei dem man sich nicht sicher sein kann, ob er nicht ein Aufpasser der Amerikaner ist. Doch das Misstrauen ist rasch überwunden – nicht nur, weil Bauer einsieht, dass es durchaus von Nutzen ist, wenn jemand in dieser Zeit des ständigen

Umgangs mit den Besatzern deren Sprache spricht. Hinzu kommt, dass sich zwischen den beiden schnell eine gute Arbeitsteilung einspielt. Bauer, der auf einige Verwaltungserfahrung zurückblicken kann – er hatte zuvor die Inspektorenlaufbahn eingeschlagen –, befasst sich vor allem mit der inneren Verwaltung, während Strauß sich um das ganze Improvisationstheater des Zusammenspiels mit den Amerikanern kümmert. Aus Distanz wird Freundschaft, Strauß zieht bald bei den Bauers ein, die Tochter wird ihn später als wertvolle Mitarbeiterin nach Bonn begleiten und bis zu ihrer Heirat Chefsekretärin des Verteidigungsministers bleiben.

Der erstaunlich rasante Einstieg in das öffentliche Leben verläuft am Anfang nicht ganz reibungslos. Offen ist, wer für ihn zahlen soll, ob Kommune oder Land. Im Krieg noch ist er nach einem verkürzten Referendariat zum Studienrat ernannt worden, ohne dass damit bereits eine Beamtenstellung auf Lebenszeit verbunden gewesen wäre. Bis ins Frühjahr 1946 wird sich das Hickhack um seine Verbeamtung zwischen dem Landkreis Schongau und der oberbayerischen Bezirksregierung hinziehen; im August schließlich wird er zum Regierungsrat im bayerischen Kultusministerium ernannt.[7]

Kaum sind die Streitigkeiten um die Besoldung beigelegt, da hat es den Anschein, als sei seine kommunalpolitische Karriere schon an ihre Grenzen gelangt. Denn in der ersten Sitzung des neu gewählten Kreistags, dem Strauß als CSU-Mann angehört, muss ein Nachfolger von Bauer, der amtsmüde ist, gefunden werden, doch Strauß unterliegt dem Gegenkandidaten Josef Hamberger mit 12 gegen 18 Stimmen. Zum Glück für ihn nimmt Hamberger, der gleichzeitig in Augsburg kandidiert hat, die Schongauer Wahl nicht an. Die daher nötig gewordene Neuwahl gewinnt Strauß mit 25 der 26 abgegebenen Stimmen souverän. Da alle möglichen Dienststellen über den Wahlausgang informiert werden müssen und die Militärregierung das letzte Wort hat, verstreichen nochmals einige Monate; am 1. Dezember 1946 erst beginnt die zunächst auf zwei Jahre angesetzte Amtszeit offiziell.

Natürlich stellt das Spruchkammerverfahren, dem er sich vor seiner Ernennung unterziehen muss, kein Hindernis dar. »Belastend«, heißt es darin, sei nur »seine 2-jährige Zugehörigkeit zum NSKK«, dem Nationalsozialistischen Kraftfahrerkorps, dem er auf dringendes Anraten von Professor Dirlmeier beigetreten war, um sein Studium nicht zu gefährden. »Es handelte sich jedoch«, wie die Spruchkammer erkennt, »um eine zwangsbedingte, nominelle Mitgliedschaft, die weder propagandistisch noch aktiv ausgeübt wurde.«[8] Der Rest liest sich sogar ein wenig glanzvoller, als es in

Wirklichkeit gewesen ist; Strauß habe »seine aktive Teilnahme an der Wi-
derstandsbewegung nachgewiesen« und durch »seine Haltung und seine
Handlungen an der Universität und bei der Wehrmacht wesentliche Nachteile in materieller und seelischer Hinsicht erlitten. (...) In den letzten Jahren schwebte er ständig in Gefahr. Seit dem 20. Juli ist diese Gefahr zur
höchsten Lebensgefahr geworden.« Selbst hat Strauß derartig heroische
Worte für sein Verhalten nie gefunden – allein, was zählt, ist das Ergebnis:
Er gilt als entlastet, eingestuft in Gruppe 5.

In einer Hinsicht haben es die Menschen im Landkreis Schongau besser als
die in den meisten anderen Gegenden Nachkriegsdeutschlands: Ihr Land-
strich ist weitgehend von den Verwüstungen des Kriegs verschont geblieben.
Ansonsten aber gleichen sich die Probleme überall. Das größte ist die Ver-
sorgungslage, hinzu kommt die Vielzahl von Heimatlosen und Flüchtlingen,
die unter- und durchgebracht werden müssen. Jeder ist sich selbst der
Nächste, die Grenzen zwischen Mundraub und gemeinem Diebstahl sind
fließend. Von öffentlicher Ordnung kann kaum die Rede sein. Erst am
8. September 1947 beschließt der Stadtrat von Schongau, eine siebenköpfige
Polizeitruppe aufzustellen, die am 12. Januar 1948 unter dem persönlichen
Kommando von Strauß die Arbeit aufnimmt. Neben den vielen Flüchtlingen, vor allem Sudetendeutsche, die auch im Landkreis Schongau einen
Neuanfang versuchen, gibt es in Altenstadt noch ein Lager der *United
Nations Reconstruction and Rehabilitation Administration* (UNRRA), in dem
5000 Polen untergebracht sind. Nicht nur an Arbeits- und Erwerbsmöglich-
keiten mangelt es, auch die Wohnungsprobleme werden durch den Zuzug
der Flüchtlinge immer größer. Zusätzliche Schwierigkeiten bei der Sicher-
stellung der Versorgung bereitet es, dass das Verkehrswesen darniederliegt.
Straßen und Brücken sind zerstört, dringend benötigte Fahrzeuge von den
Amerikanern unter Verwahr genommen, die Reifen knapp und die Treib-
stoffzuteilungen gering.[9]
    Den vielfältigen Problemen steht, in Schongau wie überall, eine fast
völlig zusammengebrochene öffentliche Verwaltung gegenüber, die zudem
für jeden Schritt die Erlaubnis der Besatzungsmacht einholen muss. Impro-
visationskunst, Organisationstalent, Geschick, sich mit den alliierten
Dienststellen zu arrangieren: Das ist es – Not kennt kein Gebot –, was die
Situation verlangt.
    Es liegt in der Natur der Sache, dass über dieses Regieren jenseits von
Norm und Gesetz kaum Auskünfte aus offiziellen Akten zu erhalten sind. In

manchen Ausschmückungen mag man an den späteren Selbstbekundungen und Erinnerungen der handelnden Personen aus jener Zeit zweifeln, in der Grundtendenz dürften sie indes zutreffen. »Ich habe damals«, so wird es in den Memoiren von Strauß nachzulesen sein, »zum Wohle der Bürger meines Landkreises, so viel gestohlen und geschoben, daß ich aus dem Gefängnis nicht mehr herausgekommen wäre, wenn es nach Recht und Gesetz gegangen wäre. Die Kunst des ›Organisierens‹, die man bei der Wehrmacht gelernt hatte, bewährte sich. Manches war Mundraub, manches ging weit darüber hinaus. Zur Bewältigung der allgemeinen Not war vieles im wahrsten Sinne des Wortes notwendig.«[10] Die eigentliche Herausforderung besteht darin, durch Bestechung und Kuhhandel die Besatzungsautoritäten gütlich zu stimmen, oder aber, wenn nichts zu machen ist, an ihnen vorbei zu lavieren.

Nicht gering sind in den ersten Schongauer Monaten auch die Probleme, die Strauß sich selbst bereitet. Er, der keinen Grund sehen muss, sich seiner Zeit im Dritten Reich zu schämen, hat nur wenig Verständnis dafür, wie seine Mitmenschen nun auf ihre Art Geschichtspolitik betreiben. Reichlich Anschauungsmaterial über das Denunziationstalent der Deutschen, das nach dem Krieg unter umgekehrten Vorzeichen neu erblüht, kann er in den Verfahren der Schongauer Spruchkammer sammeln, der er zeitweise angehört.

Im Januar 1946 steht der erste Kommunalwahlkampf seit Kriegsende an, bei dem Strauß frühe Kostproben seines Rednertalents und seiner Offenherzigkeit zum Besten gibt. Jedenfalls zieht er bei einem seiner ersten Auftritte die Aufmerksamkeit der Amerikaner auf sich und erhält die Warnung, dass er am nächsten Tag verhaftet werden soll, weil er die Militärregierung beleidigt habe. Zunächst kann sich Strauß gar nicht erklären, um was es geht, dann aber fällt ihm ein, »was ich gesagt habe: Die Deutschen sind ein ganz erbärmliches Volk. Zuerst würden sie die halbe Welt mit ihren Marschstiefeln niedertrampeln und wenn sie besiegt seien, dann den Staub von den Stiefeln der Sieger schlecken und im übrigen denunzieren. Und bei der Militärregierung hätten sie schon den Teppich vor der Tür auswechseln müssen, weil die Denunzianten schon den ersten Teppich durchgetreten hätten.«[11] Nur mit Glück und einer gehörigen Portion Frechheit gelingt es ihm, sich aus der komplizierten Lage herauszuwinden, in die er sich selbst gebracht hat.

Besonders unappetitlich empfindet er es, wenn alte Geschichten hervorgekramt werden, um mit den Mitteln der Denunziation gegenwärtige Zwecke zu verfolgen. Anfang 1946 entsinnt sich beispielsweise der als von

der Vergangenheit völlig unbelastet geltende, von den Amerikanern einge-
setzte neue Dekan der philosophischen Fakultät der Universität München,
Professor Alexander Scharff, an eine Begebenheit, die ihm jetzt bei den
Nöten der Personalpolitik hilfreich sein könnte. In zwei Briefen wendet sich
Scharff an Strauß, um sich seine eigenen vagen Erinnerungen an national-
sozialistische Entgleisungen seines früheren Assistenten Dr. Brunner bestätigen zu lassen. Dieser habe sich, wohl um 1940 herum, »ungefähr in dem
Sinne« geäußert, »daß nach dem siegreichen Kriegsende der Nazismus
überall und endgültig durchgeführt werden müsse und daß dann auch die
hinweg müßten, die jetzt noch abseits stünden und zu diesen gehöre auch
sein Professor. Nach und nach brachte ich heraus, daß Sie derjenige gewesen seien«, kann Strauß hier lesen, »der mir damals, ohne daß Sie mich
persönlich kannten, durch andere diese Mitteilung, die mir eine wichtige
Warnung war, zukommen ließen. Dafür möchte ich Ihnen jetzt« – mit
sechsjähriger Verspätung – »zunächst herzlich danken«, verbunden mit der
Bitte um eine kleine Gefälligkeit: »Es wird natürlich eine peinliche Auseinandersetzung geben, wenn er« – Brunner – »zurückkommt; und dazu
möchte ich eben genau im Bilde über den Vorgang damals sein. (...) Ich
wäre Ihnen herzlich dankbar, wenn Sie mich durch schriftl. Angaben in
dieser peinlichen Angelegenheit unterstützen würden.«[12]

Vier Wochen später, Strauß hat noch nicht geantwortet, wird die Bitte
dringlicher, denn Brunner spricht beim Dekan wegen seiner Stelle vor: »Da
ich ihn aber nach wie vor für einen ausgesprochenen Nazi halte und jedenfalls nicht in meiner Umgebung weiterhin haben möchte – anderswo mag
er sich eine Dozentur suchen von mir aus –, so wäre ich Ihnen wirklich
außerordentlich dankbar, wenn Sie mir Ihr Material gegen Br. baldigst mitteilen könnten, samt der Erlaubnis, Ihren Namen Br. zu nennen. Es wäre
dies der einzige wirklich greifbare Fall, der klar gegen Br. spricht, alles andere was ich so hörte, sind nur Klatschereien der üblichen Art, durch die
man aber gegen Br. nichts positiv ausrichten kann.«[13]

Daher also weht der Wind! Nichts Genaues weiß man nicht, außer: Der
Mann muss weg. Nicht nur, dass man mit einem solchen Ansinnen bei
Strauß genau an der richtigen Adresse ist, nein, wenn derartige Zumutungen an ihn herangetragen werden, fühlt Strauß, der Briefeschreiber, sich
angespornt. Nicht selten vergehen Monate, bis er unerfreuliche Post beantwortet – es kann auch mal ein Jahr verstreichen –, aber fast immer lohnt
sich das Warten, denn es sind schon kleine Kunststücke, die entstehen,
wenn er schließlich doch noch zur Feder greift.

Scharff muss sich nur ein halbes Jahr gedulden. Ein wenig umständlich und ausführlich die Einleitung, mit der Strauß den Verzug erklärt – ach, die viele Arbeit! –, aber dann kommt er zur Sache: »Ich muß allerdings nach Ihrer bisherigen Darstellung des Sachverhalts mich über eines wundern, daß Sie nämlich in den ganzen Jahren 1941 bis 1945 keine Äußerung anerkennender Art über die damals an Sie ergangene Warnung haben fallen lassen, daß Sie aber jetzt darauf zurückkommen, weil Sie anscheinend keinen anderen Weg sehen, um Herrn Brunner los zu werden. Sie werden verstehen, daß mir diese Art des Vorgehens etwas zweckgebunden und wenig fair erscheint. Wir hätten uns ja in den Jahren 1941 bis 1945 bei unseren gelegentlichen Zusammenkünften längst darüber unterhalten können.«

Damit wären die Maßstäbe erst einmal zurechtgerückt, und nun zur Sache selbst. Die verhielt sich nämlich »lediglich so, daß Brunner im Januar 1940 in der Wohnung Dr. Beutlers mich befremdende Äußerungen über geheime Waffen und über Gegner des Nazisystems machte und daß ich daraufhin alle Leute in seiner Umgebung veranlaßte, mit Gesprächen vorsichtig zu sein (…). Es läßt sich nicht behaupten, daß Dr. Brunner eine bestimmte Drohung gegen Sie oder gegen andere Personen ausdrückte, nur war ich damals, infolge der ergangenen Verhaftungen in München, vielleicht übervorsichtig geworden.« Nach dieser Klarstellung kann die nächste Attacke erfolgen: »Ich habe Ihnen jedoch, Herr Dekan« – Strauß, protokollfest wie er ist, weiß, dass er Scharff eigentlich mit »Spektabilität« anreden müsste – »niemals das Recht erteilt, diese damals im guten Glauben von mir gegebene Warnung zu einer öffentlichen Anzeige zu gebrauchen, was Sie ohne weiteres getan haben. Ich kann Ihr Verhalten nicht als korrekt und mir gegenüber einwandfrei bezeichnen. Ich muß es auch ablehnen, wenn Sie schreiben, daß ich mit dem Denunzianten in Brunners Brief gemeint bin. Ich habe lediglich Ihnen eine gutgemeinte Warnung zugehen lassen. Sie haben aus dieser Warnung von damals im Jahre 1945 eine Denunziation gemacht, so daß der Vorwurf des Denunzianten höchstens Sie treffen konnte. Ich brauche heute meinen Mut gegen die Nazis nicht durch Denunzierungen zu beweisen, da ich ihn durch illegale Tätigkeit« – Sie auch, Herr Dekan? – »lange genug bewiesen habe. Ich habe in meinem Leben noch nie jemanden denunziert und gedenke auch nie jemanden zu denunzieren.«

So, das müsste sitzen. Und wenn der Herr Professor es immer noch nicht begriffen haben sollte, dann muss er nur den Schlusssatz dieser zwei eng beschriebene Seiten umfassenden Darstellung lesen, der alles noch einmal griffig zusammenfasst: »Es ist daher umso bedauerlicher, daß Sie aus einer an Sie ergangenen Warnung eine Anzeige gemacht haben, ohne daß Sie den Sachverhalt genau erkannten, wie sich jetzt herausstellt, ohne daß Sie mich vorher fragten und ohne daß Sie mir wegen der damaligen Warnung *ein* Wort der Anerkennung bisher gesagt hätten.«[14]

Vieles ist an diesem Schreiben bemerkenswert. Es ist der Prototyp einer beeindruckenden Serie von Briefen, die in den kommenden Jahrzehnten seinen Schreibtisch in Richtung gefallener Engel und ermatteter Vorbilder von einst verlassen werden. Auch die für einen scharfsinnigen Formulierer wie ihn auffällige Redundanz beim Einklagen versäumten Lobs behält Strauß in Zukunft bei. Selbstlos zu geben, anderen hilfreich zu sein, gehört für ihn, der schon als Kind, Student und Schüler äußerst zuvorkommend gegenüber jedermann war, zur zweiten Natur. Doch wehe, man verwehrt ihm das gebührende Maß an Anerkennung dafür! Schließlich sind solche Briefe untrügliche Hinweise auf Emanzipationsvorgänge. Er, Strauß, ist nicht Professor, selbst den Doktor hat er noch nicht; im Krieg hatte er sich dafür entschieden, zuerst sein Staatsexamen hinter sich zu bringen und erst danach die Dissertation zu vollenden, die aber in den Trümmern des zerbombten Elternhauses begraben wurde. Im Professorentitel klang für ihn indes lange sehr viel mehr mit als nur Respekt vor wissenschaftlicher Leistung und, auch, einem erstrebenswerten sozialen Stand. Sein Doktorvater, Geheimrat Otto, sein Brieffreund Dirlmeier – sie waren für ihn, Strauß, immer auch Vertreter der ehrwürdigen Universität, Repräsentanten moralischer Autorität! Viel ist davon nicht geblieben; sein Brief – mehr noch die schroffe Form als der unfreundliche Inhalt – an den Herrn Dekan dokumentiert diese Enttäuschung überdeutlich.

Der Unwille, sich in die Verfolgung wirklich oder auch nur vermeintlich belasteter Zeitgenossen einspannen zu lassen, wird mit den Jahren immer größer. Denn so wach die Erinnerungen an die Schrecken des Krieges sind – die Erinnerungen seiner Mitmenschen an die tatsächlichen Verstrickungen von Einzelnen verschieben sich. Strauß spürt dies am eigenen Leib. Dass er in seiner Altenstadter Militärzeit kurzzeitig Offizier für wehrgeistige Führung gewesen ist, war nie ein Geheimnis und weder den Amerikanern noch der Spruchkammer der Rede wert. Diese Funktion, die nach dem 20. Juli durch die des NS-Führungsoffiziers (NSFO) abgelöst wurde, war vergleichsweise harmlos. Den ideologisch kontaminierten Nachfolgeposten jedenfalls hatte Strauß nie inne, der sei ihm, wie er später sagt, »zu dubios« gewesen.[15] Die Neigung, Verstrickung und Schuld nach formalen Kriterien zu beurteilen, deckt sich aber auch nicht mit seiner konkreten

Erfahrung. Dirlmeier, sein Mentor aus den Münchner Universitätstagen, zugleich NS-Dozentenbund-Führer, ist ein Gegenbeispiel, der NSFO ein anderes:»Wir haben dann später (…) einem harmlosen, anständigen Mann, der Privatdozent für Germanistik war, Oberleutnant der Luftwaffen-flakartillerie, geradezu zwingend auferlegt, den NSFO zu machen, weil der Vorgänger ein Schwein war, (…) der den Kommandeur denunziert hatte. Und dieser arme Depp kommt dann bei der Entnazifizierung unter die Räder als NSFO. Den wir eigens herausgesucht haben, weil er anständig war. (…) Es gab viele Kommandeure, die sich einen völlig zuverlässigen, in keiner Weise nazistisch verseuchten Offizier als NSFO genommen haben. (…) Es konnte einem das tollste blühen, wenn man einen echten Nazi als NSFO hatte. Damals war ja der Kopf sehr schnell in Gefahr in der End-phase.«[16]

Die ersten Häutungen vollziehen sich in der Schongauer Zeit – vom schwär-merischen, idealistischen Studenten, der er in der Vorkriegszeit war, ist dem jungen Landrat nicht viel anzumerken. Damals beginnt der Sinn für das Lebensnahe und Praktische Raum zu greifen. Alles in allem bieten die Jahre im Schongauer Landratsamt Strauß – er ist bei Dienstantritt erst neunund-zwanzig – ein vielfältiges Exerzierfeld derartiger Selbsterfahrung: Er ist eben nicht nur eine vorzügliche akademische Begabung, sondern auch ein zupa-ckender junger Mann, der sich außerhalb des Elfenbeinturms mit seinem Gespür für die Herausforderungen des Alltags zu behaupten weiß.

Das Feuer ist damit entfacht; noch freilich ist es klein. Die Freude an der Tat, am Machen, ist das eine, die ursprünglichen Vorstellungen von der beruflichen Zukunft sind aber noch nicht gänzlich ad acta gelegt. Aller-dings ist die einst anvisierte universitäre Laufbahn in einige Ferne gerückt. Die notwendigen Qualifikationen, Promotion und Habilitation, müssten erst einmal absolviert werden. Mit Anfang dreißig ist Strauß dafür schon ein wenig alt. Aber die Aufgabe der humanistischen Idealen verpflichteten Erziehung der Jugend, die der Wehrmachtssoldat im Briefwechsel mit sei-nem akademischen Lehrer Dirlmeier so eindringlich beschworen hatte, lässt sich möglicherweise auch an anderem Ort verwirklichen – seit dem 1. Juni 1946 ist Strauß, neben seiner Tätigkeit in Schongau, in vielfältiger Weise mit solchen Fragen befasst: Als Regierungsrat im Ministerium für Unterricht und Kultus ist er zunächst Referent für »Jugendpflege, Jugend-bewegung«. Ein knappes Jahr später wird er in das Referat 8 versetzt, dessen Aufgabenbeschreibung doch recht gut zu ihm passen müsste: »Humanisti-

Einstieg in die nationale Politik: Strauß auf dem Weg
in den Frankfurter Wirtschaftsrat, 1948.

sche Anstalten, Aufsicht über den Unterricht in den klassischen Sprachen und den neuen Fremdsprachen, Lehrpersonal und Lehramtsprüfungen für diese Fächer.«[17] Anfang 1948 dann wechselt er in den Dienstbereich des bayerischen Innenministeriums, wo er die Leitung des Landesjugendamtes übernimmt.

Im Rückblick seiner Memoiren wird ihm diese Münchner Tätigkeit kaum der Erwähnung wert sein.[18] Das ist erstaunlich, denn mit links lässt sie sich nicht erledigen; in Schongau muss sich Strauß, der in der Regel zwei Arbeitstage in München verbringt, immer wieder für seine häufige Abwesenheit rechtfertigen, denn der Landrat hat wahrlich genug zu tun.

Im Sommer 1948, gerade erst ist Strauß in diesem Amt bestätigt worden, zwingt ihn ein Erlass des bayerischen Ministerrates, sich zwischen Lokalpolitik und Beamtenstatus zu entscheiden. Vor die Wahl gestellt, gibt Strauß das Landratsamt zum 1. Januar 1949 auf und zieht den Staatsdienst in München vor, lässt sich aber zugleich – man weiß ja nie, wozu man das offene Hintertürchen noch gebrauchen kann – zum Stellvertreter seines Nachfolgers wählen.

Die Entscheidung für die Ministeriallaufbahn ist sicher wesentlich von materiellen Überlegungen beeinflusst: In München hat er eine gut dotierte Beamtenstellung, das Schongauer (Ehren-)Amt hingegen bringt kein Geld. Seine Entscheidung spiegelt auch das Sicherheitsdenken des aus kleinen, ärmlichen Verhältnissen herausgewachsenen Mannes wider. Der Staatsdienst garantiert ihm auf Lebenszeit Brot und Auskommen, auch wenn es andere Optionen gäbe, die seiner geweckten politischen Leidenschaft und seinem Aufbauengagement mindestens ebenso entsprächen: »Müller Sepp bedrängt mich z. Zt. sehr stark«, schreibt Strauß im Februar 1947, um Rat suchend, an Willi Ankermüller, den frisch ernannten Staatssekretär im bayerischen Innenministerium, »eine hauptamtliche Stellung im Landessekretariat (der CSU/d.Verf.) anzunehmen. (…) Mein Entschluß darüber steht nicht fest, aber ich beiße aus gewissen Gründen nur ungern an.«[19] Am Ende werden derartige Alternativen verworfen. Noch ist es nicht so weit – erst im Verlauf des Jahres 1949, mit dem Einzug in die dann eröffnete Bonner Arena der nationalen Politik, werden sich die Perspektiven dieses Mannes, der um seine vielen Begabungen, Neigungen und Interessen weiß, in eine feste und endgültige Lebensrichtung öffnen.

An der Pforte

Der Einstieg in die Kommunalpolitik brauchte den Zufall als Helfer; seine politiknahe Tätigkeit im Ministerium entsprach immerhin – wenngleich stark verfremdet – eher den Berufswünschen des Studenten und Soldaten. Nicht, dass es nicht auch anders ginge: Im Herbst 1945 sucht der Münchner Stadtschulrat Anton Fingerle einen Stellvertreter und bemüht sich, seinen Freund Strauß für diesen Posten zu gewinnen. Der ist auch nicht abgeneigt, zumal das Amt des Stadtschuldirektors und stellvertretenden Stadtschulrats mit der Verantwortung für den Aufbau der höheren Schulen in der Landeshauptstadt »die Rückkehr in meine eigentliche Berufslaufbahn und in meine ursprünglichen Neigungen« bedeuten würde. Da aber dieses Angebot »mit der Auflage verbunden (ist), daß ich keine aktive politische Tätigkeit ausüben dürfte«, lehnt Strauß nach gründlicher Überlegung dankend ab: Er halte es »gerade unter den Eindrücken des 3. Reichs und unter der Erschütterung der deutschen Katastrophe« für richtiger, sich »am politischen Aufbau zu beteiligen«.[1] Mehr noch als auf seinen beiden beruflichen Tätigkeitsfeldern, so viel ist Strauß kurz nach Kriegsende klar, wird sich dieser Aufbau – das geben die westlichen Siegermächte vor – auf die Neuerrichtung demokratischer Institutionen und von Parteien konzentrieren.

Bei allen Freiräumen, die er im Chaos der unmittelbaren Nachkriegszeit hat, über kurz oder lang heißt Beamter sein: Verwaltung. Ihn aber drängt es nach Gestaltung.

Die Zulassung von wiederbelebten alten oder neu gegründeten Parteien ist in jenen Wochen zwar ein zähes Geschäft, aber hier wird sich die Zukunft wohl letztlich entscheiden. Seine Erfahrungen aus Kindheit und Jugend, die Prägungen des politisch wachen Elternhauses, sorgen dafür, dass ihn die weitverbreitete Stimmung, alle Politik – alles, was Partei heiße, zumal – bringe Verderbnis, nicht erfasst. Dort hat auch seine Entscheidung für die Christlich-Soziale Union (CSU) ihre Wurzeln. Schon der Vater, eigentlich eher monarchistisch gesinnt, war ja bald nach Ende des Ersten Weltkriegs der katholisch-konservativen Bayerischen Volkspartei beigetreten. Bis zum bitteren Ende hatte er ihr die Treue gehalten.

Am Abend der letzten einigermaßen freien Reichstagswahl vom 5. März 1933 machte er sich mit dem Sohn in den Mathäser-Bräu auf, um einer Parteiversammlung beizuwohnen, an die sich Franz Josef Strauß zweiundzwanzig Jahre später noch genau erinnern kann. Die schwermütigen Worte, die Fritz Schäffer, damals Vorsitzender der BVP, an jenem Abend sprach, haben sich unauslöschlich in seine Erinnerung und in sein politisches Bewusstsein eingeprägt: »Meine lieben Parteifreunde, jetzt kommt eine furchtbare Zeit. Morgen beginnt die Karwoche für Deutschland. Diese Karwoche wird einen Karfreitag für Deutschland bringen. Wir sind gläubige Christen. Nach dem Karfreitag kommt die Auferstehung, der Ostersonntag.«[2] An diese Worte muss der stellvertretende Landrat von Schongau denken, als er Schäffer am 4. Dezember 1945 – der Karsamstag, um im Bild zu bleiben, hat gerade erst begonnen – am Bahnhof von Weilheim abholt.

Der Mann, den Strauß da in Empfang nimmt, ist nicht nur ein Monument aus der Vergangenheit, sondern scheint ihm auch zukunftsweisend. Unmittelbar nach Kriegsende von den Amerikanern als bayerischer Ministerpräsident eingesetzt, wenige Wochen später, am 28. September 1945, schon wieder des Amtes enthoben, ist Schäffer immerhin eine der zentralen Figuren beim Versuch, an die Tradition des Zentrums und der Bayerischen Volkspartei anknüpfend eine neue, christlichen Werten verpflichtete Partei auf die Beine zu stellen. Und in diesen Tagen zählt Strauß zu jenen, die sich im Landkreis Schongau daranmachen, die CSU mit aufzubauen.[3] Gerade erst hat er an Schäffer geschrieben und um die Zusendung von nützlichen Materialien für die Gründung des lokalen CSU-Verbands gebeten.[4]

Ungefähr zur selben Zeit wird Josef Müller auf den jungen Mann aus Schongau aufmerksam. Seit Anfang Juli 1945 schart Müller, der seit den Schultagen am erzbischöflichen Konvikt zu Bamberg seiner bäuerlichen Herkunft wegen »Ochsensepp« genannt wird, eine Gruppe gleichgesinnter Zeitgenossen um sich, die sich ebenfalls der Schaffung einer christlichen Partei verschrieben haben. »Gegen Ende des Jahres kam zu diesen Veranstaltungen Franz Josef Strauß«, erinnert sich einer der Teilnehmer dieses Kreises, »in einer alten Wehrmachtsuniform, ohne Schulterstücke und Hoheitszeichen« gekleidet.[5]

Schäffer, der Freund und Nachbar seines späteren Schwiegervaters Max Zwicknagl, wird 1957 einer der Trauzeugen bei der Hochzeit von Strauß sein; in den kommenden gemeinsamen Bonner Jahren werden die beiden viel miteinander zu tun haben. Die Zeit an der Seite von Müller dagegen wird schon beim Einzug von Strauß in den Bundestag 1949 verstrichen sein. Dennoch bleibt Schäffer nur eine der vielen interessanten Randfiguren am Lebensweg von Strauß, während die Begegnung mit Müller schicksalhaft wird: »Wer wissen will, wer Strauß ist, muß bei Dr. Josef Müller nachforschen«, hat Rudolf Heizler, ein wohlwollender und kenntnisreicher journalistischer Begleiter der beiden, treffend bemerkt, »dort liegt der Schlüssel für vieles, was Strauß getan oder geplant hat.«[6]

Es ist nicht weiter erstaunlich, dass sich Strauß mehr zu Müller als zu Schäffer hingezogen fühlt. Zwar sind beide älter als er, aber der spätere Bundesfinanzminister verkörpert für Strauß doch zu sehr den Typus des alten Honoratiorenregiments. Schäffer und die Seinen, Alois Hundhammer an erster Stelle, vertreten zudem eine Parteikonzeption, die dem jungen Mann in vielerlei Hinsicht zu eng geraten erscheint: zu altbayerisch geprägt, zu klerikal, zu sehr von traditionellen bayerischen Ressentiments gegen Deutschland durchdrungen.

Ganz anders Müller, der zwar auch katholisch, aber von fränkischer Herkunft ist, mithin geübt im täglichen Nebeneinander der beiden großen christlichen Konfessionen: ein kirchentreuer Mann, gewiss, allerdings kein frömmelnder Pfaffenknecht; auch er ein bayerischer Patriot, doch mehr noch auf nationale Einigung bedacht. Mindestens ebenso wichtig sind freilich Persönlichkeit und Temperament des Ochsensepp: unerschrocken gegenüber den Amerikanern, den Russen geht er nicht aus dem Weg, ein Haudegen und Macher, der nicht wartet auf das, was kommt, der selbst etwas bewegen will.

Ob Schäffer, Hundhammer oder Müller – was ihr Verhalten während der Nazi-Zeit betrifft, sind sie alle höchst respektabel und ehrenwert. Aber Müllers Lebenspfad führt nicht nur über die Stationen standhaften Widersagens, sondern auch hier zeigt sich der Mann der Tat: Als Anwalt hat er während des Dritten Reichs eine Vielzahl von kirchlichen Mandaten betreut, weshalb er immer wieder nach Rom reisen musste. Er setzte den Vatikan von Anfang an über die Wirklichkeit in Nazi-Deutschland ins Bild. Im Kirchenstaat traf er sich mit westlichen Diplomaten, denen er über die Angriffspläne Hitlers berichtete und die auf diesem Weg auch von den Attentats- und Umsturzbestrebungen des militärischen Widerstands erfuhren.[7]

Die Abende, die Strauß seit Ende 1945 regelmäßig in Müllers Wohnung in der Münchner Gedonstraße verbringt, sind daher nicht nur politisch höchst interessant und inspirierend; immer, wenn Müller, ein glänzender Erzähler, auf die Vergangenheit zu sprechen kommt, flackert ein Licht des Geheimnisvollen auf – und kaum ein Abend vergeht ohne Geschichten aus der schweren Zeit. Müller kann nicht nur von leidvollen Erfahrungen mit der Gestapo und vom schlimmen Alltag des KZ-Insassen berichten, sondern seine Erlebnisse tragen alle Züge von Abenteurertum und Furchtlosigkeit. Ja, aus diesem Holz müssen die Menschen sein, die den Wiederaufbau Deutschlands schaffen wollen.

Zu den prägenden Erfahrungen Müllers, die er aus der Zeit des Widerstands als politisches und moralisches Kapital mit in die Zeit des Wiederaufbaus nimmt, zählen die Begegnungen mit jenen Angehörigen der militärischen Opposition, die wie er aus christlichen Motiven handeln, aber Angehörige der evangelischen Konfession sind: Generaloberst Ludwig Beck, ein Mann der bekennenden Kirche; Hans Oster, ein Pastorensohn; Hans von Dohnanyi, ein Schwager Dietrich Bonhoeffers. An diese, die konfessionellen Grenzen überwindende Gemeinsamkeit aller Christen will Müller nun nach dem Krieg anknüpfen. Eine Neuauflage des Zentrums oder die Wiederbelebung der Bayerischen Volkspartei kommen für ihn nicht in Betracht.

Müller, der die letzten beiden Kriegsjahre in Gestapohaft, zuletzt in den Konzentrationslagern Buchenwald, Flossenbürg und Dachau, verbracht hat und schließlich bei der Verlegung ins österreichische Pustertal befreit wurde, ist noch nicht in Deutschland zurück, da legt er bereits seinen amerikanischen Betreuern dar, wie er sich die Zukunft in Nachkriegsdeutschland vorstellt: Keine Partei, schon dieser Begriff ist durch die NSDAP schwerstens belastet, sondern eine Union will er aufbauen helfen, die urchristlichen Idealen, nicht aber konfessionellen Bindungen verpflichtet sein soll. Die Herausforderung, vor die er sich gestellt sieht, ist nicht nur die Aufrichtung des materiell zerstörten Vaterlandes, sondern – ebenso wichtig – »die geistige Erneuerung des deutschen Volkes aus dem Geist des Christentums«.[8]

Es sind keine altphilologischen Seminare, die Strauß an den vielen Abenden in der Gedonstraße erlebt, aber die Faszinationskraft, die diese Begegnungen in Müllers »Mittwochs-Club«[9] auf ihn ausüben, ist mindestens so stark wie die von beeindruckenden Persönlichkeiten geförderte vormalige Entdeckungsreise in die Welt der alten Sprachen, der antiken Geschichte, des abendländischen Humanismus. Und lange dauert es nicht, bis der Gastgeber seine besondere Begabung entdeckt. »Obwohl ich anfangs nur zu den ›Ministranten‹ gehörte – im Gegensatz zu den ›Prälaten‹ wie August Haußleiter, Hans Schütz oder Michael Horlacher«, so Strauß in seinen Erinnerungen, »wurde ich von Josef Müller als ›Vorzugsschüler‹ behandelt«.[10]

Strauß ist nicht der einzige junge Mann in dieser Runde, und er wird auch nicht der einzige sein, der von hier aus seinen Weg machen wird: Hans Weiß, der spätere Präsident des bayerischen Senats, Franz Heubl, der langjährige bayerische Staatsminister und Landtagspräsident, Friedrich Zimmermann, der bis zum Ende einer der engsten Mitstreiter von Strauß bleiben wird, für sie alle beginnen hier die politischen Lehrjahre; mit Achim Oster, dem Sohn von Hans Oster, lernt er im Hause Müller einen Mann kennen, der in der *Spiegel*-Affäre, der Schicksalswende seines politischen Wegs, eine zentrale Rolle spielen wird. Jeder von ihnen ist ein Eleve Müllers, aber Strauß, dessen Studienjahre hinter ihm liegen und der bereits in das öffentliche Leben eingetreten ist, begnügt sich nicht allzu lange mit der Rolle des andächtigen Zuhörers. Bei aller Begeisterung, die er für die Idee der gerade erst gegründeten CSU aufbringt, ergreift ihn doch ein tiefes Unbehagen angesichts der Grabenkämpfe, von denen die Gründungszeit und die ersten Jahre der Partei geprägt sind.

»Die Verhältnisse in Bayern sind für den Nicht-Bayern restlos unverständlich«, wird Adenauer Ende 1946 klagen: »Dort schlägt man sich dauernd die Köpfe ein, die Köpfe werden wieder heil und werden dann von neuem eingeschlagen.«[11] Schon wenige Wochen nach seinem Einstieg in die Parteipolitik kann Strauß diesen Eindruck nur bestätigen. Statt sich mit dem gesellschaftlichen und politischen Wiederaufbau zu befassen und aus der CSU eine Kraft, die Kraft der moralischen Erneuerung zu formen, haben sich die Altvorderen in eine rücksichtslose Auseinandersetzung verkeilt, bei der es nur noch mittelbar um die heftig umstrittenen inhaltlichen Fragen geht. Immer mehr schieben sich schlichte Rivalitäten um die Macht in der Partei und persönliche Animositäten in den Vordergrund.[12]

Am 17. Dezember 1945 ist Müller mit einem klaren Vorsprung vor Fritz Schäffer zum »Vorläufigen Vorsitzenden des vorbereitenden Landesausschusses« der noch nicht als Landespartei formierten CSU gewählt worden, am 31. März 1946 erfolgt seine Wahl zum Landesvorsitzenden mit 41 gegen 17 Stimmen. Doch die vorangegangenen Machtkämpfe haben zu große Wunden aufgerissen, als dass mit der ersten Entscheidung Ruhe und Friede einkehren könnte. Gerade die spektakuläre Tagung des Vorläufigen Landesausschusses am 30./31. März in Bamberg, aus der Müller siegreich hervorgeht, bewirkt das genaue Gegenteil. »Als Vertreter der Jugend und als Mann, der dreiviertel Jahre ein Landratsamt führt und einen Kreis mit über 3000 (?) Mitgliedern aufgebaut hat« – zu dieser ersten Intervention sieht sich der junge Strauß gedrängt, bevor die Sitzung ihre eigentlichen polemischen Höhen erreicht –, »stelle ich die Frage: Wo bleibt die Union? Wenn heute die Jugend hier wäre, glauben Sie nicht, daß die Jugend abgestoßen wäre? (...) Worum wir heute bei den Versammlungen draußen kämpfen, ist das, daß wir als Aktivisten die Jugend hereinbekommen. Wenn ich den Leuten das sagen muß, was ich hier sehe, laufen sie mir alle ohne Ausnahme davon.« Gerade die alten, Respekt erheischenden Persönlichkeiten, die Männer, die das Dritte Reich mit Anstand durchlebt haben und auf die man doch bauen können müsste angesichts der Herausforderungen der Nachkriegszeit, gerade sie geben nun alles andere als ein Vorbild ab: »Was haben wir bei uns alles«, so geht es fort im Ton der Entrüstung: »Ergraute Leute! Die Jugend schaut, was los ist. Wenn sie sieht, wie es bei uns ist, läuft sie davon.«[13]

Besonders widerlich findet es Strauß, dass die Spitzenrepräsentanten der Parteiflügel nicht davor Halt machen, die Vergangenheit für machtpolitische Ranküne zu instrumentalisieren. Denn über der ganzen Versammlung liegt der Verdacht, dass jede der Gruppierungen die Anführer der anderen Seite bei den amerikanischen Besatzungsautoritäten, die noch für einige Zeit auch in internen Parteiangelegenheiten das letzte Wort haben werden, anschwärzt: »Ich protestiere gegen eine Geschäftsgebarung im allgemeinen, daß hier persönlicher Schmutz und Dreck ausgetragen wird. Wenn wir sechs Jahre draußen gestanden und gehofft haben, daß der Schwindel des Nazismus ein Ende nimmt, haben wir ein Recht, heute zu hoffen, nein zu fordern, daß eine Demokratie mit Disziplin aufgebaut wird.«[14]

Solche Appelle richten sich selbstverständlich in erster Linie an die traditionalistische Fraktion von Schäffer und Hundhammer, der Strauß im gleichen Atemzug die Kurzfassung des Müller'schen Parteikonzepts entgegenhält: »Uns geht es heute darum, daß wir als letzte Rettungsmöglichkeit gegenüber dem sozialistisch-kommunistischen Block, der in der Bildung begriffen und in ständiger Progression ist, ebenfalls eine Bewegung aufbauen, die uns retten kann. Es geht nicht um die eine oder andere Persönlichkeit, es geht um die Frage: Christentum oder nicht mehr.« Dies ist für Strauß kein allgemeiner Bekenntnissatz, sondern bedeutet zugleich Mahnung, nicht »wieder in den alten Fehler reiner Bürgerlichkeit, die uns auf die Seite abschiebt«, zu verfallen – und Verpflichtung, die neu entstehende CSU als Volkspartei zu konzipieren, die offen sein müsse für Menschen, die in der Vergangenheit leicht verführbar waren und die es, wie es scheint, noch immer sind: »Wenn wir so weiterverfahren – ich sehe es draußen in

den Gemeinden, die wir haben, ich habe einen großen Prozentsatz an Berg-
arbeitern –, laufen uns die Leute davon. (…) Ich bin schärfster Verfechter
der antinationalsozialistischen Richtung, auch Kämpfer in der Freiheits-
aktion Bayern gewesen. Ich habe mich persönlich in den Tagen des April
vorigen Jahres den SS-Burschen entgegengestellt. Ich wehre mich dagegen,
daß man heute diese Leute den Kommunisten in die Arme treibt, die heute
erklären, sie öffnen ihr Tor den anständigen Nazis und PGs.«[15]
Doch diese Worte bleiben ohne Wirkung. Kaum jemandem steht der
Sinn nach Mäßigung. Der Kampf um die Macht ist zugleich der Kampf um
die zukünftige Ausrichtung der Partei. Gegen Ende der Tagung, kurz vor
der Abstimmung über Müllers Anspruch, die Partei zu führen – die Sach-
aussprache ist beendet und in eine nicht minder heftige Geschäftsord-
nungsrangelei übergegangen –, gelingt es Strauß noch einmal, sich Gehör
zu verschaffen. Und auch wenn das die meisten Anwesenden, die dem jungen Mann ausweislich des Sitzungsprotokolls lebhaft zustimmen, wohl
überhören, mischt sich in diesen Redebeitrag ein deutliches Stück Kritik in
Richtung seines Mentors: »Meines Erachtens«, trotzig baut sich Strauß vor
den Delegierten auf, »kann diese Debatte nicht beschlossen werden, bevor
nicht ein Antrag eingebracht wird, und der entspricht der gesunden Vernunft, daß in der Zukunft in der Öffentlichkeit die privaten Streitigkeiten,
sei es in Zeitungen, sei es in öffentlichen Versammlungen nicht mehr erwähnt werden dürfen.« Damit nicht genug. Mit ein paar – in der Sache
freilich wirkungslosen – Sätzen gelingt es dem jungen Gehilfen Müllers
schlagartig, sich Profil zu verschaffen. Hier ist es erstmals voll entfaltet,
dieses aufbrausende, von keinem Anflug der Geduld gebremste Wesen, als
er in die streitsüchtige Versammlung hineinruft: »Ich bitte nicht darum, ich
möchte sagen, ich fordere und, wenn ich die Macht hätte – ich habe sie
nicht und ich will sie nicht haben –, würde ich es befehlen, daß beide Teile
sich verpflichten und ihr Ehrenwort geben, daß von nun an der Name der
Union nicht mehr durch Ausgraben von Stenogrammen, durch gegenseiti-
ges Hin- und Hergerede, Zitierung von Archiven und längst verflossenen
Dingen in den Dreck gezogen wird.«[16]
Den Routinier Müller, der die Sitzung leitet, kostet es nicht viel Mühe,
diese Diskussion, die zwangsläufig auch sein eigenes Verhalten betreffen
würde, im Keim zu ersticken. Aber nachtragen mag er die unerbetene Intervention dem jungen Strauß nicht; vermutlich imponiert ihm diese Mischung aus Idealismus und Unerschrockenheit des politischen Novizen.
Tatsächlich wird ihre Bindung in den kommenden Wochen und Monaten

*Josef Müller, genannt »Ochsensepp«, die beherrschende Gestalt in der
Gründungsphase der CSU, und Strauß (links), sein bester Schüler.*

immer enger. Denn so, wie die Verhältnisse nun einmal sind, gibt es gar
keine Alternative zur unbedingten Loyalität gegenüber dem Parteivorsitzenden, dessen Erfolg von Bamberg bereits nach wenigen Tagen wieder von
den innerparteilichen Gegnern bei der amerikanischen Regierung in Frage
gestellt wird. Nein, so unerfreulich die Rauferei zwischen den Flügeln auch
ist, Müller ist für Strauß der Einzige mit einer tragfähigen Konzeption für
die Zukunft – für Bayern mit seiner komplizierten parteipolitischen Landschaft ebenso wie mit Blick auf die Deutschlandpolitik, wo die Dinge nicht
viel einfacher liegen. Die innerparteilichen Widersacher begegnen ihrem
Vorsitzenden auch in diesen Fragen ausgesprochen skeptisch. »Deutschland ist die Ostfront der westlichen Kultur geworden, eine Front muß geschlossen halten werden«, das hatte Müller schon wenige Tage nach Kriegsende seinen amerikanischen Betreuern in Italien erklärt.[17] Nun, in der
Gründungsphase der Christsozialen, stößt der »reichstreue«, der Einheit
Deutschlands verpflichtete Müller auf erheblichen Widerstand jener Strömungen in den eigenen Reihen, die »die bayerische Politik auf eine Verteidigung einer Herrgottswinkelromantik« verpflichten wollen oder gar sich
»nostalgischen Träumen von einer monarchischen Tradition« hingeben.[18]

In dieser Hinsicht ist Müller ebenfalls ein Mann der Tat. Die Entscheidung, welche Partei in welchem Bayern in welchem Deutschland man zukünftig sein will, ist längst noch nicht getroffen, da folgt Müller an Pfingsten 1946 dem Ruf von Andreas Hermes und Jakob Kaiser zu einem »Reichstreffen« christlicher Politiker nach Berlin. Sein uneingeschränktes Bekenntnis zum Westen steht für ihn nicht im Widerspruch zu Gesprächen mit den Sowjets, die schließlich Siegermacht sind und ohne deren Einwilligung es keine deutsche Einheit geben kann. Sogar Gespräche mit Walter Ulbricht sind nicht tabu, am 27. Juli 1946 kommt es in München zu einem Treffen zwischen den beiden.[19]

Greifbare Ergebnisse bringen all diese Aktivitäten nicht: Müller kann weder in der Deutschlandfrage irgendetwas bewegen, noch sind die Kontakte zu den verschiedenen Führungskreisen der CDU, die es als Bundespartei erst 1950 geben wird, geeignet, das Verhältnis der CSU zu den christdemokratischen Vereinigungen außerhalb Bayerns zu bestimmen. Für Strauß indes nähren sie die Faszination für seinen Lehrmeister: Weit über die Region hinaus ist Müller ein bedeutender Mann, ein gesuchter Gesprächspartner der nationalen Politik und auch der Besatzungsmächte. Die grundsätzliche Ablehnung aller Formen des Kollektivismus, erst recht der sowjetkommunistischen Variante, steht einer pragmatischen, ergebnisorientierten Suche nach politischen Lösungen nicht entgegen. Wenn über den Gesprächen mit den Kommunisten zudem noch der Schleier des Geheimnisumwitterten liegt, so ist dies im Grunde für den Benjamin ein höchst ergiebiger Anschauungsunterricht zu all den Erzählungen Müllers von den Abenteuern in schwerer Zeit: wie er, noch vor der nationalsozialistischen Machtergreifung, Gespräche mit NSDAP-Größen über die politische Zukunft Bayerns führte; wie er im Frühjahr 1933, als Beauftragter des bayerischen Ministerpräsidenten Heinrich Held nach Berlin entsandt, die neue politische Lage im Reich erkundete; wie er sich in heiklen Gesprächen mit seinem Studienbekannten Himmler aus gefährlichen Situationen herauszuwinden vermochte; wie er im unsicheren Umfeld von Reichswehr und Abwehr verdeckten Widerstand ausübte.[20] Es ist schwer zu entscheiden, ob Strauß seine eigene spätere Unbedenklichkeit im Umgang mit Diktatoren von Müller gelernt hat; dieser auf konkrete Ergebnisse abzielende, in ihren Grundsätzen unerschütterliche, in den Methoden aber außerordentlich geschmeidige, pragmatische politische Stil jedenfalls ist die wohl auffälligste Gemeinsamkeit dieser beiden Tat-Menschen. Eines jedenfalls dürfte stimmen: »Der Milliarden-Kredit an die DDR, den Strauß eingefädelt hat, findet hier in der G4«, der Wohnung Müllers in der Münchner Gedonstraße, »seinen Ursprung«.[21]

Auch das Kämpferische, die Zähigkeit, mit der sich Müller gegen alle widerstrebenden Tendenzen für seine Ziele einsetzt, wiegen als Gegenstand lernwilliger Anerkennung schwerer als die Bedenken gegen die angesichts der Zeitumstände unangebrachten Formen der innerparteilichen Auseinandersetzungen, vor denen auch das Vorbild nicht gefeit ist. Trotz gewisser Vorbehalte bleibt das Verhältnis der beiden ungetrübt; Strauß, diese ungeheure Begabung, erfährt jede nur erdenkliche Förderung seines Mentors: Im Herbst 1946 zieht er erstmals in den Landesvorstand der CSU ein; zwei Jahre später, kurz vor seiner eigenen Entmachtung, bringt ihn Müller als Generalsekretär der Partei in Stellung.

Während Strauß Jahr um Jahr wichtige Etappen seines Aufstiegs absolviert, startet für Müller mit dem Zeitpunkt seiner Bestellung zum Landesvorsitzenden der CSU im Grunde schon der Abstieg. Zwar scheitert der Versuch seiner Gegner, die Abstimmung von Bamberg durch die Alliierten annullieren zu lassen, aber seine innerparteiliche Machtbasis beginnt wenige Wochen nach dem Triumph bereits zu zerbröckeln. Beim Landesausschuss verfügte weder der traditionalistische Flügel noch die Anhängerschaft Müllers über eine Mehrheit; den Ausschlag hatte das Votum des mächtigen Bauernflügels, eben noch Müller zugetan, gegeben. Mittlerweile geht diesen Parteifreunden das nationale Engagement des Parteivorsitzenden jedoch entschieden zu weit. Kurz nach dem Pfingsttreffen von Berlin kommt es zu einem furchtbaren Zusammenstoß zwischen Müller und den Bauernführern der CSU. Man habe ihn davor gewarnt, nach Berlin zu fahren, schimpft Alois Schlögl, nicht nur ein wichtiger Mann in der Partei, sondern obendrein auch Generalsekretär des Bayerischen Bauernverbandes. Aber nein, Müller, dieser »Schöngeist«, den »alles, was da droben« in Berlin und außerhalb Bayerns vorgeht, »rührt«, habe die Ratschläge in den Wind geschlagen: »Ich stehe auf dem Standpunkt, zunächst müssen wir unser eigenes Haus in Ordnung bringen. Erst dann kümmern uns die anderen Zusammenhänge.«[22]

Es sind nicht nur antipreußische Affekte und unterschiedliche Auffassungen von Föderalismus, die das latente Misstrauen der Bauernrepräsentanten gegen den Kurs einer schnellen Wiederherstellung der Reichseinheit und – nicht weniger schlimm – einen raschen Zusammenschluss aller Unionskräfte in Deutschland nähren. Müllers ständiges Taktieren, sein undurchsichtiges Lavieren, seine Eigenmächtigkeit erzeugen zunehmendes Unbehagen. Zum Ende der Münchner Tagung jedenfalls spricht Michael Horlacher, gleichfalls ein mächtiger Bauernfunktionär, deutliche Worte, die fast schon wie eine Rücktrittsforderung klingen: »Der Herr Vorsitzende hat die Gabe eines guten Advokaten. Er versteht, aus schwarz weiß zu machen. Diese Eigenschaft des Advokaten verbindet sich oft recht unangenehm mit der Eigenschaft des Parteivorsitzenden. Das muß als Parteivorsitzender ausscheiden.«[23] Ungeachtet aller internen Streitigkeiten gelingt es der CSU, am 1. Dezember 1946 bei der ersten bayerischen Landtagswahl seit Kriegsende ein fulminantes Ergebnis einzufahren: Mit 52,3 Prozent der Stimmen und 104 der 180 Sitze verfügt sie über eine komfortable absolute Mehrheit im Parlament. Dass sie also den künftigen Ministerpräsidenten stellen wird, ist ausgemacht, und wer anders als ihr Landesvorsitzender sollte hierfür in Frage kommen? Das scheint auch die Landesversammlung der CSU so zu sehen, die am 14. und 15. Dezember über den Wahlausgang und die nächsten Schritte beraten soll. Gegen Schluss des Konvents gibt es immerhin langanhaltenden Beifall für die Worte jenes jungen Parteifreunds aus Schongau, von dem die meisten Delegierten, trotz seiner beeindruckenden Feuertaufe in Bamberg, noch nicht viel mehr wissen, als dass es sich um die rechte Hand von Josef Müller – »Strauß ist sehr aktiv und wird mich in vielen Dingen in der Parteiarbeit vertreten«[24] – handelt: »Es steht mir hier nicht an, einen Namen zu nennen. Aber man erwartet von uns, daß die Gestalt des Ministerpräsidenten eindeutig unsere Unionsregierung, unseren Willen zu Deutschland, unseren Willen zum Föderalismus und zur christlichen Kulturidee und unseren Willen zum christlich-sozialen Programm verkörpern wird. (…) (I)ch stelle es hier noch einmal nicht zur öffentlichen Debatte, aber zur eindringlichen Besinnung, daß alle diejenigen, die sich persönlich überprüfen, ob wir uns nicht doch auf einen Mann einigen können, der der populärste Mann in Bayern geworden ist, gerade auch in Unionskreisen.«[25]

Die internen Widersacher lassen sich von dem Vertrauensvotum der Landesversammlung nicht beeindrucken. Der Bauernflügel hat zwar nicht das Lager, hin zu den Traditionalisten, gewechselt, aber mit Müller wollen sie nichts mehr zu schaffen haben. Noch bevor es zur entscheidenden Abstimmung in der Landtagsfraktion kommt, dringen böse Gerüchte über Müllers undurchsichtige Rolle in der Frühphase des Nationalsozialismus an die Öffentlichkeit: Unter der Überschrift »Dr. Josef Müller – Koalitionspartner Hitlers« berichtet die *Süddeutsche Zeitung* am 12. November 1946 über jene Gespräche, die der frühere Gehilfe des Ministerpräsidenten Held mit den Nazis geführt hatte, und zitiert dabei aus einem Vernehmungsprotokoll der Bayerischen Politischen Polizei vom 9. Februar 1934, in dem sich die Ereignisse ziemlich einseitig niedergeschlagen haben.[26]

Obwohl der Autor des Artikels ein stadtbekannter Sozialdemokrat ist, besteht für den ins Zwielicht gerückten CSU-Parteivorsitzenden kein Zweifel, dass dieser »Fall Müller« von seinen Gegnern in den eigenen Reihen inszeniert worden ist.[27] Zwei Tage vor der wichtigen Abstimmung in der Landtagsfraktion geben die Amerikaner zwar eine Unbedenklichkeitserklärung für ihn ab, aber der Schwenk des Bauernflügels ist nicht mehr aufzuhalten: Müller fällt gegen den Kandidaten seiner Feinde, den Schäffer-Gefährten Anton Pfeiffer, durch. Dennoch schlägt er diese deutliche Warnung in den Wind und macht die Probe aufs Exempel. Er lässt sich tatsächlich vorschlagen, als der Landtag am 21. Dezember 1946 zur Wahl des bayerischen Ministerpräsidenten zusammentritt. Müller hofft wohl, dass seine Gegner es nicht wagen werden, den Parteivorsitzenden zu demontieren und damit die gesamte CSU zum Gespött zu machen.

Am Ende kommt es, wie es kommen muss: Müller findet im ersten Wahlgang keine Mehrheit, ebensowenig wie der als Kompromisskandidat der CSU ins Rennen geschickte Hans Ehard, und bevor ein zweiter Abstimmungsgang aufgerufen werden könnte, in dem nach der Verfassung die einfache Mehrheit ausreichen würde, erklärt Horlacher, der als Landtagspräsident die Versammlung leitet, die Wahlprozedur insgesamt schlicht für gescheitert. Nun läuft alles auf Ehard zu, den Wunschkandidaten der Bauernrepräsentanten innerhalb der CSU, mit dem der traditionalistische Hundhammer-Flügel gut leben kann und den auch die SPD, mit der die Christsozialen trotz ihrer absoluten Mehrheit eine Koalitionsregierung bilden wollen, eindeutig bevorzugt.

Viele Gründe geben für das Scheitern Müllers den Ausschlag. Nicht der unwichtigste dürfte sein, dass dieser eigentlich in taktischen Fragen versierte Mann an den entscheidenden Verhandlungen, die seit der Landtagswahl ständig geführt werden, nicht teilnimmt und auch keinen erfahrenen Emissär entsendet, der den mit allen Wassern gewaschenen Hundhammers und Horlachers gewachsen wäre. Es ehrt den jungen Mann und zeigt, dass Müller große Hoffnungen auf ihn setzt, aber Franz Josef Strauß, der die Interessen seines Ziehvaters vertreten soll, ist bei aller Begabung doch ein Greenhorn. Kaum eine Spur hinterlässt er in diesen Beratungen; in seinen Memoiren werden sie ihm keinen Satz wert sein.

Müller indes ist klug genug zu wissen, dass die Verantwortung für sein Scheitern nicht bei Strauß liegt. Nein, sein Lieblingsschüler, so sehr er noch reifen, so viel er noch lernen muss, ist einer seiner treuesten Anhänger und Mitstreiter, was auch die innerparteilichen Gegner langsam nicht mehr übersehen können. Gerade ein Jahr wird vergehen, da muss sich Strauß im Kreise seiner Parteifreunde dagegen verwahren, als willenloser Gefolgsmann seines Mentors angesehen zu werden: »Ich bin nicht dem Ochsensepp sein Sklave, auch nicht sein Beauftragter, der für ihn in den Versammlungen herumschleicht.«[28] Richtig ist allerdings, dass Müller Strauß nun immer mehr in die Parteiarbeit einbindet. Er ist zwar nicht Ministerpräsident geworden, doch auch das Justizressort, das er übernommen hat, erfordert Zeit und Einsatz. Seit März 1947 gehört er dem Parlamentarischen Rat des Länderrats der amerikanischen Zone und zugleich dem Vorstand der CDU/CSU-Arbeitsgemeinschaft an, wo er in Dr. Konrad Adenauer, dem Kölner Alt-Bürgermeister und starken Mann der rheinischen Union, einen hartnäckigen Gegner gefunden hat. Schon bevor Strauß Generalsekretär der CSU wird, ist er im Grunde bereits der Statthalter seines vielbeschäftigten Förderers.

Aber der Schongauer Landrat, Münchner Ministerialbeamte und CSU-Jungfunktionär ist ja auch ein Mann, der gar nicht weiß, wohin mit seiner Kraft. Aufgabe um Aufgabe lässt er sich aufladen, private Vergnügungen haben kaum noch Platz in seinem Leben, doch nichts wird ihm zuviel. Gelegentlich darf er nun Müller auch bei seinen Reisen und politischen Gesprächen außerhalb Bayerns begleiten.

Die entscheidende Horizonterweiterung erfolgt schließlich Anfang 1948. Seit Juni vergangenen Jahres tagt in Frankfurt eine erste über die Grenzen der Länder und Besatzungszonen hinausreichende parlamentarische Versammlung, der Wirtschaftsrat. Müller gehört ihm zwar nicht an, nimmt aber regelmäßig an den Beratungen der gemeinsamen Unionsfraktion in Frankfurt teil; wer weiß, ob hier am Main nicht die Keimzelle eines ersten gesamtdeutschen Parlaments entsteht. Zudem sind die im Wirtschaftsrat zu verhandelnden Fragen – möglicherweise – nicht nur für die Zukunft eines wieder zu errichtenden deutschen Nationalstaates von Bedeutung, sondern berühren in vielfältiger Weise vitale Interessen Bayern. Gerade die Landwirtschaftspolitik ist für das Agrarland überaus heikel, hängt doch das Schicksal der CSU, die vergangenen Jahre haben es gezeigt, nicht unmaßgeblich von Stimmen und Stimmungen der heimischen Bauernschaft ab.

Mit der Erweiterung des Frankfurter Gremiums Anfang 1948 hat sich auch das Abgeordneten-Kontingent der CSU vergrößert, und Müller fühlt Strauß für eine solche Aufgabe berufen. Es sind kaum die vier Semester Volkswirtschaft, die dieser in seinen Studienjahren en passant belegt hatte, die ihn für den Wirtschaftsrat prädestinieren. Auch seine bisher bekannten spärlichen Einlassungen zu Fragen der Wirtschaftspolitik dürften nicht den Ausschlag gegeben haben. Entscheidend ist wohl eher, dass Strauß, wie er oft genug bewiesen hat, keiner ist, der kneift, sondern einer mit Mut vor Königsthronen. Falls es in Frankfurt hart auf hart kommen sollte, wird man sich auf ihn verlassen können.

Die ersten Wochen und Monate in Frankfurt sind gar nicht nach dem Geschmack des jungen Mannes. Jedenfalls haben sie ihn »bislang nicht glücklich gestimmt«. Drei Monate besucht er nun schon fleißig die Plenarsitzungen und Fraktionsbesprechungen, ohne dass »die bisherige Entwicklung die Annahme rechtfertigen könnte, dort etwas Entscheidendes zu leisten«. Das einzig Positive, was Strauß seiner Präsenz zunächst abgewinnen kann, ist der Umstand, »daß ohne die Neuwahl junger Kräfte die Herren aus dem vergangenen Jahrhundert ihre oft wenig segensreiche Tätigkeit ohne absehbares Ende fortsetzen werden.«[29]

Nur ein einziges Mal wird Strauß eine mittelbar wichtige Rolle in Frankfurt spielen, die seinen Erfahrungsschatz durchaus bereichert, auch wenn sie nicht vergnüglich für ihn ist. Ohne recht zu wissen, wie ihm geschieht, lässt er sich in ein durchsichtiges Intrigenspiel gegen Hans Schlange-Schöningen, den Direktor für Ernährung und Landwirtschaft, einspannen. Dieser ist eigentlich, ähnlich wie Ludwig Erhard, der Direktor der Verwaltung für Wirtschaft, und dessen Vorgänger Johannes Semler, mit Hilfe Müllers in sein Amt gekommen. Nicht nur, dass über diese Aktion, die gegen die Absprachen des Münchner Ministerpräsidenten mit dem SPD-Vorsitzenden Kurt Schumacher durchgesetzt worden ist, die bayerische Regierungskoalition auseinanderbricht. Insbesondere die Berufung von Schlange-Schöningen, für den Josef Baumgartner auf der Strecke bleiben muss, birgt für die CSU eine ernsthafte Gefahr, ist dieser Affront doch Wasser auf die Mühlen der sich langsam zur lästigen Konkurrenz aufbäumenden Bayernpartei.

Im Sommer 1948, kurz nach der Währungsreform und der Schocktherapie der ungebundenen Preise, die Erhard der Wirtschaft verordnet hat, ist freilich von einem Wirtschaftswunder längst noch nichts zu sehen; selbst vielen der Mutigen an der Seite des Wirtschaftsdirektors wird es angst und bange. Zerstört dessen Rosskur nicht alles, worauf man aufbauen müsste? Vor allem die Bauern – nicht nur in Bayern, aber besonders dort – sind gar nicht gut auf die Frankfurter Entscheidungen zu sprechen. Müller, dessen Position in der Heimat während der zurückliegenden Monate nicht eben stärker geworden ist, steht nicht alleine da, als es nach einem Sündenbock Ausschau zu halten gilt. Erst soll es Erhard sein, was Strauß in hitzigen Diskussionen zu verhindern hilft, dann hat man sich Schlange-Schöningen ausgeguckt, der spätestens seit dem »Kartoffelkrieg« südlich des Mains weithin verhasst ist.[30] Und dem norddeutschen Direktor für Ernährung und Landwirtschaft einen ersten Schlag zu versetzen – wäre das nicht eine schöne Aufgabe für den jungen Strauß? »Ich habe das noch für eine hohe Ehre aufgefaßt«, erinnert sich Strauß zwanzig Jahre später, »die Kampfrede halten zu dürfen. In Wirklichkeit war das ein typischer Vorgang. Da haben sie gesagt, ja, den Jungen da, der spannt das gar nicht, wenn wir dem die Rede hinschieben.«[31]

Der Wirtschaftsrat scheint, alles in allem, nicht der rechte Platz für Strauß zu sein, um seine Neigungen zu verfolgen, seine Talente zu entfalten. Nun gut, Erfahrungen immerhin kann er hier sammeln und seine Vorbehalte gegen die Politiker der älteren Generation auffrischen, die ja schon daheim in Bayern reichlich Nahrung bekommen haben. Wäre da nicht die Begegnung mit Ludwig Erhard gewesen, könnte man das gute Jahr im Probeparlament am Main fast als vertane Zeit abtun.

Unmittelbar nach dem Krieg hatte Erhard in München ein kurzes, jedoch nicht sehr folgenreiches Gastspiel als Wirtschaftsminister gegeben. Als Dank für seine Aufbauleistung bescherte ihm der bayerische Landtag einen Untersuchungsausschuss, der unter der Leitung des Bauernfunktionärs Schlögl dem parteilosen Erhard alle nur denkbaren Missstände im Wirtschaftsleben anlasten wollte, die in den Zeitumständen und wohl kaum in dessen Amtsführung ihre Ursache hatten. Möglicherweise ist Josef Müller, der Erhard im Frühjahr 1948 gegen erheblichen Widerstand in der CSU durchboxt, hierdurch auf die grundsätzlichen Gedanken Erhards zu einer neuen Wirtschaftsordnung in Deutschland aufmerksam geworden.[32] Auf jeden Fall ist Erhards freiheitliches und bundesstaatlich orientiertes Wirtschafts- und Währungsreformkonzept ein durchaus passendes Gegenstück zu Müllers Vorstellungen von einer anti-kollektivistischen Gesellschaftsordnung und föderalen Verfassung.

Dieser Mann, dem Strauß zeitlebens persönlich nie nahestehen, nicht mal nahekommen wird, entfacht nun in ihm ein neues Feuer der Begeisterung. Ähnlich wie einst von Müllers Ideen über die Zukunft Deutschlands und der CSU als Volkspartei, ist er nun von dieser Mischung aus Vision und Pragmatik angetan, die Erhard, von Anbeginn umstritten, landauf, landab verkündet.

Die Faszination, die von der Idee der Sozialen Marktwirtschaft auf Strauß ausgeht, ist noch in dessen Erinnerungen spürbar. Müller verpflichtet, sieht Strauß doch in Erhard das verkörpert, was er in den Kreisen der CSU seit der Auseinandersetzung zwischen Klerikalen und Liberalen, Unionsanhängern und Befürwortern einer Wiederbelebung der BVP, auf Bayern fixierten Provinzialisten und den national orientierten Mitstreitern vermisst. »Professor Erhard war ein ernst zu nehmender Wissenschaftler und ein löwenhafter politischer Kämpfer für seine Soziale Marktwirtschaft«, so Strauß im Rückblick.[33] In der CSU hingegen ist längst nicht mehr auszumachen, welcher Streit um die Sache und welcher um des Streites willen geführt wird.

Allmählich wird auch der Blick von Strauß auf Müller immer kritischer. Von einem Zerwürfnis kann nicht die Rede sein, aber Zweifel müssen doch erlaubt sein: Diesen Mann, Ludwig Erhard, den Müller selbst gerufen hat, will er nach wenigen Wochen schon wieder opfern? Die Zeit sei – angesichts des einzigen, was es im Überfluss gibt, Mangel allerorten nämlich – noch nicht reif, um die Wirtschaft in das ungelenkte Spiel der Kräfte von Angebot und Nachfrage, ins »Stahlbad freier Preise« zu entlassen. Müller verlässt, als es hart auf hart kommt, der marktwirtschaftliche Mut: Erhard müsse gestürzt werden, um die große Katastrophe abzuwenden.[34]

Die Begeisterung für Erhard wird sich bei Strauß bald legen, spätestens wenn es die beiden Herren, fast schon von Gleich zu Gleich, in Adenauers Kabinett miteinander zu tun bekommen. Um die Jahreswende 1948/49 – Strauß weiß, dass jetzt der Zeitpunkt der Entscheidung über sein künftiges Leben naht – freilich sieht er in diesem begeisternden Missionar der Sozialen Marktwirtschaft genau jene Kraft am Werk, die Deutschland beim Wiederaufbau braucht und deren Mangel er bei Betrachtung der älteren Politikergeneration verspürt.

So unbefriedigend die eigenen Möglichkeiten sein mögen, auf die politischen Geschicke Deutschlands einzuwirken; so ermüdend die vielen fruchtlosen Sitzungen in Parlament und Fraktion auch sind; so wenig das Frankfurter Verordnungs-Kleinklein dem Nachwuchspolitiker gefällt, dessen Blick seit seinem Studium auf größere Zusammenhänge gerichtet ist und der sich in Schongau und München schon genug mit Einzelverfügungen, Ermessensentscheidungen und Detailarbeit herumzuschlagen hatte – immerhin hat Strauß neben all den schwerfälligen Bürokraten und Mängelverwaltern, den längst ergrauten Parlamentariern und altehrwürdigen Ministergestalten aus Weimarer Tagen eine Handvoll eindrucksvoller Persönlichkeiten kennengelernt. Erhard ist in dieser Phase gewiss der wichtigste, aber gelegentlich – wenn tatsächlich einmal Folgenschweres zur Entscheidung steht – lassen sich die neuen Größen der Union höchstselbst in Frankfurt blicken. Müller, Kaiser, Adenauer, die sich im Wirtschaftsrat von der zweiten Garde vertreten lassen: Sie eilen stets herbei, wenn nicht nur Routine zu verhandeln ist. So klingt es einleuchtend, wenn Strauß vier Jahrzehnte danach in seinen Memoiren festhält: »Die Wahl in den Frankfurter Wirtschaftsrat und die damit verbundene Bekanntschaft mit führenden Persönlichkeiten bedeuteten für mich den Aufbruch in eine fremde Welt. Damit betrat ich eine Bühne, deren Kulissen anders waren.«[35]

Dreiunddreißig Jahre ist Strauß inzwischen alt, mit vierunddreißig soll er für den Wahlkreis Weilheim/Schongau in den ersten Bundestag einziehen. Die eine Lebensentscheidung, die für die Politik als Beruf, muss 1949 fallen. Das hektische Leben zwischen Schongau, München und Frankfurt lässt kaum mehr Luft für Privates. Seine Freunde und Bekannten wissen gar nicht, an welche Adresse sie ihm schreiben sollen – immer ist er anderswo. Auch eine Studienfreundin, die noch nicht wieder nach Deutschland zurückgekehrt ist und mit der es im Januar 1949, anlässlich eines Kurzbesuchs bei ihren in München lebenden Eltern, zu einer leidenschaftlichen Wiederbegegnung nach zehn Jahren kommt, ist ratlos. Der Briefwechsel der beiden, der nur in der Kriegszeit ruhte, dann aber gleich wieder aufgenommen wird, leidet nicht nur an der schweren Erreichbarkeit des politischen Handlungsreisenden, sondern auch an der Schreibfaulheit von Strauß, die sich stets in dem Moment einstellt, wenn ernste Themen zu besprechen sind.

Kurz vor Kriegsausbruch, bald darauf werden sie sich aus den Augen verlieren, müssen sich die beiden wohl mit festen Bindungsabsichten getragen haben; ein Jahrzehnt später braucht es nun nur das stürmische erste Wiedersehen, und schon ist die alte Zuneigung von Neuem voll erwacht. Ein weiterer, jetzt entschiedenerer Versuch einer gemeinsamen Zukunft, eines Glücks zu zweit? »Freilich wäre vor 10 Jahren alles leichter gewesen als heute und manchmal blicke ich doch traurig auf meine gleichaltrigen

Freunde und Kollegen, für die es einfach leichter gewesen ist,« vertraut Strauß einem Brief an seine wiederentdeckte Liebe an, den er allerdings nicht abschickt[36]: »Denn die Jahre, wo man sich im kleinen aneinander gewöhnen und das gemeinsame Leben von der Verlobungsfeier bis zu den Möbeln und Wohnung aufbauen hätte können, sind nun einmal vorbei.«

Einfach kann das Verhältnis zwischen den beiden auch früher nicht gewesen sein – »Es ist überhaupt immer so kompliziert gewesen, wenn wir beisammen waren« –; nicht zuletzt die soziale Distanz zwischen dem Metzgerssohn und der aus begütertem Bürgerhaus stammenden Frau mag insgeheim, unausgesprochen als Barriere zwischen den beiden gestanden haben: »Ich habe Dir neulich«, beim Wiedersehen vor ein paar Tagen, »unseren ›Fall‹ so einfach als möglich dargestellt, ich bin mir darüber im Klaren, daß ich ihn noch mit Dir, so Gott will, auch wenn Du vielleicht nicht willst, wie häufig erlebt, zu Ende besprechen werde. Denn er lastet auf mir, weil er tausendmal erlebt, gefühlt und gedacht, aber nie im erlösenden, vielleicht auch harten Worte abgeschlossen worden ist. Du hast davon immer nur Einzelheiten erlebt, aber nie das ganze Bild, das zu einem Schicksal für unser Leben geworden ist, in Dich aufgenommen. Und dann hast Du Dich gewundert, daß ich nicht von mir gesprochen habe. Ich kann es heute tun, weil der Befangenheitskomplex, den Du mir aufgezwungen hast, mich heute nicht mehr in der Gewalt hat wie damals.«

Ähnlich wie acht Jahre später, als er Marianne Zwicknagl näher kennen und lieben lernen wird, ist Strauß in dieser Lebensfrage, in dieser Herzensangelegenheit alles andere als ein Zauderer. 1939 hatte er es wissen wollen, doch damals war der mutige Schritt gescheitert, und die Angebetete ist offensichtlich ausgewichen. Immer noch geht ihm dies nach: »Selbst der Krieg, der sonst die Menschen aus der Enge ihrer Vorurteile und Hemmungen herausgetrieben und zu Lösungen und Entscheidungen reif gemacht hat, vermochte das nicht bei uns. Trotzdem hat mich das manchmal schwächere, häufig starke Bewußtsein nie verlassen, daß es nur eine Dorothee Grokenberger gibt, auch wenn sie das mögliche, was an ihr lag, getan hat, um mich das vor allem in den ersten Jahren vergessen zu lassen. Wenn Du einmal erlebt oder gespürt hättest, was für mich in diesem Namen Dorothee Grokenberger enthalten war, dann bräuchten wir uns heute nicht mehr Briefe zu schreiben über die Form und die technischen Schwierigkeiten des Zusammenkommens, weil Du weggegangen bist und fast nicht mehr verstehen kannst, wenn wir hier uns bemühen, unserem anders verlaufenem Leben Inhalt und Ordnung wieder zu geben.«

Jetzt, Anfang 1949 – weiß Strauß, dass die Politik ihn nicht mehr losgeben wird? – klingt es wie der Ruf nach einem anderen Leben, das ihm vielleicht noch möglich erscheint und das er zweifellos ersehnt: »Wenn ich Dir die Gewaltlösung«, eine schnelle Heirat ohne Wenn und Aber, »des Termins vor vier Wochen genannt habe, dann darfst Du nicht mitleidig darüber lächeln, weil es Dir unmöglich ist, sie zu erfüllen. Ich wollte nur, ich hätte die Gewaltlösung zur rechten Zeit nicht nur gedacht, sondern getan, und wollte zugleich, daß auch Du einmal den Mut zu einer solchen finden würdest.« Nicht, dass ihn sein für einen Junggesellen fortgeschrittenes Alter bekümmern würde – nein, das ist es nicht. Es sind die Veränderungen im Wesen, die Strauß an sich selbst beobachtet, das Verblassen und Entrücken der tieferen Herzenswünsche, die keine Politik, kein öffentliches Ansehen, nicht die ihm so wichtige Anerkennung durch Dritte erfüllen kann. Ist es mehr Ahnung, ist es schon Gewissheit aufgrund der ersten politischen Erfahrungen, die Strauß erschrecken lässt? Es ist, so endet der Brief, ihm »*sehr eilig* (…), weil außer den vielen Jahren, die auf mir lasten, ich durch den Inhalt dieser Jahre es immer weniger leicht habe, offen und menschlich ansprechbar zu bleiben.«

ZWEITER TEIL

AUFSTIEG UND FALL
(1949–1962)

A Star is born

Am 14. August 1949, dem Tag der ersten Bundestagswahl, meint Petrus es nicht gut mit seinen Oberbayern. Mitten hinein in diesen prächtigen Sommer hat sich ein hartnäckiger Regentag geschlichen, der die Reise aus der Landeshauptstadt in Richtung Oberammergau für Josef Müller und seine Frau zu einer Strapaze macht. Es muss aber sein. Denn dort, im Ort der Passionsspiele und Herrgottsschnitzer, an keinem anderen Ort, will Müller seine Stimme abgeben. Oberammergau liegt im Landkreis Weilheim; Weilheim und Schongau bilden den Wahlkreis, in dem Franz Josef Strauß sich um ein Direktmandat für das Bundesparlament bewirbt.

Keine drei Monate sind seit der Entmachtung Müllers ins Land gegangen. Damals, während der Straubinger Landesversammlung, bei der nur noch ein gutes Viertel der Delegierten den alten Vorsitzenden behalten wollte, hat Strauß es vermieden, mit aller Kraft für die verlorene Sache zu streiten. Sein Vorschlag, das Amt des Ministerpräsidenten und das des Parteivorsitzenden per Satzungsänderung zu trennen, war jedenfalls nicht der von den Anhängern erwartete Angriff auf die Widersacher, mit dem das Ruder noch einmal hätte herumgerissen werden können. Dennoch, der Verlierer lässt sich an seinem Lieblingsschüler nicht irremachen[1]: Strauß ist das Beste, was die Partei zu bieten hat, und Müller ist daran nicht unbeteiligt. Ein Segen, dass man bei dieser ersten Bundestagswahl mit seinem Stimmschein wählen darf, wo immer man will.

Und Strauß hat jede Stimme nötig. Am Ende wird er zwar mit 8 Prozentpunkten Vorsprung vor dem Zweitplatzierten gewinnen, aber die 28,8 Prozent der Stimmen, die er auf sich vereinigen kann, sind alles andere als ein stolzes Ergebnis. Mit Ausnahme der Oberpfalz geht fast das gesamte Altbayern, die alte Hochburg des politischen Katholizismus, verloren: Die Sozialdemokraten erobern die vier Münchner Mandate; außer im Wahlkreis von Strauß behält die CSU nur in Passau und Fürstenfeldbruck die Oberhand. Ansonsten sind die katholischen Stammlande fest in der Hand der Bayernpartei (BP), die im Schatten der selbstmörderischen Auseinandersetzung innerhalb der CSU zu einer mächtigen Kraft herangewachsen ist. Im Landesdurchschnitt liegt sie mit 20,9 Prozent der Stimmen zwar deutlich hinter der CSU, die es auf 29,2 Prozent bringt. In Ober- und Niederbayern aber ist die BP mit 26,9 beziehungsweise 33,9 Prozent die stärkste Kraft.

Das katastrophale Ergebnis entspricht ungefähr der inneren Verfassung der Partei, als deren Generalsekretär Strauß seit kurzem fungiert. Vielbeschäftigt, wie der werdende Berufspolitiker nun einmal ist, hat er sein Amt, das ihm der Ochsensepp seit dem Sommer hinterherträgt, ohnehin erst um die Jahreswende 1948/49 übernommen. Das Ende der Ära Müller ist bereits so gut wie besiegelt, und doch toben die Grabenkämpfe der Fraktionen munter fort. Im April 1948 hatte die CSU 85 646 eingetragene Mitglieder, im November sind es keine 80 000 mehr, im Mai 1949 rutscht die Zahl auf 69 444. Auch in der Wahlheimat von Strauß verliert die CSU rapide, allein im Sommer 1948 waren 236 Parteiaustritte im Landkreis Schongau zu beklagen. Ganze Ortsverbände lösen sich auf.[2] Die Landesgeschäftsstelle kann ihre Rechnungen nicht mehr begleichen; Mitgliederschwund und die sinkende Zahlungsmoral der Beitragspflichtigen stürzen die Partei nach der Währungsreform in ein finanzielles Desaster.

Dass Strauß in dieser Lage weitgehend frei schalten und walten kann – Hans Ehard, Müllers Nachfolger, der die Räumlichkeiten der CSU-Landesleitung nie betreten wird, will auf diesen agilen jungen Kraftmenschen nicht verzichten[3] –, ist das eine. Misslich ist dagegen, dass er, als ehemaliger Landrat ein Meister der Mangelverwaltung, den Wahlkampf seiner Partei unter katastrophalen Bedingungen antreiben muss: In der Landesgeschäftsstelle gibt es nur ein funktionsfähiges Telefon, die Büromöbel sind weitgehend gepfändet; wie zeitgemäß der einer Einsicht Walther Rathenaus entlehnte Wahlslogan der CSU ist – »Die Wirtschaft ist unser Schicksal« –, daran erinnern den Generalsekretär auch die beinahe täglich vorstellig werdenden Gläubiger. Glücklicherweise gelingt es der neuen Parteiführung in letzter Sekunde, die Kriegskasse für die herannahende Bundestagswahl mit Spendengeldern aufzufüllen. Armselige 4500 DM an Mitgliedsbeiträgen fließen in den drei entscheidenden Monaten vor der Wahl der Parteikasse zu, dem stehen Spendeneinnahmen in Höhe von 190 600 DM gegenüber.[4] Das Nötigste lässt sich damit immerhin bewerkstelligen: eine eigene Wochenzeitung, die *Union*, erscheint; die Funktionsträger können mit Informations- und Redematerial versorgt werden; Broschüren, Flugblätter und Plakate gehen in Druck. Knapp und präzise wird Strauß seinen Lebensrhythmus dieser Wochen und Monate später beschreiben: »In der Frühe habe ich die Broschüren geschrieben, den Rednerdienst geschrieben, nachmittags die

Plakate entworfen, abends habe ich gesprochen, und nachts habe ich gesoffen und in der Frühe dann wieder der selbe Turnus.«[5]

Die verzweifelte Lage, in der sich die CSU im Wahljahr befindet, hat immerhin ein Gutes. Da ihr mit der Bayernpartei eine bedrohliche Konkurrenz erwachsen ist, die insbesondere wegen ihrer betont regionalen Ausrichtung viel Anklang findet, bleibt der CSU gar nichts anderes übrig, als selbst einen prononciert bayerischen Wahlkampf zu führen, der, bei aller Freundschaft zu den Christdemokraten im Rest der Bundesrepublik, die Eigenständigkeit der christlich-sozialen Schwesterpartei unterstreicht.[6] Doch alle Anstrengung kann nicht verhindern, dass die Bayernpartei mit ihren 17 Mandaten im neu gewählten Bundestag nicht viel schwächer sein wird als die CSU mit ihren 24 Abgeordneten. Und der Abwärtstrend der CSU ist längst nicht gestoppt: Die Finanzen der Partei werden noch für einige Jahre kritisch bleiben, der Mitgliederschwund wird sich fortsetzen: Ende 1953 verzeichnen die Bücher der Landesleitung nur mehr 32 985 Beitragszahlende.[7] Die Landtagswahl 1950, bei der ein weiterer Aufstieg der BP zwar gestoppt werden kann, dafür aber die SPD mit 28 Prozent mehr Wählerstimmen als die CSU (27,4 Prozent) auf sich vereinigen kann, setzt den Erdrutsch der Bundestagswahl von 1949 fort.

Es ist also eigentlich kein allzu großes Gewicht, das die bayerische Union bei der Regierungsbildung im Spätsommer 1949 in die Waagschale zu werfen hat. Allerdings kommt es der CSU doch sehr zustatten, dass Konrad Adenauer fest entschlossen ist, als Repräsentant der stärksten parlamentarischen Kraft Kanzler zu werden, ohne den bequemen Weg einer Großen Koalition mit der SPD einzugehen. Wie riskant das bevorzugte Unternehmen einer bürgerlichen Koalition unter Führung der CDU ist, zeigt sich bereits bei der Kanzlerwahl, die Adenauer mit einer Stimme Mehrheit denkbar knapp für sich entscheiden wird. Scherereien mit der eigenwilligen bayerischen Schwesterpartei kann er sich da nicht leisten.

Schon vor dem Wahlgang hat sich der Kanzlerkandidat mit Hans Ehard für den Samstag danach in Frankfurt verabredet, um sich mit ihm »über die schwebenden Fragen auszutauschen«.[8] Ehard ist in mancher Hinsicht ein schwieriger Zeitgenosse, der sich – was Adenauer versteht, was ihm aber überhaupt nicht passt – keineswegs willenlos außerbayerischen Kräften unterordnen mag. Zum Abschluss der Beratungen des Parlamentarischen Rates hat er dem Grundgesetz – wie der Freistaat überhaupt – die Zustimmung verwehrt, und im Bundestagswahlkampf hat der bayerische Ministerpräsident und CSU-Vorsitzende peinlich genau darauf geachtet, dass niemanden der Verdacht beschleichen konnte, seine Partei sei im Grunde doch nur einer von vielen Landesverbänden der Union, wenn auch unter einem etwas anderen Etikett.

Andererseits ist damit sichergestellt, dass aus Bayern keine Ansprüche gegen ihn als Nummer eins der Christlich Demokratischen Union Deutschlands erhoben werden, was unter Josef Müller, den eine herzliche, durchaus auf Gegenseitigkeit beruhende Abneigung mit Adenauer verband, nie ganz klar war. Man darf ihm daher jedes Wort glauben, wenn er Ehards Glückwünsche zum Wahlausgang mit schmeichlerischen Wendungen quittiert: »Es hat sich doch bewährt, daß in dieser kritischen Zeit die Leitung der CSU in Ihre starken Hände gelegt worden ist.«[9] Im Vorfeld der Bonner Regierungsbildung ist auch nicht unerheblich, dass sich die CSU, mehr als manchem CDU-Repräsentanten lieb war, für Ludwig Erhard und dessen Programm der Sozialen Marktwirtschaft ins Zeug gelegt hat. Mit der SPD als Koalitionspartner im Bund wäre dessen liberales Konzept nicht umzusetzen. Es müsste also möglich sein, die CSU für das Wagnis eines kleinen, bürgerlichen Regierungsbündnisses zu gewinnen, gegen das vor allem einige unerfreulich mächtige Ministerpräsidenten aus Adenauers eigener Partei Vorbehalte haben.

Wenn Adenauer etwas von jemandem will, kann er die Liebenswürdigkeit in Person sein. Ehard wird bei der Frankfurter Begegnung also erst einmal mit schmeichlerischen Ehrbezeugungen übergossen: Wie dumm, dass der bayerische Freund kürzlich gegen das Grundgesetz gestimmt habe; damit scheide er leider als Regierungschef aus, obwohl er, Adenauer, »an sich Herrn Ministerpräsidenten Ehard als den geeignetsten Kanzler« betrachte. Nun, dann muss eben die zweite Wahl zum Zuge kommen – darüber, dass Adenauer Kanzler werden soll, können sich die beiden Herren rasch verständigen. Zur Beruhigung des Kanzlerkandidaten bevorzugt Ehard offenbar ebenfalls »eine Koalition nur mit der FDP«, wohingegen »(e)ine Koalition mit der SPD (…) nicht ernstlich in Erwägung gezogen« wird.[10]

Eine wichtige Vorabsprache ist dies gewiss, zumal Adenauer mit Ehard auch die zentralen Punkte einer zukünftigen Kabinettsbildung detailliert berät. Die entscheidende Festlegung freilich erfolgt erst am Tag darauf. Adenauer hat führende Unionspolitiker aus ganz Deutschland auf Sonntag, den 21. August, zu sich nach Hause eingeladen; Karl Arnold, der Ministerpräsident von Nordrhein-Westfalen und einer seiner ärgsten Widersacher, fehlt zwar in dieser Runde, ansonsten aber sind alle wichtigen Befürworter einer Großen Koalition in Rhöndorf versammelt. An Stelle von Ehard nimmt für die CSU, eher als Beobachter, Anton Pfeiffer teil, der bei der Besprechung tags zuvor in Frankfurt zugegen gewesen ist; eingeladen sind aber auch Horlacher, der mehr zu einer Großen Koalition neigt, und Strauß. Für Adenauer fügt es sich gut, dass Horlacher erst eintreffen wird, wenn alles besprochen ist, so dass Strauß, bekanntermaßen ein glühender Erhard-Anhänger und entschiedener Gegner eines Bündnisses mit den Sozialdemokraten, der eigentliche Repräsentant der Christsozialen ist.

Mit dem Nachtzug reist der junge Generalsekretär am Samstag aus München ab. Zu einer eingehenden Unterrichtung über die Ergebnisse des Frankfurter Gesprächs zwischen Adenauer und Ehard besteht keine Gelegenheit.[11] Allerdings weiß Strauß, dass sein Parteivorsitzender und Ministerpräsident dem Machtanspruch Adenauers, der keinen rechten Sinn für föderale Eigenständigkeit zu haben scheint, ausgesprochen misstrauisch gegenübersteht; und auch, dass Ehard, um der Wirtschaftspolitik Erhards willen, ein bürgerliches Bündnis in Bonn vorziehen würde, ohne jedoch eine Große Koalition, wie sie in nahezu allen Bundesländern zu jener Zeit regiert, kategorisch auszuschließen.[12]

Im Nachhinein werden die Erinnerungen an die Rhöndorfer Konferenz weit auseinandergehen, ähnlich wie die Meinungen darüber, wie wichtig die Rolle von Strauß bei diesem Treffen tatsächlich war. Gleich, welcher der Darstellungen man eher glauben schenken mag, eines jedenfalls ist unbestreitbar: Der einzige Redner, der Adenauer bei diesem heiklen Treffen mit einem Argument zur Seite springen kann, das nicht nur auf die Macht der Überzeugungskraft vertraut, sondern mit einer ernsthaften machtpolitischen Drohung einhergeht, ist Strauß. Während sich die vorangegangenen Redner mit Für und Wider, einerseits und andererseits aufhalten, verzeichnete die einzige Protokollaufzeichnung, die es zu der Konferenz im Hause Adenauer gibt, die schlicht erpresserische Drohung dieses jungen Mannes im Kreise der ehrwürdigen Ministerpräsidenten und CDU-Landesfürsten: »Wenn wir nicht gegen die SPD sind, schwerste Einbuße. Man wird in Bayern sagen: ›So haben sie euch belogen‹, wenn wir mit SPD gehen. Der alte Kuhhandel der müden Weimarer Parteien muss aufhören. Man wird uns«, der CSU, »ein Zusammengehen mit der CDU unmöglich machen, wenn hier ein engeres Gespräch mit SPD zustande käme.«[13] Bald darauf ist die Diskussion beendet, ein Kommuniqué, das im Tenor ganz dem Willen Adenauers entspricht und dessen Anspruch auf die Kanzlerschaft unterstreicht, wird kurz beraten und genehmigt. Eine Große Koalition, um den Preis des

Bruchs zwischen den Unions-Schwestern erkauft, ist auch den eifrigsten Befürwortern eines Zusammengehens mit der SPD zu teuer.

Viele neue Freunde gewinnt Strauß mit dieser »sozusagen völlig ungeschützt« und »ohne Netz« abgegebenen Erklärung nicht. Horlacher hält es für »eine große Dummheit«, sich derart festzulegen; Gebhard Müller, so erinnert sich Strauß später, wütet ihn an: »Dafür werdet ihr noch büßen.« Auch Ehard, der »angesichts der großen Schwierigkeiten und der auf uns zukommenden Probleme« trotz seiner Bedenken durchaus offen ist für eine Große Koalition, sei nicht glücklich über das Vorstürmen seines Generalsekretärs gewesen.[14]

Wenige Tage später wird Strauß, der gerade das Direktmandat im Wahlkreis Weilheim/Schongau errungen hat, der CDU/CSU-Bundestagsfraktion angehören. Als herausgehobenem Mitglied der CSU-Landesgruppe bleibt ihm die Erfahrung der harten Hinterbank erspart; in vielen Sitzungen der Fraktions- und Regierungsspitzen wird er den ersten Kanzler von Anfang an in allen seinen Facetten hautnah erleben. Der Tag in Rhöndorf freilich hat ihm zuvor schon eine erste tief beeindruckende Probe der enormen, aber nicht ungestüm hervordrängenden, sondern sich geschmeidig ihr Ziel suchenden Willenskraft Adenauers gegeben. Jakob Kaiser, der Mitbegründer der CDU in der Sowjetischen Besatzungszone (SBZ); Peter Altmeier oder Gebhard Müller, die CDU-Ministerpräsidenten von Rheinland-Pfalz bzw. Württemberg-Hohenzollern mit starker Machtbasis in ihren Bundesländern; Heinrich von Brentano, der in Kürze den Vorsitz der Bundestagsfraktion übernehmen wird – sie alle, überhaupt keine Freunde Adenauers, sind alles andere als unerfahrene Grünschnäbel. Trotz eines gewissen Senioritätsbonus ist der ehemalige Präsident des Parlamentarischen Rates und Vorsitzende der Union in der britischen Besatzungszone eigentlich nicht mehr als ein Primus inter Pares. Und doch spielt der alte Herr sie alle mit Leichtigkeit an die Wand; er ist eben, wie Strauß rasch bemerkt, aus anderem Holz geschnitzt: »Daß die Rhöndorfer Konferenz in Adenauers Privathaus stattfand, daß er es war, der zu einer solchen Zusammenkunft einlud, und daß die Eingeladenen dies als selbstverständlich nahmen und daß sie auch kamen, hing damit zusammen, daß die Entwicklung fokusartig auf diesen Punkt und auf diesen Mann zugelaufen war. In Konrad Adenauers Weltbild gab es keinen anderen Kanzler, keinen anderen Unionschef als ihn selbst (…). Für ihn stand es fest, daß er in diesem politischen Szenario der Hauptdarsteller sein werde. (…) Auf jeden Fall hatte Adenauer bei seiner Einladung bewußt einkalkuliert, daß er eine zusätzliche Autorität besaß, wenn er in seinen eigenen Räumen Gesprächsteilnehmer als Gäste begrüßen konnte. Das war psychologisch gezielt.«[15]

Nachdem bei der Rhöndorfer Konferenz die Koalitionsfrage im Sinne Adenauers vorentschieden ist, wendet sich die Aufmerksamkeit den zu besetzenden Ämtern zu. Auch hier kann der junge Strauß nur staunen, mit welcher Selbstverständlichkeit und welchem Selbstbewusstsein der alte Herr seinen Anspruch markiert. Ohne Umschweife eröffnet er der Versammlung, wie Gebhard Müller protokolliert: »Die wichtigste Persönlichkeit ist der Bundeskanzler. Präsident soll ein anderer werden, ich will Kanzler werden. Ich bin 73 Jahre alt, aber ich würde das Amt des Kanzlers annehmen, weil 1. der Bundespräsident aus dem Parteileben ausscheiden muß, der Kanzler nicht. Ich habe in der britischen Zone Autorität. Unsere Partei (ist) noch nicht so gefestigt, daß wir die großen Aufgaben auf die Dauer bei meinem Ausscheiden erfüllen können, die uns der vorige Sonntag«, gemeint ist die Bundestagswahl, »gestellt hat. (...) 2. Ich verfüge über gewisse Erfahrungen in staatlichen Dingen und in der Verwaltung, 3., habe stärkere Ellbogen, als ich früher geglaubt hätte.«[16]

Für alle Fälle ist dieser schlaue Fuchs gerüstet. Im fortgeschrittenen Rentenalter zählt Adenauer nicht mehr zu den jugendfrischen Hoffnungsträgern der neuen Republik. Wer weiß, ob nicht einer seiner Gegner eben diese Karte gegen seine Kanzlerambitionen ausspielen wird. So hat er sich vorsorglich von seinem Leibarzt, dem angesehenen Bonner Professor Paul Martini, bescheinigen lassen, dass er trotz seines Alters »dieses Amt noch für ein Jahr übernehmen könne«; auch bei zwei Jahren hat der Medizin-Ordinarius keine Bedenken.[17]

Diese unverwechselbare Mischung aus Zielstrebigkeit und Chuzpe, Beherrschung der bürgerlichen Konventionen und gewinnend eingesetztem Charme, dieses untrügliche Gespür für Situationen, die mal mit Zurückhaltung offenzuhalten, mal nur durch Frechheit zu entscheiden sind, dieses kunstvolle Changieren zwischen kaltschnäuziger Brutalität und säuselnder Umgarnung – all das, was dem Politiker Strauß an Lebensklugheit noch fehlt (und immer fehlen wird), hinterlässt einen tiefen Eindruck bei ihm. Oft, sehr oft wird sich der aufstrebende junge Mann in den kommenden Jahren an dieser überlegenen Gestalt wundreiben, vergeblich abarbeiten. Anders aber als gegenüber Helmut Kohl, dem zweiten großen, schicksalhaften persönlichen Fixpunkt seiner Biographie, schwingt bei dem Ärger über seinen frühen Meister nie auch nur ein Hauch von Verachtung mit.

Der ausgesprochene Sinn für Realitäten des Gründungskanzlers macht es der CSU auch leicht, eine unverhältnismäßig starke Position in Parlament und Regierung aufzubauen. Zwar hatte Adenauer gegenüber Ehard in Frankfurt weitgehende Konzessionen an die bayerischen Wünsche und Vorstellungen gemacht, aber das muss bei ihm nicht viel heißen. Die Not der knappen Kanzlermehrheit, zudem die Brüskierung des bayerischen Ministerpräsidenten durch seine westdeutschen Amtskollegen – sie strafen die CSU und ihren Chef für die Unterstützung des Adenauerkurses in der Koalitionsfrage ab und wählen Ehard entgegen allen Absprachen nicht zum ersten Präsidenten des Bundesrates –, lassen Adenauer keine andere Wahl, als die Schwesterpartei mit weitgehenden Zugeständnissen zu besänftigen. In Frankfurt hatte man über die bayerische Forderung nach dem Finanzministerium gesprochen, ohne dass eine verbindliche Zusage gegeben worden wäre. Jetzt, im Zuge der Regierungsbildung, bleibt Adenauer gar nichts anderes übrig, als sich der CSU zu beugen.

Allerdings entwickeln sich die Dinge in Bonn keineswegs nach den Vorstellungen Ehards. Denn Anton Pfeiffer, sein treuer Mitarbeiter als Chef der Staatskanzlei und – trotz mancher Reiberei – bewährter Statthalter im Parlamentarischen Rat, dem der CSU-Vorsitzende eigentlich die führende Rolle in der Bundeshauptstadt zugedacht hat, verpasst den Einzug in den Bundestag; in seinem Wahlkreis München-Land unterliegt er dem Kandidaten der SPD, auf der Landesliste ist er nicht hinreichend abgesichert. So kommt es, dass Fritz Schäffer, den Ehard nicht mag, ohne großen Widerstand die Führung der CSU-Parlamentarier an sich reißen kann.[18] Anstandslos wählen die bayerischen Unionsabgeordneten ihn an ihre Spitze. Einen Tag später, am 1. September 1949, bestimmt ihn die Gesamtfraktion der Union im Deutschen Bundestag zu ihrem stellvertretenden Vorsitzenden.

Dieser eigenwillige Sturkopf, der in den Aufbaujahren der CSU für größte Unruhe gesorgt hatte, der einen Führungsanspruch erhob, aber nicht durchsetzen konnte, durch eine Rebellion im oberbayerischen Bezirksverband maßgeblich Anteil am desaströsen Zustand der CSU trägt, der aus der Partei ausgetreten, vor der Bundestagswahl dann wieder eingetreten ist, stets aber die Fühler in Richtung Bayernpartei ausgestreckt hat: Endlich scheint er zur Vernunft gekommen zu sein. Gemeinsam mit Strauß, der als zweiter Sprecher seiner Bonner CSU-Kollegen gewählt wird und gleichfalls in den Vorstand der Gesamtfraktion einrückt, hat er die gar nicht so einfache Gratwanderung zwischen Eigenständigkeit und Integration der kleinen bayerischen Schwester gemeistert; in der konstituierenden

Sitzung der CDU/CSU-Bundestagsfraktion kann Schäffer, zur Erleichterung der CDU, das Ergebnis dieser Bemühungen verkünden: »Die Abgeordneten, die auf den Namen der bayerischen Landespartei CSU gewählt
sind, haben in einer Vorbesprechung sich darauf geeinigt, Ihnen vor-
zuschlagen, daß sie als Mitglieder der vereinten Fraktion CDU/CSU von
Ihnen anerkannt werden (...). Wir stellen uns in dieser Situation vor, daß
wir auch in die Fraktion ein Stück föderativer Gedanken hineintragen dürfen. Wir haben uns deshalb entschlossen, Sie zu bitten, daß wir eine bayerische Landesgruppe in Ihrem Kreise bilden, wir aber als Mitglieder der
Fraktion gelten sollen.«[19]

Schäffer ist damit in einer Schlüsselposition, die er wenige Tage später,
nach dem Scheitern der Absprache, Ehard zum Bundesratspräsidenten zu
wählen, geschickt zu nutzen weiß. Während Wut und Rachegelüste die
Herzen der bayerischen Kollegen ergreifen, sogar »die Ablehnung jeder
Mitwirkung auf Bundesebene«[20] in Rede steht, bemüht sich der erfahrene
und politisch versierte Landesgruppenchef um Schadensbegrenzung, die
am Ende sogar noch Gewinn einträgt. Die unverbindlichen Überlegungen,
wie man den bayerischen Sorgen vor einem alles durchdringenden und
beherrschenden Zentralismus durch personelle Zugeständnisse abhelfen
könnte, müssen nun in eine feste Form gebracht werden: Insbesondere das
Finanz- und das Innenministerium des Bundes, von denen aus Münchner
Sicht die größten Bedrohungen der bundesstaatlichen Struktur ausgehen,
bedürfen der bayerischen Kontrolle. Auf Hans Ritter von Lex, CSU-Mann
und vertrauenswürdiger Föderalist, als Staatssekretär im Innenministerium
hat man sich zuvor bereits verständigt, auch wenn er sich noch eine Weile
zieren wird. Hinzu kommen muss nunmehr aber das Finanzministerium,
für das sich Schäffer aus Adenauers Sicht nicht nur wegen seiner Verwaltungserfahrung und hilfreichen Dienste im Zuge der Fraktionsformierung
und Regierungsbildung empfiehlt, sondern auch weil er seit langem auf die
Eigenständigkeit der Länder gegenüber dem Bund pocht. Eine bessere per-
sonalisierte Versicherung gegen die Sorgen Ehards gibt es nicht – ob dieser
Schäffer nun mag oder nicht.

Für Strauß, der zwar zur engeren Landesleitung der CSU zählt und sich
dort ziemlich wetterfest eingenistet hat, aber doch einer jener jungen Männer ist, die noch einiges lernen müssen, laufen die Dinge damit ebenfalls
günstig. Schäffer rückt ins Kabinett, womit dessen Ämter in Fraktion und
Landesgruppe neu zu besetzen sind, und so kann Strauß zum Zuge kommen, der ja bereits seit der Konstituierung von Fraktion und Landesgruppe

auf dem zweiten Platz steht. Von Stund an muss er damit zur ersten Garnitur der Bonner Politik gerechnet werden, auch wenn es noch einige Zeit braucht, bis sein Name einer breiten Öffentlichkeit bekannt wird.

Die äußeren Lebensumstände haben sich seit der Wahl in den Bundestag ohnehin schlagartig geändert: »Ein Privatleben gibt es für mich kaum mehr«, stellt Strauß schon wenige Wochen darauf fest, »Gott sei Dank bin ich nicht verheiratet, so daß ich keinen häuslichen Beschwerden ausgesetzt bin«.[21] In der ersten Zeit ist auch die materielle Ausstattung erbärmlich. 500 DM monatlich, zuzüglich 30 DM Sitzungsgeld, decken kaum die Kosten, denn neben der heimatlichen Wohnung muss noch ein Zimmer in Bonn finanziert werden, und die Mietpreise in der neuen Bundeshauptstadt sind mit bis zu 150 DM ziemlich happig. Neidisch richtet sich der Blick nach Amerika, wo jeder Kongressabgeordnete mit zwei Schreibkräften ausgerüstet sei: »In Deutschland würde die Öffentlichkeit«, da ist sich Strauß sicher, »die über die Aufgaben der Abgeordneten bis jetzt zu wenig unterrichtet ist, an einem solchen Verfahren Kritik üben.« So muss in Bonn zunächst einmal jeder Abgeordnete für seine benötigten Arbeitskräfte selbst aufkommen.

Auch sonst ist der Bonner Anfang mühsam. Die Zeit im Frankfurter Wirtschaftsrat war sicher mehr als Freizeitparlamentarismus; mit den Anforderungen des Bonner Betriebs, des provisorischen Provisoriums, ist sie jedoch nicht zu vergleichen. Zudem liegt Bonn nochmals fast drei Stunden weiter von der bayerischen Heimat entfernt, wenn auch die Verkehrsverbindungen entlang der Rheinschiene vergleichsweise passabel sind. Die Aufgaben in München sind keineswegs leichter geworden, wie die Landtagswahl 1950, der Tiefpunkt in der Geschichte der CSU, erweisen wird. Allerdings erfordert die Einbindung in die Fraktionsführung eine stärkere Präsenz in der Bundeshauptstadt. Immerhin kann man von hier aus einiges gegen die finanziellen Nöte der Partei tun. Geschwisterliebe schließt nämlich auch in der Politik neidische Habgier nicht aus, und da ist es schon hilfreich, an dem Ort präsent zu sein, wo die öffentlichen Zuwendungen und Spendenströme gelenkt werden, die die Unionskassen füllen.

Daneben tummeln sich am Sitz von Bundesparlament und -regierung Lobbyisten der sich wieder belebenden Wirtschaft, die sich der Segnungen des anhebenden Wirtschaftswunders auch dadurch würdig erweisen, dass sie die politischen Kräfte, die der Marktwirtschaft auf die Beine helfen, großzügig unterstützen. Damit diese Sendboten der Dankbarkeit auch wissen,

Berge von Zuschriften nach einer Rede zur deutschen Verteidigungspolitik
am 7. Februar 1952, mit der Strauß zum Star avanciert.

wohin mit ihrem Geld, schießen die ersten Einrichtungen aus dem Boden, die unverfängliche Namen wie »Wirtschaftsbüro« in der Bundeshauptstadt oder »Volkswirtschaftliche Gesellschaft Bayern« in München tragen; Leistungen eines »Wirtschafts- und sozialpolitischen Informationsdienstes« sind auf das Konto Nummer 84818 bei der Commerzbank Bonn zu honorieren.[22]

Strauß, im Organisieren seit Kriegszeiten geübt, macht seine Sache ziemlich gut; allein in den Jahren 1952 und 1953 sammelt er auf diesen verschlungenen Wegen fast 100 000 DM zugunsten der Parteikasse. Dass es an den Spendentrögen hin und wieder zum Gerangel mit der CDU kommt, lässt sich kaum vermeiden, aber mit dem alten Herrn zu feilschen hat wenigstens noch Stil, jedenfalls kann man das sportlich sehen.[23] Ganz unangebracht hingegen sind die undankbaren Belehrungen und Verdächtigungen der Münchner Parteifreunde, denen sich Strauß gelegentlich ausgesetzt sieht. »Für meine Tätigkeit in der Finanzierung der Landesleitung«, beklagt sich Strauß etwa bei seinem Schatzmeister Hugo Geiger, »habe ich bisher recht wenig Anerkennung, dafür aber umso mehr Vorwürfe und Unannehmlichkeiten geerntet.« Unerhört! Da sammelt er Spenden wie kaum ein anderer, und muss sich vorhalten lassen, für die lächerlich geringen Kosten von 3736 DM einen Volkswagen für die Partei angeschafft zu haben. Obwohl noch gar nicht sicher ist, wer diesen Wagen hauptsächlich nutzen wird, schwingt da der Vorwurf mit, vor allem er werde davon profitieren: »Ich bin jederzeit bereit, diesen Volkswagen abzunehmen, ebenso wie ich nicht mehr bereit bin, in Zukunft für die Landesleitung Geld zu sammeln, wenn ich weiter so behandelt werde wie bisher.«[24]

In seinem aufopferungsvollen Einsatz für die Aufgaben, die er annimmt, lässt Strauß sich von niemandem übertreffen; selten hört man ihn wegen der immensen Arbeitslast seufzen. Aber das ihm gebührende Maß an Dank, die für seinen Einsatz geschuldete Anerkennung sollte man ihm nicht vorenthalten, sonst reagiert er empfindlich. Das bekommt auch der »liebe Freund Geiger« zu spüren: »Ich habe es allmählich auch satt, daß sich mit den Spenden, die ich durch meine volkswirtschaftliche Tätigkeit in Bonn locker gemacht habe, andere hervortun und damit ihr Aktivkonto ausstatten, während ich nur Vorwürfe einstecken kann.« Sie werden schon sehen, wie weit sie ohne ihn kommen: »Ich überlasse es jetzt den Herren, die mich in meiner Tätigkeit behindert beziehungsweise noch angeprangert oder wahrheitswidrig nicht in Schutz genommen haben, Geld für die Partei zu beschaffen.«[25]

Überhaupt erfordert die Parteiarbeit etliches mehr an Zeit, als dem Parlamentarier Strauß lieb sein kann. Die alten Konflikte zwischen dem bundestreuen und dem bayerisch fixierten Flügel haben zwar etwas an Schärfe verloren, aber beigelegt sind die Rivalitäten nicht. Nicht wenigen der CSU-Politiker, die den Schwerpunkt ihrer Arbeit in Bayern haben – in der Partei oder in der Landesregierung –, geht die Eintracht der beiden Unionsparteien in Bonn zu weit. Dass Fritz Schäffer dem nicht entgegensteuert, macht die Sache für die enttäuschten Anhänger Hundhammers, die den Finanzminister eigentlich auf ihrer Seite wähnten, nicht besser. Die »Sonne der Einheit«[26], die Strauß kurz vor der CSU-Landesversammlung am 17./18. Juni 1950 in Kempten beschwört, bei der die Wiederwahl des Parteivorsitzenden ansteht, überstrahlt vieles, ohne jedoch die Quellen des Streits auszutrocknen. Vor der Landtagswahl am 26. November empfiehlt es sich sowieso, Ruhe nach innen zu wahren und Einigkeit nach außen zu demonstrieren. Trotz dieser scheinbaren Konsolidierung, die auch von wenigerwohlmeinenden Beobachtern konstatiert wird[27], endet der Wahlgang im Desaster: Nicht nur, dass die Bayernpartei – auch sie ist mittlerweile ein Intrigantenstadl erster Ordnung – zwar Verluste, aber keinen entscheidenden Einbruch erlebt, schlimmer noch ist, dass die SPD die CSU überflügelt. Nur weil diese zwei Überhangmandate erhält, bildet sie dennoch die stärkste Landtagsfraktion.[28] Es besteht also die Chance, weiterhin den Regierungschef zu stellen; anders als vor vier Jahren ist die CSU jetzt allerdings auf einen Koalitionspartner angewiesen. Mit wem soll man es wagen? Die SPD, der man in Bonn gerade erst die kalte Schulter gezeigt hat, ist wahrlich kein Traumpartner. Aber auch die BP, dieses Fleisch vom Fleische der CSU, kann man schwerlich als Konkurrentin beseitigen, indem man gemeinsam mit ihr eine Koalition bildet. Hundhammer drängt auf ein Bündnis mit der Bayernpartei, Ehard neigt eher zu einer großen Koalition. Die Tendenz in der Landtagsfraktion geht leicht in Richtung BP. Den stärksten Beistand erfährt Ehard in dieser Situation von den Bonner Freunden Schäffer und Strauß, die schon Adenauer davon abgebracht hatten, die BP in sein Regierungsbündnis aufzunehmen und für die die Bekämpfung – im Sinne von Vernichtung – dieser Konkurrenz im Wettbewerb um die konservativen bayerischen Wähler oberste Priorität besitzt.

Tatsächlich entscheidet sich die Koalitionsfrage in Bonn, wenn auch auf unverhoffte Weise. Der Vorsitzende der BP, Josef Baumgartner, lässt sich nämlich in der Bundestagsdebatte vom 13. Dezember 1950 über die Umsiedlung der Heimatvertriebenen zu dem törichten Zwischenruf hinreißen: »das gibt es ja in keinem Kulturstaat der Welt, daß Leute mitwählen, die nicht hingehören«, was nicht nur Bundestagspräsident Hermann Ehlers als »Beleidigung aller Flüchtlinge Westdeutschlands« rügt,[29] sondern gerade in Bayern, das sich besonders verdient um die Aufnahme und Integration von Heimatvertrieben macht, übel aufstößt.

Dass sich seit der Bundestagswahl die Gewichte innerhalb der CSU immer mehr nach Bonn verlagern, liegt nicht zuletzt an der herausragenden Verankerung der Landesgruppe im Kabinett: Dies gilt zwar nicht für Hans Schuberth, der das unspektakuläre Postministerium leitet, sicher aber für Fritz Schäffer, als Finanzminister bundesweit beachtet, und für Bundeslandwirtschaftsminister Wilhelm Niklas, der es mit Fragen zu tun hat, die in den Nachkriegsjahren für das agrarisch strukturierte Bayern noch wichtiger sind als für die anderen Bundesländer. Ganz unerwartet präsentiert sich die Landesgruppe – als bunter Haufen der in München zu kurz gekommenen Parteifreunde und einiger Bewährungskandidaten an den Rhein entsandt – homogen und schlagkräftig. Schäffer und Strauß harmonieren aufs Beste. Gelegentlich bieten sie dem alten Herrn aus Rhöndorf sogar die Stirn. Immer wieder geht es dabei um die BP, die der Kanzler gern näher an das ihn tragende Bündnis heranführen möchte. Doch bei Schäffer und Strauß beißt er bei diesem Thema auf Granit.

Mehr als solche Hakeleien zählt in diesen Tagen allerdings die Unterstützung, die der Kanzler gerade auch von Strauß für seine heftig umstrittene Westpolitik erhält, zumal diese wegen ihrer möglichen Auswirkungen auf die Wiedervereinigung auch in den eigenen Reihen mit manchem Fragezeichen versehen wird.

Das Gute an diesem jungen Mann, dessen Charakter sich vielleicht noch etwas glätten sollte, ist aus Adenauers Sicht, dass man ihn bei diesem Thema nicht erst überzeugen muss. Von Anfang an ist Strauß ein Anhänger der europäischen Integration. Die Gründe für die amerikanische Präsenz auf dem Kontinent braucht man ihm ebenfalls nicht zu erklären. Selbst in der heiklen Frage eines deutschen Wehrbeitrags zur westlichen Verteidigung, der so kurz nach Kriegsende auch in bürgerlichen Kreisen nicht leicht zu vermitteln ist, begreift der bayerische Nachwuchsmann schnell, worauf es ankommt. Am 13. Juli 1950, wenige Wochen nach dem Ausbruch des Koreakriegs, gehört Strauß – neben Fritz Schäffer, Theodor Blank, Heinrich von Brentano, Kurt Georg Kiesinger und anderen – zu jener handverlesenen Runde von Unionsparlamentariern, die auf Einladung des amerikanischen Hochkommissars John McCloy mit der Frage konfrontiert wird: »Meine Herren, sind Sie bereit, wieder aufzurüsten, und wenn ja, unter welchen Bedingungen?«[30] Die Antwort von Strauß ist eindeutig: Ja, aber nur bei völliger Gleichberechtigung.

Auch darin sind sich Adenauer und Strauß einig. Denn vordringlich ist es, nun allmählich die Besatzungsfesseln, die die Bundesrepublik ja immer noch zäumen, abzustreifen. Ohne Rückgewinnung der deutschen Souveränität kann von Gleichberechtigung keine Rede sein. Grundsätzlich sind die Westalliierten bereit, hierüber zu sprechen, insbesondere die Amerikaner haben Verständnis für die deutsche Lage. Ganz so schnell geht es aber nicht. Eben erst haben sich die drei Westmächte zu einer Außenministerkonferenz in New York getroffen und dabei unter anderem den Wunsch nach einem deutschen Wehrbeitrag erörtert. Gewisse Lockerungen im Besatzungsstatut sind ins Auge gefasst, alles weitere muss man abwarten. Eine

Verknüpfung des deutschen Beitrags zur gemeinsamen westlichen Verteidigung »mit politischen Forderungen« sei allerdings ausgeschlossen, wie Adenauer wenige Tage später, am 24. September 1950, von John McCloy erfährt; das zu treffende Arrangement »dürfe auf keinen Fall zu einem Handelsgeschäft werden«.[31] Adenauer ist schlau genug, diese unbefriedigende Formel nicht zurückzuweisen, denn ob man es nun Handel nennt oder nicht, ist unerheblich – Hauptsache, man wird sich am Ende einig.

Strauß, bei weitem nicht so abgeklärt wie der Kanzler, aber auch nicht so mit den politisch-diplomatischen Zusammenhängen vertraut – er sitzt schließlich als ausgewiesener Experte für Jugendpolitik dem einschlägigen Bundestagsausschuss vor – nutzt jedenfalls die Gelegenheit, um sich zum ersten Mal in etwas größerem Rahmen vor dem hohen Haus und der deutschen Öffentlichkeit mit einer ziemlich frechen Interpellation Gehör zu verschaffen: »In einem Zeitpunkt, in dem 10 000 amerikanische Mütter bereits ihre gefallenen Söhne beklagen (...) hat nicht nur das deutsche Volk, sondern haben auch die Heimatvölker unserer Besatzungsmächte einen Anspruch darauf, daß die letzte Mark, die von uns an Besatzungskosten aufgebracht wird« – im gerade abgelaufenen Haushaltsjahr waren es 4,6 Milliarden DM – »für echte Sicherheit und nicht für Bürokratie und Bequemlichkeit verwendet wird.« Natürlich weiß Strauß, dass er da ein ziemlich heißes Eisen anpackt, doch Klartext zu reden sei bei diesem Thema unvermeidlich: »Es handelt sich lediglich darum, daß wir unsern Standpunkt (...) in dieser Frage (...) in aller Offenheit vortragen und daß auf der anderen Seite die Besatzungsmächte, die die Demokratie bei uns wieder eingeführt haben, auch den Mut aufbringen, das Recht einer demokratischen Kritik zu vertragen (...).«[32]

Eine schöne Steilvorlage für Adenauers Finanzminister, der sich nicht nur um Staatsfinanzen und Steuerlast sorgt – immerhin sind die Besatzungskosten der zweitgrößte feste Kostenblock im Etat –, sondern gern die Gelegenheit nutzt darauf hinzuweisen, »daß die Besatzungskosten und ein etwaiger deutscher Sicherheitsbeitrag eine Einheit darstellen, das heißt, daß für beide Zwecke nur ein einheitlicher, der Leistungskraft der deutschen Volkswirtschaft und den besonderen deutschen sozialen Verhältnissen angepaßter Betrag in Betracht kommen kann«.[33] Wenige Wochen später – Parteiversammlungen erfordern nun einmal das ungeschminkt Wort – wird Schäffer seinen Freunden zurufen: »Die Höhe eines finanziellen Verteidigungsbeitrages bestimmt der deutsche Verteidigungsminister und nicht die Besatzungsmacht.«[34]

Die engagierten, selbstbewussten und überhaupt die verstörte Nation zu mehr Selbstachtung ermunternden, im Ton allerdings gemäßigten Worte, die der Bundestag zu hören bekommt, verbreitet Strauß dann im Januar 1951 auch in einer etwas temperamentvolleren Volksausgabe: »Wir sind kein Experiment für demokratisierungswütige Besatzungsoffiziere (...). In Bayern ist die Demokratie älter als in Amerika die weißen Menschen.«[35]

Einer genaueren Betrachtung halten solche Formeln natürlich nicht stand; sie sind aber auch keineswegs als historische Seminarweisheiten gemeint. Gewissermaßen erlauben sie eine Vorschau auf die in den sechziger Jahren anhebende Schlussstrichdebatte. Vor allem spiegelt sich in derart drastischen Formulierungen ein Grundmotiv der politischen Weltanschauung von Strauß wider. Am Nationalsozialismus hatte der noch ganz im Bann seiner humanistischen Lektionen stehende junge Mann – bevor die großen Verbrechen gegen die Menschlichkeit in Gang gekommen waren – das Wesensmerkmal einer jeden totalitären Herrschaftsausübung kritisiert, nämlich den entmenschlichenden, barbarischen Zwang, dem die Menschen ausgesetzt sind. In dieser Hinsicht ähnelt die Vormundschaft der Siegermächte über die Deutschen, so wenig sie mit der nationalsozialistischen Zwangsherrschaft gleichzusetzen ist, der Vergangenheit: Sie steht der Wiedergewinnung von Freiheit und Würde – den Grundbedingungen humaner Existenz – im Weg.

Im Kern sieht Adenauer das genauso. Und rhetorische Begabungen, die seine Politik in öffentlicher Rede unterstützen, kann er durchaus gebrauchen. Denn seine Politik der Westbindung und des Vorrangs der Wiedergewinnung nationaler Souveränität des Weststaates ist nicht eben populär. Tut der Kanzler genug für die Wiederherstellung der nationalen Einheit? Gehen seine Wiederbewaffnungspläne nicht ein wenig schnell über die schreckliche Erfahrung des in der Erinnerung noch höchst präsenten Kriegs hinweg? Kraftvolle Unterstützung seiner von solchen Zweifeln angefochtenen Politik ist da höchst willkommen. Die Verhandlungen, die er mit den westlichen Alliierten führt, sind schließlich kompliziert genug. Die Rückgewinnung der Souveränität, die Wiederbewaffnungsfrage, die europäische Zusammenarbeit und Integration der Bundesrepublik in die westliche Welt hängen zusammen. Außerdem ist es ja nicht eine neu entdeckte Liebe, was die Westmächte plötzlich auf die Bundesrepublik hoffen und setzen lässt, sondern schiere Not angesichts der sowjetischen Herausforderung. Jedes unbedachte Wort kann großen diplomatischen Schaden anrichten.

Mit diesen Sorgen geht der Kanzler in das Jahr 1952 hinein, in dem die ersten großen Redeschlachten des Deutschen Bundestags über seine Westpolitik anstehen. Gerade die Wehrdebatte, aufgerufen am 7. Februar, hat es in sich. Aber Adenauer ist derzeit in schlechter Verfassung: »Sehr nervös« und »im übrigen ziemlich fertig« wirke er, wie Otto Lenz, der Chef des Bundeskanzleramtes und einer der engsten Mitarbeiter, seinem Tagebuch anvertraut; am Tag der parlamentarischen Auseinandersetzung ist der Kanzler »offenbar völlig überarbeitet und am Rand seiner Kräfte«, über weite Strecken »unkonzentriert und übernervös« – wahrlich, es ist eine »wenig gute Rede«, die er, von Fieber und hektischen Gesichtsrötungen gezeichnet, dem Bundestag vorträgt.[36]

Dass Ollenhauer, der auf den Kanzler erwidert, gleichfalls keinen guten Tag erwischt hat, begrenzt den Schaden zwar, hebt aber kaum die Stimmung in der Unionsfraktion. Ermutigend ist diese Vorstellung nicht – öffentlichen Rückhalt kann man so für die eigene unpopuläre Politik kaum erwerben. Noch ist die Schlacht allerdings nicht verloren: Eine ganze Reihe von Unionspolitikern stehen auf der Rednerliste – auch Strauß, der als erster Parlamentarier für die CSU sprechen soll.

Als großer Debattenredner hat Strauß sich trotz einiger bemerkenswerter Auftritte noch nicht profilieren können, aber Adenauer sind seine immer kraftvoller und drastischer formulierten Reden durchaus aufgefallen. Vorsorglich bittet der Kanzler daher seinen Staatssekretär Lenz, der Strauß noch aus dem Münchner Kreis um Josef Müller kennt, sich den jungen Heißsporn vorzunehmen und ihn zu Ruhe und Bedacht anzuhalten. Und natürlich will der Kanzler den Redeentwurf vorab durch seine engsten außenpolitischen Mitarbeiter, Walter Hallstein und Herbert Blankenhorn, prüfen lassen.[37]

Von der Last, die seine Rede in der am Rande einer Niederlage geführten Wehrdebatte tragen wird, ahnt Strauß nichts, als er sich daranmacht, seinen großen Auftritt vorzubereiten – zum ersten Mal hat der ehrgeizige Jungparlamentarier die Gelegenheit, vor dem mit Sicherheit bis auf den letzten Platz gefüllten Haus zu einer zentralen, zu *der* zentralen Frage der nationalen Politik zu sprechen. Weil der Kanzler noch sein Plazet geben muss, reicht es nicht, nur wenige Stichworte, die dem in freier Rede Geübten sonst genügen, aufs Papier zu werfen; im Grunde muss der ganze Vortrag ausformuliert werden. Und so diktiert er seiner Sekretärin in zwei Tagen und Nächten ein fertiges Konzept.

Schon die ersten Sätze treffen den richtigen Ton, um die vom schwachen Kanzlerauftritt entmutigte Fraktion wieder aufzurichten: »Als dieses Hohe Haus im September 1949 seine Arbeit für den Wiederaufbau unseres Vaterlandes aufnahm, da waren wir uns wohl bewußt, daß unsere Tätigkeit nicht in eine Periode friedlicher Entspannungen der Weltprobleme fällt (...); jedenfalls haben wir es nicht gewünscht, daß wir uns in unserer politischen Arbeit mit dem Problem der militärischen Verteidigung unserer Heimat werden beschäftigen müssen. Wir haben es nicht gewünscht, weil wir gern gehabt hätten, dass die Weisheit der Sieger ausgereicht hätte, auf beiden Seiten eine tragbare Lösung auch für unser Volk herbeizuführen.« Doch es kam bekanntlich anders. »Dem tragischen Irrtum der Weltmächte, daß mit dem militärischen Sieg über Deutschland auch schon eine neue Ordnung der Welt und ihrer Zukunft eingeleitet sei, stand gegenüber die konsequente sowjetische Zielsetzung, daß der militärische Sieg über Deutschland erst die Basis, den Ausgangspunkt und das Sprungbrett für eine Ausdehnung des bolschewistischen Machtbereichs darstelle. Und weil hier einem tragischen Irrtum mit auch für uns Deutschen verhängnisvollen Folgen, mit inkonsequenter Politik in der Vergangenheit auf der einen Seite eine ganz klare, brutale Konsequenz gegenüberstand, deshalb müssen wir heute über die Verteidigung Deutschlands reden.«[38]

An Pathos mangelt es dieser Rede nicht. Im Mittelpunkt stehen allerdings recht nüchterne Überlegungen, die ihre Wirkung erst durch eine rücksichtslose Offenheit und jene leidenschaftliche Art gewinnen, in der Strauß fortan zu reden pflegt: »Ob unsere eigene innere Einstellung zu den Besatzungsmächten eine freundliche oder nicht freundliche Gesinnung ist, spielt in diesem Zusammenhang überhaupt keine Rolle. Kein Volk sieht die Soldaten eines anderen Volkes als Besatzungsmacht, auch nicht als Verteidigungstruppen mit Sondervorrechten – darüber sind wir uns völlig klar – gern in seinem Land. Wir wollen aber hier in der Skala der Gefühle und in der Skala der Realitäten nicht so weit gehen, daß wir, weil uns eine Tatsache unangenehm ist, uns durch deren Beseitigung den Strick um den Hals legen.«

Selbst an jenen Stellen äußerster Zuspitzung gleitet Strauß nicht in polemische Grobschlächtigkeiten ab. Die Bemerkung etwa, dass er »Herrn Dr. Adenauer und Herrn Dr. Schumacher nicht gern hinter Stacheldraht im Ural sich darüber unterhalten sehen« möchte, »was sie im Frühjahr 1952 hätten tun sollen«,[39] polarisiert, reißt die eigenen Anhänger zu Beifallsbekundungen hin und empört den Gegner. Doch eingebettet in scharfsinnige

Argumentationsketten, die sich Punkt für Punkt die Überlegungen der Opposition vornehmen und zu widerlegen trachten, sind derartige Formeln keine Herabwürdigungen der Andersdenkenden oder kühl kalkulierte Verletzungen.

An den Mehrheitsverhältnissen im Parlament ändert diese Rede ebensowenig wie der verunglückte Beitrag des Kanzlers – »die schwächste Rede, die er bisher gehalten hat. Und das in einer kritischen Stunde unserer Politik«,[40] wie Heinrich Krone, der Fraktionsvize und unaufgeregte Beobachter des Bonner Treibens, bemerkt. Adenauer hätte die – wenn auch knappe – Mehrheit im Bundestag für seine Politik selbst dann behalten, wenn das Rededuell verloren gegangen wäre. Doch für die Stimmung der eigenen Truppe ist das Gefühl entscheidend, nicht nur die besseren Einsichten, sondern auch schlagkräftige Argumente zu haben, mit denen sich die kritische Öffentlichkeit mobilisieren lässt, und insofern ist der Auftritt von Strauß mehr als nur die Rettung vor einer Blamage.

Nicht zuletzt der Redner selbst profitiert von seiner beeindruckenden Vorstellung. Alle Welt ist nun voll des Lobes für ihn. Adenauers Staatssekretär notiert: »Die CDU bekam dann wieder Oberwasser, als F. J. Strauß eine wirklich gute und volkstümliche Rede hielt.«[41] Und die Medien haben einen neuen Star: »Franz Josef Strauß hat sich durch seine letzte Rede im Bundestag wahrscheinlich endgültig in die erste Garnitur der Bonner Hierachie vorgespielt«, heißt es etwa im *Münchner Merkur:* »Auch diejenigen, die ihn ablehnen, ›rechnen‹ mit ihm.«[42]

Nur wenige Wochen müssen vergehen, da scheint es, als sei es immer schon so gewesen: »Dem Bundestag steht jedesmal ein besonderer Schmaus bevor, wenn Franz Josef Strauß spricht«, befinden die *Ruhr-Nachrichten,* ein CDU-Blatt: »Er ist witzig, schlagfertig, hat einen sechsten Sinn für die Schwächen des Gegners und trägt auch Grundsätzliches mit der sympathischen Lebendigkeit eines großen politischen Temperaments vor.« Eine große Zukunft stehe dem Mann bevor: »Es wäre ein Wunder, wenn er nicht Minister würde. Alles Zeug dazu hat er in sich.«[43]

Auf der Suche nach einem angemessenen Amt

Zu den sichersten Methoden, bei Konrad Adenauer Respekt einzubüßen, zählt zweifellos, dem Kanzler zuviel desselben zu entbieten. Nicht ungern liest er zwar in seiner Korrespondenz, wenn Minister ihn mit »hochzuverehrender Herr Bundeskanzler« ansprechen, was damals ebenso zu den stilistischen Usancen gehört, auf die der bürgerstolze Kanzler großen Wert legt, wie die Grußformel »Ihr sehr ergebener«. Wendungen, wie sie der nach der Bundestagswahl 1953 scheidende Landwirtschaftsminister Professor Wilhelm Niklas (ein hochrespektabler CSU-Politiker aus Adenauers Generation, »ein Grandseigneur und überall beliebter Gentleman«[1], wie ihn Strauß Jahrzehnte später in Erinnerung haben wird) gelegentlich im Schriftverkehr mit Adenauer wählt, sind hingegen eine Spur zu kratzfüßig, unzeitgemäß auf jeden Fall, als dass sie das Ansehen des Absenders beim Empfänger mehren könnten; etwa wenn es in einer vergleichsweise banalen Angelegenheit heißt: »Bundestagsabgeordneter STRAUSS wird sich erlauben, dieserhalb mit Ew. Hochwohlgeboren noch in Verbindung zu treten.«[2]

Der junge Strauß dagegen ist schon so, wie es der alte sein wird: Er versteht sich darauf, mit Messer und Gabel zu essen, an den äußerlichen Formerfordernissen der Höflichkeit wird es ihm nie fehlen, nicht mal in den vielen in Wut hingeworfenen Briefen. Ausgeschmückte Freundlichkeiten allerdings sind eher selten. Die in den folgenden Jahren anschwellende Korrespondenz mit dem Kanzler wird da keine Ausnahme sein. Von keinem anderen erhält Adenauer soviel Widerspruch, kein anderer wagt es, ihm in derart unverhüllter Sprache zu schreiben wie sein jüngster Minister. Vieles kann Adenauer gar nicht anders auffassen denn als Anmaßung oder Unverschämtheit.

Natürlich besteht kein Zweifel daran, dass Strauß den greisen Kanzler aufrichtig bewundert: sowohl dessen Politik, die Westpolitik zumal, als auch die Gerissenheit dieses lebensklugen Mannes. Im Frankfurter Wirtschaftsrat, eher aus der Ferne, hat er schon einige Kostproben davon erleben dürfen, anlässlich der Rhöndorfer Konferenz aus nächster Nähe dann ein taktisches Meisterstück, bei dem Strauß eine dienende Nebenrolle ausführen konnte. Jahrzehnte später, wenn die Erinnerungen verwischen, wird

Strauß seinen eigenen Anteil am Zustandekommen der kleinen Koalition von 1949 zuweilen deutlich überakzentuieren. Aber dass es letztlich nur einen gab, der die Figuren auf dem Schachbrett, also auch ihn, bewegte, hat er sehr wohl begriffen.

Jede Anerkennung hat freilich ihre Grenze, aus dem Zugeständnis der Überlegenheit des anderen erwachsen diesem keine totalen Verfügungsrechte. Ehre, wem Ehre gebührt, mehr nicht! Im Streit um richtig und falsch haben solche Kategorien keinen Platz; das Prinzip der höher bezahlten Einsicht, dass ein Argument stärker sein soll, nur weil es einem höheren Status entspringt, wird Strauß nie anerkennen. Das Verfassungsrecht des Bundeskanzlers auf Richtlinienkompetenz gilt, keine Frage – aber eben nur im exakten Sinne des Grundgesetzes: Die Entscheidung über die Grundlinien der Regierungspolitik liegt beim Kanzler; daraus folgt nicht, dass er die bessere Idee, das stichhaltigere Konzept vorweisen kann. Er wird am Ende stets sein Recht bekommen, doch mit dem Anspruch, deshalb auch Recht zu haben, sollte er Strauß im Zweifel besser nicht behelligen.

1952 geraten die beiden gleich mehrfach aneinander: In der Frage der Wiedergutmachungsleistungen an Israel ist Strauß – wie sein Parteifreund, Finanzminister Schäffer – der Ansicht, dass der Kanzler sich über alle Grundsätze der geordneten Haushaltsführung hinwegsetzt und ungedeckte Schecks ausstellen will – auch wenn sie erst nach der Bundestagswahl 1953 fällig werden. Ebenso glaubt der außenpolitisch unbedarfte CSU-Politiker, dass Adenauer viel zu nachgiebig gegenüber den Westmächten verhandelt. Und er lässt den Kanzler nicht im Unklaren über seine abweichende Meinung.[3] Allerdings steht Strauß in diesen Fällen ebenso wenig allein da wie bei jenem gravierenderen Vorgang, der sich während Adenauers Sommerurlaub 1952 auf dem Bürgenstock ereignet.

Von Urlaub im strengen Sinne kann bei Adenauer natürlich nie die Rede sein; stets sind Mitarbeiter aus der Bundeshauptstadt zugegen, die ihn über den Gang der Dinge auf dem Laufenden halten, mit denen er in größerer Ruhe, als sie Bonn zu bieten hat, über die weiteren Linien der Politik beratschlagt und die mit neuen Ideen, Weisungen und Aufträgen überschüttet werden.

Für Montag, den 18. August, haben sich nun die Spitzen der Unionsfraktion angesagt – der Vorsitzende, Heinrich von Brentano, in Begleitung des Parlamentarischen Geschäftsführers, Heinrich Krone, der erst in einigen Jahren zu den wirklich engen Vertrauten des Kanzlers zählen wird, und

Franz Josef Strauß, der CSU-Landesgruppenvorsitzende im Bundestag. An den Besprechungen sollen auch Otto Lenz, der Chef des Bundeskanzleramtes, sowie einige wichtige Ratgeber und Helfer Adenauers teilnehmen. Da sich die Bonner Abordnung am Tag zuvor intern vorbesprechen möchte – gemeinsam mit Lenz wollen die Herren einige prekäre Fragen zur Sprache bringen, in denen auch weniger misstrauische Naturen als Adenauer eine Verschwörung sehen könnten –, reist Strauß, der als begeisterter Motorist vor wenigen Wochen von Daimler-Benz mit einer Goldenen Ehrennadel für 100 000 zurückgelegte Kilometer ausgezeichnet worden ist, bereits am Sonntag mit dem bewährten Mercedes 170 V aus München an.[4]

Am Montag dann nimmt der schöne Sommertag einen zunächst freundlichen Verlauf; auch noch, als die Bonner Abordnung gegen 16.30 Uhr beim Kanzler eintrifft. Bei einem Spaziergang hoch über dem Vierwaldstättersee und einem geselligen Abendessen mit den die Bonner Mitarbeiter begleitenden Ehefrauen geht es um die Saarfrage, die Europapolitik, die im kommenden Jahr bevorstehenden Bundestagswahlen und einiges andere mehr; keine leichten Fragen, aber nichts, worüber ein ernster Streit entbrennen könnte.

Längst ist es dunkel, die Damen haben sich zurückgezogen, angebrochen ist die Stunde, zu der Adenauer gern feine Spätlesen zu sich nimmt, als die angereisten Herren zur Sache kommen. Im Grunde ist es ganz einfach: Sie fordern, dass der Kanzler endlich das Auswärtige Amt abgibt, das er seit seiner Wahl zum Regierungschef in Personalunion führt. Keine echte Überraschung für den Betroffenen; immer wieder ist dieses Ansinnen in den vergangenen Monaten an ihn herangetragen worden, nie aber in wirklich ernsthafter, gar so massiver Form. Lenz hält sich an diesem Abend eher im Hintergrund; verständlich, denn er schuldet dem Kanzler als dessen Staatssekretär am meisten Loyalität und hat sich mit eigenen Vorstößen in diese Richtung bereits gehörig die Finger verbrannt – zuletzt mit einem zwölfseitigen Brief an seinen Chef zu diesem Thema. Brentano überlässt schon deshalb gern anderen den Vortritt, weil er der neue Außenminister werden soll, was Adenauer ihm ja auch – für irgendwann einmal – versprochen hat. Krone wiederum, der Brentano als Fraktionschef folgen soll, macht zwar mit seiner Kritik insbesondere an der Personalpolitik des Auswärtigen Amts einen Anfang, doch auch er scheut sich, den entscheidenden Punkt anzusprechen.

Übrig bleibt also Strauß, mit sechsunddreißig Jahren der Jüngste in der Runde, um dem Kanzler mitzuteilen, dass dieser sich in seinem Doppel-

Gut gelaunt bei einem Empfang des Bundespräsidenten,
Mai 1952.

amt – in Wirklichkeit sind es dieser drei, denn Adenauer ist ja auch Bundesvorsitzender der CDU – verzehre und überfordert sei. »Geschickterweise«, dieses Resümee der bis tief in die Nacht andauernden Besprechung hält Lenz in seinem Tagebuch fest, hätten sie Strauß vorgeschickt, und der »polemisierte nicht ungeschickt und verhältnismäßig ruhig«. Das Ganze endet dennoch, wie es enden muss: Nicht einen Millimeter gibt der Kanzler nach, er ist jedoch zutiefst empört – »Komplott!«: »Der Abend schloß mit einer allseitigen Verärgerung.«[5]

Eine Missstimmung, die Folgen hat – das Vertrauensverhältnis zwischen Adenauer und seinem Staatssekretär nimmt irreparablen Schaden. Hans Globke, der Lenz nachfolgen wird, ist schon jetzt de facto der wichtigste Ansprechpartner des Kanzlers. Brentano gar steht im Verdacht, es letztlich auf das Kanzleramt abgesehen zu haben. Zu allem Überfluss sind am 21. August alle Zeitungen voll mit Berichten über das Treffen am Bürgenstock. Zwar stellt sich dann heraus, dass die Artikel auf einem bereits vor dem Treffen im Parteiorgan *Union in Deutschland* erschienenen Artikel von Marliese Grouven beruhen.[6] Das aber macht die Sache nicht unbedingt besser. »Woher das Weib seine Informationen hatte«,[7] bleibt nämlich ein ungelöstes Rätsel. Einer der Verschwörer jedenfalls muss der Informant gewesen sein. Wie sonst hätte in dem Artikel vorab alles Heikle ausgebreitet werden können, was bei dem Gipfelgespräch zur Sprache kam? Mit letzter Sicherheit lässt sich tatsächlich nicht sagen, woher die Journalistin alles weiß. Vieles spricht aber dafür, dass Strauß ihre Quelle ist. Denn zwischen den beiden nimmt ein heftiges, zunächst jedoch sehr diskretes Techtelmechtel seinen Lauf, das erst 1955 sein Ende finden wird.[8]

In seinen Erinnerungen berichtet Strauß, Lenz habe ihm, dem Hauptwortführer, im Anschluss an das missglückte Gespräch mit dem Kanzler Mut vor Königsthronen bescheinigt – »Du hast möglicherweise Deine Karriere zerstört«.[9] So weit kommt es schließlich nicht. Aber mit Sicherheit hat dieser immer eigenständiger auftretende Nachwuchspolitiker sich mit solchen Vorführungen bei Adenauer nicht nur als große Begabung im Bewusstsein eingegraben. Ganz zutreffend beobachtet der *Spiegel*, wie dieser bullige Bayer »sich ungeachtet seiner relativen Jugend (37) nicht scheut, dieses Temperament auch in Unterhaltungen mit seinem Bundeskanzler zum Einsatz zu bringen, nicht immer zu Dr. Adenauers heller Freude«.[10] Immerhin – und das weiß der alte Herr, der sich über die Offenheit und Redlichkeit seiner Weggefährten keine Illusionen macht, zu schätzen – ist Strauß nicht falsch; das Ärgernis besteht eher darin, dass er genau das sagt, was er zu denken scheint. Aber es besteht ja noch die Hoffnung, dass aus diesem jungen Kraftprotz einmal ein etwas pflegeleichterer Zeitgenosse wird, wenn man ihn nur mit einem Amt versieht, das seinem Geltungsdrang entspricht und ihn zugleich beschäftigt.

Vor der Bundestagswahl ist hieran freilich nicht zu denken. Dann aber sollte etwas geschehen. Dringend! Zuerst muss nur noch die Wahl gewonnen werden, was allerdings, je näher der Termin rückt, immer wahrscheinlicher wird. Die Westpolitik – obwohl sie längst nicht in trockenen Tüchern ist, wie sich im Jahr nach der Bundestagswahl zeigen wird – scheint nur noch eine Frage des Wie, nicht mehr eine des Ob; der Wunsch, zumal in Zeiten der Bedrohung aus dem Osten, in den Kreis der freiheitsliebenden Demokratien aufgenommen zu werden, ist – auch weil sich darin ein in Anbetracht der Nazi-Verbrechen so schnell kaum für möglich gehaltenes Maß an Rehabilitierung äußert – stärker als die Neigung, ungewissen Einheitsverlockungen aus Ost-Berlin und Moskau nachzugehen. Wichtiger noch ist, dass sich die wirtschaftliche Rosskur Ludwig Erhards offenkundig doch bewährt hat: Es geht wieder aufwärts. Ob es an der Woche für Woche größer werdenden Zustimmung zu Adenauers Politik etwas ändern würde, wenn der während des Kanzlerurlaubs zu Grabe getragene SPD-Vorsitzende Kurt Schumacher noch in den Wahlkampf ziehen könnte, sei dahingestellt. Vor seinem farblosen Nachfolger Erich Ollenhauer hat sich der amtierende Regierungschefs jedenfalls nicht zu fürchten.[11] Nicht zuletzt spielt auch die Unruhe nach dem blutig niedergeschlagenen Aufstand vom 17. Juni in Ost-Berlin Adenauer und den Unionsparteien in die Hände.

Gemessen an all dem ist der immense Einsatz von Strauß im Wahlkampf unbedeutend, auch wenn er jetzt schon als einer der gefragtesten Redner der Union gilt. Seine Auftritte im Freistaat, dessen wichtigster Repräsentant in Bonn er neben Schäffer ist, und die im Rest der Republik halten sich in etwa die Waage. Alle wollen ihn, den wortmächtigsten Parlamentarier an der Seite Adenauers, als Publikumsmagneten und Versammlungseinpeitscher haben, der mit seinen »lichtvollen, glänzenden, rabulistisch anmutenden Formulierungen«, wie ihm seine damalige Freundin schreibt, zu den markantesten Wahlkämpfern zählt.[12]

Der Ausgang der Bundestagswahl am Sonntag, dem 6. September 1953, kommt dann wahrlich einem Erdrutsch gleich: Die kleinen Parteien sind fast alle weggefegt; die SPD, mit 29,2 Prozent schon 1949 enttäuschend schwach geblieben, verliert nochmals fast einen halben Prozentpunkt. Die Unionsparteien hingegen legen mehr als 14 Prozentpunkte zu und erreichen 45,2 Prozent; damit fehlt ihnen nur ein Sitz im Bundestag zur absoluten Mehrheit. Besser noch: Die Koalition verfügt jetzt über eine Zweidrittelmehrheit, kann also im Bundestag genügend Stimmen für Änderungen des Grundgesetzes vereinen, was etwa mit Blick auf die Wehrgesetzgebung nicht ganz unwichtig ist.

Als in den Mittagsstunden des folgenden Montags das Ergebnis feststeht, sitzt Strauß bei seinem Parteivorsitzenden, dem bayerischen Ministerpräsidenten Hans Ehard, in der Staatskanzlei, wo er die gar nicht so überraschende Nachricht vernimmt, dass er nun ins Bundeskabinett eintreten soll. Aber welches Ressort soll er betreuen? Ein Verteidigungsministerium gibt es noch nicht; Adenauers Vorschlag, den republikbekannten Junggesellen zum Familienminister zu machen, entbehrt nicht der Lächerlichkeit: »Herr Bundeskanzler, damit würde ich die Witzfigur der Nation. Ich bin jetzt 38 Jahre, unverheiratet, ohne Familie – werde ich Familienminister, so fordert das alle Karikaturisten geradezu heraus.«[13]

Strauß lehnt also ab. Auch dem Vorschlag Adenauers, als Sonderminister ohne festen Aufgabenbereich in das Kabinett einzutreten, kann er einstweilen wenig abgewinnen. Denn die Nachteile dieser Konstruktion liegen auf der Hand: Eingebunden in die Kabinettsdisziplin, der Richtlinienkompetenz des Bundeskanzlers unterworfen, würde er viel von der bisherigen relativen Unabhängigkeit verlieren. Aber es ist kein Ressort, das seinen Wünschen entsprechen würde, zu vergeben. Schon gar nicht jenes, das er unbedingt will: das Verteidigungsministerium. Als Experte auf diesem Gebiet, auch als Vorsitzender des Bundestagsausschusses für Fragen der Europäischen Sicherheit, hat er sich in den vergangenen Jahren einen Ruf erworben. Vorerst, solange die Bundesrepublik Deutschland noch nicht in die Souveränität entlassen ist, wird es zwar ein solches Amt nicht geben. Aber in ein, zwei Jahren – wie stünde er dann da, wenn er Adenauer jetzt einen Korb gäbe! Am Ende willigt er also ein, ins Kabinett einzutreten, als Bundesminister ohne eigenen Geschäftsbereich.

Seinem eigenen Selbstverständnis kommt die Bezeichnung »Bundesminister für selbstgestellte Aufgaben«[14] freilich näher. »Er ist einem Ziegelofen ähnlich, den man angeheizt hat und dessen Ziegel glühen und prächtige Wärme ausströmen«, so charakterisiert der Journalist Walter Henkels den jüngsten Minister der Regierung Adenauer kurz nach Amtsantritt: »Er ist wie ein Panzer, der aus dem Unterholz hervorbricht und alles, was sich ihm in den Weg stellt, überrollt.« Und, was seine politischen Weggefährten und Kabinettskollegen schnell lernen können, sollten sie es bis dahin noch nicht gewusst haben: »Er leidet nicht an dem Malheur, ein Musterknabe (…) zu sein. Dieser Franz Josef Strauß ist ein Genie der Ellenbogen.«[15]

Damit gleich vom ersten Tag an alle sehen, mit wem sie es zu tun haben, setzt sich der frischgebackene Juniorminister am Tag der Vereidigung im Bundestag wie selbstverständlich in die erste Reihe der Regierungsbank, zwischen Wirtschaftsminister Erhard und Finanzminister Schäffer, statt sich als Neuling im Hintergrund zu halten. Auch wenn er kein eigenes Ressort besitzt, darf jeder, soll jeder wissen: Hier kommt ein Mann, der politisches Gewicht und persönliche Autorität nicht aus dem Amt gewinnt, das er bekleidet.

Adenauer kennt seinen Strauß gut genug, so dass ihn dessen selbstbewusster Auftritt kaum überraschen, dafür aber alle Sorgen bestätigen dürfte. Und natürlich weiß der Kanzler um die Haken der Konstruktion des Ministers ohne Geschäftsbereich. Gerade weil Strauß so vor Tatendrang sprüht und der Strom seiner ungelenkten Gaben dringend eine formende

Kanalisierung benötigt, hat er ihn ja ins Kabinett berufen. Aber ohne Ressortverantwortung, nur mit dem nichtssagenden Beruf zu Sonderaufgaben und der vagen Zweckbestimmung, für eine bessere Koordination zwischen Regierung und Koalitionsfraktionen zu sorgen, ist jenes erzieherische Ansinnen nicht zu erfüllen.

Dass sich Strauß über die vage Bestimmung seines Amtes im Klaren ist, aber auch über die Möglichkeiten, im Revier seiner Ministerkollegen zu wildern, erläutert er noch vor Jahresende einem breiteren Radiopublikum. Ein Minister ohne eigenen Verantwortungsbereich, das sei der landläufigen Meinung nach »ein Minister ohne Arbeit (...), der dazu da ist, sein Gehalt abzuholen«. Doch nein: »Ganz so liegen die Dinge nicht.« Denn als Sonderminister habe er »die Pflicht, alle Kabinettsvorlagen, frei von Ressort-Gebundenheit, frei von Bindungen an einen bestimmten Standpunkt, wie es bei den Fachministern der Fall ist, im Sinne der Gesamtpolitik der zweiten Regierung Adenauers zu prüfen und zu beurteilen. Man kann es einfach so bezeichnen, daß die Tätigkeit dieser Minister darin besteht, Fehlzündungen zu vermeiden, eine möglichst reibungslose und gut koordinierte Politik der Parteien, die hinter der Regierung stehen, und des Bundeskabinetts sicherzustellen.«[16] Viel Vergnügen für einen Minister, der mit einer Sekretärin und einem Referenten, dazu Staatskarosse und Fahrer, alles andere als hinreichend ausgestattet ist, um sich kompetent zu allen Fragen der Politik ein- und auszulassen.

Bei diesem Amtsverständnis kann es nicht lange dauern, bis sich Strauß auf weite Ausritte durch die politische Landschaft begibt, die nicht jedem Kabinettsmitglied gefallen. Im Januar 1954 beispielsweise hält er vor dem Wirtschaftsbeirat der Union eine vergleichsweise harmlose Rede über die Wirtschaftspolitik der Bundesregierung. Keine große Sache, sollte man meinen. Der zuständige Ressortchef, Ludwig Erhard, sieht das indes anders. Zwar hat er Strauß in der Sache nicht viel vorzuhalten. Aber es muss sich doch verbitten, dass ein anderer Minister sich öffentlich über Fragen verbreitet, die in seinen Verantwortungsbereich gehören – so etwas steht allenfalls dem Bundeskanzler zu![17] »In Unruhe« sei der »Kollege Erhard« deshalb, teilt Adenauer seinem Sonderminister mit, und er selbst nicht minder, »weil die Wirtschaftspolitik noch nicht festgelegt ist, auch nicht zwischen Herrn Erhard und mir«. Der Kanzler wäre Strauß daher »dankbar, wenn Sie die Leitsätze Ihres Vortrags mir unverzüglich mitteilen würden«.[18]

Immerhin ist Strauß so vielbeschäftigt, dass seine Antwort eine Woche auf sich warten lässt. Dafür hat sich der Bundesminister für besondere

Aufgaben aber wirklich hübsche Formulierungen einfallen lassen, die ein erstes Schlaglicht auf die stets in formvollendete Courtoisie eingebettete trotzig freche Art wirft, in der er Ansinnen solchen Musters zu replizieren pflegt: »Es ist mir ein völlig neuer Zug an unserem hochgeschätzten Wirtschaftsminister, wenn ich feststellen muß, daß seine Nerven allmählich schlecht zu werden scheinen.«[19] Erhards Klage sei freilich schon deshalb absurd, weil er, Strauß, in den vergangenen Jahren wie kaum ein anderer »vor allen wirtschaftlichen und sozialen Schichten unseres Volkes« den Kurs des Wirtschaftsministers nachgepredigt habe. In einem freilich irre der Schöpfer des Wirtschaftswunders: Wie kann er nur glauben, die Wirtschaftspolitik sei allein für ihn reserviert, ohne die Bedürfnisse des Herrn Sonderministers zu akzeptieren? »Herr Erhard (sieht) die Dinge etwas falsch, wenn er unter Wirtschaftspolitik speziell sein eigenes Ressort versteht. Ich verstehe unter Wirtschaftspolitik die Gesamtheit der Maßnahmen einer Regierung auf wirtschaftlichem Gebiet im wahrsten Sinne des Wortes, unter denen« – zugestanden – »die Tätigkeit des Wirtschaftsministers einen besonderen Platz einnimmt.«

Auch hinsichtlich der Koordinierung von Regierungs- und Parlamentsarbeit fühlt sich Strauß nicht ernst genommen – weder als Sonderminister, noch als Repräsentant der CSU, die, woran er den Kanzler wenige Tage nach dem Erhard-Vorfall erinnert, auf seine eigene Weisung hin »innerhalb der Koalition als eine eigene Partei zu behandeln ist«. Der eigentliche Anlass für den Beschwerdebrief ist indes, dass der Kanzler Kabinettsmitglieder und Fraktionsspitzen der Koalition zu einer Unterrichtung über den Verlauf der gerade in Berlin fruchtlos tagenden Deutschlandkonferenz geladen hat, ohne seinen Verbindungsminister davon in Kenntnis zu setzen. Bei der Rekonstruktion des Vorgangs habe Strauß dann festgestellt, dass die CSU zwar berücksichtigt worden sei, nicht aber er: »Ich nehme wohl mit Recht an«, klagt Strauß sein Leid dem Kanzler, »daß zur Entlastung der Ressortminister und zur Verbindung zwischen Regierung und Koalitionsfraktionen gerade die Institution der Minister für besondere Aufgaben eingerichtet wurde. Wenn nun an Stelle der Verbindungsminister, wie in diesem Falle, wiederum Ressortminister für Verbindungsaufgaben benutzt werden, vermag ich kein System und keine Zweckmäßigkeit mehr in dieser Form der Einladungen zu erblicken.«[20]

Auch als Ratgeber des Bundeskanzlers muss der Sonderminister die Erfahrung machen, dass er nicht sehr gefragt ist. Gelegentlich lässt Adenauer dies im Kabinett durchblicken. Unmittelbar vor der kurzfristig einberufenen Londoner Neun-Mächte-Konferenz Anfang Oktober 1954, bei der der deutsche Nato-Beitritt und die Entlassung in die Souveränität verhandelt werden, fasst sich Strauß dennoch ein Herz, obwohl er »weiß, daß es mir als Ihrem jüngsten Minister (...) an sich nicht zusteht solche Vorschläge zu machen. Um der Wichtigkeit der Sache willen glaube ich jedoch, berechtigt zu sein, diese Bedenken zu überwinden.«[21] Dass seine Anregung nicht so abwegig sein kann, wird der Bundeskanzler ein knappes Jahr später, bei seiner Moskaureise, selbst bekunden. Strauß schlägt nämlich vor, die Opposition in die Konsultationen einzubinden, auch wenn »eine gemeinsame Außenpolitik mit der Sozialdemokratie erwünscht wäre, aber angesichts der gegenwärtigen Verkrampfung der Sozialdemokratie nicht möglich ist«. Umso mehr müsse der Regierung daran gelegen sein, zu demonstrieren, »daß die Sozialdemokratie und nicht uns die Schuld daran trifft«. Deshalb schlage er vor, »entgegen Ihrer bisherigen Gepflogenheiten auf die Londoner Konferenz nicht nur einen beamteten Beraterstab, sondern die führenden Exponenten der einzelnen parlamentarischen Gruppen mitzunehmen«.[22] Verbindlich in der Form, aber kühl in der Sache antwortet Adenauer erst nach Ende der Konferenz, dass er die Anregung »für sehr gut hielt«, dass deren Umsetzung sich allerdings »glücklicherweise (...) nicht als notwendig herausgestellt« habe. Im Übrigen wäre »auch gar keine Zeit dazu gewesen«, mit der SPD »Fühlung zu nehmen«.[23]

Ein ganzes Jahr ist mittlerweile vergangen, aber rechte Freude am Ministeramt mag sich nicht einstellen: Minister ohne Verantwortungsbereich zu sein, gleicht dem Dasein eines Königs ohne Königreich. Die wenigen Sonderaufträge des Kanzlers, etwa sich um das Saargebiet zu kümmern – nach wie vor ein Zankapfel zwischen Bonn und Paris – klingen bedeutender, als sie in Wirklichkeit sind: Immer wenn es ernst wird, ist der Kanzler selbst zur Stelle.[24] Wenigstens haben die gelegentlichen Ausflüge nach Paris oder zur Hohen Kommission nach Luxemburg den Vorzug, dass sie zeitweilig ein wenig die Enge im Bonner *Treibhaus* (Wolfgang Koeppen) überwinden und vergessen lassen. Und interessante Leute kennenlernen kann man dabei auch. Beispielsweise den fünfundzwanzig Jahre älteren Antoine Pinay, der schon seit den dreißiger Jahren zur französischen politischen Klasse zählt und in der Nachkriegszeit verschiedene Ministerämter innehat, vorübergehend sogar Ministerpräsident ist. In dessen Umfeld begegnet Strauß auch einem gewissen Jean Violet, mit dem er in einigen Jahren wichtige Vorgespräche über ein gemeinsames Atomwaffenprojekt führen wird und dem er bis ans Lebensende verbunden bleibt. Violet taucht allerdings auch regelmäßig im Kanzleramt auf und wird dort gelegentlich von Adenauer selbst oder von dessen wichtigstem Gehilfen, Staatssekretär Globke, empfangen.

Privat stehen die Dinge gleichfalls nicht zum Besten. Die Unzufriedenheit und Unausgefülltheit wegen seiner politisch ungeklärten Rolle strahlt auf sein Seelenleben ab. Zwar kann man der privaten Beziehung, die er in diesen Jahren pflegt, ein gewisses Maß an Leidenschaft und Heftigkeit nicht absprechen. Aber eben dies ist nur der eine Teil – und nicht einmal die Hälfte dessen, was er zum Glücklichsein braucht. Denn neben der drängenden und wilden gibt es an Strauß auch eine sensible, verletzliche Seite, die hinter dem robusten Äußeren zumeist verborgen bleibt. Und diese oft überschattete Seite verlangt ganz anderes – und sehr viel mehr: Die Politik ist aufreibend genug; jenes Maß an Empfänglichkeit für Kritik, das bei jedem Menschen seine Grenzen hat, ist bei Strauß durch die Streitereien in seiner öffentlichen Existenz mehr als ausgeschöpft. Im Privaten, wenigstens dort, soll es konfliktfrei und harmonisch – man könnte auch sagen: unaufgeregt und langweilig –, am besten ganz nach seiner Nase gehen. Alle, Freund und Feind, reden in der Politik unablässig auf ihn ein, er möge sich ändern, sich mäßigen, Reife zeigen; dieses passt nicht, jenes passt nicht – immer findet sich irgendwer, dem es gerade nicht recht ist, der ihn anders haben will. Erziehungsversuche im Privaten kann er da gar nicht gebrauchen; dafür umso mehr Verständnis, Nachsicht, Großzügigkeit.

»Du Ärmster«, schreibt seine Freundin Marliese, und nicht nur dieser eine ihrer vielen Briefe beginnt spöttisch: »Spitzige Bemerkungen und ›Erziehungsversuche‹ – das würde ich mir an Deiner Stelle verbitten. Wo Du doch ein Musterexemplar von Liebenswürdigkeit, Ritterlichkeit und Altruismus bist.« Gerade erst haben die beiden eine kurze Reise unternommen, die Marliese eine händeringende Nachbetrachtung wert ist: »›Erziehungsversuche‹: Beispiel – wir saßen in Venedig in einem kleinen Restaurant an einem Seitenarm am Canal Grande. Ich machte eine Bemerkung, etwa in dem Sinne, ›na, Du könntest aber auch …‹. Himmelkreuzdonnerwetter, das hat doch nichts mit Erziehungsversuchen zu tun, das ist doch einzig und allein der Wunsch, die so knapp vorhandenen gemeinsamen Stunden so nett und gegenseitig liebevoll auszunützen wie nur irgendmöglich. Und Du machtest an jenem Abend eine Miene, als säßest Du mit Deiner 80jährigen Tante da! – Aber so ein Mannsbild, das immerhin die letzten zwei Jahrzehnte offensichtlich ohne derart intensiv geäußerte Wünsche (…) durchs

Leben getrottet ist, muss das natürlich so empfinden. Und in Deinem un-
ausgeschlafenen Hirn kommen dann solch ungerechtfertigten Kurzschlüsse
zustande.«[25]

Im Ganzen gesehen sind die ersten zwölf Ministermonate alles andere als
ein gutes, gar erfülltes Jahr für Strauß. Er reist und redet, macht sehr viel,
bei Lichte betrachtet aber hat er wenig auszurichten. Unzufriedenheit und
Gereiztheit wachsen Woche um Woche, und wer mit ihm zu tun hat, bekommt seine innere Unausgeglichenheit zu spüren. Zu den Hakeleien mit
den Kabinettskollegen um Zuständigkeiten und Ressorthoheiten gesellen
sich schlichte Grobheiten, »Flegeleien«, wie Vizekanzler Franz Blücher von
der FDP klagt, gegenüber hochverdienten Bundesministern, die sich jetzt
regelmäßig beim Kanzler beschweren. Der hat für die Betroffenen zwar den
einen oder anderen guten Rat – »Sie behandeln den Schäffer und den
Strauß im Ton viel zu freundlich. Das sind die nicht gewohnt« –, doch
Adenauer weiß selbst: Das nützt nicht viel. »Er könne Strauß höchstens mal
wieder für einige Wochen in Ordnung bringen«, notiert Blücher nach einem Gespräch beim Kanzler, aber »hinterher würde es immer wieder neue
Schwierigkeiten geben.«[26]

Auch gegenüber Adenauer selbst wird der Ton ruppiger. Zur Einjahres-
bilanz erhält er einen sechsseitigen Brief seines Sonderministers, der zu der
weniger feinen Sorte zählt, die im Palais Schaumburg auf den Tisch des
Hausherren flattern. Alles liegt im Argen: Die Spannweite der parteipolitischen Interessen in der Koalition sei so groß, dass sie »einer straffen
Führung« bedürfe, »die weder durch den Vorsitzenden der Fraktion der
CDU/CSU noch durch Ihren Stellvertreter im Kanzleramt ausgeübt werden
kann«. Wegen der »zahlreichen außenpolitischen Verpflichtungen« sei der
Kanzler jedoch so sehr eingespannt, »daß nicht nur Risse in der Koalition
eingetreten, sondern auch ernsthafte Schäden in unserer Innenpolitik entstanden sind«. Zudem habe sich die Konstruktion der Minister ohne Verantwortungsbereich nicht bewährt: »Es mag vielleicht an der Person der
Verbindungsminister liegen, aber das, was sie hätten werden sollen, nämlich ein politischer Generalstab zu Ihrer Beratung, der gleichzeitig genügend Autorität bei den parlamentarischen Kräften hat, sind sie nicht geworden. Die Sonderaufgaben, die bisher erteilt worden sind, nämlich die Pflege
der Wasserwirtschaft und die Ausarbeitung einer Zonengrenzdenkschrift,
sowie die Betreuung des nichtselbständigen Teiles der geistig Schaffenden
haben dazu beigetragen, diese Institution in den Ruf der Lächerlichkeit zu

bringen. Echte Aufgaben besonderer Art sind bisher nicht erteilt worden.« Zudem sei auf die Absprachen mit dem Kanzler und seiner Entourage keinen Verlass: »Es ist mir auch nicht möglich, mit Ihnen in ein produktives Gespräch zu kommen über eine echte Arbeitsverteilung und über die Erfüllung der Versprechungen, die Sie bei der Regierungsbildung auch der CSU und nicht nur der FDP und dem BHE gemacht haben. Die Einseitigkeit der um Sie herum herrschenden Verhältnisse wird allmählich unerträglich.«

Damit kein Missverständnis über den Ernst der Lage entstehen kann, bietet Strauß noch gleich seine Demission an: »Es ist für mich als Kabinettsmitglied unmöglich, mich auf Dauer den Vorwürfen meiner eigenen Parteifreunde auszusetzen, an den Rand der politischen Entscheidungen abgedrängt zu sein und gleichzeitig nicht über die Redefreiheit des Parlamentariers zu verfügen.« Alles zusammengenommen falle es ihm »nicht schwer, auf meine gegenwärtigen Würden zu verzichten«. Und um das, was der Kanzler als Unverfrorenheit empfinden muss, komplett zu machen, teilt er dem alten Herren noch eben mit, dass er nun sogleich Urlaub zu machen gedenke, und zwar »irgendwo im Ausland«. Großmütig schließt Strauß mit der kaum unterwürfig gemeinten Bemerkung, er stehe »selbstverständlich (...) zu einer Aussprache zur Verfügung«, bevor er »zu definitiven Entschlüssen« gelange.[27]

Strauß, der sich bereits auf den Weg zum CSU-Parteitag nach Nürnberg gemacht hat, eilt ein Telegramm des Regierungschefs hinterher, dass dieses unverschämte Schreiben »Grundlage einer sehr ernsten Aussprache sein« müsse. Wehe, wenn irgend etwas von den »in diesem Brief zutage getretenen Tendenzen« in die Öffentlichkeit dringt![28] Doch Adenauer weiß, dass es mit Drohungen und Einschüchterungen allein nicht getan ist. Aufmerksam hat er die Kritik seines Juniorministers gelesen, mit einer Fülle von Randbemerkungen versehen – viele davon sind Ausdruck der Empörung, eine aber zeigt, in welche Richtung Adenauer denkt, um wenigstens den Vorwurf aufzufangen, ein Sonderminister friste eine sinnlose Existenz: »Atom!«, vermerkt er an jener Stelle, in der sich Strauß darüber beschwert, dass »(e)chte Aufgaben besonderer Art (...) bisher nicht erteilt worden« seien.[29]

Atom? Im November des vergangenen Jahres hatte Strauß in einem Telefonat mit Globke einer Nebenbemerkung entnommen, dass der Bundeskanzler »die Absicht habe«, ihm »eine Sonderaufgabe auf dem Gebiet der wirtschaftlichen Ausnutzung der Atomkraft zu übertragen. Seit dieser Zeit« habe er »von dem ganzen Projekt« weder von Adenauer, »noch von

Herrn Globke auch nur das geringste gehört.« Wenn es denn nun endlich ernst gemeint sei, wäre er durchaus bereit, sich dieser Aufgabe zu widmen, worüber aber das Versprechen des Kanzlers, die CSU im Kabinettsrang an Verteidigungsaufgaben zu beteiligen, nicht in Vergessenheit geraten dürfe![30] Wiederum bleibt alles im Ungefähren. Bevor Strauß seinen selbstbewilligten Urlaub antritt, der der Öffentlichkeit mit der Notwendigkeit erklärt wird, »in Tirol eine Bronchitis ausheilen zu müssen«[31], kommt es zwar noch zu einer kurzen Begegnung zwischen dem Kanzler und seinem Sorgenkind, die gar »nicht schlecht« verläuft.[32] Aber es werden viele Monate vergehen, ehe aus den unverbindlichen Andeutungen über neue Aufgaben etwas Greifbares wird.

Dass Strauß nun seinerseits nach der Oktoberoffensive für ein paar Monate ein wenig Ruhe gibt, hat seinen Grund: Am 28. November steht in Bayern die Landtagswahl an, in der die CSU unbedingt ihr schlechtes Ergebnis von 1950 (27,4 Prozent) verbessern will; wenn möglich ähnlich klar wie ein Jahr zuvor bei der Bundestagswahl, als ihr der Sprung von 29,2 Prozent (1949) auf 47,9 Prozent gelungen ist. Dass die Steigerung am Ende nicht ganz so üppig ausfällt (von 27,4 Prozent im Jahre 1950 auf 38,0 Prozent), wäre noch kein Beinbruch; aber dummerweise gelingt es der mit 28,1 Prozent nahezu unverändert schwach bedachten SPD, ein Bündnis der kleineren Parteien gegen die CSU zu schmieden. Und mit dem Verlust der Regierungsmacht gewinnen sofort die Stimmen Gewicht, die den Kopf von Hans Ehard als dem Parteivorsitzenden fordern, weil dessen ungeschickte Verhandlungsführung ein erneut von der CSU dominiertes Regierungsbündnis vereitelt habe. Enttäuscht von seinen Parteifreunden räumt Ehard seinen Platz.

Unverzüglich, schon für den 22. Januar 1955 wird nun eine Landesversammlung nach München einberufen, die den neuen Vorsitzenden zu wählen hat. Strauß ist bis zuletzt unentschieden, ob er antreten soll: Ist er bei aller Popularität nicht doch etwas zu jung für die Führung der nach wie vor vom Honoratiorentypus dominierten CSU? Doch anders als drei Jahre zuvor, als er seine Bewerbung zurückzog, geht er diesmal, in letzter Sekunde, an den Start. Denn Schäffer, der sich keiner Kampfabstimmung stellen will, sondern ohne Gegenkandidat erhoben werden möchte, kneift, und so tritt Strauß gegen den ruhigen, fast unauffälligen, stets um Ausgleich zwischen den Flügeln bedachten Hanns Seidel an.

Dass Strauß unterliegt – mit einem respektablen Ergebnis –, schwächt seine Position nicht im Mindesten, ist doch die Wahl von Seidel vor allem

»ein klares Votum für den Vorrang der Landes- vor der Bundespolitik«[33] in der CSU. Ganz falsch jedenfalls liegt Heinrich Krone, der sich am Tag danach fragt, was »einmal aus diesem Drängler« werden wird, und zu dem Ergebnis kommt: »Er wird sich verbrauchen«.[34] Nichts deutet darauf hin, dass diese Hoffnung in Erfüllung gehen könnte.

Im Gegenteil: Keine drei Wochen später kommt es zu einer ernsthaften Belastungsprobe in der Unionsfraktion zwischen den beiden Schwesterparteien, in der es vordergründig um ein Abweichen der CSU vom gemeinsamen Kurs in der Verkehrspolitik, tatsächlich aber um den Anspruch des immer unduldsamer werdenden Strauß geht, der endlich ein politisches Amt von Gewicht erhalten möchte. »Wenn nicht in absehbarer Zeit Strauß im Kabinett so verankert werde, daß er eine volle politische Aufgabe habe«, warnt der CSU-Landesgruppenvorsitzende im Bundestag, Richard Stücklen, die größere Unionsschwester, »werde er aus der Regierung ausscheiden und wieder die Führung der CSU übernehmen. Es sei dann auch mit der Möglichkeit zu rechnen, daß Strauß den Anspruch erhebe, Vorsitzender der Gesamtfraktion zu werden, und wenn er das nicht werde, sei die Trennung nicht zu umgehen.«[35] Heinrich Krone versetzen solche Nachrichten in höchst Sorge. Denn: »An dem, was sich hier in einigen bayerischen Köpfen abspielt, ist leider nicht zu zweifeln. Was Strauß will, ist bekannt. In der Wahl der Mittel ist er rücksichtslos.«[36]

Adenauer indes scheint in der Wahl seiner Mittel, um die bayerische Gefahr zu entschärfen, vergleichsweise unbeholfen. Im Verteidigungsministerium, nach dem Strauß immer unverhohlener strebt, will er ihn auf keinen Fall sehen. Wo aber dann? Glaubt er etwa allen Ernstes, den sozialpolitisch gänzlich uninteressierten Strauß ins Arbeitsministerium abschieben zu können? Oder ist mit der Offerte bereits einkalkuliert, dass dieser dankend ablehnen wird?[37] Ein paar Wochen und Monate kann der Kanzler noch auf Zeit spielen. Die demnächst notwendig werdende Kabinettsumbildung steht ohnehin erst an, wenn die internationalen Verträge zur Integration der Bundesrepublik in die Allianz des Westens und zur Wiedererlangung der Souveränität unter Dach und Fach sind; erst dann muss der in Adenauers Personalüberlegungen zentrale Bereich der neu zu ordnenden Verteidigungsfragen besetzt werden.

Ein wenig glaubt sich Strauß noch der Hoffnung auf eine neue Aufgabe im Verteidigungsbereich hingeben zu dürfen. Gerade im Frühjahr 1955 ist Adenauer gar nicht glücklich mit seinem Designatus, Theodor Blank. Und aus den in diesen Wochen geführten Gesprächen mit Adenauer, Globke und Krone schöpft Strauß die Hoffnung, wenigstens einen Teil des Kuchens zu erhalten: durch Übernahme der Verantwortung für die zivile Verteidigung oder für die »Organisation Gehlen« (den geheimen Nachrichtendienst zur Auslandsaufklärung, der in Kürze aus der amerikanischen Obhut in eine deutsche Bundesbehörde überführt wird) oder gar als Geschäftsführer eines neu zu schaffenden Verteidigungsrates.[38]

Am Ende platzen alle diese Träume. Das Kabinett wird umgebildet, Adenauer trennt sich – es wurde aber auch höchste Zeit, drei Jahre sind seit dem Zusammenprall auf dem Bürgenstock vergangen! – vom Amt des Außenministers, das er endlich Heinrich von Brentano übergibt, Blank wird Verteidigungsminister. Strauß hingegen, es ist inzwischen August, weilt immer noch im Ungefähren. Nun freilich – der Kanzler plant, nach Moskau zu reisen – ist wirklich nicht die richtige Zeit, den Kanzler ultimativ unter Druck zu setzen.

Strauß hat inzwischen begriffen, dass er sein Ziel, eine maßgebliche Rolle in der Verteidigungspolitik zu erlangen, nicht erreichen wird. Die Wut über das absehbare Scheitern seiner Ambitionen bleibt seiner Umwelt nicht verborgen; von Tag zu Tag wird er unleidlicher, gereizter – großzügig verteilt er Kommentare über die Schar der Deppen, von denen er sich umgeben sieht. Dass ausgerechnet seine Freundin auf den Punkt bringt, was er doch insgeheim schon weiß, ist für die Beziehung alles andere hilfreich; er hasst es, wenn Nahestehende ihm bittere Wahrheiten unter die Nase reiben. Er habe sich, schreibt sie ihm, »in den letzten Monaten in eine geradezu – entschuldige, aber ich muss offen sein! – *peinlich* wirkende Verärgerung hineingesteigert, die Dir *nur* Feinde, missgünstige, gleichgültige, aber wohl kaum selbstlose, besorgte Freundschaften einbringt«.[39]

Nein, wirklich angeschlagen ist er wegen der gescheiterten Versuche, sich seinen Platz zu erobern, nicht. Aber an den Nerven gezerrt haben sie zweifellos; »nach diesen Bonner Monaten« brauche er »einige Wochen völliger Einsamkeit«[40]: Immer wieder wird es solche kurzen Phasen der Besinnung – oder ist es Lähmung? – geben, wenn Strauß sich verrannt hat; wenn er nicht weiß, wie er ein selbstgestecktes Ziel noch erreichen soll; wenn sich eine Niederlage durch Getöse gar zur Demütigung auswachsen könnte.

Zudem: Was haben denn die Drohungen der Vergangenheit, aus dem Kabinett auszuscheiden, genutzt? Eine nach der anderen ist am Altmeister der politischen Raffinesse abgeprallt. Auch hat ihm Adenauer vor der Reise nach Russland in Aussicht gestellt, dass nach seiner Rückkehr etwas Richtiges für Strauß gefunden werde. All dies mag dazu beitragen, dass der notorische Drängler kurz vor der endgültigen Entscheidung, anders als man ihn kennt, auf Samtpfoten durch die Hauptstadt schleicht. Wie hätte er sonst wohl reagiert, als ihn im August eine Order ereilt, mit seinem Sonderministerium umzuziehen – nicht etwa in den zentral gelegenen Neubau des Bundespresseamtes, sondern nach Mehlem tief im Bonner Süden! Mit seiner eindeutigen Meinung hält Strauß zwar auch jetzt nicht zurück: Unmissverständlich lässt er den Kanzler wissen, »daß die Unterbringung in Mehlem noch den äußeren Beweis dafür bringt, daß (die Sonderminister) in Wirklichkeit keine Kabinettsaufgaben zu erfüllen haben«; mit etwas gutem Willen müsste es doch »möglich sein (…), in dem Riesenneubau des Bundespresseamtes« Unterschlupf für die Minister mit besonderen Aufgaben zu finden. »Sollte die Präsenz von Archiven und Ausschnittbüros allerdings wichtiger sein als die Unterbringung der Bundesminister für besondere Aufgaben, so wäre das ein Beweis« für deren Überflüssigkeit. Aber geradezu bescheiden, versöhnlich fast klingt die Konsequenz, die Strauß aus dem ärgerlichen Vorgang zu ziehen gedenkt. Hatten ehedem schon kleinere Anlässe ausgereicht, um ihn laut über Demission nachdenken zu lassen, so wäre Strauß jetzt schon zufrieden, wenn er – statt wie in Mehlem eine knappe halbe Autostunde vom Geschehen im Regierungsviertel abgedrängt – »unter räumlich engster Zusammenfassung meines geringen Personals dann ganz in das Bundeshaus (…) ziehen« dürfte.[41]

Ende September ist es endlich soweit: Zur Vorbereitung auf ein klärendes Gespräch schreibt der Kanzler seinem Sorgenkind einen freundlichen, in der Sache aber immer noch unentschiedenen Brief. Die »Atom-Angelegenheiten« seien von derartiger Bedeutung, »daß ein Minister sich diesen Dingen ständig auch persönlich« widmen müsse. Er halte es daher für nötig, dass sich Strauß, »auch wenn Ihnen andere Aufgaben übertragen werden, (um) die Bearbeitung der Atomfragen« kümmere. »Im übrigen« ist Adenauer »der Auffassung, daß Ihnen ein Arbeitsgebiet übertragen werden sollte, das auf der einen Seite keine organisatorischen Zusammenhänge zerreißen darf, auf der anderen Seite Ihnen nach Bedeutung und Umfang Raum zur Entfaltung Ihrer Initiative gibt«. Er denke daher daran, aus dem Geschäftsbereich des Innenministeriums den Komplex der zivilen Verteidigung herauszulösen, worüber er aber mit dem bislang zuständigen Ressortkollegen, Gerhard Schröder, noch nicht gesprochen habe.[42]

Am 29. September 1955 fallen schließlich die Würfel. Vom Zivilschutz ist nun keine Rede mehr – Strauß soll Bundesminister für Atomfragen werden. Am 6. Oktober, einen Monat und einen Tag nach seinem vierzigsten Geburtstag, beschließt das Kabinett die Errichtung eines entsprechenden Ressorts, am 19. Oktober tritt Strauß sein neues Amt an.[43]

Warum er sich hierauf einlässt – es ist nicht sein Wunschposten, nicht einmal ein klassisches Ressort –, ist nicht mit letzter Sicherheit zu entscheiden. In seinen Erinnerungen wird Strauß später schreiben, dass ihn die moderne Technik schon »früh erfaßt und nie mehr losgelassen habe«; und dass »(d)ie Erwartungen, die gerade in den fünfziger Jahren mit der Atomphysik verbunden waren, (...) in vielfältiger Weise das politische Denken« bestimmten.[44] Bei allem Ehrgeiz, der ihn auszeichnet, muss er zudem einsehen, dass im Moment jeder Weg in ein anderes Ministerium versperrt ist: Theodor Blank ist gerade erst Verteidigungsminister geworden; wie lange das gutgehen kann, weiß niemand, auch Adenauer nicht. Strauß jedenfalls ist sich ziemlich sicher, dass seine Stunde noch kommen wird. Doch nicht jetzt, nicht morgen, zumal seit dem Frühjahr die Stimmung in der Koalition ziemlich angespannt ist. Der FDP scheint schon die Umwandlung des bisherigen Sonderministers in den neuen Stand des Atomministers eine Spur zu viel, wittert sie doch eine schleichende Verschiebung des Gewichts der Union in der Koalition.

Nein, es ist dies wirklich nicht das Amt, das er angestrebt hat. Aber sollte es Strauß deshalb schon unangemessen erscheinen? Die Vorteile liegen immerhin auf der Hand: Endlich hat er einen klar umrissenen Zuständigkeitsbereich. Er, der »seit der Regierungsbildung vor fast zwei Jahren sozusagen brachgelegen hat«[45], wie *Die Welt* ganz zutreffend feststellt, ist damit gewiss nicht zum Motor der Regierung geworden; er muss sich aber auch nicht mehr als das fünfte Rad am Wagen fühlen. Weil obendrein der deutsche Kurs in der Atompolitik völlig offen ist – der technologische Rückstand gegenüber den anderen Industriestaaten ist durch die Kriegszäsur und den damit verbundenen jähen Stopp in der Atomforschung beträchtlich –, wird ihn sein neues Amt abermals auf Neuland führen und dabei faszinierende Wissenschaftler seinen Weg kreuzen lassen.

Von der Sache selbst versteht der Altphilologe anfangs kaum etwas. Er hat im vergangenen Jahr an ein paar Sitzungen zur Beratung über den ins Auge gefassten deutschen Forschungsreaktor teilgenommen, mehr nicht. Vielleicht ist eben dies der für den Wissenshungrigen attraktivste Aspekt. Nicht genug, dass er organisationspolitisch neue Pfade beschreiten muss – eine schöne Herausforderung und Lehrstation für Aufgaben, die noch auf ihn warten –, nein, es scheint ihm gerade recht, dass er von der Sache nichts versteht, aber alles verstehen lernen will. Statt sich blind auf den Rat von Experten zu verlassen – dann würde Strauß sich ihnen ausgeliefert fühlen –, beißt er sich durch die wichtigsten Veröffentlichungen zur Kernphysik hindurch, will alles Wesentliche, was über die friedliche Nutzung der Atomenergie bekannt ist, selbst begreifen.

Am Ende hat er also doch ein angemessenes Amt erlangt: Es befriedigt seine unstillbare Neugier, es stellt ihn vor erste ernstzunehmende administrative Aufgaben, es öffnet ihm das Tor zu großen, fremden Welten noch etwas weiter. Es ist, dies nicht zuletzt, ein sinnerfülltes Interim – ein Wartestand, in dem sich selbst ein rastloser Geist eine Zeit lang einrichten mag, bis vielleicht dann doch der Tag kommt, an dem der Alte gar nicht mehr anders kann, als ihm das ersehnte Amt des Verteidigungsministers zu übertragen.

Etappensieg

Bevor Strauß sein neues Ressort übernahm, lag die Zuständigkeit für Atomfragen im Bundeswirtschaftsministerium. Gewiss waren der Minister und die »Brigade Erhard«, wie dessen engster Mitarbeiter- und Beraterkreis damals genannt wurden, alles andere als Vorboten der späteren Anti-Atomkraft-Bewegung. Aber die auf Reinheit der Lehre bedachten Verfechter der Marktwirtschaft gehörten in der Atompolitik eben auch nicht zu den treibenden Kräften. Die Hauptlast müsse die Wirtschaft tragen: »Die Aufgabe, die also dem Staat im Rahmen einer friedlichen Atomwirtschaft verbleibt, ist lediglich die einer Kontrolle, das heißt einer Überwachung der Gewinnung, Erzeugung, Verwendung und Verarbeitung von Kernbrennstoffen.«[1] Wenn der Staat atomwirtschaftliche Aufgaben übernähme, hätte das nur zur Folge, dass sich »die an den Fragen der Kernenergie interessierten Wirtschaftskreise von einer aktiven finanziellen Beteiligung zurückhalten«.[2]

Wahrscheinlich hat der junge Strauß gegen diesen Ansatz in der Theorie nicht einmal etwas einzuwenden. Aber ist er auch praxistauglich? Zunächst einmal ist schwer vorstellbar, dass der aufstrebende, tatendurstige Juniorminister eine neue Aufgabe annimmt, um sich mit der Rolle eines leidenschaftslosen Schiedsrichters zu bescheiden, dem das Ergebnis nichts und die Einhaltung der Spielregeln alles bedeutet. Doch nicht nur Temperament und Profilierungswille stehen einer solchen Selbstbeschränkung entgegen. Schon vor seiner endgültigen Berufung zum Atomminister hatte Strauß in einem Brandbrief an Adenauer geklagt, dass die Bundesrepublik Deutschland »ernsthaft in Gefahr« gerate, »von dem weit vorangeschrittenen Ausland auf dem Gebiete der Atomforschung und der Atomausnutzung auf unabsehbare Zeit abgehängt zu werden«. Die Bundesregierung werde sich »mehr und mehr den Vorwurf zuziehen, daß sie durch eine zu schleppende Behandlung des Problems und durch Lösungen, die nicht nach rein sachlichen Gesichtspunkten getroffen werden, die notwendige rasche Nachholentwicklung nicht ausreichend gefördert hat.«[3] Daher ist die erste offizielle Stellungnahme des seit wenigen Tagen erst vereidigten Atomministers für den Bundeskanzler keine Überraschung: »Ich möchte mir für diese Legislaturperiode«, genauer gesagt »bis zum Jahr 1956, die

Aufgabe stellen, die Voraussetzung dafür zu schaffen und die ersten Schritte einzuleiten und die ersten Entwicklungen vorzunehmen, daß wir mit dem Auslande, mit Amerika und Großbritannien, mit Frankreich und der Sowjetunion, in der wissenschaftlichen Forschung etwa denselben Stand erreichen.« Auch die Begründung dieses ehrgeizigen Vorhabens – in Erhards ordnungspolitischer Gedankenwelt unvorstellbar – liegt ganz auf der Linie Adenauers: Deutschland soll »im Kreis der Atommächte, die für friedliche Zwecke diese Kraft ausnutzen, in absehbarer Zeit einen gleichberechtigten Platz einnehmen«.[4]

Wie ernst der politische Prioritätenwechsel zugunsten der Atomwirtschaft mit dem Amtsantritt von Strauß gemeint ist, wird sich in den kommenden Jahren ein ums andere Mal zeigen, wenn die von Ludwig Erhard beschworene Gefahr real wird und die bereitgestellten Geldmittel nicht ausreichen: Immer wieder ist es der Staat allein, der die Finanzierungslücken für den Bau der ersten Reaktoren schließen muss, ohne dass sich dadurch am Mitspracherecht der Wirtschaft etwas ändert.[5]

Im Streit um den Standort des ersten deutschen Kernreaktors bildet Strauß einen wirtschaftspolitischen Grundzug heraus, der wenig mit Erhards reiner Lehre zu tun hat und der mit den Jahren zum Markenzeichen des konservativen Modernisierers Strauß werden wird: Strukturpolitik sticht Ordnungspolitik. Nicht zuletzt ein militärisches Gutachten hat die vor Strauß für die Atompolitik Verantwortlichen dazu bewogen, die Standortfrage gegen München und zugunsten von Karlsruhe zu entscheiden – für Strauß ein unmöglicher Zustand. Nicht nur, wie er dem Kanzler schreibt, wegen des »außerordentlich hypothetisch(en)« Charakters der Expertise: »Es erscheint mir auf die Dauer unerträglich, daß rein militärische Gutachten, deren Gesichtspunkte zum großen Teil von nicht-deutschen Dienststellen stammen, von uns als biblische Wahrheiten übernommen werden.« Denke man den Ansatz zu Ende, »daß Städte in Bayern, Niedersachsen, Schleswig-Holstein und vielleicht Hessen von feindlichen Erdtruppen leichter erreicht werden als Nord- oder Südgebiete zu beiden Ufern des Rheins«, so müsse man zu der fatalen Schlussfolgerung kommen, »daß deshalb alle für die Sowjets gegebenenfalls interessanten Produktionen nach dem Westen verlagert werden müßten und neue Produktionen nicht aufgebaut werden dürften. Dann würde sich das allerdings nicht so sehr allein auf Atomreaktoren beziehen, als auch auf zahlreiche andere Fabrikationen und würde ferner zu einer wirtschaftlichen Ausblutung und Verbalkanisierung gerade derjenigen Gebiete führen, die ohnehin durch die politische

Auf Umwegen zum Ziel: Strauß erhält von Bundespräsident Heuss die Ernennungsurkunde zum Atomminister, 20. Oktober 1955.

Grenzziehung am stärksten betroffen und als wirtschaftliche Notstandsgebiete für kommunistische Infiltration leichter zugänglich sind.«[6]

Die Würfel für Karlsruhe sind längst gefallen, auch wenn ein offizieller Beschluss noch aussteht. Offen ist aber noch, ob Bayern einen eigenen Forschungsrektor erhält, worauf nicht nur die Staatsregierung in München – sowie die kleine Gruppe bayerischer Minister im Bundeskabinett – drängt, sondern auch der schon zu Lebzeiten mythenumwobene Werner Heisenberg. Am 11. Dezember 1933, wenige Tage nach seinem zweiunddreißigsten Geburtstag, war er für seine atomphysikalischen Forschungen mit einem Nobelpreis ausgezeichnet worden. Nach dem Krieg gehört er zu den zentralen Figuren beim Aufbau einer eigenen deutschen Nuklearkapazität. Heisenberg, der ebenso wie Strauß in Schwabing aufgewachsen ist und partout nicht nach Karlsruhe ziehen will, zählt unbedingt zu jenen »Professoren von Weltruf«, die, wie Strauß hochtrabend an Adenauer schreibt, »schwierig (…) zu behandeln sind«, was – der Kanzler darf sich durchaus angesprochen fühlen – diese »mit Feldherren oder Staatsmännern ähnlicher Bedeutung oft gemeinsam« haben. Es sei aber keineswegs »Staralüre«, wenn der prominente Wissenschaftler, den für das Projekt zu halten »man alles tun sollte«, sich weigere nach Karlsruhe zu gehen: »München bietet nun einmal andere geistige und praktische Voraussetzungen als Karlsruhe. Grundlagenforschung auf dem Gebiet der Atomwissenschaft ist nunmal kein technologisches Handwerk, sondern steht wie alle Naturwissenschaften in einem engen Zusammenhang mit der ganzen geistigen Atmosphäre, insbesondere auch mit der geisteswissenschaftlichen Entwicklung.« Falls also der Bau eines Atommeilers in Karlsruhe nicht mehr abzuwenden sei, dann müsse darüber hinaus »ein auf technische Auswertung ausbaubarer wissenschaftlicher Reaktor in München« errichtet werden – »beide als Projekt der Bundesregierung«.[7]

Rangeleien dieser Art wird es immer wieder geben. Und ein großer Konflikt, die internationale Verankerung der deutschen Atompolitik, belastet die ganze Zeit über die kollegiale Zusammenarbeit mit anderen Ressorts, insbesondere mit dem Auswärtigen Amt. Dennoch wird Strauß ähnlich komfortable Bedingungen, ein öffentliches Amt auszuüben, niemals wieder finden. Der Aufbruch in die friedliche Nutzung der Kernenergie ist Mitte der fünfziger Jahre politisch völlig unumstritten. Die Parteien in Bund und Ländern überbieten sich geradezu in Fortschrittsgläubigkeit und Technikbegeisterung. Alle Bundesländer, gleich von welcher Partei regiert, möchten am nuklearen Fortschritt teilhaben. Um sich die Förderprämie in Höhe von 350 000 Dollar aus Eisenhowers »Atoms for Peace«-Programm zu sichern, die Strauß in einer Sitzung der bayerischen Atomenergiekommission demjenigen Land verspricht, »das als erstes innerhalb sechs Wochen einen Reaktor bestellt«[8], fassen der bayerische Ministerpräsident Hoegner und die anwesenden Minister noch während des Treffens einen entsprechenden Beschluss. Ausgestattet mit einer Vollmacht des Freistaates Bayern begibt sich der Atomphysiker Heinz Maier-Leibnitz bereits fünf Tage später auf Einkaufstour nach New York. Und der einzige Ärger, den Strauß im Bundestag durchstehen muss, ist der Kampf um sein Budget, dessen Umfang von 44 Millionen DM der Opposition zu knapp bemessen scheint. »Ich bin von der schüchternen Hoffnung gequält«, so Strauß, »daß Sie wenigstens die 44 Millionen bewilligen werden, damit ein Teil Ihrer Vorstellungen verwirklicht werden kann, und daß damit in Zukunft auch die Hunderte von Millionen, von denen Sie gesprochen haben, Wirklichkeit werden können.«[9]

Nur in den ersten Wochen seines neuen Amtes gerät Strauß unter Druck. Dass sich durch die Berufung von Strauß zum Atomminister die Gewichte innerhalb der Koalition zugunsten der Unionsparteien verschoben hätten, wie der kleinere Koalitionspartner argwöhnt, trifft zwar formal nicht zu, denn Strauß war bereits zuvor Bundesminister, und seine neue Aufgabe »besteht ausschließlich darin, das zu tun, was der (...) Bundesminister für Wirtschaft ohnehin hätte tun müssen«.[10] Gleichwohl ist die Klage der FDP nicht ganz unberechtigt. Denn bis zum 5. Mai 1955, dem Tag der Entlassung der Bundesrepublik Deutschland in die staatliche Souveränität, war alle Atompolitik nur Trockenschwimmen. Erst jetzt darf die Bundesregierung auf dem Gebiet der friedlichen Nutzung der Kernenergie handeln. Und kaum, dass sie handeln darf, entpuppt sich das Feld der Atompolitik als ungeheuer populär. Die kritischen Fragen nach den Gefahren durch Strahlenbelastung fallen dagegen kaum ins Gewicht: »(K)einerlei gesundheitliche und auch keine erbbiologischen Schäden« seien zu befürchten, lautet die kategorische, gern geglaubte Antwort des Atomministers auf vereinzelt sich artikulierende Beunruhigung.[11]

Es sind gute Wochen und Monate für Strauß zu Beginn seiner Zeit als Atomminister. Der völligen Übereinstimmung mit dem Kanzler gewiss, kann er schalten und walten, ohne sachfremde Einflüsse von außen fürchten zu müssen. Seine Neugier wird bestens befriedigt durch den neuen Stoff, den er sich anzueignen hat. Jahrzehnte später wird er in seinen Erinnerungen die Frage, wie man Atomminister wird, mit jener Selbstironie beantworten, die er sich nur erlaubt, wenn Geglücktes zu kommentieren ist: »a) indem man nichts von Naturwissenschaften versteht, b) indem man von anderen Ministerien ferngehalten werden soll und c) indem man verspricht, durch jugendlichen Eifer und organisatorischen Ehrgeiz trotzdem etwas zustande zu bringen.«[12] Auch jene Wissenschaftler, die mit ihm beim Aufbau der Atomwirtschaft in Deutschland zu tun haben, schätzen ihn. »Strauß gewann«, wie Maier-Leibnitz rückblickend schreibt, »die Bewunderung und Mitarbeit der Physiker durch seine effektive Arbeit«[13] – er war, »wenn man so sagen will, der Erhard der Atomenergie«.[14]

Das neue Amt füllt ihn in der ersten Zeit aber auch deshalb fast in Gänze aus, weil es wirklich viel zu tun gibt. Mit der Grundentscheidung des Staates allein, sich für den Aufbau einer deutschen Atomwirtschaft starkzumachen, ist weder der gesetzliche noch der organisatorische Rahmen hierfür bereits geschaffen. Zeitgleich laufen die Bemühungen um eine internationale Kooperation – bilateral, vor allem mit dem Marktführer USA, und auf europäischer Ebene. Strauß ist von seinem neuen Ministeramt derart beansprucht, dass er sogar den Kanzler mit seinen ständigen Einlassungen verschont. Anfang Dezember 1955 bietet er Adenauer nur beiläufig in einem Brief an, dass er »bei gegebener Gelegenheit (…) gerne über den Stand der Arbeit in meinem Ministerium und über die dort verfolgten Pläne, einschließlich der

Stellungnahme zu einer europäischen Atomgemeinschaft, berichten würde«.
Es eile aber nicht, weshalb er »diesen Wunsch lediglich anmelden« wolle,
»ohne um einen konkreten Termin zu bitten«.[15]

Auch andere, ihm eigentlich wichtige politische Kontakte außerhalb
seines unmittelbaren Verantwortungsbereichs ruhen in dieser Zeit; Korrespondenzen bleiben liegen, monatelang, »den schweren Arbeitsmonaten
der letzten Vergangenheit«[16] geschuldet.

Doch ist es nur die neue Herausforderung, die dazu führt, dass Strauß
den Gang der innenpolitischen Geschäfte erstaunlich passiv begleitet? Oder
ist es ein kurzes, bloß taktisches, nach einem neuen Ansatz ausschauendes
Innehalten? »(W)enn man das Gefühl hat«, vertraut er seinem Fraktionskollegen Hermann Höcherl in einem dieser liegengebliebenen und erst
nach mehr als drei Monaten in der relativen Ruhe eines Osterurlaubs an der
Riviera verfassten Antwortbriefe an, »daß kühle Überlegung und vernünftiger Rat nicht nur unerwünscht sind, sondern geradezu Anlaß zu Feind-
seligkeit bilden, dann bleibt einem nichts anderes übrig, als den Ablauf der
Dinge bis zu einem gewissen Punkt abzuwarten.«[17]

Dieser Punkt scheint im Frühjahr 1956 erreicht. Denn, wie Strauß Höcherl weiter schreibt: »Wir gehen nicht nur einer Periode schwerster Anforderungen entgegen, sondern müssen auch bei unserer ›obersten Führung‹
mit weiterer Ratlosigkeit und Fehlberatung rechnen.« Die Mängelliste, die
Strauß mit Blick auf Adenauer im Sinn hat, ist ziemlich stattlich: Vor wenigen Wochen ist nach monatelangem Gewürge die Koalition mit der FDP
geplatzt; offenkundig hat der Kanzler, wie auch weniger kritische Stimmen
meinen, den Bogen in der sehr persönlich geführten Auseinandersetzung
mit Thomas Dehler überspannt.[18] Im Vorwahljahr werden die Ergebnisse
der Meinungsumfragen für die Bundesregierung Woche um Woche beun-
ruhigender. Und in dem Bereich, dem Strauß' eigentliche Leidenschaft gilt,
der Verteidigungspolitik beziehungsweise dem Aufbau der Bundeswehr,
will überhaupt nichts gelingen.

Überall sieht Strauß die Defizite des Alten wachsen, selbst an der kri-
senhaften Zuspitzung im Nahen Osten trage Adenauer einen Teil der Verantwortung. Dabei könnte die Bundesrepublik Deutschland in der Region,
wie Strauß in diesen Tagen einem anderen politischen Freund schreibt,
»eine ganz wesentliche Rolle spielen, wenn man in Bonn es verstände,
grundsatztreue Konsequenz mit schöpferischer Phantasie bei absoluter
Vertrauenswürdigkeit und Verläßlichkeit gegenüber dem Westen zu kom-
binieren. Aber ...!«[19] Es ist wohl zu viel verlangt von einem Bundeskanzler,

der bei allen Verdiensten, auch noch in jüngster Vergangenheit, mittlerweile doch ein sehr, sehr alter Mann – im Januar wurde er achtzig – ist. Er dagegen, Strauß, erst vierzig Jahre jung, ist ganz auf der Höhe der Zeit, falls Höcherl dies noch nicht aufgefallen sein sollte: »Ich darf in aller Bescheidenheit und nur unter Berufung auf meinen gesunden Menschenverstand sowie auf gute Informationsquellen daran erinnern, daß ich rechtzeitig auf die Entwicklung im nahen Orient und auf die Notwendigkeit einer deutschen Aktivität hingewiesen habe, daß ich im Oktober 1954 dem Kanzler den Zerfall der Koalition durch seine Methoden prophezeit, und daß ich schließlich schriftlich und mündlich die völlige Unzulänglichkeit unserer Verteidigungskonzeption eingehend dargestellt habe. Es hat nichts, aber auch gar nichts genützt.« Hoffnung auf Besserung hat Strauß allem Anschein nach nicht: »Bei dem allgemeinen Verherrlichungsbedürfnis und bei dem immer mehr in Erscheinung getretenen Unfehlbarkeitsmythos war es einfach unmöglich, mit berechtigten Warnungen Gehör zu finden. Ich glaube, daß der oben erwähnte Punkt jetzt erreicht ist, wo wir behutsam, um nicht noch mehr Verwirrung in der Öffentlichkeit zu schaffen, aber deutlich und geschlossen unsere Vorstellungen«, die der CSU, »vertreten müssen.«[20]

Um »nicht noch mehr Verwirrung in der Öffentlichkeit zu schaffen«, achtet Strauß in den kommenden, kritischen Monaten seines Kampfes um das Bundesverteidigungsministerium zwar mit aller ihm zu Gebote stehenden Umsicht darauf, nach außen alles zu vermeiden, was als Krach, gar als Zerwürfnis mit dem Kanzler verstanden werden müsste. Und doch rutschen ihm in kleinen Runden immer wieder Bemerkungen heraus, die von bewährten Zuträgern Adenauers aufgeschnappt werden und – vielleicht ein wenig zugespitzt – ins Palais Schaumburg dringen. In moderater Tonlage heißt es dann: »Der Alte muß weg«; am Rande des CSU-Parteitags darf es gern etwas drastischer sein: »Der verschlissene Kerl gehört an den Galgen«.[21]

Auch im direkten Kontakt mit dem Regierungschef gibt Strauß nach Rückkehr aus seinem Osterurlaub den Unduldsamen. Zum kleineren Teil, weil der CSU aus landespolitischen Gründen durchaus an einer Annäherung zwischen Unionsparteien und SPD in Bonn gelegen ist. Seit 1954 stellen ja die Sozialdemokraten in München den Ministerpräsidenten, die CSU muss mit der unbequemen Oppositionsbank vorliebnehmen. Wenn, was in diesen Monaten für möglich gehalten wird, die bayerische Vierer-Koalition auseinanderbricht, könnten sich die Christsozialen womöglich übergangsweise an einer Großen Koalition beteiligen: Die CSU wolle »unter allen Umständen« wieder in die Landesregierung, berichtet Globke seinem im

Osterurlaub weilenden Chef; die Vorgänge in der CSU erforderten daher »Aufmerksamkeit«.[22] Das findet der Kanzler allerdings auch. Besonders über Strauß ist er verstimmt, der seinen Gedanken über eine Wiederbelebung der Koalition mit der FDP widersprochen hat und im kommenden Jahr ohne Koalitionsaussage in den Bundestagswahlkampf ziehen will.[23]

Das eigentliche Reizthema ist aber ein anderes: die Sicherheitspolitik. Auf sechs eng beschriebenen Seiten – über weite Strecken in provozierend nüchterner und lakonischer Sachlichkeit abgefasst – beschwert sich Strauß Anfang Mai beim Kanzler: über die großen Linien der Verteidigungspolitik, beziehungsweise deren Fehlen, und über nahezu jedes Detail. Insgesamt habe die politische Führung bei der Aufbauplanung für die Bundeswehr völlig versagt; die sicherheitspolitische Bedrohungslage im Atomzeitalter werde völlig verkannt – hier herrschten überholte »Vorstellungen des Ersten und Zweiten Weltkriegs«. Im Inland sei die Regierung dadurch »manchmal an die Grenze der Lächerlichkeit, im Ausland an die Grenze der Vertrauenswürdigkeit gerückt«. Selbst den direkten Angriff scheut Strauß nicht: »Die Verantwortung dafür trägt die heutige Bundesregierung und Sie, sehr verehrter Herr Bundeskanzler, an ihrer Spitze.« Wie sich die Dinge zum Besseren wenden ließen, kann Adenauer gleichfalls dem Brief entnehmen: »Ich darf nur nebenbei und ganz bescheiden bemerken, daß bisher fast alle meine Warnungen sich als berechtigt gezeigt haben. Sie wurden entweder überhaupt nicht zur Kenntnis genommen oder in einer Art und Weise abgetan, als ob sie Ausfluß meines persönlichen Ehrgeizes oder einer unangebrachten Besserwisserei wären.«[24]

Eine Antwort auf seine Vorhaltungen erhält Strauß nicht. Doch er lässt nicht locker. Am 10. Juli marschiert er, begleitet von den Spitzen der CSU in Bonn und München – Hanns Seidel, Hermann Höcherl, Gerhard Wacher und Richard Stücklen – zu Adenauer, um diesem noch einmal das ganze Elend zu erklären: »Wir wollen Ihnen vortragen, daß die Planung der Bundeswehr unrealistisch ist, daß sich bereits jetzt die ersten Anzeichen eines völligen Durcheinanders anmelden, daß die Fortsetzung dieser Planung den deutschen Ruf, gute militärische Organisatoren zu sein, und damit den ganzen politischen Sinn dieses Unternehmens nachhaltig zerstören würde.«[25] Äußerlich ungerührt hört sich der Bundeskanzler alles an, bestellt Verteidigungsstaatssekretär Rust in die Besprechung, lässt diesen versichern, dass alles in Ordnung und jeder Vorwurf unbegründet sei, um schließlich zu verkünden: »Herr Strauß, ich habe Sie angehört. Nehmen Sie eines zur Kenntnis: Solange ich Kanzler bin, werden Sie nicht Verteidigungsminister.«

Zwar kann auch Adenauer nicht die Augen davor verschließen, dass die Dinge um Verteidigungsminister Blank und seine Bundeswehrplanung tatsächlich nicht zum Besten stehen. Aus seinem Urlaub auf der Bühlerhöhe schreibt er diesem Sorgenkind Mitte August, er möge alles unterlassen, was von der CSU als Brüskierung verstanden werden könnte. »Ich möchte Ihnen überhaupt anraten«, so die Ermunterung aus der Sommerfrische, »bis auf weiteres (...) überhaupt nicht mehr zu reden. Der Verteidigungsminister braucht nicht durch die Lande zu ziehen und Reden halten.« Dass Adenauer Blank noch nicht fallengelassen hat, kann man aus der Bemerkung schließen, dass durch etwas mehr Sensibilität gegenüber der CSU möglicherweise manche »Animosität der CSU Ihnen gegenüber (...) durchaus abstellbar sein dürfte«. Der Schlusssatz, ein echter Adenauer, zeigt jedoch, dass der Kanzler sich allmählich mit dem Gedanken vertraut macht, Abschied von Blank nehmen zu müssen: »Ich meine, Sie sollten in diesen Wochen mehr an ihre Gesundheit denken und sich schonen, damit nützen Sie sich und uns am allermeisten.«[26]

Ende September ruft Adenauer seine beiden engsten Vertrauten, den Kanzleramtschef Hans Globke und den Vorsitzenden der Unionsfraktion im Bundestag, Heinrich Krone, zu sich. In seinem Tagebuch charakterisiert Krone diese Begegnung als »in seiner Diktion und in seinen Forderungen so ernst geführt« wie noch nie. Der Kanzler verlangt: Stoppt Strauß! »Wir müßten den Kampf mit Strauß aufnehmen; wenn es dabei zu einem Bruch zwischen CDU und CSU käme, müsse das in Kauf genommen werden.«[27] Doch mehr als ein letztes Aufbäumen gegen den Unerwünschten ist es nicht. Selbst Krone, fürwahr kein Freund von Strauß, kommt nicht umhin, den Kanzler darauf aufmerksam zu machen, wie oft Blank falsch und Strauß richtig gelegen hat. In mehreren Sitzungen der vergangenen Tage konnte sich Adenauer im Übrigen selbst ein Bild von den Rückzugsmanövern und halben Offenbarungseiden seines Verteidigungsministers machen. Und auch in der Kabinettssitzung vom 3. Oktober, wo es zu einer heftigen Kontroverse zwischen Blank und Strauß über die Einberufung von Wehrpflichtigen kommt, muss er dem Wehrminister beispringen.[28]

Die Entscheidung gegen Blank fällt wenige Tage später. Aus Paris ist der deutsche Nato-Botschafter Herbert Blankenhorn nach Bonn geeilt. Ende Oktober steht die diesjährige, für die Bundesrepublik Deutschland äußerst heikle Review-Konferenz des Bündnisses an. Die bitteren Wahrheiten, die dort zu verkünden sind, kommen einem Desaster gleich: Keine der gegenüber den Nato-Partnern eingegangenen Verpflichtungen ist aufrecht zu erhalten. Wolle man im Bündnis überhaupt noch Glaubwürdigkeit bewahren und um Vertrauen werben, müsse schleunigst ein Ministerwechsel vollzogen werden, noch vor der Sitzung, lautet Blankenhorns dringlicher Rat. Auf diesem Ohr hört Adenauer allerdings sehr gut. Glücklich darüber, so schnell und umfassend in den Kreis der freien Welt aufgenommen worden zu sein, will und muss er alles meiden, was Deutschlands Ruf beschädigen könnte. Der Ministerwechsel folgt der Einsicht in die Notwendigkeit.

Auch Strauß erhält Besuch von Blankenhorn. Die beiden kennen sich seit vielen Jahren – zeitweise waren sie parallel Generalsekretär der jeweilige Unionsschwester –, doch so recht versteht der Atomminister nicht, was der Botschafter bei ihm will. Von den Nöten der Deutschen bei der Nato will Strauß nichts hören. Als Blankenhorn gar andeutet, in Kürze werde sein Gesprächspartner zum Verteidigungsminister ernannt, fühlt Strauß sich auf den Arm genommen: »Haben Sie heute mit Schnaps gefrühstückt?«[29] Nein, das nicht, erwidert Blankenhorn, er komme vom Bundeskanzler, der ihn beauftragt habe, Strauß darauf vorzubereiten, dass er in Kürze eine neue Aufgabe übernehmen werde.

Strauß kennt seinen Kanzler gut genug, um sich das noch einmal durch den Kopf gehen zu lassen. Vor einem Jahr hätte er sofort zugesagt. Jetzt, im Herbst 1956, ist die Situation derart verfahren, dass der Dienstsessel des Verteidigungsministers als Schleudersitz zu betrachten ist. Am Ende kann er natürlich nicht anders, als Ja zu sagen.

Am 10. Oktober trifft er den Kanzler, der die Liebenswürdigkeit in Person ist. Als die Rede auf den Vorfall und Zusammenstoß mit der CSU vor drei Monaten kommt, antwortet Adenauer: »Herr Strauß, wollen Sie es einem alten Mann übelnehmen, daß er noch in der Lage ist, seine Meinung zu ändern?«[30] Aber ohne Bedingungen willigt Strauß nicht ein. Er erbittet freie Hand für die notwendigen Kurskorrekturen der Bundeswehrplanung. Das Streitthema aus der Kabinettssitzung vor einer Woche kommt noch einmal zur Sprache: Strauß möchte vor der Bundestagswahl die Einberufung im Wesentlichen auf Freiwillige beschränken und nur sehr behutsam Wehrpflichtige ziehen. Dieses Mal gibt ihm der Kanzler recht.

Am 15. Oktober ersucht Blank handschriftlich um seinen Rücktritt. Bei der Kabinettsumbildung vom 16. Oktober kommt Strauß endlich zu seinem lang ersehnten Amt. Drei Tage später dankt der Kanzler Blank »von Herzen (…) für die Dienste, die Sie unserem Vaterlande seit 1950 geleistet haben«.[31]

Nukleare Ambitionen

Strauß war gut beraten, in jener dramatischen Besprechung mit Adenauer am 10. Juli nicht selbst das Wort zu führen. Den Frontalangriff gegen den verteidigungspolitischen Kurs der Bundesregierung eröffnete Hanns Seidel, der bedächtige und unaufgeregte CSU-Vorsitzende, der sich nicht zuletzt dieser Eigenschaften wegen bei den Spitzen der CDU in Bonn hoher Wertschätzung erfreute. Dass Seidel, dem niemand persönliche Ambitionen nachsagen kann, die CSU-Abordnung anführte, schützte Strauß im Verlauf der Unterredung zwar nicht vor dem Vorwurf des Kanzlers, Theodor Blank »heruntersetzen und schlecht machen (zu wollen), weil Sie glauben, auf diesem Weg noch Verteidigungsminister werden zu können«.[1] Doch jetzt läuft diese Unterstellung weitgehend ins Leere, und die in der Sache begründete Ernsthaftigkeit des Vorstoßes ist kaum zu bestreiten, denn Seidel gilt zu Recht als ein Mann, der sich schwerlich, schon gar nicht von Strauß, vor fremde Karren spannen lässt. Obendrein zählt er bekanntermaßen zu jenen Kräften in der Union, die bei Strauß eben nicht nur die reichen Gaben sehen, sondern seinem stürmischen Naturell mit einer gehörigen Portion Skepsis begegnen.

Ziemlich kurios fällt denn auch Seidels Schreiben an den »liebe(n) Freund Strauß!« zur Ernennung als Verteidigungsminister aus. Eingeleitet wird es mit Erläuterungen zur »Angelegenheit des Weinimportlizenzprozesses« – genau besehen handeln sogar zwei Drittel des Briefs von dieser vermutlich wichtigen, doch kaum in den Verantwortungsbereich des Verteidigungsministers fallenden Frage –, um schließlich, eher sachlich unterkühlt, festzustellen, dass Strauß nach seiner Ernennung »eine ausgezeichnete Presse bekommen« habe: »Ich kann mich nicht erinnern, daß ein anderer Minister jemals mit so großer Freundlichkeit in seinem Amt begrüßt wurde.«[2] Daher ist es nicht nötig, dem Affen Zucker zu geben. Im Gegenteil: Das viele Lob »hat natürlich auch seine Gefahren«. Ermahnungen sind mithin angezeigt: »Du weißt das selbst und ich bitte Dich nochmals, in allen Deinen Äußerungen die größte Vorsicht walten zu lassen (auch im sogenannten vertraulichen Gespräch). Zu dieser Vorsicht bist Du umso mehr gehalten, als das Echo der Auslandspresse sehr viel kühler ist, was Dir im Inneren zwar nicht schadet, was Du aber in Deine Rechnung einkalkulieren mußt.«

Doch wirklich frostige Reaktionen in der internationalen Presse gibt es nicht; mehr Anlass zur Sorge bietet den politischen Freunden des neuen Verteidigungsministers manch wohlwollende Betrachtung, wie etwa die der *New York Times*, in der es unumwunden heißt:»Mit der gestrigen Berufung zum Verteidigungsminister ist Franz Josef Strauß – ein mit großem Charme und einem gesunden Machthunger ausgestatteter Politiker – seinem Ziel, der Kanzlerschaft in Westdeutschland, ein gutes Stück näher gekommen.«[3] Die, die ihn am besten kennen, machen sich jedenfalls keine falschen Hoffnungen, dass Strauß jetzt saturiert, am Ende seiner Wünsche angelangt wäre:»Wie ich meinen Freund Franz kenne«, so Seidel wenige Tage später, »noch lange nicht.«[4]

Adenauer selbst kennt seinen forschen Minister gut genug, um die lange Leine, die er ihm versprochen hat, kaum ist Strauß im Amt, kürzer zu ziehen.»Wenn Sie sich einen Überblick über die Verhältnisse im Verteidigungsministerium geschaffen haben, darf ich einem mündlichen Vortrag über Ihre Eindrücke und Anregungen entgegensehen« – dieser Wunsch Adenauers, der sich in seiner Korrespondenz als Meister der Nuancen und versteckten Botschaften erweist, kommt einer dringlichen Einbestellung gleich. Bei dieser Gelegenheit werden noch eben rasch die Vorstellungen von Strauß zur organisatorischen Umbildung des Ministeriums weggewischt.[5] Ein weiterer Brief vom selben Tag, er besteht aus nur einem Satz, ist kaum konzilianter:»Sorgen Sie dafür, daß nicht Herr Rust« (der Verteidigungsstaatssekretär und enge Vertraute von Hans Globke, gewissermaßen der Aufpasser des Kanzlers am Hof des Ministers) »für uns alle unerwünschte Konsequenzen zieht.«[6]

Ein Jahr vor der Bundestagswahl und wenige Tage nach Übernahme eines außergewöhnlich schwierigen Amtes ist die Gefahr, dass Strauß den Kanzler herausfordern oder beiseite drängen könnte, natürlich noch reichlich abstrakt. Viel realer hingegen sind die anderen Ambitionen des neuen Verteidigungsministers, die nuklearen.[7] Schon früher hatte er bei den wenigen Gelegenheiten, sich öffentlich hierzu zu äußern, merkwürdig gedrechselte Wendungen gewählt, wenn er auf den im Zuge der Westverträge vom 5. Mai 1955 erklärten einseitigen deutschen Atomwaffenverzicht zu sprechen kam. Ein knappes halbes Jahr darauf hatte der frisch ernannte Atomminister in einem ersten grundsätzlichen Interview über seine neuen Aufgaben gesagt:»Wir werden uns genau an die Grenzen dieser

Norm halten und werden gemäß dem Wortlaut der Pariser Verträge keine Atomwaffen, wie sie dort definiert sind, auf dem Gebiet der Bundesrepublik Deutschland herstellen.«[8] Diese von Strauß in den kommenden Monaten und Jahren immer wieder gebrauchte Formulierung ist nur auf den ersten Blick eindeutig, denn sie lässt mindestens zwei Optionen offen: Die Ausrüstung der Bundeswehr mit Kernwaffen ist hierdurch ebenso wenig ausgeschlossen wie die Beteiligung Deutschlands an der Atomwaffenproduktion anderer Staaten außerhalb des Gebiets der Bundesrepublik.

Selbstverständlich vermeidet Strauß alles, was seine wirkliche Position und Interpretation der deutschen Verzichtserklärung, die als Bestandteil der Pariser Verträge ja bindendes Recht für die Bundesrepublik Deutschland ist, öffentlich erkennbar werden ließe. Als Atomminister ist es ihm zwar gelungen, die positiven Seiten des Atomzeitalters herauszustreichen – nicht zuletzt, weil es keinen politischen Widerstand gegen den Einstieg der Bundesrepublik in die Atomwirtschaft gab. Doch ihm ist bewusst, »daß die Atomkraft sich mit dem Schreckenswort Hiroshima, mit der Vernichtung und Verletzung von 200 000 Menschen eingeführt hat« und nicht »in jahrzehntelanger Entwicklung als Spender von Energie«.[9] Die Option der Bundesrepublik, selbst Nuklearmacht im militärischen Sinne zu werden, eignet sich also keinesfalls für öffentliche Erörterungen.

Aber wenigstens innerhalb der Regierung muss Klarheit herrschen! Als etwa, einige Jahre später, das Auswärtige Amt die Wiederaufnahme der Atomwaffenversuche durch die Sowjetunion kritisiert und in diesem Zusammenhang darauf verweist, dass die Bundesrepublik das einzige Land sei, das freiwillig in Verträgen mit seinen Verbündeten darauf verzichtet habe, jemals nukleare Waffen herzustellen, ruft das sofort den Verteidigungsminister auf den Plan: »Wie Sie wissen«, wird Heinrich von Brentano belehrt – der Kanzler erhält einen Durchschlag –, entspreche diese Formulierung keineswegs den Tatsachen: »Die Bundesrepublik hat lediglich darauf verzichtet, A-, B- und C-Waffen *auf ihrem Gebiet* zu produzieren.« Außerdem muss das nicht für alle Ewigkeit so bleiben, denn es »gilt dieser freiwillige Verzicht unter der Klausel rebus sic stantibus«.[10]

Und die Umstände können sich schnell ändern. Etwa, so die Analyse von Strauß zu einer Zeit, da er noch Atomminister ist, falls die Sowjets ihre Atomrüstung weiter forcieren und den Vereinigten Staaten ebenbürtig, gar überlegen werden – »nicht, um einen Atomkrieg vorzubereiten, an dem sie nicht interessiert sind, weil es in ihm keinen Sieger mehr gibt«, sondern um sich »neuen Bewegungsspielraum für ihre Politik zu schaffen«. Gelinge es

Moskau nämlich, in der Nuklearrüstung gleichzuziehen oder gar die Oberhand zu gewinnen, dann werde die amerikanische Sicherheitsgarantie für
Europa brüchig. Und eben das sei das Ziel der Sowjets: »Sie wollen wieder
in die Lage kommen, ohne Risiko eines Atomkriegs mit den USA örtliche
Nadelstiche und Tastversuche in Asien und Europa unternehmen zu können. (…) Keine amerikanische Regierung«, da ist sich Strauß schon Mitte
der fünfziger Jahre sicher, »wird auf die Länge der Zeit in der Lage sein, den
Schutz Berlins oder der Bundesrepublik oder anderer Länder dem amerikanischen Volke auch mit dem Risiko eines Atomkriegs gegen das amerikanische Mutterland zuzumuten.«[11]

Die sich anbahnende Parität der Supermächte im nuklearen Sektor ist
dabei lediglich die eine Seite; hinzu kommt die haushohe sowjetische Überlegenheit bei den konventionellen Streitkräften, der aus Sicht des Westens
im Ernstfall eben nur mit Kernwaffen beizukommen wäre. In dem Maße
also, wie die USA im Zuge des nuklearen Wettrüstens atomar verwundbar
werden, nimmt die Abschreckungswirkung der amerikanischen Kernwaffen ab – erst recht, wenn der Angriff, den es abzuschrecken gilt, sich nicht
auf amerikanisches Territorium richtet. »Sterben für Danzig?« – in der
Grammatik des Zeitalters der nuklearen Abschreckung bedeutet diese
Frage, ob die Vereinigten Staaten bereit sind, New York oder Washington
dem Risiko der atomaren Vernichtung auszusetzen, um Berlin oder Bonn
zu verteidigen.

Klar im Blick hat Strauß bei seinen Überlegungen zu einem atomaren
Status der Bundesrepublik die prekäre Glaubwürdigkeit der nuklearen Sicherheitsgarantie der USA für Europa[12] – bereits anderthalb Jahre vor dem
Sputnik-Schock, der den Westen aufrütteln und ihm nachdrücklich ins Bewusstsein bringen wird, dass die Sowjetunion über kurz oder lang in der
Lage sein wird, den amerikanischen Kontinent mit Langstreckenraketen
unmittelbar nuklear zu bedrohen. Für den Verteidigungsminister ergeben
sich aus der grundsätzlichen Analyse zwei Prioritäten: Zum einen muss die
konventionelle Abwehrfähigkeit des Westens – bei der die Nato der Bundeswehr eine zentrale Rolle zugedacht hat – schleunigst ausgebaut werden,
um im Ernstfall nicht alternativlos zwischen kampfloser Aufgabe oder
Atomkrieg wählen zu müssen. Zum anderen muss alles darangesetzt werden, die höchstmögliche Form der nuklearen Abschreckung zum Schutze
Deutschlands und Europas zu bewahren.

Dies sind Dinge und Zusammenhänge, über die man öffentlich am besten gar nicht spricht! Zwar haben sich die Westdeutschen damit abgefun-

den, dass es ohne Streitkräfte und ohne ein starkes Bündnis keine Sicherheit geben kann: Deutschland ist geteilt, Berlin ein ungelöster Streitfall, und die Sowjetunion steht unmittelbar vor der Haustür; der Kalte Krieg zwischen Ost und West ist im vollen Gang, eine Kaskade von militärischen Konfrontationen und internationalen Turbulenzen – Koreakrieg und Indochinakrise, die Niederschlagung des Aufstands in Ost-Berlin am 17. Juni 1953, desgleichen 1956 in Polen und Ungarn, die Suezkrise – veranschaulicht unmissverständlich, wie gefährlich die Welt geworden, wie brüchig der Frieden ist.[13] Die in den ersten Jahren nach dem Zweiten Weltkrieg weitverbreitete »Ohne-mich«-Stimmung gegen die Wiederbewaffnung ist Mitte der fünfziger Jahre weitgehend verflogen. Von einer neuen Militärbegeisterung der Nachkriegsdeutschen allerdings kann keine Rede sein. Und wer glaubt, laut über die komplizierte, paradoxe Logik der Abschreckung nachdenken zu können, ohne dabei Missverständnisse und Angstreflexe auszulösen, unterliegt einem Irrtum.

Strauß ist noch keinen Monat im neuen Amt, als er in dieser Hinsicht ein erstes Lehrgeld zahlen muss, das ihn noch viele Jahre beschweren wird. Am 12. November 1956 kommt er als Starredner zu einer CSU-Veranstaltung ins oberfränkische Hollfeld, Landkreis Ebermannstadt, um eine seiner vielen Parteireden zu halten. Kein bedeutender Auftritt, sollte man meinen. Der wenige Tage zuvor niedergeschlagene Aufstand gegen die Machthaber in Ungarn hat noch einmal das Bewusstsein dafür geschärft, dass auch im nachstalinistischen Osten die Panzer rollen, wenn es um Machtfragen geht – und gleichzeitig die Hilflosigkeit des Westens demonstriert, der seit Jahren zum Widerstand in der kommunistischen Welt ermuntert hatte.[14] Die Verunsicherung, auch in Deutschland, ist groß – die *Neue Zürcher Zeitung* registriert in diesen Tagen eine »nervöse Zerfahrenheit der öffentlichen Diskussion« im Westen des geteilten Landes[15] –, und jeder weiß, dass die Bundesrepublik im Ernstfall nicht in der Lage wäre, sich selbst zu verteidigen. Vor diesem Hintergrund ist es wohl als Wort der Beruhigung gemeint, wenn Strauß in seiner im Wesentlichen der aktuellen sicherheitspolitischen Lage gewidmeten Hollfelder Rede sagt: »Wir leben in einem technischen Zeitalter, in dem die vereinigte Stärke unserer Bundesgenossen ausreicht, um das Reich der Sowjetunion von der Landkarte streichen zu können.«[16]

»Klares Denken und die Fähigkeit zur Analyse« hatte ihm die *Frankfurter Allgemeine Zeitung* (FAZ) eine Woche vor dem Auftritt in Oberfranken bescheinigt: Nur der politische Gegner, »der ihn als gefürchteten Redner in Erinnerung hat«, und wer ihn nicht kenne, sage ihm – verkürzend! – nach, »ein burschikoser, handfester Mensch, der seine bayerische Urwüchsigkeit auch auf die Politik übertrage«, zu sein. Auch für die Öffentlichkeit sei »dieses rein äußerliche Bild bestimmend, das noch durch eine massige, fast grobschlächtige Gestalt und das breite Gesicht eine Bestätigung zu finden scheint«. Strauß aber wäre, hält die FAZ dagegen, heute nicht das, was er ist, »ohne seinen Intellekt«, seine »Fähigkeit, in konzentrierter Form aufzunehmen, Gedanken fast druckreif im Gespräch zu formulieren«.[17]

Druckreif war der Gedanke, dass der Westen die Sowjetunion im Notfall von der Landkarte streichen könne, allemal formuliert: keine Zeitung, die ihn nicht begierig aufgegriffen hätte. »Es ist diesem talentierten Redner nicht zum ersten Mal passiert, daß er sich von seinem Temperament und von seiner Gabe der lebhaften Formulierung hat hinreißen lassen«, kommentiert die FAZ, die ja eben noch das rhetorischen Urtalent von Strauß gelobt hat: »Er wird sich bewußt sein, daß auch unter den Anhängern der Regierungspartei manche den umstrittenen Satz in seiner letzten Rede lieber ungesagt wüßten. In einer dramatischen Situation wie der gegenwärtigen wünscht mancher Bürger keine Kraftworte, sondern zieht eine Sprache vor, die souveräne Ruhe und damit Vertrauen zur inneren Sicherheit der Führung einflößt.«[18]

Und dies ist noch die mildeste Form der Kritik. Zwar halten sich die Sachkundigen unter den Oppositionspolitikern mit allzu polemischen Attacken auf Strauß zurück. So beklagt der junge Verteidigungsexperte der SPD, Helmut Schmidt, dass Strauß »in seinen früheren Stil der Hofbräuhaus-Reden zurückgefallen« sei.[19] Doch andere erlegen sich weniger Mäßigung auf. Der Landesvorstand der bayerischen SPD erwirbt dabei sozusagen das Urheberrecht an dem in den kommenden Jahrzehnten notorisch angestrengten Vergleich von Strauß mit Hitler, der nicht selten als Beinahe-Gleichsetzung endet. Kein Staatsmann der westlichen Welt, nicht einmal der amerikanische Präsident, Repräsentant der stärksten Militärmacht, habe einen solchen Ton angeschlagen. Wohl aber habe »Adolf Hitler in dieser Weise Politik gemacht«.[20] Regierungsfeindliche Medien machen sich diese Sichtweise gleich zu eigen. Die *Frankfurter Rundschau* beispielsweise sieht nur einen Unterschied zwischen Strauß und Hitler: Der Verteidigungsminister habe davon gesprochen, »›die Sowjetunion von der Landkarte streichen zu können.‹ Adolf Hitler pflegte zu sagen: ›Wir werden das Land ausradieren.‹«[21] Ein Jahr zuvor, im Oktober 1955, habe man in Bonn

Der neue Verteidigungsminister an Adenauers Kabinettstisch,
14. November 1956.

»den populären Bayern schmunzelnd ›Atom-Franzl‹« genannt.[22] Kaum sei er im neuen Amt, komme niemand mehr auf die Idee, in der Verbindung zwischen Strauß und Atom irgend etwas Liebenswürdiges zu sehen.

Immerhin, die Aufregung legt sich wieder ziemlich schnell, zumal Strauß umgehend Beistand von höchsten Nato-Stellen erhält. Keine Geringeren als der Oberbefehlshaber der Bündnis-Streitkräfte, Alfred Gruenther, und sein bereits designierter Nachfolger, Lauris Norstad, – beides amerikanische Generäle – bekräftigen aus gegebenem Anlass die in der Tat nun einmal gültige Strategie des Bündnisses: Ein Aggressor gegen Deutschland müsse mit massiver nuklearer Vergeltung rechnen.[23]

Ein paar Wochen ziehen ins Land, die professionellen Beobachter des Verteidigungsministers wenden sich anderen Themen zu, und plötzlich, wenn es um den schleppenden Aufbau der Bundeswehr geht, ist die offene, drastische Sprache, die Strauß weiterhin pflegt, gar nicht mal unerwünscht: »Der von Strauß inspirierte neue Stil des Ministeriums, nicht mehr alles zu beschönigen und nicht mehr jeden Mißstand gegenüber der Öffentlichkeit abzuschirmen«, lobt Hans Ulrich Kempski, der Starreporter der *Süddeutschen Zeitung*, »macht es heute erstmals möglich, über die äußere und innere Verfassung der bisher bestehenden Truppenteile zu berichten.«[24] Auch die *Neue Zürcher Zeitung*, die keine Vorlieben für laute Töne hat, kann dem offenen, direkten Stil von Strauß viel abgewinnen: Er habe »wenig Neigung, sein Ressort in eine Geheimsphäre zu hüllen; er hat mit seiner relativen Offenheit bessere Aussichten, das Mißtrauen gegenüber der Wiederbewaffnung zu überwinden«[25]. Kurt Becker, der Jahrzehnte später Helmut Schmidt als Regierungssprecher dienen wird, gelangt Anfang 1957 gar zu der Meinung, Strauß habe »(i)m Vollbewußtsein der auf ihm ruhenden Verantwortung (…) in diesen Wochen einen Punkt erreicht, an dem sich sein staatsmännisches Format deutlich abzeichnet«.[26]

Ist der Zwischenfall im fränkischen Jura also ohne größere Folgen geblieben? In einer Hinsicht jedenfalls nicht: Spätestens seit der etwas vulgären Zusammenfassung der Doktrin von der »massiven Vergeltung« steht allen sicherheitspolitisch Verantwortlichen in Bonn deutlich vor Augen, wie gefährlich es ist – erst recht, wenn es um Kernwaffen geht –, sich in der Öffentlichkeit über die strategische Lage auszulassen. Dummerweise lässt sich das gar nicht vermeiden. Denn in den ersten Gremiensitzungen des Bündnisses, in denen Strauß als Verteidigungsminister die Bundesrepublik Deutschland zu vertreten hat, steht genau die Frage auf der Tagesordnung, in welcher Form Kernwaffen unterhalb der Ebene der strategischen Abschreckung in die Verteidigungsplanung der Nato einzubeziehen sind.

Die offensichtlichste Notwendigkeit hierzu ergibt sich aus der konventionellen Unterlegenheit des Westens. Damit der ultimative nukleare Vergeltungsschlag nicht die einzig mögliche Antwort auf einen eventuellen Angriff der Sowjetunion ist – darüber sind sich alle Beteiligten einig –, müssen die Streitkräfte des Bündnisses mit taktischen Kernwaffen ausgerüstet werden, die einen mit konventionellen Waffen geführten Angriff stoppen können und gleichzeitig die nukleare Eskalation auf das Gefechtsfeld beschränken sollen. Strauß plädiert auf der Nato-Ratstagung am 14. Dezember 1956 sogar dafür, die Streitkräfte des Bündnisses bis hinunter zur Division mit Nuklearwaffen zu bestücken.[27]

Diese Forderung entspringt allerdings nicht nur der schieren Not massiver konventioneller Unterlegenheit. Das mit der Einbeziehung von taktischen Kernwaffen in die konkrete Gefechtsplanung einhergehende Absenken der nuklearen Schwelle erfüllt auch den Zweck, die nukleare Garantie der Vereinigten Staaten zu festigen. Müssten im Falle einer kriegerischen Auseinandersetzung atomare Schläge des Westens gegen den Angreifer erfolgen, so bestünde mit atomaren Gefechtsfeldwaffen immerhin die Möglichkeit, sich erfolgreich zu verteidigen und das Kriegsgeschehen lokal zu begrenzen. Die schwerwiegende Entscheidung, den nächsten Schritt einer nuklearen Eskalation zu tun – verbunden mit dem Risiko eines totalen Atomkriegs –, läge dann jedenfalls bei der anderen Seite.

Es sind aber nicht nur militärische Sorgen und die strategischen Gegebenheiten, die Strauß bei all seinen Überlegungen zur nuklearen Teilhabe der Bundesrepublik Deutschland leiten. Wahrscheinlich ebenso wichtig ist für ihn, und darin darf er sich mit Adenauer einig wissen, der statuspolitische Aspekt. Mit den Pariser Verträgen und der Wiederbewaffnung ist die Bundesrepublik fast schon wieder souverän. Geblieben sind die Vorbehaltsrechte der Siegermächte für ganz Deutschland und Berlin, die praktisch – abgesehen von den bisweilen ziemlich lästigen Kleinstreitereien wie etwa um den Rechtsstatus der in Deutschland stationierten alliierten Truppen – keine wirkliche Behinderung für die freie Entfaltung voller Staatlichkeit bedeuten. Geblieben sind aber auch noch einige Spezialeinschränkungen, nicht nur was die Verfügung über Atomwaffen, sondern auch die Produktion von Rüstungsgütern, insbesondere ballistischen Flugkörpern, betrifft. Und dass die neuen Freunde im Westen ohnehin mehr als ein waches Auge auf das Wiedererstarken Deutschlands richten, versteht sich so kurz nach Hitler von selbst.

Als Atomminister hat Strauß hier reichlich Anschauungsunterricht erhalten. Das Angebot an Deutschland, sich in eine Europäische Atomgemeinschaft (EURATOM) einzubringen, hatte für Adenauer die gleiche Logik wie seinerzeit die Schaffung der Europäischen Gemeinschaft für Kohle und Strahl (EGKS) oder der Versuch, eine Europäischen Verteidigungsgemeinschaft (EVG) zu bilden: Überwindung der Souveränitätseinschränkung durch Supranationalisierung eben jener Felder, auf denen der Westen den Deutschen keine freie Hand gewähren mag. Grundsätzlich ist Strauß der gleichen Meinung: Nicht nur, dass er ein begeisterter Anhänger der Idee der Europäischen Einigung ist; er hat zudem schon recht früh begriffen, dass ein starkes, geeintes Europa, das mehr Selbstverantwortung und Lasten für die gemeinsame Sicherheit des Westens übernimmt, die solideste Basis für eine transatlantische Partnerschaft bietet. Wenn es aber konkret wurde, das musste Strauß beim Ringen um den EURATOM-Vertrag feststellen, lief es im Wesentlichen auf Sonderregelungen mit Blick auf Deutschland, auf Diskriminierung hinaus.[28]

Immer wieder ist es in diesem Zusammenhang zu gravierenden Differenzen mit Adenauer gekommen, der mehr Hoffnung auf den endlich guten Lauf der Dinge zu haben scheint als Strauß. Aber auch der Kanzler

reagiert empfindlich, wenn er Diskriminierung wittert. So ließ er es letztlich meistens zu, dass sein Atomminister ein ums andere Mal das europa-
politisch eigentlich wünschenswerte Projekt der EURATOM konterka-
rierte. Selbst in den Phasen, in denen Adenauer und Strauß gründliches
Missfallen aneinander fanden, folgte der Kanzler den dringenden Bitten
seines Atomministers, »keine bindenden Zusagen zu machen«, bevor nicht
alles mit den zuständigen Fachressorts besprochen sei – wenn Strauß nur
klug genug war, die richtigen Reizworte zu verwenden.

Ein wesentlicher Streitpunkt war beispielsweise die Frage, wer Kern-
brennstoffe besitzen darf: »Von der belgisch-französischen Seite strebt man
eine sozialistische Lösung an, die mir für die Bundesrepublik untragbar erscheint«, lautet einer dieser Hinweise an den Kanzler, der soeben – es ist
September 1956 – im Begriff ist, zu einschlägigen Gesprächen nach Brüssel
aufzubrechen: »Ähnlich verhält es sich mit den belgisch-französischen Bestrebungen, ein Beschaffungs- und Bezugsmonopol an Kernbrennstoffen für
Euratom zu schaffen.« Kaum besser, dass die Franzosen bei dem »geplanten
Austausch von Forschungsergebnissen« darauf zielen, einen »Unterschied
zwischen den Staaten« zu machen, »die sich ausschließlich mit der Verwer-
tung von Kernenergie für friedliche Zwecke befassen, und denen, die auch
an der Herstellung von Kernwaffen arbeiten«.[29]

Die Sorge vor einer Diskriminierung der Bundesrepublik ist bei Strauß
und Adenauer ähnlich virulent wie das in historischen Erfahrungen grün-
dende, nicht in wenigen Jahren aus der Welt zu schaffende Unbehagen der
westlichen Staaten an den Deutschen. Immer wieder, meist in vertraulichen
Gesprächen, verwahren sich Strauß und Adenauer gegen alles, was nach
Sonderbehandlung riecht. Doch auch umgekehrt wird ein Schuh daraus:
Die Deutschen, so ihr Credo, müssten eben auch so sein wollen wie die
anderen, um nicht anders, kleiner, geringer zu sein: In einer Welt, in der es
die klassische Souveränität von Staaten ohnehin nicht mehr gibt, in der
Gleichheit und Ungleichheit sich nach Macht bestimmen, ist letztlich nur
gleichberechtigt, wer mitsprechen kann und über die höchsten Mittel der
Macht, über Atomwaffen, verfügt.

In dieser Einschätzung sind sich Strauß und der Kanzler völlig einig.
Die Bundesrepublik war von den Siegermächten noch nicht in die Freiheit
entlassen worden, der Aufbau der Bundeswehr lag noch in einiger Ferne,
da hatte Adenauer jenen parteiinternen Kritikern, denen die Westpolitik
zu schnell und vielleicht sogar auf Kosten der Wiederherstellung eines
deutschen Nationalstaates ging, entgegengehalten: »Tatsächlich leben

wir – nackt herausgesagt – in unserer Freiheit nur deswegen, weil die Amerikaner ein paar tausend Atombomben haben, und die Russen haben weniger. Das ist unsere ganze Souveränität. Wenn ich die Worte höre wie ›national‹ und ›Nationalstaat‹ und alle diese Sachen, so kommt mir das vor wie ein Anachronismus.«[30]

Adenauer ist klug genug, in seinen öffentlichen oder halböffentlichen Äußerungen nicht präziser zu werden. Die logischen Konsequenzen, die sich aus seiner Analyse ergeben, mag jeder selbst ziehen. Wie Strauß wirklich denkt, erfährt die Öffentlichkeit dagegen schon von Zeit zu Zeit, wenn ihm unbedachte, eigentlich nicht zur Publikation bestimmte Bemerkungen entgleiten und ihm kein geschickt das einmal Herausgerutschte als »vertrauliche Bemerkung des Ministers« wieder einfangender Pressesprecher zur Seite steht, wie dies erst ab Ende 1957 Gerd Schmückle tun wird: »Wir Deutsche mögen zwar den Krieg verloren haben, aber unseren Verstand haben wir nicht verloren. Wir wollen nicht, daß die Deutschen das Fußvolk der amerikanischen Atomritter werden.«[31]

Wiederum gibt es ein beachtliches öffentliches Echo, das der Bundesregierung nicht zupass kommt: Die Bundestagswahl 1957 steht vor der Tür, und markige Sprüche mit antiamerikanischem Unterton, die als nukleare Kraftstrotzerei ausgelegt werden können, laufen der Hauptbotschaft der Unionsparteien zuwider: »Keine Experimente«. Strauß erklärt also, falsch zitiert worden zu sein.[32]

Für jene Zeitgenossen freilich, die das Vergnügen haben, den wortstarken Minister im Bundeskabinett zu erleben, birgt das fragliche Zitat keine echte Überraschung. Denn in einer Kabinettssitzung vor einem Jahr war der damalige Atomminister dem Bundeskanzler argumentativ beigesprungen, als dieser laut darüber nachgedacht hatte, ob es sich die Bundesrepublik noch leisten könne, in einer Welt, in der auch andere Staaten nuklear aufrüsteten, weiterhin die in den Pariser Verträgen eingegangene Selbstbeschränkung aufrechtzuerhalten. Da habe der Kanzler wirklich Recht, befand Strauß seinerzeit: In der Welt der Gegenwart sei eine Nation ohne Atomwaffen »deklassiert«.[33]

Auch in der CDU/CSU-Bundestagsfraktion weiß man, dass Strauß das, was er öffentlich bestreitet, durchaus denkt. Selbst in der drastischen Wortwahl können die Kollegen ihn wiedererkennen, wenn ihre Erinnerung gerade einmal ein Dreivierteljahr zurückreicht. Denn damals, im September 1956, hatte er bei einer Sitzung der Unionsparlamentarier kurz und bündig erklärt, Macht sei heutzutage gleichbedeutend mit militärischer Macht, und über diese verfüge nur mehr, wer Atommacht ist; ohne nukleare Bewaffnung würde Deutschland allenfalls den »Bäcker und den Küchenjungen« für die anderen Verbündeten abgeben, und damit wäre die Zukunft Deutschlands besiegelt.[34]

Im Frühjahr 1957 erhält die Diskussion um die nukleare Komponente der Verteidigungsstrategie des Bündnisses weiter Auftrieb, und langsam wächst der Druck auf die Bundesregierung, sich festzulegen. Nahezu aus heiterem Himmel veröffentlicht am 4. April der Verteidigungsminister des Vereinigten Königreichs, Duncan Sandys, ein Schwiegersohn von Winston S. Churchill, ein Weißbuch mit brisantem Inhalt: Umrüstung der britischen Streitkräfte durch Aufbau einer eigenen starken Kernwaffenmacht auf Kosten von Navy und Army – und damit eben auch zu Lasten der konventionellen Verteidigungsfähigkeit des Westens. Konkrete Pläne liegen bereits auf dem Tisch: 40 000 Mann und die 2. Taktische Luftflotte sollen aus Deutschland abgezogen werden.

Einen Tag später, am Freitag, den 5. April, gibt der Bundeskanzler in Bonn eine Pressekonferenz, bei der ihm die Frage, ob auch die Bundeswehr mit atomaren Waffen ausgerüstet werden soll, direkt gestellt wird. Adenauer, der große Vereinfacher, versucht es mit einer differenzierten Antwort: »Unterscheiden Sie doch die taktischen und die großen atomaren Waffen« – Letztere, stellt Adenauer etwas später klar, kämen für die Bundeswehr nicht in Betracht. Und dann folgen zwei Sätze, die für größte Aufregung sorgen: »Die taktischen Waffen sind nichts weiter als die Weiterentwicklung der Artillerie. Selbstverständlich können wir nicht darauf verzichten, daß unsere Truppen auch in der normalen Bewaffnung die neuste Entwicklung mitmachen.«[35]

Am darauffolgenden Wochenende melden die Nachrichtenagenturen, dass Adolf Heusinger, der Generalinspekteur der Bundeswehr, der zur Zeit in Washington weilt, im Auftrag Adenauers bereits konkrete Gespräche mit der amerikanischen Seite über die Lieferung spezieller Atomwaffen für die Bundesrepublik führe. Die Dementis, beiderseits des Atlantik, folgen zwar prompt, aber mit seiner leichtfertigen, verharmlosenden, auch falschen Einlassung vom Freitag hat Adenauer den Boden für düsterste Mutmaßungen bereitet.[36] Dass Strauß am Montag öffentlich erklärt, es sei ohnehin unwahrscheinlich, dass in diesem oder im kommenden Jahr eine Lieferung solcher Waffen an die Bundeswehr erfolge, macht die Sache kaum besser. Denn grundsätzlich, wenn nicht ein Wunder der internationalen Abrüstung geschieht, besteht der Verteidigungsminister sehr wohl darauf, dass Verzicht ein Fehler wäre – die Preisgabe Europas an die Sowjetunion.

Nun ist kein Halten mehr. Jene Atomphysiker, die Strauß jetzt schon etwas länger näher kennen, deren Bewunderung und Mitarbeit er als Atomminister gewonnen hat, deren »Mißtrauen durch sein abends beim Wein nicht mehr verhülltes Drängen nach Atomwaffen«[37] er allerdings auch erregte, sehen ihre schlimmsten Befürchtungen bestätigt. Unter der Federführung von Carl Friedrich von Weizsäcker schließen sich achtzehn Spitzenforscher – darunter Max Born, Otto Hahn, Werner Heisenberg und Max von Laue, allesamt Nobelpreisträger – zusammen und senden ein Brandtelegramm an Adenauer, das sie umgehend, am 12. April, in Göttingen veröffentlichen.[38] Der Kanzler wird zwar nicht direkt genannt, aber die Verfasser lassen keinen Zweifel daran, dass sie den Regierungschef für einen völlig Ahnungslosen halten. Die Verniedlichung der taktischen Kernwaffen beispielsweise: Ist dem Kanzler denn nicht bekannt, dass schon die kleinste Atomgranate ungefähr die gleiche Vernichtungswirkung hat wie die Hiroshima-Bombe? Von den neuen Wasserstoffbomben ganz zu schweigen, mit denen man bereits heute »die Bevölkerung der Bundesrepublik (...) ausrotten« könnte! Schließlich: »Für ein kleines Land wie die Bundesrepublik glauben wir, daß es sich heute noch am besten schützt, wenn es ausdrücklich und freiwillig auf den Besitz von Atomwaffen jeder Art verzichtet. Jedenfalls wäre keiner der Unterzeichner bereit, sich an der Herstellung, Erprobung oder dem Einsatz von Atomwaffen in irgendeiner Weise zu beteiligen.«[39]

Adenauer und Strauß reagieren überaus getroffen. In beleidigtem Tonfall versuchen sie es zuerst einmal mit einem bösen Blick von oben herab: »Der Bundesregierung und insbesondere dem Verteidigungsministerium« sei die Wirkung der Atomwaffen »mindestens genauso bekannt wie den Wissenschaftlern. Die in diesem Aufruf unterzeichneten Wissenschaftler verfügen aber nicht über eine ausreichende Kenntnis der politischen und militärischen Zusammenhänge.«[40] Der Appell sei »gefährlich«, da er der Sowjetunion in die Hände spiele.

Mit seinem Urlaubsgesuch für die nahenden Kar- und Ostertage dankt Strauß dem Kanzler dafür, dass der sich »inhaltlich gleich und ebenfalls in scharfer Weise (...) gegen den unverantwortlichen Aufruf« ausgesprochen hat.[41] Aber angesichts des nahenden Bundestagswahlkampfs, von dem Adenauer sicher zu wissen glaubt, dass der sich »in erster Linie abspielen wird im Zeichen der Außenpolitik, und zwar im Hinblick auf die atomare Ausrüstung«, ist der Kanzler rasch wieder bei einer emotionslosen, nüchternen

Lagebeurteilung angelangt. Es gelte, die atomare Thematik schnellstens zu entschärfen, »weil diese Frage nicht irgendwie rational, mit irgendeiner Überlegung, sondern einfach emotional beantwortet« werde.[42]

Wenn schon kein Friede mit den Atomforschern möglich ist, muss wenigstens ein Waffenstillstand herbeigeführt werden. Denn die Verfasser der Göttinger Erklärung gelten nicht nur wegen ihrer wissenschaftlichen Exzellenz als Autoritäten in der für die Union so wichtigen bürgerlichen Wählerschaft. Es gibt auch enge Verbindungen zur Evangelischen Kirche in Deutschland (EKD), die sich beispielsweise durch von Weizsäcker beraten lässt. Die evangelischen Wähler zählen immer noch zu den Sorgenkindern der Union, die stark katholisch geprägt ist, sich aber als überkonfessionelle Kraft an alle Christenmenschen richtet – und richten muss, will sie weiterhin Wahlen gewinnen. Es hilft also nichts, Adenauer und Strauß müssen die Zähne zusammenbeißen: Die Zurückweisung der Göttinger Erklärung bleibt zwar in der Sache eindeutig, fällt aber nach der ersten Erregung im Ton schon viel sachlicher aus.[43] Und um zu demonstrieren, wie wichtig ihm die Ansichten der Naturwissenschaftler sind, lädt der Kanzler eine Delegation der Göttinger kurzerhand ins Palais Schaumburg ein. Fast einen ganzen Arbeitstag nimmt sich Adenauer – umgeben von Strauß, Globke, Rust, Walter Hallstein, dem Staatssekretär des Auswärtigen Amtes, sowie den Generälen Heusinger und Hans Speidel, dem Oberbefehlshaber der alliierten Landstreitkräfte in Mitteleuropa – Zeit für sie.

Diese Zusammenkunft ist für Strauß eine arge Übung in Selbstdisziplin: »Am ganzen Körper« zittert er, »bleich« vor Erregung über die Herren Wissenschaftler, mit denen er sich über Formulierungen für das von Adenauer sehnlich erwünschte gemeinsame Kommuniqué rauft.[44] Am Ende erhält Adenauer, was er will; in einer von allen Anwesenden unterzeichneten Erklärung heißt es lapidar, dass »die Bundesrepublik nach wie vor keine eigenen Atomwaffen produzieren wird und daß die Bundesregierung demgemäß keine Veranlassung hat, an die deutschen Atomwissenschaftler wegen einer Beteiligung an der Entwicklung nuklearer Waffen heranzutreten«. Vielmehr unterstütze die Bundesregierung alles, was die Aussichten auf Abrüstung begünstigt und damit jedes weitere Nachdenken über Atomwaffen für die Deutschen überflüssig macht.[45]

Auf dieser Linie übersteht die Bundesregierung auch die Atomdebatte Anfang Mai im Bundestag, der sie mit einiger Sorge entgegengesehen hatte. Wolfgang Schollwer, der allmählich zu einem jener Strategen heranwächst, die eine FDP jenseits der Adenauer'schen Orthodoxie in der Außen-,

Sicherheits- und Deutschlandpolitik voraus denken, ist sehr enttäuscht über die entgangene Gelegenheit: »Die große Auseinandersetzung über die atomare Bewaffnung der Bundeswehr hat gestern im Bundestag wider erwarten nicht stattgefunden«, notiert er in sein Tagebuch: »Die CDU taktierte hinhaltend, offensichtlich bemüht, sich angesichts der bevorstehenden Bundestagswahlen nicht festzulegen. Ansonsten verstecken sich Adenauer und Strauß hinter den Amerikanern und der NATO (…).«[46]

Adenauer lässt Strauß bei der Debatte gern den Vortritt; er selbst spricht nur am Rande. Und Bundestagspräsident Eugen Gerstenmaier, dessen protestantisches Pathos die Nerven des alten Herren ansonsten strapaziert, darf für die moralische Veredelung der Position der Bundesregierung sorgen. Überhaupt hat der Kanzler vor der Bundestagswahl erstaunlich viel für evangelische Theologen übrig, beim kommenden Parteitag der CDU wird ein grundsätzliches Referat des Hamburger Gelehrten Helmut Thielicke zu den zentralen Tagesordnungspunkten zählen.

Noch freilich gibt es die in Rede stehenden Waffen gar nicht. Zudem ist ungeklärt, wie weit die Mitsprache der Deutschen vor einem Einsatz reichen soll, denn unstrittig ist auch, dass solche Waffen letztlich in der Verfügungsgewalt der Vereinigten Staaten bleiben werden. Darüber hinaus existiert auch kein verbindliches Gesamtkonzept, in dem diese Nuklearwaffen in einem allseits akzeptablen Verhältnis zur konventionellen Verteidigungsstrategie des Bündnisses und den *weapons of last resort* der USA stehen würden. Und doch bewegen sich der Kanzler und sein Verteidigungsminister mit ihren Beteuerungen, keinen eigenen Atomwaffenbesitz anzustreben, in der Grauzone zur Lüge. Denn heimlich, still und leise haben schon vor einigen Monaten erste Gespräche mit Frankreich über eine Kooperation im nuklearen Sektor begonnen.[47] Im November 1956, in seinen ersten Tagen als Verteidigungsminister also, bittet Strauß General Jean-Étienne Valluy, der neben seinem Hauptberuf, Franzose zu sein, auch noch Oberkommandierender der Nato-Streitkräfte Europa Mitte ist, ihm eine Einladung zum Besuch des französischen Raketenforschungszentrum Colomb-Béchar in Algerien zu besorgen. Vier Wochen später trifft sie offiziell in Bonn ein.

In Paris ist mittlerweile die Entscheidung gefallen, sich vom amerikanischen Abschreckungsmonopol soweit wie möglich zu emanzipieren und eine eigene Bombe samt Trägersystem zu bauen. Die zur Umsetzung notwendigen institutionellen Vorkehrungen werden zügig getroffen. Es wird zwar noch einige Wochen dauern, bis Strauß sein erbetenes Besuchsprogramm absolvieren kann, aber in der Zwischenzeit bleibt er nicht untätig.

Seine alten Verbindungen mit Paris, aufgebaut während der Saargespräche, werden wieder intensiv in Anspruch genommen; neben Pinay spielt dabei insbesondere Maître Jean Violet eine wichtige Rolle, der im politischen Establishment, vor allem in den Sicherheitskreisen Frankreichs, anscheinend jeden kennt und zu jedem, der wichtig ist, den Kontakt herstellen kann. »Unser Freund V., der inzwischen über seine Kanäle mächtig Stimmung für Sie gemacht hat bei Mollet und Bourgès-Maunoury«, lässt der ebenfalls seit den Saarverhandlungen gut mit Strauß vertraute deutsche Gesandte an der Botschaft in Paris, Josef Jansen, Ende November 1956 den Verteidigungsminister wissen, warte nur noch auf eine Termindurchgabe, um Strauß in Paris informell mit allen wichtigen Leuten zusammenbringen zu können.[48]

Kurz vor Weihnachten 1956, am 12. Dezember, kommt das Treffen anlässlich eines Abendessens bei Pinay zustande und zeitigt rasch erste Früchte – ein gemeinsamer Panzer soll gebaut werden: »Wir«, die Deutschen, »stellen fest, wie er sein muß (Rußlanderfahrung!)«, notiert ganz ungerührt einer der Anwesenden anschließend in sein Journal, »Chassis wird in Deutschland und Frankreich gebaut. Motor deutsch, Kanone und Panzerung französisch«.[49] Strauß hinterlässt bei seinem französischen Kollegen Maurice Bourgès-Maunoury »une impression excellente« und erhält diskret aus dessen Umfeld die Aufforderung, in einem Brief auch die Zusammenarbeit bei Studien »sur le problème atomique« anzuregen.[50]

Im Umfeld dieser Begegnung muss es bereits zu ersten Erörterungen einer nuklearen Kooperation gekommen sein. Denn anders als in der Hoffnung auf ein bilaterales Projekt ist der Widerspruch von Strauß am 15. Januar 1957 gegen die deutsche Beteiligung an einer Isotopentrennanlage im Rahmen der EURATOM nicht zu erklären. Zwei Tage später jedenfalls unterzeichnen der französische und der deutsche Verteidigungsminister ein Abkommen über die Rüstungskooperation, das »auch die Herstellung von Raketenwaffen und atomarer Rüstung« – beides ist eigentlich durch die Pariser Verträge von 1955 ausgeschlossen – enthält. Dass in diesem Zusammenhang »deutsche Experten künftig in den Übungsfeldern der Sahara mit ihren französischen Kollegen zusammenwirken sollen«, um waffenrelevante Nuklearforschung und -produktion zu betreiben, wird den Wissenschaftlern des Göttinger Appells – Gott sei Dank! – verborgen bleiben.[51]

Damit keine Missverständnisse darüber aufkommen können, wie ernst dies alles gemeint ist, legen die Franzosen sogleich nach. Als Trägersystem für ihre eigenen Kernwaffen wollen sie die Mirage III fortentwickeln.

Beauftragter der französischen Streitkräfte für dieses Projekt ist seit Anfang Februar 1957 General Pierre Gallois, der bald als einer der brillantesten Köpfe der Nuklearstrategie und als eigentlicher Schöpfer der »Force de Frappe« weltweit Respekt erwerben wird. Und eben dieser Pierre Gallois, mit seiner neuen Aufgabe betraut, will Strauß möglichst bald sprechen, wie er den Minister über Violet wissen lässt, um der Bundesrepublik »einen für unsere beiden Länder äußerst interessanten Vorschlag« zu unterbreiten.[52] In Begleitung von Luftwaffeninspekteur Josef Kammhuber kommt es am 7. März 1957 zu dieser Zusammenkunft.

Allerdings gestaltet sich die mit Schwung begonnene Kooperation in den folgenden Monaten etwas harzig – was den Deutschen aus innenpolitischen Gründen ja nur recht sein kann –, da Frankreich sich selbst noch nicht endgültig festgelegt hat, ob man beim Aufbau einer eigenen Nuklearstreitmacht nicht doch lieber auf das gleichfalls ambitionierte Vereinigte Königreich setzen sollte. Möglich erscheint auch noch, zu diesem Zweck die EURATOM umzufunktionieren. Und geheime Gespräche mit Amerika, die im Erfolgsfall erhebliche Entwicklungskosten sparen helfen würden, laufen ohnedies die ganze Zeit.

Erstaunlicher als die plötzlich wieder zögerliche Haltung Frankreichs ist auf den ersten Blick die Entschlossenheit von Strauß, die nuklearen Ambitionen Deutschlands ausgerechnet mit Frankreich zu verwirklichen. Gerade bei den EURATOM-Verhandlungen galt sein Misstrauen, dass die Welt es nicht gut mit Deutschland meine, Paris. Das Scheitern der EVG in der französischen Nationalversammlung im August 1954, das Strauß im Auftrag des Kanzlers aus nächster Nähe beobachtet hatte, ließ Frankreich ebenfalls nicht als verlässlichen Partner für die Zukunft Deutschlands erscheinen. Und in den wirren Verhältnissen der späten Vierten Republik wittert Strauß überall Kryptokommunisten und pro-sowjetische Naivlinge am Werk. In dieser Einschätzung stimmt er übrigens mit Pinay und seinem Emmissär Violet überein, die Strauß im Kommunistenfressen nicht nachstehen. »Laut Violet ist die engste Umgebung von Mendès« – des damaligen Ministerpräsidenten – »eindeutig prorussisch«, hält Jansen am 4. August 1954 in seinem Journal fest, »(b)emerkenswert, wie Pinay (...) immer mehr Violet's Thesen sich zu eigen machte, daß nämlich Mendès-Fr. das Spiel Moskaus spiele«[53]; Violet sei »klug, aber sehr weit rechts«, lautet ein weiterer Eintrag des selbst nicht eben sozialistischen Diplomaten.[54]

Die Gesinnungsfreundschaft zwischen Strauß und seinen französischen Gesprächspartnern ist aber nicht das Einzige, was sie aneinander bindet. Im Zuge der Saarverhandlungen haben sie Strauß als offenen, ehrlichen Unterhändler kennengelernt, ganz im Gegensatz zu Adenauer, der, was einmal gegebene Versprechen betrifft, doch sehr vergesslich sein kann, wenn dies ihm nützlich erscheint. Auch Strauß bringt ihnen größtes Vertrauen entgegen. Er ist tief beeindruckt, wie Pinay das verdeckte Spiel mit Bonn um die Saar zum für Deutschland gewünschten Abschluss brachte. Pinay und Violet bürgen für Zuverlässigkeit, der Kontakt zum in etwa gleichaltrigen Violet wird bis ans Lebensende von Strauß reichen,[55] begünstigt durch den Umstand, dass Strauß nach seiner Hochzeit mit finanzieller Unterstützung durch die Schwiegereltern ein Feriendomizil in Südfrankreich erwerben wird, in Les Issambres, wo auch Violet begütert ist.

An entscheidender Dynamik gewinnen die Gespräche über eine deutsch-französische Nuklearkooperation allerdings erst, nachdem die Sowjetunion am 4. Oktober und 3. November ihre Sputniks ins Weltall schießt. Einige Wochen zuvor, am 26. August, ist es Moskau bereits gelungen, eine ballistische Interkontinentalrakete zu starten. Jetzt weiß alle Welt, dass es aus ist mit der amerikanischen Unverwundbarkeit gegen sowjetische Atomschläge. Die Doktrin der »massiven Vergeltung« hat damit erheblich an Glaubwürdigkeit und – für die europäischen Verbündeten der USA psychologisch noch wichtiger – an Rückversicherungswirkung verloren. Umgekehrt ist es kaum beruhigend, dass die Amerikaner die Bündnisstrategie immer weiter nuklearisieren wollen, um den Mangel des Westens an konventioneller Kampfkraft zu kompensieren. Was dies im Falle eines Falles bedeuten würde, darüber sind sich in Bonn alle Experten einig: Zerstörung dessen, was eigentlich verteidigt werden soll, ohne damit das Risiko der totalen nuklearen Eskalation ausschließen zu können.

Von solchen Nöten geplagt, erhält Adenauer, kurzfristig annonciert, am 16. November 1957 Besuch des französischen Staatssekretärs im Außenministerium, Maurice Faure, begleitet vom Botschafter in Bonn, Maurice Couve de Murville.[56] Die Herren sind sich einig, dass man sich nicht ewig auf den Atomschirm der Vereinigten Staaten wird verlassen können. Adenauer versteht ganz richtig, was die Offerte aus Paris, unter dem Dach der Nato eine eigene Nuklear- und Trägerkapazität aufzubauen, bedeutet: Deutschland muss sich an der Produktion beteiligen und Abschied von der Pariser Verzichtserklärung nehmen.

Nachdem die Franzosen eine eingehende Besprechung der Materie zwischen den beiden Verteidigungsministern vorgeschlagen haben, geht die Runde auseinander. Strauß ist nicht unvorbereitet, hat er doch gerade erst einen Brief erhalten, der den dringenden Gesprächswunsch von Violet für die nächsten Tage übermittelt.[57] Bereits vier Tage später trifft er sich mit seinem Pariser Kollegen Jacques Chaban-Delmas, um über ein entsprechendes Abkommen, an dem auch Italien beteiligt werden soll, zu beraten – nicht ohne zuvor beim Frühstück eine eingehende Lagebeurteilung von Violet und Gallois einzuholen.[58] Immer wieder erhält er nützliche Hinweise aus diesen Quellen über interne Meinungsbildungsprozesse in den wichtigen französischen Kreisen, aber auch Handreichungen für den Umgang mit seinen Gesprächspartnern. Beispielsweise erfährt er, dass Pinay gar nichts vom französischen Verteidigungsminister hält: »Er sei ein joueur, nicht seriös und Mann der kleinen Schliche«. Mit Chaban-Delmas könne man nur zusammenarbeiten, »wenn man sehr entschieden auftritt, sich seiner bedient, sich auf keinen Fall aber von ihm düpieren läßt«.[59] Die wichtigste Botschaft von Chaban-Delmas in dem Gespräch am 20. November ist die Erklärung, Frankreich wolle die Übereinkunft vom Januar 1957, gerade hinsichtlich ihrer nuklearen Komponente, mit Leben erfüllen. Schon in den nächsten Wochen werde er bei der Nato-Tagung das Ende der nuklearen Zweiklassengesellschaft im Bündnis fordern. Am besten mit amerikanischer Hilfe, in jedem Falle aber mit deutscher.

Viele heikle Fragen bleiben ausgeklammert. Wem sollen die Waffen gehören? Wie verhält es sich mit der deutschen Verzichtserklärung? Ist das französische Angebot am Ende womöglich in ein Projekt für das gesamte Westeuropa eingebettet? Oder ist es national gedacht? Solange das Unternehmen noch nicht über das Stadium eines Gedankenexperiments hinausreicht, will Bonn jedenfalls alles vermeiden, was den Kernwaffenverzicht öffentlich in Frage stellen könnte. Umgehen lässt sich die Verzichtserklärung immerhin in einer Hinsicht: Die Produktionsstätten sollen außerhalb Deutschlands liegen. Auch für die Abschottung des Projekts gegenüber dem Bundesfinanzministerium und dem deutschen Parlament, das den Etat bewilligen muss, hat man sich eine hübsche Idee einfallen lassen: Die für den Kernwaffen- und Raketenbau notwendigen Gelder sollen zunächst als Mittel für ein europäisches Forschungsinstitut für Flugkörper, getragen von einer Stiftung für sicherheitsrelevante Grundlagenforschung, getarnt werden.

Strengste Geheimhaltung ist geboten, solange nicht alles besiegelt ist. Als bekannt wird, dass Strauß in diesen Tagen in Paris weilt, wird die Visite beim französischen Kollegen als reiner Höflichkeitsbesuch anlässlich einer Reise zum deutschen Nato-Botschafter Blankenhorn deklariert. Und für die schriftliche Quittierung des in Paris besprochenen Abkommens über die

Zusammenarbeit zwischen Frankreich, der Bundesrepublik Deutschland und Italien wählt Adenauer die höchste Stufe in der Kunst der Geheimhaltung: Er schreibt Strauß einen lapidaren Brief ohne jeden Klassifizierungsvermerk, der so unverfänglich abgefasst ist, dass niemand, der ihn unbefugt zu Gesicht bekäme, irgendetwas ahnen könnte.[60]

Während die Verteidigungsminister und ihre engsten Mitarbeiter zügig ihre Hausaufgaben absolvieren und sich an Ostern 1958 in Rom zur Unterzeichnung des endgültigen Abkommens treffen, streiten sich hinter den Kulissen die Beteiligten auf Pariser Seite, ob das Angebot nicht doch ein wenig zu weit geht. Es ist ja nicht Freundschaft, gar Liebe, die der Einladung an Deutschland und Italien zugrunde liegt – massive finanzielle Interessen diktieren den französischen Kurs. Vor allem geht es darum, Käufer für die Mirage IV zu finden, um deren Entwicklung zu finanzieren – eine teure Angelegenheit, die überhaupt nur zu vernünftigen Kosten realisierbar ist, wenn größere Stückzahlen gebaut werden, als sie Frankreich allein gebrauchen kann. Beim Mirage-Projekt gibt es tatsächlich härteste Konkurrenz, denn der amerikanische Flugzeugbauer Lockheed will sein eigenes Produkt, den Starfighter, gleichfalls in Europa verkaufen.

Verzögernd wirkt sich zudem aus, dass die Amerikaner mittlerweile zu der Überzeugung gekommen sind, dass die Franzosen es ernst mit ihren atomaren Plänen meinen. Über die europäische Kooperation sind sie in groben Zügen unterrichtet. Wenn also die Ambitionen der Franzosen nicht zu stoppen sind, wäre es dann nicht besser, ihnen zu helfen, um auf diesem Weg wenigstens ein gewisses Maß an Kontrolle auszuüben? Im Frühjahr und Sommer 1958 beginnt sich diese Einsicht in Washington durchzusetzen, entsprechende Signale werden nach Paris gesendet.

Schließlich bricht über die Wirren des algerischen Bürgerkriegs gerade jetzt die französische Regierung zusammen und mit ihr die Vierte Republik; Charles de Gaulle tritt auf den Plan: Am 1. Juni übernimmt er die Regierungsgeschäfte. Kurz darauf, am 17. Juni 1958, ist entschieden, die Zusammenarbeit mit Deutschland auf den konventionellen Sektor zu beschränken.[61] Fünf Jahre später wird de Gaulle diesen abrupten, die deutsche Seite völlig überraschenden Kurswechsel damit begründen, dass Atomwaffen in deutscher Hand einer der letzten Kriegsgründe wären, der auf der Welt noch vorstellbar sei.[62]

Strauß, der sich am 8. und 9. Juli auf den Weg nach Paris macht, um erste Gespräche mit seinem neuen französischen Kollegen Pierre Guillaumat zu führen, erfährt eher beiläufig von der bevorstehenden Wende. Das muss er schon deshalb als besondere Dreistigkeit empfinden, weil bei der Begegnung auch ausführlich über die Mirage gesprochen werden soll. Seit Monaten liegt die Luftwaffenführung dem deutschen Verteidigungsminister in den Ohren, er möge dieses Projekt vergessen. Der Starfighter sei viel besser geeignet und schneller verfügbar. Mit Blick auf die nukleare Kooperation hatte Strauß sich gegen die Empfehlungen seiner militärischen Sachverständigen gesperrt und die Ankaufentscheidung offen gehalten: Wenn mit Frankreich eine weitreichende Rüstungszusammenarbeit möglich sei, dann könne es wohl nicht sein, ausgerechnet beim für Frankreich so wichtigen Flugzeugkauf gegen die Interessen des neuen Partners zu entscheiden. Im Übrigen ist der neue Flieger als Trägersystem für nukleare Waffen gedacht. Unvorstellbar, dass die Bundeswehr Starfighter kauft, um sie mit französisch-deutschen Kernwaffen auszurüsten!

Kurzerhand werden alle ambitionierten bilateralen Projekte auf Eis gelegt. Und die Verärgerung über Frankreich – eigentlich ist es fürchterliche Wut – ist auch zwei Monate und lange Sommerferien später nicht abgeklungen, wie der Kanzler, sollte er es nicht ohnehin bereits gewusst haben, aus einem langen Schreiben mit nichtbestellten Ratschlägen für seine erste Begegnung mit de Gaulle Mitte September 1958 lernen kann. »Mir ist zwar mitgeteilt worden«, hebt Strauß nach einigen floskelhaften Urlaubserkundigungen an, dass bei dieser Zusammenkunft »nur allgemeine Fragen und keine speziellen Probleme behandelt werden sollen«. Dennoch hält Strauß es für nötig, Adenauer einzunorden, falls, wie Strauß von seinen französischen Freunden gehört hat, die Rede doch auf die Jetproblematik kommen sollte. Spätestens ab 1961 benötige die Bundeswehr einen Hochleistungsjäger: »Die Franzosen bieten für diesen Zweck die Mirage an, ein Flugzeug, das bei ihnen allmählich den Ruf eines nationalen Heiligtums erworben hat. Spöttische Kritiker weisen darauf hin, daß die Übersetzung des Wortes Mirage Luftspiegelung oder Fata Morgana heißt.« Alle Tests der Bundesluftwaffe seien »völlig unbefriedigend« verlaufen, ein weiterer Test, zu dem die Bundeswehr als Zeichen guten Willens bereit sei, werde ihr verwehrt. Adenauer möge, falls de Gaulle das Gespräch auf dieses Thema lenken sollte, im Gedächtnis behalten, dass die »technischen und militärischen Experten« der Bundeswehr nach wie vor der Ansicht seien, dass für die Erfordernisse der Bundesluftwaffe »am besten die F 104«, der Starfighter, in Betracht komme.

»Vielleicht werden Sie auch auf die Frage der französischen A-Bombe angesprochen«, so Strauß weiter. In diesem Fall gelte es zu bedenken: »Produktion und Verfügungsgewalt auf dem Gebiete der Atomwaffen verleihen

Der Starfigther – erst ganzer Stolz der Bundeswehr, dann Todesbringer für Piloten.
Die Luftwaffe benötigt ihn als nukleare Platform. Aufnahme vom Juli 1960.

einen außerordentlich starken militärischen Einfluß und eine erhebliche politische Bedeutung. Wenn Frankreich in die Produktion von Atomwaffen eintritt, werden andere europäische und nicht-europäische Staaten folgen. Für die Bundesrepublik ist damit eine politische und militärische Deklassierung verbunden, die uns auf den Stand eines militärischen Hilfsvolkes herabdrückt.«[63]

Das alles soll der Kanzler nicht selbst gewusst haben? Offenkundig hält Strauß die ziemlich belehrend wirkenden Hinweise für dringend angezeigt. Immer wieder hat Strauß beobachten können, wie Adenauer zu in der Sache nicht begründeten Vorleistungen bereit ist, wenn es um die europäische Integration geht – aus Sicht von Strauß, das hat er im Zusammenhang des EURATOM-Projekts erlebt, sind dies oft Illusionen. Wer weiß, welche höchst problematischen Zugeständnisse de Gaulle, der, wie sich bereits herumgesprochen hat, außerordentlich charmante Seiten haben kann, Adenauer im Zuge der ersten Begegnung abluchst.

Die zweite Handreichung ist allerdings auch deshalb interessant, weil sie immerhin zu erkennen gibt, dass Strauß es noch nicht für unmöglich hält, das nationale französische Kernwaffenprojekt in ein europäisches zu überführen. Einige Wochen später erhält das Verteidigungsministerium die Aufforderung des Kanzlers, sich zur Frage der Errichtung einer Isotopentrennanlage im Rahmen der EURATOM zu äußern. Dass Strauß diesem

Zusammenschluss ungeheuer skeptisch gegenübersteht, ist kein Geheimnis; er ist aber auch realistisch genug zu sehen, dass eigene Aktivitäten der EURATOM bei der Herstellung von spaltbarem Material in der jetzigen Lage die einzig verbliebene Perspektive zum Offenhalten einer deutschen Option ist – und gleichzeitig als Angebot an Frankreich verstanden werden können, seine nuklearen Ambitionen im europäischen Rahmen statt in Zusammenarbeit mit den USA oder Großbritannien zu erreichen. Strauß befürwortet überraschend eindeutig diese Initiative, weil er »eine größere Unabhängigkeit der kontinental-europäischen in der EURATOM zusammengeschlossenen Länder von USA und Großbritannien (...) sowohl aus wirtschaftlichen wie unter Umständen auch aus militärischen Gründen (für) wünschenswert« hält. Zudem: »Sollte aus politisch zwingenden Gründen, z.B. im Interesse der nackten Selbsterhaltung, die Produktion von Atomsprengkörpern erforderlich werden, so muß man bedenken, daß die Anlauffrist dafür mindestens fünf, wahrscheinlich sieben Jahre beträgt. Man kann also nicht in dem Zeitpunkt wie die Notwendigkeit auftritt mit den Vorarbeiten beginnen.« Offenbar hat Strauß eine Art nuklearpolitische Vorratshaltung im Sinn, die noch einen weiteren Vorteil hätte: »Eine Änderung des Brüssler Protokolls, betreffend Verzicht auf Produktion bestimmter Waffen oder Geräte, braucht zunächst noch nicht herbeigeführt zu werden«, obwohl diese, wie Strauß einräumt, »im Verlauf dieser Forschungs- und Entwicklungsarbeiten akut werden« wird.[64]

Die besten Jahre

Er sei sich sicher, hatte Konrad Adenauer Bundespräsident Heuss im Oktober 1956 bei einer vertraulichen Besprechung aus Anlass der Kabinettsumbildung mitgeteilt, mit Franz Josef Strauß als neuem Verteidigungsminister eine vorzügliche Wahl zu treffen. Der Mann biete sich »sehr dringend« als Nachfolger für Theodor Blank an: »Er habe«, protokollierte ein anwesender Mitarbeiter von Theodor Heuss, »die nötige Rücksichtslosigkeit und Vitalität, sich nach allen Seiten hin durchzusetzen«.[1]

Wie der Kanzler schnell merken sollte, und das wohl kaum zu seiner Überraschung, richteten sich die eben noch gepriesenen Tugenden bald gegen Adenauer selbst. Dass er lange Zeit nicht hatte sehen wollen, wie berechtigt die Kritik an Blank war und wie falsch er mit seiner Einschätzung lag, dass Strauß nur oder in erster Linie seinen zweifellos vorhandenen Ambitionen folgte, erster Verteidigungsminister der Bundesrepublik zu werden, diese Blindheit rächt sich jetzt. Hätte Adenauer ihm bereits ein Jahr früher dieses Schlüsselressort anvertraut, wäre Strauß dem Kanzler zu Dankbarkeit verpflichtet gewesen; so, wie die Dinge schließlich gekommen sind, ist die Konstellation fast umgekehrt: Seine Berufung ist ein Triumph, Strauß beginnt als ein Minister in starker Position – als einer, der in höchster Not gerufen wurde, weil der Kanzler am Ende keinen anderen Ausweg mehr sah, als ausgerechnet den zu bitten, den er eigentlich um jeden Preis hatte verhindern wollen. Alle Disziplinierungsversuche, die groben wie die subtilen, tropfen ziemlich wirkungslos an seinem Verteidigungsminister ab. Für die erfolgreiche Verhandlungsführung des Verteidigungsministers im Verlauf jener heiklen Nato-Tagung, bei der die Deutschen den Verbündeten ihre sich verzögernde Aufbauplanung schmackhaft machen mussten, gibt es nur ein knappes, kühles, reichlich spätes Lob des Kanzlers.[2] Wenige Tage vor Weihnachten kommt es bei demselben Thema, der Änderung der Aufbauplanung für die Bundeswehr – statt 500 000 Mann in drei Jahren hält Strauß allenfalls die Aufstellung von rund 350 000 Mann in fünf Jahren für realistisch –, zum ersten großen Zusammenprall der beiden.

Am Mittwoch, den 19. Dezember, tagt der Bundesverteidigungsrat, ein für alle Fragen der äußeren Sicherheit zuständiger und stets geheim bera-

tender Ausschuss des Bundeskabinetts, dem Strauß die geänderte Bundeswehrplanung ausführlich darstellt. Mehrfach fällt ihm Adenauer dabei ins
Wort. Strauß besteht darauf, seine Gedanken zu Ende zu führen. Darauf
Adenauer: »Mein Lieber, nun haben Sie sich doch nicht so!« Es sei schließlich kein Geheimnis, dass der Widerstand gegen Strauß selbst in der eigenen Fraktion von Tag zu Tag wachse. Strauß lässt sich allerdings nicht in die
Schranken weisen. Adenauer habe ihm bei der Übernahme des Verteidi-
gungsressorts freie Hand zugesagt – wenn der Kanzler sein Versprechen
heute nicht mehr halten wolle, sei er jederzeit bereit, »die Konsequenzen zu
ziehen«.[3] Ein solcher Rücktritt wäre wirklich das Letzte, was Adenauer jetzt
gebrauchen könnte. Vielleicht hat Strauß ja auch nur deshalb mit seiner
Demission gedroht, wer weiß. Gleichviel, Adenauer kann gar nicht anders,
als sich den Gegebenheiten zu fügen. Seinen Verteidigungsminister in die
Schranken zu verweisen, ist de facto kaum mehr möglich.

Dennoch lässt der Kanzler keine Gelegenheit verstreichen, es immer
wieder zu versuchen. Er ist sich nicht einmal dafür zu schade, seinen Verteidigungsminister mit ausgesprochenen Kleinigkeiten zu piesacken, um
ihm seine Grenzen aufzuzeigen. Eine derart lächerliche Angelegenheit wie
die Einführung neuer Uniformen ist dem Kanzler eine seiner gefürchteten
Ein-Satz-Abmahnungen wert: »Ich würde es für richtiger gehalten haben,
wenn die neuen Uniformen, bevor sie der Presse gezeigt werden, auch dem
Kabinett gezeigt worden wären.«[4] Für Strauß ist die Vorstellung geradezu
grotesk, den am Kabinettstisch versammelten Ministerkollegen die neue
vogue militaire für die Bundeswehr auf dem Catwalk zu präsentieren! Abgesehen davon, dass alle Wünsche des Kanzlers berücksichtigt worden
seien und auch der Bundespräsident bereits vor einigen Wochen alle Uni-
formänderungen genehmigt habe, müsse der Kanzler nun einmal verstehen: »Ich befürchtete, daß bei der Erörterung in einem so großen Kreise die
Fülle der zu erwartenden Ratschläge die nunmehr erfolgten Änderungen
nicht möglich gemacht hätte.« Im Übrigen sei er »überzeugt, daß trotz
einiger Vorbehalte in manchen Kreisen der Uniformstreit nunmehr als
beendet angesehen werden kann«.[5]

Die ständigen Raufereien mit Adenauer sind lästig, doch im Grunde
lassen dessen untaugliche Versuche, den Wirkungskreis seines Verteidigungsministers einzuschränken, diesen kalt. Strauß kann dem Kanzler gelassen gegenübertreten, da es keine wirkliche Alternative zu seinem Kurs
gibt. Unerfreulicher sind da schon die kleinen Gemeinheiten mit größerer
Wirkung, die er bisweilen in den Zeitungen über sich lesen muss und die

am Ende genauso viel wiegen könnten wie die Lobeshymnen auf den neuen Stil im Bundesministerium der Verteidigung, die regelmäßig in den in- und ausländischen Blättern gedruckt werden.

Am 14. Februar 1957 bricht Strauß zu einem Truppenbesuch und einer Wahlversammlung nach Norddeutschland auf, »mit liebevollen Augen betrachtet« er »die schnittige de Havilland Heron auf dem regennaßen Wahner Flugplatz«, die ihn nach Schleswig befördern soll. Sie gelte, wie Strauß ein paar anwesenden Journalisten mit »Besitzerstolz« kundtut, als die »sicherste Maschine der Welt«. Pünktlich um 14.35 Uhr wird der Start freigegeben, »Hauptmann Peth, der Pilot, fliegt gleichmäßig in 1500 Meter Höhe«. Das Wetter ist schlecht, der Kurs muss geändert werden, Hamburg wird nun angepeilt. Dennoch ist die Stimmung an Bord ausgezeichnet, der Herr Minister delektiert sich an der Lektüre der Faschingsausgabe der *Süddeutschen Zeitung*: »Strauß flieht in den Osten«, lautet die Schlagzeile. Plötzlich fährt ein gelber Blitz aus dem Armaturenbrett des Flugzeugs, Qualm erfüllt das Cockpit. Der Pilot versucht die Maschine hochzuziehen, doch die gerät in ein Luftloch, sackt wieder ab. »Feuer an Bord«, meldet der Funkoffizier. Kurz darauf reißt der Kontakt zum Tower in Wahn ab. Bei Erdsicht über dem Bergischen Land sucht der Pilot den Weg zurück zum Heimatfluglatz. Obwohl das Flugzeug »erbärmlich ins Schaukeln« gerät, »disponiert Strauß schon wieder über die nächsten Termine. Er erteilt einem Offizier den Auftrag, sofort nach der Landung die Eisenbahnverbindungen nach Schleswig zu erkunden.«[6] Schließlich wird er einen Lufthansa-Flug nach Hamburg nehmen.

Dass Strauß »mit seinem unfreiwilligen Sturzflug« das »Tagesgelächter der Bundeshauptstadt« liefert,[7] ist dabei der geringste Teil des Übels. Auch die Kritik seitens der Opposition, es sei ein unmöglicher Zustand, dass ein Minister für Wahlkampfauftritte eine Luftwaffenmaschine in Anspruch nehme – »CDU und Staat seien doch noch nicht dasselbe«[8] –, lässt sich in den fünfziger Jahren noch verschmerzen. Das wirklich Unangenehme an der Geschichte ist für Strauß, dass sie über die ganze Karnevalszeit das Land erheitert – und dass in der breiten Berichterstattung neben immer farbigeren Ausschmückungen hin zu einem Heldenepos auch bösartige Behauptungen zu lesen sind, er habe »zitternd und mit vor Angst schlotternden Knien« das notgelandete Flugzeug verlassen. Nein, so etwas darf ein Mann von Statur nicht auf sich sitzen lassen! »Mit überschäumendem Temperament und einer kraftstrotzenden bayerischen Argumentation«, kann man eine knappe Woche nach dem Vorfall lesen, verwahre sich Strauß gegen die Unterstellung, es habe ihm an »Mannhaftigkeit« gefehlt – solche Berichte seien »erstunken und erlogen«! Dem sozialdemokratischen *Politisch-Parlamentarischen Pressedienst*, der besonders viel Freude an der hämischen Darbietung der Zwischenfalls findet, wirft er gar eine »Mischung aus Goebbels und Chikagoer Gangsterstil« vor.[9] Von allen Zeitungen, so kündigt Strauß vor dem versammelten Bonner Korrespondentencorps an, die in verleumdet hätten, werde er »eine Berichtigung nach dem Pressegesetz verlangen«.[10]

Bei derartigen Lappalien bleibt es nicht. Es ist Wahlkampfjahr, und die SPD hat Strauß zu ihrem neuen Lieblingsfeind erkoren: »Der Strauß mit der eisernen Faust. Adenauers Politik der Stärke erhielt ihren Catcher«; »Paßt auf diesen Verteidigungsminister auf! Franz Josef Strauß spricht von ›Macht‹ und ›Stärke‹«; »Das Dilemma in Franz Josef Strauß. ›Junger Politiker‹ mit veralteten Adenauer-Vorstellungen«; »F.J. Strauß – der gefährliche Mann in der Ermekeil-Kaserne – Nach dem 15. September 1957 darf es diesen Bundesverteidigungsminister nicht mehr geben«, so und ähnlich lauten die Parolen der Sozialdemokratie im Frühjahr 1957.[11]

Strauß, der sich gerade frisch verliebt hat und schon in wenigen Wochen heiraten wird, geht dieses Dauerfeuer offenbar ziemlich an die Nieren. Warum schützt ihn der Kanzler nicht? Sieht er nicht, will er nicht sehen, dass die Angriffe auf Strauß eigentlich ihm selbst gelten? Ob Sowjets, Sozialdemokraten oder Atomphysiker – in einem seien sie doch alle gleich: »Man scheint alles daran setzen zu wollen«, schreibt Strauß in einem langen Kummerbrief an Adenauer, »um Sie vor der deutschen Öffentlichkeit unbeliebt zu machen und eine nochmalige Wahl zum Bundeskanzler zu verhindern.« Dass man sich dabei gerade auf ihn, Strauß, konzentriere, liege daran, dass er eine »klare außenpolitische Konzeption habe«, dieselbe wie der Kanzler, und darüber hinaus »das Glück hatte, innerhalb kurzer Zeit den von der Opposition erhofften Wahlkampfschlager: Remilitarisierung und Wehrpflicht ihr weitgehend aus der Hand genommen zu haben«. Schlimm sei an der gegnerischen Propaganda aber vor allem, dass diese »doch erhebliche Wirkungen bis in unsere Reihen hervorgerufen« habe. Alte, schon damals falsche Geschichten über ein Zerwürfnis zwischen ihm und Adenauer würden wieder aufgewärmt; er könne »sich des Eindrucks nicht erwehren, daß auch von hohen Persönlichkeiten der Bundesverwaltung manchmal Äußerungen gebraucht werden, die jedenfalls nach dieser Richtung hin gedeutet werden können.« So lässt sich keine Bundestagswahl gewinnen, zumal »es auch in unseren eigenen Reihen einige Leute gibt, die

ihre Zeit weniger darauf verwenden, gegen den gemeinsamen politischen
Gegner zu kämpfen, als Gerüchte zu kolportieren, Zuträgerdienste zu leisten
und so zur allgemeinen Verwirrung beizutragen«. Präziser muss Strauß gar
nicht werden, Adenauer wird schon wissen, wen er im Auge hat. Kurzum:
Strauß möchte versichert sein, dass Adenauer endlich hinter ihm steht. Seine
jüngsten Erfahrungen seien Beweis für ihn, »daß viele in unserem Lande
eine harte und entschlossene Sprache begrüßen. Wir müssen wieder politisch führen lernen (…)« – bei einem solchen Kurs mitzuwirken sei er bereit.
Wenn der Kanzler aber das nicht wolle, dann könne Strauß sich auch »gerne
darauf beschränken, in meinem Wahlkreis wieder zu kandidieren und im
übrigen mich mehr als bisher der Arbeit im Verteidigungsministerium zu
widmen«.[12]

Natürlich kann Strauß gar nicht anders – Honeymoon hin oder her – als
weiter zu kämpfen. Kaum sind die politischen Wirren im zeitlichen Umfeld
seiner Hochzeit abgeschlossen, stürzt er sich voll in den Wahlkampf. »Tumult um Strauß im Hofbräuhaus«, »Saalschlacht-Atmosphäre«, die einen
Großeinsatz der Polizei erfordert – wo Strauß in dieser Kampagne auftritt,
ist Leben in der Bude.[13] Denn seine überreiche rhetorische und polemische
Begabung spart er nicht etwa für die großen Fragen der politischen Auseinandersetzung auf, sondern verschmäht auch die kleinen Reizthemen am
Wegesrand nicht. Als ihn der sozialdemokratische Bundestagsabgeordnete
Fritz Wenzel, bekennender Pazifist und Präsident einer Kriegsdienstgegner-
Vereinigung, zu einem öffentlichen Streitgespräch auffordert, kann es sich
Strauß nicht verkneifen, die eigentlich ausreichende Begründung, keine Termine frei zu haben, um den Hinweis zu ergänzen: »Zu feige zu dem Gespräch bin ich nicht, denn ich bin ja kein Kriegsdienstverweigerer«[14] – was,
einer für viele, seinen kommenden Ministerpräsidentenkollegen und späteren Bundespräsidenten, den jungen Johannes Rau zu angeekeltem Widerspruch reizt: »Minister ohne Würde«.[15] Selbstverständlich findet die
Opposition auch zu den zentralen Fragen des politischen Streits die ihr angemessen erscheinenden Attribute: »Großmacht-Politiker Strauß entlarvt!«[16]

Neben Adenauer ist Strauß jedenfalls, das ist die gute Seite an der Polarisierung, der mit Abstand gefragteste Wahlredner der Union. Seine Veranstaltungen sind meist überfüllt, und es vergeht wohl keine Rede, in der
nicht neben den groben Tönen zum politischen Gegner auch die überreichen analytischen Gaben, der brillante Kopf zu bestaunen wären. Strauß ist,
befindet die *Neue Zürcher Zeitung* zum Ende des Wahlkampfs, »ein in allen
Sätteln gerechter Wahlkampfredner«.[17]

Waren die vorherigen Politikerjahre schon alles andere als erholsam, so haben sich Tempo und Beanspruchung im neuen Amt noch einmal deutlich gesteigert. Vorbei ist auch die Zeit, in der sich Strauß, wie einst als Atomminister, am Beifall der Opposition erfreuen kann. Er ist jetzt dort, wo er hinwollte, im Zentrum des Geschehens – im Mittelpunkt des politischen Kampfes. Wenn Adenauer gewisse Anzeichen von Stress an seinem Minister ausmacht und sich darüber bei seinen regelmäßigen Unterredungen mit Heuss im Klatsch ergeht – »(d)as Auftreten des Verteidigungsministers (poltrige Art, Taktlosigkeiten, insbesondere nach Alkoholgenuß) bereite ihm überhaupt große Sorge«[18] –, sollte man dahinter nicht allzu viel Anteilnahme vermuten. Die Sorgen der Mutter und der Schwester, die aus der Ferne – teils bewundernd, teils tief beunruhigt – das Bonner Wirken von Strauß verfolgen, hingegen sind echt und sehr ernst. Nicht mehr oft, und dann auch meist nur für wenige Stunden, ist das berühmte Familienmitglied bei den Seinen – schon bevor er Marianne Zwicknagl kennengelernt hat, sind die Besuche selten geworden –, und wenn er da ist, hinterlässt er einen gehetzten, an- und abgespannten Eindruck.

Da Strauß immer irgendetwas aus München hinterherzusenden ist – mal ist es sein Namenstagsgeschenk, mal irgendein Brief, den die Schwester in einer Jackentasche gefunden hat –, gibt es des öfteren Gelegenheit für ein scheinbar beiläufiges Apropos, für mahnende Worte an den Bruder, der Raubbau an seinen Kräften treibt. So auch im März 1957: »Mama rief mich heute an und bat mich, Dir ein paar Zeilen zu schreiben und Dich zu bitten, daß Du doch ein wenig auf Deine Gesundheit achten mögest. Mama macht sich wirklich große Sorgen Deinetwegen und kann oft nachts stundenlang nicht schlafen, weil sie sich immer wieder Gedanken darüber macht, wie wenig Du auf Dich selbst schaust.« Gut, wahrscheinlich sind alle Mütter so. Aber auch die Schwester ist voll des Kummers: »Ich habe heute Fräulein Bauer angerufen«, jene Tochter seines Vorgängers im Amt des Schongauer Landrats, die Strauß als Sekretärin im Ministerbüro den Rücken stärkt, »und mich bei ihr erkundigt, wie es Dir geht. Sie sagt, daß Du noch immer so stark hustest und es ziemlich besorgniserregend sei.« Die Hausapotheke muss also geöffnet werden – und ja nichts Kaltes trinken! »Nur noch Tee, heiße Zitrone, heiße Milch, Glühwein« (wenigstens das ist erlaubt) oder »heiße Bouillon«. Vor allem aber das Einreiben der Brust wirkt heilend, was »jetzt viel einfacher (ist) mit dem Wick-Vapo-Rub; mit dem Du dich wirklich jeden Abend einreiben kannst, ich habe es auch schon ausprobiert, es nützt wirklich etwas.«

Doch damit nicht genug der guten Worte und kleinen Lebenshilfen, die die Schwester in diesem einen Brief für den Bruder bereithält: »Übrigens wollte ich Dir schon lange von einem Vortrag erzählen, der neulich unter dem Motto ›Diese unsere Welt‹ im Radio war, aber ich hatte niemehr Gelegenheit dazu. Dieser Vortrag – anscheinend von einem Mediziner – hörte sich an, als sei er eigens für Dich geschrieben. Er zeigt die Versäumnisse des modernen Menschen, besonders des Autofahrers, gegenüber seiner Gesundheit auf – wissenschaftlich sehr interessant dargestellt, und der Refrain war immer ›aber der Mann aus Bonn hat dazu keine Zeit‹. Und am Schluß hieß es dann ungefähr so: ›er hat so lange keine Zeit, bis man ihm eines Tages nicht mehr helfen kann‹.« Dabei wäre ein gesünderes Leben gar nicht schwer: Es möge einfach »regelmäßige längere Spaziergänge« einplanen – die sind durchblutungsfördernd und stellen eine »ganz bedeutende Entlastung der Herzgefäße« dar. »Wenn Du es doch schaffen könntest, jede Nacht 2 Stunden einzusparen, d.h. das Aufbleiben 2 Stunden abkürzen und eine Stunde davon für längeren Schlaf zu verwenden und eine für einen Morgenspaziergang am Rhein. Noch günstiger als Du kann man ja gar nicht wohnen.« Er solle es wenigstens einmal versuchen – »Du wirst selbst begeistert sein über den Erfolg.« Dass sie mit solchen Ratschlägen viel ausrichten könnte, darüber macht sich Maria freilich keine allzu großen Illusionen: »Nichts für ungut, liebes Brüderlein, ich weiß, Du hörst mich nicht gern predigen«, aber sie muss es einfach loswerden – »glaube mir, auch ich mache mir oft solche Sorgen um Dich, daß ich wirklich manchmal ganz deprimiert bin«.[19]

Völlig abwegig sind solche Sorgen nicht, Strauß weiß das. Immer wieder klagt er in diesen Monaten gegenüber Bekannten und Freunden über die »bis zur Unerträglichkeit gesteigerte Arbeitsbelastung der letzten Wochen«.[20] Aber er will es ja auch gar nicht anders haben.

Naturgemäß hält das Jahr der Bundestagswahl neben den üblichen Ministerverpflichtungen und parlamentarischen Routinen eine Reihe von Zusatzbelastungen bereit. Doch ausgerechnet in der heißen Schlussphase des Wahlkampfs brechen hinter den Kulissen zusätzlich noch schwere Konflikte aus, die nicht nur Kraft und Nerven kosten, sondern auch so leise wie möglich ausgetragen werden müssen. Eine Katastrophe, wenn das Wahlvolk vor dem Tag der Stimmabgabe, dem 15. September, Wind davon bekäme, wie heillos zerstritten einige höchst exponierte Vertreter der Bundesregierung sind.

Ausgangspunkt des Streits sind die Folgen des unter Blank stark in Verzug geratenen Aufbaus der Bundeswehr. Haushaltsmittel, die eigentlich dem Verteidigungsministerium zustanden, konnten deshalb nicht abgerufen werden, häuften sich an und bildeten mit anderen Rücklagen den Schäffer'schen »Julius-Turm«.[21] In dem Maße aber, wie endlich Schwung in die Aufstellung und Ausrüstung der Streitkräfte kommt, werden die aufgelaufenen Mittel schließlich zeitversetzt benötigt. Zum Ärger von Schäffer haben sich allerdings Adenauer und andere fleißig Wahlgeschenke verteilende Kabinettskollegen bereits an diesen Rücklagen vergangen. Im Wahljahr ist das Geld weitgehend aufgebracht; die Zeit der ausgeglichenen oder gar überschüssigen Bundeshaushalte neigt sich dem Ende zu, für 1958 droht ein hohes Haushaltsdefizit von 6 Milliarden DM.

Strauß ist nicht der einzige Minister, der seine liebe Not mit Schäffer hat, aber er ist am schwersten betroffen. Bereits im Frühjahr war es zu heftigen Zusammenstößen zwischen den beiden gekommen; und nachdem Adenauer seinem Verteidigungsminister den Rücken gestärkt hatte, drohte Schäffer mit seinem Rücktritt.[22] Jetzt aber könnte der Streit vollends eskalieren. In einem Gespräch mit Adenauer und Schäffer am 3. Juli 1957, an das die Kampfhähne anschließend unterschiedliche Erinnerungen haben, besteht Strauß darauf, dass die 1956 nicht abgerufenen Mittel von 3,56 Milliarden DM seinem Ressort für die Zukunft erhalten bleiben, und meldet zugleich an, dass er auch im Jahr 1957 und in den ersten neun Monaten des Rechnungsjahres 1958 nicht alle Etatmittel wird ausgeben können, die er aber in den ersten Monaten von 1959, wenn die größeren Beschaffungsprogramme für die Bundeswehr anlaufen, dringend brauche.[23] Doch Schäffer will nur 800 Millionen freigeben, schließlich sei das Geld längst für andere Zwecke abgeflossen, der Anspruch auf den Rest verfallen: »Die Mittel sind verbraucht und müssen wieder beschafft werden.« Im übrigen bezweifle er, dass der Zeitplan seines Parteifreunds und Ministerkollegen realistisch sei. Zwar habe er »durchaus Verständnis« für das »politische Anliegen des Herrn Bundesministers der Verteidigung«. Allein, das Geld sei nun mal weg; die Aufforderung von Strauß, er solle zusehen, wie er wieder an die verausgabten Mittel komme, sei »eine Aufforderung zu einer Unmöglichkeit«. Um ein offenes Zerwürfnis zu vermeiden, das wohl kaum vor der Öffentlichkeit zu verbergen wäre, schlägt Schäffer schließlich vor, die Angelegenheit bis nach der Bundestagswahl zu vertagen und dann im Kabinett zu beraten.[24]

Doch Strauß will sich nicht hinhalten lassen. Er bringt die Sache umgehend ins Kabinett. In einer fünfseitigen Vorlage erläutert er den Streit zwischen Schäffer und ihm haarklein. Er strebt den Beschluss an, die kompletten Haushaltsreste freizugeben.[25] Von vielen Seiten erhält er Beistand. Heinrich von Brentano, keiner seiner engsten Freunde, ist es ein großes Bedürfnis, ihm »ausdrücklich zu sagen, daß Sie in dieser Frage selbstverständlich mit meiner vollen und uneingeschränkten Unterstützung rechnen können«. Denn: »Ich weiß, wie schwer es für Sie nach der Übernahme des Amtes war, die neue Planung in der NATO glaubhaft vorzutragen. Aber wir müssen uns wohl darüber im klaren sein, daß wir es uns schlechthin nicht leisten können, nun erneut von dieser Planung abzuweichen«[26] – was unweigerlich die Folge wäre, wenn der Finanzminister sich durchsetzen würde. Keine Gnade für Schäffer, der von denen, die den Julius-Turm gestürmt haben, ja erst in diese komplizierte Lage gebracht worden ist.

Die Sitzung endet für den Finanzminister desaströs: Unter Berufung auf seine Richtlinienkompetenz wischt Adenauer alle Einwände vom Tisch – zudem gehe es »nicht an, daß der Bundesfinanzminister in außenpolitische Fragen von großer Bedeutung eingreife« – und weist Schäffer an, die strittigen Gelder »sofort ohne jede Einschränkung und Auflage« freizugeben. Sicherheitshalber erhält Schäffer diese Anweisung noch einmal schriftlich.[27]

Man sollte meinen, damit wären alle Fragen geklärt. Mitnichten! Gleich in der ersten Sitzung des Bundeskabinetts nach der Bundestagswahl wird der Vorgang abermals erörtert. Jetzt fährt Schäffer schweres verfassungsrechtliches Geschütz auf: Das Geld sei verbraucht, und über andere Mittel verfüge die Bundeskasse nicht – mithin greife Artikel 110 des Grundgesetzes, »der die Aufrechterhaltung des Gleichgewichts zwischen den Einnahmen und Ausgaben des Bundes fordert« und daher »die Freigabe von ungedeckten Resten (verbietet)«.[28] Doch auch dieses Argument will keinen Eindruck machen; alle springen Strauß bei, der Finanzminister ist völlig isoliert.[29] »Schäffer *und* Strauß« in einem Kabinett, wird Adenauer wenige Tage darauf am Tisch des Bundespräsidenten stöhnen, sind »schlechterdings nicht zu verdauen«.[30]

Obwohl Adenauer sich im Kampf um die Haushaltsreste fest hinter seinen Verteidigungsminister gestellt hat, kann von einer neuen Liebe zwischen den beiden nicht die Rede sein. Gerade einmal zwei Tage sind seit der entscheidenden Kabinettssitzung vergangen, da gibt es neuen Ärger um Strauß. Auch hier sieht Adenauer seinen Minister grundsätzlich im Recht, aber wieder einmal habe dieser in der Form »stark danebengegriffen« und damit erst das Ärgernis verursacht.[31]

Es ist ein ziemlich gewöhnlicher Vorgang, der schließlich zum Eklat führt: Strauß will die beiden Referenten in seinem Ministerbüro befördern, einer von ihnen war dazu bereits von Blank vorgeschlagen worden, was Strauß allerdings bei seinem Amtsantritt zunächst einmal gestoppt hatte.[32] Nun, nach fast einem Jahr im neuen Ministerium, hält er die Zeit für deren Vorankommen für reif. Brigadegeneral Burkhart Müller-Hillebrand, im Ministerium zuständig für die Personalangelegenheiten der Offiziere, ist da anderer Meinung: Beide, Major Acker wie Oberstleutnant Buksch, seien ungeeignet: zu wenig Dienstjahre, keine Planstellen.

Nicht zum ersten Mal kommen sich Strauß und Müller-Hillebrand in die Quere, aber dieses Widerwort ist dann doch zu viel. Die unmittelbare Ausstattung seines Arbeitsumfelds möchte der Minister schon gern selbst bestimmen. In seiner Wut rutscht ihm die Bezeichnung »Schreibtischsoldat« heraus, was Müller-Hillebrand, der unter anderem an der Ostfront gedient hat, als besondere Kränkung empfindet. Schriftlich beschwert er sich beim zuständigen zivilen Abteilungsleiter. Natürlich bleibt dies dem Minister nicht verborgen; er befiehlt den widerspenstigen General für den 16. September, das ist der Montag nach der Bundestagswahl, auf 16 Uhr im großen Dienstanzug zu sich. Doch Müller-Hillebrand muss sich in Geduld üben. Er wird nicht zum Minister vorgelassen. Nach einer halben Stunde im Vorzimmer platzt ihm der Kragen: Noch nie in seinem militärischen Leben habe er dreißig Minuten warten müssen, es reiche ihm jetzt! Damit meldet er sich ab. Falls noch etwas wäre, könne man ihn in seiner nahe gelegenen Wohnung ja verständigen!

Statt Müller-Hillebrand anrufen zu lassen, schickt der Minister ihm allerdings die Feldjäger ins Haus, die ihn umgehend zurück ins Ministerium beordern. Nochmals darf gewartet werden, bis Strauß endlich Zeit für seinen Untergebenen findet. Ein Wort gibt das andere, Strauß wütet, Müller-Hillebrand gibt kühl zurück: Wenn er sich derart Schlimmes habe zuschulden kommen lassen, dann verlange er ein Disziplinarverfahren gegen sich selbst, um die Vorwürfe zu überprüfen. Am Ende wird der General von seinem Posten suspendiert – und Strauß hat plötzlich ein echtes Autoritätsproblem im militärischen Führungskreis der Bundeswehr. Insbesondere die demütigende Feldjägeraktion nehmen ihm die Soldaten richtig krumm. In einigen Krisensitzungen mit der militärischen und zivilen Spitze des Ministeriums versucht Strauß das Gröbste wieder auszubügeln.[33] In Kürze werde der geschasste General eine neue Aufgabe erhalten. Er wird in den kommenden Jahren, noch in der Amtszeit von Strauß, eine steile Karriere machen und schließlich sogar Drei-Sterne-General mit Verwendung im *Supreme Headquarters* der Alliierten Streitkräfte in Europa werden.

Dass Strauß, mag er auch bisweilen weit übers Ziel hinausschießen, völlig unfähig ist, persönliche Rachefeldzüge über lange Strecken zu führen; dass ihm der vielen seiner politischen Weggefährten eigene Vernichtungswille gänzlich abgeht, das gerät über den burlesken Szenen der Müller-Hillebrand-Affäre leicht aus dem Blick – ebenso wie das Wesentliche an dem Vorgang: die Behauptung des Primats der Politik gegenüber dem Militär. *Der Spiegel* beispielsweise, der seine Dauerfehde mit Strauß noch nicht eröffnet hat und in späteren Jahren nicht müde werden wird, eben diesen Primat hochzuhalten, fremdelt mit dem neuen Stil des Hauses, auch traditionell vom Militär kontrollierte Bereiche wie die Autarkie in Personalfragen der zivilen Kontrolle zu unterwerfen:»So berechtigt der Hinauswurf des Generals erschien, so peinlich wirkte der Krawall, den der Minister veranstaltete, und so fragwürdig klang die Formel, mit der Strauß den Eklat zu motivieren suchte: ›Ich wollte vor allem klarstellen, daß die politische Gewalt allen militärischen Instanzen übergeordnet sein muß.‹«[34]

Es grenzt fast an ein Wunder, dass es nicht häufiger zu Reibereien zwischen dem Minister und seinen Spitzenmilitärs kommt.[35] Denn Strauß ist insgesamt ein denkbar unmilitärischer Charakter. Eiserne Regeln und soldatischer Habitus sind seine Sache nicht: Er ist unpünktlich, in der Aktenführung fast anarchisch und in seiner Art, das Ministerium zu führen, von kreativer Spontaneität. Das A und O einer jeden Armee, das Prinzip von Befehl und Gehorsam, ist seinem Wesen fremd. Natürlich nimmt er es immer wieder für sich in Anspruch, doch das Prinzip der höher bezahlten Einsicht oder das der Weisheit des höheren Dienstrangs werden niemals die nahezu akademische Freiheit, die in den internen Diskussionen und Beratungen mit ihm herrscht, töten. Die Macht des besseren Arguments sticht fast immer.

Es sind aber nicht nur soldatische Sekundärtugenden, an denen es Strauß mangelt. Aus seiner Zeit als Wehrmachtssoldat ist ihm eine tiefe Skepsis gegen jede Form von militärischer Führung geblieben. Die Erfahrung, dass der größte Teil des Offizierkorps sowohl bei der Abwehr verbrecherischer Führerbefehle als auch beim Widerstand gegen Hitler versagt hat, ist das eine; die Blindheit und Roheit, mit der viele Verantwortliche der Wehrmacht ihre Soldaten in aussichtslose Schlachten, in den sicheren Tod gehetzt haben, das andere. Nun, in der Bundeswehr, jener Armee, die es unter den Gesetzmäßigkeiten des Atomzeitalters aufzubauen gilt, kommt

*Studium und Abarbeiten von Akten im vorläufigen Verteidigungsministerium
in der Bonner Ermekeil-Kaserne, 1958.*

noch die Unflexibilität im Denken vieler Militärführer hinzu, die »die Be-
deutung der Höhe 305« kennen, »aber die Höhe 305 gibt es nicht mehr«.[36]
Strauß sieht eben beides: die Leistungsfähigkeit des Militärs und dessen
Grenzen. Er weiß, dass er seine schwierige Aufgabe ohne militärischen
Sachverstand nicht schultern kann; zugleich ist ihm vom ersten Tag in sei-
nem Dienstsitz in der Ermekeilkaserne an bewusst, dass nicht Theodor
Blank, sondern dessen – und damit auch sein eigener heutiger – militäri-
scher Beraterstab es war, der eine völlig unrealistische Bundeswehrplanung
ausgearbeitet und damit jenen Scherbenhaufen angerichtet hat, mit dem
Strauß sich nun plagen muss.

Gerade in seiner inneren Distanz zu allem übersteigert Militärischen
dürfte im Übrigen ein Schlüssel zur Erklärung der Entschlossenheit liegen,
mit der Strauß in den Jahren zuvor das Verteidigungsministerium angestrebt hat. In seinen Erinnerungen klingt die Verachtung für die meisten
seiner Nachfolger nach, die sich in seinen Augen willen- und ideenlos den
Militärs ausgeliefert haben: »Kai-Uwe von Hassel war militärhörig, Manfred Wörner war militärhörig – wenn der einen General sah, dann stand er
im Geiste schon stramm.«[37]

Dabei hätte es für einen ehrgeizigen jungen Politiker wie ihn genügend andere Aufgaben in der Bundesregierung gegeben. Doch das Amt des Verteidigungsministers hält in den Jahren, in denen Strauß es bekleidet, nicht nur ungewöhnlich schwierige Aufgaben bereit – der Aufbau einer Armee aus dem Nichts; der dabei unvermeidliche Rückgriff auf Wehrmachtspersonal, bei dem man nie ganz sicher sein kann, wie unbelastet es wirklich ist; die Notwendigkeit, die Bundeswehr komplett neu auszustatten, ohne über eine nennenswerte Rüstungsindustrie im eigenen Land zu verfügen; die völlig veränderten Rahmenbedingungen von Sicherheitspolitik im Nuklearzeitalter; die Verantwortung für die Sicherheit der Bundesrepublik unter den Gegebenheiten eines kalten Krieges, der jederzeit in einen heißen umschlagen kann –, sondern diese Risiken sind es auch, die dem Amt des Verteidigungsministers im Bonn der Adenauerzeit besonderes Prestige verleihen. In den fünfziger und frühen sechziger Jahren hat die Außen- und Sicherheitspolitik einen höheren Stellenwert als alle anderen Politikfelder, und daraus folgt der hervorgehobene Status der damit befassten Amtsträger. Das gilt mehr noch für den Verteidigungs- als für den Außenminister. Denn einerseits legt Konrad Adenauer weiterhin, auch nachdem er das Amt 1955 an Heinrich von Brentano übergeben hat, persönlich die großen Linien der Außenpolitik fest, der Außenminister ist somit eher eine Art Staatssekretär deluxe. Andererseits wird der Außenpolitik dort, wo sie zwangsläufig Sicherheits- und Verteidigungspolitik sein muss, in der Öffentlichkeit wesentlich größere Aufmerksamkeit zuteil als etwa der Afrikapolitik der Bundesregierung – und damit steht der Verteidigungsminister schon qua Amt bei allem, was er tut, im Zentrum der deutschen Politik.

Die, wenngleich beschränkte, außenpolitische Handlungsfreiheit und Gestaltungsmacht der Bundesrepublik hängt – abgesehen von der immer wichtiger werdenden europäischen Integration – von der internationalen Sicherheitspolitik ab. Sowohl in der öffentlichen Wahrnehmung als auch aus Sicht der Adenaueradministration ist die Außenpolitik die höchste Kunst im Reich des Politischen, und angesichts der Ost-West-Konfrontation, der militärischen Bedrohung aus dem Osten, der immer wieder akuten Krisen um Berlin ist sie ganz wesentlich Sicherheitspolitik. Aus derselben Quelle speist sich der Mythos, der den Bundesnachrichtendienst (BND) vom Tag seiner Gründung an umgibt. Je geheimer etwas ist, als desto wichtiger gilt es; und Geheimeres als Fragen der Sicherheit gibt es in der Ära Adenauer nicht. Auch die staatlichen Exzesse im Zuge der *Spiegel-*

Affäre sind nur zu verstehen, wenn man diese Zusammenhänge begreift, die für die Mentalität des politischen und administrativen Personals in der Ära Adenauer prägend sind.

So sehr Strauß auch, was seine Stellung im Bonner Regierungsgefüge angeht, von der überragenden Bedeutung des Sicherheitsdenkens profitiert, bewahrt er sich doch ein Bewusstsein für die Absurditäten, die sich aus der damit verbundenen Geheimniskrämerei ergeben. Dem Bundeskanzler und seinem Außenminister wäre es am liebsten, wenn man über die Sicherheitspolitik öffentlich gar keine Rechenschaft ablegen müsste. Zu den Sicherheitsbedenken kommt noch die Sorge hinzu, dass allzu detaillierte Darlegungen zu Bedrohungslage und Strategie die Bevölkerung, die von Gefährdungen, gar von Kriegsgefahr nichts wissen will, verstören könnten. Dummerweise gibt es aber eine Opposition, und auch die Medien behelligen das Publikum immer wieder mit diesen Themen. Umso ärgerlicher, dass sich der Verteidigungsminister daran beteiligt. Im Frühjahr 1958 etwa zeigt sich Heinrich von Brentano entsetzt über das »Interview in der Bonner Rundschau«, in dem Strauß sich zu der soeben verabschiedeten Nato-Richtlinie MC 70 zur Umrüstung der Bündnisstreitkräfte geäußert hat: »Die ersten Reaktionen der Opposition sind erwartungsgemäß nicht erfreulich.« Schlimmer noch – »die Opposition (wird) uns nun die Frage stellen, was eigentlich in diesem Dokument tatsächlich enthalten sei«. Und zu allem Überfluss breche damit erneut eine Debatte über die atomare Bewaffnung der Bundeswehr aus, die man gerade erst mit dem Hinweis leidlich abgebogen hatte, dass sich diese Frage »im Augenblick noch gar nicht stelle und daß ihr Vollzug abhänge von dem möglichen Erfolg oder Mißerfolg zukünftiger Abrüstungsgespräche«.[38]

Natürlich wäre es ihm auch lieber gewesen, antwortet Strauß, wenn er sich zu diesem für die Verteidigungspolitik der Bundesrepublik heiklen Komplex nicht hätte öffentlich äußern müssen. Aber das Thema sei nun einmal in der Welt; offenkundig »ist es Ihrer Aufmerksamkeit entgangen, daß die MC 70 bereits seit geraumer Zeit in der Presse namentlich erwähnt und kommentiert wird«. Und Strauß hält nichts davon, die höchstwahrscheinlich unvermeidliche »Ausstattung der Bundeswehr mit taktischen Atomwaffen nach den Plänen der NATO« mit wendigen Formulierungen zu verschleiern, wie man sie aus dem Auswärtige Amt hört. »Denn diese Methoden: rein in die Kartoffeln – raus aus den Kartoffeln ist gerade bei dieser Frage, wenn wir uns durchsetzen wollen, in jeder Hinsicht bedenklich.«[39] Mögen es auch unbequeme Wahrheiten sein: Sie müssen der Bevölkerung

zugemutet werden, denn gegen deren Willen sind sie letztlich nicht durchsetzbar.

Dieser Streit zeigt exemplarisch, wie weit für Strauß der Primat der
Politik geht: Dieses Prinzip lässt sich nicht auf arabeske Personalkonflikte
reduzieren; auch dort, wo es an den Nerv der eigentlichen Aufgabe des
Militärs geht, nämlich Sicherheit zu verbürgen, behauptet Strauß es immer
wieder. Die lange Zeit offen gehaltene Entscheidung um den deutschen
Jagdbomber ist ein Beispiel. Es gibt keinen Grund, daran zu zweifeln, dass
Strauß alle Argumente der Luftwaffe gegen die Mirage IV einleuchten.
Doch ein verfrühtes Votum für den Starfighter hätte die Perspektive der
deutsch-französischen Kooperation im Nuklearsektor zerstört. So gesehen
steckt in jeder Beschaffungsentscheidung potenziell mehr als nur eine mi-
litärtechnische Frage – es geht oft auch um Politik und die Behauptung
ihres Primats über das Militärische.

Anfang 1958 zeigt Strauß eine weitere Facette dessen, was für ihn den Primat der Politik ausmacht. Seit einigen Monaten geistern Abrüstungspläne
für Europa durch die politische Diskussion, die sich in einem Punkte alle
ähneln: eine weitgehende Denuklearisierung Mitteleuropas. Strauß lehnt
dies aus den bekannten Gründen ab: die konventionelle Unterlegenheit des
Westens, die Angst vor einem politisch-strategischen Sonderstatus
Deutschlands, die klare Zurückweisung aller Neutralitätskonzepte.

Dass es mittlerweile nicht nur östliche Stimmen sind, etwa die des polnischen Außenministers Adam Rapacki, die sich für eine Entspannung
durch militärisches *disengagement* verwenden, macht die Diskussion politisch noch um einiges unwägbarer, heikler für die Bundesregierung: Insbesondere eine Reihe von Vorträgen des hochangesehenen amerikanischen
Diplomaten und Erfinders der Eindämmungsstrategie George F. Kennan,
die die BBC im Dezember 1957 ausstrahlt, findet viel Anklang – auch beim
Bundespräsidenten, der den Amerikaner in seiner Neujahrsansprache als
einen »behutsam-geistvollen« Zeitgenossen würdigt, worüber es zum heftigen Krach zwischen Heuss und Adenauer kommt.[40] Zugleich ist jedem
klar denkenden Angehörigen der Bundesregierung bewusst, dass alle Versuche, die Wiedervereinigungsfrage international neu zu beleben, ohne
wirkliche Entspannung zwischen Ost und West sowie weitreichende Abrüstung in Europa sinnlos sind. In der Presse, auf Seiten der Opposition, auch
innerhalb der Bundesregierung – überall werden hierzu Überlegungen an-
gestellt; Außenminister Brentano, der sich an derartigen Gedankenspielen

nicht beteiligen mag, wird schon ganz schwindelig davon: Es scheine »nachgerade zu einer Zwangsvorstellung zu werden, daß jeder erwachsene Deutsche einen ›Plan‹ vorzulegen hat«,[41] schreibt er an den Bundeskanzler, der im Urlaub weilt – Strauß hat soeben, ohne jede Abstimmung, ein »Fünf-Punkte-Programm über Entspannung und Wiedervereinigung« veröffentlicht.[42] Zurückgreifen kann er dabei auf Studien, an denen die Führungsstäbe der Bundeswehr seit Jahren arbeiten und die ständig aktualisiert werden. Der Inhalt des Plans von Strauß kann zwar nach wenigen Wochen getrost ad acta gelegt werden und versinkt bald ins Reich des Vergessens. Von grundsätzlichem Interesse aber bleibt an dieser Episode eines: Strauß erwartet von seinen Militärs Expertisen, die im gewünschten Fall die politische Handlungsfreiheit vergrößern.

Der Erweiterung von Handlungsfreiheit für die im Schatten des Dritten Reichs heran- und allmählich aus ihm herauswachsende Bundesrepublik soll auch das neben den deutsch-französischen Kernwaffenplänen zweite große Geheimprojekt in der Zeit von Strauß als Verteidigungsminister dienen: die Rüstungskooperation mit Israel.

Als Strauß das Amt übernimmt, befindet sich die bilaterale Kontaktpflege in einer Sackgasse. Diplomatische Beziehungen, von Deutschland Anfang der fünfziger Jahre angestrebt, von Israel damals aber mit Blick auf die jüngste Vergangenheit abgelehnt, bestehen immer noch nicht, obwohl die Regierung Ben-Gurion jetzt – trotz aller innenpolitischen Widerstände – dazu bereit wäre. Doch in Bonn haben sich die Verhältnisse geändert, die Bundesrepublik fürchtet um ihren Alleinvertretungsanspruch für Gesamtdeutschland: Zu große sichtbare Nähe zu Israel birgt aus Sicht des Auswärtigen Amtes die Gefahr, die arabischen Staaten in die ohnedies latent drohende diplomatische Anerkennung der DDR hineinzudrängen.

Die Sorge, dass der nach Adenauers Moskaureise errichtete Damm der Hallstein-Doktrin – grob gefasst: jeder Staat, der in offizielle Beziehungen zu Ost-Berlin tritt, wird durch Abbruch der Beziehungen mit Bonn bestraft – ausgerechnet wegen Israel brechen könnte, geht so weit, dass Heinrich von Brentano bereits die Haare zu Berge stehen, als er von Strauß erfährt, dass die Bundeswehr gelegentlich im Judenstaat kleinere Rüstungsgüter kauft: »Angesichts der hochpolitischen Bedeutung« solcher Geschäfte wäre Brentano lieber vorher konsultiert worden: »Ich hätte dann entschieden abgeraten, Verbindungen mit den Israelis zum Zwecke des Abschlusses von Verträgen für die Lieferung von Rüstungsmaterial aufzunehmen.« Denn wenn »diese Geschäfte, deren Geheimhaltung auf die Dauer unmöglich ist, bekannt werden, ist mit sehr unerwünschten Reaktionen in den arabischen Staaten zu rechnen, denen keine erkennbaren Vorteile für die Interessen der Bundesrepublik im Nahen Osten gegenüberstehen.«[43]

Auch Bundeswirtschaftsminister und Vizekanzler Ludwig Erhard erhebt schwerste Bedenken, »da Israel für uns, wirtschaftlich gesehen, nicht so wichtig ist, daß wir andere wirtschaftliche Interessen aufs Spiel setzen könnten. Solche Interessen haben wir aber in den arabischen Staaten.« Deshalb ist Erhard sogar schon dagegen, den zivilen Warenaustausch mit Israel »in geregelte handelspolitische Beziehungen – etwa durch Abschluß eines Handelsabkommens« – zu überführen. »Unvergleichlich größer« noch würde »diese Gefahr, wenn wir in unseren Warenaustausch mit Israel Rüstungsgüter und Waffen einschließen wollten.«[44]

Um wie viel heftiger würden die Abwehrreaktionen ausfallen, wenn Brentano oder Erhard wüssten, was sich, auch vor ihnen streng geheimgehalten, tatsächlich bereits seit längerem abspielt! Zwischen Weihnachten und Neujahr 1957 hatte Strauß, was sich vor der Öffentlichkeit nicht verbergen ließ, in Rott Besuch von Israels stellvertretendem Verteidigungsminister Shimon Peres erhalten, begleitet von Asher Ben-Natan, dem späteren ersten Botschafter Israels in Bonn, und dem künftigen Generalstabschef der israelischen Streitkräft, Chaim Laskov.[45] Bis tief in die Nacht, fünf Stunden lang, sitzt diese merkwürdige Runde beisammen.

Nachdem die Lasten der Vergangenheit und die Chancen für die Zukunft im Allgemeinen abgehandelt sind, kommen die Gäste auf ihre besonderen Wünsche für die Gegenwart zu sprechen. Die arabischen Nachbarn, denen der Judenstaat ein zu beseitigendes Ärgernis ist, würden militärisch von der Sowjetunion hochgepäppelt. Gerade erst habe Moskau drei U-Boote nach Ägypten geliefert. Israel sei daher auf Unterstützung angewiesen; im Moment sei die Lieferung von zwei deutschen Unterseebooten dringend erwünscht. Nicht lange lässt die positive Antwort von Strauß auf sich warten, abgestimmt lediglich mit Adenauer.

In den kommenden Jahren wird gerüchteweise immer wieder davon die Rede sein, dass die Bundesrepublik nicht nur Waffen aus Israel bezieht, sondern selbst in umgekehrter Richtung beachtliche Mengen, auch militärisches Großgerät, liefert. Doch bis zum Frühjahr 1962 wird Strauß dies sogar gegenüber dem Auswärtigen Amt kategorisch bestreiten: »Wir liefern keine Waffen an Israel«, notiert Staatssekretär Karl Carstens nach einer Unterrichtung durch Strauß am 10. Juni 1961.[46] Erstaunlicherweise bleibt lange alles unter der Decke. Auf abenteuerlichen Wegen, harmlos legendiert, gelangen die Rüstungsgüter an ihren Bestimmungsort. Schriftliche Vereinbarungen zwischen der Bundesrepublik und Israel, zwischen Strauß und Peres, die sich seit ihrer ersten Begegnung Dutzende Male treffen, gibt es in der Regel nicht: »Die meisten unserer Verabredungen«, wird sich Peres später erinnern, »waren mündlicher Art.«[47]

Die Gründe für Israels Interesse an einer Rüstungskooperation mit Deutschland liegen auf der Hand: Der jüdische Staat ist umgeben von feindlichen Nachbarn, die sein Existenzrecht bestreiten. Aus Amerika erhält Israel Geld, aus Frankreich Waffen – Deutschland kann mit beidem dienen, gebraucht wird alles. Aber auch für Strauß (der zutiefst beeindruckt davon ist, mit welcher Unbefangenheit Peres, dessen Großvater zu den Opfern des Holocaust gehört – er war bei lebendigem Leib in einer Synagoge verbrannt worden –, ihm, dem Deutschen, gegenübertritt) gibt es zwingende Motive. Dass die strategische Lage im Nahen Osten es auch unter den Gegebenheiten des Ost-West-Konflikts sinnvoll erscheinen lässt, Israel zu unterstützen, ist dabei der nebensächliche Aspekt. Viel wichtiger ist die Einsicht, dass die Hilfe im Überlebenskampf »ein wesentlicher Beitrag zur Überwindung der Vergangenheit darstellt«.[48] Gutzumachen sind die dunklen Verbrechen an den Juden nicht. Aber man kann sich dazu verhalten, sich in der Pflicht für die Schandtaten der Vergangenheit begreifen. Und in diesem Sinne ist das, was die Bundesrepublik jetzt gegenüber Israel tut, in der Gegenwart vor dem schwarzen Hintergrund der Geschichte. Ungeschehen wird dadurch nichts, aber die Hilfe durch Strauß ist ein gewichtiger Beitrag für die Sicherheit und damit die Existenz Israels.

Doch ist es das allein? Sind es wirklich nur edle Absichten und strategische Überlegungen, die Strauß leiten? Damals, bei Josef Müller in der Münchner Gedonstraße, unmittelbar nach dem Krieg, hatte er einen Mann kennengelernt, den er nicht nur wegen seiner politischen Ideen schätzte, sondern auch – vielleicht sogar noch mehr – wegen seines mutigen, ja, phasenweise heldenhaften Lebens bewunderte. Das abenteuerliche Herz inmitten einer spießigen, feigen, verbrecherischen Gesellschaft. Unerschrocken das tun, was man für richtig hält – auf sich allein gestellt, zur Not mit existenziellem Einsatz. Vor solche Prüfungen ist Strauß natürlich nicht gestellt, die Bonner Gegenwart hält derartige Bewährungsproben nicht bereit. Aber wenigstens die Suche nach Wegen zum richtigen Ziel, dem geltende Konventionen und Regeln des Rechts entgegenstehen – das immerhin ist ein dankbares Betätigungsfeld für einen wagemutigen, tollkühnen Charakter.

Im Verteidigungsministerium, das die Abwicklung und Verschleierung der Rüstungsexporte übernehmen muss, wird das Israelprojekt auf strikter »Need-to-Know«-Basis abgewickelt: Nur wenige Mitarbeiter, die das volle Vertrauen des Ministers genießen, sind eingeweiht. Denn abgesehen von dem beträchtlichen außenpolitischen Schaden, den die Offenbarung dieser Kooperation anrichten würde, machen sich alle Täter und Gehilfen in hohem Maße strafbar. Von Untreue bis hin zum Verstoß gegen gesetzliche Bestimmungen, die dem Rüstungsexport enge Grenzen und klare Verfahrensregeln setzen, ist das Verhalten strafbewährt in einem Maße, das um ein Vielfaches höher liegt als alles, was man Strauß im Zuge der *Spiegel*-Affäre vorwerfen wird.

Die Bundeswehr beziehungsweise ihre Generäle, denen Strauß vorsteht, müssen gar keine Kenntnis von einer derart halsbrecherischen Aktion haben, um zu begreifen, welch seltsames Gewächs ihr Minister ist. Eigentlich fällt es schwer zu glauben, dass dieser Mann selbst einmal Offizier gewesen ist. So dauert es geraume Zeit, bis die militärische Führung und ihr Minister zueinander finden. Allmählich dämmert ihnen aber nicht nur, dass das Verständnis für Amt und Politik, das Strauß mit in die Ermekeilkaserne bringt, wohl doch das zeitgemäße ist, sondern sie merken auch, dass neben der zuweilen ungewohnt ruppigen Art des Ministers im Umgang mit ihnen ebenso ausgeprägt sein Gefühl für die Verpflichtung zur Fürsorge ist. Selbst vor dem Bundespräsidenten, zu dem Strauß kein wirkliches Verhältnis – also auch kein feindliches – entwickelt, macht er, wenn es um die Ehre seiner Soldaten geht, nicht Halt: »(I)ch darf (Sie) darauf hinweisen, daß die führenden Offiziere der Bundeswehr über Einstellung und gewisse Äußerungen des Herrn Bundespräsidenten sehr verstimmt sind«, beschwert sich Strauß im Frühjahr 1958 beim Kanzler: »Ich bin der letzte, der der Bundeswehr eine Sonderstellung im Staate einräumen wollte. Ich muß mich aber auch dagegen wenden, daß sie wie ein Stiefkind behandelt wird und das Gefühl haben muß, als notwendiges Übel toleriert zu werden.«[49]

Die Personalpolitik des Ministers entspricht ebenfalls nicht den Gepflogenheiten des politischen Betriebs – was ihm bei den Soldaten viel Sympathie einträgt. Natürlich hat er seine Lieblinge. Von den Mitarbeitern, die ihn täglich umgeben, erwartet er absolute Gefolgschaft und Loyalität; wer ihm diese entgegenbringt, kann auch als schräger Vogel unter Strauß gut leben. Die in Bonn grassierende Parteibuchwirtschaft – seit 1949 bereits regiert die Union das Land, und da es zuvor keine Bundesverwaltung gab, konnte sie mehr oder weniger nach Belieben alle Spitzenpositionen in den Ministerien besetzen – hält er weitgehend aus dem Verteidigungsbereich heraus. Ebenso wie bei der Beratung inhaltlicher Positionen das bessere Argument den höheren Dienstrang aussticht, gilt für Strauß in der Personalpolitik die Regel der höheren Qualifikation, der aus seiner Sicht besseren Eignung. Vor Fehlentscheidungen ist er damit nicht gefeit; Menschenkenntnis zählt nicht zu seinen größten Stärken.[50] Immer wieder fallen im Lauf der Jahrzehnte amtierende und ehemalige Mitarbeiter von Strauß, auch manche Spezln wie Karlheinz Schreiber, unangenehm auf; nach dem Tod von Strauß wird beispielsweise sein früherer Referent Holger Pfahls jahrelang ein Zielfahndungskommando des Bundeskriminalamts (BKA) auf den Fersen haben und zuverlässig für fette Schlagzeilen der Skandalberichterstattung sorgen. Aber die parteipolitische Eroberung und Besetzung der politischen Verwaltung lehnt Strauß entschieden ab.

Viele Jahre später, gegen Ende der Großen Koalition, wird Bruno Heck, der CDU-Generalsekretär, sich bei Finanzminister Strauß darüber beschweren, dass dieser sich nicht »um die Personalpolitik« kümmere und dass das Bundesfinanzministerium zu jenen unionsgeführten Häusern zähle, in denen es für Beamte »eher hinderlich sei Mitglied der CDU zu sein, als förderlich«; von den insgesamt 369 Stellen im höheren Dienst seien lediglich 56 mit Mitgliedern der Union besetzt.[51] Eine gelungene Vorlage für Strauß, um einmal grundsätzlich hinzulangen – was ihm bei Parteifreunden stets mehr Spaß bereitet als Keilereien mit dem politischen Gegner. Doch, doch, er habe schon einige CDU-Leute in seinem von 1961 bis 1966 FDP-geführten Haus in Spitzenpositionen gesetzt. Aber auch, dass ein Sozialdemokrat unlängst in hervorgehobene Position befördert wurde, sei »sicherlich aus gutem Grunde« geschehen. Und nun einmal etwas ganz Grundsätzliches, das der werte Freund Heck sich hinter die Ohren schreiben sollte: »Ich bin im übrigen der Auffassung – und darin stimme ich sicherlich mit Dir überein –, daß ich schon um des guten Rufs unserer Partei willen nicht so verfahren kann wie die SPD und ohne Rücksicht auf Leistung und Grundsätze des Berufsbeamtentums nur nach dem Parteibuch befördere.«[52]

Die ersten Jahre in der Politik waren nicht schlecht, brachten viel Erfüllung, und nach dem bitteren Ausscheiden aus dem Verteidigungsministerium wird die Sonne schnell wieder aufgehen. Langweilig, uninspirierend, sinnleer gar sind immer nur vergleichsweise kurze Phasen im politischen Leben von Franz Josef Strauß. Selbst Aufgaben, von denen er sich unterfordert fühlt, öden ihn nicht an – er fügt dann eben selbst gestellte, anspruchsvollere hinzu. Dennoch: Die Jahre als Verteidigungsminister markieren seine beste Zeit: Strauß hat eine große Aufgabe, meistert sie gut; im Rückblick wird der Aufbau der Bundeswehr als sein Verdienst allseits Anerkennung finden. Die große Welt, in die er aus seinen vorangegangenen Ämtern immer wieder einmal kurz hineinlugen durfte, ist jetzt ganz für ihn geöffnet. In Bonn ist er auf dem Weg ins Kanzleramt. Noch ist es nicht so weit – auch wenn er keinem Streit mit Adenauer aus dem Weg geht, wird er diesen doch nie direkt herausfordern. Wahrscheinlich wird es sogar ein kurzes Interregnum Ludwig Erhards geben. Aber dann! Was sollte ihn noch bremsen, wenn nicht er selbst?

Erfüllung im Jetzt, weite Perspektiven für morgen – im Privaten sieht es nicht anders aus als in der Politik. 1959 wird Strauß zum ersten Mal Vater. Die Familie, die er im fernen Rott zu selten sehen kann, zieht zu ihm in eine Bonner Wohnung. Es sind nicht nur seine besten Jahre: Es sind wirklich gute.

Fallhöhe

Im Sommer 1958 geschieht, was Adenauer auf jeden Fall verhindern wollte: Verteidigungsstaatssekretär Josef Rust, ein hervorragender Beamter und – für den Regierungschef noch wichtiger – Globkes *watchdog* für den Wehrminister, hat sich entschieden, der Politik den Rücken zu kehren. Einem lang gehegten Wunsch folgend, will er in die Wirtschaft wechseln, was sich allerdings noch bis weit ins kommende Jahr hinauszögert. Einer der ersten, der über seine Pläne ins Vertrauen gezogen wird, ist Heinrich Krone, und was Rust ihm bei dieser Gelegenheit mitzuteilen hat, ist wirklich höchst beunruhigend: Strauß wolle »über den Außenminister (…) Bundeskanzler werden«.[1]

Es sind ja auch merkwürdige Signale, die der Verteidigungsminister jetzt immer mal wieder aussendet und die den Kanzler doch erheblich irritieren. Seit der Wahl 1957 verfügt die Union über eine stattliche absolute Mehrheit im Bundestag; es besteht also kein Grund, der SPD hinterherzulaufen. Warum sucht Strauß dann neuerdings ständig Gemeinsamkeiten mit den Sozialdemokraten? Im November 1957 steht in den Zeitungen: »Strauß plant einen Brückenschlag zur SPD«; er wolle »ein Brett hinüberschieben«, über das sich beide Seiten in den strittigen Fragen der Verteidigungspolitik annähern könnten.[2] Ein schwieriges Unterfangen, denn die große Oppositionskraft lehnt nicht nur alles Nukleare rundweg ab, sondern ist auch an ihren Parteitagsbeschluss aus dem Sommer 1956 gebunden, der die Aufstellung einer 500 000 Mann starken Streitmacht auf Grundlage der allgemeinen Wehrpflicht ablehnt. Genau in dieser Frage haben sich beide Seiten nunmehr angenähert. Strauß jedenfalls tritt ein in Gespräche mit führenden Sozialdemokraten über eine »elastischere Handhabung der Wehrpflicht«, welche die SPD bislang ganz abgeschafft sehen wollte.[3]

Selbst in den Phasen schärfster politischer Konfrontation zwischen Unionsparteien und Sozialdemokratie, bei der man Strauß stets in der ersten Reihe hatte antreffen können, war es ihm gelungen, zu einigen führenden Sozialdemokraten vernünftige Gesprächskontakte aufrechtzuerhalten. Dazu gehören Fritz Erler und Carlo Schmid, mit denen er nun Brücken zu bauen versucht. In unzähligen Diskussionen, nicht nur im Plenum des

Deutschen Bundestags, sondern auch im Hörfunk, haben Strauß und Erler fast nie Einvernehmen erzielt, wohl aber Respekt vor der hohen Intellektualität des jeweils anderen gewonnen. Und zu Carlo Schmid, der in den eigenen Reihen ohnehin als Paradiesvogel gilt, ist über die Jahre fast schon ein freundschaftsähnliches Verhältnis gewachsen. Zwei Tage vor einer der großen Redeschlachten über die Nuklearfrage im Parlament, in der Schmid, noch keineswegs vollständig erholt von einem Schlaganfall, mit Strauß die Klingen kreuzt, hat der Verteidigungsminister dem Rekonvaleszenten geschrieben, »(n)ur die Scheu, Sie während Ihrer Erkrankung durch meine Aufwartung zu behelligen«, habe ihn »von einem Besuch an Ihrem Krankenbett abgehalten«. Falls der mittlerweile wieder einigermaßen Genese »Neigung (…) für eine Unterredung« verspüre, so wäre dies Strauß eine große Freude. Auch er würde sich freuen, antwortete Schmid einige Tage später, wenn man sich bald wieder einmal sehen könne: »Daß man verschiedener politischer Auffassung ist, sollte nicht als Hinderungsgrund, sondern eher als Anreiz für eine solche Begegnung betrachtet werden.«[4]

Bis zur endgültigen Kehrtwende der SPD hin zur Westpolitik im Sommer 1960 werden alle Annäherungsversuche von Strauß nicht viel fruchten. Doch er lässt nicht locker, was den Bundeskanzler sichtlich irritiert. Im Oktober 1958, soeben hat die *Frankfurter Allgemeine Zeitung* berichtet, »Strauß wünscht ein Gespräch mit der SPD«[5], fühlt Adenauer seinem Verteidigungsminister daher kräftig auf den Zahn. Auch er habe, »und zwar von jeher, eine gemeinsame Wehrpolitik aller Parteien« angestrebt. Bei der SPD sei dies aber stets vergebliche Liebesmüh gewesen, und das neue Angebot, »über das Sie vorher mit mir hätten sprechen müssen, da es sich um eine hochpolitische Angelegenheit handelt«, werde ein ähnliches Schicksal ereilen: »Ich vermag nicht einzusehen, welchen Zweck dieses Drängen Ihrerseits hat.« Strauß solle also in Zukunft die Finger davon lassen: »Ehe Sie in der Angelegenheit weitere Schritte tun oder tun lassen (…), bitte ich um Vortrag und meine Entscheidung.«[6]

Postwendend erhält der Kanzler die Antwort, doch nicht in seinem Sinne und auch nicht unmittelbar an seine Adresse. Ausgerechnet Jens Feddersen – er gehört zu den Journalisten, die in Bonn besonders aufmerksam gelesen werden, und veröffentlicht häufig in der SPD-Presse –, der dem Verteidigungsminister vor sechs Monaten noch in großer Aufmachung vorgeworfen hatte, »Strauß spielt mit dem großen Krieg«,[7] erhält nun ein Interview mit dem anscheinend friedfertig gewordenen Wehrminister. Und der erneuert ungerührt sein Angebot: »Das ist kein spontaner Streich und

keine Perfidie gewesen«; seinen Appell an die SPD habe er gründlich über-
legt. Selbstverständlich rückt Strauß in allen wesentlichen Fragen keinen
Millimeter von seinen bekannten Grundpositionen ab. Aber der Ton ist
konziliant und einladend.[8]

Bei der Ernennung seines Verteidigungsministers hatte Adenauer darauf gesetzt, dass Strauß »bei der Erfüllung seiner Aufgabe sich sicherlich so
mit der SPD zerstreiten« werde, »daß der CSU die Lust auf eine große Koalition vergehe«.[9] Letzteres ist angesichts der Mehrheitsverhältnisse im Bundestag momentan kein Thema. Aber die laufende Legislaturperiode wird
nicht ewig dauern; wer weiß, wie die nächsten Wahlen ausgehen werden?
Baut Strauß womöglich schon einmal für seinen eigenen Anspruch auf die
Kanzlerschaft vor?

Ähnlich irritierend für Adenauer ist der Umstand, dass ihn Strauß immer öfter um Erlaubnis ersucht, sich aus den innen- und außenpolitischen
Auseinandersetzungen herauszuhalten, um sich mehr auf seine »sachliche
Aufgabe als Verteidigungsminister konzentrier(en)« zu können. Im Herbst
1959 häufen sich solche Bitten. Strauß möchte – die seit fast einem Jahr
andauernde Berlinkrise im Blick – »angesichts der internationalen Situation (…) weiterhin Zurückhaltung« üben und wäre dem Kanzler »dankbar«, wenn der ihm seine »Ansicht hinsichtlich meines von mir beabsichtigten Verhaltens wissen« ließe.[10] Als drei Wochen später immer noch die
Antwort aussteht, fasst Strauß nach: Er bitte darum, seinem kürzlich geäu-
ßerten Wunsch, »mich weitgehend aus der vordersten Linie des parteipolitischen Kampfs herauszuhalten, zuzustimmen«.[11]

Nein, so will Adenauer seine wiederholten Ermahnungen an Strauß,
sich mehr Zurückhaltung in öffentlichen Reden aufzuerlegen, dann doch
nicht gemeint haben. Es sei zwar richtig, »daß gerade der Verteidigungsminister sich aus dem parteipolitischen Tageskampf möglichst heraushalten
soll«, was aber keineswegs bedeute, »daß der Verteidigungsminister überhaupt von einer öffentlichen politischen Betätigung absehen sollte«.[12]

Es ist eine höchst merkwürdige Phase im Verhältnis zwischen dem Patriarchen und dem noch immer halbstarken Benjamin im Bundeskabinett, die
nach der Bundestagswahl 1957 angebrochen ist. Strauß überschlägt sich geradezu vor Ehrerbietung: Eine der Dutzendansprachen, die Adenauer im
Rundfunk hält, bewegt Strauß dazu, »ungefragt und unaufgefordert zum
Ausdruck (zu) bringen, daß mir Termin und Verfahren bei dieser Rede
außerordentlich gelungen erscheinen«;[13] für die lächerlichsten Kleinig-

keiten dankt er dem Kanzler weitschweifig, der geringste Anlass ist ein fast schon katzbuckelndes Lob wert[14] – »Ich hoffe, daß Sie einen recht guten Urlaub hatten«, schmeichelt Strauß dem Kanzler im Spätsommer 1958, »und nun mit frischer Kraft wieder an Ihre schwere und verantwortungsvolle Arbeit gehen können. Die in den Zeitungen veröffentlichten Bilder lassen jedenfalls und Gott sei Dank darauf schließen«[15] –, und zu Weihnachten 1959 spreizt er sich nahezu ins Komische, entfremdet sich fast bis zur Unkenntlichkeit von sich selbst, vergreift sich – nebenbei bemerkt – auch ein wenig im Ton, schreibt nämlich in Anmaßung so, wie es dem Unter gegenüber dem Ober eigentlich nicht gebührt: »Erlauben Sie mir, daß ich im Rückblick auf das zur Neige gehende Jahr die vor uns liegenden hohen Festtage zum Anlaß nehme, Ihnen meinen Dank zu sagen für das Vertrauen und die Hilfe, die Sie meinem politischen Wirken und meiner Arbeit als Verteidigungsminister bisher zuteil werden ließen! Ich verbinde diesen Dank mit der Hochachtung vor der Wirkungskraft Ihrer Persönlichkeit, die sich an den schwierigen Aufgaben, mit denen Sie befaßt wurden, immer wieder bewährte.«[16]

Adenauer hält in seinen Antworten zumeist Distanz. Für die frohe Weihnachtsepistel etwa bedankt er sich einleitend knapp – und dann: »Ihre Arbeit auf politischem Gebiet wie auf dem Gebiet Ihres Ministeriums verfolge ich – wie Sie wissen – mit großer Aufmerksamkeit. Ich freue mich über Ihre Erfolge, die ja für unsere Politik besonders wichtig sind.« Noch eben Grüße an die Frau und Wünsche für die vor einem halben Jahr um einen ersten Sohn gewachsene Familie, Adenauer.[17]

Was soll der Kanzler auch zu solchen Süßholzraspeleien sagen? Als Menschenkenner wird er schon wissen, dass es sich um keine Heucheleien handelt; viel Abträgliches, sehr viel sogar, kann er über Strauß berichten, nicht aber, dass er falsch oder verschlagen wäre. Im Gegenteil, das Problem liegt eher darin, dass er zu grob ist, zu unmäßig, zu direkt. Aber auch wenn die Ergebenheitsadressen seines Sorgenkinds wohl ehrlichen Herzens abgefasst sind: Im Alltag haben sie keinen Wert. Am Ende macht Strauß doch stets, was er will.

Auch dafür gibt es Beispiele in Hülle und Fülle: Das im Herbst 1957 an die Adresse der SPD gerichtete Angebot »einer möglicherweise elastischeren Gestaltung des Wehrpflichtgesetzes« verkündet Strauß bei einer Pressekonferenz, was Adenauer moniert: »Ich wäre Ihnen dankbar, wenn Sie derartige wichtige Fragen zunächst im Kabinett zur Sprache bringen würden.«[18] Drei Wochen später erfährt der Bundeskanzler aus der Zeitung, sein

Verteidigungsminister habe bei einer Pressekonferenz in Rom laut über die Frage, wo die demnächst anstehende Stationierung der amerikanischen Raketenabschussbasen erfolgen könnte, nachgedacht. »Sollte dies zutreffen«, rüffelt Adenauer, »würden Sie Erklärungen abgegeben haben, die über die Grenzen Ihrer Zuständigkeit erheblich hinausgehen, da sie in hohem Maße die Grundsatzpolitik der Bundesregierung berühren und geeignet sind, diese für die Zukunft festzulegen.«[19] In seiner Antwort demonstriert Strauß, dass er auch noch die altbekannte Kratzbürstigkeit im Repertoire führt: Schriftlich erhält der Kanzler eine detaillierte Nacherzählung der besagten Pressekonferenz, aus der selbst Adenauer erkennen müsste, wie grundlos seine Klage ist. Sicherheitshalber fügt Strauß aber noch ein paar grundsätzliche Bemerkungen hinzu: »Die von mir abgegebenen Erklärungen lagen entweder innerhalb der Grenzen meiner Zuständigkeit, soweit es sich um unmittelbare Angelegenheiten des Aufbaus der Bundeswehr handelte, oder im Rahmen der nach Ihren Richtlinien gestalteten Gesamtpolitik der Bundesregierung« – basta! »Im übrigen«, jetzt dreht Strauß den Spieß um, »darf ich darauf hinweisen, daß in jüngster Zeit Erklärungen von Bundesdienststellen, außerhalb des Verteidigungsministeriums, erfolgt sind, die in das Arbeitsgebiet des Verteidigungsministers gehören, ohne daß er vorher gehört worden ist oder die nicht ohne weiteres im Einklang mit der Gesamtpolitik der Bundesregierung zu stehen scheinen.« Darum – Strauß schreibt dies nicht, aber man kann es zwischen den Zeilen lesen –, um solche echten Ärgernisse sollte sich der alte Herr lieber kümmern![20]

Ein halbes Jahr später informiert Strauß den Kanzler in einem knappen Schreiben, der Heeresinspekteur Hans Röttiger habe eine Neugliederung der Divisionen mit Schwerpunkt auf dem neuen Typus der Allzweck-Brigade ausgearbeitet, der er zustimme: »Der Vorteil der Neugliederung liegt darin, daß diese Verbände sowohl zur Verteidigung sowie zu Gegenangriffen geeignet sind, daß sie die Verteidigung sowohl rein konventionell wie mit atomarer Unterstützung führen können.«[21] Die Neugliederung des Heeres ist gewiss keine Kleinigkeit. Aber die von Strauß verfochtenen Pläne, die er am selben Tag, an dem sein Brief im Kanzleramt eintrifft, der Öffentlichkeit vorstellt, sind im Grunde nichts anderes als eine Umsetzung der vor allem auf deutsches Bestreben in der Nato durchgesetzten Vorwärtsverteidigung, über die im Grundsatz wenige Wochen zuvor auch im Bundesverteidigungsrat gesprochen worden ist.[22]

Dennoch ist die Verärgerung des Kanzlers durchaus verständlich, zumal er von Strauß lediglich in einem »Schreiben, das ohne Anschrift nicht

Im Zenit: Strauß im Gespräch mit dem Bundeskanzler und
Außenminister Heinrich von Brentano, 5. Januar 1962.

eine Seite füllt«, von der neuen Heeresstruktur unterrichtet worden ist.
Dass Strauß bei der öffentlichen Präsentation seiner Pläne auch noch ausführlich auf die im Zusammenhang der deutschen Wiedervereinigung
gleichfalls heikle Abrüstungspolitik zu sprechen kommt, bringt das Fass
zum Überlaufen: »Sie haben damit die Grenzen der Zuständigkeit Ihres
Ministeriums in einer Weise überschritten«, klagt Adenauer in einem selbst
für seine Maßstäbe ungewöhnlich scharfen Brief, »die ich unter keinen
Umständen dulden werde. Bei der Beurteilung dieses Ihres Vorgehens fällt
erschwerend ins Gewicht, daß ich am 18.6. Sie, Herrn von Brentano und
einige Generale zu einer Besprechung über Abrüstungsfragen um mich versammelt hatte, und ich die absolute, strengste Geheimhaltung allen Anwesenden, auch Ihnen, zur strengsten Pflicht gemacht habe.«

Über »die Motive dieses Ihres Handelns, das eine Pflichtverletzung Ihrerseits und eine eklatante, empfindliche Störung meiner Politik darstellt«,
sei sich Adenauer »völlig klar«. Den Kanzler mit seiner Richtlinienkompetenz, das Bundeskabinett, den Bundesverteidigungsrat – alle habe Strauß
missachtet und düpiert; »mit allem Ernst und mit allem Nachdruck« müsse

Adenauer ihn daher »ersuchen, in Zukunft derartige Verstöße zu vermeiden. Ich sehe mich sonst gezwungen, von dem nach Art. 64 GG mir zustehenden Rechte, beim Herrn Bundespräsidenten Ihre Entlassung zu beantragen, Gebrauch zu machen.«[23]

Dass Strauß daraufhin in Sack und Asche gehen würde, dürfte Adenauer kaum erwartet haben. Aber dass sein Verteidigungsminister es nicht einmal für nötig befindet, überhaupt auf die schweren Vorwürfe und die Entlassungsdrohung zu reagieren, ist schon ein starkes Stück. Im Frühjahr, als Strauß in den Deutschen Orden aufgenommen worden war, kursierte in der provisorischen Bundeshauptstadt das Bonmot, Adenauer hätte es lieber gesehen, wenn Strauß in den Trappistenorden eingetreten wäre: »Die Trappisten haben Schweigepflicht.«[24] Dass Strauß tatsächlich eiskalt schweigt, keinerlei Regung zeigt, nicht einmal intern herumpoltert – einen solchen Strauß hat Adenauer bisher noch nicht erlebt. Der Verteidigungsminister lässt ihn einfach links liegen.

Als Adenauer den Unverfrorenen wenige Tage später in Gegenwart der Kabinettskollegen Ludwig Erhard, Franz Etzel und Heinrich von Brentano zur Rede stellen will, gibt es zwar eine lautstarke Auseinandersetzung – wenigstens lebt er also noch –, aber ein Einsehen hat Strauß am Ende nicht. Nicht einmal die Ankündigung Adenauers, er »wisse schon, wen er dem Bundespräsidenten als Nachfolger« vorschlagen werde, zeitigt irgendeine erkennbare Wirkung.[25] Ein paar Wochen vergehen – der schwere Vorfall, von dem die Öffentlichkeit erstaunlicherweise keine Notiz genommen hat, bleibt folgenlos.

Adenauer ist nicht der Einzige, der sich regelmäßig von Strauß übergangen, ja, hintergangen fühlt. Auch Heinrich von Brentano, der Außenminister, gerät regelmäßig mit dem allzu selbständigen Verteidigungsminister aneinander. Brentano, der in der ersten Phase nach Übernahme des Auswärtigen Amtes als Nummer Zwei hinter Konrad Adenauer gehandelt wird, hat es wirklich nicht leicht: Eingezwängt zwischen einem Regierungschef, der sich für nichts so sehr interessiert wie für Außenpolitik und nun einmal über die besseren internationalen Kontakte verfügt, und einem Verteidigungsminister, der ihm zwangsläufig immer wieder ins Gehege kommt, da die Sicherheitsfragen nun einmal das Herzstück der ganzen Adenauer'schen Westpolitik bilden, muss er sich regelmäßig mit der zweiten Geige begnügen. Manchmal, doch eher selten, sind es inhaltliche Fragen, bei denen sich Strauß und Brentano um Nuancen unterscheiden; nichts, was sich nicht im freundschaftlichen Gespräch ausräumen oder wenigstens entschärfen ließe.[26] Aber so grundverschieden Temperament und Persönlichkeit der beiden sind, in ihrer Ehrpusseligkeit ähneln sie einander sehr. Selbst Nichtigkeiten können daher eskalieren. Hier der bedächtige, leise, formvollendete Außenminister, dessen gewiss reichlich vorhandener Amtsstolz sich allerdings nur dezent bemerkbar macht – ein Herr von altem, vornehmen Geschlecht; dort der ungestüme, krachlederne, bullige, stets die besondere Bedeutung und Schwere seiner Aufgabe zur Schau stellende Verteidigungsminister – ein Selfmademan. Bei allen Unterschieden in der Persönlichkeit zeichnet beide doch die gleiche Überempfindlichkeit, bisweilen auch Sturheit aus, selbst wenn sich dies jeweils ganz anders äußert.

Ende 1959 zum Beispiel verbringen die beiden Herren anlässlich einer Nato-Tagung einige Tage gemeinsam in Paris, sie wohnen im selben Hotel. Über irgendetwas hat sich Strauß geärgert und deshalb eine kurze handschriftliche Notiz an Brentano geschickt. Alles hätte sich ohne Mühe mündlich ausräumen lassen, aber die beiden wollen die Sache lieber grundsätzlich, in ausgefeilter Schriftform angehen.

»Soeben erhalte ich Ihren Brief«, antwortet Brentano maschinenschriftlich auf dem offiziellen Briefpapier des Bundesministers des Auswärtigen, »von dem ich Ihnen in aller Offenheit nur sagen kann, daß ich ihn nach Form und Inhalt aufrichtig bedauere«. Strauß hatte sich darüber beschwert, dass Brentano ihm über General Heusinger ausrichten ließ, unbedingt noch einmal ein kollegiales Gespräch mit ihm führen zu müssen, um den Verteidigungsminister vom mutmaßlichen Plan einer Pressekonferenz abzuhalten. Bei dieser Gelegenheit bekam Heusinger ein paar kritische Bemerkungen über seinen Minister zu hören, der am Abend zuvor »eine sehr heftige Auseinandersetzung« mit einem deutschen Journalisten in der Hotellobby gehabt habe, was Brentano schon an sich für bedenklich erachtet. Dass Strauß dem Ministerkollegen deshalb vorhält, sich der »Methode des herabsetzenden Klatsches« zu bedienen, empfindet Brentano seinerseits nun wiederum als »ausgesprochen peinlich«. Dennoch streckt er die Hand aus: Er glaube, dass Strauß – nicht nur »ein Kabinettskollege«, sondern auch »ein Freund« – ihn letztlich verstehen werde.[27]

So weit reicht die Freundschaft indes nicht, dass Strauß sich wider eigene Einsicht fügte. Der zwei Seiten umfassende Brief des Zimmernachbarn im Pariser Hotel Bristol wird daher wiederum schriftlich beantwortet – enumerativ: 1., 2., 3. und so fort. Insbesondere die Ängstlichkeit Brentanos bezüglich der Pressekontakte kann Strauß nicht nachvollziehen: Er

sehe beim besten Willen nicht, wieso eine »Gefährdung der Staatsinteres-
sen« vorliege, wenn er mit einem Korrespondenten der *Welt* über dessen
falsche Berichterstattung zu angeblichen Änderungen der amerikanischen
Politik disputiert. »Sollten Sie aber besorgte Bedenken trotzdem haben, daß
ein Regierungsmitglied mit einem Journalisten spricht, dann würde es Ihre
von Ihnen so betonte Loyalität erfordern, das diesem im gleichen Hotel
wohnenden Regierungsmitglied zu sagen.« Er habe gar nicht die Absicht,
»einen langen Streit auszufechten« – unterdessen ist der Antwortbrief von
Strauß auf seiner vierten Seite angelangt –, doch was gesagt werden muss,
muss gesagt werden, »in aller Freundschaft, aber auch mit allem Ernst«.[28]
   Keiner der beiden ist ein Heuchler. Worte wie Freundschaft werfen sie
nicht einfach dahin. Irgendwie mögen sie sich schon, denn beide haben
einen Sinn für das am anderen, was ihnen selbst fehlt: dem einen das Lö-
wenhafte, dem anderen die galante Liebenswürdigkeit. Und zu ihrer Ver-
letzlichkeit gesellt sich jeweils eine emotionale Unfähigkeit, dauerhaft in
Spannungen mit der Umwelt zu leben. Regelmäßig laufen die Konflikte
daher nach dem gleichen Muster ab, und am Ende fragt man sich kopfschüttelnd: War da was?
   Auf der ersten Stufe der Auseinandersetzung fühlt sich einer, meist ist
es Brentano, übergangen. Zwei Wochen vor dem Bau der Berliner Mauer
ist wieder einmal eine solche Situation gegeben. Strauß war in Amerika,
fährt anschließend zur Nato nach Paris, Missverständnisse zwischen Au-
ßen- und Verteidigungsminister, welche Maßnahmen angesichts der sich
immer weiter zuspitzenden Lage um Berlin und der bevorstehenden Bundestagswahl zu ergreifen sind, stellen sich ein. »Ein kurzes Gespräch hätte
dazu ausgereicht« die Irritation auszuräumen, aber Strauß, wirft ihm Brentano telegraphisch vor, habe »nicht einmal den Versuch unternommen, mit
mir in Verbindung zu treten«.[29]
   Auf der zweiten Stufe, dies ist der Lieblingspart von Strauß in allen
seinen wichtigen politischen Korrespondenzen, wird rhetorisch das betrieben, was in der Nato-Strategie *wohlbedachte Eskalation* heißt: »Auch die
unhöfliche Formulierung Ihres Telegramms kann die Unrichtigkeit Ihres
Standpunkts nicht verbergen«, lautet einer dieser tausendfach variierten
Eröffnungssätze. Sodann die detaillierte Darlegung der Sachlage, die fast
immer doppelt so lang ausfällt wie das zur Beantwortung vorliegende
Schreiben, garniert mit Seitenhieben und Retourkutschen – etwa dem Lamento über »das Versagen unserer diplomatischen Dienste« bei seinem
Besuch in Washington, die »erfolgreich aber andererseits (...) beim Aufbau

des Kanzler-Kandidaten der SPD in Amerika gewesen sind«. Unverzichtbar auch herabsetzende Bemerkungen zur angeblichen Ignoranz und Unverschämtheit des anderen:»Es tut mir leid, daß Sie diese Dinge entweder nicht kennen oder nicht ernst genug nehmen und deshalb in derartig unglaublichen Formulierungen an mich schreiben«; oder:»Ich bitte Sie, sich besser informieren zu lassen.«

Fast nie fehlt in solchen Schriftstücken der laut tönende Wille zu Selbstbehauptung:»Ich bitte Sie (…), sich nicht als meinen Zensor zu betrachten (…). Ich bin weder Ihr Befehlsempfänger noch ein geeignetes Objekt für Ihre herabsetzenden Bemerkungen.« Strauß schreibt nicht im Affekt, er verliert nie die Kontrolle über seine Sprache, jedes Wort ist ganz bewusst gesetzt. Und weil er Brentano bei allem doch viel Achtung entgegenbringt, räumt er dies bisweilen sogar ein, nicht jedoch ohne festzuhalten, wer schuld an der Streiterei ist:»Ich bin gern bereit, wieder zu normalen Umgangsformen zurückzukehren«, heißt es zum Schluss; aber einstweilen geht das noch nicht, denn die Grobschlächtigkeiten seien schließlich nur»meine Reaktion« auf die vorausgegangene unverschämte Attacke.[30]

Die dritte Ebene solcher Konflikte ist stets von anblaffendem Trotz und sturer Rechthaberei geprägt, ohne dass die Details, um die es anfangs ging, noch eine große Rolle spielen. Brentano zeigt sich pikiert über»ausgesprochen ungehörige Formulierungen« von Strauß –»Ich sehe mich außerstande, dazu Stellung zu nehmen« – und ist in der Sache selbst ganz unnachgiebig. Von der Bereitschaft des Verteidigungsministers,»zu normalen Umgangsformen zurückzukehren«, nimmt er gerne Kenntnis – allein:»Ich habe das nicht nötig, da ich sie niemals verlassen habe.«[31]

Unterdessen hat sich die internationale Krise, die ja irgendwie der Ausgangspunkt des Streits war, zugespitzt, am 13. August 1961 ist die Berliner Mauer errichtet worden.»Angesichts des Ablaufes der Ereignisse und der Vorgänge der letzten Tage«, erwidert Strauß sarkastisch,»ist die Frage, wer den richtigen Standpunkt vertritt, durch die Tatsachen entschieden worden. Ich bedaure, daß Sie in Ihrem Schreiben vom 19. August 1961 auf keines meiner Argumente eingegangen sind, aber nach all dem Geschehen verstehe ich es.«[32]

Auf der vierten und letzten Stufe gibt endlich der Klügere nach, und das ist auch in diesem Fall nicht Strauß:»(I)ch danke Ihnen sehr für Ihren Brief«, Brentano wird jetzt ganz kleinlaut und findet,»daß die Ereignisse der letzten Zeit uns veranlassen sollten, die Korrespondenz abzuschließen.« Fast demütig dann der Wunsch,»ein offenes und freundschaftliches Gespräch« mit Strauß zu führen, denn beide hätten doch wohl denselben Wunsch:»unsere Zusammenarbeit ohne innere Vorbehalte fortzusetzen«.[33]

Nicht nur mit schwachen, im Grunde ihres Herzens versöhnlich gestimmten Menschen nimmt Strauß eine derart ätzende Korrespondenz auf. Jeder, der sich ihm (aus seiner Perspektive) in den Weg stellt, wird in gnadenlose Briefgefechte hineingezogen. Zeit für solchen Kampfsport lässt sich immer finden – ganz gleich, ob gerade eine der schwersten internationalen Krisen der Nachkriegszeit Deutschland erfasst, wie im Streit mit Brentano, oder schwierige Koalitionsverhandlungen mit ungewissem Ausgang anstehen wie nach der Bundestagswahl 1961, als Strauß in umfangreichen Schriftverkehr mit dem Kanzler über zeithistorisches Erinnerungsvermögen eintritt.

Adenauer will sich nicht zu früh auf einen Partner zur Regierungsbildung festlegen. Schließlich hat die FDP, eigentlich auch sein Wunschkandidat, den Wahlkampf nach dem Motto geführt: Mit der Union, aber ohne Adenauer. Daher will der erstmals ernsthaft angefochtene Kanzler – sogar in den eigenen Reihen ist er nach dem Verlust der absoluten Mehrheit nicht mehr unumstritten – die Liberalen einige Wochen durch demonstrative Turteleien mit der SPD weichkochen. Gegen solche Winkelzüge, erst recht gegen ein Bündnis mit der Sozialdemokratie, erheben sich in der CSU schwerste Bedenken, kurze Zwischenphasen werbender Freundlichkeit an die Adresse der Sozialdemokratie haben an dieser Grundausrichtung nichts geändert; Strauß selbst hat sich längst auf die Liberalen festgelegt. Im Streit darüber, ob die FDP in Zukunft ein zuverlässiger Koalitionspartner wäre, hält Adenauer ihm nun entgegen, die Liberalen seien eigentlich immer, wenn es um Kernfragen der Außen- und Sicherheitspolitik und gerade auch um Wiederbewaffnung und den Aufbau der Bundeswehr ging, unsichere Kantonisten gewesen. Strauß solle das nicht vergessen und endlich aufhören, ihm die Freidemokraten anzupreisen.[34]

Strauß beteuert daraufhin, er empfinde zwar kein Vergnügen daran, »solche Meinungsverschiedenheiten auf schriftlichem Wege lange fortzusetzen«, aber zuweilen könne er nicht anders, denn er habe »nun einmal den für manche Leute schwer erträglichen Hang, die Dinge genau zu klären, statt halb richtige und halb falsche Behauptungen fortbestehen zu lassen«. Auf drei Seiten bekommt der Kanzler dann haarklein auseinandergelegt, wann, wie und wo die FDP die jeweils anstehenden wehrpolitischen Entscheidungen im Bundestag mitgetragen habe und warum es wo gelegentlich mal hakte. Jetzt aber beharre die FDP in diesen Fragen nicht mehr auf ihrer damaligen Position, sondern habe »sich den Standpunkt der Regierung ohne jede Einschränkung zu eigen gemacht« – was er, Strauß, dem Kanzler nicht aus »prinzipielle(r) Rechthaberei, aber zur Klarstellung« sagen müsse.[35]

Schon hisst Adenauer, was selten genug vorkommt, die weiße Flagge, indem er den Erinnerungsstreit mit Strauß auf einen Punkt reduziert und diesen zu einer Interpretationsfrage herunterspielt, wobei die Auslegung von Strauß »zu wohlwollend« ausgefallen sei.[36] Doch statt den Streit damit geräuschlos zu beenden, fasst Strauß noch einmal spöttisch nach: »Ihren Brief vom 6. Oktober, in dem Sie mir eine wohlwollende Auslegung des Verhaltens der FDP bei der Verabschiedung des Wehrpflichtgesetzes testieren, habe ich mit Interesse gelesen. Ich mache mir den von Ihnen offensichtlich angelegten Maßstab zu eigen und darf unterstellen, das Sie unter diesen Umständen das Verhalten der SPD bei der ganzen Wehrgesetzgebung als eine völlige Disqualifikation für eine Koalition CDU/CSU-SPD betrachten.«[37] Adenauer, argumentativ in die Enge gedrängt, setzt schließlich den weisen Schlusspunkt im grotesken Spiel: »Ihren Brief vom 11. Oktober d.Js. habe ich gelesen und – lassen Sie mich offen sein – dabei geschmunzelt.«[38]

Auch wenn Strauß in solchen Auseinandersetzungen zumeist den Sieg erringt, schadet ihm der expressive Stil, mit dem er seinen Standpunkt verfolgt, enorm – die Gnadenlosigkeit, mit der er jedes kleinste Ärgernis bis zum Letzten ausficht, seine brachiale Wortwahl, sein Auftreten, das nicht den geringsten Hauch von Demut zu erkennen gibt, jener Feuereifer, der sich nicht mit dem sicheren Bewusstsein, Recht zu haben, begnügen kann, sondern stets danach strebt, Recht zu bekommen, Bestätigung zu finden, kurz, das Dampfwalzenhafte, beschädigt sein Ansehen mehr, als dass es seinen Ruf, brillant zu sein, mehren würde. Fast jeder seiner so errungenen Siege ist am Ende zu teuer erkauft. Denn mit der Zeit beginnt sich bei Freund und Feind das Bild eines Mannes zu verfestigen, der – trotz all seiner Gaben und Talente – einfach unmöglich ist.

Im Frühjahr 1958 hatte eine kleine Posse ihren Lauf genommen, die dieses Bild vollenden abrunden sollte. Das Unglück begann am Morgen des 29. April 1958, als sich Strauß in seiner Dienstlimousine aus dem Verteidigungsministerium in der Bonner Ermekeilstraße ins Palais Schaumburg aufmachte.

Es ist kurz vor 10 Uhr, Strauß ist, wie so oft, spät dran.[39] In Bonn hat es sich eingebürgert, dass eigentlich alle Minister, die es eilig haben, zum

Kanzler zu kommen, von der Koblenzer Straße direkt via Görresstraße in die Zufahrt zur Regierungszentrale abbiegen – was verboten ist; nur für die Fahrzeuge des Kanzlers hat die Bonner Verkehrspolizei eine Ausnahmegenehmigung erteilt. Strauß muss zudem, da er von Westen kommt, eine Straßenbahnlinie und eine stark befahrene Gegenspur überqueren, um die Abkürzung zu nutzen.

An diesem Frühlingsmorgen verrichtet der vierundzwanzigjährige Hauptwachtmeister Siegfried Hahlbohm seinen Dienst an der Kanzlerkreuzung, und da gerade, als Strauß den kleinen Dienstweg ins Kanzleramt nutzen will, die Straßenbahn naht, gibt der Polizist den Weg nicht frei. Dennoch fährt der mausgraue BMW von Strauß einfach durch; um einen Zusammenstoß zu vermeiden, muss die Straßenbahn scharf bremsen. Nachdem der Chauffeur Leonhard Kaiser seinen Chef im Palais Schaumburg abgesetzt hat, kehrt er noch einmal um, um Hahlbohm zu erklären, er sei auf ausdrückliche Weisung des Ministers durchgefahren. Doch der Polizist lässt sich davon nicht beirren; er werde den Vorgang in jedem Fall zur Anzeige bringen.

Nach Ende seiner Besprechung im Bundeskanzleramt, gegen 13.30 Uhr, lässt Strauß seinen Fahrer an der von Hahlbohm überwachten Kreuzung halten und winkt den Schutzmann zu sich her: Ob es etwas zu beanstanden gebe, will er wissen. Das allerdings; zwar habe er Strauß nichts vorzuwerfen, aber das Verhalten des Fahrers werde Folgen haben. Nun ist Strauß ganz in seinem Element. Nachdem er Hahlbohm nach seinem Namen gefragt hat, folgt die erste Drohgebärde: Er werde dafür sorgen, dass Hahlbohm hier nie wieder Dienst verrichten dürfe!

Den tapferen Polizisten beeindruckt das alles nicht. Er erstattet Anzeige gegen Kaiser, was Strauß, der persönlich gar nicht betroffen ist, endgültig auf die Palme bringt. Mit schwerem juristischen Geschütz feuert er zurück, zeigt Hahlbohm wegen »Gefährdung des Straßenverkehrs« an und verfolgt ihn mit einer Dienstaufsichtsbeschwerde beim nordrhein-westfälischen Innenministerium. Damit ist die weitere Eskalation vorprogrammiert, zumal Strauß es in seiner schriftlichen Darlegung nicht dabei belässt, sich vor seinen Fahrer zu stellen, sondern die Gelegenheit nutzt, um ein paar grundsätzliche Dinge über das Versagen der Polizei an Rhein und Ruhr zum Besten zu geben.

Mittlerweile beginnt sich die Fachgruppe Polizei der Gewerkschaft ÖTV für den Vorfall zu interessieren; der Bonner Polizeipräsident nimmt seinen Mitarbeiter in Schutz: »Hahlbohm bleibt!« Die Sache geht schließ-

lich vor Gericht und gelangt damit im September in die sich weidlich amü-
sierende Öffentlichkeit: »Bravo Herr Hauptwachtmeister«, kommentiert
die *Frankfurter Rundschau.*[40] Das regierungsfreundliche Springer-Blatt
Welt am Sonntag kommt ebenfalls nicht umhin, dem Polizisten zu bescheinigen, er habe sich korrekt verhalten – »auch Minister haben keine Sonderrechte im Verkehr«.[41] Über Nacht ist Hahlbohm ein berühmter Mann,
Kraftfahrer halten den Verkehr auf, um ihn, der weiterhin an der Koblen-
zerstraße, Ecke Görresstraße seinen Dienst verrichtet, zu beglückwünschen;
Blumenberge, Zigarren, Cognac – mit allem, was in der erblühten Wirtschaftswundergesellschaft etwas gilt, wird Hahlbohm überschüttet.[42]

Selbst die internationale Presse mag ihren Lesern diese Groteske nicht
vorenthalten. Der *New York Herald Tribune* ist der Vorfall ein Dreispalter
wert, die *Neue Zürcher Zeitung* berichtet, wie Strauß durch sein Eskala-
tionsverhalten selbst dazu beiträgt, dass sich diese Episode »zur Charakterisierung seines Temperaments und Selbstbewußtseins« ins öffentliche
Gedächtnis eingräbt, zumal der Minister völlig unterschätzt hat, dass Hahl-
bohms brave Tat den Polizisten »als standhafte(n) Zinnsoldat(en)« erscheinen lässt, der jenen in Deutschland kaum verbreiteten und vielleicht gerade
deshalb so gefeierten »Mannesmut vor Königsthronen« beweise.[43]

Über Wochen, Monate zieht sich »Der kalte Krieg des Ministers«, wie
die nüchterne *Frankfurter Allgemeine Zeitung* befindet, hin.[44] Strauß eröffnet immer neue Nebenkriegsschauplätze,[45] der Prozess gegen Fahrer Kaiser
will kein Ende nehmen, und die Medien ergötzen sich daran. Insbesondere
der Zeugenauftritt des Ministers in Saal 126 des Bonner Amtsgerichts findet
als Schauspiel beispielloser Komik regen Anklang.

Bestens vorbereitet auf die Hauptverhandlung, präsentiert sich Strauß,
um seinen Expertenstatus als Zeuge zu unterstreichen, dem Gericht als bewährter Kraftfahrer: Seit nunmehr dreiundzwanzig Jahren besitze er die
Fahrerlaubnis, 300 000 Kilometer habe er bereits am Steuer absolviert, weitere 700 000 als Beifahrer. Im Übrigen, hat der Verteidigungsminister ausgerechnet, habe er in seinen nunmehr neun Jahren in Bonn die besagte
Kreuzung mindestens vier- bis fünftausendmal passiert. Er weiß also, wovon er spricht – im Gegensatz zu Hauptwachtmeister Hahlbohm.

Fünf Minuten habe der Ministerwagen am besagten Tag an der Kreuzung gewartet, erfährt das Gericht: »In dieser Zeit beobachtete ich den Ver-
kehrsposten und kam zu der Meinung, daß er mit dem Verkehr an der
Kreuzung nicht vertraut war. Ich sah den Polizisten auch zum erstenmal.
Als der Polizist dann den rechten Arm hob und mit dem linken Wink-

zeichen gab, da war ich überzeugt, daß es jetzt nur eins gab: schnell schalten und 'rüber. Das muß man ja im modernen Verkehr.«[46] Seine Beschwerde gegen Hahlbohm will Strauß daher auch keineswegs als Angriff auf dessen polizeilichen Ermessensspielraum verstanden wissen, er rüge lediglich die mangelhafte Beherrschung der »Verkehrszeichentechnik«. Zudem habe Hahlbohm sich im Ton vergriffen: »Ich habe es für ungehörig gehalten, daß ein Staatsbürger – auch wenn er, wie in meinem Fall, Bundesminister ist – auf der Straße von einem Polizeibeamten angebrüllt wird. Das habe ich auch beim Kommiß abgeschafft.«[47]

Himmel und Erde setzt Strauß in Bewegung, um das zu bekommen, was er für sein Recht hält. Selbst Globke und Adenauer versucht er in die Auseinandersetzung hineinzuziehen, schließlich mutmaßt er, dass an dem für ihn ungünstigen Verlauf der rechtlichen Auseinandersetzung – die Dienstaufsichtsbeschwerde wird zurückgewiesen, die Anzeige gegen Hahlbohm versandet, Kaiser wird verurteilt – die nordrhein-westfälische CDU, insbesondere Innenminister Josef Hermann Dufhues, nicht unschuldig ist: Er habe »keinerlei Vertrauen, weder zur sachlichen Korrektheit noch zur politischen Loyalität der verantwortlichen Herren in Nordrhein-Westfalen«, klagt Strauß dem Chef des Bundeskanzleramtes.[48] Die liederliche Gesinnung und mangelnde Gesittung der Bonner Justiz, erfährt der Kanzler, sei im Übrigen kein Einzelfall: Die ganze »Justizpolitik des Landes Nordrhein-Westfalen« spiele »eine wesentliche Rolle im Kampf gegen die Bundesregierung, selbstverständlich mit dem Ziele, die Mehrheitsverhältnisse in der Bundesrepublik zu ändern«.[49] Und weil Strauß nicht Recht bekommen hat und die Sache nicht zu einem für ihn befriedigenden Ende gekommen ist, muss hinter allem eine Intrige stecken, in die sich die Düsseldorfer Parteifreunde haben einspannen lassen, was ihnen Strauß noch Jahre später, wann immer sich ein passender Anlass bietet, aufs Brot schmieren wird.[50]

Zu allem Unglück dieser Wochen gesellt sich dann noch ein verpatzter Auftritt im hessischen Wahlkampf. Mehr denn je ist Strauß der neben Adenauer gefragteste Redner; der Verteidigungsminister sorgt stets für volle Häuser – und gern kippt dabei auch mal die Stimmung. Am Samstag, dem 25. Oktober, spricht Strauß vor 2000 Menschen in der völlig überfüllten Aula eines Offenbacher Gymnasiums. Hoch geht es her, eine stattliche Anzahl von Pazifisten und Atomgegnern will den Leibhaftigen einmal aus nächster Nähe sehen – Zwischenrufe stören die Versammlung, es kommt zu Schlägereien, Stinkbomben werden in Richtung des Redners geworfen. Strauß lässt sich von der aufgeheizten Atmosphäre anstecken, provozieren,

und greift zur dicken rhetorischen Keule:»Wem es bei uns hier im Bundesgebiet nicht passt«, schleudert er den Kritikern und Ruhestörern entgegen,
»der kann ja hinübergehen in die Sowjetzone.«[51]

Wiederum schallt das öffentliche Echo laut und unisono – es ist verheerend:»Wir fürchten, daß politische Versammlungen, Aktenstudium und
militärische Großplanung dem Minister nicht die Zeit gelassen haben, sich
die Grundbegriffe unseres geltenden Staatsrechts anzueignen«, wettert die
Frankfurter Rundschau, sein »Streben nach Ausschaltung jeder Opposition« erinnere fatal an dunkelste Zeiten: »Sind wir wirklich schon wieder
so weit, daß man (…) mit der Drohung, die Nichtkonformisten ›aus der
Volksgemeinschaft auszustoßen‹, auf den Beifall der Massen rechnen
kann?« Leicht ist im Übrigen der Bogen zur Hahlbohm-Posse geschlagen:
»(N)icht nur, daß Strauß sich mit seinen Kritikern nicht sachlich auseinan-
dersetzte – er möchte sie gar ins Exil schicken, so wie er im Hinblick auf
einen seinem Willen trotzenden Bonner Verkehrspolizisten forderte: ›Der
Mann muß weg.‹«[52]

Die *Frankfurter Allgemeine Zeitung* bemüht zwar nicht gleich Hitler,
doch auch bei ihr stellen sich unvorteilhafte historische Assoziationen ein.
Die »schmetternde(n) Worte« riefen, »wegen der Ähnlichkeit des Gedankens, geradezu Auslassungen Wilhelm des Zweiten ins Gedächtnis. Im
Widerstreit mit der freisinnigen und sozialdemokratischen Opposition forderte er seine politischen Gegner erregt in den neunziger Jahren in
öffentlicher Rede auf, ›doch lieber den Staub von ihren Pantoffeln zu schütteln und das Reich zu verlassen‹.« Dieser erneuerte Ausrutscher von Strauß,
»der eben erst (…) viel von sich reden gemacht (hat), als sein Auto einen
Verkehrszwischenfall verursacht hatte«, sei »unverzeihlich«. Eine »gute
Sache« sei es, Temperament zu haben.»Aber es wird leicht zu einer schlechten, wenn man es nicht im rechten Augenblick zu zügeln versteht.«[53]

Statt sich zu entschuldigen, wählt Strauß – wie er dies fast immer in den
kommenden Jahrzehnten tun wird – die diskussionsverlängernde Methode
und versucht, die skandalöse Aufforderung zum Missverständnis herunter-
zuspielen. Natürlich habe er nur die »kommunistisch gesinnten Kritiker«
gemeint.[54] Wenige Tage später gibt es gleich das nächste Missverständnis zu
korrigieren. Bei einer Wahlrede in Regensburg war das Wort vom »poten-
tiellen Kriegsverbrecher« gefallen, um jene zu charakterisieren, die die
westliche Verteidigungskraft schwächten. Dass er damit den polnischen
Außenminister Rapacki gemeint habe, wie nun die Sozialdemokraten mutmaßen, ergibt sich zwar ebenso wenig aus dem Text der Rede wie ein di-

rekter Angriff auf Gustav Heinemann.[55] Doch die verschreckte Öffentlichkeit interessiert sich inzwischen nicht mehr für eine präzise Philologie der Reden von Strauß: Er hätte es gesagt haben können, er wird wohl so denken – zumindest verbal traut man ihm fast alles zu.

Hat Strauß »(k)einen Respekt vor dem Gesetz?«, fragt besorgt Springers *Berliner Morgenpost*.[56] Anderen wird es angst und bange, wenn sie an seinen Machthunger denken: »Bei seiner politischen Karriere hat unser bayerischer Landsmann«, befindet die *Süddeutsche Zeitung*, »bisher schon einige Rotlichter überfahren, und er würde sich wohl auch im Weiterstreben nicht allzu skrupelvoll aufhalten lassen. Man sieht ja, wie eilig er's auf dem Weg ins Palais Schaumburg hat.«[57] Am schwersten wiegen aber die Sorgen, ob ein Mann mit derart ungezügeltem Temperament im Verteidigungsministerium am richtigen Platz ist. Schließlich ist Strauß Herr über die Bundeswehr in Zeiten des Kalten Kriegs und strebt jetzt auch noch unverhohlen nach nuklearer Mitverfügung: »Man weiß von Strauß, daß er für eine vollwertige Verteidigung Atomwaffen für unerläßlich hält«, kommentiert der bürgerlich-liberale Berliner *Tagesspiegel*: »Aber solange er sich nicht beherrscht zeigt, seinen Verstand vor den Wallungen des Bluts kühl zu lagern, kann uns nicht wohl sein bei dem Gedanken, eines Tages auch seinen Daumen am Knopf der gefährlichsten Waffe sehen zu müssen.«[58]

Noch hat der *Spiegel* seinen erbitterten Kampf gegen Strauß nicht aufgenommen, überhaupt sind es nicht in erster Linie die Medien, die in den vergangenen Jahren ein grelles Feindbild aufgebaut haben, und doch ist Strauß, kaum zwei Jahre im Amt des Verteidigungsministers, ein Politiker, der weithin Ängste erzeugt. Dass seine subjektive Seite – Persönlichkeit und Temperament – hierzu ihren Beitrag leisten, ist nur die halbe Wahrheit. Denn die Schonungslosigkeit, mit der er persönliche Sträuße ausficht, und das Unvermögen, sein Herz nicht stets auf vorderster Spitze der Zunge zu tragen, werden immer dann besonders sichtbar, wenn Strauß zur Sache, über Sicherheitsfragen, räsoniert. Für einen Politiker spricht er seine Bekenntnisse, Analysen und Vorhaben ungewöhnlich offen aus – und verschreckt damit die bundesrepublikanische Gesellschaft, die von Kriegsgefahr nichts wissen, von Sicherheitsbedrohungen nichts hören, von Risiken nichts lesen möchte. *Bild*, das Blatt mit der besten Witterung für öffentliche Stimmungslagen in Deutschland, bringt es auf den Punkt: »Bundesverteidigungsminister Strauß ist ein intelligenter Mann. Er weiß, daß das militärische für viele eine bittere Medizin darstellt. Deshalb zeigt er der

Öffentlichkeit zunächst die ganze Flasche. Aber dann sagt er: ›Nur drei Tropfen vorläufig!‹« Wer seinen Kindern Medizin geben müsse, wisse, wie das besser geht: »Man zeigt ihnen nicht gleich die ganze Flasche, auch nicht den großen Eßlöffel. Man machts tropfenweise und redet viel über den bitteren Geschmack hinweg.«[59]

Beides zusammengenommen – Strauß, der Ungezügelte, und Strauß, der Bürgerschreck in Gestalt der Kassandra – sorgt dafür, dass es sich seit 1958 einbürgert, ihn für einen gefährlichen Politiker zu halten. Werner Friedmann, Chefredakteur der *Süddeutschen Zeitung* und lange vor Rudolf Augstein ein Erzfeind von Strauß, ist einer der Ersten, der neben der Fähigkeit des Verteidigungsministers, »stimmstark und schwungvoll auf der parlamentarischen Klaviatur zu spielen«, immer deutlicher den »brutale(n) und machthungrige(n), durch keinerlei Skrupel gehemmte(n) Politiker« sieht, »für den der zukünftige Bundeskanzlerstuhl kein Traum mehr ist, sondern ein rücksichtslos angestrebtes Nahziel«. Gerade jemandem, schreibt Friedmann im März 1958 anlässlich der Atomdebatte im Bundestag, »der Konrad Adenauer nicht ohne Kritik gegenübersteht, muß es vor einem solchen Nachfolger grauen. Wenn dieser Verteidigungsminister nach der Atomwaffe schreit, riecht man förmlich den Dunst der Bierkeller und wird von der Sorge erfüllt, wohin diese Entwicklung unter seinen Händen führen könnte.« Mag Strauß auch »ein ebenso intelligenter wie dynamischer Mann« sein: »Ehrgeiz und Machtstreben machen ihn zu einer höchst gefährlichen Erscheinung in der deutschen Politik«.[60]

Dass Strauß ein gefährlicher Politiker sei, einer, der niemals höchste Verantwortung tragen dürfe, dass er bereits als Bundesverteidigungsminister ein echtes Sicherheitsrisiko darstelle – nicht nur seine politischen Gegner in der Opposition und in den Medien behaupten das. Größer noch sind mittlerweile sogar die Vorbehalte bei denen, die ihn aus der gemeinsamen Regierungsarbeit kennen. Ihre Besorgnisse sind freilich zum Teil recht profaner Natur, schließlich ist Strauß für die prominenteren seiner Unionskollegen nicht nur Parteifreund, sondern immer auch Konkurrent um Einfluss und Karriereperspektiven – ein ernst zu nehmender Gegner obendrein, gibt es im Bonn der Ära Adenauer doch niemanden, der ihm in analytischer Brillanz, in Wortgewalt oder in der Robustheit bei der Verfolgung von Eigeninteressen gewachsen wäre. Allerdings sind die wichtigsten seiner Rivalen ebenfalls mit reichlich Selbstbewusstsein ausgestattet, so dass sich die Furcht vor Strauß, der Machtmaschine, in Grenzen hält: Ob Fraktionschef Heinrich Krone oder Innenminister Gerhard Schröder – so sehr sich diese

beiden Ende der fünfziger Jahre hoch in Adenauers Gunst stehenden Politiker auch voneinander unterscheiden, in einem Punkt sind sie sich einig:
Strauß ist sich selbst der ärgste Feind; wenn er so weitermacht wie bisher,
dann wird er sich noch selbst erledigen.

Doch das kann dauern. Wie oft haben sich Adenauer und Krone schon
mit ihren Prognosen über Strauß geirrt! Aus jeder heiklen Lage, die ihm
Demut oder wenigstens etwas mehr Respekt vor den politischen Mitstreitern hätte beibringen können, ist er am Ende noch gestärkt hervorgegangen. Besonders genau registriert die Truppe um den Kanzler dabei, welch
erstaunlicher Wandel sich im Verhältnis zwischen den Generälen und
ihrem politischen Vorgesetzten vollzogen hat. Dass Strauß die gesamte militärische Führung der Bundeswehr schlecht behandele und gegen sich auf-
bringe, was der Kanzler noch im Sommer 1958 gegenüber dem Bundespräsidenten beklagte,[61] ist, nachdem sich die Herren erst einmal aneinander
gewöhnt haben, längst nicht mehr das Problem. Im Gegenteil: »Was fällt
den Generalen ein«, fragt sich Heinrich Krone, als sich der Generalinspekteur der Bundeswehr im Zuge einer der vielen Affären vor seinen Minister
stellt, diesem das uneingeschränkte Vertrauen der militärischen Führung
ausspricht und den Wunsch äußert, Strauß möge bitte bleiben. Als gehe es
»die Soldaten an, wer ihr Minister ist«, so Krone weiter, der nicht verstehen
kann, »daß der Kanzler das alles so hinnimmt«.[62] Dabei wird Adenauer
mehr als jedem anderen – mehr als Krone, mehr als Friedmann, mehr als
Augstein – schummrig, wenn er an seinen immer mächtiger und unkon-
trollierbarer werdenden Wehrminister denkt. Ob Strauß in seinem Amt
bleiben könne, diese Frage beschäftigt den Kanzler daher regelmäßig.

Im Sommer 1960, als er diese Sorge einmal mehr mit Krone erörtert,
hat die Distanz zu Strauß längst eine neue Qualität erreicht. Adenauer fühlt
sich von einer regelrechten Horrorvision gequält. Vor wenigen Wochen
erst, am 28. Mai 1960, hat in der Türkei das Militär geputscht: »Man wisse
doch nicht«, erfährt Krone, zu was Strauß alles fähig sei. Wäre ihm das
nicht gleichfalls zuzutrauen,[63] nun, da die Bundeswehr – von Adenauer
meist als Wehrmacht apostrophiert – nahezu geschlossen hinter ihm steht?

Dieses zunächst noch abstrakte Schreckensgemälde gewinnt in den
kommenden Monaten immer deutlichere Konturen und wendet sich bei
konkretem Anlass ins Gegenständliche. Im Frühjahr 1962 beispielsweise
unterhält sich Strauß mit Franz Meyers, dem nordrhein-westfälischen Ministerpräsidenten, streng vertraulich über das Szenario einer Bundesrepublik im Notstand. In allen Staaten dieser Welt sei in solchen Fällen die Ar-

mee die »*ultima ratio*«, in Deutschland aber fehle es an einer Gesetzgebung, die den innenpolitischen Ernstfall regele. Strauß wolle daher wissen, welche Rolle dann der Bundeswehr zukomme. Dummerweise hält sich Meyers nicht an die verabredete Vertraulichkeit, sondern erzählt Adenauer brühwarm von diesem ungewöhnlichen Gespräch. Und der Kanzler alarmiert sogleich den Bundespräsidenten: Strauß bereite einen Staatsstreich vor.[64]

Doch damit nicht genug: Im Sommer 1962 vertraut Adenauer wiederum Lübke an, Strauß plane einen Atomkrieg gegen die Sowjetunion. Abgesehen davon, dass Adenauer in diesen Monaten jedes Argument gelegen kommt, um sich endlich seines Verteidigungsministers zu entledigen, hat diese absurde Episode einen ernsten Hintergrund. Nicht, dass Strauß tatsächlich daran dächte, die Sowjetunion mit einem nuklearen Entwaffnungsschlag anzugreifen. Ausgelöst worden ist die Hysterie des Kanzlers durch eine Ausarbeitung der militärischen Führung der Bundeswehr über die Konsequenzen aus dem Strategiewandel in den Vereinigten Staaten, die Adenauer selbst bei Strauß in Auftrag gegeben hat.

Spätestens seit dem Amtsantritt Kennedys hat sich die Rolle der Kernwaffen in der westlichen Verteidigungsplanung gravierend verändert. Die sich schon in der zweiten Hälfte der fünfziger Jahre andeutende Verschiebung im Abschreckungsdenken der Vereinigten Staaten – weg von der massiven Vergeltung, hin zu abgestuften Atomschlägen – gewinnt nun in Gestalt der *flexible-response*-Doktrin verbindlichen Charakter, auch wenn darüber innerhalb der Nato noch nicht einmal gesprochen worden ist. Gleichzeitig zeigt die Analyse der sowjetischen Strategie, dass im Kriegsfall vom ersten Tag an mit dem Einsatz östlicher Kernwaffen zu rechnen ist.

Über diese strategischen Entwicklungen referiert Strauß im Frühjahr 1962 vor dem Bundesverteidigungsrat, und Adenauer findet das derart interessant, dass er den Verteidigungsminister um eine schriftliche Ausarbeitung hierzu bittet. Stein des Anstoßes für den Kanzler ist der Hinweis in der Studie, dass die amerikanische Verteidigungsplanung im Kriegsfall auch die Option eines »präemptiven« Kernwaffeneinsatzes vorsieht – was Adenauer groteskerweise als Straußens Plan zum nuklearen »Präventivkrieg« gegen die Sowjetunion missdeutet.[65]

Abermals, wie bei der vorangegangenen Irritation um das Gespräch mit Meyers, unterrichtet Lübke, der dies alles nicht glauben kann, den Verteidigungsminister sofort über die Unterstellungen des Kanzlers. Und diesmal hat Strauß wirklich allen Grund zum Zorn, dem er in einem langen und harten Gespräch mit Adenauer freien Lauf lässt: Nichts, aber auch gar

Hochbegabte im Gespräch: mit dem jungen Harvard-Star und späteren amerikanischen Außenminister Henry Kissinger, Bonn, 10. Mai 1961.

nichts habe der Bundeskanzler verstanden. Und damit fühlt sich Strauß endgültig in seinem seit längerem schon gehegten Verdacht bestätigt, dass Adenauer den Überblick über die militärischen Entwicklungen verloren hat. Bereits zwei Wochen nach dem Mauerbau hatte Strauß dem Regierungschef vorgehalten, dass dieser »trotz des Ernstes der politischen Lage in ungenügendem Maße über die internationalen militär-politischen Besprechungen der letzten Wochen, die eventuell für das Schicksal Deutschlands und der übrigen westlichen Welt sein können, unterrichtet« sei.[66] Ganz zu schweigen von den törichten Einlassungen seinerzeit über die taktischen Kernwaffen als Fortentwicklung der Artillerie! Über Wochen und Monate zieht sich der Nervenkrieg um die *Kriegsbild*-Studie des Verteidigungsministeriums hin – Globke und Krone reden auf den Kanzler ein, als sei er ein tauber Esel –, bis Adenauer endlich ein Einsehen hat und kleinlaut einlenkt. »Wir müßten damit rechnen, daß Strauß noch an Macht gewonnen hat«, jammert Will Rasner aus der Führung der Unionsfraktion, der beim entscheidenden Gespräch zwischen Strauß und Adenauer zugegen war, gegenüber Heinrich Krone, »Strauß hat auch gegenüber dem Kanzler gesiegt«.[67]

Dabei ist gar nicht leicht zu entscheiden, woher die absurde Unterstellung, Strauß wolle die Sowjetunion mit einem nuklearen Angriffskrieg überziehen, letztlich rührt. Setzt Adenauer solche Gerüchte über einen atomkriegslüsternen Verteidigungsminister in die Welt, um diesem zu schaden und ihn letztlich auszuschalten, indem er versucht, ihn unmöglich zu machen? Oder muss man aus dem Vorgang schließen, dass der alte Herr tatsächlich nicht begreift, nach welchen Regeln, Zwängen und strategischen Kalkülen die Welt des Nuklearzeitalters funktioniert? Beruhigend wäre keine der beiden Erklärungen.

Als besonders bizarre oder bösartige Verdrehung der Tatsachen muss Strauß die Behauptung Adenauers auch deshalb verstehen, weil er es war, der ein Jahr zuvor die größten Bedenken gegen das leichtfertige Hantieren in Bonner Regierungskreisen – beim Kanzler, beim Außenminister, bei Krone – mit atomaren Optionen im Zusammenhang der Berlinkrise angemeldet hatte. Schon damals, im Frühjahr 1961, vor dem Beginn der akuten Phase der Berlinkrise also, ist es immer wieder zum heftigen Streit mit Strauß gekommen, da dieser, wie er in- und ausländische Gesprächspartner gelegentlich wissen ließ, für Berlin letztlich keinen Atomkrieg riskieren wollte – eine Position, die Brentano intern gegenüber dem zustimmenden Krone als »politischen Defätismus« gegeißelt hat.[68]

Tatsächlich ist die Lage am Vorabend des Mauerbaus zum Verzweifeln. Der politische Druck der Sowjets auf Berlin wächst täglich; dass bald irgendetwas geschehen könnte, das die Existenz des freien Westteils der Stadt im Kern bedrohen würde, liegt in der Luft. Doch welche Möglichkeiten, sich zu wehren, haben die Bundesrepublik und der Westen im Ernstfall überhaupt? Adenauers Kalkül ist denkbar schlicht. Wenn nur die Amerikaner in Treue fest zu Berlin stehen, vor allem mit ihrem abschreckenden Nuklearpotenzial, dann wird schon nichts passieren. Erst einmal die nahende Bundestagswahl am 17. September überstehen – alles andere wird sich finden. Bis dahin freilich ist Ruhe wahren erste Ministerpflicht, gerade auch für Strauß.

Im Nervenkrieg um Berlin, der leicht ein bewaffneter werden könnte, fällt das dem Verteidigungsminister besonders schwer. Denn in dieser gefährlichen Sicherheitslage drängt sich ihm immer stärker der Eindruck auf, dass die anderen maßgeblichen Herren am Bonner Kabinettstisch und besonders engagierte Berlinfreunde in der eigenen Bundestagsfraktion nicht recht begriffen haben, was auf dem Spiel steht. Beispielsweise Gerd Buce-

rius, der *Zeit*-Verleger und CDU-Bundestagsabgeordnete, der ähnlich wie
Krone und Brentano im Mai von der ihm zu weich erscheinenden Position
des Verteidigungsministers erfahren hat und diesem daraufhin seine Sorge
klagt, die Amerikaner könnten so möglicherweise »nicht mehr davon zu
überzeugen« sein, »daß es uns mit Berlin wirklich Ernst ist«.[69]

Was soll man davon halten? Strauß jedenfalls empfindet es als »paradox«, antwortet er Bucerius, »daß gerade diejenigen am lautesten nach der
Verteidigung Berlins bis zum Letzten rufen, die vorher alles getan haben,
um die militärische Bündnisfähigkeit und Verteidigungsbereitschaft der
Bundesrepublik zu verhindern oder zu verzögern«. Aus Sicht des Verteidigungsministers, der es ja wissen muss, ist es jedenfalls »außerordentlich
schwierig, unseren Verbündeten und dem deutschen Volk den bitteren
Ernst der Situation und unsere wirkliche Entschlossenheit klar zu machen,
solange unerläßlich notwendige Voraussetzungen für die Herstellung der
Verteidigungsbereitschaft, obendrein, wenn es sich um ein militärgeogra-
phisch so schwieriges Gebiet wie Berlin handelt, nicht erfüllt werden.«

Im Grunde sei die »militärische Verteidigungsbereitschaft der Bundesrepublik (...) außerordentlich mangelhaft«. Bevor man also mit dem Säbel
rassele und militärische Kraftmeiereien an die Adresse der Berlin bedrohen-
den Sowjetunion richte, müsse man sich die eigene Ausgangsposition schonungslos vor Augen führen. »Mit Recht« habe man seinerzeit »Hitlers Generalen vorgeworfen, nicht nur, daß sie einem Unrechtsstaat gedient haben«,
sondern auch, »daß sie sinnlose militärische Befehle, für deren Durchführung alle Voraussetzungen fehlten, entgegengenommen und befolgt haben.«
Heute, angesichts der Forderung, den Sowjets im Fall des Falles militärisch
unbedingt die Stirn zu bieten, stelle sich die Lage für die Bundeswehr nicht
sehr viel anders dar: »Wenn die nach technischer Sachkenntnis, gesundem
Menschenverstand und praktischen Erfordernissen notwendigen Voraussetzungen für die Durchführung eines Auftrags nicht gegeben sind, kann der
Befehl dafür entweder nicht erteilt oder befolgt werden.«[70]

Auch in Amerika, wo Strauß sich im Juli 1961 drei Wochen aufhält und
viele Gespräche mit den Spitzen der Kennedy-Administration führt, packt
ihn das kalte Grausen: Die Lage sei »ernster, als selbst ich sie gesehen habe«,
vertraut er seinem Pressesprecher Schmückle nach Abschluss der Konsultationen an: »Die Amerikaner scheinen zu glauben, in Deutschland einen
stellvertretenden Krieg führen zu können. Sie glauben an einen Krieg mit
bis zu 20 Divisionen auf jeder Seite, der ohne Einsatz von Atomwaffen
geführt werden könne.«[71] Und eben dies sei eine gefährliche Illusion.

Besonders »erschüttert« ist er darüber, »daß weder der amerikanische Außenminister, der amerikanische Verteidigungsminister, noch der oberste Stabschef Lemnitzer die russischen Manöverberichte« der vergangenen Jahre kennen, aus denen hervorgehe, dass die Russen stets mit Atomwaffen operieren. Die Amerikaner seien »Gefangene ihrer Denkkategorien«: Sie seien überzeugt, eine kriegerische Auseinandersetzung mit der Sowjetunion sei kontrollierbar und auf den Einsatz konventioneller Waffen zu begrenzen, und dabei ließen sie »den Gegner ebenso außer acht (…) wie die Spontanität des politischen Lebens«. Immerhin sei es ihm in den Gesprächen gelungen, die amerikanischen Planungen von 20 auf 6 Divisionen »herunterzuhandeln«, die notfalls die Zufahrtswege nach Berlin absperren sollen, aber auch den »Gedanken an diese 6 Divisionen« müsse er »wegbringen, und zwar weil dieser Krieg keine Lösung des politischen Problems bringen« könne: »Wir müssen dem dritten Weltkrieg ausweichen, selbst wenn wir dafür einen hohen Preis bezahlen müssen.« Selbst sechs Divisionen bedeuteten in Europa Weltkrieg – und Krieg bedeute das Ende Deutschlands.[72]

Kriegsvermeidung ist mithin für Strauß in den Monaten der akut verschärften Berlinkrise das oberste Gebot. Aber Appeasement kann auch nicht die Lösung sein. Was also tun? Am nächsten liegt aus Sicht von Strauß die Gefahr, wie er seinem amerikanischen Amtskollegen Robert McNamara im Juli 1961 erklärt, dass Ulbricht – mit mehr oder weniger direkter Unterstützung der Sowjetunion – versuchen werde, West-Berlin auszuhungern und vom Westen abzuschneiden, ohne diesem einen hinreichenden Kriegsgrund zu liefern. Dagegen müsse man sich mit allen Mitteln – bis an den Rand eines Kriegs, aber nicht darüber hinaus – zur Wehr setzen: Kriegsangst im Osten schüren, Verhängung eines umfassenden Embargos, Ergreifen asymmetrischer Gegenmaßnahmen wie eine Seeblockade Kubas, Bereitschaft zum umfassenden Wirtschaftskrieg, Einrichtung einer Luftbrücke, Stärkung der militärischen Kapazitäten etwa durch die sofortige Erhöhung der Sollstärke der Bundeswehr oder durch die Verlegung von alliierten Truppenteilen. Denn: »Wenn wir das Risiko nicht auf uns nehmen und nicht pokern wollen, dann haben wir das Spiel schon im voraus verloren.«[73] Das Signal für Moskau müsse eindeutig sein: Der Westen wolle keinen Krieg, aber er werde einer militärischen Auseinandersetzung nicht um jeden Preis ausweichen.

Eine solche Demonstration der Wehrhaftigkeit und der Entschlossenheit, die Freiheit West-Berlins zu verteidigen, so das Kalkül von Strauß, werde im günstigen Fall zu einer politischen Lösung der Probleme führen. Sollte die Rechnung jedoch nicht aufgehen, verbleibe unterhalb der Schwelle zur Eskalation des Konflikts zum atomaren Weltkrieg allenfalls die Bereitschaft, die Zugangswege nach Berlin mit Waffengewalt freizukämpfen. Was dann geschehe, sei nicht kontrollierbar. Eine Abschreckung der östlichen Supermacht könne dann nur noch durch die direkte nukleare Bedrohung der Sowjetunion, durch die demonstrative Entschlossenheit, diese physisch zu vernichten, hergestellt werden – durch die Bereitschaft des gesamten freien Westens also, sich als Geisel in einem unbegrenzten Atomkrieg zur Verfügung zu stellen. Dass es so weit nicht kommen werde, nicht kommen dürfe, weiß Strauß selbst am besten. Ein auf Deutschland begrenzter militärische Konflikt ist jedoch wegen seiner zerstörerischen Folgen ebenfalls keine Option, zumal Deutschland, wie Strauß den amerikanischen Außenminister Dean Rusk wissen lässt, nicht zuletzt durch das Verschulden Adenauers nicht auf den Ernstfall vorbereitet sei. Der einzig verantwortbare Kurs ist demnach ein permanentes Lavieren zwischen Bluff, strengstens limitierter militärischer Handlungsbereitschaft und – wenn es hart auf hart kommen sollte – geordnetem Rückzug.

Für diese ziemlich anspruchsvolle Strategie versucht der Verteidigungsminister, kaum nach Europa zurückgekehrt, den Kanzler zu gewinnen. Doch Adenauer will davon nichts hören. Für ihn ist die beste Strategie zur Verteidigung des freien Berlins die Verteidigung der eigenen absoluten Mehrheit bei der herannahenden Bundestagswahl: »Nur dann können wir eine wirklich konsequente und folgerichtige Politik machen und auch eine Krise durchstehen.« Strauß, der befürchtet, dass sich der Osten bei der weiteren Inszenierung der Berlinkrise kaum rücksichtsvoll am innenpolitischen Terminplan der Bundesrepublik orientieren wird, stößt bei all seinen Anläufen, bereits jetzt Stärke zu zeigen, auf schroffe Ablehnung: Er irre, lässt ihn Adenauer wissen, »wenn er glaube, daß sichtbare Kriegsvorbereitungen (…) ohne Einfluss auf die Wahl seien«. Das deutsche Volk sei »noch so innerlich labil«, dass »jedenfalls die Schicht, die parteipolitisch nicht gebunden sei in ihren Anschauungen, bei einer geschickten Agitation der Sozialdemokraten anfällig für die Stimmabgabe für die SPD« würde.[74]

Schließlich kommt alles ganz anders, als sich der Kanzler das ausgemalt hat: Am 13. August beginnt der Bau der Mauer, Adenauer verliert fünf Wochen später seine absolute Mehrheit, der Druck auf Berlin hält an, und Strauß fürchtet mehr denn je, dass Amerika zu militärischen Abenteuern bereit sein könnte, sollten die Sowjets die Schraube weiter anziehen. Im

Sommer, vor dem Mauerbau, hatte er sich bei seinen Gesprächen in den USA aus gutem Grund um eine klare Antwort auf die Frage herumgedrückt, ob die Bundesrepublik im Ernstfall kampfbereit an der Seite der westlichen Verbündeten stünde, nicht zuletzt mit einem Argument, das seinem ansonsten von formalistischen Erwägungen nicht beeindruckbaren Denken ziemlich wesensfremd gewesen sein muss: Der Vier-Mächte-Status von Berlin erlaube es nicht, dass die Bundeswehr in der Hauptstadt militärische Präsenz zeige. Im Oktober 1961 muss Strauß aber registrieren, dass selbst bei seinen Generälen Kriegsbereitschaft herrscht; Albert Schnez zum Beispiel meint, Deutschland müsse entsprechende amerikanischen Tendenzen »voll« unterstützen. »Vielleicht muss ein deutscher General so denken«, vertraut der Verteidigungsminister daraufhin seinem Presseoffizier an. Er aber sei »der schärfste Gegner jedes Kriegsgedankens in Europa« und werde sich mit seiner »ganzen Persönlichkeit« für eine »Lösung auf dem politischen oder wirtschaftlichen Gebiet einsetzen unter Vermeidung militärischer Risiken«. Schmückle erhält daher die Weisung, »die amerikanischen Absichten mit allen Mitteln zu torpedieren«.[75]

Während sich der Verteidigungsminister in diesen Wochen und Monaten auf die gefährliche Krise konzentriert, scheint ihm der Bundeskanzler ziemlich viel Energie auf innenpolitische Spielchen zur eigenen Machtbefestigung zu verwenden. Doch dieser Argwohn beruht auf Gegenseitigkeit: Adenauer misstraut im Sommer 1961 seinem Verteidigungsminister mehr denn je. Im Umfeld der Bundestagswahl wird ihm dann noch zugetragen, dass Strauß bereits seit längerem mit der FDP gegen ihn konspiriere: Mit ihr zusammen wolle die CSU den Kanzler im Zuge der kommenden Regierungsbildung stürzen und Ludwig Erhard zum Nachfolger küren. Tatsächlich waren an einem Montagabend, dem 10. Juli 1961, im Düsseldorfer Haus des Kaufhauskönigs Helmut Horten die Spitzen von CSU und FDP, Strauß und Friedrich Zimmermann sowie Erich Mende, Willi Weyer und Wolfgang Döring, zusammengekommen, um sich zum Kanzlerwechsel zu verschwören.[76] Bis zum Wahltag sollte alles geheim bleiben: Getrennt marschieren, vereint zuschlagen, lautete die Losung.[77]

Auf die Idee, dass Strauß einen Rückzieher machen könnte, kommt nach dieser Begegnung niemand bei den Liberalen. Denn darüber, dass Adenauer endlich Erhard weichen müsse, wird in der Union zwar nicht offen diskutiert, aber jedem wachen Beobachter ist seit langem klar, dass man des alten Kanzlers in den eigenen Reihen müde ist. In der CSU fast mehr noch als in

der CDU. Zuletzt sind die Meinungs- und nur noch schwer harmonisier-
baren Temperamentsunterschiede zwischen Strauß und Adenauer immer
offener zutage getreten. Auf Strauß, so das Kalkül der Liberalen, wird man
im Zweifel also zählen können.

Entsprechend selbstbewusst tritt die FDP in der Schlussphase des Wahlkampfs auf, in der Adenauer auf viele bürgerliche Wähler angesichts der
dramatischen Lage in und um Berlin blass, kraftlos, unentschlossen wirkt.
Dass der Kanzler nach dem Mauerbau nicht an den Ort des dramatischen
Geschehens geeilt ist und stattdessen auf übelste Weise gegen den Spitzenkandidaten der SPD und Regierenden Bürgermeister von Berlin hetzte –
»Brandt alias Frahm« –, wird ihm am Ende schwer schaden. Die Liberalen
indes seien bereit zu einem Bündnis mit der Union, trompetet Mende
allenthalben – aber nicht mehr unter Adenauer!

Am 17. September wird schließlich amtlich, was sich bereits seit längerem abgezeichnet hat: Die absolute Mehrheit der Union ist dahin. Und so
kommen die Frondeure, bereits einen Tag später, abermals im Hause Horten zusammen, um das weitere Vorgehen zu besprechen. Ja, natürlich, die
Verabredung vom Juli gelte noch, bekräftigt Strauß, der sich bereits in der
Wahlnacht für Erhard als neuen Kanzler ausgesprochen hat.[78] Allerdings
könnte es etwas heikel werden, den Wechsel unverzüglich zu vollziehen.
Vielleicht wäre es besser, dem Alten noch ein Jahr zu geben. Die Freidemokraten indes bleiben stur.

Dass die Liberalen mit ihrer für Adenauers Geschmack recht vorlauten
Forderung, ihn vom Thron zu stürzen, nicht nur sich selbst und ihrer wahl-
gestärkten Kraft vertrauen, erfährt der Kanzler schnell. Sofort stellt er seinen abtrünnigen Verteidigungsminister zur Rede, der sich selbstverständlich den Vorwurf der Illoyalität verbittet. Was der FDP als Einknicken
erscheint, verkauft Strauß dem Kanzler als besonders schlauen Schachzug:
Mit seinem Vorschlag, Adenauer erneut zum Bundeskanzler zu wählen,
gleichzeitig jedoch die Amtsübergabe an Erhard für einen festen Zeitpunkt
zu fixieren, habe er doch ganz im Sinne des gegenwärtigen Amtsinhabers
gearbeitet: Nur so sei es am Ende möglich, der FDP eine Wiederwahl abzu-
trotzen.

Nichts spricht dafür, dass sich Adenauer wegen dieser heroischen Tat
Strauß zu Dank verpflichtet fühlt. Wenn er es nicht genau weiß, so ahnt er
doch, was der eigentliche Plan gewesen ist. Aber es ist nicht nur der schleichende Machtverfall des Regierungschefs, der ihn so weit geschwächt hat,
dass der Vorgang am Ende ohne Konsequenzen bleibt.

Viel, sehr viel Kraft hätte es Adenauer auch in den Jahren zuvor gekostet, seinen Verteidigungsminister zu entlassen. Schon die Versetzung in ein anderes Ressort – abgesehen vom Auswärtigen Amt – hätte das Risiko schlimmster Verwerfungen in sich getragen. Seit März 1961 sind allerdings selbst die theoretischen Möglichkeiten, Strauß loszuwerden, passé. Denn im dritten Anlauf – nach den ersten beiden von 1952 und 1955 – ist es ihm endlich gelungen, Vorsitzender der CSU zu werden, was er 27 Jahre, bis an sein Lebensende, bleiben wird. Auch wenn es nur die kleine Schwester der großen CDU ist, die Strauß nun führt – sie ist eine eigenständige Partei, ohne die Adenauer keine Mehrheit mehr im Parlament besäße. Und obwohl der neue CSU-Chef in den eigenen Reihen – der Landesgruppe wie der Münchner Führungsriege – nicht unumstritten ist, birgt seither jeder Konflikt mit Strauß das Risiko, die prekäre Einheit der Union aufs Spiel zu setzen. Wenn in den vergangenen Jahren irgendetwas über Strauß zu lernen war, dann dies: Im Kampf gegen Anfeindungen spielt er mit vollem, mit größtmöglichem Einsatz.

Wo also steht er nun, Franz Josef Strauß, der talentierte, ehrgeizige, der junge Vollblutpolitiker am Anfang vom Ende der Ära Adenauer? Abgesehen davon, dass er sein schwieriges Amt hervorragend führt, der Aufbau der Bundeswehr allmählich Fahrt aufgenommen hat, seine Stellung in den internationalen Gremien vorzüglich ist – abgesehen davon, dass Strauß eigentlich ein wirklich guter Verteidigungsminister ist, spräche aus der Sicht Adenauers und seiner immer noch mächtigen Getreuen alles dafür, ihn so schnell wie möglich loszuwerden: Er ist gefährlich, ein Sicherheitsrisiko; er lässt sich schwer führen; er hat weitergehende politische Ambitionen; er polarisiert im ganzen Land und in den eigenen Reihen; er scheucht mit seinen Thesen und Themen die Wirtschaftswundergesellschaft auf, die von ernsten Prüfungen für Staat und Gesellschaft nichts wissen will; er ist ein Ruhestörer – Strauß, ein Bürgerschreck im bourgeoisen Gewand.

Doch nun, da er Parteivorsitzender ist, kann ihm keiner mehr was. Er steht im Zenit seiner Macht; noch ahnt niemand, dass er damit in Wirklichkeit seine Fallhöhe erreicht hat und in wenigen Monaten die *Spiegel*-Affäre das Land erschüttern wird. Zuletzt hat sogar Adenauer den Kampf aufgegeben. Wenn nicht noch ein Wunder geschieht, wird dieser ungestüme und brillante Mann – allen Unwuchten in Temperament und Persönlichkeit zum Trotz unbestritten die größte politische Begabung und Kraft der Union – wohl doch in absehbarer Zeit das Zepter übernehmen.

Cyrus Sulzberger, der Starautor der *New York Times*, der bei seinen vielen Europabesuchen von jedem Staatsmann oder Spitzenpolitiker der westlichen Welt empfangen wird – er kennt sie alle –, Sulzberger ist nach der Wahl von Strauß zum CSU-Vorsitzenden überzeugt: Dieser Mann wird demnächst Bundeskanzler. So wettet er im April 1961 um eine Kiste Champagner, dass Strauß spätestens am 1. Januar 1970 »Kanzler ist oder Kanzler von Deutschland gewesen ist«. Nur einer ist sich da nicht ganz so sicher: »FJS bets the contrary.«[79]

Eine verhängnisvolle Affäre

Mit der Bundestagswahl 1961 ist das Ende des Gründungskanzlers besiegelt, was dieser lange Zeit nicht wahrhaben will; in den weltpolitischen Stürmen, die die Bundesrepublik nun heftiger denn je durcheinander schütteln, erodiert die bis dahin stabile Machtbasis Adenauers. Seine Wiederwahl zum Bundeskanzler kann er nur noch mit dem Versprechen an die eigenen Leute durchsetzen, in der Mitte der laufenden Legislaturperiode abzudanken. Seine ehedem unangefochtene Autorität im Kabinett schwindet ebenfalls allmählich. Strauß macht sowieso, was er will, das ist nichts Neues, doch auch andere, bisher eher handzahme Minister mucken langsam auf oder kümmern sich erst gar nicht mehr um die Wünsche und Anweisungen des Kanzlers. Besonders der neue Chef des Auswärtigen Amtes, Gerhard Schröder, sucht ziemlich selbstbewusst eigene Wege. Bereits wenige Wochen nach Abschluss der sich quälend lang hinziehenden Koalitions- und Regierungsbildung zeichnet sich ab, dass er sich nicht damit zufrieden geben wird, sein Amt als eine Art Vizeaußenminister unter einem Bundeskanzler auszuüben, der alle wichtigen Fragen der Außenpolitik an sich reißt.

Wie ernst, wie aufrichtig war das Gelöbnis Adenauers überhaupt, demnächst einem Nachfolger Platz zu machen? Damals, vor seiner ersten Wahl, hatte er den Parteifreunden, die sich fragten, ob die Kräfte eines Dreiundsiebzigjährigen reichen, um das Land zu lenken, ein Attest präsentiert, das ihm bescheinigte, er könne das aufreibende Amt des Bundeskanzlers für mindestens ein, zwei Jahre bekleiden. Bald war die Frist verstrichen, nach einer ärztlichen Folgebescheinigung wagte niemand mehr zu fragen. Zehn Jahre später delektiert sich die Republik an einem Witz, der innerhalb der Union für nicht wenige zitronensaure Mienen sorgt: Was ist der Unterschied zwischen einem Handwerker und Adenauer? Der eine kommt nicht, der andere geht nicht.

Am Vorabend der *Spiegel*-Affäre ist dieser Jux aktueller denn je. Wie schon oft in den vorangegangenen Jahren verbringt der Kanzler seinen Sommerurlaub in Cadenabbia. »Trotz des ärgerlichen Lärms, der aus der Bundesrepublik zu mir dringt«, bieten die spätsommerlichen Wochen am Comer See genügend Muße, darüber Klarheit zu gewinnen, »was zu tun meine Pflicht ist«. Die internationale Lage sei derart ernst, so lautet das Ergebnis dieses In-sich-Gehens, wie er Ende September 1962 an seine engsten Gefolgsleute Globke und Krone schreibt, dass er »trotz des gegenwärtigen Geschreis Bundeskanzler bleiben« müsse: »Das Vertrauenskapital, das ich mir in den vergangenen 13 Jahren meiner Tätigkeit erworben habe, darf nicht ungenutzt bleiben.« Insbesondere die »Gestaltung unseres Verhältnisses zu Frankreich« – Schröder, dem neuen Außenminister, fehle es an der dazu nötigen Leidenschaft –, aber auch die Reorganisation der Nato, die Neuordnung der Beziehung zu den Vereinigten Staaten und die Ostfrage »erfordern in starkem Maße meine persönliche Mitwirkung«. Von allen übrigen Arbeiten müsse er »möglichst verschont bleiben« – Globke und Krone sollen »mehr als bisher selbständig entscheiden«. Den Kampf mit den widerspenstigen Parteifreunden, die längst um seine Nachfolge ringen, kann ihm allerdings niemand abnehmen: »Ich muß mich (…) mehr der Fraktion und der Öffentlichkeit widmen.«[1]

Wenige Wochen später, auf dem Höhepunkt der Krise, werden solche Überlegungen, die außerhalb des Kreises der Treusten der Treuen niemand kennt, doch mancher ahnen kann, über den Haufen geworfen sein. Der einstweilen unbeugsame Wille des Kanzlers, nicht loszulassen, denen, die ungeduldig auf sein Erbe lauern, noch nicht zu weichen, der unerklärte und gleichwohl verdeckt geführte Krieg ums Kanzleramt – all das wird der *Spiegel*-Affäre zusätzliche Dynamik verleihen. Fast alle maßgeblichen Kräfte in den Regierungsparteien haben in den kommenden kritischen Wochen, neben der Krisenbewältigung, ihre eigene Agenda: in gute Ausgangspositionen für die Zeit nach Adenauer zu kommen.

Aus Sicht der Öffentlichkeit gilt dies sogar für Strauß. Von den vielen Widerständen gegen seine Ambitionen ist der *Spiegel* der wohl gefährlichste. Die Unerbittlichkeit, mit der das Hamburger Nachrichtenmagazin ihn sich vorgenommen hat, ist längst schon mehr als lästig. Eine Skandalgeschichte nach der anderen feuert der *Spiegel* ab, in stets düsteren Farben malt er ein Bild von Politik und Charakter des Verteidigungsministers, das sich allmählich im öffentlichen Bewusstsein festsetzt. *Semper aliquid haeret* – irgendwas bleibt immer hängen. Und so einen können die Deutschen unmöglich als Kanzler haben wollen. Da braucht es gar keine Beweise, um Strauß als eigentlichen Drahtzieher der *Spiegel*-Affäre auszumachen: Der Mann will Kanzler werden, um jeden Preis, nur das Magazin stellt sich ihm noch in den Weg – es muss also ausgeschaltet, wenigstens mundtot gemacht werden. Lange bevor die ersten Details über seine tatsächliche Verstrickung beim Schlag gegen den *Spiegel* bekannt werden, steht das Urteil fast schon fest: Die ganze Aktion riecht eindeutig nach Strauß.

Tatsächlich sind sich nahezu alle Zeitgenossen sicher, dass Strauß Bundeskanzler werden will, und für die meisten spricht vieles dafür, dass ihm das irgendwann gelingen wird. Dass Strauß sich selbst für dieses höchste Regierungsamt als bestens geeignet betrachtet, daran muss man wohl nicht zweifeln, und auch nicht daran, dass er es gern einmal übernehmen möchte. Doch vor dem Kanzler-Sein steht das Kanzler-Werden. Und auch das Kanzler-Werden muss gewollt sein.

Wie so vieles im Leben von Strauß ist eben dieser Wille nicht eindeutig. Ausgangs der Ära Adenauer bleibt es ganz im Ungefähren, ob Strauß tatsächlich ohne Wenn und Aber Kanzler werden möchte. Nie meldet er seinen Anspruch offen an, und zudem ist kein planvolles Handeln zu erkennen, das auf ein solches Streben deuten würde. Alle taktischen Rücksichten, die es zu nehmen gälte, schlägt er in den Wind; die Schar seiner Befürworter in den eigenen Reihen ist im Verlauf seiner Ministerjahre sogar kleiner geworden. Eine besondere Raffinesse der Karriereplanung – wenn es sie denn gäbe – ist weder mit Blick auf das von Krone befürchtete Szenario zu erkennen, Strauß könnte über das Auswärtige Amt ins Palais Schaumburg vorzurücken versuchen, noch lässt sich der neuerdings an ihm zu beobachtende Stoizismus als Hinweis darauf deuten, wie sicher er sich seiner Sache wäre – als ob er wüsste, dass er und nicht etwa Gerhard Schröder, zweifellos ein Star dieser Jahre, oder Bundestagspräsident Eugen Gerstenmaier nach einer kurzen Übergangszeit unter Ludwig Erhard, dem niemand in Bonn ein langes Durchhaltevermögen zutraut, zum Zuge kommen werde.

Ob Strauß oder ein anderer auf den Alten folgen wird, wenn dieser geht, ist gewiss keine unwichtige Frage. Aber es sind doch andere, tiefere Sorgen, die die Stimmung in der Schlussphase der Ära Adenauer prägen und gewissermaßen die Bühne beherrschen, auf der sich das Trauerspiel der *Spiegel*-Affäre vollziehen wird.

Zur Ruhe ist die junge Bundesrepublik in der gesamten Ära Adenauer nie gekommen: gegründet zwischen der ersten Berlinkrise 1948/49 und dem Ausbruch des Koreakriegs; gefährdet als Frontstaat im sich über die folgenden Jahre immer weiter vertiefenden Ost-West-Konflikt; innenpolitisch bis Mitte der fünfziger Jahre über die Grundentscheidungen zur Marktwirtschaft, Wiederbewaffnung und Westintegration zerrissen; verunsichert in der Zeit der Doppelkrise um den Suez-Kanal und die Niederschlagung der

*Strauß wird CSU-Chef: Der Spiegel serviert zu diesem Anlass
eine seiner deftigen Titel-Geschichten, 5. April 1961.*

Aufstände in Polen und Ungarn; seit Ende 1958 mit der immer konkreter werdenden Gefahr konfrontiert, dass die erneute Auseinandersetzung um Berlin weiter eskalieren könnte – in den Jahren 1961/62 weiß niemand, ob diese Krise mit dem Mauerbau ihren Höhepunkt erreicht hat oder ob eine neue, weiter verschärfte Phase der Unsicherheit bevorsteht. Im Herbst 1962, während der Kubakrise, sieht sich die westliche Welt am Abgrund zum Atomkrieg, und es ist schwer zu sagen, was schlimmer wäre: die Bereitschaft der Vereinigten Staaten zum Letzten oder ihr Zurückweichen.

Die ersten zehn Jahre der Bundesrepublik waren eine unglaubliche Erfolgsgeschichte: Wiederaufbau, Wohlstand, Aufnahme in den Kreis des freien Westens. Aber die ungeheure Dynamik der Nachkriegszeit hat viele Fragen bloß verdrängt. Immer noch »ist die Bundesrepublik ein Staat ohne geistigen Schatten«, diagnostiziert 1960 der konservative, CDU-freundliche Publizist Rüdiger Altmann, der zu den engsten Beratern des künftigen Bundeskanzlers Ludwig Erhard zählt. Spätestens seit Adenauers verunglücktem Versuch, sich 1959 aufs Amt des Bundespräsidenten zurückzuziehen, liegt die Frage in der Luft, was nach ihm kommt. Denn dass sein Abgang zugleich das Ende einer Epoche markieren wird, ist auch denen, die diesen Tag herbeisehnen, bewusst. »Was wird von seinem Werk übrigbleiben? Ist es überhaupt ein zusammenhängendes Ganzes, das den Titel Werk verdient, eine Konstruktion, stabil genug, daß andere nach ihm sie übernehmen können?«, fragt sich nicht nur Altmann: »Ohne Zweifel, das Erbe Adenauers betrifft das Schicksal der Bundesrepublik. Wir alle, seine Freunde und Gegner, fühlen den ungewissen Boden dieser Zukunft bereits unter unseren Füßen. (…) Wir werden nicht bloß mitten im Rennen den Reiter und Trainer wechseln müssen. Er wird vielleicht auch das Sattelzeug mitnehmen. Aus dem Vertrauen auf Adenauer muß dann ein hartes und illusionsloses Selbstvertrauen werden – und das unter den Augen der Russen.«[2]

Dass die Bundesrepublik, die Adenauer hinterlassen wird, immer noch ein Staat »ohne geistigen Schatten« ist – man könnte auch sagen: eine Republik ohne eine sie tragende Staatsidee –, hat neben dem Umstand der fortwährenden Teilung Deutschlands vor allem einen einfachen Grund: Keine der richtungsweisenden Entscheidungen erfolgte ganz freiwillig; schon gar nicht beruht der in den fünfziger Jahren immer größer und stabiler werdende Konsens über die Grundausrichtungen der Bundesrepublik auf einer geistigen Haltung, die der Kontemplation oder der Reflexion über Ordnungsprinzipien entsprungen wäre. Die Zustimmung zur Westbindung verdankt sich eher der Einsicht in die prekäre Sicherheitslage und der Sehnsucht, die Schatten der Vergangenheit durch die Aufnahme in den Kreis der früheren Feinde abzustreifen, als einem bewussten Akt der Verwestlichung Deutschlands. Und auch die Demokratiewerdung in Deutschland beruhte ja nicht auf einem steten, lernenden Prozess der Aneignung, sondern kam plötzlich, fast über Nacht, ohne dass sich die Mentalitäten und Prägungen aus zunächst vor-, dann halb-, zuletzt undemokratischer Zeit auf einen Schlag geändert hätten.[3]

So ist eine merkwürdige Gleichzeitigkeit von Ungleichzeitigem kennzeichnend für jene Zeit: Eine sich von Tag zu Tag immer besser bewährende Verfassung bietet ein zuverlässiges Korsett für das demokratische Ganze, in dem sich freilich Geist und Ethos als gleichfalls tragfähige Stützen der Demokratie noch nicht verstetigt haben. Die Affäre, über die Strauß Ende 1962 stürzen wird, der *Spiegel*-Skandal, wird dies überdeutlich zeigen. Doch nicht nur in den Mentalitäten der handelnden Personen spiegelt diese Ambivalenz sich wider; sie ist auch erkennbar im Willen, sich gegen die Übergriffe des Staates in noch ungefestigte Sphären der bürgerlichen Freiheit zur Wehr zu setzen, und der Entschiedenheit, mit der sich die Gesellschaft ihr Recht vom Staat abtrotzt.

Die *Spiegel*-Affäre ist gewissermaßen eine, wenn nicht *die* Entscheidungsschlacht im Kampf um den werdenden Charakter der deutschen Nachkriegsdemokratie – liberal oder durchsetzt mit den autoritären Momenten einer vordemokratischen Ordnung. Schon die Zeitgenossen spüren, dass am Ende die Bundesrepublik »nie mehr wie vorher«[4] sein wird. »Die Bevölkerung hat auf ihre Beteiligung am politischen Geschehen weitgehend verzichtet und nicht nur gern gesehen, daß die Bundesrepublik sich zu einem Verwaltungsstaat entwickelte. Die Verwaltung, die seit je unserem Volkscharakter am nächsten kommt, hat die Zügel ergriffen und die eigentliche Herrschaft übernommen«, kann man auf dem Höhepunkt der Krise selbst in einem Leitartikel der durch und durch bürgerlichen *Frankfurter Allgemeinen Zeitung* lesen: »Eine Freiheitsregung hat sich in unserem öffentlichen Leben bemerkbar gemacht«, so Friedrich Sieburg weiter. »Sie ist bisher fast immer ausgeblieben, wenn man glaubte, auf sie hoffen zu dürfen. Aber nun ist sie zu spüren. Wird sie dauern? Das wäre das glückliche Ergebnis einer unglücklichen Sache.«

Am Ende wird es dieses »glückliche Ergebnis« geben. Und es ist das große, schicksalhafte Pech für den weiteren politischen Lebensweg von Strauß, dass seine Verfehlung und mithin sein Name für alle Zukunft mit diesem Skandal verbunden bleiben wird, der eben mehr ist als ein solcher.

Auch wenn es im Grunde gar nicht in erster Linie um Strauß als Person geht, sondern um Tendenzen der Ära Adenauer, so ist es doch kein Zufall, dass sich dieser Skandal an Strauß entzündet – längst hat sich das Bild vom gefährlichen Politiker ins Bewusstsein weiter Teile der Öffentlichkeit eingebrannt. Und es ist ebenso wenig ein Zufall, dass auf der anderen Seite der *Spiegel* steht und nicht irgendeine andere jener Kräfte, die der Bundesregierung entgegenwirken, schon gar nicht die Opposition. Denn diese ist unter den vielen Übeln, die Adenauer und seinem Kabinett in den letzten Kanzlerjahren die Freude am Regieren verderben, fast noch das geringste. Beseitigen lässt sie sich zwar nicht, aber es gibt ja Abstimmungen und Wahlen, bei denen man den politischen Gegner stets auf Neue niederringen kann. Zudem entwickelt sich die SPD in den letzten Jahren seiner Kanzlerschaft so, wie er sie sich schöner nicht malen könnte: Seit Godesberg im Jahre 1959 nähert sie sich in allen ehedem strittigen Fragen mehr und mehr der Regierungspolitik an; die Koalitionsverhandlungen nach der verpatzten Bundestagswahl 1961, bei der die Union noch gerade eben an einer Katastrophe vorbeigeschrammt ist, haben außerdem endgültig gezeigt, dass die Sozialdemokraten nicht mehr die grundsätzliche Alternative im Wartestand sein wollen, sondern begierig darauf sind, endlich mitzuregieren – in welcher Form auch immer. Die Zeit der großen, leidenschaftlichen Redeschlachten im Bundestag ist vorüber; die SPD ist auf dem besten »Weg zur Staatspartei« im CDU-Staat zu werden.[5]

Übermäßig zu schaffen macht sie den Regierenden jedenfalls nicht, wie auch der *Spiegel* diagnostiziert: »Die heutige SPD verkauft ihre Seele, um regierungsfähig zu werden.« Das allerdings hat offenbar an Bedeutung verloren: »Ob die CDU oder die SPD künftig Wahlen gewinnen wird, ist nicht mehr so sehr von Belang. Wichtig erscheint allein«, so heißt es weiter in jenem Text, der ein halbes Jahr vor der Bundestagswahl 1961 als Titelgeschichte über den Verteidigungsminister erscheint, »ob Franz-Josef Strauß ein Stück weiter auf jenes Amt zumarschieren kann, das er ohne Krieg und Umsturz schwerlich wieder verlassen müßte.«[6]

Dass sich Augsteins Blatt von Jahr zu Jahr immer heftiger auf Strauß einschießt, hat einen einfachen Grund. Entscheidend ist dabei nicht, dass man seine Politik für falsch hält. Die ersten beiden Titelgeschichten über den Verteidigungsminister – erschienen um die Jahreswende 1956/57 und fünf Monate später – waren zwar in der Sache kritisch, ließen die Persönlichkeit allerdings in einem durchaus freundlichen Licht erscheinen: »Der Primus« war die erste überschrieben, in der es, abgesehen von seiner notorischen Unpünktlichkeit, wenig an Strauß zu bemängeln gab. Schon gar nicht seine »ungebrochene Frische auf dem internationalen Parkett«, mit der er »Minister und Diplomaten unangenehm berührt«. Auch an »seiner eruptiven Intelligenz, seiner blitzschnellen Auffassungsgabe und seinem photographisch präzisem Gedächtnis« fand man nichts auszusetzen.

Als unbedingter Vertreter der vom *Spiegel* seit Jahr und Tag leidenschaftlich bekämpften Westpolitik Adenauers durfte der junge Mann aus der Ermekeilkaserne natürlich kaum Belobigung erwarten. Doch die Art, mit der er wenige Wochen nach Amtsantritt die Nato-Botschafter in Schach hielt – zudem in gutem und flüssigem Englisch, »wenn auch mit unüberhörbar bayerischem, teils auch amerikanischen Akzent« –, beeindruckte ebenso wie der akribisch geschilderte, von Strauß gegen Blank und Adenauer geführte Nervenkrieg um das Verteidigungsministerium. Dass ihm »die Adepten eine noch glänzendere Rolle – als Kanzler oder Oppositionsführer – in der deutschen Politik prophezeien«, löst längst noch keine Schlüsselreize aus.[7] Die Hartnäckigkeit, die Brutalität, mit der Strauß sich für seine Ziele einsetzte, gewinnt ihm zwar nicht gerade Sympathien, aber etwas frischer Wind würde in der stickigen Atmosphäre Bonns, in Adenauers Ja-Sager-Club der alten Herren, gewiss nicht schaden.

Offenkundig hoffte der *Spiegel* anfangs sogar, dass der nie um »schlagfertige Antworten für seinen Kanzler verlegene« Verteidigungsminister, der stets »geschicktere Lösungen für delikate Amtsaufgaben« fand, Machtmensch genug sein könnte, sich von der verhassten Westpolitik Adenauers abzuwenden: Zwar sei er in den Ost-West- und Militärfragen – dem Bonner Mainstream entsprechend – »der Versuchung zum Schlagwort-Denken längst erlegen«. Andererseits habe Strauß in den vorangegangenen Jahren die von ihm mitgetragenen »Nachkriegsmode(n) (…) mehr als einmal um einige Takte eher abgestoßen als das Gros seiner politischen Zeitgenossen«.[8] Vor diesem Hintergrund leuchtet ein, was Augstein im Dezember 1962, während der *Spiegel*-Affäre, aus der Untersuchungshaft an die »lieben Spiegel-Leser« schreiben wird: »(R)ichtig ist, daß der neuernannte Verteidigungsminister, daß dieser unkonventionelle, vielversprechende Mann uns interessierte. Wir waren neugierig auf ihn und wollten versuchen, gute Beziehungen zu ihm anknüpfen.«[9]

Eben diesem Zweck sollte eine spontane Einladung dienen, mit der Strauß nach einer Wahlkundgebung für die Abendstunden des 9. März 1957 in Augsteins damaliges Haus im Hamburger Maienweg 2 gebeten wurde. Statt guter Beziehungen leitet dieser Abend bereits die Wende ein. Zunächst geht es gelöst und fröhlich zu: »Der Abend entwickelt sich zu einer ›Saufarie‹«, wird sich einer der anwesenden Redakteure noch Jahrzehnte später erinnern.[10] Und kaum, dass Politisches und Militärisches zur Sprache kommen, stellen sich erste Gereiztheiten ein. Hans Schmelz, Autor der »Primus«-Story, glaubt zu hören, wie Strauß die Sowjets mit Sittlichkeitsverbrechern vergleicht, und ist entsetzt. Gastgeber Augstein schickt seinen Mitarbeiter zur Abkühlung des Gemüts erst einmal vor die Tür und versucht, den sich empört gegen die Beschuldigung verwahrenden Strauß zu besänftigen. Was leidlich gelingt.

Plötzlich drängt die Zeit: Strauß will den Nachtzug nach München erreichen, der Hamburg um 22.10 Uhr verlässt. Sicherheitshalber schickt der Minister einen mitgereisten Ministerialbeamten seines Hauses voraus, der dem Lokführer bedeuten soll, der Minister könne sich ein wenig verspäten, man möge auf ihn warten. Und damit die Wartezeit nicht ungebührlich lange währt, bedrängt der Minister seinen Chauffeur – es ist Rudolf Augstein höchstselbst – über rote Ampeln zu fahren. Als Strauß endlich den Hauptbahnhof erreicht, sind allerdings auf dem Bahnsteig nur noch die Rückleuchten seines Zugs zu sehen. Zu dumm, dass Augstein an der Anregung seines Fahrgasts keinen Gefallen fand, Einbahnstraßen einmal in Gegenrichtung zu durchqueren.

So geht es retour in Augsteins Haus, Trinkvergnügen und Gespräch knüpfen nahtlos an. Allerdings werden die kritischen Bemerkungen Strauß gegenüber nun direkter – Adenauers Westpolitik sei gegenüber Amerika servil, verderblich; mittels der Montanunion wolle Frankreich Deutschland ausweiden. Auch die Antworten von Strauß klingen jetzt doch arg nach Bierzelt. Ein kleines Missverständnis – war es das wirklich? – kommt hinzu: Strauß glaubt, aus einer Bemerkung des *Spiegel*-Auslandschefs Horst Mahnke eine Verharmlosung Hitlers herauszuhören. Wären die stattliche SS-Karriere des *Spiegel*-Redakteurs, seine Verstrickung in universitäre Hilfsdienste bei Planung und Durchführung des Holocaust und seine auch noch in seiner Zeit als Ressortchef beim Hamburger Nachrichtenmagazin fortwährende enge Beziehung zu seinem alten SS-Mentor Franz Alfred Six, die erst Jahrzehnte später aufgedeckt werden,[11] an diesem Abend bereits bekannt gewesen, hätte das Gespräch wohl eine andere Wendung genommen. So aber kann Mahnke sich arglos geben und empört beteuern, das habe er doch gar nicht so gemeint – um daraufhin als nächster den Raum zu verlassen. Augstein will vermitteln und betont, in der Meinung über Hitler seien sich doch alle einig; Strauß erwidert, nur halb versöhnlich: »Sonst, wann's so reden wollt, ladet's euch Zuhälter und Ganoven ein, aber nicht einen Minister (…).«[12]

Die temperamentvolle kleine Hamburger Gesellschaft trägt durchaus zu Klärung des künftigen Verhältnisses zwischen *Spiegel* und Strauß bei: »Der nicht! Wenn denn der Stuhl des Bundeskanzlers jemals frei werden würde«, wird Augstein 1980, als Strauß tatsächlich Kanzlerkandidat geworden ist, den Eindruck wiedergeben, den er und die anwesenden Redakteure damals gewonnen haben, »so sollte bestimmt dieser flamboyante Bayer nicht auf ihm Platz nehmen.«[13] Strauß selbst misst diesem Abend zunächst offenbar nicht allzu viel Bedeutung zu; wenige Wochen später gibt er – entgegen einer ausdrücklichen Weisung Adenauers – dem Hamburger Magazin ein ausführliches Interview, mit dem das Blatt eine gegenüber dem Verteidigungsminister immer noch vergleichsweise freundliche, seine Politik und die des Bundeskanzlers allerdings leidenschaftlich bekämpfende Titelgeschichte gestaltet. Auch wenn Augsteins dazugesetzter Kommentar die Überschrift »Franz-Josefs-Legende« trägt, so gilt der Angriff doch in erster Linie Adenauer:[14] »Der Kanzler glaubt, und dieser Glaube ist sein Dogma, man könne das sowjetische System mit Hilfe der NATO zersetzen und zum Einsturz bringen – aus diesem Grundirrtum resultieren alle Fehler der deutschen Politik.«[15]

Je mehr Augstein und den Seinen dämmert, dass die Hoffnung auf eine Abkehr von Adenauers West- und Deutschlandpolitik ganz unangebracht war, dass – im Gegenteil – Strauß sich eher zu deren Schrittmacher, etwa beim Thema Atomwaffen, wandelt, desto kritischer wird in den folgenden Jahren die publizistische Begleitung auch und gerade zur Person. Mal ist es merkwürdigerweise das Pochen auf den Primat der Politik gegenüber dem Militär – nicht nur beim »Hillebrand-Lied« –, das nicht gefällt, dann ist es die jahrelange Verfolgungsjagd auf den Bonner Schutzmann Hahlbohm: Was anfangs als kraftvoll, zupackend oder furchtlos gewürdigt wurde, erscheint nun als Eigenmächtigkeit, Machtsucht, Größenwahn. Falsche, verhängnisvolle Politik, dies wirft man auch Adenauer vor; wird sie jedoch von einem autokratischen Eiferer betrieben, kann das nur in einer Katastrophe enden!

Mit jeder neuen Episode, in der Strauß seine Kraftnatur und Eigenwilligkeit zur Schau stellt, wächst die Distanz, mischt sich in die Kritik an der Sache der Zweifel an der Person. Neben hingeworfenen suggestiven Formulierungen – »wer den Minister und angeblichen Fachmann reden hörte ...« – tauchen jetzt auch abschätzige Kolportagen auf, etwa nach einem Fernsehauftritt, bei dem sich Strauß über militärische und politische Implikationen der Ende 1958 gerade anhebenden zweiten Berlinkrise äußerte: »Unter den prominenten Zuschauern dieser Fernseh-Sendung«, vermeldet das Blatt, habe es »ernsthafte Diskussionen gegeben, ob es nicht dringlich sei, das rednerische Auftreten des Bundesverteidigungsministers unter Kabinettszensur zu stellen.«[16]

Keine Gelegenheit, sein Strauß-Bild zu verbreiten und zu vervollständigen, lässt der *Spiegel* verstreichen. Bot die Hahlbohm-Affäre in der Tat genügend Anlass, Charakterunebenheiten, Amtsgehabe und das rustikale Rechtsverständnis des Verteidigungsministers zu illustrieren, so genügt vier Jahre später, im Frühjahr 1962, ein Verkehrsunfall des Straußfahrers Kaiser im Dienstwagen ohne Minister, um an das damalige »skandalöse Verhalten des Ministers« zu erinnern und den in diesem Zusammenhang bereits häufiger verbreiteten Vorwurf zu erneuern, Strauß besitze zu wenig Achtung vor dem »Eigenwert des Rechts«, schere sich nicht um die Gleichheit vor dem Gesetz.[17] Genüsslich zählt der *Spiegel* nochmals das stattliche Vorstrafenregister Kaisers auf – gemeinschaftlicher militärischer Diebstahl, unerlaubtes Entfernen von der Truppe, drei Urteile wegen Verkehrsvergehen sowie zwei Urteile wegen fahrlässiger Körperverletzung –, um Strauß, der mit diesem neuen Unfall nun wirklich nichts zu tun hat, gewissermaßen als Komplizen hinzustellen: »(E)s kann der deutschen Öffentlichkeit nicht gleichgültig sein, daß der höchste Disziplinarvorgesetzte der deutschen Soldaten von einer mehrfach vorbestraften Person chauffiert wird, deren Vorstrafensammlung nun, nach dem Unfall von St. Augustin, noch angereichert zu werden droht.«[18]

Seit Frühjahr 1961 steht Strauß unter Dauerbeschuss aus Hamburg. Schärfer denn je wird die Verteidigungspolitik, insbesondere die Rolle der Atomwaffen, gegeißelt; und mit dem Stichwort »Fibag« gesellt sich zu den Zweifeln an Politik, Friedfertigkeit und Gesetzestreue des Verteidigungsministers jetzt auch noch der Verdacht, er missbrauche sein Amt, um in die eigene Tasche zu wirtschaften.

Ausgangspunkt des Skandals war ein Empfehlungsschreiben von Strauß an seinen amerikanischen Amtskollegen, mit dem er sich für die Interessen der Finanzbau-Aktiengesellschaft (Fibag) verwendet hatte. Diese Gesellschaft, die über die Gründungsphase nie hinaus kam, wollte 5000 dringend benötigte Wohnungen für in Deutschland stationierte amerikanische Soldaten und deren Familien bauen – ein Projektvolumen von rund 300 Millionen DM. Initiator des Vorhabens war der Inhaber eines Architekturbüros, Lothar Schloß, der wiederum eng mit dem Strauß-Freund Hans Kapfinger, dem Verleger der *Passauer Neuen Presse*, verbandelt ist. Kapfinger, der als stiller Teilhaber allein für seine Vermittlungsdienste 25 Prozent des Stammkapitals der Fibag erhalten sollte, war es denn auch, der Strauß für das Empfehlungsschreiben nach Washington gewann.

Trotz dieser Protektion kommt das Geschäft nicht zustande, Schloß wendet sich verärgert an den *Spiegel* und packt aus.[19] Das öffentliche Echo lässt nicht lange auf sich warten. Auch im Bundestag beginnen sich die ersten Abgeordneten für den Vorgang zu interessieren. Die entscheidende Wendung nimmt die Affäre schließlich Anfang 1962. Schloß und Karl Willy Braun, einer seiner Geschäftspartner, warten nämlich mit einer spektakulären Enthüllung auf: Kapfinger habe ihnen während der Projektentwicklung erklärt, er müsse seinen 25-prozentigen Anteil an der Fibag mit Strauß teilen.

Der Spiegel, der diese ungeheuerliche Anschuldigung über drei Seiten dokumentiert, distanziert sich zwar von dem Vorwurf – »Wir halten es für ausgeschlossen, daß Strauß sich an dem wahnsinnigen und hochstaplerischen Projekt der Amateure Kapfinger, Schloß und Braun als stiller Gesellschafter beteiligen wollte«[20] –, aber die Geschichte ist jetzt in der Welt, das Medieninteresse steigt, eine parlamentarische Untersuchung des Bundestags wird eingeleitet. Auch der Bundeskanzler setzt einen Sonderermittler ein – vielleicht lässt sich sein Verteidigungsminister ja auf diesem Wege abservieren.

Was hat sich an Groll und Ärger zwischen Adenauer und Strauß über die Jahre nicht alles aufgestaut: Die ungezählten Eigenmächtigkeiten des Verteidigungsministers, seine losen Reden in der Öffentlichkeit, seine Renitenz, die kritischen Geschichten in den Medien – gute Gründe, sich von ihm zu trennen, hat der Kanzler schon seit Jahren. Auch die vielen abschätzigen Äußerungen über den Regierungschef sind Adenauer nie verborgen geblieben. Und dann noch die vor der Bundestagswahl 1961 gemeinsam mit der FDP geplante Intrige, um einen raschen Kanzlerwechsel einzuleiten. Doch so, wie die Machtverhältnisse nun einmal liegen, kann Adenauer den CSU-Vorsitzenden nicht einfach feuern. Wenn man sich anders seiner nicht entledigen kann, dann soll er eben über eine dieser Skandalgeschichten stolpern! Während Adenauer also seinem Minister scheinheilig versichert, das ganze Kabinett nehme »Anteil (…) an der gegen Sie geführten Kampagne« des *Spiegels*,[21] möchte er ihn in Wahrheit, wie Globke weiß, »mit dieser Fibag-Geschichte stürzen sehen«.[22]

Der Chef des Kanzleramtes und Heinrich Krone hätten gewiss nichts dagegen einzuwenden, wenn sie Strauß los wären. Doch die Fibag-Affäre bietet aus ihrer Sicht keine Handhabe. Ganz sachlich versuchen die beiden dem Kanzler nahezubringen, was auch dessen persönlicher Referent nach Lektüre des »sehr sorgfältig abgefasst(en)« Sondergutachtens feststellt: Als »einzig denkbarer Vorwurf gegen Bundesminister Strauß« bleibe übrig, dass dieser etwas voreilig »auf Veranlassung von Dr. Kapfinger mit seinem Schreiben vom 20.7.1960 den damaligen Verteidigungsminister der USA, Gates, gebeten hat, das von Schloß vorgelegte Projekt zu fördern«; für Selbstbereicherung oder Vetternwirtschaft – dies sind die eigentlichen Vorwürfe – gibt es keine Anhaltspunkte.[23] Dennoch lässt Adenauer (über den Globke und Krone mittlerweile stöhnen: »Es wird schwieriger, sich mit dem Kanzler zu verständigen«) nicht locker: Er »will, daß Strauß geht«.[24]

Bis in den Herbst hinein, bis zum Tag vor dem Beginn der *Spiegel*-Affäre, wird sich die politische Auseinandersetzung um die Fibag hinziehen. Insbesondere die FDP findet Freude daran, den Verteidigungsminister schmoren zu lassen. Und immer wieder ist es Globke, der einen kühlen Kopf bewahrt und erkennt, dass man sich keine Hoffnungen auf dessen Sturz machen sollte. Im Sommer 1962, als das große Hin und Her im Bundestag über die Beendigung des Untersuchungsausschusses die Koalition belastet, muss er sogar Krone, der im Urlaub weilt, daran erinnern, »daß bei allen unschönen Begleiterscheinungen und bei aller Leichtfertigkeit der Ausstellung der inkriminierten Bescheinigung im Grunde an der ganzen Angelegenheit nichts dran ist, soweit sie Strauß selbst betrifft. Er hat weder einen materiellen Vorteil gehabt oder erstrebt, noch ist dem Bund irgendein materieller Schaden entstanden.«[25]

Ein Jahr währt nun schon der Streit um die Fibag. Auch wenn sich allmählich abzeichnet, dass weder FDP noch Adenauer sich am Ende des eingesetzten Sonderermittlers oder des Bundestags-Untersuchungsausschusses bedienen können, um Strauß loszuwerden, so liegen doch bei Strauß die Nerven blank. Im März hatte er Krone bereits angekündigt, er werde »sein Amt als Minister abgeben«, sobald die Untersuchungen abgeschlossen sind; »seine Frau und seine Verwandten drängten ihn«.[26] Krone hält das für unwahrscheinlich: »Strauß ist niedergeschlagen«, notiert er, »ich glaube aber, daß er bleibt.«

Bis in den Spätsommer hinein denkt Strauß immer wieder laut und leise über einen Rückzug nach: Soll er als Ministerpräsident nach München, als CSU-Landesgruppenvorsitzender zurück ins rein parlamentarische Geschäft – vielleicht, zum Ende der Legislaturperiode, ganz aus der Politik?[27] Dass sich dieser Vollblutpolitiker tatsächlich zurückziehen könnte, mag keiner glauben, der ihn kennt. Aber die Überlegung, durch einen Wechsel in die Münchner Staatskanzlei einen neuen Wartestand bis zum Sprung aufs Kanzleramt einzunehmen, der ihm und seiner Familie die Zumutungen permanenter Anwürfe auf Person und Integrität ersparen würde, sind durchaus ernst gemeint. Immer wieder schwanken die Pläne, bis in den September ziehen sich die Dinge hin; er stehe »vor der schwersten Entscheidung seines Lebens, entweder Mi(nister)präsident von Bayern zu werden oder Minister zu bleiben«, vertraut Strauß seinem Presseoffizier und Ratgeber Schmückle an.[28]

Niemand weiß in diesen Wochen, was ihm letztlich lieber wäre. Strauß, dem der Weg ins Kanzleramt einstweilen versperrt ist, sieht gleichwohl, dass ein rein parlamentarischer Wartestand oder das Amt des bayerischen

Ministerpräsidenten seine Aussichten, irgendwann ins Palais Schaumburg einzuziehen, eher verschlechtern würden.[29]

Auch Adenauer, der eben noch gehofft hatte, Strauß über den Fibag-Komplex stürzen zu sehen, kommt beim zweitem Nachdenken zum Schluss, dass »ein im Groll von Bonn geschiedener Ministerpräsident Strauß in München der Bundespolitik erhebliche Schwierigkeiten« bereiten könnte. Zudem braucht der Kanzler Strauß im Kabinett, um Außenminister Schröder zu bremsen, der immer unverhohlener eigene Linien verfolgt. Gerade angesichts der schwierigen Verhältnisse in der Nato und der Meinungsverschiedenheiten über die zukünftige Bündnisstrategie ist Strauß, »der dienstälteste Verteidigungsminister«, der »nun einmal diese Dinge genau (kennt)«, unentbehrlich. »Sie können sicher sein«, schreibt Adenauers treuester Diener Globke Ende Juli an den Strauß-Kritiker Heinrich Krone, »daß der Kanzler seine Entscheidung«, an Strauß im Kabinett festzuhalten, »nicht leichten Herzens getroffen hat.«[30] Selbst dass man im Bundeskanzleramt bereits Kenntnis von »zu erwartende(n) neue(n) Angriffe(n)« des *Spiegel* gegen Strauß hat, kann nicht schrecken; es werde »sicherlich neue Unruhe« geben, aber »(h)erauskommen wird dabei nichts«.[31] Allerdings schadet jede neue Skandalgeschichte Strauß. Sie zermürbt, kostet Kraft und trägt, auch ohne Schuldfeststellung, dazu bei, auf Dauer seinen Ruf zu ruinieren.

Kluge Ratgeber aus der Umgebung des Verteidigungsministers sehen das und wollen gegensteuern. Schmückle etwa versucht, das Verhältnis zwischen Strauß und dem *Spiegel*, den Kampf zwischen »zwei hochbegabten Männern«[32] wie Augstein und Strauß zu entspannen. Ein amerikanischer Bekannter Augsteins, den Schmückle im Juni kontaktiert, will vermitteln und berichtet Augstein vom Versöhnungswillen der Gegenseite. Vergebens. Zwar sei er, so Augsteins Antwort, »fest davon überzeugt, daß ich mich mit Herrn Schmückle vorzüglich unterhalten würde. Nur würde das leider wenig Einfluß auf Herrn Strauß haben, der seinen politischen Charakter weder ändern will, noch kann. Wir halten nun einmal die Methoden, die Strauß für selbstverständlich hält, für einigermaßen verderblich, und ich sehe kaum die Möglichkeit eines Arrangements.«[33]

Dabei bedürfte es gar keines Arrangements. Strauß müsste nur seinen Bonner Ministersessel gegen das Amt des bayerischen Ministerpräsidenten eintauschen, wonach es in der ersten Septemberhälfte 1962 ja wieder einmal aussieht, und der *Spiegel* gäbe Ruhe. Längst ist die nächste Skandalgeschichte ausgearbeitet und liegt druckbereit in der Schublade Augsteins.

Statt ihrer wird im Heft vom 19. September 1962 – das am 17. September erscheint, dem Tag, an dem Strauß endgültig beschließt, in Bonn zu bleiben – für die folgende Ausgabe eine ziemlich dröge Geschichte über die Nato-Übung »Fallex« angekündigt; nichts für das breite Publikum, eher etwas für wenige Fachleute, eben jene, die sich von Berufs wegen durch endlos lange Artikel über militärische Spezial- und Detailfragen durchbeißen müssen.

Doch mit dem Entschluss, in Adenauers Kabinett zu bleiben, ändern sich die Dispositionen in Hamburg. Der angekündigte Artikel wird in den Stehsatz verfügt und erst Wochen später, in der Ausgabe des 10. Oktober 1962, unter dem Titel »Bedingt abwehrbereit« veröffentlicht. Denn jetzt, da Strauß Verteidigungsminister bleibt, gilt es wichtigeres zu enthüllen – in einem Bericht, der »nicht erschienen (wäre)«, wie Rudolf Augstein seine Leser informiert, »wenn Strauß seine Absicht wahr gemacht hätte, das Verteidigungsressort abzugeben und in München Ministerpräsident zu werden«. Dann hätte der *Spiegel* darüber hinweggesehen, was zu entlarven nun seine Pflicht ist – wie nämlich Strauß sein Amt dazu missbrauche, Nahestehende der Familie und der Partei an Rüstungsgeschäften verdienen zu lassen, wie der Verteidigungsminister »CSU-Spezis und abgebrannte Hausfreunde zu Millionären avancieren läßt«. »Uns geht es darum«, verkündet Augstein, »daß ein Minister sich nicht so verhalten darf, daß auch nur der vage Verdacht aufkommen kann, als hätte er sich geldliche oder ideelle Vorteile einräumen lassen; am wenigsten der Rüstungsminister.«[34]

Aber Augstein geht es nicht allein um suspekte Geldgeschäfte. Das allein würde seine Kampagne gegen Strauß nicht rechtfertigen. Den *Spiegel* treibt nicht mehr und nicht weniger als die Sorge um den Fortbestand der Demokratie, für die ein Strauß in Bonn schon jetzt, vor der eigentlichen *Spiegel*-Affäre, eine akute Gefahr bedeute: »Wer uns verübelt, daß wir einen wichtigen Mann mit Skandalen zudecken, dem antworten wir: Die Geistesverfassung des westdeutschen Wählervolkes und seiner Regierungsmehrheit läßt uns keine andere Wahl. Demokratie kann in diesem Lande offenkundig nur mit dicken Prügeln eingebleut werden. Strauß allein«, fährt Augstein fort, sei zwar »nur zur Hälfte schuld«. Was die Sache aber kaum besser macht. Denn: »Die Kritiklosigkeit, mit der man in Deutschland den vermeintlich starken Mann über die Demokratie stellt, treibt einen Politiker wie Strauß erst zum Übermut.«[35]

Im Zentrum der »Onkel Aloys«-Geschichte steht wieder einmal eines der undurchsichtigen Rüstungsgeschäfte aus den wilden Anfangs- und Aufbaujahren der Bundeswehr, auf das der glühende Antifaschist und Antikapitalist Bernt Engelmann, der als freier Mitarbeiter den *Spiegel* gelegentlich mit Stories beliefert, im vergangen Jahr bei den Recherchen für sein Buch *Meine Freunde, die Millionäre* gestoßen ist. Einer dieser Millionäre ist der ehemalige Panzerkettenfabrikant Erwin Backhaus senior, über den der Autor nicht nur zu berichten weiß, dass er der Sekte *Ecclesia* angehört, einem »frommen Bund, dessen führende Mitglieder durch Handauflegen Segen zu stiften, insbesondere Krankheiten zu heilen trachten«.[36]

Obgleich Monopolist und mit guten Kontrakten zu den alliierten Streitkräften in Deutschland eingeführt, wollten Backhaus' Geschäfte mit der neu entstehenden deutschen Armee nicht recht ins Rollen kommen; die erwarteten Aufträge, für die man sich durch Investitionen, Neueinstellungen und Kapazitätserweiterungen bereits gerüstet hatte, blieben aus, die Remscheider Firma Backhaus geriet in eine wirtschaftliche Schieflage.

Zur selben Zeit besann sich der hochverschuldete Doktor beider Rechte Aloys Brandenstein, der in Frankfurt am Main in kümmerlichen Verhältnissen lebte, dass es vielleicht nützlich wäre, den Schwiegersohn der ihm weitläufig bekannten Familie Zwicknagl um Hilfe zu bitten. In späteren Jahren werden Nachforschungen aller Art und Gerichtsverfahren nicht mehr an Hilfe ausmachen können als die Vermittlung eines Kontakts zwischen dem mit wehrwirtschaftlichem Hintergrund aus der Zeit des Zweiten Weltkriegs ausgestatten Brandenstein und dem von Strauß hoch geschätzten Oberst Herbert Becker, einem Beschaffungsfachmann des Bundesverteidigungsministeriums. Nach mehreren Gesprächen mit diesem war eine Stellung gefunden: Einer der Hauptgläubiger von Backhaus senior machte seinen Schuldner auf Brandenstein aufmerksam, »der im Verteidigungsministerium allerhöchste Sympathien genießt«,[37] und drängte den Remscheider Rüstungsproduzenten, diesen ihm gänzlich unbekannten Mann zu fürstlichen Konditionen – 7500 DM Gehalt, Vertrauensspesen, Dienstwohnung, Wagen mit Chauffeur – einzustellen.[38]

Doch auch Backhaus' neuem Mitarbeiter, der vor Publikum gern Marianne Strauß am Telefon verlangte – »Hier Onkel Aloys« –, gelang es nicht, die Auftragslage nachhaltig zu verbessern. Anfang 1959 blieben die ersehnten Bestellungen der Bundeswehr weiterhin aus, Backhaus fehlte das Geld für die Löhne seiner mittlerweile siebenhundert Mitarbeiter. Im Sommer schließlich waren die Eigentümer bereit, die Firma zu verkaufen – und Brandenstein konnte sogleich einen Interessenten präsentieren: den Strauß-Freund und CSU-Förderer Carl Diehl, schon bestens im Rüstungsgeschäft verankert. Am 1. August 1959 ging der Firmenverkauf über die Bühne, zum Schnäppchenpreis von sieben Millionen DM, mit Brandenstein als Kommanditisten. Und siehe da, die Auftragsbücher füllten sich; Ende 1960 betrug der Umsatz der Firma rund 35 Millionen DM, mehr als tausend Mitarbeiter standen jetzt in Lohn und Brot. Für Backhaus junior liegt die Erklärung auf der Hand: »Der Brandenstein war nur vorgeschickt worden, um unseren Betrieb auf seine Kapazität zu röntgen«, gibt er im *Spiegel* zu Protokoll.[39]

Dass ein weiterer Strauß-Spezi mit von der Partie ist, macht die Sache noch suspekter: Friedrich Krapf, der neue kaufmännische Direktor, war nämlich zuvor Geschäftsführer der Bayernpartei in München Stadt und München Land, was ihn, wie sich laut *Spiegel* später herausstellen sollte, nicht davon abhielt, sich monatlich mit dem stattlichen Betrag von 1500 DM seitens der CSU bedenken zu lassen. Kaum an seiner neuen Wirkungsstätte angekommen, schwatzt Krapf munter drauflos: Er habe bereits sechs Monate vor der Übernahme als Remscheider Direktor auf Diehls Gehaltsliste gestanden. Auch Brandensteins Sonne beginnt nun immer heller zu leuchten. Über Becker mischt er nun auch als Vermittler in diversen Rüstungsgeschäften im In- und Ausland mit. Das trägt ihm hübsche Provisionen ein, aber zugleich etwas zuviel Aufmerksamkeit. Eine am 10. Januar 1961 erlassene, vom *Spiegel* »Onkel Aloys-Erlaß« genannte Vorschrift, derzufolge Vermittlerdienste im Umgang mit dem Verteidigungsministerium nicht mehr zulässig waren, verstärkt eher noch die Gerüchte um Unregelmäßigkeiten bei Waffengeschäften.[40]

Um den Kreis zu schließen, berichtet der *Spiegel* noch, dass Strauß 1960, gerade als Diehls Backhaus-Geschäfte erste Blüten trieben, Grundbesitz in Südfrankreich erworben habe, nur eine Autostunde entfernt von Diehls »Casa Vera« an der Côte d'Azur. Von welchem Geld wohl! Das mediterrane Anwesen der Familie Strauß ist baulich eher eine karge Hütte mit schmalen Zimmern, wenn auch in schöner Lage; dem *Spiegel*-Leser indes wird das »Strauß-Chalet« etwas vollmundig als »kleine (…) Villa im provencalischen Stil« verkauft.[41] Dass das Ehepaar Strauß schon sehr viel länger einen kleinen Grundbesitz in den Calenques des Issambres hat, der jetzt gegen einen besseren, aber alles andere als glamourösen getauscht wird, ist dem Magazin keine Erwähnung wert.

Zum Eindruck, den der *Spiegel* erweckt, »als ob die Firma Backhaus systematisch von Bundesministerium der Verteidigung ›ausgehungert‹

worden sei, um sie auf diese Weise Herrn Diehl zu einem billigen Preis in die Hände zu spielen«, hätte es sicherlich auch nicht gepasst, darauf hinzuweisen, dass die alten Firmeninhaber immer wieder unter staatsanwaltlichem Korruptionsverdacht standen. »Tatsächlich aber habe die Firma Backhaus eine Zeitlang deshalb weniger Aufträge erhalten«, lässt Verteidigungsstaatssekretär Volkmar Hopf den Chef des Bundeskanzleramtes Globke wissen, »weil die Inhaber der Firma in Strafverfahren, insbesondere wegen Bestechung, verwickelt waren«.[42]

Da für Strauß in den Tagen, in denen Deutschland von der Aufregung um Onkel Aloys erfasst wird, ein Familien-Urlaub in seinem Chalet (das über keinen Telefonanschluss verfügt) begonnen hat, erfährt er erst mit einigem Verzug von der neuen Skandalgeschichte, an die sich natürlich gleich auch sein anderer Pressefreund Friedmann mit der *Süddeutschen Zeitung* und der Münchner *Abendzeitung* (AZ) hängt. Seitenlang kann man sich in der AZ darüber informieren, »Warum ich« – Augstein – »gegen Strauß kämpfe«.[43]

Zunächst, unter der Sonne des Südens, scheint Strauß den neuerlichen Angriff nicht recht ernst zu nehmen. Es braucht ein paar Tage, mehrere Besucher aus seinem Bonner Ministerium und einen weiteren Giftpfeil aus Hamburg – »Balkan in Bonn?«[44] –, bis er die Gefahr erkennt, seinen Urlaub abbricht und an den Rhein zurückkehrt.

Ziemlich kampfeslustig, auftrumpfend sogar, wie manche Weggenossen finden, hat sich Strauß in den vergangenen Wochen gegeben. Die Fibag-Angelegenheit hatte sich endlich in Wohlgefallen aufgelöst, selbst die FDP gab schließlich Ruhe. Das Hin und Her um München oder Bonn – so zerrissen Strauß selber war, gefallen hat es ihm schon, wie er beachtet, ja, geradezu umworben wurde. Umso ärgerlicher ist es da, dass »›Herr‹ Augstein (…) sich ja sehr mit Hilfe Friedmanns (bemüht), eine Zündung herbeizuführen«, schreibt Strauß mit der Hand aus dem Urlaub nach Bonn an seinen Presseoffizier. Aber »(d)a es diesmal keine Unterschrift von mir gibt und der ›Onkel‹ kein Onkel ist, tut er sich härter. Diesmal entstellt er die Wahrheit noch gröber, allerdings in quallenhaften Formulierungen.« Trotz der durchwachsenen Erfahrungen, die Strauß mit den Jahren, gerade erst in den vergangenen Monaten, mit Gerichten gemacht hat, ist er überzeugt, »daß eine Klage trotz der unzulänglichen Rechtsgrundlagen und der im allgemeinen, aber besonders in Hamburg noch unzulänglicheren Justiz, für Herrn A. sehr unangenehm würde«.[45]

Aber Rechtshändel ins Auge zu fassen, ist nicht genug. Auch die genauen Instruktionen über eigene Presseaktivitäten, die Schmückle erhält, gehören eher zu Routine. Ganz neu hingegen ist der umfassende strategische Ansatz, mit dem Strauß nun dem *Spiegel* zu Leibe rücken will: »Auf alle Fälle muß eine für die Presse verständliche und vollständige Darstellung des Gesamtkomplexes schnellstens (…) erarbeitet werden, die man entweder zur Information der vernünftigen Chefredakteure verwenden kann, um an Hand dieses Beispiels die Infamie der Zerrspiegelberichterstattung zu erkennen, oder als Gegendarstellung, sobald nötig, oder sogar als Material für eine Antispiegelkampagne der vernünftigen Presse oder auch als Grundlage für einen Antispiegeluntersuchungsausschuß.«[46]

Wie oft hat er schon daran gedacht, dass der Staat und seine Repräsentanten im Umgang mit der Presse einmal andere Saiten aufziehen müssten. Vier Jahre zuvor, als die politische Linke ihn wegen seiner Verteidigungspolitik und seiner politischen Kraftnatur ins Visier genommen hatte, gar eine »große Aktion« nach dem Motto »Weg mit diesem Verteidigungsminister, er ist ein neuer Hitler« geplant haben soll, hatte Strauß sich mit dem dringenden Appell an Adenauer gewendet: »Ich glaube, es wird höchste Zeit, daß wir Maßnahmen treffen, um dem Mißbrauch der Pressefreiheit zu begegnen und alle uns zur Verfügung stehenden Mittel zur Einflußnahme auf die öffentliche Meinung ausnutzen oder uns solche Mittel schaffen.« Es dürfe nicht länger hingenommen werden, dass jeder, der »die außenpolitische Konzeption der Bundesregierung, die Treue zum Westen, die bewaffnete Bereitschaft gegenüber dem Osten« vertrete, »mit terrorähnlichen Mitteln unter Druck gesetzt« werde.[47]

Adenauer, der für ein strengeres Regiment gegenüber der Presse nicht erst gewonnen werden muss, ist gegenüber solchen Gedanken stets, nicht nur im Grundsatz, durchaus aufgeschlossen – erst recht, wenn es um den *Spiegel* geht, der seiner Politik scharf zusetzt. Wenn man dieses Blatt schon nicht abschaffen kann, sollte man doch wenigstens daran denken, seine Monopolstellung zu brechen. Immer wieder wird erwogen, ein »neues Nachrichten-Magazin« zu gründen. Der Hamburger Verleger und CDU-Bundestagsabgeordnete Gerd Bucerius will sogar »zwei Millionen Mark zur Verfügung stellen (…) für ein solches Unternehmen«;[48] andere der Union nahestehende Gönner aus industriellen Kreisen wären ebenfalls aufzutreiben. Kurz bevor es wirklich ernst wird, versanden solche Überlegungen schließlich ein ums andere Mal – wegen der enormen Kosten und des mangelnden Know-how.

Praktischer wäre es, sich als Miteigentümer einzuschleichen. Adenauers Regierungssprecher Felix von Eckardt will beispielsweise im Frühsommer 1958 erfahren haben – »ich bitte das aber vertraulich zu behandeln«, so Adenauer an den CSU-Vorsitzenden Hanns Seidel –, »daß die Anteile Augsteins am Spiegel käuflich zu erwerben seien. Er hielt einen solchen Erwerb für wesentlich besser als eine Neugründung.« Leider sind entsprechende Anflüge Augsteins zu dem Zeitpunkt, als das Kanzleramt davon erfährt, wieder passé, wie Bucerius Adenauer mitteilen muss.[49]

Auch in München denkt man in diese Richtung. »Ich hatte heute eine lange Besprechung mit Ferenczy«, und dieser Medienagent sei soeben bei Friedmann gewesen, schreibt etwa Fritz Zimmermann im Sommer 1960 an Strauß: »Friedmann will seine Anteile am Süddeutschen Verlag verkaufen, aber dafür einen Minderheitsanteil, den Dürrmeier an der Abendzeitung hat, erwerben. Er ist angeblich bereit, diesen Anteil von 33% an Ferenczy zu geben. Ferenczy will ihn für uns erwerben.«[50] Allerdings kommt dieses Geschäft dann ebenso wenig zustande wie der parallel gestartete Versuch, mit Industriegeldern über Strohleute den gerade am Markt gehandelten fünfzigprozentigen Anteil, den John Jahr am Spiegel hält, zu erwerben.[51] Pläne dieser Art werden immer wieder ins Auge gefasst – und immer wieder zerschlagen sie sich. Mal mangelt es an Geld, meist an Gelegenheit.

In der akuten Not würden solche langfristigen Aktionen freilich ohnedies nicht weiterhelfen; der Gegenschlag muss zügig erfolgen. Beim zweiten Nachdenken wird Strauß selbst am besten wissen, wie realistisch etwa das Vorhaben eines Untersuchungsausschusses zum – besser gesagt: gegen den – Spiegel ist. Aber wenigstens die so oft beklagten mangelhaften Rechtsgrundlagen sollten endlich verbessert werden, um sich effektiver gegen die »raffinierte Vermengung richtiger Details mit falschen Behauptungen und Kombinationen« wehren zu können: »Die hier angewandte Methode«, schreibt Strauß an den Bundeskanzler, »sollte Gegenstand einer ernsten Untersuchung und Ausgangspunkt energischer Maßnahmen werden. Der publizistische Terror ist genau so eine kriminelle Angelegenheit wie der gewaltsame.«[52] Ein paar Tage später versichert Adenauer ihm, er habe »aufgrund Ihres Briefes (…) Auftrag gegeben, einen Gesetzentwurf zu fertigen, der Beleidigung usw. durch die Presse betrifft«.[53]

Es ist der 12. Oktober, an dem Strauß seine bittere Klage über die »neue(n) Angriffe« des Spiegels verfasst. Noch weilt er an seinem südfranzösischen Urlaubsort. Dass sich unterdessen in seinem Bonner Ministerium – und nicht nur dort – die Aufmerksamkeit aus ganz anderem Grund auf den *Spiegel* richtet, weiß er noch nicht. Am 8. Oktober ist nämlich die bereits angekündigte Geschichte über die Nato-Übung »Fallex« erschienen. Auf dem Titel prangt ein Porträt des Generalinspekteurs der Bundeswehr, General Friedrich Foertsch.[54]

Während sich Strauß also noch an der Côte d'Azur über seinen falschen »Onkel Aloys« grämt, setzt der neue *Spiegel*-Artikel, der sich überaus kritisch mit der atomaren Verteidigungskonzeption der Bundeswehr beschäftigt und ziemlich detailliert die Nato-Planungen für den Fall der Fälle ausbreitet, in Karlsruhe und Bonn eine Maschinerie in Gang, die Strauß am Ende stürzen wird. Dabei benötigt die Bundesanwaltschaft gar keinen Fingerzeig, um sich diesen Artikel gründlich anzuschauen. Seit einigen Tagen schon studiert man dort die zurückliegenden Ausgaben des Hamburger Nachrichtenmagazins ganz genau, denn am 1. Oktober hat der Brigadegeneral der Reserve und Würzburger Ordinarius für Staatsrecht Friedrich August Freiherr von der Heydte den *Spiegel* wegen Landesverrats angezeigt.

Im Juni hatte Augsteins Blatt eine reißerische Titelstory – »Stärker als 1939?« – veröffentlicht, über die es sich bereits seit Monaten ein Scharmützel vor dem Landgericht Hamburg mit dem Juraprofessor aus der fränkischen Universitätsstadt liefert.[55] Mitten in den Beginn der durch diese Anzeige Heydtes ausgelösten Ermittlungen fällt die wiederum mit vielen militärischen und strategischen Details aufwartende »Bedingt abwehrbereit«-Titelgeschichte, die die *Spiegel*-Affäre eröffnet. So ist es kein Wunder, dass sich der Generalbundesanwalt einen Tag nach Erscheinen des Artikels »von Amts wegen« dafür interessiert und eine gutachterliche Stellungnahme aus der Ermekeilkaserne erbittet, ob und in welchem Umfang der Artikel Staatsgeheimnisse enthalte.[56] Die schriftliche Anforderung des Gutachtens wird zwar erst am 18. Oktober nachgereicht, und strittig wird auch bleiben, wer wen zuvor telefonisch kontaktiert hat; Tatsache aber ist, dass die Dinge längst ihren Lauf genommen haben, als Strauß aus dem Urlaub zurück nach Bonn kommt, und »daß der Generalbundesanwalt ex officio das Verfahren eingeleitet hat« – von Amts wegen also, nicht etwa auf Veranlassung von Strauß oder des Bundesverteidigungsministeriums.[57]

Nach Rückkehr an seinen Dienstschreibtisch, am Nachmittag des 15. Oktober 1962, lässt sich Strauß sogleich von seinen engsten Mitarbeitern über den Stand des Verfahrens unterrichten. Am frühen Abend des 18. Oktober trägt er dem Kanzler vor, der die unerfreulichen Mitteilungen seines Verteidigungsministers nicht nur entgegennimmt, sondern diesen anhält,

»alles, was zur Aufklärung des Verrats militärischer Geheimnisse notwendig ist, (zu) veranlassen und dabei ohne Ansehen von Namen und Personen vor(zu)gehen«.[58] Im Übrigen möchte Adenauer fortan über die Angelegenheit auf dem Laufenden gehalten werden.

Doch Strauß hat noch weitere unerfreuliche Mitteilungen parat. Gegen Wolfgang Stammberger, den Minister der Justiz, dessen Amt zwangsläufig in den Verfahrensablauf eingeschaltet ist, habe er »schwerwiegende Bedenken«; nach seinen Erkenntnissen verfüge der *Spiegel* über Informationen zu Stammbergers Vergangenheit – gemeint ist die Verwicklung »während seiner Wehrdienstzeit als Leutnant in ein Militärstrafverfahren«[59] –, mit denen der Justizminister erpresst werden könne. Es spreche also einiges dafür, Stammberger aus dem Verfahren ganz herauszuhalten, zumal Adenauer den »Kreis der einzuweihenden Personen auf das dienstlich unumgänglich notwendige Maß beschränkt« sehen möchte, »weil sonst ein Verrat zu befürchten« sei.[60] Da hält man sich besser an den politisch zuverlässigen Staatssekretär des Justizministeriums, den CDU-Mann Walter Strauß.

Schon wenige Tage später ist das erbetene Gutachten fertiggestellt und abgeliefert. Verteidigungsstaatssekretär Hopf, ein treuer Diener seines Ministers, ist mit der Bundesanwaltschaft über das weitere Vorgehen, auch über »die grundsätzliche Frage der Amtshilfe«, im Gespräch. Adenauer wird hierüber, wie gewünscht, am Abend des 22. Oktober über eine abhörsichere Telefonleitung von Strauß informiert. Im selben Gespräch lässt sich Strauß vom Kanzler bestätigen, dass dieser mit seiner »vollen Autorität die Maßnahmen, die zur Strafverfolgung der Beschuldigten und zur Aufdeckung des Sachverhalts notwendig sind«, deckt, und will wissen, ob er sich »darauf verlassen und im gegebenen Fall berufen könne«. Selbstverständlich, Adenauer bietet sogar »eine schriftliche Bestätigung« an, auf die Strauß allerdings verzichtet.[61] Denn in dieser Hinsicht glaubt er seinen Kanzler gut zu kennen: Im Hass auf den *Spiegel* nehmen sich die beiden nichts. Oft genug haben sie gemeinsam darüber nachgedacht, wie man den kritischen Umgang der Presse mit der Regierungspolitik beschneiden kann.

Adenauer, der in jungen Jahren selbst einmal im wilhelminischen Deutschland Staatsanwalt war, findet es ohnedies ganz normal, dass die Strafverfolgungsbehörden »regelmäßig« alle verfügbaren Zeitungen lesen – »und zwar daraufhin, ob strafbare Handlungen« in Form von Veröffentlichungen »begangen wurden«. So habe man das damals in Köln gehalten, und bis heute sei dies, Gott sei Dank, »bei uns in Deutschland eine alte Tradition«; das habe »mit Beschränkung der Pressefreiheit überhaupt nichts zu tun«.[62] Immer wieder, auch das weiß Strauß, hat sich der Kanzler mit der Frage beschäftigt, ob und wie man Landesverrat gesetzlich schärfer bedrohen sollte. Und in der Einschätzung, dass man der Justiz, wenn nötig, Beine machen müsse, stimmen die beiden sowieso überein: »Wir leben in derartig bewegten Zeiten und auch das Rechtsgefühl bei den Richtern ist so wenig stark entwickelt« – der Justiz fehle zuweilen »der Sinn für die Notwendigkeiten des Staates«.[63]

Am 23. Oktober sprechen Adenauer und Strauß erneut über den Sachverhalt, der Adenauer derart heikel erscheint, dass er nicht einmal seinen treuesten und verschwiegensten Mitarbeiter Hans Globke über die unmittelbar bevorstehende Aktion der Bundesanwaltschaft gegen den *Spiegel* und »den Termin der Verhaftung«[64] unterrichtet. Im Laufe des Tages nämlich hat der Ermittlungsrichter beim Bundesgerichtshof dem Antrag der Bundesanwaltschaft stattgegeben und einen Haft- und Durchsuchungsbefehl gegen Rudolf Augstein und den Verfasser des »Bedingt abwehrbereit«-Artikels, Conrad Ahlers, wegen des Verdachts auf Landesverrat nach § 100,1 des Strafgesetzbuchs ausgestellt.[65]

Erst am Abend des 26. Oktober, Polizei und Bundesanwaltschaft sind bereits zur Tat geschritten, erfährt Globke von Hopf, »daß an diesem Abend der Generalbundesanwalt zugegriffen« hat.[66] Strauß unterrichtet Adenauer davon, und der versichert den Verteidigungsminister erneut seiner vollen Unterstützung.[67] Zur Sprache kommt dabei auch, dass sich die Festnahme von Ahlers schwierig gestalten könnte; dieser halte sich im Ausland auf und sei »im Begriff (…), aus Spanien nach Tanger zu reisen«. Nun, das soll das Problem nicht sein. Paul Dickopf, im Bundeskriminalamt Leiter der Auslandsabteilung und zugleich Chef des deutschen Nationalen Zentralbüros von Interpol, sichert Strauß in der Nacht vom 26. auf den 27. Oktober 1962 telefonisch zu, den Haftbefehl gegen Ahlers via Interpol – die aufgrund ihrer Statuten bei der Strafverfolgung von Landesverrat eigentlich gar nicht tätig werden darf – nach Madrid an die dortigen Polizeidienststellen und die deutsche Botschaft zu senden. Das Fernschreiben trifft zwar erst am Morgen kurz vor 11 Uhr in der Botschaft ein, aber Strauß informiert noch in der Nacht vorab telefonisch Achim Oster – der alte Freund aus der unmittelbaren Nachkriegszeit in Josef Müllers Gedonstraße dient an der deutschen Botschaft in Madrid als Militärattaché. Später, als sich die Aufmerksamkeit auf die rechtlich fragwürdige Inanspruchnahme von Interpol konzentriert, wird Dickopf behaupten, die fernschriftliche Übermittlung des Haftbefehls gegen Ahlers nach Madrid habe den Hinweis enthalten, dass es sich dabei nicht um eine Interpol-Angelegenheit handele. Ihm sei daher gar nichts vorzuwerfen. Erst nach Dickopfs Tod wird sich das sofort verschollene Originalfernschreiben finden: in Dickopfs Nachlass – ohne den besagten Hinweis.[68]

Der Anruf bei Oster genügt, und die spanische Polizei leistet ihren Beitrag zur *Spiegel*-Affäre, was kriminalistisch allerdings schon deshalb keine Großtat ist, weil Oster, der sich dieser Tage erst mit Ahlers freundschaftlich getroffen hat, weiß, wo dieser übernachtet. Ohne das Eintreffen des internationalen Fahndungsersuchens aus Deutschland abzuwarten, greift die Polizei zu. Ahlers lässt sich freiwillig ausliefern und wird am nächsten Tag nach Deutschland überstellt.

Erst Jahre später, als er in einer nächtlichen Sitzung des CDU-Präsidiums dringend auf Strauß als Verbündeten gegen Ludwig Erhard und Gerhard Schröder angewiesen ist, wird Adenauer einräumen, dass der Verteidigungsminister in der Nacht vom 26. auf den 27. Oktober 1962 keineswegs ohne ihn zu konsultieren gehandelt hat. Zwar habe er, Adenauer, es sich nach der Mitteilung über den Aufenthaltsort und die Reisepläne von Ahlers »versagt, weitere Fragen an Strauß zu stellen«. Aber sicher ist, dass er diesen aufgefordert hat, »alles zu tun, was er für möglich, für nötig und verantwortlich halte«, um Ahlers Verhaftung zu erreichen.[69] Strauß selbst wird viele Jahre später zu nachmitternächtlicher Stunde auf die Frage von Hermann Josef Abs, ob Adenauer von jenem Anruf in Madrid gewusst habe, antworten: »Gewußt? Er hat es von mir verlangt!«[70]

Trotz enormen Polizeiaufgebots gestaltet sich die staatsanwaltliche Aktion gegen den *Spiegel* komplizierter als gedacht. Augstein beispielsweise ist nicht aufzutreiben. Schon kommen die wildesten Gerüchte auf: Hat er sich womöglich nach Kuba abgesetzt, um das seit einigen Tagen die schwerste internationale Krise seit Ende des Kriegs tobt? Auch die Beschlagnahmung von Material, mit dessen Hilfe die Bundesanwaltschaft den Nachweis des Landesverrats führen will, endet enttäuschend. Die Ermittler stoßen zwar in Augsteins Panzerschrank auf manche Verschlusssachen, auch auf als geheim eingestufte Fotos von militärischen Objekten. Aber Staatsgeheimnisse, auf denen der in Rede stehende Artikel fußen könnte, finden sich nicht.

Möglicherweise ist es Strauß selbst zuzurechnen, dass der *Spiegel* vorab Wind von der Aktion bekommen hat. Am 17. Oktober nämlich hat er den Präsidenten des Bundesnachrichtendienstes, General Reinhard Gehlen, »unter vier Augen verständigt, daß der Generalbundesanwalt ein Ermittlungsverfahren gegen Spiegel-Redakteure wegen Landesverrats eingeleitet habe«.[71] Die Beziehungen zwischen BND und *Spiegel* sind, was Strauß nicht wissen kann, immerhin so gut, dass Ahlers dreizehn konkrete Fragen zu seinem Artikel vom Dienst, der schon öfters bei der Informationsbeschaffung hilfreich war, mit der notwendigen Expertise beantwortet bekommt. Nicht nur das: Während Gehlen sich vor der Öffentlichkeit mit aufgeklebten Bärten und falschen Pässen schützt, sind er und sein Hamburger Resident, Oberst Adolf Wicht, geschätzte Gesprächspartner des Nachrichtenmagazins.[72] Wicht ist es auch, der am 18. Oktober den *Spiegel* warnt, so dass Ahlers noch vor der Abreise am 19. Oktober in den Urlaub Aufzeichnungen und Spesenabrechnungen aus seinem Büro entfernen kann.[73]

Dass Gehlen den Tipp gegeben oder veranlasst haben könnte, ist reichlich absurd. Denn schließlich war er es wohl selbst, der Strauß in dem Gespräch am 17. Oktober zur Vorsicht gegenüber Stammberger gemahnt hatte und energisches Handeln gegen den *Spiegel* für ratsam hielt.[74] Dennoch richtet sich in dem Moment, als Adenauer und Strauß Kenntnis von Wichts Aktivitäten erhalten, der Verdacht auf den BND-Präsidenten. Gehlen wird gleich zweimal zum peinlichen Verhör ins Palais Schaumburg einbestellt.[75] Sogar Heinrich Krone, der eigentlich große Stücke auf die Dienste des Dienstes hält, kommt nun ins Grübeln: »Bestehen zwischen München und Hamburg Verbindungen?«, fragt er sich in seinem Tagebuch: »Sollte Gehlen selbst Schuld tragen oder einer seines Dienstes? Dann hätte die Phantasie Anlaß genug zu fragen, was auch sonst noch an Informationen der Münchner Dienst weitergegeben haben könnte. Das Vertrauen zu Gehlen und zu seinem Kreis wäre dahin.« Allerdings rät er dem Kanzler, »noch keine Konsequenzen gegen Gehlen zu ziehen«.[76]

Denn viel wahrscheinlicher als ein Verrat des BND-Chefs will es scheinen, dass aus seinem Apparat die heißen Informationen zum *Spiegel* gekommen sind. Spätestens seit der Affäre um den Verratsfall Felfe im vergangenen Jahr sind nicht nur Zweifel daran angebracht, ob der alte General seinen Laden noch im Griff hat. Wie sonst hätte es geschehen können, dass ein Sowjetspion an zentraler Position im BND jahrelang sein Unwesen treiben konnte? Im Zuge der Ermittlungen hat sich auch herausgestellt, dass erstaunliche personelle Kontinuitäten zu längst vergangen geglaubten Zeiten bestehen: Höchst problematische Karrieren aus der Nazi-Zeit in Wehrmacht, SS und SD knüpfen nahtlos im BND wieder an. Gar von einem »Hamburger Kollaborationskreis«, zu dem neben Oberst Wicht und anderen Journalisten auch der *Spiegel*-Verlagsdirektor Hans Detlev Becker ge-

*Staatsmacht versus Pressefreiheit: Der Generalbundesanwalt lässt den »Spiegel«
durchsuchen und Redakteure verhaften, 26./27. Oktober 1962.*

zählt habe, weiß zehn Jahre später ein gerade ausgeschiedener führender
Mitarbeiter des BND Strauß zu berichten. Der Dienst sei »immer Anti-
Adenauer; und radikal und stets Anti-F.J.« eingestellt gewesen, worin »auch
der Schlüssel zum Verständnis der unveränderten Politik der Fa., von der
Spiegel-Affäre bis zum heutigen Tage«, liege.[77]

Das passt zusammen – und Strauß glaubt es gern: Alte Kameraden im
Spiegel sind es, die die West- und Verteidigungspolitik der Regierung von
rechts angreifen. Deshalb hetzen sie Strauß. Ähnlich im Verteidigungsministerium, in dem tatsächlich Strauß-Kritiker dem *Spiegel* Informationen
liefern; »eine konventionelle, restaurative, traditionelle Offiziersclique«,
»echte Reaktionäre«, »alte Panzerfahrer«, »verhinderte Rommels und
Guderians« lehnten den Kurs von Regierung und Minister gleichfalls ab
und seien im strategischen Denken, nicht nur aus Sicht von Strauß, immer
noch der Wehrmacht verhaftet, fühlten sich »degradiert (…) zu Nacht-
wächtern auf Atomflugplätzen«.[78]

Die Verdächtigungen von Strauß gehen nun ganz in diese Richtung:
Strauß sei »das Opfer der Ex-Nazi-Generäle des BND und der Kommunisten im Spiegel geworden«, erklärt Schmückle in einem vertraulichen Hintergrundgespräch einem amerikanischen Journalisten, von dem der Strauß-
Gehilfe nicht weiß, dass es sich um die »Quelle Bach« handelt, die auch für

den BND sprudelt. Während die liberalen Offiziere »die Verteidigungskonzeption des Bundesverteidigungsministers, d.h. kurzgefasst, die sinnvolle
Verbindung zwischen konventioneller Rüstung mit Atomrüstung unter der
Nato« verfolgten, strebten die »Ex-Nazi-Generäle (...) eine namhafte Ver-
stärkung der konventionellen Rüstung« an, um die Macht des Militärs in
der zivilen Gesellschaft wieder zu stärken und »zu einem gegebenen Zeitpunkt (...) die Nato zu verlassen, Deutschland zu neutralisieren und sich
mit den Sowjets zu einigen.«[79]

Krise – Endkampf – Untergang

Vierzehn Tage nach Erscheinen des *Spiegel*-Artikels, der den Untergang von Strauß einleiten wird, plagen gänzlich andere Sorgen die Bonner Politik. Für die Nacht vom 22. auf den 23. Oktober ist »überraschend«, wie der seit einem Jahr für den Bundesverteidigungsrat zuständige Minister Heinrich Krone in seinem Tagebuch notiert, eine Rede des amerikanischen Präsidenten Kennedy zur Lage in Kuba angekündigt, wo sich die Sowjetunion gerade anschickt, Atomraketen, direkt gegen die Vereinigten Staaten gerichtet, zu stationieren. Einige Tage zuvor war Außenminister Schröder in Washington. Dort hatte er – von Adenauer später zur Rede gestellt – nach eigenem Bekunden von seinem Amtskollegen Dean Rusk erste Hinweise auf die herannahende Krise erhalten, ohne hierüber den Kanzler zu unterrichten. Erst nach Kennedys dramatischer Ansprache, ergänzt durch einen Brief des amerikanischen Präsidenten an Adenauer, sieht man in Bonn, dass die Welt am Rande eines Atomkriegs steht. Entsprechend heftig sind die Vorwürfe an die Adresse Schröders: Entweder habe er »die empfangenen Hinweise in ihrer Bedeutung nicht erkannt«, was »unbegreiflich sei«, wirft ihm der Kanzler vor, oder der Außenminister habe ihm in »seinem Bericht diesen Punkt vorenthalten«, was »hinterhältig« sei.[1]

Dass sich die Bundesrepublik inmitten der Weltkrise um Kuba am Vorabend einer »Staatskrise«[2] infolge der *Spiegel*-Affäre befindet, wie es Krone wenige Tage später selbst formulieren wird, dass zumindest das Schicksal von Adenauer und Strauß in diesen Tagen besiegelt werden könnte – davon ahnt noch niemand etwas in der Bundeshauptstadt. In Karlsruhe, mit Unterstützung des Bundesverteidigungsministeriums, ist längst die Maschinerie der Strafverfolgung gegen den *Spiegel* und dessen leitende Redakteure in Gang gesetzt; am Tag der Kuba-Rede Kennedys beantragt der Generalbundesanwalt beim Bundesgerichtshof den Erlass von Haft- und Durchsuchungsbefehlen.[3] Krone, der jetzt erst – und das auch nur vage – von Hermann Höcherl über den Vorgang informiert wird, ist sich mit dem Bundesinnenminister einig, dass die Lage für Strauß erhebliche Gefahren in sich birgt – nicht etwa, weil der Verteidigungsminister womöglich seinen Zorn gegen das Hamburger Nachrichtenmagazin nicht im Zaum halten und daher die Strafverfolgungsbehörden unter Druck setzen könnte; drückend ist vielmehr die Sorge, dass sich im Zuge der Ermittlungen erweisen könnte, dass Strauß, der Mann mit der lockeren Zunge, »selbst Äußerungen getan hat, auf die die inkriminierten Stellen im Spiegel zurückgehen«.[4]

In den ersten Tagen unmittelbar nach Einschreiten der Staatsanwaltschaft kann von öffentlicher Empörung noch keine Rede sein. Das alles überragende Thema ist nach wie vor die Kubakrise, die sich allerdings am Wochenende nach den Hausdurchsuchungen und Festnahmen zu entspannen beginnt. Für den darauf folgenden Montag hat Adenauer nicht nur die Fraktionsvorsitzenden der Regierungskoalition, sondern auch den Oppositionsführer Erich Ollenhauer zu einer Sondersitzung des Bundeskabinetts eingeladen, bei der es ebenfalls ausschließlich um Kuba geht.

Die Sozialdemokraten haben gute Gründe, nur sehr dosiert mit Verwunderung und ohne Alarmgeschrei auf die Vorfälle rund um den *Spiegel* zu reagieren: Zwei Wochen vor Erscheinen der »Bedingt abwehrbereit«-Geschichte hatte deren Autor, Conrad Ahlers, den Hamburger Innensenator Helmut Schmidt, der als eines der ganz großen Talente in der Sozialdemokratie gilt und sich vor Antritt seines Hamburger Amts als brillanter Sicherheitsexperte im Bundestag erwiesen hat, in dessen Wohnung aufgesucht und ihm den Artikel zu lesen gegeben. Damals hatte Schmidt von einer Veröffentlichung abgeraten, da er an mehreren Stellen »Geheimhaltungsbedenken« hatte. Und hieran erinnert sich Schmidt sofort, als Bundesanwalt Siegfried Buback am Nachmittag des 27. Oktober bei ihm erscheint, um den Chef der Hamburger Innenbehörde über die für den Abend geplante Aktion ins Bild zusetzen. Noch in der Nacht, in der die Aktion gegen den *Spiegel* anläuft, informiert Schmidt Herbert Wehner darüber, der sich zufällig in der Nähe der Hansestadt aufhält.[5]

Bei den ersten Reaktionen auf die Affäre operiert die Sozialdemokratie noch aus einem weiteren Grund mit ihren kritischen Anfragen vergleichsweise behutsam. Denn zwischen einigen ihrer Sicherheitspolitiker und dem Hamburger Nachrichtenmagazin bestehen ziemlich enge Beziehungen: Informationen, auch solche vertraulichen Inhalts, werden rege weitergegeben – die Bundesanwaltschaft findet, was aber erst im Frühjahr 1963 in vollem Umfang bekannt werden wird, bei der Hausdurchsuchung der Redaktionsräume sogar ein geheimes Protokoll aus dem Verteidigungsausschuss, das von dessen stellvertretendem Vorsitzenden Hans Merten über den stellvertretenden SPD-Fraktionsvorsitzenden Gerhard Jahn den Weg zum *Spiegel* gefunden hat.[6]

Die Zahnlosigkeit der Sozialdemokratie in den ersten Tagen der *Spiegel*-Affäre ist derart auffällig, dass sich die wenigen vom ersten Tag an entschlossen auftretenden Kritiker der Hamburger Nacht-und-Nebel-Aktion fragen:»Wozu haben wir eigentlich eine Opposition? Wo bleibt der entrüstete Aufschrei, den niemand überhören könnte, wo bleibt die Aktion, die das Volk aufrüttelt?«, will etwa Karl-Hermann Flach wissen, jener liberale Publizist, der in ein paar Jahren als Generalsekretär der FDP zu den Vordenkern der sozial-liberalen Koalition zählen wird.»Zaghafte Erklärungen und lauwarme Stellungnahmen helfen da nicht mehr weiter«, klagt er in der SPD-freundlichen *Frankfurter Rundschau*:»Die SPD und die Kräfte, die hinter ihr stehen, müssen jetzt beweisen, daß auch ihnen noch nicht das Rückgrat gebrochen ist.«[7] Ein paar Tage dauert es noch, bis die Opposition diesen Beweis antreten wird: Erst als sich die dubiosen Umstände der Verhaftung von Ahlers als Kern der Affäre herauszukristallisieren beginnen, wird die SPD in die Offensive gehen.

Dass einige Journalistenverbände, allen voran die Berufsvereinigung Hamburger Journalisten, gegen das rabiate Vorgehen der Bundesanwaltschaft protestieren, versteht sich dagegen von selbst. Doch auch in solchen Stellungnahmen bleibt der Ton zunächst verhalten. Am 30. Oktober 1962 etwa stellt der Deutsche Journalistenverband, bei allen Bedenken, lapidar »fest, daß zu den rechtlichen Fragen im Zusammenhang mit der Polizeiaktion gegen den Spiegel ohne Kenntnis der erhobenen Vorwürfe und ihrer Begründung nicht Stellung genommen werden kann«. Dass die ins Hamburger Pressehaus eingerückten Staatsanwälte und Kriminalbeamten ihre Anwesenheit allerdings gleich noch dazu nutzen, die Produktion der aktuellen Ausgabe des Nachrichtenmagazins zu kontrollieren und in einem Aufwasch auf die anderen im Pressehaus am Hamburger Speersort 1 untergebrachten Medien ein wachsames Auge zu werfen, mag die Standesvertretung nicht gutheißen: Dies sei ein »offensichtlicher Verstoß gegen das grundgesetzliche Verbot einer Vorzensur«.[8]

Weitaus schärfer engagiert sich da schon der Hochadel des deutschen Geisteswesens. An eben jenem Wochenende tagt die *Gruppe 47* im »Alten Casino«, einer Villa am Wannsee in Berlin, um neben der Literatur auch sich selbst ein wenig zu huldigen – es sollte eigentlich eine angemessene Jubiläumsfeier zum fünfzehnten Geburtstag werden. Angesichts der nuklearen Kriegsgefahr im Zeichen der Kubakrise ist indes niemandem nach einem Fest zumute. Und dann platzen mitten in die Tagung die schlimmen Nachrichten aus Hamburg. Natürlich könnte die Empörung kaum größer sein, spontan depeschieren einige der anwesenden Schriftsteller ihre Solidarität mit Augstein in die Hansestadt. Am Samstagnachmittag schließlich treffen sich einige Repräsentanten des Literatenzirkels in Uwe Johnsons Friedenauer Wohnung, um ein temperamentvolles Protest-Manifest aufzusetzen.

Doch statt die Öffentlichkeit wachzurütteln und gegen die »staatliche Willkür« aufzubringen, trägt die Erklärung der Poeten und Literaturkritiker erst einmal die Verunsicherung ins eigene Lager. In ihrem Übereifer ist den Wortgeübten nämlich ein missverständlicher Satz unterlaufen: »In einer Zeit, die den Krieg als Mittel der Politik unbrauchbar gemacht hat«, sei die »Unterrichtung der Öffentlichkeit über sogenannte militärische Geheimnisse (…) eine sittliche Pflicht«, die auch jeder der Unterzeichner – von Alfred Andersch über Hans Magnus Enzensberger und Marcel Reich-Ranicki bis zu Siegfried Unseld und Martin Walser; selbst Curd Jürgens und die Berliner *Stachelschweine* schließen sich dem Aufschrei der Intellektuellen an – »jederzeit erfüllen« würde.[9]

Dass feinsinnige Haudegen konservativ-liberaler Provenienz wie Friedrich Sieburg oder Wolf Jobst Siedler dies nicht gutheißen, in solchen Reden gar einen »Aufruf zum Landesverrat« wittern, mag man ja noch verschmerzen. Schwerer ist es zu verkraften, dass sich einer wie Hans Habe, den die Schriftstellerkollegen zwar kaum als einen der Ihren gelten lassen, der aber durch beherzte Artikel in SPD-Zeitungen als echter Strauß-Gegner ausgewiesen ist, auf Distanz geht.[10] Besonders bitter stößt es auf, dass der Publizist Sebastian Haffner, einer der schärfsten, scharfsinnigsten und mutigsten Kritiker der Staatsattacken gegen den *Spiegel*, dieser »vielzitierte(n) Erklärung einiger Schriftsteller und Schauspieler« vorwirft, in »reine Narretei« auszuarten.[11] Haffner, ein freier Publizist, hat sich wegen seines Engagements in der Sache soeben mit seinen beiden Hauptabnehmern, *Die Welt* und *Christ und Welt*, überworfen und dadurch wichtige Einnahmequellen verloren.[12] Aber auch echte Brüder im Geiste wie Dieter Wellershoff können nur den Kopf schütteln, da die Kollegen im Begriff seien, sich selbst um Prestige und Vertrauen in der Öffentlichkeit zu bringen.[13]

Irgendwie scheinen es die Literaten selbst zu merken, dass sie übers Ziel hinausgeschossen sind – fortan, während der ganzen Krisenmonate herrscht Stille im deutschen Literaturcafé. Hans Werner Richter, der Kopf der *Gruppe 47*, erkundigt sich – einige Wochen sind bereits ins Land gegangen – beim Verleger von Enzensberger und Johnson, die doch so schwungvoll die Feder beim Abfassen des Manifests geführt hatten, warum in dem in allen Feuilletons breit ausgetragenen Streit von diesen Vorzeige-Intellektuellen der Republik gar nichts zu hören sei. »Das Schweigen (…) beunruhigt mich ebenso«, antwortet Siegfried Unseld am 23. November, »die Herren sind auf Reisen.«[14]

Umso engagierter werfen sich die Medien vom ersten Tag an ins Geschirr. Von Beginn an gibt es eine klare Polarisierung, teilweise geht der Riss mitten durch die Redaktionen: hier die Lordsiegelbewahrer der Staatsräson – dort die unbedingten Verteidiger der Pressefreiheit.[15] Und obwohl es noch keine sichtbaren Anzeichen dafür gibt, dass Strauß direkt in die Aktion gegen den *Spiegel* verwickelt sein könnte, fällt sein Name sogleich bei Freund und Feind – im ersten Leitartikel, den die FAZ der Affäre widmet, bereits im Eröffnungssatz: »Auf die Nachrichten von der neuen Spiegel-Affäre hin werden viele (…) sofort gesagt haben, der Minister Strauß habe jetzt seinen Gegenschlag geführt (…).« Dieser Verdacht drängt sich nicht zuletzt deshalb auf, weil in den Tagen unmittelbar vor dem Angriff gegen den *Spiegel* das Verhältnis zwischen dem Hamburger Nachrichtenmagazin und Strauß noch einmal ein großes öffentliches Thema war – der »Onkel Aloys«-Komplex und auch, ein letztes Mal, die Fibag-Angelegenheit standen im Bundestag auf der Tagesordnung.

Am Abend vor der Fibag-Debatte – in dieser Nacht steuert zugleich die Kubakrise auf ihren ersten Höhepunkt zu – ereignet sich zudem ein Zwischenfall, über den es pünktlich zum Beginn der *Spiegel*-Affäre erste Berichte in den Zeitungen zu lesen gibt. Für den 24. Oktober hat der Bundespräsident zu einem parlamentarischen Abend nach Schloss Brühl geladen, bei dem es genussfroh zugeht. Dabei kommt Strauß zu vorgerückter Stunde richtig in Fahrt. Alle *Spiegel*-Sauereien gegen ihn bringt er gebärdenreich zur Sprache, die anwesenden Sozialdemokraten – Gerhard Jahn, Carlo Schmid und Helmut Schmidt – müssen die schlimmsten Beschimpfungen über sich ergehen lassen, da SPD und *Spiegel* immer wieder gemeinsam böses Spiel mit ihm treiben würden. Im Übrigen seien die Reihen der Sozialdemokratie kommunistisch durchsetzt. »Fürs Zuchthaus reif«, befindet Strauß seine Gesprächspartner, solche Sozen müsse man wahlweise erschlagen oder aufhängen. Die so Beschimpften erweisen sich als wahre Gentlemen und beschränken sich auf den süffisanten Kommentar, Strauß habe sich in einem Zustand befunden, »dessen Schilderung die Verletzung der Intimsphäre« bedeuten würde.[16]

Immer wieder in den kommenden Wochen werden die Vorfälle von Brühl die Medien beschäftigen; wie ein Basso continuo unterlegen sie die

Berichterstattung über den *Spiegel*-Skandal. Denn einerseits weisen die einer zünftigen Wirtshausrauferei würdigen Verbaliniurien des Verteidigungsministers aus Sicht der Kritiker eindeutig auf ein Tatmotiv von Strauß hin. Verbale Grobschlächtigkeiten sind ja nichts Ungewöhnliches bei diesem Mann, doch fast noch schwerer wiegt die Frage, wie alkoholisiert der Verteidigungsminister in jener Nacht war, in der die sowjetischen Schiffe mit Atomraketen an Bord dem amerikanischen Sperrgürtel vor Kuba gefährlich nahe kamen. Strauß, der gar nicht erst versucht, seine temperamentgetriebenen Ausfälle zu verleugnen, sondern diese nur als »Ironie« verstanden wissen will, hatte tatsächlich einen ziemlich plötzlichen Abgang bei der Feier von Brühl – sturzbetrunken, sich unfreiwillig erleichternd, ohne Reste von Selbstkontrolle sei er durchs Gebüsch davongetorkelt, heißt es einige Tage später. Und das in der Nacht, in der die Welt am Rande eines Atomkriegs stand!

Insbesondere der *Stern* findet viel Vergnügen daran, diese Geschichte am Köcheln zu halten. Einer polemischen Betrachtung in der Ausgabe des 11. November folgt vierzehn Tage später, unmittelbar vor der bayerischen Landtagswahl am 26. November 1962, ein südlich der Donau in fast allen Regionalzeitungen vorab reichlich beworbener, deftiger Nachschlag. Doch statt rechtliche Schritte einzuleiten, wozu Strauß gewöhnlich schnell bereit ist, verfasst er einen sich über drei eng beschriebene Seiten quälenden Brief an Henri Nannen, den Chefredakteur der Illustrierten, ergänzt um eine umfangreiche, gewundene Gegendarstellung. Er, besoffen? »Es ist unrichtig, daß ich anläßlich eines Empfangs auf Schloß Brühl am 24. Oktober 1962 infolge des Genusses alkoholischer Getränke aktionsunfähig und meiner Sinne nicht mehr mächtig gewesen bin«, heißt es darin. Richtig sei vielmehr, »daß ich mich infolge der mit der Kuba-Krise verbundenen Überarbeitung in einem Zustand der Übermüdung und physischen Überlastung befand, die in Verbindung mit der nervlichen Hochspannung der letzten Monate, sowie mit den Folgen eines seit mehreren Jahren in ärztlicher Behandlung stehenden Kriegsleidens zu einem Augenblick der physischen Schwäche nach Verlassen des Empfangs führte.«

Noch etwas anrührender – eigentlich ist es ein Aufschrei der Verzweiflung – klingt es in dem persönlich gehaltenen Brief an Nannen: »So sehr es meinem Charakter und meiner Art widerspricht, von wirklich persönlichen Dingen, Zuständen und Anstrengungen, Leistungen und ihren Folgen jemals zu reden, muss ich Ihnen in diesem Fall eröffnen, daß die brutalen und wahllos mit allen Mitteln gegen mich und meine politische Konzeption

Die Öffentlichkeit macht mobil gegen die Staatsmacht: Sitzstreik an der Frankfurter Hauptwache, 30. Oktober 1962.

geführten Feldzüge und Angriffe der letzten zwei Jahre an meiner Gesundheit und Nervenkraft trotz meiner angeblichen Robustheit nicht spurlos vorübergegangen sind und vorübergehen konnten. Wie schon einige Male in diesem Jahr wurde ich gegen Ende des Empfanges in Brühl plötzlich von einer Kreislaufschwäche befallen. Ich bin seit zwei Jahren wegen Kreislaufstörungen und eines in Russland im Winter 1942 durch schwere Gelbsucht zugezogenen Leberschadens in ärztlicher Behandlung. Ich habe leider auf meine Gesundheit nicht die erforderliche Rücksicht nehmen können, die mir die Ärzte dringend angeraten haben, weil ich die Erfüllung meiner amtlichen und politischen Verpflichtungen selbst der Rücksicht auf meine Familie und mich zurückgestellt habe.«[17]

Dass die *Spiegel*-Affäre Strauß schnell einholen wird und dass er im Zusammenhang mit der polizeistaatsartigen Aktion kritische Fragen beantworten muss, ist leicht auszurechnen. Immerhin geht es um den Verdacht des Verrats von militärischen Geheimnissen, und damit ist das Verteidigungsministerium nicht bloß als gutachterliche Hilfskraft der Strafverfolgungsbehörden betroffen. Aber dafür, dass sich der Fokus des Skandals sehr schnell auf Strauß verengt und die in den ersten Reaktionen noch im Vordergrund stehenden Eigenheiten des Staats-, Demokratie- und Politikverständnisses beim Adenauerregiment überschattet, dafür ist sicher auch diese unglückselige zeitliche Verknüpfung der Affäre selbst und der breiten Thematisierung all jener charakterlichen Unwuchten des Verteidigungsministers verantwortlich, die immer schon ein Streitfall der öffentlichen Erörterung gewesen sind, die jetzt aber – während der Kubakrise – eine ganz andere Qualität der Diskreditierung erhalten: Ist diesem Mann, der sich in Zeiten akuter Kriegsgefahr dem Anschein nach nicht unter Kontrolle hat, der selbst nicht einsatzbereit ist, wenn es die ihm unterstehenden Truppen auf Gedeih und Verderb sein müssen, ist diesem Mann mit seinem eigenwilligen Verständnis von Ironie und Umgang mit dem politischen Gegner nicht wirklich alles, vor allem das Schlimmste zuzutrauen? »Der Mensch ist nicht nur, was er ist allein, er ist auch, was er könnte sein«, kalauert *Pardon*, das erfrischend vorlaute Satiremagazin, mit einem verfremdeten Goethe-Zitat über Strauß.[18] So denken in den deutschen Medien sicher nicht wenige über ihn, aber in den ersten Tagen verstecken sie sich noch hinter den Kommentaren führender ausländischer Zeitungen. Die Münchner *Abendzeitung* etwa zitiert das größte schwedische Blatt – »juristische Blutrache des Herrn Ministers« –, die *Stuttgarter Zeitung* hält sich an den Pariser *Le Monde*: »Herr Strauß hat sich nicht lange Zeit gelassen, um (…) Rache am ›Spiegel‹ zu nehmen« für jene Schmach der Fibag-Affäre, die erst am Tag vor der *Spiegel*-Aktion im Bundestag ihr parlamentarisches Ende gefunden hatte.[19]

Doch trotz der allmählich drängender werdenden ersten Fragen nach den konkret Verantwortlichen stehen in den frühen Tagen der Affäre mehr die grundsätzlichen Aspekte – der Schutz der Pressefreiheit einerseits und die Erfordernisse des Staatsschutzes andererseits – im Mittelpunkt. Und bei dieser Abwägung, das finden nach den ersten Einlassungen prominenter Unionspolitiker selbst wichtige regierungsfreundliche Medien, fehlt es in Bonn an Fingerspitzengefühl und – mehr noch – an Problembewusstsein. »Der geschäftsführende Vorsitzende der CDU hat eine provozierende Bemerkung zur Verhaftung der *Spiegel*-Redakteure gemacht«, kommentiert die FAZ am 30. Oktober: »Er hat gesagt: ›Es ist dies keine Affäre der deutschen Presse, sondern eine Affäre des *Spiegels*.‹« Wahrscheinlich handelte es sich wohl eher um eine unbedachte Äußerung, mit der Josef Hermann Dufhues allerdings böse Erinnerungen an ein Goebbels-Wort weckte, das 1933, nach dem erzwungenen Auszug der SPD aus dem Reichstag, gefallen war: Dies sei »keine Affäre der Parteien, es ist eine Affäre der SPD«, hatte es damals geheißen. »Das provozierendste an dieser Provokation ist«, findet

der Leitartikler der FAZ, »daß ein Mann im vordersten Glied der Bundespolitik sie offenbar für eine Beschwichtigung statt für eine Provokation gehalten hat.« Bei allen Differenzen in »Auffassungen« und »Geschmack«
zum Nachrichtenmagazin der Kollegen aus Hamburg: Wenn es um Prinzipien gehe, »wenn Methoden der Rechtsverfolgung und der Pressebehand-
lung zur Debatte stehen«, dürfe es keinen Unterschied geben: »Kein Staatsbürger, zu schweigen von Journalisten, kann sich gefallen lassen, daß man
Unterschiede macht zwischen solchen, für die die rechtsstaatlichen und
demokratischen Garantien voll gelten sollen, und anderen, die mit weniger
vollem Maß gemessen werden können.«[20]

Dass Strauß kein unbeteiligter Dritter bei der Aktion gegen den *Spiegel*
gewesen sein könnte, dieser Verdacht wird nicht nur in den Medien angedeutet. Auch bei Adenauers kleinerem Koalitionspartner ist man empfänglich für das in Bonn kursierende »Gerücht, Strauß sei in die Aktion eingeweiht gewesen«, und beunruhigt wegen des Geraunes, »dies sei die Rache
des Bundesverteidigungsministers für Fibag und ›Onkel Aloys‹«.[21] Besonders schwer wiegt dieser Verdacht aus Sicht der Liberalen, da der Zugriff
gegen den *Spiegel* an Justizminister Wolfgang Stammberger, bei dem die
Dienstaufsicht über die Bundesanwaltschaft liegt, vorbeigezirkelt worden
ist, und zwar von dessen eigenem Staatssekretär, dem CDU-Mann Walter
Strauß, der von Anfang an in alles eingeweiht gewesen ist. Stammberger
bittet daher den Bundeskanzler um seine Demission.

Angesichts der immer wilder ins Kraut schießenden Gerüchte kann
Strauß sich jetzt nicht länger bedeckt halten. In einer ersten Stellungnahme, die in der Frankfurter *Abendpost* am 30. Oktober 1962 gedruckt
wird, weist er den Verdacht, er habe eine Art Rachefeldzug gegen den *Spiegel* gestartet, von sich: »(I)ch darf sagen, daß ich persönlich oder die Leitung des Hauses mit der Ingangsetzung dieser Aktion gar nichts zu tun
haben.« Dass er bei jenem turbulenten Abend in Brühl gedroht hatte, es
werde dem *Spiegel* demnächst »an den Kragen gehen«, versucht er mit dem
Hinweis zu entkräften, er habe es nur seinen politischen Gegner gleichtun
wollen und daran gedacht, die Berichterstattung des Nachrichtenmagazins
zum Gegenstand einer »parlamentarischen Anfrage« zu machen; »von
Umfang und Ziel der Aktion des Generalbundesanwaltes« habe er an diesem Abend, achtundvierzig Stunden vor den Zugriffen, »noch keinerlei
Ahnung gehabt.«[22]

Für ein paar Tage kommt Strauß mit dieser Stellungnahme ganz gut
durch. Das Hauptaugenmerk der Öffentlichkeit und auch der allmählich

kritischer werdenden Anfragen aus der Politik richtet sich einstweilen noch auf die Ausschaltung Stammbergers. Adenauer jedenfalls weist das Entlassungsgesuch seines Justizministers zurück und bestätigt diesem, sich völlig zu Recht von seinem Staatssekretär hintergangen zu fühlen. Derweil präsentiert sich für das Verteidigungsministerium Staatssekretär Volkmar Hopf als Sündenbock; er übernimmt die volle Verantwortung für die Beteiligung seines Hauses – deren wahrer Umfang längst nicht aufgeklärt ist – und auch dafür, dass der Justizminister umgangen worden ist. Doch gerade dies nährt neues Misstrauen. Wie kann es angehen, dass das Verteidigungsministerium entscheidet, wer im Hause des Bundesjustizministers informiert und beteiligt wurde und wer nicht? Kann derart Gravierendes in der Macht des Staatssekretärs, im Ermessen eines Beamten liegen? Muss man nicht vielmehr vermuten, dass Strauß aus dem Hintergrund die Regieanweisungen gegeben hat? So oder so: Für die meisten Zeitgenossen spricht vieles dafür, dass die eigentlichen Drahtzieher der ganzen Aktion in der Ermekeilkaserne sitzen. Die Freien Demokraten geben sich mit Adenauers Maßregelung des Justizstaatssekretärs jedenfalls nicht zufrieden. Sollte der Kanzler Volkmar Hopf und Walter Strauß nicht bis zum 5. November entlassen haben, werde nicht nur Stammberger das Kabinett verlassen, sondern mit ihm alle FDP-Minister.[23]

Adenauer wird tatsächlich zum Ablauf der ihm gesetzten Frist die beiden Staatssekretäre aus dem Verkehr ziehen; daraufhin verzichtet Stammberger auf seinen Rücktritt. Aber die mit dem Ultimatum der FDP ausgebrochene Koalitionskrise hat bereits zu viel Eigendynamik gewonnen, und es sind nicht mehr allein Politiker der Opposition und der FDP, die ins Grübeln kommen: »Ich kann nur hoffen«, hat Kurt Georg Kiesinger, der Ministerpräsident von Baden-Württemberg, bereits am 31. Oktober öffentlich geraunt, »daß alles in rechtsstaatlicher Form erfolgt ist.«[24] Die Presse wird da weitaus deutlicher. Blätter wie die *Süddeutsche Zeitung* begnügen sich zwar einstweilen noch damit, ihre vernehmlicher werdenden Zweifel unter die Aufklärung erbittende Schlagzeile zu setzen: »Es geht um die Demokratie«. Doch der Maßstab, an dem die Hamburger Vorgänge zu messen seien, wird kategorisch mit Hilfe einer Formulierung des früheren gaullistischen Informationsministers Louis Terrenoire definiert: »Die Presse muß die Freiheit haben, alles zu sagen, damit gewissen Leuten die Freiheit genommen wird, alles zu tun.« Andere Kommentatoren gehen in ihrer Diagnose schon ein Stück weiter: »Der Polizeistaat marschiert«, befindet die Münchner *Abendzeitung*.[25]

Und kaum ist die Beurlaubung der beiden Staatssekretäre beschlossen, regen sich Zweifel – auch bei prominenten Politikern des Regierungslagers wie dem FDP-Vorsitzenden Erich Mende oder dem Bundestagspräsidenten Eugen Gerstenmaier –, ob es nicht doch den Falschen getroffen hat. Ist es wirklich vorstellbar, dass Hopf eigenständig gehandelt hat? Gerade weil es um den *Spiegel* geht, traut keiner so recht den Selbstbezichtigungen des Beamten. Wer will denn glauben, dass Strauß dem Schauspiel lediglich als Zuschauer beigewohnt hat?

Auch Krone, der mittlerweile tiefere Einblicke in die Details hat nehmen können, meint, nachdem der vermeintliche Ausweg gefunden ist: »Eine schlechte Lösung. Strauß bleibt.«[26] Vermutlich werde noch im Laufe der Woche »›der eigentlich Verantwortliche‹ vor die Flinte kommen«, erfahren die FDP-Emissäre Döring und Zoglmann am 5. November bei einem Gespräch im Kanzleramt, an dem auch Gerstenmaier und Krone teilnehmen, »und zwar im Zusammenhang mit den Vorgängen um Ahlers in Spanien«. Diese Runde ist sich »einig, daß der Hauptverantwortliche Franz Josef Strauß« ist.[27]

Der Fall Ahlers ist für die Beschleunigung der *Spiegel*-Krise tatsächlich entscheidend. Denn die Umstände, unter denen der Autor der »Bedingt abwehrbereit«-Geschichte verhaftet wurde, kommen vielen spanisch vor; von offizieller Seite gibt es hierüber nicht einmal ungereimte Erklärungen. Das Auswärtige Amt lässt gleich am 29. Oktober durch seine Sprecher verkünden, »in keiner Weise bei dieser Angelegenheit eingeschaltet gewesen zu sein«. Ahlers sei jedenfalls freiwillig nach Deutschland zurückgekehrt, stellt der Sprecher des Justizministeriums fest. Und Regierungssprecher Karl-Günther von Hase bittet die Presse um Nachsicht: Man tappe im Dunklen, Fragen seien daher »unnütz (…). Wir können ihnen nur etwas falsches sagen.«[28]

Zwei Tage später ist die Verwirrung perfekt: Das Bundeskriminalamt bestreitet, Interpol eingeschaltet zu haben, und auch die deutsche Botschaft in Madrid leugnet, an dem Vorfall beteiligt gewesen zu sein. So fragt sich, »auf welche geheimnisvolle Weise die Bundesanwaltschaft die Verhaftung eines deutschen Staatsbürgers in Spanien erwirken konnte«.[29] Wiederum zwei Tage später gibt es erste Gerüchte, dass womöglich der deutsche Militärattaché in Madrid tätig geworden ist. »War er es selbst, oder wer hat ihn angewiesen?«, will nicht nur *Die Welt* jetzt wissen. Ein Dementi ist aus dem Verteidigungsministerium nicht zu erhalten, und Oster, von der Nachrichtenagentur *upi* direkt gefragt, will sich nicht äußern, dies könne »alleine das Bundesverteidigungsministerium in Bonn«.[30] Dort herrscht Schweigen; Oberst Schmückle tut vor der Bundespressekonferenz am 3. November lediglich kund, von einer Einschaltung des deutschen Militärattachés in Madrid, Oberst Oster, sei ihm »nichts bekannt«. Derweil erklärt die Bundesanwaltschaft in Karlsruhe, sie habe Ahlers nicht zur Fahndung ausgeschrieben.

Am 6. November kommt endlich etwas Licht ins Dunkel: Der spanische Informationsminister Manuel Fraga Iribarne gibt eine offizielle Erklärung in der auch Madrid allmählich lästig werdenden Angelegenheit ab. Demnach habe das Bundeskriminalamt telegraphisch via Interpol am 27. Oktober um die vorläufige Festnahme von Ahlers in Torremolinos bei Malaga ersucht und sich dabei ausdrücklich auf den deutschen Haftbefehl gestützt. Gegen 2 Uhr nachts sei das Hilfeersuchen im obersten spanischen Polizeiamt eingelaufen und bald darauf durch einen Anruf von Paul Dickopf aus dem Bundeskriminalamt bekräftigt worden. Daraufhin sei Ahlers gegen 6 Uhr morgens festgenommen worden und habe von sich aus schriftlich erklärt, er kehre freiwillig nach Deutschland zurück.[31]

Dass Strauß mit der Festnahme etwas zu tun haben könnte, lässt sich aus dem bisher Bekanntgewordenen nicht schließen. Und er selbst bleibt dabei: »Es ist kein Racheakt meinerseits«, bekräftigt er in einem Interview am 3. November. Die Einleitung des Verfahrens, die Ausstellung von Haft- und Durchsuchungsbefehlen gegen den *Spiegel* habe er nicht veranlasst: »Ich habe mit der Sache nichts zu tun. Im wahrsten Sinne nichts zu tun!« Dass er über Planung und Durchführung der Aktion vorab informiert gewesen sei, bestreitet er nicht; auch nicht, dass er der Bundesanwaltschaft »absolute Amtshilfe zugesagt« habe. Mit der operativen Durchführung aber sei Staatssekretär Hopf betraut gewesen. Strauß habe ihm »unsere prekäre Situation« dargelegt: Wenn man untätig bleibe, dann mache man sich möglicherweise der Beihilfe zum Landesverrat schuldig, und »(w)enn wir etwas unternehmen, dann wird es heißen, der Strauß wolle sich an Augstein rächen«. Deshalb habe er entschieden, »daß die ganze *Spiegel-Angelegenheit* allein von Staatssekretär Hopf bearbeitet werden solle«.[32]

Mit der Kaltstellung der beiden Staatssekretäre kommt nur für einen Augenblick ein wenig Ruhe in die Sache: Union und FDP veröffentlichen am 5. November ein gemeinsames Kommuniqué, das den Anschein erweckt, als sei immerhin dieser Teil der Krise – die der Koalition – ausgestanden. Doch die öffentliche Erörterung will nicht abebben. Immer noch gibt es viele Ungereimtheiten in der Darstellung der Bundesregierung; dass Strauß nur eine passive Rolle zugekommen sei, nimmt ihm, allen Beteuerungen zum Trotz, kaum jemand ab. In den Medien wird der Ton allmählich schärfer, und auch die Opposition legt nach, weil von einer umfassenden und vollständigen Aufklärung der näheren Umstände, die zur *Spiegel*-Affäre geführt haben, keine Rede sein kann. So hat die Informationspolitik der offiziellen Stellen fatale Konsequenzen. Ähnlich wie die Bundesregierung das Eingreifen der Bundesanwaltschaft mit Erwägungen der Staatssicherheit begründet hatte, argumentiert sie jetzt bei ihrer Weigerung, die Karten endlich auf den Tisch zu legen. Das alles riecht immer mehr nach Verschleierungstaktik. Was war so schlimm, dass sich niemand offen bekennen mag?

Völlig falsch schätzt die Bundesregierung dabei die Reaktion der ihr im Prinzip freundlich gesonnenen Medien und Kreise ein. Sie halten nämlich das rabiate Vorgehen der Strafverfolgungsbehörden keineswegs für einen Pappenstiel oder gar für eine nicht weiter hinterfragbare staatspolitische Notwendigkeit. Bereits am 3. November hatte Springers *Bild*, schon damals das größte deutsche Massenblatt, die Bundesregierung aufgefordert: »Endlich Farbe bekennen!« Das »Unbehagliche an der *Spiegel-Affäre*« sei, dass man nur eines wisse: »(D)ie Herrn vom *Spiegel* sitzen«, und die Redaktionsräume sind beschlagnahmt. »Alles andere in dieser Angelegenheit ist unklar«, »alle offiziellen Sprecher reden um den heißen Brei herum«.[33]

Am nächsten Abend, dem 4. November, schlägt die *Panorama*-Sendung im Ersten Programm des Deutschen Fernsehens wie eine Bombe ein. Zur besten Sendezeit, um 19.15 Uhr, strahlt die ARD die Sendung aus, die mit beißender Kritik Partei für die vom Staat bedrohten Kollegen des *Spiegels* ergreift. Den eindringlichen Schlusspunkt der Sendung setzt Sebastian Haffner, der den Zuschauern als Stammgast in Werner Höfers sonntäglichem *Frühschoppen* ein Begriff ist, zumal als erklärter Gegner vieler Positionen Rudolf Augsteins. Als ein »Journalist, der seine journalistische Ausbildung und journalistische Praxis in England«, dem Mutterland der Demokratie, erworben habe, müsse er klar und deutlich sagen: Wenn die deutsche Öffentlichkeit die Vernebelungen, Ungereimtheiten und Desinformationen durch die Bundesregierung hinnehme, wenn sie es ertrage, dass der Verdacht von staatlicher Willkür gegen eine unliebsame Stimme der Presse nicht lückenlos ausgeräumt werde, »wenn die deutsche Öffentlichkeit sich das gefallen läßt, wenn sie nicht nachhaltig auf Aufklärung drängt, dann adieu Pressefreiheit, adieu Rechtsstaat, adieu Demokratie«.[34]

Ein paar Tage später fällt Haffners Urteil noch drastischer aus: »Das, was im allgemeinen die ›Begleitumstände der *Spiegel-Affäre*‹« genannt werde – die rechtsstaatlich fragwürdig erscheinende Wahl der Mittel zur Aufklärung des mutmaßlichen Landesverrats –, sei »in Wahrheit die Affäre selbst«. Ob die Bundesrepublik »noch ein freiheitlicher Rechts- und Verfassungsstaat ist, oder ob es möglich ist, sie durch eine Art kalten Staatsstreich über Nacht in einen Schreckensstaat zurückzuverwandeln«: Das sei die eigentliche »Schicksalsfrage für Deutschland«, die sich jetzt stelle.[35]

Adenauer und die Seinen sind längst nicht mehr Herr der Lage. Viel zu groß ist mittlerweile der öffentliche Druck nach schonungsloser Aufklärung, als dass sich mit den der FDP konzedierten personellen Konsequenzen die Affäre begraben ließe. Am 5. November, dem Tag, da wenigstens die Koalitionskrise überstanden zu sein scheint, präsentiert die SPD einen Katalog mit achtzehn Fragen zu Vorgeschichte, Ablauf und Umständen der *Spiegel*-Aktion. In der kommenden Sitzung des Bundestags will sie die Bundesregierung zu Aufklärung und Wahrheit zwingen. Über drei Tage, vom 7. bis zum 9. November, wird sich diese Prozedur hinziehen. Und hier nun fallen schließlich die Würfel – vor allem gegen Strauß.

Schon vor Beginn der Befragung ist die Stimmung in und um den Plenarsaal des Deutschen Bundestags geladen. Justizminister Stammberger, der als Ressortverantwortlicher für die Aufsicht über die Bundesanwaltschaft den Hauptpart bei der Beantwortung der oppositionellen Fragen übernehmen soll, erleidet kurz vor seinem Auftritt einen Kreislaufkollaps und fällt für die nächsten Tage aus. Innenminister Höcherl, der nach der Geschäftsordnung der Bundesregierung den Justizminister vertritt, muss einspringen. Der Mann aber, für den sich die Opposition am meisten interessiert, Strauß, sitzt zunächst schweigend auf der Regierungsbank.

Höcherl, der als Innenminister und damit als oberster Dienstherr des Bundeskriminalamtes aus eigener Zuständigkeit nur wenige Facetten des Gesamtvorgangs kennt, schlägt sich wacker und ziemlich nahe an der Wahrheit durch die Regierungsbefragung. Bis sich mit Aufruf der siebten Frage die Befragung dem eigentlichen Kern nähert: Wer hat bei der spanischen Polizei die Verhaftung von Ahlers veranlasst? Weder das Bundesjustizministerium, noch der Generalbundesanwalt, lautet Höcherls Anwort, und die genannten Stellen hätten auch nicht Interpol eingeschaltet. Außerdem sei die mündliche Weiterleitung des Haftbefehls nach seinen Erkenntnissen nicht durch den stellvertretenden BKA-Chef Dickopf veranlasst worden. Bei Auskünften, die dies nahelegten, müsse es »sich um einen Irrtum der spanischen Stellen handeln«.[36]

Gerade als die Fragestunde den kritischen Punkt erreicht, ist die von der Geschäftsordnung des Bundestags vorgesehene sechzigminütige Verhandlungszeit beendet. Erst am nächsten Tag kann die Befragung eigentlich fortgesetzt werden. Es kommt aber etwas anders. Denn vor Eintritt in die weitere Tagesordnung gibt Heinrich Ritzel, der das Ende der Sozialdemokratie in der Hitler-Zeit als Reichstagsabgeordneter erlebt hat, angestachelt von den vielen polemischen Zwischenrufen aus der Unionsfraktion, eine persönliche Erklärung ab. Mit großer Entschiedenheit und sichtlich erregt verwahrt er sich dagegen, dass seine Partei wegen der kritischen Anfragen an die Bundesregierung als halber Landesverräter hingestellt werde. »(G)leich jedem anständigen Deutschen« verurteile die Sozialdemokratische Partei Deutschlands »aufs schärfste Landesverrat, wo er wirklich vorliegt«. Diese Haltung suspendiere aber nicht den Rechtsstaat: »Der Schutz vor Landesverrat soll unser Volk vor fremder Macht und fremder Willkür schützen. Es muß dann aber auch dabei bleiben, daß der Staatsbürger gegen Willkür im eigenen Land geschützt ist.«[37]

Dass sich die Diskussion jetzt doch von den konkreten Sachverhalten zu lösen beginnt und ins Grundsätzliche abschweift, kommt Adenauer nicht ganz ungelegen. Am Tag zuvor hatte die Maßregelung der beiden als untadelig geltenden Staatssekretäre Unmut erregt. Nur unter Murren hatten die Abgeordneten von CDU und CSU der Sündenbocklösung zugestimmt, »weil die Koalition bleiben soll«.[38] Die »Stimmung in der Fraktion war ungewöhnlich schlecht und gereizt«, erfährt Adenauer durch Heinrich von Brentano unmittelbar vor Beginn des parlamentarischen Kreuzverhörs – und das nicht nur, weil »man zwei ungewöhnlich tüchtige und zuverlässige Staatssekretäre (…) opfere«. Als »einen der tieferen Gründe« für die »Malaise« hätten mehrere Fraktionsangehörige ausgemacht, dass »die Bundesregierung die bösartige und gefährliche Kampagne großer Teile der Presse, des Rundfunks und des Fernsehens in der sogenannten Spiegel-Affäre völlig passiv hingenommen habe«. Zweierlei tue daher Not: Einerseits müsse man »durch eindeutige Erklärungen die Öffentlichkeit beruhigen«; mit dem Hinweis auf ein schwebendes Verfahren könne sich die Regierung jedenfalls nicht aus ihrer Informationspflicht herausstehlen; »kein vernünftiger Mensch« nehme ihr diese Ausrede ab. Andererseits dürfe man »auch nicht durch eigene Untätigkeit zulassen, dass ein Verfahren gegen einige Redakteure wegen Landesverrats in eine Aktion gegen die Freiheit der Presse und die rechtsstaatliche Ordnung in Deutschland umgemünzt wird«.[39]

Vermutlich sind es nicht einmal in erster Linie taktische Erwägungen, die Adenauer diese Stimmung in den eigenen Reihen aufgreifen lassen und ihn zu einer direkten Antwort auf Ritzel bewegen. Denn so, wie der Kanzler spricht und immer wieder in die Debatte eingreift, drängt sich der Schluss auf, dass seine Empörung aus tiefstem Herzen kommt.

Gleich in mehrfacher Hinsicht ist Adenauers beherzten Reden dieses Tages großer Erfolg beschieden. Manche seiner Sätze werden Jahrzehnte später noch in den Ohren der politisch Interessierten klingen, als seien sie gerade erst gefallen. Niederste Motive seien bei Augstein am Werk: Der Chef des *Spiegels* »verdient (…) am Landesverrat; und das finde ich einfach gemein«.[40] Wenig später bekräftigt der Kanzler diesen Vorwurf voller Ekel: »Gott, was ist mir schließlich Augstein! Der Mann hat Geld verdient auf seine Weise.« Die, die ihn dabei als Käufer und Inserenten unterstützten, »stehen nicht sehr hoch in meiner Achtung«.[41] Geradezu zur stehenden Redewendung im politischen Sprachschatz der Bundesrepublik wird jener »Abgrund von Landesverrat im Lande«, den Adenauer in dieser aufwühlenden und von unzähligen Zwischenrufen immer weiter angefachten Debatte Augstein und seinem Blatt vorwirft.[42] Ins goldene Buch der politischen Redensarten trägt sich Adenauer auch mit einer Bemerkung ein, mit der er die rechtlich mehr als zweifelhaften Umstände der Verhaftung Ahlers wegzuwischen sucht: »Nun war der zufällig in Malaga. Ich habe soeben gehört, daß auch die Rede von Tanger gewesen ist. Holen Sie bitte mal einen aus Tanger raus! Ich wüßte nicht, wie wir das machen sollten. Wenn der Herr Ahlers in Deutschland gewesen wäre und er wäre verhaftet worden, dann könnte kein Mensch etwas dagegen sagen. Er war zufällig in Spanien, und da hat ihn dasselbe Mißgeschick getroffen.«[43] Zu Strauß indes – kein Wort vom Kanzler!

In der entscheidenden Hinsicht ist dem Kanzler freilich kein Erfolg beschieden. Nicht nur, dass es ihm nicht gelingt, von den offenen Fragen abzulenken, vor deren Beantwortung sich die Bundesregierung erkennbar unbeholfen drückt – sein Ausweichen ins Grundsätzliche dürfte die Sozialdemokraten sogar noch angespornt haben, dem Konkreten auf die Spur zu kommen, wie die folgenden beiden Tage zeigen werden. Adenauers Offensive erweist sich aber auch aus einem weiteren Grund als eklatanter Fehlgriff. Statt Leidenschaft und Emotion aus dem Streit herauszunehmen, werden diese jetzt erst richtig angefacht. Denn Adenauer ist mit seinen herablassenden Anmerkungen zu Augstein und mit dem Versuch, die genauen Umstände der *Spiegel*-Aktion als »Randerscheinungen«[44] abzutun – so jedenfalls nennt sie der dem Kanzler sekundierende CSU-Abgeordnete Gerhard Wacher im Verlauf der Debatte –, weit übers Ziel hinausgeschossen.

Fritz Erler, der Verteidigungsexperte der SPD, hatte bereits im offenen Schlagabtausch mit Adenauer alle offenen und verdeckten Vorwürfe, der Opposition mangele es wegen ihrer bohrenden Fragen am rechten Staatsbewusstsein, gekonnt pariert. Am schmerzhaftesten für den Regierungschef ist allerdings die direkte Erwiderung von Wolfgang Döring, dem stellvertretenden Vorsitzenden der FDP-Fraktion. Er sei es nicht nur seinem »Freund, sondern auch dem Staatsbürger Augstein und allen anderen schuldig, dagegen zu protestieren«, dass Adenauer mit seinen giftspritzenden Attacken auf den *Spiegel*-Chef eine untragbare Vorverurteilung ausgesprochen und »ein Urteil gefällt« habe, »das zu fällen nur dem Gericht zusteht«. Er, Döring, sei »nicht bereit – und das ist keine koalitionspolitische Frage –, unwidersprochen hinzunehmen, daß letztlich durch eine ganz bestimmte Stimmungsentwicklung, gleichgültig, wer sie bewirkt, Leute verurteilt werden, bevor sie überhaupt jemals einen Gerichtssaal gesehen haben«.[45]

In dieselbe Kerbe schlägt Adolf Arndt, der Kronjurist der SPD: Der Kanzler und seine Abwiegler versuchten, ihre zurückhaltende Informationspolitik mit dem Hinweis auf das laufende Verfahren zu begründen, in das die Exekutive nicht eingreifen dürfe; in Wahrheit jedoch bestehe »der einzige Eingriff in ein schwebendes Verfahren« darin, »daß Herr Augstein schon als Landesverräter behandelt wird« und »daß hier Leute schon als abgeurteilt hingestellt werden, gegen die noch nicht einmal eine gerichtliche Voruntersuchung eröffnet ist«.[46]

Auf dem parlamentarischen Streit dieses Tages lastet zudem der Schatten der Vergangenheit. Immer wieder werden die Kommentare ausländischer Zeitungen zitiert, bei denen sich anlässlich der *Spiegel*-Affäre schwere Zweifel an der Demokratiefähigkeit der Nachkriegsdeutschen regen. Adenauer, der in der kommenden Woche zu Konsultationen in die Vereinigten Staaten reisen wird, registriert dies ganz genau, insbesondere die amerikanischen Medien sind in dieser Hinsicht ziemlich meinungsfroh. Er beschwört die Opposition, sie möge dem fatalen Trugbild, alte Gestapo-Methoden erwachten in Deutschland aus dem Schlaf, durch ihre Fragen nicht weitere Nahrung geben. Doch außer der Eröffnung eines bizarren Wettbewerbs, wer von den Abgeordneten – auf welcher Seite des Parlaments auch immer – seine schlimmen Erfahrungen mit dem Terrorregime der Nazis gemacht hat, zeitigt auch dieser Appell keine Wirkung.

Ungerührt verfolgt Strauß von der Regierungsbank des Plenarsaals aus den ersten Akt des Dramas. Bei der Beantwortung der Fragen überlässt er Höcherl ganz das Wort; in einem Rundfunkinterview am Vorabend hatte er bereits angekündigt, sich zum Teilkomplex Ahlers nicht zu äußern: Der Innenminister werde »auch zu dieser Frage Stellung nehmen«.[47] Selbst beim Grundsätzlichen hält er still; allerdings spricht der Kanzler ja deutlich genug aus, was Strauß ebenfalls denkt und kurz zuvor in geraffter Form zu Protokoll gegeben hat: »Die Bewältigung der Vergangenheit besteht nicht darin, daß man auf Kosten der Zukunft Landesverrat als Kavaliersdelikt hinnimmt.«[48]

Dennoch regen sich in der Unionsfraktion nach der ersten Runde Zweifel, ob man den nächsten Durchgang ähnlich wortkarg in der Sache wird überstehen können. Wäre jetzt nicht der richtige und wahrscheinlich letzte Zeitpunkt gekommen, den Angriffen der Opposition durch ein beherztes Bekenntnis, durch ein Wort der Entschuldigung, selbst wenn diese vorbehaltlich bliebe, den Wind aus den Segeln zu nehmen? In diesem Sinne reden Hermann Höcherl und Richard Stücklen in der Nacht zum 8. November auf Strauß ein: Es möge gleich zu Beginn der zweiten Fragestunde eine persönliche Erklärung abgeben; dabei solle er die »Motive seines Handelns ganz klar offenlegen« und erklären, es gehöre zu seinem Verständnis seiner »Amtspflichten (…), alles zu unternehmen«, um »die undichten Stellen seines Ministeriums ausfindig zu machen und trockenzulegen«. Stücklen wird sich Jahrzehnte später sogar daran erinnern, dass Strauß, bevor man gegen 2.30 Uhr auseinanderging, zu einem Wort des Bedauerns bereit war: »Sollte ich dabei meine Kompetenzen überschritten haben, so bitte ich um Entschuldigung«, so lautet nach Stücklens Erinnerung die vereinbarte Schlussformel zur Erklärung von Strauß, die dieser in ein paar Stunden vor Eintritt in die Tagesordnung abzugeben sich durchgerungen habe.[49]

Doch am nächsten Morgen im Bundestag ist das offenbar vergessen; Strauß verdrückt sich auf die Regierungsbank und verharrt dort einstweilen schweigend. So nimmt das Unheil weiter seinen Lauf. Immer noch nicht vollständig beantwortet ist die Frage vom Vortag, auf wessen Geheiß die Verhaftung von Ahlers zurückgeht. Unterdessen ist bekannt geworden, dass den Dienststellen im Spanien Francos zu dem Zeitpunkt, an dem der *Spiegel*-Redakteur verhaftet wurde, das Ersuchen des Bundeskriminalamts, Ahlers vorläufig festzusetzen, noch gar nicht schriftlich vorlag. Bis jetzt hatte man sich über das entsprechende Telegramm im Wesentlichen nur deshalb den Kopf zerbrochen, weil unklar geblieben war, ob es sich dabei um ein Interpol-Schreiben handelte. Doch dieser Aspekt ist aufgrund der neusten Informationen plötzlich zweitrangig geworden. Und so eröffnet Erler die zweite Etappe des Verhörs der Regierung mit der interessanten Ergänzungsfrage, wie die spanische Polizei denn Kenntnis vom Inhalt des Fernschreiben haben konnte, bevor es eingegangen war. Könnte nicht doch der deutsche Militärattaché Oster diese »Verhaftung veranlaßt haben«?[50]

Höcherl, der ahnt, wohin die Reise geht, leitet die Frage geschickt »an das zuständige Ressort«, an das Verteidigungsministerium, weiter und damit an den Kollegen Strauß – der auch bereit zu einer direkten Auskunft ist. Dies wäre seine letzte Chance, sich mit der ganzen Wahrheit noch einigermaßen glimpflich aus der Affäre zu ziehen. Doch er verpasst sie: In der Nacht des 27. Oktober sei das Bundesverteidigungsministerium zwischen 1 und 2 Uhr vom BKA darüber unterrichtet worden, dass sich beim Versuch, Ahlers in Hamburg zu verhaften, herausgestellt habe, dass dieser in Spanien oder Tanger weile. Oberst Oster in Madrid wisse Genaueres. »Auf dem Wege der Amtshilfe«, so Strauß weiter, »hat das Verteidigungsministerium den Militärattaché in Madrid gefragt, ob diese Mitteilung zutreffe.« Der habe dies bejaht, der Aufenthaltsort von Ahlers sei ihm bekannt. »Daraufhin wurde dem Militärattaché erklärt«, was gegen Ahlers vorliege. »Der Attaché wurde in der bei Behörden üblichen Weise angewiesen, diese Tatsache den spanischen Behörden mitzuteilen. Diese seien außerdem bereits auf dem polizeilichen Wege von dem vorliegenden Haftbefehl unterrichtet. Der Attaché solle den spanischen Behörden den ihm bekannten Aufenthaltsort angeben.«[51]

Bevor Strauß ein zweites Mal auf den Grill gelegt wird, nimmt sich die Opposition noch einmal Höcherl vor – und zielt dabei doch auf Strauß. Gnadenlos drängt sie den Innenminister zu der präzisen Festlegung, dass weder der Haftbefehl vor der Verhaftung bei den spanischen Dienststellen eingelaufen ist, noch ein Telefonkontakt zwischen BKA und den Polizeibehörden in Madrid bestanden hat. Nach diesen Auskünften bleibt also nur noch der von Strauß eingeräumte Kontakt zu Achim Oster übrig, um die Verhaftung zu erklären – und damit stellt sich die Frage, die nun Karl Mommer formuliert: »Wer hat die Weisung an Herrn Oster gegeben, die Festnahme von Herrn Ahlers zu veranlassen?«[52] Strauß, der sich jetzt erneut in die Debatte hineinziehen lässt, versucht es mit Ausflüchten und Ablenkungsmanövern: »In der Fragestellung steckt eine Behauptung, die in dieser Form wohl nicht zutrifft.« Im Übrigen könne keine deutsche Behörde eine solche Veranlassung treffen, die Festnahme hätten schließlich die spanischen Dienststellen zu verantworten. Auf die hitzigen Einwürfe der Opposition, die Spanier hätten dies wohl kaum aus eigenem Antrieb getan, wiederholt Strauß nahezu wortgleich die Erklärung aus seiner ersten Antwort – ergänzt um den Zusatz, dass man dem Verteidigungsministerium »mit Recht« heute Vorwürfe machen würde, hätte es keinen Kontakt zu Oster aufgenommen. »Darum sind wir diesem Hinweis pflichtgemäß nachgegangen.«[53]

Wiederum ist Höcherl an der Reihe, von dem die SPD nun wissen will, auf welcher gesetzlichen Grundlage die Bundesregierung in Spanien interveniert habe. Dies ist in der Tat eine heikle Frage, da bei allen Unklarheiten eines mittlerweile doch feststeht: Zwingende rechtliche Formerfordernisse in Auslieferungsfragen, etwa die Wahrung des regulären diplomatischen Verkehrs, wurden nicht eingehalten. Dass der gesetzliche Gang der Dinge auf einem »kurzgeschlossenen Wege« überbrückt wurde, dass hier wohl Dinge geschehen seien, die »etwas außerhalb der Legalität« gelegen hätten, räumt der Innenminister durchaus ein; auch dieses Wort wird im Übrigen den zweifelhaften Erfolg zeitigen, in den Kanon der stehenden Redewendungen der bundesdeutschen politischen Streitkultur einzugehen. Aber »moralische Vorwürfe« wegen der Durchbrechung des Rechtswegs wolle er »deswegen niemandem machen«.[54]

Spätestens an diesem Punkt ist die Bundesregierung in die Ecke getrieben. Ludwig Metzger von der SPD will als nächstes wissen, was genau Oster den spanischen Dienststellen nach seinem telefonischen Kontakt mit dem Bonner Verteidigungsministerium ausgerichtet hat: lediglich den Aufenthaltsort von Ahlers, oder vielleicht doch die Bitte, den *Spiegel*-Redakteur festzunehmen? Nach einigem Gerangel, ob Strauß, an den der Sozialdemokrat seine Frage gerichtet hat, oder Höcherl antworten soll, hält es den Verteidigungsminister nicht länger auf seinem Sitz. Er könne gern noch einmal wiederholen, was er soeben bereits erklärt habe, falls sich seine vorherige Antwort bei der SPD »nicht im Gedächtnis niedergeschlagen« habe, blafft Strauß: »Wenn Sie mich aber unterbrechen, mache ich von meinem staatsbürgerlichen Recht Gebrauch, mich wieder hinzusetzen.« Als Strauß endlich Gehör findet, repetiert er tatsächlich das zuvor Gesagte, bemüht jetzt allerdings zusätzlich das Grundgesetz, dessen Artikel 35 Grundlage der Amtshilfe des Verteidigungsministeriums für das Bundeskriminalamt gewesen sei.[55] Die eigentliche Frage indes bleibt unbeantwortet, und Strauß spricht weiterhin nur in der dritten Person, wenn er auf die Rolle des Verteidigungsministeriums zurückkommt.

Danach wendet sich die Befragung für die verbliebene Beratungszeit zwar anderen Aspekten der *Spiegel*-Affäre zu, die Höcherl und Strauß für den Moment nicht noch weiter in Verlegenheit bringen, obwohl sich dabei herauszuschälen beginnt, dass Strauß sich doch ein wenig intensiver über den Stand der Ermittlungen unterrichten ließ, als er es bis dato hatte glauben machen wollen. Aber das ist jetzt nur von untergeordnetem Interesse. Entscheiden wird sich die Debatte letztlich an den Umständen der Verhaftung von Ahlers. Seit sie zur Sprache kamen, ist die Stimmung im Plenarsaal explosiv geworden. Zwischenrufe – mal von dieser, mal von jener Seite – peitschen in kürzer werdendem Takt den aufgerufenen Rednern ins Wort; immer wieder vermerkt das Protokoll der Sitzung »große Unruhe« unter den Abgeordneten. Carlo Schmid, der Vizepräsident des Bundestags, sieht sich gar genötigt, darauf hinzuweisen, dass sich die Minister den Fragen aus dem Plenum stellen müssten, auch wenn eine parlamentarische Fragestunde »sicher keine Treibjagd«[56] sei – zu der sie sich in Wahrheit längst entwickelt hat. Am Jagdfieber der Opposition fehlt es jedenfalls nicht, und der Bewegungsraum von Strauß wird immer enger. Noch gibt er sich nicht verloren, noch kann er einige Haken schlagen, doch Feldgewinn bringt ihm dies nicht mehr.

Bevor am folgenden, dem entscheidenden Tag, es ist der 9. November, die Fragestunde fortgesetzt wird, ermahnt Bundestagspräsident Eugen Gerstenmaier die Abgeordneten in aller Form, es nicht zu ähnlichen Tumulten kommen zu lassen wie am Vortag. Drohend winkt er mit der Geschäftsordnung des Bundestags, die ihn ermächtige, gegebenenfalls die Sitzung auf unbestimmte Zeit zu unterbrechen oder ganz zu beenden.[57] Bei Eintritt in die Tagesordnung wird sodann zunächst die gar nicht so dramatisch erscheinende Frage aufgerufen, wann das Verteidigungsministerium sein Gutachten zum strittigen *Spiegel*-Artikel für die Bundesanwaltschaft zur Weiterleitung an das Justizministerium übermittelt habe. Doch dieses Auskunftsbegehr soll ja auch nur überleiten zu dem immer noch nicht endgültig geklärten Komplex der Arbeitsteilung zwischen Strauß und seinem Staatssekretär. Erneut bekräftigt Strauß, er habe, aus den genannten Gründen, Hopf mit der Behandlung der Angelegenheit betraut. Ja, wenn das so sei, will nun Fritz Erler wissen, hat dann »im Sinne der Ausführungen des Herrn Ministers« womöglich Staatssekretär Hopf persönlich »mit dem Militärattaché in Madrid, Oster, telephoniert und durch dieses Telephongespräch den ersten Anstoß zur vorläufigen Festnahme des Ehepaars Ahlers durch die spanischen Behörden unter Einschaltung von Herrn Oster gegeben?« Oder war es nicht doch »der Herr Verteidigungsminister selbst«?[58]

Jetzt gibt es kein Entrinnen mehr für Strauß, keine Ausflüchte in die dritte Person. War er es, oder war er es nicht? Ein weiteres Mal erzählt Strauß dieselbe Geschichte: Wie zur nächtlichen Stunde zwischen dem 26. und 27. Oktober »die Sicherungsgruppe des Bundeskriminalamtes das Verteidigungsministerium, nicht mich, verständigt« habe über den vergeblichen Versuch, Ahlers in Hamburg festzunehmen; dass es Informationen gegeben habe, dass dieser sich in Spanien oder Tanger aufhalte; dass der deutsche Militärattaché in Madrid, Oberst Oster, Näheres darüber wisse, womöglich gar an der Organisation der Reise beteiligt gewesen sei; dass der Anruf des Bundeskriminalamtes ein unmissverständliches Gesuch um Amtshilfe gewesen sei, das man unmöglich habe zurückweisen können – »dann würde der Verdacht schwer abweisbar sein, daß man, um die Informanten« (für den *Spiegel*-Artikel von Ahlers) »aus dem eigenen Dienstbereich zu schonen, einem Herrn die Ausreise ermöglicht habe«. Als Achim Oster schließlich aus dem Verteidigungsministerium angerufen worden sei, um Auskunft über den tatsächlichen Aufenthaltsort von Ahlers zu geben, habe dieser gesagt: »Ich kenne nur die Stimme des Ministers.« Erst daraufhin sei er, Strauß, mit Oster verbunden worden und habe diesem erläutert, dass Ahlers wegen Flucht- und Verdunklungsgefahr per höchstrichterlichem Haftbefehl wegen des Tatverdachts des Landesverrats gesucht werde. Keineswegs habe er Oster angewiesen, für eine Verhaftung von Ahlers durch spanische Dienststellen zu sorgen; die Frage habe sich überhaupt nicht gestellt, da das Bundeskriminalamt gegenüber dem Verteidigungsministerium erklärt habe, dass der Haftbefehl auf polizeilichem Wege nach Spanien an die dort zuständigen Dienststellen geschickt werde. Oster habe der spanischen Polizei lediglich sein Wissen über den Aufenthaltsort Ahlers und dessen geplante Ausreise nach Marokko mitteilen sollen – und dies, nur dies, auch pflichtgemäß getan. »Hätte ich anders gehandelt, würden Sie mir mit Recht schwere Vorwürfe machen, nur andere, als Sie sie jetzt erheben«, so endet der Nachschlag von Strauß auf seine bisherigen Halbwahrheiten.[59]

Längst nicht alles ist damit geklärt. Warum musste Oster die spanischen Dienststellen der Polizei verständigen, und warum überließ man das nicht dem BKA? Wieso wurde das Auswärtige Amt umgangen? Vor allem aber, wie nun der Abgeordnete Mommer wissen will: Kann Strauß nach seinem Eingeständnis »noch die Behauptung aufrechterhalten«, die er in

Im Bundestag: Drei Tage lang (7.–9. November 1962) grillt das Parlament den Verteidigungsminister wegen der »Spiegel«-Affäre.

der Öffentlichkeit aufgestellt habe, dass er »mit diesem ganzen Verfahren nichts, gar nichts zu tun« hatte?

Strauß erkennt sofort, worauf diese Frage abzielt: Sein Versuch, sich mit unvollständigen Auskünften an der Wahrheit entlang und manchmal auch vorbeizuhangeln, soll in eine Lüge umgemünzt werden. So gibt er die tatsächlich nicht falsche Antwort, dass Mommers Frage etwas unterstelle, was er nie behauptet habe, und paraphrasiert noch einmal den Inhalt seiner zitierten Äußerung: »Ich habe mit der Ingangsetzung des Verfahrens und mit den Amtshandlungen des Verteidigungsministeriums bis zur Durchführung der staatsanwaltlichen Maßnahmen (…) nichts zu tun.«[60] Doch für solche weithin als Spitzfindigkeiten empfundenen Differenzierungen hat längst niemand mehr Verständnis. Das späte, zu späte Eingeständnis, an der dubiosen Verhaftung von Ahlers am Ende dann doch irgendwie beteiligt gewesen zu sein, hat die Glaubwürdigkeit von Strauß ruiniert. Gelogen, sogar das Parlament belogen zu haben – dies hängt ihm jetzt an, und kaum eine Darstellung der *Spiegel*-Affäre in der kommenden Jahrzehnten mag darauf verzichten, dies auch so zu schreiben. An diesem 9. November ist, wie der amerikanische Historiker David Schoenbaum ein paar Jahre später zutreffend festhalten wird, »(d)ie *Spiegel-Affäre* (…) zu einer Strauß-Affäre geworden«.[61]

Sollte irgendwer aus dem Regierungslager den Eindruck gewonnen haben, man sei noch einmal mit einem blauen Auge aus der dreitägigen *Spiegel*-Debatte herausgekommen, so wird er vom Echo der Medien eines Besseren belehrt. Ziemlich einhellig ist das Urteil – es ist vernichtend. Von den großen Zeitungen richtet dabei zunächst nur die *Süddeutsche Zeitung* das Hauptaugenmerk auf Adenauer, auf seinen »verwegenen Mut zur Selbstbehauptung um jeden Preis«, seine »zur Formverachtung gesteigerten Menschenverachtung« und auf das fulminante Bekenntnis des Bundeskanzlers zu vordemokratischem Denken, das in eine längst vergangen geglaubte Zeit gehöre. Es sei die »Schuld einer einzigen Person«, allein Adenauer sei dafür verantwortlich, dass »in summa ein Eindruck tiefer Beschämung« darüber übrigbleibe, wie die »öffentlichen Dinge und die Bewertung rechtsstaatlicher Güter in unserer Republik« abgehandelt würden.[62]

Der Streit um diese grundsätzlichen Aspekte des *Spiegel*-Skandals wird fortan, mit Beginn der sich lange hinziehenden Schlussphase der Affäre, mit ungeheurer Leidenschaft ausgetragen. Zum Pech für Strauß werden seine konkreten Verfehlungen in eben diesem Rahmen wahrgenommen und bewertet. Gemessen daran, dass der ganzen Aktion gegen den *Spiegel* jedes Maß fehlt und vieles beklemmend an brutale Übergriffe von arroganter Staatsgewalt in die Freiheitssphäre der Gesellschaft erinnert, wie sie sonst nur in einem Polizeistaat oder unter totalitärer Herrschaft zu beklagen sind; gemessen daran, dass die Redaktionsräume des *Spiegel* vier Wochen lang besetzt bleiben, dass Rudolf Augstein am Ende 102 Tage in Untersuchungshaft gesessen haben wird, dass weitere Angehörige von Verlag und Redaktion des Nachrichtenmagazins, zwei Oberste der Bundeswehr und auch noch Josef Augstein – der Bruder des *Spiegel*-Chefs, der als Rechtsanwalt für das Nachrichtenmagazin tätig ist – gleichfalls in Haft genommen werden; gemessen an Umfang und ungeheurem Aufwand, den die Strafverfolgungsbehörden betreiben, ist der Tatbeitrag von Strauß denkbar gering: Die Ingangsetzung des Ermittlungsverfahrens, die Planung und Durchführung der Strafverfolgungsexzesse kann man ihm nicht zurechnen. Am Ende wird er auch nicht wegen seines übereifrigen Eingreifens in die Tätigkeit der Ermittlungs- und Strafverfolgungsbehörden oder wegen Amtsanmaßung im Zusammenhang mit der Festnahme von Ahlers stürzen. Tatsächlich wird Strauß zum alleinigen Sündenbock der Affäre, weil man ihm alles, weil man ihm vor allem einen brutalen Racheakt gegen den *Spiegel* zutraut. Und weil er selbst – im Wissen darum, dass man ihm eben alles zutraut – seine Nähe zu der Nacht-und-Nebel-Aktion bestreitet: Sogar das Selbstverständliche, nämlich über den Fortgang der Dinge unterrichtet worden zu sein, versucht er kleinzureden. Nicht juristisch oder wegen eines rechtlich offenkundigen Fehltritts – politisch verliert Strauß die Affäre: Sein Aussageverhalten gegenüber Öffentlichkeit und Parlament muss auch den unvoreingenommenen Beobachter zu dem Schluss verleiten, dass da einer agiert, der mehr, der ganz anderes noch, der wohl das Ganze zu verantworten hat.

Dummerweise ist im Moment des späten Eingeständnisses von Strauß, an der Festnahme von Ahlers mitgewirkt zu haben, evident, dass er mit seiner Tat die ihm und seinem Amt vom Recht gesetzten Grenzen überschritten hat. Von keinem anderen der Beteiligten, auch nicht von den Hauptverantwortlichen der *Spiegel*-Aktion, lässt sich das zu diesem oder zu einem späteren Zeitpunkt behaupten. Und da die Festnahme von Ahlers nun einmal allgemein als der dubioseste Teilkomplex der gesamten Affäre betrachtet wird, gewinnt die kleine Tat des Verteidigungsministers aus Sicht der Öffentlichkeit so großes Gewicht.

Doch dies ist nicht der wahre Grund dafür, dass die hoffnungsvoll begonnene und kraftvoll vorangetriebene politische Karriere des Franz Josef Strauß in der *Spiegel*-Affäre fürs Erste ein jähes Ende finden wird und dass dieser Skandal – schwerer als alle anderen über ihn verbreiteten Skandalgeschichten zusammengenommen – ihm wie eine Zentnerlast bis ans Lebensende am Hals wird hängen bleiben. Das Schicksalhafte, das Fatale für Strauß ist vielmehr, dass sein Name von jetzt an untrennbar verbunden ist mit der ganzen Affäre, in der sich stures, autoritäres Staatsdenken einerseits und liberales Aufbegehren einer nach Mündigkeit strebenden Gesellschaft andererseits in einer Art Entscheidungsschlacht gegenüberstehen. Alle, die in diesem aufwühlenden Meinungsstreit kämpfen, tun dies jedenfalls mit einer Entschiedenheit und Härte, als wüssten sie, dass sich in diesen Wochen – lange bevor das verwegene Wort von Willy Brandt »Wir fangen mit der Demokratie erst richtig an« in dessen Regierungserklärung 1969 fallen wird – entscheiden muss, ob die Bundesrepublik Deutschland eine von restaurativen Zügen durchsetzte, unvollendete Demokratie bleiben oder doch noch eine liberale, rechtsstaatliche Demokratie werden wird.

Dass die Vorgänge um den *Spiegel* ein Skandal sind, das bestreitet in diesem Kampf der Staatsanschauungen um den Charakter der deutschen Nachkriegsdemokratie keine Seite. Aber warum? Was genau ist an der Affäre das Anstößige? Warum besteht sehr wohl aller Anlass für größte Empörung? Weil der Artikel, von dem die Affäre ihren Anfang genommen hat,

»jedem schlichten Staatsbürger, der sich einen Rest des heute weithin als ›altmodisch‹ verschrienen oder belächelten vaterländischen Empfindens bewahrt hat, die Zornesröte ins Gesicht treiben« muss? Weil »in unserer schwatzhaften Demokratie« der »Sensationshunger der Allzuvielen« und das »Geschäftsinteresse der Sensationsblätter« – vor allem jene »Journalistengruppe von höchster Verschlagenheit« – selbst vor dem Verrat militärischer Geheimnisse nicht zurückschrecken? Weil der »Theaterdonner« der Staatskritiker, die wegen Verfahrenslappalien so »ungeheure publizistische Staubwolken aufgewirbelt« haben, in der Öffentlichkeit derart viel gilt, dass man sich nur »an den Kopf« fassen und »an unserer Bonner Demokratie verzweifeln« kann, wie der angesehene Freiburger Historiker Gerhard Ritter am Tag nach Beendigung der Regierungsbefragung im Bundestag in der *Frankfurter Allgemeinen Zeitung* meint?[63]

Oder ist es nicht geradezu umgekehrt? Dass nämlich jenes politische Denken, das den Staatsapparat bei seinem Handeln leitet und das nirgends so präzise dokumentiert ist wie in jenem »bestürzende(n) Dokument« des Aufschreis von Ritter, als das eigentliche Skandalon zu gelten hätte: jene »Staatsideologie, die Politik nur von oben nach unten gelten läßt«; das Unheil »einer außenpolitisch verstandenen Staatsräson«, die einen »fast bedingungslosen Vorrang vor innerer Freiheit und Rechtsstaatlichkeit« beansprucht; die in der Vorverurteilung von Augstein und den anderen *Spiegel*-Leuten zum Ausdruck kommende Rechtfertigung des »so verhängnisvollen Obrigkeitsstaates in Deutschland auf Kosten der Demokratie«. Man kann jedenfalls mit guten Gründen sehr wohl die Gegenrechnung aufmachen, wie dies wenige Tage nach der Bundestagsdebatte Karl Dietrich Bracher, der noch junge, aber schon renommierte Historiker und Politikwissenschaftler, unternimmt. Demnach wäre es gerade die skandalöse »Taktik des Verschweigens, Vertuschens, der vollzogenen Tatsachen« gewesen, welche die Staatskrise auslöste. Die in der *Spiegel*-Affäre sichtbar werdende »Gefahr« wäre somit nicht etwa – wie Ritter meint – die Verniedlichung von Landesverrat, auch nicht das allenthalben angestimmte »sentimentale« Klagelied über die »verhafteten *Spiegel*-Redakteure«, die vermeintlichen »Märtyrer der Freiheit«. Eigentlich beunruhigend sei – aus Brachers Sicht – vielmehr »das Fortbestehen einer obrigkeitlichen Staatsideologie, die den Bürger zum Untertanen degradiert und der Ordnungs- und Militärverteidigung die Prinzipien der Demokratie unterwirft«.[64]

Welcher der beiden Lesarten jene kleine Runde zuneigt, die Adenauer nach Ende der *Spiegel*-Debatte im Kanzleramt zur Vorbereitung seiner unmittelbar bevorstehenden Amerikareise versammelt, kann man sich leicht denken. Der Kanzler selbst hat sich ja eindeutig bekannt. Auch bei Heinrich Krone muss man nicht lange rätseln, wie er die Dinge wohl sieht: »Keine Staatskrise; denn Strauß ist nicht der Staat.«[65] Und Gerhard Schröder, der Außenminister, müsste die Dinge im Grunde eigentlich ähnlich sehen. Als vormaliger Innenminister weiß er nämlich aus eigener Erfahrung, wie stur sich die Herren Bundesanwälte aus Karlsruhe stellen können, wenn sie aus Bonn bedrängt werden, die Strafverfolgung in Angelegenheiten des Geheimnisverrats aufzunehmen. Monate kann es dauern, bis sich der Generalbundesanwalt endlich hierzu bequemt. So jedenfalls war es 1958: Erst nach einem beachtlichen Besprechungs- und Gutachtenaufwand zeigte sich damals die Bundesanwaltschaft auf Betreiben des Bundesinnenministeriums geneigt, ein förmliches Ermittlungsverfahren einzuleiten gegen die Redaktionsverantwortlichen beim *Spiegel* und dessen Bonner Korrespondenten Mainhardt Graf von Nayhauß, der über absonderliche Vorkommnisse am Rande einer Weihnachtsfeier des Bundesamtes für Verfassungsschutzes (BfV) in der Kölner »Ahoi-Bar« am 17. Dezember 1957 – unter der Überschrift: »Dummes Zeug nach zehn« – berichtet hatte.[66]

Noch gravierender waren die Erfahrungen, die Schröder ein Jahr später, im Februar 1959, mit dem Generalbundesanwalt machte. Stein des Anstoßes war erneut ein dem BfV gewidmeter Artikel von Nayhauß, der inzwischen für den *Stern* aus Bonn berichtete.[67] Schröder erkannte in dieser Veröffentlichung schlimmste Gefährdungen der staatlichen Sicherheit durch Geheimnisverrat. In einem ungewöhnlich heftigen Telefonat bedrängte er Generalbundesanwalt Max Güde, unverzüglich die Strafverfolgung aufzunehmen. Als Güde sich weigerte, dieser Aufforderung »gegen meine bessere Überzeugung« nachzukommen, bestand Schröder darauf, Güde müsse »im Interesse des Staatsschutzes« tun, was er, der Minister, sage – »schließlich könne man sich ja auch irren und diesen Irrtum später einsehen«. Doch Güde blieb standhaft – ihm sei es »weder erlaubt (...), mich vorsätzlich zu irren, noch auf einen Irrtum des Ermittlungsrichters zu spekulieren«. Mehrfach bedrängte Schröder den Generalbundesanwalt mit dem Argument, dass es diesen Streit gar nicht geben würde, wäre er selbst Justizminister: Dann würde er dem störrischen Juristen, der nur »ein weisungsunterworfener Beamter« sei, schon die Hammelbeine langziehen und ihm die »abwegig(en)« Ansichten »über Pflicht und Recht« seines Amtes austreiben.[68]

Grundsätzlich weiß Schröder im Verlauf der *Spiegel*-Affäre also sehr genau, wie schwierig – eigentlich unmöglich – es ist, von politischer Seite aus den Verfahrensgang des Generalbundesanwalts zu beschleunigen, zu manipulieren, gar zu erzwingen. Dennoch ist es für alle Beteiligten keine Überraschung, dass Schröder bei jenem Treffen mit dem Bundeskanzler zu den schärfsten Kritikern des Verteidigungsministers zählt und sich deutlich von Strauß distanziert.[69] Denn die beiden liegen nicht nur in wichtigen außen- und sicherheitspolitischen Fragen über Kreuz – sie sind vor allem Machtkonkurrenten. Wenn Adenauer demnächst gehen muss und Ludwig Erhard kommt, dann wird wahrscheinlich gleich der nächste Kampf ums Kanzleramt beginnen. Strauß, so jedenfalls sehen das viele Beobachter in Bonn, könnte als Vorsitzender der CSU von Erhard einen Preis für dessen Kanzlerwahl verlangen: das Auswärtige Amt, das die beste Ausgangsposition für Erhards Nachfolge böte. »Die logische Folge« dieser Konstellation, so hatte die *Süddeutsche Zeitung* fünf Wochen vor der Nacht-und-Nebel-Aktion gegen den *Spiegel* analysiert, werde eine gnadenloser Kampf mit Schröder sein – ausgetragen »nicht mit Glacéhandschuhen, auch nicht mit den Sechsunzenhandschuhen der Berufsboxer, sondern gewissermaßen bis aufs Messer«.[70]

Dass Schröder sich jetzt ziemlich klar von dem Rivalen absetzt, leuchtet noch aus einem weiteren Grund ein. Denn kaum ist die zunächst dürre Nachricht vom nächtlichen Telefonat zwischen Strauß und Oster in der Welt, beginnen schon die Ausschmückungen: Demnach habe der Verteidigungsminister gegenüber dem Militärattaché behauptet, nicht nur im eigenen Namen zu sprechen, sondern auch in dem des Kanzlers und des Außenministers, was Schröder für seinen Teil energisch und wahrheitsgemäß bestreitet. Sorgfältig lässt er im Auswärtigen Amt dokumentieren, wie sich die Dinge aus dessen Sicht verhalten haben – und hätten verhalten müssen.[71]

Nur für die Sichtweise seines Staatssekretärs Karl Carstens, von Hause aus Professor für öffentliches Recht und Völkerrecht, ist in dieser Dokumentation kein Platz. Schröder, der in den kritischen Wochen viel auf Auslandsreisen ist, hatte sich durch Carstens auf einer vorbereitenden Krisensitzung beim Kanzler unmittelbar vor Beginn der Regierungsbefragung vertreten lassen. Bei dieser Gelegenheit hatte der Staatssekretär für einen offensiven Umgang mit dem nächtlichen Telefonat zwischen Strauß und Oster plädiert. Der Verteidigungsminister habe dabei zwar in die Befugnisse des Auswärtigen Amtes eingegriffen. Aber Carstens als der zuständige Staatssekretär hätte letztlich nichts anders getan als Strauß, wenn sich dieser in der fraglichen Nacht an ihn gewendet hätte, und die heiklen Nachrichten übermittelt. Im Ergebnis hätte es keinen Unterschied ausgemacht:

Auch dann wäre Ahlers festgenommen worden. Strauß solle im Parlament ruhig einen formalen Fehler zugeben; für das Auswärtige Amt werde Carstens ihn dann voll decken.

Als Schröder von diesem Plan, der schließlich nicht zum Zuge kommt, erfährt, staucht er Carstens nach allen Regeln der Kunst zusammen. Es sei nicht dessen Aufgabe, Strauß seine Hilfe anzubieten. Der Ton wird scharf zwischen den beiden, die im Grunde ein vorzügliches Verhältnis zueinander haben; Carstens beharrt darauf, er habe nicht die Rivalitäten am Kabinettstisch, sondern die Interessen »unseres Landes« im Auge zu behalten, und sei, wenn der Minister dies anders sehe, jederzeit bereit, das Feld zu räumen und seine Lehrtätigkeit an der Universität wieder aufzunehmen.[72]

Schröder ist nicht der einzige, der nach der katastrophalen Vorstellung der Regierung im Bundestag denkt, dass Strauß gehen muss. Krone ist sowieso dieser Meinung. Noch nervöser wird die Stimmung, als am Sonntag, dem 11. November, die hessische Landtagswahl für die CDU arg in die Hose geht. Eigentlich hatte man das Ergebnis der letzten Wahl von 32 Prozent verbessern wollen, und bis zum Beginn der *Spiegel*-Krise schien das auch realistisch. Stattdessen verliert die Union fast vier Prozentpunkte. Mit der wachsenden Unsicherheit werden die Risse innerhalb der Koalitionsparteien – Dörings Wortmeldungen im Bundestag waren da ein unübersehbares Warnsignal – allmählich größer. Aber noch behalten die Trotzigen die Oberhand. Brentano etwa, der Fraktionsvorsitzende der Union im Bundestag, mahnt, »daß wir unseren Freund Strauß nicht abschießen lassen« dürfen.[73] Und der Kanzler, der nicht nur fürchten muss, dass Strauß im Falle seiner Entlassung über den Mitwisser Adenauer auspacken könnte, sondern auch klar sieht, dass seine eigene Position entscheidend geschwächt würde, wenn er dem Druck von außen nachgäbe, kann im Grunde gar nicht anders, als an Strauß, den er vor wenigen Monaten liebend gern losgeworden wäre, festzuhalten.

Oberflächlich kommt erst einmal durch die Reise des Kanzlers nach Amerika eine gewisse Beruhigung auf. So viel Autorität hat er denn doch noch nicht eingebüßt, dass man seine Abwesenheit kaltschnäuzig ausnützen würde. Strauß selbst macht auch gar keine Anstalten, freiwillig zu gehen. »Alle anderen seien schuld«, notiert Krone nach einem Gespräch mit ihm, »und er ist immer im Recht.« Bei den Kundgebungen vor der anstehenden Landtagswahl in Bayern will Strauß zudem viel Zustimmung erfahren haben.[74]

Nein, aus der Union wird der Todesstoß für Strauß nicht kommen. Und dass die SPD seit dem erzwungenen Eingeständnis, dass er in jener Nacht mit Oster telefoniert hat, seinen Rücktritt fordert, muss nicht weiter schrecken. Was aber ist mit der FDP? In der Regierungsbefragung konnte man bereits erkennen, dass das Unbehagen der Liberalen keineswegs verflogen ist. Nachdem aber bekannt geworden ist, dass Strauß doch eine aktive Rolle gespielt hat, kippt die Stimmung endgültig. Und dass Adenauer kurz vor seinem Abflug nach Washington ankündigt, Verteidigungsstaatssekretär Volkmar Hopf werde seine Amtsgeschäfte demnächst wieder aufnehmen,[75] wird in der FDP-Fraktion als »Affront« empfunden und löst »helle Aufregung« aus. Mende sieht in dieser ohne Wissen der FDP abgegebenen Erklärung eine »ganz tolle Provokation«. Nach Adenauers Rückkehr aus Amerika will er daher seine Minister aus dem Kabinett zurückziehen. An der taktischen Weisheit dieses Vorhabens bestehen zwar noch einige Zweifel in der FDP-Spitze, über eines aber ist man sich einig: Strauß muss weg![76] Wenn am 19. November der Bundesvorstand der FDP in Nürnberg zusammenkommen wird, sollen die Würfel fallen.

Mit seinem Festhalten an Hopf handelt Adenauer zwar folgerichtig und auch einem Wunsch von Strauß gemäß. Denn anders als der zur Beilegung der ersten Koalitionskrise gleichfalls zum Abschuss freigegebene Justiz-Staatssekretär Walter Strauß, der es bekanntlich verabsäumt hatte, seinen Minister über die Vorbereitung der Aktion gegen den *Spiegel* zu informieren, hat sich Hopf nach bisherigem Stand der Erkenntnis nichts zuschulden kommen lassen. Dennoch ist das plötzliche Treuebekenntnis des Kanzlers ein schwerer taktischer Fehler: In der Führung der Liberalen wird dies nicht nur als Rehabilitation des Staatssekretärs, sondern gleichzeitig als Hinweis darauf verstanden, dass Adenauer »zu der Auffassung gekommen ist, daß die Verantwortung bei Strauß liegt«.[77]

Sollte es Adenauer gerade darum gegangen sein, diesen Eindruck zu erwecken, falls er also tatsächlich mit der Rückberufung von Hopf die Bereitschaft signalisieren wollte, Strauß fallenzulassen, so wäre auch dieser Schuss nach hinten losgegangen. Denn in der FDP hat man die Verabredung nicht vergessen, aus der sich der Kanzler in den Monaten vor der *Spiegel*-Krise ja herauswinden wollte, dass nämlich Adenauers Amtszeit auf die Hälfte der Legislatur begrenzt ist. Es könnte auch ein bisschen rascher gehen, gibt Döring kurz vor der Nürnberger Vorstandssitzung in einem Interview zu Protokoll: »Wir halten die Frage Adenauer nur zurück, um die Verwirrung nicht noch zu vergrößern. Wir machen einen Schritt nach dem anderen.«[78] Erst Strauß, dann Adenauer – der Kanzler begreift sofort, auf welche Rutschbahn er geriete, wenn er dem Druck der Liberalen nachgeben wollte. Sie sitzen beide im selben Boot, woran ihn Strauß noch mal schriftlich erinnert: »Ich stehe für das ein, was ich getan habe, einschließlich der möglichen Konsequenzen, die sich daraus ergeben können, muß aber auch Sie, Herr Bundeskanzler, bitten, in dieser schwerwiegenden Angelegenheit die Gesamtheit der Dinge in ihr Urteil einzubeziehen und danach zu verfahren. Jetzt ist Ihre Stunde gekommen, weil die ganze Regierung und unsere ganze Politik angesprochen sind und auf dem Spiele stehen.«[79]

Strauß denkt nicht daran, aus eigenem Antrieb den Platz zu räumen. Am Tag vor der FDP-Vorstandssitzung, deren Ausgang von Mende vorher offen angekündigt worden ist, tönt der CSU-Vorsitzende ein weiteres Mal unmissverständlich: »Ich bleibe Verteidigungsminister. Eine andere Entwicklung kann ich mir nicht vorstellen.«[80] Dem Druck der FDP, die ihn in der Fibag-Sache derart schändlich behandelt hatte, wird er schon gar nicht weichen! Und Adenauer sind die Hände gebunden: Selbst wenn er wollte – er kann den Vorsitzenden der CSU nicht einfach abservieren, die trotz der Stimmenzuwächse der Liberalen bei der Bundestagswahl 1961 nach wie vor stärker ist als die FDP.

Bei allem steht am 25. November auch noch die bayerische Landtagswahl ins Haus; unmöglich, den CSU-Vorsitzenden vorher fallenzulassen. Zumal die Christsozialen jetzt alles auf die *Spiegel*-Karte setzen: »Verschwörung gegen unsere Sicherheit ist das Ende der Freiheit«, »Schützenhilfe für Verrat gefährdet Sicherheit und Freiheit«, »Verrat oder Sicherheit: CSU« – die aggressiven Kernbotschaften, auf die der CSU-Vorsitzende seine Partei in den letzten Tagen des Wahlkampfs verpflichtet, lassen wirklich nicht auf Einsicht oder Rückzugsabsichten schließen. Strauß nimmt die Herausforderung der Medien und politischen Gegner an, die bayerische Landtagswahl zu einer Art Plebiszit über sich selbst zu machen. »Wie Siegfried stand er in der Nibelungenhalle. Noch einmal jubelten Niederbayerns Söhne ihrem Strauß zu«, beobachtet der *Kölner Stadt-Anzeiger*, und der Korrespondent der *Welt* berichtet aus der Schlussphase des Wahlkampfs: »Strauß kämpft wie ein Löwe.«[81]

Mit überwältigendem Erfolg. Während die bockige FDP ihr Ergebnis um gerade mal 0,4 Prozentpunkte auf schlappe 5,9 Prozent verbessern kann und nur knapp den Einzug ins Landesparlament schafft, steigert die CSU ihr gutes Ergebnis von 1958 – damals hatte sie 45,6 Prozent erreicht – noch einmal deutlich: Mit 47,5 Prozent der Stimmen erlangt sie 108 der 204 Sitze im bayerischen Landtag und verfügt damit über die absolute Mehrheit im Maximilianeum.[82]

Damit ist die Lage in Bonn noch etwas komplizierter geworden. Denn die FDP hat am 19. November tatsächlich mit ihrer Ankündigung ernst gemacht und ihre Minister aus Adenauers Kabinett zurückgezogen. Gleichwohl wollen die Liberalen am Bündnis mit der Union festhalten; mit der rein rechnerisch möglichen Alternative einer sozial-liberalen Koalition drohen sie nicht. Umgekehrt will es die CSU nicht hinnehmen, dass eine Fortsetzung des Bündnisses mit der FDP nur möglich sein soll, wenn die Christsozialen ihren Vorsitzenden opfern. So viel ist mittlerweile also klar: Eine Wiederbelebung der Koalition mit Strauß am Kabinettstisch ist unmöglich; eine Lösung gegen dessen Willen geht aber auch nicht.

Wieder einmal ist es Hans Globke, der sich einen Ausweg aus der Sackgasse vorstellen kann. Seit Beginn der Regierungsbefragung kurt er in Badgastein – außer wenigen Eingeweihten ahnt niemand, dass diese unentbehrliche Stütze des Kanzlers seit einiger Zeit schwer erkrankt ist –, so dass sein nüchterner Ratschlag in den entscheidenden Tagen an allen Ecken fehlt. Wenn die FDP ihre Kabinettsmitglieder zurückziehe, dann sollten auch die Unions-Minister »ihren Rücktritt erklären«, regt der Chef des Bundeskanzleramtes in einem Brief an Adenauer an, »um Ihnen für die Neubildung des Kabinetts völlig freie Hand zu geben«. Eine »neue Regierungsbildung« böte zudem »die Möglichkeit zu einer zwangloseren Lösung der Fragen Strauß und Mende«. Strauß könne dann als Ministerpräsident nach München gehen und Mende endlich ins Bundeskabinett eintreten.« Als neuer Verteidigungsminister komme Kai-Uwe von Hassel in Frage, der wenig später tatsächlich Strauß beerben wird, oder auch – was allerdings eine schwierige Operation würde – Gerhard Schröder, der dann das Außenministerium wieder an seinen Vorgänger Heinrich von Brentano abgeben müsste.[83]

Dass es mit Durchwursteln nicht mehr weitergeht, dass ein echter Neuanfang gemacht werden muss, dieser Einsicht Globkes können sich nach dem Schachzug der FDP auch die Minister von CDU und CSU nicht mehr verschließen. Um nicht noch tiefer in die Sackgasse zu rennen, erklären sie sich bei einer Sitzung des Fraktionsvorstands am 20. November – um den Schein zu wahren auf Anregung von Dufhues und Strauß – bereit, ebenfalls zurückzutreten. Einem ehrlichen, vorbehaltlosen Neuanfang mit der FDP will niemand im Wege stehen.[84]

Doch mehr als Zeit ist damit nicht gewonnen. Nach der Stärkung von Strauß durch die Bayernwahl ist erst recht nicht zu erkennen, wie man aus dem Koalitionsschlamassel herauskommen könnte. Denn Strauß will immer noch nicht weichen. Allerdings wächst nun auch der Druck aus den eigenen Reihen auf ihn, es nicht auf die Spitze zu treiben. Krone ist sowieso jeder Anlass willkommen, intern den Abgang von Strauß zu betreiben, aber auch so unterschiedliche Unionsgrößen wie Dufhues, Gerstenmaier oder Wohnungsbauminister Paul Lücke – jeder hat da seine eigenen Gründe – glauben, dass Strauß nicht mehr zu halten ist.[85] Eine eigene Antwort, wie die vertrackte Situation wieder einzurenken wäre, hat er nämlich nicht zu bieten. Er könne doch nicht im Ernst denken:»Wenn ich gehen soll, muss auch der Kanzler gehen!«, schreibt ihm der Offenbacher Fraktionskollege Karl Kanka, zu dem Strauß ein freundschaftliches Verhältnis hat. Sollte die FDP, womit zu rechnen sei, hart bleiben, dann drohe – ähnlich wie 1956, nach dem Jungtürken-Aufstand der FDP in Nordrhein-Westfalen – eine SPD-FDP-Koalition im Bund, fährt Kanka fort. Dies sei –»und dasselbe werden wohl auch Sie befürchten – (…) für unser in der Bundesrepublik Deutschland organisiertes Volk ein Unglück (…) und davor sollten Sie unser Volk bewahren helfen«. Wie?»Sie erklären, der Ausgang der bayerischen Landtagswahlen werde von Ihnen als ein Beweis des Vertrauens angesehen, das Ihnen trotz jahrelanger Hetze noch entgegengebracht wird, und da falle es Ihnen nun leicht, dem Kanzler die Umbildung des Kabinetts durch Ihren Verzicht auf das Amt des Verteidigungsministers zu erleichtern.« Durch einen solchen Abgang könne er nach einer kurzen Schonfrist »bei nächster Gelegenheit« problemlos wieder in die erste Reihe der nationalen Politik zurückkehren.[86] Derart ehrenhafte Motive haben nicht alle Unionspolitiker, die Strauß nun bedrängen, einig aber sind sie sich, dass »ein weiteres Verbleiben von Minister Strauß im Kabinett nicht möglich« sei – so fasst Franz Etzel zwei Tage nach der bayerischen Wahl die Stimmung in der mächtigen nordrhein-westfälischen Landesgruppe der Unionsfraktion zusammen.[87]

Auch Adenauer unternimmt an diesem Tag den ersten direkten Vorstoß, Strauß zum Amtsverzicht zu bewegen. Es sei »gut und notwendig«, dass er »nicht weiter Minister bleibe«, versucht er ihm beizubringen; Krone und Brentano, die an dem Gespräch teilnehmen, leisten dem Kanzler Schützenhilfe. Doch Strauß bleibt halsstarrig. Krone, der es anschließend noch einmal unter vier Augen versucht, erhält zur Antwort, ohne ihren Vorsitzenden werde sich die CSU nicht an einem neuen Kabinett beteiligen. »Strauß will keine Regierung Adenauer mehr«, diesen deprimierenden Eindruck gewinnt Krone im Übrigen.[88]

In Wirklichkeit ist Strauß längst nicht mehr so entschieden, wie er dies nach außen vermittelt. Sein Blick hat sich sehr verengt, in das Kämpferische seiner Auftritte mischen sich allmählich endzeitliche Töne, wobei das Resignative daran von den Zeitgenossen kaum wahrgenommen wird. »Wie Strauß so spricht«, hatte ein Reporter bei einer Wahlkundgebung kurz vor dem Tag der bayerischen Entscheidung beobachtet, »hart, aufrüttelnd und mit missionarischem Eifer, erweckt er den Eindruck eines Mannes, der von finsteren Mächten der deutschen Innenpolitik, unterstützt vom Osten, daran gehindert wird, das Land vor dem Untergang zu bewahren. Wie Laokoon von Schlangen fühlt er sich von seinen politischen Gegnern umzingelt.«[89]

Sein Kampf ist mittlerweile ohne Perspektive, was Strauß wohl spürt. Der CSU-Vorsitzende ist in seinen letzten Tagen als Verteidigungsminister derart mit sich selbst beschäftigt, dass ihm das größere politische Spiel um ihn herum entgeht. Er bemerkt nicht, dass Adenauer mit den Sozialdemokraten anbändelt, um Möglichkeiten einer großen Koalition auszuloten, die sein Ausscheiden als Kanzler auf unbestimmte Zeit verschieben könnte; auch nicht, dass eine der maßgeblichen Kräfte dabei Baron von Guttenberg aus der CSU ist.[90]

Doch bei aller Kopflosigkeit, mit der Strauß nun agiert, bei aller Wut auf Adenauer, der sich womöglich noch einmal retten kann – auf wessen Kosten wohl? –, bei allem Hass auf die politischen Gegner, die Opposition und natürlich vor allem auf den *Spiegel*: Er merkt nun selber, dass das Ende gekommen ist. Jener erschütternde Brief, den er am Tag vor der bayerischen Landtagswahl an den Chefredakteur des *Stern*, Henri Nannen, geschrieben hatte, endete mit ungewöhnlich finster-melancholischen Wendungen, so wie das ganze Schreiben ein seltenes Dokument selbst freigelegten Seelenlebens von Strauß ist. Nur in Momenten äußerster Erschöpfung oder höchster Verzweiflung entstehen bei ihm solche Selbstbekenntnisse. Das, was ihm im Kampf mit der kritischen Presse »seit Jahren widerfahren ist, übersteigt die Grenze des Erträglichen«. Er könne sich schon ausrechnen, wie Nannen und Konsorten auf seine Beteuerung reagieren werden, nicht wegen des Zuspruchs zum Alkohol, sondern infolge seiner angeschlagenen Gesundheit in Brühl auffällig geworden zu sein: »(D)er Strauß sei zwar vielleicht kein Trunkenbold, als ›schwerkranker‹ aber nicht fähig Verantwortung zu tragen.« Machen Sie doch was Sie wollen: »Es ist Samstag vor dem bayerischen Wahlgang. Für mich ist es eine Kampfpause nach Anstrengungen der letzten Wochen, nach denen ich mich überhaupt wundere, daß ich noch Kraft und Lust verspüre, Ihnen zu schreiben und gegen solche

Tiefschläge anzugehen. Seien Sie getrost, Herr Nannen, und setzen Sie nur ihr Wirken fort! Verteidigen Sie nur ruhig die deutsche Demokratie, indem Sie an deutschen Demokraten, die mit Leistung und Tat für deren Verteidigung und Aufrechterhaltung bis zur äußersten Grenze der menschlichen Leistungsfähigkeit gehen, den permanenten Rufmord praktizieren.«[91]

Ein letztes Mal bäumt sich Strauß am 28. November gegen seinen Untergang auf. In düstersten Tönen schildert er den Spitzen der Union im Fraktionsvorstand, wie tief Adenauer in die *Spiegel*-Affäre verstrickt sei. Alles habe der Kanzler gewusst, alles gedeckt, uneingeschränkte Handlungsvollmacht erteilt. Komme es zu einem parlamentarischen Untersuchungsausschuss, dann werde sich das schon zeigen.[92]

Am nächsten Tag ist es aber dennoch soweit. Adenauer hat für den Abend die FDP zu Koalitionsverhandlungen eingeladen, an denen selbstverständlich auch der CSU-Vorsitzende teilnimmt. Zuvor soll es ein Abendessen geben. Adenauer, der Meister des auf Atmosphäre zielenden Protokolls, will so die Stimmung etwas auflockern. Doch die Liberalen weigern sich, an einer Tafel mit Strauß zu speisen; sie verziehen sich in einen Nebenraum. Spätestens jetzt ist auch für Strauß unübersehbar, wie zwecklos sein Beharren auf dem Ministerstuhl ist. Noch am selben Tag sickern erste Meldungen in die Öffentlichkeit, am nächsten, anlässlich einer Sitzung des CSU-Vorstands in München, gibt Strauß seinen Amtsverzicht bekannt. Einem Übergangskabinett Adenauers wolle er nicht angehören.[93]

Ein paar Tage gibt es noch Gerangel, wann genau Strauß Amt und Würde abgibt, denn Hassel kann erst Mitte Januar 1963 die Nachfolge antreten. Bis zur Regierungsneubildung führen die alten Minister kommissarisch die Amtsgeschäfte weiter. Nur beim Verteidigungsministerium will Adenauer das anders halten, und darüber kommt es noch einmal zum lautstarken Streit zwischen ihm und Strauß, der dem Kanzler in Gegenwart Dritter feiges Herausschleichen aus der ganzen *Spiegel*-Affäre vorhält.

Strauß duldet keine Extrabehandlung – mit Anstand, nicht von einem weiteren Fußtritt befördert, will er gehen. Schließlich gibt der Kanzler nach, Strauß darf sein altes Ministerium bis zur geordneten Übergabe an Hassel weiterführen.[94]

Kurz vor Weihnachten dann, am 19. Dezember 1962, der gebührende Abschied; die Sozialdemokraten bleiben dem Ereignis, dem etwas »Unwirkliches, Theatralisches, Zwiespältiges« anhaftet, fern.[95] Im Wintergrau des Flughafen Wahn bei Köln erhält Strauß mit einem großen Zapfenstreich die letzten Ehren als Verteidigungsminister – Adenauer, mit Hom-

Bitterer Abschied: Großer Zapfenstreich für den scheidenden Verteidigungsminister auf dem Flughafen Köln Wahn, 19. Dezember 1962, links: Konrad Adenauer.

burger und pelzgefüttertem Mantel, steht die ganze Zeit an seiner Seite. Kein Wort über die Affäre, viel Lob für seine großartigen Leistungen, ein ermunternder Blick in die vor ihm liegende Zeit: Strauß werde »in Zukunft im politischen Leben des deutschen Volkes noch eine große und entscheidende Rolle spielen«.[96]

Und dann, zu guter Letzt, ein ungeheuerliches Wort des Trostes von Adenauer, das Strauß gar nicht anders empfinden kann, als rühre ein rostiger Dolch in der offenen Wunde: »Bittere Stunden formen den Mann«.[97]

Wenige Wochen später wird Peter Boenisch, der Chefredakteur von *Bild*, den alten Kanzler in dessen Haus in Rhöndorf besuchen. Beim Abschied begleitet Adenauer seinen Gast die lange Treppe vom Wohnhaus durch den Garten zum Eingangstor. Auf halber Strecke bleiben die beiden stehen, Adenauer fasst Boenisch am Arm: »Sagen Sie mal, Herr Boenisch, Sie sind doch mit dem Herr Strauß so gut befreundet. Sagen Sie dem, daß man so ein großes und wichtiges Amt wie das Verteidigungsministers nicht einfach so – mir nichts, dir nichts – wegwirft.«[98]

DRITTER TEIL

WECHSELJAHRE
(1963–1969)

Im Abseits, zermürbt

Selbsterkenntnis ist der erste Schritt zur Besserung, heißt es im Sprichwort. Die Lebenserfahrung lehrt indes, dass es oft nicht die Besinnung auf Fehler und Schwächen ist, sondern die Konzentration auf die eigenen Stärken, die den Wiederaufstieg möglich macht. Und ohne sich allzu sehr in psychologisierende Spekulationen zu versteigen, wird man wohl annehmen dürfen, dass es dem selbstkritischen Betrachter leichter fällt, Versagen und Unzulänglichkeit einzugestehen, wenn er von wiedergewonnener Höhe aus in die Tiefen der Vergangenheit blicken kann.

Kurz vor der Bundestagswahl 1969 ist einer dieser seltenen Momente, in denen sich Strauß innerlich frei genug für einen solchen Rückblick fühlt. Die Arbeit der Großen Koalition ist fast getan, und wenn es einen Gewinner dieser knapp dreijährigen Konstellation gegeben hat, dann ist es Strauß. Er steht nun fast wieder da, wo er vor der *Spiegel*-Affäre angekommen war, ist voll rehabilitiert und hat sich einen glänzenden Ruf als Finanzminister, anerkannt im ganzen Land, erworben: Im Spätsommer 1969 scheint es tatsächlich nur noch eine Frage der Zeit, bis er Kanzler werden wird.

Lange bevor die heiße Phase des Wahlkampfs 1969 beginnt, jagt ein Redetermin den anderen, Strauß ist gefragter denn je. Nebenbei will auch ein wenig regiert werden, denn einige wichtige Vorhaben, besonders die Finanzreform, sind noch nicht ganz vom Eis. Dass ausgerechnet in diesen Wochen schwerwiegende Fragen der Währungs- und Konjunkturpolitik zu entscheiden sind, die das *dream team* der vorangegangenen Jahre, Schiller-Strauß, entfremden und schließlich auseinanderreißen werden, trägt ein Übriges dazu bei, dass seine Zeit noch mehr als ohnehin beansprucht ist.

In diesen Tagen meldet sich Mainhardt Graf von Nayhauß, ein seit Mitte der fünfziger Jahre bekanntes Gesicht aus dem Bonner Korrespondenten-Corps, bei Franz Josef und Marianne Strauß zu einem Interview an. Und für vertraute Wegbegleiter, sie müssen nicht mal Parteigänger sein, hat Strauß auch in diesen hektischen Wochen stundenlang Zeit. Kein Thema bleibt bei dieser *tour d'horizon* ausgespart, es geht entspannt zu. Und plötzlich, ganz unverhofft und ohne dass Nayhauß ihn danach gefragt hätte, rutscht ihm, fast im Plauderton, das Eingeständnis heraus: Ja, damals als

Verteidigungsminister, da »habe ich mich verkrampft und verbissen; auch sozusagen in den Sessel eingekrallt«.[1]

Im Sommer 1969 fehlt es Strauß nicht an innerer Gelassenheit. Gut, die *Spiegel*-Affäre wird bis an sein Lebensende traumatisch bleiben. Ruhen lassen wird ihn das Thema nie; jeder, der neue Informationen über die *wahren* Hintergründe in Aussicht stellt – ganz gleich, wie zweifelhaft sein Leumund ist – erhält Gehör. Noch manchen Ärger wird sich Strauß mit diesem Glaubenwollen in den kommenden Jahrzehnten einhandeln. Der freundlich-flapsige Ton freilich, in dem Augstein und Strauß gegen Ende der Großen Koalition miteinander korrespondieren, lässt fast vergessen, dass die beiden doch eigentlich beschlossen hatten, einander Todfeinde zu sein. Eine Einladung zur Einweihung des neuen *Spiegel*-Büros in Bonn Anfang Mai kommt Strauß zwar wegen unausweichlicher Verpflichtungen nicht nach, »wofür ich als Ihr ›alter Mitarbeiter‹ um Verständnis bitte«.[2] Allein, dass der Minister persönlich absagt und nicht sein Büro, kommt einer kleinen Respektbezeugung gleich.

Ein paar Wochen später zieht sich Strauß einen komplizierten Armbruch zu, der eine Zeitlang politische Enthaltsamkeit erzwingt. Augstein erfährt »aus der Fürsorgeabteilung meines kleinen Hauses«, dass sein »›alter Mitarbeiter‹ krank darniederliegt«, und versäumt es nicht, seine aufrichtigen Genesungswünsche mit dem Hinweis zu versehen: »Wie Sie ahnen, wünsche ich Ihnen nichts weniger als eine Minderung Ihrer brachialen und auch Ihrer sonstigen physischen Kräfte.«[3] Anfang Juli kann ihn Strauß mit der Mitteilung beruhigen, er sei weitgehend wiederhergestellt: »Deshalb bin ich zuversichtlich, daß ich bald wieder Stoff für Ihr Nachrichtenmagazin liefern kann und damit mich Ihrer Bezeichnung ›alter Mitarbeiter‹ würdig erweisen werde.«[4]

Allzu lange halten derart ironische Freundlichkeiten nicht vor; bald wird der freie Mitarbeiter wieder gut zu tun bekommen. Sie werfen allerdings ein Licht auf die zum wirklich tiefen Hass nicht fähige Persönlichkeit von Strauß. »Blinde, berserkerhafte Wut«, wie Sebastian Haffner aus dem Abstand einiger Monate zur *Spiegel*-Affäre schreibt, habe Strauß damals getrieben, angefeuert durch »Gefühle gegenüber dem Spiegel«, die »menschlich verständlich« seien, war er doch »lang und grausam provoziert worden«.[5] Aber dieses verfluchte Temperament im Übermaß ist doch etwas grundlegend anderes als Hass, als unbeugsamer Vernichtungs- und ewiger Verfolgungswille.

Unmittelbar nach der Affäre freilich fällt der Unterschied nicht ins Gewicht. Und ob Strauß ein paar Monate später noch an den von Adenauer weiland beschworenen »Abgrund von Landesverrat« glaubt, ist angesichts der schmerzlichen Folgen des Skandals ebenfalls nicht wichtig: die Schmach, die nahezu unehrenhafte Entlassung, das Stigma der Machtlosigkeit im Kreise der Mächtigen, vielleicht auch die verlorene, in unerreichbare Ferne entschwundene Chance auf den Sprung nach ganz oben. In der ersten Zeit nach dem Absturz hält Strauß sich mit Bemerkungen und Kommentaren zu der furchtbaren Niederlage zurück. Es ist noch nicht die Stunde gekommen, zu der er sagen könnte, was er zu sagen hätte.

Ausgerechnet in Israel, wohin ihn eine lange schon geplante Reise Ende Mai 1963 führt, platzt der seit einem halben Jahr aufgestaute Zorn auf den *Spiegel* dann aus ihm heraus. Das Medieninteresse an dem prominenten Besucher ist beträchtlich, ein Pressetermin nach dem anderen steht zwischen den Besuchsterminen an. Auch *Ha'aretz* will ein Interview und entsendet Amos Eljon in das Zimmer 133 des Hotels Sharon, wo Strauß Quartier genommen hat. Unvermeidlich kommt das Gespräch, auf Deutsch geführt, auch auf die *Spiegel*-Affäre. *No regrets*, meint Strauß, was nicht verwundert: »Ich würde mich verpflichtet fühlen, genauso zu handeln wie ich gehandelt habe.« Doch dann nimmt das Unglück seinen Lauf: Probleme mit der »ernstzunehmenden deutschen Presse« habe er nie gehabt; »nur mit dem Spiegel – sie sind die Gestapo im Deutschland unserer Tage. Sie führen Tausende persönlicher Akten wenn ich an die Nazi-Vergangenheit von Deutschland denke« – und wer in Israel könnte sie vergessen? – »fast jeder hat etwas zu vertuschen, und das ermöglicht Erpressung«.[6] Natürlich ist die Aufregung in Deutschland groß. Zurück in der Heimat gibt es nur eine laue, kaum als Richtigstellung zu verstehende Erklärung: Er habe lediglich davon gesprochen, dass der Ermittlungsapparat des *Spiegel* in seiner Wirksamkeit »einer privaten Gestapo« vergleichbar sei.[7]

Mit Blick auf den herannahenden CSU-Parteitag, bei dem es für Strauß ums Ganze gehen wird, mag diese Betrachtung sogar geholfen haben, die eigenen Reihen dichter zu schließen. Doch ansonsten ist das Echo vernichtend, eine Mischung aus Händeringen und Entsetzen: Der lernt es nie! »Wir sind doch eben erst mit Mühe über die Spiegel-Affäre hinweggekommen«, meint selbst Hans Zehrer, der alt-konservative Chefredakteur der keineswegs Strauß-unfreundlichen *Welt*, »und versuchen, Gras darüber wachsen zu lassen (…). Und nun erleben wir schon wieder, daß diese Affäre nach Israel getragen und daß dort gesagt wird, das ominöse Nachrichtenmagazin sei mit der Gestapo zu vergleichen.«[8] Langsam beginnen auch die Freunde und Wohlmeinenden an Strauß zu verzweifeln. Es ist jetzt ziemlich einsam um ihn.

Allerdings ist Franz Josef Strauß niemand, den man einfach vom Hof jagen könnte. Sicherlich, von Zeit zu Zeit ergreifen ihn durchaus Gedanken an ein Leben ohne Politik. Auch darüber spricht er bei seinem ersten größeren Auftritt vor der Presse nach seinem Abschied vom Ministeramt: »In der Politik braucht man auch einmal eine ruhigere Gangart, wenn man nicht seine physischen und geistigen Kräfte einer Belastung mit tragischem Ausgang aussetzen möchte.«[9] Ob er sich im Juli zur Wiederwahl als CSU-Parteivorsitzender stellen werde, sei noch nicht entschieden. Wie wenig sicher Strauß sich über seine eigene Zukunft ist, wird aber vor allem deutlich, als er auf die in Kürze anstehende Entscheidung über die Nachfolge Adenauers zu sprechen kommt. Erhard gilt nach wie vor als seine erste Wahl, doch auch den Bonner Erzrivalen Gerhard Schröder und den baden-württembergischen Ministerpräsidenten Kurt Georg Kiesinger, beides Alterskonkurrenten, könne er sich im Palais Schaumburg vorstellen. Und damit nicht genug der Zurückhaltung und gelassenen Gleichgültigkeit. Die CSU – als kleinere der Unionsparteien bei der Kanzlerkandidatenkür stets im Hintertreffen gegenüber der großen Schwester CDU – und namentlich ihr Vorsitzender Strauß legen doch sonst immer allergrößten Wert darauf, die Fastunmöglichkeit, selbst zum Zuge zu kommen, durch ein mächtiges Wort der Mitentscheidung zu kompensieren. Im Frühjahr 1963 allerdings – Adenauer hat soeben die Unionsspitzen an seinen Urlaubsort, nach Cadenabbia, einbestellt, um über seine Nachfolge zu beraten – mag Strauß nicht mal an den Comer See reisen: »Ich gehöre weder zu den Kanzlermachern noch zu den Kanzlersuchern, so wie Diogenes mit der Laterne den Menschen suchte«, erklärt er den staunenden Journalisten; den Kanzlernachfolger zu bestimmen, sei jetzt in erster Linie Aufgabe der CDU.[10]

Die ersten Monate nach seinem Rücktritt sind tatsächlich die kraftlosesten in der politischen Vita von Franz Josef Strauß. Zögerlich und unentschlossen, lustlos werden allerlei Alternativen in Betracht gezogen, auch die, ganz aus der Politik auszuscheiden und in die Wirtschaft zu wechseln. In dieser kurzen Phase scheint fast alles denkbar. Doch seine Widersacher in den eigenen Reihen tun genau das Falsche, um Strauß loszuwerden. So, wie er sich nach seinem unausweichlich gewordenem Ausscheiden aus Adenauers Kabinett mit letzter Kraft gegen einen würdelosen Abschied gewehrt hat, so wird er sich in den kommenden Monaten dagegen wehren, ganz ins Abseits gedrängt zu werden. Strauß ist ein Mann, der aus eigenen Stücken durchaus Terrain preisgeben kann – einfach wegnehmen aber lässt er es sich nicht, und außer ihm hat niemand über seine Zukunft zu bestimmen! So begehen die Gegner in der eigenen Partei den ersten schweren Fehler, als sie glauben, sie könnten den CSU-Landesgruppenvorsitz, der durch den Eintritt Werner Dollingers in das letzte Kabinett Adenauers frei geworden ist, besetzen, ohne Strauß wenigstens zu fragen. So sicher sind sie ihrer Sache, dass sie sich nicht einmal die Mühe machen, ein politisches Schwergewicht für den vakanten Posten aufzubieten, sondern Josef Bauer ins Gespräch bringen, einen Hinterbänkler, über den kaum mehr berichtet werden kann, als dass er ein durchaus redlicher Molkereibesitzer aus Wasserburg am Inn ist. Dieser Schuss aus der Hüfte geht daneben: Ohne Mühe wird Strauß bereits wenige Tage später zum neuen Chef der Landesgruppe gewählt.

Entschieden ist damit noch nicht, wie es mit Strauß weitergehen wird. Unerträglich freilich ist ihm die Vorstellung, dass andere Schicksal spielen. Ob völliger Rückzug oder Weitermachen, er will es selbst entscheiden. Dabei ist Strauß nun auch in den eigenen Reihen nicht mehr die unanfechtbare Autorität besserer Zeiten. Aber Autoritätsverzicht ist etwas anderes als Autoritätsverlust! Verzicht kommt für ihn, wenn schon, dann nur aus Stärke, aus der Position wieder aufgerichteter Autorität in Frage. In dieser Hinsicht liegt um die Jahreswende 1962/63 allerdings noch ein schwerer Brocken auf dem Weg der Rückeroberung eigener Handlungsfreiheit. Im Kampf mit dem *Spiegel* ist ihm nämlich entgangen, dass seine Feinde in der CSU im Verborgenen längst schon begonnen haben, Politik im großen Stil hinter dem Rücken des Parteivorsitzenden zu betreiben, und sich sehr gut eine Zukunft ohne Strauß vorstellen können.

Keineswegs unwichtige Geschäfte sind es, die da ohne sein Wissen betrieben werden; dass Parteifreunde es wagen, ohne Abstimmung mit ihm an der gesamten politischen Konstellation zu schrauben, belegt nicht nur Autoritätsschwund, sondern auch ein sich formendes Aufbegehren gegen den schwer angeschlagenen Parteivorsitzenden.

Ziemlich spät erst ist Strauß dahintergekommen, dass sein Parteifreund Karl Theodor von und zu Guttenberg im November und Dezember des vergangenen Jahres geheime Verhandlungen mit Herbert Wehner über die Bildung einer Großen Koalition geführt hat, weithin unbeachtet, überschattet von den Aufregungen der *Spiegel*-Affäre. Hätte er dies allein aus eigenem

Antrieb getan, so könnte man das als exzentrischen Ausrutscher dieses Strauß so wesensfremden Mannes abtun. Aber nein, die Sondierungen fanden mit Billigung Adenauers statt. Oder gar, wie Strauß sich nun fragen muss, auf dessen ausdrücklichen Wunsch hin?[11]

Das Verhältnis zwischen Strauß und Guttenberg ist von Anbeginn nicht spannungsfrei. Aneinander schätzen sie den intellektuellen Zugang zu politischen Tagesfragen. Die inhaltliche Übereinstimmung in zentralen Positionen reicht weit, auch in jener Frage, die die Union in den kommenden Jahren vor eine Zerreißprobe stellen wird. Beide sind beherzte Antikommunisten, voll des Misstrauens gegenüber den Anfang der sechziger Jahre grassierenden Sehnsüchten nach Entspannung im Ost-West-Verhältnis, und sie sind Amerika zutiefst verbunden. Mit der naiven Variante vom allseits leuchtenden Turm der Freiheit muss man ihnen nicht kommen, aber sie wissen, wem die westlichen Teile Deutschlands und Europas es verdanken, dass sie nach 1945 nicht unter sowjetisches Kuratel geraten sind. Doch Guttenberg und Strauß sind sich auch darüber einig, dass ein andauerndes Sich-Bequemen unter dem amerikanischen Sicherheitsschirm Abhängigkeiten schafft, die die gerade geschenkte Freiheit aushöhlen. Im Übrigen weiß kein Mensch, ob das amerikanische Engagement in Europa wirklich dauerhaft sein wird. Globale Politik ist für die USA – eigentlich isolationistisch geprägt – noch eine sehr junge Disziplin. Durchaus vorstellbar, dass auf Dauer die Sicherheitsinteressen der Amerikaner und Europäer, zumal der besonders exponierten und mithin gefährdeten Deutschen, auseinanderlaufen. So gesehen ist die Schaffung eines starken Europas, das enge Zusammengehen mit Frankreich, geradezu die Voraussetzung dauerhafter Selbstbehauptung. Daher sind Strauß und Guttenberg überzeugte Gaullisten und glühende Anhänger der europäischen Integration.

Gleichwohl sind es die Verschiedenheiten, die ihr Verhältnis prägen. Hier der begüterte Reichsfreiherr von altem Geschlecht, dort der aus kleinem Bürgertum aufgestiegene Metzgerssohn. Der eine ein eleganter Herr, der andere einer, dem kein Anzug Schick verleihen mag. Am Schwersten dürfte indes wiegen, dass Strauß geradezu ein Ressentiment gegen jegliche Form von Autorität hat, die man aus eigener Kraft nicht erwerben kann. Adel und Klerus – Strauß hasst es, wenn ihm einer mit Anspruch aus Herkunft oder Gnadenamt entgegentritt. Und eben dies beherrscht Guttenberg formidabel: darzustellen, dass er ein Auserwählter sei, ist ihm Natur.

Schon unter normalen Umständen, ohne die *Spiegel*-Affäre, wären Gutten-bergs konspirative Sondierungsgespräche ein ungeheuerlicher Vorgang. In der gegebenen, so zugespitzten Situation ist alles noch viel schlimmer. Es nützt ihm nichts, dass er sich nachträglich von Adenauer eine rückdatierte Vollmacht ausfertigen lässt, die ihn zu strikter Vertraulichkeit, auch gegen-über Strauß, verpflichtet.[12] Selbst unter normalen Umständen könnte kein Parteivorsitzender dieses Hintertreppenmanöver hinnehmen. Dass Gutten-berg zudem noch zu den ersten Unions-Politikern zählt, die Strauß wegen der *Spiegel*-Affäre zum Abschuss freigeben wollen, bessert seine Lage nicht. Zudem steht er nicht etwa nur passiv am Wegesrand, um den Fall von Strauß zu bestaunen und zu begrüßen, sondern legt nun ganz offen selber Hand an; er sucht nach Mitstreitern, die sich auf Zarathustras Weisung »(W)as fällt, das soll man auch noch stoßen!«[13] verstehen.

Das Treffen einiger Kuratoriumsmitglieder der in München-Schwabing residierenden *Katholischen Akademie in Bayern* am 17. Dezember 1962 un-ter Leitung von Karl Forster,[14] des erbittertsten aller klerikalen Strauß-Feinde, ist eine passende Gelegenheit hierzu. Nachdem alle Akademiefra-gen abgehandelt sind, wendet sich die kleine Runde, der auch Guttenberg und Krone angehören, den wichtigen Dingen des Lebens zu – dem Unter-gang des Abendlands im Allgemeinen und dessen Verderbnis, Franz Josef Strauß, im Besonderen. »Gemeingefährlich« sei sein Parteivorsitzender, und deshalb, so fordert Guttenberg weiter, müsse er »durch Enthüllungen endgültig gestürzt werden«![15]

Bevor die Verschworenen aber etwas Konkretes gegen Strauß unterneh-men können, ist der Geschmähte erst einmal selbst am Zug. Es gilt, ein Exempel zu statuieren, damit aus der Koinzidenz der beiden Ereignisse – Rücktritt von Strauß, Sondermission Guttenberg – nicht im Nachhinein eine Kausalität konstruiert wird nach dem Motto: Er, Strauß, sei bereits derart geschwächt, dass man auf ihn nicht mehr weiter achten müsse. Und so verlangt er die Unterwerfung Guttenbergs. Adenauer, der ahnt, was sich da zusammenbraut, mahnt den Baron dringend nachzugeben. Doch der bleibt stur. Andere Saiten müssen also aufgezogen werden, Guttenberg wird zum Kreuzverhör in die Sitzung des CSU-Landesvorstands am 8. Dezember 1962 einbestellt. Und damit er sich über den Ernst der Lage erst gar keine Illusionen mache, werden am Tag zuvor in Bonn Gerüchte ausgestreut, Friedrich Zimmermann, der Generalsekretär, werde den Parteiausschluss beantragen, was Guttenberg dann vor Beginn der hochdramatischen Sit-zung in allen Zeitungen nachlesen kann.

*Allianz gegen Strauß: Freiherr zu Guttenberg (links) und Alois Hundhammer
wollen den CSU-Chef stürzen, 18. Februar 1963.*

Doch auch in der CSU wird nicht so heiß gegessen wie gekocht. Strauß
will sich mit einer Entschuldigung zufrieden geben, um Genugtuung gehe
es ihm nicht; und dass er »grundsätzlich kein Freund von Schiedsverfah-
ren« sei, darf man ihm getrost glauben. Sein Bemühen, der hochnotpein-
lichen Angelegenheit ein schnelles Ende zu bereiten, ist erkennbar. Guttenberg denkt allerdings nicht daran einzulenken, sondern bittet selbst um
Klärung durch das Schiedsgericht.[16]

Um die beiden Streithähne doch noch zu einer klärenden Aussprache
zusammenzubringen, schalten sich weitere Vermittler ein. Es ist keine
große Hürde, die Guttenberg nehmen müsste, um die Sache aus der Welt

zu schaffen. In einer gemeinsamen Erklärung, das konzediert Strauß, dürfe Guttenberg durchaus die Motive seines Handelns darlegen; er soll aber auch einräumen, dass es ein Fehler war, Strauß nicht zu informieren, und müsse für die Zukunft Treue schwören.[17] Doch auch ein erneuter Vermittlungsversuch Adenauers scheitert; und die geschwind am 12. Januar 1963 in Bamberg zwischen den Kontrahenten ausgehandelte Beschwichtigungsformel platzt, kaum ist sie gefunden, weil Guttenberg zusätzlich als Belohnung fordert, dass Strauß ihn zur Wahl für den Fraktionsvorstand vorschlagen müsse. Am 2. Februar, endlich, ist es soweit. Mit salomonischer Weisheit stellt das Landesschiedsgericht ein höchst bedauerliches Missverständnis fest, von dem alles seinen Anfang genommen habe, und das nunmehr – Gott sei Dank! – ausgeräumt sei.

Alles nur ein Missverständnis? Wohl kaum. Strauß aber nimmt den faulen, den vollendet politischen, Kompromiss hin. Er ist einfach des Streitens müde, zudem weiß er: Selbst wenn er sich auf ganzer Linie durchsetzen würde, wäre ein solcher Sieg auf Sand gebaut; seine Lage in der Partei ist ziemlich labil geworden, die eigenen Kräfte sind weitgehend aufgezehrt. Aber es fehlt ihm am Vernichtungswillen. So wie in späteren Jahren Ludwig Huber, Franz Heubl oder Bruno Merk, die Strauß bis aufs Blut gereizt haben, halbwegs ehrenhafte Rückzugsmöglichkeiten offenstehen werden, so profitiert jetzt Guttenberg von der Weichheit des Strauß'schen Gemüts, die tief verborgen in dieser impulsiven, aufbrausenden Persönlichkeit liegt und, wenn es hart auf hart kommt, doch immer wieder sein Handeln leitet.

Diese eher milde Seite zeigt sich beispielsweise am 1. Dezember 1962. Gemeinsam mit Guttenberg fliegt Strauß nach München, wo für 19 Uhr der CSU-Landesvorstand einberufen ist, um vom endgültigen Verzicht auf das Verteidigungministerium zu erfahren. Am Vormittag desselben Tages hat sich Strauß über seinen Mitflieger heftigst ärgern müssen, als er in einer langen Besprechung mit Adenauer erstmals Genaueres über die Sondierungen in Richtung einer Großen Koalition hörte. Doch dieser Ärger hält ihn jetzt, ein paar Stunden später, nicht davon ab, Guttenberg in schönster Breite seinen Verdacht, dass der BND bei der *Spiegel*-Aktion die Hand im Spiel hatte, mitzuteilen. Ein paar Tage später erzählt Guttenberg dem Leiter des Strategischen Dienstes des BND, General Langkau alias Holten, alles weiter: »Ich war über die Hemmungslosigkeit und Intimität dieser Mitteilungen verblüfft, zumal JOSEF (i.e. Strauß) gerade dabei war, mich vor ein Parteigericht zu zitieren, also auf mich sowieso nicht gut zu sprechen war.«[18]

Mit dem Formelkompromiss zur Beilegung der Auseinandersetzung sind die ärgsten Grobheiten beigelegt, aber die Guttenberg'schen Kapriolen bleiben der CSU lange noch in unguter Erinnerung. Als es ungefähr vier Jahre später wirklich zur Großen Koalition kommt, ist der Freiherr für den neugeschaffenen Posten eines Parlamentarischen Staatssekretärs im Bundeskanzleramt vorgesehen. Monatelang zieht sich die Ernennung hin, die eigene Partei blockiert die Berufung. Ausgerechnet Strauß wird es schließlich sein, der sich nach dem viermonatigen Vergnügen, Guttenberg zappeln zu sehen, für diesen verwendet, allerdings nicht ohne die »schwerwiegenden Bedenken gegen Ihre Ernennung«, die »mit den Vorgängen der Jahre 1962 und 1963« zusammenhängen, zu erwähnen. Das ganze Sündenregister wird noch einmal aufgezählt. Doch Ende gut, alles gut: »Ich glaube deshalb«, so schließt Strauß seinen Brief, »dass ein zukünftiges Wirken von Ihnen im Bundeskanzleramt auch unter dem Gesichtspunkt gesehen werden muss, dass ein politisches und menschliches Vertrauensverhältnis durch die Art der Ausführung Ihrer Tätigkeit wieder hergestellt werden muss. Ich habe deshalb de(n) Vorsitzenden der Landesgruppe der CSU (…) gebeten, (…) sich den Vorschlag des Landesvorsitzenden zu eigen zu machen.«[19]

Im Frühjahr 1963 freilich ist an einen solch versöhnlichen Ausklang nicht zu denken. Guttenberg lässt einfach nicht locker, feuert weiter aus allen Rohren: Die CSU sei »an ihren Gliedern gesund, am Haupt jedoch krank«, so bringt es der Freiherr auf den Punkt.[20] Und er kämpft keineswegs allein. Mit besonders hübschen Einlassungen verschaffen sich vor allem Kirchenmänner Gehör. Wiederum greift das bekannte Spiel: Strauß denkt nicht daran, den – durchaus hinterhältig gemeinten – guten Ratschlägen zu folgen. Auch die den zeitgenössisch populären Werbeslogan von Coca-Cola leicht variierende Ermunterung »mache Pause in deiner politischen Tätigkeit«, die Strauß in jenen Tagen aus bayerischen Kirchenkreisen erhält, bewirkt das genaue Gegenteil – ihm muss niemand erklären, dass »er nicht gleich wieder auf einer anderen Plattform in die vorderste Linie des politischen Kampfes stürzen« sollte und dass er und seine Familie »eine Zeit der Ruhe und der Ausspannung« brauchen. Jedenfalls sind die fürsorglichen Ratschläge des Prälaten Lorenz Freiberger, die Strauß kurz nach seinem Rückzug aus dem Kabinett lesen muss, ausgerechnet in der *Münchner Katholischen Kirchenzeitung*, ein wenig zu plump ausgefallen: »Laß Dich nicht drängen, sogleich die Bundestagsfraktion der CSU zu übernehmen. Lege nicht sogleich, aber bei gegebener Gelegenheit den Vorsitz der CSU in andere Hände.« Und als sei das Maß noch nicht voll, verkneift es sich der Kirchenmann nicht, die Bitte hinterherzuschieben, Strauß möge auch ohne Amt »der große Mann der CSU im Hintergrund« bleiben.[21]

Dass Freiberger den Artikel kaum ohne Imprimatur seines Kardinals, Julius Döpfner, hätte veröffentlichen können, darf als sicher gelten. Macht-politisch bewirken solche Schüsse aus dem Hinterhalt allerdings noch nicht allzu viel. Schlimmer ist ihre psychologische Wirkung: Sie geben nämlich den Ton vor, in dem man neuerdings mit Franz Josef Strauß glaubt um-springen zu dürfen. Auch in den kommenden Wochen werden es, mit Aus-nahme des stolzen Freiherrn von und zu Guttenberg, nicht seine unmittel-baren Widersacher sein, die mit offenem Visier den völligen Rückzug von Strauß aus der Politik betreiben. Junge Ehrgeizlinge und Hauptdarsteller des Münchner Intrigantenstadls wie Ludwig Huber, die sich in ihrer Ent-wicklung durch die übermächtige Präsenz des Platzhirschs auf Jahrzehnte blockiert sehen, sind entweder zu feige für die direkte Attacke oder realis-tisch genug, zu sehen, dass es für die Entscheidungsschlacht zu früh ist. Gewiss, der kirchentreue Flügel um den ultramontanen Haudegen Alois Hundhammer ist im Aufwind; mit dem neuen Parlamentspräsidenten im Maximilianeum, vor allem aber mit der Wahl des fünfunddreißigjährigen Ludwig Huber zum neuen Fraktionsvorsitzenden haben sie nach der Land-tagswahl zwei wichtige Positionen für sich erobern können. Nun aber müs-sen sie »ihre Erfolge erst verdauen«, wie die Wochenzeitung *Christ und Welt* aus München zu berichten weiß.[22] Außerdem kann niemand mit Gewiss-heit sagen, ob die Machtbasis von Strauß in Partei und Volk tatsächlich bröckelt. Huber, der, wie einer der ganz Alten, abgeklärt, in steifem Honora-tiorenanzug und mit dicker Zigarre, einem ungläubigem Fernsehpublikum im sonoren Bariton erklären wollte, der unerwartet glanzvolle Sieg der CSU bei den bayerischen Landtagswahlen sei den Segnungen der bayerischen Kultuspolitik zu verdanken, ist sich insgeheim durchaus im Klaren, dass dieser Erfolg auf dem Gipfel der *Spiegel*-Affäre in Wahrheit ein eindrucks-volles Plebiszit für Strauß gewesen ist.

Unter solchen Umständen kommt es gerade recht, dass die direkten Angriffe auf Strauß nicht aus der Mitte der Frondeure geführt werden müs-sen, weil andere dies bereits übernehmen. Besonders auf die katholische Kirche ist weiterhin Verlass. Deren Wochenzeitschrift *Echo der Zeit* zählt zwar nicht zu den Leitmedien der Republik, aber ihre direkte Aufforderung an Strauß, schleunigst zurückzutreten und den Weg für eine »saubere demokratische Lösung« freizumachen, findet ein breites Medienecho.[23]

Zu den eifrigsten Kritikern mausern sich nun auch Teile der Parteijugend; insbesondere der Münchner Ring Christlich-Demokratischer
Studenten (RCDS) tut sich hervor. Nicht nur Strauß, die gesamte Parteiführung sei »untragbar«, erklären gleich alle vier RCDS-Gruppen der bayerischen Hauptstadt auf einer Pressekonferenz. Und im verbandseigenen
Magazin *Argus* heißt es gar, ein Parteivorsitzender, der sich bei einem
Abendessen des Bundespräsidenten betrinke und sich auch andere Verfehlungen zuschulden kommen lasse, sei »für eine christliche Partei nicht mehr
tragbar«.[24]

Über eine Epistel des Vorsitzenden des Münchner RCDS, die an alle
Mandatsträger und Parteigliederungen gerichtet ist, kommt es schließlich
zum großen Krach. Fritz Zimmermann, der CSU-Generalsekretär, ist sich
mit seinem Vorsitzenden einig, dass dieser Brief eindeutig »den Tatbestand
der üblen Nachrede« erfüllt. Die frischgewählte Spitze des RCDS indes hält
keck dagegen, dass es keineswegs »unsachlich« sei, wenn man Strauß be-
scheinige, dass »seine feucht-fröhlichen Darbietungen« in Bonn »entwür-
digend und entehrend« seien. Und dann – darauf reagiert Strauß nun ganz
besonders gereizt – heißt es gar mit Hinweis auf die *Spiegel*-Affäre: »Bis
zuletzt blieb er bei der Unwahrheit, um seinen Ministersessel zu retten.«[25]

Zu den größten Schwächen von Strauß gehört es zeitlebens, dass er sich
allzu leicht provozieren lässt. Jedes Stöckchen, das man ihm hinhält, wächst
sogleich zur hohen Hürde, die er nehmen muss. Er kann nicht anders. In
dieser kritischen Situation, der wohl kritischsten seines politischen Lebens,
kommt ihm allerdings das Übermaß an Temperament zu Hilfe. Was scheren mich die Kirchenleute, wer ist schon der RCDS, so hätte man gelassen
einwenden können. Ärgerlich sind deren Vorbringungen schon, aber müssen sie einen allzu sehr bekümmern? In normalen Zeiten eher nicht. Doch
momentan, im politischen Überlebenskampf, ist für Strauß eben alles
anders als normal.

Erfahren genug ist er allemal, um zu sehen, welche Stimmungen in der
Partei und auch in weiten Kreisen der bayerischen Bevölkerung um sich
greifen. Hermann Höcherl, eher skeptisch gesonnen, was die Zukunft von
Strauß betrifft – Anfang des Jahres ist er überzeugt, dass es für Strauß »kein
come back« geben werde[26] –, aber eben doch ein Mann von aufrechtem
Charakter, hat die Lage beim politischen Aschermittwoch in Vilshofen auf
den Punkt gebracht, als er die Heckenschützen angewidert »Aasgeier in den
eigenen Reihen« nannte.[27]

Mittlerweile wird es auch Strauß selbst zu bunt; einem Gespräch mit Kardinal Döpfner am 15. Januar folgt am 19. April eine zweite heftige Begegnung, in der Döpfner Strauß erneut eine Zeit der politischen Abstinenz nahelegt.[28] Spätestens damit ist entschieden, dass Strauß es noch einmal wissen will, ja, wollen muss!»Ich glaube nicht«, hat er der Öffentlichkeit zuvor mitgeteilt, »daß sich irgendeine Kirche es zur Aufgabe machen wird, die Personalangelegenheiten der CSU mitbestimmen zu wollen.«[29]

Es wird nun also höchste Zeit zu kämpfen. Am 6. Juli steht die Neuwahl des CSU-Parteivorsitzenden an. Auf dieses Datum zielen seine Gegner. Für Strauß geht es dabei weniger um die Macht – für ihn ist es eine Frage der Ehre geworden. Anfang April hatte er noch offengelassen, ob er wieder antreten werde. »Er hänge an keinem Amt und kämpfe um kein Amt. Vor seiner Entscheidung über eine erneute Kandidatur (…) wolle er sich noch eingehend mit möglichst vielen Parteifreunden beraten«, vermeldet die *Frankfurter Allgemeine Zeitung*.[30]

Möglichst viele Freunde, mit denen es sich zu beraten gilt – bei Strauß bedeutet dies nicht das Gespräch in kleinster Runde am abendlichen Kamin. Was seine Getreuesten ihm raten, muss er gar nicht erst erfragen. Die vielen Freunde, deren Echo er braucht, das sind die Hunderte von Parteifunktionären und -delegierten, deren Loyalität er nun in einer »Aufbaureise« durch die Parteigliederungen prüft und, wo nötig, wieder aufrichtet.

Bis Mitte Mai hat er bereits sieben der zehn bayerischen Bezirksverbände aufgesucht, und überall klingt der Schlusschor gleich: Franz Josef, bleib' bei uns! Dabei ist es nicht der rhetorische Stimmungskanonier früherer Tage, dem immer wieder das volle Vertrauen – im unterfränkischen Bezirksverband beispielsweise stimmen 81 von 83 Delegierten für ihn – entboten wird. Es sind mehr die leisen, gedämpften Töne, die in dieser Situation Eindruck machen.

Sicher hilft es, dass mit dem Abschied von Adenauer, der endgültig für Oktober 1963 ins Auge gefasst ist, viele Menschen genug von Wandel und Veränderung haben. In gewisser Weise greift Strauß in den Reden dieser Wochen das weitverbreitete Bedürfnis nach Sicherheit und Kontinuität mustergültig auf. Denn einerseits nehmen sie das ganze Maßhalte-und-Ende-der-Nachkriegszeit-Programm, das Ludwig Erhard in seiner ersten Regierungserklärung ausbreiten wird, vorweg. Andererseits fehlt in keiner dieser »Standortbestimmungen« der nachdrückliche Hinweis darauf, dass trotz des Abgangs des Lotsen Adenauer dessen Politik gültig bleiben müsse:

Das Vermächtnis Adenauers laute, »die alte Politik in neuem Stile« weiter zu vertreten.[31]

Drei Tage vor der Wiederwahl kommt selbst einer seiner schärfsten Kritiker, der erzkonservative Publizist Winfried Martini, nicht umhin, die enorme Kraftanstrengung und, mehr noch, die kaum für möglich gehaltene Disziplin anzuerkennen: »Umsichtig hat Franz Josef Strauß seine Wiederwahl zum Landesvorsitzenden vorbereitet. Sein langes Zögern, seine Kandidatur offiziell anzumelden, war keine Koketterie.«[32] Fast alle Beobachter sind sich im Vorfeld des Parteitages einig, dass Strauß nicht stürzen wird. Alfons Goppel, der in den vergangenen Wochen von allen Seiten gedrängt worden ist, als Gegenkandidat anzutreten, bringt es nicht übers Herz, Strauß herauszufordern. Das Verhältnis des Ministerpräsidenten zum Parteivorsitzenden ist nicht ungetrübt. Wer weiß, ob Strauß – vorausgesetzt, er kann seine Position in der Partei wieder festigen –, nicht doch irgendwann auf die Idee kommt, sich für eine Zeitlang das Prinz-Carl-Palais als den geeigneten Ort auszusuchen, um auf seine Kanzlerchance in Bonn zu warten? Die endlos langen Sommerwochen des vorangegangenen Jahres – kommt er, kommt er nicht? – sind nicht vergessen.

Am Ende ist es aber nicht Charakterschwäche, sondern -stärke, die Goppel davon abhält, dem Mann die Stirn zu bieten, dem er – das hat er nicht vergessen – sein Amt zu verdanken hat. Ludwig Huber, der eigentliche Möchtegern, kann warten. Und Guttenberg wird zwar der einzige der erbitterten Strauß-Feinde sein, der auf dem Parteitag eindeutig Bekenntnis ablegt: »Weder mit Treue, noch mit Solidarität, noch mit Kameradschaft ließe sich begründen, daß eine ganze große Partei auf Gedeih und Verderb mit dem Schicksal eines Parteiführers verbunden werden sollte, dessen Person im Mittelpunkt von Affären, Krisen und Prozessen stand, die leider noch nicht zu Ende sind. (…) Ich sehe mich außerstande, unseren Landesvorsitzenden diesmal wiederzuwählen.«[33] Aber schon bevor er die Mikrophone am Rednerpult richtet, weiß er, dass seine Bekenntnis nur noch ein Tapferkeitsbeweis und ohne Wirkung ist.

Die einen erleichtert, die anderen enttäuscht – dass Strauß wiedergewählt wird, daran zweifelt niemand mehr. Steht also ein langweiliger Parteitag an? Mit Blick auf das Wahlergebnis: Ja. Die geheime Abstimmung fällt am Ende sogar klarer als erwartet aus: 559 der 706 Delegierten stimmen für ihn. 62 ungültige Stimmen und 75 Wahlzettel mit Namen, die gar nicht zur Wahl stehen, sind gewiss nicht das glanzvolle Ergebnis von vor zwei Jahren. Aber ein Denkzettel ist das nicht geworden. Immerhin hat Strauß im Vorfeld seinen Preis entrichten müssen: Auf Fritz Zimmermann als Generalsekretär, der ihm in den vergangenen Jahren viel vom Hals gehalten hat, wird er verzichten müssen; dessen Nachfolger Anton Jaumann lässt sich keinem der Flügel der Partei zuordnen; er ist loyal, wird aber gewiss kein – manchmal kongenialer – Erfüllungsgehilfe sein, kein Mann fürs Grobe und Hinterlistige. Auch bei den Stellvertretern muss Strauß – er schlägt dies klugerweise selber vor – eine Schwächung seiner Position hinnehmen. Hier rückt Ludwig Huber an die Stelle des bewährten Freundes aus den Gründungsjahren der CSU, Hans Weiß.

Obwohl also im Vorfeld des Parteitages schon viel Druck abgelassen worden ist, geht es recht zünftig zur Sache. Strauß hat eine dreißig Seiten lange Rede vorbereitet, die, der Stimmung angemessen, sogar vergleichsweise maßvoll und bedächtig formuliert ist. Aber ohne Pfaffenschelte geht es nicht, und obwohl Strauß bis kurz vor Beginn seiner Ansprache von allen Seiten bekniet wird, diesen Teil der Rede unter den Tisch fallen zu lassen, trägt er ungerührt die entsprechenden vier Seiten vor. Und damit lädt sich die Stimmung im Kongresssaal des Deutschen Museums langsam auf.

Der mächtig zur Linken der Bühne in den Saal ragenden Orgel gleich, verfügt Strauß auch an diesem Tag über alle Register, die es für eine hochdramatische Orgelsymphonie braucht und die seine größten Reden stets auszeichnen: die hohen Flötenregister, die lieblich werbend, verführerisch säuselnd die Massen andächtig stimmen, und auch die tiefen, die ein wenig meditative Andacht in die Gemeinschaft bringen; das *vox humana*, das eben doch die menschliche Stimme und Regung nur unvollkommen imitieren kann – »Ich weiß, daß ich Fehler gemacht habe«, aber »ich meine großenteils andere, als man mir vorwirft«; die Wärme verstrahlenden Register der Holzblasinstrumente; die nervösen Streicherregister, mit denen heute die Ohren der klerikalen Gegner traktiert werden. Spätestens aber, wenn die Trompeten- und Posaunenregister gezogen werden – etwa an die Adresse Guttenbergs –, weicht die Andacht der Ergriffenheit. Am schönsten freilich klingt es *tutti*, als Strauß den Rufmord an ihm und den Meinungsterror seiner Gegner geißelt, dabei mit sausenden Fäusten die Luft bedroht, in sprungbereiter Haltung scheinbar nur noch vom Rednerpult davor bewahrt wird, sich direkt hinein ins Gewühl dort unten zu stürzen, und der Schweiß in Strömen fließt. So wallt die im Vorfeld so bedächtig entschärfte Veranstaltung am Ende doch noch derart auf, dass Hans Ulrich Kempski, einer der erfahrensten Beobachter, der schon seiterzeit alle

Siegreicher Kampf ums politische Überleben: Ministerpräsident Alfons Goppel gratuliert dem wiedergewählten Partei-Chef, 6. Juli 1963.

Kämpfe und Schlachten aus den Anfangsjahren der CSU aus nächster Nähe miterlebt hat, sich nicht mehr sicher ist, ob er nicht versehentlich »in eine aufrührerische Versammlung antiklerikaler Bauernbündler« geraten ist.[34]

Eine wichtige Partie ist jedenfalls gewonnen. Mit Strauß ist wieder zu rechnen, in München und der CSU sowieso, aber auch in Bonn. Oder ist jetzt doch »die Wahrscheinlichkeit, daß gerade seine Wiederwahl zum Parteivorsitzenden irgendwann zu seinem endgültigen Sturz führt, die größere«?[35] Einige Tage nach dem Münchner Triumph überwiegen die skeptischen Stimmen wieder deutlich: »Denn im Deutschen Museum präsentierte sich kein geläuterter Politiker, der seine Begabung vom Ballast gefühlsbedingter Ausbrüche, rücksichtslosen Machtstrebens und einer Geringschätzung der Wahrheit befreit hat«, wie Bernt Conrad in der *Welt* schreibt. Nein, »es war der alte Strauß, dem die Delegierten ihre Stimmen gaben«. Strauß, wie er immer war, Strauß wie er immer bleiben wird, »unbelehrbar, wie er zu sein scheint«, »eine Belastung für unsere Demokratie«.[36] Für die *Süddeutsche Zeitung* ist die CSU jetzt womöglich – Alarmstufe Rot! – »auf dem Wege zur Führerpartei«.[37]

Andere Kommentatoren wie der Vordenker der Liberalen und spätere FDP-Generalsekretär Karl-Hermann Flach, fürchten die ungebremste zerstörerische Kraft »dieses Ungetüms«. Denn: »Moralische Appelle an Franz Josef Strauß sind vergeblich, weil dieser Mann gar keine Antenne für derartige Sendungen hat. Er liegt auf anderer Wellenlänge. Doch gerade auch nach den Gesetzen der Macht, für die er empfänglich ist, hätte Strauß auf seine Wiederwahl verzichten müssen, wenn es ihm mit dem Unionsgedanken ernst gewesen wäre. Er ist zu klug, um nicht zu wissen, daß er in der Position des CSU-Vorsitzenden der CDU, der größeren Unionspartei, erheblich schadet und einen zugkräftigeren Start des Kabinetts Erhard verhindert. So bringt er die FDP um den Erfolg ihres Verhaltens in der Spiegel-Krise und die Bundes-CDU um den Erfolg der Wachablösung im Palais Schaumburg. Vielleicht will er beides.«[38]

Der aufgrund seiner Münchner Herkunft mit den Besonderheiten des bajuwarischen Temperaments bestens vertraute blutjunge Chefredakteur der *Rheinischen Post*, Herbert Kremp – der vielleicht klügste Beobachter des politischen Geschehens im Kreise der Adenauer bewundernden Konservativen –, kommt, von ganz anderen Voraussetzungen her, zu ähnlichen Befunden: »Das Versprechen, ruhiger zu werden, überlegter und maßvoller, scheint vergessen. Eine seltsame Unruhe geht von diesem Mann aus. (...) Seine Massivität und Quirligkeit, seine Geschäftigkeit, die zu ernst ist, um als ›G'schaftlhuberei‹ abgetan zu werden, stört heute mehr denn je die Kreise seiner Gegner und Freunde. Ja, auch seinen Freunden ist das Talent aus München unheimlich. Sie wären ihn, sagen wir es unverhüllt, von Herzen gerne los. Nicht weil Strauß ein unbequemer Mann ist, das kann eine Tugend sein. Nein, weil er unberechenbar ist, unvorhersehbar in seinen Reaktionen und – vor allem – ehrgeizig.«[39]

Tatsächlich berechtigen die Wochen unmittelbar nach seinem Münchner Triumph zu bösen Vorahnungen. Strauß hat wieder Oberwasser, der in der bayerischen Heimat errungene »politische Sieg« hat, wie die *Frankfurter Allgemeine Zeitung* richtig feststellt, »seine seit seinem Sturz geschwächte Position auch in Bonn« gestärkt.[40] Während der Zeit der Ungewissheit hatte sich Strauß klugerweise zurückgehalten, obwohl mit der Regelung der Nachfolge Adenauers ja keine unwichtige Frage auf der Tagesordnung stand. Auch die außenpolitischen Probleme des Frühjahrs und Frühsommers 1963 – den deutsch-französischen Freundschaftsvertrag und das zwischen den Supermächten verhandelte, nun schnurstracks heranahende erste Rüstungskontrollabkommen, Themen also, denen eigentlich seine

Leidenschaft gilt – hat er weiträumig gemieden und stets wiederholt, dass die nun anbrechende Nach-Adenauer-Ära vor allem im Zeichen der innenpolitischen Konsolidierung stehen werde. Jetzt aber, nach München, scheint die Phase des Bußschweigens, der machtpolitischen Enthaltsamkeit beendet. Die CSU in Gestalt ihres Spitzenrepräsentanten ist wieder da. Fängt also wieder alles von vorne an?

Einen kleinen Vorgeschmack auf das, was die Bundesrepublik während der Kanzlerschaft Erhards zu erwarten hat, bieten die mit kraftvollem Anspruch geführten Gespräche zwischen dem kommenden Kanzler und Strauß. Sollte Erhard daran gedacht haben, den Auftakt seiner Kanzlerschaft mit neuen personellen Akzenten zu gestalten, so werden ihm gleich die Grenzen seiner Manövrierfähigkeit aufgezeigt: Finger weg von den Ministern der CSU! Gerüchte, dass Werner Dollinger, vor einem guten halben Jahr erst in Adenauers letztes Kabinett gerückt, seinen Stuhl räumen müsse, werden gleich nach dem ersten Gespräch am 13. August als »Geburt einer Sommernachtsphantasie« abgetan. Große innenpolitische Sprünge? Nicht mit Strauß! Erhards erste Regierungserklärung »sollte keine Punkte enthalten, die nicht in den zwei verbleibenden Jahren bis zu den nächsten Wahlen auch garantiert erledigt werden können«.[41]

Über Solches Einigkeit zu erzielen, ist nicht das Problem. Erhard, der verständlicherweise Wert auf die Vertraulichkeit der Besprechungen in seinem Haus am Tegernsee legt – sie sind noch in vollem Gange, für den kommenden Tag ist ein Vier-Augen-Gespräch mit Strauß vereinbart –, ist vielmehr verärgert, dass Strauß, kaum aus Gmund in die bayerische Landeshauptstadt zurückgekehrt, nichts Eiligeres zu tun hat, als eine Pressekonferenz einzuberufen, bei der er in altbekannter Redseligkeit alle wesentlichen Inhalte der Besprechung ausposaunt.[42]

Es ist kein ungefährliches Spiel, das Strauß da treibt. Denn so schwer er als Führer der kleinsten Partei der Bonner Dreier-Koalition aus CDU, CSU und FDP vom künftigen Kanzler übergangen werden kann, so sicher ist doch auch, dass er sich nicht in allen Fragen wird durchsetzen können. Seine wiedererlangte bayerische Hausmacht ist sein stärkster Trumpf – die CSU ist auf Gedeih und Verderb an ihren Vorsitzenden gekettet. Jede Niederlage in der innerkoalitionären Auseinandersetzung trägt damit aber auch den Keim der Schwächung, womöglich gar des endgültigen Verlustes seiner bayerischen Machtbasis in sich.

Dummerweise sind es ausgerechnet hoch strittige Fragen der Außenpolitik, in denen Strauß ganz anderer Meinung ist als Erhard und der machtpolitisch am stärksten verankerte Minister, Gerhard Schröder. Während der Debatte um die Ratifikation des deutsch-französischen Vertrags, der durch eine von Schröder gegen den Willen Adenauers durchgedrückte Präambel verwässert worden ist, war Strauß auf Tauchstation. Nun aber, als die außenpolitischen Prioritäten der künftigen Regierung Erhard ausgehandelt werden, scheitert sein Versuch, die Richtlinien der Politik auf einen eindeutig pro-französischen und Amerika-kritischen Kurs festzulegen. Nicht nur die Spitzen des künftigen Kabinetts, nicht nur die mächtigsten Vertreter der beiden anderen Koalitionsparteien, sondern gewissermaßen den weltpolitischen Megatrend hat Strauß beim Versuch, den Beitritt der Bundesrepublik zum Atomwaffen-Teststopp-Abkommen zu verhindern, gegen sich. »Mit der Eleganz eines Hauptdarstellers vom Schlierseer Bauerntheater«, wie Rudolf Augstein belustigt feststellt, kämpft er auf verlorenem Posten.[43]

Es ist nun Ende August 1963, und die wenigen Wochen seit dem CSU-Landesparteitag haben ausgereicht, Strauß als Faktor der deutschen Politik wieder dort einzureihen, wo ihn seine Gegner immer schon gesehen haben: Strauß, der nationale Störenfried, der Unbelehrbare, die destruktive Kraft.

Kaum günstiger wird für ihn die Lage dadurch, dass es im Sommer 1963 zu einem höchst merkwürdigen Schulterschluss zwischen ihm und Adenauer kommt. Dem Kanzler auf Abruf strömt noch einmal eine gewisse Wärme des Danks für die Vergangenheit entgegen, als er im Juli mit Kennedy durch die Lande zieht. Der jungenhafte, charismatische Präsident ist aber zugleich auch die höchst lebendige Erinnerung daran, warum es richtig war, den Alten von Rhöndorf endlich in den Ruhestand zu zwingen. Das Interesse der Medien, der deutschen wie der ausländischen, an Adenauer ist so groß wie selten zuvor. Auch an Würdigungen, die sich vor Ergebenheit und Bewunderung nachgerade überschlagen, herrscht kein Mangel. Seine Ansichten zu aktuellen Fragen, was Adenauer schmerzhaft zu spüren bekommt, wirken allerdings immer abseitiger, sind jedenfalls nicht mehr sehr gefragt. Selbst sein treuster Minister, Heinrich Krone, muss nun feststellen: »Man trifft den Kanzler doch schon öfter auf absonderlichen Wegen, die man dem scheidenden Manne ohne großen Widerspruch zugute hält.«[44] In all dem Trubel der letzten Monate seiner Amtszeit ist der greise Adenauer ein einsamer Mann geworden.

Ausgerechnet die beiden neuen Außenseiter, die Verstoßenen der deutschen Politik, finden nun also zusammen und bieten im Spätsommer 1963

eine Ouvertüre zu jenem schrillen Werk, mit dem sie die Kanzlerschaft Erhards begleiten werden: Der eine grantelnd, der andere mit einem gerüttelt
Maß an Boshaftigkeit, werden sie das Lied vom schwachen Kanzler, dem
Verräter an der deutsch-französischen Freundschaft, dem Amerikahörigen
intonieren. Der Respekt vor der Leistung Adenauers, auch das Wissen
darum, dass es für ihn schon von Alters wegen kein Comeback mehr geben
kann, führen zwangsläufig dazu, dass sich die ganze Wucht der Kritik an
jener Sonderform christlich gelebter Solidarität auf Strauß richten wird.

Oder waren die Böllerschüsse im Juli und August doch nur eine Un-
achtsamkeit, ein kurzer Rückfall in die Tiefen ungezügelten Temperaments?
Tatsache ist jedenfalls, dass nach dem Sommergewitter, dem kurzen vergeblichen Sturmlauf von Strauß, blitzschnell Ruhe einkehrt. Verdächtige Ruhe,
könnte man meinen, die nicht lange währen wird. Aber nein: Der Sommer
vergeht, im Oktober wird Erhard zum Kanzler gewählt, er hält seine erste
Regierungserklärung, das turbulente Jahr neigt sich dem Ende zu – und wo
ist Strauß? Seine Interviews und legendären Einlassungen zur politischen
Lage in Bonn sind fast verstummt. Im Bundestag hat man den Parlamentarier seit seinem Rücktritt nicht mehr gehört, auch in der Aussprache zur
Regierungserklärung bleibt er stumm. Stattdessen greift nun allgemeine
Verwunderung bei den Fraktionskollegen um sich, denn Strauß, immer
noch kein Freund von Führungsstil und wesentlichen Teilen der Politik
Erhards, trägt seine kritischen Anmerkungen einstweilen nur im internen
Kreis vor. Und wenn er gefragt wird, ob er nach der Bundestagswahl 1965
wieder ins Kabinett einrücken will, glaubt man es ihm, wenn er lachend zu
verstehen gibt: »Mir gefällt es ganz gut so, wie es ist.«[45]

Manche Beobachter registrieren erstaunt, dass Strauß – statt sich in
den Höhen der Bonner und der internationalen Politik zu tummeln – jetzt
die Niederungen der bayerischen Union beackert; das für die gegebenen
Verhältnisse hervorragende Ergebnis bei der Wahl zum Parteivorsitz vom
Sommer war ja nicht nur Zins für die Leistungen der Vergangenheit, sondern teilweise eben auch Kredit auf die Zukunft. Und auf der Rückbank
seines weißgrauen Ford 17M, den der Politiker ohne Ministeramt gern
selbst von Versammlungsort zu Versammlungsort steuert, liegen jetzt des
Öfteren Berge von Grundlagenliteratur zu Fragen der Volkswirtschaft.
Dass Strauß sich an der Universität München gar zum einschlägigen Stu-
dium eingeschrieben habe, ist nur ein Gerücht, das freilich hartnäckig die
Runde macht. Aber mit ähnlich unstillbarem Wissensdurst wie weiland als
Atomminister, danach als Verteidigungsminister in einer durch die Exis-

tenz von Kernwaffen völlig veränderten strategischen Lage verschlingt er nun alles, was es zur geistigen Beherrschung eines für ihn neuen Sachgebiets benötigt.

Desinteressiert an wirtschaftlichen Fragen war er ohnedies nie. Begleitend zu seinen philologischen Studien hatte er in den dreißiger Jahren ein paar Semester Volkswirtschaft gehört. Auch die Analysen und Berichte der Wirtschaftsseiten in den Zeitungen hat er in den Bonner Ministerjahren aufmerksam verfolgt. Längst bevor er ein paar Jahre später seine wirtschaftswissenschaftlichen Kenntnisse in einem Schnellstudium auffrischen wird, oder gar von Amts wegen als Finanzminister das große Einmaleins von Markt und Geld parat haben muss, weiß er immer wieder mit seinen Kenntnissen zu glänzen. Anfang der sechziger Jahre beispielsweise, die Große Koalition liegt noch in einiger Ferne, lädt Wolfgang Pohle, der Flick-Manager und CSU-Schatzmeister, eine Handvoll junger Hoffnungsträger der deutschen Wirtschaft in seine Düsseldorfer Wohnung ein, die Strauß gern einmal persönlich kennenlernen wollen. Der Abend hat kaum begonnen, da geht der bestaunte Ehrengast den Nachwuchsspitzenkräften mit seiner Redeflut schon auf die Nerven: Der Mann will einfach alles besser wissen. Als die Anwesenden auch noch über die Gegebenheiten und Bilanzen ihres eigenen Unternehmens Belehrungen erfahren, reicht es einem der Teilnehmer der Runde. Das muss ein Blender sein, so viele Fakten und Daten kann kein Mensch im Kopf haben, denkt er sich, und verschwindet mehrmals an diesem Abend auf die Toilette, um sich dort heimlich Notizen zu machen. Am Abend selbst bleibt der junge Mann – der dem bayerischen Alleswisser noch Jahrzehnte später als Vorstand eines großen Versicherungskonzerns immer wieder begegnen wird – wohl höflich ruhig, an den nächsten Arbeitstagen allerdings werden die Aufzeichnungen penibel mit der Realität verglichen. Das Ergebnis dieser Prüfung ist ernüchternd, was Strauß nicht gerade sympathischer macht, aber doch die Hochachtung vor ihm steigen lässt: Er wusste es an jenem Abend wirklich besser als alle anderen zusammen.[46]

Bei seinen Reisen durch Bayern, den vielen Besuchen an der Parteibasis vergeht nun kaum mehr eine Rede, die nicht Zeugnis von den wirtschafts- und finanzpolitischen Lektürefrüchten des Landesvorsitzenden ablegen würde. Auf jeder Versammlung präsentiert er seine neue Neigung. Der vorläufige Höhepunkt bleibt jedoch dem Deutschen Bundestag vorbehalten. Wir schreiben bereits das Jahr 1964, es ist der 9. Januar. Mehr als ein Jahr ist es her, dass Strauß zuletzt am Rednerpult des Parlaments gesehen ward.

Ohne allzu große Erregungen plätschert die Debatte über den Nachtrags-
haushalt 1963 vor sich hin, zumeist vor halb leerem Haus. Parlamentsrou-
tine eben: Erhard redet »locker, sicher, fast im Plauderton«; Barzel, anstelle
des todkranken Heinrich von Brentano für die Unionsfraktion, so wie man
ihn kennt: »druckreif, pausenlos, glatt und geschmeidig«; und der Genosse
Generaldirektor Alex Möller von der SPD-Fraktion lässt, der bis zum Eintritt in die Große Koalition geltenden Stallorder gemäß, »zuweilen vergessen (…), daß er die Opposition zu vertreten« hat.[47] Dann, endlich, kommt
die Stunde, auf die alle, Freund wie Feind, so lange warten mussten: »Das
Wort für Dr. Strauß«, verkündet Carlo Schmid, der als Bundestagsvize-
präsident die Sitzung leitet.

Wenigstens in einer Hinsicht erfüllt Strauß die in ihn gesetzten Erwartungen – er gestattet es all seinen Gegnern, die jeweilige Lieblingspose einzunehmen, die schon die Erwähnung seines Namens provoziert: Erhard
schaut verdrießlich abwechselnd auf die vor ihm ausgebreiteten Akten und
das Rednerpult; Außenminister Schröder, mal mit gequältem Ausdruck,
mal mit einem Anflug von Spott, schmunzelt in sich hinein; Wirtschaftsminister Schmücker trommelt hyperaktiv mit den Fingern auf herumlie-
genden Papierbergen; Alex Möller rutscht ungeduldig und nervös auf seinem Sitz; Herbert Wehner schließlich, um nur die Wichtigsten zu nennen,
setzt eine grimmig dankbare Miene auf, weil er – endlich! – wieder einen
Redner vor sich hat, bei dem er hoffen darf, dass sich die Gelegenheit für
sarkastische, gallige Zwischenrufe bietet.

Die Reaktionen haben dieses Mal allerdings einen anderen Grund als
sonst. Denn an dieser Rede ist wirklich alles anders als gewohnt: Kraftaus-
drücke? Fehlanzeige. Polemische Leidenschaft? Keine Spur. Begeisterndes
Auf- und Einpeitschen der Seinen, Reizen der Opposition bis zur Weißglut? Nichts, gar nichts von alledem enthält seine Rede. Stattdessen ein
an Unbeholfenheit und Sterilität kaum zu überbietender Debattenbei-
trag, über entscheidende Strecken sogar unsäglich peinlich: Es hagelt nur so
frisch angelesene und halbverstandene Fachausdrücke aus der gerade modernen Wirtschaftstheorie. Und beim Ausbuchstabieren des Unterschieds,
aber auch der Zusammenhänge von »input« und »output« verhaspelt sich
Strauß – was Wunder, wenn man diese Ausdrücke ein gutes Dutzend Mal in
zwei, drei Sätzen aneinanderreihen will. In die Annalen des Bundestags geht
diese nahezu vollständig verunglückte Rede jedenfalls als Put-Put-Rede
ein. Auch die umständlichen Einlassungen zu dem parlamentarisch vergleichsweise ungebräuchlichen Begriff der »cost-effectiveness, der höchsten

Kostenergiebigkeit; man könnte es auch anders ausdrücken: des Kosten-optimums«, jenes Punktes also, »wo sich die Stückkostenkurve mit der Grenzkostenkurve schneidet«[48], wollen der Rede keinen rechten Glanz verleihen.

Kein normaler Politiker hätte sich je wieder von der Lächerlichkeit eines derartigen Putnik-Schocks erholt. Merkwürdigerweise fällt das Echo auf die Rede von Strauß überaschend milde aus. Gewiss, Trauer über den verpatzten Auftritt verspüren nur die wenigsten. Aber die nur zu verständliche Schadenfreude hält sich doch in Grenzen. Wehe, wenn sich erst einmal die bekannte Strauß'sche Gründlichkeit seines neuen Themas bemächtigt! So kommt es wie im Theaterleben: Die verpatzte Generalprobe ist für nahezu alle Betrachter ein sicheres Zeichen dafür, dass in Kürze eine glänzende Premiere ins Haus steht. Einzig für den *Spiegel*, wie könnte es anders sein, liegen die Dinge einfach: Strauß wisse »dank seiner gefürchteten Intelligenz genau, daß er von Wirtschaft im Grunde so viel versteht wie von seinen anderen Schnellstudienfächern: nichts, im wahrsten Sinne des Wortes nichts«.[49]

Exerzitien ohne Rast

»Hat jemand schon den Hymnus des Exil gedichtet, dieser schicksalsschöpferischen Macht, die im Sturz den Menschen erhöht, im harten Zwange der Einsamkeit neu und in anderer Ordnung die erschütterten Kräfte der Seele sammelt?« Für den vertriebenen, geächteten Menschen, der um seine Zukunft nicht weiß und dem Spielfeld seiner Leidenschaften entrissen ist, sind solche Worte eine ungeheuerliche Zumutung. Ohne Hoffnung kann der Mensch nicht leben; aber muss man den ungeliebten Ort der Verbannung deshalb gleich heiligen? Strauß selbst tut es jedenfalls nicht, er leidet einfach nur. Den alten Wirkungskreisen ist er gerade so fern, um machtlos zu sein, doch nahe genug, um jene die verletzte Seele immerzu weiter quälenden Nachreden und Schmähungen in aller Schärfe zu vernehmen. Was, bitte, soll daran gut sein? Kein Gedanke liegt Franz Josef Strauß in den Jahren zwischen Fall und Wiederaufstieg ferner. Und doch wird es so kommen, wie Stefan Zweig es für die Großen der Geschichte beschrieben hat: »Der Rhythmus der Natur will solche gewaltsame Zäsuren. Denn nur wer um die Tiefe weiß, kennt das ganze Leben. Erst der Rückschlag gibt dem Menschen seine volle vorstoßende Kraft. (…) Harte Lehre, aber Lehre und Lernen ist jedes Exil: dem Weichlichen knetet es den Willen neu zusammen, den Zögernden macht es entschlossen, den Harten noch härter. Immer ist dem wahrhaft Starken das Exil keine Minderung, sondern nur Kräftigung seiner Kraft.«[1]

Nachdem Strauß innerhalb der CSU seinen Rang wieder halbwegs befestigt hat, ist sein Fall ins Bodenlose erst einmal abgewendet. Aber gewonnen, Terrain gar in Bonn zurückgewonnen hat er längst noch nicht. Das Echo auf seine Putnik-Rede hat gezeigt, dass man ihn im Auge behalten muss – aber auch auf der Rechnung? Gut, er ist als Chef der Christsozialen weiterhin einer der Koalitionsführer, an dem schwer vorbeizukommen ist. Aber er müsste sich ja wieder ganz von selbst nach vorn bewegen können, um wieder im Spiel zu sein, nicht nur mit Verhinderungsmacht, sondern auch mit Gestaltungsspielraum. Und davon ist er weiter entfernt.

Natürlich fehlt seit seinem Rücktritt in Bonn eine wichtige und unübersehbare Farbe, aber es geht auch ganz gut ohne ihn, finden zumal die Jüngeren, die sich vom längst nicht abgeschlossenen Generationenumbruch in der Union einiges versprechen – umso besser, wenn ein profilierter Konkurrent wie Strauß derzeit für kein bedeutenderes Amt in Betracht kommt. Auf ihre Hilfe kann Strauß nicht hoffen. Die Tiefen des Exils sind längst nicht durchschritten. Viel, sehr viel liegt noch vor ihm. Und ob es ihm wirklich gelingen wird, die Verbannung hinter sich zu lassen, steht dahin.

Die scharfe Zäsur des politischen Absturzes ging mit einer weiteren der persönlichen Lebensumstände einher. Mit Sack und Pack hat er Bonn verlassen, wo zuletzt auch Frau und Kinder lebten; für die Wohnung im rechtsrheinischen Stadtteil Beuel gibt es keine Verwendung mehr; einstweilen muss eine bescheidene Abgeordnetenbehausung reichen, wenn der Ex-Minister und fast ganz einfache Abgeordnete in der provisorischen Hauptstadt zu tun hat.

Im Seitenflügel des Hauses der Schwiegereltern, einem barocken Klosterbau in Rott am Inn, ist das weitläufige Erdgeschoss hergerichtet worden – bezugsfertig war es im April 1963. Nicht die Großen der Welt, auch nicht die Größen des Bonner Mikrokosmos, in dem sich Marianne Strauß kaum heimisch fühlte, geben nun den Lebenstakt vor, sondern die Kinder – den beiden Söhnen Max Josef und Franz Georg ist im vergangenen Jahr noch ein Töchterchen, Monika, gefolgt –, die Schwiegereltern, und ein paar ortsansässige Freunde.

Die mühsame Bestellung des bayerischen Felds, Grundvoraussetzung für ein mögliches Comeback, erfordert wahrlich mehr als bloß die linke Hand. Doch die regen politischen Aktivitäten des CSU-Landesvorsitzenden sind nicht zu vergleichen mit den Mühen und Fremdbestimmungen des Bonner Regierungsalltags, dem hektischen Sitzungswesen, den ständigen Besuchen des Verteidigungsministers bei der im Aufbau befindlichen Truppe, dem internationalen Konsultations- und Konferenzverkehr, den abzuarbeitenden Aktenbergen, die jeden Arbeitstag bis in die tiefe Nacht verlängert haben.

Es macht zwar Freude, mehr Zeit mit Frau und Kindern verbringen zu können. In ein paar Jahren, wenn das Karussell der Politik ihn wieder mit sich reißt, kann man ihn klagen hören, wie sehr ihm das fehle: »Ich habe schon manchen Veranstaltern von Wochenendseminaren, Akademietagungen vorgeworfen, daß sie nicht an einem Sonntag ein Seminar über gräßliches Familienleben halten sollen, während sie durch die Veranstaltung eine ganze Reihe von Leuten davon abhalten, ein normales Familienleben zu führen.«[2]

*Nach seinem Bonner Rücktritt zieht Familie Strauß in das Haus der Schwiegereltern,
eine alte Klosteranlage in Rott am Inn.*

Aber ist die viele freie Zeit nicht doch ein Fluch? Für einen, der weiß,
dass die Politik das ist, »was sicherlich meinen Neigungen, meinen Fähigkeiten, meinen Instinkten am meisten entspricht«[3], sind die Fahrradtouren
durch die bayerische Heimat, die Wanderungen, Rodelpartien und Bade-
ausflüge mit den Kindern oder das heitere Malefiz-Spielen mit ihnen auf
Dauer kein Ersatz für das Monopoly um die politische Macht. Kein Nachbar seines kleinen Ferienhauses in Les Issambres, dem alles Mondäne fehlt
und das weiterhin nicht über einen eigenen Telefonanschluss verfügt, eilt –
willkommenes, ersehntes Ärgernis – herbei, um wichtige Nachrichten aus
der fernen Heimat zu überbringen; kein Gendarm mehr, der – mal um die
Sicherheit des Feriengastes besorgt, mal ein soeben bei der Wache für den
Herrn Minister eingelaufenes Fernschreiben schwenkend – seine Aufwartung macht. Ohne die gelegentliche, aber regelmäßige Erinnerung an
jene Hektik, der man doch an der Côte d'Azur entfliehen wollte, will das
Ausspannen nicht recht gelingen.

Die unfreiwillige äußere Ruhe um ihn herum lässt in ihm keine innere
aufkommen. Schlimm ist für den Wissbegierigen auch, dass er seit seinem

Amtsverlust von vielen politischen Informationen abgeschnitten ist. Wissen ist Macht? So einfach liegen die Dinge nicht; die meisten Informationen, die man in Bonn als Herrschaftswissen hält, lassen sich nicht sinnvoll im politischen Tagesgeschäft verwerten. In Wirklichkeit ist das Maß an Informiertheit eher umgekehrt ein Machtindikator. Sehr viel mehr als ein Instrument der Herrschaftsausübung ist die Verfügbarkeit von Informationen – ob wichtigen oder unwichtigen – ein Statussymbol. Dieser Umstand macht es kaum tröstlicher, dass sich kein Geheimdienstchef mehr bei Strauß zum Vortrag meldet und keine Telegramme aus den deutschen Botschaften in aller Welt auf seinen Tisch flattern, die ihn über den Stand des diplomatischen Geschehens auf dem Laufenden hielten. Selbst die vom Presse- und Informationsamt der Bundesregierung wöchentlich erstellten Auswertungen der vielen Hintergrunddienste, die in und um Bonn aus allen Ecken wuchern und die politische Elite mit Klatsch und Tratsch, gelegentlich auch mit einer seriösen Exklusivinformation versorgen, die man bis dato noch in keiner Zeitung hat nachlesen können, stehen Strauß auf dem Dienstweg nicht mehr offen. Immerhin finden sich bald einige Zuträger, die ihm Derartiges konspirativ beschaffen – nicht, ohne vorher alle Hinweise auf den ursprünglichen Empfänger zu entfernen. Auch einige Journalisten, die hoffen, dass Strauß sich bald wieder berappelt, lassen ihm vertrauliche Notizen über ihre Hintergrundgespräche mit anderen Politikern zukommen. Über die Jahre werden sich so Tausende Seiten mit hin und wieder auch brisanten Berichten ansammeln, die sich politisch nutzen lassen.[4]

Aus dem BND und den Verfassungsschutzbehörden fließen ihm nach einigen Monaten ebenfalls wieder Informationen zu. Insbesondere zum BND ist zwar das Verhältnis, spätestens seit der *Spiegel*-Affäre, nicht ungetrübt – dass man in Pullach eine mittlerweile auf drei Bände angeschwollene Akte angelegt hat, die alles an Herrschaftswissen über ihn enthält, mit dem man Adenauer und Globke glaubt dienstbar sein zu können, wird Strauß erst später erfahren –, aber im Übergang von Adenauer zu Erhard wächst die Verunsicherung beim Dienst darüber, dass man in Bonn offenbar weniger gefragt ist: Erhard ist gerade erst ins Palais Schaumburg eingezogen, da wirft er die dort unterm Dach residierende Bonner BND-Dienststelle aus dem Haus. Überhaupt hat die neue Garde im Kanzleramt wenig Sinn für die oftmals verblasenen Pullacher Meldungen und Analysen, generiert mit fragwürdigen Mitteln, die, nun gut, sein müssen, aber sich doch nur schwer mit der aufgeklärten Bürgerlichkeit à la Erhard vertragen. Dann muss man sich eben um neue Fürsprecher bemühen.

Nicht nur auf offiziellem Wege, im Rahmen der obligaten Unterrichtung der Partei- und Fraktionsspitzen des deutschen Bundestags, sprudeln
die geheimen Quellen für Strauß nun wieder ziemlich munter. Auch einige
Mitarbeiter, die an zentralen Schnittstellen des Dienstes sitzen und einen
umfassenden Überblick über alle einlaufenden Nachrichten haben, halten
Strauß als Selbstanbieter – so würde man das im Geheimdienstjargon nennen – ab Ende 1964 im Bilde. Siegfried Nickel (Deckname Kortmann), Mitglied der SS und Angehöriger des Ostministeriums im Dritten Reich, sowie
Wolfgang Steinbichl (Deckname Sill), ein promovierter Historiker, der
seine ersten beruflichen Erfahrungen im Auswärtigen Amt der Wilhelmstraße gesammelt hat, sind die wichtigsten Quellen.[5]

Steinbichl wird übrigens noch über sein Ausscheiden aus dem Bundesnachrichtendienst hinaus für Strauß tätig bleiben. Im Bundestagswahlkampf
1980 hilft er beispielsweise in der vom CSU-Generalsekretär Edmund Stoiber beaufsichtigten Arbeitsgruppe »Dokumentation«, die Munitionskisten
für die Auseinandersetzung mit dem politischen Gegner zu füllen.[6] Keine
Verwendung hat Strauß allerdings für Erkenntnisse, die der pensionierte
BND-Mann bei Spaziergängen in der Nachbarschaft seines Hauses in
Wachtberg-Pech gewinnt: Ganz Nachrichtendienstler, glaubt Steinbichl
nämlich aus den Wäschestücken, die im Garten von Helmut Kohl – der
Oppositionsführer wohnt ebenfalls in diesem Bonner Vorort – auf der
Leine hängen, berichtenswerte Rückschlüsse über die persönliche Lebens-
führung des CDU-Vorsitzenden ziehen zu müssen.[7]

Im Übrigen versucht Marianne, ihrem Mann abträgliche Berichte und
kritische Meinungen, die schmähenden Kommentare in Zeitungen und
Zuschriften so gut es geht vom Leib zu halten; sie weiß, wie sehr er unter
dem leidet, was ihm – leider unvermeidlich – unter die Augen kommt, wie
tief verletzt er davon ist, zuweilen resignativ verzagt.[8] Aber gut gemeinte
Wirklichkeitsverkürzung hilft nicht. Manchmal ist es ihm ein bisschen viel
der Fürsorge, die er als fürsorgliche Entmündigung empfindet.

Wie jede Ehe kennt die von Strauß gute und schlechte Tage. Und auch in
den besonders schlechten dieser schlechten Zeiten steht seine Frau zu ihm.
Die Jahre in Rott sind eine schwere Prüfung, und die beiden werden sie
bestehen. So oft die familiären Pflichten es erlauben, begleitet Marianne
Strauß in dieser Phase ihren Mann. Sie kämpft für ihn, mit ihm gemeinsam,
und bringt dabei zuweilen recht unvermittelt das zur Sprache, worüber
Strauß selbst nicht reden kann. Vieles, was er in sich hineinfrisst, was ange-

sichts des ungestümen Temperaments dieses Mannes leicht übersehen wird – die Bewegtheiten und Empfindlichkeiten des Gemüt –, teilt Marianne Strauß in Worten, immerhin, mit. Sie sagt, was er denkt und von sich weiß, aber nie sagen würde. Etwa: »Zum Herrschen geboren, zum Dienen erzogen.«[9] Ludwig von Danwitz, Bürochef des WDR in Bonn und treuer Anhänger des Adenauer-Kreises, ist noch ganz benommen, als er in einem sehr persönlichen Brief an seinen Duzfreund Heinrich Krone einen dieser denkwürdigen Auftritte schildert: »Nach dem CSU-Parteitag in München«, es ist der des Jahres 1964, seit dem nun endgültig alle das politische Comeback von Strauß wieder für möglich halten, »kann man wirklich nur noch ausspannen. Wir haben eine halbe Nacht mit F.J.S. und seiner Frau überstehen müssen. Die Frau ist, mit einem Wort gesagt, hysterisch. Ihr Mann ist der große Märtyrer, dem bitter Unrecht zugefügt wurde. Niemand hat nur annähernd wie er geopfert. Es war unerträglich.«[10]

Die Zeit wird diese eine Wunde, die *Spiegel*-Wunde, niemals gänzlich heilen. Das ist nicht verwunderlich, ist doch der tiefe Fall untrennbar mit dem Namen des verhassten Nachrichtenmagazins verknüpft. Zugleich geben sich Augstein und der *Spiegel* jede Mühe, bei Strauß nicht in Vergessenheit zu geraten. Was er auch tut, er muss sich auf Schritt und Tritt verfolgt fühlen.

Nachdem er die bundespolitische Bühne als Hauptdarsteller verlassen hat, kommt Strauß endlich dazu, es seinen waidbewährten Freunden gleichzutun. Wie weit es echte Passion ist, die ihn in den kommenden Jahrzehnten zur Jagd treibt, darüber gehen die Meinungen der Freunde, die mit ihm auf die Pirsch ziehen, auseinander. Im Herbst 1963 ist die Leidenschaft offenbar nicht so ausgeprägt, dass Strauß bereit wäre, allzu viele Mühe auf den Erwerb des Jagdscheins zu verwenden. Da fügt es sich, dass ein paar Kameraden ihm den Tipp geben, es doch in Niedersachsen zu versuchen. Parteifreunde wie Richard Stücklen und Hermann Höcherl können dringend zuraten, auch sie sind diesen Weg gegangen, der viel bequemer ist als der in Bayern. Gesagt, getan, im November 1963 legt Strauß im niedersächsischen Neuhaus die Prüfung ab.

Ein Fall, es kann kein Zweifel geben, für das Hamburger Sturmgeschütz der Demokratie: Augstein, übernehmen Sie! Zwar macht der Jagdschwank auch in anderen Blättern seine Runde, aber in Fragen der investigativen Sorgfalt lassen sich die Strauß-Experten aus der Hansestadt von niemandem das Wasser reichen. Auch wittern sie den – seit Augsteins mit den Worten »Unheilbar gesund«[11] überschriebenem Kommentar aus dem Frühjahr 1964 – sprichwörtlich gewordenen »Ruch von Korruption«; noch im September 1964 ist diese freche Herausforderung des Rechtsstaates den enthüllenden Wächtern drei Seiten wert.[12] Auf diesem Weg wird die Nation dankenswerterweise über das Kleingedruckte in den einschlägigen Verordnungen des Hannover'schen Landwirtschaftsministeriums aufgeklärt, lernt den fünfundsiebzigjährigen Kreisjägermeister Gustav Bosse, einen Bauern aus Meine, kennen und erfährt allerlei Nützliches über die Jagd- examinierungsgepflogenheiten zwischen Heide und Leine. Und dann muss man noch Strauß, dem Schwabinger Miethai, auf die Finger klopfen![13]

Das alles sind ähnlich putzige Vorspiele für das, was noch kommen wird, wie die Übungen in zivilem Ungehorsam, mit denen Strauß seit Früh- jahr 1964 die Bonner Staatsanwaltschaft erfreut. Die Strafverfolger haben die undankbare Aufgabe, alle Nebenfelder der Aktion gegen den *Spiegel* auf strafbewehrte Handlungen abzuklopfen. Dass sie dabei auf Strauß stoßen, der die Festnahme Conrad Ahlers schließlich veranlasst hatte, ist nicht wei- ter überraschend, es besteht der Verdacht der Amtsanmaßung. Seit dem 11. Dezember 1963 ist die Immunität, die der ehemalige Verteidigungs- minister als Bundestagsabgeordneter genießt, mit Zustimmung der CSU aufgehoben. Das hält Strauß drei Monate später nicht davon ab, der Bonner Staatsanwaltschaft zunächst ein noch viel schwereres Unrecht anzulasten, nämlich das »Amtsverbrechen der Verfolgung Unschuldiger«.[14] Sodann weiß er geschickt den Umstand auszunutzen, dass er als Angehöriger eines Verfassungsorgans einer Vorladung nicht zu folgen braucht – die Herren Strafverfolger müssen sich schon zu ihm ins Bundeshaus bequemen.

Man spielt ein wenig Katz und Maus: Immer, wenn die Staatsanwälte ihn dort aufsuchen wollen, ist er gerade außer Haus. Auch die Ladungen des nunmehr eingeschalteten Ermittlungsrichters am Bonner Amtsgericht beschleunigen die Rechtsfindung nicht. Das Frühjahr vergeht, dann kommt die Sommerpause, es ist nun Mitte Oktober, doch auch zum vierten Ladungstermin erscheint der Abgeordnete Strauß nicht. Jetzt schalten sich die Justizminister des Bundes und Nordrhein-Westfalens ein. Ernst Müller- Meiningen von der *Süddeutschen Zeitung*, zweifellos die Autorität des deut- schen Blätterwalds in allen Justizfragen und fürwahr kein Strauß-Anhänger, fragt sich, ob es »nicht auch eine Schwäche der Richter« ist, die Strauß im Katz-und-Maus-Spiel ausweidet.[15] Am 26. Oktober kommt es dann endlich zur Zeugenvernehmung, ohne greifbares Ergebnis. Im Juni 1965 – aber wer interessiert sich jetzt noch dafür – werden die Ermittlungen und das Verfahren schließlich eingestellt.[16]

Mittlerweile hat sich die juristische Auseinandersetzung mit Augstein in unübersichtliche Breiten ausgedehnt.[17] Jeder klagt gegen jeden, und die einzigen uneingeschränkten Sieger sind die Rechtsanwälte beider Seiten. Strauß, der die meisten Prozesse für sich entscheiden kann, empfindet nur mäßige Freude an diesen Erfolgen. Denn in puncto Dickköpfigkeit und Unmäßigkeit ist er seinem Kontrahenten nicht gewachsen. Was angesichts des Vorwurfs, Strauß sei korrupt, noch naheliegt, ist die Frage nach seinen Einkünften, seinen Ersparnissen, nach seinem Besitz. Strauß ist gezwungen, seine Vermögensverhältnisse vor Gericht offenzulegen, die mit 350 000 DM vergleichsweise üppig sind – in zehn Jahren hat sich sein Kapital von 30 000 DM mehr als verzehnfacht –, aber doch um ein Vielfaches unter jenen 11 Millionen liegen, die ihm öffentlich zugeschrieben werden.[18] Die Beweiserhebung im Sinne Augsteins fördert zwar manch merkwürdige Praxis der Parteienfinanzierung zu Tage, aber weder sind die namhaft gemachten Zuwendungen für Strauß persönlich bestimmt gewesen, noch in seinem Privatsäckel verblieben.[19]

Die Verhandlung vor der 18. Zivilkammer des Landgerichts München schleppt sich dahin, Augstein schwimmen langsam die Felle weg. In dieser Lage begeht er einen Fehler, der seiner Reputation und moralischen Glaubwürdigkeit enormen Schaden zufügt – ein Missgriff von gigantischem, von geradezu Strauß'schem Ausmaß: Er zündet die nächste »Rakete«, die mit dem »Atomsprengkopf«[20], wie Hans Detlev Becker, der Verlagsleiter des Hamburger Nachrichtenmagazins, ankündigt. Am Abend des 6. April 1965 – ist es ein Zufall, dass wenige Tage später in München die Wiederwahl von Strauß als CSU-Vorsitzendem ansteht? – wird die explosive Ladung in Form eines 75 Seiten starken, justizgerechten Schriftsatzes gezündet. Worum es dabei im Wesentlichen geht, bringt am besten die Boulevard-Presse auf den Punkt: »Die tollen Nächte des Franz Josef Strauß«, wobei eine schön zu illustrierende prominente Rolle einem Flugkörper ganz besonderen Kalibers zugedacht ist: Denn »die Sex-Rakete Jayne Mansfield soll im Spiegel-Prozeß aussagen«, wie das Hamburger *Abendecho* titelt.[21]

In der Sache sind die Vorbringungen des *Spiegel* ähnlich zuverlässig wie das vom ausschweifenden Leben des Franz Josef Strauß kündende dreibändige Geheimdossier des BND. Abgesehen davon, dass in den *roaring sixties* nicht mehr sicher ist – Kennedy ist doch ein leuchtendes Beispiel –, was an einem »Herrenabend«, der seinen Abschluss »in einer Prostituiertenkneipe billigster Art«, die – taterschwerend! – auch noch in einem »Negerviertel« liegt, oder was an einem intimen Souper mit Frau Mansfield schwerer

wiegt – die moralische Entgleisung oder die fast schon zeitgemäße Freizü-
gigkeit –, bleibt Augstein jeden Beweis schuldig, wohingegen Strauß entscheidende Punkte als falsch dokumentieren kann. Allein der Tabubruch,
den Augstein begeht, indem er das Privatleben von Strauß in gleißendes
Licht zu stellen sucht, verscherzt ihm viele Sympathien; Strauß ist, bevor er
überhaupt dazu kommt, die Geschichten Zug um Zug zu widerlegen, bereits moralischer Sieger dieses »Nahkampfs im Justizpalast«,[22] der sein
Ende erst mit dem Augstein abverlangten Widerruf am 16. März 1970 finden wird.

Aus der Warte des Frühjahrs 1965 bietet der Rückblick auf die vergangenen
zweieinhalb Jahre seit dem Absturz kein einheitliches Bild: Sein Verhalten
gegenüber der Bonner Staatsanwaltschaft ist gewissermaßen symptomatisch:
Phasen der Resignation folgen solche des Trotzes; mal lässt er seinem Temperament freien Lauf, doch über weite Strecken hat sich Strauß unter Kontrolle. Immer wieder blitzt die große politische Leidenschaft hervor, aber es
bleibt genügend Zeit, auch andere Interessen zu verfolgen. Vieles davon wird
bald wieder hinabgesunken sein ins Beiläufige, ins Nebensächliche. Nur die
Fliegerei, ein Jugendtraum, dessen Verwirklichung er unmittelbar nach Beginn der politischen Zwangspause in Angriff nimmt, bleibt wirkliche, ge-
lebte Leidenschaft bis an sein Lebensende. Mit unerhörtem Ernst, ganz ohne
jene bequeme Abkürzungen, die ihm die Jagdgründe eröffnet haben, paukt
Strauß die Theorie; einschlägige Lehrbücher und thermophysikalische Abhandlungen sind für ihn von nun an spannende Lektüre. Jede der alle paar
Jahre anstehenden Prüfungen wird er mit äußerster Gewissenhaftigkeit vorbereiten. Wenn es etwas gibt, vor dem Strauß Angst hat, so wird dies in den
letzten Lebensjahren der Gang zum Arzt sein, der ihn turnusmäßig auf seine
Flugtauglichkeit untersuchen muss. Dem weitverbreiteten Bild von ihm entspricht er als Pilot in keiner Weise: Nichts Draufgängerisches, kein Sich-
gehenlassen kann man am Flieger Strauß entdecken; stattdessen höchste
Konzentration, ein Mann von äußerster Behutsamkeit.

Die fliegerische Leidenschaft lässt sich problemlos mit der politischen
verbinden. Wann immer es geht, ist er auf Reisen sein eigener Pilot. In
seinen letzten Jahren werden die Flugstunden das Schönste, oft das einzig
Schöne, an seinen vielen Konferenzen und Besprechungen in Bonn sein.

Als überaus nützlich werden sich bald auch die volkswirtschaftlichen
Fortbildungsmaßnahmen erweisen, deren erste Früchte, vor dem Bundestag ausgebreitet, noch etwas unreif schmeckten. Strauß, an sich kein Meis-

ter der kritischen Selbstbesinnung, wenn es um Fragen des politischen Stils geht, hat ein waches Gespür für fachliche Unzulänglichkeiten, auch bei sich selbst. Mit allem Eifer kniet er sich – angespornt von seiner grenzenlosen Neugier, vorangetrieben von dem Drang, den Dingen auf den Grund zu gehen – in die Materie hinein. Erste Überlegungen, die autodidaktischen Möglichkeiten um universitäre Horizonte zu erweitern, verlaufen schnell im Sande, ein geregeltes Studium an seiner Alma mater in München wird gar nicht erst ernsthaft erwogen. In Innsbruck indes gibt es einen jungen Ökonomie-Professor, Clemens-August Andreae, der Strauß durch seine Mitarbeit in der CSU-Programmkommission aufgefallen ist. Im Umfeld der Bundestagswahl 1965 wird sich der Kontakt zwischen den beiden intensivieren;[23] und obwohl Strauß unterdessen wieder eine politische Figur ersten nationalen Ranges ist, tüftelt er nun am Plan für ein vergleichsweise geordnetes, umfassend angelegtes staatswissenschaftliches Studiums mit Promotionsabschluss herum.

In der Praxis stößt das natürlich auf allerlei Schwierigkeiten: Schon die Immatrikulationsformalitäten kann Strauß nicht persönlich erledigen, weil er zu dieser Zeit gerade in Südafrika weilt. Ende April 1966, das Sommersemster ist bereits im Gang, bekennt Andreae, ihm würde »sehr viel daran liegen, daß Sie möglichst bald Ihre Studien in Innsbruck aufnehmen«.[24] Alles läuft ein wenig schleppend an, zumal sein vorgesehener Doktorvater, Professor Klecatsky, kaum dass Strauß endlich regelmäßige Universitätsbesuche einrichten kann, als Justizminister nach Wien berufen wird. Aber das Studium ist ja auf drei Jahre angelegt, pünktlich zur Bundestagswahl soll Strauß seinen Doktor gebaut und alle Qualifikationen erworben haben, um ein wichtiges Amt, gedacht ist an eine Art Strukturministerium, in der dann zu bildenden Bundesregierung einnehmen zu können.[25] Es kommt schließlich alles anders: Statt den Innsbrucker Doktorhut in Staatswissenschaften zu erwerben, wird Strauß einige weitere, ehrenhalber, als Finanzminister der Großen Koalition der Sammlung hinzufügen.

Pläne fasst man, um sie über den Haufen zu werfen – Strauß geht es da nicht anders als den meisten Menschen. Merkwürdig ist aber doch, wie weit der Mitte der sechziger Jahre wieder mit erheblichem Ehrgeiz und Anspruch auftretende Politiker einstweilen seine volle politische Rehabilitierung noch entfernt sieht. Dass die Politik sein Leben auch in Zukunft bestimmen wird, ja, sein Leben ist, das scheint ihm gleichwohl sicher, selbst wenn er öffentlich immer wieder über Alternativen nachdenkt. In einem vielbeachteten Interview mit der *Neuen Illustrierten* etwa antwortet er im Sommer 1964 auf die Frage: »Würden Sie heute, wenn Ihnen die Gelegenheit geboten würde, die Politik aufgeben und einen Posten in der Industrie annehmen?«, ebenso kurz wie unmissverständlich: »Ja, das würde ich im Management eines Unternehmens.«[26] Alles andere in diesem Gespräch weist freilich auf das Gegenteil hin: Er habe die vollsten Säle, gerade erst ein wichtiges Vieraugengespräch mit Chruschtschows Schwiegersohn geführt, und bei seinem jüngsten USA-Besuch habe der deutsche Botschafter ihn samt Frau und Militärattaché vom Flughafen abgeholt und begleitet. Ich bin wieder da, soll das wohl heißen, oder wenigstens: Ich bin bereit. Der Widerspruch, der darin enthalten zu sein scheint, ist leicht aufzulösen. So wie er im Jahr zuvor um seine Stellung in der CSU gerungen hat, ohne damit endgültige Festlegungen für seine persönliche Zukunft zu treffen, so müsste die Entscheidung zum Ausstieg aus der Politik in völliger Wahlfreiheit getroffen werden. Und von einer solchen souveränen Warte ist er immer noch ein gutes Stück entfernt.

Den einen Drohung, den anderen Hoffnung, für Strauß ist es jedenfalls Genugtuung: Ab Frühjahr 1964 beginnen sich die Fesseln des Exils zu lockern. Noch gibt es Hindernisse auf dem Weg zurück zur Bonner Macht, doch sie scheinen nicht mehr unüberwindlich. Gewiss, Erhard lässt keinen Zweifel aufkommen, dass er für Strauß keine Verwendung hat; die FDP, der notwendige Mehrheitsbeschaffer für die Union, hat sich ebenfalls festgelegt: Nicht mit ihm! Neue Bonner Freunde hat er in den letzten beiden Jahren nicht gewonnen, und bei seinen einstigen Wegbegleitern bestehen noch die gleichen Vorbehalte. »Strauß macht uns Sorgen«, oder: »Hier muß aufgepaßt werden«, vertraut Heinrich Krone im Frühjahr und Sommer 1964 immer wieder seinem Tagebuch an.[27] Es könnte ihm gleichgültig sein, wenn er Strauß nicht – dringender denn je – als Bundesgenossen gegen Erhard und Schröder bräuchte, die sich nach Lage der Dinge gerade schwer am politischen Vermächtnis Adenauers, der deutsch-französischen Freundschaft, versündigen. Dass der ungeliebte neue Kanzler den Vorsitz der CDU übernimmt, kann eben noch verhindert werden, weil Adenauer erneut kandidiert; der Sturz von Denkmälern gehört noch nicht zum Repertoire der Christdemokraten. Aber – da macht sich keiner etwas vor, auch Krone nicht – beim CDU-Parteitag in Hannover war Erhard »der Mann des Tages. (…) Wäre der alte Herr nicht bereit gewesen, den Vorsitz der Partei zu übernehmen, so wäre Erhard mit vielen Stimmen gewählt Parteivorsitzender geworden.«[28]

Innerhalb der Partei ist Erhard also kaum beizukommen. Im Kabinett ist Krone zudem weithin auf sich gestellt; das bedeutendste an seinem Ministerportefeuille sind die schwergewichtigen Amtsbezeichnungen »Vorsitzender des Bundesverteidigungsrates« und ab 1965 »Bundesminister für Angelegenheiten des Bundesverteidigungsrates«. Ob sie wollen oder nicht: Jene Gegner innerhalb der CDU, die Strauß inhaltlich auf ihrer Seite wissen, denen aber sein schwer zu zügelndes Temperament nicht behagt und die mit Erleichterung seinen Sturz als Verteidigungsminister begrüßt haben, müssen sich nolens volens mit ihm verbünden, denn jeder wird gebraucht.

Zur letzten Gewissheit ist diese Einsicht wenige Tage vor dem CSU-Parteitag im Juli 1964 gereift. Gerade erst ist de Gaulle in Bonn gewesen, und dieser Besuch ging aus Sicht der Adenauer-Anhänger gründlich schief. Jahrzehntelang werden sich um dieses Gespräch zwischen Erhard und dem französischen Präsidenten die abenteuerlichsten Vermutungen ranken, etwa die, ob Frankreich den Deutschen eine Zusammenarbeit in nuklearen Fragen angeboten hat.[29]

Dass Erhard sich ganz unklug verhalten habe, ist noch die freundlichste Meinung, die man in den Kreisen um Adenauer hören kann. Wer aber soll Erhard und seinem Außenminister die Stirn bieten? Adenauer? Seine herabsetzenden Kommentare werden zwar noch immer gern gedruckt, aber er ist nun mal ein Mann von gestern. Heinrich von Brentano ist bereits vom Tode gezeichnet und muss mehr Zeit in Spitälern und Kuren verbringen, als er in Bonn sein kann. Rainer Barzel, nicht mehr Minister, noch nicht Fraktionschef, ziemlich jung zudem und nicht sonderlich beliebt, ist vollauf mit seiner Karriere beschäftigt – er will Brentano beerben. Eugen Gerstenmaier, ebenfalls Gaullist, muss als Bundestagspräsident darauf achten, nicht allzu tief ins Dickicht parteifreundschaftlichen Miteinanders hineinzugeraten. Krone schließlich ist eine viel zu ehrliche Haut, als dass er die im Machtkampf erforderliche Härte, die nötige Skrupellosigkeit und Chuzpe aufbringen könnte.

Bleibt eigentlich, ob einem das passt oder nicht, nur Strauß. Vor wenigen Wochen hat Krone mit ihm in München ausführlich gesprochen und befriedigt dessen klare und kritische Haltung zu Erhard und Schröder vernommen – »darin unterscheide ich mich nicht von ihm«. Noch freilich überwiegt das Misstrauen. Krone will nicht glauben, dass es nur sachliche Überlegungen sind, die Strauß leiten: »Hinter seiner Kritik steckt (...) mehr.«[30] Nun, nach dem Debakel mit de Gaulle, ist das wohl hinzunehmen. Allerdings fehlt es nicht an Mahnungen, Strauß möge das Spiel nicht über-

reizen; einstweilen geht es um politische Differenzen, die Demontage des
Kanzlers steht noch nicht auf dem Programm – zumal die Bundestagswahl
näher rückt, für die Erhard unbeschädigt als Kampagnenführer benötigt
wird.

Am 8. Juli, drei Tage vor Beginn des CSU-Parteitags, treffen Krone, Adenauer und dessen geschäftsführender Gehilfe im Parteivorsitz, Josef Hermann Dufhues, Strauß zu einem Gespräch. Sie sind offenbar besorgt, die
Pferde könnten wieder einmal mit ihm durchgehen; ihm wird »deutlich
gesagt, er solle am Sonntag eine kluge Rede halten«. Am wichtigsten aber
ist die Begründung hierfür: »auf ihn komme es jetzt sehr an«.[31]

Auf ihn kommt es an! Welch süßer Klang nach all den bitteren Prüfungen. Wie lange, unendlich lange – es waren eigentlich nur achtzehn Monate – hat er darauf warten müssen, das zu hören. Die ihn jetzt bitten, sind
nicht unbedingt jene, die ihn seinerzeit vertrieben haben, aber erleichtert
waren sie, als er im Abseits landete. Jetzt brauchen sie ihn also wieder. Bei
so viel Schmeichelei ist tatsächlich jedes Wort der Ermahnung überflüssig.
Ein solcher Sieg im Kampf um Anerkennung allein schon entfaltet ungemein besänftigende Kräfte.

Wäre er wirklich jener sprichwörtliche Machtmensch, so müsste der
Zuwachs von Autorität seine Maßlosigkeit steigern. Doch es ist gerade umgekehrt: Je unangefochtener er ist, desto ausgeglichener, desto beherrschter
kann man ihn erleben – ein Leben lang. Und so ist es auch kein Wunder,
dass er auf dem Parteitag die ersehnte kluge Rede hält. Die Gegensätze zu
Erhards Politik werden nicht verschwiegen. Aber der Ton macht die Musik,
und der ist ruhig, konziliant, ja, konstruktiv. »Die Sensation dieses Parteitages der Schwesterpartei der CDU war es, daß die erwartete Sensation von
Strauß nicht kam«, vermerkt *Christ und Welt* erstaunt: »Dieser Parteitag der
Stärke und Einigkeit sollte das neue Strauß-Bild ausstrahlen. Die Tagung
bewies, daran ist nicht zu zweifeln, das Comeback eines Mannes, dem noch
vor einem Jahr seine Freunde aus guten Gründen geraten hatten, vorübergehend aus der Politik auszutreten. Es war ein Parteitag neuen Stils.«[32]

Erhard, der als Gastredner bei diesem Parteitag eher den sonst doch
Strauß vorbehaltenen widerborstigen Part spielt – der Ärger um seine
Frankreich-Politik dröhnt ihm noch in den Ohren –, pocht darauf: »Der
Kanzler bestimmt die Grundlagen der Politik, ohne Wenn und Aber.«[33]
Doch er ist gut beraten, in diesen Tagen von allem Ärger abzusehen und
enge Tuchfühlung mit Strauß zu halten. Persönlich unterrichtet er den

CSU-Vorsitzenden über seine Gespräche mit de Gaulle und trägt damit seinen Teil zum Erfolg des Kampfs um Anerkennung bei.

Strauß ist jetzt überhaupt wieder in hervorragender Form. Als er vom Amt des Bundesverteidigungsministers zurücktrat, war seine physische Konstitution stark angegriffen. Karl Schmidt, Hausarzt der Familie in Rott am Inn – seine Frau zählt zu den engsten Freundinnen von Marianne –, war ziemlich besorgt. Denn zu seinem notorischen Bluthochdruck und dem doch beachtlichen Übergewicht, das Strauß mit den Jahren angespart hat, kamen damals auch noch die seelischen Nöte mit ihren psychosomatischen Auswirkungen auf die ganze körperliche Verfassung hinzu.[34] Mit Diät und vernünftigen Appellen, abstinent zu sein, darf man ihm nicht kommen, aber der gleichförmigere Lebensrhythmus in Rott – nicht zuletzt die regelmäßigeren Mahlzeiten, statt der Bonner Raubtierspeisungen – bewirkt schon einiges. In Berlin, wo sich Strauß seit der Ernennung zum Verteidigungminister aus politischen Rücksichten nicht mehr hat blicken lassen, erkennt man ihn kaum wieder: »Der heute fast schlank zu nennende CSU-Vorsitzende«, bemerkt eine Korrespondentin, habe »kaum noch Ähnlichkeit mit jenem stämmigen Manne (...), den die Bilder aus den Zeitungsarchiven noch zeigen.«[35]

Comeback

In den ersten beiden Jahren nach der *Spiegel*-Affäre hat man Franz Josef Strauß erlebt, wie er sich mit letzter Kraft am Wurzelwerk der CSU festklammert. Das Ufer, an das sich Strauß schließlich retten kann, ist unbefestigt. Es bietet nur eine kurze Verschnaufpause. Immerhin hat Strauß jetzt, 1965, so viel an Boden gutmachen können, dass sich alle Welt seit einiger Zeit fragt: »Kommt Strauß wieder?«[1] Nicht anders als in den Jahren zuvor und den folgenden Jahrzehnten gehen dabei die Meinungen zur Person weit auseinander: Steht da ein grundsätzlich Unbelehrbarer oder doch ein geläuterter Mensch erneut am Start? Jedenfalls ist das eben noch Unvorstellbare kaum mehr von der Hand zu weisen: Mit seinem Comeback ist jetzt definitiv zu rechnen.

Wichtiger als auf wetterfühlige Kommentatoren und Chefredakteure zu achten, die schließlich keine Minister berufen und keine Parteivorsitzenden küren, ist es für Strauß im Jahr des Wiederaufstiegs, die verbliebenen Hindernisse beiseite zu räumen. Am leichtesten ist diese Aufgabe noch innerhalb der CSU zu lösen. Die Fleißarbeit der vergangenen beiden Jahre, seine unermüdliche Präsenz machen sich bezahlt. Kaum eine Einladung ist in dieser Lebensphase so unbedeutend, dass er sie nicht wahrnehmen würde. Und die Nachfrage ist beachtlich. Es ist nicht Freundschaft oder Anhänglichkeit, sondern Neugier auf dieses schon in seiner Lebensmitte legendenumwobene Wundertier, was Menschenscharen in die Säle lockt.

An einem Freitagabend im Dezember 1964 beispielsweise ist auf dem Heimweg aus der Bundeshauptstadt ein Zwischenstopp beim Kreisverband der Jungen Union Krumbach geplant, zu dem ihn deren Vorsitzender Theodor Waigel eingeladen hat. Um 20 Uhr soll die Veranstaltung beginnen. Allzu lange darf sie nicht dauern, am nächsten Morgen, in aller Herrgottsfrühe, will Strauß in München an der Internationalen Wehrkundetagung teilnehmen, die für den Mann noch ohne Amt, auch ohne außenpolitisches Mandat, eine willkommene Gelegenheit bietet, sich in der atlantischen *strategic community* zurückzumelden.

Auf der Fahrt nach Krumbach, wo sich siebenhundert bayerische Schwaben, pünktlich wie die Preußen, eingefunden haben, bricht plötzlich der Winter ein. Kurz vorm Ziel hat ein Schneesturm die Zufahrtswege unpassierbar gemacht, Strauß' Wagen bleibt stecken. Im Versammlungssaal muss man sich fragen, ob es nicht besser wäre, aufzubrechen – wer weiß, ob man sonst noch nach Hause kommt. Doch alle warten, bleiben, wollen den sehen, der sich unterdessen einen Teil der Strecke zu Fuß durch die Schneemassen stapfend – frierend und schwitzend zugleich – erkämpft. Um 23.20 Uhr kann der Abend, der längst der Nacht gewichen ist, endlich beginnen: Neunzig Minuten Rede und Antwort, die Geduld wird belohnt. Und dann so schnell wie möglich weiter nach München? Keineswegs, nun muss, wie stets bei solchen Veranstaltungen, noch Zeit – selten ist es weniger als eine Stunde – für das persönliche Gespräch sein.[2] Ein Politiker zum Anfassen, nicht so, wie ihn später die Wahlkampagnen-Planer aller Parteien entwerfen werden, sondern wie es seiner Natur entspricht: ein Kind des Volkes ist er, und ein Kind des Volkes, seines Volkes, wird er bleiben.

Was genau das Thema jenes Abends war, wird schnell vergessen sein. Aber dass er noch gekommen ist – wäre er es nicht, man hätte es bedauert, verübelt hätte ihm das keiner –, dass er gekommen ist mit allem körperlichen Einsatz, das gräbt sich bei jedem, der diese Begegnung zur nächtlichen Stunde erlebt hat, unauslöschlich ins Gedächtnis ein, ganz gleich, wie er sich später zu Strauß verhalten wird. Abhängigkeit oder Gefolgschaft verschafft man sich so noch nicht, aber der Nimbus des Bodenständigen und der Volksnähe – in solchen Abenden hat er seinen Grund. Umgekehrt braucht Strauß diesen Kontakt zur Basis. Hier ist er König – nicht fundiert in Macht, sondern von der bewundernden Anerkennung seiner Gaben erhoben und gekürt. Es ist nicht das Erlebnis der Masse, das ihn berauschte, sondern das Maß an Anerkennung, das er hier – und nur hier ohne Vorbehalt und Einschränkung – erfährt.

Die Mühsal der vergangenen Jahre wird belohnt. Die Gegner in den eigenen Reihen sind verstummt. Was sie als List erdachten, hat das Gegenteil bewirkt: Das Herausbrechen der Strauß ergebenen Gefolgsleute aus der Führungsspitze der CSU hat das Leben für ihn nicht leichter gemacht, am Ende seine Position jedoch gestärkt. Jaumann, der Generalsekretär, und Huber, der stellvertretende Vorsitzende der Partei, erweisen sich weniger als Moderatoren und Aufpasser, sondern tragen – in die Loyalität zum Parteichef eingebunden – zur Integration, zur Festigung der Position dessen bei, den zu schwächen sie eigentlich ins Amt berufen worden sind.

Untrügliches Zeichen dafür, dass sich das Glück gewendet hat, ist der CSU-Parteitag im April 1965. Wenige Tage zuvor ist Augsteins Sexbombe detoniert, und am Vorabend der Landesversammlung schwirren alle erdenklichen Gerüchte durch die Landeshauptstadt: Wird die Mansfield morgen nach München kommen, um in der Sache Augstein vs. Strauß auszusagen? Strauß, an sich ja kein Kind von Traurigkeit, muss sich wegen der nun über ihn verbreiteten Geschichten keiner Schuld bewusst sein. Dennoch verfehlen die Schüsse unter die Gürtellinie ihre Wirkung zunächst nicht. Erkennbar niedergeschlagen und müde sitzt er am Vorabend des Parteitags, auf dem seine Wiederwahl ansteht, im Restaurant der Kleinen Kongresshalle vor den Presseleuten. Fahrig wirkt er und unkonzentriert, verhaspelt sich öfters; kein gutes Omen für den kommenden Tag und seine mit Spannung erwartete Rede.[3]

Und doch, es wird sein Tag werden. Bevor Strauß die Rede hält, vielleicht die beste, mit Sicherheit eine der wichtigsten seines Lebens, gibt es das erste substantielle Ergebnis der jüngsten Augstein-Attacken zu bestaunen. Ihnen ist es nämlich zu verdanken, dass ganz ungewohnte Bundesgenossen Strauß zur Seite springen. Kardinal Döpfner hat seinen Pressereferenten Anton Maier entsandt, um den Delegierten – nie hat es so etwas gegeben – seine Grüße und, mehr noch, dem eigentlich beargwöhnten Parteivorsitzenden Worte des Zuspruchs, der Solidarität zu entbieten. Und die klingen ganz anders, als jene, die zwei Jahre zuvor aus dem katholischen Arkanum in die Partei hineinschallten: »Der Kardinal dankt Ihnen für das«, so hebt der Kurier Seiner Eminenz an, »was Sie in schwerster Zeit an Leistungen vollbracht haben. Er dankt Ihnen für den Mut, aus christlichem Geist zu gestalten, was notwendig ist. Es gehört heute Mut dazu, sich Christ zu nennen.« Dies könnte freilich auch die Einleitung zum heuchlerischen Dank beim Abschied sein. Aber nein, so ist es wirklich nicht gemeint. Die erbaulichen Sätze des Erzbischofs von München und Freising sind Worte des Trostes, der Ermutigung – politische Seelsorge: »Möge Ihnen der Herrgott für Ihre Mühe und Ihre Aussaat eine reiche Ernte schenken.«[4]

Einen Teil dieser reichen Ernte kann Strauß noch während dieses zwei Tage dauernden Parteikonvents einfahren. Mit einem hervorragenden Ergebnis (95,1 Prozent), deutlich besser als zwei Jahre zuvor (86,8 Prozent), wird er im Amt bestätigt. »Ich bin in vielem mit Strauß nicht einer Meinung«, lässt sich ein Delegierter für viele vernehmen, »aber jetzt kann man ihn doch nicht im Stich lassen.«[5] Derjenige freilich, der Strauß am wenigsten aufgegeben hat, ist er selbst. Seine Parteitagsrede ist bestimmt sehr wichtig, wichtiger als sonst. Damit allein aber lässt sich die Leidenschaft des Vortrags nicht erklären, dieser »verbale Gewittersturm«, den er entfacht, dieses »Trommelfeuer unter Einsatz aller rhetorischen und politischen Waffen (...), brillant zuweilen, brisant zumeist, eine Marathonrede bis zum kompletten Sieg und bis zur kompletten Erschöpfung«.[6]

Über weite Passagen gleicht das zweiundvierzig Seiten umfassende Skript, das Strauß nahezu wörtlich vorträgt, einer Einladung zum Spaziergang über trostlose Faktenfriedhöfe: Vollgestopft mit Zahlen und Tabellen, volkswirtschaftlichen Rohdaten und Statistiken, ist gerade der Stoff für die erste Stunde nicht eben mitreißend. Doch an diesem Tag klingt nichts, was Strauß zu sagen hat, gleichgültig.

Erst am Ende seiner Rede kommt er auf die persönlichen Verletzungen und Angriffe auf ihn zu sprechen. Doch vom ersten Wort an beseelt der Geist dieses hochdramatischen Finales seinen Vortrag. »Ich habe nicht die Absicht, lange in eigener Sache zu reden«, sagt er ganz zum Schluss. In Wirklichkeit hat er bereits fast zwei Stunden »in eigener Sache« gesprochen: nicht explizit, aber in der Art, wie er die Worte aus sich herausschleudert; nicht durch die Auswahl der Themen, die eine zwangsläufig wenig originelle Bestandsaufnahme der deutschen Innen- und Außenpolitik darstellt, aber doch mit dieser unerhörten Eindringlichkeit und sich überschlagenden Emphase. »Strauß ist trotz seines subtilen Intellekts nichts weniger als ein Intellektueller. Dazu fehlt es ihm an der interessierten Gleichgültigkeit, die freiere Geister auszeichnet«, so hatte Hans Schmelz schon einige Jahre zuvor richtig beobachtet: »Was immer er aufnimmt – bei ihm sitzt es gleich so tief, daß daraus eine Überzeugung wird.«[7] An diesem Tag dringt alles und jedes im Ton der Überzeugung eruptiv aus ihm hervor.

Um wie viel mehr gilt das für die direkten Einlassungen »in eigener Sache«! Schweißüberströmt mobilisiert er, einem Langstreckenläufer auf der Zielgeraden gleich, die letzten Kräfte für den Schlussspurt: »Ich bin, wie unzählige andere auch, nach dem 2. Weltkrieg in die Politik gegangen, nicht, weil ich etwas werden wollte, sondern weil ich glaubte, es dem Herrgott und der Umwelt zu schulden, als Dank für meine Heimkehr aus dem Kriege einen Beitrag zu einer Politik leisten zu müssen, die den kommenden Generationen das ersparen sollte, was der Generation unserer Väter und unserer eigenen Generation beschieden war.« Wohl wahr, doch das gilt, wie Strauß selbst anmerkt, für viele. Hier kann also nicht die Erklärung für den eigenen politischen Stil, für seine Hingabe liegen. Diese aber ist nicht nur der Schlüssel zu seiner Persönlichkeit, sondern auch der Ausgangspunkt für alles, was diesen Mann den einen zum Gegenstand der Verehrung, den anderen zum Inbegriff des Anstößigen macht.

Wenig spricht dafür, dass Strauß dieser Zusammenhang beim Entwurf seiner Rede in aller Klarheit vor Augen stand. Aber instinktiv hat er ihn erfasst. Kraftvoll kommt er nun zur Sache, zur »eigenen Sache«, in der für ihn so typischen Art des Schuldeingeständnisses unter Vorbehalt, mit Reue ohne Bußfertigkeit: »Ich hatte in diesen 6 Jahren als Verteidigungsminister hart zu arbeiten und schwer zu kämpfen, um die von mir reduzierten, aber nun dem Bündnis gegenüber verbindlichen Zusagen einzuhalten. Ich habe mein Bestes gegeben, ich konnte mich wahrlich nicht um Einzelheiten und Kleinigkeiten kümmern. Ich war auch nicht in der Lage, alle Fehler zu vermeiden.« Und dann, nach einer pathetischen Hinführung, der Kunstgriff zu jenen früher oft zitierten Versen aus Conrad Ferdinand Meyers »Huttens letzte Tage«, ein Werk, das in Straußens Schulzeit noch zur Pflichtlektüre auf den höheren Schulen zählte: »Ich bin weder ein Heiliger noch ein Dämon. Ich bin kein ausgeklügelt Buch, sondern ein Mensch mit seinem Widerspruch.«

Ein Parteitag der CSU ist freilich keine Bußandacht, schon gar kein Beichtstuhl, und so muss die Rede von der eigenen Kreatürlichkeit nur einen politischen Zweck erfüllen. Für die voranstehenden Verse aus Meyers Dichtung, die den anderen Teil der Wahrheit – auch der von Strauß – ausmachen, hat er heute keine Verwendung, obwohl erst sie den existentiellen Abgrund hinter der für sich genommen wohlfeilen Zerknirschungsgeste offenlegen:

»Ein Sklave willst du nie gewesen sein.
Du bist ein Feind von jeder Tyrannei
Und deine Sünden auch begingst du frei!«[8]

Doch fort im Text, Strauß kommt gerade erst in Schwung! Denn hier und jetzt geht es nicht um seine Fehler, sondern um schwerwiegendere, wirklich bedrohliche Verfehlungen: »Ich habe alles getan, was in meinen Kräften stand, um den Schwur zu halten, den wir im Kriege draußen und in den Bombennächten zu Hause abgelegt haben, dem Kriege als Mittel der Politik zu entsagen, aber auch die Freiheit mit allen Mitteln zu verteidigen. (…) Es geht nicht um mich als Person, aber es geht darum, ob in diesem Staate die verfassungsmäßigen Gewalten herrschen oder ob unkontrollierte und unkontrollierbare Gewalten, die unser Rechtssystem und unsere Freiheiten mißbrauchen, allmählich eine terroristische Herrschaft auszuüben beginnen. (…) Was ich im Laufe der Jahre, Monate und Wochen überlebt

Gegner vor Gericht: Strauß und Augstein (rechts) überziehen sich in den 1960er Jahren gegenseitig mit Klagen.

habe, das war der äußerste Grad der Niedertracht, den man sich vorstellen kann. (…) Hier geht es um Recht, Freiheit und Würde der Persönlichkeit, die nicht aus pervertiertem und fälschlicherweise vorgeschütztem Informationsbedürfnis mit Füßen getreten werden dürfen.«

Auf wie viel Unverständnis, auch Spott, war Adenauer seinerzeit gestoßen, als er im Bundestag jenen in ironischer Lesart sprichwörtlich gewordenen »Abgrund von Landesverrat« gegeißelt hatte, mit dem Augstein sein Geld verdiene! Ein Klacks war dies im Vergleich zu dem, was Strauß nun brüllenden Tons der Delegiertenschar verkündet: »Die Geister der Zerstörung und der Zersetzung, die Kräfte eines wertneutralen, demokratisch getarnten und kommerziell profitierenden Nihilismus sind überall am Werke. (…) Regierung und Parlament sind aufgerufen zu tun, was notwendig ist, damit sie nicht zu Marionetten am Ende von Drähten werden, deren andere Enden sich in den Händen von selbst ernannten Potentaten befinden, die, ohne die geringste sittliche Legitimation zu besitzen, sich zu Wächtern und Richtern dieser Demokratie ernennen und die einen Hintergrund aufweisen, den vor der Öffentlichkeit zu verbergen sie allen Grund haben. Es gibt nicht nur eine Unterwelt im Kittel, es gibt auch eine Unterwelt im Frack.«[9]

Anders als im Herbst 1962 sitzt dieses Mal der Angriff gegen den *Spiegel*. Keiner der Kommentatoren hält sich damit auf, das Unmäßige in seiner Rede allzu sehr zu bekritteln, nein, heute trifft es den Richtigen! »Es kann niemand glücklich sein über den Tiefschlag, den Rudolf Augstein letzte Woche dem CSU-Vorsitzenden Franz Josef Strauß versetzt hat«, kommentiert einige Tage nach dem Parteitag Theo Sommer in der *Zeit*: »Die Vorstellung ist so absurd wie abstoßend, daß man einem politischen Gegner, der mit politischen Mitteln schwer zu erledigen ist, dann eben mit Schlafzimmergeschichten den Garaus zu machen versucht. Zur öffentlichen Debatte steht der Machthunger des Franz Josef Strauß, nicht sein – angeblich tatsächlicher – Weiberhunger. Zu dieser Einsicht sollte sich der aufgeklärte Rudolf Augstein wieder bekehren. Sonst riskiert er, daß viele von jenen, die bisher auf seiner Seite standen, einen Kampf für das Wohl der *res publica* hinfort als persönlichen Zweikampf zweier Männer abtun, denen beiden vor lauter Zielbesessenheit der Sinn für Maß und lautere Methode abhanden gekommen ist.«[10]

Schon ein halbes Jahr später werden sich wieder kritische Stimmen aus den eigenen Reihen regen, teils aus dem Hinterhalt, teils offen vernehmbar. Nie mehr aber wird der parteiinterne Widerstand Strauß ernsthaft gefährden können. Anders verhält es sich mit der Schwesterpartei. Wie mühselig es sein wird, die Freunde aus der CDU wieder versöhnlich zu stimmen, hat Strauß gleich im Januar 1965 zu spüren bekommen. Die Parteien rüsten sich zum Wahlkampf, und es ist klar, dass Strauß sein Comeback auf nationaler Ebene durch bundesweiten Rednereinsatz unterstreichen will. Ausgerechnet der schmächtige Hamburger Landesverband der CDU stellt sich ihm dabei in den Weg. Deren junger Wahlkampfleiter Dietrich Rollmann – ein Greenhorn, das seit vier Jahren, wie CSU-Chargen nun süffisant ausstreuen, den Abschluss seiner Doktorarbeit ankündigt –, will dem erprobten Kämpen den Einzug in die Hansestadt verwehren: »Ich will Strauß auf keiner Veranstaltung der CDU in Hamburg sehen (...). Bis Lüneburg kann er von mir aus kommen; weiter nicht.«[11]

Mit Großverlegern und Meinungsmachern hat Strauß sich duelliert, mit Kardinälen und Kanzlern gerungen, manche Großen der Weltpolitik herausgefordert. Und jetzt das! Herr Rollmann? Wer ist das?! Kein Gegner, sollte man meinen. Aber nein, »der CSU-Vorsitzende, durch Kritik nie deprimiert, eher zu äußerster Aktivität angestachelt«[12], nimmt auch diesen Fehdehandschuh auf. Ein Leben lang wird es ihn erzürnen, wenn er hören muss, was Rollmann erstmals unverblümt behauptet:»Es kann sein, daß Herr Strauß für die Bayern die Bundestagswahl gewinnt, aber für die CDU die Wahlen verliert.«[13] Viele denken so, nicht nur in den norddeutschen Landesverbänden der Union, auch wenn sonst niemand es so drastisch ausspricht: Je näher die Bundestagswahl rückt, desto dringlicher wird es, eine Antwort auf das »Problem Strauß«, wie es die CDU-freundliche *Rheinische Post* nennt, zu finden.[14]

Die Kundgebungen, die Strauß bis zur Bundestagswahl absolviert, sind allesamt hervorragend besucht; der Bayer erntet auch an Elbe und Nordsee Zuspruch. Aber mehr und mehr drängt sich die Frage in den Vordergrund, was nach der Wahl aus ihm werden soll. Ablehnung auf der einen Seite in der Unionsspitze verbündet sich dabei mit Ängstlichkeit auf der anderen. Nicht, ob Strauß als rehabilitiert zu gelten habe – Zweifel dieser Art sind längst zerstreut –, nicht, ob er wieder ministrabel ist, sondern wie die Wähler auf die Aussicht reagieren, dass Strauß ins Kabinett einziehen könnte, ist nun die bange Frage.

Denkbar sind, wie Theodor Eschenburg, der Tübinger Politik-Professor und Star-Autor der *Zeit*, scharfsinnig analysiert, im Grunde drei Konstellationen: Gewinnt die Union die absolute Mehrheit, so kann niemand Strauß aufhalten. Sollten aber, was viel wahrscheinlicher ist, die Unionsparteien auf einen Koalitionspartner angewiesen sein, stellt sich die Lage komplizierter dar: Denn die CSU kann es nicht dulden, dass ihr Parteivorsitzender aus dem Ministerreigen ausgeklammert bleibt, der Partner FDP aber hat sich festgelegt: Nicht mit Strauß! Und nach den Erfahrungen der letzten Adenauer-Wahl ist es kaum vorstellbar, dass die Liberalen noch einmal »umfallen« werden:»Die Blamage der FDP (...) wäre im Fall Strauß, den sie ja selber gestürzt hat, viel größer, als sie es im Falle Adenauer war«, findet Eschenburg. Auch die SPD hat sich gegen Strauß bekannt; zum jetzigen Zeitpunkt könnte »die Preisgabe ihres Wahlversprechens (...) ihre Mitglieder so verärgern, daß die SPD an den Rand einer Parteikrise geriete« – nicht gerade eine günstige Konstellation für die vollständige Rehabilitierung von Strauß.[15]

Da die Fortführung der kleinen Koalition auch aus seiner Sicht der wahrscheinlichste aller Fälle sein dürfte, ist es besonders misslich, dass die FDP, je näher der Wahltag rückt, keine Anstalten macht, das Verhältnis zum ehemaligen Ministerkollegen zu entkrampfen. Im Gegenteil: Immer

unverhohlener preist sie sich den bürgerlichen Wählern, von denen nicht
wenige die Vorbehalte gegen den wiedererstarkenden Bayern teilen, als
Garantie gegen Strauß an. Am 21. Juli kommt es darüber sogar im Bundeskabinett zum großen Knall. Da Erhard verhindert ist, leitet Vizekanzler
Mende die Sitzung.

Soeben ist im *Stern* eine große Wahlanzeige der Liberalen gedruckt
worden, die unter der Überschrift »Wir kleben nicht am Sessel« an die wahren und vermeintlichen Sünden von Strauß erinnert. Sollte die Union bei
den anstehenden Bundestagswahlen die absolute Mehrheit gewinnen, dann
seien Amtsmissbrauch und Amtsanmaßung – wie damals in der *Spiegel*-
Affäre – Tür und Tor geöffnet. Ein Vorwurf, über den sich Wohnungsbauminister Paul Lücke, alles andere als ein Spezl von Strauß, furchtbar erregt,
weil er darin eine pauschale Verunglimpfung aller Unionsminister sieht.
Ein Wort gibt das andere: Lücke und Postminister Stücklen drohen die Sitzung zu verlassen; Verkehrsminister Hans-Christoph Seebohm und Fami-
lienminster Bruno Heck stimmen in die scharfe Verurteilung der FDP nach
Kräften ein. Schröder und Entwicklungshilfeminister Walter Scheel, die
sich um eine Versachlichung bemühen, stehen allein auf weiter Flur. Mendes Bekundung, er habe von dieser Anzeige erst im Nachhinein erfahren,
macht die Sache kaum besser. Auch sein Anerbieten, die Anzeige durch
eine weitere mit der Klarstellung zu korrigieren, dass nur Strauß gemeint
gewesen sei, vermag die Stimmung nicht abzukühlen. Ernst Lemmer, der
Vertriebenenminister, sieht bereits die Weimarer Republik aus dem Grabe
steigen, in der die Deutschnationale Volkspartei als Koalitionspartei mit
wüsten Angriffen gegen den Staat und die Regierung Luther, der sie ange-
hörte, zur Vergiftung des politischen Klimas im Lande beigetragen habe.
Erst Scheels Einwand, dass die Anzeige, so verständlich der Ärger seitens
der Union auch sei, nicht genügend Gewicht habe, die Regierung zu sprengen, eröffnet die Bahn für ein laues Kommuniqué, in dem die Liberalen
einräumen, niemanden Bestimmten gemeint zu haben.[16]

Strauß hat also tatsächlich eine Schlüsselrolle inne; keine, die ihm gestalterischen Raum eröffnet, dafür aber eine, die für die beiden wahrschein-
licheren Fälle des Wahlausgangs alles zerstören könnte. Noch vertrackter
wird die Lage dadurch, dass sich in die objektiven Grundgegebenheiten
höchst subjektive Ambitionen mischen. »Barzel will an die Macht. Er will
Kanzler einer Koalition mit den Sozialdemokraten werden«, argwöhnt
Heinrich Krone, der dem neuen Vorsitzenden der CDU/CSU-Bundestags-
fraktion – vor einem knappen Jahr hat Barzel diesen Posten übernommen –

einmal sehr gewogen war und einer Großen Koalition gegenüber durchaus aufgeschlossen ist,[17] wenn nicht sofort, dann eben später: Ewig wird sich Erhard jedenfalls nicht halten können. Barzel scharrt also mit den Hufen und denkt über strategische Zwischenschritte auf dem Weg ins Palais Schaumburg nach: »Barzel will schnellstens Bundeskanzler werden; er sagt aber, er bleibe im Herbst in der Fraktion«, notiert Krone drei Wochen später: »Und wenn Erhard wieder Kanzler werde und zu erkennen gebe, er wolle nach Adenauers Rücktritt vom Parteivorsitz auch dieses Amt haben, dann nehme er, so sagte mir Barzel in einem Gespräch nach der Sitzung des Fraktionsvorstandes, den Kampf auf; dann gehe es ihm um den Vorsitz in Fraktion und Partei und dann sei entschieden, wer nach Erhard Kanzler werde. (...) Barzel greift nach dem Amt des Kanzlers. Die Koalition ist ihm dabei Nebensache.«[18] Auf Barzel, den jungen Ex-Minister, wird man also ein Auge haben müssen.

Gegenwärtig bereitet allerdings Erhards durchsetzungsfähigstes und am unbeschwertesten agierendes Kabinettsmitglied, Außenminister Schröder, größeren Kummer. Adenauer war noch nicht im Ruhestand, da hatte Schröder es schon gewagt, im Gespräch mit dem britischen Premierminister Harold Macmillan laut darüber nachzudenken, welche Koalition eigentlich wünschenswert wäre: »Die FDP, der Koalitionspartner in der Regierung, sei um zehn Sitze stärker als die CSU. Der CDU/CSU fehlten acht Sitze an der Mehrheit. Eine Koalition zwischen der CDU und der FDP wäre also denkbar, doch sei die FDP schwankend. Daher sei zur Zeit die einzige Möglichkeit einer sicheren Mehrheit eine Koalition zwischen CDU/CSU und FDP.«[19] Wie schön es doch, mit anderen Worten, wäre, ginge es auch ohne die CSU und Strauß, den Störenfried.

So froh die Frankreichfreunde rund um Adenauer zum Jahreswechsel 1962/63 waren, Strauß vom Hals zu haben, so unerfreulich ist es aus ihrer Sicht, dass Schröder – im Januar 1963 vom *Stern* zum »Mann des Jahres« gekürt – am Kabinettstisch keinen echten Widerpart mehr hat. Denn anders als Barzel ist der Außenminister nicht nur ehrgeizig und versteht sich auf die Wahrung seiner Interessen, sondern liegt in wichtigen Fragen mit dem gaullistischen Flügel des CDU-Vorsitzenden über Kreuz: Für Frankreich scheint er nur ein kaltes Herz zu haben, gegenüber Amerika ist er zu servil. Die atlantische Gemeinschaft gilt ihm alles, die europäische Einigung, scheint es, wenig. Und angesichts seiner Anfälligkeit für Auflockerungstendenzen gegenüber dem Osten stellt sich die Frage, ob das Streben nach Wiedervereinigung und der Bonner Alleinvertretungsanspruch für Deutschland bei ihm in guten Händen liegen. Mittlerweile ist noch der Streit um die Nahostpolitik dazugekommen, wo es in den vergangenen Jahren ziemlich mühsam, aber doch erfolgreich gelungen war, den brüchiger werdenden diplomatischen Damm gegen die internationale Anerkennung der DDR – gerade in der arabischen Welt – aufrechtzuerhalten. Doch dies war nur um den Preis zu erreichen, dass die Beziehungen zu Israel locker und informell geblieben sind. Jetzt, wo die Aufnahme förmlicher diplomatischer Beziehungen im Raum steht – wogegen sich Schröder mit Händen und Füßen zu wehren versucht –, droht die ganze Nahostpolitik und damit ein wichtiges Stück der offiziellen Deutschlandpolitik in Scherben zu gehen.

Die diplomatische Anerkennung Israels wird der einzige Sieg sein, den die Anti-Schröder-Fraktion bis zum Ende der Kanzlerschaft Erhards erringen kann. An der Wahrnehmung freilich, dass seit dem Rücktritt Adenauers kein echtes Gegengewicht im Kabinett mehr diesen eigenwilligen, störrischen Mann ausbalanciert, ändert das nichts. Schröder kann offenbar schalten und walten, wie er will, und ähnlich wie Barzel hat auch er unverkennbar Ambitionen, Erhard zu beerben.

Schon im Jahr zuvor flogen immer wieder giftige Pfeile aus den Bonner Büschen in Richtung Schröder. Im Wahljahr schließlich wird es für den Außenminister nochmals merklich unbequemer. Was Adenauer und Strauß nicht selbst durch ihre Interviews und immer ungezügelteren Reden besorgen, übernehmen nun aggressiver werdende Durchstechereien. Interna aus dem Auswärtigen Amt gelangen auf unergründlichen Kanälen in die Presse, alle mit derselben Botschaft: Schröder sabotiert die deutsch-französische Freundschaft. Die undichte Stelle scheint bald gefunden: Es muss der junge Legationsrat Hans Graf Huyn sein, der keinen Hehl aus seiner ablehnenden Haltung gegenüber Schröders Politik macht. Mit viel Getöse kann der Außenminister dessen Demission erzwingen, und siehe da – Huyn wird sogleich in die Dienste der CSU-Landesgruppe gestellt! Der Mann, man hat es stets vermutet, ist also kein Einzeltäter; Guttenberg und Strauß – wahrscheinlich auch Adenauer – stecken offenbar dahinter![20]

Die Verärgerung des Außenministers ist verständlich, denn die Angriffe gegen ihn haben im Frühjahr 1965 längst die Ebene der sachlichen Meinungsverschiedenheit, der kritisch-konstruktiven Auseinandersetzung verlassen. Ende März 1965 veröffentlicht die in München herausgegebene Illustrierte *Quick* eine böse Generalabrechnung mit Schröder, dem »Versager des Jahres«, und *Bild*, seit Adenauers Rücktritt dessen Pressedienst, stößt mit gleichlautender Schlagzeile hinterher.[21] Die Aufregung in Bonn ist beträchtlich, zumal der Artikel von einem Anonymus stammt, der behauptet, er wisse »aus eigener Anschauung um die Vorgänge im Auswärtigen Amt«.

Sofort fällt der Verdacht auf Strauß, der jedoch alles bestreitet.[22] Seine guten Beziehungen zur Konkurrenz des *Stern* sind ebensowenig ein Geheimnis wie die Duzfreundschaft mit dem Chefredakteur des Springer-Blattes, Peter Boenisch. Schwerer noch wiegt, dass sich einige der markanten Formulierungen aus dem Artikel, wie man in der Hauptstadt hört, dem CSU-Vorsitzenden zuordnen lassen. Sechs Wochen zuvor, am 16. Februar, hatten Henri Nannen, der Chefredakteuer des *Stern*, und Franz Josef Strauß, der seit Oktober 1964 im Wechsel mit Willy Brandt den *Stern* um eine langweilige politische Kolumne bereichert, sich in Bonn getroffen, um die zukünftige Zusammenarbeit zu besprechen. Dabei fiel Nannen auf dem Schreibtisch seines Autors eine Zusammenstellung Erhard-kritischer Artikel auf, die von Strauß handschriftlich um den Zusatz »Gummilöwe in Aktion« ergänzt worden war. Strauß bestreitet das später auch nicht, doch seine Erklärung, dies sei nur eine weitere Überschrift aus der internationalen Presse zum Nahostdebakel der Bonner Außenpolitik gewesen[23], mag glauben wer will. Jeder weiß, dass Strauß so über den Kanzler denkt. Für Nannen jedenfalls ist die Sache klar – der fragliche Artikel stammt von Strauß –, und er macht nun ein großes Spektakel: »Sie sind entlassen!«, teilt er seinem Hausautor in einem offenen Brief mit.[24] »Herr Strauß, hatten Sie vergessen, daß Sie mich genau zehn Tage vor Erscheinen des Artikels am Telefon fragten, wie mir denn zumute sei, nachdem sich unser ›Mann des Jahres‹ nun als ›Versager des Jahres‹ erweise? (…) Die Wahrheit ist, daß Sie diesen Angriff gegen den Außenminister mit geplant, verabredet und inszeniert haben. Einen Angriff, der mit gezielt falschen Hinweisen einen Mann vernichten sollte, der Ihnen im Wege steht. Sie sind mit Gerhard Schröder nicht anders umgegangen, als Sie mit Ludwig Erhard umgehen möchten, sobald Sie die Zeit dafür gekommen halten.«

»Soweit also ist es gekommen«, seufzt halb amüsiert Johannes Gross, der zum Beraterkreis um Ludwig Erhard zählt, »daß sich der ehemalige Verteidigungsminister Franz Josef Strauß vom Generaldirektor des gedruckten Vergnügungsetablissements, das unter dem Titel ›Stern‹ verbreitet wird, unter beschämenden Umständen davonjagen lassen mußte.« Der Rest ist reines Wunschdenken, wie es in der »Brigade Erhard« herrschen mag: »Es geht mit Strauß politisch zu Ende: Der Mann ist fertig, macht sich selbst fertig, bietet nichts mehr als sich selbst und seine Selbstrechtfertigung«.[25]

Nicht nur, dass in diesen Tagen der CSU-Parteitag solche Prognosen
Lügen straft; nicht nur, dass die unionsinternen Feinde Erhards und Schröders, die noch im Hintergrund verharren, Strauß als Vorhut brauchen –
auch im Vergleich mit den grundsatzlosen Karrieristen und den Pragma-
tikern, denen die deutsch-französische Freundschaft nichts bedeutet,
erscheint Strauß in weit milderem Licht, obgleich sich die fundamentale
Skepsis in der sittenstrengen Fraktion der katholischen CDU-Spitze keineswegs gelegt hat. »Strauß kann zu einer Gefahr werden« – das Urteil Heinrich Krones bleibt auch im Sommer 1965 unverändert –, »er ist zu unbeherrscht«, aber wenn man schon zwischen verschiedenen Übeln wählen
muss, »ist er mir lieber als die andrängenden Manager«.[26]

Ende Juli läuft der Wahlkampf an. Mehr als achtzig Rednereinsätze sind für
Strauß im ganzen Bundesgebiet geplant. Überall mehr oder weniger das
gleiche Bild: volle Säle, überfüllte Plätze. Strauß spricht temperamentvoll,
aber gemäßigt; er attackiert den politischen Gegner polemisch, aber nicht
giftend, pariert Zwischenrufe und Störungen witzig und schlagfertig – »Sie
kommen mir gerade recht, Sie sind der beste Beweis für den Bildungsnot-
stand«[27] –, aber nicht mit rhetorischen Vernichtungskeulen. Das Publikum
erlebt einen frischen, vergleichsweise entspannten, fast lockeren Wahlkämpfer, der kenntnisreich alle Felder der Tagespolitik durchschreitet, be-
sonnen sogar Erhard lobt und selten darauf hinzuweisen verzichtet, wie er
sich mit Pius XII. »zweimal je eine Stunde unter vier Augen« beraten oder
»auf meiner dreiwöchigen Asienreise mit den führenden Männer gesprochen« habe.[28]

Alte, zorngetränkte Leidenschaft kommt nur noch selten in ihm hoch,
wenn andere ihm sein Recht abstreiten wollen. Im Frühjahr, im Sommer
und jetzt auch in der Schlussphase des Wahlkampfes weicht er der Frage
nach seinen Ministerambitionen aus. Es wird sich nach der Wahl erweisen,
was bereits zu erahnen ist, dass nämlich Strauß klug und verantwortungs-
bewusst genug ist, seine persönlichen Wünsche den Erfordernissen der
Bündnisbildung unterzuordnen. Zweifellos würde er die Phase der Rehabilitation und des Comebacks gern mit einem neuen Ministeramt krönen,
aber er weiß, was es für die Koalition bedeuten würde, wenn er Erhards
Angebot, Innenminister zu werden, annähme[29] – ganz abgesehen davon,
dass er in eine fatale Loyalität zu Kanzler und Außenminister eingebunden
wäre, die ihm aus inhaltlichen Gründen eigentlich unmöglich ist. Aber
wehe dem, der ihn per se von der Regierungsbank fernhalten will! »Ich

habe mehrfach erklärt, daß ich nicht nach einem Ministeramt dränge«, lässt er die Öffentlichkeit zwei Wochen vor dem Wahlgang noch einmal deutlich wissen: »Ich habe nicht annähernd den politischen Ehrgeiz, den andere mir unterstellen. Aber ich möchte in voller Übereinstimmung mit dem Landesvorstand der CSU in aller Deutlichkeit sagen, daß weder Herr Mende noch Herr Erler die politische oder die persönliche Legitimation haben, solche Forderungen und Bedingungen aufzustellen, die mit den Grundsätzen der Loyalität, der Toleranz und einer parlamentarischen Demokratie unvereinbar sind. In erster Linie entscheidet der Wille des Wählers und nicht die Apparate von Parteifunktionären.«[30]

Dieses Grundmotiv des Nicht-behandelt-werden-Wollens, sein Bedürfnis nach Anerkennung – wie leicht man doch mit diesem schwierigen Menschen zurechtkommt, wenn man das nur beachtet. Welchen Ärger hätten Adenauer und Erhard, Kiesinger und Kohl sich ersparen können, hätten sie die sensible Seite dieses so robust auftretenden Menschen richtig erkannt.

Die Bundestagswahl vom 19. September 1965 wird für die Union ein glatter Sieg – in der Wahlnacht sah es einen Augenblick sogar danach aus, als könnte es zur absoluten Mehrheit der Mandate reichen –, und einmal mehr hat die CSU einen überproportionalen Teil zum Erfolg beigesteuert. Im neuen Bundestag hat sie wieder mit der FDP gleichgezogen. Eine gute Ausgangslage also, alte Rechnungen neu zu präsentieren. Am Ende hat es Strauß und den Seinen wohl eher genützt als geschadet, dass die Liberalen glaubten, mit einem provokativen Nebenfeldzug gegen den CSU-Vorsitzenden auf Stimmenfang gehen zu können. Strauß wird das nicht vergessen: nicht das Aufwärmen alter Geschichten wie der *Spiegel*-Affäre in einer FDP-Wahlbroschüre, gegen die Strauß sich in der heißesten Wahlkampfphase gerichtlich durchzusetzen wusste; nicht den ruppig-trotzigen Ton, in dem die Mende-Partei sich gegen eine Aufnahme des Bayern in Erhards Kabinett verwahrt hat; schon gar nicht – und dies wird noch in der Ära Kohl nachklingen – die Hartnäckigkeit, mit der es diesem Parteienwicht einst gelang, ihn aus der Regierung Adenauer zu vertreiben. Mende und die FDP sind also das erste Angriffsziel nach der Bundestagswahl: Die CSU hat ihr Ergebnis gehalten, die FDP dagegen deutlich verloren – das muss sich in Zahl und Gewicht der Ministerposten niederschlagen! Der kleinste Koalitionspartner wird es auch schlucken müssen, dass Strauß wieder einen berechtigten Anspruch auf ein wichtiges Regierungsamt hat. Und Mende selbst – am besten wäre es, er bliebe auf der Strecke!

Sechs Wochen zieht sich die Regierungsbildung hin, nicht ungewöhnlich lang, und am Ende sind Gewinn und Verlust gerecht verteilt: Die Zahl
der CSU-Minister steigt von vier auf fünf, die FDP muss widerwillig den
Anspruch von Strauß anerkennen, Mende darf weiter Minister bleiben.[31]
Ein schöner Kompromiss, könnte man meinen, und vielleicht hätte er tatsächlich Erhards Autorität gefestigt, wenn da nicht die unglückselige Rauferei um Gerhard Schröder gewesen wäre.

Während des Wahlkampfs waren die Gegner des Außenministers gut
beraten, es bei der Bekundung sachlicher Meinungsverschiedenheiten zu
belassen. Es ist allerdings auch nicht eben eine starke Truppe, die gegen den
Außenminister zu Felde zieht: Wortgewaltig sind sie schon, die Herren
Adenauer, Strauß und Guttenberg; aber ernsthaft gefährlich werden können sie ihm nicht. So ruhen die Hoffnungen der wortstarken Schwachen
auf dem Bundespräsidenten, der gerade dabei ist, sich in ein gewagtes
Abenteuer zu stürzen, das der Bundesrepublik ihre erste ernsthafte Verfas-
sungskrise bescheren könnte.

Schon länger mag sich Heinrich Lübke nicht damit begnügen, dass seine
Rolle im Bonner Spiel auf die des protokollarischen Vollzugsgehilfen der
Politik und des Staatsnotars beschränkt ist. Bei seiner ersten Wahl 1959 hatte
er nichts anderes erwarten dürfen, schließlich war der präsidiale Kanzler
Adenauer noch im Amt. Aber nachdem nun Erhard die Regierung leitet und
Lübke selbst im Jahre 1964 im Amt bestätigt wurde, wagt dieser den – zuvor
bereits zaghaft erprobten – Versuch, die verfassungsrechtlichen Einhe-
gungen seines Amtes auf ihre Belastbarkeit zu testen: Könnte man aus Artikel 63 (1) des Grundgesetzes – »Der Bundeskanzler wird auf Vorschlag des
Bundespräsidenten vom Bundestag ohne Aussprache gewählt« – nicht vielleicht doch ein wenig Recht auf Mitsprache ableiten? Und in Artikel 64 (1)
der Verfassung heißt es: »Die Bundesminister werden auf Vorschlag des
Bundeskanzlers vom Bundespräsidenten ernannt und entlassen.« Was wäre,
wenn er sich weigerte, einen ihm vorgeschlagenen Minister zu ernennen?[32]

Nachdem die Bundestagswahl nicht das von Lübke erwartete Ergebnis
einer geschwächten Union und damit auch nicht die ihm wünschenswert
erscheinende Voraussetzungen für eine große Koalition gebracht hat, konzentriert sich der Bundespräsident auf Schröder, den auch er ablehnt –
nicht ganz so leidenschaftlich wie die ihm in den Ohren liegenden Gaullisten, dafür um so verbissener. Krone betrachtet das Spiel mit großer Skepsis:
»Im Streit um Schröder neigt sich die Waage zu dessen Gunsten. Die Verlierer sind Adenauer, Strauß, Lübke, Guttenberg.«[33] Lübke gibt sich gleich-

wohl nicht geschlagen, wie Krone nach einer Unterredung in der Villa Hammerschmidt kopfschüttelnd festhält: »Beim Bundespräsidenten, der sich wieder mit seiner Verantwortung abquält. Er könne seinen Namen für Schröder nicht hergeben. In Karlsruhe gewinne er mit seiner Rechtsauffassung vom Artikel 64 des Grundgesetzes.«[34]

Immer abenteuerlicher werden die Vorstellungen, wie Schröder zu verhindern wäre. Lübke denkt, nachdem ihm Guttenberg ein Konvolut über Schröders Verfehlungen ausgehändigt hat, darüber nach, eine förmliche Untersuchung durch einen hohen Richter gegen den Außenminister einzuleiten.[35] Sein Staatssekretär, der Chef des Bundespräsidialamtes Hans Berger, der ihn in diesen Wochen vor den allergrößten Torheiten bewahrt, darf die Guttenberg-Papiere – jene beliebte Bonner Melange aus Fakten, Halbwahrheiten und bösartigem Geschwätz – vorsorglich schon einmal dem Bundeskanzler überreichen. Nach einigem Hin und Her lässt man den Plan dann wieder fallen, zumal der Präsident des Bundesverfassungsgerichts, Gebhard Müller, dringend abgeraten hat.[36] So geht es demnach leider nicht, allerdings drängt die Zeit. Am Abend des 19. Oktober kommt es noch einmal zu einer langen Aussprache mit Ludwig Erhard, bei der Lübke einsehen muss, dass er dessen Wiederwahl nicht länger hinauszögern kann. Doch mit der Bestätigung Erhards am nächsten Tag ist nicht alles verloren, der neue alte Kanzler hat sein Kabinett noch nicht beisammen. Ausgerechnet in dieser Situation steht die Affäre Huyn vor ihrem Höhepunkt; rund um die Kanzlerwahl dringen vage Informationen über eine angebliche Vereinbarung des Außenministers mit der britischen Regierung durch, der zufolge zukünftig regelmäßige Beratungen zu allen politischen Fragen von Gewicht mit London durchgeführt werden sollen, was gegen den deutschfranzösischen Vertrag verstoßen und die Sonderbeziehungen zu Paris infrage stellen würde.[37] Guttenberg, in diesen Tagen regelmäßiger Gast beim Bundespräsidenten, gelingt es, diesen für eine letzte Anstrengung gegen Schröder zu gewinnen. Unter dem 22. Oktober notiert Lübkes Staatssekretär Berger in sein Tagebuch: »Nach einem Besuch des Bundestagsabgeordneten Freiherrn zu Guttenberg beim Bundespräsidenten beauftragt er mich

a) beim BND festzustellen, ob Dr. Schröder entgegen seiner Behauptung die Denkschrift der EKD zu den Ostgebieten vorgelegen habe, bevor sie veröffentlicht worden sei,

b) nachzuforschen beim Dekan der juristischen Fakultät der Universität Bonn, ob Dr. Schröder doch promoviert habe und ob irgendwo eine Dissertationsschrift noch greifbar sei.«[38]

Damit ist die unterste Schublade im Kampf um Schröder geöffnet. Zwar werden die Recherchen an der Bonner Universität, bei denen es um Gerüchte geht, Schröder habe rechtswissenschaftliche Texte mit tiefbrauner Tinte verfasst, zurückgestellt, aber gerade der erste Erkundungsauftrag Lübkes hat es in sich. Gelänge es nämlich, Schröder eine wie auch immer geartete Mitwirkung an der Ostdenkschrift der EKD – die die Anerkennung der Oder-Neiße-Linie fordert und somit eine klare Abwendung von wichtigen deutschlandpolitischen Grundsätzen der Bundesregierung beinhaltet – nachzuweisen, könnte Erhard ihn als Außenminister nicht mehr halten.

Es ist kaum zu glauben, aber der eklatante Rechtsbruch, den Bundesnachrichtendienst zur Eliminierung eines politischen Gegners einzusetzen, wird von keinerlei Skrupel der Beteiligten beschwert. Schon am nächsten Tag erfolgt, wie Berger in seinem Tagebuch festhält, die beherzte Umsetzung: »Empfing General Langkau« – als Chef des Strategischen Dienstes beim BND Mädchen für alles, was jenseits der Grenzen klassischer Feindaufklärung liegt –, »um ihn im Auftrag des Bundespräsidenten um Auskunft über die Verfasser der Denkschrift der EKD und darüber zu bitten, ob diese Denkschrift vor der Veröffentlichung dem AA vorgelegen habe. L. stellt mir Auskunft bis Montagabend in Aussicht.«[39]

In sprichwörtlich letzter Sekunde – gerade wird das alte Kabinett Erhards in der Villa Hammerschmidt verabschiedet – erhält Berger die erbetene Auskunft: »L. teilt mir fernmündlich aufgrund unserer Unterhaltung vom vergangenen Samstag mit, die Denkschrift der EKD zu den deutschen Ostgebieten müsse als offiziell angesehen werden: An ihrer Abfassung sei Professor Reiser beteiligt gewesen.« Auch der Osten hat, wie könnte es anders sein, seine Hand im Spiel, weiß der Geheimdienstmann zu berichten, denn »vor Jahresfrist habe Ulbricht die evangelischen Pfarrer der Zone aufgefordert, sich bei ihren Amtsbrüdern in der Bundesrepublik für eine Anerkennung der Oder-Neiße-Linie einzusetzen«. Alles sehr interessant, gewiss, doch was ist nun mit Schröder? Fehlanzeige, muss der General ein wenig kleinlaut melden: »Nach den bisherigen Feststellungen sei die Denkschrift der EKD dem AA vor der Veröffentlichung nicht bekannt gewesen.«[40]

Die Würfel sind damit gefallen, an Schröder ist nicht mehr zu rütteln. Und doch hat Erhard nur einen Pyrrhussieg errungen. Seine Gegner, auch Strauß, waren zu schwach, sich durchzusetzen. Aber Erhard selbst ist ebenfalls zu schwach, sich seiner Kritiker zu entledigen. Demütige niemanden, den du nicht vernichten kannst – diesen Ratschlag Machiavellis missachtet Erhard, letztlich bleibt ihm jedoch gar nichts anderes übrig. Strauß muss

jedenfalls lange warten, bis Erhard sich dazu aufrafft, ihm einen Kabinetts-
platz anzubieten. Der Form ist so Genüge getan, ja, die Geste Erhards ist
das ersehnte Stück öffentlicher Rehabilitation. Aber Strauß, der in den Wochen der Regierungsbildung nicht mal entschlossen ist, wieder Minister zu
werden, der immer noch keinen festen Plan für seine eigene Zukunft hat,
wird nicht vergessen, dass die stillschweigende Voraussetzung der Offerte
Erhards die Gewissheit seiner dankenden Ablehnung gewesen ist. Zudem
wurmt es ihn, dass Mende wieder Minister für gesamtdeutsche Fragen geworden ist. Und besonders schmerzt, dass es weder gelungen ist, Schröder
zu erledigen, noch seine Kompetenzen wirksam zu beschneiden.

Nein, es ist dies nicht seine Regierung. Und doch ist 1965 unterm Strich
ein gutes Jahr für Strauß. Jetzt geht es nicht mehr darum, ob er eine neue
Chance erhalten wird, es geht nur noch um die Frage: Wann? Und darum,
ob er wirklich will.

An Alternativen mangelt es ihm nicht. Am hartnäckigsten umwirbt ihn
der alte Flick, aber auch aus allen anderen möglichen Ecken der Wirtschaft
stapeln sich die Offerten. Dass Strauß erst einmal alle vertröstet, die sich
um ihn bemühen, muss gar nichts heißen. Denn eine von Herzen kommende Zusage kann es erst geben, wenn Strauß sich wieder frei fühlt, wenn
also die vollständige Rückkehr – mit Amt und Würden – in die Politik
wieder möglich ist. In Kürze, wenn es so weit sein wird, zeigt sich dann,
dass alle Alternativen zur Politik für ihn nur zweite Wahl sein können. Mit
einem Mal ist dann vergessen, dass er jemals etwas anderes erwogen haben
könnte!

1966, das Jahr seiner völligen politischen Wiederherstellung, beginnt für
Franz Josef Strauß mit einer unbezahlbaren Gabe – einem Geschenk der
Götter. Unbestreitbar ist im Grunde jetzt schon, dass er bei der nächsten
Kabinettsumbildung mit von der Partie sein müsste. Auch die, die ihn nicht
mögen, kommen nicht umhin, seine beispiellosen Talente und, vor allem,
seinen unbeugsamen Willen anzuerkennen. Aber die Kehrseite dieser Bewunderung wiegt mindestens ebenso schwer. Zu viel des Guten macht ihn
Vielen unheimlich – seine intellektuelle Überlegenheit und, mehr noch,
diese innere Kraft, mit der er sich gegen sein Schicksal, das nach der *Spiegel*-Affäre besiegelt schien, zur Wehr gesetzt hat. Zeugen die Energien, die
Strauß im siegreichen Kampf gegen den Untergang mobilisieren konnte,
nicht von jener Machtbesessenheit, die ihn in der Auseinandersetzung mit
Augsteins Blatt jedes Maß verlieren ließ? Und welche Bahn werden sich

diese Kräfte brechen, lassen sie sich überhaupt kanalisieren, wenn Strauß wieder an der Regierungsmacht teilhaben sollte?

Dieses Unbehagen begegnet ihm unvermindert, quer durch alle politischen Lager. Selbst aus der Leitartikelkonferenz der *Frankfurter Allgemeinen Zeitung*, wahrlich kein Ort hysterischer Aufgeregtheit, entflieht jeder Rest bürgerlichen Phlegmas, wenn die Rede auf Strauß kommt. »Wir haben heute in der Redaktionskonferenz fast zwei Stunden nur über Sie diskutiert«, schreibt ihm Adelbert Weinstein, deren verteidigungspolitischer Korrespondent, in einem persönlichen Brief: »Es handelte sich im wesentlichen darum, ob dem deutschen Wähler etc. etc. zugemutet werden könne, dass Sie wieder Minister werden. Die Auffassungen der Leitartikel-Konferenz waren genau 50 zu 50 verteilt.«[41]

So ist die politische Stimmung allenthalben – gleichviel, ob sie sich in Urteilen aus dem Bauch heraus oder in hochreflektierten Wendungen ausdrückt. Es ist nicht vorstellbar, was Strauß aus eigener Kraft tun könnte, um diesen letzten ihn noch blockierenden Vorbehalt auszuräumen. Ausgerechnet Conrad Ahlers erweist ihm nun diesen Dienst. Gewiss hatte die *Spiegel*-Affäre viele Aspekte; der für den Fortgang von Strauß am Ende maßgebliche ist jedoch klar zu benennen: Es war seine direkte *Einschaltung* in die Festnahme von Ahlers. Umso wertvoller ist es, dass Ahlers Mitte Januar 1966 einen kleinen Aufsatz in der Strauß stets kritisch begleitenden, vom RCDS herausgegebenen Zeitschrift *Civis* veröffentlicht – unter dem Titel »Strauß hat sich gewandelt«.[42] Schon einige Monate zuvor hatte Heinrich Krone erstaunt in seinem Tagebuch festgehalten: »Mir hat schon vor kurzem Konrad Ahlers gesagt, daß der Spiegel seinen Kampf gegen Franz-Josef Strauß einstellen werde. Heute konnte er mir von einer Unterredung berichten, die zwischen ihm und Strauß in dessen Godesberger Wohnung stattgefunden habe (…). Man muß Konrad Ahlers hoch anrechnen, daß er in so souveräner Art sich zu dem äußert, was damals gegen ihn geschah. Er trage nichts nach, hat er Strauß gesagt (…).«[43]

Ahlers ist wirklich der letzte, der Grund hätte, Strauß zu schonen. Gerade deswegen wiegt sein nun veröffentlichtes Urteil über Strauß so schwer: »Wer auf solche Weise, existenzphilosophisch gesprochen, auf sich selbst zurückgeworfen wurde, wer mit einem solchen Ruck zum Halten gebracht wurde und plötzlich vor der Frage steht, wie es denn nun weitergehen soll, der macht unter dem Einfluß solcher Schrecksekunden und unter dem Druck solcher Veränderungen eine Wandlung durch. (…) Geblieben sind auch Temperament und Vitalität, doch sind Durchsetzungskraft und -wille gebrochener als sie erscheinen. Spürbar ist auch eine deutliche Unsicherheit, eine Bereitschaft zum Fragen und sich selbst in Frage zu stellen, wo früher vornehmlich Mitkämpfer geworben werden wollten.« Ausführlich analysiert Ahlers sodann, wie Strauß sich in inhaltlichen Fragen verändert habe, etwa vom unbedingten Amerika-Freund zum Gaullisten, um dann zu dem Schluss zu kommen: »Indes sind diese Wandlungen nur Oberfläche. Gewandelt hat sich weniger der Politiker Strauß, wohl aber, wie vorher beschrieben, der Mensch.«[44]

Nicht nur, dass Ahlers offenkundig seinen Frieden mit ihm gemacht hat, nein, er bescheinigt dem gewandelten Strauß sogar eine diesem bislang selten nachgesagte Friedensfähigkeit. Noch belauern sich die machtpolitischen Rivalen Barzel und Strauß, von einer Versöhnung zwischen dem gaullistischen Bayern und dem ungeliebten Gerhard Schröder ist nichts zu sehen. Doch muss das so bleiben? »Es würde bei dem einerseits von übergroßem Mißtrauen, aber auch von ungehemmter Großzügigkeit geprägten Charakterbild von Strauß nicht überraschen, wenn hier im Laufe der Zeit eine Annäherung eintritt.«[45]

Eine Annäherung und Entspannung – anfangs eher scheu, doch endlich recht zielstrebig vorangetrieben – hat sich indes an einem anderen, durchaus zentralen Frontabschnitt angebahnt: Seit Sommer 1965 beginnt sich das Verhältnis zwischen Strauß und der Sozialdemokratie merklich zu entkrampfen. Es waren zunächst eher zaghafte, leise Töne, die die Revision der Beziehungen einleiteten, und der weitgehende Verzicht auf das, was man sich in Wahlkampfzeiten ansonsten gern an Unverschämtheiten um die Ohren schlägt. Doch kaum war die Wahl entschieden und Erhards Kabinett gebildet, da wurden die gegenseitigen Respektbekundungen verbindlicher. Soweit Strauß selbst erkenne, »daß er in den vergangenen Jahren bisweilen keinen größeren und gefährlicheren Gegner gehabt hat als sich selbst«, attestiert ihm Helmut Schmidt nun, wenige Tage nach Ahlers' Zeugnis, »soweit hat er eine große politische Chance. Auch in der Zukunft.«[46]

Wie so oft in der Politik entspringen solche Aufmerksamkeiten nur zum geringeren Teil der puren Menschenfreundlichkeit. Das, was letztlich Gemeinsamkeit stiftet, ist die Aussicht auf ein »Geschäft auf Gegenseitigkeit«.[47] Allerdings leistet die SPD und namentlich Herbert Wehner – bekanntermaßen ein enger Freund von Ahlers – erst einmal eine beachtliche Vorschusszahlung, indem er hilft, die letzten Spuren des *Spiegel*-Stigmas am Bild von Strauß zu entfernen, und es ist höchst ungewiss, ob dieses Investment einmal die erhofften Erträge bringen wird. Denn das strategische Ziel, über eine Große Koalition endlich an der Bonner Macht teilzuhaben, rückt damit ja noch keinen Deut näher; der einzige Gewinner ist zunächst Strauß. Die über den gesamten Zeitraum des letzten Kabinetts Erhard anhaltenden Sticheleien der Liberalen gegen den CSU-Vorsitzenden – wen müssen sie noch interessieren, wenn maßgebliche Teile der SPD, des eigentlichen politischen Gegners, Gnade walten lassen und Conrad Ahlers, der persönlich Hauptbetroffene der Strauß'schen Aktivitäten während der *Spiegel*-Affäre, bereit ist, einen Schlussstrich unter dieselbe zu ziehen?

Zum veränderten Bild von Strauß, der immer weniger als cholerischer Machtmensch wahrgenommen wird, passt es, dass Beobachter der Bonner Szene in dieser Zeit eine ungewöhnliche Konzilianz und Jovialität an diesem Poltergeist entdecken. Hans Ulrich Kempski etwa, der Strauß seit dem Winter 1945/46 aus Begegnungen beim Ochsensepp kennt, staunt nicht schlecht, wenn er diesen Mann, der eigentlich doch gar keine verborgenen Seiten mehr für ihn haben dürfte, entspannt durch die Wandelgänge des Parlaments und durchs Regierungsviertel schlendern sieht, freundlich grüßend und jede sich bietende Hand verbindlich schüttelnd, sich nach dem Wohlbefinden der verehrten Frau Gemahlin seiner Gesprächspartner erkundigend. Fast könne man denken, Strauß habe keine Feinde mehr und sei einfach nur »ein rundum netter Kerl«.[48]

Selbst für Gerhard Schröder findet Strauß neuerdings freundliche Worte, als wolle er Ahlers Prophezeiung Wirklichkeit werden lassen. Viel beachtet wird ihr gemeinsamer Besuch der Bayreuther Wagner-Festspiele im Sommer 1966 – in Begleitung ihrer Ehefrauen präsentieren sich die alten Streithähne demonstrativ in derselben Loge.[49] Zwar sei man in Sachfragen, so Strauß, nicht immer einer Meinung, menschlich allerdings verstehe man sich gut.[50] Auch Shimon Peres, der ihn an seinem südfranzösischen Urlaubsort besucht, erlebt seinen alten Bekannten in ungewöhnlich aufgeräumter Stimmung. Zutiefst enttäuscht resümieren beide den aktuellen Stand der deutsch-israelischen Beziehungen und machen auf allen Seiten Kräfte aus, die »das einzigartige Verdienst Ben-Gurions und Adenauers«, die Beziehungen zwischen beiden Staaten auf ein neues Fundament zu stellen, zunichte machen wollen.[51] Strauß, dem ein nicht unbeträchtlicher Anteil an der Versöhnung Nachkriegsdeutschlands mit Israel zukommt, könnte in der Zerstörung des Geschaffenen durchaus auch einen Angriff auf sich selbst sehen und sich – wie er es früher gern getan hat – in unheilschwangere Ausblicke auf die Zukunft hineinsteigern. Doch nichts dergleichen; nach dem Gespräch bedankt sich Peres nicht nur für das »Vergnügen« der Begegnung, sondern fügt hinzu: »Man selbst wird ermutigt, wenn man einen optimistischen Staatsmann trifft wie Sie.«[52]

Sogar über die Liberalen, die mit ihren Beschwörungen der Gefahr Franz Josef Strauß inzwischen auf verlorenem Posten stehen, ist ihm kein böses Wort mehr zu entlocken.[53] Im März sind die letzten Versuche zur Versöhnung gescheitert.[54] Erhard, der mittlerweile ahnt, wie gefährlich ihm ein nicht in die Kabinettsdisziplin eingebundener CSU-Vorsitzender werden kann, sind somit die Hände gebunden: Er müsste Strauß in die Regierung holen, doch dies würde zum sofortigen Ende des Bündnisses mit den Liberalen führen. Damit vor die Wahl gestellt zwischen dem Weg des schnellen und dem des langsamen Endes, bleibt Erhard im Grunde gar nichts anderes übrig, als den des Siechtums zu gehen und auf eine Wendung seines Glücks zu hoffen.

Davon ist nun, im Herbst 1966, nichts zu sehen, zumal sich die Wirtschaftslage nicht verbessern will. Bereits kurz nach der Regierungsbildung hatte das Wort von der »wirtschaftlichen Rezession« die Runde gemacht. Nach den Schwierigkeiten auf außenpolitischem Gebiet war Ludwig Erhard damit auch auf seiner ureigensten Domäne, der Wirtschafts- und Finanzpolitik, unter Druck geraten. Von einer echten Rezession ist man im September 1966 – bei 100 000 Arbeitslosen, denen 600 000 offene Stellen gegenüberstehen – zwar weit entfernt. Aber sinkende Wachtumsraten, Zechenstilllegungen und diffuse Inflationsängste haben sich zu einem Gefühl der Krise verdichtet. Hinzu kommt, dass Erhard den Bedrohungen, die sich auch in Lücken im Bundeshaushalt niederschlagen, mit Aufrufen zum »Maßhalten« und weiteren Sparmaßnahmen begegnen will, was die schleichende Rezession eher noch verstärkt und bald auch zu sinkenden Steuereinnahmen führt.[55]

Viele Kräfte bewirken den Untergang der bürgerlichen Koalition. Doch Strauß und die SPD, die beiden eindeutigen Gewinner der neuen Konstellation, sind es nicht, die den entscheidenden Beitrag zum Ende Erhards und des Bündnisses aus CDU/CSU und FDP leisten. Strauß fehlt in der Schlussphase Erhards, ähnlich wie in der Spätzeit Adenauers, der Killerinstinkt. Klarer als andere sieht er die Schwächen des Kanzlers; aber er besitzt doch nicht die Unverfrorenheit des Königsmörders. Erst als die bayerische Landtagswahl bedrohlich naht – sie steht am 20. November ins Haus, und die Umfrageergebnisse geben allen Anlass zur Sorge –, ist Strauß bereit, das jetzt unvermeidlich Gewordene zu tun. Im Sommer ist Nordrhein-Westfalen, bislang eine feste Burg der CDU, gefallen. Weder hat sich die wirtschaftliche Lage seither verbessert, noch ist es Erhard gelungen, das Heft wieder an sich zu reißen. In einer Art letzter Warnung bringt Strauß Lage und Stimmung im Land am 12. September 1966 vor der Bundestagsfraktion auf den Punkt: »Ungewißheit, Unsicherheit, Unbehagen, Unruhe und potentielle Unzufriedenheit«.[56]

Die alten Gegensätze zwischen Strauß und dem Kanzler bestehen fort, aber nun, unter den Vorzeichen der politischen Krise in Bonn und der wirtschaftlichen im ganzen Land, wirkt der schwache Kanzler noch schwächer als sonst. An allen Ecken bröckelt seine Autorität, schon bleibt ihm nur noch eine schwankende Mehrheit für seine Politik. Sein politischer Tod ist lediglich eine Frage der Zeit. Sich von Erhard zu trennen, dem Siechtum ein Ende zu setzen, scheint jetzt ein Gebot der Selbsterhaltung. Allerdings erhält Strauß für einen harten Kurs des Kanzlersturzes – von dem Strauß selbst weiß, dass er »ungeheure Risiken«[57] birgt – nicht die notwendige Unterstützung im Vorstand seiner Partei.

Glücklicherweise tut nun die FDP, was aus Sicht von Strauß getan werden muss: Am 27. Oktober zieht sie ihre Minister aus Erhards Kabinett zurück, die bürgerliche Koalition zerbricht.[58] Doch »Erhard bleibt und mit ihm die CDU/CSU-Minister. Wie lange? Er sitzt und sitzt, und Schröder, der sehr aktiv ist und ihn bei der Hand nimmt, rät ihm zu bleiben« – die Stimmung, die Krone beschreibt, ist gespenstisch, doch im Grunde fasst er nur das ganze Elend der vorangegangenen Jahre zusammen: »Es ist zum Weinen mit diesem müden, schwerhörenden, nichts aufgreifenden, alles laufen lassenden, aber guten Ludwig Erhard. Im Kabinett reden sie durcheinander, und man muß ihm zurufen, er solle zum nächsten Punkt übergehen.«[59]

Barzel und Strauß bedrängen den Kanzler seit Tagen, den Weg für eine neue Regierung freizumachen. Der Druck aus der Unionsfraktion wird immer mächtiger. Aber es muss erst noch die Landtagswahl in Hessen vergehen, bei der die rechtsradikale NPD einen unerwarteten Erfolg verzeichnet, bevor Erhard seine letzten, verzweifelten Versuche aufgibt, sich am Amtssessel festzukrallen. Mit der Bereitschaft zum Amtsverzicht ist allerdings noch kein neuer Kanzlerkandidat gefunden, der das Land aus der vermeintlichen Krise führen und gleichzeitig die Geschlossenheit der Unionsparteien wiederherstellen könnte. Schröder will es noch einmal mit der FDP versuchen, Gerstenmaier lieber mit der SPD; Barzel scheint jede Mehrheit, die ihn an die Spitze bringt, recht zu sein. Überzeugend ist keiner der Kandidaten, zu sehr sind sie entweder Flügelmänner oder von Machthunger

Kanzler Ludwig Erhard als Gast beim CSU-Parteitag (10. bis 12. Juli 1964)
im Deutschen Museum zu München.

und Eitelkeit getrieben. So kommt es, dass sich mit Kurt Georg Kiesinger, dem baden-württembergischen Ministerpräsidenten, ziemlich schnell ein Außenseiter als der geeignete Mann herauskristallisiert. Gestützt vom CDU-Bundesparteivorstand, zieht ihn eine deutliche Mehrheit der Unionsfraktion im Deutschen Bundestag den drei Mitbewerbern vor. Kiesinger entspricht auch den Vorstellungen der CSU, die sich bereits am 9. November bei einer Vorstandssitzung für ihn ausspricht.

In der kurzen Phase völliger Agonie – in den Tagen von Erhards Minderheitsregierung – bemerken die führenden Unionspolitiker, dass sie zur Kanzlerwahl und Regierungsbildung noch einen Partner brauchen. Das Verhältnis zur FDP ist zerrüttet, kein Weg scheint zurück zur Koalitionsgemeinschaft zu führen. Will man verhindern, dass das nach der Landtagswahl an Rhein und Ruhr praktizierte Düsseldorfer Modell einer sozialliberalen Koalition auch in Bonn Schule macht, bleibt nur das Bündnis mit der Sozialdemokratie. Helmut Kohl, der junge Kraftprotz aus der rheinland-pfälzischen CDU, steht ziemlich alleine da mit seiner Warnung, dass die Bildung einer Großen Koalition die Union über kurz oder lang in die Opposition führen werde.[60] Doch mehr als eine frühe Kostprobe seines politischen Instinkts und prognostischen Talents ist die Einzelmeinung dieses jungen Wilden innerhalb der CDU nicht. Längst sind die entscheidenden Vorarbeiten getan; die schon vor Jahren hergestellten Kontakte zwischen SPD und Unionsparteien sind nie abgerissen, jetzt können sie endlich Funken springen lassen.

Schon früh, im Sommer 1965, hat Strauß zum ersten Mal öffentlich skizziert, was er sich von einer Großen Koalition verspricht: eine Wahlrechtsänderung, die auf Dauer stabile Mehrheiten ohne die Abhängigkeit vom lästigen kleinen Partner FDP ermöglicht; und eine grundlegende Modernisierung des staatlichen Apparates vorausschauender Struktur-, Wirtschafts- und Finanzpolitik.[61] Der erste dieser beiden Programmpunkte hängt gewiss nicht zuletzt mit der Weigerung der Liberalen zusammen, ihm die vollständige Rückkehr in Amt und Würden der Bonner Politik zu gönnen. Aber rein privater Natur sind diese Wünsche auch nicht, wenn man den, gemessen am eigenen Stimmaufkommen, übermäßig hohen Anteil der FDP an der inhaltlichen Formulierung und personellen Repräsentanz der Regierungspolitik ausgangs der Ära Adenauer betrachtet; eine Erfahrung, die die SPD nach 1969 ja auch noch zur Genüge wird sammeln dürfen.

Der zweite Punkt freilich, der sich in der Politik der Großen Koalition als eines der Hauptprojekte wiederfinden wird, ist mit dem gegenwärtigen Bundeskanzler nicht zu verwirklichen. Bereits seit seiner Zeit als Atomminister Adenauers weiß Strauß, wie wichtig Erhard die reine Lehre marktwirtschaftlicher Ordnung ist, wie skeptisch er jeglicher Form moderner Industrie- und Strukturpolitik und allem, was nach Staatsinterventionismus aussieht, gegenübersteht.

Längst schon schielt der CSU-Vorsitzende auf das Finanzministerium, das ihm die beste Ausgangsposition für eine Modernisierung der Rolle des Staates in der Wirtschaft zu sein scheint. Über seinen Vertrauten und Parteifreund Leo Wagner, den parlamentarischen Geschäftsführer der Unionsfraktion, hatte er dem Kanzler schon bei dessen ungewöhnlich schwieriger letzter Kabinettsbildung mitgeteilt, dass er sich für dieses Amt interessieren könnte, was Erhard aber, wie er den Bundespräsidenten bei der Besprechung seiner Ministerliste nicht ohne Stolz wissen ließ, »ganz einfach überhört« hat.[62] Doch aus der Welt zu schaffen ist diese Idee – mal erscheint sie als des einen Wunsch, mal nur als Gerücht – nicht mehr.[63]

Erhard, der natürlich den *Spiegel* liest, sind die jüngsten volkswirtschaftlichen Interessen des CSU-Vorsitzenden nicht verborgen geblieben; seit einiger Zeit erhält er ellenlange Briefe von Strauß, die ihm – dem Volkswirtschaftsprofessor, Erfinder der Sozialen Marktwirtschaft und Vater des

Wirtschaftswunders – höflich, aber selbstbewusst mit allen Wassern moderner ökonomischer Theorie gewaschene Ratschläge zur Konjunktur- und Preispolitik, zu Fragen der Zahlungsbilanz und der hinreichenden Kapitalversorgung der deutschen Wirtschaft unterbreiten. Gewiss gibt es größere Freuden im Leben von Erhard, als solche fast schon matifestartigen Briefe – gerade erst am 5. Juli 1966 hat ihm Strauß eine neunseitige Handreichung zugeschickt – zu beantworten. Zudem ist Erhard kaum bereit, die Anregungen und Vorschläge aufzugreifen. Aber es ist eben nicht nur der Trotz des Vereinsamenden, der meint, es immer noch besser zu wissen und zu können, sondern auch schon der Respekt vor dem sich hinter solchen Denkschriften immer weniger versteckenden Anspruch, der Erhard veranlasst, gleich mit zwanzig Seiten zu antworten.[64]

Als schließlich Erhards Schicksal besiegelt ist und Kiesinger als Nachfolger ins Gespräch kommt, wird dieser Anspruch – in der für Strauß nicht untypischen Art, er will gerufen werden – sogleich deutlich angemeldet: »Strauß steht der Übernahme des Finanzministeriums nicht ablehnend gegenüber«, heißt es in einer Notiz für den Bundespräsidenten vom 3. November 1966 über ein Sondierungsgespräch zwischen Strauß und dem baden-württembergischen Ministerpräsidenten zur Erhard-Nachfolge.[65]

Mittlerweile stehen die Liberalen mit ihren Beschwörungen der Gefahr Franz Josef Strauß auf verlorenem Posten. »Wenn Conrad Ahlers wieder mit ihm essen geht und Erich Mende sich verstohlen mit ihm trifft« – so wie Theo Sommer in der *Zeit* sind Ende 1966 die meisten ausgewiesenen Strauß-Kritiker gestimmt –, »dann ist es sinnlos, in der Pose der Empörung eingefroren zu verharren«. Wolle ihn »eine Mehrheit der Bayern auf den Schild heben«, dann sei es »undemokratisch, Strauß als Minister abzulehnen«. Im Übrigen dürfe man »auch einem erst gestrauchelten, dann gestürzten Politiker die Fähigkeit zur Besserung und Einsicht nicht absprechen«.[66] Augstein hält Strauß zwar nach wie vor für »gefährlich«, »weil er um seiner persönlichen Ziele willen den Staat kaputtmacht«[67] Aber hat nicht gerade die *Spiegel*-Affäre das genaue Gegenteil bewiesen, dass nämlich selbst die mächtigsten Kräfte zu schwach sind, um zerstörerisch zu wirken? Klaus Bölling, einer der profiliertesten Journalisten der Republik, Sozialdemokrat zudem, kommt jedenfalls zu einem viel einleuchtenderen Schluss als Augstein: »Könnte die deutsche Demokratie mit einem Minister Strauß nicht fertig werden, wäre sie keinen Pfifferling wert.« Wenn dennoch einigen »in Deutschland vor Strauß die Knie zittern, so liegt das eher an den schwachen Nerven dieser Demokraten als an dem Mann aus Bayern«.[68]

Wird alles gut?

Die juvenile Bundesrepublik war kein Land im Bürgerkriegszustand, und so wäre es zu hoch gegriffen, die Koalition aus Unionsparteien und Sozialdemokratie als eine Art Bündnis der nationalen Versöhnung zu bezeichnen. Und dennoch ist der 1. Dezember 1966, der Tag der Vereidigung von Kiesingers Kabinett, ein Datum, an dem die Adenauer-Republik – auch drei Jahre nach Rücktritt des Gründungskanzlers muss man sie wohl so nennen – dem inneren Frieden mit sich selbst ein beträchtliches Stück nähergekommen ist. Mit brutaler Lakonie, die aus der historischen Distanz fast schon beschönigend wirkt, wird Willy Brandt, der SPD-Vorsitzende und Vizekanzler der Großen Koalition, das Kabinett der Kiesinger-Regierung in seinen Memoiren als »eine durchaus wahrhaftige personelle Repräsentation der deutschen Wirklichkeit«, wie sie Mitte der sechziger Jahre nun einmal ist, bezeichnen.[1]

Auch wenn die SPD auf ihrem »Weg zur Staatspartei«[2] alle zunächst vehement bekämpften Grundentscheidungen des Bonner Staates zu akzeptieren gelernt hat: Immer noch liegt das böse, an die »vaterlandslosen Gesellen« von ehedem erinnernde Wort vom »finis Germaniae«, den ein Sieg der SPD bedeuten würde, in der Luft, mit dem Adenauer und die Unionsparteien 1957 erfolgreich in die Wahl gezogen waren.[3] Die Macht der Umstände hatte, schon in den fünfziger Jahren, dafür gesorgt, dass das Volk der Mitläufer sich selbst, seinen Hilfsführern des Nationalsozialismus in Wirtschaft, Wehrmacht und Verwaltung und sogar einigen wirklichen Führergehilfen vergab. Gegenüber den linken Extremisten der untergegangenen Zeit hingegen fehlt es zwanzig Jahre nach Kriegsende immer noch an jeglicher Bereitschaft zur Versöhnung.

Tief sitzt das Misstrauen, gerade in den ersten beiden Dezennien des Kalten Kriegs, gegen die einstigen ideologischen Brüder der Feinde von Heute. Hat Herbert Wehner sich wirklich vom Kommunisten, ja, Stalinisten, zum Demokraten gewandelt, dieser Meister der taktischen Schliche? Oder treibt er nur deshalb die Annäherung an das bürgerliche Lager voran, weil er die Bundesrepublik – die gerade in den Jahren der Großen Koalition den polemischen, aber doch nicht ganz von der Hand zu weisenden Beina-

*Regieren unter freiem Himmel: Das Kabinett der Großen Koalition tagt
im Garten des Palais Schaumburg, Juli 1967.*

men »CDU-Staat«[4] erhalten wird – auf den Weg in ein sozialistisches
Deutschland bringen will? Und was soll man von Willy Brandt halten? Gewiss, er ist bekanntermaßen einer der frühesten und markantesten Repräsentanten des rechten Flügels der SPD; als Regierendem Bürgermeister von
Berlin brauchte man ihm keine Lektion in Sachen Anti-Kommunismus zu
erteilen, lange vor dem Mainstream seiner Partei betrieb Brandt eine eindeutig pro-westliche Politik. Aber auch wenn Brandt nicht unter dem Verdacht steht, für linke Anfechtungen anfällig zu sein, so fragen sich viele in
der Union: Ist er nicht doch ein krasser Opportunist und Feigling? Es ist
eben nicht allein perfides Kalkül, das hinter dem schlimmen Wort von
»Brandt alias Frahm« gesteckt hat, mit dem die christlichen Parteien dem

Kanzlerkandidaten der SPD im Bundestagswahlkampf 1961 ehrabschneidend zu Leibe gerückt sind. Neben allem Gemeinen und berechnend auf Verletzung des politischen Gegners Abzielenden – bei Brandt eben auch auf die uneheliche Herkunft – ist es Fremdheit, die Misstrauen erzeugt, das in Unsicherheit, Argwohn und oftmals eben auch in hysterischen Gesten der Ab- und Ausgrenzung mündet. Und so wie im Einzelnen, in der konkreten persönlichen Begegnung, so sind es auch im Ganzen völlig unterschiedliche Kulturen und Erfahrungsräume, es sind wahrlich zwei Welten, die im Bündnis der Großen Koalition aus Unionsparteien und Sozialdemokratie aufeinanderprallen, deren Gegensätzlichkeit selbstverständlich von Anbeginn der Bundesrepublik im tiefen Grund prägend gewesen ist – nur war die elementare kulturelle Andersartigkeit der beiden Volksparteien von den großen politischen Richtungskontroversen der Gründerjahre überschattet.

Auch jetzt, wo sich die Große Koalition als Bündnis der praktischen Vernunft präsentiert, bleibt vieles unausgesprochen. Erst nach dem Machtwechsel von 1969 wird man in aller Schärfe sehen, welche unüberbrückbaren Gegensätze da zusammengefunden haben – beschwiegen nur, nicht wirklich aufgehoben oder gar versöhnt. Immerhin, man hat sich arrangiert, um das Wagnis der Großen Koalition eingehen zu können. Den Blick nach vorne gerichtet, beflügelt von der Freude an der Machtteilhabe bzw. am Machterhalt, beschweren weder die ideenpolitischen Antagonismen von einst noch die vielfältigen Lasten im zeithistorischen Marschgepäck den Aufbruch dieses merkwürdigen Bündnisses.

Dabei ist es nicht nur die Vergangenheit des Dritten Reichs, die sich mannigfach und facettenreich in diesem Kabinett widerspiegelt, am markantesten in Gestalt von Brandt und Wehner – die Männer des sozialistischen und kommunistischen Widerstands im Untergrund, die Exilanten – und eines Kanzlers, der Parteigenosse war und während des Kriegs in der Propagandatruppe des Auswärtigen Amtes seinen Dienst verrichtete. Mit Gustav Heinemann übernimmt jetzt Adenauers erster Innenminister, der im Streit um die Wiederbewaffnung und die Deutschlandfrage aus dem Kabinett geschieden war und, maßlos enttäuscht, der Union den Rücken gekehrt hatte, als Sozialdemokrat das Justizressort. Sein Staatssekretär Horst Ehmke hat soeben noch den *Spiegel* in der alten Sache vor dem Bundesverfassungsgericht vertreten. Als stellvertretender Regierungssprecher wird Conrad Ahlers in den nächsten Jahren kritischen Journalisten auch die Politik von Franz Josef Strauß darlegen müssen. Der Nationalsozialismus, die Ära Adenauer, der Kampf um die liberale Rechtsstaatlichkeit in der ziemlich unvollendeten Nachkriegsdemokratie – alle großen Gegensätze und Leidenschaften der bisherigen Bundesrepublik sind in der Großen Koalition unter ein Dach gezwängt. Jeder muss da Kröten schlucken.

Vier Jahre sind vergangen, seit Strauß aus dem Kabinett weichen musste, und doch liegen Generationen zwischen der Regierung Adenauer und jener Mannschaft, die Kiesinger im Dezember 1966 um sich schart. Im vergangenen Jahr hat Strauß seinen fünfzigsten Geburtstag gefeiert – längst ist er kein Wunderkind mehr und auch nicht mehr der Benjamin im Kabinett. In der Ministerriege des Alten von Rhöndorf verkörperte er, nicht nur aufgrund seines Lebensalters, das Prinzip der Modernität inmitten einer Bratenrock-Gesellschaft. Nun ist er von Gleichaltrigen, Jüngeren gar umgeben: Helmut Schmidt und Rainer Barzel leiten die Regierungsfraktionen; Bruno Heck und Hans-Jürgen Wischnewski, Kai-Uwe von Hassel und Georg Leber, Willy Brandt, der deutsche Kennedy, sind in etwa Alterskollegen; Karl Schiller und Horst Ehmke, wissenschaftlich bestens ausgewiesene Köpfe, auch Gerhard Stoltenberg, ein habilitierter Historiker mit ersten beruflichen Erfahrungen in der Industrie und bereits 1965 als Youngster in Erhards Kabinett eingetreten, bilden durchaus ein – wenngleich sehr hausbackenes westdeutsches – Pendant zu jener Gruppe junger *Eggheads*, die Kennedy als »die Besten und Klügsten«[5] um sich versammelt hat und die sich jetzt um Präsident Johnson scharen.

Hatte Strauß sich unter der Fuchtel des Patriarchen Adenauer von seinen Kollegen auch dadurch unterschieden, dass er aus eigenem Recht Minister sein wollte, so sind die Herren Wehner, Brandt und Heinemann, die mit ihm an Kiesingers Kabinettstisch sitzen, mindestens ebenso unabhängige Geister wie er; sie hängen jedenfalls nicht von des Kanzlers Gunst und Gnade ab. Nein, Strauß unterscheidet sich nicht mehr grundsätzlich von den anderen. Fast scheint es, als bestehe die einzige Ähnlichkeit zu seiner ersten Ministerzeit darin, dass er ein Amt – freilich: von Herzen gern, nicht gegen sein Willen! – übernommen hat, um das niemand ihn beneidet: »Wollte man Franz Josef Strauß uzen«, kommentiert ein Wirtschaftsblatt, »könnte man vielleicht sagen, er habe in einem Anfall von ihm sonst nicht eigener Naivität oder maßloser Überschätzung seiner Fähigkeiten und Kräfte gehandelt, als er mit dem Amt des Bundesfinanzministers die derzeit schwierigste Funktion in der Bundesregierung übernahm.«[6]

Natürlich ist sich Strauß darüber im Klaren, was er sich da aufgehalst hat. Und wiederum, wie bei all seinen früheren Ämtern, scheint ihm der höchste Berg mit dem steilsten und schwierigsten Aufstieg gerade recht zu sein. In der für Strauß typischen Mischung aus energischem Tatendrang und ostentativem Ächzen ob der Bürde, die da auf ihm lastet, schreibt er noch am Tag der Vereidigung einen ausführlichen Brief an Kiesinger.

Für einen, der zunächst gewissermaßen zur Bewährung in die Mitte des politischen Lebens zurückgekehrt ist – mit keineswegs eindeutig günstiger Resozialisierungsprognose –, sind es kokette, sogar kecke Worte, mit denen er sein Schreiben eröffnet: »Wie ich Ihnen bereits sagte, bin ich bereit, als Bundesfinanzminister dem von Ihnen geführten Koalitionskabinett beizutreten.«[7] Sodann wendet sich Strauß den vor ihm liegenden Problemen zu: Die Verlangsamung des wirtschaftlichen Wachstums, die Erfordernisse der Inflationsbekämpfung und das auf der Grundlage früherer, zu optimistischer Prognosen beschlossene Anwachsen der konsumptiven Staatsausgaben reiße immer größere Deckungslücken in den Bundeshaushalt. Die Steuereinnahmen für 1966 seien weit hinter den Erwartungen zurückgeblieben, und den Fehlbetrag von einer Milliarde DM dürfte sich im kommende Jahr noch mal verdoppeln. Es sei unklar, wie der Bundeshaushalt unter solchen Voraussetzungen für 1967 ausgeglichen werden könnte. Mit Steuererhöhungen jedenfalls gehe es nicht, da diese entweder die Konjunktur bremsen oder die Inflation anheizen würden. Der einzig gangbare Weg seien daher Ausgabenkürzungen in Bereichen, die keine allzu großen negativen Auswirkungen auf die Beschäftigungsentwicklung haben: Beschneidung »zu großzügig bemessene(r) Leistungen« und Verschiebung »geplante(r) Leistungsverbesserungen auf einen späteren Zeitpunkt«; »Angleichung der Renten an die Entwicklung der Produktivität und an ein volkswirtschaftliches Wachstum, das sich etwa in der Mitte zwischen der realen und nominellen Steigerungsrate des Bruttosozialprodukts bewegt«, also eine Abkehr von der bislang gültigen »Orientierung an dem im wesentlichen von den Tarifpartnern bestimmten Lohnzuwachs«; Einschränkung von direkten und indirekten Hilfen und Zuschüssen des Staates auf »einkommensschwache Bevölkerungskreise«. Diese Ausgabenkürzungen seien aber nicht nur wegen der angespannten Haushaltslage zwingend, sondern müssten zugleich Mittel für konjunkturbelebende und zukunftssichernde neue Ausgaben freisetzen: »Der Altersaufbau unserer Bevölkerung, der hohe Außenhandelsanteil, der scharfe internationale Wettbewerb, der Zustand unseres Bildungswesens und der Wissenschaften sowie Engpässe in der Infrastruktur zwingen uns zu außerordentlichen Investitionsanstrengungen.«

Nach all den schönen Wirtschaftswunderjahren, der Zeit des scheinbar unaufhaltsamen Zuwachses an Wohlstand und Wohlfahrt, fällt der Großen Koalition, insbesondere ihrem Finanzminister, nun also die undankbare Aufgabe zu, unpopuläre Maßhalteprogramme und spürbare Leistungskürzungen ins Werk zu setzen. Schon in der ersten Kabinettssitzung kommt es darüber zum Zusammenstoß zwischen Strauß und den betroffenen Ressortministern. Hans Katzer vom Arbeitnehmerflügel der CDU, der nun als Arbeitsminister in der Rentenpolitik federführend ist, pocht darauf, dass an der Rentenversicherung nichts geändert werden dürfe. Es befremde ihn, dass immer nur von den Ministern für Wirtschaft und Finanzen die Rede sei und man dabei das Soziale nicht erwähne. Insbesondere die Lohnbezogenheit der Rente müsse bleiben. Georg Leber, ein früherer Gewerkschaftsführer, der für die SPD das Verkehrsministerium übernommen hat, stößt in dasselbe Horn. Und Bruno Heck, der sich als Familienminister gleichfalls von den Sparplänen angesprochen fühlen muss, wehrt sich mit Händen und Füßen dagegen, dass der Familienlastenausgleich zukünftig an Einkommensgrenzen orientiert werden soll.[8] Da ist sie also, die Große Koalition der St. Florians beider Parteien, gegen die Strauß fortan kämpfen muss.

»Ich kann die Verantwortung für die von mir als Bundesfinanzminister vorzuschlagenden Maßnahmen (…) nur übernehmen,« so hatte er seinen Brief zur Amtseinführung an Kiesinger beendet, »wenn Sie als Bundeskanzler mit der vollen Autorität Ihres Amtes und Ihrer Person und notfalls unter Anwendung Ihrer Richtlinienkompetenz hinter dieser nur in kurzgefaßten Worten skizzierten Politik stehen.«[9] Doch Beistand erhält er nicht vom Kanzler, der sich in der konstituierenden Sitzung seines Kabinetts als zurückhaltender Moderator übt, sondern von Wirtschaftsminister Schiller. Katzer, der die Deckungslücken in der Rentenkasse durch eine Ergänzungsabgabe, Steuererhöhungen und Lohnsteigerungen stopfen will, die das Beitragsaufkommen mehren würden, muss sich über die fatalen konjunkturpolitischen Auswirkungen seiner Rezepte belehren lassen, die die Rezession verschärfen würden. Überhaupt geben Strauß und Schiller bereits in dieser ersten Kabinettssitzung eine beeindruckende Probe auf ihr die Zeit der Großen Koalition in weiten Phasen dominierendes Doppelpassspiel. Innerhalb des Regierungsbündnisses stehen sich eher zwei parteiübergreifende Lager gegenüber, die Grenze verläuft nicht einfach zwischen den Fraktionen: Auf der einen Seite stehen die, welche auch die mageren Jahre nach den Regeln der fetten bestreiten möchten; auf der anderen Seite jene, die mit technokratisch unterfüttertem Optimismus alles daransetzen, dem überkommenen ordnungspolitischen Denken moderne Instrumente zur Steuerung der wirtschaftlichen Entwicklung hinzuzufügen, um der gegenwärtigen sowie künftigen Krisen zu begegnen.

Für Kiesinger kommt diese sich gleich in der konstituierenden Kabinettssitzung abzeichnende Konfliktkonstellation nicht überraschend. Denn in diesem Sinne hatte Strauß seine Bedingungen für einen Eintritt in die Regierung formuliert, und am Tag vor der ersten Beratung im Kreise seiner Minister hat es der Kanzler noch einmal schwarz auf weiß erhalten: Wie alle Kabinettskollegen legt auch der Finanzminister aus dem Blickwinkel seines Ressort einen Beitrag für die erste Regierungserklärung Kiesingers vor, der am 6. Dezember im Kanzleramt eintrifft.[10]

Dort neigt man von Beginn der Großen Koalition an dazu, den von Strauß vorgeschlagenen Kurs zu unterstützen; der zuständige Abteilungsleiter im Palais Schaumburg lobt die Ausarbeitung des Finanzministers in höchsten Tönen, da sie »die Erwartungen von Parlament und Öffentlichkeit auf *neue, mutige Weichenstellungen*« erfülle. Dass die von Strauß geforderte »Neuorientierung im Sozialbereich (...) von den Sozialpolitikern beider Parteien als *Kampfansage* aufgefaßt werden« muss, macht die Sache nicht leichter: »Dennoch ist das von Minister Strauß vorgeschlagene *Umdenken unentbehrlich.*«[11]

Kiesinger sieht genau, was da auf ihn zukommt. Sein Herz gehört der Außenpolitik, doch drängender sind die inneren Fragen, und seine wichtigste Aufgabe wird die – so nennt es Conrad Ahlers – eines »Wandelnden Vermittlungsausschusses«[12] sein. Immer größere Mühe muss der Kanzler darauf verwenden, einfach den Laden zusammenzuhalten. Dass es ausgerechnet Strauß ist, der nicht nur die schwierigste Aufgabe zu schultern hat, sondern dabei ständig auf die Vermittlungskünste des Regierungschefs angewiesen sein wird, hat auch sein Gutes. Denn mit Finanzpolitik und Haushaltskonsolidierung sollte sein Minister doch wohl ausgelastet sein und innerhalb seines Ressorts genügend Gelegenheit haben, seine bekannte Streitlust für die Ziele einzusetzen, die auch Kiesinger für richtig hält.

Eigentlich müsste der Kanzler seinen Strauß gut genug kennen, um zu wissen, dass solche Hoffnungen vergeblich wären.[13] Als junge Abgeordnete haben sie zusammen im ersten Deutschen Bundestag gesessen; beide sind sich in diesen Jahren auch als Juniormanager ihrer Schwesterparteien begegnet. Der eine schon als junger Mann recht gravitätisch, der andere mit heißem Temperament gesegnet, ist ihnen schon damals ihre Leidenschaft

Zwei, die sich nicht viel zu sagen haben: Kanzler Kiesinger
beim CSU-Parteitag am 1. Juli 1967.

für Außenpolitik gemeinsam. Wann immer sie in den großen Debatten der fünfziger Jahre das Wort ergriffen, erlebte das Parlament eine seiner besseren Stunden. Denn beiden ist es nicht gegeben, mit anderen als großen Worten zu reden, in anderen als strategischen Dimensionen und weltgeschichtlichen Zusammenhängen zu denken.

Beide haben ihren Weg gemacht: Strauß in Bonn, auf den Rückhalt einer eigenen Hausmacht, der CSU, vertrauend; Kiesinger klugerweise über das Amt des baden-württembergischen Ministerpräsidenten, das er 1958 auch deshalb gern übernahm, weil er um die begrenzten eigenen Entwicklungsmöglichkeiten im Bonn des Patriarchen wusste, zu dessen bevorzugten Schützlingen er nicht zählte. Allerdings hat Kiesinger seinen alten Bekannten Strauß in den Stuttgarter Jahren nicht aus den Augen verloren. Zum Dank dafür, dass sich der CSU-Vorsitzende nach dem Ausscheiden Brentanos aus dem Kabinett Adenauers – wenn auch vergeblich – für Kiesinger statt Schröder als neuen Außenminister verwendete,[14] ließ sich Kiesinger als einziger prominenter Unionspolitiker während der *Spiegel*-Affäre öffentlich mit kritischen Bemerkungen zur Festnahme Ahlers vernehmen.[15]

Nichts an diesem Minister – es ist der einzige in seiner Regierungsmannschaft, den der Kanzler duzt – sollte ihm nach den jahrelangen Erfahrungen mit Strauß also fremd sein. Falls Kiesinger dennoch hofft, dass

Strauß sich nur innerhalb der Grenzen seines Ressorts bewegen werde, hat er sich – das wird vom ersten Tag an klar – getäuscht: Bei allen Mühen, die das neue Amt mit sich bringt, bleibt dem Finanzminister stets genügend Energie, um sich in die außen- und sicherheitspolitischen Kontroversen einzumischen.

In den Koalitionsverhandlungen zwischen Union und SPD ist dieser ganze Themenkreis nur notdürftig mit Konsensformeln überkleistert worden. Anderes hat im Mittelpunkt gestanden, obschon sich im Grunde alle, die jetzt in Kiesingers Ministerrunde sitzen, einig sind, dass gerade die internationalen Beziehungen der Bundesrepublik einer Generalüberprüfung und bis zu einem gewissen Grad auch der Neuordnung bedürfen.

Tatsächlich zeigt sich bereits in der ersten Kabinettssitzung, wie fragil der Konsens zur Außen- und Sicherheitspolitik im neuen Regierungsbündnis ist. Zu Beginn des außenpolitischen Teils der Beratung, den Willy Brandt, der neue Außenminister, mit einer Tour d'horizon einleitet, melden sich der Kanzler, der den Gedanken der europäischen Vereinigung etwas positiver ausgedrückt sehen möchte, und der neue Verteidigungsminister Schröder mit Handreichungen zu diesem und jenem kurz zu Wort. Der nächste Diskutant indes – es spricht der CSU-Vorsitzende – beschränkt sich nicht auf ein paar Randbemerkungen, sondern wartet, wie einer der Anwesenden in seinem Protokollvermerk festhält, »mit einer eigenen außenpolitischen Konzeption« auf. Dieser Beitrag unterscheidet sich im Temperament, vor allem aber in seiner Stringenz und Zuspitzung doch deutlich von den gesetzten Worten der Vorredner. In einer Hinsicht sind sich die Unionspolitiker allerdings einig: Die Position des neuen Außenministers zu den deutschen nuklearen Interessen ist ihnen entschieden zu lax. Brandt versucht auch gar nicht erst, über diesen Dissens hinwegzureden: Ja, in der nuklearen Frage ergäben sich »ganz deutliche Unterschiede innerhalb der Regierung«. Er selbst sei tatsächlich der Meinung, »daß wir uns nicht für irgendwelche nuklearen Konstruktionen offenhalten sollten«.[16]

Anders als in den Kontroversen der fünfziger Jahre ist die Erörterung der deutschen atomaren Interessen keine rein theoretische Angelegenheit mehr, bei der es um vage Zukunftsängste, -hoffnungen und -wünsche ginge. Die Verhandlungen über einen internationalen Vertrag zur Nichtweiterverbreitung von Kernwaffen (NV-Vertrag) treten allmählich in ein entscheidendes Stadium. Der moralische Druck der Weltöffentlichkeit – gerade auf Deutschland –, diesem Nichtverbreitungs-Regime beizutreten, wächst immens. Umso wichtiger ist es für jene, die für Deutschland eine

Option der nuklearen Teilhabe offenhalten wollen, Einfluss auf die konkrete Ausgestaltung des Vertrags zu nehmen. Beide Entwicklungsperspektiven müssen demnach erhalten bleiben: der Atomwaffenbesitz eines wie auch immer gearteten supranationalen Zusammenschlusses unter deutscher Beteiligung und die nukleare Souveränität als Ultima Ratio eines noch zu errichtenden europäischen Bundesstaates; an eine nationale Verfügungsgewalt für die Bundesrepublik hat auch Strauß nie gedacht. Neben der Sorge, dass europäisch-strategische Optionen verbaut werden könnten, sehen die Zweifler die Gefahr, dass sich für Deutschland atomwirtschaftliche Beschränkungen ergeben, falls der Vertragstext nicht sorgfältig ausgehandelt werden sollte.

Doch der Riss quer durch die soeben erst formierte Bundesregierung geht tiefer: Der Atomwaffensperrvertrag gilt als Anzahlung auf die erwünschte Entspannung des Ost-West-Verhältnisses. Brandt sieht darin mehr Chance als Risiko für Deutschland. Die Skeptiker hingegen – Strauß wird in den kommenden Jahren der vehementeste Mahner gegen ein Abkommen auf Kosten machtpolitischer Interessen der Bundesrepublik sein – befürchten die Zementierung, gar Ausweitung von Beschränkungen der nationalen Souveränität, eine statuspolitische Deklassierung Deutschlands und Europas im internationalen Konzert.

Einige Wochen nach Konstituierung der Großen Koalition steht die Formulierung des deutschen Standpunkts zum amerikanischen Vertragsentwurf für ein Nichtverbreitungs-Regime auf der Tagesordnung des Bundesverteidigungsrates. Brandt sieht durchaus die Gefahr, dass unüberwindbare Interpretationsdifferenzen zwischen den Vereinigten Staaten und der Sowjetunion auftreten. Es sei damit zu rechnen, dass Moskau »bestimmte Waffensysteme bei der Bundeswehr nicht dulden«, den Vertrag »als Handhabe zu folgenschweren Eingriffen in die Verwendung der Kernenergie für zivile Zwecke im nationalen wie auch zwischenstaatlichen Bereich« verwenden und vor allem ein Vetorecht »auf dem Weg zur europäischen Einigung im Nuklearbereich unter Berufung auf den Vertragstext« reklamieren könnte. Gewisse Abhilfe dagegen verschaffe im günstigen Falle eine »verbindliche amerikanische Interpretation«, die die deutschen Interessen wahre und europäische Optionen offenhalte.[17]

Strauß ist nicht der Einzige, dem diese Sicht der Dinge blauäugig erscheint. Auch Bundesverteidigungsminister Schröder und Bundesforschungsminister Stoltenberg geben schwerste Bedenken zu Protokoll. Es

wäre ihrer Meinung nach naiv, einem weithin zu Lasten der Bundesrepublik interpretationsoffenen Abkommen beizutreten und allein auf eine akzeptable amerikanische Auslegung zu vertrauen. Natürlich sehen auch die
Skeptiker, dass die Bundesrepublik unter enormem internationalen Druck
steht, dem Nichtverbreitungs-Abkommen beizutreten. Umso wichtiger sei
es, »sich unter keinen Umständen unter Zeitdruck setzen zu lassen«. Strauß
betrachtet das Vertragswerk sogar als »den Versuch (…), ein russisch-
amerikanisches Superkartell mit dem Ziel einer völligen Ausschaltung der
übrigen Welt auf atomarem Gebiet zu errichten«.[18]

Grundsätzlich sieht das der Kanzler ähnlich. Als Regierungschef einer
Koalition aus zwei nahezu gleich großen Kräften ist er jedoch vor allem um
Konsens bemüht. Also laviert er. Mit einer »Verweigerung des Beitritts zum
NV-Vertrag gerate die Bundesrepublik zwangsläufig in die Isolierung« –
Ablehnung sei »irreal«. Und bei dem Bemühen, Einfluss auf die Formulie-
rung und Auslegung des Vertragswerks zu nehmen, seien Initiativen der
Bundesrepublik »nur dann sinnvoll (…), wenn sie Aussichten haben, er-
folgreich zu sein«. Eine »Schlacht auf verlorenem Posten würde die deut-
sche Situation nur verschlechtern«.[19]

Was soll das heißen? Wankt der Kanzler? Wird er sich womöglich auf
einen faulen Kompromiss einlassen? Strauß für seinen Teil wittert höchste
Gefahr, zumal er mittlerweile – wie er in einem Alarmbrief an Kiesinger
einige Tage vorher, am 15. Februar, schreibt – den Eindruck gewonnen hat,
»daß Bundesminister Brandt in Amerika gewisse Bedenken angemeldet,
dafür einige beschwichtigende Erklärungen bekommen, schließlich aber
die deutsche Unterschrift in Aussicht gestellt hat«. Er selbst, dies müsse der
Kanzler wissen, werde »auf keinen Fall« einem Beitritt der Bundesrepublik
zustimmen und sich auch nicht einem »unter weiß Gott welchen Bedingungen zustande gekommenen Kabinettsbeschluß (›wir können ja doch
nicht anders‹) (…) beugen«. Die Bundesrepublik dürfe »weder aus Furcht
vor der ›Weltmeinung‹, noch unter dem Druck der amerikanischen Erpressung eine Unterschrift unter einen Vertrag leisten, der Deutschland endgültig zum geteilten Objekt eines Superkartells der Weltmächte abwertet,
Europas Aussichten auf eine politische Einigung zerschlägt und den Bünd-
nisgeist innerhalb der Nato noch restlos zerstört.« Gegen das Ja zu einem
solchen Vertrag werde er »zunächst innerhalb der gegebenen Gremien,
dann aber auch in der Öffentlichkeit mit letztem Nachdruck kämpfen«.[20]

Anzeichen dafür, dass Kiesinger diese Bedenken in der Sache ernst nimmt, gibt es nicht. Zwei Wochen später, am 2. März, kommt der Bundesverteidigungsrat erneut zusammen. Auch diesmal geht es um den Atomwaffensperrvertrag, doch ein heftiger und grundsätzlicher Streit entzündet sich bereits am ersten Tagesordnungspunkt, den außerordentlich schwierigen Verhandlungen mit den beiden angelsächsischen Bündnispartnern über die Regelung der Kosten für die Stationierung alliierter Streitkräfte in Deutschland – ein Thema, das bereits die Schlussphase der Regierung Erhard überschattet hatte. Vordergründig geht es dabei um Geld; in Wirklichkeit vermutet die Bundesregierung aber, dass die Briten und Amerikaner Vorwände suchen oder schaffen wollen, um längst geplante Truppenabzüge zu rechtfertigen. In diesem Sinne hatte Robert Kennedy, der unlängst in Bonn gewesen ist und als kommender Mann für die Zeit nach Präsident Johnson gilt, dem Bundeskanzler, der dies nun in die Beratung seines Sicherheitskabinetts einfließen lässt, bereits bedeutet: »Richten Sie sich darauf ein, es werden Truppen abgezogen.«[21]

Ob es am Ende so weit kommen wird und welche Konsequenzen das hätte – zur Erörterung solcher Fragen können neben dem Bundeskanzler auch die Staatssekretäre des Auswärtigen Amtes und des Verteidigungsministeriums, nicht zu vergessen der Generalinspekteur der Bundeswehr, manches beisteuern.

Mit wachsender Ungeduld hört sich Strauß das alles an, dann reicht es ihm. Hat denn niemand begriffen, worum es wirklich geht? Mit einem Schwung zieht er allen Diskutanten den Teppich unter den Füßen weg: Deren Grundprämisse, dass es in erster Linie auf die konventionelle Verteidigungsfähigkeit ankomme, hält er für verfehlt. Diese entfalte überhaupt nur abschreckende Wirkung, wenn sie den Angreifer von der ersten Minute des Gefechts unter das Risiko eines Nuklearschlags stelle. Alles andere, gerade das in Amerika verbreitete und von deutschen Verteidigungsplanern aufgegriffene Denken in Kategorien von »konventionellen Kriege(n) mit räumlicher Begrenzung in Europa«, sei ein fataler Irrweg. Das »bedeute im Ergebnis die Zerstörung der Bundesrepublik«. Akzeptiere man »diesen Ausgangspunkt, dann bleibe für die Bundesrepublik nur eine völlige Neuorientierung ihrer Politik« übrig: »Dann müsse sie die Neutralisierung wählen.« Umgekehrt sei eine westliche Verteidigungsplanung, die nicht mit einem frühen und aktiven Einsatz atomarer Schläge des Gegners rechne, weltfremd. Die Glaubwürdigkeit der Amerikaner, zum Äußersten bereit zu sein, schwinde allerdings dahin. Deutschland sei daher gut beraten, stärker als bisher auf Frankreich und auf die Wiederbelebung der Idee einer europäischen Verteidigungsgemeinschaft abzustellen.

Seine grundsätzliche Intervention muss Strauß mit höchster Leidenschaft vorgetragen haben. Als Kiesinger am Tag darauf Helmut Lemke (der als amtierender Bundesratspräsident den abwesenden Bundespräsidenten vertritt) ausführlich über den Schlagabtausch im Bundesverteidigungsrat unterrichtet, kommt er jedenfalls zum Schluss, dass Strauß – selbst wenn er dies stets bestreite – eben auch »aus emotionalen Gründen die bisherige Verteidigungspolitik angreife«. Und damit nicht genug. Als eines, gewiss nicht das geringste der Motive für den radikalen Auftritt von Strauß glaubt Kiesinger ausgemacht zu haben, dass der Finanzminister darauf bedacht sei, sich »einen guten Abgang zu sichern, wenn er in seiner Finanzpolitik keinen Erfolg haben sollte. Denn nunmehr würde er vor erhebliche Schwierigkeiten kommen. Dann sei es aber angenehmer, einen Rücktritt wegen einer großen politischen Frage als wegen eines Scheiterns in der Finanzpolitik zu erklären.«[22]

Damit erliegt Kiesinger einer grotesken Fehleinschätzung. Einen Vorwand jedenfalls, um irgendwann die Brocken hinwerfen zu können, bräuchte der Finanzminister gar nicht erst zu suchen: »In einem Ressort wie dem der Finanzen«, wird Strauß wenig später bei einem Empfang zu Ehren seines Amtsvorgängers Rolf Dahlgrün sagen, sei es »angesichts gewisser Entwicklungen in unserem politischen, wirtschaftlichen und sozialen Leben gut, neben dem Schreibtisch stets den Wanderstab bereit zu haben.«[23] Vernehmbarer und eleganter lässt sich mit dem eigenen Rücktritt schwerlich drohen. Vor allem dann nicht, wenn die Drohung im Letzten nicht ernst gemeint ist, sondern bloß als kalkuliertes Druckmittel dient, um die eigene Position durchzusetzen.

Anzeichen für eine sich rasch einschleichende Amtsmüdigkeit, gar ein resignatives Zurückweichen vor der übernommenen Verantwortung sind das nicht. Ähnlich hatte Strauß, erfolgreich, beim Aufbau der Bundeswehr taktiert. Doch anders als früher, lässt er sich nicht mehr so leicht aus der Ruhe bringen. Auch Kiesinger wird im Lauf der Zeit sein gemildertes Wesen kennenlernen. Nach einem knappen Jahr gemeinsamen Regierens etwa ereignet sich ein Vorfall, dessen Folgen in früheren Zeiten leicht auszumalen gewesen wären. Die Amtszeit des Bundesbankpräsidenten endet, Kiesinger verlängert sie und teilt Strauß dies mit, ohne sich mit ihm auch nur ansatzweise über die Entscheidung zu beraten. Natürlich kann der Finanzminister dieses Verfahren nicht gutheißen. Doch statt gegen den

Bundeskanzler schwerste Vorwürfe der Unkollegialität zu erheben, beschränkt sich Strauß auf den kurzen schriftlichen Hinweis, er wäre »dankbar«, wenn er »in Zukunft bei den Überlegungen zu so bedeutsamen, personellen Entscheidungen beteiligt würde«, zumal wenn »– wie hier – die Interessen meines Ressorts so stark berührt werden«.[24]

Besteht also noch Hoffnung, dass dieses wortgewaltige, streitlustige, kampfeswütige Ungetüm allmählich zu innerer Ruhe, zu Mäßigung kommt? Die Zeichen stehen gar nicht schlecht. In der Auseinandersetzung um die Sache ist Strauß immer noch unerbittlich. Der anhebende Streit um den Atomwaffensperrvertrag und die Bündnisstrategie hat dies gezeigt, und auch die vielen kommenden Reibereien mit den Kollegen aus Kabinett und Regierungsfraktionen in Angelegenheiten des Finanzressorts werden nichts anderes lehren. Aber das Ringen um den richtigen politischen Weg war ehedem auch nicht das Problem. Es war die oft brachiale Art, in der Strauß für seine Überzeugung kämpfte, die Vorbehalte wachsen ließ und schließlich hochemotionale Ablehnung hervorrief. Eben dies scheint sich geändert zu haben: Sein Ton ist verbindlicher geworden, fast schon konziliant. Wird am Ende vielleicht doch noch alles gut?

Professor Plisch und Dr. h.c. Plum

Gemessen an dem gewaltigen Schritt der Selbstüberwindung, den die SPD allein schon durch ihren Eintritt in das Bündnis mit der Union meistern muss, fallen die trotz aller Entspannung gebliebenen Vorbehalte[1] gegen Strauß fast nicht mehr ins Gewicht. Die Realitäten der Machtkonstellation lassen sowieso nur die eine Wahl: Wenn mit der Union, dann auch mit dem Vorsitzenden der CSU. So zählt denn die Personalangelegenheit Strauß zu den wenigen, die bei der Regierungsbildung ziemlich reibungslos über die Bühne gehen. Helmut Schmidt, neben Herbert Wehner die treibende Kraft zur Großen Koalition auf sozialdemokratischer Seite, erkennt, dass es das Sinnvollste ist, Strauß durch »Ahlers als eines der Opfer der ›Spiegel‹-Affäre« und durch Ehmke, »einen seiner Gegenspieler(,) auszubalancieren«.[2]

Die noch viel effektivere Sicherung gegen ein allzu ungestümes Revival des Bayern verspricht die Berufung von Karl Schiller zum Wirtschaftsminister zu werden. Dieser Hamburger Professor für Wirtschaftstheorie, bei dem sich niemand völlig sicher sein kann, ob er mit Blick auf seine akademische Bedeutung die Nachfolge von Adam Smith oder John Maynard Keynes anstrebt, ist ein Mann von ähnlich ausgeprägtem Ehrgeiz wie Strauß, ausgestattet mit ebenso schneller Auffassungsgabe und polemischem Talent – wenn auch mehr in der feinsinnigen Variante. Getrieben von einem unstillbaren Tatendrang und aufgeschlossen gegenüber allem, was die alte Welt mit Neuem bereichern könnte, verfügt er über ein robustes Selbstbewusstsein, das aber nicht – wie bei Strauß – gelegentlich ins Brachiale abgleitet, sondern eher hinein ins Eitle changiert.

Als ehemaliger Universitätsrektor und nach einigen Jahren als Wirtschaftssenator in den Stadtstaaten Hamburg und Berlin verfügt Schiller zwar über weit weniger administrative Erfahrungen als der Bayer. Doch in einer Hinsicht ähneln sich die beiden wieder sehr: Schillers frühere Senatskollegen haben nicht selten erleben dürfen, dass es ihm wichtiger sein kann, Recht zu behalten, als Recht zu bekommen. Auch jene neuen Regierungskollegen, die ihn noch nicht so lang und gut kennen, werden nicht allzu viele Begegnungen oder Kabinettssitzungen benötigen, um über den Wirtschaftsminister zu denken, was Karl Theodor zu Guttenberg im Frühjahr

1968 verwundert, kopfschüttelnd in seinem Notizbuch festhält: »(F)ür Karl Schiller ist alles erklärbar, alles durchschaubar, alles machbar.«[3] Ein hübsches Dauerduell – sollte man meinen – steht da wohl für die kommenden drei Jahre auf dem Bonner Spielplan, ein höchst sehenswerter Wettkampf Zweier, von denen jeder auf dem schmalen Grat zwischen dem besseren Wissen und dem Besserwisser wandelt.

Doch falsch gedacht! Sie können nicht aus ihrer Haut, versuchen gar nicht erst, sich zu verstellen, aber sie fahren auch nicht aus derselben. Stattdessen gehen sie höchst respektvoll mit den Gaben um, die sie selbst nicht, im Gegensatz zum jeweils anderen, besitzen, und ergänzen sich. Es sind noch nicht viele Wochen gemeinsamen Regierens verstrichen, da hat diese höchst attraktive Paarung ihren Kosenamen weg: Plisch und Plum.[4]

Bei der Gestaltung ihrer Politik ist Schiller gegenüber Strauß leicht im Vorteil, verfügt er doch mit dem Wirtschaftsministerium, zu dem das wirtschaftspolitisch wichtigste Instrument der Bundesregierung, die Abteilung »Geld und Kredit«, gehört, über das effektivere Instrumentarium zum steuernden Eingreifen der Politik in das Wirtschaftsgeschehen. Erschwerend kommt für Strauß hinzu, dass er von seinem Vorgänger eine ganze Menge ungelöster Hausaufgaben übernommen hat: Immer noch gibt es keinen Haushalt für das in wenigen Tagen beginnende neue Jahr. Deckungslücken in Milliardenhöhe sind zu stopfen, wie ein erster Kassensturz kurz vor Amtsantritt ergeben hat: Im kommenden Jahr werden rund 6 Milliarden DM fehlen, für die folgenden dürfte das Defizit bei 9 bis 11 Milliarden liegen.[5] Gleichzeitig bricht die Konjunktur ein: Die größte Flaute seit dem Ende des Zweiten Weltkriegs ist zu beklagen, schlimmer als in jedem anderen Industrieland nach 1945.[6]

Zwar werden die Experten später darüber streiten, ob die deutsche Wirtschaft im Winter 1966/67 tatsächlich in eine Rezession hineingeraten ist. Aber das Bewusstsein, eine »lange schwelende Krise«, so nennt dies Kanzler Kiesinger in seiner Regierungserklärung vom 13. Dezember 1966, habe das bis dato stets von Wohlstand und scheinbar unaufhaltsamem Aufschwung verwöhnte Nachkriegsdeutschland jetzt akut erfasst, ist weit verbreitet: Die Inflation erreicht beunruhigende 3,7 Prozent, die Arbeitslosenquote steigt von 0,8 Prozent im Januar 1966 auf allseits bedrohlich empfundene 2,5 Prozent im Februar 1967. Den Unternehmen geht es schlecht: Die Einnahmen sind rückläufig, die Industrieproduktion ebenfalls, die Anlageinvestitionen liegen Anfang 1967 gar um 11,2 Prozent unter den Vorjahreswerten.[7] Eine der Folgen dieser als schwere Wirtschaftskrise empfundenen Entwicklung ist es, dass die Steuereinnahmen sinken – bei gleichzeitig stärker strapazierten Sozialetats.

Angesichts dieser Lage müsste der Finanzminister mit seinen Amtsgeschäften auf absehbare Zeit voll ausgelastet sein, trösten sich jene, die Strauß nach wie vor skeptisch gegenüberstehen. Anlässe zum Auftrumpfen bietet das von ihm übernommene Ressort jedenfalls nicht. Und schließlich ist da ja noch sein Teamgefährte Schiller, der Professor, der den Umgang mit aufmüpfigen und neunmalklugen Studenten gewohnt ist, die nach einigen Semestern glauben, sie hätten die Weisheit gepachtet: Mit einem Ehrendoktor Allerlei, der seine volkswirtschaftlichen Studien in Innsbruck abbrechen musste, bevor er sie überhaupt richtig aufgenommen hatte, wird er es, wenn es denn sein muss, allemal aufnehmen können! Wie heißt es so schön im 5. Kapitel jener putzigen Geschichte Wilhelm Buschs von den zwei drolligen Hunden, die den beiden, Schiller und Strauß, ihre Namen geben:

> Jeder möchte vorne stehen,
> Um entzückt hinauf zu spähen.
> Hat sich Plisch hervorgedrängt,
> Fühlt der Plum sich tief gekränkt.
> Drängt nach vorne sich der Plum,
> Nimmt der Plisch die Sache krumm.
> Schon erhebt sich dumpfes Grollen,
> Füße scharren, Augen rollen,
> Und der heiße Kampf beginnt;
> Plum muß laufen, Plisch gewinnt.[8]

Doch so wie die offene Konkurrenz der beiden eigentlich Unzertrennlichen bei Wilhelm Busch nur der Ausnahmefall ist, so bilden Schiller und Strauß über die weiteste Strecke der Großen Koalition ein effektives, sich vorzüglich ergänzendes, gegenseitig respektierendes Team. Die Schlagkraft der einträchtig Vereinten ist gewaltig, schon wenige Tage nach der abgeschlossenen Regierungsbildung muss sich der Bundeskanzler erregte Klagen über ein »Kartell Strauß-Schiller« im Bundeskabinett anhören, etwa von Hans Katzer, dem linken Flügelmann der CDU, der als Arbeitsminister unter anderem für den Großteil der Sozialleistungen des Bundes zuständig ist.[9]

Beim Argwohn der Ministerkollegen ist gewiss viel Neid im Spiel. Denn der Wirtschafts- und der Finanzminister sind vom ersten Tag an die Presse- und Publikumslieblinge. Schiller, der smarte Professor, wird bald

*Plisch und Plum: Strauß und Bundeswirtschaftsminister Karl Schiller sind
die großen Stars der Großen Koalition, 6. Januar 1967.*

als »sozialdemokratische Callas« gepriesen. Und Strauß ist ohnedies ein
Fall besonderen Interesses. Ein Zupacker, wie man ihn sich in Krisen
wünscht. Ein Unverzagter. Aber auch einer, dem in einem Gebiet, in dem
er (noch) kein ausgewiesender Experte ist, gleich alles abverlangt wird.
Seine ersten Schritte und Tritte im neuen Regierungsamt stehen derart
unter Beobachtung, dass selbst halbbanale Alltagsbegebenheiten zu kleinen Sensationsgeschichten werden. So vermelden die Medien den Umstand, dass der Bundesfinanzminister erstmals ein Gespräch mit dem
Spiegel führt, in einem Ton, den sonst nur die diplomatische Kommuni-
quésprache zur Würdigung hoch heikler Angelegenheiten kennt. Fast alle
Presseagenturen verbreiten sich darüber, die Tageszeitungen berichten auf
ihren prominenteren Plätzen; ja, sogar der *Tagesschau* ist die Tatsache, dass
Strauß in Bonn Augstein »empfangen« habe, am Montag vor Weihnachten
1966 eine Meldung wert; das *Hamburger Abendblatt* weiß am folgenden
Tag zu berichten, dass die beiden »gestern in Bonn zu einem längeren
Gespräch zusammengetroffen« sind.[10]
   Noch mehr ist es, naturgemäß, der Wirtschafts- und Vertrauenskrise,
die zu meistern Schiller und Strauß angetreten sind, zuzurechnen, dass die
beiden in den Mittelpunkt der öffentlichen Beachtung rücken. Denn zum

einen ist die Talsohle zu Dienstbeginn der Großen Koalition noch nicht erreicht. Zum anderen sind die Dinge derart verknotet, dass vieles davon abhängt, wie schnell das Zusammenspiel der beiden Minister funktioniert. Eine höhere Schuldenaufnahme des Bundes würde zwar kurzfristig die Haushaltsprobleme mildern, dafür aber den Zinsdruck erhöhen und somit die Wirtschaft weiter belasten. Umgekehrt würde ein zu scharfer Kurs der Haushaltskonsolidierung den Abschwung der Wirtschaft noch befördern, an konjunkturbelebende Investitionsprogramme des Staates wäre dann erst recht nicht mehr zu denken.[11]

Mit bemerkenswertem Tempo begeben die beiden sich ans Werk. Schiller nimmt sich die Bundesbank vor, um die Hüter der Währungsstabilität von der Notwendigkeit spürbar günstigerer Zinsen zu überzeugen, im Hintergrund, wo nötig, unterstützt von Kanzler Kiesinger.[12] Bereits Anfang Januar 1967 wird tatsächlich der Diskontsatz gesenkt; zunächst von 5 auf 4,5 Prozent, dann Zug um Zug weiter, bis im Mai schließlich mit 3 Prozent das niedrigste Niveau erreicht ist. Möglich ist diese drastische Verbilligung des Geldes aber nur, weil der Finanzminister noch im Januar den Entwurf für einen ausgeglichenen Haushalt, erzielt durch moderate Steuererhöhungen und Ausgabenkürzungen, vorlegt. Auf dieser Grundlage kann, unterfüttert durch einen Eventualhaushalt, das Erste Konjunkturprogramm, kreditfinanziert, aufgelegt werden, das 2,5 Milliarden DM für Investitionen des Bundes im Bereich der öffentlichen Infrastruktur bereitstellt. Im Februar folgt ein Vierjahresprogramm für den Straßenbau mit einem Gesamtvolumen von 18 Milliarden DM. Zudem werden der Wirtschaft durch die Möglichkeit von steuerlichen Sonderabschreibungen für Investitionen, die bis zum Oktober 1967 getätigt werden, zusätzliche Anreize geboten. »Alles, was der deutschen Wirtschaft jetzt verordnet wurde«, so wird Klaus Hildebrand, der Historiker der Großen Koalition, die ungewöhnlich zügig vorgenommenen und am Ende auch zielführenden Weichenstellungen würdigen, hat »wie in der Medizin ganz wesentlich mit Maß, Dosierung und Mischung zu tun.«[13]

Bis zuletzt bleiben die Ausgabenkürzungen, insbesondere im Sozialbereich, zäh umkämpft. Doch kaum ist alles unter Dach und Fach, da lässt Strauß die Öffentlichkeit wissen, dass dies erst der Anfang sei. »Tabus« im Sozialhaushalt dürfe es nicht geben, ausgabenwirksame Wohltaten des Staates aus vergangenen Zeiten stürmischen Wirtschaftswachstums seien revisionsbedürftig. »Wir müssen uns endlich an ein langsameres Wachstumstempo gewöhnen«, wenngleich sich nicht nur Wirtschaftsverbände und Gewerkschaften, sondern auch manche Politiker noch schwer damit täten.[14]

Erstaunlicherweise ist der neue Kurs des Maßhaltens und der allgemeinen Einschränkungen in der Bevölkerung ziemlich populär. So fällt es Schiller und Strauß leicht, gemeinsam in die Öffentlichkeit zu treten; der kritischste Einwand, dem die beiden in einer Fernsehdiskussion kurz nach der Verabschiedung des Haushaltsentwurfs im Bundeskabinett begegnen müssen, lautet, dass »das Echo fast zu positiv auf all die Dinge« ist.[15]

Die härtere Gangart der Bonner Wirtschafts- und Finanzpolitik ist tatsächlich so populär, dass sich mit bitteren Programmen und Ankündigungen sogar Wahlkampf machen lässt: »(W)ir haben uns auf fast allen Gebieten übernommen«, lautet beispielsweise die Losung zum Tage, die Strauß Anfang März bei der Eröffnungskundgebung zur Wahlkampagne der CDU in Schleswig-Holstein dem Wahlvolk unterbreitet. Die Bundesrepublik habe zwar einen einzigartigen Aufstieg zu einer der führenden Wirtschaftsnationen der Welt gemeistert, aber eben auch »die höchsten Löhne, die kürzeste Arbeitszeit, die meisten Feiertage, den höchsten Krankenstand«; der Staat sei als »Generalprothese für alle irdischen Leiden angesehen« worden. Obwohl man nicht von einer »Krise« sprechen könne, sei doch eine »Kur« unumgänglich, »um aus dem Taumel des Tanzes um das Goldene Kalb zur Einsicht in die heutigen Notwendigkeiten zu kommen«.[16]

Mit einigen raschen Handgriffen, wie sie sofort nach Regierungsantritt erfolgt sind, ist den Problemen in ihrem Kern also nicht beizukommen. Auch hierin sind sich Schiller und Strauß einig, ihr Elan und Tatendrang ist nicht zu bremsen. Bald zeigt sich: Das, was viele Beobachter zunächst als erfolgreich improvisierendes Krisenmanagement verstanden haben, hat Methode. Den ersten staatlichen Konjunkturspritzen in Form von Investitionsprogrammen auf Pump werden weitere folgen, ein seit Erhards Kanzlertagen im Entwurf fertiges Stabilitätsgesetz wird um den Aspekt der Wachstumsförderung als Zielperspektive staatlicher Wirtschaftspolitik ergänzt und dann zügig über die parlamentarischen Hürden gebracht.

Besonders viel Anerkennung wird in den kommenden Jahren die Verstetigung der intensiven Beratungen der Bundesregierung mit den Vertretern der Arbeitnehmer- und Arbeitgeberverbände finden. Deren erste Runde am 14. Februar 1967, durch die unter anderem möglich wird, Lohnerhöhungen in moderatem Maß zu halten, ist eine der notwendigen Bedingungen dafür, dass die Wiederbelebungspolitik der Bundesregierung für die Wirtschaft greifen kann. Nach Schillers Willen soll diese »konzertierte Aktion« als wirtschaftspolitisches Abstimmungsinstrument fortgeführt werden.[17]

Kiesingers Mannschaft ist kaum ein halbes Jahr im Amt, da zeitigt die der Wirtschaft und den öffentlichen Finanzen verordnete Kur bereits erste Erfolge. Im Sommer 1967 kommt der Abschwung zum Halt, in der zweiten Jahreshälfte wendet sich die konjunkturelle Großwetterlage – das Barometer steigt, alle Zeichen stehen wieder auf Wachstum. Doch Schiller und Strauß sind fest entschlossen, darin von Kiesinger bestärkt, eine ähnliche Bredouille für die Zukunft zu verhindern, zumal es schwer genug war, den erfolgreichen Kurs der Konsolidierung gegen die Kabinettskollegen durchzusetzen. Schließlich erhält die aus der Elefantenhochzeit beider Volksparteien hervorgegangene Konstellation ihr eigentliches Gepräge durch die überall obwaltenden Kräfte dessen, was Hans Günter Hockerts auf den Begriff der »Großen Koalition der Sozialpolitiker«, die sich eigentlich immer einig sind, gebracht hat.[18]

Insbesondere die vielen Begehrlichkeiten der politischen Segensspender, die immer wieder an den Bundeshaushalt heran wollen, um ihre Wohltaten und Wählergeschenke zu finanzieren, müssen nachhaltig eingedämmt werden. In der Krise des Winter 1966/67 stand das Vertrauen der Bürger in die Solidität und die Handlungsfähigkeit der Großen Koalition auf dem Spiel. Ohne den enormen Erwartungsdruck, unter dem die Regierung in den ersten Tagen und Wochen stand, hätten sich selbst die wenigen sanften Rückschnitte im Geflecht des Sozialstaates nicht ohne Weiteres realisieren lassen. Die Ordnung der öffentlichen Finanzen ist indes keine Aufgabe, die mit einem einzigen, soeben noch holterdiepolter hingezimmerten ausgeglichenen Etat für 1967 bereits abgeschlossen wäre. Die Prognosen über die Deckungslücken in den kommenden Jahren lassen nichts Gutes ahnen; weitere erhebliche Anstrengungen und Einschränkungen zur Ausbalancierung des Bundeshaushalts werden nötig sein. Streit und Konflikt sind da vorprogrammiert. Denn weder bei den Sozialpolitikern am Regierungstisch, noch in der sozialdemokratischen Bundestagsfraktion zählt Sparen zu den Lieblingsbeschäftigungen, schon gar nicht, wenn bestehende Sozialleistungen angetastet werden sollen.

Damit Kiesinger dies alles nicht vergisst, bekommt er es von Helmut Schmidt auch schwarz auf weiß. Seine Abgeordneten hätten, berichtet der SPD-Fraktionschef nach rund vier Monaten gemeinsamer Regierungszeit, soeben eine »erste Zwischenbilanz der großen Koalition« gezogen, die »im Ganzen recht positiv ausgefallen sei«. Manches gebe es jedoch zu monieren, wobei Äußerungen aus Regierungskreisen, »aus denen die Folgerung gezogen wird, daß Kürzungen im Sozialhaushalt unumgänglich seien«, in seiner Fraktion »(b)esondere Kritik« hervorgerufen hätten. Von »bevorstehenden drastischen Abstrichen am Sozialetat zu sprechen«, halte die SPD-Fraktion »für höchst bedenklich«.[19]

An den im Haushalt für das laufende Jahr beschlossenen Eingriffen in die Sozialausgaben können solche Beschwerden natürlich nichts mehr ändern. Aber die eigentlichen Zumutungen stehen ja noch bevor. In den nächsten Monaten möchte die Bundesregierung von einem weiteren neuen Instrument moderner Finanz- und Wirtschaftspolitik Gebrauch machen, der Mittelfristigen Finanzplanung *(Mifrifi)*, die im Sommer im Bundeskabinett beraten wird und die den Ausgabenrahmen für die Jahre 1968 bis 1971 im Lichte der zu erwartenden – wie zu befürchten: geminderten – Staatseinnahmen abstecken soll. Die ordentliche Haushaltsgesetzgebung kann und soll zwar durch diese Rahmenplanung nicht ersetzt werden, aber da die *Mifrifi* den zukünftigen Kurs der Ausgaben- und Einnahmenpolitik der Fachressorts bestimmt, hat sie ein erhebliches, präjudizierendes Gewicht.

Um der Sorge vor einer schleichenden Entmachtung des Parlaments entgegenzuwirken, dessen vornehmstes und ursprünglichstes Recht ja die Etatfeststellung ist, besteht Schmidt deshalb darauf, dass auch bei der Mittelfristigen Finanzplanung der Bundestag »das letzte, das entscheidende Wort« haben müsse.[20] Rainer Barzel, der Vorsitzende der Unionsfraktion, sieht das ähnlich. Gerade weil sich an der Frage des Haushaltsausgleichs die Funktionsfähigkeit der deutschen Nachkriegsdemokratie und der Bestand der Großen Koalition zu erweisen hätten, müsse »das Verfahren in dieser Sache dem Rang der Probleme entsprechen«. Setze sich die Bundesregierung bei der *Mifrifi* über das originäre Haushaltsrecht des Parlaments hinweg, dann drohe später, in der Etatberatung, die Gefahr, dass eine »Mehrheitsbildung (…) fast unmöglich« wird.[21]

An die Organisation einer parlamentarischen Mehrheit für seine Finanzplanung wagt Strauß derweil noch gar nicht zu denken. Wie sich in den Verhandlungen mit den Fachressorts – kaum überraschend – herausstellt, ist es schon schwer genug, zu einem in der Sache befriedigenden Ergebnis zu kommen. Um wie vieles komplizierter würde es für ihn, wenn zu allem und jedem auch noch die beiden großen Fraktionen vorab konsultiert würden. Mitunter gestalten sich die Ministergespräche derart zäh, dass Strauß – dies wird der Regierung im Sommer einigen Ärger und auch Rücktrittsdrohungen einhandeln – einfach Tatsachen zu schaffen versucht. Wer sich dem nicht fügen will, kann ja in der abschließend angesetzten Beratung des Bundeskabinetts versuchen, seine Vorstellungen geltend zu machen.

Am 4. Juli 1967, als das Bundeskabinett zur 86. Sitzung der laufenden Legislaturperiode zusammentritt, der längsten in der Geschichte der Bundesrepublik überhaupt – die Klausur wird drei Tage dauern –, sollen nun die Würfel fallen.[22] Einleitend präsentiert Strauß noch einmal in geraffter Form das Sündenregister zur Finanzpolitik der vergangenen Jahre: Zu hohe konsumptive Ausgaben, zu hohe Sozialbudgets, zu hohe langfristige Verschuldung des Bundes. Daneben die Strukturprobleme, etwa in der Rentenversicherung: Bleibe es bei deren bruttolohnbezogener Anhebung, so würden nach gegenwärtigem Stand der Erkenntnis in den kommenden vier Jahren die Renten um 32 Prozent steigen, die Löhne aber lediglich um 23 Prozent. Oder die Probleme bei den Subventionen für Betriebe, die aus eigener Kraft nicht wettbewerbsfähig seien. Selbst bei sparsamster Kassenführung führe kein Weg an der Verbesserung der Einnahmen des Bundes vorbei – entweder durch eine nennenswerte Anhebung der Mehrwertsteuer oder durch eine Ergänzungsabgabe auf die Einkommens- und die Vermögenssteuer.[23] Grundsätzlich ist man sich durchaus einig, auch wenn mancher die Akzente in der kurzen Aussprache etwas anders setzt. Als es freilich konkret an die Kürzungen einzelner Etatposten geht, über die vorab keine Verständigung zu erzielen war, wird es haarig. Schon beim ersten größeren Posten erhält Strauß einen Korb. Rund 500 Millionen DM will er jährlich bei den Kriegsopferrenten einsparen, wofür er verschiedene Modelle vorrechnet. Georg Leber, Hans Katzer, Gustav Heinemann, Herbert Wehner – sie alle sehen ein, »daß etwas geschehen müsse«, wie Leber es formuliert. Aber in diesem Fall sei das besonders schwierig. Man habe den Kriegsopfern immer wieder versichert, der Dank des Vaterlandes sei ihnen gewiss, gibt Carlo Schmid zu bedenken, und so seien »wohlerworbene Rechte entstanden, in die nicht eingegriffen werden« dürfe. Das letzte Wort hat der Kanzler, der derart drastische Einsparungen »weder von der Sache her gerechtfertigt« findet, noch sieht, wie die vorgeschlagenen Pläne »praktisch durchsetzbar« wären. Hier wird also nicht gespart.

Auch an die zu erwartenden unverhältnismäßigen Rentensteigerungen traut sich niemand heran. Katzer erklärt sich allenfalls bereit, Buchungstricks zur Bilanzkosmetik oder Problemverlagerungen in die Zukunft mitzutragen. Beim Familienlastenausgleich immerhin gibt es ein wenig Bewegung; auch soll ab dem dritten Kind fortan die Einkommensgrenze von 24 000 DM gelten. Den Vorschlag des betroffenen Ressortministers Bruno Heck, auch das Ehegattensplitting auf Einkommen unter 24 000 DM zu beschränken, mag aber niemand unterstützen, auch Strauß nicht.

Nach diesem Muster geht es weiter: Meist wiegen die Bedenken stärker als die Einsicht in die Sparnotwendigkeit; viel kommt so nicht zusammen. Da gibt es aber noch – Gott sei es gedankt! – das Verteidigungsbudget, an dem man sich in Zeiten der Haushaltsnot ja bewährtermaßen gütlich tun kann. Der Finanzminister indes darf sich glücklich schätzen, dass der zuständige Ressortkollege, der ihm gegenübersitzt, nicht von jenem ruppigen Format seines Vorvorgängers, eines Franz Josef Strauß ist. Doch auch Gerhard Schröder, der das Auswärtige Amt an Willy Brandt abtreten musste und sich seither um die Belange der Bundeswehr und der militärischen Sicherheit zu kümmern hat, kann ein harter Knochen sein, wenn es darum geht, seine Interessen zu wahren. Und er beherrscht als dienstältester Bundesminister – seit seiner Berufung zum Innenminister im Jahre 1953 gehört er ohne Unterbrechung dem Kabinett an – auch alle Tricks des politischen Geschäfts. Allerdings ist er seit Erhards Rücktritt erkennbar auf dem absteigenden Ast, zudem liegt ihm seine neue Aufgabe nicht sehr am Herzen, zu seinen Schutzbefohlenen, den Soldaten der Bundeswehr, wird er nie eine tiefere innere Bindung finden. Ganz bei der Sache ist er in seinem neuen Amt eigentlich immer nur dann, wenn sein Geschäftsbereich in die größeren Zusammenhänge der auswärtigen Politik hineinreicht, etwa wenn es um die deutschen Bündnisangelegenheiten geht. Und selbstverständlich reagiert dieser spröde anmutende Zeitgenosse empfindlich, wenn man ihm nicht mit dem angemessenen Respekt begegnet.

Beide Aspekte sind nun durch das Streichkonzert von Strauß im Zuge der *Mifrifi* empfindlich berührt. Im Bündnisvergleich falle der Wehretat der Bundesrepublik schon heute am niedrigsten aus. Und dann wolle der Finanzminister bis Mitte 1970 2 Milliarden DM, vielleicht sogar 2,5 Milliarden, streichen? Werde diese Planung umgesetzt, dann rücke der bis 1971 vorgesehene Streitkräfteumfang von 508 000 Mann in noch weitere Ferne. Die vorhandene Truppenstärke müsste sogar herabgesetzt werden, entgegen den Verpflichtungen, welche die Bundesrepublik im Rahmen der Nato eingegangen ist. Mit den gekürzten Mitteln ließe sich allenfalls eine Truppenstärke von 400 000 Soldaten finanzieren. Darüber hinaus würde ein

Beschaffungsstopp unvermeidlich, dem dringend benötigte U-Boote, Hubschrauber und Leopard-Panzer zum Opfer fallen müssten – mit negativen Auswirkungen auf die deutsche Wirtschaft. Ach ja, auch sicherheitspolitisch wäre das alles höchst fatal: Die deutsche Sicherheitslage würde erheblich beeinträchtigt, außerdem wäre die ost-westliche Entspannungspolitik gefährdet,»indem wir Leistungen, nämlich Abrüstungsmaßnahmen, die das Ergebnis eines solchen Ausgleichs sein könnten, bereits vorwegnähmen«.[24]

Strauß braucht darauf gar nicht zu antworten, denn unversehens reitet der ansonsten so sehr auf Anmut bedachte Bundeskanzler eine scharfe Attacke gegen Schröder und spart dabei nicht mit »persönlichen Angriffen«[25]: »Wenn wir Ihnen folgen würden, dann würde unsere ganze Arbeit zusammenbrechen«, hält er Schröder vor: »Das Chaos wäre dann die Folge.« Und eines möge sich der Herr Kollege hinter die Ohren schreiben: »Wo nichts ist, hat auch der Kaiser sein Recht verloren.«[26] Sein Urteil stehe fest: »Was wir hier beschließen, werde ich verteidigen.«

Am zweiten Tag der Kabinettsklausur erhält Schröder unerwarteten Beistand. Der Außenminister, Vizekanzler und SPD-Vorsitzende ist zwar ebenfalls der Meinung, dass es bei den Streitkräften sicherlich noch einige Sparpotenziale gebe. Aber dem abrüstungspolitischen Argument Schröders müsse er, Brandt, beipflichten. Der »Entspannungseffekt« werde durch finanzbedingte Einschränkungen der Bundeswehr »bereits vorweggenommen«, womit man sich »bestimmter Möglichkeiten im Falle eines Ost-West-Ausgleichs begebe«.[27]

Das mag alles sein, meint Kiesinger, um einige Grade versöhnlicher gestimmt als am Vortag. Wo aber sonst solle man dann die erforderlichen zwei Milliarden Einsparungen hernehmen, will er von Schröder wissen. Und der ist um eine Antwort nicht verlegen: »(D)ann solle man eher auf die Entwicklungshilfe verzichten« – »letzten Endes stehe uns unsere Verteidigung näher.«

Eine Weile geht die Diskussion noch hin und her, bis schließlich der Kanzler seine Ministerrunde fragt, »ob jemand bereit sei, die Auffassung des Bundesverteidigungsministers zu unterstützen«. Da sich niemand meldet, zieht Kiesinger den Schlussstrich: Damit seien »die Kürzungen im Bundesverteidigungshaushalt beschlossen«.[28]

Tolle Helden sitzen da am Kabinettstisch, findet nach Abschluss der Beratungen einer der Teilnehmer: »Die mittelfristige Finanzplanung durch die Große Koalition hat bewiesen, daß diese nicht in der Lage ist, strukturell notwendige Veränderungen wie bei den Kriegsopfern und Sozial-

rentnern vorzunehmen.« Die Kürzungen im Verteidigungsetat hätten gezeigt, dass die Kraft zum Sparen nur dort ausreiche,»wo die Bevölkerung
selbst nicht unmittelbar interessiert zu sein scheint«.[29]

Noch will Schröder die Schlacht nicht verloren geben. Dass er Opfer,
wahrscheinlich sogar die größten, würde bringen müssen, war ihm vor der
Beratung der *Mifrifi* klar. Allerdings hatte Strauß es nicht für nötig befunden, im Vorfeld eine Verständigung mit ihm zu suchen. Auch zu dem vom
Kanzler zugesagten Gespräch »unter vier Augen *vor* der entscheidenden
Kabinettssitzung«[30] ist es nicht gekommen. So hatte es Schröder kalt erwischt, als ihm wenige Tage vor jener Kabinettsklausur, die wegen der
hochsommerlichen Temperaturen zeitweise unter freiem Himmel im Park
des Palais Schaumburg abgehalten wurde, die offizielle Vorlage für die
Beratungen auf den Schreibtisch flatterte. Dass Strauß bei seinem Über-
rumpelungsmanöver auch noch die Frechheit besaß, wie nebenbei »die
Entwicklung ›einer neuen Verteidigungskonzeption‹ mit dem Ziel einer
Einschränkung des Personalbestands der Bundeswehr und die Streckung
und Einschränkung von notwendigen Umrüstungen der Bundeswehr«[31]
zu fordern, findet Schröder, wie er dem Kanzler nach seinem Waterloo
mitteilt, einfach empörend.

Schlichtweg stoisch hinnehmen möchte Schröder diese Brüskierung
keineswegs, und so spielt der Verteidigungsminister die letzte ihm verbliebene, die internationale Karte aus. Unmittelbar nach der Kabinettssitzung
versucht er über seinen Staatssekretär Karl Carstens das Auswärtige Amt zu
veranlassen, einen Bericht über die soeben verabschiedeten Beschlüsse und
deren Auswirkungen auf die deutsche Streitkräfteplanung, wie sie im Bündnis verabredet ist, nach Washington zu kabeln. Kiesinger kann dies zwar in
letzter Sekunde noch unterbinden, aber nicht mehr verhindern, dass die
wesentlichen Inhalte dieses Alarmschreis in die Vereinigten Staaten durch-
sickern und damit zwangsläufig auch den Weg in die deutsche Öffentlichkeit finden.[32] Die Aufregung ist groß, denn die von Schröder nunmehr für
unausweichlich erachtete Verkleinerung der Bundeswehr läuft der amerikanischen Forderung nach Vergrößerung der konventionellen Kampfkraft
des Bündnisses diametral zuwider.

Alle Versuche, abzuwiegeln, schlagen einstweilen ebenso fehl wie die
Anstrengungen zur Entspannung und Versachlichung des Verhältnisses
zwischen Kanzler und Verteidigungsminister. Und Strauß bleibt ohnedies
ein Ärgernis erster Ordnung. Immer wieder maße sich dieser unter dem
Vorwand der Finanzplanung originäre Kompetenzen des Fachministers an,

was für das »Ansehen der Bundesregierung«, aber auch für den »erforderlichen Zusammenhalt unserer Parteien – der CDU und CSU –« und nicht zuletzt für Schröders eigene »Stellung als Bundesminister der Verteidigung schädlich« sei. Zumindest müsse Kiesinger daher »Herrn Kollegen Strauß auf die bestehenden Ressortzuständigkeiten und die Unzulässigkeit öffentlicher Angriffe gegen ein anderes Kabinettsmitglied« hinweisen.[33]

Als sich Kiesinger schließlich am 20. Juli 1967 zum wiederholten Male hinter dem Rücken seines Ressortverantwortlichen von einem Spitzenmilitär beraten lassen will, platzt Schröder der Kragen: Kurz vor 10 Uhr lässt er sich mit dem Kanzler in dessen Dienstbungalow verbinden und bietet seinen Rücktritt an.[34]

Die Demission seines Verteidigungsministers kann Kiesinger in dieser Situation allerdings nicht gebrauchen. Das öffentliche Echo auf die Mittelfristige Finanzplanung war eher durchwachsen, und auch das diplomatische Parkett ist durch die bekanntgewordenen Bonner Kürzungspläne rutschig geworden. Wenn ihm der betroffene Minister die Brocken vor die Füße werfen würde, wäre das ein verheerendes Signal. In letzter Sekunde lenkt Kiesinger ein, eilig handeln er und Schröder einen Kompromiss aus. Der Haushaltsansatz für das Verteidigungsministerium wird demnach zwar nur geringfügig korrigiert, aber an der gegenwärtigen Personalstärke der Bundeswehr soll unter allen Umständen festgehalten werden.

Nicht nur bezüglich der Mittelfristigen Finanzplanung und des Wehretats fällt das Management der Regierungsgeschäfte im Sommer 1967 ziemlich holprig aus. Aus allen Ecken mehren sich die Klagen. Selbstredend auch über Strauß, der sich als Finanzminister von Natur aus wenig Freunde macht; aber auch, weil er sein Amt mit der ihm eigenen rustikalen Art und Rücksichtslosigkeit führt. Schwerer wiegt jedoch mittlerweile die Unzufriedenheit in den Regierungsfraktionen, die sich nicht hinreichend in die gemeinsame Arbeit eingebunden fühlen. Auch wenn die *Mifrifi* dem Bundestag nicht zur Billigung vorgelegt werden muss, so kann es doch spätestens bei deren erster Umsetzung, dem im Herbst im Parlament zu beratenden Bundeshaushalt für 1968, zum Knall kommen. In ostpolitischen Fragen – im Grunde genommen auf dem gesamten Gebiet der auswärtigen Beziehungen – hat sich gleichfalls etliches angestaut. Höchste Zeit für den Kanzler also, sich wieder mehr um Ruhe und Geschlossenheit des Regierungslagers zu kümmern. Die politisch etwas beschaulichere und entschleunigte Urlaubszeit bietet eine vorzügliche Gelegenheit dazu.

Für Ende August lädt er daher die Spitzen der Koalitionsparteien nach Kressbronn ein, in den sonnigen Urlaubsort Kiesingers, um sich ohne Zeitdruck und zwangloser, als dies im hektischen Bonner Alltag möglich wäre, über die anliegenden Fragen austauschen zu können. Sozusagen hohe und höchste Politik bei geöffnetem Kragenknopf.[35]

Für Strauß selbst steht dabei einiges auf dem Spiel. Beim Streichkonzert harmonierten er und Schiller gut. Der Wirtschaftsminister wiederum steht permanent in enger Fühlung zum Fraktionsvorsitzenden der SPD, Helmut Schmidt, der unmittelbar nach Kriegsende in Schillers Lehrveranstaltungen an der Universität gesessen hat. Es ist kein Verhältnis von überschwänglicher Herzlichkeit, das die beiden pflegen, aber der gegenseitige Respekt ist doch ausgeprägt genug, um informell das Gröbste klären zu können.[36] Hiervon profitiert auch der Finanzminister. Mittlerweile haben sich zwischen Strauß und Schiller jedoch gewisse Meinungsverschiedenheiten aufgetan. Die vom Finanzminister vorgeschlagene und grundsätzlich im Kabinett beschlossene Erhöhung der Mehrwertsteuer lehnt der Wirtschaftsminister entschieden ab. Uneinig sind die beiden teilweise auch hinsichtlich des weiteren Kurses in der Investitionspolitik der öffentlichen Hand. In beiden Fragen, bei denen es die Minister jedoch nicht zum öffentlichen Streit kommen lassen, ist eine Entscheidung ohne Einbeziehung der Koalitionsspitzen, auch aus den beiden Regierungsfraktionen, schwer möglich. So gesehen ist die Kressbronner Begegnung, aus der sich später eine Art Koalitionsausschuss – der *Kressbronner Kreis* – bilden wird, in dem die schwierigsten Abwägungen und Abstimmungen der Regierungspolitik vorgenommen werden, auch für die Finanz- und Wirtschaftspolitik nützlich.

»Die neue große Koalition, von deren Funktionsweise noch keiner von uns klare Vorstellungen hat«, so hatte Herbert Quandt, der Mehrheitseigentümer von BMW, in den Weihnachtstagen 1966 an seinen Freund Strauß geschrieben, »wird in den vor uns liegenden Monaten hinreichend Gelegenheit haben, sich zu bewähren«. Hier stehe der Finanzminister »verantwortungsbeladen« vor einer »noch unlösbar erscheinenden Aufgabe. Es wird Ihnen nicht leicht gemacht werden.« Je mehr es Strauß dabei schaffe, mit seinem »Kollegen von der anderen Fakultät, zuständig für Wirtschaft, in ein gutes Einvernehmen zu gelangen, um so rascher wird unser Gesundungsprozeß voranschreiten.«[37]

So ist es tatsächlich dann gekommen. Schiller und Strauß, Plisch und Plum, gelegentlich auch als das »doppelte Lottchen« der Regierung Kiesinger/Brandt bezeichnet, werden und bleiben die Stars der Koalition. Ende

1967 ist die von Erhard geerbte Wirtschafts- und Haushaltskrise überwunden, der Erfolg hat im öffentlichen Bewusstsein – und kaum weniger im Selbstbild der beiden Helden – einen Namen. Erst gegen Ende der Großen Koalition werden sich Strauß und Schiller öffentlich duellieren. In einer Ehe auf Zeit, mehr sollte das Bündnis aus Union und SPD ursprünglich ja auch nicht sein, ist das indessen keine Staatsaffäre.

Deutsche und andere letzte Fragen

In den sechziger Jahren bekümmert es Politiker – in Deutschland jedenfalls – noch wenig, wie man so etwas wie einen unverwechselbaren Markenkern kreiert. Sie besitzen ihn einfach, die herausstechenden Akteure allzumal, in ihrer tatsächlichen Unverwechselbarkeit – neudeutsch gesprochen: in ihrer Authentizität.

Für wen gilt das mehr als für Franz Josef Strauß? Wie kein anderer steht er für eine höchst wirksame politische Sprache. Ob beim öffentlichen Auftritt oder in kleinen Gremien hinter verschlossenen Türen, ob in großer Rede oder kurzer Debattenintervention, geschrieben oder gesprochen: Ein echter Strauß ist für Freund und Feind stets unverkennbar. Ein gewaltiges Arsenal rhetorischer Waffen steht ihm dabei zu Gebote – die umfassende analytische Darlegung; das historische Kolleg; die schnelle, gern auch verletzende Pointe; die lustvoll ausgekostete Polemik; Kassandrarufe, selbstredend auch optimistische Zukunftsentwürfe. Des Einen Freud, des Anderen Leid – stets trifft er jenen Ton, der eben seinen politischen Markenkern ausmacht. Nur ein rhetorischer Modus gehört nicht zu seinem Standardrepertoire: das Pathos.[1]

Umso mehr müsste man also hellhörig werden, wenn Strauß plötzlich doch einmal pathetisch wird. Bei Reden vor größerem Publikum kommt das ganz selten vor, mitunter jedoch in wenigen sehr persönlichen Situationen, wenn er sich verletzt fühlt oder waidwund ist, kurz: wenn die Nerven blank liegen. Dann wird das Pathos zuweilen abgeschmeckt mit einer feinen Prise Selbstmitleid. Noch rarer indes sind bei Strauß pathetische Anflüge, wenn es einfach nur um politische Fragen geht – es müssen dann schon die ganz großen oder gar letzte sein! Dann kann es in Wortgefechten und Briefen gelegentlich ein wenig schwülstig klingen. Adenauer hat diese Seite zuweilen erleben dürfen, als etwa zentrale Verteidigungsfragen oder die *Spiegel*-Affäre auf der Tagesordnung standen, und so ergeht es gleich zu Beginn der Großen Koalition auch Kiesinger.

In bilateralen Verhandlungen haben die Vereinigten Staaten und die Sowjetunion den Rahmen für ein Nichtverbreitungs-Regime für Kernwaffen ausgehandelt, im Dezember 1966 legt Washington seinen Bündnisgenossen den Entwurf der Vereinbarung auf den Tisch.[2] Bitte unterschreiben! Nennenswerte Konsultationen mit den Verbündeten hat es im Vorfeld kaum gegeben, jedenfalls nicht mit Bonn. Und auch wenn die USA ihren Freunden versichern, manches lasse sich noch ändern, ist die allseitige Verstimmung in Europa deutlich spürbar. Friss oder stirb – so in etwa versteht man die Aufforderung der Amerikaner, sich mit dem Abkommen auseinanderzusetzen.

Dass Strauß den nuklearen Posten weiterhin auf seiner Rechnung hat, ist kein Geheimnis.[3] Stets hat er dafür gekämpft, dass sich die konventionell kaum zu verteidigende Bundesrepublik nukleare Abschreckungsoptionen offen hält, zumindest in Gestalt der Mitverfügung oder Teilhabe. Da sein Vertrauen in die Unverbrüchlichkeit der amerikanischen Nukleargarantie für Deutschlands Sicherheit nie ungetrübt war, lag seine Präferenz eigentlich immer schon auf der Bildung einer eigenen europäischen Abschreckungsmacht, und diese Überzeugung hat sich bei ihm nun, in den sechziger Jahren, noch verstärkt. Kein Wunder also, dass Strauß sich Anfang 1967 in den stimmgewaltigen Chor der Kritiker eines Nichtverbreitungsabkommens einreiht, das den Deutschen diese Option endgültig verbauen würde. Selbst dass er intern mit Rücktritt droht, falls Bonn dem Abkommen beitreten sollte, überrascht Insider nicht: Strauß sei nun einmal »sehr ungeschickt in seiner Ablehnung«[4], notiert Ernst Majonica, der Chef-Außenpolitiker der CDU/CSU-Bundestagsfraktion, am 15. Februar 1967 in sein Tagebuch – das kennt man ja von Strauß, steht zwischen den Zeilen.

Doch Strauß belässt es nicht bei loser Rede, sondern gibt es seinem Regierungschef in dem bereits zitierten Brief von diesem Tag auch schriftlich. Unverhohlen droht der gerade erst ernannte Finanzminister mit Rücktritt, sollte sich die Bundesregierung auf faule Kompromisse in der Atomfrage einlassen. Hier sei für ihn »die Grenze dessen erreicht, was man Gewissen nennt. Hier endet Opportunismus und Taktik, hier beginnt der Bereich der letzten Verantwortung.«[5]

Letzte Verantwortung? Eine solche Kategorie ins Spiel zu bringen, wo sich die Großkoalitionäre und insbesondere die Unionsvertreter im Bundeskabinett doch über die Risiken des Nichtverbreitungsvertrags – zeitgenössisch auch Atomwaffensperrvertrag genannt – für die Bundesrepublik einig sind? Es fängt damit an, dass die Vereinbarung im Grunde exklusiv zwischen den beiden Supermächten ausgehandelt wurde, was natürlich die Gefahr heraufbeschwört, dass die faktisch bereits gegebene Spaltung der Welt in Atom-Supermächte einerseits und nukleare Habenichte andererseits völkerrechtlich zementiert wird. Betroffen ist aber womöglich auch die zivile Nutzung der Atomenergie, die in den sechziger Jahren noch immer als der letzte Schrei der industriellen Moderne und als Garant einer prosperierenden Zukunft gilt. Derart ungünstige Perspektiven rufen dann eben auch vergleichsweise unterkühlte Gemüter wie Gerhard Stoltenberg, seit 1965 als Bundesminister für Forschung unter anderem für die zivile Kernenergie zuständig und zugleich das neue Kabinettsküken, oder Wirtschaftsminister Schiller auf den Plan, der sich bei ihm sachfremden Fragen sonst zurückhält. Jetzt allerdings beschwört auch er im Bundeskabinett »die Gefahr eines Superkartells« herauf, durch das »wir wirtschafts-technisch erheblich ins Hintertreffen geraten«[6] könnten. Und Strauß setzt noch einen drauf: Er werde den Eindruck nicht los, da bahne sich ein »Super-Yalta« an![7]

Gravierend ist das alles, ganz gewiss. Aber liegt hierin wirklich eine »letzte«, eine existenzielle Frage? Auf den ersten Blick mag sich das nicht jedem erschließen, schon gar nicht einem Bundeskanzler, der in den Details der politischen Agenda nicht ebenso sattelfest ist wie in den Verzweigungen der Literatur des romantischen Deutschlands, über die er auch am Kabinettstisch trefflich räsonieren und sich mit Ministerkollegen vom Schlage eines Carlo Schmid austauschen kann – nicht nur zur Freude der anderen Anwesenden. Für den Kanzler und den Großteil des außenpolitischen Establishments in Bonn ließen sich die Probleme mit dem Streichen von Spiegelstrichen, der Revision von Paragraphen, dem Hinzufügen von Eventualklauseln und Ähnlichem beheben: »Realistischer ist es, Modifizierung anzustreben anstelle reiner Ablehnung«[8], findet nicht nur Majonica. Doch Strauß, der auch vier Jahre nach seiner Abdankung aus dem Wehrressort voll im Stoff steht, hat ganz andere, viel größere Zusammenhänge im Blick. Ihm geht es um anderes, es geht ihm ums Ganze und Letzte!

Die Ungewissheit, die ihn schon seinerzeit als den für die Verteidigung der Bundesrepublik verantwortlichen Minister quälte, ob die amerikanische Nukleargarantie für Deutschland und das Bündnis tatsächlich abschreckend genug ist, um die Sowjetunion vor aggressiven, gar expansiven Akten abzuhalten, ist mit den Jahren beängstigend gewachsen. Und diese besorgniserregende Mutmaßung, die im Umfeld der Berlinkrise 1958 bis 1962 sehr konkret zu werden drohte, die aber – Gott sei Dank! – nie auf die Probe gestellt wurde, verdichtet sich für Strauß allmählich zur Gewissheit. Am 2. März 1967 erläutert er in der wie stets höchst geheim tagenden Sitzung des Bundesverteidigungsrates, die Nato-Strategie gehöre »endgültig der

Vergangenheit an«, wie ein anderer Sitzungsteilnehmer notiert: »Falls ein
Angriff erfolge, so könne heute nur mit Sicherheit gesagt werden, daß geschossen werde. Aber wo und wie die Verteidigung erfolge, stehe nicht fest.«[9]
In diesem Zusammenhang klingen dann sogar schlichte Binsenweisheiten
wie die, dass die USA »ihrer eigenen Interessen wegen in Europa« stünden
»und nicht um unserer schönen blauen Augen wegen«, bedrohlich.[10]

Kaum freundlicher stellt sich das strategische Lagebild dar, das Karl
Carstens, inzwischen Verteidigungsstaatssekretär, dem höchsten deutschen
Sicherheitsgremium unterbreitet, dass nämlich »künftig konventionelle
Kriege mit räumlicher Begrenzung in Europa wahrscheinlich seien«. Nach
der Analyse von Strauß bedeutet dies nämlich »die Zerstörung Deutschlands und das Vordringen der Sowjets bis zur Weser in 48 Stunden und bis
zum Rhein in 72 Stunden«. »Akzeptiere man« dieses Szenario, »dann bleibe
für die Bundesrepublik nur eine völlige Neuorientierung ihrer Politik« übrig, im Klartext: »die Neutralisierung«. Denn »zu glauben, den Gegner erst
mit konventionellen Waffen an der Elbe und Weser nicht aufhalten und ihn
zum Rhein vordringen zu lassen, um dann atomare Waffen anzuwenden«,
erscheint ihm reichlich naiv, »eine Utopie«! Falls »die Russen erst einmal
am Rhein« stünden, »dann werde man sich fragen, ob der Einsatz nuklearer
Waffen noch sinnvoll sei«. Dann werde man sie »ebensowenig anwenden,
wie man sie beim Überschreiten der Demarkationslinien zwischen Bundesrepublik und Sowjetzone angewendet hätte«. Zudem habe Robert
McNamara, der amerikanische Verteidigungsminister, erklärt, »daß die
erste Anwendung der Nuklearwaffe zum Gegenschlag« mit nuklearen In-
terkontinentalraketen führe. Angesichts der rapide schwindenden amerikanischen Überlegenheit im Bereich der nuklearstrategischen Waffensysteme – nach einer von Strauß präsentierten Einschätzung des Bundesnachrichtendienstes von 3,5:1 auf 2:1 im Jahre 1970 – müsse man damit
rechnen, dass eine erste sowjetische atomare Angriffswelle ausreiche, um
»etwa die Hälfte des amerikanischen Atompotentials« zu zerstören. Mache
man sich dies erst einmal klar, dann »ersehe man (…) bereits die Fragwürdigkeit des amerikanischen Gegenschlags«.[11]

Solche Darlegungen haben durchaus alarmierende Wirkung, allerdings
weniger auf den über fast allen handfesten Dingen schwebenden Bundeskanzler. Er nimmt – wie schon gesehen – Strauß nicht richtig ernst, weil
dieser es in der Sache ja wohl auch nicht so dramatisch sehe und eher taktisch argumentiere. Und dort, wo auch Kiesinger nicht umhinkommt, sachliche Aspekte in der Intervention von Strauß einzuräumen – diesem gehe

es auch um die Formierung »eines europäischen Staatenverbundes«, der »stufenweise zu einer Nuklearbewaffnung« strebe[12] – ist nicht gerade eines von Kiesingers Herzensthemen berührt. Solange deutsche industrielle Interessen gewahrt bleiben, ist aus seiner Warte alles halb so schlimm. Hauptsache, es kann ein vernünftiger »Ausgleich sowohl mit den USA als auch mit Frankreich gefunden werden«.[13]

Strauß wäre gewiss der Letzte, der etwas gegen ein gutes Einvernehmen mit beiden Partnern einzuwenden hätte. Wenn es denn nur so einfach wäre und guter Wille allein ausreichen würde! Tatsächlich sind die Probleme äußerst konkret und ziemlich vertrackt. Denn beide Freunde verfolgen in diesen Jahren wenig rücksichtsvoll ihre je eigene Agenda. Frankreich unter dem späten de Gaulle zielt unverhohlen auf die Formierung eines von Paris geführten westeuropäischen Blocks, der sich Zug um Zug von den Vereinigten Staaten emanzipieren soll. Der Austritt aus der militärischen Integration der Nato und das erfolgreiche Streben nach einer nationalen Atomwaffe, die Re-Nationalisierung der französischen Verteidigungspolitik also, weisen in diese Richtung, aber auch der anhaltende Widerstand der französischen Regierung gegen die abermaligen Anstrengungen, das Vereinigte Königreich in die Europäische Integration zu führen. Nicht nur, dass die Briten aus französischer Sicht eine Art verlängerter Arm Washingtons im vereinten Westeuropa wären. Das Vereinigte Königreich, *la perfide Albion*, würde sich auch niemals dem Führungsanspruch aus Paris beugen. Da kann sich Bonn, wo es – mit graduell abgestufter Sympathie – einen parteiübergreifenden Konsens für die Aufnahme der Briten in die EWG gibt, mühen, wie es will: Ein ums andere Mal holt man sich beim Versuch, den »ehrlichen Makler« zwischen Paris und London zu geben, eine blutige Nase.[14]

Umgekehrt will sich London nicht einreihen in ein Projekt der europäischen Integration, das über eine Freihandels- und Zollunion de luxe hinausgeht. Nicht im Traum käme man auf die Idee, das eigene Nuklearpotenzial zu poolen oder sich für das Offenhalten einer europäischen Option einzusetzen.[15] Zu gern gibt man sich auf der Insel der Illusion hin, eigentlich doch weiterhin ein *empire* zu sein, und pflegt die *special relationship* zu den Vereinigten Staaten, als dass mit den Briten auf absehbare Zeit etwas substanziell Europäisches machbar wäre.

Und gilt er eigentlich nicht mehr, jener alte Satz von Lord Ismay aus den Anfangsjahren des nordatlantischen Bündnisses, Sinn der Nato sei es, die Russen *out*, die Amerikaner *in* und die Deutschen *down* zu halten?

Mehr als zwanzig Jahre nach dem Ende der Hitlerei und des Zweiten Weltkriegs sollte man eigentlich meinen, das Ziel, Deutschland in die Schranken
zu weisen, verliere zunehmend an Bedeutung. Jetzt allerdings scheint es
stärker zu wirken als je zuvor in der Geschichte der Allianz, auch wenn
Deutschland dieses Mal nicht der aktive Störenfried in Europa ist, sondern
ein Sicherheitsrisiko in der Mitte des Kontinents, das so lange ungelöst
bleibt, wie Bonn sich mit der deutschen Teilung nicht abfinden will.

Außer der Bundesrepublik können eigentlich alle recht gut mit der Realität
gleich zweier deutscher Staaten leben. Aktiv am Status quo zu rühren,
kommt ohnedies nicht in Betracht. Aber Bonn, das sich mit bloßen Lippen-
bekenntnissen der westlichen Freunde zur deutschen Einheit nicht begnügen mag, fühlt sich mehr und mehr alleingelassen. Selbst der letzte Anker
beginnt sich zu lockern: Der im internationalen Staatenverkehr bislang
noch einigermaßen hochgehaltene Alleinvertretungsanspruch der Bundesrepublik ist, wenn es so weitergeht, demnächst nur noch Makulatur. War es
1963 beim Beitritt Bonns zum Atomwaffenteststopp-Regime noch ein
großer Streitpunkt, ob auch die DDR dem Abkommen beitreten dürfe, so
ist dies vier, fünf Jahre später keine Frage mehr. Die DDR ist jetzt selbstverständlich auch von den Westalliierten, den USA voran, als Signatarstaat
gefragt und damit praktisch anerkannt.

Mit Blick auf die offene deutsche Frage ist es kein Wunder, dass der
Druck auf die Bundesrepublik, gerade von westlicher Seite, wächst, dem
Nichtverbreitungsvertrag so schnell wie möglich zuzustimmen. Ein Signal
uneingeschränkter Friedensliebe wäre es kaum, wenn jetzt ausgerechnet
jener Staat, der mit den territorialen Gegebenheiten in Europa keinen Frieden machen will und kann, über nukleare Optionen nachdenkt. Je länger
sich die innerwestlichen Streitereien um den Sperrvertrag hinziehen, umso
klarer scheint zu werden, dass es nicht zuletzt darum geht zu verhindern,
dass Deutschland aktive Verfügungsgewalt über Atomwaffen erhält.

Die meisten deutschen Verantwortlichen, auch in der Union, sind da
viel leichter als Strauß zufriedenzustellen. Solange man ihnen nicht allzu
deutlich unter die Nase reibt, dass den Deutschen der Status internationaler
Zweitklassigkeit zugeordnet bleiben soll, und die Amerikaner gebetsmühlenartig Sicherheitsgarantien aussprechen oder ihren atomaren Schutz-
schirm beschwören, geben sie Ruhe. Im Übrigen bringt es ja auch nichts,
die Sicherheitslage der Bundesrepublik unnötig zu dramatisieren. So weiß
der Verteidigungsstaatssekretär Carstens, ohnedies ein recht nüchterner

Charakter, dem Bundesverteidigungsrat Beruhigendes von der Nuklearen Planungsgruppe der Nato, die Ende September 1967 in Ankara getagt hat, zu berichten. Neue »nukleare Sperrmittel« etwa, die mit »den sogenannten Atomminen nichts zu tun hätten«, seien ganz vorzügliche Waffen, mit denen man Schwächen in der konventionellen Ausstattung der Streitkräfte gut kompensieren könne, zumal die »Wirkung des fall out (...) nicht so erheblich«, wenngleich »in der dicht bevölkerten Bundesrepublik anders als in dem fast menschenleeren Anatolien zu werten sei«. Sollte ein russischer Angriff dann doch einmal deutschen Boden erreichen, sei »beabsichtigt, nur vier bis fünf nukleare Waffen einzusetzen« – auf deutschem Boden, wohlgemerkt –, aber auch »eine Nuklearwaffe in einem solchen Falle auf das gegnerische Gebiet« zu schießen.[16]

Alles prima also? Außer Strauß regen in dieser Runde solche Darlegungen niemanden auf – ihn allerdings sehr! Bei aller Wertschätzung für den amerikanischen Verteidigungsminister – Strauß »bewundere den Intellekt dieses Mannes« – müsse er darauf hinweisen, dass dessen Theorien sich ein ums andere Mal als falsch erwiesen hätten. Insbesondere »einen selektiven Einsatz von taktischen Atomwaffen« halte er, Strauß, »für äußerst bedenklich«. Zu groß sei da »die Gefahr einer Eskalation«.[17]

Tatsächlich ist nicht nur die Eskalationsgefahr schwer kalkulierbar, sondern auch die Durchschlagskraft der amerikanischen Nukleargarantie überhaupt. Denn aus dem Eskalationsrisiko ist ja nur dann abschreckende Wirkung zu gewinnen, wenn beim Angreifer kein Zweifel besteht, dass der andere zum Äußersten bereit ist. Gerade in dieser Hinsicht freilich haben die USA in den vergangenen Jahren keinen überzeugenden Auftritt hingelegt. Gewaltaktionen der Sowjets jenseits des Eisernen Vorhangs – Ungarn und Polen 1956 – wurden so jedenfalls nicht verhindert, und auch die unklaren Botschaften Washingtons, was eigentlich die Sowjetunion zu befürchten habe, sollte sie es in und um Berlin zu bunt treiben, haben eher Fragen aufgeworfen, wie belastbar die amerikanische Sicherheitsgarantie für Deutschland letztlich ist. Hinzu kommt, »in welchem Ausmaß sich innenpolitische Probleme in den USA auf die Außenpolitik auswirkten«; ihm werde unheimlich, so Strauß im Verteidigungsrat, wenn er nur daran denke.[18] Denn was schert dann eines Tages Amerika »unter diesen Umständen noch unsere Sicherheit«? In solchen Zeiten wachsender Ungewissheit, wie weit und wie lange andere auf Dauer noch die deutsche Sicherheit tatkräftig und glaubwürdig würden garantieren mögen, dürfe man nicht auch noch freiwillig auf das verzichten, was womöglich demnächst bitter nötig werden könnte: »Mit dem Nichtverbreitungsvertrag«, so Strauß zu seinen weithin desinteressierten Kabinettskollegen, »gäben wir das letzte (...) noch nicht einmal für ein Linsengericht auf«.[19]

Wochen und Monate ziehen ins Land, ohne dass sich in der Sache viel bewegte. Dafür verschlechtert sich die politische Großwetterlage, in der nach Lösungen und Auswegen aus den Blockaden gesucht werden könnte, weiter. Neben den nuklearen Fragen ist immer noch offen, wie weit die Bundesrepublik von jenen Alliierten, die Truppen auf deutschem Boden stationiert haben, finanziell in Anspruch genommen werden soll. Erhards Kanzlerschaft hatte dieser vorrangig mit den Vereinigten Staaten ausgefochtene Streit den Todesstoß versetzt, und auch unter Kiesinger – der mit dem doch arg texanisch-ruppig agierenden amerikanischen Präsidenten Lyndon B. Johnson seine Nöte hat – läuft es kein bisschen geschmeidiger. Das deutsch-amerikanische Verhältnis ist jetzt, für jeden erkennbar, deutlich abgekühlt.

Während Bonn und seine Berufsdiplomaten versuchen, so konziliant wie möglich aufzutreten und die objektiv gegebenen, auch nervenden Probleme kleinzureden, tritt nun eine konservative Publizistik immer stärker auf den Plan, die sich gaullistisch gibt, aber teilweise eben auch mehr oder weniger unverhohlen antiamerikanisch schwadroniert.[20] Dass es dabei nicht nur um Macht-, Status- und Bündnisfragen geht, wird in der Rückschau Jahrzehnte später Ulrich Herbert zutreffend einordnen: Die französische, die gaullistische Option bot mit dem »autoritär regierende(n) General auch herrschaftstechnisch eine Alternative zu dem massendemokratischen Konsensliberalismus der USA (...), welcher von vielen Unionspolitikern nach wie vor höchst skeptisch betrachtet wurde«.[21]

Einige der publizistischen Wortführer[22] stehen Strauß auch persönlich nahe, arbeiten für ihn in den späten sechziger Jahren sogar als Berater oder Ghostwriter, wie etwa der blutjunge, hochtalentierte Marcel Hepp, ein besonders unerschrockener Zu- und Überspitzer, der als persönlicher Referent des CSU-Vorsitzenden fungiert und gleichzeitig für das Parteiorgan *Bayernkurier* tätig ist, oder der am liebsten sehr weit rechts weidende Armin Mohler, der als radikal-konservativer Einzelkämpfer gestartet ist, mittlerweile aber Schulen gebildet hat und weiterhin prägt.[23]

Gern schöpft Strauß aus diesen Quellen, noch lieber bedient er sich ihrer, um das politische Klima zu beeinflussen, doch vereinnahmen lässt er sich nicht, schon gar nicht als Galionsfigur einer neuen Rechten. Mit nunmehr fast schon salonfähigen Kampf- und Schmähreden beispielsweise über die USA, die im Nachkriegsdeutschland eine Art Umerziehungsdiktatur und nationale Gehirnwäsche betrieben habe,[24] hat Strauß nichts zu schaffen. Und die Vision *Zurück zu einem deutscheren Deutschland* ist ihm – wie überhaupt jedes Zurück – ein Graus.

Die Nähe zu solch rechten Denkern, manchmal sind sie auch nur Schreiber, mag helfen, den Graben für rechtsradikal infizierte Zeitgenossen zur bundesrepublikanischen Selbstverständlichkeit nicht allzu tief werden zu lassen, die verirrten Geister jedenfalls nicht kampflos der erstarkenden NPD zu überlassen. Doch die Unterschiede und Unterscheidbarkeiten bleiben gewahrt. An seinen europapolitischen Konzepten basteln ja auch noch andere mit, etwa sein dezidiert antinationalistischer Bonner Mitarbeiter Klaus Bloemer, der gegen Ende der Großen Koalition zur SPD und Egon Bahr überlaufen wird. Letztlich machen diese kurzzeitigen Weggefährten, die Narren am Hofe von Strauß, allesamt die gleichen Erfahrungen: Der Mann hat seine ganz eigene Agenda, etwaiger Konsens gründet zumeist in Missverständnissen hierüber. Armin Mohler etwa resümiert Jahre später, er habe »ein paar *gaullistische* Reden« für Strauß geschrieben, die dieser »prompt auf *atlantisch* umgemodelt« habe.[25]

So nah und doch so fern stehen sich aber nicht nur Strauß und seine rechten Unterstützer. Kaum anders verhält es sich mit Blick auf die meisten seiner politischen Mitstreiter und Kabinettskollegen. Für ihn, den nach Adenauers Tod und Guttenbergs Einbindung in die Kabinetts- und Kanzlerdisziplin vereinsamenden Mahner, wird es auf heimischem Terrain immer schwieriger, Gehör zu finden. Wie schrille Kassandrarufe klingen seine Warnungen allmählich. »Durch den Nichtverbreitungsvertrag in seiner jetzigen Fassung werde die politische Rangordnung auf lange Zeit in einer für Deutschland katastrophalen Weise betoniert«, trägt Strauß im Januar 1968 im Bundesverteidigungsrat vor, »(e)in großer Teil der von der Bundesregierung als lebensnotwendig erkannten politischen Ziele werde nicht mehr realisierbar sein«. Kurzum: Die für die Bundesrepublik eigentlich nicht verhandelbare »angestrebte maximale Sicherung vor nuklearer Erpressung werde durch den Vertrag abgebaut«. Wenn ein deutscher Beitritt zu dem Vertrag erfolgen solle, dann müsse mit den USA noch »sehr stark verhandelt werden«.[26]

Der Kanzler gibt zu bedenken, es sei fraglich, »ob wir eine solche harte Haltung verkraften können«. Und dass »im Falle eines deutschen Beitritts die politische Einigung Europas« wirklich unmöglich würde, sei noch längst nicht ausgemacht. Diese »Grundfrage« müsse man erst einmal mit gebotener Ruhe studieren und klären. Außenminister Brandt, der diese Frage ohnedies so schnell wir möglich vom Tisch haben will und sonst mit Kiesinger eher über Kreuz liegt, sieht das ähnlich; er ist offenbar nicht geneigt, sich in der Sache zu verkämpfen.[27] So geht man ein weiteres Mal auseinander – und alle Fragen bleiben offen. Was Strauß allerdings fast zur Raserei bringt, ist dieses ihm unerträgliche bürgerliche Phlegma, mit dem eigentlich alle großen Fragen und Probleme abgetan oder kleingemacht werden, wie das Politische als technisches Problem behandelt oder mit beschwichtigenden Formeln kleingeredet wird.

Für die, die Strauß so wettern hören, nähert er sich fatal dem Zerrbild an, das seine Gegner von ihm malen. Schon damals in den fünfziger und frühen sechziger Jahren, als er als Verteidigungsminister die nukleare Frage traktierte, sah er sich ja dem Vorwurf ausgesetzt, er trachte nach nationaler Verfügungsgewalt über Atomwaffen. Jetzt, da er auch ohne Fachzuständigkeit dort wieder anknüpft, erscheint er seinen Kritikern wie eine deutsche Ausgabe von Stanley Kubricks Atom-besessenen »Dr. Seltsam«.

Ja, ein *maniac*, ein Besessener ist Strauß durchaus. Aber sind Großmachtsehnsucht und Atombesitz seine wahre Obsession? Im Frühjahr 1968, wiederum im Bundesverteidigungsrat, bestreitet er das entschieden: Es »gehe ihm nicht darum, einen bundesrepublikanischen Zugang zum Atom freizuhalten«, sondern ganz andere Sorgen drängten ihn. Zunächst müsse man bei Blick auf die Lage feststellen, dass beide Großmächte anderen alles, sich selbst aber nichts abverlangten. »Vertragskosmetik, die entweder auf Täuschung ausgehe oder auf einer unvorstellbaren Naivität beruhe«, solle die Welt glauben machen, auch die Supermächte wollten weltweite Abrüstung. Es sei aber »völlig unwahrscheinlich, daß das Atomrüsten beendigt werde«; tatsächlich bewahrten sich die beiden nuklearen Großbesitzer »die Freiheit zur ungehinderten Weiteraufrüstung«. Mit Blick auf das strategische Gesamtbild werde die deutsche Lage dadurch immer unerfreulicher. So spreche man in der Nato gern von einer »verstärkte(n) konventionelle(n) Strategie«, gleichzeitig ziehe man jedoch Truppen aus der Bundesrepublik ab, und dann richteten sich die zur Frontverteidigung verfügbaren nuklearen Trägersysteme gegen Deutschland selbst! Um den Alptraum zu komplettieren, müsse man nur nach Indochina schauen: »Der Krieg in Vietnam mache ihn bedenklich.« Obwohl er natürlich für die Ho-Ho-Ho-Chi-Minh-Skandierer dieser Tage keinen Hauch von Sympathie hat, wird Strauß überdeutlich: »Denn die Amerikaner verteidigten hier ein Land, indem sie es zerstörten«.[28]

*Briefing zur Pershing-Rakete, mit der die Bundeswehr amerikanische
Nuklear-Sprengköpfe verschießen kann, 12. Juni 1962.*

Seit Jahren schon beschäftigt Strauß dieses lebensbedrohliche Problem.[29] Konventionell ist Deutschland, mit Blick auf die tatsächlichen Stärkeverhältnisse, kaum zu verteidigen. Je abhängiger die Frontsicherung von taktischen Nuklearwaffen ist, umso unausweichlicher wird das Dilemma, entweder das Verteidigenswerte zu zerstören oder aber, wegen der selbstabschreckenden Wirkung atomarer Gefechtswaffen, im Grunde aufzugeben. So gesehen kann die Kriegsschwelle nur dadurch hoch gehalten werden, dass dem Feind die Unentrinnbarkeit nuklearer Vergeltung von Anbeginn vor Augen steht. Dabei sich auf eine gar nicht territorial betroffene Macht – die aus freien Stücken entscheidet, ob und wie weit sie für andere die eigene Existenz aufs Spiel setzt – verlassen zu müssen, ist alles andere als beruhigend. Viel glaubwürdiger wäre die Abschreckung, wenn der direkt Bedrohte selbst und souverän Vergeltungsmacht besitzt. Und diesen Kerngedanken seiner Europavision[30] sieht Strauß nun gefährdet. Für ihn, so gibt er noch einmal zu Protokoll, »hänge die Zustimmung oder Nichtzustimmung zu dem Vertrag von der russischen Anerkennung der europäischen Sukzessionsklausel ab«[31], also dem Plazet Moskaus für eine eigene europäische Atomstreitmacht auf der Grundlage der bereits bestehenden nationalen Potenziale Frankreichs und Großbritanniens.

Vergeblich: Kein Werben, kein Argument, keine drastische Illustration will fruchten – niemand im Kabinett oder bei den außenpolitischen Experten der Unionsfraktion will hören, was Strauß zu sagen hat. Unmittelbar nach der nämlichen Sitzung des Bundesverteidigungsrates am 14. März, bei der Strauß noch einmal weit ausholt und leidenschaftlich in der Sache plädiert, wird der Bundeskanzler am Rande der Plenarsitzung des Bundestags vom außenpolitischen Sprecher der Unionsfraktion auf den jetzt schon allmählich aus der Zeit, in jedem Fall aus dem Kanon der politischen Selbstverständlichkeiten fallenden CSU-Chef und Finanzminister angesprochen: Strauß gehe es doch wohl in Wirklichkeit gar nicht so sehr um die Sache, meint Majonica, sondern er nutze den Nichtverbreitungs-Streit, um »die Koalition eventuell (zu) sprengen«. So wird es sein, pflichtet Kiesinger bei, »und das sei abenteuerlich«. Aber so kennt man ihn ja: »Strauß sei eben auch ein Abenteurer«, fährt der Kanzler fort – nicht ohne sich noch ein wenig aufzubauschen. Wenn sein Finanzminister so weitermache, dann, vertraut Majonica seinem Journal an, ja, dann werde der Regierungschef »sagen, er habe ihn rehabilitieren wollen, aber Strauß habe versagt«. Was das bedeute, fährt Kiesinger fort, liege auf der Hand, »dann sei er politisch erledigt«.[32]

Heiter hätte das werden können, zu sehen, wie der Bundeskanzler versucht, sich seines Finanzministers zu entledigen. Dass es zu diesem Ernstfall nicht kommt, ist aber weder der Umsicht Kiesingers noch einer Strauß über Nacht zugewachsenen Kompromissbereitschaft zu verdanken, sondern mehr dem Umstand, dass nicht nur die Bundesrepublik einiges am Vertragsentwurf zu bemäkeln hat und es Johnson nicht gelingen will, die Europäer zu besänftigen. Zudem stehen in den USA Präsidentschaftswahlen an, weshalb sich die Prioritäten Washingtons für eine Weile deutlich verschieben. Schließlich kommt mit Richard Nixon ein neuer Mann ins Weiße Haus, der sehr viel verständnisvoller als sein Vorgänger gegenüber europäischen Sorgen und Nöten ist und erst einmal den Fuß vom Gaspedal nimmt. Sowohl Strauß als auch die Große Koalition können sich zunächst einmal über die Zeit retten. Vor der Bundestagswahl 1969 brennt hier nichts mehr an.

Der konservative Modernisierer

Unzählige Reden hat Strauß in seinem politischen Leben gehalten. Manche sind Routine, einige wenige mit technokratischem Jargon versalzen oder gar langweilig. Eines allerdings wird man ihm nie vorwerfen: einen Mangel an Eindeutigkeit. Strauß verfügt über einen ausgesprochen breiten Bildungshorizont, kennt sich in der Geschichte des Altertums und dessen ausgestorbenen Sprachen bestens aus, und es gibt nur wenige wissenschaftlich-technische Entwicklungen, für die er sich nicht interessiert. Die meisten seiner Reden durchmessen dieses weit gesteckte Feld – auch das macht, neben seinem Witz und seinem Hang zur Polemik, seine rhetorische Attraktivität aus. Strauß denkt in komplexen Zusammenhängen und schlägt in seinen Reden große Bögen. Umso merkwürdiger, dass es kaum nennenswerte Grundsatzreden von ihm gibt, ganz zu schweigen von ausbuchstabierten Bekenntnissen. »Mit Strauß«, so wird nach dessen Tod Roman Arens in der *Frankfurter Rundschau* bilanzieren, »verliert die CSU einen großen Teil ihres Programms«.[1] Gefolgschaft erzeugt er, und er hat eine ganze Reihe von Jüngern, doch eine politische Denkschule im engeren Sinn wird er nicht hinterlassen.

Gleichwohl sind seine Gegner sich sicher, auf welchen eindeutigen Nenner seine Botschaften zu bringen sind. Das gilt nicht nur für die grundsatzfeste politische Linke, für die er ein reaktionärer Anti-Demokrat, zudem ein Demagoge ist, sondern auch für die Rechten, vor allen die Radikalen unter ihnen, in deren Augen Strauß ein hoffnungsloser Fall unbelehrbar verweichlichter Bürgerlichkeit ist. So wie für seine ultramontanen Kritiker, die es vor allem in der CSU ja immer noch gibt und für die er einen verderblichen Modernismus verkörpert. Die Hundhammer-Schlachten sind in der CSU zwar längst geschlagen, und auch die rückwärtsgewandte Sehnsucht nach einem reinen politischen Katholizismus ist ziemlich verblasst, aber bei einigen Reizthemen zeigt sich, dass die Leiche noch ein bisschen lebt.

In der zweiten Hälfte der sechziger Jahre, da konfessionelle Unterschiede noch viel und ökumenische Gemeinsamkeit fast gar nichts bedeuten, entzündet sich an diesem Gegensatz noch einmal ein Riesenkrach in der CSU. Streitpunkt ist die von der bayerischen Landesverfassung (Artikel 135) gewollte konfessionelle Bekenntnisschule als Regelfall, nach dem die staatlichen Lehranstalten bis zur neunten Klasse fein säuberlich nach Konfession zu trennen sind. Je mehr sich auch die bayerische Gesellschaft der Nachkriegszeit säkularisiert, desto weniger ist sie bereit, diesen teuren Spaß zu finanzieren. Jetzt kommen noch die geburtenstarken Jahrgänge hinzu und dehnen zwangsläufig den Bildungsapparat weiter aus. Selbst im Münchner Kultusministerium, wo man am liebsten alles beim Alten lassen würde, kann man diesem doppelten Druck nicht entfliehen – eine Reform mit Verfassungsänderung, also auf breiter Mehrheitsbasis, ist vonnöten. Allerdings ist es schwer vorstellbar, wie der im Kultusministerium erarbeitete und von der CSU-Landtagsfraktion umgehend beschlossene Gesetzentwurf, die Konfessionsschule zu streichen und dafür Konfessionsklassen zu errichten, eine verfassungsändernde Mehrheit erhalten könnte.

Vermutlich sind es weniger ökumenische Anliegen, die Strauß hier in seinem Kampf gegen die katholischen Traditionalisten unter den Christsozialen und die Repräsentanten der Amtskirche in Bayern leiten. Maßgeblicher dürfte die Einsicht sein, dass die Zeit »weitergegangen«[2] ist und eine Politik wider die gewandelte gesellschaftliche Wirklichkeit zum Scheitern verurteilt wäre. Zudem steht – ähnlich wie in Rheinland-Pfalz, wo Kohl sich zur selben Zeit mit diesem Thema abmühen muss[3] – die prinzipielle Frage zum Verhältnis von Staat und Kirche auf der Tagesordnung, ob die Kirchen über mehr politische Mitspracherechte verfügen sollten als andere gesellschaftliche Gruppen. Zwar würde es jetzt, mehr als zwei Jahrzehnte nach Gründung der CSU, niemand mehr wagen, ein Zurück zur konfessionellen Partei nach Art der Bayerischen Volkspartei aus Weimarer Zeiten zu fordern. Der Anspruch der bayerischen Bischöfe jedoch, dass christliche und damit richtige Politik nur sein kann, was der katholischen Imprimatur würdig ist, währt fort; und mit so mächtigen Parteigrößen wie dem bayerischen Kultusminister Ludwig Huber – zugleich Vorsitzender der Landtagsfraktion und eingeschworener Strauß-Feind – gibt es immer noch viele, die sich bei ihrem Tun stets des kirchlichen Segens vergewissern. So besehen ist der Streit um die Einheitsschule für Strauß neben allem anderen eine gute Gelegenheit, die Grenzen zwischen Kirche und Staat etwas deutlicher zu markieren – ähnlich wie er es als Verteidigungsminister mit der Behauptung des Primats der Politik über das Militär gehalten hat.

Dass Modernisierung in Bayern, auch wenn sie mit dem CSU-Vorsitzenden an der Spitze vorangetrieben wird, kein Selbstläufer ist, erweist sich genauso deutlich beim ehrgeizigsten Reformvorhaben der Großen Koalition: der Neuordnung der Finanzbeziehungen im Rahmen des Bundesstaates. Seit Beginn der sechziger Jahre besteht ein überparteilicher Konsens, dass die seit Verabschiedung des Grundgesetzes geltende Finanzverfassung dringend reformiert werden muss.[4] Allerdings ist es ein höchst komplexes Thema, das es da zu bearbeiten gilt: Wie lässt sich die Finanzausstattung der Kommunen ohne allzu hohe Konjunkturrisiken auf Dauer garantieren? Welcher staatlichen Einheit sollen welche Steuereinnahmen zufließen? Wie kann sichergestellt werden, dass sowohl der Bund als auch die Länder über die zur Wahrnehmung ihrer jeweiligen Aufgaben erforderlichen Finanzmittel verfügen? Nicht zuletzt: Welche Verteilungsschlüssel sind geeignet, um die Unterstützung der ärmeren Bundesländer zu gewährleisten und der Anforderung des Grundgesetzes, eine gewisse »Einheitlichkeit« der Lebensverhältnisse in der Bundesrepublik herzustellen, Genüge zu tun? Schließlich ist nach fast zwanzig Jahren wildgewachsenem Föderalismus dringend Ordnung in die Zuständigkeiten von Bund und Länder zu bringen.

Wie sich bald zeigen wird, liegt vor der Regierung ein steiniger und riskanter Weg, besonders für den federführenden Bundesminister der Finanzen. Angesichts der absehbaren Schwierigkeiten wäre Durchlavieren eine naheliegende Strategie. Unabweisbare äußere Zwänge, sich dieses Themas mit Inbrunst anzunehmen, bestehen jedenfalls nicht. Aber Strauß will sich nicht mit Schönheitsreparaturen zufriedengeben.[5] Auch die Korrektur dysfunktional gewordener Verwaltungs- und Verfahrensabläufe in der bundesstaatlichen Systematik sind nicht sein vorrangiges Thema. Im Grunde soll abgerundet werden, was mit der *Mifrifi* begonnen und dem Stabilitätsgesetz fortgeführt worden ist – eine tiefgreifende Modernisierung der Finanzpolitik als Instrument der volkswirtschaftlichen Globalsteuerung, kurz, die Modernisierung des Industriestaates im Ganzen. War die Einführung der Mittelfristigen Finanzplanung sein ansehnliches Gesellenstück, so ist die Finanzreform seine Meisterprüfung. Nicht alles muss dafür neu erfunden werden, manches einfach nur wiederentdeckt: etwa, dass der Staat mit Steuern steuern kann.

Im Prinzip bietet die Große Koalition eine ausgesprochen günstige Ausgangssituation für ein solch vielschichtiges Reformwerk. Sie verfügt über eine für Verfassungsänderungen erforderliche Mehrheit im Parlament, und

da alle Ministerpräsidenten einer der drei Bonner Koalitionsparteien angehören, sollte es eigentlich kein Problem sein, die nötige Zustimmung des Bundesrates zu erhalten. Doch sobald es ums Geld geht, stoßen Einsicht und
guter Wille schnell an Grenzen. Und beim Länderfinanzausgleich, mit dem
die Einheitlichkeit der Lebensverhältnisse gewährleistet werden soll, ist sehr
viel Geld im Spiel. Dass die reichen Länder, zu denen Bayern sich selbst mittlerweile zählt,[6] ungern an die ärmeren abgeben, kann man sich leicht ausmalen.[7] Dummerweise ist die Aufteilung der Steuermittel nicht loszulösen
von Zuständigkeitsfragen – Bund oder Land –, und mithin ist stets ein neu-
ralgischer Punkt die Eigenständigkeit der Länder. Insbesondere Bayern ist
hier höchst empfindlich, immerhin hat der Freistaat aus Sorge vor einem zu
starken Bund seinerzeit im Parlamentarischen Rat dem Grundgesetz die Zustimmung verweigert. Ziemlich verknotet ist daher – trotz theoretisch sicherer Mehrheitsverhältnisse – der sich bis ins Frühjahr 1969 hinziehende Re-
formprozess.

Am Anfang läuft es noch zügig; bereits im Februar 1967 bringt Strauß
eine Vorlage ins Kabinett ein. Dort herrscht weithin Einigkeit, allerdings
wünscht die SPD vor der formellen Beschlussfassung noch eine Abklärung
mit den Ländern. Im Sommer ist es schließlich so weit, die Beratungen im
Bundestag können beginnen. Schnell zeigt sich, dass die Länder, bei allem
prinzipiellen Einigungswillen, strikt auf klaren Kompetenzabgrenzungen
zum Bund bestehen und etwaige, neu zu schaffende *Gemeinschaftsaufgaben*
von Bund und Ländern die Ausnahme bleiben müssen. Doch nicht nur hier
hakt es gleich zu Beginn der Beratungen; die Verteilung der neuen Mehrwertsteuer ist umstritten, die Lastenverteilung und der Finanzausgleich zwischen
den Ländern bleiben umkämpft. Bis in den Dezember 1968 zieht sich das
parlamentarische Beratungsverfahren hin. Am Ende fühlen sich die reichen
Länder überfahren und drohen mit Ablehnung im Bundesrat.[8]

Tatsächlich findet die Neuregelung der Staatsfinanzen und der föderalen
Zuständigkeiten in der Länderkammer nicht die erforderliche Mehrheit und
muss in den Vermittlungsausschuss. Jetzt könnte eintreten, was Strauß unbedingt verhindern wollte, dass nämlich das mühsam zusammengestellte Ge-
samtpaket noch einmal aufgeschnürt wird und im Ganzen neu verhandelt
werden muss – wenige Monate vor der im Herbst anstehenden Bundestagswahl. Glücklicherweise ist der hartnäckigste Gegner unter den Länderfürs-
ten, Alfons Goppel, zugleich der beste Freund von Strauß. Der bayerische
Ministerpräsident kämpft zwar wacker für die Interessen seines Landes, will
sich am Ende aber dem Erfolg seines Parteivorsitzenden nicht in den Weg

stellen, lässt sich in den meisten Streitpunkten herunterhandeln und signalisiert in letzter Sekunde Zustimmung.

Sein ganzes politisches Leben lang ist Strauß, der Bundespolitiker, darauf bedacht, so viel Gutes wie möglich – seine Kritiker finden: zu viel des Guten – für Bayern zu erreichen. Der Abschluss der Finanzreform indes hält für seine Heimat das Gegenteil bereit. Den föderalen Empfindlichkeiten Bayerns wird zwar Rechnung getragen, beim Länderfinanzausgleich dagegen beginnt der in den folgenden Jahrzehnten beklagte weiß-blaue Aderlass.

Die (Neu-)Ordnung der Bund-Länder-Beziehungen wird sich in den kommenden Jahren, wenn die erste Euphorie – »Bund und Land, Hand in Hand«, wie es zeitgenössisch heißt – verflogen ist, als nicht so geglückt erweisen und mit der Zeit neue Probleme aufwerfen. Einstweilen aber bestätigt diese Reform die wichtigste Überzeugung jener Tage: dass mit etwas gutem Willen und viel Sachverstand fast alles »machbar« ist – vorausgesetzt, selbstredend, die Finanzen stimmen.

Überhaupt herrscht in den sechziger Jahren das Grundgefühl, dass die großen politischen Schlachten geschlagen, die rahmensetzenden Entscheidungen gefallen sind und sich Parlament und Regierung vor allem um Fragen eher technischer Art zu kümmern haben: Die Straßen sind überfüllt? Mit der Verlagerung von Teilen des Schwertransports auf Wasser oder Schiene sowie der Modernisierung der Verkehrsinfrastruktur, dem nach dem Bundesverkehrsminister benannten *Leber-Plan*, ist die probate Lösung bei der Hand. Wohnraumknappheit? Hochschulengpässe? Staatlich initiierte und koordinierte Bauprogramme werden es richten. Selbst einem bekanntermaßen scheuen Wesen wie der Konjunktur – haben Schiller und Strauß dies nicht gleich zu Beginn der Großen Koalition mit ihren Interventionen bewiesen? – kann man mit dem richtigen Plan beikommen. »Planung ist der große Zug unserer Zeit«, so fasst Joseph H. Kaiser – ein maßgeblich von Carl Schmitt in der Staatsrechts-Schule unterwiesener Hochschullehrer, der aber auch über administrative Erfahrung im Auswärtigen Amt verfügt – die Stimmung der Zeit zusammen; »auf der Grundlage allen verfügbaren Wissens« sei die Planung der Königsweg beim »Bau einer besseren und gerechteren Ordnung«.[9]

Allzu nachhaltig wird diese »konkrete Utopie«[10] der Planbarkeit von Gesellschaft und Zukunft nicht wirken, aber für ein paar Jahre beseelen das Vertrauen auf »Globalsteuerung«, ein unbändiger Optimismus mit Blick auf die segensreichen Früchte der Technokratie – ja, ein unbefleckter Glaube an den technischen Fortschritt überhaupt – jeden Winkel der Republik. In diesem Geiste einer machbaren Zukunft gedeiht endlich auch das bis dato eher zierliche Pflänzchen Kernenergie zur prächtigen Blüte. Und wenn man es nur richtig anpackt, lässt sich ein verloren geglaubtes industrielles Feld wie die Luft- und Raumfahrttechnologie wieder fruchtbar machen.

Strauß, seit eh und je ein Technik-Aficionado, ist bei solchen Aufbrüchen zu neuen Ufern stets vorn mit dabei. Ganz so blauäugig wie andere sieht er die Planungsbegeisterung zwar nicht, der Idee der *planification*, seit Jean Monnet das französische Mantra der Wirtschaftspolitik, erst recht während der 5. Republik, kann er indes seit Langem einiges abgewinnen. Als Atomminister war er von der Zukunftsträchtigkeit der Kernenergie überzeugt, obwohl er erkannt hatte, dass die freien Kräfte des Marktes die enormen Investitionen – und die damit verbundenen Risiken – scheuten. Hätte man sie sich selbst überlassen, wäre dabei nichts herausgekommen; der Staat musste einschreiten, organisieren und – vor allem – finanzieren, damit eine deutsche Atomwirtschaft in Gang kommen konnte.[11]

Ähnlich lautet nun der Grundgedanke beim Flugzeugbau, der sich in diesen Jahren zu einem lebenslang leidenschaftlich verfolgten Projekt von Strauß entwickelt. Viele Minister in Kiesingers Kabinett fühlen sich berufen, als das Projekt eines in Europa konzipierten und gebauten Zivilflugzeugs, des *Airbus*, im März 1967 erstmals zur Beratung kommt – Schiller als Wirtschafts- und selbsternannter Modernitätsminister sowieso, Forschungsminister Stoltenberg schon von Amts wegen, nicht zu vergessen der Bundesminister für Verkehr, Georg Leber. Doch keiner nimmt sich der Sache mit solcher Leidenschaft an wie Strauß, der auf diesem Gebiet eigentlich keine originäre Zuständigkeit hat – außer, dass er die Kasse öffnen muss. In einer Kabinettsmitschrift heißt es etwas umständlich, Strauß habe sich »für das Projekt aus(gesprochen), um in der Konstruktion von Luftfahrzeugen geschultes Personal in der Bundesrepublik zu erhalten«.[12] Tatsächlich geht es ihm vor allem darum, bei einer zukunfts- und wachstumsträchtigen Schlüsseltechnologie am Ball zu bleiben. Und dort, wo man an die Grenzen dessen stößt, was innerhalb eines Staates zu leisten ist, schließt man sich eben länderübergreifend zusammen. Beim Flugzeugbau liegt die Kooperation mit Frankreich – und, wenn sie wollen, mit den Briten – nahe, um eine für die Zukunft als wesentlich erachtete Schlüsselindustrie nicht kampflos anderen zu überlassen, auch nicht den Amerikanern.

Was Strauß antreibt, ist weit mehr als zum politischen Programm erhobene Technikbegeisterung. Und ebensowenig wie bei seinen sicherheitspo-

*Europäische Flugzeuge für eine US-Airline: Aufsichtsratsvorsitzender
Franz Josef Strauß bei der Übergabe von Airbus-Maschinen, 1. September 1984.*

litischen Überlegungen ist er von anti-amerikanischen Ressentiments geleitet. Hinter all seinen Initiativen und Lieblingsprojekten steckt vielmehr
ein einfaches, aber elementares Verständnis von Freiheit: Abhängigkeiten
sind schlecht, Selbstbehauptung und Gleichberechtigung gut; je stärker
jeder der Partner, umso stärker kann die Partnerschaft sein. Und für die
eigene Sicherheit und den eigenen Wohlstand wird sich auf Dauer niemand
mehr ins Zeug legen als man selbst.

Aus diesem Blickwinkel betrachtet, läuft die Entwicklung, die Deutschland und Europa in der zweiten Hälfte der sechziger Jahre nehmen, in die
falsche Richtung. Größer und größer wird das Ungleichgewicht zwischen
amerikanischer Präsenz in Europa und europäischer in den Vereinigten
Staaten. Sicherheitspolitisch liegt das auf der Hand und wird sich so schnell
nicht ändern. »Die europäische Politik tritt auf der Stelle«, hat Strauß kurz
vor seinem Wiedereintritt in das Bundeskabinett geschrieben: »Nur eine
entschlossene Initiative kann helfen, uns aus den Fesseln des Status quo zu
befreien. Die Einigung Europas ist ins Stocken geraten. Die nordatlantische
Allianz steckt in der Krise. (…) Europa ist geteilt, und die Vereinigten Staa-

ten werden immer mehr in eine doppelte Verteidigungsstellung gedrängt.«[13] Mit Blick auf den kulturellen oder wirtschaftlichen Austausch, die Fortschritte in Wissenschaft und Technik ergibt sich das gleiche Bild: Die Verhältnisse werden einseitiger.[14]

Den Amerikanern kann man das alles nicht vorwerfen, und Strauß tut dies auch nicht. Denn der Kern des Problems ist nicht *Die amerikanische Herausforderung,* der Jean-Jacques Servan-Schreiber ein seinerzeit viel gelesenen Buch gewidmet hat – zu dem Strauß ein schmissiges Vorwort beisteuert. Am Schlimmsten sei es, erklärt Strauß darin, dass die Europäer dazu neigten, sich »gegenüber den USA (in) die Rolle der Griechen, die der verachteten Graeculi gegenüber dem Imperium Romanum«, zu fügen.[15]

Sich fügen mag bequem sein, doch irgendwann wird aus solcher Bequemlichkeit Abhängigkeit, man wird behandelt, ist nur noch Objekt. Im Übrigen kann kein Mensch wissen – Strauß, der als Althistoriker intensiv über Aufstieg und Fall des Römischen Reichs geforscht hat, ist da besonders skeptisch –, wie lange der einstweilen wohlwollende Hegemon durchhalten wird. Unverwundbar ist er nicht, im Ost-West-Konflikt ist die nukleare Bedrohung längst wechselseitig, und wie sich etwa jetzt bereits in Indochina zeigt, stellt sich der Sieg keineswegs (mehr) automatisch ein. Der technologische Vorsprung gegenüber der anderen Supermacht, der Sowjetunion, ist gewaltig, aber Raketen ins All schießen können die Russen auch – die Europäer nicht.

Weckrufe, um ein Erstarken Europas zu provozieren, sind demnach angebracht. Allerdings ist es für Deutschland besonders heikel, hier forsch voranzuschreiten und Selbstbehauptung zu fordern. Wohin der Wille zur Stärke führen kann – gerade, wenn er von Deutschland ausgeht –, hat das 20. Jahrhundert in abscheulichster Weise gezeigt. Die Konsequenz hieraus war für den Westen Deutschlands eben nicht nur die Einladung, dem Club beizutreten, der sich leichthin die *freie Welt* nennt, sondern die gleichzeitige Zementierung des minderen Status, der eingeschränkten Souveränität. Immer noch wirkt das Besatzungsrecht in Deutschland nach, und ganz so freiwillig hat Bonn auch nicht auf Nuklearwaffen verzichtet. Ohne die Bundesrepublik lässt sich aber ein starkes Europa nicht bauen, und ohne ein starkes Europa wird die transatlantische Allianz, nicht nur im militärischen Sinn, kaum von Dauer sein. Anders gewendet: Alles, was die Bundesrepublik unternehmen müsste, um nach der Lesart von Strauß Europa zu modernisieren und den Westen zu stärken, kann man als Übernahme von mehr Verantwortung interpretieren; man kann es aber auch als den Versuch lesen, die Schatten der Vergangenheit abzustreifen und einen Schlussstrich unter die dunklen Kapitel der gerade erst vergangenen Geschichte zu setzen.

Fatalerweise klingt das Credo der Selbstbehauptung damit streckenweise so ähnlich wie jene Forderungen, die sonst nur von der extremen Rechten zu hören sind: Genug von Sack und Asche – heraus aus dem Schatten der Geschichte. Und solche Maximen bleiben nicht etwa theoretischer Natur, sondern finden beispielsweise im Streit um die Aufhebung der Verjährung für Mord sehr konkrete Anwendungsfelder. Denn dabei – erstmalig 1965 auf der Tagesordnung – geht es vor allem darum, die Täter des NS-Regimes, deren Strafverfolgung ja gerade erst in Gang gekommen ist, weiter zu belangen und bestrafen zu können.

Im ersten Anlauf war nur eine provisorische Regelung getroffen worden, durch die der Verjährungsbeginn auf den 1. Januar 1950 festgesetzt wurde. Nun droht mit Ablauf des Jahres 1969 tatsächlich für die schlimmsten NS-Verbrechen Straffreiheit. Zudem ist eine Lösung für schwierige Tatbestandsgrauzonen zu finden. Denn oftmals ist den Tätern kein Mord, sondern nur Beihilfe nachweisbar – etwa mit der gängigen Berufung auf den *Befehlsnotstand*.

Strauß ist vorsichtig genug, in dieser juristisch komplizierten, moralisch freilich ziemlich eindeutigen Angelegenheit Zurückhaltung zu üben. Er trägt die gefundene Kompromisslinie, die den Verjährungszeitraum abermals für zehn Jahre verlängert, mit. Doch seine Selbstbehauptungs- und »Irgendwann-muss-mal-Schluss-sein«-Rhetorik genügt den meisten Beobachtern, ihn klar einer Richtung zuzuordnen. Dass die SPD ähnliche Nöte hat, einen einheitlichen Standpunkt zu finden – nicht nur Helmut Schmidt denkt da anders als Justizminister Heinemann und sein Nachfolger Ehmke, bei denen die Federführung für die Strafrechtsänderung liegt –, nützt Strauß wenig. Und auch nicht, dass es während der Großen Koalition für die sozialdemokratischen Kabinettsmitglieder ebenfalls zum guten Ton gehört, auf demonstrierende und randalierende Studenten zu schimpfen: Mittlerweile gilt er vielen als ein dezidiert Rechter.

Schon seit längerem, in Deutschland beginnend mit Godesberg, wird die Annäherung der politischen Linken an die politische Mitte nicht von allen gefeiert. Verstärkt durch den Trend zur technokratischen Politikbetrachtung und der allmählichen Etablierung einer vermeintlich ideologiefreien

Expertokratie als Inbegriff politischer Modernität, verlieren die alten Gegensätze an Prägekraft. Manche, wie der Lyriker Ernst Jandl, reagieren spielerisch-sarkastisch darauf:

manche meinen
lechts und rinks
kann man nicht velwechsern
werch ein illtum[16]

Andere beschleichen ernstere Sorgen, vor allem seitdem die beschleunigte Annäherung zwischen Union und Sozialdemokratie während der Großen Koalition in der Tat fast schon zur Verwechselbarkeit führt und damit womöglich zu neuen Problemen: »Ich muß Dir gestehen«, schreibt etwa Theodor Adorno schon wenige Tage nach der Konstituierung der Großen Koalition an Max Horkheimer, den alten Weggefährten und Mitbegründer der bürgerlich kontaminierten neo-marxistischen Frankfurter Schule, »daß mich der politische Instinkt im Stich läßt«. Er fühle sich »überhaupt icht mehr so sicher im politischen Urteil wie früher«. Auf der einen Seite ist da die Hoffnung, dass das über eine verfassungsändernde Mehrheit in beiden Kammern verfügende Bündnis aus Union und Sozialdemokratie das Mehrheitswahlrecht einführen werde, durch das, ähnlich wie im Vereinigten Königreich, ein Zweiparteiensystem entstehen könnte.

Es ist es nicht Gleichgültigkeit gegenüber dem Schicksal der FDP, die Adornos Überlegungen leitet. Verängstigt von den beachtlichen Erfolgen der NPD bei einigen Landtags- und Kommunalwahlen Mitte der sechziger Jahre, sind beide Großdenker von der Sorge geplagt, faschistische Strömungen könnten in Deutschland wieder erstarken. Mit einer Änderung des Wahlrechts ließe sich »die Ausschaltung der NPD« effektiv und dauerhaft bewirken. Doch gegen diesen innigen Wunsch steht, aus Adornos Blickwinkel betrachtet, die Gefahr, dass sich die SPD durch den Eintritt in das Bonner Elefantenbündnis »um die fast sicheren Chancen eines Wahlsiegs 1969 bringt«. Schlimmer noch: Womöglich werde die Sozialdemokratie durch ihre Regierungsbeteiligung dazu beitragen, »daß ein rechtskonservativer Kurs à la Strauß dann als Rettung vorm Neonazismus resultiert, die recht ähnlich dem wäre, wovor sie zu retten vorgibt«.[17]

Solche Befürchtungen beruhen natürlich zu keinem geringen Teil auf den in bestimmten intellektuell tonangebenden Kreisen immer noch frischen Erinnerungen an die *Spiegel*-Affäre. Genährt werden sie zudem durch den rabiaten Pragmatismus, den Strauß sich in der Zeit seiner Verbannung aus dem Kabinett im Umgang mit verbrecherischen Herrschern in allen Teilen der Welt angeeignet hat. Nach einer Südafrikareise im Frühjahr 1966 etwa hielt er es für angebracht, der Öffentlichkeit seine Erkenntnisse über die Natur des Apartheidregimes zu unterbreiten: Nicht von »Versklavung« dürfe da die Rede sein, sondern von »einem Mangel an politischen Rechten«; übrigens habe man es am Kap auch nicht mit einer »Herrenrassen-Ideologie«, sondern mit einer »Art religiösen Verantwortungsbewußtseins« zu tun, nicht mit einem »Polizeistaat«, sondern mit einem Land »unter scharfer Kontrolle«.[18] Mit Verweis auf solch unsägliche Differenzierungen resümiert wenige Wochen vor Beginn der Großen Koalition eine zeitgenössisch weithin beachtete Stimme der publizistischen Linken: »Ein Erhard und ein Hassel«, der noch amtierende Kanzler also und sein als erzkonservativ geltender Verteidigungsminister, sie mögen unfähig und was sonst nicht alles sein – aus Sicht der radikalen Intellingenzija der Bundesrepublik sind sie immer noch »besser als ein Strauß«, der sich selbst unentwegt dem Verdacht aussetze, »mit Demokratie und Außenpolitik südafrikanisch umgehen zu wollen«.[19]

Diese Befürchtung Ulrike Meinhofs ist zwar, wie gesehen, nicht ganz aus der Luft gegriffen, aber sicherlich stark überzogen; bewahrheiten wird sie sich jedenfalls nicht. Als Bundesminister der Finanzen ist Strauß in einer Zeit vermeintlicher Wirtschaftskrise ohnehin naturgemäß mit dicken Dossiers eingedeckt, da bleibt – jenseits der vielfältigen internationalen Konsultations-Pflichten – nicht viel Raum für Reisen in alle Welt. Aber der Finanzminister verfügt ja über genügend Einsichten aus vorangegangenen Zeiten, mit denen er von Zeit zu Zeit seine Amtskollegen versorgen kann. Im Sommer 1967 beispielsweise berät das Kabinett am Rande darüber, ob die Bundesrepublik einen von den Vereinten Nationen aufgelegten Fonds für Apartheid-Opfer unterstützen solle. Frankreich hat 30 000 Dollar eingelegt, Ost-Berlin immerhin 5000; keine große Sache, sollte man denken – Brandt, der vorträgt, ist selbstredend dafür, der Kanzler pflichtet ihm bei. Für Strauß indes eine Gelegenheit, seine Südafrika-Erfahrungen einzubringen, nicht ohne vorsorglich darauf hinzuweisen, dass er seinen südafrikanischen Gesprächspartnern »offen seine Meinung auch über die Unzuträglichkeiten der Apartheid« kundgetan habe. Zur ganzen Wahrheit gehöre allerdings auch, dass »dort grundlegende Reformen bereits in Angriff genommen« worden seien. Bei der UNO-Initiative gehe es »augenscheinlich nur um das Bestreben, die Südafrikanische Union zu diffamieren«. Das werde schon deutlich, so Strauß weiter, wenn man bedenke, dass niemand die Stimme erhebe, auch nicht die UNO, »wenn im Kongo oder in anderen Staaten Tausende von Einwohnern ermordet würden«. Da denke »niemand an die Unterstützung der Opfer« – mit einem Wort: das Ganze sei ein »Narrentheater«![20]

So falsch liegen die kritischen Zeitgenossen demnach nicht, wenn sie Strauß weiterhin eine für sie unerträgliche moralische Großzügigkeit gegenüber Unrechtsregimen unterstellen. Und wenn man das so sieht und bewertet, dann ist es kein allzu weiter Denkweg mehr, bei Strauß ein gewisses Sympathisantentum zu vermuten – selbst wenn es dafür keinerlei Beweis gibt.

Strauß war irgendwie immer anders als seine Weggefährten, er dachte politisch anders und handelte rigoroser – und allem Anschein nach ist es während der Großen Koalition dabei geblieben. Auf seine direkte, offene Sprache und die unbändige polemische Dynamik lässt sich das nicht verkürzen. Er kalkuliert, operiert und bewegt sich in einer vollständig anderen politischen Matrix. Christliche Prägung, Freude an der nach 1945 gewonnenen Freiheit der Westdeutschen, die Beschwörung bundesrepublikanischer Werte und Errungenschaften – das verbindet ihn nicht nur mit seinen parteipolitischen Freunden. Aber der neugierige Blick in die Zukunft, die Suche nach der Welt von morgen geht vor jenem Hintergrund einen fast schon faustischen Pakt mit kältester Realpolitik ein.

So ist kurz vor dem Ende der Großen Koalition ein eindeutiger Befund, wie Strauß sich gemacht hat, nicht zu haben. Deren Pflichtenheft war prall gefüllt: Notstandsgesetzgebung, Wahlrechtsreform, Modernisierung der Finanzverfassung, die grundgesetzliche Neuordnung der Bund-Länder-Beziehungen – wahrlich kein Pappenstiel. Überall ist Strauß da mit am Zug. Doch gemessen an der Gründungsagenda der Bundesrepublik, die längst abgearbeitet ist, geht von dem, was sich die Kiesinger/Brandt-Regierung vorgenommen hat, wenig Glanz aus. Gering zu schätzen ist das, was zu tun war, keineswegs; mitunter erfordert das Traktieren kniffliger Details durchaus höheres Geschick als der große Wurf. Auch lässt sich kaum bestreiten, dass sich CDU/CSU und SPD einem beeindruckenden Modernisierungsprogramm verschrieben haben. Am Ende aber wird es den Großkoalitionären so gehen wie jedem Sanierer und Renovierer: Was sie tun, gereicht weniger ihnen selbst zur Ehre, sondern verhilft lediglich den Architekten und Bauherren der Gründerzeit zu noch mehr Glanz. Geschichte kann ganz schön ungerecht sein.

Strauß hat es da vergleichsweise gut, gehört er doch selbst zur allmählich aussterbenden Generation der Gründer. So gesehen ist er ein eindeutiger Gewinner. Aber was wird ihm das für die Zukunft bringen? Denn sein Anders-Sein ist jetzt noch ausgeprägter als zuvor. Auf Konsens und Beruhigung orientiert ist sein Habitus und erst recht sein sich immer weiter ausprägender politischer Denkstil weniger denn je. Modernisierung ist für viele Menschen eine Zumutung, prononciert rechte Politik oder eine, die sich diesen Anschein gibt, ein schwerer Angang. Keine gute Voraussetzung für einen, der konservativer Modernisierer sein will und auch wohl ist.

Wenn der Albtraum Alltag wird

Mitunter ist Sarkasmus nichts anderes als die Maske für eine unausgesprochene Wahrheit, und so muss man wohl auch eine Mitteilung von Strauß verstehen, mit der er gleich zu Jahresbeginn 1969 aufwartet. Vor laufender Kamera – alle, die die WDR-Sendung verpasst haben sollten, können es in der ersten *Spiegel*-Ausgabe des neuen Jahres nachlesen – spricht der Bundesminister der Finanzen und CSU-Vorsitzende über seine Zukunftspläne: »Ich habe mich entschlossen, 1969 die Politik an den Nagel zu hängen«; stattdessen wolle er »Herausgeber des *Spiegels* werden«, während in einer »geheimen Absprache mit dem Herrn Bundeskanzler Kiesinger« (…) vereinbart worden« sei, Augstein zum neuen Verteidigungsminister zu machen. Als neuer Chef plane er zwar nicht, aus dem Hamburger Nachrichtenmagazin »ein katholisches Wochenblatt (zu) machen«, doch würden »die Herren Augstein und Ahlers merken, was eine Kampfpresse ist, wenn ich den *Spiegel* herausgebe«.[1]

Was auf den ersten Blick nur wie gelungene Selbstironie erscheint, hat seinen ernsten, höchst realen Hintergrund; nicht umsonst denkt Strauß in dieser Lebensphase über eine Totalrevision seines Lebenswegs nach. Ein Leben fern der Politik ist schwer vorstellbar, aber ein immer mal wieder erwogener Ausstieg und Neuanfang ist keineswegs vom Tisch. Und auch die privaten Verhältnisse sind, wie noch zu zeigen sein wird, in krisenhafte Unordnung geraten. Zeitweise hängt die Ehe von Strauß nur noch an einem seidenen Faden. Eine Trennung scheint möglich, bevor sich die Eheleute noch einmal zusammenraufen.

Gerade einmal zwei Jahre ist er wieder Bundesminister, diesmal sogar ein weithin anerkannter und selbst von den ihm nicht freundlich gesinnten Medien gelobt. Doch die Verschleißspuren sind unübersehbar. Am Ende einer heftigen Woche notiert Marianne Strauß in ihr Tagebuch: »Franz kam um 9h von Riem an, entsetzlich müde + erkältet. Augenblicklich arbeitet er wieder wie ein Besessener.«[2] Wenige Tage später, soeben ist die nicht enden wollende Hängepartie um die Finanzreform doch noch auf die Zielgerade gekommen, schreibt sie: »In Bonn Vermittlungsausschuß geglückt, Finanzreform endlich durchgebracht. FJ ist selig.«[3] Am folgenden Wochenende klingt es schon wieder ambivalenter: »Aufstellung der Landesliste. Ging alles prima. FJ sah katastrophal aus.«[4]

Die schlimmste Phase, als er Wut und Schmerz wegen der privaten Umstände und all den Ärger über die Bonner Verhältnisse zu ertränken suchte, hat er in den Schlussmonaten der Großen Koalition erst einmal hinter sich. Doch bei einem Menschen im Übermaß, zu dem eben auch eine gehörige Portion Maßlosigkeit gehört, sind gelegentliche Rückschläge, mitunter auch Exzesse, nie ganz auszuschließen.

Denn eines, was Gemüt und Seele eben auch beschwert und seine innere Distanz zum Bonner Treiben wachsen lässt, ist leider gar nicht besser geworden: Jene Art von Politik nämlich, wie sie in der Großen Koalition – einfach so – geschieht, die Strauß nur noch nervt. Eigentlich ist da gar nichts mehr, wofür seine politischen Freunde, wofür die Unionsparteien zu kämpfen bereit wären. Die von Tag zu Tag weiter bröckelnde Ablehnungsfront gegen den Nichtverbreitungs-Vertrag zeigt ihm das überdeutlich. Selbstverständlich findet man das, was einem die Supermächte da servieren, schwer verdaulich, aber die politische Kraft reicht gerade eben noch, um sich in gepflegtem Selbstmitleid dem zu ergeben, was man für Schicksal hält. An anderen Stellen, wo die Dämme brechen – besonders in der Deutschlandfrage – herrscht gleichfalls verbitterter Fatalismus. Von mutigem Neuanfang kann keine Rede sein. Man versucht allenfalls, die doch schon längst verlorene Hallstein-Doktrin so gut wie möglich zu verteidigen. Gestärkt aus der Großen Koalition gehen bei der Union allenfalls die Sozialausschüsse, der linke Arbeitnehmerflügel unter Führung von Hans Katzer, hervor. Keine Kraft zu Neuem und schwache Verteidigung des aus der Adenauerzeit Ererbten – so macht Politik einfach keinen Spaß.

War seit Mitte der sechziger Jahre der sprichwörtlich gewordene *Genosse Trend* eindeutig ein Sozialdemokrat, so arbeiten jetzt auch noch die mächtigen und doch nur schwer bestimmbaren Garnisonen des linken Zeitgeistes gegen die Union. Weniger die radikalisierte Studentenbewegung bereitet dabei Sorgen als die mittlerweile in breiten Schichten der Gesellschaft verankerte Grundstimmung, dass die deutsche Nachkriegsdemokratie noch ziemlich unvollendet sei. Plötzlich stehen Gerechtigkeitsfragen ganz oben auf der Tagesordnung. Solchen sich zu stellen, mag beim Stichwort »Bildungskatastrophe« angehen. Aber die seit einiger Zeit dräuende und gegen Ende der Großen Koalition massiv in den Vordergrund drängende Frage der Mitbestimmung in der Wirtschaft – die Forderung nach

Demokratisierung in den Unternehmen, lange bevor Willy Brandt mit der Demokratie in Deutschland erst richtig anfangen will – ist viel weitreichender, setzt sie doch bei einem Grundpfeiler der marktwirtschaftlichen Ordnung, dem Eigentumsrecht, an.

Die überwältigende Mehrheit der Union – und die ist wirtschafts-, sprich unternehmerfreundlich – möchte mit so etwas nichts zu schaffen haben. Doch der politische Klimawandel führt dazu, dass nun auch im bürgerlichen Lager die unterschiedlichsten Modelle betrieblicher Mitbestimmung gebastelt werden, die – mal mehr, mal weniger – das Eigentums- und mithin das Selbstbestimmungsrecht des Kapitals relativieren.

Nein, ein Kampfverbund nach dem Gusto von Strauß, wie er die Union in den Gründungsjahren der Ära Adenauer kennengelernt hat, ist das nicht mehr. Selbst auf die Ur-Instinkte der parteipolitischen Macht- und Interessenwahrung scheint kein Verlass mehr zu sein, was etwa Eugen Gerstenmaier, im Dritten Reich ein untadeliger Mann des (konservativen) Widerstands und seit 1954 Bundestagspräsident, am eigenen Leib zu spüren bekommt. Lanciert von der ostdeutschen Staatssicherheit, bereitwillig aufgenommen von den Medien, vermischen sich ehrabschneidende Behauptungen über seine Rolle während der Hitler-Diktatur, Kolportagen über ein windiges Grundstücksgeschäft in Stuttgart und verleumderische Mutmaßungen, ob es bei der Zumessung von Entschädigungsleistungen mit rechten Dingen zugegangen sei, zu einem toxischen Gebräu. Aufbrausendes Temperament und ungeschicktes Krisenmanagement in eigener Sache kommen hinzu. Am 23. Januar 1969 tritt Gerstenmaier aus kaum mehr frei zu nennenden Stücken zurück. Allein gelassen von den Freunden, will jener Mann, der noch vor nicht allzu langer Zeit als eine Art »Chefideologe« der Union bezeichnet wurde, nicht einmal mehr bei der kommenden Bundestagswahl antreten. Und bei der Union, »innerlich müde geworden und auf die Stufe eines nach Wählermehrheiten schielenden Parteiverhaltens gesunken«,[5] rührt niemand die Hand, erhebt keiner die Stimme.

Nicht nur kampfeslustige Schlachtrösser vom Schlage eines Franz Josef Strauß sind fassungslos über ein solches Maß an Entsolidarisierung. Gerade alte Fahrensleute wie Heinrich Krone, der selbst in den wildesten Zeiten der Adenauer-Jahre nie zu den Scharfmachern zählte, sind entsetzt. Damals, als es um Strauß gegangen sei, so schreibt er nun in einem Brandbrief an Kiesinger, »haben wir ihn nicht fallen gelassen; wir haben uns vor ihn gestellt«. Müsse man heute nicht ebenso den alten und in schwerer Zeit bewährten Weggefährten schützen?! Oder seien die Vorwürfe gegen Gerstenmaier

»von der Art, daß er unseres Vertrauens unwürdig ist? Ich glaube doch, daß es unter uns niemanden gibt, der so denkt.«[6]

Mit dem Parlamentspräsidenten verlieren CDU und CSU eine weitere Galionsfigur aus Gründertagen. Zwar kann man sich mit Kai-Uwe von Hassel rasch auf einen durchaus ansehnlichen Nachfolger verständigen. Doch haften bleibt im kollektiven Gedächtnis der Unionsparteien, dass sie die Nummer 2 im Staate nicht halten konnten, sang- und klanglos opferten.

Es kommt noch ärger. Präzise orientiert sich nämlich der weitere Fortgang der Dinge an Friedrich Dürrenmatts 3. Maxime, die seinem 1962 uraufgeführten und jetzt auch auf fast jeder deutschen Bühne dargebotenem Drama *Die Physiker* nachgestellt ist: »Eine Geschichte ist dann zu Ende gedacht, wenn sie ihre schlimmstmögliche Wendung genommen hat.«[7] Und die lässt nicht lange auf sich warten: Erst muss sich die Union damit abfinden, dass sie das zweithöchste Amt nur noch mit der 2. Wahl ausstatten kann, und dann verliert sie auch noch das höchste: Die noch von Gerstenmaier für den 5. März 1969 nach Berlin geladene Bundesversammlung wählt, gegen die Stimmen der Unionsparteien, den Sozialdemokraten, den einstigen CDU-Minister Gustav Heinemann zum neuen Bundespräsidenten, und nicht etwa Gerhard Schröder, den gemeinsamen Kandidaten von CDU und CSU.[8]

Dass sich die SPD am Ende mit einem eigenen Kandidaten behauptet, ist dabei weniger das Problem. Auch Theodor Heuss gehörte seinerzeit dem kleineren – dem sehr viel kleineren! – Koalitionspartner, der FDP, an. Wäre die SPD, was eine Zeitlang aussichtsreich erschien, mit Georg Leber, dem Verkehrsminister der Großen Koalition, angetreten, so hätte dessen Wahl gemeinsam mit den Stimmen der Union als deutliches Signal für den Fortbestand des Bonner Bündnisses gewertet werden müssen. Nun ist es aber Heinemann geworden, mitgetragen – bei aller inneren Zerrissenheit – von den Liberalen. Fünf Jahre zuvor hatte die SPD, damals noch Oppositionspartei, die Wiederwahl Heinrich Lübkes unterstützt und auf einen eigenen Kandidaten verzichtet. Herbert Wehner, der seinerzeit an den Strippen zog, hatte bestimmt kein Faible für den sauerländisch-trockenen, erzkonservativen Amtsinhaber. Da aber Lübke bekanntermaßen die Bildung einer schwarz-roten Regierung favorisierte, war das Einlenken der SPD ein klares politisches Signal.

Einen ähnlich »seismographischen Charakter«[9] sollte nun auch Heinemanns Bestellung zum ersten Mann im Staate zukommen. Brandt strebt diesmal, trotz anfänglichen Zögerns, ein sozial-liberales Bündnis an. Nur ein Stolperstein, zu dem das großkoalitionäre Hauptversprechen in den Jahren geschrumpft ist, muss noch aus dem Weg geräumt werden: die Wahlrechts-Reform, hin zu einem reinen Mehrheits-Wahlrecht, bei dem die kleineren Parteien auf der Strecke bleiben würden.[10] Den »Rückzug auf Raten«[11] aus diesem zentralen Versprechen der Großen Koalition hat die Sozialdemokratie ohnehin schon seit geraumer Zeit angetreten, jetzt muss sie sich nur noch über den bevorstehenden Termin der Bundestagswahl retten – und könnte dann eine Koalition mit der FDP schmieden, in der es, bedauerlicherweise, keinen Konsens mehr zur Änderung der Wahlsystems gäbe. Das Risiko, die NPD, die andere potenziell betroffene kleine Partei, nicht am Einzug in den Bundestag zu hindern, muss also in Kauf genommen werden, um sich selbst eine weitere Machtoption mit jener anderen bedrohten Art im Biotop der westdeutschen Parteiendemokratie, den Liberalen, zu schaffen – und eben diese Machtperspektive der Konkurrenz zu verbauen.

Ermattet, ermüdet ist die Union, und es fehlt an Koordination und Führung. Der »Kressbronner Kreis«, das Krisensteuerungsinstrument der Großen Koalition, ist im Grunde klinisch tot, seit Helmut Schmidt, der SPD-Fraktionsvorsitzende, im Dezember 1968 entnervt die Koalitionsrunde verlassen hat: Er habe »wichtigeres zu tun«, als sich »stundenlang dieses Gequassel anzuhören.«[12] Kiesinger, kein großer Freund des Aktenstudiums, ist praktisch nur im persönlichen Gespräch beeinflussbar – doch gerade in seinem letzten Kanzlerjahr ist er schwer zu greifen.[13] Selbst der Finanzminister bekommt nicht ohne weiteres Audienz gewährt, obwohl er obendrein als CSU-Vorsitzender zu den tragenden Säulen des immer wackliger werdenden schwarz-roten Bündnisses zählt. Wohin es indes führen kann, wenn man dem Kanzler nicht auf die Füße tritt, hat Strauß oft genug erfahren müssen, nicht nur, wie bereits erwähnt, bei der Verlängerung der Amtszeit von Bundesbankpräsident Karl Blessing – zweifellos eine Frage, die »die Interessen meines (i.e. Strauß') Ressorts stark berührt« –, die am zuständigen Minister vorbeilief, während fachfremde Getreue des Kanzlers, etwa der als CDU-Generalsekretär und Familienminister in keiner Weise betroffene Bruno Heck, konsultiert und in die Entscheidungsfindung eingebunden werden.

Altersmilde ist wohl nicht der Grund dafür, dass Strauß – der Mann ist gerade Anfang fünfzig – sein weiterhin furchtgebietendes Eskalationspotenzial besser zu kontrollieren gelernt hat. Zehn, fünfzehn Jahre Dauerstress in hohen Ämtern, vor allem im Umgang mit seinen Weggefährten, zehren. Im Falle Kiesinger – man kennt sich ja seit der ersten Legislaturperiode und beackerte dasselbe Feld, die Außen- und Sicherheitspolitik – kommt noch die Überzeugung hinzu, dass dieser Mann sich nicht mehr ändern wird. Obwohl Strauß in Kiesingers Kabinett dient, hat er ihn im Grunde längst abgehakt, es aufgegeben, sich um den Kanzler sonderlich zu scheren. Als dieser ihn beispielsweise im April 1969 kurzfristig zu einem Gespräch nach Stuttgart einbestellt, lässt Strauß das Kanzlerbüro fernmündlich wissen, »daß er so kurzfristig nicht disponieren könne«. Im Übrigen habe der Kanzler »ihm schon 100 Wochen ein ausführliches Gespräch unter vier Augen in Aussicht gestellt«, aber »(d)araus sei nie etwas geworden«. Stattdessen stelle der Regierungschef ihn einen ganzen Abend *on alert*, wie jüngst geschehen, für ein Gespräch über Währungsfragen mit dem Kollegen Schiller und anderen Experten, um ihn am Ende dann doch nicht hinzuziehen. Selbst dass ihm zugetragen wurde, Kiesinger habe sich in kleiner Runde mit jüngeren Abgeordneten wieder einmal als »Wortführer sehr kritischer Bemerkungen« über Strauß hervorgetan, lässt den CSU-Chef mittlerweile kalt.[14] Dieser Kanzler bringt sein Blut nicht mehr in Wallung – noch bevor der Wähler im Herbst 1969 bekunden können, dass sie ihn nicht länger in seinem Amt sehen wollen, ist Strauß längst mit ihm fertig.

Unbemerkt bleibt Strauß' zunehmende Distanz zu Kiesinger und seiner Regierung nicht. Seit Jahresbeginn 1969 glänzt der Finanzminister bei Pflichtterminen häufig durch Abwesenheit. Mal schwänzt er eine Kabinettssitzung, mal hat er keine Lust auf den Koalitionsausschuss – schon titeln die Zeitungen »Der abwesende Strauß«[15] oder registrieren, dass sich der Finanzminister, während in Bonn die Gremien tagen, anderenorts präsentiert[16] und sich immer weniger um das Bonner Koalitions-Theater schert, schon gar nicht um dessen Intendanten Kiesinger. Er redet dort, wo er möchte, über das, was ihn bewegt; die Erwartungen seines Kanzlers interessieren ihn nur noch mäßig. Im *Spiegel* kann man lesen: »Der starke Mann der schwachen Koalition schmähte die Bundesregierung. Er, Franz Josef Strauß, Vorsitzender der Christlich-Sozialen Union, werde zur Kabinettsitzung gar nicht erst erscheinen. Denn: ›Dort wird ja doch nur Dampf abgelassen.‹«[17] Wolfgang Höpker bringt es in *Christ und Welt* auf den Punkt: Strauß, »der redende Schweiger«.[18]

Ist die bis zur Gleichgültigkeit gehende Entfremdung und die Unnahbarkeit des Kanzlers in Bonn schon ein Problem, so knirscht es erst recht in den nachgeordneten Parteigliederungen der CDU: an der Basis und bei der mittleren und unteren Funktionärsschicht, die ja stets die Hauptlast eines Wahlkampfs tragen. »Der allgemeine Vorwurf ist«, weiß der schon jetzt bestens verdrahtete designierte Ministerpräsident von Rheinland-Pfalz, Helmut Kohl – der gleichfalls nicht persönlich zum Kanzler vordringen kann –, schriftlich zu berichten: Kiesinger habe »eine zu große Distanz zur eigenen Partei«. Eine »ungewöhnlich kritische Stimmung (…) gegenüber der Parteiführung und dem Bundesvorsitzenden« begegne ihm, Kohl, der »in den letzten Wochen (…) viel in der Bundesrepublik herumgekommen« ist. Allerorten sei ein »deutlicher Ton des Mißbehagens« zu vernehmen, und diese »Erosion (…) wird ohne Zweifel durch die mangelnde Loyalität in Teilen der Führungsmannschaft der CDU gefördert«. Immer wieder sei zu hören, der »Kanzler lasse Führungswillen vermissen« – schon ertöne »(d)er Ruf nach dem starken Mann«. Für Kohl, »der von Natur aus nicht zur Dramatisierung neigt«, ist das Bild besorgniserregend, und er hat »den Eindruck, daß die Zahl der Mitstreiter, wenn es wirklich ernst wird, nicht allzu groß ist«.[19]

Der programmatische Proviant der Union ist aufgebraucht, kein Nachschub in Sicht. Mit Ideen und politischen Inhalten wird da kaum ein Wahlkampf zu bestreiten sein. Aber ist es in dieser Situation eine gute Idee, mit einer im Wesentlichen personenbezogenen Strategie ins Feld zu ziehen? »Auf den Kanzler kommt es an«, so soll und wird die Hauptbotschaft der CDU-Wahlplakate lauten. Sollten die Wähler das ernst nehmen und sich tatsächlich fragen, ob sie Kiesinger wollen oder Willy Brandt, jenen modernen, viel frischer wirkenden Gegenkandidaten, der es zudem versteht, die neuen Ufer, zu denen er Deutschland führen möchte, in hellen Farben zu malen, dann gute Nacht.

Bislang konnte die Union gut mit dem Vorwurf leben, ein Kanzlerwahlverein zu sein: Der Name Adenauer war zugleich klar konturiertes Programm, und selbst bei der Erhard-Wahl 1965, die die SPD mit dem Slogan »Ein weicher Kanzler macht die Mark nicht hart« zu gewinnen suchte, klang bei dem Namen Erhard stets die mit ihm verbundene Botschaft »Wohlstand für Alle« unüberhörbar mit. Die Entscheidung, ausgerechnet jetzt, bei Kiesinger, ganz auf die Kanzlerfrage abzustellen, wirkt da eher wie die Variation eines Nabokov-Romans, wie eine »Einladung zur Selbst-Enthauptung«.

Aber bis zur Wahl ist es ja noch ein wenig hin. Was für ein merkwürdiger Wahlkampf mag das werden? Sicher, am liebsten würde jeder der beiden Großkoalitionäre nach dem Wahltag mit der FDP zusammengehen. Obwohl niemand so genau weiß, wie sich die Liberalen zukünftig ausrichten werden. Erich Mende, der national-konservative Wortführer von einst, steht gewiss nicht mehr für Mehrheit und Mitte der FDP. Walter Scheel, sein Nachfolger als Parteivorsitzender, ist da um einiges elastischer, in Sach-, aber auch in Machtfragen. Deutschland- und ostpolitisch sind die Liberalen in ihrer Oppositionszeit ohnedies offener geworden. Und damit durchaus attraktiv für die zum Aufbruch drängenden Sozialdemokraten. Das sehen auch Helmut Schmidt und Herbert Wehner so, und doch wollen sie eher die Große Koalition fortsetzen, da die FDP für sie zu unberechenbar und das Erlangen einer gemeinsamen stabilen Mehrheit zu unsicher erscheint.

Welche Präferenz die Liberalen selbst haben, ist nicht eindeutig zu erkennen, fällt aber auch nicht besonders ins Gewicht, da sie nach der Ohnmachtserfahrung der Opposition und dem drohenden Scheitern an der 5-Prozent-Hürde überhaupt nur dabei sein wollen, zunächst einmal im Bundestag und dann in einer Koalition, solange die sich rechnet. Aber wie werden die großen Partner miteinander umgehen, zumal es in beiden Lagern starke Befürworter einer Fortsetzung der noch bestehenden Koalition gibt?

Während sich Parteistrategen und Medien noch über solche Fragen die Köpfe zerbrechen, entscheidet sich eigentlich an einem einzigen Tag ganz unverhofft, in welchem Takt und welcher Tonart die heiße Phase des Wahlkampfs verlaufen wird. Gerade noch wurde Strauß in der liberalen, ihm nicht eben wohlgesinnten *Süddeutschen Zeitung* für seine deutliche Abgrenzung zur NPD gelobt, seine politische Zielgebung für die CSU – entschiedenes Bekenntnis zur Freiheit der Person im Gegensatz zur autoritären Macht des Staates als Fetisch der NPD – verortet der Kommentator sogar schon »links von der Mitte seiner Partei«.[20] Doch dann geschehen in Bamberg unerhörte Dinge: Unter Anleitung der Happening-erprobten APO-Haudegen Fritz Teufel und Dieter Kunzelmann stellt eine Gruppe von vierzig Leuten eben mal das Landratsamt der fränkischen Bischofsstadt auf den Kopf und wirft die ganzen schönen Verwaltungs-Akten aus den Fenstern.

Dass Strauß für solche Aktionen wenig übrig hat: geschenkt. Mindestens genauso gegen den Strich geht ihm aber, dass sich ausgerechnet in Bayern die NPD-Propaganda vom schwächlichen Staat, der seinen gewalttätigen Herausforderern von Links nichts entgegenzusetzen habe, anscheinend bewahrheitet. Jedenfalls sind die polizeilichen Reaktionen der bayerischen Obrigkeit seines Erachtens viel zu lasch. Am 18. Juli macht er seinem Unmut darüber in einem Telegramm an den Ministerpräsidenten Alfons Goppel Luft, der aus Sicht von Strauß ohnedies zuweilen einem fatalen Hang zur politischen Gemütlichkeit nachgibt. Dummerweise gelangt der Text sogleich an die Öffentlichkeit: »Diese Personen nützen nicht nur alle Lücken der Paragraphen des Rechtsstaates aus«, kann nun ein jeder die Gedankengänge von Strauß nachlesen, »sondern benehmen sich wie Tiere, auf die die Anwendung der für Menschen gemachten Gesetze nicht möglich ist«.[21]

Dass seine Forderung, »mit allen Mitteln der staatlichen Exekutive die verbürgte Ordnung des Staates zu garantieren und die Strafverfolgungsbehörden zu raschem Einschreiten zu veranlassen«, durchaus darauf abzielt, den »Auftrieb« zu unterbinden, den solche Vorgänge »rechtsradikalen Elementen mit ihrem bekannten Ruf nach Ordnung und Sicherheit gegeben wird«, wiegt nicht viel, fühlen sich doch nicht wenige Menschen durch die Wortwahl von Strauß selbst schon an die Sprache des Dritten Reichs erinnert. Selbst eine so polemische Unterbegabung wie der Richterbund sieht in der Einlassung von Strauß »impliziert die Aufforderung zu einer außergesetzlichen Verfolgung«. Und »(g)egen diese Auffassung, daß bestimmte Gruppen unseres Volkes – und mögen sie sich auch gesetzwidrig verhalten – rechtlos gestellt werden sollten«, müsse man sich um des Rechtsstaates willen wehren: »dies zumal nach den bitteren Erfahrungen, die im ›Dritten Reich‹ mit dem Ausschluß bestimmter Gruppen der Bevölkerung zum Schutz der Gesetze gemacht worden sind.«[22] Selbst in der CSU – und das nicht nur hinter vorgehaltener Hand – geht das manchen doch deutlich zu weit, wenn auch nicht gleich jeder so wie Gerhard Scheun, der stellvertretende Kreisvorsitzende der Jungen Union Forchheim, in der Zeitung mit dem Vorwurf zitiert werden kann, Strauß begebe sich mit seinen Äußerungen »in bedenkliche Nähe zur NPD«.[23]

Noch weniger getragen klingt die Kritik in den Medien: »Wer mag da noch mit den Fingern auf die NPD zeigen«, findet die *Zeit*, »wenn der Vorsitzende einer christlichen Partei nicht zu verstehen scheint, daß seine Worte böse Erinnerungen wecken«.[24] Da ist er also wieder: »F.J.S – die permanente Provokation«, wie der Strauß-freundliche *Münchner Merkur* titelt.[25] Doch statt darauf zu hoffen, dass die Aufregung im Sommerloch verebbt und nach den großen Ferien – dann beginnt ja erst die heiße Phase des Wahlkampfs – vergessen ist, befeuert Strauß sein rechtes Image mit einem weiteren dicken Brikett und räsoniert an seinem südfranzösischen Urlaubsort – nicht etwa im Duktus einer Abhandlung für die Vereinigung der Deutschen Staatsrechtslehrer, sondern maßgefertigt für ein Illustrierten-Publikum – über die Vorzüge eines straffen Präsidialregimes im Vergleich zu der doch etwas mauen Kanzler-Demokratie. Auch hier ist das Medienecho ziemlich laut und eindeutig negativ.[26] Niemand kommt auf die Idee, Strauß wolle womöglich Kiesingers Position stärken und dabei selbst einen Teil seiner Fach-Kompetenzen, wie sie das Ressort-Prinzip des Grundgesetzes vorsieht, dem Palais Schaumburg opfern. Denn welchen starken Mann wird er wohl im Sinn haben, wenn er solchen Machtphantasien nachhängt? Bernhard Wördehoff, Kommentator im NDR, spricht für viele seine Zunftgenossen, wenn er »dem Urlauber an der Cote d'Azur« unterstellt, auf eine »Konstellation« hinzuarbeiten, »die wir nur mit Bängnis zu ahnen vermögen: In ihr würde dann vielleicht ein Kanzler-Präsident stehen, dessen Initialien aus den Buchstaben ›FJS‹ bestehen, und dann könnte endlich regiert werden.«[27]

Wie über Nacht ist damit der eben noch »links der Mitte« verortete CSU-Vorsitzende als rechter starker Mann neu erschienen, dem man daher erst recht nicht seine den Bamberger Geschehnissen gewidmeten Worte nachsehen darf! Pünktlich zur Eröffnung der Kundgebungssession erinnert daher Sebastian Haffner noch einmal im *Stern* daran, mit wem man es hier zu tun habe. Trete man Strauß nicht entgegen, dann werde dieser Staat es »schwer haben, den Vorwurf abzuwehren, daß er mit den schlimmsten Traditionen des Hitlerreiches keinen klaren Bruch vollzogen« habe. »Auch damals wurde eine bestimmte Menschengruppe in Deutschland, nämlich die Juden, außerhalb der ›für Menschen gemachten Gesetze‹ gestellt« und als »Untermenschen« oder »Menschentiere« bezeichnet: »Seit Auschwitz weiß man, worauf es abzielt, wenn ›Menschentieren‹ der Schutz der für Menschen gemachten Gesetze entzogen wird.«[28] Und so setzt die zweite Welle der Kritik an Strauß ein, in der, selbstverständlich, Augstein nicht fehlen darf (»Von Strauß, Tieren und anderen Menschen«). Das Zentralorgan der Gewerkschaften *Welt der Arbeit* findet: »Hätte Herr von Thadden«, der NPD-Vorsitzende, »den Ausspruch getan – man hätte gesagt: Endlich hat der Mann sich entlarvt.«[29]

Und jetzt springt der Funken in die Wahl-Veranstaltungen von Strauß über. Schon die ersten beiden Auftritte des CSU-Chefs außerhalb Bayerns gehen schief. Massive Störungen, wütendes Protestgeschrei wegen des Tiervergleichs, drei Anläufe, vergeblich, seine Rede zu beginnen – schon ist die erste Kundgebung beendet. Nur Stunden später wird Strauß von 4000 Menschen in Wuppertal erwartet, der dann zwanzig Minuten auf

dem Podium warten muss, bis er mit seiner Wahlrede anfangen kann.[30] Fast
überall wird es in den kommenden Wochen das gleiche Bild wie hier an der
Wupper geben. Kommt Strauß, so wird er von roten Fahnen und lautstarken Sprechchören begrüßt: »Sieg heil! Strauß nach Oberammergau! Strauß
in den Zoo! Wir sind Tiere!«[31]

So etwas lässt er nicht auf sich sitzen, Strauß keilt zurück, findet sich –
was sonst – im Recht. Und zum Thema »Drittes Reich«, zu dem man ihm,
dem Beinahe-Widerstandskämpfer, eine unziemliche Nähe bis in die Gegenwart unterstellt, hat er auch einiges klärend beizusteuern: Nicht nur,
dass die Randalierer »ganz gewöhnliche Spätnazis« sind – auch der Kollege
Schiller, der sich scheinheilig an der Diskussion um Kiesingers Kleinstbei-
trag zum Nationalsozialismus beteiligt, weiß schließlich sehr genau, wovon
er spricht! Jedenfalls muss jetzt – und zwar wiederum auf einer massiv ge-
störten Kundgebung in Bremerhaven, an deren Rand vierzehn Festnahmen
und zwei verletzte Polizisten zu beklagen sind – einmal »festgestellt werden,
daß der Bundeswirtschaftsminister Schiller ein SA-Mann, ein Parteigenosse, Mitglied des NS-Dozentenbundes gewesen ist und mit Nazi-Segen
Professor geworden ist«.[32]

»Wo Finanzminister Strauß in diesen Tagen auftritt«, so ein erstes Zwi-
schenfazit zum Auftakt einer Reihe von Auftritten im Ruhrpott, »schallen
ihm Tierlaute entgegen. In den Großstädten des Ruhrgebiets muß ihn die
Polizei mit Hunden und Pferden schützen.«[33] Nicht ganz so lautstark ist der
Empfang im ländlichen Westfalen – kein »hi-ha-ho, Strauß in den Zoo«[34]
erschallt, dafür hat man ihm nicht minder aussagekräftige Transparente
gemalt: »Wiedenbrücks Tiere begrüßen den Zoodirektor«, kann er lesen,
oder, etwas agitatorischer: »Mit Strauß und Thadden sicher in die 33er
Jahre«, wie der junge Reporter der *Westfälischen Rundschau* Wolfgang Cle-
ment, dem ja selbst noch eine bemerkenswerte politische Karriere bevorsteht, seinen Lesern zu berichten weiß.[35] Anderenorts, in Harsewinkel, zeigt
Strauß dreißig Jahre nach seinem Gestellungsbefehl, dass er sich durch die
Vorhaltungen, bedenklich nahe an rechtsradikale Gedanken und Kräfte
gerückt zu sein, keineswegs einschüchtern lässt. Gerade weil er eine un-
tadelige Vergangenheit im Dritten Reich habe, könne er sich heute das
Recht nehmen, zu sagen: »Schluß mit der Vergangenheitsstänkerei. Wir
haben gebüßt, was durch Fehler und Sünden geschehen ist.«[36] Und immer
wieder, überall, wo Strauß auftritt, das gleiche Bild: »Auf dem kurzen Weg
vom Ministerauto bis zum Saaleingang ist die Hölle los. Franz Josef Strauß
muß durch ein Spalier bellender, miauender und Sprechchöre gellender

Jugendlicher schreiten. Die Polizisten der Sicherungsgruppe decken den Minister mit ihren Leibern ab.«[37]

Immer noch ist der unermüdliche Wahlkämpfer gehandicapt durch seinen komplizierten Splitterbruch des linken Unterarms, der fest in eine Ledermanschette eingepackt ist. Fast immer begleitet Marianne ihn, des öfteren greift Strauß ihre Hand. »Sie gibt sich tapfer (…), wenn Franz Josef Strauß Spießrutenlaufen muß«, beobachtet ein Reporter, »ihre glühend gewordenen Wangen sprechen beredt. Marianne Strauß hat Angst um ihren Mann. Doch sie lächelt, wenn man sie danach fragt und sagt: ›Am besten ist, man denkt an die Sicherheit gar nicht.‹«[38] An Tagen wie diesen, so haben es die *Nürnberger Nachrichten* nachgerechnet, kommt Strauß auf 330 Minuten reine Redezeit.[39]

Anfangs sind die Auftritte in Bayern geruhsame Heimspiele, bei denen er »keine mißliebige Opposition und schon gar keine APO zu fürchten«[40] hat. Auch das ändert sich. Nach München etwa, wo Strauß unmittelbar nach seinem Ausflug ins Revier einen Wahlkampf-Termin hat, ist der Virus bereits übergesprungen. Statt zu den eigentlich doch Herr-im-Haus signalisierenden Klängen des bayerischen Defiliermarsches gelassen und gefeiert in den Saal einzuziehen, wird der Beifall seiner Anhänger durch den Sprechchor »Sieg Heil!« erwidert. Die Kundgebung hat noch gar nicht richtig begonnen, schon muss die Polizei, die in Hundertschaften bereitsteht, zu Hilfe gerufen werden – kein Durchkommen der Redner im Meer der Zwischenrufe, der Saal wird geräumt, mit einer Stunde Verspätung erst kann der CSU-Vorsitzende das Wort ergreifen. Doch die Stimmung bleibt, wie die *Süddeutsche Zeitung* resümiert, »explosiv«, wozu sicher auch die Publikumsbeschimpfungen des Hauptredners – »verkommene Söhne einer entarteten Wohlstandsgesellschaft«, »Sie wären die beste SS, die Heinrich Himmler je gehabt hat« – beitragen.[41]

In den nächsten Tagen und Wochen – ein ums andere Mal die gleichen Bilder und Erfahrungen: Pfeifkonzerte und Stinkbomben, Großeinsatz von Ordnungskräften[42]. Selbst die bedächtige NZZ kommt nicht umhin festzuhalten, dass Strauß sein Bild der deutschen Lage »im groben Schwarz-Weiß-Kontrast« male und die Wahlalternativen – nicht frei von »Demagogie« – in »Holzhackermanier« beschwöre, und die bürgerlich-linke *Frankfurter Rundschau* kann nur noch alarmistisch summieren: »Strauß – unser aller Risiko«.

Nur wenige Wochen hat es gedauert, bis der im Frühsommer gefestigte Ruf des geläuterten Mannes und brillanten Sachpolitikers umgeschlagen

Wenn Strauß kommt, herrscht Krawall: CSU-Wahlkampfveranstaltung in der
Münchner Bayernhalle im September 1969.

ist – und diesmal endgültig, wie sich erweisen wird: »Dieser Franz Josef
Strauß, dieser unbeherrschte, unkontrollierte, polternde Mann ist in Wirklichkeit unser größtes Sicherheitsrisiko nach innen und außen.« Kurz: »Er
ist die lebendige, bayerisch-preußische Karikatur des ›häßlichen Deutschen‹!«[43]

Am 28. September wird die Bundestagswahl stattfinden, aufgrund der Sommerferien ist die heiße Phase also extrem gedrängt. Das hat auch sein Gutes, denn die beiden Hauptkontrahenten regieren immer noch gemeinsam
in einer Koalition, so gut es geht mitunter gar geschlossen. Im Unterholz
des Politischen liegen so einige Streitthemen verdeckt, doch die einzige
Frage, die davon im Wahlkampf zündet, ist der Konflikt um die Aufwertung der D-Mark, da hier der Dissens innerhalb des Kabinetts schon seit
Monaten offen ausgetragen wird.

   Aber ist dies wirklich ein Thema, an dem sich Wohl oder Wehe der
Nation entscheiden wird? Strauß hat selbst gesagt, dass es keine letzte Sicherheit darüber gibt, welche Position die richtige ist. Mit großer Leidenschaft wirbt er im Wahlkampf für die seine: keine Veränderung des Wech-
selkurses der D-Mark zum US-Dollar. Aber vor der letzten Zuspitzung – im

Sinne von Kurt Tucholskys »Warum denn sachlich, wenn es auch persönlich geht?« – scheut er zurück. Karl Schiller bleibt für ihn ein Gegner, dem Respekt gebührt, daher eher Florett als schwerer Säbel. Die Giftereien wegen Schillers NS-Vergangenheit werden sich noch vor Ende des Wahlkampfs wieder legen. Umgekehrt hat Schillers Standpunkt – Aufwertung der D-Mark, was Exporte verteuert, Importe billiger macht und damit die heimische Industrie unter höheren Kostendruck setzt – auch keine wirkliche Durchschlagkraft, ist der Mann doch nicht nur für seinen klugen Kopf weithin gerühmt, sondern auch wegen seines divenhaften Auftretens mäßig gelitten. »Herr Schiller war ja überall, wo er bisher tätig war, nicht sehr geschätzt wegen der Kooperation«[44], so fasst Kiesinger im Sommer sein Bild von Schiller zusammen, das durchaus dessen öffentlichem Image entspricht. Dennoch ist der Wirtschaftsminister unzweifelhaft der Star der SPD in diesem Wahlkampf, noch vor Willy Brandt.

Alle anderen Themen, die zwischen den Koalitionären im Argen liegen, klingen nur in Zwischentönen durch. Natürlich will die SPD und erst recht ihr Spitzenkandidat eine andere Deutschland- und Ostpolitik. Aber knallhart streitig stellen mag der das nicht. Strauß, der eine relativ klare Vorstellung davon hat, wohin die Reise gehen dürfte, falls Brandt Kanzler werden sollte, scheut hier ebenfalls die Polarisierung. Mit einem »Nuancen-Willy«[45], wie er in seinen Wahlreden den Herausforderer des Kanzlers nennt, ist es eben schwer sich auseinanderzusetzen. Im Übrigen halten es alle Protagonisten für wahrscheinlich, dass die Große Koalition nach der Wahl fortgeführt wird. Da unterlässt man es besser, allzu viel Porzellan zu zerschlagen und größere Wunden aufzureißen.

Je uninspirierter, gar langweilig, der Wahlkampf vor sich hin mäandert, desto schöner, unverstellter ist freilich der Blick auf jene Plätze, wo wirklich das Leben tobt. Und das sind nun einmal die Auftritte von Strauß. Fast könnte man glauben, der eigentliche Wahlgegner sei die APO, mit der sich Strauß am liebsten und dann stets martialisch anlegt. Genau besehen besorgt der außerparlamentarische und studentische Protest gegen den Zoodirektor Strauß damit weniger sein eigenes Geschäft als das der SPD, die sich relativ fein aus dem Kampfgeschehen raushalten kann und den Schlachtenlärm um Strauß im Wesentlichen mit der Verteilung von B- und Haltungs-Noten, wie ein innerlich nur mäßig beteiligter Punktrichter beim Eiskunstlauf, bestreitet: Natürlich ist das nicht die feine Art, wie die APO zuweilen agitiert, nein, nein, aber wie der Kollege Strauß darauf reagiert: So geht's ja nun auch nicht!

Wie hoch der Preis ist, den Strauß dafür zahlen muss, die eigentliche Attraktion der öffentlichen Redeschlachten zu sein, wird sich erst viele Jahre später zeigen. Aber selbst wenn er wollte, so leicht gibt es jetzt kein Zurück mehr für ihn. Denn nichts ist schlimmer für einen Politiker, als die in ihn gesetzten Erwartungen zu enttäuschen. Die auf ihn gerichtete Erwartungshaltung ist indes eindeutig. Wo Strauß ist, da muss es funken, ätzen, krachen. Leisetreterei verboten! Und tatsächlich bedient der CSU-Chef sein Publikum stets zuverlässig: Über weite Strecken – dies macht eigentlich immer den größten Teil seine Reden aus – argumentiert und räsoniert er messerscharf. Wer Strauß zum Thema Steuern und Finanzen, auch im Wahlkampf, reden hört und folgt, kann sich ein halbes Studium ersparen. Solche Einlassungen fliegen nicht selten weit über den Köpfen seiner Zuhörerschar, manchmal kann es sogar recht technisch werden und klingen, als platze aus ihm heraus, was er sich gerade erst aus einem wissenschaftlichen Lehrbuch oder einem Expertenbericht der Bundesbank einverleibt hat. Reichlich Jargon und auch ein wenig *put-put* ist eigentlich immer dabei.

Doch auch das, was die meisten nicht verstehen, gehört zum Reiz der Reden von Franz Josef Strauß. Sie vermitteln das sichere Gefühl, dass der Mann im Stoff steht, und das erwartet man ja schließlich auch von einem Verantwortungsträger. Da die fachlichen Abhandlungen meist mit ironischen, bissigen Spontanleistungen kräftig abgeschmeckt sind, haben selbst die Kolleg-Passagen seiner Reden Unterhaltungswert. Doch immer wieder ist es das letzte Prozent, das den Ausschlag gibt: »Wird Strauß drastisch«, so fasst es die *Neue Ruhr Zeitung* zum Ende des Wahlkampfs zusammen, »ist die Freude groß.«[46] Umgekehrt gilt: Ein maßvoller Strauß ist nur ein mäßiger. Poltern wird so fast schon zur Pflicht, Maßlosigkeit zum Ausweis von Authentizität und Glaubwürdigkeit.

Dabei ist es – auf beiden Seiten – mehr als bloße Krawallsucht, die diesem Pakt zwischen Redner und Auditorium zugrunde liegt. Denn so, wie Strauß nun einmal am liebsten Klartext spricht, sehnt sich das Publikum geradezu nach offenen, ehrlichen Worten, die die Politik ihm doch in aller Regel vorenthält. Strauß, das billigen ihm Freund wie Feind zu, gibt jedermann echten Grund, ihn und sein Programm zu lieben oder zu hassen, vergräbt er sein Herz doch nicht in tiefer Brust, sondern trägt es stets auf der Zunge, nicht selten auf der Zungenspitze.

Ist das Hören einer seiner Reden schon ein Ereignis, so hat man dabei doch nur das halbe Erlebnis. Denn wenn Strauß spricht, dann spricht der Körper, der ganze Mensch: »Am Rednerpult wippt er in lebhaftem Zehen-

Bundestagswahlkampf in Landshut: Wo Strauß spricht, sind die Versammlungen voll und die Gemüter schnell erhitzt, 29. August 1969.

und Fersenspiel rhythmisch hoch«, beobachtet Eva Windmöller, Star-Journalistin des *Stern*, die Strauß bei unzähligen Auftritten in diesem Wahlkampf begleitet: »oben Fels, unten Tanzbär. (…) Er hat kleine, kräftige Hände, Zeichen für Impulsivität. Die ovale ›Ei‹-Form läßt auf den Widerstreit von Gefühl und Verstand schließen. Beim Schnellsprechen akzentuiert sich die Rechte im Stakkato. Die offene Faust, der Zeigefinger, die Adlerklaue von oben, die Hand an der Pultkante, die sich nicht festhält, weil sie gleich wieder in die Luft geht. In den Handlinien liegen Kopf und Herz auffallend dicht beisammen.«[47] Pro Wahlrede – nicht selten sind es vier an einem Tag – verliert er ein Kilo Gewicht, sein Publikum kann dies förmlich sehen, wenn schon nach wenigen Sätzen der Schweiß in Strömen fließt. Dass er ungepflegt sei, kann man wirklich nicht behaupten, aber es gibt da gar nichts an ihm, was auf Gefallen-Wollen zielt. Daher darf das Hemd durchnässt sein, der Anzug Falten werfen, der Schlips verrutschen. Jeder kann und soll sehen: Da ist jemand in vollem Einsatz für seine Sache.

Seine Sache – das sind natürlich die großen Themen der großen Politik. Wie bei allen anderen Spitzenpolitikern auch. Aber bei Strauß kommt unzertrennlich hinzu, dass er ein Kind des Volkes bleibt, dessen Sorgen kennt und dessen Sprache beherrscht. Jahre später, als Ministerpräsident von Bayern, ist ihm kein Bürgerbegehr, das an ihn herangetragen wird, einerlei. Referenten-Entwürfe für Briefe an Bürger zerreißt er ein ums andere Mal, um sie handschriftlich neu zu konzipieren, Bürokraten-Floskeln und hoheitsvolles Beamten-Sprech sind ihm ein Graus. Zuhause in der ganzen Welt, mit vielen Großen auf gutem Fuß, wird er bis an sein Lebensende die Lokalseiten der Regional-Zeitungen studieren und jedwedes Ungemach, das Politik und Verwaltung den Bürgern im Alltag beschert, mit Herzenslust aufspießen. Dennoch: Populismus, gar Opportunismus ist es sicher nicht, wenn er »dem Volk aufs Maul schaut«, dessen Sorgen ernst nimmt, nicht selten der schweigenden Mehrheit Gehör verschafft. »Ich glaube, die Tiere bringen Strauß mehr Stimmen ein als alle Reden zusammen«,[48] lautet das Fazit von Eva Windmöller.

Wahrscheinlich stimmt das sogar, denn was sonst hätte am Ende dieses kurzen und merkwürdig uneigentlichen Wahlkampfs ohne plakativ herausgestellte politische Alternativen die Unions-Wähler mobilisiert? Gleichwohl weiß Strauß genau, dass die Deutschen keinen Krawallbruder an der Spitze wissen möchten. Ungewöhnlich genug für ein Illustrierten-Interview, ist daher eine letzte Wortmeldung vor dem Wahltag von glasklarem Blick auf die Dinge: »Wenn wir die Bundestagswahlen gewinnen, wovon ich überzeugt bin, hat sie sicherlich nicht Kiesinger allein gewonnen. Der Strauß auch nicht. Aber Kiesinger hat sie dann mit Strauß gewonnen.«[49]

Aber wird es wirklich so kommen? Kurz vor der Wahl tut Strauß jedenfalls nicht so, als stünde das so gut wie fest. Setzt er noch eine gute Woche vor der Entscheidung auf »Sieg« und die Fortsetzung der Großen Koalition[50], so lässt er sich vier Tage später immerhin auf ein Was-wäre-Wenn ein und tut seine Meinung kund, wer die Führung der Opposition übernehmen könnte, falls der Albtraum einer Wahlniederlage Wirklichkeit werden sollte: »Die Rolle des Oppositionsführers kommt nach meiner Auffassung auf Dr. Barzel zu, wenn dieser Fall eintreten würde (…).«[51]

Der unberechenbare Faktor ist die FDP. Sie ist nur eine winzige parlamentarische Größe und wird nach der Wahl womöglich weiter schrumpfen. Zudem ist sie zerrissen in jenen alt-liberalen Flügel, der lange Zeit recht gut zur Union passte, und einen eher nach links drängenden Teil, der über die Jahre stärker geworden ist. Ostpolitisch zählt diese sich gerade neu erfindende FDP gewiss zu den progressiven, den nach Veränderung und Bewegung im Ost-West-Verhältnis drängenden Kräften. Aber auch wirtschaftspolitisch ist Obacht geboten. Mag die Mitteilung des aufstrebenden

Plakatkunst von Klaus Staeck, 1969: Strauß ist der unangefochtene Lieblingsgegner der bundesdeutschen Linksintellektuellen.

parlamentarischen Geschäftsführers Hans-Dietrich Genscher im allgemeinen Wahlgetöse untergegangen sein, so muss man es als Signal schon sehr ernst nehmen, dass die Mitbestimmungsfrage aus Sicht dieses jetzt schon bestens geübten Strippenziehers und Taktierers kein echtes Hindernis für ein spätere Übereinkunft mit der SPD darstellt.[52] Und hat nicht Scheel in der letzten TV-Runde vor der Wahl ein Zusammengehen mit den Sozialdemokraten recht vernehmlich angedeutet?

Außerdem steht da immer noch die von Heinemann geprägte Formel im Raum, seine Wahl sei ein Stück »Machtwechsel«, über die sich Strauß so seine Gedanken macht.[53] Dass sich die SPD die Wahlrechts-Reform von der FDP zum Preis ihrer Stimmen für Heinemann abkaufen ließ, gilt in der

Union ohnedies als ausgemacht. Für Strauß kommt allerdings ein weiterer Aspekt hinzu. Nach den Erfahrungen der Schwindsucht, die die FDP gegenwärtig in der Opposition mache, könne es für sie noch einmal überlebenswichtig werden, ihre Bedeutung als ausschlaggebendes Moment der deutschen Politik wieder herauszustellen. Auch daher habe sie sich, ohne sich jetzt schon festzulegen, der SPD gegenüber geöffnet, um »sich eine Beteiligung an der nächsten Bundesregierung in der Weise zu sichern, daß sie ihre Rolle als Zünglein an der Waage nach allen in Betracht kommenden Richtungen ausbaut«.[54]

Möglich ist nach dem 28. September also vieles, auch das Schlimmste. Für die Union jedoch ist manches völlig unvorstellbar. Seit zwanzig Jahren regieren die C-Parteien nunmehr das Land, stets stellten sie den Kanzler; was Opposition bedeutet, wissen sie nur aus zweiter Hand, aus Beobachtungen und Betrachtungen vor allem der Sozialdemokratie. Erst nach Godesberg und dem inneren Friedensschluss mit der Westbindung kam die SPD überhaupt in die Nähe einer Regierungsbeteiligung. Alles, was Erfolg hat in der bisherigen Geschichte der Bundesrepublik, ist in der Mitte verordnet und auf Mäßigung, auf Ausgleich gestimmt. Und die Union besetzt diese Mitte nicht nur seit eh und je, sie hat sie regelrecht erfunden. Vorbilder aus früheren deutschen Demokratieversuchen jedenfalls gab es keine. Die Mitte – das ist *die* Innovation der Nachkriegszeit, wie auch jener Teilstaat im Westen, für den es kein historisches Pendant gegeben hat. Schließlich fallen beide Neu-Erfindungen zusammen: Die unmittelbare Nachkriegszeit formte die Union – die CDU existiert als Bundespartei erst seit dem Parteitag 1950 in Goslar, Kurt Georg Kiesinger übrigens wurde damals ihr erster Generalsekretär –, und die Union formte das Erfolgsmodell des Weststaates. Eigentlich ist die Bundesrepublik Deutschland, wie man sie kennt, gar nicht vorstellbar ohne christdemokratische Führung.

Und die scheinbare Unzertrennlichkeit der Geschichte der Union vom Werden der Bundesrepublik hat beides im Laufe der Jahre – spätestens seit 1953 Wahlsiege von CDU und CSU in Westdeutschland zu einer Selbstverständlichkeit geworden sind – im Bewusstsein der C-Parteien zu einer Einheit verschmolzen. Dass die Union die natürliche Regierungs- und Kanzlerpartei der Bundesrepublik ist, wurde quasi zum festen Bestandteil der DNA von CDU und CSU.

Wie gesagt, möglich ist bei der Bundestagswahl 1969 so manches, aber wohin es führt, wenn man dem »Möglichkeitssinn« zu viel Beachtung schenkt, kann man ja anschaulich bei Robert Musil studieren, dass man sich nämlich »eines Tages als ein Mann ohne Eigenschaften vorkommt«.[55] Was, Gott behüte, überhaupt keine Option für die Union ist. Nein, sie ist nach wie vor in ihrem Selbstbild *die* Partei der Bundesrepublik, weshalb sie ja in ihrer Kampagne nicht nur in bewährter Manier ganz auf den Kanzler setzt, sondern auch mit ihrem Wahlslogan »Sicher in die 70er Jahre« glaubt, die gute, mittlerweile allerdings schon ziemlich alte Zeit der Adenauer-Jahre in die Zukunft hinüberretten zu können. Was anderes als ein Sieg soll am Ende der Bundestagswahl stehen? Das Mögliche denken bedeutet doch nichts anderes, als dem Unmöglichen Bedeutung zu verleihen. Für Deutschland eine Katastrophe, für die Unionsparteien der finale Albtraum. Wer will das schon!?

Der Tag der Entscheidung kommt, um 18 Uhr schließen die Wahllokale, wenig später wartet das sozialwissenschaftlich gestählte Deutsche Fernsehen mit ersten Hochrechnungen auf. Alles deutet auf einen Triumph von CDU und CSU hin, die Union scheint der eindeutige Wahlsieger zu sein, Präsident Nixon schickt schon mal ein Glückwunsch-Telegramm an den Bundeskanzler. Doch noch bevor der Tag zur Neige geht, sieht es ganz anders aus. Die Union gewinnt keineswegs und schon gar nicht hinzu, sondern verliert ein wenig – immerhin 1,5 Prozentpunkte – und wird sich am Ende bei 46,1 Prozent einpendeln. Dass die FDP arg ramponiert aus dieser Wahl hervorgehen würde, war abzusehen, aber immerhin hat sie es, bei nicht ganz halbierter Stimmenzahl, mit 5,8 Prozent über die 5-Prozent-Hürde geschafft.

Ist das wirklich genug, um ein Bündnis mit dem klaren Wahlsieger des Abends zu versuchen, den Sozialdemokraten, die sich von 39,3 Prozent auf 42,7 Prozent verbessert haben? Zwölf Stimmen Vorsprung gegenüber der Union sind mit Blick auf die Zerrissenheit der FDP eigentlich zu wenig, will man wirklich eine substantiell neue Politik – nicht nur in den äußeren Beziehungen und der Deutschlandfrage, sondern auch in Richtung auf eine »Demokratisierung und Reform im Inneren« – wagen. Herbert Wehner, der Meisterstratege der SPD, hält das nicht für möglich, dasselbe gilt wohl für Helmut Schmidt – und Kurt Georg Kiesinger wünscht sich, naturgemäß, von Herzen, dass sie Recht behalten.

Doch bevor die letzten Gläser auf den Wahlpartys geleert sind, ist die Sache schon entschieden. Ohne sich in den je eigenen Lagern breit rückzuversichern, verkünden Willy Brandt und Walter Scheel, es dennoch gemeinsam anpacken zu wollen.

Wird jetzt passieren, was Strauß zuletzt für den Fall der Fälle in raben-
schwarzen Farben an die Wand gemalt hat? »Innenpolitisch kommt ein
Rutsch zum Linksradikalismus – außenpolitisch wird es ein Tanz ins Abenteuer«[56], so hatte er wenige Tage vor der Wahl mit Blick auf die Möglichkeit
einer sozial-liberalen Koalition orakelt.

Eine Zwischenbetrachtung und zwei Corollarien

Gegen Ende der Großen Koalition hat Franz Josef Strauß erst die Mitte seines politischen Lebenswegs erreicht. Es gibt fast nichts, was er in diesen knapp zwanzig Jahren nicht erlebt hätte. Zuerst einen raketenhaften Aufstieg, dann den tiefen Fall ins Nichts. Ein paar Jahre später ist er wieder da, zurück im ersten Glied. Was wird die Geschichte für dieses Politikerleben noch Neues bereithalten? Ärgeres als der jähe Absturz im Zuge der *Spiegel*-Affäre wird ihm kaum mehr widerfahren können – das Schlimmste dürfte also hinter ihm liegen. Doch steht ihm das Beste wirklich erst bevor? Denn ein höheres Ziel, dem er sich als Verteidigungsminister lange Zeit nahe wähnen durfte, gibt es ja noch: die Kanzlerschaft.

Als Bundesminister der Finanzen hat Strauß zweifellos an Ansehen und Respekt gewonnen. Selbst seinen Gegnern gilt er mittlerweile als seriöser, als zivilisierter, vielleicht sogar als domestizierter Mann. Und obwohl immer wieder seine Radikalität im Denken, vor allem die im Reden aufblitzt, ist der Anschein eines verspäteten Halbstarken, als den man den Benjamin in Adenauers Kabinett betrachten konnte, seit einiger Zeit verschwunden. Die Machtkonflikte, in die Strauß während der Großen Koalition gestellt ist und die er mit der ihm eigenen Freude am Powerplay austrägt, sind zudem von anderer Natur als jene der Ära Adenauer. Damals ging es um die großen Fragen der politischen Ausrichtung der Bundesrepublik, die dem Verteidigungsminister – angetrieben von seinem Naturell, aber eben auch von Amts wegen – nicht gleichgültig sein konnten. Nun streitet der Finanzminister nicht mehr im Namen der bundesrepublikanischen Staatsmetaphysik wider den Feind oder den politischen Gegner, sondern zankt sich mit den lieben Freunden und Kollegen im Kabinett um die Maßnahmen zur Gesundung der Wirtschaft oder zur Konsolidierung der Staatsfinanzen des in die Jahre gekommenen Wirtschaftswunderlandes.

Die Widerstände, die sich Strauß dabei in den Weg stellen, sind gewaltig – machtvoll organisierte Interessen und ad-hoc-Koalitionen der Besitzstandswahrer machen ihm das Leben schwer. Doch so mühselig sich der

Kampf um jede Mark, um die Einleitung selbst kleinster Reformen auch gestaltet, grundsätzlich umstritten ist sein Kurs nicht. Und es ist fraglich, ob es dabei für ihn mit leichter Hand und galanten Sitten mehr zu gewinnen gäbe. Wenn schon nicht *plein pouvoir*, so billigt ihm die Öffentlichkeit doch mehr denn je die beanspruchten Freiräume mächtigen Auftretens zu. Denn in dem Amt, das er jetzt bekleidet, sind seine überschüssigen Energien, anders als in der Ära Adenauer, nicht auf die Verfolgung politischer Widersacher, sondern auf vernünftige Staatszwecke gerichtet; und auch den Eindruck, in Wahrheit kämpfe er um das Palais Schaumburg, erweckt er kaum noch, jedenfalls nicht mehr als manche seiner Kabinettskollegen.

Allerdings können die Erinnerungen an jene frühe, wilde Zeit schnell wieder wachgerufen werden. Dies haben im Sommer 1969 die Reaktionen auf seinen Vergleich randalierender Studenten mit Tieren, »auf die die Anwendung der für Menschen gemachten Gesetze nicht möglich« sei,[1] gezeigt. Und doch liegt der Fall ein wenig vertrackter. Denn immer dann, wenn Strauß auffällig wird, werden nicht bloß Erinnerungen an verflogene Zeiten wach. Im Laufe der Jahre haben sich die Bilder der Vergangenheit zu starren Assoziationsmustern verdichtet. So wie der Klang einiger Takte aus einer Wagner-Oper genügt, um die Jünger in tiefste Entzückung zu versetzen und bei manchen Verächtern gleich Bilder marschierender SA-Truppen hervorzurufen, so sorgt bereits die knappste Manifestation des Unverwechselbaren an Strauß für schärfste Polarisierung: Den einen der Unerschrockene, der Kampfesmutige, der Tatmensch, eine Rettergestalt, ist er den anderen ein gänzlich Ungehemmter, ein Krieger, ein Täter – der Dämon.

Was in der Außenbetrachtung hermetisch wird, findet mitunter eine zwanghafte Entsprechung im Inneren. Da ist zum einen, wie Nietzsche beobachtet hat, der Umstand, dass die Menschen »ersichtlich alles Große und Hervorstechende« überschätzen, was in »der bewussten oder unbewussten Einsicht« gründe, »daß sie es nützlich finden, wenn Einer alle Kraft auf Ein Gebiet wirft und aus sich gleichsam Ein monströses Organ macht«. Aber auch die Fortsetzung von Nietzsches Reflexion über das »Vorurtheil zu Gunsten der Grösse«, die innere Seite, beschreibt den Vollblutpolitiker Strauß ziemlich treffend: »(j)edes Talent ist ein Vampyr, welcher den übrigen Kräften Blut und Kraft aussaugt, und eine übertriebene Production kann den begabtesten Menschen fast zur Tollheit bringen«.[2]

Strauß ist selbstreflexiv – auch selbstkritisch – genug, das klar zu sehen. So gibt er sich keinen Illusionen über seine aufreizende, teilweise Urängste beflügelnde Außenwirkung hin. »Ich bin nicht populär. Das ist mein

Schicksal.« Gelegentlich rutschen ihm sogar öffentlich derartige Selbstbetrachtungen heraus. »Man liebt mich nicht.«[3] Allzu große Anstrengungen, sich zu ändern, unternimmt er nicht. Die Menschen müssen ihn schon nehmen, wie er ist. Welch schöne Entsprechung des urbayerischen Mantras »Mir san mir« im Strauß'schen »Ich bin wie ich bin«!

Nein, unter normalen Umständen wird dieser Strauß wohl niemals Kanzler werden. Es sei denn, es gelingt ihm dauerhaft – doch wie? – die Vergangenheit vergessen zu machen. Oder aber die politischen Rahmenbedingungen verändern sich dramatisch, ins Krisenhafte, so dass er als Ultima Ratio doch noch ins Spiel kommen könnte. Auch das sieht Strauß glasklar; im Mai 1971, als sich die Union auf die Suche nach einem Herausforderer von Willy Brandt macht, räumt er unumwunden, nur spärlich drapiert mit Halbironie, ein: »Ich hoffe, es geht dem deutschen Volk nie so schlecht, daß es glaubt, mich zum Bundeskanzler wählen zu müssen.«[4]

In der Schlussphase der Großen Koalition stellt sich diese Frage nicht. Dass Kurt Georg Kiesinger von kleinerem Format, aus weicherem Holz ist als Adenauer, liegt auf der Hand – aber eben auch, dass der Chef der Großen Koalition viel sicherer in den Staatsgeschäften waltet als sein durch und durch glückloser Vorgänger Ludwig Erhard. Das letzte Wort über den amtierenden Kanzler ist noch nicht gesprochen, und hierzu, sollte dies der Wähler bei der Bundestagswahl 1969 nicht tun, besteht einstweilen keine Notwendigkeit.

So liegt für Strauß in der Mitte seiner aktiven Politikerjahre das Kanzleramt recht weit entfernt. Aber er hat ja noch die volle zweite Hälfte seines politischen Lebens vor sich. Die Geschichte, auch die jüngere, hat da schon ganz andere Überraschungen hervorgebracht. Etwa wie ein als gänzlich gescheitert geltender, selbst in den eigenen Reihen gemiedener, geradezu der Lächerlichkeit preisgegebener Mann wie der Churchill der dreißiger Jahre[5] gleich einem Phönix aus der Asche aufsteigt, quasi über Nacht zum Regierungschef und schon bald darauf zum Nationalhelden wird, dem alles Gewesene vergeben ist.

Gemessen an einem solchen Beispiel, ist für Strauß tatsächlich noch alles drin. Seine Chance könnte durchaus noch kommen – wenn die Umstände dies erlauben und falls es ihm gelingen sollte, den als Finanzminister frisch erworbenen Kredit der öffentlichen Gunst nicht wieder leichtfertig zu verspielen und das hart erarbeitete Vertrauen in ihn als einen durch und durch ernsthaften, kontrollierten Politiker allseitig zu verstetigen.

Eben hier beginnen die Probleme, genauer: Sie dauern fort. Denn wollte Strauß den an ihn gestellten Erwartungen, ein beherrschter Politiker zu sein, genügen, dann wäre er ja auch beherrscht durch andere – beherrschbar, im Grunde, für jedermann. Er müsste ein Stück seiner selbst opfern, wider die eigene Natur agieren.

Ginge es nur darum, einen im Politikerleben gefundenen Machtrausch auszukurieren, dann könnte das vielleicht noch funktionieren. Doch das Eruptive an Franz Josef Strauß, das Krachlederne, sein loses Maul, seine Respektlosigkeit vor Geßler-Hüten und auch den Geßlers selbst – dies alles ist schon lange da, bevor er in die Politik geht. Spätestens der junge Mann kann bereits ähnlich auf Menschen wirken wie Strauß, der Politiker, Jahrzehnte später. Brachial wie ein Bulldozer, versetzt er zuweilen seine Umwelt in Angst und Schrecken.

Ein besonders beeindruckendes Beispiel bietet eine Dreiecksgeschichte zwischen ihm, seiner einstigen Mitschülerin und damaligen Kommilitonin Hanne Trautwein sowie Hermann Lenz, die sich Ende der dreißiger Jahre ereignet. Lenz hat sie in seinem erstmals 1976 erschienenen autobiographischen Roman *Neue Zeit* verarbeitet. Darin tritt Strauß in Gestalt eines gewissen Hackl, Sohn eines Münchner Bäckers, auf,[6] und Hanne Trautwein heißt als Romanfigur Hanni Treutlein. Hackl und sie sind in derselben Clique, zu der ein Fremder stoßen möchte, der sich ersichtlich gleichfalls für Hanni interessiert: »Fräulein Treutlein gehört zu einem engen Kreis. Und wer sich da eindrängen will«, gibt Hackl ihm zu verstehen, »den werfen wir, wenn es sein muß, handgreiflich hinaus«.[7]

Wie Hanni berichtet, habe Hackl schon in ihrer gemeinsamen Schulzeit ein Auge auf sie geworfen: Hackl, »der Primus ihrer Klasse«, der sie oftmals »langsam auf dem Rad nebenherfahrend und ihre Mappe an die Lenkstange gehängt, nach Hause begleitet hatte, auch Anno dreiunddreißig der Tanzstunde ihrer Klasse ferngeblieben war, weil alle anderen sich von ihr zurückgezogen und vergessen hatten, Fräulein Treutlein (...) als Halbjüdin dazu einzuladen«.[8] Als Hackl allmählich seine Felle davonschwimmen sieht, fordert er den Nebenbuhler zum Duell mit Sekundanten und kündigt Prügel an – der Ich-Erzähler fühlt sich derart bedroht, dass er, ein Pazifist und vergeistigter Mensch, hinfort stets eine Pistole in Griffweite hat, wenn er mit Hackl zusammenzutreffen fürchtet.

Wie nah diese Romanszene offenbar der Wirklichkeit kommt, belegt ein Brief vom August 1938 – in dieser Zeit spielt auch die Hackl-Episode im Roman – von Hermann Lenz an Hanne Trautwein. Darin schildert er eine

Begebenheit, die ihn offenbar ziemlich mitgenommen hat: Während seiner Abwesenheit habe ihn ein Fremder sprechen wollen. Eindringlich beschreibt ihm seine Schwester den Besucher: »(E)in furchtbarer Kerl ... So tiefliegende Augen hatte er und einen sengenden Blick. Ungebildet sah er aus, ich habe gedacht, der will doch bestimmt nicht zu Dir.« Lenz lässt sich den Unbekannten mehrfach schildern – »(i)mmer kam darin der stechende Blick vor, die tiefliegenden Augen; und der fast erschreckende Eindruck, das Unheimliche, das von ihm auf sie übergegangen war« – und glaubt schließlich zu wissen, wer es war: »Mir (...) schien diese Beschreibung immer mehr auf Strauß zu passen.« Dass der Fremde angekündigt hat wiederzukommen, beunruhigt den jungen Mann gewaltig. »Ich machte deshalb«, so fährt Lenz fort »um mich zu beruhigen die Pistole meines Vaters fertig. Und als es heute früh um acht Uhr läutete (...) schlüpfte ich in meinen braunen Kittel, steckte die Pistole in die Rocktasche und ging so zum Gartentor.«[9]

Zwar stellt sich schließlich heraus, dass es nicht Strauß war, der Lenz sprechen wollte, aber dieses Zeugnis ist ein Indiz dafür, dass vieles von dem, was die echte Gestalt und auch das wirkende Bild des Politikers ausmacht, bereits lange vor seinem Schritt ins öffentliche Leben ausgeprägt ist. Einen weiteren Beweis bieten die Feldpostbriefe an seinen Münchner Professor, Franz Dirlmeier, der nebenbei ja auch noch Führer des NS-Dozentenbundes war.[10] Das Romantische, Schwärmerische dieser Briefe, das hat Strauß in der Tat bald abgelegt. Nicht aber den unbändigen Widerspruchsgeist und auch nicht den Leichtsinn, der keinerlei taktische Rücksichten – gern als solche der Klugheit apostrophiert – kennt. Damals, im Dritten Reich, war es lebensgefährlich, darauf zu bestehen, so zu sein, wie Strauß es ist. Warum sollte er sich nun, im Kontext einer Ordnung der Freiheit, mehr Zurückhaltung auferlegen?

Nicht minder prägend ist die frühe Erfahrung, seinen Weg allein gehen zu müssen. Ob er irgendeine Persönlichkeit der Geschichte bewundere, will das französische Magazin *L'Express* wenige Wochen vor der Bundestagswahl 1969 von ihm wissen. »Ich glaube keine ... Allenfalls Perikles«, lautet die knappe Antwort.[11] Etwas ausführlicher fällt eine Selbstauskunft aus, die er 1985 in einem Interview aus Anlass seines siebzigsten Geburtstags geben wird. Doch das Ergebnis bleibt in etwa das gleiche, er bekennt, kein »Vorbild«, kein »Leitbild« in der Historie zu haben. Unterhalb dieser Schwelle gebe es sehr wohl »eine Reihe von geschichtlichen Gestalten, die sozusagen auf mich eingewirkt haben« – neben Perikles nennt er jetzt Cicero und Augustinus, überraschenderweise auch Franz von Assisi und Erasmus von

Rotterdam, zudem aus der jüngeren Vergangenheit Clausewitz, den älteren Moltke und Bismarck; unter den Figuren aus dem 20. Jahrhundert fallen ihm lediglich Ebert und Brüning ein. »Stütze und Rückhalt« für sein ganzes Leben habe ihm hingegen sein »materiell sehr einfaches Elternhaus« geboten, dem er »körperliche Gesundheit und geistige Spannkraft« verdanke.[12]

Spätestens bei seiner Amtsübernahme im Verteidigungsministerium ist der bereits in den dreißiger Jahren eingeübte skeptische Blick von Strauß voll ausgeprägt. Starthilfen von anderen für seine eigene Entwicklung nimmt er durchaus an, mehr aber nicht. Denn immer wieder sieht er, wie Vorbilder verglühen und Orientierungshilfen sich selbst entzaubern. Am Ende der Weimarer Republik und in den Anfangsjahren des Nationalsozialismus sind dies die gebildeten Stände, vor allem das gediegene Bürgertum, zu dem Strauß dennoch mit aller Kraft aufstrebt. Sie versagen, doch bewähren tut sich, was Strauß von Hause aus mitbringt.

Dann Josef Müller, zuerst die Lichtgestalt der unmittelbaren Nachkriegsjahre, die sich alsbald im Münchner Intrigenspiel verliert und sich in dem verheddert, was als taktische Raffinesse geplant war. Kaum anders ist die Erfahrung mit Ludwig Erhard, der Strauß als Streiter für die Soziale Marktwirtschaft begeistert, der ihm später – aus der Nähe betrachtet – dann aber doch eher engherzig, kleinkariert und ängstlich erscheint. Allein bei Adenauer halten sich Bewunderung und Wesensfremdheit zeitlebens die Waage. Aber Vorbild? Das ist der alte Herr ihm nie.

Die Kehrseite dieses erfahrungsgesättigten und schließlich überstarken Bewusstseins, stets den eigenen Weg finden zu müssen, offenbart allerdings beträchtliche Hindernisse beim Streben nach den höchsten Zielen. Je überzeugter Strauß von der Richtigkeit des eigenen Tuns ist und je mehr Grund er sieht, sich darin bestätigt zu fühlen, desto mehr hält er jene, die anders auf die Dinge blicken, die anderen Ratschlüssen folgen, die anders agieren, schlicht für Deppen. Schlimmer noch: Er muss dies seine Umwelt zwanghaft wissen lassen. Am Ende der annähernd vierzig Jahre, die Strauß in der Politik war, darf Helmut Kohl in dieser Kategorie als wahrlich Größter gelten, und eben dieses Beispiel zeigt, wie nahe Wahrheit und Realitätsverlust beieinander liegen können. Im Rückblick, auch auf die sechzehn Jahre während Kanzlerschaft von Helmut Kohl, wird sich viel von der ätzenden Kritik, die Strauß an jenem von Johannes Gross schon sehr früh staunend und bewundernd als »schwarzer Riese«[13] apostrophierten Mann übt, als durchaus einleuchtend erweisen. Nur eines hat der Erzfreund nicht auf der Rechnung: Kohls meisterhafte Machttechnik, sein überragendes Geschick, Netze der Dankbarkeit, der Loyalität, der Abhängigkeit zu knüpfen, kurz: all jene Fähigkeiten, über die Strauß selbst so gar nicht im Übermaß gebietet.

Dabei ist es in der Politik kaum anders als im richtigen Leben: Begabung und Talent bleiben unausgeschöpfte Potenzen, *kairos* und wohlmeinendes Schicksal leerlaufende Kontingenzen, wenn es an der sozialen Intelligenz gebricht. Doch in dieser sieht Strauß offensichtlich keine Tugend ersten Ranges: »Wenn ich zur Macht wollte, dann würde ich mich ganz anders verhalten«, wird er 1975, als wieder einmal die leidige Kanzlerkandidatenfrage die Unionsparteien aufwühlt und, mehr noch, die Aufregung wegen seiner soeben öffentlich gewordenen Sonthofener Rede gewaltig ist, im Ersten Deutschen Fernsehen sagen: »Dann würde ich versuchen, mich einschmeichelnder Redensarten zu bedienen, dann würde ich versuchen, die Öffentlichkeit durch gefällige Worte für mich zu gewinnen.«[14]

Vieles spricht dafür, dass der Mann mit dem rasenden Temperament dies in Wahrheit gar nicht könnte. Doch ebenso viel deutet darauf hin, dass er nicht will. Es ist jedenfalls nicht so, dass er stets und immer nur die »intellektuelle Spielart von bayerischen Bräuwastl«[15] gibt. Strauß hat auch eine weiche, gütige, melancholische, ja, zarte Seite; aus dem Schatten seines krachenden Selbstbewusstseins ragen sogar gelegentliche Anflüge von Selbstzweifel heraus. Gewiss steckt ein beachtliches Maß Koketterie in seinen öffentlichen Bekundungen, »nicht der hechelnde Hund vor dem Palais Schaumburg« zu sein; allzu ernst braucht man seine Beteuerung, Kanzler zu werden sei ihm »ein Gegenstand inneren Horrors«, wirklich nicht zu nehmen.[16] Aber an seiner vielzitierten Äußerung von der Jahreswende 1968/69, es sei »reizvoller, in Alaska eine Ananasfarm aufzubauen, als in Deutschland das Bundeskanzleramt zu übernehmen«[17], ist doch, auf ihn selbst bezogen, mehr als nur ein Körnchen Wahrheit.

Ohne im höchsten Amt zu sein, weiß schon der Strauß der mittleren Jahre, was Winston Churchill erst 1955, nach dem endgültigen Ausscheiden aus der hohen Politik, seinem Privatsekretär Anthony Montague Browne als Summe seines öffentlichen Lebens nennt: Jede Schlacht hätte er gewinnen, das britische Empire gegen jeden Feind verteidigen können – »nur nicht gegen das britische Volk«.[18]

So gesehen weiß Strauß durchaus, dass er, wenn die Umstände danach sein sollten, die Schlacht ums Kanzleramt wohl gewinnen könnte – den fortdauernden Krieg um die höchste Macht hingegen eher nicht. Lohnt dieser Kampf also überhaupt? Zumal er, je mehr politische Lebensjahre sich hinzuaddieren, immer mehr ermüdet. Nervenkraft und Aufstiegsdrang sind nun einmal keine sich immer wieder vollständig regenerierenden Ressourcen. Irgendwann muss es auch mal gut sein, wächst das innere Bedürfnis danach, wie es Mathilde Wesendonck in Versform gefasst hat, dass das »sausende, brausende Rad der Zeit, Messer du der Ewigkeit« zur Ruhe kommt und kein Wunsch mehr sehnlicher ist als der: »Genug des Werdens, laß' mich sein!«[19]

Diesen Punkt hat Strauß Ende der sechziger Jahre gewissermaßen erreicht. Als Chef der CSU, als herausgehobenes Kabinettsmitglied verfügt er über politische Frei- und Gestaltungsräume, die er als Kanzler verlieren würde. Rücksichten vielerlei Art müsste er, der doch so gern rücksichtslos für seine Interessen und Ziele eintritt, nehmen. Als Kanzler wäre er für den Konsens im Kabinett zuständig – und zur Sicherung seines Amtes auch darauf angewiesen. Als Parteivorsitzender in einer Koalitionsregierung hingegen kann er mit aller Macht seine eigene Sache betreiben und muss nicht immerfort aufs Ganze achten. Und mehr als alles andere: Er darf er selber bleiben. Eben dieses unbeugsame Bestehen auf einem Leben in freier Selbstbestimmung ist der eigentliche Wesenskern von Franz Josef Strauß. Sein Freiheitswille ist derart rigoros, dass auch bizarre Auswüchse zu bestaunen sind. In den siebziger Jahren etwa, als die terroristische Bedrohung durch die RAF – auch Anschlagpläne auf Strauß konnten sichergestellt werden – als besonders akut empfunden wird und zu ausgesprochen lästigen Ausweitungen des Sicherheitsapparates führt.[20] Allen Ernstes bittet Strauß in diesem Zusammenhang den CSU-Landesgruppenchef Zimmermann um Prüfung, ob er eine Maschinenpistole bekommen könne, damit deutlich weniger Personenschützer um ihn herum für Sicherheit sorgen müssten.[21]

Wie weit Strauß tatsächlich bei der Gestaltung des eigenen Lebenswegs planerisch in Alternativen denkt, sei dahingestellt. Zu den tiefen Prägungen seiner Generation zählt ja nicht zuletzt die unauslöschliche Erfahrung, dass große geschichtsmächtige Kräfte die Dinge immer wieder wenden, ohne dass der Einzelne hierauf Einfluss hätte. Umso wertvoller sind für einen so eigenwilligen Menschen wie Strauß die Reservate verbleibender Handlungsfreiheit und – dies vor allem anderen – der Unverfügbarkeit für andere.

So banal es auch klingen mag: Will man Leben und Streben von Franz Josef Strauß auf einen einzigen Begriff bringen, so fällt die Anwort denkbar einfach: Freiheit. In diesem Begriff, mehr als in jedem anderen Prinzip, liegt überdies der Schlüssel zum Verständnis seiner gesamten politischen Vorstellungswelt, auch wenn sich dies erst auf den zweiten Blick erschließt. Tausende von Reden zu den großen politischen Themen der Zeit hat Strauß gehalten, etliche Bücher verfasst. Doch obgleich ihm selbst die erbittertsten Gegner stets bescheinigt haben, über eine weithin einzigartige analytische Schärfe und, obendrein, über eine für einen Politiker ungewöhnliche Originalität des Denkens zu verfügen, findet sich nirgends in seinen Schriften und Einlassungen ein zusammenhängendes programmatisches Grundsatzkonzept. In den siebziger Jahren, als es auch für bürgerliche Parteien zum guten Ton zählt, sich Grundsatzprogramme zu erarbeiten, will auch die CSU nicht außen vor stehen. Doch die Vorgabe, die der Parteivorsitzende der entsprechenden Kommission mit auf den Weg gibt, klingt fast schon wie ein Rückruf noch vor dem Startschuss. Nicht festlegen soll ein Grundsatzprogramm, nicht Fokussierungen bieten oder zuspitzen, sondern das gerade Gegenteil: »Das wichtigste Gebot ist, den politischen Prozeß offenzuhalten, keine Endlösungen anzustreben; nichts zu tun, was Handlungsalternativen ausschließt, ohne neue zu eröffnen.« Ein Parteiprogramm, »das eine solche Politik fördern und unterstützen soll«, könne daher »logischerweise nur ein *offenes Programm* sein«. Kurz: »Was programmiert werden soll, das ist die Offenheit und das sind nicht die Scheuklappen.«[22]

Bloßer Pragmatismus also statt programmatischer Orientierung? Keineswegs. Tatsächlich liegt in der paradoxen Anforderung, die Strauß an ein Grundsatzprogramm stellt, der eigentliche Kern seiner politischen Denkwelt. Offenhalten einer nuklearen Option für Deutschland, gaullistische Perspektive für Europa, rigoroser Antikommunismus, aber auch pragmatischer Umgang mit den Feinden der Freiheit, industriepolitischer Staatsinterventionismus beim Aufbau der zivilen Atomwirtschaft, reinste Staatswirtschaft sogar beim Sichern der industriellen Basis für eine europäische Luft- und Raumfahrtkapazität: Jedes dieser politischen Projekte zielt in seiner je eigenen Art darauf ab, bestehende strategische Abhängigkeiten abzustreifen oder solche für die Zukunft zu meiden, neue Handlungsoptionen zu gewinnen, vorhandenen Bewegungsspielraum zu vergrößern.

So wie es auf dem politischen Spielfeld niemals vollkommene Freiheit geben kann, auch nicht durch Offenhalten von Optionen, so sehr ist das persönliche Streben nach einem Maximum an Freiheit unerreichbar. Aber auch deren Gegenteil ist nicht vollkommen. Gut: Strauß ist, wie alle Politiker, durchaus ein Stück weit jener »Sklave jedermanns«, den Karl Kraus beschrieben hat. Doch dessen Ketten sind nicht gußeisern, sondern eher die feinen Fäden öffentlicher Kontrolle. Und aus diesen kann man sich immer wieder entwinden – vorausgesetzt, man ist bereit, den Preis dafür zu zahlen. Und an dieser Bereitschaft mangelt es Strauß eigentlich nie.

Erstes Corollarium: Schiffbruch im Hafen

Am sichersten sind Schiffe, wie ein altes britisches Sprichwort weiß, wenn sie im Hafen liegen – aber dafür werden sie nicht gebaut.[23] Der sichere Hafen ist vielmehr eine Voraussetzung glückender Seefahrt. Jedes Schiff braucht einen Ruheort, es muss beladen, muss gelöscht werden, und immer wieder sind ausgiebige Standzeiten für Ausbesserungsarbeiten erforderlich, um die Seetauglichkeit zu erhalten. So besehen steckt sehr viel Weisheit in dem allzu leicht dahingesagten Wort vom *Hafen der Ehe*. Denn mit Erreichen dieses Ruheortes endet nicht das tätige Leben, sondern er ist schlechthin seine Voraussetzung. Dies gilt zumal für Franz Josef Strauß, diesen Seefahrer der Politik sondergleichen. Seine öffentliche Existenz ist anstrengend und kräftezehrend, fast immer ist er unterwegs bei schwerem Wetter. Auch wenn für ihn erst spät, im zweiundvierzigsten Lebensjahr, das Junggesellendasein endet, ist die Suche und Sehnsucht nach einem befestigten Ruheort seines Lebens, wie bereits gesehen, beim jungen Mann schon ausgeprägt.

Mögen sich auch gewisse charakterliche Eigenheiten und individuelle Eigenarten verstetigt haben, als Strauß dann doch noch heiratet, so sind es wohl weniger die Marotten eines ewigen Junggesellen, die dafür sorgen, dass eine Ehe mit ihm kein Selbstläufer ist. Wichtiger dürfte sein, dass die Anforderungen von Strauß an die Gefährtin seines Lebens von einem schwer aufzulösenden Zielkonflikt bestimmt sind. Er braucht eine Partnerin, die einerseits stark ist in der Bewältigung des Lebens und um dessen durchaus ernste Seiten weiß – der Satz: »Du hast keinen Tiefgang«,[24] den er seiner Studienfreundin Dorothee Grokenberger seinerzeit entgegenhielt, ist der einst Umworbenen schmerzlich in Erinnerung geblieben –, andererseits soll sie ihn in den wenigen politikfreien Momenten seines Lebens nicht andauernd fordern. Die Art, wie Strauß sein Leben lang Politik betreibt, kostet viel Nervenkraft und Energie. Kampf ist sein Normalmodus, wo immer er auftritt. Um so wichtiger ist es, einen Ort zu haben, der ihm Regeneration ermöglicht. Zudem ist er in hohem Maße fremdbestimmt, der Kalender eines Ministers und Parteivorsitzenden ist erbarmungslos durchgetaktet mit Sitzungsroutinen, allerlei internationalen Verpflichtungen – bei steter Verfügbarkeit für den Regierungschef. Und das Ganze zumeist unter den neugierigen Augen der Öffentlichkeit. Da ist es nur zu verständlich, dass er, der von Berufs wegen ständig irgendwen überzeugen muss, sich danach sehnt, sich einmal nicht erklären, rechtfertigen, um Zustimmung und Gefolgschaft mühen zu müssen. An solchen in einer Partnerschaft schwer erfüllbaren Sehnsüchten sind, wie schon gesehen, frühere Liebeleien und auch ernsthafte Versuche gescheitert.

In den ersten Ehejahren, solange Strauß Verteidigungsminister ist, lebt die Familie in Bonn. Viel haben Marianne und er in diesen Jahren nicht voneinander, aber sie sind doch im Alltag des anderen präsent. Mit seinem Rücktritt nach der *Spiegel*-Affäre wird die geräumige Wohnung in Bonn aufgegeben; noch vor der Geburt des dritten Kindes zieht die Familie nach Rott am Inn, unter ein Dach mit den Eltern von Marianne. Hier liegt jetzt fürs erste der Lebensmittelpunkt, von hier aus betreibt Strauß seinen Wiederaufstieg und festigt zunächst seine herausragende Stellung in der CSU. Auch wenn er, das Münchner Stadtkind, in Rott wohl nie richtig Wurzeln schlägt – für ein Leben in der bäuerlich geprägten Dorfwelt ist er nicht geschaffen –, greifen Politik und Familie für ein paar Jahre recht gut ineinander. Je näher Strauß allerdings seinem Ziel, der vollständigen Rehabilitierung in der Bonner Politik, kommt, umso mehr verlagert sich sein Lebensmittelpunkt zurück in die Bundeshauptstadt.

Als er schließlich wieder ins Bundeskabinett einzieht und Finanzminister der Großen Koalition wird, entscheidet sich die Familie, ihm nicht zu folgen. Dem Nachwuchs soll eine Kindheit im direkten Sog der Politik, ein Leben unter der Bonner Käseglocke erspart bleiben, wo die politische Klasse weitgehend unter sich bleibt – man wohnt in denselben Straßenzügen und schickt die Kinder auf dieselben Schulen.

Was für die Kinder gut sein mag, erweist sich für das Eheglück indes nicht eben als Erfolgsrezept. Sie leben nun in völlig anderen Welten, die kaum in Kontakt miteinander stehen. Kommt Strauß nach Hause, dann ist da eben nicht nur seine kleine Familie, sondern auch die angeheiratete Verwandtschaft sowie Haus und Hof und Brauerei der Zwicknagls. Weil sein Alltag in Bonn abläuft, fühlt er sich hier wieder mehr als Zugereister, während Rott für Marianne Strauß ein Heimspiel ist.

Den Laden am Laufen zu halten, das ist seit der Heirat seiner Schwiegereltern vor allem Aufgabe der Frauen. Max Zwicknagl hat den Kaiser-Bräu mit seinen Nebenbetrieben als Erbe in die Ehe eingebracht, doch wirklich interessiert hat er sich für dessen Bewirtschaftung nie: »Max, der nicht in Rott groß geworden ist, hat Rott gehaßt«, wird Hanna Woge, Schwester der Schwiegermutter, viele Jahre später an Strauß schreiben. Um die Geschäfte – »die Brauerei, die große Landwirtschaft« und auch das große Braustübl, wo sie »jahrelang Tag für Tag gekocht hat« – kümmert sich vor allem seine Frau Ilse.[25]

In diese Schuhe ist Marianne hineingewachsen. Ihr, der ältesten Tochter, haben die Eltern die Rolle des nicht vorhandenen Sohnes zugedacht. Als sie Franz Josef heiratet, ist sie eigentlich aus der Firmenleitung nicht mehr wegzudenken. Von Geburt an unter einem schweren Herzfehler leidend – im Alter von vier Jahren lag sie »wochenlang zwischen Tod und Leben im Krankenhaus«[26] –, wird sie vor allem durch die Mutter fürsorglich umhegt. Aus Hamburg stammend, ergänzt Ilse Zwicknagl mit ihrem resoluten, zupackenden Wesen das im vermeintlichen Rotter Idyll von altbayerischem Gemüt grundierte Stimmungsbild der Familie um eine steife Prise kühlender Hanseatik.

In dieser bestimmenden Herzlichkeit ist Marianne aufgewachsen. Aufgrund ihrer hervorragenden Qualifikation – krankheitsbedingt mehr Unterricht bei Hauslehrern als an öffentlichen Schulen, Abitur am Münchner Max-Gymnasium, Studium der Volkswirtschaft, Sprachausbildung in Grenoble – hätten ihr viele Türen offengestanden, aber sie kehrte, wie man es von ihr erwartet hat, nach Rott zurück, um die Familiengeschäfte Zug um Zug ganz zu übernehmen.[27]

Aus diesem Blickwinkel ist für sie die Ehe mit Franz Josef nicht nur eine prächtige romantische Verbindung mit einem Mann, der richtig etwas hermacht, sondern zunächst auch eine Art Befreiungsschlag: weg aus Rott, raus aus der fesselnden Verantwortung für den Familienbetrieb, hinein in ihr eigenes Leben. Doch nachdem sie Bonn den Rücken gekehrt haben, greifen die alten, vereinnahmenden Mechanismen wieder. Neue Einschränkungen kommen hinzu: Auch wenn es allerlei helfende Hände gibt, ist Marianne Strauß doch de facto alleinerziehende Mutter. Und diese Zwänge verschärfen sich nach dem Wiedereinstieg von Strauß in die große Politik. So ist es weniger der formale Umstand, dass Marianne und Franz Josef Strauß seit Beginn der Großen Koalition eine Wochenendehe führen, der die Grundkonstellation insgesamt ungünstig verändert, sondern das allmähliche Auseinanderfallen der ehedem recht gut, jedenfalls alltagstauglich verzahnten politischen und privaten Lebenswelt der Eheleute. Eingeübte Mechanismen der Synchronisation der beiden Sphären verändern jetzt ihren Charakter: Sie glätten nicht mehr, sondern rauen auf.

Mit Ehefrau Marianne beim Berliner Presseball, 15. Januar 1966.
Hinter der glänzenden Fassade nimmt bald eine ernste Ehekrise ihren Lauf.

Für Strauß ist Familie nicht nur die private enge Gemeinschaft der Seinen, sondern stets erfüllen die ihm Nahestehenden auch wichtige Dienste,
besonders heikle Sonderaufgaben, für ihn. Das war bereits vor seiner Hochzeit so, und so wird es bis an sein Lebensende bleiben. Seit ewigen Zeiten
führt Maria, die Schwester, von Beruf Buchhalterin, für ihn – höchst gewis-
senhaft – die »Sonderkonten« genannten schwarzen Kassen der CSU und
den Reptilienfonds des Parteivorsitzenden. Nach dem Tod von Marianne
Strauß sind die Kinder in die Geschäfte des Politikers vielfältig eingespannt:
am sichtbarsten Tochter Monika, die mit Anfang zwanzig rasch die mit
Repräsentationsaufgaben nur unzureichend umschriebene Rolle der Landesmutter auszufüllen beginnt; Sohn Max, der von zu Hause aus eine Art
Backoffice für Strauß führt und, ähnlich wie sein Bruder Franz Georg,
wann immer es geht, den Vater auf Reisen begleitet. Marianne macht da
von Anfang an keine Ausnahme. Um die häuslichen Finanzen und bald
nicht nur diese kümmert sie sich ohnedies. Zudem laufen nicht wenige
Anfragen, Anregungen und Petitionen für den persönlich schwer erreichbaren Spitzenpolitiker bei ihr auf. Seit Strauß in der Schlussphase von Erhards Kanzlerschaft wieder in das Zentrum des Bonner Geschehens rückt,

und erst recht, seit er wieder Minister ist, häufen sich solche Anforderungen schlagartig.

Wenn ihr Mann am Wochenende aus Bonn anreist, erwartet ihn also ein prall gefülltes Pflichtenheft. Nicht selten vergeht das Wochenende damit, das abzuarbeiten. Da bleibt kaum Raum für Zerstreuung und Entspannung, die Strauß nach der Wochenpflicht so dringend braucht.

Gut ein Jahr gehört Strauß dem Kabinett wieder an, da häufen sich, Anfang 1968, die Eintragungen in Mariannes zeitweise geführtem Tagebuch,[28] die davon künden, dass ihr Mann erst spät in der Nacht oder kurz vor dem Morgengrauen nach Hause kommt – mal »ziemlich illuminiert«,[29] oder »illuminiert wie immer«,[30] bisweilen trifft er erst »um 1h stockbesoffen«[31] zum Familienwochenende ein: Nach der Landung in München-Riem sieht die Heimreise aus Bonn regelmäßig einen ausgiebigen Stopover in irgendeinem Münchner Lokal vor, wo neben seinen (Partei-)Freunden ein reichhaltiges Angebot an Getränken auf ihn wartet. Nächtliche Heimkehr und Alkohol sind nach Beobachtung der Ehefrau so normal geworden, dass sie es einen eigenen Eintrag für wert hält, wenn der Gatte »schon um Mitternacht« eintrifft, und das sogar »nüchtern«,[32] oder »(a)bends nur beschwipst«.[33]

Auch in den knapp gewordenen Stunden abendlicher Zweisamkeit fehlen selten dämpfende Getränke: An einem Abend – »recht harmonisch« – sind es »3 Flaschen Wein«,[34] an einem anderen, nicht so harmonischen, gibt es zum krönenden Abschluss noch eine »schwere Fl. Beerenauslese, bis er voll war (4h morgens)«.[35] Mal trinkt Strauß alleine – »soff dann weiter«[36] –, oder man ertränkt gemeinsam schlechte Gedanken, Gefühle, Stimmungen, was sich im Journal anschließend so liest: »Saß dann noch oben, bis Franz sehr sehr müde von München kam. Tranken erst oben, dann unten weiter bis 1.30 Uhr. Der übl. Wochenendsuff«.[37]

Gemessen an dem in den *swinging sixties* üblichen Umgang mit nieder- und hochprozentigen Getränken – von anderen Substanzen ganz zu schweigen – bewegen sich die Eheleute Strauß allerdings noch deutlich unter dem, was in den besseren Kreisen mittlerweile als Normalnull gilt. Es gibt auch keinen Hinweis darauf, dass es mehr als eine vergleichsweise kurze Phase von zwei, drei Jahren ist, in der unter diesem deutschen Dach in Oberbayern die Dinge aus dem Ruder laufen.

Rott ist für Strauß kein Ort der Ruhe, an dem er abschalten und sich erholen kann. Statt Ablenkung zu bieten, begehren die, die ihn zu Hause erwarten, Marianne an erster Stelle, Kunde von den Taten der vorangegangenen Tage, wollen wissen, wem er es gezeigt hat, und steuern ungefragt bei, wem er es demnächst noch einmal richtig geben muss. Die einen reden und fragen zu viel, der andere schweigt zu sehr und mag nicht ständig antworten – beides ist nur zu verständlich, doch beides fügt sich eben nicht glatt zusammen.

Was vielleicht harmlos und unscheinbar begann, hat sich allmählich zu einem handfesten, wechselseitigen Unverständnis ausgewachsen. Dass beide von Natur aus durchsetzungsstark und unnachgiebig sind, erleichtert die Lage nicht. Bei Strauß, der ja fünfzehn Jahre älter als seine Frau ist, kommen noch erste Zipperlein und ernster zu nehmende gesundheitliche Probleme hinzu. Die Kilos beginnen zu zwicken, die Bronchien sind arg angegriffen – die zunächst fehlschlagenden Versuche, sich das Rauchen abzugewöhnen, bringen da weniger Linderung, sondern verstärken nur die Nervosität. Auch Herzprobleme machen sich bemerkbar. Strauß spürt jetzt deutlich, dass er älter wird. Und will dies so wenig wahrhaben wie jedermann.

Manche dieser Sorgen lässt sich ertränken, zu Hause. Vor anderem, etwa dem Aufstacheln, wo er doch Ruhe will, kann man ins Wirtshaus fliehen, wo die Freunde und Freunderl ihn feiern und bewundern, was eigentlich auch schon zu viel ist, aber wenigstens nicht einpeitschen, gar gängeln. Kalmieren, auch um das Risiko einer weiteren Eskalation der angespannten Verhältnisse zu Hause, mag man auf diese Art einiges. Nicht aber das vielleicht Entscheidende: das Gefühl, nicht verstanden zu werden. Wenn diese – gewiss nicht ungewagte – Deutung halbwegs stimmt, dann ist es wahrlich keine oberflächliche Krise, die den Familienfrieden erfasst hat. Tatsächlich geht es ums Ganze, um nicht mehr und nicht weniger als den Fortbestand der ehelichen Gemeinschaft. Zumal Marianne inzwischen an der Treue ihres Mannes zweifelt.

Dabei hat das, worauf dieser Verdacht gründet, denkbar harmlos angefangen: Im Sommer 1966, mehr zufällig, lernen Strauß und seine Frau das Kölner Ehepaar Pesch kennen,[38] das mit seinen Kindern den Urlaub unweit von Rott, am Waginger See, verbringt. Hier begegnet Strauß auch der älteren, 1947 geborenen Tochter der Peschs, Ulrike, die gerade ihr Abitur bei den *Heiligen Töchtern vom Heiligen Kreuz, St. Irmengardis* absolviert hat und sich anschickt, an der Bonner Universität Politische Wissenschaft zu studieren. Während des Urlaubs trifft sich die Familie regelmäßig mit ihrem Freund Franz Heubl, einem alten Weggefährten von Strauß, Mitbegründer der CSU und derzeit bayerischer Minister für Bundesangelegenheiten. Er bringt sie mit den Eheleuten Strauß zusammen.

Auf Anhieb finden die beiden Paare einen Draht zueinander. Die Peschs kommen beide aus gutem Haus, und insbesondere beim Ehegatten, einem Kaufhof-Direktor, entdeckt Strauß Gemeinsamkeiten. Der Sohn eines Studienrates für alte Sprachen ist in jener humanistischen Gedankenwelt aufgewachsen, in der sich Strauß als Schüler und Student zu Hause fühlte; es gibt gemeinsame Bekannte, etwa die Ehefrau von Hermann Josef Abs, des legendären Chefs der Deutschen Bank, eine geborene Schnitzler, in deren vornehmem Elternhaus der junge Pesch verkehrte; vor allem aber treffen hier zwei Kriegsteilnehmer aufeinander, und es stellt sich schnell jene Vertrautheit ein, die mit Freundschaft oder übergroßer Sympathie nicht verwechselt werden darf. Alles andere wird dann unwichtig – selbst zwischen Augstein und Strauß besteht ein solches Band. Da gibt es viel zu erzählen, worüber die Veteranen zu Hause eisern schweigen.

Wie für so viele seiner Schicksalsgenossen bleibt auch für Strauß der an der Front erlebte Krieg – dieser »Scheißkrieg«, wie Helmut Schmidt ihn nannte[39] – ein ewiges Mysterium; nie wird er dieses Kapitel abschließen, den schwer erträglichen Umstand, daran beteiligt gewesen zu sein. Pesch, der 1943 als Hauptmann der Wehrmacht auf dem Weg nach Stalingrad mit dem Ritterkreuz ausgezeichnet wurde, versteht, was das bedeutet.

Für die Mitglieder dieser merkwürdigen Erlebnisgemeinschaft wirken solche Begegnungen seelisch entlastend; man weiß, wovon der andere redet, vor allem hat man endlich jemanden, mit dem man sich darüber austauschen kann, ohne viel erklären zu müssen. Doch auch für die Angehörigen, die solchen Gesprächen beiwohnen dürfen, ist dies ein Geschenk. So lernen sie mitunter durch die Hebammendienste eines Fremden eine ihnen bisher unbekannte Seite am Vater oder Ehegatten kennen. Franz Josef Strauß hilft also gewissermaßen Ulrike, ihren Vater besser zu verstehen.

Der Kontakt zwischen den Familien Strauß und Pesch bleibt über die Zeit der bayerischen Sommerfrische hinaus erhalten; es folgen weitere Begegnungen im Hause der Peschs, die im Süden von Köln wohnen, im feinen Marienburg, keine zwanzig Kilometer vom Dienstsitz des Bundesfinanzministers entfernt. Nicht selten ist Marianne dabei; im folgenden Sommer, die Peschs verbringen ihren Urlaub wieder in Waging, besucht Strauß sie auch schon mal mit seinen Kindern. Heimlichkeiten gibt es keine, und so bemerkt Marianne auch, dass Strauß der ebenso gescheiten wie hübschen, mit rheinisch intonierter Unbekümmertheit und fröhlichem Charme ausgestatteten jungen Dame schöne Augen macht. Ulrike wiederum fühlt sich durch die Aufmerksamkeiten des berühmten Freunds der Eltern geschmeichelt. Auch das entgeht Marianne Strauß nicht; sie wittert Gefahr und sucht das klärende Wort. Nicht unfreundlich, doch bestimmt – so erinnert sich Ulrike Jahrzehnte später – spricht sie bei einer Begegnung im Familienrahmen in der zweiten Jahreshälfte 1967 darüber, wie sie selbst sich in ihrer Jugend einmal für einen älteren Herren interessiert, dann aber eingesehen habe, dass so etwas nicht gehe. Die Botschaft, das verstehen an diesem Abend alle, lautet: Hände weg von meinem Gatten! Vermutlich glaubt Marianne, damit weitere Begegnungen, gar entschiedenere Annäherungen unterbunden zu haben.

Bonn ist in diesen Jahren längst noch kein Hochsicherheitstrakt; selbst wichtige Minister können sich einigermaßen frei bewegen, ohne dass ihnen gleich ein halbes Heer Personenschützer folgt. So fällt es erst einmal nicht weiter auf, dass Strauß weiterhin Verbindung zu Familie Pesch und deren ältester Tochter Ulrike unterhält. Da er gerade wieder einmal gegen überschüssige Pfunde kämpft, denkt sich kaum jemand etwas dabei, wenn er sich nach Dienstschluss auf sein Fahrrad schwingt. Dass er dann zuweilen rheinabwärts nach Köln fährt, bleibt weitgehend unbemerkt. Allerdings fällt schon auf, dass der Dienstkalender des Ministers jetzt gelegentlich nicht ganz so vollgestopft ist und mehr Zeit für Privates geblockt bleibt.

Auf welchem Weg und wann genau Marianne Strauß dahinterkommt, dass sich ihr Mann und Ulrike weiterhin sehen – meist im Kreis der Familie, gelegentlich aber auch alleine –, lässt sich nicht genau ermitteln. Sie muss recht bald davon erfahren haben, denn eine echte Überraschung ist es für sie nicht, als sie am Neujahrstag 1968 in ihrem Tagebuch festhält, dass ihr Mann um Mitternacht mit Ulrike telefoniert hat.[40] Der Haussegen hängt derart schief, dass jederzeit mit seinem Absturz gerechnet werden muss. Im Februar befindet Marianne: »Situation wird langsam aber stetig immer schwieriger«.[41] Es sind fast schon helle Tage, wenn sie bilanziert: »Konnte mit Mühe Zusammenstoß vermeiden«[42]; läuft es besonders gut, kann immerhin ein »leidlich harmonisches Wochenende« verzeichnet werden.[43]

Mehrfach will sie ihren Mann zur Rede stellen. Anfang März notiert sie: »Nochmals Gespräch über U.P. versucht, leider erfolglos. Ich verstehe nicht, warum er nicht Mann's genug ist, ehrlich zu sein.«[44] Offensichtlich vermutet sie, Strauß habe eine Affäre mit der jungen Frau, was der allerdings vehement bestreitet.

Zweieinhalb Wochen später, Marianne weilt in Bonn, um ihren Mann zu einem Abendessen beim Kanzler zu begleiten, begegnet sie vor dem

Bundeshaus zufällig der Rivalin. Natürlich macht sie auf offener Straße keine Szene, sondern die beiden grüßen einander, was die Seelenlage der sich betrogen wähnenden Ehefrau nicht aufzuhellen vermag: »Es ist alles so scheußlich und peinlich.«[45]

Manchmal vertraut Marianne dem Tagebuch ihre Verzweiflung an, mitunter ist es allerdings eher Ratlosigkeit: »Atmosphäre nett und anfänglich harmonisch«, heißt es etwa auf dem vermutlichen Höhepunkt der Krise, »aber ich frage mich, was ich bloß mit diesem Mann anfangen soll«.[46]

Freilich stehen solche Bekundungen immer stark unter dem Eindruck des jeweiligen Tages. Und so erklären sich dann auch Eintragungen, die das zuvor Geschriebene gewissermaßen dementieren, zum Beispiel wenn Strauß plötzlich bereits am Freitagmittag ein friedlich verlaufendes Wochenende in Rott einläutet – »Es geschehen noch Zeichen und Wunder«[47] –, zwei Wochen später aber die Rückreise in eine neue Bonner Arbeitswoche mit einem schlichten »Gott sei Dank«[48] quittiert wird. Und immer wieder sind jene Szenen einer Ehe, die Marianne eigentlich kaum mehr ertragen kann, von Momenten des Staunens und auch Hoffens durchzogen, etwa, wenn »Franz sehr freundlich«[49] ist oder sich »vollaufen« lässt und trotzdem sichtlich »bemüht« bleibt.[50]

Solche Tagebucheintragungen sind natürlich mit Vorsicht zu behandeln. Sie sind subjektiv, und je kritischer die Lage, je eingeschnürter die seelische Verfassung der Autorin ist, desto einseitiger dürften sie ausfallen. Eine andere Quelle gibt es aber nicht, schon gar nicht eine vergleichbar offene Darlegung der Sichtweise und Empfindungen von Strauß. Doch dass es sehr ernst ist und diese Krise über viele Monate die Großwetterlage beherrscht, steht außer Frage.

Immer wieder treibt der Gedanke an Trennung Marianne Strauß um. Zeitweise erscheint ihr die »Vertrauensgrundlage« unwiderruflich zerstört.[51] »Es wird richtig sein, sich über die nötigen Konsequenzen illusionslos klar zu werden«[52], heißt es Anfang Mai – wohl auch deshalb führt sie ihr Journal. An einem anderen Tag geht die seelische Not gar so weit, dass sie am Sinn der eigenen Existenz zweifelt.[53] Aber die Kinder und auch die Sorge um ihren mittlerweile schwerkranken Vater – der Anfang 1969 sterben wird – lässt sie den Gedanken an Scheidung nie zu Ende denken.

Vielleicht scheut sie aber auch deshalb davor zurück, weil sie sich nicht sicher sein kann, ob die ungewöhnliche Zuneigung, die ihr Mann zu Ulrike Pesch empfindet, wirklich eine Affäre ist. Einen weiteren Auftritt von ihr in

Köln oder bei der vermeintlichen Geliebten allein, um die Dinge geradezurücken oder doch wenigstens unverblümt offen anzusprechen, hat es nicht gegeben.[54] Vermutlich hätte Marianne von Ulrike Pesch auch keine andere Antwort bekommen als die ihres Mannes, dass da nämlich nichts moralisch Bedenkliches sei, oder jene, die Ulrike Jahrzehnte später geben wird: »Von Ehebruch kann keine Rede sein!«[55]

Im Frühsommer 1968 verbringt die Familie Strauß einige Zeit im beengten südfranzösischen Ferienhaus. Gleich zu Beginn vermerkt Marianne, dass »alles sehr harmonisch« verläuft: »Franz gibt sich die denkbar größte Mühe, nett zu sein«, er »hat auch Geduld mit den Kindern«, ja, man mag es kaum glauben, er »schrubbte sogar den Wohnzimmerboden« und bohnert anschließend derart engagiert, »daß die Wohnung mit Ausnahme der Fenster spiegelblank ist«.[56] Ganz ohne Stress und Reibereien verlaufen auch diese Tage nicht. Mehr zufällig entdeckt Strauß das Tagebuch seiner Frau, in dem er ein wenig blättert, »aber offensichtlich nicht allzu viel gelesen hat«, genug jedoch um ein mittelschweres Theater aufzuführen.[57] Gleichwohl sind am Tag darauf »Ruhe + Frieden« wieder eingekehrt. Man fährt zusammen nach St. Tropez und Port Grimaud, und statt sich weiter mit Trennungs- und Scheidungsplänen zu quälen, plant Marianne an diesem Tag ein gehöriges Stück neuer Zukunft mit ihrem Mann: Es gefällt ihr an diesem mondänen Abschnitt der südfranzösischen Küste, den Gunter Sachs und Brigitte Bardot auch den Deutschen als Sehnsuchtsort der Schönen und Reichen bekannt gemacht haben, und sie versucht Strauß davon zu überzeugen, hier etwas Schöneres als das gemauerte Zelt in Les Issambres zu kaufen. Es bleibt zwar bei der Idee, weil Strauß, dem ein Jet-Set-Leben völlig fremd ist, »sich leider gar nicht mit dem Gedanken befreunden« will.[58] Trennungspläne jedoch, letale Ehekrisen äußern sich in der Regel anders als im Wunsch nach einem neuen gemeinsamen Ferienhaus.

Nach dem Ende des Urlaubs und einem anschließenden gemeinsamen Wochenende konstatiert Marianne: »FJ friedlich. Er wird immer höflicher. Merkwürdig.«[59] Immer wieder gibt es Eintragungen, die darauf schließen lassen, dass sie die mutmaßliche Affäre für beendet hält – sogleich werden die Notate freundlicher, heller. Ist sie indessen sicher, dass die Beziehung ihres Mannes zu der jungen Dame aus Köln wieder auflebt, werden die Notate schnell maßlos: »Es stellt sich immer klarer heraus, daß er jeden Teenager seiner Frau und jeden Wirtshaustisch seiner Familie vorzieht«, lautet eine dieser Notizen, und sie ist eine der gemäßigteren.[60]

»Heaven has no rage like love to hatred turned/Nor hell a fury like a woman scorned«, so hat William Congreve die Stimmung der sich verstoßen fühlenden Frau beschrieben, und diese blinde Wut führt während jener Ehekrise oft genug die Feder von Marianne Strauß. Noch Anfang 1969 schreibt sie: »(I)ch will nicht mehr mit ihm zusammen sein, denn seine Lieblosigkeit ist unerträglich«.[61] Vier Tage später – Mariannes Vater liegt im Sterben – kümmert sich Strauß um seinen ältesten Sohn; bis nach Mitternacht ist er mit Max unterwegs und kommt ziemlich derangiert nach Hause, was die Familie »wütend + empört« registriert und Marianne zu der Bemerkung veranlasst: »FJ hat kein Gefühl für einen anderen Menschen.«[62]

In den kommenden Monaten scheint sich die Stimmung allmählich zu beruhigen. Dass er sich redlich bemüht, nicht unausstehlich zu sein, ist immerhin ein Fortschritt. Bald darauf schreibt sie: »Franz kommt sehr pünktlich« und »ist endlich vernünftig + freundlich«[63]; zwei Wochen später: »FJ nach Bonn. Ist nach wie vor sehr friedlich«[64]; weitere drei Tage darauf: »FJ äußerst höflich und freundlich«[65]. Die Ehepartner nähern sich einander wieder an, die Beziehungstemperatur ist nicht mehr permanent in Frostnähe – »unendlich höflich«, ist ihr Mann zu ihr, freilich bleibt sie »gespannt, womit ich dieses Tauwetter werde büßen müssen«.[66]

Weitere Wochen ziehen ins Land, da bringt er seiner überraschten Frau an einem Samstagnachmittag, zwei Tage später wird sie neununddreißig, »40 Rosen« mit nach Hause.[67] Wie gesagt, dies sind erst vage Anzeichen einer Stabilisierung der häuslichen und familiären Lage. Sicher kann man da nicht sein.

Im Sommer 1969 erledigt sich schließlich jeglicher Arg auf seine Weise: Ulrike plant, ihr Studium in Bonn eine Zeitlang zu unterbrechen und in die Vereinigten Staaten zu reisen. Die erste Etappe ist New York. Hier findet sie auf Vermittlung von Strauß Unterkunft bei einem seiner Freunde. Von dort aus geht es zwei Monate später weiter nach Kalifornien, wo Ulrike einen Mann kennen und lieben lernt. Als sie schließlich zurück nach Deutschland kommt – Strauß ist da schon nicht mehr Minister –, ist die Zeit über die Irrungen und Wirrungen der vergangenen Jahre hinweggegangen. Für alle Beteiligten und Betroffenen. Gelegentlich gibt es noch ein wenig Alarm, wenn Ulrike irgendwo in der Nähe ihres Manns gesichtet wird.[68] Eine echte Bedrohung ist sie aber da längst nicht mehr, ihre härteste Prüfung hat die Ehe Strauß überstanden – ob mit oder ohne bleibende Schäden, lässt sich von außen kaum beurteilen. Auffällig ist jedenfalls, dass sich die Verhältnisse im Hause Strauß in dem Moment wieder einzurenken und zu stabilisieren beginnen, da die Große Koalition in ihre Endphase tritt.

Auch wenn Strauß jetzt für viele Jahre Oppositionspolitiker sein wird, bleibt Bonn sein wichtigster Bezugsort. Aber der Minister a.D. ist dort nicht mehr andauernd präsent. Nicht nur in den Monaten unmittelbar nach der verlorenen Wahl von 1969 hält sich der CSU-Vorsitzende mitunter wochen-, gar monatelang weitgehend von der Bonner Bühne fern. Allmählich wachsen die politischen und privaten Enden seines Lebens wieder näher aneinander.

Noch ein Weiteres kommt hinzu: Im Sommer 1969 verlegt die Familie ihren Sitz von Rott am Inn nach München in eine große Hochhauswohnung mitten in der Stadt. Etwas weiter von den alten Zentren ihres Lebens entfernt, gibt es eine zweite Chance. Und sie nutzen sie.

In seinen Erinnerungen wird Franz Georg Strauß, der jüngste Sohn, seine Mutter als ausgesprochen duldsame, verständnisvolle, gewissermaßen schicksalsergebene Frau schildern: »Sie war das Herz der Familie, während unser Vater unbehelligt von häuslichen Problemen seine Politik gestalten konnte.«[69] Ganz so unbehelligt bleibt Strauß indes mit Blick auf sein gemutmaßtes privates Auswärtsspiel nicht. Vieles erträgt Marianne, so zitiert sie der Sohn, weil ihr Mann »wie ein Komet« sei: Man könne ihn »nicht stoppen, und wenn es doch gelänge, folge nicht langsamer Flug, sondern der Absturz. Man müsse ihn also ziehen lassen.«[70] Gemünzt ist dies auf die fast jedes Privatleben verschlingende Existenz des Politikers. Am Ende mag dies aber auch für das Privatleben im Schatten gelten, dem jenes im Licht gewiss zum Opfer gefallen wäre, hätte Strauß tatsächlich, wie seine Ehefrau ja lange glaubte, eine Affäre mit Ulrike gehabt, und wäre diese zeitgenössisch publik geworden.

Was eine geglückte, was eine glückliche Ehe ist, lässt sich zumal von außen schwer beurteilen. Dass das Eheglück im Falle Strauß zeitweise am seidenen Faden hing, ist allerdings unübersehbar. Vielleicht haben die Umstände, in diesem Fall der nahende Tod von Mariannes Vater, auf dem Höhepunkt der Krise eine Trennung verhindert. Wahrscheinlich war es mehr – und auch mehr als bloße Gewohnheit, was sie beide aneinander hat festhalten lassen. An dieser Stelle hilft jedenfalls keine maritime Metaphorik weiter, da der hier vorliegende Fall eines Schiffbruchs im Hafen, der eben nicht zwangsläufig Untergang bedeuten muss, bisher weder in der einschlägigen Literatur noch von Philosophen eingehend untersucht worden ist.

Zweites Corollarium: Die schnöde Seite der Freiheit

»Der Kulturkritik ist das Meer immer verdächtig gewesen«, so fasst es Hans Blumenberg zusammen: »Was hätte den Schritt von Land auf See sonst motivieren können als der Überdruß an der kargen Versorgung durch die Natur und der eintönigen Arbeit des Landbaus, der süchtige Blick auf Gewinn im Handstreich, auf mehr als das vernünftig Notwendige, (…) auf Üppigkeit und Luxus.«[71] Mit Hesiod, so Blumenberg weiter, »taucht zum ersten Mal die kulturkritische Verbindung der beiden durch Liquidität charakterisierten Elemente, des Wassers und des Geldes, auf: dieses sei *wie Leben so lieb den kläglichen Menschen.*«[72] Doch auch aus einem weniger skeptischen Blickwinkel betrachtet, haben beide etwas gemeinsam, denn Geld ist ja zunächst kaum anderes als zu einem Zahlungsmittel geronnene Freiheit.

Tatsächlich ist es kein allzu großer Schritt vom harmlosen Streben nach Verfügung über Geld als Mittel der Freiheit zum durchaus problematischen freihändigen, von Regeln des Rechts und der öffentlichen Moral sich selbst suspendierenden Umgang damit. Politik und Politiker bilden da keine Ausnahme vom Rest der Menschheit; in jenem undurchsichtigen Geflecht der Parteienfinanzierung mit legalen und illegalen Methoden, das bis weit in die Ära Kohl in der Bundesrepublik durchaus branchenüblich war, kann man das sehr gut studieren. Auch wenn Strauß und die CSU beim großen Knall der Flick-Affäre Anfang der achtziger Jahre merkwürdigerweise ungeschoren davonkommen werden, so bilden sie doch keine Ausnahme. Mit waghalsigen Konstrukten, etwa der Staatsbürgerlichen Vereinigung, dubiosen Stiftungen oder aus schwarzen Kassen großer Wirtschaftsverbände und Gewerkschaften ist über lange Zeit die Geldversorgung der im Bundestag vertretenen Parteien stets weit über das gesetzlich vorgesehene Maß hinaus gewährleistet, und die bayerischen Christsozialen sind all die Jahre beim Einstreichen verdeckter Zuwendungen kein bisschen zurückhaltender als die politische Konkurrenz.[73] Insbesondere Strauß ist seit seinen ersten Tagen in politischer Verantwortung ein ausgesprochen kreativer und auch erfolgreicher Geldeinwerber für seine Partei.[74] Um manche Spender muss er gar nicht erst werben, sie kommen von allein auf ihn zu und überreichen teilweise beachtliche Barsummen; am Rande einer Wahlveranstaltung 1949 in Garmisch-Partenkirchen beispielsweise 12 000 DM – damals ein Vermögen.[75]

Das Spenden-Aufkommen wird mit der Zeit so beträchtlich, dass eine eigene – leider nur bruchstückhaft überlieferte – Buchführung jenseits der offiziellen Parteikassen angelegt werden muss – geführt von einer Bonner Mitarbeiterin und letztlich kontrolliert von der Strauß-Schwester Maria. Zwei sogenannte Sonderkonten werden eigens angelegt. In der Regel, worüber Maria Strauß mit Argusaugen wacht, fließen solche Gelder direkt in die Parteiarbeit an der Basis. Irgendein Ortsverein ist immer klamm, die Sonderkonten von Strauß bieten unbürokratische Abhilfe, wo ihm dies angebracht erscheint.

Anhaltspunkte dafür, dass solche Gelder für persönliche Zwecke abgezweigt werden, gibt es keine. Aber eine gewisse Selbstverständlichkeit im Umgang mit Geld nach Maßgabe seiner Privatmoral beginnt sich hier bei Strauß einzuüben. Ganz andere Summen noch wird Strauß in den kommenden Jahren jenseits von Recht und Gesetz bewegen und verschieben, doch immer dient dies politischen Zwecken und nicht der persönlichen Bereicherung. Der bekannteste Komplex sind die in seine Zeit als Verteidigungsminister fallenden Waffenlieferungen nach Israel, für die es keinerlei rechtsförmige Ermächtigung gibt, dafür aber eine Reihe von Strafrechts-Paragraphen, die solches Handeln eigentlich untersagen und mit schweren Strafen bedrohen. Kaum anders sind die in den siebziger Jahren unter Bundeskanzler Schmidt durchgeführten und immer noch unerforschten Finanztransfers staatlicher Gelder an ausländische Parteien zu bewerten, mit deren Hilfe alle im Bundestag vertretenen Gruppierungen befreundete Organisationen im vor- und postrevolutionären Spanien und Portugal beim Aufbau einer Parteiendemokratie unterstützen. Auch diese Transfers laufen, soweit sie die konservativen Schwesterparteien der CSU betreffen, in der Regel über weitere, eigens hierfür eingerichtete Sonderkonten von Strauß.[76]

Zum Freihändigen gesellt sich allerdings das Lichtscheue hinzu. Außerordentliche Einnahmen, die Strauß von Amts wegen hat, etwa als Testamentsvollstrecker zum Nachlass der Versandhaus-Kaufleute Katharina und Friedrich Baur, bleiben aus guten Grund vor der Öffentlichkeit verborgen. Im Fall einer stillen Beteiligung an der Werbeagentur *Contas* seines Freunds Walter Schöll kommt sicherlich hinzu, dass Strauß sich hier eindeutig jenseits dessen bewegt, was lediglich eine Frage des guten Geschmacks ist. Denn die *Contas* lebt nicht zuletzt von üppigen Aufträgen des Freistaates Bayern und der CSU.[77]

Erst nach dem Tod von Strauß sickern all diese Informationen und solche Vernetzungen durch. Doch Strauß und sein Verhältnis zum Geld sind fast die ganze Zeit seines aktiven politischen Lebens ein großes Thema. »Die Freiheit nehm' ich mir« – dieser Slogan, mit dem Jahre später eines der in seiner Branche weltweit führenden Häuser der Geldwirtschaft in Deutschland werben wird, ist gewissermaßen die Überschrift für jenen nicht unbedeutenden Teilaspekt des Wesens und Wirkens dieses altbayerischen Charakterkopfs. Denn: »Geld hat im Leben des (…) Münchner Metzgersohnes immer eine große Rolle gespielt, wahrscheinlich weil er in seiner Jugend und im Krieg wenig davon hatte.«[78]

In Tausenden Artikeln – der Ausgangspunkt ist meist ein Bericht des *Spiegels* – und vielen Dutzend Verhandlungstagen vor allen möglichen deutschen Gerichten wird ihm immer wieder vorgeworfen, schmutziges Geld angenommen zu haben. Stets geht es am Ende so aus wie im Juli 1965, als das Landgericht München dem Hamburger Nachrichtenmagazin die Behauptung untersagt, Strauß »sei ein der Korruption schuldiger Minister, der während seiner Ministerzeit Geld angenommen habe, das ihm nicht gehörte«. Doch dasselbe Gericht hält auch fest, warum man immer wieder auf solche Ideen kommen konnte: »Es kann keinem Zweifel unterliegen, daß ihm der Geruch der Korruption anhafte.«[79] Wer es noch ein wenig deutlicher mag, dem ist mit den Aufzeichnungen eines bayerischen Ruhestandsbeamten gedient, der schon auf dem Klappentext seiner Wutschrift lapidar behauptet: »Seine Gier nach Macht und Geld ließ den einstigen CSU-Vorsitzenden und bayerischen Ministerpräsidenten sich selbst zum Gesetz erheben.«[80]

Irgendwann gegen Ende seiner Zeit als Verteidigungsminister ist die Strauß umgebende Wolke des Anscheins von Korruption so groß und dicht, dass sie den klaren Blick auf die unterstellten Sachverhalte verschleiert. Anders als im Strafrecht gilt für die Verhandlung der jeweiligen *Causa Strauß* in der öffentlichen Meinung keineswegs *in dubio pro reo*. Statt dessen ist Strauß stets, wenn der *Spiegel* ihm den Prozess macht, in einen Verfahrenszusammenhang eingespannt, aus dem er sich nur bei zweifelsfrei erwiesener Unschuld vollständig befreien könnte. So diffus wie die Anklagen, so changierend wie die gegen ihn ins Feld geführten Indizien nun einmal sind, ist es dem Angeklagten schlechterdings nicht möglich, einen solchen Unschuldsbeweis anzutreten.[81]

Zumeist wird nicht mal richtig deutlich, um welchen Tatbestand es eigentlich geht und ob ein Strauß vorgeworfenes Verhalten, wenn es denn im konkreten Fall zutreffen sollte, strafbewehrt oder einfach nur am gängigen Moralmaßstab gemessen ungeziemend ist. Geht es um Bestechung oder Bereicherung? Pflegt er Spezlwirtschaft, begünstigt er Freunde oder Verwandte? Fällt dabei ein saftiger *kick back* für ihn ab?

Bis zu einem gewissen Grad hat es sich Strauß selbst zuzuschreiben, dass bald auf ihm ein Generalverdacht lastet. Denn oft genug werden auch Kleinigkeiten und minimale Ärgernisse mit jener ihm eigenen Resolutheit, die – an Nichtigkeiten exekutiert – nur schwer von Selbstherrlichkeit zu unterscheiden ist, verarztet. Der Verfolgungseifer und auch die Wahl der Mittel, die etwa der Bonner Verkehrspolizist Hahlbohm über sich ergehen lassen musste, haben dem Ruf von Strauß vermutlich mehr geschadet als seine temperamentgeladenen Ausbrüche wider den Gegner, nicht selten in Gestalt eines politischen Freundes.

Strauß, der sein Berufsleben selbst als Beamter begonnen hat, wäre in diesem Stand niemals glücklich geworden – vom Drang getrieben, Dinge direkt zu erledigen, hätten den Ungeduldigen die langsam mahlenden Mühlen der Bürokratie wahrscheinlich wahnsinnig gemacht. Als Minister gebietet er über viele solcher Mühlen, die für ihr Schneckentempo berühmt sind. Für ein Temperament wie Strauß können da die langen Dienstwege nervtötend, unerträglich lang werden. Besonders als Wehrminister steht er im Übrigen vor der schweren Aufgabe, innerhalb kürzester Zeit eine Armee förmlich aus dem Boden stampfen zu müssen. Aus der Wehrmacht kann er soldatisches Personal und einige frühere Liegenschaften übernehmen. Ausrüstung, Bewaffnung, wehrtechnische Industrie hingegen: Fehlanzeige. Unter dem Druck des Kalten Kriegs – Deutschland liegt an der unmittelbaren Nahtstelle zwischen Ost und West und wäre demnach im Ernstfall Frontstaat – muss wirklich alles sehr, sehr schnell gehen, worauf auch die westlichen Alliierten unnachgiebig drängen. Nur auf dem Dienstweg und mit einem schönen Regelwerk allzeit bewährter Verwaltungsverfahren an der Hand, gibt es da kein rechtes Fortkommen.

Da fast nichts an Ausrüstung da ist, muss vieles schnell und das in großen Stückzahlen beschafft werden. Allerdings ist das militärische Beschaffungswesen in allen Zeiten eine besonders blickdichte Blackbox; das *Bundesamt für Wehrtechnik und Beschaffung* (BWB) wird in den Streitkräften – ganz gleich, wer gerade Minister ist – gern Bundesamt für Wehrtechnik und Bestechung genannt. Weil jeder das weiß, gibt es im Verteidigungsministerium sogar eine eigene Sondereinheit mit Ermittlern zur Bekämpfung von Korruption und verwandten Delikten; sonst nirgends.

In diesem Umfeld und zu jener Zeit Verteidigungsminister zu sein, bringt es jedenfalls zwangsläufig mit sich, dass Schiebereien und Bestechung zum Behördenalltag zählen wie der Tagesbefehl zur Truppe. Ein dichter vermintes Gelände in der Politik gibt es nicht. Und: Ganz unvorbereitet ist die Öffentlichkeit nicht, bevor die Serie der Skandale und Skandälchen, die sich mit dem Namen Strauß verbinden, im Wehrressort ihren Lauf nimmt.

Der erste Vorwurf, bei dem es um den magischen Zusammenhang von Strauß, Geld und Bestechung geht, fällt in die pränatale Phase und in die Babyzeit der Republik; er bezieht sich auf die bis heute nicht vollständig geklärten Umstände der Entscheidung für den Sitz der Bundesregierung.[82] Schon der Parlamentarische Rat hatte darüber abgestimmt und sich mit 33 zu 29 Stimmen knapp für Bonn und gegen Frankfurt am Main als vorläufigen Sitz der Bundesorgane entschieden. Auf Antrag der SPD-Fraktion votiert dann der erste Deutsche Bundestag am 3. November 1949 erneut über die Frage Bonn oder Frankfurt. Wiederum fällt die Wahl auf die Stadt am Rhein, diesmal mit 200 gegen 179 der Stimmen.

Ein knappes Jahr später berichtet der Spiegel, einige der Bonn-Stimmen seien gekauft worden.[83] So stehe es in einem Gedächtnisprotokoll des damaligen Vorsitzenden der Bayernpartei, Josef Baumgartner, der festgehalten habe, was ihm sein Parteifreund Hermann Aumer am 28. Februar 1950 während einer Zugfahrt von Bonn nach München angeblich zu berichten wusste: Abgeordnete aus allen Fraktionen – insgesamt um die hundert – seien mit einem Betrag von insgesamt etwa zwei Millionen DM bestochen worden: 20 000 DM pro Meinungsführer, 10 000 DM für fraktionsinterne Multiplikatoren von Gewicht und 1000 DM für die, die einfach nur ihre Stimme hergegeben hätten. Ausgerechnet die CSU, die über noch unverbrauchte Mittel aus dem vorangegangenen Bundestagswahlkampf verfügte, soll dem Vernehmen nach kräftig in den Bestechungstopf eingezahlt haben. Merkwürdigerweise verlassen alsbald ein Dutzend Abgeordnete die Bayernpartei, werden von Strauß mit offenen Armen begrüßt und finden in der CSU-Landesgruppe ihre neue Heimat.[84]

Es dauert nicht lange, bis sich der erste Untersuchungsausschuss des Deutschen Bundestags konstituiert, um Licht in die näheren Umstände der Hauptstadtentscheidung zu bringen. Nichts Wesentliches kommt dabei heraus, aber der Name Franz Josef Strauß ist jetzt das erste Mal gefallen, wenn es um unkoschere Händel im politischen Bonn geht.

Und auch das Grundmuster, nach dem in den Folgejahren alle Skandale ablaufen, ist fertig entworfen und erstmals gestrickt. Ob Schützenpanzer

HS 30, Starfighter/Lockheed, Fibag, Onkel Aloys: Auf eine Enthüllungsgeschichte, in der Regel im *Spiegel* nachzulesen, folgen öffentliche Unruhe und Empörung, dann Dementi und Beschimpfung des Unheil verkündenden Mediums, Anwälte werden eingeschaltet, Stapel von Schriftsätzen machen sich auf den Postweg, es folgen Gerichtsverfahren – und nicht selten eben zähflüssige, fruchtlose parlamentarische Untersuchungsausschüsse. Auch das Ergebnis ist stets dasselbe: Außer Spesen, wenig gewesen, nichts ist bewiesen, doch der Ruf von Strauß wieder ein bisschen mehr beschädigt. *Semper aliquid haeret* – man muss kein Einser-Lateiner sein um zu verstehen, dass da immer irgendetwas hängenbleibt.

Nachdem Rudolf Augstein als Ergebnis jener schicksalhaften Hamburger Begegnung mit Strauß im Jahr 1957 beschlossen hat, dem Mann den Kampf auf Dauer anzusagen, werden natürlich auch die privaten Finanzen des Verteidigungsministers, so weit es geht, einer Untersuchung unterzogen. Naturgemäß ist dies nicht ganz so einfach, da in diesen Tagen das Bankgeheimnis noch wie eine feste Mauer steht, und auch der Lebensstil von Strauß bietet keinerlei Ansatzpunkt. Er prasst nicht mit Geld, seine wenigen *hobby horses* stehen nicht gefräßig vor der Haustür, er prahlt nicht mit Reichtum – mehr als der Durchschnittsdeutsche kann er sich leisten und tut dies wohl auch, aber es ist eben nicht mehr als das, was seine Abgeordneten- und Ministerkollegen ausgeben, bis zu seiner Hochzeit sogar eher weniger – er ist, Kind kleiner Leute, sparsam. Monat für Monat legt er, wie gesagt, einen guten Teil seiner Einnahmen auf die hohe Kante.

Schon nach wenigen Jahren muss auf diese Art und Weise viel Geld zusammengekommen sein. Denn im Januar 1957 – nach gut acht Jahren als Bundestagsabgeordneter und knapp vier als Minister – hat er soviel angespart, dass Strauß zunächst Bauherr und dann Vermieter wird. Gemeinsam mit einem Freund kauft er drei Grundstücke mitten in Schwabing und zieht moderne Mietshäuser hoch. Gut zwei Jahre später, im April 1959, bekommt der *Spiegel* durch einen grantelnden Mieter Wind von den Immobilienprojekten, deren Gesamtkosten für Grunderwerb und Bebauung sich auf rund 2 Millionen DM, von denen auf Strauß die Hälfte entfällt, addieren. Noch ist da Strauß zu frisch im Amt, um bereits Nutznießer eines Beschaffungsskandals sein zu können, und so reicht es dem *Spiegel* diesmal, ihn als Raffzahn, der die Mieter ausnehme, zu zeichnen. Auch mit dem für einen Mieter in einer Nebenkostenvereinbarung getroffenen Zahlungsmodus gibt es zuweilen Probleme. Keine große Sache, aber eine süffisante Geschichte ist das dem Hamburger Nachrichtenmagazin schon wert: »Im Erdgeschoß des

Gebäudes der Wilhelmstraße 43 im Münchner Vergnügungsviertel Schwabing«, die Geschichte beginnt mit der Beschreibung eines der Strauß-Häu-
ser, »ist am Monatsanfang die Stimmung besonders gut: Dort befindet sich
ein Nachtlokal mit dem neckischen Namen ›Zwielicht‹«.[85] Zwielicht – Raffzahn – Strauß, auch ohne große Story ergibt das einen schönen Reim, bei
dem die Phantasie des Lesers nur noch abschätzen muss, ob das Herren-
gedeck oben ohne serviert wird oder nicht.

Wie hoch der Eigenkapitalanteil von Strauß bei diesem Investment ist,
lässt sich im Rückblick nicht ermitteln, aber seine Spardose ist danach
ziemlich blank. Als er kurze Zeit später seine Frau kennenlernt, heiratet
und bei den frisch Vermählten der Wunsch nach einem Ferienhäuschen in
einer der tatsächlich noch wohlfeilen Ecken an der südfranzösischen Küste
aufkommt, müssen jedenfalls die Schwiegereltern einspringen; das junge
Paar ist knapp bei Kasse.[86]

Der geschäftstüchtigere Part in der Ehe liegt eindeutig bei Marianne,
aber auch der Gatte hat einen sehr eigenen Blick darauf, was ihm neben den
amtlichen Vergütungen und Alimenten zustehen sollte. Nachdem etwa der
Auftritt in einer politischen Fernsehsendung absolviert ist, wird durchaus –
allerdings auch von seinen Gesprächspartnern, unter ihnen Fritz Erler –
eine angemessene Honorierung erwartet. Dass »Politiker überhaupt froh
sein« müssten, »beim Fernsehn zu Wort kommen zu dürfen«, leuchtet ihm
kein bisschen ein. Strauß ist nämlich der Auffassung, wie er im Frühjahr
1957 Robert Lembke, damals stellvertretender Fernsehdirektor des Bayerische Rundfunks, darlegt, »daß auch ein politisches Gespräch eine geistige
Arbeit darstellt, die nach den bei allen deutschen Fernsehgesellschaften
üblichen Sätzen honoriert werden sollte.«[87]

Dennoch hat Strauß schon ein gewisses Gefühl dafür, dass hier ein ko-
mischer Eindruck entstehen könnte. Zuweilen soll sein Honorar daher direkt einem guten Zweck zugeführt werden, oder er hält den Hinweis für
notwendig, solche Zusatzeinnahmen würden »grundsätzlich (…) für die
politische Arbeit in meinem Wahlkreis« oder zur Unterstützung von Peten-
ten verwendet.[88] Im Einzelnen ist die Verwendung solcher außerplanmäßi-
gen Bezüge später nicht mehr nachvollziehbar. Richtig ist aber, dass Maria,
die Schwester von Strauß, für solche Einkünfte ein Sonderkonto anlegt,
dessen Guthaben tatsächlich dem Wahlkreis zugute kommen, und auf dessen regelmäßige Auffüllung sie für Jahrzehnte sorgsam achtet.

Ende der fünfziger Jahre werden Nebeneinkünfte von Politikern noch
nicht allzu kritisch beleuchtet. Viele von ihnen sitzen in Aufsichtsgremien

oder Verwaltungsbeiräten, nicht selten von staatseigenen Firmen, die es – angefangen bei den örtlichen Sparkassen bis hin zur großen Unternehmen vom Schlage der Lufthansa oder VEBA – in Hülle und Fülle gibt. Völlig legal sprudeln so für Minister und Abgeordnete, aber auch für Staatssekretäre und andere politische Beamte durchaus beträchtliche Nebeneinkünfte. Bis weit in die neunziger Jahre wird es dauern, bis diese Quellen per Recht und Gesetz zum Versiegen gebracht sein werden.

Auch in den Jahrzehnten zuvor gibt es gelegentlich Gewissensregungen bei den derart Begünstigten, die durchaus zu ahnen scheinen, dass zu viel Öffentlichkeit ihre lichtscheuen Zusatzeinnahmen gefährden, dass eine gefährliche Debatte über Selbstbedienung als politisches Gesellschaftsspiel erwachsen könnte. Insbesondere in Adenauers Kanzleramt ist man da hellwach, und so wird noch am gleichen Tag, an dem sich ein Artikel in der Presse kritisch diesem Themenkreis widmet[89], ein Kabinettsbeschluss erwirkt, demzufolge alle Minister eine Art Selbstauskunft abgeben müssen.

Strauß beantwortet die Anfrage im Februar 1959 mit den Hinweisen, noch nie einem Aufsichtsrat angehört zu haben, aber gelegentlich Honorare für Vorträge oder Artikel zu erhalten, allerdings niemals in der in Rede stehenden Größenordnung von mehr als 2000 DM. Ein Nachsatz in dem Schreiben an Staatssekretär Globke muss dann allerdings doch noch sein: »Ich stehe grundsätzlich auf dem Standpunkt, daß geistige Arbeit unter gleichen Bedingungen honoriert werden muß.« Selbstverständlich würden solche Einnahmen von ihm »ordnungsgemäß« deklariert und versteuert.[90]

Vier Jahre später haben sich solche Quisquilien mit dem vorläufigen Ende der politischen Karriere von Strauß erst einmal erledigt; nach seinem unfreiwilligen Rücktritt im Zuge der *Spiegel*-Affäre ist völlig offen, wie es mit ihm weitergehen wird. Er will das verlorene Terrain zurückgewinnen, und am Ende gelingt ihm das ja auch. Aber einen Garantieschein darauf hat er während seiner Exil-Jahre nicht. Es besteht freilich keine Gefahr, dass er am Hungertuch nagen müsste, das Ministergehalt ist zwar weg, und ewig werden seine stattlichen Übergangszahlungen auch nicht laufen, aber seine Abgeordneten-Diät bleibt ihm einstweilen erhalten, und zur Not, zu der es nicht kommt, wäre ja auch noch Marianne, eine ausgeschlafene Ökonomin, da. Die Hauptlast des Familienkarrens wird sie weiter ziehen, für die gefüllten Konten kann ihr Mann hingegen weiterhin gut sorgen.

Während Strauß in dieser Zeit nicht mehr so gefragt in Bonn ist, bleibt das Interesse vieler Unternehmer und Manager an ihm ungebrochen. Sie suchen das Gespräch mit ihm. Sie wollen seinen Rat. Jemand wie Hermann

Josef Abs, Vorstandssprecher der Deutschen Bank, trifft ihn gelegentlich privat zum ausführlichen Meinungsaustausch, achtet aber stets auf genügend Distanz. Die Chefs der Häuser Flick und Quandt hingegen haben regelrecht einen Narren an Strauß gefressen. Wie ernst es ihnen wirklich ist, den gewesenen Minister in das Management ihrer weit verzweigten Firmenstrukturen einzubinden, kann dahingestellt bleiben. Denn auch so schätzen sie seinen Rat, er ist ihnen etwas wert, schließlich lassen sie ihn sich einiges kosten.

Es ist nicht ausgemacht, auf wen am Ende die Idee, die Nähe zu Strauß zu versilbern, zurückgeht, ob auf den Träger der Ansicht, auch geistige Arbeit müsse anständig honoriert werden, oder auf die geschäftstüchtige Gattin – wichtiger ist das Ergebnis: das Erschließen einer signifikanten Einnahmequelle, gespeist von einigen der vornehmsten Vertretern und echten Vorzeigefirmen der deutschen Wirtschaft.

Die Geschichte, die hier nun zu erzählen ist, ist bislang völlig unbekannt. Sie lässt sich einstweilen auch nur bruchstückhaft rekonstruieren. Denn mit Ausnahme eines gut gefüllten Aktenordners,[91] der allerdings die wesentlichen Grunddaten und -dokumente enthält, ist jegliche schriftliche Hinterlassenschaft vernichtet, verschollen oder besonders gut versteckt. Nicht, weil es sich um illegale Machenschaften gehandelt hätte. Im Gegenteil: Alle beteiligten Personen – im Grunde sind es nur drei – sind peinlichst darauf bedacht, sich streng im Rahmen der geltenden Gesetze zu bewegen. Steuern auf Gewinne werden korrekt abgeführt; ja, um die wahren Hintergründe dieses Geschäftsmodells möglichst gut zu verschleiern, nehmen die handelnden Personen sogar bereitwillig in Kauf, mehr Steuern als nötig zu entrichten. Wichtiger als steuerliche Optimierung oder Steuervermeidung ist ihnen, nur ja nicht aufzufallen und zu verbergen, dass Franz Josef Strauß am Ende der Begünstigte von namhaften Zuwendungen aus der Wirtschaft ist.

Offen bleiben muss die Frage, ob die mitspielenden Unternehmen genau wussten, ob sie überhaupt wissen wollten, wofür sie im Einzelnen zahlen. Ausgeschlossen werden kann allerdings zweierlei: Ganz offensichtlich handelt es sich nicht um verdeckte Parteienfinanzierung; hierfür gab es effektivere Wege, die ja auch zum Nutzen der CSU wie bei allen anderen Parteien beschritten wurden. Und es ist auch kein branchenübliches Beratungsunternehmen, das Strauß da aufzieht. Es gibt eine Briefkasten-Adresse, die zum Büro der Anwaltskanzlei eines der Beteiligten gehört, einen zwangsläufig bestellten Geschäftsführer, doch keine eigenen, tatsächlich genutzten Geschäftsräume und keine Angestellten; die wenigen schriftlichen Ausarbeitungen, die den Inhalt der Geschäftätigkeit irgendwie dokumentieren sollen, sind das Papier nicht wert, auf dem sie stehen. Da Strauß diese auf Gewinn und Erwerb gerichtete Tätigkeit stets ruhen lässt, wenn er Staatsämter bekleidet, kann auch von einem klassischen Zusammenhang der Vorteilsnahme und -gewährung kaum die Rede sein. Offenbar geht es im Wesentlichen nur um eines: Strauß sehr persönlich als Hoffnungsträger zu unterstützen, natürlich auf der Grundlage, dass man sich gegenseitig in großem Einklang – persönlich und politisch – stehen sieht.

Nicht ganz leicht ist es dabei, einen angemessenen rechtlichen Rahmen für das neue Betätigungsfeld des Ministers a.D. zu finden, der ja nach wie vor unter strengster Beobachtung der Medien steht. Juristisch muss die Lösung also nicht nur sauber sein, sondern auch ein hohes Maß an Vertraulichkeit und Anonymität gewährleisten. Umso glücklicher fügt sich der Umstand, dass Marianne Strauß mit Reinhold Kreile einen engen Freund aus Studientagen zu Rate ziehen kann, der sich schon in jungen Jahren als erstklassiger Gesellschaftsrechtler und Steuerspezialist bewährt hat und überdies sowohl als aufrechter CSU-Mann sowie als anwaltlicher Betreuer großer Wirtschaftsmandate in allen Winkeln der künftigen Geschäfte von Strauß bewandert ist.

Kreile, offenkundig mit dem richtigen Sinn fürs Delikates und Diskretes ausgestattet, setzt sich sicherheitshalber selbst an die Schreibmaschine, um das Ergebnis seiner Überlegungen unter dem 26. Oktober 1964 seiner neuen Mandantschaft eigenhändig niederzulegen. Denn Sinn und Zweck des von ihm entworfenen verschachtelten Firmenkonstrukts ist es allein, die Herkunft der zu erwartenden und demnächst tatsächlich fließenden Extra-Einkünfte des Ehepaars Strauß zu verschleiern. Je weniger davon wissen, umso besser, manches muss man eben selber tun.

»Ich komme auf die Unterhaltungen mit Marianne in den beiden letzten Wochen über die Gründung des Eureco Büro für Wirtschaftsfragen zurück«, hebt Kreile in seinem Schreiben an. »Zweck dieses Büros soll, wie sich bereits aus der geplanten Firmenbezeichnung ergibt, die Beratung der Industrie-Unternehmen, wie sie von Ihnen ja auch schon bisher durchgeführt worden ist, sein, jedoch eben durch eine eigene, Ihnen gehörende Firma.« Und »da ein Einzelunternehmen wegen der Absicht, nicht nach außen in Erscheinung zu treten, wohl ausscheidet«, empfiehlt er dem Ehepaar Strauß die Gründung einer GmbH & Co KG, »deren einzig persönlich haftender Gesellschafter die von Ihnen und Ihrer Frau gegründete GmbH ist, deren Kommanditisten wiederum die Gesellschafter der GmbH sind.« Diese Konstruktion weise zwar den Nachteil auf, dass »neben der Einkommensteuer auch Gewerbesteuer anfällt«; gleichwohl biete sie den einzig gangbaren Weg, »da Sie nämlich nicht nach außen als Geschäftsführer auftreten wollen«.

Die Gründung der Gesellschaft, so die weitere Empfehlung Kreiles, die dann wenig später auch so umgesetzt wird, »soll durch Treuhänder erfolgen, ebenso das Halten der Geschäftsanteile sowie die Geschäftsführung«. Als Treuhänder für das Ehepaar Strauß fungiert demnach Kreile selbst, der sich »hinsichtlich der Anteile von Marianne« jedoch durch seinen Kollegen Rechtsanwalt Walter Glock vertreten lassen will. »Üblicherweise würde in einem solchen Fall der Treuhandvertrag direkt von Marianne an RA Glock gegeben werden. Ich möchte jedoch vermeiden, daß ein auch noch so vertrauenswürdiger Dritter Kenntnis von den Zusammenhängen dieses Treuhandvertrages erhält. Deswegen kenne nur ich die Treugeber (und schreibe auch diesen Brief selbst mit der Maschine).«

Damit alles zügig über die Bühne gehen kann, fügt Kreile seinem Schreiben sowohl die Entwürfe der Gesellschafterverträge für die GmbH und die Kommanditgesellschaft als auch der Treuhandverträge zwischen Kreile und Strauß sowie Kreile und Glock bei. Noch im selben Monat wird der Treuhandvertrag zwischen »Herrn Dr. Franz Josef Strauß, Bundesminister a.D. und Frau Marianne Strauß, Dipl. Volkswirtin, beide Rott am Inn« und Kreile geschlossen, alle drei unterschreiben zu München im Oktober 1964, allerdings ohne Tagesangabe.

Akkurat, wie alles vorbereitet ist, kann der Rest der Formalitäten jetzt rasch vonstatten gehen. Schon am 17. November werden – im wesentlichen den Vorschlägen von Kreile folgend und rückwirkend zum 1. November 1964 – sowohl die *Eureco GmbH* als auch die *Eureco Gmbh & Co KG* gegründet, beglaubigt durch den Münchner Notar Hugo Widman. Die Anteile an der GmbH halten bei der Gründung Kreile für sich persönlich zu 10 Prozent, Kreile als Treuhänder für Franz Josef Strauß zu 67,5 Prozent und Rechtsanwalt Glock als Treuhänder für Marianne Strauß zu 22,5 Prozent.[92]

Über den Unternehmenszweck der GmbH ist in Paragraph 3 des Gesellschaftervertrages festgehalten: »Gegenstand des Unternehmens ist die Beratung und Vertretung von Industrieunternehmungen. Die Gesellschaft ist berechtigt, sich als persönlich haftender Gesellschafter an der zu grün-

Anteile von Marianne zu vertreten. Üblicherweise würde in einem solchen Falle der Treuhandauftrag direkt von Marianne an ~A Glock gegeben werden. Ich möchte jedoch vermeiden, daß ein auch noch so vertrauenswürdiger Dritter Kenntnis von den Zusammenhängen dieses Treuhandvertrags erhält. Deswegen kenne nur ich die Treugeber/ (und schreibe auch diesen Brief selbst in die Maschine). Ich habe deswegen auch in den Treuhandvertrag die Klausel aufgenommen, daß ich zwar von Ihnen von meiner Verschwiegenheitspflicht als Anwalt befreit werden kann, daß es aber meinem pflichtgemäßen Ermessen obliegt, ob ich mich in diesem Falle tatsächlich von der Verpflichtung zur Verschwiegenheit entbunden fühle. Im Zweifel werde ich dies nämlich nicht sein.

Ich übersende Ihnen also in der Anlage:

    1. Entwurf des Gesellschaftsvertrags der Eureco Büro für Wirtschaftsberatung GmbH,

    2. Entwurf des Kommanditgesellschaftsvertrags der Eureco Büro für Wirtschaftsfragen GmbH und Co KG,

    3. Treuhandvertrag zwischen Ihnen und mir,

    4. Treuhandvertrag zwischen ~A Glock und mir.

Wenn Sie mit diesen Verträgen einverstanden sind, werde ich die Gründung der Gesellschaften vornehmen, beim Notar beurkunden lassen und die Eintragung ins Handelsregister sowie die Anmeldung beim Gewerbeamt München vornehmen lassen.

(...)

Über die praktische Tätigkeit der Gesellschaft verständigen wir uns am besten mündlich.

             Mit den besten Grüßen
              Ihr ergebener

             R. Kreile

Geld statt Macht: Nach seinem Rücktritt als Verteidigungsminister sucht sich Strauß einträgliche Beschäftigungsfelder.

denden Firma *Eureco Büro für Wirtschaftsberatung GmbH und Co. KG* zu beteiligen.« Und so geschieht es: An der ebenfalls zum 1. November 1964 gegründeten Kommanditgesellschaft *Eureco Büro für Wirtschaftsberatung GmbH und Co. KG* sind als Kommanditisten beteiligt: RA Kreile als Treuhänder für Franz Josef Strauß mit 54 Prozent, RA Walter Glock als Treuhänder von Marianne Strauß mit 16 Prozent, RA Kreile selbst mit 10 Prozent sowie als Komplementär die *Eureco GmbH* mit 20 Prozent. Gewinne und Verluste der Firma sollen gemäß den Gesellschaftsanteilen ausgeschüttet werden, wobei dem persönlich haftenden Gesellschafter – also der GmbH – vorab 10 Prozent der Gewinne zustehen.

Später verändern sich die Anteile und Gewinnverteilungen geringfügig. So wird der Gewinn der Kommanditgesellschaft für 1964 in Höhe von 45 740 DM nach folgendem Schlüssel aufgeteilt: *Eureco GmbH* 28 Prozent,

Franz Josef Strauß 48,6 Prozent, Marianne Strauß 16,2 Prozent, Reinhold Kreile 7,2 Prozent.[93]

Was jetzt nur noch fehlt, sind die Bankverbindungen. Im Dezember 1964 wird bei der Filiale der Bayerischen Vereinsbank am Rotkreuzplatz ein Konto für die *Eureco GmbH & Co KG* eröffnet,[94] und im Herbst des folgenden Jahres neben dem »Konto 535680, dessen Inhaber die Firma *EURECO Büro für Wirtschaftsberatung GmbH und Co. KG* ist, noch für die Firma *EURECO Büro für Wirtschaftsberatung GmbH*« ein weiteres, für das es am »zweckmäßigsten wäre (…), wenn dieses Konto als Separatkonto zu 535680 geführt würde«.[95] Damit ist das System fertig errichtet und funktionsfähig, durch das in den nächsten Jahren viel Geld – und wie beabsichtigt: gänzlich unbemerkt – vor allem an das Ehepaar Strauß fließen wird.

Viele große Namen aus der deutschen Wirtschaftswelt umfasst die Liste jener, die in den folgenden Jahren fünf- und sechsstellige Beträge überweisen werden, ohne dass irgendwie ersichtlich wäre, worin im Einzelnen die honorierte Leistung bestanden haben könnte. Wie lichtscheu die konkrete Ausgestaltung der tatsächlichen Geschäftsbeziehung zwischen der *Eureco* und ihren – nun ja – Kunden ist, auch das steht vom ersten Tag an fest. Denn in jenem selbstgetippten Brief Kreiles an das Ehepaar Strauß aus dem Oktober 1964 findet sich auch der interessante Satz: »Über die praktische Tätigkeit der Gesellschaft verständigen wir uns am besten mündlich.«

Liest man die erhaltenen »Beratungsverträge«, »Vereinbarungen« und die dazugehörige Korrespondenz genau, dann erstaunt diese Zurückhaltung nicht. Denn die darin gefassten Beratungsthemen grenzen stets sehr eng an Felder, zu denen Strauß über Insider-Wissen verfügt. Und auch gewisse Türöffnerdienste – »die Herstellung von Kontakten« –, wie sie beispielsweise zwischen der *Pegulan-Werke AG* und der *Eureco GmbH & Co KG* am 1. Dezember 1964 kontraktiert werden, entsprechen nicht dem, was die Wähler an außerparlamentarischen Aktivitäten von ihren Volksvertretern erwarten.

Egal wie ausführlich der Kooperationszweck in den Verträgen beschrieben ist – bei näherer Betrachtung bleiben die gewählten Formulierungen standardisiert und nichtssagend. Die *Maxhütte* zum Beispiel möchte gern in »volkswirtschaftlichen und betriebswirtschaftlichen Fragen, die sich innerhalb des Gemeinsamen Marktes – EWG – ergeben«, beraten werden. »Insbesondere (…) auf Marktanalysen im europäischen Wirtschaftsbereich, auf Untersuchungen über die konjunkturelle und strukturelle Lage der eisenschaffenden Industrie im europäischen Bereich und deren Auswirkungen« solle dabei das Augenmerk liegen. Der allgemeine Beratungszweck für die *Buderus'schen Eisenwerke* ist wörtlich derselbe, und bei der *Daimler-Benz AG* ist man schon sehr zufrieden, wenn sich vielleicht noch zusätzlich die »Beratung (…) auch auf organisatorische Fragen beziehen könnte«.

Abgeschlossen werden diese Vereinbarungen in der Regel auf drei bis vier Jahre, wobei es mitunter vorkommt, dass die Kooperation in Schriftform nur für ein Jahr fixiert und der Rest mündlich vereinbart wird. Auch die Zahlenden haben da so ihre Nöte, wie man aus einem Brief des Generalbevollmächtigten von *Flick*, Wolfgang Pohle, an Kreile vom 24. Januar 1966 lernen kann: »Daimler ist einverstanden und wird den Vertrag unterschreiben, bittet ihn aber aus bestimmten Gründen nur auf ein Jahr zu befristen, weil dies der Vorstand ohne Befragen des Aufsichtsrats machen kann. Das ist ein Grund, der einleuchtet.«[96] Als müsse er seinen Briefpartner gleich beruhigen, fügt Pohle hinzu, sein Gesprächspartner bei *Daimler*, der Sprecher des Vorstandes Joachim Zahn, habe ihm versichert, »daß selbstverständlich der Vertrag auch über das erste Jahr hinaus verlängert würde, so daß wir auf die volle Zahl von drei Jahren kommen«.

Doch was gerade so schön und für alle Seiten gewinnbringend und ertragreich anläuft, nimmt bereits am 1. Dezember 1966 ein jähes, wenn auch nur vorläufiges Ende: An diesem Tag muss nämlich die *Eureco GmbH & Co KG* erst einmal diese Geschäftstätigkeit einstellen, allerdings aus politisch recht erfreulichem Grund. Denn nicht etwa mangelnder Erfolg oder Unzufriedenheit der Auftraggeber, sondern ein vor allem für den eigentlichen Haupteigentümer der Kommanditgesellschaft höchst erfreulicher Umstand kommt in die Quere: An eben diesem Tag wird Franz Josef Strauß vollständig von der Schmach der *Spiegel*-Affäre befreit und tritt als neuer Finanzminister der Großen Koalition erneut ins Bundeskabinett ein.

Auch ansonsten war 1966 ein durchaus erfolgreiches Jahr: Der vom Finanzamt insgesamt ermittelte Gewinn der *Eureco GmbH & KG* beläuft sich laut Schreiben von Kreile an Franz Josef und Marianne Strauß vom 17. Mai 1969 auf stolze 285 740 DM, die gemäß dem Schlüssel der Anteile wie folgt verteilt werden: *Eureco GmbH* (28 Prozent) 80 007 Mark, Franz Josef Strauß (48,6 Prozent) bekommt 138 871 Mark, seine Frau (16,2 Prozent) ist mit 46 289 Mark dabei, und der Geschäftsführer mult. und Rechtsanwalt Kreile (7,2 Prozent) erhält immerhin ein Zubrot in Höhe von 20 573 DM. Es ist schon eine gewaltige Summe, die diese kleine Gesellschaft in einem Jahr da umsetzt. In seiner Korrespondenz mit den Eheleuten Strauß beziffert Kreile die für das Rechnungsjahr 1966 vereinnahmten Honorare der Kommanditgesellschaft auf fast eine Viertelmillion DM, exakt 242 458 DM wurden eingenommen, davon 55 128 DM aus dem Ausland.[97] Eine etwas später abgefasste, undatierte Aufstellung der Zahlungseingänge bei der *Eureco GmbH & Co. KG* weist insgesamt für die Jahre 1964 bis 1968 Zahlungen von fast einer halben Million DM (genau 490 892 DM) aus. Zu den Zahlern zählten neben den bereits genannten Unternehmen auch BMW mit 50 000 DM, die *Transcommerz Vaduz* mit zweimal (1967 und 1968 gezahlten) 54 882 DM sowie der *Wienerwald* mit 55 128 DM.

1967, nach Einstellung der Geschäftstätigkeit, fällt der festgestellte Gewinn auf 2606 DM. Doch so schmerzlich die Niederlage bei der Bundestagswahl 1969 für den Finanzminister und CSU-Vorsitzenden auch ist, der *Eureco*-Hauptgesellschafter Franz Josef Strauß profitiert davon erheblich. Denn nach seinem Ausscheiden aus der Bundesregierung kann die *Eureco KG* ihre Geschäftstätigkeit in alter Frische wieder aufnehmen.

Am 28. September wird der Bundestag neu gewählt, am 22. Oktober kommt das sozial-liberale Kabinett Brandt/Scheel ins Amt – schon am 8. Dezember 1969 meldet sich Reinhold Kreile wieder bei Franz Josef Strauß. Nicht etwa in seiner Eigenschaft als neuer Fraktionskollege im Bundestag, dem er inzwischen, eingezogen über die CSU-Landesliste, angehört, sondern auf dem Briefpapier seiner Anwaltskanzlei wird Kreile in Sachen *Eureco* vorstellig. Und es sind gute Nachrichten, die er in dieser tristen Zeit überbringen kann! Soeben haben nämlich *Buderus*, *Daimler-Benz*, die *Friedrich Flick AG* und auch die *Maxhütte* zugesagt, sich wieder für 30 000 DM jährlich beraten zu lassen.[97] Und neue Kundschaft steht schon in der Warteschlange: »Gemäß unseren letzten Besprechungen wollten Sie sich mit Herrn Köhnlechner unterhalten, ferner mit Herrn Mayer von der Allianz«, wird Strauß von Kreile erinnert.

Für 1970 und die folgenden Jahre ist die – wenn man es so nennen möchte – Auftragslage gut, neue Verträge kommen hinzu, unter anderem mit der *Dornier AG*, die mit dem Honorar (10 000 DM zzgl. Umsatzsteuer) allerdings ein wenig knausert; der *MBB-Gruppe* und den *Vereinigten Flugtechnischen Werken Bremen* (VFW) ist der gute Rat »auf allen betriebswirtschaftlichen und volkswirtschaftlichen Gebieten im Jahre 1970« immerhin jeweils 20 000 DM netto wert. Im August 1970 ist dann endlich auch wieder

```
            Zahlungseingänge Eureco GmbH & Co. KG
            ========================================
            (aufgeteilt nach den einzelnen Kunden)


B M W
1964   Dez. 23.                    50.000,--        50.000,--


Buderus
1966
März 31.                           18.000,--
Juli 28.                            6.000,--
Okt. 31.                            6.000,--        30.000,--


Daimler-Benz
1966
März 15.                           12.000,--
Mai   4.                            6.000,--
1967
März 14.                           12.000,--        30.000,--


Flick KG
1966
Febr. 21.                          12.000,--
Mai  25.                            6.000,--
Aug.  1.                            6.000,--
Nov.  2.                            6.000,--
Dez. 30.                            6.000,--
                                   36.000,--
1967
Jan. 26. Rücküberweisung            6.000,-         30.000,--
```

Einträgliche Geschäfte: Hoch dotiert sind die neuen Geschäftsbeziehungen von Strauß zu einigen der besten deutschen Industrieadressen.

Mal ein richtig dicker Fisch an der Angel: Kreile kann an Franz Josef und Marianne Strauß vermelden, ein Honorareingang des *Bertelsmann-Verlags* sei zu verzeichnen – und zwar eine schöne Stange Geld, es ist die runde Summe von 100 000 DM. Das Gespräch mit Manfred Köhnlechner, in der nämlichen Zeit Generalbevollmächtigter und oberster Manager bei *Bertelsmann*, hat also Früchte getragen.[99]

Mittlerweile fließen die Einnahmen derart munter, dass Kreile gleich ein Festgeldkonto bei der Bayerischen Vereinsbank eröffnet und dort für zunächst dreißig Tage die 150 000 Mark zu einem Zinssatz von immerhin 8 ½ Prozent p.a. festlegt. Rückschläge bleiben nicht aus, ausgerechnet die Neuakquise *Bertelsmann* kündigt Ende 1970 an, die gerade doch erst begonnene »Beratungsvereinbarung über das Kalenderjahr 1970 hinaus nicht fortsetzen« zu wollen.[100]

Strauß, von Kreile über den Vorgang informiert, bei dem es um jeweils 100 000 Mark für die folgenden Jahre geht, notiert handschriftlich auf Kreiles Brief vom 30. Dezember 1970. »Ich habe RK. mitgeteilt, daß auf Rechtsstreit verzichtet werden soll. Offenbar ist Köhnlechners Wort überhaupt nichts mehr wert.« Eine zutreffende Einschätzung, denn der muss *Bertelsmann* im Unfrieden verlassen. Derweil hat offenbar Reinhard Mohn, der Patriarch von Gütersloh, beschlossen, sofort aus dem Vertrag mit der *Eureco* auszusteigen und solche Zahlungen künftig nicht mehr zu leisten. Auch wenn es einen gültigen Vertrag gibt, ist das Prozessrisiko gering – Publicity kann *Eureco* nicht gebrauchen.

Der eine geht, der nächste kommt – und richtig: Mit Datum vom 24. März 1972 bestätigt Kreile, diesmal in seiner Rolle als Geschäftsführer der *Eureco GmbH & Co. KG*, dem sehr geehrten Herrn Dr. Kirch für dessen *Taurus-Film GmbH & Co.* »die zwischen uns getroffene Vereinbarung, daß wir auf dem Gebiet des Kabelfernsehns und dem Bereich der Audiovision ihre Interessen, insbesondere im Rahmen der europäischen Gemeinschaften, vertreten«. Als Honorar für diese Tätigkeit werden 100 000 DM zzgl. Umsatzsteuer für 1972 vereinbart.[101] Damit es auch bei Überweisungen auf Schweizer Konten geschmeidig geht und nicht mehr lästige Umbuchungen vorgenommen werden müssen, eröffnet Kreile 1976 für die *Eureco KG* ein Konto beim Bankhaus Vontobel, auf dem postwendend die ersten 100 000 DM, angewiesen von der Gebr. März Kommanditgesellschaft, eingehen – »für die Beratung und Vermittlung von Geschäften«.

Bald darauf muss die *Eureco Gmbh & Co. KG* erneut die Erfahrung machen, dass politische Ambitionen mitunter herbe Rückschläge fürs Geschäftsleben nach sich ziehen. Am 12. April 1983 teilt Anwalt Kreile der »lieben Marianne« jedenfalls mit, dass »das Finanzamt München I (…) mit beiliegendem Feststellungsbescheid 1981 den Verlust der Eureco KG antragsgemäß (…) auf 23 972 DM« festgesetzt hat. Die Kanzlerkandidatur sowie die Übernahme des eine gesonderte Erwerbstätigkeit ausschließenden Amts des bayerischen Ministerpräsidenten hatten auch hier ihre Spuren hinterlassen.

VIERTER TEIL

DIE MACHT
DER UMSTÄNDE
(1969–1980)

Amfortas allerorten

Am 21. Oktober 1969, keine vier Wochen nach der Wahl, votiert der Deutsche Bundestag für Willy Brandt als Bundeskanzler. Arnulf Baring berichtet in seiner Meistererzählung »Machtwechsel«, dass nach Bekanntgabe des Wahlergebnisses »der Beifall für Brandt aus den neuen Regierungsparteien (anfangs) überraschend schwach« ausfiel: »Man kann bei Sozialdemokraten und Liberalen nicht sofort glauben, daß es wirklich soweit ist.«[1] Ein paar Wochen müssen vergehen, bis die neuen Gegebenheiten in den Köpfen der nun Regierenden angekommen sind. Bei der Union indessen dauert es viel länger. Kurt Georg Kiesinger wird bis an sein Lebensende nicht begreifen, wie das, was da geschehen ist, geschehen konnte. Ein ums andere Mal läuft die Arbeit an seinen schließlich unvollendet bleibenden Memoiren hier auf Grund. Wie ein in offener Feldschlacht geschlagener General stellt er im Geiste die Truppen immer wieder neu auf, um den verlorenen Krieg wenigstens putativ doch noch zu gewinnen. Vierzehn Jahre später, 1983 – Kohl ist schon seit einem halben Jahr Kanzler und hat soeben seine erste Bundestagswahl gewonnen –, spuken die Gespenster der Vergangenheit noch immer umher: Kiesinger will gehört haben, es gebe demoskopische Daten, mit denen zu belegen sei, dass Strauß 1969 »im Wahlkampf vier Prozent gekostet«[2] habe.

Während der neue Altkanzler sich also hauptsächlich und bis an sein Lebensende dann auch hauptberuflich grämt, führen die post-traumatischen Belastungsstörungen der meisten Unions-Granden in eine andere Art von Wirklichkeitsverlust. Weil mit dem Regierungswechsel eingetreten ist, was eigentlich nicht hätte kommen dürfen, werten sie den Machtverlust als »Betriebsunfall«[3] der Weltgeschichte, der in kürzester Frist – von wem auch immer – korrigiert sein wird. Bei dieser dünnen Mehrheit kann es nur eine Frage von Wochen oder Monaten sein, bis der Spuk vorbei ist! So verweigert fast jeder auf die ihm eigene Weise die neue Realität; am Ende der Legislaturperiode wird der dann scheidende Oppositionsführer Rainer Barzel seine Fraktion ermahnen, sich endlich der Wahrheit zu stellen und die Oppositionsrolle mit drei Jahren Verspätung »anzunehmen«.[4]

Auch Strauß registriert natürlich die Neigung seiner politischen Freunde und Wegbegleiter, die neue Situation zu unterschätzen. Beim Auszug aus dem Finanzministerium etwa wird er von einem Mitarbeiter mit der Bemerkung verabschiedet:»In drei Monaten sind Sie wieder hier.«[5] Strauß ist da weniger zuversichtlich:»Alle Hoffnungen über eine baldige Beendigung der Koalition aus SPD und FDP« halte er für»unberechtigt«, so die Lagebeurteilung von Strauß vor der CSU-Landesgruppe Anfang 1970. Gewiss sei die FDP die»Achillesferse« der ganzen Veranstaltung, doch er warnt davor, die Macht einzelner liberaler Stimmen, die dem sozial-liberalen Zauber kritisch gegenüberstehen, zu überschätzen – auch die des national-konservativen Ex-Parteichefs Erich Mende.[6]

Geduld und Ausdauer aufzubringen – das wird wohl nötig sein. Ist Strauß dazu bereit? Unmittelbar nach der Wahl hat er erneut über einen Ausstieg nachgedacht:»Für einige Tage trägt er sich mit dem Gedanken, die Politik an den Nagel zu hängen und als Bürger ohne mißgünstige Pressebegleitung sein Leben zu gestalten«[7], notiert Friedrich Voss, ein über die Jahre immer wichtiger und vertrauter werdender Mitarbeiter von Strauß, in sein Tagebuch. Jetzt will er erst einmal Abstand gewinnen, vor allem von den eigenen Leuten. Gedanken ordnen, Kräfte sammeln – dann wird es schon irgendwie weitergehen. Und so widmet er die nächsten Wochen seiner Rekonvaleszenz – immer noch trägt Strauß die Schiene an seinem gebrochenen und während des Wahlkampfs nur notdürftig versorgten Arm.

Zur Kanzlerwahl und zu Brandts erster Regierungserklärung ist der CSU-Vorsitzende in Bonn gesehen worden, ansonsten lässt er sich in der Bundeshauptstadt selten blicken. »Strauß macht sich ungewöhnlich rar«, weiß etwa Ernst Dieter Lueg Mitte Dezember, acht Wochen nach der Kanzlerkür, zu berichten, »und niemand – auch seine eigenen Parteifreunde nicht – weiß eigentlich so recht, warum.« Selbst Richard Stücklen, der in diesen Tagen ein langes Gespräch mit seinem Parteichef hat, kann nicht sagen, »was wirklich ist mit F.-J. Strauß«.[8] Der obligate Gastauftritt beim Parteitag der Schwesterpartei fällt ins Wasser, Strauß bleibt der Veranstaltung in Mainz fern, und im *Elferrat*, dem wichtigsten Führungs- und Steuerungsgremium der Bundestagsfraktion, ist er bis dato kein einziges Mal gesehen worden.

Selbstbemitleidungsgruppen, gemeinschaftliches Wehklagen, so etwas braucht Strauß nicht. Zudem ist das Verhältnis zum Vorsitzenden der Schwesterpartei mal wieder an einem neuen Tiefpunkt angelangt. Überhaupt: Weshalb tritt Kiesinger nicht zurück? Hat der CDU-Chef als Einziger

Schweißtreibende Anstrengung ohne sichtbaren Nutzen: Nicht nur die
Bonner Oppositionsbänke sind hart und unbequem, April 1970.

nicht bemerkt, dass sein Verfallsdatum erreicht ist? Rainer Barzel, dem
Strauß bei der Wiederwahl zum Fraktionsvorsitz nicht mal das kleinste
Steinchen in den Weg gelegt hat, gelingt es zwar erstaunlich schnell, die
gestrauchelte Regierungspartei fürs Erste auf die Oppositionsaufgabe einzustellen und handlungsfähig zu machen.[9] Doch an der depressiven Grundstimmung der Fraktion wird sich so schnell nichts ändern.

Neben den dramatischen mentalen Folgen des Machtverlusts vergällen
zudem ganz praktische Dinge den aus den Regierungsämtern geschiede-
nen, nunmehr einfachen Abgeordneten den Alltag. Keine Staatskarossen
chauffieren sie mehr durch die Lande, statt großer Entourage im Ministerbüro muss man sich jetzt mit ein, zwei Mit- und Zuarbeitern begnügen, das
alles in beengten Bundestagsbüros und nicht mehr links und rechts der
weiten Flure großzügiger Ministertrakte. Die Telefongeräte sind streng ab-
gezählt, die nützlichen Geheimleitungen, die auch dem Ego schmeicheln,

nicht mehr zur Hand. Vervielfältigungsmaschinen – das Xerox-Zeitalter hat in Bonn noch nicht richtig begonnen –, Fernschreiber, alles und jedes muss man sich mit irgendwem teilen. Nur zwei Abgeordnete sind etwas gleicher als die anderen: So verfügt der Vorsitzende der CDU/CSU-Fraktion noch über eine einigermaßen akzeptable Infrastruktur und ein halbwegs vorzeigbares Büro mit hohen Decken, von denen bodenlange Gardinen fließen, die den an sich so schönen Blick auf Vater Rhein verschleiern.

Fast noch besser ausgestattet sind die repräsentativen Räumlichkeiten – inklusive eines für gemütliche Zwecke hergerichteten Geselligkeitszimmer samt Herrgottswinkel – des CSU-Landesgruppenchefs. Wenigstens in dieser Hinsicht könnte Strauß also den Verlust der Macht-Insignien ein bisschen kompensieren, wenn er, womit eigentlich alle rechnen, die CSU-Abgeordneten des Deutschen Bundestags anführen wollte. Zur großen Überraschung will er aber nicht, und so startet auch Strauß in die neue Wirklichkeit als – nun ja, soweit das bei ihm möglich ist – einfacher Abgeordneter, der Quartier im unlängst fertig gestellten *Langen Eugen* neben den Büros der Abgeordneten Neu-in-der-Stadt und Dr. Unbekannt bezieht. Dass die von Strauß und seinem kleinen Mitarbeiter-Stab in Anspruch genommenen drei Räume im 13. Stock liegen, wird sich in den kommenden Jahren keineswegs als gutes Omen erweisen.

Ach, Bonn: »Was soll ich hier? Hier ist ja nichts los«, quält Strauß Anfang Dezember einem Reporter in den Block. Und im kommenden Jahr, das vor der Tür steht? »Im Jahr der bayerischen Landtagswahl werde ich wahrscheinlich den Hauptteil meiner Tätigkeit nach Bayern verlegen«, verkündet Strauß und legt überhaupt Wert darauf, in der Hauptstadt »nicht so angebunden zu sein«. Dort gleich wieder kraftraubende, unnütze Schlachten gegen Feind und Freund zu schlagen, hat keinen Sinn, solange unklar ist – vor allem in den eigenen Reihen –, wohin die Reise geht: »In Bonn müssen sich die Dinge entwickeln.«[10]

Allzu lange dauert die Ruhepause freilich nicht. Während das Bonner CDU-Establishment weiterhin glaubt, dass Zuwarten, gelegentlicher Widerspruch zur Regierungspolitik und eine Kur zur Aufhübschung der mit den Jahren ziemlich angestaubten Partei – etwas jugendlicher, ein wenig sozialer und vor allem eine Spur moderner will man werden – ausreichen, um demnächst wieder die Früchte der Macht zu schmecken, ist Strauß schon wieder zum Kampf bereit. Denn über Nacht steht, aus seiner Sicht, alles, wofür er sich seit dem Eintritt in die Politik verschlissen hat, auf dem Spiel.

Zweieinhalb Jahre ist es erst her, dass die ganze halbe deutsche Nation Konrad Adenauer zu Grabe getragen hat, begleitet von einem einstimmigen Trauerchor, der die Erinnerung an den großen Staatsmann beschworen und diesen Glücksfall der Geschichte in höchsten Tönen gepriesen hat. Und jetzt, keine drei Jahre später, soll dessen Erbe wertlos sein? Gerade die großen, pathetischen Sätze in Willy Brandts Regierungserklärung haben es in sich, können von der Union nur als Provokation verstanden und als Herabsetzung, ja, Entwürdigung ihrer politischen Leistung in den zurückliegenden zwanzig Jahren begriffen werden. Wenn die sozial-liberale Koalition in Deutschland mit der Demokratie erst »richtig anfangen« will, was war denn dann die Bundesrepublik bisher? Muss Brandt erst Kanzler werden, um die Deutschen unter seiner Führung in »ein Volk der guten Nachbarn« zu verwandeln?

Trefflich lässt sich darüber streiten, ob sich die nun anbrechende Epoche der deutschen Nachkriegsgeschichte mit dem Begriff »Umgründung«[11] fassen lässt. Brandts Worte indes passen eher zu einer Überschrift, die für die bei Adenauer geschulten Ohren noch weitergehende Ambitionen signalisiert: Neugründung. Denn es bleibt ja nicht bei abstrakten Programmsätzen, die in der Politik üblicherweise ein, zwei Nummern zu groß ausfallen und die niemand für bare Münze nimmt. »Demokratisierung« von Wirtschaft und Gesellschaft beispielsweise, das neue große Schlagwort, ist ganz konkret gemeint und bedeutet, dass die größeren Wirtschaftsunternehmen »paritätisch«, also gleichberechtigt, 50:50, von ihren Eigentümern und Arbeitern geführt werden sollen. Und wenn deutsche Mitbürger im nichtbundesrepublikanischen Teil Deutschlands gewissermaßen über Nacht zu Nachbarn werden, sind Zäune und Mauern quer durch das Land dann plötzlich legitim? Der Weg für direkte Gespräche mit Moskau wäre somit frei, ein unbekümmerter Umgang mit dem SED-Regime kein Problem und der Bonner Alleinvertretungsanspruch begraben. Und passt nicht beides wunderbar zusammen: Entmachtung des Kapitals im eigenen Land bei gleichzeitiger Nobilitierung kommunistischer Diktaturen? 1957, vor der Wahl mit absoluter Mehrheit für die Union, malte die Adenauer-CDU in grellsten Farben ein Bild vom deutschen Untergang an die Wand, sollten die Sozialdemokraten auch nur in die Nähe des Ruders kommen.[12] Jetzt haben Brandt und seine Truppe das Staatsschiff fest in ihrer Hand und bestimmen seinen Kurs: Naht es nun, das Ende? *Finis Germaniae*?

Ganz war das Misstrauen der Union gegenüber der nationalen Zuverlässigkeit der Sozialdemokratie während der gemeinsamen Regierungszeit

ja nie geschwunden; der deutschland- und entspannungspolitische Grundkonsens war ein negativer – was nämlich alles nicht oder nicht mehr geht.
Aufgabe des Bonner Alleinvertretungsanspruchs für Deutschland und Anerkennung der DDR? Nie und Nimmer! Bilaterale Verhandlungen mit der
Sowjetunion? Um Himmels willen! Einig, ohne dass man ausdrücklich darüber gesprochen hätte, war man sich aber auch, in einer völlig verfahrenen
Lage, in einer Sackgasse festzusitzen. Darüber, dass die Hallstein-Doktrin
sich längst erschöpft hatte, musste ebenfalls nicht gestritten werden: Sie
stellte immer weniger die internationale Isolation der DDR sicher, stattdessen schuf sie immer mehr politisches und wirtschaftliches Erpressungs-
potenzial gegen die Bundesrepublik.[13] Der einzige diplomatische Aktivposten, auf den man sich verständigen konnte, war eine etwas dynamischere
Politik gegenüber Osteuropa – auch in der trügerischen Hoffnung, genährt
durch die gerade hoch gehandelte Theorie eines sich entwickelnden Poly-
zentrismus innerhalb der Machtblöcke in Ost und West, Moskau etwa
durch die Eröffnung einer Handelsmission in Prag oder einen Botschafter-
Austausch mit Bukarest ärgern zu können. Doch echte Bewegung brachten
derartige Übungen zur »Auflockerung unserer Ostpolitik« (Gerhard Schröder) nicht, und Linderung, gar Heilung für das eigentliche deutsche Problem, die offene Wunde der Teilung, war so ebenfalls nicht zu erreichen.

Gut leben in und mit diesem Zustand kann die Union nicht. Aber solange sie sich nicht einmal traut, den Namen *DDR* ohne Gänsefüßchen zu
schreiben und es beim gesprochenen Wort – wenn es schon sein muss – am
ehesten mit Kiesingers Diktum von der DDR als einem »Phänomen« hält,
sind die Hände fest gebunden, und eine Vorstufe der Schizophrenie ist
erreicht, nämlich, wie Günter Gaus es viele Jahre später auf den Punkt bringen sollte: »der Versuch, eine Realität wahrzunehmen, ohne sie beim Namen
zu nennen«.[14] Die SPD – ist sie da einfach unerschrockener, wagemutiger?
Gibt sie Grundpositionen preis, indem sie Antennen errichtet, um Signale
aus Ost-Berlin zu empfangen und in begrenztem Umfang darauf zu reagieren? Naiv sind sie jedenfalls nicht, die Sozialdemokraten; einem Wehner
oder Brandt muss man nicht erklären, dass jeder Schritt und jede Initiative,
die hinter der Mauer ausgeheckt wird, vor allem darauf zielt, die Kräfte in
Bonn zu spalten. Vielleicht sind die Sozialdemokraten einfach nur boden-
ständiger, auch selbstbewusster, wenn sie glauben, sich nichts zu vergeben,
und keinen Waschzwang nach jeder kleinsten Ostberührung empfinden.

Im Frühjahr 1966, als man sich auf die Offerte eines Redneraustauschs
mit der SED eingelassen hatte, konnte man sehen, dass ein auf Entspan-

nung gerichteter Kurs auch für die andere Seite risikobehaftet ist. Nachdem nämlich jene Ausgabe des *Neuen Deutschland*, in der die SPD-Ausgangs-position dargestellt wurde, jenseits der Mauer zur heißbegehrten Lektüre wurde, bekamen die Einheitssozialisten kalte Füße und sagten das Unter-nehmen ab. Durchaus ein Sieg der SPD.

Ein Jahr später, am 11. Mai 1967, als Union und SPD miteinander regier-ten, ging – wie schon öfters – ein Brief des Ministerpräsidenten der DDR Willi Stoph im Palais Schaumburg ein. Anders als seine Amtsvorgänger ver-weigerte Kiesinger nicht die Annahme. Aber was tun mit diesem Schreiben aus der Schaltzentrale eines *Phänomens*? Herbert Wehner, gesamtdeutscher Minister und auf gutem Fuß mit dem Kanzler, wurde umgehend konsul-tiert. Er riet, den Brief zu beantworten, und zwar in diesem Sinne: »(W)ir sehen nicht nur die Möglichkeit, sondern auch die Notwendigkeit, dem deutschen Volk zu helfen, teilzuhaben an den Möglichkeiten, die sich aus der Politik der europäischen Entspannung ergeben können.« Davon unbe-rührt bleibe »unser Rechtsstandpunkt«, der gleichfalls in der Antwort »klar« darzulegen sei, wenn auch in einer »möglichst nicht gerade antiquierten« Weise entsprechend der herrschenden Praxis.[15] Obwohl die Presse bereits am gleichen Tag Wind vom Posteingang im Kanzleramt bekam, dauerte es ewig, fast vier Wochen, bis sich Kiesinger entschied, nicht zu antworten – um es am 13. Juni dann doch zu tun.

Für Wehner, eines der tragenden und konstruktiven Elemente der Koa-lition, war das enttäuschend, Rücktrittsgedanken bewegten ihn. »Unbefan-gen die Bundesregierung zu vertreten«, schrieb er dem Kanzler: »Seit heute ist das für mich ein Problem.« Um wie viel schwerer mochte dies Brandt und seinem engsten Mitarbeiter Egon Bahr fallen, der als neuer Planungschef des Auswärtigen Amts bereits an Konzepten für eine grundlegend neue Ost-und Entspannungspolitik arbeitete! Dafür hatten sie Berlin nicht verlassen, wo sie seit dem Mauerbau in mühevoller Kleinarbeit an einer Lockerung der starren Verhältnisse in der geteilten Stadt gearbeitet hatten. Um wenigstens an den Feiertagen Familienbesuche im anderen Teil der Stadt zu ermög-lichen, konnte man sich den Verhandlungspartner nicht aussuchen, es gab nur einen, das *Phänomen*. Und dass man nichts bekommt, ohne dafür etwas zu geben, dass humanitäre Politik bisweilen einen hohen Preis hat und be-deutet, dass man bei ehernen Prinzipien Abstriche machen muss, auch diese Lehre prägte sich bei jenen ersten Gehversuchen Richtung Osten ein.

Brandt, der mit Kiesinger noch mehr fremdelte als mit den meisten anderen seiner Mitmenschen – die beiden hatten sich so gut wie nichts zu sagen –, zog daraus seine Schlüsse. Im Kabinett und anderen Runden gab er sich konziliant, wies allerdings unmissverständlich auf Schwachpunkte der von der Union bestimmten Politik hin: »Mit der Einstellung der Bundesregierung zum Nichtverbreitungsvertrag steht, ob begründet oder nicht, die Glaubwürdigkeit unserer Entspannungspolitik auf dem Spiel«,[16] hieß es dann etwa. Und wenn die nicht zu übersehenden Differenzen öffentlich ausgetragen wurden, war sogar mal eine kaum verhohlene Drohung fällig. So durfte der Bundeskanzler aus der Feder seines Vize lesen: »Alle Beteiligten sollten wissen, dass die SPD ihren Vorsitzenden nicht im Stich lässt (...). Missfallen an der Großen Koalition und ihrer politischen Linie kann man natürlich durch Angriffe auf den Außenminister abreagieren. Der Koalition und ihrer Arbeit kann das allerdings nicht gut bekommen. Ich bin sicher, dass Sie dies nicht anders sehen (...).«[17]

Dissens in der Sache ist das Eine. Doch hier ging es nicht um bloße Meinungsverschiedenheiten. Keiner traute dem anderen mehr über den Weg. Bei allem Zwang zur Kooperation innerhalb einer Koalition, hatte sich die zersetzende Kraft des Misstrauens, das demnächst noch abgrundtief werden sollte, in das Verhältnis zwischen den Großkoalitionären eingeschlichen.

Wo die eigentliche Pointe, der wahre Sprengstoff, das schleichend wirkende Gift in und hinter solchen Rangeleien lag, war dabei beiden Seiten gar nicht klar. Denn folgenreicher als die sich vertiefenden Meinungsunterschiede sollten sich haarsträubende Heimlichkeiten und Alleingänge auswirken, nachdem diese bekannt wurden. Sich unbemerkt wähnend, hatte Brandt längst begonnen, eine Art Nebenaußenpolitik jenseits der Richtlinienkompetenz des Kanzlers und abseits der offiziellen staatlichen Kanäle zu betreiben: Seit der zweiten Jahreshälfte 1967 führte Leo Bauer im Auftrag des SPD-Vorsitzenden einen intensiven Dialog mit Vertretern der Kommunistischen Partei Italiens (KPI), der größten kommunistischen Formation außerhalb des sowjetischen Herrschaftsgebiets.[18] Die italienischen Genossen hatten sich ideologisch seit Ende des Stalinismus zwar recht weit vom sowjetischen Bruder emanzipiert, verfügten aber nach wie vor über freundschaftliche Kontakte und beste Arbeitsbeziehungen zu allen kommunistischen Kräften des Ostblocks. Beide Aspekte waren für Brandt interessant und einer genaueren Untersuchung wert. Zum einen: Ist eine echte Ent-Uniformisierung im kommunistischen Lager im Gange, entsteht mit dem »Eurokommunismus« das nächste Schisma in der sozialistischen Welt? Zum anderen: Wenn der deutschen Sozialdemokratie weder als Partei noch über die Beteiligung an der Bundesregierung direkte Wege offenstehen, um ostpolitische Möglichkeiten zu erkunden, lassen sich dann vielleicht über den römischen Umweg Gedanken austauschen und unbekannte Spielräume ausloten? Die ersten Sondierungen verliefen immerhin so erfolgsversprechend, dass bei einem der Folgetreffen in München Egon Bahr an den Gesprächen mit den Italienern teilnahm.[19]

Am schwarzen Brett des Deutschen Bundestags hatte die SPD ihre Begegnungen mit den italienischen Kommunisten zwar nicht bekannt gemacht, doch allzu große Mühe, den Kontakt geheimzuhalten, gaben sie sich auch nicht. In Rom jedenfalls war das erste größere Zusammentreffen weithin bekannt, sogar in einer Zeitung wurde es vermeldet.

Der Bundesnachrichtendienst, der in der italienischen Hauptstadt vergleichsweise gut, aufgrund von etlichen *Sonderverbindungen* – also regelmäßigen Zuträgern und fest entlohnten freien Mitarbeitern – weit über dem Planstellen-Soll präsent ist, bekommt Wind von der Sache. Doch noch bevor General Gehlen, der Präsident des BND, am 6. Februar 1968 offiziell und schriftlich den Bundeskanzler unterrichtet, erfährt dieser Ende Januar erstmals durch Strauß von der römischen Begebenheit, woraufhin Kiesinger unverzüglich von Wehner Aufklärung verlangt.[20] Dieser liefert auch postwendend einen knappen Bericht, der sich allerdings im Wesentlichen auf die von den KPI-Vertretern dargelegten Positionen beschränkt. Bald darauf ahnt man im Kanzleramt, dass Wehner nur die halbe Wahrheit offengelegt haben könnte, denn weitere Berichte, die der BND im Laufe des Februar vorlegt – darunter eine Information direkt aus der SPD-Parteizentrale –, deuten darauf hin, dass die deutschen Sozialdemokraten viel weitergehende Dialog-Absichten mit kommunistischen Parteien Europas hatten – und zur Krönung mit dem Teufel selbst, der KPdSU, sowie dessen liebster Brut, der SED.[21]

So unwahrscheinlich es ist, dass derart »heiße« Informationen den Gesprächsinhalt korrekt und ohne Übertreibung wiedergeben, so wenig verfehlen die BND-Berichte ihre Wirkung bei den Spitzen der Bundesregierung. Geradezu Ungeheuerliches wird den SPD-Delegierten darin in den Mund gelegt: »neonazistische Fermente in der CDU« begünstigten einen generellen Rechtsruck, die Etablierung einer Partei links von der SPD sei daher »opportun«. Im Übrigen erschwere der »nationalistische pan-germanistische (sic!) Geist«, von dem die Union ergriffen sei, »die offizielle Anerkennung der Oder/Neiße-Grenze«. Jedenfalls »seien Adenauer und Kiesinger, Brandt und Strauß nicht mit gleichem Maß zu messen«.[22] Weitere

Gerüchte schießen ins Kraut und werden von den Unionsspitzen gierig aufgenommen. Immer wieder tauchen dabei die Namen Brandt und Bahr auf, die – angeblich – auf bestem Fuß mit den italienischen Kommunisten stehen.

Mag es Brandt und der SPD auch peinlich sein, dass sie Rechenschaft über ihre Kontakte zur KPI ablegen sollen, so sind sie doch nicht nur daran interessiert, abzuwiegeln, sondern wollen ihrerseits wissen, woher diese Mischung aus Dichtung und Wahrheit stammt. Dass bei der Unterrichtung der Bundesregierung der BND seine Finger im Spiel hat, ist aus Sicht der SPD nun umgekehrt ein echter Skandal. Mit welchem Recht schnüffelt eigentlich der BND, dessen Aufgabe darin besteht, Auslandsnachrichten zu sammeln, und dem Inlandsaufklärung strikt untersagt ist, der SPD – dem Koalitionspartner der Union! – hinterher? Wie kommt der direkt dem (unionsgeführten) Bundeskanzleramt unterstellte Dienst dazu, den anderen Regierungspartner auszuspähen?

Ziemlich unerfreuliche Fragen, die sich da auf jeder Seite an die jeweils andere stellen. Bei einer Sitzung des Kressbronner Kreises Anfang April 1968 können die Wogen notdürftig geglättet werden. Herbert Wehner und Helmut Schmidt räumen für die SPD Ungeschicklichkeiten und »verfahrensmäßige Fehler« ein: »Der Herr Bundeskanzler hätte vorher unterrichtet werden müssen.« Andererseits bestehen sie auf der Nützlichkeit des Kontakts zur KPI und verlangen – vergeblich – Einsicht in die einschlägigen BND-Papiere.[23]

Nicht zuletzt der Mangel an realistischen Koalitionsalternativen – aber vielleicht haben sich die römischen Gesprächspartner ja auch selbst eine »Denkpause« bis zur demnächst kommenden Bundestagswahl verordnet[24] – führt dazu, dass keiner der beiden empörten Partner allzu großes Aufhebens um das machen will, was geschehen ist. Selbst erste Presseberichte, die freilich die unglückselige Rolle des BND nicht ausdrücklich thematisieren, rufen mehr Erstaunen als Entsetzen hervor. Doch immer wieder gerät der Burgfrieden ins Wanken, immer wieder zündeln Kräfte, die der CSU – also Strauß und Guttenberg – zuzurechnen sind. Der *Bayernkurier* ist stets dabei, und auch besonders Strauß-hörige Medien wie Springers *Welt am Sonntag*[25] fehlen nicht. Zum Beispiel als im Herbst 1968 die nächste Sau durchs Bundesdorf getrieben wird und Gerüchte über Geheimgespräche zwischen Egon Bahr mit sowjetischen Emmissären und ostdeutschen Spitzen-Funktionären aufkommen, von denen es angeblich sogar Tonbandmitschnitte geben soll. Als belastbar erweisen sich diese Nachreden und Behauptungen am Ende alle nicht, umso mehr belasten sie das Koalitionsklima. Brandt und Bahr trauten sie gegen Ende der Großen Koalition auf der Unions-Seite eigentlich alles zu, während die beiden Vorreiter einer neuen Ostpolitik, umgekehrt, ein ums andere Mal über die Skrupellosigkeit erschraken, mit der sich Bundeskanzleramt, BND, Unionsspitzen und deren Gefolgsblätter im Supermarkt der Denunziation bedienten, der neben halbgaren Informationen und frei Erfundem auch nachrichtendienstlich manipulierte Erkenntnisse im Sortiment führt.

Wie ein permanentes Hintergrundrauschen sind die auf unzuverlässigen Quellen beruhenden Verdächtigungen gegen die – wieder einmal vaterlandlosen!? – Genossen bis zum Wahltag präsent, auch wenn sie nicht öffentlich thematisiert werden. Nach der verlorenen Wahl dann umso deutlicher. Denn ist es nicht so gekommen, wie Strauß es dem Kanzler kurz vor dem Wahltag vorausgesagt hat? Von französischer Seite war der CSU-Vorsitzende nämlich von Plänen unterrichtet worden, die sich irgendwo zwischen Landes- und Hochverrat bewegten und gleichzeitig den Westen insgesamt empfindlich schwächen sollten. »Die Franzosen glaubten, dass Herr Brandt in Rom mit den italienischen Sozialisten und Kommunisten Fühlung genommen habe«, hält am 3. September 1969 der Protokollant des Gesprächs zwischen Kiesinger und Strauß in einem Vermerk fest: »Ziel sei die Bildung einer deutschen Regierung unter sozialdemokratischer Führung und einer italienischen Regierung, in der zwar Moro Regierungschef sein sollte, die aber sowohl die Nenni-Sozialisten wie die Kommunisten umfassen sollte. Diese Bestrebungen würden durch die Engländer sehr gefördert. Wilson stehe in ständigem Kontakt mit Brandt.« Doch noch Übleres weiß Strauß zu berichten: »Der englische Geheimdienst habe eine Reihe von Treffen zwischen SPD und FDP in Deutschland arrangiert. Die SPD habe den Sowjets gegenüber erklärt, sie sei bereit, das Ziel der westeuropäischen Einigung zugunsten einer Verständigung mit dem Osten aufzugeben. (...) Es sei ganz klar, daß Moskau Brandt als Bundeskanzler wünsche.«[26]

Es sind recht abenteuerliche Dinge, die da als Nachrichten kursieren – und für bare Münze genommen werden. Man glaubt halt, was man glauben will und letztlich immer schon geahnt hat. Und jene Genossen, die über solche Zweifel erhaben sind, denen selbst die glühendsten Antikommunisten keine Kollaboration und auch keinen Vaterlandsverrat unterstellen mögen, sind dann eben unfassbar naiv. Das macht den Unterschied aus zwischen Brandt und Schmidt – bekämpfen muss man freilich beide und beides. Und mag es für Rechtsstaat-Puristen auch nicht ganz korrekt sein, dass der BND stets ein Auge auf die Sozialdemokraten hat, so ist es doch zweckdienlich.

Kiesinger, Carstens, Strauß, nicht zu vergessen Guttenberg – sie alle haben ihre eigenen Erfahrungen mit der Zuverlässigkeit des BND gemacht. Hätte das nicht seinerzeit schon Ludwig Erhard veranlasst, so wäre es auch dessen Nachfolger Kiesinger zuzutrauen gewesen, dass er die im Dachgeschoss des Palais Schaumburg residierenden Verbindungsleute der Pullacher Nachrichtenbeschaffer aus dem Haus wirft und an den Rand des Regierungsviertels verbannt.

Bei Strauß liegt der Fall noch einmal anders. Bis zu seinem Lebensende wird er den Verdacht nicht los, die Pullacher hätten seinerzeit bei der *Spiegel*-Affäre kräftig mitgemischt. Dass Gehlen und Wessel, die ersten Präsidenten des Dienstes, beide Fleisch gewordenes, karges Preußen, erhebliche Vorbehalte gegen den flamboyant-barocken Bayern haben, gilt sowieso als ausgemacht. Andererseits hat Strauß einen nicht unbeachtlichen Kreis von Bewunderern im Dienst, aus dem er schon in der trübseligen Rotter Exil-Zeit regelmäßig mit geheimen Informationen und unzähligen Quellenberichten zur internationalen Lage versorgt worden ist. Schließlich Guttenberg, der tief im Pullacher Sumpf steckt, wie bereits die von ihm organisierte Intrige des BND gegen Gerhard Schröder bei der Regierungsbildung 1965[27] gezeigt hat. Andere Schlüsselfiguren jener Zeit wie Rainer Barzel haben selbst keinen unmittelbaren Kontakt mit dem Dienst, kennen aber den legendären Ruf der Ostaufklärer, die – *fama est* – eigentlich immer alles über Russen, Bolschewisten und andere Weltübel wissen.

Wie fragwürdig dieses Image im Nachhinein auch sein mag, in den Zeiten um und nach dem Bonner Machtwechsel strahlt der Glanz des Dienstes noch ungebrochen. Der Besitz von BND-Informationen ist geradezu ein Statussymbol innerhalb der politischen Klasse. Am wichtigsten im Streit um die Ost- und Entspannungspolitik aber ist, dass der BND wie auch die Hardliner der Unionsparteien zur internationalen Lagebeurteilung einen gemeinsamen Fixpunkt haben: die Sowjetunion. Genau genommen ist es nicht Antikommunismus, der sie vor und während der Oppositionszeit leitet, sondern ein spezifischer Anti-Sowjetismus, der Orientierung, Maßstab und Schreckbild bietet. Die Erfahrung mit dem Prager Frühling, dessen brutale Niederschlagung im Sommer 1968 unter dem Banner der

Breschnew-Doktrin ist zwar zwiespältig: Es gärt jenseits des *Eisernen Vorhangs*, nicht jeder Bruderstaat der Sowjetunion ist gleichermaßen Moskau hörig. Am Ende aber scheut die kommunistische Vormacht nicht davor zurück, ihre ideologischen Maximen, zu denen eben auch die Einheit des Ostblocks unter uneingeschränkter sowjetischer Führung zählt, ungerührt mit Waffengewalt durchzusetzen. So besehen ist und bleibt die Sowjetunion der aggressive Widerpart des Westens – allen Entspannungshoffnungen, die rechts der politischen Mitte am liebsten als Illusionen gescholten werden, zum Trotz.

Eben das ist auch traditionell die Auffassung innerhalb des BND, die aber jetzt gleich doppelt in Frage gestellt zu sein scheint. In zeitlicher Nähe des Machtwechsels steht nämlich auch dort ein altersbedingter Personalwechsel in entscheidenden Führungspositionen an. Das Zutrauen der Altvorderen in die neuen Leitungskräfte ist jedoch nicht allzu groß. Gleichzeitig steht zu befürchten, dass die neuen Mächtigen in Bonn gar nicht so genau wissen wollen, wie gefährlich es um die Welt in Wahrheit bestellt ist, weil derartige Erkenntnisse mit dem nunmehr handlungsleitenden und vergleichsweise optimistischen Konzept einer neuen Entspannungspolitik kollidieren könnten. Nun, wie man's auch dreht und wendet: Als Oppositionspartei ist die Union ohnedies abgeschnitten vom steten Nachrichtenfluss des Geheimdienstes. Dessen Informationen sind für die Bundesregierung bestimmt, nicht für den Bundestag und schon gar nicht für dessen parlamentarische Minderheit.

Ein unerträglicher Zustand für die Nachrichten-Junkies auf Entzug, zumal in derart bewegten Zeiten: eine Regierung, der man nicht trauen kann, zurückgeworfen auf Zeitungswissen, während sich Ost und West, nicht nur die Deutschen, jetzt im großen Stil in Verhandlungen begeben – was liegt da näher, als mit den gerade altersbedingt Ausgemusterten, den vertrauten und bewährten BND-Veteranen besserer Tage, einen eigenen privaten Nachrichtendienst aufzubauen, den »Kleinen Dienst«. Entsprechende Vorarbeiten und -studien liegen bereits seit Ende der Großen Koalition in der Schublade. Auch das Basispersonal ist schnell zur Hand, zumal General a.D. Langkau eine Art Patenrolle übernimmt. Die Frage der Finanzen (kein unbedeutendes Problem bei einem Mindestetat von 1,5 Millionen DM jährlich) muss noch geklärt werden, aber zur Not wird da die Wirtschaft helfen – Strauß vermittelt –, und logistische Unterstützung, auch abdeckende Legendierung, findet sich unter den Dächern der bayerischen Staatsregierung in München.[28]

Hunderte von Berichten wird dieser Dienst in den nächsten Jahren liefern. Alarmistisch sind sie fast immer, häufig irrelevant, meist verstärken
sie Ressentiments, wo Aufklärung sinnvoll wäre, zu gebrauchen sind die
Papiere eigentlich nie – doch das Wichtigste über den »kleinen Dienst« ist
bereits mit der Feststellung seiner Gründung benannt: Irgendwie wollen
sich die neuen Bonner Oppositionsparteien das Gefühl bewahren, so etwas
Ähnliches wie eine Regierung zu tun. Zwar kann der »kleine Dienst« die
Amfortas-Wunde, abgewählt zu sein, nicht heilen, aber immerhin den
Schmerz ein wenig lindern, so wie ja im Allgemeinen Placebos durchaus
Wirkung haben können.

Mehr ins Gewicht fällt indes, dass die Union als Opposition weiterhin
außenpolitischen Leitmotiven verhaftet ist, die schon Ende der sechziger
Jahre nicht mehr taufrisch waren. Der Großwetterlage entspricht ein weitaus pragmatischerer Umgang zwischen Ost und West. Die Großmächte, die
nicht nur aller Welt die Vorzüge einer atomaren Nichtverbreitungspolitik
schmackhaft machen wollen, sondern mittlerweile erste Rüstungskontroll-
Verhandlungen eröffnet haben, schreiten voran. Wenn schon nicht Abrüstung im ersten Schritt, so soll doch wenigstens das ungehemmte Auf- ud
Wettrüsten der vergangenen Jahrzehnte gedeckelt werden. Zuallererst im
Bereich der strategischen Atomwaffen, aber auch mit Blick auf ganz neue
Waffensysteme wie Anti-Ballistic Missiles, deren Entwicklung das Wett-
rüsten noch einmal richtig anheizen würde.

Angesichts dieses Trends – eigentlich ist es zunächst mehr eine Hoffnung auf Entspannung im Ost-West-Konflikt – ist Bonn zunehmend in die
Rolle des notorischen Nörglers geraten, der die Verständigung über die
ideologischen Grenzen hinweg behindert. Gleichzeitig ist die Wiedervereinigung Deutschlands von der internationalen Agenda komplett gestri-
chen. Eher genervt nimmt man, auch bei den westlichen Verbündeten, den
Bonner Rechtsstandpunkt zur deutschen Frage zur Kenntnis. Sollen daran
etwa die Bemühungen um eine regionale Entspannungspolitik in Europa
scheitern? Pläne für eine gesamteuropäische Sicherheitskonferenz liegen
bereit, für Verhandlungen über eine Reduzierung der europäischen Streitkräfte ebenfalls, und niemand – weder in Ost noch West – will sich von den
Deutschen und ihren komischen Sorgen aufhalten lassen.

Schließlich: Wenn es noch einen Konsens über alle Bonner Parteigrenzen hinweg gibt, dann ist dies die Erkenntnis, dass die Bundesrepublik aus
eigener Kraft keinerlei Wiedervereinigungspolitik betreiben kann. Doch
welche konkreten Schlussfolgerungen ergeben sich daraus? Der größere

Teil der Union vertraut auf gute Hausrezepte, im Wesentlichen auf Bangen und Beten, die Gescheiteren und Kreativeren, zu denen Strauß zählt, setzen weiterhin auf die europäische Integration und eine Europäisierung der deutschen Frage. Von operativ handhabbarer Politik ist aber auch dieses Konzept Lichtjahre entfernt. Mit Blick auf ein hoffnungsfrohes Übermorgen ist der Alltag im Hier und Jetzt schwer zu bewältigen.

Drängend und beklemmend bleiben nämlich die unmittelbar spürbaren Folgen der Teilung. Für die durch Mauer und Stacheldraht getrennten Familien liegt das auf der Hand. Wenn Austausch und Begegnung zwischen den Menschen unmöglich sind, fragt sich zudem, wie man auf Dauer ein gesamtdeutsches Bewusstsein und ein Zusammengehörigkeitsgefühl aufrechterhalten soll. Niemand glaubt schließlich, dass die Broschüren des Gesamtdeutschen Instituts, in reinster Lehre abgefasst, das schaffen werden, selbst wenn die Springer-Presse mit ihren Gänsefüßchen Erinnerungshilfe leistet. Aber solange die andere Seite, die alle Züge von Staatlichkeit trägt, aus dogmatischen Gründen nicht als Realität betrachtet werden darf, ist man zur Untätigkeit verdammt. Auch unter diesem Gesichtspunkt ist die Formel aus Brandts Regierungserklärung von den zwei Staaten in Deutschland, die füreinander nicht Ausland sind, die nur über ein geregeltes Nebeneinander wieder zu einem Miteinander kommen können, treffender. Und sie ist listig. Denn im Grunde beschreibt sie etwas, was es gar nicht gibt: zwei Staaten, die einander kein Ausland sind – der Status quo als eine *contradictio in adjecto*; oder – was Juristen immer dann gern behaupten, wenn die Sachverhalte zu sperrig für die vorhandenen Begrifflichkeiten sind: Hier liege eine Wirklichkeit *sui generis* vor. Kein Gebietsverzicht, keine letztgültige Anerkennung bestehender Realitäten, stattdessen »nur« ein *modus vivendi* für eine schrecklich komplizierte Situation.

Wie schwer sich die Union mit diesem rhetorischen Kunstgriff tut, der nichts verschenkt, aber alles andeutet, zeigt sich in der Aussprache zur Regierungserklärung. Barzel will weniger statusrechtliche Fragen diskutieren, sondern das Vorenthalten von Menschenrechten für die Deutschen jenseits der Mauer in den Vordergrund rücken. Daher erbittet er erst einmal nähere Aufklärung, wie Brandt das alles denn gemeint hat. Guttenberg, der eine seiner letzten Reden im Bundestag hält, bevor ihn eine tödliche Krankheit niederstreckt, rennt gegen das an, was Brandt nicht gesagt, aber doch wohl gemeint hat, dass nämlich das Ziel der Wiedervereinigung aller Deutschen in freier Selbstbestimmung aufzugeben sei. Daher markiert Brandts Regierungserklärung – seine »Begriffsakrobatik« – für Guttenberg »eine dunkle Stunde für dieses Haus, für unser Volk«.[29]

Mit der Ankündigung, man wolle alsbald Gespräche über einen gegenseitigen Gewaltverzicht mit Moskau und auch Warschau führen, tut sich die Opposition ebenfalls schwer. Im Grunde wäre dagegen nichts zu sagen, würde hierdurch nicht die Gefahr heraufbeschworen, sozusagen durch die Hintertür die territorialen Gegebenheiten in Europa, und damit vor allem im geteilten Deutschland, anzuerkennen. Aber man kann sich ja zu der Gefahr, wenn man sie kennt, verhalten – ein schlagendes Argument gegen die Politik der Bundesregierung lässt sich so jedenfalls nicht gewinnen. Selbst die Westkarte kann die Union nicht ausspielen, da eigentlich alle Verbündeten der Bundesrepublik ziemlich dankbar sind, dass in Bonn jetzt eine Regierung am Werk ist, die selbst – bei allen Fragezeichen, die man ansonsten hinter Brandt und seine Ostpolitik setzt – die lästigen und allmählich doch arg aus der Zeit gefallenen Wiedervereinigungsformeln beerdigt, die den westlichen Alliierten ein ums andere Mal als Treueschwur für Deutschland abverlangt worden sind.

Bevor sich die Union richtig sammeln und einen gemeinsamen Nenner für die Oppositionspolitik definieren kann, eilt ihr die Wirklichkeit wieder davon. Egon Bahr beginnt nun seine ehedem befürchtete Geheimdiplomatie mit Moskau, Brandt wird sich mit Willi Stoph, dessen Brief die Vorgänger des sozialdemokratischen Kanzlers lange Zeit ja nicht einmal entgegennehmen oder beantworten wollten, im Frühjahr treffen. Als es dann am 19. März 1970 in Erfurt zur ersten Begegnung kommt, sind erneut die Oppositionswaffen vergleichsweise stumpf. Statusrechtlich und sonstwie hochjuristisch gäbe es, das schon, einiges zu bemäkeln, doch die Union versucht das erst gar nicht mehr, wäre doch eine Ablehnung der Gespräche nirgendwo in Deutschland mehr verstanden worden. Sie stimmt sehr schnell und ziemlich kleinlaut zu, solange klar ist, dass die Anerkennungsfrage damit nicht entschieden ist. Gerade Strauß zählt hierbei innerhalb der Unions-Fraktion zu den Oberpragmatikern,[30] die an diesem Punkt keinen fruchtlosen Streit suchen, und damit ist die Union auch gut beraten. Denn was hätte am Ende schwerer gewogen: Die Behauptung der Union, Brandt sei die deutsche Einheit einerlei und er habe den Osten abgeschrieben? Oder die Bilder aus Erfurt, wo die Menschen Brandt einen begeisterten Empfang bereiten? Selbst Stilkritik am Vorgehen des Kanzlers ist da kaum möglich, hat doch Kanzleramtschef Horst Ehmke die Opposition von Anfang an zeitnah und umfassend über

die Anbahnung und Verabredung des deutsch-deutschen Treffens unterrichtet.[31]

Die Opposition hat also gerade noch einmal die Kurve bekommen,
nicht ohne dass ein paar eherne Prinzipien auf der Strecke geblieben sind.
Nebenbei hat sich dabei auch einer der beiden Prototypen für die künftige
Kursbestimmung bei der Bekämpfung der Ostpolitik der Bundesregierung
herausgebildet. Vieles lässt man gewähren, nimmt man – ein wenig mur-
rend – hin, und wenn es doch einmal zu weit oder zu schnell geht, lautet
die Parole eben: »So nicht!« Was nach viel klingt, obwohl es im Grunde nur
»ein bisschen anders« bedeutet.

Dummerweise, finden unter Führung von Strauß die Unbeugsamen,
lässt sich so aber schwerlich echte, kantige Oppositionsarbeit betreiben. Ein
bisschen Pfeffer, besser noch Chili, muss schon sein! Und das nicht einmal
in erster Linie aus taktischen Gründen. Egon Bahrs Geheimdiplomatie bietet eigentlich immer eine gute Angriffsfläche: Sie erscheint suspekt, und
Brandts Chef-Unterhändler hilft dankenswerterweise mit, diesen Eindruck
durch gepflegte Intransparenz nach Kräften zu verstärken. Zudem lässt sich
oft gut und gern behaupten, in den Verhandlungen sei nicht das Letzte
herausgeholt worden, es hapere bei den Gegenleistungen – womit im
Grunde eingeräumt ist, dass das ehedem Nichtverhandelbare letztlich doch
verhandelbar geworden ist.

Aber geht es wirklich nur darum, um *quid pro quo?* Muss nicht die
ganze Richtung dieser sozial-liberalen Regierungspolitik aufs Korn genommen werden? Weit über ein Jahrzehnt später, Strauß wird dann zwar noch
nicht bei Gorbatschow gewesen sein, hat aber durch den von ihm ver-
mittelten Milliarden-Kredit an die DDR bereits außerordentliche entspannungspolitische Geschmeidigkeit unter Beweis gestellt, im Jahr 1986 nämlich, wird Peter Bender, einer der publizistischen Vorreiter und Wegbegleiter
von Willy Brandts Ostpolitik,[32] die These formulieren: »(S)ein (Strauß')
eigentlicher Vorwurf gegen die neue Ostpolitik von 1970 war, daß nicht er,
sondern Brandt sie führte und zum Erfolg brachte«.[33]

In einem anderen Sinne, als Bender meint, stimmt dieses Urteil in der
Tat. Strauß, der bereits in den sechziger Jahren deutlich gemacht hatte, wie
wenig ihn die Staatsgebilde von gestern interessieren, der für die Wiederherstellung eines Deutschlands in vormaligen Grenzen – welchen auch
immer – keine große Leidenschaft entfaltete, stand seinerzeit tatsächlich
Ideen, wie sie jetzt unter Brandt zum Zuge kommen, ziemlich nahe. Doch
zweierlei macht den Unterschied ums Ganze: Je heikler das Herumdoktern

*Im Kampf um die Ostverträge: Im Bundestag sucht die Union vergeblich
nach einer überzeugenden Alternative, 17. Mai 1972.*

an einer de facto austarierten Konstellation ist – und dies ist die Lage in
Mitteleuropa längst –, umso wichtiger ist das Vertrauen in die Kunstfertig-
keit der (Ver-)Handelnden und der Glauben an deren Integrität, und eben
dieser Glaube fehlt bei Strauß. Er und seine Anhänger sind fest überzeugt,
dass Brandt, Bahr und Co. ihre eigene verborgene Agenda haben.

Die untergründige Giftigkeit, die sich seit der zweiten Hälfte der Großen Koalition in den Umgang ihrer Spitzenrepräsentanten – die sich jetzt
als politische Gegner gegenüberstehen – einzumischen begonnen hatte,
gründet in dem durch nachrichtendienstliche Bespitzelung scheinbar er-
härteten Verdacht, Brandt und Bahr trieben ein falsches Spiel. Und wenn
schon im Verborgenen einiges versucht worden ist – womöglich wurden
gar Vorabsprachen, wer weiß, für den Tag nach einem Regierungswechsel
getroffen –, was steht da Deutschland wohl bevor, wenn die sozialdemokratischen Entspannungspolitiker erst einmal ungebremst schalten und walten
können?

So ist es nicht bloßes pflichtschuldiges Oppositionsgebaren, das im Kampf um die Ostverträge und im Streit um die Entspannungspolitik die sozial-liberale Ära bestimmen wird. Man wird der Union, insbesondere ihren Scharfmachern mit Strauß an der Spitze, zugute halten müssen, dass es zu einem gehörigen Teil echte Sorgen sind, die sie antreiben, wüten und mithin die gerade erst gewachsene politische Hochkultur der Bundesrepublik zerstören lassen.

Zwei Wunden sind es, die die Opposition nun und in den folgenden Jahren so übel schmerzen und für die so bald keine Heilung in Aussicht zu stehen scheint: die offene deutsche Frage und die schlimme Kränkung, Opposition zu sein. Und beide Amfortas-Wunden wird einer heilen, den einen reinen Tor zu nennen Strauß ganz sicher zustimmen würde. Dieser Parsifal, der die Union zurück an die Macht und Deutschland in die Einheit führen wird, wird schließlich niemand anderes sein als Helmut Kohl.

Strategische Wirren

Ginge es nur um die Beziehungen zum Osten, so könnte man den Sozialdemokraten und Brandts Regierungsbündnis vielleicht noch zugute halten, sie betrieben mit hehren Absichten eine naive Politik. Aus Sicht von Strauß stellt sich das allerdings ganz anders dar. Denn der Aufbruch in der Deutschland- und Außenpolitik ist ja eingebettet in einen generellen Linkskurs, bei dem nicht einmal sicher ist, wer da am Ende die Fäden in der Hand hält.

An den Schalthebeln der Wirtschafts- und Finanzpolitik sitzen mit Karl Schiller und Alex Möller, später dann Helmut Schmidt, Zeitgenossen, die Strauß durchaus respektiert und nicht etwa als Systemveränderer fürchtet. Gewiss hat er an jedem dieser Herren einiges auszusetzen, im Grunde aber lässt sich mit ihnen auskommen. Doch sein früherer Tandempartner Schiller oder der »Genosse Generaldirektor«, wie der vormalige Versicherungsmanager und jetzige Finanzminister Möller gern genannt wird, gar der bekanntermaßen mit fast allen wichtigen Wirtschaftsbossen auf gutem Fuß stehende Schmidt – geben sie wirklich den Takt, die Richtung vor? Oder sind sie nicht vielmehr die Getriebenen dunkler Mächte? Etwa der Gewerkschaften, die ja nie ein Godesberg absolviert haben. Wenn es hart auf hart kommt, insbesondere vor Wahlen also, funktioniert der Schulterschluss zwischen Gewerkschaften und Sozialdemokratie. Aber steht die SPD jetzt, da sie die Regierung führt, nicht unter dem Druck der organisierten Arbeiterschaft, deren Forderungen zu erfüllen? Und zwar deutlich mehr als unter dem Vorzeichen der Großen Koalition, wo man ja immer noch entschuldigend darauf verweisen konnte, leider nicht die führende Kraft der Regierung zu sein.

Der Linksdruck auf die SPD kommt aber nicht nur aus dieser Richtung.[1] Auch die mit der Wahl 1969 beginnende Integration der radikalen, außerparlamentarischen Linken und der eigentlich dem Parteiapparat fernstehenden Intellektuellenkaste hat Erwartungen an eine neue, linke Politik genährt. Mit der Demokratie jetzt richtig anzufangen – das ist für diese Kreise keine hübsch formulierte, gelungene Pointe, sondern Herzenswunsch. So stehen die verbürgerlichten Repräsentanten der regierenden

Sozialdemokratie vom ersten Tag an unter dem Druck, als Linke der Linken Linkes liefern zu müssen. Während etwa ein Günter Grass nur mit Reden und Schreiben das Versprochene einfordern kann und linke Theorie-Zirkel, die sich jetzt allerorts innerhalb der und rund um die Sozialdemokratie bilden, gehörig nerven, verfügen die Gewerkschaften über recht konkrete Machtmittel. Dass auch sie nicht völlig frei agieren können, sondern ihrerseits auf Kräfte von links reagieren müssen, das haben wilde Streiks während der letzten Tage des Wahlkampfs 1969 unübersehbar in Erinnerung gerufen.

Nein, für Strauß liegen nicht nur Veränderung und Reformen in der Luft, er wittert jetzt überall Sozialismus – höchste, existenzielle Gefahr für die gute alte Bundesrepublik. Die ganze Richtung, in die Brandt und seine Koalition wollen, ist verdächtig: »Wir können uns auf etwas gefaßt machen ...«[2], raunt er unheilschwanger in seiner ersten großen Einlassung als Oppositionspolitiker zu den drängenden Fragen der Zeit.

Sehr viel deutlicher wird Strauß hinter verschlossener Tür. Etwa fünf Wochen nach der Bundestagswahl, am 29. November 1969, trifft er mit einigen seiner treuesten Freunde aus der Wirtschaft zusammen. Die Familienoberhäupter der Häuser Flick und Quandt höchstpersönlich sind erschienen, aber auch einige Spitzenmanager wie die Vorstandsvorsitzenden von BMW und Daimler-Benz. Ein perfekter Rahmen also, um richtig vom Leder zu ziehen. Godesberg? Von wegen! Herbert Wehner beispielsweise operiere in Wahrheit nur »taktisch mit der Aufgabe des Marxismus«. Einmal von der Kette gelassen, spätestens nach der nächsten Wahl 1973, werde die SPD eine lupenreine »sozialistische Politik« betreiben. Außenpolitisch spiele die Brandt-Regierung sowieso »verrückt«, daher müsse die Opposition einen »rücksichtslosen Angriff« gegen die sozial-liberale Koalition führen, woran sich die Herren Wirtschaftsführer – mit diesem Ergebnis geht man auseinander – gern mit Wort und Tat, vor allem aber Geld, als eine Art »Industriellen Apo«[3] beteiligen wollen.

Innen- und wirtschaftspolitisch bleiben die prophezeiten grundstürzenden Linksverschiebungen der Bundesrepublik fürs Erste aus. Denn einerseits fehlt es den sozialdemokratischen Spitzen an einer dem ostpolitischen Elan entsprechenden gestalterischen Leidenschaft. Andererseits steht gegen allzu drastische Eingriffe des Staates in das ökonomische Geschehen und dessen Grundordnung die weiterhin in ihrer Mehrheit strikt marktwirtschaftlich orientierte FDP. Das sieht auch Strauß, der fast schon spöttelnd die ersten Reformvorschläge als »verquält« und »kleinkariert« qualifiziert.

Zudem ist die rot-gelbe Koalition in der Anfangszeit voll mit ihren außen- und deutschlandpolitischen Großprojekten ausgelastet, und angesichts der prekären Mehrheitsverhältnisse wird es schwer genug sein, sie über die parlamentarischen Hürden zu bringen. Zusätzlichen Stress innerhalb der Koalition durch Streit über hochambitionierte Reformen gilt es da zu vermeiden. Aber was nicht ist, kann ja noch werden. Aus Sicht von Strauß arbeitet jedenfalls »eine breite Linke in beiden Koalitionsparteien« darauf hin, die »Voraussetzungen eines massiven Linksrucks« vorzubereiten: »Schon die nächste Halbgeneration der SPD ist viel stärker ideologisch, marxistisch oder titoistisch orientiert als die Anpassungsgeneration, die unter dem Godesberger Programm dieser Partei zum Teil umgelernt hat.« Der Tag werde kommen, an dem die Parteilinken und Gewerkschaften ihre »Warteprämien« einfordern: Einige Landesverbände der SPD »schleifen schon die Messer für den nächsten Parteitag«, »mehr Sozialismus« werde »die Parole lauten«.[4]

Politik ist ohnehin für Strauß kein Kampf mit Wattebäuschen, doch muss man sich nicht gerade jetzt mit aller Kraft und Härte gegen die Versuche wehren, die Republik auf diesen falschen Kurs zu bringen? Allein, der größeren Unionsschwester ist nicht recht nach Kampf zumute. Jener Mehltau, der sich in den langen Nach-Adenauer-Jahren über die CDU gelegt hat, ist ja nicht schon deshalb weggeweht, weil seit der verlorenen Wahl alles noch etwas trostloser geworden ist. Mit dem jähen Sturz ist zum Phlegma der unmittelbar vorangegangenen Regierungsjahre unter Erhard und Kiesinger vielmehr noch Lethargie und Lähmung gekommen. Natürlich ist alles, was die neue Regierung tut, irgendwie falsch – doch weniger, weil man dies oder jenes, was da neuerdings ins Werk gesetzt wird, in der Sache wirklich ablehnt, sondern einfach, weil es die anderen, weil es die Falschen tun. Im Alltag ist aus dieser müdregierten, depressiv gestimmten Oppositions-CDU nicht viel mehr herauszuholen als Übellaunigkeit und Grundgenörgel. Und rheinisch zentriert und gestimmt, wie es die CDU noch immer ist, scheint sich eine Grundmaxime der Adenauer-Zeit festgesetzt zu haben: Et hätt noch immer jot jejange – so schlimm wird's schon nicht werden.

Es muss schon lichterloh brennen, bevor sich auch in der CDU Einsatzwille regt – dann allerdings rückt gleich die ganze Feuerwehr aus. Etwa im Mai 1970, als es mit Händen zu greifen ist, dass die Bundesregierung tatsächlich nicht nur mit Blick auf die Mittel, sondern auch auf die Ziele der Deutschland- und Entspannungspolitik eine grundsätzlich neue Politik verfolgt, sind sich beide Unionsschwestern endlich einmal über den vermutlichen Ernst der Lage einig. Denn irgendwo auf der Strecke zwischen Erfurt und Kassel, dem Ort der zweiten Begegnung zwischen Brandt und Stoph, scheint das »Selbstbestimmungsrecht der Deutschen«, eigentlich vom ersten Tag ein als unveräußerlich geltendes bundesdeutsches Identitätsmoment, abhanden gekommen, wohingegen die völkerrechtliche Anerkennung der DDR plötzlich zu einem »lösbaren« Problem geworden ist. Brandts Weigerung, dem Bundestag Bericht über den zweiten deutsch-deutschen Gipfel zu erstatten, tut ihr Übriges.[5] Gleichzeitig sickern erste Details und allerlei Mutmaßungen über die einen Tag nach Kassel erzielte Einigung zwischen Moskau und Bonn zur Aufnahme förmlicher Verhandlungen über ein bilaterales Gewaltverzichts-Abkommen durch.

Das in einer Art Eckpunkte-Papier festgehaltene Ergebnis der Vorverhandlungen, für das sich sofort der Name »Bahr-Papier« einbürgert, löst schon deshalb breites Misstrauen aus, weil es nahezu vollständig vorbei an der Bonner Berufsdiplomatie – sowohl am Botschafter in Moskau als auch an den zuständigen Referaten des Auswärtigen Amtes – ausgehandelt worden ist, von Bahr mehr oder weniger im Alleingang, wenngleich mit Rückendeckung durch den Kanzler.[6] Auf den ersten Blick erscheint alles vergleichsweise harmlos. Denn will der nun zwischen Bonn und Moskau auszuhandelnde Vertrag auch den gegenseitigen Verzicht auf Gewaltanwendung bei der Lösung politischer Fragen und Meinungsverschiedenheiten kodifizieren, so denkt doch im Ernst niemand daran, dass in der bestenfalls mit militärischen Milchzähnen ausgestatteten Bundesrepublik irgendwer auf die Idee kommen könnte, die nuklear gestählte Supermacht Sowjetunion herauszufordern, wie umgekehrt kaum jemand glaubt, dass sich Moskau im Fall der Fälle durch ein bilaterales Gewaltverzichtsabkommen bremsen lassen würde. Nicht ganz ohne ist allerdings die dem Ganzen zugrunde liegende Anerkennung des territorialen Status quo. Ohne nähere Ausgestaltung dieser Formel kann das bedeuten: Solange es so ist, wie es ist, müssen wir mit dieser Realität irgendwie umgehen. Es könnte aber auch heißen, dass dem gegenwärtigen Zustand, der nun einmal wesentlich durch die Teilung Deutschlands geprägt ist, ein gewisses Maß an Legitimität zuerkannt wird. Dass Moskau dies so sieht, liegt auf der Hand. Wie weit ist die Brandt-Regierung bereit, der sowjetischen Lesart entgegenzukommen? In diesem Kontext kann es in der Tat beunruhigen, dass ein Bekenntnis zum Selbstbestimmungsrecht aller Deutschen kaum mehr über regierungsamtliche Zungen geht.

Strauß beunruhigt vor allem, dass er nicht weiß, was Brandt und Bahr in Wahrheit wollen, welche verborgenen Ziele sie verfolgen. »Eine zutreffende Beurteilung der Regierungspläne ist nahezu unmöglich«, notiert Strauß' Bonner Büroleiter im Juli 1970 in sein Tagebuch, »weil alles mit einem dichten Schleier von Staatsgeheimnis umgeben wird.« Und wie so oft im Leben ist Ungewissheit über das Bevorstehende quälender als die Gewissheit eines bevorstehenden Unglücks, auf das man sich dann wenigstens vorbereiten, gegen das man sich rüsten kann. So aber lässt die Verborgenheit der wirklichen Regierungspläne »Spekulationen, eine sozialistisch-kommunistische Internationale plane den Ausverkauf Deutschlands und führe zur Zementierung der deutschen Teilung, breiten Raum«.[7] Fragen wie diese treiben Strauß um: »Was will die SPD, was wollen Brandt, Bahr und Genossen erreichen? Was ist die Ratio, was ist der Sinn der geplanten Verträge? Welche Gedankengänge liegen diesen Verträgen zugrunde? Was verbirgt sich unter der sichtbaren Oberfläche? (…) Geraten wir nicht in eine zusätzliche unheilvolle Abhängigkeit von diesem kraft- und waffenstrotzenden Ostblock? Wird der Schatten Moskaus über Europa nicht bedrohlich länger?«[8]

Im Sommer 1970 sind sich die Unionsparteien für einen historischen Moment lang einig, was hier drohe: Verrat an der deutschen Einheit, Ausverkauf Deutschlands. Geschlossen blasen sie zum Kampf gegen diese Art von Ostpolitik – nicht ohne Erfolg. Nachdem die sozial-liberale Bundesregierung vergeblich versucht, sich aus den Fesseln der Einheitsverpflichtung herauszuwinden, zugleich jedoch den expliziten Verzicht auf die Einheit Deutschlands scheut, steht am Ende dieser parlamentarischen Auseinandersetzung ein etwas verwinkeltes Konstrukt: Der Moskauer Vertrag, der auf der Grundlage des Status quo den beiderseitigen Gewaltverzicht erklärt, wird um einen *Brief zur deutschen Einheit* des bundesdeutschen Außenministers an seinen sowjetischen Kollegen ergänzt, der von diesem widerspruchslos entgegenzunehmen ist.[9] Während der Vertragstext selbst die Legitimität der in Europa existierenden Grenzen für »unverletzlich« erklärt und mehr oder weniger bestätigt, dass beiderseits keinerlei Gebietsansprüche bestünden, beharrt der von der Opposition erzwungene *Brief zur deutschen Einheit* auf der Möglichkeit, dass der Status quo mit friedlichen Mitteln geändert werden kann – und hält damit die deutsche Frage offen.

Eigentlich ein schöner Erfolg für die Opposition, sollte man meinen, und damit auch der Beweis, dass harter Kampf sich durchaus lohnt. Doch kaum ist dieser eine Sieg errungen, ist es mit der Geschlossenheit der Unionsparteien schon wieder vorbei. Dass niemand in der Union eine Alternative zur Entspannungspolitik der Bundesregierung anzubieten hat, ist nicht einmal das größte Problem; eine Oppositionspartei kann ja eine Zeitlang von den Fehlern und Schwächen der Regierung leben – und das nicht schlecht. Mit scharfen Angriffen gegen die Ostpolitik ist die CDU/CSU gut gefahren, die Meinungsumfragen jener Tage belegen das.[10] Nun aber zeigt sich, dass der *Brief zur deutschen Einheit* machtpolitisch eher der Regierung geholfen hat: Deren nationale Flanke ist besser geschützt, während zunehmend auch Teile der Union – sei es aus Überzeugung, sei es aus Ratlosigkeit – der Neuausrichtung der westdeutschen Außenpolitik folgen wollen. Von Walther Leisler Kiep und Richard von Weizsäcker etwa – alles andere als Hallodris vom linken Flügel der Union – ist seit langem bekannt, dass sie für ein Maximum an Flexibilität bei der Neugestaltung der Ostbeziehungen eintreten.[11] Aber diese vermutlich schon im Dreiteiler zur Welt gekommenen Abgeordneten, an denen keine Ochsentour Spuren hinterlassen hat, die man sich besonders schwer als Parteisoldaten vorstellen kann und für die es vom ersten Tag ihres Parlamentarier-Daseins selbstverständlich scheint, dass man sie nicht wie Hinterbänkler behandelt, repräsentieren mehr sich selbst als die graue Masse der Oppositionsfraktion. Auf eben diese Masse aber kommt es letztlich an, will man Mehrheiten organisieren – und eben hier liegt, wie Strauß und seine Mitstreiter meinen, das Problem, haben sich doch Ermüdung, Bequemlichkeit und Naivität breitgemacht. Schwer vorzustellen, wie sich da eine dauerhaft und gut befestigte Front gegen die neue Ostpolitik errichten lassen soll.

Lange dauert es nicht, bis die ostpolitischen Orientierungsschwierigkeiten und der Streit innerhalb der Union über den richtigen Oppositionskurs aus den Hinterzimmern der Machtlosigkeit an die Öffentlichkeit dringen. Die Vertreter der Mehrheitsstimmung in der CDU erfreuen sich ihres Erfolgs und haben nun kaum noch prinzipielle Bedenken mehr gegen die Annäherung mit Moskau. Doch solange weiterhin eine beachtliche Minderheit Brandts Politik bekämpfen will, ist die Einheit der Union, gar eine Kampfeinheit, nicht zu haben. Ein »geradezu selbstzerstörerischer Zug innerhalb unserer Reihen«, schreibt Strauß im Sommer 1970 an Rainer Barzel, bringe die in der Wählerschaft »immer verständlicher werdende Kritik« an der Ostpolitik gleich wieder zum Verschwinden und gefährde dadurch »den politischen Erfolg unserer Arbeit der letzten Monate«. Für die »Außenwelt im Inland und im Ausland« sei es »verwirrend und bestürzend, diese Auseinandersetzung innerhalb der CDU/CSU erleben zu müssen«.[12]

Ein paar Jahre später wird Peter Glotz den Versuch, einer großen Partei Kurskorrekturen oder gar einen Richtungswechsel beizubringen, mit der »Beweglichkeit eines Tankers« vergleichen.[13] Minimalvoraussetzungen dafür, dass ein solches Manöver gelingen kann, ist, dass Einigkeit auf der Kommandobrücke herrscht. Im Streit um den richtigen Oppositionskurs kommt bei der Union allerdings hinzu, dass die Kampfrichtung gegen Brandts neue Ostpolitik an der Basis ausgesprochen populär ist. Seit Adenauer darauf gedrillt, grundsätzlich allem misstrauisch zu begegnen, was mit dem Osten zu tun hat – da sitzt der Feind! –, gehört die Ablehnung einer allzu munteren Entspannungspolitik zu den rar gewordenen Selbstverständlichkeiten innerhalb der Union. Die Streiter an der Basis, auf deren Hilfe man nicht zuletzt bei den allfälligen Wahlkämpfen angewiesen ist, sind auch schlecht mit Botschaften zu motivieren, die vor Ausgewogenheit und Differenzierung nur so strotzen. Strauß' Kurs der klaren Kante ist da weitaus alltagstauglicher als das ewige Hin und Her der CDU-Spitze, als Barzels geschmeidiges »So nicht«. Und während man der sich langsam von der Parteiführung entfremdenden Basis während der Zeit der Großen Koalition noch etwas von Sachzwängen und komplizierten, für Laien und Freizeitpolitiker undurchschaubaren Zusammenhängen erzählen konnte, gilt eine solche Entschuldigung für eine Oppositionspartei nicht.

Da sieht die Lage innerhalb der CSU schon anders aus! Sicher nimmt die Akzeptanz, vor allem mit Blick auf den expressionistischen Stil, einer Politik *Made in Bavaria* ab, je weiter nördlich die Gefilde liegen und je weniger katholisch sie geprägt sind. Doch auch dort finden immer mehr Unionsanhänger die Klarheit und Eindeutigkeit der CSU attraktiv. Und so sprießen seit Anfang der Oppositionszeit in allen Ecken der Republik sogenannte »Freundeskreise der CSU« aus dem Boden.

Bis zu den Kreuther Ereignissen ist es noch eine ganz Weile und zwei verlorene Bundestagswahlen hin, aber ein wenig lugt das Schreckgespenst einer Vierten Partei auf Bundesebene rechts der CDU schon jetzt hervor.[14] Ein halbes Jahr nach der Wahl von 1969 ist es sogar schon derart virulent, dass sich CDU-Präsidium und Bundesvorstand genötigt sehen, das Thema ausführlich zu erörtern. Alle – von Kiesinger über Barzel bis Dregger, Hasselmann und Echternach – sind sich zwar einig, dass da vor allem politische Wirrköpfe am Werk sind, die nicht ernst zu nehmen sind. Aber oft fährt man besser, wenn man das, was eigentlich kaum ernst zu nehmen ist, doch nicht unterschätzt. Am klarsten sieht Helmut Kohl, der aufstrebende Mann aus Rheinland-Pfalz, die Gefahren: Wenn man der CSU nicht mit der richtigen Mischung aus Entschiedenheit und »Langmut« entgegentrete, bahne sich womöglich eine »Katastrophe« an.[15] Zwar gab es eigentlich keinen Hinweis darauf, dass Strauß und die Seinen gezielt auf die bundesweite Ausdehnung der CSU hinarbeiten. Eine leise Vorahnung, dass der zwischen den beiden C-Parteien ausgehandelte Gebietsschutz nicht in Stein gemeißelt sein könnte, bietet diese Episode bleibende Erfahrung allerdings. Kohl jedenfalls vergisst so etwas nicht.

Doch zu den Meinungsverschiedenheiten in der Sache, zum Streit um das erfolgsträchtigere Oppositionsprofil tritt nun der Positionskampf um die CDU-Führung: Wer soll im kommenden Jahr Kiesinger beerben? Mit Blick auf diese Frage werde »diese oder jene Meinungsverschiedenheit« vor allem »zum Zwecke der Vermehrung der eigenen Bekanntheit« ausgetragen, findet Strauß. Falls das so weitergehe, »können sich die Unionsparteien alle Überlegungen ersparen, wer ihr Bundeskanzlerkandidat werden soll, weil das nur eine theoretische Übung wäre, denn sie würde für unabsehbare Zeit keinen Kanzler mehr zu stellen haben.« Barzel, der ja selbst sehr zielstrebig und ehrgeizig die CDU-Führung ergreifen möchte, möge sich vor Augen führen, dass es »dann mehr oder weniger gleichgültig« sei, wer den Vorsitz übernimmt.[16]

Nicht, dass Strauß etwas gegen Streit in den eigenen Reihen hätte, schon gar nicht gegen das Ringen um richtige Positionen. Seit den Gründungstagen der CSU hat er aus nächster Nähe erlebt, dass seine Partei »keine Harmonie-Veranstaltung«[17] war und ist. »Der richtige Weg kann nicht nur im sanften Dialog gefunden werden«, so beschreibt Wilfried Scharnagl, der langjährige Strauß-Vertraute und Chef des Parteiorgans *Bayernkurier*, diesen wesentlichen Teil der CSU-DNA, für den niemand eindeutiger steht als Strauß: »Wo es nottut, müssen auch die Fetzen fliegen.« Allerdings habe »die Partei immer gewusst, wann es Zeit war, den Streit zu beenden und zu jener legendären Geschlossenheit zurückzukehren, um die andere Parteien die CSU immer wieder beneideten und beneiden«.[18]

Dummerweise lässt sich diese Maxime nicht ohne weiteres auf das Zusammenspiel der beiden Schwesterparteien übertragen. Denn innerhalb der Gesamtunion ist Strauß lediglich einer unter vielen Zaunkönigen, der prächtigste, gewiss, aber eben nur Repräsentant einer artikulationsstarken Minderheit, die – nicht nur mit Blick auf die geographische Lage Bayerns – fast schon eine Art Randgruppe bildet. Auch ist das Führungs- und Einigungsgeschäft für den jeweiligen CDU-Vorsitzenden ungleich schwerer als für den CSU-Chef, der sich dazu eigentlich nur mit dem jeweiligen bayerischen Landesvater ins Benehmen setzen muss. Kiesinger, Barzel und Kohl hingegen haben es mit einem ungleich heterogeneren Gebilde zu tun – mit eigenwilligen Ministerpräsidenten, starken Landesfürsten und der ganzen Vielfalt der landsmannschaftlichen Mentalitäten – von friesisch-herb und norddeutsch-spröde über rheinisch-jovial bis hin zu württembergischem Biedersinn –, die Westdeutschland zu bieten hat. Ganz zu schweigen von der erheblich größeren programmatischen Spannweite einer Partei, in der mächtige Sozialausschüsse nach links ziehen, stolze Repräsentanten des Bürgertums darauf achten, dass die Partei einen Kurs der Mitte fährt, und es in einzelnen Themen starke Verfechter rechter Positionen gibt, seien es national-konservativ gesinnte Einzelfiguren wie Alfred Dregger, Law-and-Order-Subskribenten mit Blick auf die Innenpolitik, Unternehmensbosse, die sich über den Wirtschaftsrat der CDU in Sachen Marktwirtschaft engagieren, und auch gewisse immer noch einflussreiche Kirchenkreise in gesellschaftspolitischen Fragen.

So ist es wohl ein bisschen viel verlangt, wenn Strauß von seinen CDU-Kollegen erwartet, dass sie sich an ihm und der Art, wie er in seinem eigenen Laden Konsensbildung betreibt, ein Vorbild nehmen sollen. Und doch müsste das wenigstens einigermaßen gelingen, soll sich die Union auf Bundesebene wieder als geschlossene, führungsbereite Kraft positionieren. So besehen hat Strauß Recht – und doch fordert er geradezu Unmögliches, wenn er im Sommer 1970 Barzel, den Unions-Fraktionschef und höchstwahrscheinlich kommenden CDU-Vorsitzenden, beschwört: »Die Unionsparteien müssen jetzt endlich aus dem Zwielicht, in das sie sich durch Kritiksucht und zweifelhafte Formulierungen einiger Unionspolitiker gebracht haben, herauskommen, und zwar durch ein geschlossenes Votum.« Bei allem Verständnis für die besonderen Nöte der CDU: Die ost- und deutschlandpolitischen Fragen seien kein Pappenstiel. »Hier geht es nicht um taktische Erwägungen, um rhetorische Kompromisse und um klug abgewägte Opportunitäten« – für die Barzels Formel eines »So nicht« vielleicht ein gangbarer Weg wäre –, »hier geht es um eine Schicksalsfrage unserer Nation, der europäischen Einheit und der Zukunft unserer Demokratie«. Vor dem Richterstuhl der Geschichte »würde (uns) später die Ausrede, daß wir es gut gemeint haben, daß wir Rücksicht auf die Presse nehmen mußten, daß wir die öffentliche Meinung nicht schockieren durften – die im übrigen in Mehrheit auf unserer Seite steht –, daß wir einer Regierung eine ›faire Chance‹ geben mußten, daß wir einen ausgewogenen Kompromiss innerhalb der eigenen Reihen finden mußten und ähnliche Formeln, von niemandem abgenommen werden. Wir würden gezählt, gewogen und für zu leicht befunden.«[19]

Aber ist es wirklich das Hauptproblem, dass sich die CDU in den wesentlichen Fragen inhaltlich nicht einig ist? Gerade weil es in der CDU kaum noch Leidenschaft für eine Sache gibt, gerade weil der programmatische Vorrat der Adenauer-Jahre vollständig aufgebraucht ist, gerade weil es kaum mehr einheitsstiftende Inhalte gibt – außer dem, dass früher alles besser war –, müsste es doch jener Kraft aus Bayern, die stets so selbstgewiss zu wissen glaubt, wofür und wogegen sie zu kämpfen hat, umso leichter fallen, den Kurs vorzugeben. Strauß jedenfalls ist sich sicher, wie er im Umfeld des CSU-Parteitags 1970 in einem Interview zu Protokoll gibt, dass die Schwierigkeiten »weniger um den Inhalt der Oppositionspolitik«[20] kreisen, sondern eher etwas mit den Mentalitätsunterschieden in den beiden Schwesterparteien zu tun haben.

Beim einzigen nennenswerten Großkonflikt während der vorangegangenen zwei Jahrzehnte innerhalb der Union, dem Streit zwischen Atlantikern und Gaullisten, waren die artikulationsstarken und sich eindeutig positionierenden Herausforderer entweder Exponenten der CSU oder *has-beens* wie Adenauer und seine wenigen verbliebenen Freunde. Das Establishment wiegelte lieber ab und wollte Streit vermeiden. Auch ihre doppelte Identität, zugleich Bundes- und Landespartei zu sein, unterscheidet die CSU von der CDU als Bundespartei. Niederlagen und Rückschläge hat die CDU bis zur Bundestagswahl 1969 lediglich in den Bundesländern erfahren, als Gesamtpartei indessen nie gelernt, sich zurückzukämpfen, wie es der CSU nach dem Machtverlust in Bayern 1954 gelungen ist. Die Abwehrschlacht vom hohen Regierungsross, dies freilich hat die CDU zutiefst verinnerlicht und so die SPD auf Abstand gehalten. Doch das hohe Ross, auf dem die 1969 Gescheiterten immer noch sitzen, erweist sich im neuen Machtkontext als altersschwacher Gaul, der sich kaum mehr bewegt. Kein Wunder, dass Strauß und sein kampferprobter bayerischer CSU-Verband glauben, mit dieser Schwester sei nicht mehr viel Staat zu machen. Nein, wie Strauß dann und wann auch öffentlich durchblicken lässt, ist »die gemeinsame Auffassung« in inhaltlichen Fragen »weniger das Problem als der gemeinsame Mut«[21], kämpfend in die Auseinandersetzung zu ziehen.

1970 gibt es viele Gelegenheiten, ganz konkret auszuprobieren, was funktioniert und wie weit man mit Konfliktbereitschaft kommen kann. Einige Landtagswahlen stehen nämlich an, nicht zuletzt in Nordrhein-Westfalen, die vielleicht Aufschluss darüber geben können, ob – und wenn ja, wie weit – sich die Stimmung im Land wieder gedreht hat. Tatsächlich gibt es auch schöne Erfolge zu feiern, im bundespolitisch allerdings nicht ganz so wichtigen oder aussagekräftigen Saarland verbessert sich die CDU sogar von auf 42,7 auf 47,8 Prozent. Doch auch die SPD legt zu, in Niedersachsen um mehr als 3 Prozentpunkte. Die FDP hingegen kommt unter die Räder – in Saarbrücken und Hannover fliegt sie aus den Landtagen, an Rhein und Ruhr schleppt sie sich gerade so über die 5-Prozent-Hürde. Bei allen Zugewinnen für die Union: Ganz eindeutig ist das Gesamtergebnis der Urnengänge vom 14. Juni 1970 nicht.

Dafür beschleunigt sich jetzt der Erosionsprozess der FDP auch innerhalb der Bundestagsfraktion. Nur mit erheblichen Bauchschmerzen, teilweise am Rande der Selbstverleugnung, haben die verbliebenen nationalliberal gesonnenen Abgeordneten im Herbst 1969 Brandt mitgewählt und eine eigentlich ungeliebte Regierung unterstützt. Die Aufregung um das Bahr-Papier und der nun fertig ausgehandelte Moskauer Vertrag werfen jetzt aber bei einigen nicht ganz unbedeutenden FDP-Parlamentariern – unter ihnen der vormalige Parteivorsitzende Erich Mende – endgültig die Frage auf, ob sie den eingeschlagenen Weg weiter mitgehen wollen.[22] Zwar sind es zunächst nur drei FDP-Abgeordnete, die zur CDU/CSU-Fraktion übertreten, aber bald wird aus einer dünnen Regierungsmehrheit eine wackelige, mit Trend zur brüchigen. Nicht mal ein Jahr ist die sozial-liberale Bundesregierung im Amt, da stellen sich die Ersten bereits konkret auf einen Sturz des Kanzlers ein.

Dummerweise vertieft der anhebende Exodus aus der FDP das Dilemma der Union. Denn die Abtrünnigen sind erklärte Gegner der Brandt'schen Ostpolitik, lehnen den Moskauer Vertrag und das im Herbst ins Haus stehende Gewaltverzichts-Abkommen mit Warschau entschieden ab. Nachdem es jedoch gelungen ist, den Moskauer Vertrag durch den *Brief zur deutschen Einheit* zu entschärfen, herrscht in der Union Uneinigkeit, wie stark man in Zukunft die Regierung unter Druck setzen soll. Inzwischen mehren sich sogar die Zweifel in der Fraktion, ob die Bundesrepublik überhaupt noch aus dem Vertragsprozess aussteigen kann, ohne im besten Fall einen Haufen zerbrochenes Porzellan zu hinterlassen. Dass die Ostbeziehungen des Bonner Staates, die bislang ja allenfalls ein wenig angetaut sind, in eine neue, lang anhaltende Eiszeit fallen würden, gilt als ausgemacht, und auch die westlichen Freunde hätten wenig Freude daran, wenn die Deutschen plötzlich wieder richtig Lust auf Wiedervereinigung bekämen und die entspannungspolitische Annäherung von Moskau und Washington empfindlich stören würden.

Wäre es da nicht besser, weiter aktiv auf die Bundesregierung einzuwirken, um Nachbesserungen und eine annehmbare Vertragsinterpretation zu erreichen? Am besten alles – vor allem: das endgültige eigene Votum – offenhalten, bis die Ergebnisse der zeitlich verschränkt geführten Verhandlungen mit Moskau, Warschau und auch Prag sowie der alliierten Berlin-Gespräche, vielleicht auch der anstehenden multilateralen Runden über die Entspannung in Europa, auf dem Tisch liegen. Neuerdings regt sich in der Union sogar die Sorge, zu viel Opposition könnte das Verhältnis zur SPD zu sehr belasten – und am Ende stehe man womöglich als etwas da, wofür der Zeitgeist so gar nichts mehr übrig hat: als Kalte Krieger.[23]

Man braucht nicht allzu viel Phantasie, um sich vorzustellen, wie wenig solche Abwägungen Strauß behagen. Den sachlichen Aspekten solcher Zweifel steht er offen gegenüber; am Ende des Vertragsprozesses wird er das Ergebnis akzeptieren – *pacta sunt servanda*. Doch dafür ist es jetzt noch viel zu früh – und für lavierendes Durchwursteln ist er ohnedies nie zu gewinnen. Im Übrigen stehen ja 1970 zwei weitere Wahlen an, in Hessen und vor allem Bayern. Da könnte man der CDU doch mal so richtig zeigen, wie weit man mit markanter Linienführung kommen kann! Dabei sind die landespolitischen Vorzeichen der auf den 22. November terminierten Landtagswahl nicht eben günstig.[24] Heuer freilich, so Strauß auf dem Wahlparteitag der CSU im Oktober, gehe es um weit »mehr als eine Wahl in einem deutschen Bundesland«. Es gehe um etwas, das größer sei als das, was im Kleinkrieg um die Gebietsreform oder die Kirchennähe des Landes und seiner Staatspartei, der CSU, ausgefochten worden ist. Was jetzt bevorstehe, sei nicht mehr und nicht weniger als die »Schlacht um Deutschland«.[25]

Dass in diesen Herbsttagen 1970 große Entscheidungen und Weichenstellungen bevorstehen, kann man auf dem CSU-Konvent auch von den beiden Spitzenrepräsentanten der CDU hören. Kiesinger, noch Vorsitzender der Christdemokraten, raunt, dass jeder Tag, den SPD und FDP das Land regierten, von großem Übel sei, aber der Sturz der Koalition stehe ja womöglich unmittelbar bevor. »Freunde, die Lage ist da, wir sind bereit«, posaunt Fraktionschef Barzel, ein Diktum Adenauers variierend. Dass Kiesinger den Sturz der Koalition als Chance betrachtet, den Thron, den er so überraschend räumen musste, wieder zu besteigen, und dass Barzel mit »wir sind bereit« eigentlich meint: *er* ist bereit, die Kanzlerkrone anzunehmen, darf man getrost glauben; entschieden ist in dieser durchaus heiklen Frage allerdings noch nichts. Nur Strauß tönt ausnahmsweise etwas verhaltener. Bereit sein muss man immer, klar, und dass die Regierungsmehrheit durch die ersten Übertritte aus der FDP zur Union nicht stabiler geworden ist – geschenkt. Er »habe aber kein Wort gesagt, wann« das sein könnte – und an diese Linie will er sich weiter halten, wie Strauß in einem *Spiegel*-Gespräch unmittelbar nach dem Parteitag erklärt. Ansonsten, dies sollten die Mitstreiter aus der CDU bedenken: »(W)ann und wie ein Regierungswechsel angestrebt werden soll, das muß eine politische Überlegung sein und nicht eine Funktion von personellen Diskussionen innerhalb der CDU.«[26]

Die bayerische Landtagswahl mag also eine »Schlacht um Deutschland« sein, die Strauß selbst ausgerufen hat, aber ein »Sieg in Bayern«, so Strauß auf der Abschlusskundgebung am Vorabend der Wahl in Mittenwald, werde allenfalls »ein Meilenstein auf dem Weg« sein, »an dessen Ende eine Änderung der Verhältnisse in Bonn von uns angestrebt wird«.[27]

Einen besonders schönen Meilenstein kann die CSU am nächsten Tag tatsächlich setzen, hat sie doch ihr Wahlziel, die absolute Mehrheit, deutlich übertroffen und mit 56,4 Prozent sogar erstmals die 55-Prozent-Marke überstiegen. Selbst im »roten« Hessen, wo vierzehn Tage zuvor gewählt worden ist, legt die dort konservativ-kämpferisch geprägte Landes-CDU mehr als 13 Prozentpunkte zu und erreicht fast 40 Prozent. Anders als bei den Wahlen des Sommers hat sich die FDP aber wieder stabilisiert; jetzt sind es die Sozialdemokraten, die schwächeln. Doch die Erfolge in den Ländern nützen der Union in Bonn rein gar nichts, die Mehrheitsverhältnisse im Bundesrat ändern sich nicht. Auch mag die CDU in den Wahlerfolgen alles Erdenklich sehen, nur eben keinen eindeutigen Fingerzeig für die künftige Strategie der Opposition.

Besonders eindrucksvoll zeigt sich vor dem Bundesparteitag Ende Januar 1971, wie groß die strategischen Wirren und Wirrnisse in der Union inzwischen geworden sind. Die Wahlen in den Ländern gewinnt man sozusagen mit der rechten Hand, die neue programmatische Ausrichtung der Bundespartei hingegen soll hauptsächlich mit der linken zu Papier gebracht werden. So jedenfalls kommt Strauß der Entwurf einer für Unions-Maßstäbe ziemlich innovativen *Düsseldorfer Erklärung* vor, die dem höchsten Gremium der CDU von der Parteiführung zur Beratung und Beschlussfassung vorgelegt wird. Und dieses Papier sieht aus Sicht des CSU-Vorsitzenden fast schon so aus, als wolle die CDU zu einer Art feinerer SPD mutieren. Außen- und ostpolitisch: »keine klare Aussage über die ständig ernst zu nehmende Bedrohung der freien Welt«, dafür aber erwecke der Entwurf den »Eindruck, als sei man letztlich bereit, sich mit den sog. ›Realitäten‹ abzufinden«. Staatspolitisch: »zentralistische Tendenz« und »eine Aushöhlung der Eigenständigkeit der Länder«. Wirtschafts- und ordnungspolitisch: Verstaatlichung der beruflichen Bildung, Angriff auf die »Selbstverantwortung der Wirtschaft und des Handwerks« und – schlimmer noch – ein verklausulierter Einstieg in die *paritätische Mitbestimmung*. Schnörkellos und in erstaunlich leisem Ton endet diese in einen dreiseitigen Brief an den CDU-Vorsitzenden Kiesinger gekleidete Rezension des Programm-Entwurfs: In seiner jetzigen Fassung könne das ganz sicher »nicht Gegenstand einer gemeinsamen Politik der CDU/CSU-Bundestagsfraktion sein und würde die Fraktionsgemeinschaft zwischen beiden Parteien außerordentlich belasten, wenn nicht gar in Frage stellen.«[28]

Als Drohung ist das gleichwohl nicht gemeint, wie überhaupt das Schreiben fast schon konziliant, jedenfalls nicht polternd klingt, eher werbend, ja, sogar beschwörend; an die Fraktionsgemeinschaft im Bundestag will Strauß jetzt wirklich nicht rühren.[29] Und weil die Parteiführung auf dem CDU-Parteitag begreifen muss, dass sie mit der *Düsseldorfer Erklärung* wohl doch ein wenig übers Ziel hinausgeschossen ist, erhält diese rasch eine Generalpolitur: Nachdem der erste Entwurf in der Abstimmung durchgefallen ist, wird eine neue Präambel gestrickt und auf den Tisch gelegt – formuliert von Helmut Kohl –, die sich mit ihrer Bekenntnistreue zur politischen Mitte und Absage an jedwede sozialistische Tendenz wieder im Konsenskorridor beider C-Parteien verorten lässt. Dass ausgerechnet Kohl, der junge Ministerpräsident von Rheinland-Pfalz, den älteren und alten Hasen der Parteiführung aufschreiben muss, was eigentlich noch die CDU ausmacht und in Zukunft ausmachen soll, ist an sich schon interessant – »ein erster Erfolg« dieses aufstrebenden Nachwuchsmannes, wie die *Frankfurter Rundschau* registriert. Noch bemerkenswerter allerdings ist, dass der Gastauftritt des CSU-Vorsitzenden zum eigentlichen Höhepunkt der Versammlung wird: »Der CDU-Parteitag feiert Strauß«![30] Eröffnet ist damit eine bis zu seinem Tod anhaltende Serie; denn jetzt und in Zukunft wird das »Grußwort«, als das die mitunter stundenlange Rede des CSU-Vorsitzenden im gedruckten Programm der Parteitage stets angekündigt wird, die Hauptattraktion der in der Regel doch eher ermüdenden Großveranstaltung namens CDU-Bundesparteitag sein.

Nach dem Parteitag kann für einen Moment sogar der Eindruck entstehen, als näherten sich die christlichen Schwestern einander wieder an. Nachdem die ersten Übertritte von FDP-Abgeordneten und die Wahlsiege vom

November vorigen Jahres am Ende keinen Domino-Effekt ausgelöst haben, setzt sich auch in der CDU-Spitze allmählich die Erkenntnis durch, dass die sozial-liberale Koalition vielleicht doch nicht so schnell wie gewünscht zerbrechen wird und man sich auf eine längere Oppositionszeit – womöglich bis zu den nächsten regulären Bundestagswahlen – einstellen sollte. Nicht nur Bruno Heck, der CDU-Generalsekretär, warnt vor einer reinen Obstruktions-Opposition und fordert, nur dort »Nein« zu sagen, wo die Regierung Wesentliches falsch entscheide.[31] Auch Strauß gibt sich – ausgerechnet bei der politischen Obergaudi der Bayern, dem politischen Aschermittwoch –, vergleichsweise gemäßigt.[32] Selbstverständlich ist weiterhin alles verfehlt, was Brandt und seine Genossen da in Bonn veranstalten, namentlich die Ostpolitik, aber über Vieles lasse er mit sich reden, solange die Anerkennung der Realitäten keinen völkerrechtlichen Verzicht beinhalte. »Wenn die Anerkennung der Oder-Neiße-Linie nicht mehr bedeuten würde«, so hält es der Reporter der *Süddeutschen Zeitung* fest, »als die endgültige Aussöhnung mit dem polnischen Volk, würde er ungeachtet aller Angriffe, die sich dann auch gegen ihn richten würden, für ein solches Opfer eintreten«.[33]

Ein paar Tage später, beim Schwabinger Fischessen, bekräftigt Strauß diese Position und schließt dabei sogar die DDR als Verhandlungs- und Vertragspartner ein. Stets sei die Opposition bereit gewesen, »und (wir) werden es morgen sein, einen Vertrag über Gewaltverzicht abzuschließen mit jedem unserer östlichen Partner einschließlich Ost-Berlin«. Dabei dürfe allerdings eine Grenze nicht überschritten werden: »Gewaltverzicht heißt nicht Anerkennung von unrechtmäßigen Gewaltbeständen.«[34]

Lang hält die Wirkung der in den ersten Wochen 1971 wieder mehr auf Konsens zielenden Worte der beiden Unions-Schwestern nicht an. Dafür ist die CDU viel zu sehr mit sich selbst und ihren ungeklärten Führungsfragen beschäftigt. Im Herbst wird die Parteiführung neu gewählt, und für den Fall, dass Brandts Regierung doch vorzeitig kollabieren sollte, ist man nicht gerüstet – einen Kanzlerkandidaten gibt es nicht. Dass Barzel sich für alle Positionen selbst am besten geeignet hält, steht außer Frage. Aber auch Kohl schielt auf den Parteivorsitz – selbst Kiesinger hat sein eigenes politisches Ende noch nicht erkannt und will weiter mitmischen.[35] Vor allem unter dem Tisch werden solche Positionskämpfe üblicherweise ausgetragen, und so auch hier, doch wenn die Rangeleien und Fußtritte allzu heftig ausfallen, bleibt das der Öffentlichkeit natürlich nicht verborgen. Ferner sollen gezielte Indiskretionen helfen, Rivalen zu desavouieren und die ei-

*Einpeitscher der Opposition: Mehr noch als der Regierung setzt Strauß im Ringen
um Geschlossenheit den eigenen Leuten zu, 23. Februar 1972.*

gene Stellung zu festigen. Dabei treiben es die Christdemokraten derart
bunt, dass Strauß im Frühjahr sogar den seit einem Jahrzehnt als allerbes-
ten Parteifeind bewährten Gerhard Schröder ins Gespräch für die Kanzlerkandidatur bringt, der »nach seiner Intelligenz, seiner Erfahrung und seiner Behutsamkeit« durchaus der richtige Mann sein könne.[36] Gewiss mögen
bei solchen Überlegungen auch machtpolitische Aspekte eine Rolle spielen;
Rainer Barzel als Kanzler und neuer CDU-Vorsitzender würde sicherlich
einen viel längeren Schatten, auch auf Strauß, werfen als eine Aufteilung der
Ämter zwischen Barzel, Schröder, Kohl, Kiesinger oder wem auch sonst,
der sich berufen fühlt.[37] Aber gerade das Herausstreichen der Charakterei-
genschaft »Behutsamkeit« bei Schröder zeigt, woran es dem Führungspersonal der CDU gegenwärtig am meisten fehlt, um wirklich attraktiv für den
Wähler zu sein: Berechenbarkeit und Standfestigkeit in der Sache.

Dass Strauß selber gute Chancen hätte, innerhalb der Union nominiert
zu werden, wenn er es denn darauf anlegen würde, zeigt der überragende
Zuspruch, den er immer wieder erfährt – als Wahlredner, gefragt wie kein
anderer, sowieso, aber eben auch als der eigentliche Hauptredner auf CDU-
Parteitagen, was ja gerade Düsseldorf bewiesen hat. Ihm ist allerdings bewusst, dass eine polarisierende Persönlichkeit immer nützlich ist, wenn es
in die Auseinandersetzung um die Macht geht – gewissermaßen das Salz in

der Suppe –, dass aber wahrscheinlich für die Mehrheit der Wähler die Aussicht auf ihn als Kanzler eher nach Salz ohne Suppe schmecken würde. Wenn es darauf ankommt – das hat sein Votum für Schröder eben erst bewiesen –, stehen die eigenen Ambitionen in der Regel hinter dem Blick auf das strategische Ganze zurück.

Dennoch lässt Strauß es immer wieder zu, selbst ins Gespräch und nicht selten auch ins Gerede zu kommen, wenn Entscheidungen anstehen. Überraschend ist es für niemanden, dass sein Name im Sommer dieses missvergnüglichen Gerangels innerhalb der CDU – nachdem er einen eigenen Anspruch bereits mehrfach ausgeschlossen hat – urplötzlich ins Spiel kommt. Und zwar durch eigenes Zutun: »Wenn man mich ruft, stehe ich zur Verfügung«, gibt er Ende Juni 1971 im *Handelsblatt* zu Protokoll.[38] Wirft er also doch, jetzt endlich, seinen Hut in den Ring? Will er es diesmal wagen, aufs Ganze gehen? Oder ist es eher ein deftiger Zwischenruf, der die Freunde aus der CDU daran erinnern soll, dass die Kandidatenfrage keine Sache der CDU allein ist, sondern gemeinsam mit der CSU zu verhandeln und entscheiden ist? Vermutlich ist es nicht einmal böse Absicht, dass die maßgeblichen und tonangebenden CDU-Leute gar nicht sehen, was sie da tun, so sehr sind sie mit sich selbst und ihren Diadochenkämpfen beschäftigt. »Es ist ein Luftballon, dessen Steigen Selbstbestätigung verschafft«, so bewertet eine Unions-nahe publizistische Stimme die Initiative von Strauß, der »zu intelligent« sei, »um sich in dieser Hinsicht etwas vorzumachen«. Aber um »sein Gewicht als Kurfürst von Bayern« in Erinnerung zu rufen und »den anderen Dampf zu machen«, dafür ist die Anregung der Phantasie, er könnte doch wollen, durchaus geeignet.[39]

In den kommenden Jahren, bis Kohl Kanzler werden wird, wiederholt sich dieses Muster immer wieder. Mal mit Erfolg, mal ohne. Dem Anspruch der CSU auf Mitsprache, immerhin, wird damit sogar durchaus Genüge getan. Allerdings muss Strauß einen Preis für diese Art des Taktierens zahlen: Je mehr sich ein Gewöhnungseffekt einstellt und die Betonung eigener Ambitionen sich abzunutzen droht, umso höher muss sein Einsatz werden – bis er am Ende nicht mehr aus dem Spiel herauskommt und tatsächlich antreten muss, will er sein Gesicht und sein politisches Gewicht nicht verlieren.

Über Wochen, den ganzen Sommer 1971 zieht sich dieses Spiel auf Zeit und um Respekt hin,[40] während in Bonn bereits erste Kabinettslisten für den Tag danach kursieren,[41] bis Strauß das Spiel für sich beendet: »(F)ür 1973 (werde) ich nicht kandidieren«, allerdings möge die große Schwester endlich begreifen, dass ein Kanzlerkandidat auch aus den Reihen der CSU stammen könne.[42] Bevor nicht die Führungsfrage innerhalb der CDU geklärt ist – auf dem kommenden Parteitag wird es zur Kampfkandidatur zwischen Barzel und Kohl um die Kiesinger-Nachfolge kommen –, wird sich ohnedies nichts mehr bewegen. Sollte sich Kohl, sehr unwahrscheinlich, durchsetzen, dann könnte es noch einmal spannend werden.

Am Ende geschieht, was zu erwarten war: Barzel gewinnt – und ist jetzt als Inhaber beider Führungsämter in Partei und Fraktion unmöglich noch als Kanzlerkandidat zu verhindern. Am 29. November 1971 geben die Führungen für CDU und CSU in getrennten Voten grünes Licht.[43] Im Übrigen hat Strauß seinen Punkt zu Genüge deutlich gemacht: Nicht ohne oder gegen die CSU! Jetzt noch weiteres Taktieren und Lavieren würde nur mehr schaden – vor allem ihm, Strauß, selbst.

Während sich die Führungsfragen nach dem Saarbrücker Wahl-Parteitag der CDU und der Kür von Barzel zum neuen Vorsitzenden allmählich klären, erhöht sich der Druck auf die Union weiter, endlich in den schwebenden ostpolitischen Fragen eindeutig Position zu beziehen. Seit Sommer 1970 liegt der Moskauer Vertrag bereit zur parlamentarischen Schlussberatung, doch die Bundesregierung will ihn erst ratifizieren, wenn auch in der Berlin-Frage, die zwischen den Siegermächten ohne deutsche Beteiligung traktiert wird, eine Einigung erzielt ist. Seit der zweiten Berlin-Krise (1958–1962) mit dem Mauerbau als Höhepunkt hat sich die Lage zwar wieder entspannt, aber niemand weiß, ob das von Dauer ist. Verletzlich ist die westliche Halbstadt in höchstem Maße, verlaufen doch die Verkehrswege in diese Enklave, die zugleich Lebensadern sind, allesamt durch die DDR. Hier zu einer Regelung, zu einem allseits akzeptierten Modus vivendi zu kommen, der den Zugang zweifelsfrei regelt und östlichen Launen entzieht, ist von überragender Bedeutung: für die Überlebensfähigkeit des freien Teils von Berlin, der, auf sich selbst gestellt, nicht existieren könnte; zur Entschärfung eines potenziell fortwährend explosiven Sprengstoffs, der aufgrund bisheriger völkerrechtlicher Unklarheiten dem Osten immer wieder Druckmittel in die Hand gibt; und auch zur Festigung der in der letzten Krise arg ins Wanken geratenen Sicherheitsgarantie der Westmächte für West-Berlin. Dass die Mauer quer durch die alte Reichshauptstadt neben allem Ungemach nicht nur die Teilung vertieft, sondern zugleich die Erinnerung an die Anomalie dieses Zustands im geteilten Deutschland lebendig erhält, gilt freilich nur so lange, wie die Zugangswege aus dem Westen Deutschlands nach West-Berlin ungefährdet sind.

Das Bonner Interesse an einem Viermächte-Abkommen für Berlin ist demnach riesengroß, und so kann es nicht gefallen – der Opposition jedenfalls nicht –, dass der sowjetische Außenminister Gromyko und sein Bonner Kollege Scheel am 30. Oktober 1970 schließlich ein bereits in der Luft liegendes Junktim zwischen einer solchen Vereinbarung und der Ratifizierung des Moskauer Vertrags herstellen. Es ist daher keine Übertreibung, wenn Strauß wenige Tage zuvor ganz nüchtern analysierte, dass die Opposition »damit über kurz oder lang vor eine schwere Entscheidung gestellt« werde.[44]

Als wären die Nöte der Opposition, eine konsistente Position zur Ostpolitik zu finden, nicht schon groß genug, trifft sie gleich der nächste Schlag. Soeben ist der Saarbrücker Wahlparteitag zu Ende gegangen, der CSU-Parteitag steht kurz bevor, im Bundestag wird gerade der Haushalt beraten – Rainer Barzel, der neue starke Mann der Union, plant mit einer scharfen Attacke in die Debatte einzugreifen –, da ereilt das Plenum die Nachricht, dass Brandt zum neuen Friedensnobelpreisträger ausersehen worden ist. Als Kai-Uwe von Hassel, der Bundestagspräsident, am 20. Oktober gegen 17 Uhr das Parlament von dieser Nachricht unterrichtet, stimmen zwar auch einige Vertreter der Opposition in den lebhaften Beifall der Koalitions-Abgeordneten ein. In Wahrheit trifft sie die Botschaft aus Oslo jedoch »wie ein Keulenschlag« und löst zunächst einmal »Benommenheit und Lähmung« in den Reihen der Union aus, eine Gemütslage, die alsbald in »schäumende Wut« umschlägt.[45]

Brandt ist ein populärer Kanzler, seine Ostpolitik kommt grundsätzlich bei der Mehrheit des Volkes gut an – und jetzt wird seine Entspannungspolitik sogar noch mit einem Preis von höchstem internationalem Prestige moralisch nobilitiert. Was die Union, selbstredend, schrecklich falsch findet. Eigentlich ist es zum Davonlaufen. Dass mit dem Sozialdemokraten Klaus-Peter Schulz soeben ein weiterer Abgeordneter der Koalition, der als Berliner Mandatsträger allerdings über kein echtes Stimmrecht verfügt, zur Union übergetreten ist, bietet in dieser Lage nicht einmal einen schwachen Trost. Denn schon in wenigen Wochen, bald nach dem Jahreswechsel, muss die Opposition endlich Farbe bekennen, wenn das Moskauer und Warschauer Vertragswerk dem Bundestag zur endgültigen Beschlussfassung vorliegen wird.

*Auf der Lauer: Helmut Kohl sucht seine Chance, den CDU-Vorsitzenden
Rainer Barzel (mit Zigarre) abzulösen, 19. November 1972.*

Zwei Tage, der 23. und 24. Februar 1972, sind für die erste Lesung angesetzt,
am Ende werden es drei. In einem, immerhin, sind sich alle Unions-Abge-
ordneten einig: Die Ratifizierung der Ostverträge ist eine Entscheidung, die
zu »den ernstesten und folgeschwersten« zählt, »die je im Bundestag zu
treffen waren«[46], so eröffnet Barzel die Debatte. Strauß führt am folgenden
Tag im selben Sinne aus, man müsse zwischen dem »Übel« eines Ja und
einem Nein abwägen, das »neue und schwere Belastungen mit sich bringen
würde«.[47] Während aber der CSU-Vorsitzende am Ende zu dem Ergebnis
kommt, das »Nein als das kleinere Übel« sei zu wählen, da ein Ja »einen
Bruchpunkt auf der Straße ins Unheil«[48] markiere, spielt Barzel weiter auf
Zeit, versucht so viel wie möglich offenzuhalten.

Natürlich bekommen Brandt und dessen Gefolge die Leviten gelesen, da
steht Barzel an Eifer und in Leidenschaft Strauß nicht nach. Was da als Ver-
handlungsergebnis zu besichtigen sei, bringe »keinen Fortschritt«, während
für die andere Seite im Grunde nahezu alle Wünsche in Erfüllung gingen.
Vielleicht aber lässt sich ja noch etwas nachbessern, klingt zwischen den
Zeilen durch, sonst freilich müsse man die Verträge »als unvollständig und
unzureichend vertagen oder ablehnen«. Also: »So nicht.« Und dann, damit
ihn jeder richtig versteht, heißt es am Ende seiner Einlassung noch einmal:
»So nicht!«[49] Da auch Barzel in seiner feuernden Rede dem Gegner nichts

schenkt, fällt der nicht unerhebliche Unterschied zwischen dem klaren Nein von Strauß und dem »So nicht« von Barzel nicht direkt ins Auge. Bis zur alles entscheidenden dritten Lesung kann es ja noch Wochen und Monate dauern, Zeit gewonnen hat Barzel mithin erst einmal.

Bevor sich die Öffentlichkeit allzu sehr mit den feinen Rissen in der Unionsfront beschäftigen kann, überschlagen sich die Ereignisse. Wenige Tage nach der Debatte, am 29. Februar 1972, tritt mit Herbert Hupka jetzt auch ein voll stimmberechtigter Abgeordneter von der SPD zur Union über. Die Gerüchte, dass weitere FDP-Parlamentarier gegen die Verträge stimmen werden, verdichten sich, mindestens drei werden offen mit Namen gehandelt.[50] Schon titelt der *Spiegel*, zwei Wochen nach Hupkas Übertritt, am 13. März: »Nervenkrieg in Bonn – Neuwahlen?«

Hat Brandt seine Mehrheit jetzt verloren? Reichen die Stimmen im Bundestag aus für den Kanzlersturz? Soll man es wirklich wagen? Muss man es nicht sogar? Der einzig gangbare Weg, den die Verfassung für den Kanzlersturz vorsieht, ist das konstruktive Misstrauensvotum. Mit der Abwahl Brandts wäre zugleich Barzel neugewählt. Aber wenn man es wagen will und sogar gewinnen sollte: Wie könnte es dann weitergehen? Müsste nicht auch ein Unions-Kanzler, der nur über ein, zwei Stimmen Mehrheit verfügen würde, ständig zittern und bangen? Über kurz oder lang wären vorgezogene Neuwahlen unvermeidlich, um die verschwommene, weiterhin heikle Mehrheitslage im Parlament zu beenden. Das sehen Regierung und Opposition durchaus ähnlich. Taktisch geht es daher vor allem darum, mit möglichst günstigen Startbedingungen ins Rennen zu gehen. Doch wie so viele Fragen, wird auch die des Misstrauensvotums nicht allein mit kühlem Kopf und unbestechlichem Rechenschieber beantwortet, und so gibt die Landtagswahl in Baden-Württemberg am 23. April 1972 den entscheidenden Anstoß, wirklich ins Wagnis zu gehen.

Auch hier, im Ländle, kann die Union, streng genommen, bundespolitisch wenig gewinnen. Mit satter Mehrheit ausgestattet, regiert Kiesingers Nachfolger Hans Filbinger, der trotz landesweiter Beachtung des bevorstehenden Landtagswahlkampfs erst einige Jahre später eine gewisse bundespolitische Berühmtheit erlangen wird. Auch der Ausgang dieser Wahl wird an den Mehrheitsverhältnissen im Bundesrat nichts ändern. Aber so, wie sich die innenpolitische Lage unterdessen aufgestaut hat, wird der Wahlgang allseits zu einem echten Stimmungstest heraufbeschworen. »Baden-Württemberg: Wählen für Bonn«, titelt *Der Spiegel*,[51] und in der Union sieht man das genauso.[52]

Am Wahlabend selbst ist dann kein Halten mehr. Noch bevor die Wahllokale schließen – gegen 17 Uhr wird es bekannt –, wechselt ein weiterer FDP-Abgeordneter das Lager. Und bei der Wahl erzielt die CDU ein Traumergebnis: 52,9 Prozent;[53] noch in der Nacht fassen Barzel und seine engsten Vertrauten den Entschluss, es jetzt zu wagen.[54]

Vier Tage später, am 27. April 1972, ist es soweit. Bereits am Vormittag haben zwei weitere FDP-Abgeordnete in ihrer Fraktion erklärt, dass sie für Barzel stimmen werden, womit die Messe, für die amtierende Regierung ist es ein Requiem, dann gelesen wäre. Natürlich bleibt es bis zur Abstimmung ein aufwühlender Tag am Rhein – nie zuvor wurde in Bonn ein Kanzlersturz versucht –, auf dem Papier allerdings steht der Ausgang, die Mehrheit für Barzel, fest. Mit aller Leidenschaft spricht sich das Parlament zum Antrag der Unions-Fraktion aus, um es dann mit Haltung hinter sich zu bringen. Doch das Ergebnis, das Bundestagspräsident Kai-Uwe von Hassel um 13.22 Uhr verkündet, macht alle Vorausberechnungen zunichte. Statt der erforderlichen 249 Stimmen kann Barzel lediglich 247 auf sich vereinigen – Brandt kann Kanzler bleiben.

Wann und wo die sicher gewähnte Mehrheit verlorengegangen ist, wird sich nie restlos klären lassen.[55] Sicher ist aber, dass der Verrat aus den eigenen Reihen kam, aus der Unions-Fraktion. Bald richtet sich der Verdacht auf den Abgeordneten Julius Steiner. Ihm und auch einem durchaus prominenten Abgeordneten der CSU, dem notorisch klammen parlamentarischen Geschäftsführer Leo Wagner, der gern in teuren Vergnügungslokalen verkehrt, werden alsbald Verbindungen zu östlichen Geheimdiensten nachgesagt und dann später auch nachgewiesen. Womöglich, ja, sogar wahrscheinlich waren auch Bestechungsgelder im Spiel – fragt sich nur, von wem.

Schön ist das alles nicht, vor allem ist diese böse Überraschung ein denkbar schlechter Auftakt für die früher oder später bevorstehenden Neuwahlen. Denn jetzt hat es der Bundeskanzler – gleichfalls ohne sichere Mehrheit – in der Hand, den Zeitpunkt des Urnengangs zu bestimmen, indem er die Vertrauensfrage stellt. Eine Zeitlang lässt sich auch ohne verabschiedeten Haushalt regieren, und die Exekutive hat genügend Möglichkeiten, die Versuchsanordnung für die vorgezogene Wahl als Folterkammer für die Opposition einzurichten. Was böte sich da besseres an, als die Union ein weiteres Mal in die entspannungspolitische Sackgasse laufen zu lassen, bevor der Wähler das letzte Wort spricht? Die jetzt in Gang kommenden Grundsatzgespräche zwischen Bonn und Ost-Berlin liefern da eine vorzügliche Handhabe.

Der letzte Preuße

Ohne dass einer ahnen könnte, wie viel Zündstoff die Paarung Strauß und Genscher der deutschen Politik in den kommenden sechzehn Jahren noch bescheren wird, begleitet ein Reporter der *Frankfurter Allgemeinen Zeitung* die beiden Spitzenpolitiker im baden-württembergischen Landtagswahlkampf 1972 und stellt Vergleiche an. Genscher ist, wie könnte es anders sein, der Blassere von beiden, wirkt neben Strauß beinahe unscheinbar: »Der Versuch des polemischen Tonfalls mißlingt aus dem Mund zwischen den ausladenden Wangen«; wenn er, der kommende starke Mann der Liberalen und amtierende Innenminister der sozial-liberalen Regierung, für den Fall eines allzu hohen Siegs der Union im Ländle vor einem »zweiten Südstaatenproblem« warne, klinge das »läppisch«; was ihm liege, sei »der Habitus des vernünftigen Anwalts«. Kein schlechter Ansatz für den Repräsentanten einer Partei, die dem Tod noch keineswegs von der Schippe gesprungen ist, in aufgewühlten Zeiten, in denen das Bürgertum für solch soliden Biedersinn empfänglich ist.

Ganz anders Strauß. Selbst kleinere Veranstaltungen – er zieht über die Dörfer – verwandelt er in Hochämter. »Strauß ist noch immer eine Attraktion«, seine Auftritte werden von den lokalen Parteigrößen »mit peinlicher Unterwürfigkeit eingeleitet«. Wenn er dann, abgehetzt und stets verspätet, eintrifft, empfängt ihn »ein Überschlag von Dankbarkeit: Er ist angekommen, Dank, o, Dank, er ist da. Wir danken alle herzlich. Und dann noch einmal: Vielen Dank.« Selbst ein schon von Amts wegen stocknüchterner FAZ-Berichterstatter kann sich da eine Prise Spott nicht verkneifen.[1]

Aber es ist nicht mehr alles wie gehabt. Strauß ist zwar erst sechsundfünfzig und »ergötzt mit unbändiger Vitalität« weiterhin sein Publikum. Doch er steht schon fast zwanzig Jahre in der ersten Reihe der nationalen Politik, Genscher gerade mal drei. Bonner Lebensjahre wiegen doppelt. Barzel, jetzt auf dem Höhepunkt seiner Karriere und – ohne es zu wissen – kurz vor dem politischen Totalschaden, wird es auf zehn Jahre bringen. Gerhard Stoltenberg, ein anderes der früheren Jungtalente, das schnell ergraut ist, hat sich nach vier Ministerjahren und etwas Oppositionstheater soeben in die vergleichsweise gemütliche Kieler Landespolitik zurückgezogen; später werden noch weitere zehn Jahre hinzukommen im Kabinett von Helmut Kohl. Despektierlich ist es, in diesem Licht betrachtet, sicher nicht, wenn die FAZ bei Strauß im Frühjahr 1972 Züge eines »alternden Stars« erkennt.[2]

In der Union selbst, auch bei der CDU, würde sie es nicht wagen, so über ihn zu sprechen – jedenfalls nicht offen. Als unangefochtener CSU-Chef ist Strauß immerhin ein gewichtiger Machtfaktor, den man besser nicht reizt. Aber kleine Sticheleien, erste Versuche, ihn zu marginalisieren oder doch ein wenig aus dem Zentrum schieben, gibt es. Kalt haben sie nach der verlorenen Bundestagswahl 1969 seine kurze Rekreations- und Neuorientierungsphase, seine wochenlange Abwesenheit von Bonn genutzt, um die wichtigsten Fraktionsposten anderweitig zu besetzen. Direkt übergangen wurde Strauß nicht, er war einfach nicht greifbar, aber freihalten wollte man ihm auch nichts. Erst seit Stoltenbergs Abgang im Mai 1971 gehört Strauß wieder der engeren Fraktionsführung an und ist für die Wirtschafts- und Finanzpolitik zuständig.

Lange könnte man in den Unionsparteien suchen und würde doch niemanden finden, der Strauß in diesen Fragen fachlich das Wasser reichen könnte. Aber weder seine Ressortzuständigkeit noch die allseits gerühmte Fachkompetenz kann die jungen Böcke davon abhalten, schon mal gegen den alten Platzhirsch aufzubegehren, oder, schlimmer noch, so zu tun, als gäbe es ihn gar nicht. Im Sommer 1971 beispielsweise, es geht um schwierige Fragen der Währungspolitik, legt sich das CDU-Präsidium – obwohl Strauß gerade noch verkündet hatte, dafür sei es zu früh – auf einen Standpunkt fest, den er zudem für falsch hält. Damit nicht genug: »Um so unverständlicher ist es allgemein und um so befremdender für mich«, schreibt Strauß an Barzel, »daß die CDU hier sich mehr oder minder mit Schiller identifiziert (…) und nebenbei mich desavouiert«. Ein »unmögliches Vorgehen« sei es, wenn das CDU-Präsidium sich, »wie es scheint gewollt und bewußt«, über ihn hinwegsetze, »ohne vorher wenigstens den Versuch einer Abstimmung zu machen«. So könne man eigentlich nur vorgehen, »wenn man den Keim zum Verlust der nächsten Bundestagswahl legen will«.[3]

Und dieser Vorgang ist kein Einzelfall. Die Verständigungsdefizite zwischen Strauß und der CDU häufen sich. Ein paar Tage zuvor erst hatte sich das Muster wiederholt: Strauß weilt in seinem südfranzösischen Ferienhäuschen und gibt der *Bild am Sonntag* ein Interview. Darin geht es vor allem um die Viermächte-Verhandlungen über Berlin. Obwohl in Bonn bereits bekannt ist, dass weiterhin die deutsche Bundesflagge von den Gebäuden der Bundesverwaltung in West-Berlin wehen darf, wird Strauß, in der Ferne, auf dem Kenntnisstand eines früheren Gerüchts gehalten, so dass er grundlos wettert: »Ich schäme mich: Die Fahne wird eingezogen«[4] – und prompt steht er als der Blamierte da. »Irgendwer ließ da Franz Josef Strauß ziemlich schlimm auflaufen«, kommentiert die *Süddeutsche Zeitung*, »zwischen der CDU und Strauß kommt dies in jüngster Zeit immer öfter vor«.[5]

Die Verärgerung von Strauß, der nichts mehr hasst als gegängelt, vorgeführt zu werden, ist verständlich. Ihm, dem *Senior* der Union in Bonn und CSU-Vorsitzenden gegenüber sind solche Spielchen eine ausgesprochene Frechheit. Dass junge Leute wie sein damaliger Lieblings-Grünschnabel Jürgen Echternach, seit einigen Jahren Bundes-Vorsitzender der *Jungen Union*, immer wieder gegen ihn stänkern, gefällt ihm ganz gewiss nicht. Aber das ist nichts Neues. Auch wenn er sich nicht allzu oft daran erinnert, Strauß war in jungen Jahren so viel anders nicht. Neu hingegen sind die Methoden der Auseinandersetzung.

Hart gekämpft, gerungen haben sie früher ebenfalls; seit jeher zählt die gezielte Indiskretion zu den meistgebrauchten Waffen im politischen Kampf, die Strauß wohl einzusetzen weiß. Wahr ist auch, dass selbst einem Politiker wie ihm, der das offene Wort schätzt und der direkten Konfrontation nicht ausweicht, das kritische Wort über andere leichter über die Lippen kommt, wenn diese nicht zugegen sind. »Er operierte«, wie es sein langjähriger Wegbegleiter Wilfried Scharnagl einmal ausgedrückt hat, »durchaus auch gerne in Abwesenheit des Patienten.«[6] Doch die jetzt in Mode kommenden Methoden, die mit Vorliebe am Löwen aus München erprobt werden, gehörten früher nicht zum Alltag: den anderen gezielt ins offene Messer laufen lassen, Schüsse aus dem Hinterhalt oder jene Untugend, die man in Bayern als Hinterfotzigkeit bezeichnet. All dies ist Strauß fürchterlich zuwider – erst recht, wenn solche Mittel aus »Feigheit vor dem Freund«[7] ergriffen werden.

Tatsächlich ist Strauß schon jetzt, obwohl er noch weitere anderthalb Jahrzehnte die nationale Bühne der Politik in Hauptrollen bespielen wird, ein Relikt aus ferner Zeit: ein schroffer, urwüchsiger Solitär, umgeben von einem größer werdenden Ensemble mehr oder weniger glattpolierter Kiesel- und Halbedelsteine. Hier die elementare politische Leidenschaft – dort das Heer konfliktscheuer Technokraten der gegebenen Umstände. In der ersten Hälfte seines politischen Lebens ist Strauß weit gekommen, hat immer wieder erfolgreich widrigen Umständen getrotzt und gezeigt, was alles möglich ist, wenn Leidenschaft, Kraft und Überzeugung sich vereinen. Nach 1969 ist es umgekehrt: Jetzt ist Strauß innerhalb der Union zweifellos die größte Potenz, zudem mit einem enormen Erfahrungsschatz ausgerüstet und doch von der übergroßen Macht der Umstände beherrscht, denen selbst die größte Begabung nichts anhaben kann.

In Bonn jedenfalls ist es so, auch wenn sich diese Einsicht erst allmählich einstellen will. Allein in München und in Bayern und insbesondere in der CSU gehen die Uhren noch ein bisschen anders. Auch hier läuft zwar für Strauß nichts wie von selbst. Doch südlich des Mains sind ausgeprägte Individual-Charaktere, rauffreudige Auseinandersetzungen und brachiale Kraftdemonstrationen immer noch erwünschte Zutaten des politischen Geschäfts, Halbgares hingegen nicht, und die geschmeidige Kompromissformel steht nicht am Beginn, sondern findet sich immer erst im allerletzten Moment. Hart, knallhart mitunter sind die Kämpfe, doch Blut fließt selten, und statt Verbitterung gibt es am Ende meist einen halbwegs versöhnlichen Ausklang. Bis Strauß sich 1978 ins Prinz-Carl-Palais zurückzieht, wird er genügend Gelegenheit haben, diese Unterschiede zwischen München und Bonn zu erleben – um herauszufinden, wo nicht mehr und wo noch immer Heimat für ihn ist.

In ganz anderer und viel tiefer gehender Weise haben indes die Unionsparteien insgesamt erhebliche Schwierigkeiten anzugeben, wo und was für sie Heimat ist: Sie empfinden ihre Verbannung in die Opposition wie eine Art Vertreibung aus dem Paradies, also dem, was Paulus im 2. Korinther-Brief als himmlische Heimat bezeichnet, und das soeben gescheiterte Misstrauensvotum hat erneut daran erinnert, dass der Weg zurück kein leichter sein wird, sondern steinig ist. Wie weit das Ziel entfernt liegt, wird den Akteuren nach dem Frühjahrs-Desaster und dem atemberaubenden Schwenk vom Nein über das »So-nicht!«-Jein zu einem gequälten Ja zu den Ostverträgen durch Enthaltung bewusst. Am besten lässt man die Regierung noch so lange wie möglich ohne Mehrheit vor sich hin wursteln, bis die Ereignisse um den versuchten Kanzlersturz und das Einknicken in der Ostpolitik im Wählergedächtnis nicht mehr ganz so präsent sind. Besser also erst für das Frühjahr 1973 die vorzuziehenden Neuwahlen anstreben als noch im Sommer oder Herbst.[8] Ihr Haupt-Wahlkampfthema haben die Unionsparteien jedenfalls verloren; nachdem sie dem Moskauer und Warschauer Vertrag über die parlamentarischen Hürden geholfen haben, sollten CDU und CSU das Lied von den »vaterlandslosen Gesellen« besser nicht mehr anstimmen. Wer sollte das jetzt noch glauben? Aber eine neue Hauptkampflinie aufzubauen – nun soll es die Wirtschafts- und Finanzpolitik sein –, braucht seine Zeit.

Angriffsfläche bietet die Regierung auf diesem Feld zu Genüge. Den im Streit mit Brandt, den meisten Mitgliedern des Bundeskabinetts und der Mehrheit der SPD-Fraktion erfolgten Rücktritt von Alex Möller im Frühjahr 1971 vom Amt des Finanzministers konnte die Regierungskoalition für die Galerie noch gut kompensieren – kurzerhand wurde Karl Schiller zum Superminister für Wirtschaft und Finanzen berufen.[9] Und ihm gelang dann ja auch, woran Möller gescheitert war, nämlich einen Bundeshaushalt für 1972 aufzustellen, der halbwegs solide schien und doch die Zustimmung der eigentlich auf Ausgabenwachstum – finanziert durch noch mehr Schulden und höhere Steuern – orientierten Parteimehrheit fand.

Doch auch dieses Glück währt nicht allzu lange: Schon Anfang 1972 tun sich unerwartet gewaltige Deckungslücken im Haushalt auf, die Schiller am liebsten durch sofortige Einsparungen geschlossen sehen will – ein Vorschlag, mit dem er bei allen betroffenen Ressorts naturgemäß auf heftigen Widerstand stößt. Da aber die Alternative, kurzfristig gewisse Steuern zu erhöhen, in diesem Moment, da niemand wissen kann, wie lange die Koalition noch halten wird und ob womöglich vorgezogene Wahlen fällig werden, überhaupt nicht geht, kann sich Schiller nach zähem Kampf noch ein letztes Mal durchsetzen. Im Sommer ist dann aber endgültig Schluss: Geschlossen stimmen seine Kabinettskollegen gegen seinen Vorschlag, den Wechselkurs der D-Mark freizugeben und vom Markt regulieren zu lassen. Und so bleibt dem Superminister gar nichts übrig als die sofortige Demission.

So erleichtert die meisten Minister-Genossen nun sind, diesen mittlerweile als unerträglich nervend angesehenen Mann endlich los zu sein, so wichtig ist er eigentlich doch fürs Schaufenster und für jene Wechselwähler, die wegen der Ostpolitik oder ihrer kulturellen Nähe zuletzt für die SPD votiert hatten, die aber Sicherheit und Stabilität in allen Wirtschafts- und Finanzfragen gleichfalls schätzen. Nach Möller nun Schiller – viel Führungspersonal steht nicht mehr bereit, um Zweifeln an der Solidität sozialdemokratisch ausgelegter Ökonomie zu begegnen.

Mitten in diesem Ungemach, das tendenziell der Union in die Hände spielt, muss allerdings der Weg zu vorgezogenen Neuwahlen gefunden werden, da die Regierungsmehrheit ja verloren ist. Schließlich verständigen sich Brandt und Scheel am 24. Juli 1972 darauf, noch im Herbst die Weichen stellen zu wollen. Zwei Monate später, am 22. September, stellt Brandt im Bundestag die Vertrauensfrage, und da die Regierungsmitglieder der Koalitionsfraktionen der Abstimmung fernbleiben, schlagen am Ende lediglich 233 Stimmen für Brandt zu Buche – er hätte 249 benötigt –, während 248 Abgeordnete ihm das Vertrauen verweigern. Sofort bittet der Kanzler das Staatsoberhaupt, den Bundestag aufzulösen, was der auch postwendend tut: Vorgezogene Neuwahlen werden für den 19. November angesetzt.[10]

Gemessen daran, dass sich die Bundesrepublik irgendwie seit Brandts Amtsantritt in einer Art permanentem Vorwahlkampf befindet, sind die nun verbleibenden zwei Monate reichlich kurz für eine echte Schlusskampagne. Doch auch ohne das Zutun der professionellen Wahlkampf-Manager aus den Parteizentralen ist genügend Stoff zur Auseinandersetzung gegeben. Denn kaum hat sich der Sturm um die Ostverträge gelegt, zieht bereits ein neues Unwetter herauf – mitten in die kurze Zeit des Wahlkampfs fallen die offiziellen Verhandlungen zwischen Bonn und Ost-Berlin über ein Grundsatz-Abkommen zwischen diesen beiden politischen Gebilden, die aus westdeutscher Sicht eben kein Ausland füreinander sein können, exakt dies aber seit einiger Zeit de facto sind.

Selbst wenn der in seinem Gestaltungsdrang nur schwer zu bremsende Chef-Unterhändler Egon Bahr und sein längst noch nicht am entspannungspolitischen Zielpunkt angekommener Bundeskanzler und Richtliniengeber Willy Brandt erst einmal eine gewisse Auszeit für weitere deutschlandpolitische Schritte gewollt haben sollten: Dieses Mal sind sie nicht frei in ihren Entscheidungen. Seit sich die Vereinigten Staaten und die Sowjetunion im Frühjahr 1972 auf höchster Ebene darüber verständigt haben, so bald wie möglich in multilaterale Gespräche über Sicherheit in Europa einzutreten, ist politisch vorgegeben, dass beide, Bundesrepublik und DDR, demnächst an einem Verhandlungstisch sitzen werden. Bereits im Oktober laufen die Vorgespräche über eine *Konferenz für Sicherheit und Entspannung in Europa* (KSZE) an, und ob es der Bundesrepublik passt oder nicht: Die DDR wird dabei ebenfalls vertreten sein.[11]

Bonn bleibt gar nichts anderes übrig, als sich deutschlandpolitisch ehrlich zu machen und sich selbst darüber klar zu werden, wer oder was das eigentlich ist, das da im Osten an die alten Westzonen grenzt und Berlin umschließt. Mit einem *Phänomen* oder *Phantom* konnte man sich vielleicht in Fragen einigen, über die öffentlich sowieso – in beiderseitigem Interesse – nicht gesprochen werden durfte, etwa die seit den frühen sechziger Jahren noch unter Barzel als gesamtdeutschem Minister in Gang gekommenen Freikäufe von Häftlingen aus der DDR oder großzügig gehandhabte Überziehungskredite – den *Swing* – im stillen Interzonenhandel. Mit geschicktem diplomatischen Eiertanz ließen sich auch die notwendigen

Ergänzungen zum Viermächte-Abkommen, etwa eine Transit-Verein-
barung, verhandeln – aber schon der Abschluss eines weiter gefassten Ver-
kehrsabkommens bereitete kaum überwindbare Schwierigkeiten. Einigermaßen erfolgreich konnten dabei die Versuche Ost-Berlins abgewehrt
werden, über die Regelung technischer Belange statuspolitische Positions-
gewinne zu erreichen.[12] Mit dem multilateralen Rahmen der Entspannungspolitik in Europa ist nun die Stunde der Wahrheit gekommen.

Erstaunlich schnell nimmt der *Grundlagenvertrag* Gestalt an. Bedenkt
man, dass neben weiteren technischen Fragen, die für das Nebeneinander-
leben der Deutschen in zwei separaten staatlichen Gebilden von Belang
sind, nicht mehr und nicht weniger als das grundsätzliche Verhältnis zwischen der Bundesrepublik und der DDR bestimmt werden soll, kann man
geradezu von einem Rekordtempo sprechen: Am 9. August 1972 beschließt
das Bundeskabinett die Aufnahme von Verhandlungen, die bereits eine
Woche später beginnen und nach knapp drei Monaten, am 6. November –
also keine zwei Wochen vor der vorgezogenen Bundestagswahl –, erfolgreich abgeschlossen werden können.[13]

Für die Bundesregierung ist es ein Segen, mit Egon Bahr über einen
engen Vertrauten des Kanzlers zu verfügen, der sich wie kein Zweiter in den
heiklen Verhandlungsmaterien auskennt. Aus seiner Sicht fehlt ein echter
Eckstein der neuen Ostpolitik, solange die grundsätzlichen Fragen zwischen den beiden deutschen Staaten nicht geklärt sind. Und obendrein
kann ein weiterer entspannungspolitischer Erfolg vor der Bundestagswahl
sicher nicht schaden. Umgekehrt ist das Interesse der DDR an einer solchen
Vereinbarung mittlerweile deutlich kleiner, ist sie mit der bevorstehenden
KSZE doch endlich dort angekommen, wo sie immer hinwollte: gleichbe-
rechtigter internationaler Vertragspartner, sogar der Vereinigten Staaten
von Amerika, zu sein. Sehr viel mehr Anerkennung geht nicht, auch nicht
durch ein deutsch-deutsches Abkommen. Allerdings ist man sich in Ost-
Berlin – in Moskau sowieso – durchaus bewusst, was man an der sozial-
liberalen Regierung hat.

Angesichts der rasanten Geschwindigkeit, mit der die Verhandlungen
geführt werden, liegt der Vorwurf der Union, und hier wiederum insbesondere von Strauß erhoben, auf der Hand: Aufgrund der Eile sei wieder einmal zu viel verschenkt worden! So eindeutig lässt sich freilich nicht sagen,
wem der Zeitdruck schadet und wer davon profitiert: Gerade weil Ost-
Berlin und Moskau klar ist, dass man es nach der Bundestagswahl womöglich mit einer ungünstigeren Konstellation in Bonn zu tun haben wird und

ein schneller Erfolg der noch amtierenden Regierung sogar bei den Wahlen helfen könnte, wäre allzu langes ritualisiertes Feilschen wenig angebracht. Der Druck auf die Bonner Verhandlungsführer wirkt sich jedenfalls auch auf die Gegenseite aus – zu einem schnellen Abschluss gibt es im Grunde auch für sie keine Alternative.[14]

Das Dilemma, vor dem die Opposition damit erneut steht, lässt sich ebensowenig umschiffen. Eigentlich ist sie müde, weiter gegen die Entspannungs- und Vertragspolitik zu kämpfen, nachdem die Hauptschlacht um den Moskauer Vertrag geschlagen und verloren gegangen ist. Die Deutschlandpolitik dürfe vor der Neuwahl nicht zur »Achillesferse der Union«[15] werden, beschwört Barzel seine Truppen, man müsse verdeutlichen, dass die notwendige Öffnung nach Osten nicht mit einer innenpolitischen Öffnung hin zum Sozialismus einhergehe.

Dass Ludwig Erhard auf seine alten Tage für Wahlkampfzwecke noch einmal in das Geschehen einzugreifen bereit ist, ist eigentlich kein schlechtes Signal. Noch besser, dass er in großen Anzeigen-Kampagnen ausgerechnet gemeinsam mit Karl Schiller, dem Abtrünnigen der Brandt-Regierung, für den Kurs der Union wirbt. Am besten wäre es, wenn man den Grundlagenvertrag in der Kampagne ganz ignorieren und die Regierungsparteien vor allem in der Wirtschafts- und Finanzpolitik stellen könnte. Doch leider tun der Union weder die tagespolitische Agenda noch die ob ihres neuerlichen Erfolgs stolzen Koalitionsparteien diesen Gefallen. Denn der Wähler wird es sich nicht nehmen lassen, noch nachträglich sein Votum über das bisherige Hauptwerk der sozial-liberalen Koalition sprechen zu wollen.

Kurz und heftig ist die heiße Wahlkampfphase, konsequent rücken die Sozialdemokraten ihren Friedenskanzler, Nobelpreisträger und Demokratie-Erneuerer in den Vordergrund. Wo Brandt auftritt, gibt es Weihestunden zu erleben – Vergleichbares hat die Union mit ihrem Spitzenmann Barzel nicht zu bieten und mit Strauß sowieso nicht. Wo der eine kämpft, herrscht weitgehend öffentliche Gleichgültigkeit. Und wo der andere agiert, ist – wie gewohnt – Streit ganz gewiss. Aber wen interessiert das eigentlich noch in diesem Wahlkampf, wenn etwa Günter Grass bei einer Kundgebung im angestammtem Wahlkreis des CSU-Vorsitzenden, Weilheim-Schongau, die Bezeichnung »hochkarätiger Lump« für Strauß angemessen hält? Und wer will heuer eigentlich wissen, wie Strauß sich bei Grass, diesem »hergelaufenen Brandtbejubler«, bedankt?[16]

Das große Wasser verdrängt das kleine, und so bleibt die Ost- und Deutschlandpolitik weiterhin das Aufregerthema Nummer eins. Und hier steckt die Union einmal mehr in der So-Nicht-Falle fest – nämlich das Hauptwerk des politischen Gegners weder richtig bekämpfen, noch richtig gutheißen zu können.

Die Geschichte wiederholt sich: Eine andere Politik hat die Union nicht anzubieten, allmählich hat sie sogar begriffen, dass es sinnvoll ist, im Reich der Realitäten zu leben. Nur, muss man diese wirklich anerkennen? Irgendwie ja – und irgendwie nein. Man muss den Status quo zur Kenntnis nehmen, ohne die Perspektive auf dessen Überwindung aufzugeben; es gilt zu verhindern, dass Rechtspositionen wie der Anspruch aller Deutschen auf freie Selbstbestimmung die Bundesrepublik handlungsunfähig machen, aber sie dürfen normativ nicht angetastet, ausgehöhlt oder beseitigt werden.

Die Botschaft der Amtsinhaber für die Wähler ist da einfach eindeutiger. Und offenkundig attraktiver. Denn die Bundestagswahl gerät geradezu zu »einem Volksentscheid über die Ostpolitik« – sie wird zum »Plebiszit für die Person des Kanzlers«.[17] Aus den Wahlen am 19. November geht die sozial-liberale Koalition als klare Siegerin hervor. Die SPD erreicht 45,8 Prozent der Zweitstimmen, nach 42,7 Prozent 1969 – und stellt fortan erstmals die stärkste Fraktion –, die FDP verbessert ihr Ergebnis von 5,8 auf 8,4 Prozent. CDU und CSU fallen hingegen von 46,1 auf 44,9 Prozent ab. Alle anderen Parteien bleiben bedeutungslos, auch die Gefahr der NPD, die 1969 nur knapp den Einzug in den Bundestag verpasst hatte, ist jetzt gebannt.

In der Wahl geschlagen, im Parlament fortan überdeutlich von den Regierungsfraktionen abgehängt, hat die Opposition nun nicht mehr allzu viel Handhabe, der Koalition Schwierigkeiten zu bereiten. Mit Blick auf die ungeliebte Ostpolitik und ihre Verfechter besteht allerdings noch eine andere Option als der Kampf. Sie ist schwer ins Werk zu setzen, doch es gibt sie. Schon ganz am Anfang des Streits um die Neuausrichtung der Bonner Ost- und Deutschlandpolitik, wenige Wochen nach dem Bonner Machtwechsel, hatte Strauß angekündigt, unter Umständen den Rechtsweg zu beschreiten: Zwar habe er »noch nie viel davon gehalten«, dass »politische Fragen auf verfassungsrechtlichem Weg entschieden« werden. Zur Not allerdings müsse man »die Frage, ob die Politik Brandts einem verfassungsgerichtlichen Test unterworfen werden soll, sorgfältig prüfen«.[18] Da gerade erst Sondierungsgespräche zwischen Bahr und Gromyko begonnen hatten, aber noch keine Verhandlungen geführt wurden oder gar Ergebnisse vorlagen, war der Fingerzeig von Strauß in Richtung Karlsruhe wohl eher der Versuch, eine rote Linie zu markieren. Die sozial-liberale Koalition sollte wissen, dass es ab einem bestimmten Punkt nicht mehr auf die Mehrheit im Parlament ankomme, sondern auf das letzte Wort des Bundesverfassungsgerichts.

Auch nach dem Bekanntwerden des Bahr-Papiers und dem Ringen um den Moskauer Vertrag blieb die verfassungsrechtliche Dimension in den Überlegungen der Opposition im Hintergrund stets präsent – insbesondere bei Strauß. Er sei sogar bereit, eine Niederlage vor dem höchsten Gericht in Kauf zu nehmen, »weil es keine Schande wäre, wenn die Verfassungs-mäßigkeit der Verträge von Moskau und Warschau festgestellt werde«. Im Übrigen, so hatte Strauß im Februar 1972 vor Journalisten in Bonn »seine persönliche Meinung« dargelegt, werde ein Urteil aus Karlsruhe »ein wert-voller Helfer für die Interpretation der Ostverträge sein«.[19] Zum Sprung kam es indes nie, weil – in Form des *Briefs zur deutschen Einheit* – der Bon-ner Rechtsstandpunkt im Vertragswerk Berücksichtigung fand.

Jetzt aber, beim Grundlagen-Vertrag, ist das anders. Nach einer ersten Durchsicht des Textes ist sich die Opposition ausnahmsweise einig: Es han-delt sich um einen Teilungsvertrag – Verfassungsbruch! Der Gang nach Karlsruhe scheint unvermeidlich.[20] Doch ein einziger, strategisch freilich wohldurchdachter Angriff aus den eigenen Reihen reicht aus, um die schöne Eintracht wieder zu zerstören. »(I)n möglichst unmißverständlicher und darum ausführlicher Form«[21] legt nämlich Walther Leisler Kiep in der *Zeit* dar, warum der Widerstand gegen die Ost- und Deutschlandpolitik Brandts Unsinn sei, die Gefahr der internationalen Isolation Bonns berge und im Übrigen die gerade erlittene Wahlniederlage mit verursacht habe.[22]

Schon ist das stolze Nein dahin, und bald darauf steht auch noch die Frage der Mitgliedschaft beider deutscher Staaten in den Vereinten Nationen auf der Tagesordnung, die in diesem Moment wie ein Brandbeschleuniger wirkt. Denn eines ist klar: Entweder treten beide deutsche Staaten der UNO gleichzeitig bei oder keiner. Die Sowjetunion würde keinen Augenblick zö-gern, ihr Veto gegen den alleinigen Beitritt der Bundesrepublik einzulegen. Dieser ist jedoch längst überfällig, denn nicht nur die DDR hat ein Problem mit ihrer mangelnden internationalen Anerkennung, auch die Bundesrepu-blik Deutschland leidet unter einem massiven Souveränitäts-Komplex. Keine eigene Stimme im Verbund der internationalen Staatengemeinschaft zu haben, stets darauf angewiesen zu sein, dass andere, dass Siegermächte die deutsche Sache vertreten, ist fast dreißig Jahre nach Kriegsende, nach einer Bilderbuchkarriere zum demokratischen Musterschüler eigentlich ein Unding. Darauf soll man also allen Ernstes weiter verzichten, weiterhin im Rang eines Schutzbefohlenen, völkerrechtlich gesehen sogar eines Feindes, verharren? Vernünftige Gründe, die gegen eine deutsche UNO-Mitgliedschaft sprechen, kann auch die Opposition nicht nennen. Doch selbst wenn sie wollte, könnte sie angesichts der Mehrheitsverhältnisse im Bundestag ein Bonner Beitrittsgesuch nicht stoppen. Dafür lässt sich in dieser Frage ein schöner Stellvertreter-Krieg inszenieren. Denn Barzel ist schon weit vorausgeprescht und hat sein Wort gegeben, dass die Union zustimmen werde.

Als es ernst wird, zeigt sich deutlicher als bei allen anderen vorausgegangenen außenpolitischen Kontroversen, wie zerrissen die Union in Wirklichkeit ist. In einer ersten und offenen Abstimmung am 8. Mai innerhalb der Fraktion sind 97 Abgeordnete für und 96 gegen ein Beitritt zu den Vereinten Nationen. In dem unmittelbar nachfolgenden geheimen Votum ist selbst die hauchdünne Mehrheit dahin: 93 Ja- und 101 Nein-Stimmen werden gezählt.[23] Auch wem die Sache selbst gleichgültig war, konnte mit seiner Stimme richtig was bewegen – wenn schon nicht das Beitrittsgesuch verhindern, so doch den Rücktritt Rainer Barzels bewirken, der prompt sein Amt als Fraktionsvorsitzender niederlegt.

So wie der *Grundlagenvertrag* den Schlusspunkt unter alle vormaligen Verrenkungen der Bundesrepublik setzen wird, die Anerkennung der Realitäten in der Praxis zu verweigern, so bedeutet die Aufnahme der DDR in die Vereinten Nationen deren endgültige Befreiung aus den Resten der Isolation. Mehr internationale Anerkennung – nicht nur praktisch, sondern eben auch im völkerrechtlichen Sinne – geht wirklich nicht.

Merkwürdigerweise sieht die Union es umgekehrt: Lediglich vier Abgeordnete aus ihren Reihen stimmen für den *Grundlagenvertrag*, der Rest lehnt geschlossen ab. Da die Mehrheitsverhältnisse im Bundestag seit den Neuwahlen aber eindeutig sind, kann es sich die Union durchaus leisten, gegen den Vertrag zu stimmen, da dies folgenlos bleibt. Sollte sie es wirklich ernst mit ihrer Gegnerschaft meinen, mit ihrer Kritik an der vermeintlichen Abkehr vom Wiedervereinigungs-Gebot, dann wäre der Gang nach Karlsruhe die einzige Möglichkeit, den deutsch-deutschen Vertrag noch zu Fall zu bringen. Dazu aber mag sie sich nicht durchringen. Paul Mikat, dem hochgeachteten Justiziar der CDU/CSU-Fraktion, oder Kurt Birrenbach, Unions-Außenpolitiker und Thyssen-Manager mit stets sonor klingender Stimme, die eben noch schwerste verfassungsrechtliche Bedenken gegen den Vertrag hatten, sind jetzt plötzlich der Meinung, es handle sich um politische Meinungsverschiedenheiten, die sich nun einmal rechtlich schwer ausfechten lassen.[24] Strauß und seine CSU, die hier nicht locker las-

sen, ziehen am Ende den Kürzeren. Die Opposition des Deutschen Bundestags wird nicht nach Karlsruhe gehen.

Klageberechtigt wäre auch der Freistaat Bayern, fest in der Hand der
Strauß-Partei, dessen Landesvater, Ministerpräsident Goppel, sich allerdings
bisweilen störrisch zeigt. Die Landesregierung entscheidet sich erst einmal
gegen eine Klage. Goppel berichtet seinem Parteivorsitzenden, eine Probeabstimmung sei negativ ausgefallen.[25] Doch diese Rechnung ist ohne den
Wirt gemacht. Seit dem Jahreswechsel ist Strauß fest entschlossen, vor das
Bundesverfassungsgericht zu ziehen. Das »Risiko (…), die Klage zu verlieren«, sei ihm voll bewusst, aber das müsse man in Kauf nehmen, um »politisch zu gewinnen«.[26] Dabei geht es Strauß nicht nur darum, »glaubwürdig
zu bleiben«. Strauß vertraut fest darauf, mit einem Gang nach Karlsruhe
unüberwindbare Leitplanken für die zukünftige Entspannungspolitik ziehen
zu können. »(S)elbst ein abweisendes Urteil« brächte Gewinn, wenn die Begründung, wie zu erwarten, eine »stark einschränkende Auslegung« des
Vertragswerks enthalte, die »eindeutig der Interpretation des Vertrages
durch den kommunistischen Verhandlungspartner« zuwiderlaufe.[27]

Ein gutes Jahr zuvor hatte Strauß die Landtagsfraktion der CSU gedrängt, sich zu den Ostverträgen zu positionieren. »Wir Bayern dürfen uns
nicht scheuen, notfalls die letzten Preußen zu sein, wenn die Historie dies
von uns verlangt«[28], so hatte er die Landespolitiker beschworen – und ein
einstimmiges Votum erhalten. Aber jetzt, da die Stunde der Wahrheit gekommen ist, wollen sie kneifen? Für den 22. Mai wird eine eigentlich schon
gestrichene Sitzung des bayerischen Landeskabinetts angesetzt, in der dann
kurioserweise jemand das Wort führt, der gar kein Stimmrecht hat, der
diesem Gremium gar nicht angehört und sich mehr oder minder selbst
eingeladen hat: Franz Josef Strauß.

Nach einer »erbitterten dreistündigen Redeschlacht«, in welcher der
CSU-Chef »voll und ganz« sein »Gewicht als Parteivorsitzender zur Geltung
bringen muß«, kommt es zur Abstimmung. Anschließend ist die Welt für
Strauß wieder in Ordnung – in München jedenfalls. Mit klarer, wenn auch
nicht üppiger (oder gar »großer«, wie Strauß sich später zu erinnern glaubt)
Mehrheit – acht zu sechs – beschließt die bayerische Landesregierung die
historische Tat: Sie wird in Karlsruhe klagen![29]

Noch bevor das Verfassungsgericht entscheiden kann, tritt der Vertrag
in Kraft. Die nacheilende Entscheidung sieht schlussendlich das Grundgesetz nicht verletzt. Dennoch hat es der Richterspruch in sich, denn
ausführlich legt er die für Regierung und Gesetzgeber rechtsverbindliche

Deutschlanddoktrin dar, rückt dabei keinen Millimeter von der deutsch-
landrechtlichen Orthodoxie ab und erinnert an die daraus sich ergebende
Verpflichtung, aktiv für die Wiedervereinigung und das Selbstbestimmungsrecht aller Deutschen einzutreten.[30] Bis zur Wiedervereinigung wird dieses
Urteil alle Versuche erfolgreich abwehren, den Einheitsanspruch aufzugeben
oder im innerdeutschen Geschäft mit statuspolitischen Schutzgütern zu
schachern. Zu den anzuerkennenden Realitäten jeglicher Entspannungspolitik von und mit Bonn gehört fortan die Unabänderlichkeit des deutschen Einheitsgebots. Tatsächlich hat Strauß so mit dem Mittel einer juristischen Niederlage einen wichtigen, ihm gutgeschriebenen Sieg erlangt – und,
je nach Sicht auf die Dinge, wahrgemacht, was er im Herbst 1970 angekündigt hatte: Wenn es darauf ankommt, »dann wird aus den bayerischen
Bergen die Rettung kommen«![31]

Rückzug halben Herzens

Wie viel Sieg in dieser Niederlage von Karlsruhe verborgen ist, das wird sich erst später erweisen. Zunächst einmal sind weiteren entspannungspolitischen Höhenflügen, für die zunächst deutschlandpolitischer Ballast abgeworfen werden müsste, Grenzen gesetzt. In den Jahren nach dem Tod von Strauß werden sie sich in Bayern und der CSU viel darauf zugute halten, auf diese Weise die Tür für die Wiedervereinigung offengehalten zu haben. Hält man den Weltgeist für einen Notar, mag das plausibel sein. Achtet man mehr auf gesellschaftliche und politische Ströme, die immer wieder in der Geschichte zu Revolutionen oder Status-quo-Berichtigungen auf der Weltkarte geführt haben, fällt das Urteil möglicherweise skeptischer aus. Anhaltspunkte dafür, dass die Leipziger Montags-Marschierer von 1989/90 erst einmal die Entscheidung des Bundesverfassungsgerichts von 1973 studiert und ausgelegt hätten, gibt es jedenfalls keine, und es spricht auch wenig dafür, dass Gorbatschow die deutsche Einheit vor allem deshalb gewährte, weil er sich als Vollstrecker des Bonner Grundgesetzes verstanden hätte.

So liegt die eigentliche Bedeutung des Richterspruchs aus Karlsruhe wohl eher darin, die Antriebsachse der sozial-liberalen Entspannungspolitik empfindlich beschädigt zu haben. Insofern hat sich für Strauß der Kampf durchaus gelohnt. Viele Einwände hatte die Opposition – Strauß voran – in den vergangenen Jahren gegen die Ost- und Deutschlandpolitik der Brandt-Regierung angeführt. Dazu gehört vor allem die Einheitsfrage, aber auch pragmatische Abwägungen, welche Vor- und Nachteile die neue Politik den Menschen im geteilten Deutschland bringt, waren stets von gehörigem Gewicht. Doch wie der Name schon sagt: Abwägen ist alles andere als exakte Wissenschaft, genau weiß man nie, wie viel man bei Verhandlungen letztlich herausschlagen kann. Im politischen Alltagsgeschäft ist die Erörterung, auch Zuspitzung solcher Fragen durchaus nützlich, Leidenschaft und Entschlossenheit freilich lassen sich so nicht erzeugen. Wahr ist wohl auch, dass den Unionsparteien der neue Kurs der sozial-liberalen Koalition generell nicht passt, jedenfalls unheimlich ist. Im Übrigen ist es in der Politik ja auch nicht anders als im sonstigen Leben: Die wahren Motive einer Handlung kennt immer nur der Handelnde selbst, daher kann niemand außer ihm selbst absolutes Vertrauen in die moralische Integrität seines Handelns haben. Um wie viel schwerer wiegt dann das natürliche Misstrauen, wenn eine Vorgeschichte hinzukommt, wie sie das Verhältnis der Union und der Sozialdemokratie seit der Schlussphase der Großen Koalition geprägt hat.

Bei Strauß freilich reichen das Unbehagen und die daraus sich ergebende Skepsis gegenüber der neuen Ostpolitik noch weit tiefer. Während Brandt und Bahr auf ihre schon sprichwörtlich gewordenen »kleinen Schritte« achten, hat er mehr die globale Dimension dessen, was da vor sich geht, im Blick. Man könnte es auch so formulieren: Die Architekten und Ingenieure der Bonner Ostpolitik interessieren sich vor allem für die – möglicherweise nicht sehr großen – Schnittmengen zwischen westlichen Entspannungskonzepten und der sowjetischen Doktrin der friedlichen Koexistenz, während Strauß mehr auf die erklärten Ziele der sowjetischen oder sowjetisch inspirierten Außenpolitik achtet. Und aus dieser Perspektive erscheint ihm das, was in deutschen Landen neuerdings als erfolgreiche Entspannungspolitik gepriesen wird und vom Nobelpreis-Komitee die Ehrung als vorbildliche Friedenspolitik erfahren hat, fürchterlich naiv, soll doch die Politik der friedlichen Koexistenz nichts anderes herbeiführen als eine günstige Ausgangslage für den bevorstehenden Endkampf zwischen Kommunismus und Kapitalismus. Um dies zu begreifen, muss man nicht einmal Nachrichtendienste bemühen oder geheime Politbüro-Protokolle studieren – es reicht ein Blick in irgendein marxistisches Lehrbuch, zu haben an jeder Ecke.

Ließen sich diese Grundannahmen des zeitgenössischen Marxismus-Leninismus als Hirngespinste abtun, könnte Strauß vielleicht ruhiger schlafen. Doch werden sie durch die täglichen Nachrichten und jeden Blick auf die politische Landkarte nicht bestätigt? Überall ist der internationale Kommunismus auf dem Vormarsch. In den sechziger Jahren, der großen Zeit der Entkolonialisierung, hat er sich fast einen ganzen, einen fast schon ganz verlorenen Kontinent einverleibt: Wo auch immer die neuen Führer der befreiten Staaten Afrikas ausgebildet oder kulturell geprägt wurden – nicht wenige von ihnen auf britischen Elite-Schulen und -Universitäten –, am Ende bestellen sie das Geschäft der Sowjets, der westliche Einflussbereich wird immer kleiner.[1] Selbst im Vorhof der amerikanischen Supermacht rumort es gewaltig; Kuba bleibt kein Einzelfall, mit dem Allende-Regime sind 1970 reinrassige, Moskau-hörige Marxisten legal an die Macht gekommen, und in Westeuropa breitet sich der Virus des Eurokommunismus weitflächig aus. Wer weiß, ob nicht hinter all dem Moskau steckt, das den ganzen Spuk üppig finanziert? In Italien und Frankreich hat alles angefangen; in Griechenland halten die zwar rechts-gerichteten, aber wenigstens west-freundlichen Obristen die Macht noch in den Händen – doch wie sich der Übergang in eine neue politische Ordnung gestalten wird, das steht dahin. Auch im Südwesten Europas, in Spanien und Portugal, bröckelt die Front, die Tage der ibero-faschistischen Regime Francos und Salazars sind gezählt, und beachtliche kommunistische Mächte stehen in den Startlöchern für *the day after*.[2]

Mit den weltpolitischen Krisenherden und jenen Orten, an denen die Sache der freien Welt auf dem Spiel zu stehen scheint, sind zugleich viele der wichtigsten Stationen auf den Reiserouten für Strauß in den siebziger Jahren und auch danach markiert. Gewiss: Strauß ist nach wie vor von unbändigem Wissensdurst, fast keine Reise ohne ein ausführliches Weiterbildungsprogramm jenseits der touristischen Attraktionen zu Land, Leuten, Geschichte und Kultur des Gastgeberlandes. Allein, das Stillen seiner Neugier ist ein angenehmer Nebeneffekt, erklärt aber die ständige Reiserei ebenso wenig wie der ganz sicher auch zu Buche schlagende Aspekt, dass ihr ein gewisses Getriebensein anhaftet. Außerdem dürfte jede Gelegenheit willkommen sein, der allmählich so vergeblich erscheinenden Oppositionsarbeit in Bonn wenigstens kurzzeitig zu entfliehen. Und wichtige, mächtige, auch manche richtig große Menschen und Politiker permanent als Gesprächspartner zu haben, streichelt das Ego eines Mannes, zumal ohne Amt, der von seiner Mission beseelt ist.

Letztlich sind es aber doch eminent politische, wenn nicht gar – wie man in der CSU wohl meint – weltpolitische Gründe, die Strauß an nahezu jeden Unort des Politischen führen. Stets stehen realpolitische Aspekte im Mittelpunkt seiner internationalen Erkundungen, vor allem die globale Machtkonkurrenz zwischen Ost und West. Etwaige und auch tatsächliche strategische Partner in diesem Konflikt kann man sich nicht freihändig aussuchen, Wertfragen stehen fast immer hinter den Machtfragen zurück – so wie ja auch die NATO in den Anfangsjahren kein echtes Problem mit den faschistischen Bundesgenossen aus Spanien und Portugal oder später den griechischen Obristen hatte.

Berührungsängste kennt Strauß jedenfalls nicht, so blutverschmiert kann keine Hand sein, dass er sie nicht schüttelte, wenn ihm das Ziel eine Reise wert ist.[3] Das sind nicht wenige, und da Strauß aus Sicht seiner

Gegner doch reichlich Ähnlichkeiten mit seinen Gesprächspartnern in den dunkelsten Ecken der Welt aufweist, bürgert sich der ursprünglich von seinen Gegnern aus der CDU Mitte der siebziger Jahre in Anlehnung an den ugandischen Schreckens-Herrscher und Menschen-Schlächter Idi Amin geprägte Spitzname »Idi Alpin«[4] alsbald ein.

Mit der Zeit hat sich zwar ein gewisser Gewöhnungs- und Ermüdungseffekt bei den leicht Empörbaren eingestellt, aber zwei Reisen Mitte der siebziger Jahre erregen noch einmal richtig Aufsehen. Beide Ziele sind gewissermaßen Sehnsuchtsorte der deutschen Linken, was eine einheitliche Reaktion allerdings keineswegs erleichtert.

Als er im Januar 1975 aufbricht, ist Strauß nicht der erste deutsche Politiker, der die Volksrepublik China bereist[5] – in früheren Tagen hat man ihn gelegentlich in Taiwan gesehen, was ja aus Sicht seiner Kritiker auch sehr viel besser zu ihm passt –, aber er ist der erste, der, kurzfristig und völlig überraschend, zu Mao gebeten wird.[6] Protokollarisch ist das ein echter *big point*, der sich mit Blick auf das strenge höfische Protokoll in Peking, in dem Begegnungen mit rangniederen ausländischen Gästen nicht vorgesehen sind, von selbst erklärt – was Strauß aber nicht davon abhält, in seinem späteren Reisebericht vor der CSU-Landesgruppe die Bedeutung seiner Begegnung mit dem Hinweis dick zu unterstreichen, derselbe Dolmetscher wie seinerzeit bei Nixons legendärer Chinareise habe seine Worte für Maos Ohren übersetzt. Dass Strauß weder gegenüber dem großen Führer noch an die Adresse seines Hauptgesprächspartners Deng Xiaoping, in dem er sofort einen faszinierenden, für Neuerungen offenen Geist erkennt, ausführliche Klagereden über den Zustand der Menschenrechte hält, wird ihm nicht einmal ansatzweise angekreidet.

Ganz anders fallen die Reaktionen auf den Besuch von Strauß in Chile fast drei Jahre später, im November 1977, aus.[7] General Pinochet, der 1973 Allende weggeputscht hat, dann ermorden ließ und dem Volk jetzt mit den Mitteln einer skrupellosen Militärdiktatur seine Lesart anti-kommunistischer Werte einbläut, und CSU-Chef Strauß, der unangefochtene Frontmann der deutschen Rechten – aus Sicht der Linken treffen sich da zwei Brüder im Geiste. Längst ist Salvador Allende zum Mythos geworden, vielleicht sogar der einzige Kommunist von Format, der weltweit bei allen heillos zerstrittenen und aufgesplitterten Linken – von der sozialdemokratischen Mitte bis zu den absurdesten Sektierergrüppchen – konsensfähig ist. Den Henkern dieser sozialistischen Ikone schüttelt Strauß jetzt also die Hand. Selbst in der CDU macht sich Entsetzen breit, ist doch die weiterhin

Große Vorsitzende unter sich: Der chinesische Parteichef Mao Tse-tung empfängt den Bonner Oppositionspolitiker, Peking, 16. Januar 1975.

unterdrückte Partei von Eduardo Frei, Allendes glücklosem christdemokratischen Vorgänger, eine politische Schwester, die zwar programmatisch eher mit dem linken Flügel der SPD als den Christdemokraten korrespondiert, aber dennoch – mehr denn je – einen Förderschwerpunkt der internationalen Arbeit der CDU-nahen Konrad-Adenauer-Stiftung bildet.

Der Chile-Ausflug steht überhaupt unter keinem guten Stern. Denn auch der eigentliche Anlass dieser Reise, eine Jubiläumsfeier deutscher Auswanderer, die allerlei deutsches Brauchtum pflegen, aber auch Ideen und Akteuren des nicht ganz tausend Jahre währenden Dritten Reichs gegenüber ungemein gastfreundlich sind, ist fürwahr kein Pflichttermin im Kampf gegen den sich ausbreitenden Weltkommunismus. Wie unbedacht die Vor- und Nachbereitung des Chile-Besuchs betrieben wird, zeigt sich kurz nach der Heimkehr, als nämlich einem weiteren Programmpunkt, dem Besuch der Universität von Santiago de Chile, ein nachhaltig erinnerndes Andenken bewahrt werden soll. Orden, Titel, Ehrenwürden hat Strauß schon unzählige empfangen. Was aber noch fehlt, ist die in Deutschland Respekt heischende Berufsbezeichnung Professor, die – Namensrecht hin oder her – gern schmückend dem eigenen Namen vorangestellt wird. Nun ist es endlich soweit, die Universität der chilenischen Hauptstadt hat ihn zum Professor ehrenhalber bestellt, was sogleich auf neuem Briefpapier dokumentiert werden muss. Nachdem das Frühwarnsystem versagt hat, funktioniert schließlich wenigstens noch der Brandalarm – die frisch gedruckten Bögen mit dem verschönerten Briefkopf kommen nie zum Einsatz.

Bis an sein Lebensende wird der Geruch dieses missglückten Ausflugs in die Gedärme der Weltpolitik an ihm haften bleiben – mehr als jede andere Visite bei einem der strategisch bedeutsamen Monster. Worüber hier oder dort im Einzelnen gesprochen wurde, kann man nur mutmaßen, die Dolmetscher-Protokolle sind verschollen. Aber dass es darauf gar nicht ankommt, müsste Strauß selbst am besten wissen. Denn jenes Recht, das er für sich mit großer Selbstverständlichkeit in Anspruch nimmt, sich nämlich in realpolitischen Angelegenheiten die moralische Qualität seiner Gesprächspartner nicht aussuchen zu können, dürfte dann ja umgekehrt genauso für die Gespräche – die offiziellen Verhandlungen wie die geheimen Sondierungen – einer immerhin demokratisch legitimierten Bundesregierung gelten. Niemals würde Strauß einen solchen Freibrief für Willy Brandt, Egon Bahr und all die anderen Emissäre ausstellen, die seit Jahren in Sachen Entspannungspolitik unterwegs sind.

So ist das eben in der Politik, könnte man meinen: Die falsche Münze ist nun einmal die gängigste Währung, die meisten politischen Pfade werden mit zweierlei Maß vermessen. Ärgerlich bleibt das für den Betroffenen gleichwohl, bei Strauß hilft es sogar wirkmächtig dabei, seinen Ruf dauerhaft zu beschädigen – was sich allerdings erst später zeigen wird. Jetzt, im Moment selbst, sticht Strauß etwas ganz anderes ins Auge, was sich schon seit längerem andeutet. Er, der Mann der klaren Sprache, fühlt sich immer öfters nicht verstanden. Oder, genauer: Während seine Attraktivität als Meister der öffentlichen Rede vielleicht größer ist denn je, verstehen immer größere Teile der politischen Klasse ihn nicht mehr. Dass er als Bayer notfalls der letzte Preuße sein werde, ist eigentlich doch eine schöne Pointe. Doch unter seinesgleichen – darf man das so wirklich sagen? – klingt das schon para-nationalistisch. Was hat sich eigentlich gewandelt, wenn er, als Bayer der Vertreter eines besonders unpreußischen Volksstamms, Bismarck verteidigen und dessen politischen Genius beschwören muss? »Ich entdecke Parallelen zwischen dem Schicksal Bismarcks und dem Schicksal der Politik Adenauers, die mich ängstigen«, ruft er in den Streit um die Ostverträge hinein. Ist das, was da gerade vor sich geht und sind diejenigen, die jetzt am Ruder stehen, so viel anders zu bewerten als »die außenpolitische Verblendung der Bismarck-Epigonen, denen es an allem mangelte, was der Außenpolitiker Bismarck in Fülle besaß«? Dessen Nachfolger hätten sein Erbe verspielt: »Wäre seine kluge, vorsichtig abwägende Politik nach außen

Rechte Freunde? Der Besuch bei Chiles Junta-Chef Pinochet wird Strauß
bis an sein Lebensende vorgehalten und schaden.

fortgesetzt worden – die späteren Katastrophen hätten uns, Europa und der Welt vielleicht erspart bleiben können.«[8] Nun mag man über das Bismarck-Bild, das Strauß hier zeichnet, denken was man will, allein, außer ihm gibt es fast niemanden mehr, der seine politischen Tagespositionen stets auch am historischen Leisten zu modellieren versucht und in solch weiten, über das Kleine im Jetzt hinausgehenden Kategorien denkt.

Um wie vieles größer ist das Unverständnis dort, wo politische Feindschaft hinzukommt. Und Feinde – politische, nicht mal so sehr persön-

liche – gibt es mittlerweile an jeder Ecke. Zum einen haben sich die ideenpolitischen Gewichte in der Bundesrepublik seit Ende der sechziger Jahre
verlagert. Während die Union, und hier an vorderster Front die CSU, darauf
bedacht ist, rechts von ihr eine strikt ausgrenzende Brandmauer zu beweh-
ren, fasert die politische Linke in Deutschland immer weiter aus, die Grenzen werden fließend. Während der von der Brandt-Regierung als Ausweis
anhaltenden Antitotalitarismus in Zeiten der neuen Ostpolitik initiierte
Radikalenerlass bereits wieder geschliffen wird, kämpfen bei den Jungsozi-
alisten marxistische Strömungen, die selbst vor Godesberg in der SPD kaum
hätten Fuß fassen können, mit um die Macht. Und für die Jusos sind DKP-
gesteuerte Organisationen nicht nur an den deutschen Hochschulen die
liebsten Bündnispartner. Nach den Vorgängen von Stammheim wird selbst
die Grenze zwischen der demokratischen politischen Linken, der Sympa-
thisanten- und Unterstützerszene, schließlich den RAF-Aktivisten nicht
mehr präzise erkennbar sein. Gleichzeitig hat sich seit der Bundestagswahl
von 1972 aus Sicht der Union »ihr großer Konkurrent, die SPD, als eine sich
in die Mitte ausdehnende Volkspartei durchgesetzt«.[9]

Die SPD als Partei der Mitte – das war sie in den Brandt-Jahren de facto,
obgleich Brandt eher eine Politik deutlich links vom politischen Zentrum
verfolgte. Zwei Jahre nach seinem überzeugenden Wahlsieg erhält diese
Tatsache eine ganz neue Grundlage. Denn Willy Brandt tritt am 6. Mai 1974
zurück, und Helmut Schmidt wird zu seinem Nachfolger gewählt. Auslöser
des Wachwechsels im Palais Schaumburg ist eine Spionage-Affäre im Bundeskanzleramt; Günter Guillaume, zuletzt persönlicher Referent des Kanzlers, fliegt als Mitarbeiter der DDR-Staatssicherheit auf.
   Dass Brandt zu diesem Zeitpunkt nicht nur gesundheitlich, sondern
auch schon politisch angeschlagen ist, mag für seine Demission Bedeutung
haben. Dafür, dass die SPD jetzt, will sie weiter regieren, in der politischen
Mitte verhaftet ist, sind andere Dinge wichtiger. Aus jeder Ecke lugt am
Ende der kurzen Ära Brandt ein Schreckgespenst: Ölkrise, Grenzen des
Wirtschaftswachstums, desaströse Staatsfinanzen, Ökologie als neuer politischer Faktor, terroristische Herausforderung für Staat und Gesellschaft,
die Ablösung des Machbarkeits-Optimismus durch Unregierbarkeits-
Ängste – die Stichwortliste des sich nunmehr herausbildenden Krisen-
bewusstseins in der Mitte der siebziger Jahre ist ziemlich furchterregend.
Keine gute Zeit für Aufbrüche und visionäre Feldversuche in der Politik,
eher Konjunktur für pragmatisches, solides Management.

Vom ersten Tag seiner Kanzlerschaft an scheint klar zu sein, dass dies die Zeit von Helmut Schmidt werden könnte. Für die Union indes wird damit die Gefahr noch größer, dass die SPD noch weiter zur Mitte rückt und sich dort dann breitmachen könnte. Wohl wahr, das Herz seiner Genossen, zumal das der von ganz links zur Sozialdemokratie Hinzugekommenen, wärmt Helmut Schmidt, der neue Bundeskanzler, nicht annähernd so behaglich wie Willy Brandt. Sein schneidig zur Schau gestelltes norddeutsches Idiom klingt mehr nach Kasernenhof als nach Gewerkschaftsheim. Schmidts weitgehender Verzicht auf jenes perspektivisch Ungefähre, das Brandt wie kein anderer beherrscht, sein nüchterner Stil, seine perfekte Ausübung der Rolle des ersten leitenden Angestellten der Bundesrepublik ist weit entfernt von jenem Pathos, das ehedem auch gemäßigte, sogar rechte Sozialdemokraten auszeichnete. Seine Weltläufigkeit ist nicht internationalistisch, sondern geschäftsmäßig, seine Wirtschaftspolitik und -rhetorik nicht auf Hauptseminare in Politischer Ökonomie zugeschnitten, sondern signalisiert Gesprächsfähigkeit auf Augenhöhe mit den bedeutenden Wirtschaftslenkern seiner Zeit. All das ist durchaus eine Zumutung für jene Teile der SPD, die gern noch viel weiter aufbrechen möchten, als es in dem kurzen Frühling unter Brandt möglich war. Aber zur längerfristigen Verankerung in der politischen Mitte – und nur hier werden Wahlen in Deutschland gewonnen – ist Schmidt der richtig Mann zur richtigen Zeit am richtigen Ort.

Für die Union verkörpert Schmidt das exakte Gegenteil. In ihren Reihen kann man nun vielfach hören: »Der richtige Mann in der falschen Partei.« Aber die strategische Gefahr, die Schmidt für die Unionsparteien darstellt, reicht noch tiefer. Der neue Kanzler ist nicht nur ein ziemlich passables Personalangebot für bürgerliche Wählerschichten, er ist auch die beste Rückversicherung dafür, dass sich die FDP – nach dem Aderlass im Zuge der Ostpolitik ohnehin fast schicksalhaft an die Sozialdemokratie gekettet – nicht wieder der Union zuwenden wird. Die Chancen, dass diese ihren »natürlichen« Koalitionspartner bald zurückgewinnen wird, sind jedenfalls erheblich kleiner geworden, seit Schmidt im Amt ist. Die Liberalen befinden sich in einer Art babylonischer Gefangenschaft der SPD.

Wenig, wie Strauß findet, sehr wenig hat die Union dem entgegenzusetzen. Selbstverständlich ist weiterhin alles falsch, was die Regierung tut, abgesehen vielleicht vom forcierten Ausbau der Kernenergie. Aber die Tassen bleiben – wie es sich Karl Schiller vor ein paar Jahren gewünscht hat – jetzt im Schrank. Das bietet wenig echte Angriffsfläche. Auch lässt sich kaum behaupten, der neue CDU-Vorsitzende Helmut Kohl, der nicht in

Bonn die Opposition führt, sondern in Rheinland-Pfalz über den Auf-
wuchs der Reben und Rüben wacht, könnte Schmidt und seiner Regierungsmannschaft schlaflose Nächte bereiten. Nein, unter normalen Umständen wird es die Union kaum schaffen, aus eigener Kraft zurück an die
Macht zu kommen – wozu sie ohne die FDP ja eine absolute Mehrheit
erringen müsste.

Aber sind es wirklich »normale Zustände«, die jetzt herrschen? Ein
Blick auf die wirtschaftliche Lage und die öffentlichen Finanzen der Bundesrepublik, auf horrende Tarifabschlüsse für den öffentlichen Dienst, die
dem Staat noch in der Brandt-Zeit abgerungen wurden, und die stete Ausdehnung des Sozialstaates einerseits sowie auf die im Zeichen der ersten
Ölkrise einbrechende Konjunktur und eine sich eintrübende weltwirtschaftliche Großwetterlage andererseits, lässt viele daran zweifeln.[10]

Im Herbst 1974 weiß sich Strauß mit der Führung der Schwesterpartei
einig – soeben hat ein Spitzengespräch beim neuen Oppositionsführer
Carstens hierzu stattgefunden –, dass die Bundesrepublik in schwere See
geraten ist. Aber es droht weit Schlimmeres als Seekrankheit, wie Strauß am
nächsten Tag vor der CSU-Landesgruppe ausführt, die an diesem 18. November 1974 in Sonthofen zu einer turnusmäßigen Strategie-Klausur zusammengekommen ist: Der »Patient« Bundesrepublik leide »unter zwei
großen Beschwerden (…), nämlich der Zerrüttung der Staatsfinanzen und
Inflation mit steigender Arbeitslosigkeit«. Leider sei ihm, Strauß, kein The-
rapieansatz bekannt, mit dem man beides zugleich behandeln könnte:
»Jedes Rezept, das der einen Krankheit zu Leibe rückt, vermehrt das Übel
auf der anderen Seite«. Dabei sei das eigentliche Leiden noch gar nicht
richtig ausgebrochen: Man stehe »erst am Anfang der großen Krise«. Im
Grunde »kann man jetzt überhaupt kein Rezept empfehlen, ohne sich in
große politische Schwierigkeiten zu begeben«. Und da »die Öffentlichkeit
noch nicht so stark schockiert (ist), daß sie bereit wäre, die Rezepte, die wir
zur langfristigen Heilung der Krise für notwendig halten, in Kauf zu nehmen«, hält man sich mit konkreten Therapie-Plänen besser einstweilen
zurück. Erst wenn der Zustand sich spürbar verschlimmern werde, habe die
Union eine Chance, »politisch mit unseren Vorstellungen, Warnungen,
Vorschlägen gehört zu werden«.[11] Wer vorher, zu früh also, aus der Deckung
komme, »wird angeschossen oder erschossen«.[12]

Fast fünf Monate vergehen, bis diese an sich eher nüchtern die Lage der
Union analysierende Rede an die Öffentlichkeit dringt. Aus Sicht von Strauß

enthält sein Lagevortrag so viel Selbstverständliches und Bekanntes, dass eine Tonbandabschrift Anfang Dezember 1974 mit Anschreiben des parlamentarischen Geschäftsführers als offene Wurfsendung in die Postfächer aller CSU-Abgeordneten verteilt wird. Auch das Lamento des CSU-Vorsitzenden zur terroristischen Bedrohung und zum politischen Umgang mit derselben ist nicht weiter originell: Seine Klage über fließende Grenzen der Linken zum Sympathisantentum war oft genug zu hören, auch wenn sie diesmal, einige Tage nach der Ermordung des Berliner Kammergerichtspräsidenten Günter von Drenkmann, besonders drastisch ausgefallen ist.

Zum Zeitpunkt der Veröffentlichung der Rede hat sich der politische Kontext noch einmal zugespitzt. Wenige Tage nach der Entführung des Berliner CDU-Vorsitzenden Peter Lorenz und dessen Freilassung – infolge einer gelungenen Erpressung des Staates, der sich darauf einlässt, Gefangene auf freien Fuß zu setzen – rührt *Der Spiegel* die Strategiebetrachtungen von Strauß in eine Titelgeschichte, die sich der Frage widmet, ob »Mehr Sicherheit durch Strauß?«[13] bei der Bekämpfung von Linksextremismus und -terrorismus zu erwarten sei oder nicht vielmehr das Gegenteil. Kaum überraschend, fällt das Urteil des Hamburger Magazins eindeutig aus: Strauß lasse die Bundesregierung im Kampf gegen die RAF und andere Terrorgruppen im Stich und setze überhaupt ganz auf Untergang, hoffe auf die große Staatskrise.

Tatsächlich behält *Der Spiegel* die Deutungshoheit über den Sonthofener Vortrag. Mit dieser Rede habe Strauß eine Anleitung zum »kalten Staatsstreich«[14] geboten, raunt es aus Koalitionskreisen. In den eigenen Reihen sind ebenfalls empörte Stimmen zu vernehmen: »Das ist doch wohl ein dickes Ei!«,[15] meint beispielsweise Rainer Barzel. Etwas nuancierter, doch nur unwesentlich wohlwollender ist das Medienecho. Die freundlicheren Berichte stellen fest, Strauß habe ein »Selbsttor«[16] geschossen, oder betonen, der CSU-Chef habe »nur warnen und anklagen«[17] wollen. Der Tenor wird am besten in Theo Sommers Schaufenster-Sorge über »die Zukunft unserer Demokratie« im Lichte der »Sonthofener Parolen des Franz Josef Strauß« zusammengefasst: »Alter Schädel unter altem Hut.«[18]

Wie immer, wenn Strauß von sich hören lässt, macht er von sich reden – und damit stellt sich unionsintern sogleich die Frage, ob seine Bemerkungen der gemeinsamen Sache unterm Strich mehr nutzen oder schaden werden. Sicher ist sich niemand, auch wenn fast alle eine feste Meinung dazu haben. Beschränkt man etwa die Deutung, die der *Bayernkurier* beizusteuern hat, auf das rein Sachliche, so ist durchaus eine nagende Frage aufgeworfen, die sich auch manch führender Sozialdemokrat stellt, ob es nämlich einen »Wettlauf zwischen öffentlicher Meinung für Strauß und veröffentlichter Meinung gegen Strauß« gibt und wer dabei die Oberhand gewinnt: »Je größer in der Bevölkerung die Zustimmung zu Person und Politik von Franz Josef Strauß wird, je deutlicher sich zeigt, daß der CSU-Vorsitzende – wie jeder andere demokratische Politiker auch – für jedes politische Amt zu Verfügung steht, je näher personelle Entscheidungstermine rücken – um so nervöser werden die Gegner, um so bedenkenloser in der Wahl ihrer Mittel, um so entschlossener, gegen Strauß alles mobil zu machen, was es nur zu mobilisieren gibt.«[19]

Im luftleeren Raum finden politische Kontroversen wie diese, ob Strauß nun den Staatsstreich plant, oder, wie etwa Gerold Tandler, der CSU-Generalsekretär, wettert, die ganze Aufregung lediglich einem gut in Szene gesetzten »Rufmord«[20] zu verdanken ist, nie statt. Diesmal steht eine Landtagswahl in Nordrhein-Westfalen vor der Tür, die wieder einmal – neben ihrer Kernaufgabe, die Mehrheitsverhältnisse an Rhein und Ruhr zu bestimmen – als Barometer für die Lage der Union herhalten muss. Und wie immer ist dieses Messgerät nicht sehr genau. Die einen meinen so, die anderen so. Am nächsten an der Wahrheit dürfte der Kommentator der *Frankfurter Allgemeinen Zeitung* liegen, der die Sonthofen-Episode in das schon lange wirkende »Freund-Feind-Schema« einsortiert und zu dem Schluss kommt: »Per Saldo dürften sich Nutzen und Schaden des Wahlkämpfers Strauß für die CDU auch diesmal wieder die Waage halten.«[21]

Wichtiger als die Antwort auf solche naturgemäß nur schwer abzuschätzende Fragen ist allerdings der Umstand, dass sich diese überhaupt stellen. Denn Fragen, die nicht eindeutig beantwortbar sind, hinterlassen vor allem eines: Verunsicherung. Allein das reicht aus, Strauß weiß es selbst am besten, dass er auch beim nächsten Wahlgang auf Bundesebene kaum der Spitzenkandidat der Union sein wird. Dummerweise wissen dies jedoch auch die Spitzen der CDU, Parteichef Kohl allen voran, und verhalten sich dementsprechend. Wie selbstverständlich hüten sie die Kanzlerkandidatur als einen Erbhof, auf dem die bucklige Verwandtschaft aus Bayern nichts verloren hat. Kohl oder Stoltenberg, der in seinen vier Kieler Jahren als Ministerpräsident die letzten Eierschalen abgeworfen hat, das allein scheint hier noch die Frage zu sein. Mit so verengtem Blick, sehr mit sich selbst und Positionskämpfen beschäftigt, übersehen die CDU-Spitzen alle Warnsignale aus der CSU. Strauß will schon in Betracht kommen, um sich seinen Verzicht in der Währung politischer Inhalte auszahlen zu lassen. Solange aber dieser Preis noch nicht fixiert ist, bleibt sein Anspruch bestehen, und je weniger die anderen ohne ihn rechnen, umso sperriger wird er sich in den Kandidaten-Parcours stellen. Und der Schacher ist, zwei Jahre vor der nächsten Bundestagswahl, längst eröffnet. Doch alleine schon die Schlüsselfrage aufzuwerfen, wie denn die Union die absolute Mehrheit zu erringen gedenke – einen potenziellen Koalitionspartner hat sie ja nicht –, reicht aus, um Unruhe zu erzeugen. Denn da eigentlich niemand damit rechnet, dass CDU und CSU schaffen, was selbst Adenauer, und das auf dem Höhepunkt seines Ansehens, nur einmal gelungen ist,[22] fragt sich, was strategisch daraus folgt. Strauß ist allerdings der Einzige, der diese Frage offen stellt. Sind sie in der Union »so verzagt, daß schon eine skeptische Bestandsaufnahme sie aus der Fassung bringt?«, räsoniert Paul Pucher – fürwahr kein Fan des CSU-Vorsitzenden –, »(o)der haben sich die Animositäten gegen Strauß so tief eingefressen, daß die Entrüstung vorprogrammiert ist?«[23]

Mit dem Rückenwind einer spektakulär gewonnenen Landtagswahl in Bayern – die CSU erkämpft sich am 27. Oktober 1974 mit 62,1 Prozent nochmals 5,7 Prozent Zuwachs und damit abermals ein Rekordergebnis –, will Strauß jetzt wissen, wie es weitergehen soll, und gemeinsam mit der Schwesterpartei »ein gut durchdachtes Drehbuch« zur Rückkehr an die Macht schreiben. »Wir werden politisch offensiv kämpfen. Wir werden unsere besseren Argumente nicht wie Entschuldigungen vorbringen«, kündigt er kurz nach dem Kantersieg in München in einem Grundsatz-Gespräch mit der *Frankfurter Allgemeinen Zeitung* an. Eine Obstruktionspolitik wolle er der Union nicht verschreiben, aber sie sollte auch »nicht versuchen, sozialpolitisch und psychologisch etwa die derzeitige Regierungskoalition links überholen zu wollen«. Klare Botschaften und »nicht die verschwommene und künstliche Sprache diplomierter modischer Sozialtheoretiker« empfiehlt er der Union. Im »offene(n) Gespräch mit der Öffentlichkeit« müsse sie sich als jene Kraft präsentieren, die mit »Freiheit und Wohlstand« gleichzusetzen sei, für solide Staatsfinanzen stehe und entschlossen »gegen jede staatliche sozialistisch angehauchte Gängelei«, »gegen sowjetrussische Hegemonie und den Anspruch totalitärer Führungsmächte« kämpfe. Auf eine Kurzformel gebracht: »Für Freiheit, gegen Sozialismus.«[24]

Dass es nicht lange dauert, bis Strauß sich als Kanzlerkandidat handeln lässt – wie anders sollte man die öffentliche Intervention seines engen Vertrauten und Sprachrohrs Wilfried Scharnagl verstehen[25] –, verrät in

Wahrheit wenig über die tatsächlichen Ambitionen des CSU-Chefs, sondern soll die inhaltliche Debatte darüber in Gang bringen, wie sich die Opposition künftig programmatisch und strategisch aufstellen soll. Nichts
dergleichen geschieht, stattdessen finden die Medien Gefallen am Orakeln:
Tritt Strauß diesmal wirklich an, oder wird er wieder kneifen? Der Spaß an
diesem Ratespiel scheint derart groß zu sein, dass selbst der China-Besuch
des Bayern in dieser Hinsicht ausgeschlachtet wird. »Mao hat in seinem
Leben schon viele Rollen gespielt«, analysiert die Münchner *Abendzeitung* –
wird der große Vorsitzende aus dem fernen Osten jetzt womöglich zum
»Kanzlermacher« für den nicht ganz so großen Vorsitzenden aus dem deutschen Süden?[26] Kaum ist Strauß wieder daheim, reicht ein Gastauftritt bei
der Berliner CDU aus, und die im politischen Spekulationsgeschäft eigentlich wenig engagierte *Frankfurter Allgemeine Zeitung* verkündet: »Hier baut
einer kräftig an seiner Kanzlerkandidatur«[27]!

Nichts will fruchten, Strauß' Ermahnungen an die eigenen Leute, sich
den inhaltlichen Themen zu stellen und das Profil der Union zu schärfen,
bleiben ungehört. Aus diesem Blickwinkel betrachtet, wird damit taktisch
richtig, was gestern noch falsch war: Die Kandidatenfrage soll möglichst
lange offen bleiben, »(d)ie Qualität des Ergebnisses ist wichtiger als die
Schnelligkeit der Prozedur«.[28] Noch wichtiger vielleicht ist eine andere
Überlegung, wieso Strauß jetzt auf Zeit spielt. Denn nach der Entscheidung
wird der Hebel für die CSU, inhaltlich noch etwas zu bewegen, deutlich
kürzer, weshalb Kandidatenkür und die Einigung über ein Wahlprogramm
»Hand in Hand gehen müsse«.[29]

Mitten hinein in dieses Spiel platzt schließlich die Sonthofener Bombe.
Das Entsetzen ändert zwar nichts daran, dass es ohne die Zustimmung der
CSU weiterhin keinen gemeinsamen Kandidaten geben wird. Doch nach
dem verheerenden Echo auf seine Rede ist die Drohung, Strauß stehe selbst
bereit – einen anderen hat die CSU ja nicht zu bieten –, nicht mehr allzu
furchterregend, auf einen Schlag im Grunde leer. Sollte die CDU jetzt einen
Kandidaten präsentieren, hätte Strauß dem nichts anderes entgegenzusetzen als schiere Obstruktion.[30] Eiskalt nutzt Kohl diese kurzzeitige Hand-
lungsunfähigkeit seines Hauptrivalen aus. Der CDU-Generalsekretär Kurt
Biedenkopf – im Rückblick wird er schreiben, dass die Würfel bereits am
21. April 1975 während einer Sitzung des CDU-Präsidiums gefallen seien –
schlägt ihn den Führungsgremien der Partei als Kanzlerkandidaten vor, und
die votieren einstimmig. Bevor sich die CSU umdrehen kann, sind Fakten
geschaffen.[31]

Viel kann Strauß jetzt nicht mehr tun – sein Kalkül, die Kandidaten-frage als Vehikel für die gemeinsame programmatische Ausrichtung beider C-Parteien und einen strategischen Konsens für die Wahlkampf-Führung zu nutzen, ist durchkreuzt. Hier gilt der schöne Satz von Günter Müggen-burg, dem vormaligen Leiter des ARD-Hauptstadtstudios und kommen-dem Chefredakteur der Tagesschau: »An dieser Holzbadewanne ist wirk-lich nichts mehr zu löten.« Aber verließe Strauß jetzt sang- und klanglos die Arena, dann wäre das eine Niederlage gegen die CDU auf ganzer Linie, und der CSU, die ihn all die Wochen und Monate so engagiert vorgescho-ben hat, wäre der Schneid abgekauft. Kohl ist nicht mehr zu verhindern, aber für ein paar Tage muss es noch so aussehen, als ob. Folglich lässt sich Strauß Anfang Juni von einem Gremium, das dazu überhaupt keine Be-fugnis, dafür aber viel Basis-Anschein hat, quasi als Kanzlerkandidat der CSU ausrufen: Er sei »die am besten geeignete Persönlichkeit«, der Uni-onspolitik und damit auch Deutschland zurück in die Spur zu helfen, be-finden die 300 Delegierten des erweiterten CSU-Landesausschusses. Nach der Abstimmung kommt Strauß in den Saal zurück und bedankt sich artig für diesen tollen Vertrauensbeweis, gibt aber gleich anschließend einem Reporter auf die Frage, ob er denn jetzt wirklich als Kanzlerkandidat in den Ring steigen werde, zu Protokoll: »Kein Kommentar.«[32]

Einen winzigen Spalt ist jene Tür zum ehrenvollen Verzicht, durch die Strauß gehen möchte, also wieder offen, und er wird sie weiter aufstoßen. Dass jetzt keine Zeit mehr zu verlieren ist, will man sich nicht total verschlei-ßen, ist beiden Unionsparteien klar. Allein, nirgends steht geschrieben, wie die beiden Schwestern zusammenkommen können – es gibt kein festgeleg-tes Regelwerk, kein Prozedere, keine Statuten für die Wahl des Kandidaten.

Am 10. Juni treten die Parteispitzen von CDU und CSU zu einer Lage-besprechung zusammen; kaum gegen Kohl, doch viel wider Biedenkopf und das Überfall-Verfahren der CDU bei ihrer Kandidatenkür wettern die Christsozialen. Am Ende gibt sich die CSU damit zufrieden, den CDU-Vor-sitzenden um den Preis einer »Ohrfeige für Kohl«, so hält es Walther Leisler Kiep in seinem Tagebuch fest, als Spitzenmann beider Unionsparteien für die Wahl 1976 zu bestimmen: In einer gemeinsamen Erklärung heißt es, für die CSU sei Strauß zwar weiterhin »der geeignete Kandidat«, aber »im In-teresse der gemeinsamen Sache« gebe man sich mit der zweiten Wahl, mit Helmut Kohl, zufrieden.[33]

Zum Glück geht es jetzt bald in die Sommerpause, und vielleicht ist danach ja schon wieder manches vergessen, verblasst. Vielleicht aber auch nicht, denn an der Grundkonstellation der vergangenen Wochen und Monate hat sich durch Kohls Nominierung wenig geändert. Seufzend und treffsicher bilanziert Bischof Hermann Kunst, seit mehr als zwei Jahrzehnten einer der erfahrensten Beobachter des Bonner Treibens, in einem Brief an einen alten Weggefährten: »Sie machen sich gar keine Vorstellung von dem Verfall von Entscheidungskraft, vielleicht auch nur von Entscheidungsmöglichkeiten, die ich bei den führenden Männern in allen Parteien antreffe. Eine Ausnahme davon macht alleine Franz Josef Strauß, der nun aber auch wieder das politische Gewerbe in einer Weise betreibt, daß einem dies keine Glücksgefühle vermitteln mag.«[34]

Mit dem Kandidaten ist zugleich der Wahlverlierer des kommenden Jahres gekürt, trotz eines vorzüglichen Ergebnisses – mit 48,6 Prozent verpassen CDU und CSU nur knapp die absolute Mehrheit – wird es erneut in die Opposition gehen.

Das Wunder einer einträchtigen Union bleibt auch in dem lang währenden Vorwahlkampf aus: Bei der Ostpolitik – es geht um Abkommen mit Polen, das im Unions-dominierten Bundesrat zustimmungspflichtig ist – steht die Opposition zum Jahresende 1975 wieder einmal kurz davor, sich selbst zu zerlegen. Die Abwehrfront bricht sang- und klanglos zusammen, und das einzige, was man noch gemeinsam machen kann, ist gute Miene zum unschönen Spiel: Augen zu und durch. Selbst Kohls undurchsichtiges Lavieren, das sich schwerlich Führung nennen lässt, vergisst man besser schnell und versucht, sich dem bevorstehenden Wahlkampf zu widmen.

Selbstverständlich liebt und pflegt die CSU die Auseinandersetzung mit den Regierungsparteien ein wenig scharfkantiger, aber Welten liegen eben kaum zwischen dem CDU-Schlachtruf »Freiheit statt Sozialismus« und der nicht einmal semantisch signifikant abweichenden CSU-Variante »Freiheit oder Sozialismus«.

Am Ende hat man noch einmal alles miteinander versucht, ist dem Ziel ja auch sehr, sehr nahe gekommen, doch Strauß und seine Leute von der CSU, die sich während des Wahlkampfs mindestens so abgemüht haben wie die der CDU, sprechen die bittere Wahrheit über den Ausgang eben lieber deutlicher aus: Knapp daneben, wie es in der Fußballsprache heißt, ist auch vorbei.

Vier weitere quälende Jahre in der Opposition stehen der Union bevor, so viel ist sicher, aber sonst scheint erst einmal alles offen. Ob Kohl als Oppositionsführer nach Bonn kommen oder in Mainz bleiben wird, ist dabei nicht die wichtigste Frage. Viel spannender ist nach dieser dritten Niederlage in Folge, wie die Union überhaupt mal wieder in die Regierung kommen kann. Auch wenn Kohl seit Jahren das Verhältnis zu Hans-Dietrich Genscher intensiv pflegt: Früchte hat das bislang nicht gezeitigt, und nach der Wahl von 1976 ist noch weniger als zuvor ein Grund erkennbar, warum die FDP sich wieder von den Sozialdemokraten abwenden sollte. Auch perspektivisch bleibt die Union also ohne Partner.

Nach der Wahl werden aber auch die alten offenen Rechnungen und Merkpunkte wieder präsentiert: War es wirklich richtig, gegen einen erfahrenen Staatsmann und gestandenen Bundespolitiker wie Helmut Schmidt mit einem Greenhorn aus der Provinz anzutreten? Wie kommt es, dass die Union abermals dort am meisten schwächelt, wo sie der CSU am fernsten ist, im Norden also? Ist in diesem festgefügten Parteiensystem überhaupt noch etwas zu holen? Wäre die Ausbeute für die Union nicht doch größer, wenn die CSU als rechteres, als ungeschminkteres Angebot bundesweit zur Wahl stünde, während die CDU weiter ihre – den Bayern und konservativeren Kräften suspekte – Öffnung nach links betreibt?

Alles keine neuen Fragen, und auch die Antworten fallen nicht anders aus als vorgestern und gestern, denn egal aus welcher Perspektive man es betrachtet, Gewissheiten gibt es keine – außer der einen, und die auch nur bei der CSU: So kann's nicht weitergehen, das Problem liegt bei der CDU! Was daraus folgt, darüber lohnt es, ausführlich zu diskutieren, und zu diesem Zweck trifft sich die CSU-Landesgruppe am 18. und 19. November zur bald schon legendären Klausurtagung in Wildbad Kreuth, malerisch gelegen im schönen Tegernseer Tal.

Immer wieder ist in den vergangenen Jahren das bayerische Pendant zum Ungeheuer von Loch Ness gesichtet worden, das Gespenst namens Vierte Partei auf Bundesebene. Mal erscheint es in Gestalt einer bundesweit operierenden CSU, mal als neuzugründende Partei rechts von der SPD – und immer taucht es ab, wenn man es genauer betrachten möchte. So kann man sich auch Jahre, nachdem der Spuk begonnen hat, immer noch keinen Reim darauf machen, wohin das mit den CSU-Freundeskreisen oder der urplötzlich auftauchenden *Aktionsgemeinschaft Vierte Partei* (AVP) eigentlich führen soll. Kohl, der ebenfalls nichts Genaues weiß, sich allerdings immer wieder ernsthaft sorgt, ob hinter solchen Initiativen mehr als Bangemachen steckt, wird besonders hellhörig, wenn er die Gefahr der Aufsplitterung des bürgerlichen Parteienlagers sieht. Das war unmittelbar nach dem Bonner Machtwechsel so, als die CSU-Freunde landauf, landab in den

CDU-Jagdgründen wilderten, und seitdem Kohl Parteivorsitzender der CDU ist, reagiert er noch empfindlicher auf entsprechende Warnsignale. Bei allem Werben um Gemeinsamkeit mit den Christsozialen, das in der allerersten Phase seines Parteivorsitzes noch im Vordergrund steht, warnt er Strauß gleichwohl bei jeder sich bietenden Gelegenheit vor einer bundesweiten Ausdehnung der CSU. Für den Notfall gibt es im Bonner Konrad-Adenauer-Haus Einsatzpläne für den schnellen Feldzug nach Bayern, die hierfür vorgehaltene Kriegskasse ist mit 2 Millionen DM gut gefüllt.[35] Aber das ist wirklich nur die Ultima Ratio, wenn alle Anstrengungen, den Zusammenhalt zu wahren, scheitern sollten.

Jetzt, nach der Wahlniederlage auf höchstem Niveau, ist die Stunde womöglich da. In der konstituierenden Fraktionssitzung spricht Strauß schnell den wunden Punkt an: »Eine Armee, die hart gekämpft hat und trotzdem nicht den Gegner besiegt hat, muß sich über ihre innere Zusammensetzung, muß sich über ihre weitere Strategie, muß sich über ihre weiteren Ziele ins Reine kommen.«[36] Intern, im Kreise seiner Vertrauten, wird er deutlicher. So könne es nicht weitergehen, zitiert ihn sein scheidender Büroleiter in seinem Tagebuch, dann müsse man eben einen »eigenen Weg gehen«, auch wenn das bedeuten könne, »daß einmal der Augenblick komme, wo das große strategische Ziel wichtiger sei als der Ministerpräsident in Bayern oder die absolute Mehrheit im Landtag«.[37]

Vielleicht liegt in diesem letzten Punkt der zunächst überspielte, schlussendlich aber ausschlaggebende Zweifel bei Strauß. Denn das kurze Spiel, das jetzt in Kreuth beginnt, wo sich das Fabelwesen einer bundesweiten Vierten Partei endlich einmal in seiner ganzen Pracht und Herrlichkeit andeutungsweise zeigt, ist für den CSU-Vorsitzenden brandgefährlich. Es rührt nämlich an den einzigartigen Charme seiner Partei, greift unmittelbar ein in ihre DNA. Ihr Herz schlägt in Bayern, hier, in dieser Heimat, gründet ihre Stärke. Über Tausende von Mandaten auf allen politischen Ebenen verfügt die CSU, ungezählte herausgehobene Stellen im öffentlichen Dienst und in der Staatsverwaltung werden nicht ohne ihr Zutun besetzt – doch ihre Zahl könnte sich leicht halbieren, wenn die CDU, im Gegenzug zur Ausdehnung des CSU, in Bayern einmarschieren sollte. Ihr eigentliches politisches Gewicht, das mit keinem anderen Regionalverband in Deutschland auch nur annähernd zu vergleichen ist, verdankt sie ihrem Expeditions-Corps im Bundestag, der CSU-Präsenz in Bonn. Ohne die Bundespräsenz wäre die CSU aus Sicht der anderen eher eine lokalkolorierte Schrulle – ein bisschen komisch, ein wenig hinterwäldlerisch, eben bayerisch, mehr nicht, jedenfalls nichts, was man außerhalb Bayerns sonderlich beachten müsste. Aufgrund des starken Bonner Arms der CSU stellen sich die Dinge allerdings ganz anders dar: Als Quasi-Staatspartei in Bayern verfügt sie mit ihrem parlamentarischen Hebel im deutschen Bundestag über die einzigartige Möglichkeit, nicht zuletzt auf das Wohl des eigenen Bundeslands bedachte nationale Politik zu treiben. Auch dies könnte nun auf dem Spiel stehen.

Alles andere als sicher ist obendrein, ob Strauß einen solchen Machtkampf mit den Herren der landespolitischen Pfründe gewinnen kann, oder ob ein Sieg am Ende wegen der zu erwartenden Verluste zu teuer erkauft wäre. Im Alltag sieht es so aus, als schwebe Strauß über den beiden Kraftfeldern der Bundes- und Landespolitik, doch niemand weiß besser als er, dass seine Macht in Wahrheit auf festem Stand gründen muss. So wie Strauß sein Leben lang die *Spiegel*-Affäre nicht ausblenden kann, so wird er auch niemals vergessen, dass er damals ohne den Rückhalt seiner Regionalpartei bundespolitisch erledigt gewesen wäre. Jetzt an der heimischen Machtbasis zu rühren, deren – pauschal gesagt – Halbierung in Kauf zu nehmen, dürfte den erbitterten Widerstand jener provozieren, die in Bayern Macht, Ansehen und Einfluss verlieren würden, ohne dass die für die Partei im Bund erhofften Zugewinne ihnen etwas eintragen würden. Und das könnte Strauß am Ende den Kopf kosten.

So gesehen ist es eine alles andere als für die CSU repräsentative Versammlung, die in Kreuth zusammentritt, um über die strategischen Konsequenzen aus dem Wahlergebnis von 1976 zu beraten. Und die Landesgruppe verfügt gar nicht über die Möglichkeiten, ein Schisma bei den C-Parteien durchzusetzen. Sie kann, indem sie die Fraktionsgemeinschaft mit der CDU nicht erneuert, die bundesweite Ausdehnung der CSU anstoßen – sie durchzuführen oder auch nur zu beschließen, liegt nicht in ihrer Macht.

Nichts deutet darauf hin, dass Strauß wirklich entschlossen ist, den ganz großen Schritt zu wagen. Seriöse Mobilisierungspläne, Personallisten für die neu zu erschließenden Gebiete, Finanzvorsorgen für den Fall der Ausdehnung – das alles existiert nicht. Befreundete Medienvertreter haben keinen Hinweis erhalten, dass es sich lohnen könnte, zu erscheinen, und selbst die kargen Kreuther Vorrichtungen zur Telekommunikation sind nicht im Vorfeld aufgerüstet worden.[38] Alle richten sich auf das übliche Grollen des Vorsitzenden ein, das durch das Echo der Beflissenen verstärkt wird – ein feines Donnerwetter, das aus dem oberbayerischen Voralpenland in die Welt dringen wird. Mehr nicht.

Doch es kommt ganz anders. Wie ein Gast wohnt Strauß der Tagung bei, den Takt geben zwei seiner Musterschüler vor, der neue Vorsitzende der Landesgruppe Friedrich Zimmermann und CSU-Generalsekretär Gerold Tandler. Wohl gibt es Stimmen, die sich den plötzlich aufkommenden Trennungsbestrebungen entgegenstellen – der spätere CSU-Vorsitzende Theo Waigel zählt zu ihnen –, doch am Ende passiert es dann einfach an diesem 19. November 1976. Ein Wort gibt das andere, allmählich kocht die Stimmung auf. Auch wenn Strauß beharrlich schweigt – man weiß ja, wie er denkt, und mehr noch, was er hören will. Und so geschieht, was in der Logik der vergangenen Wochen – und eigentlich auch Jahre – liegt, aber niemand so recht durchdacht hat: Mit großer Mehrheit kündigt die CSU die seit 1949 bestehende Fraktionsgemeinschaft mit der CDU auf.[39]

Strauß ist sich wohl seiner Sache nicht ganz so sicher, so dass er Zimmermann den Vortritt bei der Presse-Unterrichtung lässt. Formal ist das sogar korrekt, denn Zimmermann ist der gewählte Chef der Landesgruppe und damit auch deren höchster Repräsentant. Aber gleichzeitig ist auch evident, dass der Kreuther Beschluss weit über die Fragen der Fraktionsorganisation hinausgreift und in den Kernbereich beider C-Parteien hineindringt. Dies Zimmermann verkünden zu lassen, relativiert kein einziges Wort, nimmt der Verkündigung aber die letzte Spitze des Autoritativen. Wäre da nicht jenes Muster aus der alle vier Jahre wiederkehrenden Kanzlerkandidaten-Frage, so wäre sein merkwürdig passives Verhalten – Strauß greift selbst kaum ins Geschehen ein und ziert sich eher – nur schwer verständlich. So aber drängt sich eine Erklärung auf: Ganz so ernst war das, was sich aus der Gruppendynamik als Spontanaktion entwickelt hat, wohl nicht gemeint, jedenfalls nicht von ihm, dem Vorsitzenden. Mal sehen, was passiert; den Preis für den nächsten Schacher mit Kohl und seiner CDU nach oben treiben; durch Drohung die Schwester dazu zwingen, die für die Union strategisch verfahrene Lage im etablierten Parteiensystem konsequent zu analysieren, zu Ende zu denken und dann die richtigen Schlüsse zu ziehen. Das alles: Ja! Aber mehr? Landesgruppe und CSU-Landesleitung, die hat Franz Josef Strauß fest in seiner Hand. Gerühmt von den einen, gefürchtet von den anderen ist die enorme Organisationskraft dieser Apparate. Und dann soll etwas derart Grundstürzendes wie die Trennung von der CDU und die Ausdehnung auf die gesamte Bundesrepublik so stümperhaft – genau genommen: gar nicht – vorbereitet sein?

Immer wieder hat es das nach den Bundestagswahlen der Vergangenheit gegeben, ein mehr oder weniger offenes Drohen mit dem Ende der Bonner Gemeinschaft. Dort, wo dies nicht einer bloßen Tageslaune des Parteivorsitzenden entsprang, sollte es helfen, bestimmte Personen oder Personalien durchzusetzen. Doch dieses Mal ist der politische Kontext ein anderer – der Trennungsbeschluss kann also von außen gar nicht anders verstanden werden denn als Signal zum Aufbruch einer Vierten Bundespartei namens CSU.

Drei Journalisten aus Bonn haben sich die weite Reise ins Tegernseer Tal zugemutet, in Erwartung ermüdender Routinearbeit. Nach Zimmermanns Erklärung sind sie indes hellwach. Horst Schättle fragt für das ZDF, ob die Aufkündigung der Fraktionsgemeinschaft nicht geradezu zwingend ein Engagement der CSU »über Bayern hinaus« zur Folge haben müsse – ist mit dem Kreuther Beschluss »nicht eine Mechanik in Gang gesetzt, die gar nicht mehr aufzuhalten ist?« Führt die Entwicklung nicht unweigerlich in Richtung einer Vierten Partei? Gegenwärtig sehe er »keine Ansatzpunkte dafür«, erwidert Zimmermann, man habe lediglich über den Fraktionsstatus zu befinden gehabt. Einem spitzfindigen Juristen macht eine solche Antwort natürlich alle Ehre, aber politisch betrachtet ist die Katze schon viel zu weit aus dem Sack gekrochen.[40]

Kohl ist über seine bayerischen Sonderverbindungen – Josef März und Leo Kirch, enge persönliche Freunde von Strauß, zählen dazu[41] – längst darüber im Bilde, dass etwas in der Luft liegt, und er weiß, was auf dem Spiel steht, wenn es nicht gelingt, die Entwicklung im Keim zu ersticken. Entsprechend heftig und brutal – mit jenem Mut zur Konsequenz, den Strauß so oft bei Kohl vermisst hat, wenn es darum ging, die Sozialdemokraten zu stellen und zu bekämpfen – reagieren jetzt die CDU und ihr Vorsitzender. Man will die Trennung und eine neue bundespolitische Schlachtordnung unter keinen Umständen, aber wenn die CSU dies erzwingt, ist man gewappnet und sofort zum Gegenschlag bereit!

Auch aus der Landespolitik mehren sich jetzt die Stimmen, die mit dem handstreichartigen Verfahren der Landesgruppe alles andere als einverstanden sind – und erst recht nicht mit Inhalt und Tendenz des Beschlusses. Für Strauß wird die Lage schneller unübersichtlich als für Kohl, der – auch das bleibt Strauß nicht verborgen – schon seit vielen Jahren mit maßgeblichen CSU-Größen, unter anderem der halben Staatsregierung und mächtigen Bezirksfürsten sowie Kreisvorsitzenden, über den Fall der Fälle, über Sofortmaßnahmen an einem möglichen D-Day gesprochen hat.

Ein Sonderfall ist dabei die bayerische Junge Union, eigentlich ein handzahmer Verband, in dem jedoch heuer die Stimmung Strauß und besonders dem Kreuther Beschluss gegenüber kritisch ist – sie »spielen verrückt«, wie es im Umfeld des CSU-Vorsitzenden heißt.[42] Grund genug, sich diese Grünschnäbel vorzunehmen; eine Woche nach Kreuth zitiert Strauß den 28-köpfigen Landesausschuss der JU, das erweiterte Führungsgremium des Parteinachwuchses, in die Firmenzentrale des *Wienerwald* in der Münchner Elsenheimerstraße, um den Widerspenstigen die Ohren langzuziehen – und selbst ordentlich Dampf abzulassen. Die einbestellte Korona wird diesen 26. November bestimmt nie mehr vergessen, denn Strauß, zusätzlich angetrieben von einem ordentlichen Maß Alkohol, gibt an diesem Abend sein Bestes. Und bald darf ganz Deutschland an diesem denkwürdigen Auftritt Anteil nehmen, da zehn Tage später die Abschrift einer Tonbandaufzeichnung seiner Darbietung nachzulesen ist – im *Spiegel*, wo auch sonst. Selbst Klartext gewohnte Ohren geraten bei dem, was Strauß über Helmut Kohl zu sagen hat, ins Schlackern: »Er ist total unfähig, ihm fehlen die charakterlichen, die geistigen und die politischen Voraussetzungen« für das Kanzleramt; er, Strauß, habe »Herrn Kohl trotz meines Wissens um seine Unzulänglichkeit um des Friedens willen als Kanzlerkandidat unterstützt« – so wie die Dinge nunmehr liegen, könne die Union die Hoffnung, noch mal an die Regierung kommen, begraben. Ach, diese CDU und ihre Leute, »diese Reclam-Ausgabe von Politikern«; »politische Pygmäen« seien das, »Zwerge im Westentaschenformat«. Und so weiter und so fort. Ist es da beruhigend, dass Strauß anmerkt, das Schlimmste für sich behalten zu wollen? »Wenn ich alles sagen würde, was ich weiß, dann kann die CDU/CSU einpacken, dann brauchen wir die nächsten zehn Jahre zu keiner Wahl mehr anzutreten.«[43]

Am nächsten Tag steht der ungleich wichtigere, wenn auch nicht so öffentlichkeitswirksame Termin an, in München kommt der Landesvorstand mit 111 gleichermaßen verstörten wie mehrheitlich entrüsteten Kreisvorsitzenden zusammen. Spätestens jetzt ist der Trennungsbeschluss mit seinen perspektivischen Weiterungen tot, denn diese Versammlung sieht – ähnlich wie bereits zwei Tage zuvor die CSU-Landtagsfraktion – einen Satzungsverstoß gegeben, sollten Ambitionen in Richtung Vierte Partei weiter verfolgt werden. Schließlich lege das Parteistatut explizit fest, dass die CSU eine »ausschließlich auf Bayern festgelegte Partei« sei.[44]

Was folgt, ist ein Begräbnis der vergleichsweise schäbigen Klasse, bei dem selbst beim besten Willen von Gesichtswahrung nicht mehr die Rede sein kann. In nervigen Verhandlungen zwischen den christlichen Schwestern, die selbstverständlich mehrfach kurz vor dem Abbruch stehen, erhält die CSU-Landesgruppe allerlei Sonderrechte und -ausstattungen zugebilligt. Auch will Kohl ganz artig das CSU-Bedürfnis nach einer gemeinsamen Strategiefindung nunmehr etwas ernster nehmen – wofür sich die Einsetzung einer gemeinsamen Kommission doch prächtig eignet. Am 13. Dezember 1976, unmittelbar vor der Konstituierung des neugewählten Parlaments, sind CDU und CSU wieder in trauter Gemeinschaft fraktionsvereint.

Ein rechter Segen will auf der Oppositionsarbeit der kommenden Jahre gleichwohl nicht liegen. Das Abbiegen der Kreuther Attacke durch Kohl war für sich betrachtet wahrlich ein taktisches Meisterstück. Was indes Deutschland durch die Nichtwahl von Kohl als Kanzler in den folgenden Jahren erst einmal erspart geblieben ist, wird sich an seiner glücklosen Art, die Fraktion (nicht) zu führen, zeigen.

Die CSU und Strauß verordnen sich nach ihrer schweren Niederlage freilich keine Demutspause. Denn besser geworden ist ja nichts. Alle Gründe, die sie nach Trennung streben ließen, bestehen fort. Man bleibt in der Opposition, die FDP bewegt sich keinen Deut, und die CDU? Ach! Wie sehr die größere Schwesterpartei ins Ungefähre, ins Unverbindliche abgerutscht ist – das war doch der täglich erfahrbare Kummer seit Ende der Großen Koalition, und durch die Wirren Ende des Jahres 1976 hat sich daran nichts geändert. Konservativ will sie nicht sein, in der Entspannungspolitik ist sie eher Bruder Leichtfuß und in der Wirtschafts- und Finanzpolitik allenfalls instinktiv auf der halbwegs richtigen Seite. Aber wo ist da noch ein Fundament vorhanden? Selbst um das Christliche kümmern sich eigentlich nur noch die von Strauß gern als »Herz-Jesu-Marxisten« beschimpften Sozialausschüsse der CDU, deren christliche Lesart nun gar nichts mit dem zu tun hat, was konstitutives Merkmal der C-Parteien gewesen ist und für jene Christen Geltung hat, die wie Strauß nicht allzu kirchenhörig sind. Es ist schon, wie es der alte Eugen Gerstenmaier auf den Punkt bringen wird, ein Kreuz mit dem »hohen C der Union«, denn auch hier sind jetzt nicht unbedeutende »Technokraten und Macher« unterwegs, für die das Christliche einfach nur »überflüssiger Ballast« ist[45]! Hermann Kunst, seit einer halben Ewigkeit Bevollmächtigter des Rats der Evangelischen Kirche in Deutschland in Bonn – ein über alle Parteigrenzen hinweg geschätzter ostwestfälischer Lutheraner alten Schlages –, macht diese Entwicklung an einer interessanten Beobachtung fest: Im Mai 1977 wird Altkanzler Ludwig Erhard, von dem Mancher sogar noch

Im schönsten Amt der Welt? Strauß nach seiner erstmaligen Wahl zum bayerischen Ministerpräsidenten, 6. November 1978. Links: Vorgänger Alfons Goppel.

wusste, dass er bis dahin lebte, zu Grabe getragen, aber »in keiner der vier Reden« während des fälligen Staatsaktes im Bundestag sei »auch nur die Vokabel christlich vorgekommen«, nicht einmal der Parteivorsitzende der CDU habe erwähnt, dass Ludwig Erhard ein Christ war.[46]

Was hat dieser Bonner Mikrokosmos der Gegenwart eigentlich noch mit jener Stadt am Rhein zu tun, die Strauß kennenlernte, als Männer von großem Tiefgang und hohem Ernst um das Schicksal Deutschland rangen? Wofür noch all die Kämpfe, wenn die eigenen Leute ihn am wenigsten verstehen oder verstehen wollen? Wenn der Sozialismus an jeder Ecke steht, aus jeder Ritze lugt – und dem Herrn Parteivorsitzenden-Kollegen Kohl selbst dann noch mulmig wird, wenn das scharfkantige »oder« im Wahlslogan, der die Freiheit als einzige Alternative herausstellen soll, zu einem »statt« abgesoftet wird?

Oft hat er, das erste Mal 1962, über den Rückzug nach München, in das schöne Amt des Ministerpräsidenten, nachgedacht. Nie ist es so weit gekommen, stets gab es noch einen Kampf um Großes, vor allem der um Positionsbestimmungen für Deutschland und seine Sicherheit, der nur in Bonn geführt werden konnte und den er gewinnen wollte. Was ihm dann ja auch cum grano salis gelang. Bis dann die Vertreibung aus dem Paradies der Regierungsmacht die Union ereilte. Keinen Sieg gab es seither zu verzeichnen – auch, weil die Mitstreiter nie bis zur letzten Konsequenz streiten wollten. Bewunderer, davon hat er in Bonn immer noch viele. Wenn er geht, hinterlässt er eine Riesenlücke. Außenpolitik, Wirtschaftspolitik, Finanzpolitik – an allen großen Auseinandersetzungen über die zentralen politischen Fragen im Bundestag hat er sich mit Kraft und Wissen, mit Feuer und Können beteiligt wie kein Zweiter. Auch in der CDU wissen das alle. Doch es ist ihnen, den meisten jedenfalls, egal. Gern darf er ziehen.

In München erwarten ihn nicht alle mit offenen Armen. Goppel muss sehr nachdrücklich von seiner Abdankung überzeugt werden, und einige seiner Gefolgsleute wissen, dass unter Strauß für sie härtere, vielleicht sogar bittere Zeiten kommen werden. Zwar gibt es auch in München Stinkstiefel und Quertreiber,[47] aber anders als in Bonn findet Strauß hier Freunde, Kameradschaft in den eigenen Reihen. Und München, Bayern ist ihm Heimat. Hier kommt er her, die Wurzeln sind stark und tragen noch immer.

»For there we loved, and where we love is home,« heißt es in einem ergreifenden Gedicht von Oliver Wendell Holmes, »Home that our feet may leave, but not our hearts«.[48] Nach fast dreißig aufreibenden Jahren Bonn ist es für Strauß erst einmal Zeit, nach Hause zu kommen. Ganz geht er der Bundespolitik ja nicht verloren; er bleibt CSU-Vorsitzender, und als bayerischer Ministerpräsident spielt er auch eine Rolle im Bundesrat, hat sogar jederzeit im Bundestag Rederecht. Es muss ja noch nicht das letzte Wort sein, Strauß wird im Jahr des Teil-Rückzugs dreiundsechzig, ist also zehn Jahre jünger als Adenauer es war in seinem ersten Kanzlerjahr. Im Übrigen zeigt auch die Lebenserfahrung: Das Paradies liegt immer dort, wo man gerade nicht ist. Und wie heißt noch gleich der Titel jenes Gedichts von Holmes? »Homesick in Heaven«!

Wann, wenn nicht jetzt?

Er hoffe, hatte Strauß im Mai 1971 erklärt, »es geht dem deutschen Volk nie so schlecht, daß es glaubt, mich zum Bundeskanzler wählen zu müssen«.[1] Ist jetzt, im Frühjahr 1979, einige Monate nach dem halbresignativen Rückzug in die bayerische Staatskanzlei, seine Stunde gekommen? Eher nicht. Gewiss hat die Bundesrepublik schon glücklichere Tage erlebt. Die wirtschaftliche Entwicklung – Wachstum, Arbeitslosigkeit, Geldwertstabilität – lässt zu wünschen übrig, um die Staatsfinanzen steht es nicht zum Besten, von einer tiefen Krise allerdings kann keine Rede sein, und ein Krisenbewusstsein herrscht in der Bevölkerung schon gar nicht. Im *Deutschen Herbst* 1977, als Staat und Gesellschaft brutal und blutig durch den RAF-Terrorismus herausgefordert worden waren, steckte tatsächlich jener Keim einer Krise, der den Ruf nach einem starken Mann hätte befördern können. Aber Helmut Schmidt, der amtierende Kanzler selbst, hat durch sein entschiedenes, auch wagemutiges Handeln dieses Bedürfnis hinreichend befriedigt. Ein gutes Jahr vor der Bundestagswahl 1980 sind in der Bundesrepublik noch immer die Nachklänge und Nachbeben jener *bleiernen Zeit* zu spüren. Doch dem deutschen Volk geht es keinesfalls »so schlecht«, dass die Strauß-Kritiker ihre massiven Vorbehalte gegen den Bayern hintanstellen würden, damit er das Land aus der Misere führe.

In Wahrheit stellt sich die Frage jetzt ein wenig anders. Denn nicht Deutschland, im zehnten Jahr einer sozial-liberalen Regierung, sondern der Union, nach zweieinhalb Jahren der Oppositionsführung durch Helmut Kohl, geht es derart schlecht, dass der Druck auf Strauß, im kommenden Jahr gegen Schmidt anzutreten, größer wird: Ende der siebziger Jahre ist die innere Verfassung der Union so desaströs und ihre geistige Befindlichkeit derart depressiv, dass die Auswahl des gemeinsamen Kanzlerkandidaten von CDU und CSU nur noch in zweiter Linie dem Ziel gilt, die Chancen auf den Wahlsieg zu optimieren oder wenigstens zu wahren. Und deshalb laufen die Dinge jetzt fast zwangsläufig auf eine Nominierung von Strauß zu, falls er denn selbst dazu bereit ist: Den einen ist er nach wie vor die einzig verbliebene Hoffnung auf Rettung der Union, andere stellen ihre Bedenken zurück, stimmen für Strauß in einem Akt der Verzweiflung. Jene schließlich, die bis zuletzt versuchen, ihm den Weg zu verstellen, müssen wohl oder übel einsehen, dass die 1976 mühsam gewahrte Einheit der Union endgültig zerbrechen würde, hielten sie an ihrem Widerstand nach seiner Nominierung fest. Strauß, der Kanzlerkandidat, wird nicht gebraucht, um das Land vor Unheil zu bewahren, sondern als Ultima Ratio gegen den fortschreitenden Zerfallsprozess der Union.

Wie hatte es so weit kommen können? Eigentlich war doch die Ausgangslage nach der Wahl von 1976 denkbar günstig. Der damalige Kanzlerkandidat hatte ein Ergebnis eingefahren, das weit mehr als nur ein Achtungserfolg war; ganz knapp hatten CDU und CSU die absolute Mehrheit der Mandate im Bundestag verfehlt. Doch aus dieser hervorragenden Ausgangslage konnte Kohl nichts machen. Seine Auftritte als Oppositionsführer gerieten ein ums andere Mal zur Katastrophe. Obwohl er unbestreitbare Erfolge bei der Umformierung der CDU vom Kanzlerwahlverein zu einer schlagkräftig organisierten Mitgliederpartei vorzuweisen hat und obwohl das seit Mitte der sechziger Jahre immer spürbarer gewordene geistige Vakuum der Christdemokratie deutlich kleiner geworden ist, seit die Partei bei ihrem Ludwigshafener Parteitag 1978 ein vielbeachtetes und hochgelobtes Grundsatzprogramm verabschiedet hat, kurz: trotz aller Verdienste um eine Runderneuerung und Modernisierung der Partei,[2] ist es Kohl nicht gelungen, sich zur unangefochtenen Führungspersönlichkeit aufzuschwingen, die den Mitgliedern, Funktionären oder Mandatsträgern Sicherheit und Selbstvertrauen geben könnte. Tatsächlich sind die Unionsparteien seit den Kreuther Ereignissen von einer tiefen Unruhe, von Führungslosigkeit und Selbstzweifeln geplagt – und nichts von alldem will ein Ende nehmen.

Einer dieser permanenten Störfaktoren ist natürlich die CSU. Strauß wird niemals Ruhe geben, so denken viele in der größeren Schwesterpartei, solange ihm die Chance verwehrt bleibt, selbst nach dem Kanzleramt zu greifen.

Neu ist diese Einsicht nicht; seit Ende der fünfziger Jahre zählt sie zu den wenigen festen Gewissheiten – in der Union ebenso wie in den Köpfen der meisten *Spiegel*-Leser. Aber immer wieder hatte Strauß sich am Ende fügen müssen, vielleicht auch wollen; die Umstände sprachen jedes Mal eindeutig gegen ihn: 1963 und 1966 kam er als Kanzlernachfolger wegen der zeitlichen Nähe zur *Spiegel*-Affäre ohnehin nicht in Betracht. 1969 war die Frage müßig, da die Union mit einem amtierenden und achtbaren Kanzler antreten konnte. Wäre es 1973 planmäßig zur Bundestagswahl gekommen, hätte es vielleicht geklappt. Doch aufgrund der vorgezogenen Neuwahlen mit ihrem kurzen, aus dem Stand heraus zu führenden Wahlkampf nach der Auflösung des Bundestags im Jahre 1972 stand mehr oder weniger automatisch fest, dass Rainer Barzel, der redegewandte Oppositionsführer, Kanzlerkandidat sein würde. Beim nächsten Mal, 1976, hatte sich Strauß von Kohl schlicht übertölpeln lassen; nur um den Preis einer die Wahlchancen der Union ruinierenden Machtprobe hätte er den Kampf um die Kanzlerkandidatur mit dem CDU-Vorsitzenden da noch aufnehmen können.

Vier Jahre später erweckt die Konstellation der Kräfte zunächst den Anschein, als habe sich das Problem fast schon von selbst erledigt: Zwar hält sich Strauß immer noch für den stärksten Unionspolitiker, für den einzigen von echtem Kanzlerformat. Aber lange bevor die Entscheidungsfindung über den gemeinsamen Kandidaten von CDU und CSU in die heiße Phase übergeht, hat sich der Chef der bayerischen Union ja nach München zurückgezogen. Seit der bayerischen Landtagswahl 1978 ist er dort, wo am Ende die Würfel fallen werden, in Bonn, nicht mehr omnipräsent. So könnte Kohl jetzt – wie lange hat er darauf warten müssen – der unangefochtene Oppositionsführer und die unbestrittene Nummer eins der Union sein. Doch daraus wird nichts.

Dass der CDU-Vorsitzende aus der für ihn so günstigen Konstellation nichts machen kann, eine Gelegenheit, sich zu profilieren, nach der anderen verstolpert und auf dem Bonner Parkett einfach nicht Tritt fassen will, bestätigt für Strauß das Urteil, das er bereits vor Jahren über Kohl gefällt hat. Zu den Zweifeln an Intellekt und Charakter gesellt sich nun aber gesteigertes Misstrauen gegen den politischen Kurs, wenn es denn einen geben sollte, den Kohl verfolgt.

Mit der Berufung Heiner Geißlers zum Nachfolger von Kurt Biedenkopf als CDU-Generalsekretär erhalten die schwersten Vorbehalte der CSU gegen einen vermeintlichen Linksruck der Schwesterpartei ein Gesicht. Einer größeren bundesweiten Öffentlichkeit aufgefallen war dieser Mann aus Helmut Kohls rheinland-pfälzischem Talentschuppen erstmals Mitte der siebziger Jahre, als der damalige Mainzer Sozialminister mit seinen Thesen zur »Neuen Sozialen Frage« hervortrat.[3] Die klassische »Soziale Frage« – also jener vielgestaltige soziale Sprengstoff, der sich beim Aufkommen des Kapitalismus gebildet hatte – habe sich im Großen und Ganzen erledigt, erscheine nun aber in neuer Gestalt als Mangel an Gerechtigkeit für jene gesellschaftlichen Gruppen, die über keine Lobby verfügten und für die sich keine der organisierten Interessenvertretungen zuständig fühlten. Ernsthafte Einwände gegen diese Analyse wurden seinerzeit auch von der

CSU nicht erhoben. Dennoch ist dieser Partei, die das »Soziale« in ihrem Parteinamen führt und wie keine andere politische Kraft in Deutschland seit Jahrzehnten zu sozialpolitischem Pragmatismus neigt, alles, was sich theoretisch fundiert als »soziale« Politik oder Analyse präsentiert, zutiefst suspekt. In diesem Sinne ist Strauß und seine von ihm geprägte Partei tatsächlich klassisch konservativ: sozial im Sinne fürsorglichen Paternalismus, misstrauisch gegen alles, was programmatisch als »sozial« daherkommt.

Geißler stellt außerdem rasch klar, dass er kein politischer Leisetreter ist. Er verfügt sogar über eine Kampfeslust, wie es sie sonst eigentlich nur in den Reihen der bayerischen Union zu bestaunen gibt. Allerdings scheint sie sich vorwiegend im Streit mit der CSU um den richtigen Oppositionskurs zu verzehren statt dem politischen Gegner Schaden zuzufügen. Geißler, an dessen intellektuellen Qualitäten auch Strauß nicht zweifelt, wird damit aus Sicht der CSU zu Kohls gefährlichster Waffe.

Doch auch Edmund Stoiber, den Strauß im Zuge der Neuordnung seiner Mannschaft 1978 als neuen Generalsekretär der CSU ausersehen hat, ist keiner, der das politische Geschäft im Mädchenpensionat erlernt hätte. 1974 war er zum ersten Mal in den bayerischen Landtag eingezogen, zwei Jahre später gab er sich als eine Art *junger Wilder* zu erkennen. Denn aus seiner Sicht war Strauß, verglichen mit den Honoratioren der CSU, wie Stoiber sie im Maximilianeum und in der bayerischen Staatsregierung erlebte, nach Intellekt und Temperament dann doch ein größeres Format. Und der Parteivorsitzende strampelte sich ab in Bonn, verzehrte sich, verbrauchte sich dort auf verlorenem Posten – sollte er nicht besser in München die Kräfte der CSU sammeln und im Kleinen zeigen, was er ebensogut im Großen könnte, wenn man ihn nur ließe? Stoiber war nicht der einzige Nachwuchspolitiker in der CSU, der so dachte, er blieb aber der Einzige, der nach der verlorenen Bundestagswahl von 1976 öffentlich und laut darüber räsonierte, wie gut es doch wäre, wenn der gemächlich, auf Konsens bedacht regierende Alfons Goppel, seit 1962 Ministerpräsident, den Stuhl für Strauß räumen würde.[4]

In der Landtagsfraktion verschaffte er sich mit diesem Vorpreschen keine neuen Freunde. Doch aus der Warte von Strauß sprachen derart vorlaute Anregungen nicht gegen den jungen Landtagsabgeordneten. In all den Jahren und Jahrzehnten seiner bundes- und weltpolitischen Höhenflüge hat sich der CSU-Vorsitzende stets ein waches Auge für bayerische Regionalgrößen bewahrt, die mit guten Ergebnissen bei Wahlen in der Provinz aufwarten, zu denen Stoiber zählt. Denn sie bilden nicht nur das Rückgrat der Macht der CSU in Bayern, sondern sind auch, je fester sie sich auf Strauß einschwören lassen, die Garanten seiner eigenen. Zwischen Mao und Kohl war daher immer Platz für sie im Aufmerksamkeitshaushalt des großen bayerischen Vorsitzenden.

Kleine Gesten der Zuwendung entfalten dabei große Wirkung. Mal ist es ein Besuch von regionalen Parteiereignissen, mal die unverhoffte Einladung, sich am Ende einer Veranstaltung auf eine Maß zu ihm zu setzen. Strauß, längst schon Legende zu Lebzeiten, hat stets ein offenes Ohr für die Belange der Aktivisten an der Basis, findet immer wieder Zeit, um einfache Kreisvorsitzende seiner Partei, unbedeutende Landräte oder junge Landtagsabgeordnete ein wenig teilhaben zu lassen an den Weiten seines Horizonts. Und im Vergleich damit wirkt die Gemütlichkeit, mit der die in München Regierenden ihre Amtsgeschäfte versehen, ziemlich öd und provinziell. So ernst, wie die Zeiten aber nun einmal sind – in Bonn amtieren die Sozialisten, überall ist die Freiheit vom Kommunismus bedroht! –, braucht es sicher mehr als diesen liebenswürdigen Honoratioren-Konservatismus, der in seiner Güte und Milde doch arg an die in den siebziger Jahren mit großem Publikumserfolg im ZDF ausgestrahlte Vorabendserie »Königlich Bayerisches Amtsgericht« erinnert.

Stoiber geht es da wie vielen anderen: Von Strauß, hat man ihn erst einmal aus der Nähe erlebt, geht eine ungeheure Faszination aus. Seine Art zu denken, die Kraft seiner Sprache, das Entschiedene, Eindeutige, Unverwässerte seines politischen Urteils – das alles steckt an. Und überdies ist Strauß immer noch die unantastbare Führungspersönlichkeit der CSU. Umgekehrt schätzt Strauß an Stoiber nicht nur dessen Ergebenheit und den gelegentliche Bekennermut wie nach der Bundestagswahl 1976. Ebenso wichtig ist, dass dieser junge Mann ein vorzüglicher, zielstrebiger politischer Kämpfer ist. Schon sein erstes persönliches Wahlergebnis im Stimmkreis 1974 war beeindruckend. Vier Jahre später, als der Wechsel von Goppel zu Strauß entschieden ist und die CSU bei der Wahl im Landesdurchschnitt leichte Verlust zu beklagen hat, kann Stoiber es sogar noch verbessern.

Vieles muss Stoiber in seinem neuen Amt noch lernen; vor allem bundespolitisch ist er ein unbeschriebenes Blatt. Aber er bringt die besten Voraussetzungen mit: Er verfügt über eine rasche Auffassungsgabe, an allem und jedem ist er interessiert, arbeitet höchst effizient. Was ihm Geißler, sein Gegenpart auf Seiten der CDU, an Erfahrung voraus hat, wird er zügig wettmachen können. Wenn dabei Übereifer mit ins Spiel kommt, soll das Strauß nur recht sein.

Schonzeit gibt es keine. Denn keine einzige der Streitfragen um Strategie und Ausrichtung der Unionsparteien ist nach dem Fortgang von Strauß nach München erledigt. Da 1979 erstmals direkte Wahlen zum Europäischen Parlament anstehen, auf die sich alle Parteien vorzubereiten beginnen, ist auch keine Zeit für Trockenschwimmübungen.

Dass der Generalsekretär der CSU im operativen Geschäft mit der Schwesterpartei eine tragende (und schlagende) Rolle spielt, ist an sich nichts Neues. Seitdem Strauß freilich Ministerpräsident geworden ist, muss sein wichtigster innerparteilicher Gehilfe noch mehr vom groben Part dabei übernehmen als bislang. Denn Strauß hatte sich ja auch für München entschieden, um dem ermüdenden Infight mit Kohl ein Stück weit zu entkommen, um als zuweilen gütiger Landesvater den Menschen in und außerhalb Bayerns zu beweisen, dass er nicht dem festgefügten Bild von der zügellosen Machtmaschine entspricht.

Stoiber muss also gleich richtig ran. Eine hübsche Probe auf seine Bereitschaft zum Kampf gegen Geißler und die windelweiche CDU liefert er bereits nach wenigen Wochen ab. Die CDU plant, zur Einstimmung in den Europawahlkampf mit dem Allerwelts-Slogan »Politik für die Freiheit – Glück für die Menschen« aufzuwarten. Typisch, findet die CSU: statt klarer, kämpferischer Parolen dieses lächerliche, inhaltsleere Geschwätz, das, obendrein, auch noch grundfalsche Erwartungen an die Politik weckt.

Lange dauert es nicht, bis die Medien Wind von der ablehnenden Haltung der CSU bekommen. In Bonn wird kolportiert, Stoiber habe den Slogan der CDU als »abwegig« und »verheerend« abgetan.[5] Grund genug für Geißler, eine einzigartige Brieffreundschaft mit Stoiber zu eröffnen, die beide Generalsekretäre in den kommenden Jahren mit Hingabe pflegen werden.

Aus eigener Erfahrung wisse er, schreibt Geißler ihm Mitte Dezember 1978, »wie arbeitsintensiv die ersten Wochen in einem neuen Amt sind«.[6] Dennoch möge der Herr Kollege ein wenig Zeit für das aufmerksame Studium dieses Schreibens reservieren, dessen Inhalt »im übrigen auch den Redakteuren des Bayernkuriers zu Nutzen und Frommen« sein könnte. Die »kleinen Freiheiten«, die sich Stoiber bei der Bewertung des Slogans genommen habe, hätten »zwar den Bekanntheitsgrad des Mottos wirkungsvoll noch weiter« erhöht, seien aber »der Glückserwartung der Unionsfreunde nach herzlicher Eintracht nicht förderlich« gewesen, um dann mit feiner Ironie auf das gemeinsamen Wahlprogramm für 1976 zu verweisen: »Wir wollen das Glück der Menschen, nicht die Zwangsbeglückung durch den Staat.« Was also ist so schlimm am Motto für die Europawahl?

Zudem beherrscht Stoiber offensichtlich noch nicht das kleine Einmaleins der Wahlkampagne; höchste Zeit, dass Geißler ihm einmal den Unterschied zwischen der Zuspitzung am Ende und der Sympathiewerbung in der Anfangsphase – nichts anderes soll das Glücks-Motto sein – erklärt. Schließlich: Der Slogan komme gut an, vor allem bei den bisherigen SPD- und FDP-Wählern, die ihn mit Durchschnittsnoten von +0,9 und +0,83 auf einer Skala von +5 bis –5 bewerteten. »Mit Wertungen von –2,19 bzw. –2,32 bleibt der Slogan ›Freiheit statt Sozialismus‹ bei diesen Wählern, die wir gewinnen wollen – leider – eher zurück.« Bevor er dem Kollegen Generalsekretär »viel Glück im nächsten Jahr« wünscht, gibt es als Dreingabe noch einen weiteren kleinen Seitenhieb: »Zu Recht« habe die Junge Union Bayerns im vorangegangenen Landtagswahlkampf mit dem Spruch geworben: »Ein Glück, ein Bayer zu sein«. Da sei »in der Tat etwas dran«.

Auch Stoiber, obwohl er die ganze Angelegenheit erkennbar wenig witzig findet, bemüht sich um Feinsinn und Ironie bei seiner Antwort: »Zunächst darf ich Ihnen versichern, daß ich selbstverständlich alle ihre Schreiben trotz der Arbeitsintensität mit großer Sorgfalt lese und daß ich sie wegen der stets großen inhaltlichen Bedeutung immer an den Bayernkurier weitergebe.«[7] Allerdings habe er Geißlers Fernschreiben »nicht ganz so ernst genommen wie Sie es tun, indem sie es sogar veröffentlichen«. Er hoffe, »dass Sie in Zukunft nicht alle Schreiben an die Öffentlichkeit weitergeben«.

Äußerst milde Worte sind dies, gemessen am tatsächlichen Grad der Verärgerung über Geißlers Indiskretion. Die spontane Bewertung des Vorgangs durch Strauß, der das Schreiben des CDU-Generalsekretärs einige Tage später auf den Tisch bekommt, gibt wohl eher Auskunft darüber, was man in den Leitungskreisen der CSU von solchem Tun im Besonderen und von Geißler im Allgemeinen hält: »Der Stil ist so mies wie der Kerl«, wirft Strauß mit schwarzer Tinte wütend auf die ihm vorgelegte Depesche aus Bonn: »Es ist eine Proletenmanier, ein F(ern)s(chreiben) zu schicken u(nd) es in der WAMS zu veröffentlichen.«[8]

Im Vergleich mit der zu dieser Zeit wieder aufbrechenden Debatte um den Kanzlerkandidaten, die durch missverständliche Formulierungen und vergleichsweise kleine Ungeschicklichkeiten ausgelöst wird, sind das freilich Kleinigkeiten. Am Rande einer Konferenz der Ministerpräsidenten in

Düsseldorf gibt Strauß der *Rheinischen Post* ein Interview, in dem er auch auf die Fähigkeiten und politischen Perspektiven des westfälischen CDU-Vorsitzenden Kurt Biedenkopf angesprochen wird. Ob er diesen Mann, den Kohl vor einem guten Jahr im Zorn vom Hof gejagt hat, »für einen möglichen und qualifizierten Kanzlerkandidaten der Union halten« würde, will die Zeitung wissen. Sofort erkennt der so Befragte die ihm gestellte Falle und antwortet in einer Weise, die nicht nur an den für ihn geltenden Maßstäben gemessen als professionell, gar diplomatisch bezeichnet werden darf: »Ich würde diese Frage nicht in Bezug auf eine Person – in diesem Fall auf Biedenkopf – beantworten, sondern sagen, er gehört zu dem Kreis der Persönlichkeiten, aus dem heraus der eine oder andere für die Kanzlerkandidatur durchaus das Zeug hat.« Auch die Nachfrage, wer denn alles zu diesem Kreis der theoretisch in Betracht zu ziehenden Personen zähle, pariert er geschickt: Es sei nicht gut, »in der Öffentlichkeit Namen zu nennen, aber es wäre auch falsch, Herrn Biedenkopf durch ein Nein abzuqualifizieren. Das würde weder meinem persönlichen Urteil noch seiner objektiven Bedeutung entsprechen.«[9]

Eigentlich haben diese Einlassungen keinen Nachrichtenwert. Im kommenden Jahr sind Landtagswahlen in Nordrhein-Westfalen, der rheinische Landesvorsitzende Heinrich Köppler wird dann der Spitzenkandidat der CDU sein. Was hätte Strauß in dieser Situation anderes über den Chef des westfälischen Landesverbands sagen sollen? Doch die verantwortlichen Redakteure der in Düsseldorf erscheinenden Tageszeitung lassen sich durch ihr Pech, dass Strauß ihnen wider Erwarten keine zündende Botschaft liefert, nicht von einer knalligen Schlagzeile abhalten. Statt das mit Strauß verabredete Wortlaut-Interview in einer, wie es den Gepflogenheiten entspricht, von ihm genehmigten Fassung zu veröffentlichen, druckt das Blatt einen langen Artikel über das Gespräch, in dem sich viele Formulierungen in etwas angeschärften Zusammenhängen wiederfinden. Die Überschrift schließlich, als wörtliches Zitat gekennzeichnet, obwohl dieser Satz nicht einmal dem Sinne nach gefallen ist, bietet dann jene streitbare Eindeutigkeit, für die man Strauß kennt: »Biedenkopf hat das Zeug zum Kanzlerkandidaten«.[10] Unverzüglich sorgen die Nachrichtenagenturen dafür, dass die tolldreiste Zeile des rheinischen Lokalblatts auch außerhalb von dessen Verbreitungsgebiet zu allgemeiner Bekanntheit gelangt. Der Tenor, den beispielsweise die dpa verbreitet, lautet: Strauß habe das in der Union verabredete strategische Schweigen über die Kanzlerkandidatur für 1980 gebrochen und damit, wie so oft, den inneren Frieden der Union empfindlich gestört.[11]

Das sieht ihm ähnlich, denkt sich Kohl, und setzt auf den vermeintlich groben Klotz seinen groben Keil: »Wer unsere Sache fördern will, weiß, Personaldiskussionen müssen dann geführt werden, wenn die Entscheidungen fällig sind.« Und das sind sie gegenwärtig wahrlich nicht. Die Bundesregierung befindet sich in größten Schwierigkeiten, in Kürze stehen Landtagswahlen in Rheinland-Pfalz und Schleswig-Holstein an: »Das sind die Themen, mit denen sich die CDU jetzt zu beschäftigen hat.«[12]

Doch damit ist die Sache nicht erledigt, der Vorfall wächst sich aus: Am Freitag, dem 8. Dezember, lief das verfälschte Strauß-Zitat durch die Medien, am Montag darauf versammelt sich der Bundesausschuss der CDU, das höchste Beschlussgremium der Partei zwischen den Parteitagen, in Berlin, und Kohl haut mächtig auf die Pauke. Es »nutze nur dem politischen Gegner«, wenn man jetzt anfange, Personaldebatten zu führen, das werde er nicht dulden, die CDU sei nicht bereit, auf Dauer die immer wieder aus München angezettelte »Demontage ihrer Führung hinzunehmen«.[13] Beim redaktionellen Feinschliff am Text einer entsprechenden Entschließung gibt es zwar einiges Hin und Her, schlussendlich aber wird der CDU-Bundesausschuss »die volle Solidarität« mit Kohl in diesem Streit unterstreichen.[14]

Mittlerweile heizen auch noch Meldungen, die sich mit den persönlichen Plänen des doch soeben erst gewählten bayerischen Ministerpräsidenten beschäftigen, die ohnedies gereizte Stimmung weiter an. Friedrich Zimmermann, der als Chef der CSU-Landesgruppe in Bundestag eigentlich dafür sorgen soll, dass die bayerische Union als schlagkräftiger Kampfverband auch nach dem Abgang von Strauß in Bonn bundespolitisch markant präsent bleibt, hat sich nämlich am 8. November 1978 in einem vertraulichen Gespräch mit Journalisten zu leichtsinnigen Bemerkungen hinreißen lassen: Im Falle eines Wahlsiegs der Union werde der CSU-Vorsitzende in die Bundeshauptstadt zurückkommen – vielleicht als Außenminister, oder sogar als Bundeskanzler. Vorstellbar sei, dass die Union mit zwei Kanzlerkandidaten ins Rennen gehe, entweder mit »Kohl und Strauß oder Strauß und X«. Gegen Helmut Schmidt hätten CDU und CSU »mit einem Kandidaten Kohl nicht den Hauch einer Chance«.[15]

Im direkten zeitlichen Umfeld des Interviews von Strauß mit der *Rheinischen Post* sickern Informationen aus der vertraulichen Runde in die Öffentlichkeit und auch in den CDU-Bundesausschuss: Strauß wolle 1980 Außenminister werden. Oder ist dieses Orakeln gar als eine kaum noch versteckte Andeutung seines eigenen Anspruchs auf die Kanzlerkandidatur zu deuten?[16]

*Statthalter: Friedrich Zimmermann, CSU-Landesgruppenchef,
ist Auge und Ohr des bayerischen Ministerpräsidenten in Bonn.*

Möglicherweise sind die durch Zimmermanns Erzählungen ausgelösten Spekulationen über die Zukunft seines Parteichefs der wahre Grund für
die heftige Reaktion von Kohl. Strauß jedenfalls ist mächtig sauer auf seinen Bonner Statthalter, der die CSU im Gespräch halten und nicht ins Gerede bringen soll. »Angesichts mehrerer unangenehmer Vorfälle, die ebenso
vermeidliche wie schädliche Auswirkungen hatten, muß ich Dich dringend
bitten, in Zukunft keine Erklärungen mehr über meine angeblichen Absichten oder vermeintlichen Pläne abzugeben«, raunzt er seinen ehedem doch
so zuverlässigen Weggefährten an. Zimmermann müsse »einsehen, daß es
einen Unterschied ausmacht, ob man mit Dir etwas vertraulich bespricht
oder ob man es veröffentlicht«, was in letzter Zeit schon häufiger zu beanstanden gewesen sei. Im »vorliegenden Fall« habe er, Strauß, ihm allerdings
erklärt, »daß ich unbeschadet der Wahlaussichten nicht die Absicht habe,
in die bei unserem Gespräch erörterte Konstellation als Bundesminister
einzutreten«. Im Übrigen, fährt Strauß fort: »Wir waren uns doch immer
darüber einig, daß bei Eintreten unerwarteter Ereignisse und besonderer
Lagen die Entscheidungsfreiheit nicht durch ungeschickte Interview-Äuße-
rungen beeinträchtigt werden darf.«[17]

Doch das allein – Abwägung des Vorgehens unter dem Gesichtspunkt taktischer Klugheit – ist es nicht, was Strauß zutiefst erbost. Was sich in jenem Unwillen gegen eilfertige Vorfestlegungen zeigt, entspricht seinem durchgängigen politischen Lebensmotiv, frei zu bleiben:»Ich bin kein ›Verfügungszinnsoldat‹, den man beliebig hin- und herschieben kann«, schnauzt er Zimmermann an,[18] der diese Hochempfindlichkeit doch eigentlich seit Jahrzehnten kennen sollte.

Selbstverständlich ist die Berliner Erklärung der CDU nicht der Schlussstrich unter dem nutzlosen Streit um das Interview von Strauß. »Der Normalbürger greift sich an den Kopf«, kommentiert wenige Tage später Wilfried Scharnagl im *Bayernkurier* das »publizistische und politische Getöse«. Haarklein legt er noch einmal den Sachverhalt auseinander, um zu dem Schluss zu kommen, dass die »Reaktion, zu der sich die CDU bei ihrer Tagung in Berlin verstiegen hat«, und auch der Angriff von Kohl auf Strauß »beim besten Willen völlig unverständlich« seien: Ob es »heute im Bereich der Unionsparteien schon eine Majestätsbeleidigung« sei, fragt das Zentralorgan der CSU rhetorisch, »wenn ein Politiker aus der CDU oder aus der CSU sagt, daß die Unionsparteien über eine ganze Reihe qualifizierter Politiker verfügen«? Die künstliche Aufgeregtheit der CDU erweise jedenfalls einen »Verlust an Gespür und Gefühl für die Wirklichkeit, der zu Sorgen Anlaß geben muß«. Glaube niemand, dass die CSU sich davon einschüchtern lasse! Denn: »Die partnerschaftliche Zusammenarbeit von CDU und CSU kann ja wohl nicht bedeuten, daß die CDU-Spitze Denk- und Redeverbote in Richtung CSU verhängen darf.« Es gehe auch nicht an, dass jegliche Kritik der bayerischen Union an der größeren Schwesterpartei – wie etwa beim Streit um das Europawahl-Motto – »zwischen Vergehen und Verbrechen eingestuft und deshalb verboten ist«.[19]

Für Kohl kommt dieser Streit zur Unzeit. Dass plötzlich alle möglichen Unionspolitiker als kandidatenreif im Raume stehen, könnte ihn als Vorsitzenden dieser Partei, die – angeblich – über derart viele erstklassige Führungspersönlichkeiten verfügt, vielleicht noch schmeicheln. Doch sein eigener Anspruch auf eine erneute Kandidatur 1980 wird durch solche Gedankenspiele stark relativiert. Weil er selbst zu schwach ist, um die Sache, ähnlich wie 1975, jetzt schon im Handstreich zu entscheiden, ist er daran interessiert, die Diskussion im engeren Sinne schnellstmöglich zu beenden. Und das gelingt am besten dadurch, dass er die Diskussion im weiteren Sinne – nämlich darüber, wer den neuerlichen Unfrieden in der Union zu verantworten hat – möglichst lange am Kochen hält. Schön, dass sich die CSU so herrlich und nachhaltig durch die Berliner Erklärung provozieren lässt!

Zwei Tage vor Heiligabend meldet Strauß sich selbst noch einmal zu Wort. In einem fünfseitigen Brief legt er dem »lieben Helmut« zunächst noch einmal die ganze Vor- und Nachgeschichte des Interviews auseinander.[20] Die Fakten seien eindeutig. »Umso unbegreiflicher« ist für Strauß »die Berliner Resolution, mit der die CDU auf Deinen Vorschlag unter dem hintergründigen Rat Heiner Geißlers ein gewaltiges Eigentor geschossen hat.« Dabei wäre es doch »so einfach gewesen«, wenn Kohl gesagt hätte, »eine Zeitung habe eine falsche Überschrift gebracht, Strauß habe etwas anderes gesagt, im übrigen habe er recht, wenn er Biedenkopf zu den hochqualifizierten Politikern zähle«. Damit »wäre das ganze Thema ohne jeden Schaden vom Tisch gewesen«. Aber, mutmaßt Strauß, in Wahrheit sei es Kohl gar nicht darum gegangen, die lästige Angelegenheit fix zu erledigen. Ein Mitarbeiter des CDU-Vorsitzenden habe unlängst gesagt, »man habe ja den wirklichen (Interview-)Text gar nicht zur Kenntnis nehmen wollen«, und Kohl selbst erzähle herum, er, Strauß, setze ihn »unter Psycho-Terror«.

Der Zustand der CDU in diesen Wochen und Monaten sei »geradezu makaber« – und auch die »Rolle«, die »Du unter dem Einfluß einiger, die Du zu Unrecht für Deine Freunde hältst, dabei spielst«. Die »Berliner Erklärung, die auf falschen Voraussetzungen aufgebaut ist, beleidigende Unterstellungen enthält und törichte Schlußfolgerungen zieht«, müsse schnellstmöglich kassiert werden, da sie die »Zusammenarbeit aufs schwerste belastet«. Der CDU-Vorsitzende möge sich einmal selbst fragen, wie »unter diesen Umständen überhaupt noch eine Zustimmung der CSU zu einem Kanzlerkandidaten Kohl in Betracht kommen« könne. Die bevorstehenden Feiertage möge der CDU-Vorsitzende dazu nutzen, so endet der Brief, sich alles »reiflich zu überlegen, und gerade deshalb wünsche ich Deiner Familie und Dir frohe Weihnachten und alles Gute zum Neuen Jahr«.

Es ist so einiges, was sich Kohl in der besinnlichen Zeit vor Augen führen soll. Etwa, »daß Dir die mehr oder minder erzwungene Akklamation von soundsoviel Delegierten zu einer törichten Resolution gar nichts nützt, weil in der CDU die Zahl derer, die diesen Vorfall und die dabei an den Tag gelegten Verhaltensweisen nicht begreifen, von Tag zu Tag zunimmt.« Zudem: »Es ist für uns beklemmend zu sehen, wie um Dich herum ein Cordon aufgebaut wird, der Dich vor der Wirklichkeit abschirmen soll. Cui bono?« Schließlich und zu guter Letzt: »Du siehst dort Gespenster, wo es

keine gibt, und Du siehst dort Begeisterung, wo mehr und mehr Hoffnungslosigkeit einkehrt.«[21] Heiliger Christbaum!

Kurt Biedenkopf wird zum Ende der Adventszeit ebenfalls von einem
bemerkenswerten Schreibrausch ergriffen. In einem auf den 23. Dezember
1978 datierten Memorandum, das an eine ziemliche große Zahl von Füh-
rungskräften der Union verschickt wird, regt Kohls früherer Vordenker die
Trennung von Partei- und Fraktionsvorsitz an[22] und löst damit eine aufge-
regte Diskussion in der CDU aus, die Kohls Autorität zusätzlich untergräbt.
Strauß ist von Anfang an eingeweiht in die Überlegungen Biedenkopfs, der
in diesen Tagen vor Dankbarkeit »für die Art, in der Sie mit Ihrem Düsseldorfer Interview meine politische Arbeit anerkannt haben«,[23] überströmt.
Für den Tag vor Heiligabend haben sich die beiden nachmittags privat im
Haus des CSU-Vorsitzenden verabredet,[24] was nach dem Bekanntwerden
der Denkschrift Anfang Januar 1979 gleichfalls kein Geheimnis bleibt.

Gibt es da etwa eine »Achse Strauß-Biedenkopf«, die sich gegen Kohl
gebildet hat? »Effektiv nein«, gibt Strauß zu Protokoll, und auch zu der
»höchst interessante(n) Diskussion«, die Biedenkopfs Papier in der CDU
ausgelöst hat, will er lieber schweigen – vielleicht nur so viel sagen: das
Ganze diene der »persönlichen Entkrampfung«.[25]

Diesen Effekt verfehlen Biedenkopfs Aufzeichnung natürlich ebenso
wie die festtäglichen Handreichungen von Strauß an Kohl. Kohl, der sich
nur einen Reim auf das neuerliche Treiben machen kann, sagt erst einmal
ersatzlos das für den 10. Januar 1979 vereinbarte Treffen mit Strauß ab; und
dass der CDU-Vorsitzende die für den 24. Januar angesetzte nächste Sitzung
der gemeinsamen Strategiekommission in den Februar hinein verschiebt,
erfährt der CSU-Chef – aus dem Radio. Daneben haben sich zwischen beiden Seiten weitere Streitereien um mehr oder weniger bedeutende Angelegenheiten aufgetan. »Bei allem Verständnis für die Hektik und Verwirrung,
die in den letzten Tagen innerhalb der CDU geherrscht haben«, stellt Kohls
bockiges Verhalten aus Sicht von Strauß abermals »die Zusammenarbeit auf
eine überaus ernste Probe.« Im Grunde betreibe Kohl damit »genau das
Gegenteil von dem, was Du in der Öffentlichkeit immer von uns forderst«.[26]

Kohl tut alle Vorhaltungen ab; die Terminverschiebungen seien bedau-
erlich, stünden aber leider nicht in seiner Macht.[27] Die Sache zieht sich
weiter hin. Am 1. März können sich Geißler und Stoiber telefonisch immerhin auf einen neuen Termin für die Strategiekommission verständigen. Und
da will Stoiber als ersten Tagesordnungspunkt die Berliner Erklärung verhandelt wissen.[28]

Damit erst gar keine falsche Versöhnlichkeit im Vorfeld der Sitzung aufkommen kann, fügt der CSU-Generalsekretär dem an sich sachlich gehaltenen Fernschreiben an Geißler noch ein gepfeffertes Postscriptum bei. Wieder einmal versuche die CDU die Parteischwester schändlich zu hintergehen, wie man am Beispiel der demnächst in Hannover tagenden gemeinsamen Kommission zu europäischen Fragen sehen könne. Verabredet sei deren abwechselnde Leitung zwischen beiden Parteien. Nun aber höre man gerüchteweise, die nächste Sitzung solle abermals von einem CDU-Politiker geleitet werden. Ein solches Vorgehen findet Stoiber »befremdlich und störend im Verhältnis CDU/CSU«. Seine Partei jedenfalls sei »nicht gewillt, solche Praktiken hinzunehmen«. Auch darüber müsse in der Stategiekommission »mit aller Entschiedenheit« gesprochen werden; am Ergebnis dieser Beratung werde die CSU »das Verhältnis zwischen uns« insgesamt messen.[29]

Viel Mühe kostet es Kohl nicht, die Spitzen der CDU davon zu überzeugen, dass es die CSU – und damit Letztlich Strauß – ist, die ständig Unruhe in den eigenen Laden bringt. Allmählich jedoch wächst die Zahl jener, die sich fragen, ob nicht im letzten in der Schwäche Kohls die Ursache dafür liegt. Dass die Bundesregierung vor Bangen zittert, wenn im Plenum des deutschen Bundestags der Oppositionsführer das Wort ergreift, erwartet niemand. Aber etwas mehr Respekt, als die Koalition Kohl entgegenzubringen bereit ist, wäre zur Hebung der Moral in der eigenen Truppe durchaus hilfreich. Stattdessen: Am 24. Januar 1979, als Kohl sich anlässlich der Haushaltsdebatte wieder einmal mit dem Kanzler misst, liest man in den Reihen der Regierungsfraktionen, provozierend zur Schau gestellt, Zeitung, behandelt den Vorsitzenden der CDU/CSU-Fraktion wie Luft, und auf der Regierungsbank unterbricht Schmidt die demonstrative Bearbeitung von Akten allenfalls, um eine Prise Schnupftabak zu nehmen.[30] Was Kohl zu bieten hat, interessiert einfach nicht; so ärgerlich das auch sein mag, irgendwie kann man bei der Union das Desinteresse von SPD und FDP an Kohls Debattenbeiträgen sogar nachvollziehen.

Strauß – ob man ihn mag oder nicht – ist da doch von anderem Kaliber. Der Gegner nimmt ihn ernst, würde sich bei ihm solche Zeichen der Nichtbeachtung niemals erlauben. Am Tag vor Kohls Etatrede etwa hat sich der Bundeskanzler beim Vorsitzenden der CSU für dessen Schreiben zum 60. Geburtstag mit den einleitenden Worten bedankt, dass die Glückwünsche des lieben Kollegen Strauß ihm »ein intellektuelles Vergnügen« bereitet hätten. Lediglich die Hoffnung, »sich demnächst mit mir als Bundeskanzler a.D. unterhalten zu können«, teile er nicht – so wenig wie die

»meisten Abgeordneten der Unionspartei«. Dies freilich müsse Strauß nicht »verdrießen; denn schließlich würden ja Prognosen über einschlägige zukünftige politische Ereignisse erst dann interessant, wenn Sie sich selbst dazu entschließen würden, Ihren Hut in den Ring zu werfen.«[31]

So weit ist es noch nicht. Aber dass Helmut Kohl für die Union nicht als Kanzlerkandidat in den Bundestagswahlkampf 1980 ziehen wird, zeichnet sich inzwischen deutlich ab. Alle Versuche, seine Autorität zu festigen, misslingen: Im Februar 1979 kann er zwar noch seine Vorstellungen zur Reform der Fraktionsarbeit durchdrücken, doch als Quittung werden jetzt Stimmen aus der eigenen Führung, beispielsweise von Alfred Dregger, laut, der ganze Fraktionsvorstand solle zurücktreten. Zum Unvermögen gesellt sich Künstlerpech. Ende März tagt der CDU-Parteitag in Kiel, von dem eigentlich nur zweierlei in der öffentlichen und parteiinternen Wahrnehmung haften bleiben wird: das außerordentlich schlechte Ergebnis bei Kohls Wiederwahl zum Parteivorsitzenden – 82 Nein-Stimmen, 41 Enthaltungen, nur 83,38 Prozent stimmen mit Ja – und jene Showeinlage beim geselligen Abend der Delegierten, die von barbusigen Revue-Tänzerinnen bestritten wird, was innerhalb einer christlichen Partei schwerste Beklemmungen verursacht. Dies alles trägt nicht dazu bei, das Umfragetief der CDU zu überwinden. Fast niemand glaubt mehr an einen Sieg mit Kohl im kommenden Jahr.[32] Willkommen, unwiderruflich, in »Kohls Krisenjahr 1979«![33]

Während selbst Kohl allmählich merkt, dass seine Felle davonschwimmen, hält sich Strauß, was seine eigenen Pläne betrifft, weiterhin bedeckt. Seine engste Gefolgschaft verdonnert er zum Schweigen. Und selbst erklärt er öffentlich: »Wenn alle von diesem Thema«, der Kanzlerkandidatur, »reden, rede ich nicht davon«; die »Mythologisierung, die allmählich mit dem Begriff des Kanzlerkandidaten verbunden worden ist«, müsse man »auf den natürlichen Gang der Dinge zurückführen«.[34]

In den Sach- und Strategiefragen, die zwischen den Unionsschwestern seit längerem umstritten sind, geht das Powerplay der Christsozialen gegen die CDU indessen unvermindert weiter: Klar konturiert müssten die Botschaften der Union für die kommenden Landtags-, Europa- und Bundestagswahlen sein, deutlich konservativer jedenfalls, als Kohl und Geißler lieb ist; nur mit einem scharfen Profil, nur als eindeutige Alternative zur sozialliberalen Koalition könne der Sieg gelingen.

Seit der Beerdigung des Kreuther Trennungsbeschlusses von 1976 ist das Thema einer Ausdehnung der CSU in die Reviere der CDU eigentlich vom Tisch, doch das Gespenst einer bundesweiten Vierten Partei, rechts von der CDU angesiedelt, halten die Bayern fein am Leben. Mal spukt es in Gestalt des Vorsitzenden der Steuergewerkschaft Hermann Fredersdorf, der über die Formierung einer liberal-konservativen Steuerpartei nachdenkt, durch die Lande; mal werden konservative sozialdemokratische Kreise, die sich längst nicht mehr heimisch fühlen in ihrer angestammten Partei, seitdem langhaarige Jusos, Entspannungspolitik und Diskussionen über Investitionslenkungen das Bild der SPD prägen, zu einer Abspaltung ermuntert. Oder aber obskure Gestalten aus bayerischen Sümpfen, etwa der Inhaber eines Würzburger Soziologie-Lehrstuhls, Lothar Bossle, werden bei ihren Vorbereitungen zur Gründung von rechtspopulistischen Vereinigungen tatkräftig unterstützt.

Von Woche zu Woche erhöht sich so der Druck auf Kohl, ohne dass bereits eine ernsthafte Absicht von Strauß zu erkennen wäre, selbst die Zügel in die Hand zu nehmen und nach der Kanzlerkandidatur zu greifen. Im Grunde allerdings bringt sich Strauß damit mehr und mehr in Zugzwang, die Entscheidung, mit der er seit langem ringt, endlich zu fällen. Gern würde er antreten, zu gern, doch sind ihm die Vorbehalte gegen sich in weiten Teilen der Bevölkerung, tief und seit Jahrzehnten mittlerweile verankert, wohl bewusst.

Einen gehörigen Teil seiner Macht seit Mitte der sechziger Jahre verdankt er diesem Schwebezustand: Dass er könnte, wenn er wollte; dass sein Verzicht den Preis, den die anderen ihm entrichten müssen, erhöht. Wer ist eigentlich mächtiger: Der König oder der Königsmacher, auf dessen Wohlwollen der Regent auch nach seiner Inthronisierung angewiesen sein wird? Immer wieder bewegt diese Frage Strauß. Wenn er nun doch selbst das hohe Amt anstreben sollte, dann spielt er mit hohem Risiko. Verliert er, dann dürfte für die Zukunft auch seine Rolle als mächtiger Königsmacher ramponiert sein, seine Alleinstellung in der Union und wohl auch in der nationalen Politik relativiert. Ist es das wirklich wert? Die Wochen und Monate verstreichen, neue Einsichten, die die Entscheidung – so oder so – befördern könnten, tun sich nicht auf. Argument und Gegenargument halten sich die Waage. Wie gesagt, mit Wankelmut oder Zauderei hat dieser Abwägungsprozess, bei dem so viel auf dem Spiel steht, wenig zu tun. Wie so oft im Leben, wenn sich nicht klar erweisen lässt, was denn vernünftig wäre, und das Richtige nicht zu erschließen ist, muss erst etwas passieren – ein unvorhergesehener Anstoß, eine unausweichliche Situation –, damit sich die Waage in die eine oder die andere Richtung senken kann.

Im Mai 1979 tritt dieses äußere Ereignis ein, das endlich zur Eindeutigkeit verhilft, ja, zwingt. Kohl hat sich inzwischen zu der Einsicht durchgerungen, dass er selbst aus dem Rennen ist. Seine Stellung in der CDU, aber auch in der gemeinsamen Bundestagsfraktion, ist mittlerweile derart erschüttert, dass sein Verzicht auf die Kanzlerkandidatur geradezu zur Vorbedingung dafür geworden ist, seine Position nicht noch weiter zu gefährden. Mit seinem Verzicht folgt er keiner besonders ausgeklügelten List, sondern der schieren Not. Er kann in Wahrheit nicht mehr anders.

Während des ganzen Frühjahrs mäandert die Diskussion um den Kanzlerkandidaten durch die Union, aber Klarheit stellt sich keine ein. Die gibt es jetzt allerdings in einer anderen Hinsicht: Am 5. März nominiert die CDU den amtierenden Bundestagspräsidenten Karl Carstens für die auf den 23. Mai angesetzte Wahl des Bundespräsidenten, was als klarer Sieg der CSU, die den Namen bereits 1977 öffentlich ins Spiel gebracht hat, gelten darf. Denn die bayerische Schwesterpartei hat sich seit der verlorenen Bundestagswahl 1976 immer wieder dagegen ausgesprochen, das höchste Amt im Staat – mit Blick auf zukünftige Koalitionsmöglichkeiten – der FDP zu überlassen. Nicht nur in der CSU unterstellt man Kohl, mit derartigen Kalkulationen zu operieren; auch in der Öffentlichkeit besteht kaum Zweifel daran, dass die Liberalen ein wesentlicher, vielleicht sogar der entscheidende Punkt in den strategischen Überlegungen des CDU-Chefs zur Wiedererlangung der Macht sind. Doch nicht nur das unbedingte Pochen auf einen eigenen Unions-Kandidaten, sondern auch die Personalentscheidung selbst für Carstens geht eindeutig auf die CSU zurück.[35] Durch die frühzeitige Benennung des innerparteilich allenthalben geschätzten CDU-Politikers ist jedenfalls der Weg verstellt, mittels der Wahl des Bundespräsidenten eine Vorentscheidung in der Kanzlerkandidaten-Frage gegen Strauß zu erzwingen: Sollte Kohl tatsächlich erwogen haben, den bayerischen Kultusminister Hans Maier zu nominieren, um weitere Ansprüche der CSU zu unterbinden, so wäre mit dem Personalvorschlag Carstens, zu dem sich die CDU unmöglich ablehnend verhalten kann, das taktische Kalkül von Kohl zur Verhinderung von Strauß durchkreuzt.

Nach dem knappen Ausgang der Bundestagswahl 1976 und aufgrund ihres Siegeszugs durch die Länder in den siebziger Jahren verfügt die Union in der Bundesversammlung über die absolute Mehrheit. Sich selbst das Gefühl zu vermitteln, noch siegen zu können, ist ein weiteres der Hauptmotive der CSU dafür, auf einer eigenen Kandidatur zu bestehen. Dass Carstens innen-

*Ein erster Sieg: Karl Carstens (CDU) wird am 23. Mai 1979 zum Bundespräsidenten
gewählt. Die Union schöpft wieder Mut.*

politisch aufgrund seiner Vergangenheit im Dritten Reich höchst umstritten und Gegenstand polemischster Attacken ist, verstärkt am Ende das
Gefühl, dass Kämpfen lohnt, mit Sieg belohnt wird.

So gesehen ist der 23. Mai, der Tag der Bundespräsidentenwahl, für
Strauß und seine Christsozialen ein besonders guter Tag. Doch die Freude
über den glatten Triumph bereits im ersten Wahlgang währt nur einen Augenblick. Noch in den Gängen der Bonner Beethovenhalle, wo die Bundesversammlung zusammengekommen ist, breitet sich in Windeseile das Gerücht aus, Helmut Kohl und die Spitze der CDU hätten sich vor wenigen
Tagen bei einem Geheimtreffen auf den niedersächsischen Ministerpräsidenten Ernst Albrecht als Kanzlerkandidaten festgelegt, was in Kürze
öffentlich verkündet werden soll. *Die Welt* weiß in ihrer jüngsten Ausgabe
zu berichten, Kohl sei »zum Verzicht bereit, will aber Strauß stoppen«. Im
Übrigen favorisiere der CDU-Vorsitzende – nachdem der einzig andere
vorstellbare Kandidat Stoltenberg frühzeitig abgewunken hat[36] – »insgeheim« Albrecht, von dem es überdies noch mitzuteilen gibt, dass er am
Vortag der Bundespräsidentenwahl in der Bonner Vertretung des Landes
Niedersachsen zahlreiche Gespräche mit Parteifreunden über die »Risiken
einer Kanzlerkandidatur« geführt habe.[37]

Am Nachmittag des 23. Mai – der Bundestagspräsident hat die Bundesversammlung zu einem Empfang eingeladen – verdichten sich entsprechende Nachrichten-Fetzen zu einem unschönen Bild. Allmählich schlägt das zunächst ungläubige Staunen der Strauß-Getreuen in Gewissheit um und schließlich in kalte Wut. Nein, nicht schon wieder, dieses Mal wird es sich die CSU nicht bieten lassen, von Kohl vorgeführt, von der CDU vor vollendete Tatsachen gestellt zu werden! Eiligst sammelt Zimmermann die engsten Gefolgsleute von Strauß, um in dessen Bonner Wohnung über die neue Lage zu beraten. Am Abend dann vertagt sich die Runde, zu der auch der alte Strauß-Vertraute Peter Boenisch zählt, in ein Godesberger Traditionslokal, um bei Sterne-Küche und reichlich Wein über die Konsequenzen aus dem jetzt als sicher geltenden Fait accompli der CDU nachzudenken.

In der Ablehnung des von Kohl gewählten Verfahrens, im Widerstand gegen Albrecht, den FDP-Freund, ist man sich rasch einig. Doch was folgt aus alledem? Auch hier kommt die Runde – vom Siegergefühl der Bundespräsidentenwahl beflügelt, vom Zorn auf Kohl befeuert – zu schnellen Schlüssen. Ob Edmund Stoiber oder Gerold Tandler, Friedrich Zimmermann oder Peter Boenisch – sie alle sehen jetzt gar keinen anderen Weg mehr, als endlich Ernst mit einer Kandidatur von Franz Josef Strauß zu machen. »Wann, wenn nicht jetzt?«, fasst Zimmermann die Stimmung der Runde zusammen.[38] So oft habe man den Mund gespitzt, jetzt müsse man auch pfeifen. Während die einen Strauß mit immer hitziger werdenden Argumenten zum Ja zu bewegen suchen, vergessen die anderen nicht, Weisheit und Heldentum des Meisters in immer neuen, schmeichelhafteren Variationen zu preisen. Der ziert sich, bis zuletzt, doch mit jedem Stückchen Süßholz – vielleicht auch: mit jedem Glas Wein –, das ihm dargereicht wird, schmilzt sein Widerstand dahin. Wie weit die Tafelrunde noch geschäftsfähig ist, als sie nächtens auseinandergeht, kann dahinstehen.[39] Das entscheidende Wort, nur das zählt, haben sie Strauß abgerungen: Er steht bereit!

Am kommenden Tag, es ist Christi Himmelfahrt, soll die Kunde unters Volk gebracht werden. Doch Zimmermann, der mit Stoiber einen kurzen Text aufgesetzt hat, vergisst erst einmal, die Nachricht, wie am Abend vereinbart, an die Agenturen weiterzureichen. Mittags, Zimmermann sitzt im Auto, erhält er einen Anruf seines Pressesprechers Norbert Schäfer, der gerade einen zünftigen Anschiss von Stoiber über sich ergehen lassen musste: Wo denn die Nachricht bleibe?! Schäfer – er war am Vorabend ja nicht dabei und weiß von nichts –, fragt nun bei Zimmermann nach und erhält tatsächlich Bestätigung und Auftrag seines Chefs. Schleunigst setzt er über die Deutsche Presseagentur eine knappe Botschaft ab, die wie eine Bombe einschlägt: Stoiber und Zimmermann erklären, »daß Franz Josef Strauß für eine Kanzlerkandidatur der Unionsparteien zur Verfügung steht«.[40]

Als die 13-Uhr-Nachrichten die Sensation vermelden, sitzt auch Strauß im Wagen. Doch statt sich an dem, was der Rundfunk jetzt vermeldet, zu erfreuen, greift auch er eher ungehalten zum Telefonhörer. Was das denn soll, bellt er den Pressesprecher der CSU-Landesgruppe an, Schäfer müsse sofort alles dementieren. Ja, aber Stoiber und Zimmermann hätten ihm doch übereinstimmend vom Vorabend berichtet und die verabredete Sprachregelung für die Öffentlichkeit an die Hand gegeben. Schon recht, entgegnet Strauß, aber vielleicht sei das doch ein wenig überpointiert gewesen. Nun gut, das mit dem Dementi könne Schäfer erst mal bleiben lassen.[41]

Dennoch, ein klares Bekenntnis lässt Strauß nicht vernehmen. Am Abend vor der Bundespräsidentenwahl hatte er zu Karl Carstens gesagt, die Kanzlerkandidatur interessiere ihn »zur Zeit weniger als das Fernsehprogramm an diesem Abend«.[42] Zum Nennwert muss man solche Äußerungen von Strauß nie nehmen, auch nicht, wenn sie im vertrauten Gespräch mit dem Mann des Tages, dem kommenden Bundespräsidenten, fallen. Nein, eine entschlossene Kampfansage klingt anders, zielstrebig gesucht und verfolgt hat er den Kampf nicht. Summa summarum kann man wohl sagen: Es ist einfach passiert.

Wie improvisiert, aus der Situation heraus sich Dinge entwickeln, lässt sich mit Blick auf die Familie erahnen, der ein solcher Schritt ja nicht gleichgültig sein kann. Mit Frau Marianne hat sich Strauß gar nicht groß beraten können, da sie in diesen Tagen auf Bildungsreise ist und telefonisch nicht erreichbar. Letztlich erwischt sein Entschluss die Familie ebenso unvorbereitet wie Helmut Kohl und die anderen Deutschen.

Am Abend nach der Nacht der Entscheidung sitzt Strauß mit seinen Söhnen im »Canal Grande«, dem Lieblingsitaliener an der Auffahrt zum Nymphenburger Schloss, als ein Zeitungsverkäufer mit dem Andruck der morgigen Lokalpresse das Restaurant betritt. »Strauß will Kanzler werden« lautet die Schlagzeile, die den Jungs sofort ins Auge springt. Franz Georg, der jüngere, fragt seinen Vater: »Was ist jetzt das?« Mit keinem Wort sei davon in den vorangegangenen Tagen die Rede gewesen. »Verschmitzt« lächelnd, »keine Siegerpose«, als »sei er (selbst) ein wenig verwundert über die eigene Courage«, erklärt der Vater seinen Buben: »Ja, das ist halt jetzt so.«[43]

Ähnlich sanft brüllt der Löwe auch in seinen ersten öffentlichen Äußerungen. Als ihn am Abend von Christi Himmelfahrt Reporter in Nürnberg
um eine Stellungnahme bitten, klingt alles doch erstaunlich zurückhaltend:
Der Erklärung von Stoiber und Zimmermann, meint Strauß, habe er nichts
hinzuzufügen; die Frage, ob er denn bereit sei, die Kandidatur anzunehmen, »erübrigt sich genauso wie die Antwort«.[44]

Habemus candidatum

Im Sommer 1979 wird es noch ein halbes Jahr dauern, bis die Sowjetunion ihre Armee in Afghanistan einmarschieren lässt. Bis zur polnischen Krise ist es noch etwas länger hin. Dennoch deutet sich bereits in jenen Wochen, da die Union über ihren Kanzlerkandidaten entscheidet, eine deutliche Verschlechterung der politischen Großwetterlage an. Im Juni unterzeichnen die beiden Supermächte in Wien zwar das zweite Abkommen zur Begrenzung der strategischen Rüstung (SALT 2), doch ist die Rüstungskontrolle mittlerweile in eine Sackgasse geraten. Überhaupt ist jetzt viel vom »Ende der Entspannung« die Rede, im Westen wird der Nato-Doppelbeschluss vorbereitet und im Dezember beschlossen. Gleichzeitig, und für die Stimmung der Zeit wohl noch wichtiger, beginnt im Gefolge der iranischen Turbulenzen, die zur Abdankung und Flucht des Schahs, der Installation des Mullah-Regimes und im April 1979 zur Ausrufung einer islamischen Republik geführt haben, eine zweite Ölkrise, welche die strategische, leicht verwundbare Abhängigkeit der westlichen Wohlstandsgesellschaften vom schwarzen Gold drastisch in Erinnerung ruft.[1] James Schlesinger, der in jenem Sommer 1979 seinen Posten als amerikanischer Energieminister aufgeben muss, hinterlässt ein düsteres *farewell*: Die Welt von heute stecke in einer Krise, die schwerer und von »weitreichenderer Dimension« sei als jene, die Churchill in seiner Geschichte des Ersten Weltkriegs als »The World Crisis« beschrieben habe.[2] Nicht jeder würde das so drastisch formulieren, doch im Kern trifft er damit durchaus die verunsicherte, zuweilen pessimistische Gemütsverfassung unter den politischen Eliten der westlichen Welt in jener Zeit.

Franz Josef Strauß, der stets für jede Krisendiagnose und Verfallsprognose des Westens empfänglich ist, sieht das nicht anders. Auch ihn treibt nun die Sorge vor einer Zuspitzung der internationalen Lage um. Kurz vor der endgültigen Entscheidung über die Kanzlerkandidatur der Union bringt er seine Sicht der Dinge mahnend, warnend, Unheil ahnend auf den Punkt: »Einmal wird der point of no return überschritten, von dem an die Dinge automatisch in Bewegung, außer Kontrolle geraten.«[3]

Diese Äußerung des CSU-Vorsitzenden beschreibt nicht nur die globale Großwetterlage, in der sich fatale Krisen zusammenbrauen könnten, son-

dern mindestens ebenso treffend seine eigene Situation. Scheinbar ist noch
alles offen; bisher hat Strauß lediglich seine Bereitschaft zur Kanzlerkandidatur erklärt. Dass er »werde, wolle oder müsse«, davon ist in der Erklärung
vom Himmelfahrtstag keine Rede, worauf die bayerische Staatskanzlei in
einer eilig nachgeschobenen Mitteilung noch am selben Nachmittag ausdrücklich hingewiesen hat.[4] Auch aus dem wenige Tage später folgenden
einstimmigen Beschluss des CSU-Präsidiums vom 28. Mai ergibt sich keine
Zwangsläufigkeit. Wie kaum anders zu erwarten, begrüßt das Gremium
zwar die Bereitschaft des Parteivorsitzenden, »zur Verfügung« zu stehen,
weist jedoch zugleich darauf hin, dass es darum gehe, »die bestmöglichen
Voraussetzungen für die Wahlen 1980 zu schaffen«, und diesem Ziel wären
»verfrühte personelle Festlegungen, strategisches Unverständnis und taktische Unbeweglichkeit« nicht förderlich. Die Strategiedebatte zwischen den
Unionsschwestern sei daher »mit zeitlichem und sachlichem Vorrang zu
führen«; erst »nach einer Einigung in dieser Debatte« sei es »zweckmäßig,
die personellen Konsequenzen daraus zwischen CDU und CSU zu beraten«.[5]

Jedes Wort dieses Beschlusses ist genau bedacht. Im Grunde enthält er
gleich zwei Exit-Optionen. Sollte sich kein strategischer Konsens im Sinne
der CSU finden lassen, dann könnte Strauß – wenn auch mit erheblichem
Schaden für die Gesamtunion – ohne Gesichtsverlust seine Bereitschaft zur
Kanzlerkandidatur kassieren. Sollte sich die CDU jedoch auf eine strategische Ausrichtung einlassen, wie sie der CSU vorschwebt, dann könnte sich
Strauß gleichfalls ohne Schaden zurückziehen, denn dann hätte seine Bereitschaftserklärung lediglich dem Zweck gedient, der großen Schwester
endlich die Augen für die Gebote der politischen Vernunft zu öffnen.

Für derart feinsinnige Differenzierungen ist die Zeit allerdings abgelau-
fen, der *point of no return* längst überschritten. Kohl jedenfalls ist nicht
bereit – sieht er die Hintertürchen und Fluchtwege, die sich Strauß offengehalten hat, nicht, oder will er sie nicht sehen? –, seinen bayerischen Widerpart aus der Nummer zu entlassen. Er will ihn in die Knie zwingen.
Deshalb eskaliert er weiter. Nicht nur, dass er seinen von längerer Hand
vorbereiteten Personalvorschlag Albrecht öffentlich macht. Zur Stärkung
seiner Position möchte er seinen Kandidaten sogar mit der höchstmög-
lichen Legitimation versehen: Ein Sonderparteitag der CDU soll Albrecht
nominieren.[6] Der Plan verschwindet gleich wieder in der Schublade, denn
beim zweiten Nachdenken bemerkt auch Kohl, dass eine derart prozedural
gestützte Forcierung der eigenen Sache geradezu zwangsläufig zum Zerfall
der Gesamtunion und zur bundesweiten Ausdehnung der CSU als vierter

Partei führen würde. Dafür werden die für den folgenden Montag einberufenen Führungsgremien der CDU auf Albrecht eingeschworen. Kohl weiß,
dass es in Präsidium und Vorstand eine qualifizierte Minderheit gibt, die im
Zweifel für Strauß votieren würde.[7] Dennoch gelingt es ihm dies eine Mal
noch, auch die widerspenstigen unter den Parteifreunden auf Loyalität –
nicht ihm gegenüber, sondern gegenüber der CDU, die sich von der CSU und
deren Vorsitzendem nicht gängeln lassen dürfe – zu verpflichten. Kohls Vorschlag wird ohne Gegenstimme bei zwei Enthaltungen angenommen.

Dass sich die Parteiführung derart geschlossen zeigt, ist in diesem Stadium nicht weiter überraschend, geht es momentan doch nicht um die Einheit der Union, sondern lediglich um die der CDU. Bemerkenswerter ist der
Charakter des Beschlusses selbst. Denn während der Bereitschaftserklärung
von Strauß kein Gremienbeschluss zugrunde lag, handelt es sich bei der
Entscheidung des CDU-Vorstands für Albrecht um eine regelrechte Nominierung. Ohne beträchtlichen Prestigeverlust ist die nicht einfach wieder
rückgängig zu machen.

Kaum ist der Beschluss gefasst, verbreitet sich sein Inhalt über die Medien, so dass eine gesonderte nachträgliche Unterrichtung an die zur gleichen Zeit in München tagende Spitze der CSU gar nicht mehr nötig wäre.
Dennoch lässt es Kohl sich nicht nehmen, den »lieben Franz Josef« im Lauf
des Tages persönlich per Fernschreiben über die Meinungsbildung der großen Schwesterpartei zu informieren: Der Bundesvorstand der CDU habe
»den Vorschlag des Bundesvorsitzenden Dr. Helmut Kohl, für die Gespräche mit der CSU Ministerpräsident Dr. Ernst Albrecht als Kanzlerkandidaten für die Bundestagswahl 1980 zu benennen«, nicht nur ausdrücklich
begrüßt, sondern: »Der Bundesvorstand der CDU macht sich diesen Vorschlag zu eigen.« Dieses Vorgehen und eine solche Festlegung der Parteiführung seien erforderlich geworden, »nachdem die CSU am vergangenen
Donnerstag offiziell mitgeteilt hat, daß Du als Kanzlerkandidat für die
Union zur Verfügung stehst«.[8] Umgehend weist Strauß die Darstellung zurück: Nicht er, sondern Kohl sei vorgeprescht, da dieser »in noch drasti-
scherer Form als 1975« geplant habe, mit einer handstreichartigen Nominierung von Albrecht die CSU »vor vollendete Tatsachen zu stellen«.[9]

Am nächsten Tag, dem 29. Mai, kommt das einzige gemeinsame Gremium der beiden Unionsparteien, die Bundestagsfraktion, zu einer Routine-
sitzung zusammen. Fritz Zimmermann sieht sich veranlasst, ein weiteres
klärendes Wort zu den Vorgängen der vorausgegangenen Tage an die Unionsabgeordneten zu richten: In einer schriftlich vorbereiteten Erklärung

klagt der Chef der CSU-Landesgruppe, dass in diesen Tagen »manche (daran) spinnen« würden, »eine Legende zu bilden«, nämlich die vom Bruch der Stillschweigevereinbarung über die Kanzlerkandidatur durch Strauß, Stoiber und ihn. Haarklein legt Zimmermann seine Sicht der Dinge dar, dass nämlich bis zum Tag der Bundespräsidentenwahl niemand in der CSU daran gedacht habe, Strauß direkt ins Gespräch für die Kanzlerkandidatur zu bringen. Dann hätten sich die Informationen verdichtet, Kohl plane seinen Albrecht-Coup. Und da dürfe man es der CSU ja »wohl nicht übelnehmen, wenn bei uns Erinnerungen an 1975 wach wurden«. Allerdings habe man mit Bedacht die »mildeste Form der Ankündigung«, dass nämlich Strauß zur Verfügung stehe, gewählt, »ohne ein satzungsgemäßes Beschlußgremium dahinterzustellen«. Im Gegensatz dazu sei »die Nominierung von Ernst Albrecht durch die CDU ein formeller Akt«, der »von einem Beschlußgremium vollzogen« worden sei und daher ein weit größeres Gewicht habe. Damit sei, er müsse das »ganz ehrlich« sagen, »für die CSU eine ernste Lage« entstanden, mit der man sich nach der Europawahl am 10. Juni noch werde beschäftigen müssen![10]

So lange allerdings muss niemand warten. Längst sind die Dinge aus dem Ruder gelaufen, von Deeskalation kann keine Rede sein. Kohl gibt weiterhin Vollgas, sperrt sich mit den ihm zu Gebote stehenden Kräften gegen Strauß und die CSU. Natürlich sieht er, wie fragil die noch einheitlich anmutende Front der CDU in Wahrheit ist. Die Öffentlichkeit indes interessiert sich zum jetzigen Zeitpunkt weniger für die Frage, wer der eher Erfolg versprechende Kanzlerkandidat wäre, sondern delektiert sich an dem mit jeder Wendung blutiger werdenden Kampf zwischen den Unionsschwestern. Und die beiden Kontrahenten leisten das Menschenmögliche, um das Interesse des Publikums in Gang zu halten.

An jenem 29. Mai, beispielsweise, hält Albrecht eine Rede in Westerstede, an die sich eine lebhafte Diskussion über die Fragen des Tages anschließt. In der Aussprache räumt Albrecht heiter ein, dass er gewiss nicht der richtige Kanzlerkandidat wäre, falls es darum ginge, »den großen Knüppel zu schwingen«. Naheliegenderweise versteht die Deutsche Presseagentur diese Selbstbeschreibung als Hinweis auf einen Wesenszug von Strauß. Was der nun gar nicht komisch findet: »Ich frage Sie«, schreibt er Albrecht, »ob Sie mit dieser Formulierung mich gemeint haben.« Wenn nicht, »bitte ich um Mitteilung, wen Sie damit ansprechen wollten«.[11] Alles nur ein Missverständnis, antwortet Albrecht. Der dpa-Bericht sei eine Collage, »zusammengebastelt« aus Bruchstücken seiner Rede und Diskussionsbeiträgen. Schlimm, schlimm, diese Medienleute, aber: »Berichte dieser Art«, und hier erweist sich Albrecht durchaus als Seher, »werden wir in Zukunft noch öfter erleben.«[12] Eben, antwortet Strauß, deshalb löse Albrechts besänftigende Antwort »das wirkliche Problem nicht«. Er erlebe es »nunmehr zum 100. Mal, daß auch von CDU-Politikern in der Öffentlichkeit Äußerungen verbreitet werden, die dann auf Anfrage bestritten werden, ohne daß das Dementi öffentlich und mit der gleichen Breitenwirkung bekannt wird«. Dementis »im stillen Kämmerlein« seien einfach nutzlos.[13]

So bemühen sich die beiden Aspiranten auf die Kanzlerkandidatur zwar um Eintracht im Widerstreit, doch letztlich drehen sie sich nur im Kreis. Vom politischen Alltag ergriffen, reden die Herren weiter unachtsam übereinander, gar nicht mal böse, und wundern sich immer wieder über die ach so rohe Welt der Medien.

Je länger die Auseinandersetzung um die Kanzlerkandidatur brodeln wird, umso verharzter werden die Verhältnisse. Keine Einigung in der Sache, nicht einmal eine Verständigung über das weitere Prozedere zeichnet sich ab. Kohl hat allerdings begriffen, wie wichtig es ist, die eigene Sicht auf die Vorgänge durchzusetzen: Er strickt weiter an der Legende vom vorausstürmenden und damit die vereinbarte Ordnung zerstörenden Strauß. Am 1. Juni 1979 schreibt er an alle Vorstandsmitglieder, jeden einzelnen CDU-Bundestagsabgeordneten sowie weitere Führungskader seiner Partei eine höchst eigenwillige Darlegung über »den Ablauf der Ereignisse«. Kein Wort darin von seinen Planungen mit Albrecht im Vor- und Umfeld der Bundespräsidentenwahl; Kohls Geschichte beginnt erst am 24. Mai, als »der Generalsekretär der CSU, Dr. Stoiber, sowie der Vorsitzende der CSU-Landesgruppe im Deutschen Bundestag, Dr. Fritz Zimmermann, Franz-Josef (!) Strauß offiziell zum Kanzlerkandidaten vorgeschlagen« hätten. Die Nominierung von Albrecht durch den CDU-Bundesvorstand sei lediglich eine Antwort, notgedrungen, gewesen, »nachdem die CSU ihrerseits ihren Personalvorschlag bekanntgegeben« habe.[14]

Die Dinge sind derart »in Bewegung, außer Kontrolle geraten«, für Strauß allemal, dass gar nicht mehr vorstellbar ist, wie ein Happy End aussehen könnte. Aussteigen kann er jetzt, da der Machtkampf offen ausgebrochen ist, nicht mehr, das letzte Wort über ihn wäre gesprochen: Hasenfuß, Großmaul, Feigling. Was aber wäre ein Sieg in diesem bitteren Kampf, der keinesfalls in erster Linie gegen Albrecht geführt und auch nicht zwischen CDU und CSU ausgefochten wird, sondern in dem in Tat und Wahrheit

Strauß und Kohl einander gegenüberstehen, was also wäre ein Sieg am Ende wert? Die Kampfkraft der eigenen Truppen, ihre Geschlossenheit, ihr Siegeswille – das wären unverzichtbare Vorbedingungen für einen Sieg in der eigentlichen Auseinandersetzung, in der es sich zu behaupten gilt, im Wahlkampf gegen die sozial-liberale Koalition und einen starken Kanzler. Doch um die Erfolgsaussichten stünde es, selbst wenn es Strauß gelingen würde, sich gegen Kohl oder Albrecht durchzusetzen, ziemlich schlecht.

Wirklich? Mitten in den Bruderkrieg zwischen den beiden Unionsparteien mischt sich ein Hoffnungsschimmer. Denn obwohl die für den 10. Juni erstmals zur Direktwahl des Europäischen Parlaments aufgerufenen deutschen Wahlbürger Tag für Tag Berichte aus den Schützengräben der Union geliefert bekommen, kehren sie dieser nicht den Rücken: CDU und CSU kommen zusammen auf 49,2 Prozent, das Regierungslager von SPD und FDP schafft lediglich 46,8. Dass die Wahlbeteiligung mit 65,7 Prozent nicht besonders hoch liegt, ist dabei sogar noch ein weiteres aufschlussreiches Faktum. Denn den Unionsparteien, obwohl so sehr zerstritten, ist es offensichtlich besser gelungen, ihre Anhänger zu mobilisieren, als dem politischen Gegner. Und Strauß, von dem zwar noch keineswegs feststeht, dass er Kanzlerkandidat sein wird, der aber bereits eine Art gefühlter Spitzenmann von CDU und CSU ist, hat weder die Anhänger der Union verschreckt, noch seine Gegner – »Stoppt Strauß!«, wie es später im Wahlkampf heißen wird – aufgestachelt.

Gut, ohne Streit und Strauß wäre der Sieg womöglich – Helmut Kohl wird sich da im Rückblick sogar sicher sein – noch deutlicher ausgefallen.[15] Umgekehrt kann man angesichts des zweitbesten Wahlergebnisses der Union auf Bundesebene – nur Adenauer holte 1957 noch etwas mehr – schwerlich von einem Störfall Strauß sprechen. Ist dieser fulminante Sieg nicht vielmehr eine Vorschusszahlung für die Union, auf dass sie sich endlich wieder zu Klarheit und Wahrheit durchringen möge, mit einem Kandidaten, der diesem Bedürfnis mehr als jeder andere entgegenkommt? Und könnte dieses Wahlergebnis nicht gezeigt haben, »daß die Union mit überzeugenden Argumenten aus eigener Kraft gewinnen« kann, und wie die »wahren Mehrheitsverhältnisse in der Bundesrepublik« liegen?[16]

Nüchtern betrachtet könnte es so sein. Theoretisch. Aber praktisch scheint es sich doch eher so zu verhalten, wie es die meisten der unionierten Streithähne subjektiv empfinden: Sie glauben einfach nicht an sich und ihre Botschaft – und schon gar nicht daran, dass Klartext erfolgreich sein könnte. Von einem Ende der Streitereien kann jedenfalls längst noch nicht

*Die beiden Parteivorsitzenden erfreuen sich in einem Fernsehstudio an ihrem Sieg
bei den ersten Direktwahlen zum Europäischen Parlament, 10. Juni 1979.*

die Rede sein, weil diese ja in anhaltender Verunsicherung gründen. Heiter
geht es also weiter. Und so kommt mittel- und langfristig wohl eher ein
anderer Aspekt zum Tragen: Die Verletzungen, die sich die christlichen
Schwesterparteien in den Tagen und Wochen des Streits um den Kanzlerkandidaten zufügen, sind so gravierend, dass kaum mehr ein Segen auf
dem Sieger liegen kann. Kluge Beobachter fürchten sich vor einem solchen
Szenario bereits seit längerem: Bereits eine Woche nach Himmelfahrt ist
die Lage so vertrackt, dass Joseph Kardinal Höffner, der Erzbischof von
Köln und Vorsitzende der Deutschen Bischofskonferenz, sich nicht anders
zu helfen weiß, als allerhöchsten Beistand zu erbitten: »Gerade in diesen
Tagen«, schreibt er an Strauß und Kohl, »flehe ich um die Gaben des Heiligen Geistes, damit die richtigen Entscheidungen getroffen werden.«[17] Die
Art der Auseinandersetzung könnte, befürchtet Höffner wie so viele, zu
einer Lage führen – vielleicht hat sie das auch schon –, die »über den innerparteilichen Rahmen hinausgeht und allgemeine Fragen der Funktionsfähigkeit unserer Demokratie aufwirft«. Kirchliche Persönlichkeiten
und Stellen würden arg »bedrängt, ihre Vermittlung anzubieten, damit die
Auseinandersetzung um Personen beendet und der Weg zur Behandlung

dringender politischer Gegenwarts- und Zukunftsfragen wieder geöffnet wird«.[18] Höffner weiß sich mit dem Vorsitzenden der Bayerischen Bischofskonferenz, Kardinal Ratzinger, einig, dass dringender Mediationsbedarf besteht. Zwar gehe ein unmittelbares Tätigwerden von kirchlicher Seite »wohl selbst angesichts der gegenwärtigen Situation über die Grenzen hinaus, die den Kirche gegenüber politischen Parteien gezogen sind«, wohl aber könne man den Weg »einer indirekten Vermittlung (…) beschreiten«. Mit kirchlichem Segen sollen daher die weithin respektierten Honoratioren der Union Goppel und Kiesinger die beiden Streithähne zu einer Friedensklausur einladen.

Auf solche gutgemeinten Handreichungen lassen sich Vollblutpolitiker freilich nicht ein. Auch ist die Zeit noch nicht reif für eine »Urabstimmung« aller Parteimitglieder von CDU und CSU, wie sie etwa Karl A. Lamers, ein aufstrebender Politiker der Heidelberger CDU, der ab 1994 selbst dem Bundestag angehören wird, seinem Vorsitzenden Helmut Kohl vorschlägt.[19] Die Frieden stiftende Wirkung, die solche Vorschläge entfalten könnten, wiegt bei weitem nicht den Nachteil auf, dass solch ein Verfahren die Autorität der *big shots* untergraben würde. Diese sind nicht bereit, sich das Verfahren aus der Hand nehmen zu lassen.

Was aber wäre ein geeignetes Verfahren? Die Union verfügt zwar über zwei Kandidaten, aber ein geeignetes »Instrument, den Konflikt zu lösen«[20], gibt es nicht. Lothar Späth, seit kurzem als Filbinger-Nachfolger Ministerpräsident in Baden-Württemberg und der kommende starke Mann der südwestdeutschen CDU, schlägt vor, aus der Not eine Tugend zu machen und mit zwei Kanzlerkandidaten anzutreten, eine ziemlich abwegige Idee. Man muss sich schon irgendwie zusammenraufen und eine gemeinsame Beschlussbasis finden. Das ist leichter gesagt als getan; formal sind CDU und CSU unabhängige, gleichberechtigte Parteien, doch die bayerische Union steht eben nur für ein einziges Bundesland und ist trotz ihrer stattlichen Mitgliederzahl deutlich kleiner als die CDU. Wie soll man sich da auf einen Delegiertenschlüssel einigen, bei dem sich keine der beiden Seiten von vornherein benachteiligt oder chancenlos fühlt? Der naheliegende Gedanke, es mit dem einzigen gemeinsamen Organ zu versuchen, über das CDU und CSU verfügen – die CDU/CSU-Bundestagsfraktion –, hat zunächst ebenfalls keine Chance. Dort sind zwar die tatsächlichen Stärkeverhältnisse der Union im ganzen Land ziemlich genau abgebildet. Ihr Vorsitzender Helmut Kohl allerdings versucht, die Fraktion aus dem Spiel zu halten. Der Oppositionsführer hat ein gutes Gespür für die Stimmung in

Der niedersächsische Ministerpräsident Ernst Albrecht soll Franz Josef Strauß für Helmut Kohl als Kanzlerkandidaten verhindern.

diesem Verein, in dem sein Ansehen seit 1976 immer weiter gesunken ist.[21] Auf dem Papier verfügt die CDU über eine erdrückende 4:1 Mehrheit, von den insgesamt 254 Abgeordneten stellt die CSU lediglich 53. Doch während Strauß auf seine Parteileute zählen kann, sind die Verhältnisse auf CDU-Seite unübersichtlich. Auch hier hat Strauß treue Anhänger, und eine beachtliche Zahl von CDU-Parlamentariern neigt überdies dazu, dem Bayern um der lieben Ruhe willen ihre Stimme zu geben. Aus Sicht von Kohl stünden die Chancen für seinen Kandidaten Albrecht im Fall einer Kampfabstimmung in der Fraktion keineswegs schlecht, doch sicher sein kann er sich nicht, wie das Ergebnis aussehen würde. Kohl scheut das Risiko, mit seinem eigenen Personalvorschlag Schiffbruch zu erleiden. Dass sich die CSU nicht darauf einlassen will, eine Abstimmung innerhalb der Fraktion als bindend zu betrachten – mit Blick auf die aus bayerischer Sicht noch schwerer zu kalkulierenden Mehrheitsverhältnisse nicht ganz unverständlich –, macht die Situation für Kohl noch heikler. Ließe er sich auf solche Vorschläge ein, dann trügen er und seine CDU das volle Risiko: Sollte Strauß die Abstimmung gewinnen, wäre seine Kandidatur beschlossen.

Sollte dagegen Albrecht die Oberhand behalten, bliebe erst mal alles offen. Theoretische Erwägungen sind das, fraglos, denn die Macht des Faktischen einer Abstimmung ließe sich kaum mehr beiseite schieben. Und doch kann sich Kohl verständlicherweise kaum auf die sonderbaren Wünsche der bayerischen Freunde einlassen.

Ein Tag vergeht so nach dem anderen, ohne dass sich die Unionsparteien auf einen Verfahrensmodus verständigen können. Die Europa-Wahlen sind mittlerweile absolviert, die Sommerpause naht – wie lange soll die ungeklärte Situation noch dauern? Der Versuch der beiden Wettbewerber, ihrer Konkurrenz zwischenzeitlich eine freundlichere Fassade zu verpassen, will ebenfalls nicht recht überzeugen. Ein kurzfristig für den 11. Juni anberaumter »Kandidaten-Gipfel am Tegernsee«[22] bleibt fruchtlos. Albrecht reist zwar mit dem Eindruck zurück an die Leine, dass Strauß keineswegs wild entschlossen ist, Kanzlerkandidat zu werden, sondern eher von seinem Hofstaat vor sich her getrieben wird.[23] Doch je länger der CSU-Vorsitzende wegen seiner Bereitschaftserklärung vom Himmelfahrtstag angegriffen wird, umso schwerer wird es für ihn, den Rückzug anzutreten.

Einen winzigen Spalt nur steht die Tür zum Ausweg noch offen. Natürlich sei »Franz Josef Strauß für jede Lösung, die Möglichkeiten bietet, die Bundestagswahl 1980 zu gewinnen, offen«, erklärt Stoiber, der mit an den Tegernsee gereist ist. Doch sei es »für die CSU kaum mehr vorstellbar, bei den Vorkommnissen der letzten Tage einen anderen Kandidaten als Strauß zu akzeptieren«.[24]

Drei Tage später schließlich gibt es kein Zurück mehr. Was an Himmelfahrt begonnen hat, wird nun, an Fronleichnam, besiegelt. Auch wenn er im letzten unentschlossen ist, so zählt Strauß gewiss nicht zu jener Sorte Mensch, die sich von einer *reservatio mentalis* in schicksalsergebenen Fatalismus treiben lässt. So nimmt er die Sache, obwohl er sich ihrer nicht sicher ist, durchaus beherzt in die Hand. Entscheidend ist längst nicht mehr, ob er wirklich will – dass andere ihm den Anspruch, sein Recht verwehren wollen, genügt, um eben dieses zu erkämpfen. Und angesichts der Zerrissenheit der CDU ist das so schwer ja nicht. Worauf es jetzt im Grunde nur noch ankommt, ist die realistische Einschätzung der eigenen Stärke – das Abzählen, das Einschwören, das Aufstellen der marschbereiten Truppen zur Entscheidungsschlacht, die letzte taktische Einweisung.

Eben dies geschieht am Fronleichnamstag, als sich Strauß, zunächst unbemerkt von der Öffentlichkeit und dem Kreis um Helmut Kohl, in Ludwigsburg mit Heinrich Köppler, Kurt Biedenkopf, Alfred Dregger und Lo-

Familie Strauß genießt die Schlagzeilen, die vom Sieg in der Schlacht
um die Kanzlerkandidatur künden, 5. Juli 1979.

thar Späth – den Fürsten der starken Landesverbände Rheinland, Westfa-
len, Hessen und Baden-Württemberg – trifft.[25] Nachdem er sich deren
Unterstützung versichert hat, ist die Sache, wie es Heiner Geißler aus seiner
Sicht formuliert, »gelaufen, verloren«.[26]

   Dennoch ist die Qual um die Wahl noch nicht vorbei. Denn nach wie
vor verfügt die Union über zwei Kandidaten, nicht aber, wie gesagt, über
ein probates »Instrument, den Konflikt zu lösen«.[27] Mittlerweile tritt die
Fraktion ihrem Vorsitzenden jedoch immer selbstbewusster entgegen.
Während Kohl nur vage verspricht, die Abgeordneten würden »informiert«
und »irgendwie beteiligt«, drängt sie in drei aufeinanderfolgenden Sitzungen immer heftiger auf direkte Mitsprache.[28] Am Ende wird Kohl von denen, die er eigentlich führen soll, »regelrecht in die Knie gezwungen«, die
»Arena« ist jetzt dort, »wo der Oppositionsführer sich am empfindlichsten
erwiesen (hat): in der Bundestagsfraktion«.[29]

   Obwohl es Kohl nicht gelingt, der CSU die Zusage abzuringen, dass für
sie ein Abstimmungsergebnis bindend wäre, verständigt sich die Fraktion
am 2. Juli 1979 über den Kopf ihres Vorsitzenden hinweg darauf, heute ein
»Meinungsbild« einzuholen. Am Ende der nahezu sechs Stunden währen-

den Diskussion, in deren Verlauf es um die hundert Wortmeldungen gibt, will von einer Probeabstimmung niemand mehr etwas wissen. Für Strauß votieren 135 Stimmen, Albrecht kann lediglich 102 Abgeordnete für sich gewinnen.

Wie spannend das alles war! Bis zum Schluss! Nur einer schläft bereits den Schlaf der Gerechten, als die Entscheidung fällt. Strauß, der an diesem Tag in München geblieben ist, wird von Friedrich Zimmermann geweckt, als dieser telefonisch, aus der gerade beendeten Sitzung stürmend, den Sieger des Tages über das Abstimmungsergebnis unterrichten will.[30]

Auch der CDU-Vorsitzende wirkt merkwürdig entspannt. Als wäre nichts von Bedeutung gewesen, gratuliert Kohl Strauß zur Nominierung, dankt Albrecht für seinen Einsatz und verspricht dem gemeinsamen Kanzlerkandidaten die volle Unterstützung der CDU. Kurz vor Mitternacht tritt er vor die Presse und verkündet, wiederum mit größter Selbstverständlichkeit, das Ergebnis. Nicht der Anflug von Erschütterung ist seinem Statement anzumerken. Jetzt wird gekämpft, gemeinsam – mehr gibt es nicht zu sagen. Noch in der Nacht diktiert er ein knappes Glückwunschschreiben an den Sieger, um ihm »viel Glück und Erfolg für unsere gemeinsame Sache« zu wünschen.[31]

Persönlicher fällt die Gratulation des seit wenigen Tagen amtierenden Bundespräsidenten aus, und sie kommt der rauen Wirklichkeit der bevorstehenden Monate deutlich näher. »(S)ehr gefreut« habe er sich über die Nachricht der Wahl von Strauß, gerade »(i)n Erinnerung« an die vielen Kämpfe »für die gleichen Grundsätze Seite an Seite«, schreibt Karl Carstens mit der Hand auf persönlichem Briefpapier. »Kraft, Besonnenheit und Mut« werde Strauß aber sicher brauchen »für die Bewältigung der großen vor Ihnen liegenden Aufgabe, der schwersten Ihres Lebens«.[32]

Himmelfahrtskommando

Politik ist keine exakte Wissenschaft, und Geschichtsschreibung ist es genauso wenig. Nicht erst seit der Chaos-Theorie kann man mutmaßen – doch seither ist es anschaulich klar –, wie grundstürzend der eine Flügelschlag eines einzigen Insekts zu wirken vermag, der alles anders werden lässt. Wie froh muss da der historisch interessierte oder forschende Mensch sein, wenn es ihm wenigstens gelingt, hier oder da mal eine »Sternstunde der Menschheit« (Stefan Zweig) zu benennen, die alles gewendet hat und möglicherweise vieles vom Fortgang der Geschichte erklärt. Dennoch ist es weit mehr, was wir nicht wissen, dessen schiere Existenz wir vielleicht nicht einmal erahnen, als das, was als halbwegs sichere Erkenntnis gelten darf.

Um wie viel mehr gilt dies, wenn es um die an sich schon schwer fassbare Kategorie der »historischen Größe« am konkreten Beurteilungsobjekt geht. Für den Gang der Geschichte ist diese Frage belanglos, für das historische Bewusstsein hingegen zentral. In Bayern würden sie vermutlich auch heute noch mehrheitlich sagen, dass Strauß ein »Großer« gewesen ist, im Rest von Deutschland wohl eher nicht, und wer sich seiner in hundert Jahren noch erinnern wird, steht sowieso dahin. Doch es gibt ein Merkmal, das gänzlich unverzichtbar ist: Die Großen der Geschichte stehen stets gegen ihre Zeit – die Zeit, in der sie leben. Wie aber will man das bemessen, diese eigenartige Mischung aus harten Fakten und geistigen Strömungen, die den großen Gegner eines jeden Großen ausmacht – den Zeitgeist?

Aus guten Gründen überlässt die Zunft der Geschichtsschreibung den hermeneutischen Teil, aber auch den essayistischen Zugriff auf empirisch nicht lösbare Fragestellungen an die Geschichte gern dem Feuilleton. Doch kann diese Tugend der Selbstbeschränkung kaum darüber hinwegtäuschen, dass die Not, das Unfassbare nicht fassen zu können, bleibt.

Die Philosophie ist gleichfalls keine exakte Wissenschaft, nicht einmal dem Anspruch nach – doch seit dem späten Wittgenstein würde sie zugestehen, dass die Sprache ein guter Indikator und ihre Analyse ein erkenntnisförderndes Mittel ist, Fragen nach Art und Charakter eines Kulturraums auf die Spur zu kommen und damit historisch Bedeutsames auszuleuchten.

Auch unter diesem Gesichtspunkt lohnt es sich– bald fünfzig Jahre nach der Erstveröffentlichung –, den lesenswerten Versuch von Johannes Gross, den Deutschen die Deutschen zu erklären, zur Hand zu nehmen, insbesondere die Meditationen über »deutsche Grundbegriffe«. Denn nach Auffassung des Autors gilt: »Ein Selbstportrait der Deutschen findet sich in ihrer Sprache.« Gleich der erste Begriff, den Gross untersucht, »Gemütlichkeit«, hat es in sich und führt, weil und obwohl so viel Strauß in ihm erkennbar ist, direkt auf den Grund, der möglicherweise ausschlaggebend dafür ist, dass auf dem politischen Leben von Strauß der letzte Segen nicht liegt.

»*Gemütlichkeit.* Es ist ein Wort, das seinen Rang allmählich einbüßt, ihn aber noch nicht verloren hat und einen näheren Blick verdient. Gemütlichkeit hat mit Gemüt nicht mehr viel zu tun. Es bezeichnet eher Derbes als Zartes, herzhafte Geselligkeit eher als stille Empfindsamkeit. Paläste sind nicht gemütlich, sondern Bürger- und Bauernhäuser, und die Wohnküche ist noch eher gemütlich als der Salon. Es gehört Wärme dazu, Holzgetäfeltes, das schaumige Bier oder der Rotspon am Winterabend. Das helle Licht, die räumliche oder moralische Distanz sind der Gemütlichkeit feind. Ein gemütlicher Mensch ist das Gegenteil eines Störenfrieds: er lacht mit, er macht mit, er freut sich des Lebens.«[1]

In fast jedem Element dieser Beschreibung deutscher Wesensart ist Strauß erkennbar: eher derb als zart, von herzhafter Geselligkeit, der Lebensfreude niemals abgewandt – Strauß kommt dem Idealtypus ausgesprochen nah, und wahrscheinlich gibt es deshalb so viel Harmonie und Gleichklang zwischen ihm, dem Vorsitzenden des Vereins für deutliche Aussprache, und der Masse des Volkes. Strauß kennt dessen Sorgen, spricht seine Sprache. Und doch hat eben diese Masse des Volkes Hemmungen, wenn es ums Letzte geht, wenn sie sich Strauß als Kanzler und *democratic leader* der Deutschen vorstellen sollen. Denn der Mann ist anstrengend, ein Aufgeregter und Aufreger, er ruft Emotionen hervor, verbittet sich Phlegma und Gleichgültigkeit. Er warnt vor diesem, malt hier und dort schwarz, redet gern und oft von schicksalshaften Lagen und Entscheidungen – wählt man ihn zum Wegbegleiter, kann man sich nicht ausruhen. Ja, persönlich findet sich in ihm alles, was deutsche Gemütlichkeit auszeichnet, nur das eine nicht: er beruhigt nicht – das wird Helmut Kohls große Kunst als Kanzler einmal werden. Strauß regt auf, er lässt den Blutdruck steigen. Er ist der Störenfried *par exellence* – und damit Bestätigung und Dementi der deutschen Sehnsucht nach Gemütlichkeit schlechthin.

Mit einem solchen Spitzenmann zieht die Union jetzt also in die Auseinandersetzung, in den Kampf ums Kanzleramt. Ist da nicht vom ersten Tag vorherbestimmt, dass, was am Himmelfahrtstag begonnen wurde, als Himmelfahrtskommando enden muss?

»Tollkühn ist er nicht«, hat Paul Pucher, ein guter Strauß-Kenner, vor kurzem erst, im quälend sich dahinschleppenden Frühjahr 1979, festgehalten, und daher sei es »so gut wie ausgeschlossen (…), daß er zu einem Gefecht antritt, das leicht sein letztes werden könnte«.[2] Nun ist es anders gekommen, Strauß zieht tatsächlich in die Schlacht. »(V)iele CDU-Politiker haben letztlich für Strauß optiert«, so bringt Fred Luchsinger, der altgediente und wohl erfahrenste ausländische Beobachter des deutschen Geschehens, in der *Neuen Zürcher Zeitung* eine weitverbreitete Stimmung auf den Punkt, »weil sie die Wahl 1980 ohnehin verloren geben, *lieber Strauß als Albrecht als Verlierer* sehen und überdies hoffen, mit einem Verlierer Strauß dann auch das ›Problem Strauß‹ loszuwerden«.[3]

Bei Helmut Kohl, der in den vergangenen Monaten eine traurige Figur abgegeben hat, setzt die Einsicht in die Vorzüge seiner schweren Schlappe erst mit Zeitverzögerung ein. Im Nachhinein wird ihm sein vermeintlich taktisches Raffinement, wie er den CSU-Vorsitzenden kalt ins Messer der Wähler habe laufen lassen, viel Lob und Anerkennung eintragen. Mit dem wirklichen Verlauf der Kandidatenkür hat diese Legende wenig zu tun. Wohl aber könnte der im Moment der Entscheidung möglich gewordene kühle Blick auf die Hoffnungslosigkeit des soeben gestarteten Unternehmens erklären, wieso der CDU-Vorsitzende in der Stunde seiner Niederlage, am späten Abend des 2. Juli 1979, aufatmet, den Triumph von Strauß gelassen hinnehmen, schließlich sogar entspannt verkünden kann. Und so wie Kohl empfinden viele, am Tag danach wohl die meisten in der CDU-Führung: Anders wäre es besser gewesen, aber immerhin dürfte sich der Fall Strauß damit erledigt haben.

Die Würfel müssen erst gefallen sein, bevor man allenthalben zu begreifen beginnt, worum es eigentlich gegangen ist im Wettstreit der Kandidaten. Um eines jedenfalls nicht: die Frage, mit welcher Aufstellung die Union die besten Chancen haben würde. In der Entscheidungsphase hatte man sich nur noch dafür interessiert, welcher Kandidat am ehesten die Einheit der Union zu gewährleisten vermag. Jetzt, da der Pulverdampf sich allmählich verzieht, dämmert es selbst den Letzten, dass Geschlossenheit eine notwendige, keineswegs jedoch hinreichende Bedingung für den Wahlsieg 1980 ist.

Erschrecken, gar Entsetzen löst die Nominierung von Strauß nicht gerade aus, wohl aber eine gewisse Ernüchterung auf allen Seiten. Denn wieso sollte plötzlich nicht mehr gelten, was Strauß während der ganzen Vorphase des Kandidatengerangels diagnostiziert hat: dass nämlich die gegebene Konstellation des Parteiengefüges den Sieg der Union unmöglich mache. Daran hat der 2. Juli nichts geändert. Umgekehrt war man in der CDU stets der festen Überzeugung, an der Grundarchitektur und Ausrichtung des Parteiensystems dürfe nicht gerüttelt werden. Nur, dass die CDU jetzt keinen Kandidaten aufzuweisen hat, der unter den gegebenen Bedingungen das Optimum herausholen könnte. Aus Sicht der Strauß-Skeptiker begibt man sich mithin in ein nahezu aussichtsloses Rennen, weil man auf Gedeih und Verderb mit dem für die vorgefundene Konstellation denkbar ungeeignetsten Kandidaten antreten muss.

Aber ist das wirklich so eindeutig? Die ersten Meinungsumfragen nach der Unionsentscheidung weisen überraschenderweise einen gegenläufigen Trend aus: Vier Wochen nach der Benennung von Strauß deuten die von mehreren Instituten erhobenen demoskopischen Befunde darauf hin, dass sich der Dauerpatient Union langsam erholt: Erstmals seit Herbst 1978 verlieren CDU und CSU nicht weiter an Boden, sondern legen wieder leicht zu. Auch die – freilich noch immer nicht eben berauschenden – Sympathiewerte für Strauß selbst haben sich seit seiner Nominierung verbessert.[4] Überhaupt bringt der Sommer eine erstaunliche Beruhigung der innenpolitischen Stimmungslage. »Abgesehen von einigen Sozialdemokraten, meist aus dem zweiten oder dritten Glied, denen der Gedanke an Strauß auch in den Ferien höheren Blutdruck bescherte«, habe »der Kanzlerkandidat noch niemand in seinen Bann« geschlagen, amüsiert sich Rolf Zundel in der *Zeit*: »Er verschwand im Sommerloch wie die ganze übrige Politik – was nicht gegen Strauß spricht und schon gar nicht gegen seine taktische Klugheit, aber für eine relativ große Bereitschaft der Bürger unseres Landes, politischen Aufregungen aus dem Weg zu gehen.«[5]

Allzu lange wird es nicht dauern, bis sich die Ruhe nach dem Sturm als Ruhe vor dem Sturm erweist. Es mag ja sein, dass die Bürger mehrheitlich derart abgeklärt und nüchtern sind, wie Zundel meint. Für die tragenden Kräfte der Unionsparteien aber gilt das nicht. »Lange« werde es dauern, sagt Conrad Ahlers voraus, »bis die Wunden vernarbt sind, die bei der Auseinandersetzung um Strauß in der CDU aufgerissen wurden.« Kurzum: »Es sind nicht wenige Christdemokraten zurückgeblieben, die sein Scheitern herbeisehnen.«[6]

Einstweilen macht es der Kandidat seinen notorischen Gegnern innerhalb und außerhalb der eigenen Reihen schwer, sich an ihm zu reiben –
Strauß wirkt wie ausgewechselt, entspannt wie lange nicht. Anstößiges,
Polterndes, Krachledernes lässt er sich seit seiner Nominierung nicht entlocken. Schon mutmaßt Egon Bahr, als SPD-Generalsekretär für die Kampagne der Sozialdemokratie hauptverantwortlich, dass »der Wolf Kreide
gefressen hat«. Doch ist es wirklich nur das? Ist es bloß die Notwendigkeit,
die während der Kandidatenschlacht noch weiter aufgerissenen Gräben in
den Unionsparteien schleunigst wieder zuzuschütten? Einem alten Hasen
wie Strauß braucht man natürlich nicht zu erklären, wie aussichtslos ein
Wahlkampf ist, wenn es nicht gelingt, die eigenen Reihen zu schließen.
Doch so sehr taktische Klugheit und ein reicher Erfahrungsschatz dazu
beitragen, dass er nun moderat und vergleichsweise sanftmütig daherkommt, den Ausschlag gibt etwas anderes: In all den Jahren zuvor wurde
ihm nicht nur die Kanzlerkandidatur vorenthalten, sondern mit Blick auf
die kleine CSU und mit dem Hinweis auf seine Konsensunfähigkeit sogar
das Recht darauf bestritten. Nie indes wurde Strauß in offener Feldschlacht
das Amt versperrt, sondern durch ein Fait accompli oder mit den Mitteln
verschlagener Hintertreppen-Manöver allein schon der Anspruch verstellt.
Gibt es eine bessere Methode, Strauß bis aufs Blut zu reizen? Verzichten
mochte er immer erst dann, wenn sein Anspruch nicht mehr bestritten wurde. Jedenfalls hat Strauß, wie ein kluger Beobachter der Bonner
Szene im Sommer 1979 analysiert, »mehr darunter gelitten, als er zugeben
kann, von der CDU bei der Auswahl der Kanzlerkandidaten kalt übergangen worden zu sein«. Jetzt jedoch »hat er den Spitzenplatz erreicht«,
und »(v)on dort oben lässt sich gelassener agieren. Der seelische Druck
ist weg.«[7]
Diese eine innere Anspannung ist also gewichen, er hat das Zwischen-
ziel erreicht, das lange unerreichbar schien. Ob und wie es nun gelingen
kann, bis zum Hauptziel, zur Kanzlerschaft, vorzudringen, steht auf einem
anderen Blatt. Sollte er sich in dieser Hinsicht Illusionen hingeben, wofür
nichts spricht, so erinnern selbst wohlwollende Kommentare ihn daran,
dass er gerade einmal die »Chance eines Außenseiters« hat, wie Friedrich Karl Fromme in der *Frankfurter Allgemeinen Zeitung* analysiert: Er
ist zwar »keine periphere Erscheinung«, doch »Strauß kommt von der
Peripherie«.[8]
Und das liegt nicht nur geographisch sozusagen auf der Hand – doch
wie bedeutend ist das wirklich? –, sondern leuchtet auch politisch unmit-

telbar ein. Konrad Adenauer, der Rheinländer; Ludwig Erhard, ein Franke; Kiesinger aus Württemberg; Brandt aus Berlin; Schmidt, mit dem er sich jetzt messen muss, geradezu expressionistisch Hanseat: Kein Kanzler, dessen Heimat oder Idiom nicht irgendwo in einem größeren Teil von Deutschland Fremdeln, oft genug auch Spott und Hohn, verursacht hätte. Der Bayer Strauß ist in dieser Hinsicht allenfalls eine graduelle Steigerung. Das Problem bei ihm liegt vielmehr in allem, was über das Einsortierbare, das Pauschale hinausweist. Ist es für das Maß an Wertschätzung für einen Politiker, der im Mittelpunkt der *Spiegel*-Affäre gestanden hat, eigentlich noch bedeutsam, dass er zweifelsfrei von markant landsmannschaftlicher Art ist – oder das, was die anderen Deutschen dafür halten? Muss man zur Beurteilung dieses politischen Wirbelsturms wirklich wissen, dass sein Auge in München liegt? Gilt nicht vielmehr, um eine andere Metaphorik zu gebrauchen, dass überall, wo Strauß ist, stets auch ein Epizentrum liegt? Am Ende verhält es sich vielleicht sogar umgekehrt, dass Strauß nämlich gerade mit Hinweis auf seine Herkunft und die mit ihr verbundenen Stereotypen eine Art Krawall-Rabatt bekommt: So sind sie halt, die Bayern …

Auch der andere, der gewichtigere und politische Aspekt seiner Randständigkeit, seines Außenseitertums, muss kein Nachteil sein. Hat nicht Margaret Thatcher gerade erst bewiesen, wie man sich zuerst gegen das Establishment einer weich gewordenen Partei und dann in einer politischen Kultur, die eigentlich von Radikalbotschaften und konservativer Revolution nichts wissen will, durchsetzen und ins höchste Amt boxen kann? Ähnliches wird bald in den Vereinigten Staaten geschehen, wo sich mit Ronald Reagan ein Außenseiter in seiner eigenen Partei und schließlich auch im Präsidentschafts-Wahlkampf behaupten wird.

Wie gesagt: Unverzichtbare Bedingung solcher Erfolge ist es freilich, dass alle, die sich zuvor bekämpft haben, sich nach der Entscheidung zusammenraufen. Die Anhänger des Unterlegenen müssen sich fügen, der Sieger selbst sollte sich bescheiden. In diesem Sinne macht Strauß Riesenschritte auf jene Kräfte innerhalb der CDU zu, von denen er weiß, dass sie ihn eher ertragen als tragen, die zudem stimmgewaltig genug sind, um die ganze Kampagne zu verderben. Erste Überlegungen zur Wahlstrategie, die er bald nach seiner Nominierung öffentlich unterbreitet, gehen jedenfalls in diese Richtung: keine Frontal- oder Totalkonfrontation mit der regierenden Koalition, schon gar nicht das, was ihm weiterhin als Sonthofen-Strategie – Obstruktion und Destruktion um jeden Preis – unterstellt wird, soll die Auseinandersetzung prägen. Stattdessen Kooperation mit der Regierung, wo man zu ähnlichen Einschätzungen kommt; pragmatische Bereitschaft zum Kompromiss, wo dies ohne Preisgabe von Grundsatzpositionen möglich ist; Konfrontation nur dort, wo die Ansichten unvereinbar sind. Eine gemeinsame Kommission von CDU und CSU soll den Wahlkampf steuern, ohne dabei allzu viele inhaltliche Festlegungen zu treffen, gerade so viele, dass alle ein Geländer zur Orientierung haben. »Ich bin ein plebiszitärer Typ, kein Funktionär«, dies soll seine persönliche Note im Wahlkampf werden, Angst vor den traditionell auf die Sozialdemokratie abonnierten Arbeitern habe er nicht, schließlich trage ja auch er, so Strauß selbstironisch, »proletarische Züge«.[9]

Strauß, der Mann der kleinen Leute, einer, der die Sprache des Volkes spricht und von diesem verstanden wird – seit ewigen Zeiten pflegen sie in der CSU dieses Image, auch, um das des rechten Buhmanns und Industriellen-Freunds zu konterkarieren. In der CDU nimmt man das alles nicht so ernst, dafür ist er den dortigen Notabeln zu sehr ein Ärgernis oder Gegenstand von Neid und Missgunst. Die klügeren Köpfe in der SPD indessen, von denen es eine ganze Reihe gibt, schätzen das Potenzial von Strauß in klassisch sozialdemokratisch geneigten Milieus ähnlich ein wie Strauß selbst. »Ganz ohne Zweifel« sei Strauß »im kommenden Bundestagswahlkampf in der Lage, bestimmte Teile der Arbeiterschaft anzusprechen«, findet etwa der gerade zum intellektuellen Jungstar der SPD avancierende Berliner Wissenschafts-Senator Peter Glotz. Helmut Schmidts Herausforderer habe »etwas Aufwieglerisches behalten. Man spürt, er als Metzgersohn kommt von unten«. So treffe er jenen Ton, »der in der Arbeiterschaft ganz ohne Zweifel Wähler an sich bindet«.[10]

In den Gewerkschaftsspitzen ist man sich ebenfalls nicht so sicher wie im Konrad-Adenauer-Haus, dass Strauß am Ende völlig chancenlos ist. Eugen Loderer etwa, der Vorsitzende der IG Metall und damit Chef der größten und mächtigsten Einzelgewerkschaft, äußert sich behutsam über den gerade Nominierten, bei dem »(u)nsere Sorgen und Wünsche (…) sicherlich nicht so gut aufgehoben« wären wie beim Amtsinhaber. Aber selbstverständlich würde er, Loderer, auch mit einem Kanzler Strauß zusammenarbeiten, seine »Loyalität zu Staat und Demokratie« hänge »nicht vom jeweiligen Regierungschef ab«. Im Übrigen sei er sich sicher, dass Strauß »klüger als sein Generalsekretär Stoiber«[11] ist, der von Beginn der Kampagne an für sich die Rolle des Scharfmachers reserviert hat, die er dann in den kommenden Wochen und Monaten nach Kräften – vielleicht zur Freude, doch gewiss nicht zum Nutzen des Kanzlerkandidaten – ausfüllen wird.

Zunächst sind es aber weder die politischen Gegner noch der Konkurrent um die Kanzlerschaft, die Stoiber – in diesen Wochen charakterisiert ihn Nina Grunenberg in der *Zeit* als »Jesuit im Trachtenrock«[12] – reichlich Gelegenheit bieten, seinen Markenkern des gnadenlosen Wüterichs, des »blonden Fallbeils«, auf Jahre hin zu festigen, sondern die Kritiker in den eigenen Reihen. Während sich Strauß seit seiner Nominierung sichtlich um Zurückhaltung ihnen gegenüber bemüht und sich in geradezu versöhnlicher Schweigsamkeit gegenüber jenen übt, die ihn mit aller Macht verhindern wollten, holzen diese munter weiter. An vorderster Front Heiner Geißler, CDU-Generalsekretär und Kohls stets schlauer Mann fürs Grobe, der jetzt mit Leidenschaft die Arbeit seines SPD-Kollegen Egon Bahr besorgt. Unmittelbar bevor sich die Unionsspitzen zur ersten Sitzung ihrer Strategiekommission mit ihrem gemeinsamen Kandidaten treffen, hält Geißler es für angebracht, Strauß öffentlich daran zu erinnern, welche »Erwartungen« dieser alle zu erfüllen habe, damit die Union auch wirklich geschlossen hinter ihm stehen könne,[13] da bestünden noch so einige »Vorbehalte«.[14]

Derart ermuntert, stößt Matthias Wissmann, der politisch nicht besonders wichtige Bundesvorsitzende der Jungen Union – doch für die Produktion unerfreulicher Agenturmeldungen ist er allemal gut genug –, ins gleiche Horn: Strauß habe eine »Bringepflicht«, müsse die »gesamte Breite« der Union abdecken, lässt er sich im ZDF vernehmen. Im Übrigen – so macht man aus guten Nachrichten schlechte – könne er bestätigen, dass die Partei wegen Strauß nicht allzu viele Mitglieder verloren habe: Man müsse den Leuten halt klarmachen, dass man nicht wegen des Pfarrers aus der Kirche austritt.[15]

Auf dass die gerade eröffnete Strategiesitzung nicht langweilig werde, reichen dienstbare Geister die frisch eingelaufenen Agenturmeldungen von Geißlers Pressekonferenz in den Tagungssaal hinein. »Geht es schon wieder los, muß ich mich ständig auf den Laufsteg stellen?«, wütet der Kandidat[16] und ist kurz davor, aus dem Saal zu stürmen: »Das lasse ich mir nicht sagen!«[17] Dass Kohl versucht, die Situation mit den Worten zu retten, Geißler habe das bestimmt nicht so gemeint, macht alles nur noch schlimmer. Erst als er Beistand von wichtigen Landesfürsten erhält, die bislang nicht zu seinen Fans gehörten – Heinrich Köppler: »Unerhört!«; Ernst Albrecht: »So etwas gehört sich nicht!«; Gerhard Stoltenberg: »Schändlich!« – beruhigt sich Strauß.[18] Dass Geißler seinen CSU-Freunden einstweilen schwer zumutbar ist, erkennt nun auch Kohl, der Gerhard Stoltenberg anstelle des Generalsekretärs damit beauftragt, gemeinsam mit Edmund Stoiber das

*Der Kandidat und sein Helfer: CSU-Generalsekretär Edmund Stoiber
ist stets zur Stelle und hat das Ohr seines Chefs.*

von allerschönstem Einvernehmen kündende Abschlusskommuniqué zu entwerfen.

Selbstverständlich bleibt das nicht das letzte Wort in dieser Angelegenheit. Heiner Geißler kartet gleich am folgenden Tag zünftig nach. Grund genug für Dr. Stoiber, dem »sehr geehrten Herrn Dr. Geißler« einmal in aller Deutlichkeit schriftlich darzulegen, was bei diesem alles nicht stimme – wobei das freundlichste Wort zur Charakterisierung von Geißlers Treiben »unglückselig« lautet. Mit seinen »Belehrungen über Ihre Vorstellungen von liberaler Mitte und Ihren versteckten Vorwürfen« gegen die CSU in aller Öffentlichkeit werfe Geißler »zwangsläufig wieder all die Probleme (auf), die es ohne Sie nicht gäbe«. Und: »Mit Ihrer fortgesetzten Behauptung, Sie müßten dies und jenes der CDU herausstellen und bewahren, bringen Sie nicht nur Ihren Vorsitzenden in ein schiefes Licht, sondern suggerieren doch, daß der gemeinsame Spitzenkandidat Franz Josef Strauß ohne Sie die Werte der CDU nicht zu bewahren vermöge und Ihrer politischen Fürsorgeerziehung bedürfe.« Über fünf Schreibmaschinenseiten zieht sich diese Litanei hin und gipfelt in der vorwurfsvollen, allerdings auch schon erste Verzweiflung andeutenden Frage: »Warum legen Sie es darauf an, den Bundestagswahlkampf 1980 so zu erschweren, daß die Gefahr offenkundig wird, ihn deshalb zu verlieren?«[19]

Ziemlich dick ist nicht nur die Luft zwischen den beiden Parteigenerälen. Auch die Christlich-Demokratische Arbeitnehmerschaft (CDA), die selbst gern stolz das Etikett *Sozialausschüsse* trägt, und ihr Vorsitzender Norbert Blüm wollen sich nicht nachsagen lassen, zu unkritisch im Umgang mit den Christsozialen zu sein. Ein Missverständnis hier, ein böses Wort zurück – ein paar Tage erst sind seit der schönen Einigung auf Strauß vergangen, und schon droht Blüm damit, Stoiber vor den Kadi zu zerren. Mit gewundenen Worten, die man mit starker Sehhilfe so eben noch als Entschuldigung erkennen kann, gelingt es Stoiber, diese Gefahr abzuwenden.[20]

Aber es bleibt genügend Stoff für Streit, und zur Not ist der schnell hergestellt. Etwa mit einer einstimmig verabschiedeten Resolution der Sozialausschüsse, die Strauß Ende Juli 1979 zugestellt wird – ein Papier, das auf jedem SPD-Parteitag mehrheitsfähig wäre. Die Reizworte »Chancengleichheit« und »paritätische Mitbestimmung« fehlen nicht, wie überhaupt die Marktwirtschaft und auch das Unternehmertum starker staatsinterventionistischer Eingriffe bedürfe. Nur in einem Punkt würde sich die SPD vielleicht nicht mit den CDA-Forderungen identifizieren, der erste deutsche Atomminister Strauß allerdings noch weniger: Vorrang für die konventionelle Energiewirtschaft, wohingegen die friedliche Nutzung der Kernenergie nur akzeptabel sei, wenn »sicherer Schutz von Leben und Gesundheit der Bürger sowie gesicherte Entsorgung« gewährleistet sei.

Damit erst gar keine Missverständnisse darüber aufkommen können, wie das alles zu verstehen ist, heißt es zum Schluss des zweiseitigen, engbedruckten Papiers: »Wer Wahlen gewinnen will, muß diese Positionen übernehmen«. Und da doppelt genäht bekanntermaßen besser hält, bekräftigen drei von acht Zeilen des Anschreibens an Strauß, dass »eine Berücksichtigung der aufgeführten Punkte in den Wahlkampfaussagen« die »Voraussetzung für einen Wahlerfolg seien«.[21] Um dieselbe Zeit sickert der Inhalt eines vertraulichen Gesprächs zwischen Kohl und den CDU-Gewerkschaftern via *Spiegel* in die Öffentlichkeit, pikant gewürzt mit scharfen Zitaten – etwa: »Wir stimmen Heiner Geißler zu, daß Franz Josef Strauß noch viel tun muß, um seine Skeptiker in der CDU zu überzeugen.«[22]

Dass Strauß dies nie gelingen wird, ist natürlich denen, die so sprechen, wohl bewusst. Sie lehnen ihn rundweg ab, und das von Herzen – ihn als politischen Typus und insbesondere als überzeugten Marktwirtschaftler, der wenig Sinn für die weitere Ausdehnung des Sozialstaates, dafür umso mehr für geordnete Staatsfinanzen sowie für Freiheit und Eigenverantwortung als gesellschaftskonstituierende Primärprinzipien übrig hat. Irgendwie passt da die ganze Richtung nicht. Da macht es natürlich Spaß, ihm Stöckchen hinzuhalten, über die er partout nicht springen mag.

Hilfe in der Auseinandersetzung mit der Linken in der CDU kann Strauß kaum erwarten, schon gar nicht Beistand durch einen bekennenden Generalisten wie Helmut Kohl, bei dem noch lange Jahre nicht erkennbar sein wird, dass in ihm ein Feuer für irgend etwas anderes brennt als das eigene Fortkommen. Denn mittlerweile ist die programmatische Austrocknung – trotz des noch druckfrischen, kürzlich auf dem Ludwigshafener Parteitag verabschiedeten Grundsatzprogramms – weiter fortgeschritten. Allgemeine Grundsätze, erstarrte und allmählich sinnentleerte Rituale, mit denen die Leistungen der politischen Vätergeneration beschworen werden, die – darf man das so sagen: glücklicherweise? – mit Ausnahme von Strauß längst ausgestorben ist, das alles gehört zum guten Ton in der Union. Hier ein verneigendes Zitat, um Sonntagsreden aufzuhübschen, dort ein am Grabe niedergelegter mächtiger Kranz, wenn der Kalender einen runden Geburts- oder Todestag, dessen zu gedenken noch als Pflicht empfunden wird, verzeichnet. Aber was hat Ludwig Erhard eigentlich noch mit den Problemen der Gegenwart zu tun? Eine schwer zu beantwortende Frage – erst recht, wenn im Kollektivgedächtnis der Partei nicht viel mehr zurückgeblieben ist als ein Slogan längst verblühter Zeiten: »Wohlstand für Alle«. Nachgewachsen ist da nichts und niemand. Nein, Ende der siebziger Jahre ist es fast unmöglich geworden, wirtschaftspolitischen Sachverstand der Unionsparteien mit aktuellen Namen zu verbinden.

Auf dem Feld der Sozialpolitik geht das schon leichter, ohne dass deshalb eine einheitliche, in sich geschlossene Politik entstünde. »Gerade in der Wirtschafts- und Sozialpolitik fehlt den Unionsparteien die Führungskompetenz«, stellt etwa die *Frankfurter Allgemeine Zeitung* fest. Der Kanzlerkandidat sei eigentlich der Einzige, der diese erwerben könne, doch »(d)as letzte, was er dazu braucht« – und von diesem letzten gibt es bunt und reichlich –, »sind im Hinblick auf den linken Flügel der CDU und auf die Gewerkschaften die emsigen Büchsenspanner, die Emotionen, aber nicht Gedanken mobilisieren«.[23] Präziser kann man das Geschäft, das die Gegner in den eigenen Reihen von Strauß nach seiner Nominierung betreiben, kaum auf den Punkt bringen.

Immer wieder ergreifen auch die Berufsjungen der Union die Gelegenheit, ihre innere Distanz zum Kandidaten zu dokumentieren. Diese erklärt sich weniger daraus, dass Strauß ihnen zu weit rechts steht, sondern wohl eher aus dem Generationenkonflikt der siebziger Jahre. 68er sind diese Heranwachsenden mit Föhnfrisur und Aktenkoffer, die lieber im offenen Hemd oder Rollkragenpullover als mit Schlips auf Parteiveranstaltungen aufkreuzen, ganz gewiss nicht, doch in einer eingeengten Welt wie vor 1968 wollen sie auch nicht leben. Zwar sind sie konservativ – mehr oder weniger, im Vergleich zu ihren linken Altersgenossen allemal –, zugleich jedoch heilfroh, Kinder ihrer Zeit zu sein. Und eben das kann man von Strauß nun gerade nicht behaupten – für sie ist er ein alter Mann aus einer fernen, fremden Vergangenheit.

Sie, die Jungen, stehen für neue Wähler, ziemlich viele sogar, die ersten Babyboomer sind 1980 aufgerufen, ihre Stimme abzugeben. Strukturell ist das ein klarer Vorteil für die Koalitionsparteien, denn die Union ist nicht nur – mit Blick auf ihre Mitglieder – ein ziemlich überalterter Verein, sondern schwächelt traditionell bei Jung- und Erstwählern – ein Trend, der in den siebziger Jahren immer stärker spürbar wurde. Die jungen Parteiaktivisten werden also dringend gebraucht, denn Brücken in die Regionen der Erst- und Jungwähler wachsen nicht von selbst. Schließlich ist mit Strauß im Vergleich zu Kohl der Altersabstand zwischen Kandidat und Erstwähler noch einmal gewachsen: 1976 war Kohl sechsundvierzig Jahre alt, zu alt zwar, um als großer Bruder für Jungwähler zu gelten, aber eben auch noch nicht so richtig der Vätergeneration zugehörig. Strauß hingegen wird im Wahljahr fünfundsechzig und steht damit eindeutig im Generationenlager der Großväter. Ob die Parteijugend im Wahlkampf mitzieht, ist demnach nicht ganz ohne Belang, und so reichen schon kleine Aufmüpfigkeiten aus, um die Wahlstrategen aufzuschrecken.

Stein des Anstoßes ist zuweilen das Mitgliedermagazin der Jungen Union, *Die Entscheidung*, das freilich landesweit nicht ganz so aufmerksam studiert wird wie der *Bayernkurier* und wahrscheinlich nicht einmal jedem Mitglied der JU bekannt ist. Preise für politische Frechheit hat sich diese Monatsschrift noch nie verdient, Anstößiges versteckt man gern in den Leserbriefen – so wie das ja auch einige große und richtige Zeitungen halten. Hier allerdings findet sich manch kritischer Kommentar, etwa wenn einer jener schreibenden Leser und Nachwuchspolitiker meint, am besten sei es für die Junge Union, »1980 auf jede Form von Wahlkampf für Franz Josef Strauß zu verzichten«, um stattdessen »deutlich (zu) machen, daß sie keinen Bundeskanzler Helmut Schmidt will, aber ebensowenig einen Bundeskanzler Franz Josef Strauß«. Kaum besser findet Stoiber, dem so etwas nicht entgeht, wenn der Siegener Kreisvorsitzende Dirk Metz, der zwei Jahrzehnte später als Sprecher des Oberhessen Roland Koch selbst gern rechts auslegen wird, gegen Strauß angeht, »wie es ein Juso-Vorsitzender nicht besser hätte schreiben können«.[24]

Das alles ist dem CSU-Generalsekretär ein solches Ärgernis, dass Wissmann ein gleich vier Seiten langer Beschwerdebrief zugedacht werden muss. Denn diese Form von »kritischer Solidarität« erinnert Stoiber »sehr stark an eine ›wohlwollende Feindschaft‹«, die »im Grunde genommen (einer) offenen Unterstützung des politischen Gegners« gleichkommt. Wie »unappetitlich«! »Parteischädigendes Verhalten«! »Wollen Sie den politischen Gegner in Bonn überhaupt ablösen? Ich habe daran große Zweifel«, so endet Stoibers Rundumschlag, ergänzt um die Drohung – aber womit droht der CSU-Generalsekretär hier eigentlich? – den ganzen »Vorgang« demnächst öffentlich zu machen, erfolge nicht alsbald ein »klärendes Wort«.[25]

Klärende Worte scheinen jetzt das Gebot der Stunde zu sein. Bis an den Rand der Selbstverleugnung hat Strauß sich in den vergangenen Wochen zusammengerissen – und wie hat die CDU ihm das gedankt? Nichts kommt wirklich voran, von einer beherzten Mobilisierung gegen die Regierungskoalition kann keine Rede sein – im Kampfmodus ist die Union drei Monate nach der Kandidatenkür vor allem dann, wenn es um die eigene Aufstellung geht. Auch die gemeinsame *Strategiekommission* erweist sich mehr und mehr als ein bremsendes Organ der Minimalkonsens-Findung; Schwung kommt so in die Unionskampagne nicht.

Selbst Rivalen und Gegner von einst aus den eigenen Reihen sehen das mit Entsetzen und finden jetzt, Strauß müsse »die politische Führung der Union übernehmen«, wenn überhaupt noch etwas werden soll. Dies ist jedenfalls das Ergebnis einer Besprechung Mitte September in der CSU-Landesleitung, an der neben Strauß und Stoiber die Herren Barzel, Biedenkopf und Katzer – deren Skepsis gegenüber Strauß zwischenzeitlich sicher nicht kleiner geworden ist, deren Karrieren aber allesamt unter die Räder Helmut Kohls gekommen sind – teilnehmen. Um seinen Führungsanspruch zu untermauern, solle Strauß »möglichst bald« persönlich eine »Wahlkampfmannschaft« benennen, besetzt mit Mitgliedern, die das verkörpern, was in der Union so rar geworden ist: »Bekennermut, Kompetenz, Autorität, Engagement«. Mit Blick auf die anderen genannten Namen, unter denen sich auch Kohl, Stoltenberg und Albrecht finden, wird klar, worum es eigentlich geht: Da Strauß als Teamkapitän naturgemäß die führende Rolle zufällt, sollen alle anderen in die Mannschaftsdisziplin hineingezwängt werden. Daher wird aus diesem Plan erst einmal nichts.

Inhaltlich bewegt sich gleichfalls wenig in der Unionskampagne. Man betreibt brav weiter Oppositionspolitik, findet manches, was die Regierung tut, in Ordnung, das meiste falsch, reibt sich hier und dort ein wenig – aber ein polarisierendes Thema, mit dem sich die Union als zwingende Alternative präsentieren könnte, ist nicht in Sicht. Erst als Strauß im Herbst 1979 erste Testläufe während des nordrhein-westfälischen Kommunalwahlkampfs für seine späteren Wahlkundgebungen absolviert, kommt auf einen Schlag gehörig Pfeffer in die Auseinandersetzung.

Den Auftakt macht eine Kundgebung Mitte September in Essen, es folgen nach ähnlichem Muster Veranstaltungen in Köln, Bremen, Herne und Bochum, in denen Strauß schlicht niedergebrüllt wird. Im Grunde wiederholen sich die Tumulte, zu denen es während der Strauß-Kundgebungen im Bundestagswahlkampf 1969 gekommen ist, ebenso wie die einschlägigen Spruchbänder und hochgehaltenen Plakate, die Strauß – meist wird sein Name mit »SS« in Runenschrift geschrieben – unverhohlen als Rechtsradikalen, als Nazi angiften. Auch die Reaktionen von Strauß gleichen exakt jenen von 1969, die Protestierenden werden nun ihrerseits mit Rechtsextremen gleichgesetzt: Wer seine Veranstaltungen mit lautstarkem Krawall stört, darf sich als einer der »besten Schüler von Josef Goebbels« gewürdigt sehen[26]; besorgt fragt sich nicht nur die Strauß-freundliche *Welt am Sonntag*: »Nach Aufruhr um Strauß: Wird aus Bonn jetzt Weimar?«[27] Neu sind lediglich die rohen Eier, die auf Strauß gefeuert werden und ihn – auch im übertragenen Sinne – treffen.

Wirklich überraschend für Strauß kommen die neuerlichen Anfeindungen nicht. Warum sollte der ihm lustvoll entgegengebrachte Zorn früherer Tage ausgerechnet in jenem Wahlkampf abklingen, in dem er erstmals selbst der Spitzenmann ist? So dauert es nicht lange, bis er wieder seine Sonthofen-Rede aufs Brot geschmiert bekommt: Strauß – tun das nicht alle nach Alleinherrschaft strebenden Politiker? – sehne das Chaos herbei, um daraus Kapital zu schlagen: »Lust an der Katastrophe jubelt da aus ihm heraus«, meint etwa das Intelligenz-Blatt der Deutschen, *Die Zeit*.[28] *Frankfurter Rundschau*, *Spiegel* und *Stern* mögen es gern noch deutlicher. Was aber mag vorgehen in diesem Mann, der unbescholten durch das Dritte Reich gekommen ist und aus seiner inneren Distanz zur Hitler-Diktatur und deren Vernichtungskrieg keinen Hehl gemacht hat, wenn er jetzt immer wieder als eine Art neuer Hitler diffamiert und öffentlich zur Schau gestellt wird? In einem Brief an Marion Gräfin Dönhoff bringt Golo Mann – der seit geraumer Zeit mit Strauß sympathisiert, aber keineswegs

*Stoppt Strauß: Der Kandidat polarisiert. Mehr noch als die Anhänger
mobilisiert er im Wahlkampf 1980 die Gegner.*

im Urteil bestechlich geworden ist – seine Empörung auf einen Punkt, der
nicht sehr fern von jenen Emotionen liegen dürfte, die Strauß quälen: »Ist
es, zum Beispiel, nicht infam, wenn Henri Nannen, in seiner Jugend ein
notorisches und rüstiges Werkzeug des Dr. Goebbels, heute den Franz Josef
Strauss den Dr. Goebbels unserer Zeit nennt?«[29]

Es brennt in Strauß. Und das, was er bei seinen wenigen Auftritten
zwischen Rhein und Ruhr erlebt, ist erst der Anfang eines überlangen
Wahlkampfs, von dem Theo Sommer von Beginn an weiß: Er »wird fürchterlich«.[30] Umgekehrt weiß Stoiber, wie »scheinheilig« solche Formeln sind,
kommen sie doch aus der Feder von jemandem, »der bereits jetzt persönlich und als leitender Journalist der ›Zeit‹ einen fürchterlichen Wahlkampf
gegen die CSU und den Kanzlerkandidaten der Union«[31] führt.

Einstweilen – und dann für die längste Zeit des Wahlkampfs – herrscht
die Schärfe der Auseinandersetzung tatsächlich weniger zwischen den direkten Kontrahenten, nicht zwischen Union und Regierungskoalition, sondern zwischen Strauß und seinen Leuten einerseits und seinen Feinden auf
der Straße und in den Redaktionsstuben andererseits. »Kanzleraspirant
Strauß kommt nicht in Tritt«, konstatiert die *Neue Zürcher Zeitung*, die
Wahlkampfstrategie bleibt »diffus«.[32] Höchste Zeit also, die Schlachtordnung neu zu formieren, endlich auf den wahren Gegner loszugehen.

Dass die ideenpolitische Kreativabteilung der CSU in Gestalt ihres Generalsekretärs nicht untätig geblieben ist in all den Wochen lähmender Binnen-
gefechte, zeigt sich Ende September beim Parteitag der CSU in München.
Der Pflichtteil der Veranstaltung ist rasch abgehakt, Strauß wird wieder
einmal mit einem osteuropäisch anmutenden Ergebnis – heuer sind es 98
Prozent – als Parteivorsitzender bestätigt, »1060 Delegierte demonstrieren
Kraft durch Geschlossenheit«, wie die Reporterin der *Zeit* festhält. Fragen,
gar Zweifel, wirft zunächst allein das ein wenig zu pathetisch-unterwürfig
ausgefallene Begrüßungswort des stellvertretenden Parteivorsitzenden
Franz Heubl auf. Sicher, man kann seine kurze Ansprache als bedingungs-
lose Ehrerbietung verstehen. Doch es ist keineswegs abwegig, hier den fle-
henden Hilferuf eines »Ertrinkende(n)« herauszuhören: »Sprich jetzt,
Franz Josef! Gib uns Hoffnung und Aussicht und Chance und Zukunft!«[33]

In Erinnerung bleiben wird von diesem 28. September 1979 aber weder
die zweieinhalbstündige Rede des Parteivorsitzenden, so gut sie auch ist,
noch das launige, sogar recht kämpferische Grußwort des CDU-Vorsitzenden Kohl, nein, diese zweifelhafte Ehre darf Stoiber mit seiner Rede unan-
gefochten einstreichen. Während es nämlich bei Strauß lediglich zur üblichen Routine zählt, die Störer seiner Veranstaltungen als Angehörige einer
linken Volksfront zu denunzieren, die Musterschüler von Goebbels abgeben würden, mag es der CSU-Generalsekretär heute pauschaler. Nicht nur
die Agitationsmethoden früherer Rechter und heutiger Linker seien letztlich ununterscheidbar; eine auch von Strauß behauptete Familienähn-
lichkeit von Nationalsozialismus und Sozialismus wird unterstrichen:
»Schließlich war der Nationalsozialismus auch eine Variante des Sozialismus«. Stoiber geht allerdings noch einen kleinen, aber nicht unerheblichen
Schritt weiter: Aus der Vergleichbarkeit ergebe sich der Kampfauftrag für
alle Unions-Wahlkämpfer, deutlich zu machen, »daß Nationalsozialisten in
erster Linie Sozialisten waren«.[34]

Das ist mal eine klare, unmissverständliche Botschaft – findet man
auch in der CDU und will sich für derart historischen Unsinn und blanke
Demagogie nicht in Haftung nehmen lassen. Gleichzeitig möchte man den
Eindruck vermeiden, man wolle der CSU und insbesondere Stoiber bei
jeder Gelegenheit in den Rücken fallen. Einen besonderen Eiertanz führt
Heiner Geißler auf, dessen Meinung zu Stoibers jüngster Attacke leicht
auszumalen ist. Zwar sei nachvollziehbar, dass manche in der Union es leid
seien, immer wieder sich selbst oder herausragende Repräsentanten ihrer
Partei als Rechtsradikale diffamiert zu sehen: »Daß jetzt der Versuch

unternommen wird, hier mal etwas zurückzugeben, dafür muß man Verständnis haben«, erklärt der CDU-Generalsekretär im *Spiegel*. Doch Geißlers *Aber* wiegt ungleich schwerer, denn »die demokratischen Sozialisten, die Sozialdemokraten« – mit anderen Worten: der Hauptgegner in diesem Wahlkampf – müssten aus dieser Gleichsetzung »herausgenommen werden«.[35]

Eigentlich ist damit eine rettende Brücke gebaut, über die Stoiber den Rückzug antreten könnte. Doch dafür hat er sich nicht so viel Mühe gegeben, Gelehrte konsultiert – beispielsweise Golo Mann – und deren Warnung in den Wind geschlagen,[36] sich dann alles fein säuberlich zurechtgelegt für seine Parteitagsrede, um gleich klein beizugeben. Es ist also erforderlich, die Münchner »Thesen (…) zu verdeutlichen«, als wären sie nicht deutlich genug gewesen, um Missverständnisse und »weitere Fehlinterpretationen« auszuschließen.[37] Tatsächlich kann man diese Verdeutlichung seiner Thesen als ein Zurückrudern begreifen, weil Stoiber auf den eigentlichen Kern der Kontroverse, die äußerste Zuspitzung, die Gleichsetzung, gar nicht erst zu sprechen kommt. Ihm sei es lediglich um grundlegende Selbstverständlichkeiten der Totalitarismusforschung gegangen, die sich ja einig darüber sei, dass »die blinde Verherrlichung des Kollektivs zu Lasten des Individuums« sozialistischen wie faschistischen Regimes gemeinsam sei. Im Übrigen bleibe es dabei, dass die Strauß bekämpfenden »linken Chaoten im Grunde genommen genauso aufgetreten sind wie SA und SS in der Frühzeit«. Dagegen müssten sich alle demokratischen Kräfte wappnen – wehret den Anfängen, siehe Weimar!

Eine echte Klarstellung, dass mit der Münchner Pauschalisierung die Sozialdemokraten nicht gemeint seien, eine Entschuldigung gar dafür, dass dieser Eindruck entstehen konnte, ja, sollte und musste – irgendeine Geste der Reue und Umkehr? Fehlanzeige. Zwar vergehen jetzt einige Wochen, in denen erneute Provokationen der – sozusagen – systemvergleichenden Art ausbleiben. Aber am Aschermittwoch 1980 ist nicht nur das närrische Treiben, sondern auch jene Halbruhe wieder vorbei. Denn noch bevor Strauß beim traditionellen Passauer Aschermittwochstreffen der Christsozialen die ganze Aufmerksamkeit auf sich ziehen kann, macht wiederum sein Generalsekretär von sich reden. Ein paar Tage zuvor, bei einem Hintergrundgespräch mit Stuttgarter Journalisten, präsentiert der Literaturredakteur Johannes Poethen Stoiber ein altes Strauß-Zitat, wonach es keinen Sinn mache, mit »Ratten und Schmeißfliegen« Prozesse zu führen. Poethen will nun von Stoiber, der den Kontext der Äußerung von Strauß nicht präsent

hat, wissen, ob mit dieser Bezeichnung tatsächlich neben dem Dauerärger-
nis Bernt Engelmann auch angesehene Schriftsteller wie Martin Walser,
Ingeborg Drewitz, Hermann Kesten, Walter Jens und Josef Reding gemeint
waren. Stoiber, instinktsicher in die Falle laufend, bekennt zwar, er habe
diese Wort von Strauß nicht gehört, aber weil diese engagierten Autoren
allesamt recht unerfreuliche Zeitgenossen sind, wird es schon stimmen:
»Ich stehe zu diesem Zitat.« Auch auf Nachfrage bleibt er dabei.[38]

Wenn Stoiber einem ihm unbekannten Wort des großen Vorsitzenden
nicht offen widersprechen will, so bietet die politische Sprech-Routine doch
genügend Varianten, wie man sich auf solche gefährlichen Diskussionen
erst gar nicht einlässt. Da aber Stoiber die Ausfahrt verpasst, geht alles von
vorne los, die Archive werden geöffnet, die Erinnerungen wach und die
altbewährten Klischees der Strauß-Gegner hervorgekramt: sein anti-intel-
lektueller Reflex, seine sich im Tierreich bedienende und an das Wörter-
buch des Unmenschen erinnernde Verächtlichmachung politischer Gegner – Strauß, der Wüterich, Strauß, der Hetzer. Während sich der Kandidat
seit Wochen und Monaten auf die Zunge beißt, so dass sich die *Süddeutsche
Zeitung* schon ungläubig fragt, ob der »Abschied von der Konfrontation«[39]
zu feiern wäre, und die liberale *Stuttgarter Zeitung* überrascht konstatiert,
»(d)er Kandidat läßt Donnerschläge zu Hause«[40], während also der See still
ruhen könnte, zerstört Stoiber ein ums andere Mal eben diese bemerkenswerte Ruhe mit etwas, das man unter Vorgriff auf die Jugendsprache des
frühen 21. Jahrhunderts treffend rhetorische Arschbomben nennen könnte.

Wollte die Kampagne des Kandidaten Strauß anfangs nicht in Gang kommen, so wird mittlerweile offen von einem Fehlstart gesprochen. Wie gewohnt, berichtet *Der Spiegel* nicht nur genüsslich über solches Ungemach,
sondern ist gern behilflich, das »in der Union« wachsende »Unbehagen
über den mißglückten Start des Kanzlerkandidaten« zu mehren.[41] Etwa dadurch, dass er über wohl in der Tat bestehende »Zweifel an den Siegchancen
des Kanzlerkandidaten« in der CDU-Parteizentrale berichtet und damit
eine ohnehin wirksame selbsterfüllende Prophezeiung verstärkt. Dass die
nächste Bundestagswahl verloren sei, wenn es nicht gelinge, die Vorbehalte
in der Bevölkerung gegen Strauß abzubauen, klingt sehr nach Geißlers
Meinung, und jeder Wohlmeinende im Umfeld von Strauß wäre sicher gut
beraten, diese Binse ernst zu nehmen, da die kommende Wahl aus Sicht der
Union noch weniger, als es die vorangegangenen waren, ein Selbstläufer
werden wird. Aber wie kann man vernünftig mit all den Durchstechereien

umgehen, den Schüssen aus dem Hinterhalt, denen man jetzt Tag für Tag ausgesetzt ist? »Strauß muß zeigen, daß er mit den Gewerkschaften kann und daß er mit den Russen kann. Sonst hat alles keinen Zweck«, so zitiert *Der Spiegel* Heiner Geißler. Ernst Albrecht sei, wie der gleiche Artikel meldet, von »schierem Entsetzen« ergriffen; dass es schwierig werde, habe er gewusst, aber nicht »so schnell so schlimm«. Ein »Fehler nach dem anderen« auf Seiten von Strauß und seiner Entourage werde »im Konrad-Adenauer-Haus notiert«. Dass solche und ähnliche Notizen unverzüglich Eingang in die Berichterstattung der Medien finden, kann im Grunde nur bedeuten, dass jetzt schon – fast ein Jahr vor der Wahl – die Deutungshoheit für den Tag danach gesichert werden soll, wenn es am Ende wirklich schiefgehen sollte.

Unterdessen üben sich nicht mehr nur die üblichen Verdächtigen in Defätismus, sondern es mischen sich die ersten Stimmen aus der CSU in den Trauerchor. Hermann Höcherl mag man noch als ausgewiesenen Einzelgänger und Sonderling abtun, obwohl auch dessen Einlassungen – »über den Bundeskanzler positiv, über den Generalsekretär Ihrer Partei und auch über den Landesgruppenvorsitzenden der CSU-Landesgruppe (…) so negativ«, wie sich Stoiber bei Höcherl schriftlich beschwert – schmerzen, da sie »dem politischen Gegner offen in die Hände arbeiten«. Er, Stoiber, müsse »den Eindruck gewinnen (…), Sie beabsichtigten diesen Schaden«.[42] Doch auch heranwachsende Hoffnungsträger und Jungparlamentarier wie Klaus Rose oder der spätere Bundeswirtschaftsminister Michael Glos verdienen sich eine Gardinenpredigt ihres Generalsekretärs, da sie sich »Vorwürfe und Kritiken« zu eigen machen, »die eindeutig aus dem Dunstkreis der uns gegenüber negativ eingestellten Presse stammen«.[43]

Gar nichts will rund laufen in diesem Aufgalopp zum Wahlkampf, selbst die Verbreitung einer Strauß gewidmeten Image-Broschüre – »Der Mann« – verläuft in der CDU »schleppend«, wie Stoiber in der gemeinsamen Wahlkampfkommission moniert. *Die Zeit* kann sich nicht recht entscheiden, ob es angebrachter ist, Strauß auf die Couch eines Psychoanalytikers, die von Horst-Eberhard Richter, legen zu lassen, um die allzu dunklen Seiten des Kandidaten fachgerecht auf links zu wenden,[44] oder ob es nicht doch spaßiger ist, die Pannen des CSU-Vorsitzenden aufzulisten und dessen die Getreuen enttäuschende Uneigentlichkeit festzuhalten – »Zuviel Kreide gefressen?«[45]. So facettenreich und widersprüchlich das im ersten halben Jahr seiner Anwartschaft gemalte Bild auch sein mag, in einem ist es eindeutig – es ist ein Bild des Jammers.

Was ist da überhaupt noch zu retten? Ist dieser Kanzlerkandidat – und der eigentliche Wahlkampf hat ja nicht einmal begonnen – bereits gescheitert? Beim letzten Mal hat die Union knapp die absolute Mehrheit verfehlt, sie müsste noch einmal zulegen, um wieder an die Regierung gelangen zu können. Mit einem geschlossen auftretenden, kampfeslustigen Verband und etwas Glück könnte es vielleicht klappen. Doch keine der Mindestvoraussetzungen ist gegeben. Und nirgends ist Hoffnung in Sicht. Strauß und die Union stecken ein halbes Jahr nach der Nominierung tief in der Sackgasse, sie brauchen eine wundersame Wende, wenn das Debakel nicht noch vollständig werden soll.

Einen einzigen – und durchaus waghalsigen – Versuch unternimmt Strauß dann doch noch im Dezember 1979, nicht nur das Blatt zu wenden, sondern völlig neue Ausgangsbedingungen zu schaffen. Dreh- und Angelpunkt dieser Aktion ist die FDP. Schon jetzt zeichnet sich ab, dass sie es ist, die vom Elend der Union am meisten profitieren wird. Strauß entgeht auch nicht, dass es erste, kaum sichtbare Haarrisse zwischen Genscher und Schmidt in der großen Linie der Außenpolitik gibt; in diesem Sinne unterrichtet ihn Alois Mertes, ein Außenpolitikexperte der Unionsfraktion, der für höhere Aufgaben nach einem Wahlsieg durchaus in Betracht kommt. Seit einiger Zeit bestehe »wieder ein breiter Konsens« mit Genscher, nicht aber mit Kanzler Schmidt, in den Grundsatzfragen der Ost-West-Politik, wovon er, Mertes, sich gerade in einem persönlichen Gespräch mit dem Außenminister habe überzeugen können. Hierüber direkt mit Genscher zu sprechen, sei auch für Strauß gewiss »wünschenswert« und »zweckdienlich« – Genscher sei hierzu bereit.[46] Tatsächlich kommt es dann am 9. Dezember 1979 zu einer Begegnung[47] zwischen den beiden. Der genaue Inhalt des ausführlichen Gesprächs ist nicht bekannt, im Anschluss unterrichten jedoch beide Mertes darüber, dass es »nützlich und informativ« (Strauß) gewesen und »sehr gut verlaufen« (Genscher) sei.[48]

Der Tag, an dem sich Genscher mit Mertes über sein Gespräch mit Strauß austauscht, ist nicht ganz ohne Bedeutung, denn an diesem 14. Dezember 1979 kommt die in Düsseldorf erscheinende *Rheinische Post* mit einer geradezu sensationellen Meldung auf den Markt: Strauß sei bereit, auf seine Kanzlerkandidatur zu verzichten, wenn dies der Preis dafür sei, die FDP zum Koalitionswechsel zu bewegen.[49] Ist es vorstellbar, dass Genscher lediglich seinen guten Eindruck vom wenige Tage zurückliegenden Gespräch mit Strauß vermittelt, wenn an eben diesem Tag das Angebot zum bedingten Verzicht völlig überraschend kommt? Oder spricht nicht vieles dafür, dass Genscher und Strauß tatsächlich über diese Frage gesprochen haben? Allerdings sind die Reaktionen auf Strauß' Offerte zwiespältig. Nicht nur in der Koalition meinen die meisten:»Der Kandidat ist sich seiner Sache nicht mehr sicher.«[50] Die *Neue Zürcher Zeitung*, vielleicht die einzige stets ruhige und ausgewogene Stimme, wenn es in Deutschland mal wieder stürmisch zugeht, hält das für möglich, sieht aber auch den für die Freidemokraten ziemlich unangenehmen Teil dieses überraschenden »Vorwahlmanövers von Franz Josef Strauß«. Denn wenn es in der Hand der FDP liegt, die Kanzlerkandidatur von Strauß zu beenden, dann ist es nicht mehr ganz so leicht um Stimmen zu werben mit dem Versprechen, die Liberalen seien die beste Garantie dafür, dass Strauß nicht Kanzler werde. Das Angebot von Strauß jedenfalls »könnte an der eigenen Basis allerlei unliebsame Bewegungen auslösen«.[51]

Eine merkwürdige, aber kurze und schnell vergessene Episode bleibt die Initiative von Strauß auch deshalb, weil die Weihnachtspause vor der Tür steht – und damit ein natürliche Zäsur, nach der fast immer neue Themen auf die Tagesordnung drängen. Dass das diesmal noch schneller und radikaler als gewöhnlich geschieht, dafür sorgt die sowjetische Invasion in Afghanistan während der letzten Dezembertage. Mit einem Mal dreht sich die politische Debatte um 180 Grad, plötzlich stehen die seit dem Abschluss der Ostverträge weit in den Hintergrund gerückten Fragen der internationalen Politik wieder im Mittelpunkt.

In den Jahren zuvor ist der Entspannungsprozess derart zähflüssig geworden, dass sich für die Bundesregierung innenpolitisch hieraus jedenfalls keine Funken mehr schlagen lassen. Für Helmut Schmidt, ohnehin kein Freund der pathetisch Heil versprechenden Rede, ist das kein Problem, da er sich im Managen des Alltagsgeschäft ohne großen Firlefanz recht wohl fühlt. Doch der aggressive Akt der Roten Armee wirft erneut die Frage auf, ob die UdSSR überhaupt bereit ist, je bereit gewesen ist, sich grundlegend zu wandeln. War die sowjetische Entspannungspolitik der frühen siebziger Jahre am Ende doch das, was die Kritiker immer behauptet haben, nämlich die etwas subtilere Form einer Expansionsstrategie? Und ist Afghanistan erst der Anfang einer neuen Eiszeit und verschärften Konfrontation im Ost-West-Verhältnis?

Eigentlich ist das Wasser auf die Mühlen von Strauß, der ja immer vor dem ungewandelten Charakter der Sowjetunion und des Kommunismus gewarnt hat. Anderseits: Wenn die internationale Luft jetzt wieder bleihaltiger wird, wenn das Ost-West-Verhältnis tatsächlich in eine akute Krise schlittern sollte, wäre dann ein Politiker, der im Laufe der Jahre genügend Proben seines unbeherrscht brachialen Wesens gegeben hat, der richtige Mann an der Spitze der Regierung? Wäre dann der kühle Verstand nicht wichtiger und vor allem angemessener, auch beruhigender für die Bevölkerung, als das heiße Wort? Strauß scheint diese Bedenken zu ahnen, denn neben der selbstverständlichen Verurteilung des sowjetischen Vorgehens versucht er weiterhin als ruhiger gewordener Staatsmann aufzutreten: »Der Kanzlerkandidat der Union gibt sich milde«, wundert sich die *Frankfurter Allgemeine Zeitung*. Tatsächlich ist Strauß in diesen Tagen darum bemüht, an »seiner neuen Rolle als maßvoller Ostpolitiker« zu feilen – kein besonders günstiger Moment im Zeichen der Afghanistankrise. Immerhin empfängt ihn Anfang Februar 1980 der rumänische Staatschef Ceaușescu – zu einer Zeit, da kein Bonner Regierungsvertreter einen Fuß auf östlichen Boden setzen kann.[52]

Ganz so nachhaltig wirkt dieser kurze Ausflug in die Geschmeidigkeit freilich nicht, und schon gar nicht so langlebig wie eine Nachricht, die in den nächsten Tagen auf eindrucksvolle Weise Strauß als Dunkelmann, der sich im Ernstfall keinen Deut um Recht und Gesetz schert, in die angstvollen Tagträume der Deutschen zurückrufen wird. Peter Koch, der ein paar Jahre später als *Stern*-Chefredakteur für das Debakel der Hitler-Tagebuch-Veröffentlichung verantwortlich sein wird, hat nämlich ein Buch mit dem harmlosen Titel »Das Duell« verfasst, und der *Spiegel* verbreitet am 11. Februar 1980 vorab eine atemberaubende Episode daraus.[53] Demnach habe Strauß im Deutschen Herbst 1977, als Arbeitgeberpräsident Hanns Martin Schleyer entführt und dann eine Maschine der Lufthansa mit 87 Geiseln an Bord gekapert wurde, die Aufforderung von Kanzler Schmidt während einer überparteilichen Krisensitzung, über unkonventionelle Formen der Krisenbewältigung nachzudenken und dabei auch »das Exotische« nicht zu tabuisieren, besonders wörtlich genommen. Im Schutz der zugesicherten Vertraulichkeit habe Strauß – getarnt als »Volkes Meinung« – die Idee ins Spiel gebracht, mit direkten Repressalien gegen inhaftierte RAF-Terroristen vorzugehen, vielleicht sogar »Standgerichte zu schaffen und für jede erschossene Geisel einen RAF-Häftling zu erschießen«.[54]

Im Nachhinein, Strauß wird dann schon längst gestorben sein, kommt wenigstens etwas Licht in diesen ungeheuerlich erscheinenden Vorgang, der sich auf einer Sitzung des im Bundeskanzleramt tagenden Krisenstabs am 8. September 1977 ereignet haben soll.[55] Demnach sind in einem offenen Brainstorming von verschiedenen Teilnehmern durchaus radikale Maßnahmen angedacht und zur Erörterung vorgetragen worden – auch die Einführung der Todesstrafe für Terroristen gehört hierzu –, ohne dass diese Empfehlungs- oder Forderungscharakter gehabt hätten.

Friedrich Zimmermann, der damals ebenfalls zugegen war und über alle Sitzungen des Krisenstabs stenographische Protokolle angefertigt hat – insgesamt sind es 95 Seiten –, wird am Tag nach der Vorab-Veröffentlichung beim Chef des Bundeskanzleramtes, Manfred Schüler, vorstellig. Er wittert eine Intrige gegen Strauß.[56] Denn irgendwer, der Kenntnis von der seinerzeitigen Besprechung hatte und dem ein Journalist zumindest zutraut, dass seine Gewährsperson es wissen kann, muss geplaudert haben. Besonders erzürnt es den CSU-Emissär, dass Klaus Bölling, der Regierungssprecher, in seiner Stellungnahme die Verdächtigungen nicht etwa zurückweist, sondern geradezu bekräftigt: Er könne »nicht bestätigen – schon deshalb, weil diese Aufzeichnungen des Bundeskanzleramtes vertraulich sind«. Schüler bekommt nun seinerseits die Aufzeichnungen von Zimmermann – »und zwar genauere« als die des Bundeskanzleramtes – entgegengehalten. Die »Herrn Strauß zugeschriebenen Behauptungen« fänden im Lichte seiner »Notizen keine Bestätigung«. Jedenfalls seien umgehende, zweifelsfreie und umfassende öffentliche Richtigstellungen des Kanzleramtes sowie eine Entschuldigung bei Strauß fällig. Ein klares Dementi erfolgt dann am Ende auch, allerdings erst nach drei Tagen, am 14. Februar, nachdem sich die abermalige Horrornachricht über Strauß tief im Bewusstsein der glaubensbereiten Öffentlichkeit eingesenkt hat.

Man kann wirklich nicht sagen, dass in den folgenden Monaten des Wahlkampfs wenig passieren wird. Wo Strauß in öffentlichen Kundgebungen auftritt, kann man auf Tumult gefasst sein. Äußert er sich zu Sachfragen, überrascht allmählich nicht mehr, wie moderat er sich gibt, im Zeichen der Afghanistankrise sogar mehr oder weniger auf einer Linie mit Helmut Schmidt argumentiert. Die härtesten Angriffe liefern sich weiter die Parteifreunde untereinander und bewahren vor allem Edmund Stoiber sein liebstes Betätigungsfeld: Wissmann, der JU-Chef, erhält weitere schwere Tadel, da sein Laden immer mal wieder »(d)ie Grenzen zumutbarer innerparteilicher Kritik weit übertroffen« habe,[57] die Sozialausschüsse bedürfen sowieso der ständigen Abmahnung, weil sie in »(g)eradezu lächerlich(er)« Weise versuchen, »prophylaktisch Gründe für eine Wahlniederlage 1980 aufzustellen«,[58] und wenn Geißler sich mal für längere Zeit mit grundsätzlichen Anmerkungen zum Kandidaten zurückhält, dann landen eben Beschwerdebriefe wegen Organisationsversagens im Konrad-Adenauer-Haus.[59] So geht es Tag für Tag, Woche für Woche, Monat um Monat – wie gesagt, man kann nicht sagen, dass nichts passieren würde, aber das Ganze erscheint am Ende wie ein gigantischer Vorgriff auf jenen Komödienklassiker, der erst dreizehn Jahre später in die Kinos kommen wird: »Und täglich grüßt das Murmeltier«.

Selbst die nun anstehenden Reisen ins Ausland, um das Staatsmännische des Kandidaten weiter herauszustreichen, bringen nicht die erwünschte Erfrischung oder Abwechslung, denn auch dabei wandelt der »Krisen-Tourist« Franz Josef Strauß »auf Schmidts Spuren«,[60] leistet sich keine Fehltritte, setzt aber auch keine Glanzpunkte. *Dull routine* das Ganze. Einzig eine Reise in die Vereinigten Staaten, deren Höhepunkt ein ausführliches Gespräch mit Präsident Carter ist, findet breitere Aufmerksamkeit – nicht zuletzt weil Helmut Schmidt wenige Tage zuvor gleichfalls im Weißen Haus empfangen wurde.[61] Da die Betriebstemperatur zwischen ihm und Carter längst in der Nähe des Gefrierpunkts angekommen ist, sind kleine protokollarische Feinheiten durchaus interessant, Strauß wird nämlich gleich einem Regierungschef behandelt. Bemerkenswert ist auch, dass die für das Gespräch zwischen Carter und Strauß angesetzten dreißig Minuten deutlich überschritten werden – »jede zusätzliche Minute wurde als Erfolg verbucht«, berichtet *Die Zeit*[62] – und es am Ende sogar länger als das mit Schmidt dauert.[63]

Die Reise ist für Strauß insgesamt ein beachtlicher Pluspunkt, erinnert sie doch daran, dass Helmut Schmidt, der Amtsinhaber, keineswegs der einzige Mann von Welt in Deutschland ist. Und es ist sicher nicht von Nachteil, dass sogar die kritischen Medien dies unumwunden zugestehen und erkennen, was Carter selbst später in seinen Memoiren bestätigen wird: »We had quite a different conversation«[64]. In seinem Tagebuch kommt Carter übrigens nach dieser einzigen Begegnung zu einem recht differenzierten, vor allem sehr treffenden Bild von Strauß, den er mag (»I like him«) und dessen Robustheit und Kraft ihn beeindruckt, aber auch ein wenig irritiert – »außergewöhnlich stark, kraftvoll, beeindruckend, irgendwie verstörend in seiner feurigen Art, seine Ideen zu entwickeln«. Strauß wäre allerdings nach Meinung Carters gut beraten, sich im anhebenden deutschen Wahlkampf so weit als möglich zurückzunehmen: »He could frighten people.«[65]

Zurück in Deutschland, wartet wieder das Hamsterrad. Viel Bewegung, große Geschäftigkeit, nichts geht voran. Im nordrhein-westfälischen Land-

Schwarzer Mann oder Kandidat der kleinen Leute?
Besuch bei den Kumpel in Castrop-Rauxel, 3. September 1980.

tagswahlkampf absolviert Strauß ein gewaltiges Programm – bis zu sieben Wahlreden pro Tag –, und der Einsatz muss noch einmal hochgefahren werden, als der Spitzenkandidat der CDU, Heinrich Köppler, drei Wochen vor dem Wahltag, dem 11. Mai, nach mehreren Herzinfarkten stirbt.[66] Als Testlauf für die bevorstehende heiße Phase des Bundestagswahlkampfs ist das geplant, und mit Blick auf die kräftezehrenden Anstrengungen – bei enttäuschendem Ertrag – bietet diese Generalprobe einen bitteren Vorgeschmack auf das, was da noch kommen wird. Der Zulauf zu seinen Auftritten ist gewaltig, die angemieteten Hallen für die Kundgebungen sind zu klein. Aber Open-Air-Veranstaltungen – Strauß ist der Einzige, der auch die größten Plätze füllen kann – sind angesichts der steigenden Zahl der Störer ausgesprochen risikoreich. Berechenbar ist da gar nichts mehr, stets sind riesige Polizeiaufgebote erforderlich. Auch die garantieren keine Sicherheit, bieten aber Bilder, die ziemlich ungut zu den Vorahnungen seiner Kritiker passen, wohin sich die Bundesrepublik unter einem Bundeskanzler Strauß entwickeln könnte – nämlich zu einem Polizeistaat.

Woran es am Ende liegt, dass die Wahl an Rhein und Ruhr krachend verloren geht – die Union büßt fast 4 Prozentpunkte ein, die SPD legt zu und regiert künftig allein, die FDP fliegt aus dem Landtag –, ist eigentlich einerlei, »Auftrieb für unsere Erfolgsaussichten bei der Bundestagswahl« gebe es jedenfalls nicht, notiert Friedrich Voss, vielleicht der treueste – und bestimmt der ehrlichste – unter den Wegbegleitern von Strauß, in sein Tagebuch. »Die erhofften Früchte unserer Anstrengungen sind ausgeblieben! Das gegnerische Lager ist zu stark und in unserem kann man sich oft des Eindrucks nicht erwehren, daß alle an einem Strang ziehen, aber nicht an der selben Seite.«[67]

Einiges wird noch versucht, im Sommer formiert sich eine große Mannschaft um ihren Spitzenmann, insgesamt zweiunddreißig Politiker aus beiden Unionsparteien.[68] Die Schwachstelle des Strauß-Wahlkampfs, der protestantische Norden, ist mit Gerhard Stoltenberg, der für Finanzen steht und als Vizekanzler in Betracht kommt, recht gut abgedeckt, und als Angebot für liberal gestimmte Wähler ist auch eine Art Anti-Strauß, der elegante und stets kokette Walther Leisler Kiep, dabei. Und doch ist Strauß in den letzten Wochen und Monaten bis zum Wahltag am 5. Oktober letztlich auf sich allein gestellt. Er muss die Hauptlast tragen, und er, der drei Wochen vor dem Wahltag eigentlich das Renteneintrittsalter erreicht, dreht noch einmal richtig auf.

Doch die Front, gegen die er anzukämpfen hat, gibt einfach nicht nach. Helmut Schmidt ist Strauß in seiner konfrontativen Härte mindestens gewachsen. Aber es ist nicht nur die Ausgangsposition, die ihn begünstigt – Schmidt kann sich als Titelverteidiger gegen den anstürmenden Herausforderer wehren –, auch sein Naturell erweist sich unverkennbar als Vorteil. Wo der eine Breitseiten abfeuert, arbeitet der andere mit Präzisionswaffen. Überschäumend temperamentvoll der eine, wenn er gereizt wird – eiskalt bis in die silbergrauen Haarspitzen der andere, stets unter perfekter Selbstkontrolle. Das Ganze vor einem dunklen Hintergrund, dem Schreckensbild, was einem mit Strauß bevorstünde. Weite Teile der Gesellschaft, die weder Parteigänger einer der Koalitionsparteien noch unbedingte Anhänger des Amtsinhabers sind, machen gegen Strauß mobil. Längst sind es nicht mehr nur einige Hundert Berufs-Krawalleros, die höchst effektiv gegen ihn agitieren. »Stoppt Strauß!« ist zu einer Massenbewegung geworden. Wie repräsentativ diese Kohorten tatsächlich sind, ist dabei gar nicht so wichtig. Denn sie bilden die sichtbare öffentliche Meinung, gegen die auch eine schweigende Mehrheit, wenn es sie denn geben sollte, nichts zu melden hat.

*Nach verlorener Schlacht: Die Unionsvorsitzenden stellen sich am Wahlabend
den Fragen der Fernsehjournalisten, 5. Oktober 1980.*

»Nur eines will ich noch, das Ende«, ruft Wotan in der *Walküre*, und Strauß
geht es nicht anders. Je schmerzvoller für die Seele, je zehrender für Körper
und Gesundheit dieser am Ende als hoffnungslos erkannte Kampf wird,
umso mehr verliert die Aussicht auf die Niederlage ihren Schrecken. Als am
5. Oktober 1980 die Wahllokale schließen, kurz darauf die ersten Hochrechnungen über die TV-Bildschirme flattern, ist gewiss, was alle wussten – die
Party ist vorbei. Endgültig. Unwiderruflich. Letztlich verliert die Union
mehr als 4 Prozentpunkte, die im Wesentlichen auf dem Konto der FDP
landen. Strauß hat es wissen wollen. Jetzt weiß er es. Großes hat er versucht,
an Größerem – den Umständen, dem Geist der Zeit – ist er gescheitert, und
wohl zum Teil auch an sich selbst.

»Das Schicksal hat zwei Arten, uns zu brechen«, hat Henri-Frédéric
Amiel wenige Tage vor seinem Tod in seinem *Journal Intime* festgehalten:
»sich unseren Wünschen zu verweigern oder sie zu erfüllen«.[69] Inwieweit
die Niederlage von 1980 Strauß bricht, wird sich in den kommenden Jahren
zeigen. Doch in jene furchtbare Tragik, die Amiel beschreibt, hat sich das
politische Fortleben von Franz Josef Strauß endgültig gewendet. Ohne zu
wissen, wie tief der Fall am Ende sein wird, eines ist doch amtlich: Das
Beste hat Strauß jetzt definitiv hinter sich.

FÜNFTER TEIL

CONDITIONAL SURRENDER
(1981–1988)

Und wo er verjagt ist, bleibt die Unruhe doch

Ob Strauß in einem anderen Leben ein echtes Familientier geworden wäre, steht dahin. So, wie sein Lebensweg bislang verlief, ist er es jedenfalls nicht geworden. Auch sein Rückzug in die bayerische Provinz vor zwei Jahren hat daran wenig geändert. Kaum in München installiert, war er ja schon wieder weg. In der heißen Phase des Wahlkampfs indes war er der Familie so nah wie nie.[1] Alle warfen sich ins Zeug, und soweit die Schulpflicht das erlaubte, begleiteten die Kinder ihren Vater. Wenn er abends, nach einem dieser kräftezehrenden Tage, nach Hause oder in seine Bonner Wohnung kam – im Hotel zu übernachten vermied er tunlichst –, war stets mindestens eines der Familienmitglieder bei ihm. Die Anstrengungen des Kundgebungsmarathons, die Enttäuschung, Wut und Niedergeschlagenheit, das Gefangensein in einer Buhmann-Rolle, die einfach nicht abzustreifen war, all das ging nicht spurlos an ihm vorbei. Und dann am nächsten Morgen wieder Zuversicht ausstrahlen, einen Sieg in Aussicht stellen, an den er selbst schon lange nicht mehr glaubte. Er musste sich bis zum Letzten verschleißen, um doch zu verlieren – die Wahl auf jeden Fall, wahrscheinlich aber auch seinen Nimbus als starker Mann innerhalb der Union. Die Zähne des alten Löwen, sie saßen noch fest, das zeigte jede seiner Kundgebungen – doch sie wurden ihm jetzt gezogen, ohne Betäubung.

Eng rückt die Familie zusammen. Sorgen werden weggedrückt und holen sie erst nach dem Wahltag wieder ein. Den verbringt Strauß in Bayern, erst am späten Nachmittag fliegt er mit Marianne und den Kindern nach Bonn. Kurz nach 18 Uhr, die Wahllokale haben soeben geschlossen, landet ihre Maschine in Köln/Bonn, wo sie vom Fahrer in Empfang genommen werden. Der steht mit gesenktem Daumen am Wagen, die Wahl ist verloren.[2] Auch wenn es noch etliche Stunden dauern wird, bis das Ergebnis amtlich ist: Auf den Weg ins Konrad-Adenauer-Haus macht sich jetzt ein geschlagener Kanzlerkandidat. Es wird dies sein schwerster Gang in Bonn seit dem Rücktritt 1962, die Kameras und Reporter warten in der CDU-Zentrale auf das Eingeständnis seiner Niederlage. Wann bekommt man so etwas schon einmal geboten: live zu erleben, wie ein wankender Großer fällt – und damit eine scheinbar nicht enden wollende Epoche untergeht.

In den letzten Wochen vor dem Wahltag hatten sich die Umfragewerte stetig verbessert; selbst kritische Beobachter meinten, dass es vielleicht doch zum Sieg hätte reichen können, wäre der Tag der Entscheidung nur ein paar Wochen später gewesen.[3] Kaufen kann man sich dafür freilich nichts. Gleich nach der Elefantenrunde geht es zurück zum Flughafen und dann retour nach München. Vor dem Fernseher verfolgt Strauß im Kreis der Familie die Treueschwüre des eigentlichen Wahlgewinners, der FDP, an die Adresse des alten und neuen Kanzlers Schmidt. Zur Verwunderung des jüngeren Sohnes, Franz Georg, ist »Papa richtig entspannt«.[4] Der Kampf, zuletzt nur noch ein Opfergang, ein Martyrium, ist vorbei.

Doch nicht nur die Lasten der vergangenen Monate fallen jetzt von Strauß ab. Beendet sind auch die Mühen eines politischen Lebens im verheißungsvoll changierenden Konjunktiv, der an diesem Tag zum lupenreinen Irrealis mutiert ist. Über Randolph Churchill, Finanzminister der Krone und Vater des britischen Kriegspremiers, hatten sie nach seinem Tod gesagt, er sei der beste Premierminister gewesen, den das Vereinigte Königreich nie hatte. Unwahrscheinlich, dass eine solche Lobpreisung, die dem so Bedachten wie blanker Hohn vorkommen muss, Franz Josef Strauß zuteilwerden wird. Aber dass das Tor ins Kanzleramt für dieses Jahrhunderttalent endgültig versperrt ist, das ist so amtlich wie die 44,5 Prozent der Wählerstimmen, die er als magere Ernte für die Union am Wahltag eingefahren hat. Jetzt, da die Kanzlerkarte ausgespielt ist und nicht gestochen hat, gibt es keinen weiteren Trumpf im Spiel dieses Lebens. Es gibt keine höheren Ziele mehr, keine Phantasien, was aus diesem Mann noch alles werden könnte.

Normalerweise ist nach einem solchen Sturz, erst recht im fortgeschrittenen Alter, endgültig Schluss. Der politische Betrieb ist da gnadenlos. Fünf Jahre zuvor, zu seinem sechzigsten Geburtstag, hatte der damalige Vorsitzende der CSU-Landesgruppe, Richard Stücklen, das Denkmal zu Lebzeiten mit den Worten beschworen, »daß wir Dich, Deine geistige Potenz und Deine Tatkraft solange brauchen, wie es irgend möglich ist«.[5] Davon ist nicht mehr viel zu hören. Stattdessen gibt es in der CSU – in Bonn wie in München – ein gewisses Grundgemurmel »über eine CSU nach der Ära des jetzigen Vorsitzenden«, und dem ein oder anderen sieht man an, dass er »sich davon allerlei Vorteile versprechen« mag.[6] So brutal es klingt: Ein Politiker, der selbst keine Perspektive hat, kann auch seinen Anhängern kaum noch Ziele aufzeigen, für die es sich zu kämpfen lohnt.

Aber was ist bei Strauß schon normal, was an ihm Normalmaß? Seinen ersten Absturz nach dem *Spiegel*-Skandal hätte wohl kein anderer Politiker überlebt. Ihm ist das mit Zähigkeit und unbeugsamem Willen gelungen. Davon hat auch der gealterte Strauß noch mehr als alle seine Weggefährten. Durch seine physische und politische Präsenz hat er über all die Jahre fast vergessen lassen, aus welch entfernter Zeit er eigentlich stammt. Solange er noch neue Ziele angehen konnte, wäre niemand auf die Idee gekommen, ihn für einen Gestrigen zu halten. Auf seine individuellen Stärken zurückgeworfen – Erfahrung ist keine gern genommene Währung in der Politik –, wird er sich womöglich noch eine Weile halten können. Aber nach nunmehr dreißig Jahren scheint sich das Ende seiner Karriere umso deutlicher abzuzeichnen, je länger es keine Antwort auf die Frage gibt: Was soll er jetzt noch tun? Fünfundsechzig ist er im Wahljahr geworden. Zu spät für einen Wechsel in ein anderes aktives Leben jenseits der Politik. In diesem Alter gehört man in der Wirtschaft, in Industrie und Geschäftswelt, in der Regel zum alten Eisen. Einen Neubeginn gibt es für Strauß allerdings doch: in München, im schönsten Amt der Welt als bayerischer Ministerpräsident. Seit Herbst 1978 hat er das zwar schon inne. Aber kaum gewählt, ging bereits der Kampf um die Kanzlerkandidatur los. Jetzt endlich kann der Münchner Nebenjob sein Hauptbetätigungsfeld werden.

Ganz so hatte es sich Strauß nicht vorgestellt. Die Entscheidung, den Bundestag zu verlassen, war ja nicht als Abschied aus der Bundespolitik gemeint, sondern als Rückzug aus dem Bonner Oppositionselend mit seinem unionsinternen Nervenkrieg. München sollte eine Art Ruheraum sein, um Kräfte zu schonen und neue zu sammeln, stets gerüstet für den Tag, an dem sich vielleicht doch noch einmal in Bonn eine Perspektive auftun würde. Dann wollte er wieder da sein, an vorderster Front – und so kam es ja auch. Nun freilich, nach seiner endgültigen Heimkehr in die bayerische Metropole, wird er keinen Rückfahrschein mehr lösen können. Zwar hat das Wort des CSU-Chefs nach wie vor Gewicht, wenn es um den Kurs der Union geht, aber auch in dieser Hinsicht ist er nicht mehr ganz der Alte, die verlorene Wahl hat ihn gehörig Schneid gekostet. Fortan wird ihm, wenn er zu Besprechungen nach Bonn kommt, der hässliche Schatten des Verlierers von 1980 vorangehen.

In der CSU-Landesgruppe, weiterhin das stärkste Instrument, um CDU-Wildwuchs einzudämmen, ist seine Autorität ebenfalls angekratzt. Er ist nicht mehr täglich da, und in einem Verband, der straffe Führung gewohnt ist, tanzen dann gern die Mäuse auf dem Tisch. Mit Friedrich

Zimmermann, alter Weggefährte und seit 1976 Landesgruppenchef, wacht zudem nicht etwa eine Katze über die Ordnung der Truppe, sondern eine Art Obermaus, die selbst sehr gern das Tanzbein schwingt. Nach außen hin sind Strauß und Zimmermann immer noch eine unzertrennliche Einheit. Doch längst hat sich der Ziehsohn von seinem Förderer und Vorbild emanzipiert. Begierig nutzt er den erweiterten Gestaltungsspielraum, der durch den Abgang von Strauß entstanden ist. Im parlamentarischen Alltag ist sein wichtigster Partner nun Helmut Kohl, der Chef jener gemeinsamen Fraktion, die einstweilen von keinem Kreuth mehr in Frage gestellt wird. Und diese zwangsläufige Nähe wird bald Folgen haben.

Gewiss gibt es im Umfeld des CSU-Vorsitzenden kritische Blicke auf Zimmermann. Friedrich Voss etwa, der seit 1976 selbst dem Bundestag angehört und Strauß zuvor als Redenschreiber, persönlicher Referent und Bonner Büroleiter treu ergeben diente, beobachtet schon seit längerem, dass der Landesgruppenchef seine eigenen Ziele verfolgt, vor allem das persönliche Vorankommen. Vergessen ist auch nicht, wie der CSU-Chef seinerzeit von seinem »Freund aus früheren Tagen«[7] mit einigem Geschick aus dem sicheren Basislager München herausgelockt und förmlich in die waghalsige Besteigung des Gipfels, allen schlechten Wettervorhersagen zum Trotz, hineingetrieben wurde. Am Vertrauensverhältnis von Strauß zu seinem alten Mitstreiter ändert dies erst einmal nichts. Jetzt, da der Bonner Alltag ohne Strauß auskommt, ist der Landesgruppenchef die Nummer eins der CSU am Rhein. An Erfahrung und Durchsetzungskraft, an Härte, wo dies Not tut, und Unsentimentalität in der Verfolgung der gesteckten Ziele kann ihm auch von den alten Hasen wie Stücklen niemand das Wasser reichen. Schließlich beherrscht er den schwierigen Spagat zwischen bayerischer Identitätspflege und bundespolitischem Gestaltungswillen wie kein anderer CSU-Vertreter. In Bonn liegen die Dinge aus Sicht von Strauß also in besten Händen.

In München muss er sich ohnehin keine Sorgen machen. Dort haben sich die Verhältnisse konsolidiert, auch wenn der Kulturwandel von Goppel zu Strauß keineswegs schon vollendet ist. Ein eingespieltes Team im Kabinett, dem Anführer größtenteils treu ergeben, klare Vorgaben des Ministerpräsidenten und eine traditionell vorzüglich arbeitende Ministerialbürokratie – dann geht Regieren fast von allein. Jetzt, nach seiner endgültigen Ankunft in Bayern, ist es aus anderen Gründen nützlich, dass die Maschine solide gebaut und gut geölt ist. Denn sie wird auch in den kommenden Jahren immer wieder ohne allzu strenge Aufsicht geschmeidig laufen müssen.

Wahrlich ist mit dem Wechsel von Goppel zu Strauß ein völlig anderes Temperament in die bayerische Landespolitik eingezogen. Während sein Vorgänger dem Klischee des gütigen, etwas betulichen Landesvaters entsprach und mehr Präsident war als Minister, ist Strauß eher Minister als Präsident, ein Macher, ein Antreiber, der Dinge erledigt sehen möchte. Zuerst bekommen das die Minister der Landesregierung zu spüren. Strauß interessiert sich schlicht für fast alles, die Zeiten der langen Leine weitgehend selbstherrlicher Ressortchefs und Ministerialbeamter sind vorbei. Anders als Kohl ist Strauß eben nicht nur Generalist, sondern auch, wenn es ihm wichtig ist, versessen aufs Detail. Mit Einmischungen des Regierungschefs in Fachfragen, für die sein Vorgänger sich nie interessiert hat, ist jetzt immer zu rechnen.

Auch die Art, wie Strauß sein Kabinett führt, unterscheidet sich markant von der im Wesentlichen sanftmütig das Wort erteilenden Moderation unter Goppel. Fast keine Sitzung der Landesregierung beginnt ohne einen Bericht des Ministerpräsidenten zur Lage im Allgemeinen wie im Besonderen. Niemand soll vergessen, dass hier Politik betrieben wird und nicht gehobene Verwaltung. Mal sind es Betrachtungen über die Lage in Bonn, mal hat er reiche Weisheit von seinen Reisen in aller Herren Länder mitgebracht, heute geht es um technologische Entwicklungen, morgen um weltwirtschaftliche Fragen – das Ganze opulent angerichtet mit »Erinnerungen und Zitate(n), Anekdoten und Porträts«; »spannend« ist das zumeist, »amüsant« fast immer, und alles in allem so lehrreich, dass selbst ein erzgebildeter Mensch wie Kultusminister Professor Dr. Hans Maier am Ende einzuräumen muss, »eine Menge gelernt« zu haben.[8]

Wären es nur die weiten Bögen, die Strauß von Woche zu Woche seinen Ministern aufspannt, um ihnen den tieferen Sinn ihres Wirkens darzulegen, so hielten sich für die Betroffenen Lerngewinn und Zeitverlust bei Kabinettssitzungen ungefähr die Waage. Was den Ministern aber recht bald gehörig auf die Nerven geht, ist die Hartnäckigkeit, mit der Strauß immer wieder verlangt, von ihrem hohen Ross herabzusteigen und sich die Sorgen der einfachen Leute angelegen sein zu lassen. »Fast immer«, bemerkt Hans Maier, »gibt er sich als Ombudsmann der Bürger«. Und das ist für die jeweils betroffenen Minister ziemlich lästig. Andere mögen Pläne für bürgernahe Verwaltung konzipieren oder Trockenschwimmübungen im Bürokratieabbau absolvieren. Für Strauß indessen ist das alles sehr konkret. Beschwert sich ein Bürger über Missstände oder staatliche Willkür, so nimmt er dies erst einmal ernst. Ungezählte Bürgerbriefe, die von Strauß unverzüglich handschriftlich mit Anweisungen für Mitarbeiter oder Minister bearbeitet werden, und nicht weniger Artikel aus den entlegensten Lokalblättern, die über wiehernde Amtsschimmel oder Obrigkeitsgehabe berichten, erfreuen sich der Aufmerksamkeit des Weltpolitikers, werden in den Geschäftsgang des administrativen Betriebs eingespeist und erfahren in der Regel bis zu einer den Chef zufriedenstellenden Erledigung strikt nachgehaltene Supervision.

Mit ganz neuem Drive geht die Landesregierung jetzt jene großen Modernisierungsprojekte an, die – mögen sie auch schon vorher geplant oder angedacht worden sein – bald als sichtbare Wegmarken für die Ära Strauß in Bayern stehen werden: Gegen nicht geringen Widerstand der auch hierzulande angegrünten Bevölkerung und der Anrainer wird der Rhein-Main-Donau-Kanal durchgedrückt und ein neuer Großflughafen für die Landeshauptstadt im Erdinger Moos, weit vor den Toren Münchens, in Angriff genommen. Das besondere Augenmerk des neuen Ministerpräsidenten gilt zudem den Beteiligungen des Freistaats an Wirtschaftsunternehmen, zu denen nicht nur stolze, kerngesund wirtschaftende Betriebe der Daseinsvorsorge wie VIAG oder Bayernwerk AG zählen, sondern auch Unternehmen der Luft- und Raumfahrtindustrie. Gerade der Flugzeugbau hat es Strauß angetan, bis an sein Lebensende wird er für den Airbus glühen.

Wenige Wochen nach der verlorenen Bundestagswahl kommt Strauß abends nach Hause, freudestrahlend, mit einer besonderen Flasche in der Hand. »Das war ohne weiteren, größeren Anlaß äußerst ungewöhnlich«, wird sich Franz Georg später erinnern – und tatsächlich gibt es an diesem Abend etwas zu feiern. Denn Strauß hat aus Bonn die Zusage seines einstigen Rivalen Helmut Schmidt mitgebracht, für den Airbus ein Darlehen aus Bundesmitteln in Höhe von einer Milliarde DM bereitzustellen.[9]

Derart aufgeräumt ist Strauß in den Monaten nach der für ihn schicksalhaften Niederlage nicht eben häufig anzutreffen. »Das Scheitern als Kanzlerkandidat setzt FJS innerlich sehr viel stärker zu, als er sich anmerken läßt«, beobachtet etwa Friedrich Voss: »Das Scheitern nagt an ihm, bohrt in ihm und er bohrt an diesem Scheitern. Es ist ein kantiger Bruch durch sein bisheriges Leben. Es gibt nun keine Aussicht mehr auf eine kontinuierliche Weiterentwicklung. Das Scheitern ist unwiderruflich. (…) Diese Endgültigkeit droht ihn niederzudrücken.«[10] Und tatsächlich ist es mehr als eine rasch verfliegende Eintrübung der Stimmung, die enge Gefährten und Getreue an Strauß jetzt beobachten. »Seit der gescheiterten Kanzlerkandidatur« registriert im Sommer 1981 Gerold Tandler »ein

deutliches Nachlassen seiner Vitalität und seines glänzenden Gedächtnis-
ses«. Auch seien »Phasen von Depression (...) erkennbar, die in Lethargie
und Interesselosigkeit münden«.[11] Mit solchen Beobachtungen steht Tandler nicht allein: Strauß sei »nicht mehr derselbe Mann, derselbe Politiker
wie vor seiner Kanzlerkandidatur«, bilanziert neun Monate nach der Bundestagswahl Friedrich Voss: »Etwas in ihm ist gebrochen, zerbrochen.«[12]

Es ist wirklich mehr als ein Durchhänger oder ein lange anhaltendes
Formtief, von dem Strauß ergriffen ist. Bestimmte Kämpfe führt er nicht
mehr – er beginnt sich zu arrangieren, fügt sich und gibt dort, wo sonst
Streit vorprogrammiert gewesen wäre, Terrain preis. Dass Strauß unmittelbar nach der verlorenen Schlacht von 1980 betont hat, dass der Oppositionsführer im Deutschen Bundestag, Helmut Kohl, im Falle eines verfrüh-
ten Ablebens der sozial-liberalen Koalition der natürliche Kanzlerkandidat
sein soll, war für den CSU-Chef keineswegs selbstverständlich, für den Verlierer der Wahl jedoch nahezu unausweichlich. So wie es andere versuchen – vor allem die beiden Nordlichter Albrecht und Stoltenberg, auf
Anregung und mit freundlicher Unterstützung des frisch gewählten Regierenden Bürgermeisters von Berlin, Richard von Weizsäcker[13] –, so hätte es
auch für Strauß nach einigen Monaten Abstand genügend Gelegenheit gegeben, den weiterhin glanzlos agierenden Chef der Unionsfraktion in Frage
zu stellen.

Nichts dergleichen geschieht, im Gegenteil. Während sich die innerparteilichen Konkurrenten des CDU-Vorsitzenden zusammentun, um über
Alternativen zu ihm zu beraten, bekräftigt Strauß im Sommer 1981, dass
Kohl auch im Falle vorzeitiger Neuwahlen der gemeinsame Spitzenmann
beider C-Parteien sein soll. »FJS gibt den Kampf um die Kanzlerschaft auf«,
notiert Friedrich Voss im Juni 1981 in sein Tagebuch: »Sein Kampfesmut ist
erloschen. Er will nicht mehr und überläßt kampflos das Feld dem Rivalen.«[14] In seinem Votum für Kohl, bemerkt Voss, »dokumentiert sich ein
hohes Maß an Resignation«.[15]

Anhaltspunkte dafür, dass er seine schlechte Meinung über Kohl geändert haben könnte, gibt es nicht. Wahrscheinlich ist es auch nicht nur seiner
zunächst temporären resignativen Grundstimmung zuzuschreiben, dass
Strauß vor Kohl erst einmal die Waffen streckt. In zumindest gleichem Maß
dürfte für dieses *conditional surrender* die Aussichtslosigkeit verantwortlich
sein, in Bonn noch einen Wechsel zu erreichen. Strauß denkt fortan des
öfteren darüber nach, das zu tun, was bedeutende Menschen nach ihrem
Abschied aus den ersten Reihen zu tun pflegen, wenn alles vollbracht oder

gescheitert ist: Bilanz zu ziehen, Memoiren zu schreiben. Zwar wird es sich bis Ende 1986 hinziehen, ehe Strauß zur Tat schreitet. Doch sein früherer Mitarbeiter Friedrich Voss wird ab Sommer 1981 regelmäßig angehalten, entsprechende Materialien zusammenzustellen und verfügbar zu halten: Der Chef »wolle damit beginnen, einige Tonbänder zu besprechen«.[16]

Seit jener Wahlnacht 1969, als CDU und CSU von den Regierungsbänken vertrieben wurden, schraubt Helmut Kohl an der Option herum, irgendwie die FDP wieder auf die Seite der Union ziehen zu können. Zwölf Jahre sind seither vergangen, nichts hat sich bewegt. Für Strauß, der den Liberalen seit seinen traumatisch nachwirkenden Erfahrungen während der *Spiegel*-Affäre mit besonders großem Misstrauen begegnet, hat sich das Warten auf die FDP allmählich zu einem Trauerspiel oder vielmehr einem Stück absurden Theaters nach Beckett'schem Muster ausgewachsen; sein Godot heißt Genscher.

Gewiss würde Strauß die FDP mit offenen Armen begrüßen, wenn sie denn wirklich wechselwillig wäre. Bundeswirtschaftsminister Otto Graf Lambsdorff etwa, der ihm 1978 zur Wahl als Ministerpräsident gratuliert hat – nicht ohne sein Bedauern darüber zum Ausdruck zu bringen, »daß wir uns nun nicht mehr im Plenum des Bundestages begegnen werden«, gleichwohl in der Hoffnung, »daß es noch andere Gelegenheiten geben wird, die Klingen miteinander zu kreuzen, was mir jederzeit ein Vergnügen sein wird«[17] – ist so einer, mit dem man leicht ins Geschäft kommen könnte. »Klingen kreuzen ist gut zwischen politischen Fechtern«, so lautete die persönlich handschriftlich konzipierte Antwort von Strauß auf den Glückwunschbrief des Bundeswirtschaftsministers, doch »besser wäre es, wenn bewährte liberale Fechter wie Otto Graf Lambsdorff und Franz Josef Strauß gegen den Sozialismus auf der selben Seite kämpfen würden«.[18]

Allerdings repräsentiert Lambsdorff nur eine von vielen Stimmen und Strömungen innerhalb der FDP; schon seit längerem hat sich neben der Kernmarke Wirtschaftspolitik mindestens gleichwertig die Innen- und Rechtspolitik etabliert, und zwar mit deutlich breiterem personellen Angebot. Namentlich Bundesinnenminister Gerhart Baum, ein neuer Lieblingsfeind der Konservativen, und Burkhard Hirsch prägen die innenpolitische Diskussion. Daneben gibt es einige Einzelfiguren wie Hildegard Hamm-Brücher, eine durchaus gepflegte links-liberale Nervensäge, den von Strauß als Riesenstaatsmann verspotteten Jürgen Möllemann und die ziemlich weit links verortete vormalige Jugend der Partei in Gestalt von Ingrid Matthäus-Maier, Helga Schuchardt oder Günter Verheugen. Mit der FDP der Adenauer-Zeit hat diese liberale Partei noch weniger zu tun als die gleichfalls gewandelte CDU mit der Partei des Gründungskanzlers. Doch während die Christdemokraten in der Gefahr stehen, sich im Ungefähren zu verlieren, fließt der liberale Mainstream mittlerweile sehr weit links.

Soll es da das Christsozialenenherz verzücken, dass über allen Stimmen und Stimmungen Hans-Dietrich Genscher thront? Ein politischer Fummelkünstler ersten Grades, dessen politisches Gemäuer mit unzähligen offenen Hinter- und unsichtbaren Tapetentüren ausgestattet ist – das soll die Hoffnung der Union auf bessere Zeiten sein? Dieser stets etwas verschlafen anmutende und doch höchst ausgeschlafene Taktiker, den Strauß für ziemlich durchtrieben hält? Andererseits muss man diesem Oberliberalen eine hohe Professionalität zugute halten, und dass die fest im Bürgertum verankerte Wählerschaft der FDP auf Dauer eine – gegen den Willen ihrer Anführer – immer weiter nach links driftende Koalition mit der SPD kaum goutieren wird, hat er wohl längst erkannt. Aber bei Genscher kann man sich nie, Strauß jedenfalls nicht, sicher sein, auch nicht was seinen Kurs als Außenminister betrifft. Warum, beispielsweise, hat er das frühere Herzstück sozial-liberaler Politik, die Entspannungspolitik, um das Adjektiv »realistisch« ergänzt? Um ein wenig auf Distanz zur SPD zu gehen oder um die Union zu ärgern, gar Strauß mit seiner Dauerwarnung vor einer »illusionären« Entspannungspolitik zumindest rhetorisch ins Leere laufen zu lassen?

Ende 1979 hatte Strauß angeboten, auf seine Kanzlerkandidatur zu verzichten, wenn dies der Preis für Genscher zum Sprung in eine andere Koalition sein sollte. Das Ganze blieb folgenlos. Nun, nach der verlorenen Wahl, Anfang 1981, sondiert Strauß mutmaßlich erneut, und diesmal fällt die Offerte, für die es allerdings außer den hinterlassenen Memoiren von Strauß keinen weiteren Beleg gibt, geradezu abenteuerlich aus. Es ist ein Szenario, in dem Union und FDP wieder zusammengehen – angeführt von einem Kanzler Genscher! Ob dieser »schon einmal den Gedanken erwogen habe, unter Umständen als Kanzler einer Koalition mit der Union zur Verfügung stehen«, ja, »ob er um den hohen Preis der Kanzlerschaft bereit sei, von der Fahne der SPD zu gehen«, will Strauß, so jedenfalls wird er sich am Lebensende erinnern, von ihm wissen.[19]

Genscher, der dieses angebliche Angebot weder in seinen Memoiren erwähnen noch von seinem Biographen dementieren lassen wird,[20] ist viel zu lange im politischen Geschäft, um, so geschmeichelt, gierig zu werden. Und als wie realistisch Strauß selbst ein derart kurioses Wendemanöver einschätzt, steht dahin. Um allerdings eine Reaktion zu provozieren, ob sich die FDP überhaupt noch einmal in Richtung Union wird bewegen können, ist diese höchst merkwürdige Sondierung durchaus geeignet. Ein Hoffnung nährendes Signal bleibt indes aus.

Sieht man einmal davon ab, dass wohl jede Ehe, eine politische zumal, nach zwölf Jahren erhebliche Gebrauchsspuren aufweist und fast nichts mehr an die Flitterwochen erinnert, so hat sich seit 1969 wenig an der Grundkonstellation geändert. Weiterhin, wenn auch jetzt in anderer Weise, ist die FDP, wie Strauß dies kurz nach dem Machtwechsel in der Landesgruppe formuliert hat, die »Achillesferse« des sozial-liberalen Bündnisses. Doch die ist noch immer gut geschützt. Und Genscher, der am schönsten und sichtbarsten »die Fahne in den Wind hänge«, ist für Strauß seitdem der zuverlässigste Indikator für die »Tendenz der FDP«.[21] Allerdings ist Genscher kein Hasardeur. Es muss schon sehr viel auf dem Spiel stehen, bevor die FDP das überaus riskante Manöver eines Koalitionswechsels wagt.

Einiges deutet ab dem Sommer 1981 darauf hin, dass der Koalition tatsächlich Belastungsproben bevorstehen. Die Konfliktlinien verlaufen jedoch nicht zwischen den Regierungspartnern, sondern quer durch die SPD.[22] Helmut Schmidt, in den eigenen Reihen stets mehr respektiert als geliebt, ist der eigentliche Reibungspunkt. Immer größer wird der Druck auf ihn von links. Insbesondere um eine Kernmarke seiner Politik, den Nato-Doppelbeschluss, werden die parteiinternen Kontroversen heftiger. Soll das etwa das Resultat der ganzen schönen Entspannungspolitik sein, dass am Ende noch mehr Atomwaffen auf deutschem Boden stationiert werden?

Die Parteimehrheit hat überhaupt keine Lust, die Nachrüstungskomponente des Doppelbeschlusses mitzutragen, und das schon lange, bevor sich die Friedensbewegung in allen Ecken der Republik formiert und schließlich im Oktober 1981 und 1983 fast direkt vor den Toren der Regierung, im Bonner Hofgarten, zu Kundgebungen mobil macht, die hinsichtlich Größe und Resonanz in der bundesdeutschen Geschichte ihresgleichen suchen. Man muss schon sehr gutgläubig – am besten blauäugig – sein, um die Beteiligung etwa von Erhard Eppler 1981, der viel mehr die Parteiseele verkörpert als der sozialdemokratische Kanzler deren Kopf, als Versuch zu werten, die Stimmung zu besänftigen und so für mehr Rückhalt der Regierungspolitik zu sorgen. Wie brüchig der innerparteiliche Konsens ist, wird sich spätestens 1983 beim Kölner Parteitag der mittlerweile in die Opposition verwiesenen SPD zeigen, wo nicht mal mehr ein Dutzend Delegierte jenen

Kurs noch fahren will, der auf Helmut Schmidt selbst zurückgeht und ein Jahr zuvor noch scheinbar von einer Mehrheit getragen wurde.

Für die innenpolitische Stimmungslage bedeutsamer noch und erst recht als Vorbote neuer Stimmenverhältnisse sind die neueren Entwicklungen in Wirtschaft und Finanzen.[23] Arbeitslosigkeit, Inflation und öffentliche Verschuldung schnellen im Gefolge der zweiten Ölkrise in die Höhe, die Staatsquote erreicht ein Rekordniveau – ohne dass die sozial-liberale Koalition dem etwas entgegenzusetzen hätte. Wiederholt sich jetzt auf deutschem Boden, was kurz zuvor im Vereinigten Königreich geschah? Drohen auch in der Bundesrepublik galoppierende Geldentwertung, Massenarbeitslosigkeit und Krawalle, angestachelt von den Gewerkschaften, die das ganze Land lahmlegen? Labour unter Führung des engen Schmidt-Freunds James Callaghan hat hierauf keine Antwort gefunden; das Festhalten an den Selbstverständlichkeiten der britischen Variante des demokratischen Sozialismus und die Ausgründung einer prominent bestückten sozialdemokratischen Konkurrenz hat seine Partei fast in den Untergang und – sturmreif, wie sie war – direkt in die Opposition geführt. Tatsächlich gibt es in der Bundesrepublik der späten Schmidt-Zeit überdeutliche Anzeichen dafür, dass die englische Krankheit, die durch den verpassten industriellen Strukturwandel noch verschlimmert wurde, auf Deutschland überspringen könnte. Das Ganze schließlich in einem größeren europäischen Rahmen, dem man demnächst das Etikett *Eurosklerose* verpassen wird.

Es liegt auf der Hand, dass in der Wirtschafts- und Finanzpolitik der womöglich noch größere Sprengstoff für die sozial-liberale Koalition liegen könnte als in der Nachrüstungsfrage. Kanzler Schmidt, der es mit einer *middle-of-the-road*-Politik versucht, aber keine greifbaren Erfolge vorzuweisen hat, gerät immer stärker zwischen die Fronten: Während die Zahl der Parteifreunde und Gewerkschafter wächst, die ihn auf einen linken Kurs zu ziehen versuchen, ist es für die wirtschaftsliberalen Kräfte innerhalb der Koalition jetzt allerhöchste Zeit für einen Kurswechsel. Im Grunde ist somit jene krisenhafte Gemengelage entstanden, die Strauß in seiner Sonthofen-Rede als Voraussetzung für einen Machtwechsel beschrieben hat.

Nur: Strauß sieht es nicht. Oder vielleicht will er es im Moment nicht so klar sehen, denn ihn beschäftigen näherliegende Sorgen.[24] Im Herbst 1982 stehen in Bayern Landtagswahlen an. Und obgleich niemand, der bei Sinnen ist, mit einem Sturz der CSU rechnet – es kann fast als naturgesetzlich gelten, dass sie abermals die absolute Mehrheit erreichen wird –, kommt es für Strauß durchaus auf das genaue Ergebnis an. Dass die CSU bei seiner ersten Wahl 1978 leichte Verluste verbuchen musste, fiel nicht weiter ins Gewicht; das Rekordergebnis von 1974 (62,1 Prozent) wurde verfehlt, doch mit 59,1 Prozent erzielte Strauß immerhin das bis dahin zweitbeste Ergebnis in der Geschichte. Längst wäre der kleine Rückschlag vergessen, hätte die CSU nicht bei der Bundestagswahl 1980 erneut Federn gelassen. Zwar waren die 57,6 Prozent wiederum ein wirklich respektables Ergebnis – und wiederum das zweitbeste –, aber sollte bei der nächsten Wahl der Stimmenanteil erneut sinken, dann könnte es selbst in Bayern noch einmal gefährlich für Strauß werden.

Nicht, dass eine Palastrevolution drohen würde. Mit schwindenden Stimmenzahlen verflüchtigt sich in der Politik allerdings auch ein Stück Autorität des Spitzenmannes – und so besehen verschafft nicht jedes Ergebnis über der Zielmarke von 55 Prozent echte Beruhigung. Seine Wiederwahl im bayerischen Landtag wäre selbst bei Verlusten kaum gefährdet – wer in der CSU sollte den Mumm aufbringen, Strauß herauszufordern? –, doch vom ersten Tag der neuen Legislaturperiode an würden sich Zweifel und Zweifler melden: Hat er seine beste, seine gute Zeit nicht hinter sich? Sollen wir weiter einem folgen, der uns statt, wie früher, Zuwächsen nur noch Verluste beschert? Muss nicht ein Plan B für die Landtagswahl 1986 her? Wer könnte die Nachfolge antreten und den Trend wieder umkehren? Fragen über Fragen, die sich aufwerfen, wenn die nun bevorstehende Landtagswahl 1982 nicht mit einem lupenreinen Erfolg endet.

All dies muss man Strauß nicht lange erklären. Immer wieder hat es Zeiten gegeben, in denen er die bayerischen Geschäfte ohne Schaden mit der linken Hand betrieb. Doch nie hat er darüber vergessen, dass die bayerische Hausmacht die unverzichtbare Grundlage all seines Tuns ist. Sobald hier nur die leiseste Gefahr drohte, hat er diese stets mit ganzem Einsatz bekämpft. So blieb er allen Anfechtungen zum Trotz auch nach der *Spiegel*-Affäre Parteichef; und so mischte er nach dem Bonner Machtverlust der Union immer wieder mächtig mit in Bayern, damit ja niemand auf die Idee kommen konnte, die schönen Erfolge der CSU in Bayern seien in erster Linie das Verdienst des gütigen Regenten Goppel.

Wie ernst Strauß diese machtpolitische Heimatpflege nimmt, lässt sich an scheinbar unbedeutenden Details ablesen. So, wie man den Großrhetor kennt, sollte man meinen, dass sich seine alljährlichen Auftritte beim politischen Aschermittwoch oder seine Parteitagsreden aus dem Stehgreif bewältigen lassen. Tatsächlich ist sich Strauß bewusst, dass es sich bei diesen

Kundgebungen, die jahrzehntelang fast allein von seinem Beitrag leben, um sein zentrales Herrschaftsinstrument handelt: Hier erzeugt er Stimmung, Zustimmung und Gefolgschaft, nirgendwo anders entflammt er mehr Kampfgeist, politische Leidenschaft unter seinen Parteigängern und schwört sie auf sich ein. Es kommt demnach viel, sehr viel auf seine Vorstellung an – und es wäre grob fahrlässig, den Erfolg dem Zufall oder seiner Tagesform zu überlassen.

In große Fernsehdiskussionen geht er zuweilen abgehetzt, mit schiefer Krawatte, verschwitztem Hemd und ramponierter Bügelfalte.[25] Mag sein, dass ihm die zentrale Bedeutung bewegter Bilder im Fernsehzeitalter nicht bewusst ist – mag sein, dass er sich einfach nicht darum schert. Als Mann des Gedankens und des Wortes vertraut er mehr auf die Kraft des Arguments und der effektvollen Pointe als auf den schönen Schein. Selbst in seinem Kanzlerwahlkampf war das so, zum Schrecken der engsten Mitarbeiter und auch der Familie.[26]

Mit wie viel größerem Respekt und hoher Sorgfalt stellt sich da Franz Josef Strauß den zentralen Auftritten vor den eigenen Leuten – erst recht jetzt, da die Kräfte auch bei ihm erkennbar schwinden. Vieles, wie sollte es bei diesem Zauberkünstler der Polemik und Beredsamkeit anders sein, ist auch bei diesen Reden brillante Spontanleistung. Zudem ist die Dynamik einer Großveranstaltung schwer vorauszuberechnen, und das gilt auch für die Interaktion mit dem Publikum, die sich genauso wenig vorhersagen oder steuern lässt wie die zwischen Fußballfans und ihrem Team im vollbesetzten Stadion. Doch aus der Tatsache, dass sich nicht alles vorausberechnen lässt, folgt für Strauß so wenig wie für eine gute Fußballmannschaft der Verzicht auf Training oder taktische Abstimmung. Ganz im Gegenteil: Je älter Strauß wird, desto umsichtiger plant er die Tage vor seinen großen Reden und Auftritten; wenn irgend möglich, werden diese Zeiten geblockt. Bestens vorbereitet in der Sache, ausgeruht, sehr fokussiert, immer auch noch, bis an sein Lebensende, mit Respekt und einem Grundgefühl, das knapp unter Lampenfieber liegt, geht Strauß diese zentralen Instrumente seiner Machtsicherung an. Heimspiele verlangen nach Pflichtsiegen, doch die ergeben sich nicht von selbst.

Dass Strauß mit Bonn abgeschlossen hätte, kann man nicht sagen. Aber alles zusammengenommen – das emotionale Dauertief seit der Bundestagswahl, die fehlende Perspektive auf eine Wende und die neue Aufgabe in München – führt im Ergebnis schon dazu, dass er nicht mehr ganz so genau hinsieht, was da fern am Rhein geschieht. Edmund Stoiber fordert ihn beharrlich auf, sich wieder stärker in die Bundespolitik einzubringen. Vergeblich, »ein Politiker müsse ein pragmatisches Fingerspitzengefühl haben, wann er wo zu sein habe«,[27] bekommt der CSU-Generalsekretär zur Antwort – und die »Bonn-Aufenthalte von FJS«, registriert sein früherer Büroleiter Friedrich Voss im Sommer 1981, »verringern sich ständig«.[28]

Sein Interesse an den Bonner Geschehnissen nimmt auch nicht zu, als sich seit Herbst 1981 die Anzeichen dafür verdichten, dass die Regierungskoalition möglicherweise vor ernsteren Schwierigkeiten steht. Genschers später als »Wende-Brief« apostrophiertes Schreiben an die FDP-Mitglieder vom 20. August 1981 verlangt eine Umkehr »im Denken und im Handeln«, vor allem in der Wirtschafts- und Finanzpolitik, und nimmt auch schon die Kernbotschaft dessen vorweg, was die FDP später mit Kohl als Kanzler versuchen wird: Es gelte, eine allseits grassierende »Anspruchsmentalität zu brechen« und mehr auf Eigenverantwortung zu setzen – sozusagen: Leistung muss sich wieder lohnen.[29] Zudem ist seit diesem Sommer erkennbar, dass die FDP ihre wirtschaftsliberale Seite ins Licht rücken möchte und dafür handfeste Konflikte mit der SPD in Kauf nimmt, etwa über die Einführung einer Zwangsabgabe für Reiche.

Doch Strauß fehlt der Glaube, dass selbst eine wendewillige FDP die Wende bewerkstelligen und überleben könnte. Nach seinem Treffen mit Genscher, bei dem er diesem womöglich sogar die Kanzlerschaft angetragen hat, kommt Strauß jedenfalls zu dem ernüchternden Befund, sein Gesprächspartner werde den Koalitionswechsel einstweilen nicht wagen. Die FDP sei derzeit keine »ausreichend homogene Vereinigung«, die eine Hälfte sei zum Sprung bereit, die andere Hälfte wolle das Bündnis mit Schmidt fortsetzen. Und so werde es auf absehbare Zeit keinen Regierungswechsel geben: »Einen kaputten Schrank kann man nicht rücken, weil er sonst auseinanderfällt.«[30] Über eine eigene neue Rolle in Bonn nachzudenken, macht da erst recht keinen Sinn.

Als seit Jahrzehnten erfahrener Bärenjäger im unwirtlichen politischen Gelände ist Strauß zudem stets skeptisch, wenn mehr Zeit und Energie auf die Planung der späteren Zerlegung der Beute als auf die Jagd selbst verwendet wird. Eben dieses beliebte Prozedere ist seit dem Frühjahr 1982 bei der CDU wieder in vollem Gang. Im Raum steht sein klares Wort zu Kohl, der bei einem vorzeitigen Ende der sozial-liberalen Regierung der natürliche Kanzlerkandidat der Union sein müsse. Genau dies wollen Ernst Albrecht und Gerhard Stoltenberg gern kassiert sehen. Sie pilgern nach München und beknien den Bayern, ihre eigenen Ansprüche zu unterstützen.[31] Schwer zu entscheiden, ob Strauß solche Ansinnen eher lachhaft oder widerlich findet, Erfolg haben sie bei ihm jedenfalls nicht. Er steht zu seinem Wort, er steht zu Kohl. Und das weiterhin öffentlich.

Vielleicht liegt die auf den ersten Blick überraschende Beharrlichkeit der Festlegung auf Kohl auch darin begründet, dass Strauß sehr wohl registriert hat, dass Kohl ihm nach seiner Wahlschlappe keine Tritte hinterhergeschickt hat. Peinlich genau achtet der CDU-Chef darauf, nicht etwa durch Schuldzuweisungen den Geschlagenen abermals zu reizen und damit auch zu revitalisieren. So wie er sich von niemandem nachsagen lassen muss, er habe es seinerzeit, in jenem arg vermasselten Wahlkampf, an persönlichem Einsatz für Strauß fehlen lassen. Beide, Strauß und Kohl, sind jetzt darauf bedacht, sich nicht erneut miteinander anzulegen; sie schützen einander, was mit Blick auf die Bonner Lage und das innerparteiliche Machtgefüge der CDU vor allem für Kohl überlebenswichtig ist.

Ob Dankbarkeit oder Schläue den Ausschlag gibt, kann dahingestellt bleiben, aber auffällig ist es schon, wie sehr Kohl in der ersten Jahreshälfte daran gelegen ist, das Verhältnis zu Strauß geschmeidig zu gestalten. Es gibt jetzt häufiger gemeinsame Wanderungen und intensivere Gespräche als in all den Jahren zuvor. Kohl bemüht sich um Strauß, Strauß empfindet dies als angemessene Respektbezeigung – in diesen Wochen und Monaten ist das Verhältnis, ohne dass einer von beiden sein negatives Urteil über den anderen revidieren würde, so gut wie nie zuvor und nie danach. Strauß, der es sichtlich ernst damit meint, den Frieden zu wahren, ist zwar weit davon entfernt, sich seinen Gegenpart schöner zu malen, als er ist. »Man kann sich, wenn es hart auf hart kommt, auf diesen Kerl nicht verlassen«[32], bemerkt er im Mai 1982 zu einem Vertrauten, als Kohl meint, er könne Strauß gegenüber seine Schwierigkeiten mit den beiden Nordlichtern und Rivalen um die Führung verschweigen. Aber zur ganzen Wahrheit einer Enttäuschung gehört schließlich auch die Bereitschaft, sich enttäuschen zu lassen, Vertrauen immer wieder aufzubringen – und an dieser Bereitschaft fehlt es Strauß zeitlebens nie.

Im Januar 1982 hat Helmut Schmidt im Deutschen Bundestag die Vertrauensfrage gestellt. Die von ihm geführte Koalition hat überlebt, doch Ruhe kommt keine mehr in jenes Bündnis, von dem der vormalige Vizekanzler Walter Scheel bereits acht Jahre zuvor gesagt hat, der »Vorrat an Gemeinsamkeiten«[33] sei aufgebraucht. Nun, da sich die SPD zügig, wenn auch noch unausgesprochen, vom Nato-Doppelbeschluss zu verabschieden beginnt und sich die weithin als Krise empfundene wirtschaftliche Lage verschärft, hebt das überlange Vorspiel zur Wende an, dem der Kohl-Biograph Hans-Peter Schwarz die schöne Überschrift »Warten auf Genscher«[34] verpasst hat, das man aber mit Blick auf die strategische Gesamtkonstellation auch »Wer zieht den schwarzen Peter?« nennen könnte. Der Koalitionswechsel will gut vorbereitet sein, für ein Knall-auf-Fall-Manöver ist die Lage in der FDP zu unübersichtlich und zerrissen.

Die Liberalen werden beim Sprung zur Union Federn lassen, das ist klar, es dürfen aber nicht zu viele sein – und erst recht dürfen sie nicht völlig ausbluten. Sichtbare Zeugnisse braucht es demnach dafür, dass das sozial-liberale Bündnis keinen gemeinsamen Nenner mehr findet. Das ist nicht nur für den Koalitionswechsel selbst von Bedeutung, sondern auch für die vorgezogenen Neuwahlen, die ihm wahrscheinlich bald folgen werden. In diese Auseinandersetzung mit dem Makel der Treulosigkeit zu ziehen, ist für die Liberalen alles andere als attraktiv. Und da Helmut Schmidt weiterhin ein allseits respektierter Kanzler ist – wahrscheinlich genießt er selbst unter den FDP-Anhängern den Vorzug vor Helmut Kohl –, besteht die Gefahr, eine Dolchstoßlegende an den Hals zu bekommen. Auch das wäre keine günstige Voraussetzung bei Neuwahlen. Kohl wie Genscher stehen zudem im Ruf, begnadete Trickser zu sein. Im Alltag der Macht hilft das. Doch wenn solche Charaktere sich an einem echten Staatsmann zu schaffen machen und ihn meucheln, dann ist auch das nicht gut, will man den Regierungswechsel mit mehr als bloßer Machtlust begründen.

Bevor die eigentliche Operation also starten kann, belauern sich alle Seiten, die den *wind of change* schon spüren, intensiv und sind darauf bedacht, am Ende nicht als politische Etappensieger um den Preis einer moralischen Niederlage dazustehen, denn Verrat hat einen schlechten Ruf. Auf einen, der das Gezänk in den eigenen Reihen längst satt hat, der sich überdies schon ziemlich wund an der nach links ziehenden Sozialdemokratie gerieben hat, der innerlich zudem kocht, da er selbst weder die SPD zu disziplinieren noch die FDP auf ewige Treue einzuschwören vermag, auf Helmut Schmidt also können die Wendewilligen nicht hoffen. Der Kanzler ist entschlossen, mit erhobenem Haupt bis zur letzten Sekunde auf der Brücke zu bleiben, freiwillig wird er nicht weichen. Nicht mal auf einen Hauch von Verständnis des Kanzlers dürfen die Liberalen hoffen. Inhaltlich stehen sie dem noch amtierenden Regierungschef inzwischen näher als seine Genossen, aber zur Bitterkeit in der Politik gehört eben auch, nicht immer auf die Richtigen – in diesem Fall: seine Gegner innerhalb der SPD – einschlagen zu können, sondern bis zum letzten Moment die Fassade wahren und so tun zu müssen, als bestehe Einigkeit im eigenen Laden.

Im Frühsommer 1982 kann sich auch Strauß nicht mehr der Erkenntnis verweigern, dass die Bonner Koalition vor ihrem Ende steht. Doch reine Freude vermag das nicht auszulösen: Als hätten die Liberalen mit der in Bonn angerührten Krise des Landes nichts zu schaffen! Und jetzt wollen sie im Verein mit der Union das selbst Mitangerichtete heilen?! Ganz unverständlich ist es also nicht, dass Strauß ein solcher Plan »zuwider«[35] ist. Dass die FDP im Falle eines Wechsels wohl erst einmal all ihre Ressorts behalten müsste, da sonst die Unruhe und Implosionsgefahr noch weiter wachsen würden, leuchtet auch ihm ein, macht seine Abneigung gegen das Manöver allerdings nicht eben kleiner.

Aber es gibt noch einen weiteren Grund, weshalb Strauß bei der Aussicht, die 1969 in Unordnung geratenen Verhältnisse endlich wieder in ihren – sozusagen – natürlichen Zustand zu überführen, nicht in Überschwang gerät, ja, nicht einmal Genugtuung empfindet. Auf Tag oder Monat lässt sich der Regierungswechsel zwar nicht bestimmen, aber der ganze in Frage stehende Zeitraum könnte für ihn unpassender nicht sein. Am 10. Oktober finden die für Strauß so wichtigen Landtagswahlen statt, wo er den Abwärtstrend stoppen muss, bevor dieser sich untrennbar mit seinem Namen verbindet. Bis dahin wird er in Bayern präsent sein müssen.

Als er sich 1976 entschieden hatte, sich 1978 nach München zurückzuziehen, ging das nicht geräuschlos vonstatten. Er musste schon mit aller Macht zulangen, um den hochbeliebten und keineswegs amtsmüden Alfons Goppel zum Abgang zu bewegen. Dass mit der Kanzlerkandidatur 1980 die Karten noch einmal neu gemischt wurden, dafür hatten auch die Wähler Verständnis, die ihn als Ministerpräsidenten sehen wollten. Jetzt, 1982, sieht das anders aus. Schon wieder ein neues Pferd zu satteln, müsste als Geringschätzung des bayerischen Spitzenamtes verstanden werden, und das kann sich Strauß, kann sich die CSU nicht leisten.

Vieles ist in München noch im Wandel, die kleine Kulturrevolution, die Strauß mit seinem Dienstantritt im Prinz-Carl-Palais angezettelt hat, hat gerade erst begonnen. Einiges vom alten Regime ist schon geschliffen, doch alles braucht Zeit. So ist etwa die Landtagsfraktion kein gehorsam hinter der Regierung hertrottender Verein. Etliche Konflikte sind zwischen den beiden in den vergangenen Jahren aufgebrochen – die neuen Machtverhältnisse und -arrangements sind noch nicht vollständig austariert.

All dies macht es Strauß im Grunde unmöglich, ganz offen eine tragende Rolle für den Tag nach der Wende in Bonn zu reklamieren. Er muss jetzt erst einmal zusehen, dass er die Landtagswahl unbeschadet über die Bühne bringt, darf um Himmels willen nicht den Eindruck erwecken, das Amt des Ministerpräsidenten von Bayern sei in Wirklichkeit nur zweite Wahl für ihn. Strauß kann darauf hoffen, dass die CDU und Helmut Kohl ihn einbinden, seine Interessen und Positionen ernst nehmen – schließlich wäre die CSU nach einem Regierungswechsel ja Koalitionspartner und annähernd so stark im Bundestag vertreten wie die FDP. Er muss darauf vertrauen, dass Fritz Zimmermann die Bonner Geschäfte in seinem Sinne führt. Allzu viel selbst tun kann er nicht, seine Geschicke – was aber hasst Strauß mehr? – liegen in diesen vorentscheidenden Wendemonaten in fremden Händen.

Nach München war Strauß ja eigentlich gegangen, um ein neues Basislager für die Erstürmung des unbezwungenen Gipfels zu beziehen. Jetzt, wo endlich der Aufstieg möglich scheint, steckt Strauß in seiner bayerischen Zwangsjacke. Er wird nicht mehr der Erste sein können, er wird nicht einmal bei den Ersten sein, sollte der Berg genommen werden. Er wird in München festsitzen und in Bayern Wahlkampf machen müssen, während sich das wahre Spiel in Bonn ereignet. Unversehens ist aus dem Ruheraum zur Sammlung neuer Kräfte sein Altenteil geworden, die Staatskanzlei sein politisches Austragshäusl – Strauß mag im Ausgedinge wüten und toben wie er will, die neue Generation der Bonner ist ihm über.

Weiterhin bleibt Kohl mit Strauß im Gespräch. Am 31. August 1982 treffen sie sich zu einer langen Wanderung durch die Berge bei Kufstein. Auf der Rückfahrt nach München fällt dann der entscheidende Satz von Kohl: »Man muß jetzt jeden Tag mit dem Ende der Regierung Schmidt rechnen.«[36] Wie schön. Doch nicht für Strauß. Denn wenn in Kürze passieren sollte, was der CDU-Vorsitzende und kommende Kanzler ihm da ankündigt, dann fällt die heiße Phase des Wechsels – das Platzen der Regierung, die Neuwahl eines Bundeskanzlers über den Weg des konstruktiven Misstrauensvotums, die Regierungsbildung und die Festlegung der inhaltlichen Schwerpunkte in Gestalt eines Koalitionsvertrags – genau mit der heißen Schlussphase des bayerischen Landtagswahlkampfs zusammen. Vieles kann Strauß, sich vierteilen jedoch nicht. An den zentralen Besprechungen über Ablauf und Gestaltung der Wende wird er in Bonn teilnehmen können. Aber die vielen Flurgespräche bekommt er nicht mit, und auch nicht die Vorfestlegungen unter vier Augen, über die man im rheinischen

Bundesdorf immer schnell etwas erfährt, in München allerdings erst mit Zeitverzögerung und dann auch nur aus dritter oder vierter Hand.

Verdrießlich stimmt Strauß sicher auch, was Kohl ihm mit perfekter Unschuldsmine auf der Rückfahrt von Kufstein andeutet: »An sich hättest Du Anspruch auf das Bundesfinanzministerium. Aber Du kannst ja nicht antreten, wenn Du nicht in Bayern Deine Kandidatur niederlegst.«[37]

Wenn es um die eigene Sache geht, ist Strauß kaum anders als die anderen – bei schlechten Nachrichten darf niemals Verschwörung, Intrige, Sabotage ausgeschlossen werden. So auch hier: Ist der Zeitplan, den Kohl und Genscher da ausgeheckt haben, nicht ganz darauf zugeschnitten, ihn, Strauß, aus Bonn fernzuhalten? Sachlich hat Strauß dem Argument von Kohl natürlich nichts entgegenzusetzen. Aber war nicht doch »ein Ton tiefer Genugtuung unüberhörbar«[38], als Kohl ihm die banale Wahrheit darlegte?

Nicht weniger Anlass für Misstrauen bietet Kohls vermeintliche Affenliebe zur FDP. Strauß ist sich, wenn auch aus anderen Gründen, mit Helmut Schmidt völlig einig, dass es diese Liberalen eigentlich gar nicht braucht. Der Kanzler will sie im Sommer »wegharken«, so wie Strauß es sehr begrüßen würde, sie beim Tod der sozial-liberalen Koalition gleich mit »in den Sielen«[39] sterben zu sehen.

Im Sommer sprechen Strauß und Schmidt hierüber und sind sich im Grundsatz einig:[40] Am besten wäre es, nach dem Zerfall der Regierung sofortige Neuwahlen anzusetzen. Das Ende der FDP wäre dann so gut wie sicher. Das Geraune über ihre Wechselbereitschaft ist ihr nicht gut bekommen – demoskopisch nicht und auch nicht im Juni bei den Wahlen in Hamburg, wo die Liberalen hinter die Grün-Alternative Liste, die erstmals in die Bürgerschaft eingezogen ist, auf den vierten Rang zurückgefallen und erneut an der 5-Prozent-Hürde gescheitert sind. Für Genscher und seine Partei ist es von existenzieller Bedeutung, dass nach dem Kanzlersturz möglichst viel Zeit vergeht, bevor sich die neue Koalition durch Neuwahlen Legitimität verschafft; auch das wird schwierig genug.

Kohl indes hat ganz andere Pläne und sich längst mit Genscher auf einen gemeinsamen Weg festgelegt: Zuerst ein konstruktives Misstrauen, aus dem Kohl siegreich hervorgehen soll, dann eine zügige Regierungsbildung und die Vorlage einer Eröffnungsbilanz, die das desaströse Erbe aus sozialdemokratischen Zeiten dokumentieren soll, Neuwahlen erst im Abstand eines halben Jahres. Kohls Roadmap ist nicht nur gegenüber Genscher der fairere Ansatz, schließlich nimmt die FDP ein hohes Risiko auf sich, und sie allein kann die bestehende Koalition zum Bersten bringen. Ihr zum Dank das Grab zu schaufeln, wie Strauß es will, kann keine realistische Perspektive sein.[41]

Doch Genscher ist nicht nur in der starken Position, seine Bedingungen für den Wechsel kompromisslos durchzufechten – er hat auch allein die Hand am Schalthebel. Theoretisch könnte Schmidt die FDP-Minister, sobald sie einen erkennbaren Anlass bieten, aus seinem Kabinett entlassen, was er am 17. September 1982 dann ja auch tut, um anschließend die Vertrauensfrage zu stellen. Ganz auszuschließen wäre es da nicht, dass der alte Kanzler ein getürktes Votum bekäme und erst einmal weiter, dann als Minderheitsregent, im Amt verbliebe. So abenteuerlich und auch eher theoretischer Natur ein solches Szenario ist – eines kann Schmidt jedenfalls nicht herbeischaffen: den Anlass für die Kündigung der FDP. Den müssen die Liberalen schon selbst liefern, auch das macht sie stark bei der Verabredung des Fahrplans mit Kohl.

Bestimmt auch aus Wut auf die Liberalen im Allgemeinen und die für ihn so unkomfortable Klemme zwischen der bevorstehenden Landtagswahl in Bayern und dem Wechseltheater in Bonn, dem er weitgehend ohnmächtig ausgeliefert ist, im Besonderen, versucht Strauß sich am Ende noch einmal querzulegen. Gegen jede Vernunft und womöglich auch unter Missachtung der Verabredungen, die Zimmermann in Bonn getroffen hat, besteht Strauß auf sofortigen Neuwahlen nach der Regierungsübernahme. Der CSU-Landesvorstand darf das beschließen. Es ist aber zu spät, Zimmermann biegt Strauß anhand eines Besprechungsprotokolls bei, dass er selbst dem für die FDP komfortableren Fahrplan zugestimmt habe. Die Sache ist gelaufen. Am 1. Oktober wird Kohl zum Kanzler gewählt, und damit liegt das Verfahren, an dessen Ende Neuwahlen stehen können, auch von Verfassungs wegen allein in seiner Hand. Jetzt sofort jedenfalls nicht!

Im Rückblick seiner Memoiren wird Strauß dick unterstreichen, dass die Abläufe in Bonn 1982 von einem Fahrplan bestimmt wurden, »der nicht der meine war«.[42] Damit habe Kohl die Union um einen »großartigen« Wahlerfolg gebracht, und die Zeche habe »die CSU teuer bezahlen« müssen.[43] Die Sache bleibt auf Wiedervorlage, und erste Gelegenheit, seinem Ärger Luft zu machen, bietet sich sogleich. Denn Kohl hat sich nicht nur einen schönen Fahrplan ins Kanzleramt zurechtgelegt, sondern fürsorglich auch schon einmal in Gedanken, Worten und Werken – in ersten Festlegungen –

Neue Partner: Die Union-Chefs verkünden gemeinsam mit Hans-Dietrich Genscher ihren Fahrplan zur Regierungsbildung, 29. September 1982.

das Kabinett für die CSU gleich mitgebildet. Fritz Zimmermann hat für sich das Verteidigungsministerium ausgeguckt, und Kohl würde ihn dort gleichfalls gern sehen, weil Zimmermann bei Wunscherfüllung ein wenig Dankbarkeit abverlangt werden könnte. Obendrein bliebe dem Kanzler Designatus Manfred Wörner, den er nicht ausstehen kann, erspart. Doch es kommt noch besser: Im Wissen darum, dass die CSU unwiderstehlich auf das für die Landwirtschaft – damit auch für allerlei Subventionen, Förderprogramme und europäisches Großgeschacher – zuständige Ministerium pochen wird und hier viel Ärger für die nächsten Jahre vorprogrammiert ist, hat Kohl schon mal einen ihm genehmen Kandidaten auserkoren. Ignaz Kiechle soll es werden, für Kohl ist er gesetzt.

Alles muss in diesen Tagen schnell gehen, beim Regierungswechsel durch ein konstruktives Misstrauensvotum gibt es keine längere Übergangszeit wie nach einer Bundestagswahl, in der sich das Parlament erst einmal konstituieren muss. Die Mannschaft muss also stehen, bevor die Kanzlerwahl stattfindet.

Zimmermanns Lebensplanung lässt sich noch durchkreuzen. Nicht, dass Strauß prinzipiell etwas dagegen hätte, den ausgewiesenen Verteidigungsexperten auf jenem Stuhl zu sehen, auf dem er selber einmal saß. Aber dann hätte die CSU kein einziges wirklich zentrales Ressort im neuen Kabinett inne. Und das geht natürlich gar nicht! Zunächst widerwillig also muss sich Zimmermann dem Willen von Strauß fügen, das Innenministerium zu übernehmen, und auch Kohl kann gegen den Anspruch der CSU, wie die anderen Partner über ein großes Haus zu gebieten, schwerlich etwas einwenden.[44] Schwieriger gestaltet sich das Ringen um den Posten des Landwirtschaftsministers. Zunächst bleibt Ertl, der Amtsinhaber, in seinem Ressort, aber spätestens nach der kommenden Bundestagswahl wird der Wechsel fällig. Kohl ist bei Kiechle im Wort und hat auch ein großes eigenes Interesse daran, dass niemand anderes, mit dem es leichter zu Konflikten kommen könnte, auf diesem Posten landet. Von dieser Personalie kommt und will er nicht mehr herunter. Um Strauß dies schmackhaft zu machen, bietet Kohl ihm daher ein fünftes Ministerium an, weil er bereit ist, Kiechle auf dem CDU-Konto anrechnen zu lassen.[45] Damit allerdings kann Strauß gut leben – ein weiteres Ministerium, eins über den Durst, das ist ein schöner Trostpreis.

Beide, Strauß wie Kohl, sind ganz famose politische Raufbolde; wenn es darauf ankommt, können sie aber auch extrem pragmatisch Streitfälle lösen. Dieses Mal hat Kohl den Sieg davongetragen. Teils ist es sein taktisches Geschick, teils sind es die äußeren Umstände, die Strauß während der Phase des Regierungswechsels in eine Nebenrolle abgedrängt haben. Aber Kohl dürfte sich kaum der Illusion hingeben, er habe einen endgültigen Sieg errungen. Vieles hat Strauß in seinem politischen Leben schon einstecken müssen, all die Schläge, Hiebe und Stiche reichen aus, um ein halbes Dutzend politischer Leben zu vernichten. Nicht immer ist er gestärkt aus seinen Niederlagen hervorgegangen, doch stets aufs Neue kampfbereit, die Schmach wieder zu überwinden.

Schwächer ist er geworden, der Mann, der jetzt stramm auf die Siebzig zugeht, und die, die ihn aus der Nähe erleben, sehen das. Doch selbst ein halber Strauß verfügt noch über genug Vitalität und Willenskraft. Nach wie vor ist er ein großer Redner, der mit seinen rhetorischen Feuerwerken das Publikum in seinen Bann schlägt. Schon allein als unangefochtener Repräsentant einer Koalition, die zwar aus zwei Fraktionen, aber aus drei selbständigen Parteien besteht, bliebe er ein Schwergewicht. Wie viel Feuer noch in ihm steckt, das sehen sie in München seit seinem Einzug in die Staatskanzlei, und in Bonn, da werden sie es in den kommenden Jahren ebenfalls noch spüren.

Fast scheint es so, als habe jener Dichter, der in der Nachbarschaft des Elternhauses von Strauß, im Schelling-Salon, die Billardkugel stieß, in eben jener Kneipe also, aus der Strauß an jedem Sonntag eine Maß für den Vater kaufen ging, auch für Strauß ein passendes Wort gefunden. Die letzten Verse aus dem »Lob des Revolutionärs«[46] von Bertolt Brecht passen jedenfalls wie maßgeschneidert auf den späten Strauß und seine politischen Schicksalsorte Bonn und München:

Wohin sie ihn jagen, dorthin
Geht der Aufruhr, und wo er verjagt ist
Bleibt die Unruhe doch

Der traurige König

Da sitzt er nun, in München, und bekleidet das schönste Amt der Welt, ist bayerischer Ministerpräsident. Doch kann er hier glücklich werden? Gewiss, er darf schalten und walten wie nie zuvor in seinem reichen politischen Leben. Nach Bayern, in den Dienst an der Heimat, hat er sich 1978 begeben, auch um sich dem fast schon ewig während Kampf zu entziehen, um sich endlich in einer Umwelt einzurichten, in der er nicht permanent Hass und Anfeindung ausgesetzt ist. Dieser Teil der Rechnung ist tatsächlich aufgegangen.

Sicher, kritische Stimmen gibt es auch hier: in der Landespresse, in den eigenen Reihen und von der Opposition sowieso. Doch ein spitzer Kommentar in der *Abendzeitung*, eine spöttische Betrachtung in der *Süddeutschen Zeitung*, ein pfiffiger Zwischenruf im Maximilianeum, was sollen, was können die ihm schon anhaben? Fast könnte man es sogar als erwünscht betrachten, damit niemand auf die Idee kommt, Strauß sei in Wahrheit ein Alleinherrscher, eine Art republikanischer König, den unziemlich anzugehen im wörtlichen Sinne eine Majestätsbeleidigung wäre. Dass sie ihn trotzdem lieben und verehren, dass sie nach seinem Tod um ihn trauern werden wie um einen echten Monarchen, dass sich unabhängig von der angeordneten Staatstrauer endlos lange Trauerzüge, von niemandem organisiert oder geschickt, formieren werden, kurz: dass Strauß – zuvor war er das nie – gewollt wird, dies alles setzt ihn durchaus einem geborenen Regenten gleich. Und dass er sich alle vier Jahre einer bestätigenden geheimen Volkswahl stellen muss, unterstreicht nur noch die Wertschätzung, die er erfährt. Das Votum ist echt, hier lieben sie ihn wirklich.

Naturgemäß ist nicht schon vom ersten Tag an alles perfekt; Strauß braucht rund vier Jahre, bis sein persönliches Regiment steht und der Corpsgeist seiner Minister, Mitarbeiter und Aufpasser sich auf den Nenner Bernhard von Bülows bringen lässt, »ausführendes Organ seiner Majestät«[1] zu sein. Erhaben, gravitätisch sind zudem Comment und Protokoll am bayerischen Hof, Alfons Goppel hat hier ganze Vorarbeit geleistet[2] und dabei sogar die Auslegung von Artikel 47 der Landesverfassung, nach dem der Ministerpräsident Bayern »nach außen vertritt«, bis in die Nähe eines

Verfassungskonflikts mit dem Bund gedehnt. Bei Staatsbesuchern, die in München Einkehr halten, erklingt zur Begrüßung, nach den Hymnen des Gast- und Gastgeberlandes, als Drittes selbstverständlich noch das Lied der Bayern.

Strauß, der durchaus Sinn für die Ornamente von Macht und Repräsentation hat, obwohl ihm das Galante, höfisch Aufpolierte wenig gibt, übernimmt solche Gepflogenheiten gern. Wenn er, dem stets die Zeit davoneilt, schon nicht mit jener Höflichkeit der Könige dienen kann, die gemeinhin Pünktlichkeit genannt wird, so soll doch jeder seiner Gäste spüren, dass man ihm Respekt und Ehrerbietung entgegenbringt. Nicht ohne Staunen registriert etwa Wolfgang Schäuble, der im Frühjahr 1984 Chef des Bundeskanzleramtes wird, dass er bei seinem Antrittsbesuch in München keineswegs wie Kohls Hilfssheriff behandelt, sondern wie ein Staatsgast aus fernen Landen empfangen wird – mit Protokoll, Zeremonie und Kommuniqué –, dem bei der abschließenden Begegnung mit der Presse durch eine die Reporter von den Amts- und Würdenträgern abtrennende dicke Kordel in weihevollem dunklem Rot zuviel der Aufdringlichkeit erspart bleiben soll.[3]

Ganz so viel Aufwand wird bei gelegentlichen Besuchen von beamteten Kohl-Chargen zwar nicht betrieben, aber auch hier geht es fein, zuvorkommend, fast schon ehrerbietig zu. Kohls außenpolitischer Berater Horst Teltschik beispielsweise, der von Zeit zu Zeit dem gerade mit der Bonner Außenpolitik notorisch unzufriedenen CSU-Chef die tieferen Einsichten des Kanzlers darzulegen hat, wird keineswegs herablassend – sozusagen stellvertretend für seinen Chef – abgefertigt. Der Dienstwagen des Ministerpräsidenten holt ihn am Flughafen ab, Strauß ist stets von »ausgesuchter Höflichkeit«, nach dem offiziellen Teil der Visite erfolgt regelmäßig eine Einladung zum gemeinsamen Essen.[4]

Ja, es wird viel Staat gemacht in Bayern, in Form und Farbe ist bestimmt sogar noch einiges prächtiger als in Bonn, doch leider ist der Freistaat gar kein richtiger, kein souveräner Staat. Bayern bleibt ein Bundesland, Bonn steht für die Republik. Spätestens, wenn er an seinem Schreibtisch im Prinz-Carl-Palais sitzt, wird Strauß das bewusst. Denn was ist es, womit sich Strauß tagein, tagaus beschäftigen muss? Es sind Akten und Verwaltungsvorgänge aus den Niederungen der Landespolitik. Fährt er durchs Land, um eine Schule zu besuchen, einen Wirtschaftsstandort anzuschauen, der Eröffnung einer Land- oder Wasserstraße Glanz zu verleihen, so legt er im Wagen oder Hubschrauber schönere Wege zurück als etwa sein Kollege

*Franz Josef Strauß im Bayerischen Landtag: Von der Bonner Bühne verjagt,
ist er seit 1978 in München Ministerpräsident.*

aus Düsseldorf, für den die Zielorte Rheine oder Herne heißen, die zu
erreichen keine echte Sinnesfreude bereithält wie Bayerns saftige Auen und
prächtige Berge. Aber schöner ist nicht zwingend schön.

Da selbst ein so großes Bundesland wie der Freistaat selten alle Kräfte
fordert, bleibt genügend Zeit für allerlei Reisen in ferne und fernste Länder.
Auf diese Weise lässt sich etwa die weiß-blaue Freundschaft zu Togo vertiefen. Und jeder Aufschrei der Empörung, den seine Reisen nach Südafrika
provozieren, hat auch sein Gutes, bestätigt er doch von Zeit zu Zeit die
eigene Bedeutung. Sicher trifft der allfällige Spott über den obersten bayerischen Handlungsreisenden, der in aller Herren Länder die Auftragsbücher für *Airbus* füllt und sich den Export von Rüstungsgütern angelegen
sein lässt, nicht den Kern seines Tuns, denn auch diese Art des Handels hat
ihre politisch-strategischen Aspekte. Und doch kann keine umtriebige Geschäftigkeit in aller Welt darüber hinwegtäuschen: Die Reiseziele des nun
in Bonn regierenden Provinzmenschen Kohl – Washington, London, Paris – tragen klangvollere Namen, und er trifft dort Gesprächspartner anderer Statur: Reagan, Thatcher, Mitterrand. Hans Maier, Kultusminister
unter Goppel und dann auch bei Strauß bringt es in seinen Memoiren auf
den Punkt: »Ich vergesse nicht die Blicke, mit denen Strauß 1978 die niedere

*Am Ziel: Helmut Kohl wird am 1. Oktober 1982 zum Bundeskanzler gewählt
und nimmt Platz auf dem Sessel des Regierungschefs.*

Decke des CSU-Fraktionssaals im Münchner Maximilianeum mit den
Augen maß: Das war ihm alles zu klein, zu eng (...).«[5]

Als Strauß hier anfing, mag er froh gewesen sein, dem Bonner Oppositionselend entkommen zu sein. Doch jetzt, nach der Wende im Bund,
sieht das anders aus. Obwohl die neue Regierung von ihm und seiner CSU
mit geformt und getragen wird, fühlt Strauß sich weiter ab vom Schuss
denn je. Was bundespolitische Verantwortung und außenpolitische Pflichten betrifft, ist Kohl ein Greenhorn, Bonn kennt er lediglich aus der Oppo-
sitionsperspektive, er ist ein Laie der großen Politik. Ob sich das jemals
ändern wird? Und offenkundig ist Kohl jetzt, da er – anders als im Frühjahr
und Sommer 1982 – Strauß nicht mehr zu brauchen glaubt, jede Lüge und
Intrige recht, um diesen fernzuhalten und seine Einflussmöglichkeiten zu
beschneiden, wo es geht.

Schon bei der Kabinettsbildung und Besetzung der Staatssekretäre hat
sich das eindrucksvoll gezeigt. Strauß, der aus der gegebenen Situation das
Beste zu machen versucht, weiß, dass mehr als ein großes Ressort für die
CSU nicht drin ist; und selbst das Innenministerium zu erhalten, war
schwer genug. Mit seiner eigenen Agenda bei der personellen Ausgestaltung des Regierungspersonals indessen kommt er ziemlich weit. Denn

nicht die nächstgrößeren Ministerien reizen ihn, auch nicht Prestigeträchtiges. Strauß peilt jene vermeintlich kleineren Posten und Positionen an, mit deren Hilfe er bei kleinem Aufwand recht effektiv Einfluss nehmen kann, wo dies ihm wichtig erscheint.

Im Übrigen interessiert er sich gerade für Ressorts, die bei allen Haupt- und Staatsaktionen im Schatten liegen, aber mit einem beträchtlichen Budget ausgestattet sind und über Investitionen entscheiden, die über das Land verteilt werden müssen. So besehen sind etwa die Ministerien für Verkehr oder Städtebau und Raumordnung attraktiv. Mit dem der CSU zugeschlagenen Entwicklungshilfe-Ressort lässt sich zwar keine große Außenpolitik betreiben, aber mancher Akzent setzen, erst recht in jenen Brachen der Politik – vor allem Afrika –, für die man sich im Auswärtigen Amt zu fein ist. Auch parlamentarische Staatssekretäre können, am richtigen Ort platziert, sehr nützlich sein – nicht nur, weil sie den Informationsfluss an die Isar fördern. Ganz frei walten kann bei der Personalauswahl natürlich auch der Parteivorsitzende, selbst wenn er Strauß heißt, nicht; Aspekte des Regionalproporzes, der Geschlechts- und Religionszugehörigkeit müssen stets mit bedacht werden.

Ohne nennenswerte Friktionen ist schließlich das Tableau beisammen. Nur an einer Stelle, die Strauß wichtig ist, hakt es: Er will, dass Friedrich Voss parlamentarischer Staatssekretär im Finanzministerium wird. Leider sei Stoltenberg, wie Strauß unter vier Augen von Kohl erfährt, dagegen; der künftige Finanzminister wolle die Zahl der parlamentarischen Staatssekretäre auf einen reduzieren, und für diesen Posten sei der CDU-Kollege Hansjörg Häfele nun mal gesetzt.

Strauß kann sich nicht vorstellen, dass der Leiter eines derart riesigen Ministeriums freiwillig auf einen Staatssekretär verzichten will. Daher spricht er Stoltenberg, mit dem Kohl offenkundig noch nicht hierüber beraten konnte, in dessen Gegenwart darauf an, um zu erfahren, dass der künftige Finanzminister weder Einwände gegen Voss hat noch eine Stellenkürzung beabsichtigt. Da schaltet Kohl sich in die Diskussion ein, »mit knallroter Birne«, wie Strauß festhält, um alles als ein Missverständnis hinzustellen: »Sieh' hier, Franz Josef, es ist alles in Ordnung, Voss steht hier auf meiner Liste für das BMF.«[6]

Ja, so kennt er seinen Kohl aus vielen Jahren vergeblicher Strategieabstimmung und stiefgeschwisterlicher Zusammenarbeit unter Parteivorsitzenden. Ein denkbar schlechter Auftakt für die bevorstehenden Jahre. Nichts hat sich geändert. Das kann noch heiter werden!

Natürlich hat es auch Zeiten gegeben, in denen sich Kohl, der aufstrebende junge Mann aus Rheinland-Pfalz und begnadete Netzwerker, systematisch um die Gunst von Strauß – aber um wessen eigentlich nicht? – bemüht hat. Stets begehrt der frühe Kohl vom CSU-Vorsitzenden mehr als bloß Wahlkampfhilfe, immer wieder bittet er ihn um Vier-Augen-Gespräche oder bedrängt ihn, an kleinen Beratungsrunden teilzunehmen.[7] Sagt Strauß einen Wahlkampfauftritt zu, dann gibt es neben einem artigen Dankesbrief nicht selten noch ein Angebinde, etwa »einige Flaschen eingefangenen Sonnenschein«.[8] Kohl, der mit der Bratenrock-Gesellschaft seiner Partei und ihren Bräuchen eigentlich nichts am Hut hat, setzt zur Pflege seiner Kontakte, von denen er sich Förderung und Protektion erwünscht, auch gern mal Lockmittel ein, die auf ihn selbst keine Wirkung hätten. Wo es nicht genügt, »ein kräftiges Abendessen mit einem fröhlichen Umtrunk« in Aussicht zu stellen, da lädt etwa der Nicht-Jäger Kohl zur »Drückjagd auf Rot- und Schwarzwild« in die rheinland-pfälzischen, von Bonn aus also gut erreichbaren Staatsreviere.[9] Was den Angelsachsen der Golfplatz, um in informeller Atmosphäre die wichtigen Dinge des Lebens zu besprechen, ist in jenen Zeiten für die deutschen bürgerlichen Eliten das gemeinsame Halali.

Von Beginn an ist Kohl erkennbar daran interessiert, den Kontakt zu Strauß auf eine persönliche Ebene zu heben. Kaum eine Verabredung, die nicht einen gemütlichen Teil vorsieht: »Vielleicht können wir um 18:00 Uhr chinesisch essen gehen und im Anschluß daran uns in Ruhe unterhalten«, schreibt im Frühjahr 1971 der junge Ministerpräsident, der bereits zielstrebig den Vorsitz der CDU anvisiert, an den Mann, der die Schwesterpartei damals bereits seit zehn Jahren führt.[10]

Nach seiner Wahl zum CDU-Vorsitzenden ist es mit solchen Kratzfüßigkeiten vorbei. Selbst die Zeilen zu Strauß' sechzigstem Geburtstag fallen vergleichsweise geschäftsmäßig aus und werden eigentlich nur dann – und dies eher ungelenk – persönlich, wenn der Glück Wünschende selbst betroffen ist und für die kommende Zeit »auf ein freundschaftlichkameradschaftliches Zusammenleben« hofft, zu dem der Absender selbstredend »gern bereit« sei.[11] Der Alltag indes graut, je mehr die beiden Herren direkt miteinander zu schaffen haben, immer weiter ein. Jetzt, spätestens mit dem Streit um die Kanzlerkandidatur für 1976, kann die oft bemühte *Männerfreundschaft* mit all ihren Intrigen und Kabalen, Verletzungen und gegenseitigen Herabsetzungen beginnen.

Nachdem Kohl Kanzler geworden ist, erreicht diese Art des Miteinanders durch Auseinandersetzung und Bekämpfung eine neue Stufe, ihre intensivste Qualität. Selbstverständlich gehen sie weiterhin »freundschaft-lich-kameradschaftlich« miteinander um. Nicht zuletzt die vielen gemein-samen Wanderungen stehen dafür. Aber eines fehlt der Beziehung in jedem Aggregatzustand: Die beiden haben keinerlei Respekt voreinander. Für Strauß ist Kohl weiterhin eine Mischung aus Bruder Leichtfuß und Depp – »perfektes Latein gegen perfektes Pfälzisch«[12] –, umgekehrt sieht der Kanz-ler in Strauß einen notorischen Störenfried, der ihm das hohe Amt neidet.[13] Bis zu einem gewissen Grad sind sie aufeinander angewiesen: Ohne die CSU keine Koalition, ohne die Koalition keine Regierungsbeteiligung für die CSU. Immer wieder müssen sich die beiden Parteivorsitzenden daher zusammenraufen.

Es bleibt ein Kampf unter ungleichen Vorbedingungen. Dass Kohl als Kanzler Primus inter Pares ist, liegt in der Natur der Sache. Spannungen bleiben da nicht aus. Es ist aber auch der Fight zwischen einem politischen Jüngling – mit zweiundfünfzig wird Kohl zum ersten Mal gewählt, alle seine Vorgänger waren deutlich älter –, der mit unverbrauchter Kraft gegen einen antritt, dem jetzt schon dreißig Jahre politischer Höchststress in den Kno-chen stecken. Zudem verfügt Kohl mit dem Kanzleramt und einer großen Parteizentrale über eine organisatorische und administrative Schlagkraft, der ein bayerischer Ministerpräsident, selbst wenn er in Personalunion noch CSU-Chef ist, wenig entgegenzusetzen hat. Der eine kann mit seinen Kräften aasen, beim anderen schwinden sie. Kohl ertrinkt geradezu in der Vielzahl der ihm zufließenden Informationen, Strauß hingegen muss sich nach der Decke strecken und sich vieles mühsam selbst besorgen. *Scientia est poten-tia* – dass Wissen Macht bedeutet, dafür reicht Kohls Schullatein allemal. Ein ungleicher Kampf steht da – mit Blick auf die zur Verfügung stehenden Mit-tel – ins Haus: Jugendauswahl contra Altherrenmannschaft, Vollathlet versus Paraolympionik. Mit einem *lucky punch* mag da zwar auch dem Geschwäch-ten ein Punkt gelingen, gewinnen kann er im Normalfall nicht.

Auch aus den weniger unglücklichen Tagen ihrer Beziehung ist nichts von Strauß überliefert, was wenigstens auf eine zwischenzeitige Anerken-nung der Fähigkeiten des jetzigen Kanzlers deuten würde. Jener Politiker-typus, den Kohl verkörpert, ist Strauß bestenfalls fremd, in der Regel fin-det er ihn abstoßend. Die ersten prägenden Erfahrungen hat er in der Frühphase der Oppositionszeit gesammelt, als Kohl nur ein Ziel vor Augen hatte, die Vertreter der alten Garde, Barzel und Kiesinger, so schnell wie möglich hinter sich zu lassen. Während die Union mit sich selbst und einer verhassten Regierungskoalition um den richtigen Weg für Deutschland ringt, kreist das Denken des Pfälzers – aus der Sicht von Strauß – um das eigene Fortkommen, den nächsten Karriereschritt. Keine Spur von tiefgehenden Analysen zu existenziellen politischen Fragen oder von besonderen Kenntnissen auf irgendeinem Politikfeld. Leidenschaft für mehr als die eigene Macht – vielleicht am Sonntag im heimischen Hobbykeller zu Oggersheim, nie jedoch an der eigentlichen Front oder im politischen Diskurs.

Gut, es gibt, auch Strauß erkennt das, Gemeinsamkeiten. Beide stammen aus kleinen Verhältnissen, sind, seit sie laufen können, auf Aufstieg programmiert, sie trinken gern und essen viel – und das mit Lust –, Gemütsmenschen sind sie, im politischen Zoo zählen sie zu den dünnhäutigsten Dickhäutern. Sie sind Katholiken, tief in der Wolle gefärbt, jedoch allergisch gegen jedes Allzuständigkeitsgehabe ihrer Kirche, gläubig, jedoch nicht frömmelnd, konfessionelle Gegnerschaften pflegen sie nicht. Wenn es sein muss, wie beim Thema Gemeinschaftsschule, verteidigen sie Politik und Gesellschaft gegen die Amtskirche, weisen deren Würdenträger in die Schranken.

An Geschichte sind sie beide interessiert, und bei gemeinsamen Wanderungen ergänzen sich landeskundliches Interesse und kulturhistorisches Wissen. Aber auch hier ist das Trennende viel sinnfälliger: Der eine, Strauß, strebt als Student eine akademische Laufbahn an und doktert an einem großen Thema der Antike auf der Nahtstelle von Philologie und Historie herum – er forscht zur römischen Geschichtsschreibung über Aufstieg und Fall von Imperien. Der andere, Kohl, ist nicht von originärer wissenschaftlicher Leidenschaft getrieben; er erwirbt sich den im Leben eines Aufsteigers nützlichen Doktortitel mit einer Dissertation, die jenes politische Biotop näher untersucht, das er überragen möchte, was ihm dann ja auch gelingt: »Die politische Entwicklung in der Pfalz und das Wiedererstehen der Parteien nach 1945«.

Auf den ersten Blick liegt damit schon die Antwort auf die Frage auf der Hand, was diese eigentlich doch so ähnlichen Männer am Ende völlig unähnlich macht: Cinemascope versus Super 8; Brockhaus hier, Reclam – der *Wienerwald* lässt grüßen – dort; der eine intellektuell fundiert, der andere mehr Handwerker der Macht; Strauß sieht die ihm gebührende Bühne im großen Welttheater, Kohl hingegen zelebriert Staatskunst als Kleinkunst.

Doch ist es das schon, ergänzt um genetische Individual-Dispositionen? »It is only by studying the minds of men that we shall understand the causes of everything«[14], mit diesen Worten hat der bedeutende britische

Historiker James Joll einen seiner großen Vorträge beendet, und so lohnt es sich, auch bei diesen beiden *Machtmenschen* sehr viel genauer die geistige Innenausstattung zu untersuchen, um zu begreifen, warum sie nun, da das große Ziel erreicht, die Macht in Bonn zurückzuerobert ist, dennoch nicht zusammenkommen können. Denn zwischen ihnen steht mehr als Neid und Eifersüchteleien.

Wahrscheinlich trennt die beiden sogar am meisten, was ihre größte Nähe ausmacht: ihr Verhältnis zur Geschichte. Der eine sehr grundsätzlich und tiefschürfend, der andere sehr praktisch, allenfalls ganz knapp unter der Oberfläche unterwegs: Bis zu einem gewissen Grad charakterisiert schon die Wahl des jeweiligen Dissertationsthemas diese beiden Männer, die sich irgendwie miteinander abfinden müssen und es doch nie richtig können. Beide glauben sie an so etwas wie Verantwortung vor der Geschichte. Dass Kohl, kaum im Amt, nach Paris fliegt, ist weit mehr als ein höflicher Antrittsbesuch – es ist auch und vor allem eine Verneigung vor der *Grande Nation*, vor jenem Nachbarn jenseits des europäischen Schicksalsflusses Rhein, bei dem mehr als alles andere Schlachtfelder und Soldatenfriedhöfe an die Essenz der jüngeren gemeinsamen Geschichte erinnern. *Nie wieder*, das sowieso, aber was dann? In der unmittelbaren Nachkriegszeit zählte Kohl zu jenen jungen Europa-Enthusiasten, die Grenzpfähle niederrissen. Mit aller Macht das Trennende hinter sich lassen – dafür muss man es kennen, sich zu ihm verhalten, um dann gemeinsam dem Kommenden Gestalt zu verleihen. Warum soll dem Willen zum Guten nicht gelingen, was die Kraft des Bösen so oft erreicht hat – nämlich Geschichte zu machen? Historische Katastrophen bleiben Katastrophen, sie können aber auch als Kehren zum Besseren fortgestaltet werden.

Auch für Strauß ist die Vergangenheit – wie es in Sonntagsreden so schön heißt – Mahnung und Auftrag. Nach dem Tod seines Rivalen wird Kohl schreiben: »Was Strauß vielleicht am stärksten kennzeichnete (…), das war sein historisches Bewußtsein. Er war ein Mensch, der die Geschichte kannte und der aus der Geschichte lebte.« Kohl sieht hier eine *Bruderschaft im Geiste*: »Diese gemeinsame Überzeugung war eine wesentliche Grundlage für unsere Gemeinsamkeit im Handeln«, »dankbar« erinnere er sich daher an die vielen fundierten »Anregungen«, die er »in den langen Jahren unseres gemeinsamen Weges von ihm erhielt«. Und er überhöht die Berührungspunkte rückblickend in traute Zweisamkeit: »Dies verband uns mehr, als mancherlei Diskussion im politischen Alltag uns zu trennen vermochte.«[15]

Diese Zusammenfassung, die man in Kohls Terminologie eine der »eigenen Art« nennen könnte, ist allerdings nicht nur ein Beleg für die Einsicht von Franklin Pierce Adams, dass sich das, was man »die guten alten Zeiten« nennt, vor allem einem schlechten Gedächtnis verdankt. Sie ist mehr noch ein klarer Hinweis auf das tiefe Unverständnis zwischen den beiden Matadoren, die sich doch eigentlich so gut kennen, wie dies unter Menschen überhaupt möglich ist.

Gewiss, beider Sinn für die Geschichte stiftet Gemeinsamkeit – und doch bietet er fast noch mehr Trennendes. Denn das Geschichtsbild von Strauß ist im Vergleich zu dem von Kohl um eine nicht unwesentliche Dimension komplexer. Die Beschäftigung mit Aufstieg und Fall großer Reiche, die Untersuchung verschiedener Imperiums-Ideen weist schon in diese Richtung: Ohne den Begriff der Tragik ist für Strauß jedes Geschichtsbild unvollständig.

Und so unterscheiden sich die beiden historisch grundierten Politiker denn auch mit Blick auf die Arten von Lehre, die man aus Geschichte ziehen kann. Kohl ist eher der Optimist, Strauß hingegen skeptisch, pessimistisch. Für Chancen interessieren sich beide, und beide sind Tatmenschen, denen das rein Kontemplative nicht liegt. Doch während der eine, wo er Historisches riecht, gleich vorweg stürmt, achtet der andere auf die Tücken des Details, in denen nicht selten schon in der Geschichte das Tragische gelegen hat.

Strauß und all die anderen Kohl-Kritiker, vor allem jene in den eigenen Reihen, verkennen bis 1989 völlig, wie sehr der neue Bundeskanzler sich selbst und seine Verantwortung im historischen Kontinuum begreift. So treffend auch die Beobachtung von Rainer Barzel ist, dass Kohl ein »Genie in eigener Sache«[16] sei – Strauß hätte das kaum prägnanter formulieren können –, weist dies doch in eine völlig falsche Richtung, wenn man das andere an ihm nicht sieht. Die Sofort-Visite bei Mitterrand war eben nicht nur Geste, sie war auch Programm, den großen Linien der Geschichte folgend, welches die neue, seit Adenauer eingeschlagene Richtung konsequent weiterentwickeln soll.

Wo das Gemeinsame und wo das Unterscheidende zu Strauß liegt, lässt sich vielleicht nirgends deutlicher zeigen als am Verhältnis zum Nato-Doppelbeschluss. Kohl erkennt sehr klar, dass hier die Zukunft des westlichen Bündnisses auf dem Spiel steht und der deutsch-amerikanischen Freundschaft irreparabler Schaden droht, wenn die Durchsetzung des Beschlusses an Deutschland scheitert. Geht es um Europa oder die transatlantische

Freundschaft, dann interessieren diesen Kanzler keine Meinungsumfragen und keine taktischen Erwägungen mehr. Dann muss es sein. Dann wird gekämpft. Und wie sich bei der Durchsetzung der Nachrüstung zeigt: mit hohem Mut zum Risiko.

So weit sind sich Kohl und Strauß einig, doch der Ansatz von Strauß ist um einiges komplexer. Dass ihm alles recht und billig ist, was die deutsch-amerikanische Allianz stärkt, liegt auf der Hand, es mischen sich aber noch andere, gleichermaßen essenzielle Aspekte ein, die eine genaue Prüfung der konkreten Politik verlangen. Als Verteidigungsminister und dann auch im Kampf um das Offenhalten einer nuklearen Option im Streit um den Nicht-verbreitungsvertrag während der Großen Koalition hat Strauß oft genug erlebt, dass nicht jede Form von gutem Einvernehmen mit der großen Schutzmacht jenseits des Atlantiks zwangsläufig im deutschen Interesse liegen muss. Fest im Westen verankert zu sein, dazu gibt es für ihn ebenso wenig eine Alternative wie zur Rückversicherung der eigenen Sicherheit in der amerikanischen Nukleargarantie. Im Letzten geht es ihm aber um mehr, um jene Dimensionen der Geschichte, die er akademisch traktiert und auch als Zeitgenosse des Aufstiegs und Falls totalitärer Herrschaft in Europa erlebt, als Kriegsteilnehmer am eigenen Leib erfahren hat: den ewigen Kampf um Selbstbehauptung und gegen Unterjochung – kein dauerndes Glück im Windschatten der Geschichte, so wie sich auch Gleichgewichte zwischen den Mächten von selbst weder einstellen noch auf Dauer stabilisieren. Bei allem Guten, was man tut und erlebt, ist doch das Andere, das Böse als mal offen sichtbare, mal im Verborgenen lauernde Gefahr, als permanente Anfechtung stets mitzudenken.

Hier also liegt der entscheidende Unterschied im historischen Politik-verständnis zwischen Kohl und Strauß – allem Anschein nach interessiert sich der Kanzler für kaum mehr als die großen Linien im Rahmen dessen, was gerade geschieht. Ein strategisches Lagebild, eine militärische Bedro-hungsanalyse, dies alles braucht Kohl nicht, um seinen Kurs zu bestimmen. Details, gar technisches Wissen – überflüssig. Wie groß der nächste Schritt sein soll, das Identifizieren von Stolpersteinen, Schlaglöchern, die Erkun-dung von kleineren Umwegen, all dies ist seine Sache nicht, so lange nur die Richtung stimmt.

Mögen beide Vollblutpolitiker also Generalisten sein, die ihren Ort und ihre Aufgabe im Strom der Geschichte sehen, so ist ihre Herangehensweise an die konkreten Fragen doch grundverschieden. Und wenn Kohl sich schon bei den wenigen für ihn zentralen Themen nicht für das Klein-Klein interessiert, kann man sich leicht vorstellen, welche Konflikte zwischen ihm und Strauß – auch jenseits aller Machtkonkurrenz – vorprogrammiert sind, wenn es um unbedeutendere Dinge des politischen Alltags geht. Wo es an Leidenschaft fehlt, bestimmt sich der Ansporn des Kanzlers nach Maßgabe politischer Opportunität.

Strauß sieht sehr wohl, wie schwer es ist, Kohl für Sachfragen zu interessieren und ihm Verbindlichkeit abzuverlangen. Eben dies bringt ihn zum Rasen, am Ende an den Rand der Verzweiflung. Denn für seine größte Gabe, das gute Argument, ist der Kanzler im Letzten nicht zugänglich. Sie können miteinander reden, streiten, um Positionen ringen, Konsens erzielen – doch Kohls Entscheidungsmatrix liegt meist auf einer anderen Ebene: Wo es dem Kanzler nicht um Letztes geht, stehen Aspekte der persönlichen Machtabsicherung und -befestigung im Mittelpunkt, wo taktische Erwägungen nicht mit politischen Positionen in Übereinstimmung zu bringen sind, siegt das Kalkül des augenblicklich größten Nutzens.

Kohl und Strauß – sie haben eine ähnliche Sozialisation erfahren, sind von gleichen Werten geprägt und angetrieben, sprechen dieselbe Sprache, und doch verstehen sie einander nicht. Jeder misst den anderen an der eigenen Elle, daher ist Kohl für Strauß ein schlichtes Gemüt, ein Tor, ein hoffnungsloser Fall. Umgekehrt kann Kohl nicht verstehen, dass Menschen wie Strauß womöglich noch etwas anders antreibt als der reine Wille zur Macht, und was den betrifft, ist Strauß, der Ungeschlachte, die eindeutig schlechtere Begabung. So sprudeln die Quellen ihres Selbstwertgefühls munter und unerschöpflich, was zugleich die Geringschätzung, zuweilen gar die schlichte Verachtung für den jeweils anderen nährt.

In seinem erst nach dem Tod veröffentlichten Erinnerungs-Torso kommt Strauß mehrfach auf sein grundsätzliches Problem mit Helmut Kohl zu sprechen, dessen eigentliche dramatische Tiefe sich vor dieser Folie erschließt. Dass Kohl als bekennender Generalist nicht selten Hohn und Spott ausgesetzt ist, will Strauß nicht gelten lassen: »In solchen Vereinfachungen kann dieser Begriff kein Vorwurf sein, weil ein Spitzenpolitiker und erst recht ein Bundeskanzler Kompetenz auf allen politischen Feldern haben muß.« Mit Blick auf den so Gewürdigten schließt Strauß aber gleich noch einen erhellenden Satz an: »Allerdings kann es sich ein Generalist beispielsweise nicht erlauben zu sagen, ich marschiere nach Süden, weil es egal ist, wohin ich marschiere, da ich als Generalist in alle vier Himmelsrichtungen marschieren kann.« Daher sind die auch von Strauß herausgestellten grundsätzlichen Übereinstimmungen in nahezu allen Bereichen der nationalen und internationalen Politik im Alltag von geringem Nutzen. Denn: »Die Probleme beginnen im Detail.«[17]

Auch Kohl kennt seinen Strauß, weiß, was er an ihm hat – das Gemeinsame und Trennende, das Vertraute und Fremde sitzen tief und arbeiten weit über den Tod von Strauß hinaus in Kohl. Im zweiten Band seiner Erinnerungen aus dem Jahr 2005 werden alle Gaben anerkannt – »einen Menschen mit einer ähnlich raschen Auffassungsgabe habe ich nie mehr erlebt« –, der »ungeheure Sachverstand« von Strauß, sein Wissen, sein »fotographisches Gedächtnis«, seine »seziermesserscharfen Analysen«: All das findet Kohl auch noch in später Nachbetrachtung »immer wieder faszinierend«. Wenn Strauß räsoniert, teilt Kohl dessen Darlegungen »in den meisten Fällen«. Allein, er kommt zu anderen Schlüssen als Strauß, zieht »daraus oft andere Konsequenzen«.[18]

Allerdings ist es nicht ganz so, wie Kohl im Rückblick glauben machen möchte. Nicht alle, wahrscheinlich sogar die wenigsten seiner Kontroversen mit Strauß in den Jahren gemeinsamer Regierungszeit gründen im souveränen Entschluss des Kanzlers. Vielfach sind sie das Produkt von Sachzwängen beziehungsweise dem, was er als solche akzeptiert. Es dauert noch lange, Strauß wird das nicht mehr erleben, bis Kohl das geworden ist, was er von Anfang an sein wollte: das unangefochtene, alles beherrschende Zentrum der deutschen Politik. In den ersten Jahren ist Kohl eben nicht der Kanzler der Einheit, sondern nach allgemeinem Empfinden ein sich ziemlich durchwurstelnder Regierungschef, der auch als jener in die Geschichte eingehen wird, der viele Jahre über keinen Kanzlerbonus verfügt. Knapp drei Jahre nach Dienstantritt, im Sommer 1985, sind laut INFAS lediglich 24 Prozent der Befragten mit ihm und seiner Politik einverstanden; bei seinen sozialdemokratischen Vorgängern hatte dasselbe Meinungsforschungsinstitut zur Halbzeit ihrer ersten Legislaturperiode immerhin 31 Prozent (Brandt), für Helmut Schmidt sogar 45 Prozent Zustimmung gemessen.[19]

Krisen, Pannen, regelmäßige Aufführungen des Bonner *Sommertheaters* prägen die erste Zeit, rund läuft da recht wenig. Ob der Streit um das als Dreckschleuder apostrophierte Braunkohlekraftwerk Buschhaus, die skandalöse Entlassung und dann per Gerichtsbeschluss erzwungene Rehabilitierung des Vier-Sterne-Generals Kießling, bei der nicht nur Verteidigungsminister Wörner eine denkbar schlechte Figur abgibt, ein handfester Spionageskandal, in dessen Folge der gerade erst seit vier Wochen amtierende BND-Chef Heribert Hellenbroich seinen Stuhl wieder räumen muss, die geplatzte Parteispenden-Amnestie, die Genscher den FDP-Vorsitz kostet – die Liste der Pannen und Peinlichkeiten aus den ersten Kohl-Jahren ist lang.

Nein, dieser Anfang ist nicht nur, wie aller Anfang, schwer, er ist ein Desaster. Auch wenn es Kohl zumeist gelingt, ein passendes Opferlamm zur Schlachtung freizugeben, erwirbt er sich doch den Ruf mangelnder Führungskraft. Gerade auf seinem Paradefeld des Umgangs mit der Geschichte häufen sich Faux-pas. Die Begegnung mit Mitterrand auf dem Soldatenfriedhof von Verdun geht noch als gelungene geschichtspolitische Inszenierung durch, der gemeinsame Besuch mit dem amerikanischen Präsidenten Ronald Reagan auf dem Bitburger Soldatenfriedhof, auf dem sich auch Gräber von Angehörigen der Waffen-SS befinden, hingegen nicht. Bald ist es ein Leichtes, Kohl einen so unverfänglichen und sogar klugen Begriff wie den von der »Gnade der späten Geburt« – ein Zitat, zumal, des völlig unverdächtigen Günter Gaus – derart im Munde herumzudrehen, dass er von nun an im Ruche steht, der erste deutsche Bundeskanzler zu sein, der sich klammheimlich aus der Verantwortung der Deutschen für die Verbrechen der Nazidiktatur stehlen will.[20] Wie es die Deutschen lieber sähen, demonstriert derweil Kohls Nachbar aus der Villa Hammerschmidt: Richard von Weizsäcker, seit Juli 1984 neuer Bundespräsident.

Vom ersten Tag seiner Kanzlerschaft steht Kohl unter Beschuss. Die Friedensbewegung bäumt sich im Herbst 1983, als die Stationierung der amerikanischen Raketen durchgezogen wird, nochmals auf, auch mit dem Protest der Anti-Atomkraft-Bewegung ist allzeit zu rechnen. Und von den Medien ist, mit wenigen Ausnahmen, ohnehin nicht viel Freude zu erwarten. Mit Blick auf die allgemeine, vor allem die außenpolitische Lage kann man die Zeitspanne zwischen 1982/83 und 1989, wie dies der Kohl-Biograph Hans-Peter Schwarz tut, in der Tat als »ein eher kurzes, entspanntes Jahrzehnt« bezeichnen.[21] Für Kohl persönlich hingegen ist dies eher eine Phase permanenten innenpolitischen Drucks. Er will der Kanzler der Mitte sein, der Gelassenheit ausstrahlt und den Bürgern vermittelt, dass Politik nicht anstrengend für sie ist, solange er regiert.[22] Einen weiteren Unruheherd, einen drängenden, fordernden, polternden Strauß kann er da nicht brauchen.

Doch auch an dieser Front bekommt er keine Ruhe. Beim Planen und Durchführen der Wende saß Strauß in München fest. Es blieb beim Grollen – vernehmlich, aber ungefährlich. Zudem musste alles furchtbar schnell gehen. Doch nach der siegreichen Bundestagswahl, bei der die Union die absolute Mehrheit nur knapp verfehlt und mit 48,8 Prozent das zweitbeste

Ergebnis ihrer Geschichte eingefahren hat, bieten die Koalitionsverhandlungen ohne äußeren Zeitdruck wieder Gelegenheit, etwas zu zündeln.

In München wird Strauß vorerst bleiben, das Außenamt ist der FDP und Hans-Dietrich Genscher nicht zu entreißen. Stoltenberg aus dem Finanzministerium, für das er ja gerade erst aus Kiel nach Bonn gewechselt ist, herauszuoperieren, wäre zur Not noch möglich, doch der Reiz dieses Amts ist begrenzt, zumal hier nichts wirklich im Argen liegt. Als Vorsitzender einer Koalitionspartei bräuchte sich Strauß vom Kanzler zwar nicht allzu viel bieten lassen. Aber wäre es erträglich, unter ihm zu dienen? Oder ist es nicht besser, von München aus zu dröhnen, ihm sei egal, wer unter ihm Kanzler sei?

Es stimmt, »FJS hat sich im Laufe der letzten Jahre mehr und mehr mit dem Amt des bayerischen Ministerpräsidenten identifiziert«, wie sein früherer Mitarbeiter Friedrich Voss in seinem Tagebuch festhält. Andererseits »ist er zu sehr mit der Bundespolitik und deren Wohl und Wehe verhaftet, als daß er sie Leuten überlassen möchte, deren Qualitäten und Ziele für ihn nicht überzeugend sind«.[23] Zu diesen Leuten zählen mittlerweile auch einige *key players* der eigenen Partei. Insbesondere zu Fritz Zimmermann ist das Verhältnis merklich abgekühlt, seit Strauß vermuten muss, der alte Kamerad verfolge jetzt vornehmlich eigene Ziele.[24] Überhaupt wird Bonn immer mehr von Strippenziehern dominiert, und seit seinem Weggang haben sich auch die Schlangengruben auf dem Terrain der Union alles andere als entvölkert. Kurzum: Zu viel Anstrengung für unproduktive Zwecke muss in der Bundeshauptstadt aufbringen, wer überleben, gar durchkommen will.

Da ist München doch um einiges angenehmer, erst recht, seit Strauß die Errichtung seines persönlichen Regiments weitgehend abgeschlossen hat. Hier gilt sein Wort noch uneingeschränkt, Aufträge werden schleunigst ausgeführt. Der Apparat läuft, ist jetzt ganz auf Strauß zugeschnitten. Mitarbeiter wie Edmund Stoiber, der neue Chef der Staatskanzlei, werden überhaupt erst richtig glücklich, wenn das Überstundenkonto prall gefüllt ist. Wohl fehlt es den besonders Fleißigen und Strebsamen ein wenig am Gemütlichkeitsfaktor, wenn die Nummer eins Geselligkeit begehrt. Doch es gibt genügend Freunde und Mitstreiter, die nichts lieber tun, als ihre Zeit mit Strauß zu verbringen. So besehen ist München wirklich deutlich angenehmer als dieses Bonn, wo Kohl immer schon da ist und man jede Sekunde damit rechnen muss, dass einem ein Heiner Geißler oder Norbert Blüm über den Weg läuft.

Zwei Felder sind es, die Strauß in Bonn den größten Kummer bereiten. In dem einen – innere Sicherheit – ist mit Zimmermann allerdings ein Minister installiert, dem er in dieser Hinsicht immerhin noch voll vertrauen kann. Schwieriger ist die Lage auf dem Gebiet der Außenpolitik. Ein echtes Gegengewicht zu Genscher ist in der Union nirgends zu finden. Und Kohl selbst ist noch viel zu unerfahren – im Übrigen auch aus Sicht von Strauß zu eng mit Genscher verbandelt –, um mit dem nötigen Nachdruck Kurskorrekturen durchzudrücken. Doch die Probleme beginnen schon in den eigenen Reihen. Bevor es nach der am 6. März überzeugend gewonnenen Wahl in die Koalitionsverhandlungen mit der FDP geht, die von 10,6 Prozent auf 7 Prozent abgesackt ist, wollen CDU und CSU – mit 48,8 Prozent der Wählerstimmen bärenstark – erst einmal gemeinsame Positionen formulieren. Am 15. März 1983 treten die Verhandlungsdelegationen der beiden Parteien zusammen, am folgenden Tag stehen die Außen- und Sicherheitspolitik auf der Tagesordnung. Über nahezu alles ist man sich bald einig, nur bei ein paar Fragen, allerdings Steckenpferden von Strauß, klemmt es noch. Denn der CSU-Vorsitzende, der deutliche Änderungen in der Afrika-Politik – vor allem mit Blick auf Südafrika und Namibia – erreichen will, stößt hier auf ebenso unerwarteten Widerstand wie bei seinem Versuch, die Exportbestimmungen für Waffen maßgeblich zu lockern.

Alle Einwände können zwar zügig wieder abgeräumt werden, und am Ende gibt es ein Konsenspapier mit 65 gemeinsam getragenen Positionsbeschreibungen. Doch einer der Verhandlungsführer, Heiner Geißler, der mit Stoiber die Schlussredaktion besorgt, wird ein paar Wochen später von einer beachtlichen Teilamnesie befallen. Dass es schriftlich fixierte Absprachen gegeben habe, so meldet es eine Nachrichtenagentur, sei ihm nicht erinnerlich, und wenn doch, so weiß die *Süddeutsche Zeitung* zu berichten, soll Geißler dem Vorsitzenden der FDP-Fraktion Wolfgang Mischnick gesagt haben, »die CDU fühle sich nicht an das unmittelbar vor den Koalitionsverhandlungen formulierte gemeinsame Papier von CDU und CSU über die Außen-, Sicherheits- und Deutschlandpolitik gebunden«.[25] Mit einem sieben Seiten langen Brief ist Stoiber seinem alten Widersacher gern behilflich, das »Erinnerungsvermögen anzuregen«, und bittet in einem eigenen Schreiben Kohl darum, »Ihren Generalsekretär doch im Interesse der Unionsparteien zu ermahnen, die Dinge nicht auf den Kopf zu stellen«. Da aber Stoiber auch mit Kohl so seine Erfahrungen in Sachen Vergesslichkeit gesammelt hat, kann es nicht schaden, noch eine süffisante Nachbemerkung anzuhängen: »Ich bin überzeugt, daß Sie sich an die Verhandlungen ebenso erinnern, wie ich, denn Sie waren schließlich der Vorsitzende der Verhandlungskommission (…).«[26]

Mit Beginn der Koalitionsverhandlungen selbst wird dieser Streit erst einmal zweitrangig, denn viel ist da mit der FDP sowieso nicht zu wollen. Gravierender indessen ist zweierlei. Aus Sicht der CSU hat Heiner Geißler offenkundig längst damit begonnen, sein eigenes Spiel zu treiben, was für Kohl auf Dauer allerdings gefährlicher werden könnte als für Strauß, der ohnehin mit dem CDU-Generalsekretär nur Kummer und Sorge verbindet. Dass Geißler und seine Mitstreiter die Union insgesamt ein wenig weiter links positionieren wollen, kommt nicht überraschend und wird in den kommenden Jahren noch für Unmut sorgen. Als Quertreiber in Sachen Außenpolitik war er bislang jedoch nicht aufgefallen. Oder geht es ihm in Wahrheit gar nicht um die Außenpolitik, sondern nur um die Wiederaufnahme des seit der Bundestagswahl 1980 ruhenden Privatvergnügens, Strauß zu ärgern, zu brüskieren?

Nicht minder von Bedeutung ist das früh einsetzende Misstrauen gegen die größere Regierungspartei CDU und deren vornehmste Exponenten, die hier womöglich ein neues Verfahren testen, um Strauß und die weniger handzahmen Vertreter der CSU zu zermürben: durch Vergesslichkeit. Ganz neu ist die Erfahrung nicht. Oft genug hat Strauß erlebt, dass mit Kohl getroffene Absprachen wenn nicht gleich schroff gebrochen, so doch dem Vergessen anheimgegeben werden.

In der Schule wurde Strauß in Stenographie unterwiesen. Zunächst in größeren Verhandlungsrunden, in denen ein Wort das andere gibt, später auch bei Besprechungen mit Adenauer, hat sich das als ausgesprochen nützlich erwiesen, fertigt Strauß doch oft während heikler Termine ein Protokoll in Kurzschrift an. Jetzt, seit Kohl Kanzler ist, wird diese Fertigkeit besonders gebraucht. Denn als Regierungschef wird Kohl, so scheint es, noch vergesslicher.

Wenn Strauß und Kohl in den Alpen wandern oder durch Wälder streifen, ist in der Regel natürlich kein Notizblock zur Hand. Doch umgehend nach ihren Vieraugengesprächen hält der CSU-Chef das soeben Besprochene schriftlich fest.[27] Aus solchen Notaten werden rasch zwanzig und mehr Schreibmaschinenseiten, stets gewürzt mit persönlichen Betrachtungen und kleinen oder größeren Seitenhieben, zu denen sich mit den Jahren immer bedrückender werdende Zeugnisse der Bitterkeit gesellen.

Viele der erörterten und zumeist strittigen Sachfragen gelangen unverzüglich in die Öffentlichkeit. Denn zu den Spezialitäten von Strauß gehört

*Steiniger Weg: Kohl und Strauß besprechen sich bei einer Wanderung
über die Pläne und Nöte der Koalition, 13. August 1984.*

es, immer wieder bei Kohl schriftlich nachzufragen, was aus den besprochenen Themen geworden ist, und Erledigung anzumahnen. Diese Briefe finden häufig ohne großen Zeitverzug – nicht selten von den Gehilfen des CSU-Chefs gestreut, gelegentlich aber auch durchgestochen aus dem Kanzleramt – den Weg in die großen Zeitungen und Haupt-Nachrichtensendungen, wo ihnen stets größte Aufmerksamkeit zuteil wird.

Vieles dieser Hakeleien ist dem jeweiligen Moment geschuldet – was eben gerade auf der Seele brennt. Anderes ist eher grundsätzlicher Natur, weist über den konkreten Anlass für den Streit hinaus. Am interessantesten aber sind die mitunter langen Passagen, in denen Strauß im Spiegel des soeben Erlebten sein Verhältnis zu Kohl reflektiert oder zu unvorteilhaften Charakterstudien anhebt.

Ein besonders anschauliches Beispiel bietet der Bericht von Strauß zu einer Begegnung am 26. April 1985, die etwas mehr als zwei Stunden dauert und sich schließlich auf zweiundzwanzig maschinenbeschriebenen

Din-A4-Seiten protokolliert wiederfindet. Insbesondere die Eröffnung verdient es, ausführlich und ungekürzt wiedergegeben zu werden.

»Das Gespräch fand im Arbeitszimmer Helmut Kohls statt und zwar von morgens 9.00 Uhr bis 11.15 Uhr.

H.K. tat wie immer, als ob es keine besonderen Probleme zwischen CDU und CSU, zwischen ihm und mir, gebe. Mir ist diese Methode, durch Atmosphäre Probleme aus der Welt schaffen, verdrängen, oder sie als nicht bestehend darstellen zu wollen, seit Jahren bekannt. Sie hat sich allerdings in der letzten Zeit bis zur Peinlichkeit verstärkt. Ich habe Helmut Kohl erklärt, daß die Zusammenarbeit zwischen CDU und CSU auf der Parteiebene völlig unbefriedigend sei, die Mitarbeit der Landesgruppe der CSU in der gemeinsamen Fraktion und in der Regierung könne angesichts der in Bonn gegebenen Umstände dafür kein geeigneter Ersatz sein. Es gebe keine echte Partnerschaft, sondern es werde nur der Eindruck der Partnerschaft erweckt. Die Zusammenarbeit sei ungenügend, ich selbst sei darüber ebenso enttäuscht wie empört.

Er wollte daraufhin wissen, was ich im einzelnen im Sinn hätte.

Ich erinnerte ihn an seinen Anruf in Bad Füssing, in dem er auf die Notwendigkeit hingewiesen habe, einige Probleme zwischen ihm und mir zu erörtern, verbunden mit der Mitteilung, daß er in einigen Tagen ohne weitere Vorbereitung sich bei mir einfinden werde. Ich bot ihm damals dazu jede technische Hilfe an, falls er sie brauche. In der Zwischenzeit seien beinahe acht Wochen verstrichen, ohne daß ich von ihm das Geringste gehört hätte. Der menschlich angenehme, aber sachlich, wie sich jetzt noch mehr herausstellt, völlig unbefriedigende Besuch des BM Schäuble könne nicht einmal als guter Wille Helmut Kohls gedeutet werden. Dazu verwies ich ihn auf die immer wieder an mich herandringenden Äußerungen seiner Umgebung (wie mir ein hoher Mitarbeiter sagte: seiner ›Karawassen‹, türkische Dorfgendarmen), in denen mehr oder minder hämisch erklärt werde, daß man auf die CSU ja keine Rücksicht zu nehmen brauche, sie sei fest eingebaut in die Fraktion und noch mehr in die Regierung. Mit Strauß sei es lediglich eine biologische Frage, die sich sozusagen von selbst erledigen werde. Mit dem Rest der CSU brauche man ohnehin nicht zu rechnen.

Er sagte daraufhin, ich solle ihm Roß und Reiter nennen. Ich sagte, daß ich Roß und Reiter nicht nennen würde, selbst wenn ich dazu in der Lage wäre. Denn die Träger der genannten Namen müßten dann mit politischen Verfolgungsmaßnahmen rechnen. Bei seinem langen Gedächtnis und bei seiner Methode der mehr oder minder brutalen Behandlung unionsinterner Kritiker hätten sie Angst davor, genannt zu werden. Er baue um sich eine Welt der Unwirklichkeit und der unangebrachten Bewunderung auf, die auch durch echte sachliche Erfolge seiner Politik nicht gerechtfertig sei.«[28]

Dies eine Gespräch, es steht für viele. Kohl will sich Strauß, soweit es eben beim Chef einer Koalitionspartei geht, vom Halse halten. Dass Strauß so direkt mit ihm spricht, ihn attackiert, unterscheidet ihn von all den anderen Kritikern hinter den Büschen, doch angenehm ist auch so etwas nie. Am besten lässt man ihn in seiner Münchner Trutzburg, die allmählich mit Blick auf die Bonner Geschäfte und Geschäftigkeit zu einem täuschend schönen Verlies gerät.

Aus seiner unbequemen Lage, gefangen im goldenen Münchner Käfig, der sich immer nur für kurze Visiten an den Rhein nach Bonn öffnet, versucht Strauß das Beste zu machen. Die Abende im Familienheim – nach dem Auffinden der Anschlagpläne in einer RAF-Wohnung hat man die Hochhauswohnung gegen ein geräumiges Haus in der Hirsch-Gereuth-Straße, eine Münchner B-Lage, getauscht – sind nicht mehr die Ausnahme, sondern die Regel. Die Kinder sehen ihren Vater, bislang eher ein seltener Gast im eigenen Haus, weit häufiger, und auch die Eheleute verbringen so viel Zeit miteinander wie wohl nie zuvor. Sie ergänzen sich jetzt gleichfalls in der offiziellen Seite ihres Lebens sehr gut: Marianne Strauß findet in ihrer Rolle als Landesmutter – etwas Vergleichbares gab es bis dato in Deutschland nicht – mehr Erfüllung als zuvor in den Jahren korrodierten Eheglücks. Als gute Katholikin weiß sie, was *caritas* bedeutet, und findet hier ein reiches Betätigungsfeld. Mit einer Sozialarbeiterin ist sie freilich nicht zu verwechseln, mehr ähnelt sie jenem Typus der aufrecht gemeinwohltätigen Oberklasse-Frau, wie man sie in der angelsächsischen Welt antrifft und die mit *charity* ebenso wenig zu schaffen hat wie mit der sich selbst feiernden Organisation funkelnder *society events* zum mildtätigen Zweck. Marianne tut, was sie aus ihrem Elternhaus mitgebracht hat, sie packt gern selber an, wo und wenn es Not tut, sie leistet konkrete Lebenshilfe im Stillen. Sie bleibt der Fixstern der Familie, kümmert sich weiter um die Finanzen, aber auch an den repräsentativen Aufgaben als Gattin des Ministerpräsidenten findet sie Gefallen. Innerhalb kürzester Zeit ist ihre allseits sichtbare Präsenz so selbstverständlich, als wäre es nie anders gewesen. Vermutlich hat die äußerste Beanspruchung der ganzen Familie während der Zeit der Kanzlerkandidatur alle enger zusammenrücken lassen.

So gut scheint es jetzt um die eheliche Harmonie zu stehen, dass Strauß – ohne über Nacht zum Familientier oder Mustergatten mutiert zu sein – für die politisch ruhigeren Tage der Jahreswende 1983/84 sogar auf einen echten Urlaub verpflichtet werden kann, für eine Kreuzfahrt in der Karibik, was zu einer Zeit, die kein Satelliten-Telefon und auch kein Internet kennt, bedeutet, ziemlich effektiv von den heimischen Nachrichten abgeschnitten zu sein.

So ist es jedenfalls geplant, und tatsächlich machen sich die Eheleute an Silvester auf den Weg, um per Flugzeug den gebuchten Cruiser zu erreichen. Allerdings ist die Karibik in diesen Tagen ein politisch weitaus interessanterer und aufregenderer Ort, als zum Zeitpunkt der Reisebuchung vorauszusehen war. Denn im November 1983 sind amerikanische Spezialtruppen, flankiert von heftigster Kritik aus weiten Teilen der sogenannten Weltöffentlichkeit, auf dem kleinen, aber geopolitisch nicht ganz unbedeutenden Inselstaat Grenada eingefallen, um die gute Ordnung, die eine amerikafreundliche zu sein hat, wieder herzustellen. Wenn Strauß ohnedies in diesem Weltwinkel unterwegs ist: Was liegt da näher, als sich vor Ort ein Bild der Lage zu verschaffen? Freundlicherweise stellen ihm die amerikanischen Streitkräfte einen *lift* zur Verfügung, und so kann Strauß nach seinen ersten tapfer absolvierten politikfreien Stunden auf einem Kreuzfahrtschiff wieder ein wenig Weltpolitik schnuppern und sich dem Geschehen, dem eigentlichen und großen, nahe wähnen.[29]

Abwechslung verschaffen solche Ausritte dem Wissensdurstigen – den Tatmenschen befriedigen sie kaum. Gemessen an den schönen schweren Aufgaben eines Außenministers oder Bundeskanzlers gibt dies nicht viel mehr her als simulierte Bedeutung und Wirklichkeit. Es wird indessen immer schwerer für dieses abenteuerliche Herz, noch Betätigungsfelder des aufregenden politischen Lebens zu finden, die nicht bereits von Kohl oder einem der anderen Bonner Tunichtgute beackert werden, denen es erkennbaren Extraspaß bereitet, Strauß mit einem kecken »Ick bin all hier« zu begrüßen. Umso beherzter heißt es zugreifen, wenn sich eine unverhoffte Chance bietet.

Lauter Trostpreise

Die Kanzlerschaft hat Strauß für sich längst abgehakt, aber auch wenn seine Kraft allmählich abnimmt, ist noch genügend Wille in ihm vorhanden, weitere Spuren in der Geschichte zu hinterlassen. Wer diesen rastlosen Tatmenschen kennt – für wen gilt das mehr als für Kohl –, der wirft ihm politische Brosamen zur Beschäftigungstherapie hin, um wenigstens einen Teil der politischen Energie des Bayern fruchtbar und nicht zerstörend wirken zu lassen. Und er selbst arbeitet weiter an den alten Fronten seiner politischen Leidenschaft, sucht aber auch immer wieder in neuen Projekten sein Glück. Einige Erfolge wird er so noch feiern können. Doch es sind am Ende – mit Blick auf die große Ambition dieses Lebens – nur Trostpreise, die er dabei erlangen wird. Und Trostpreise haben es nun einmal an sich, dass sie vieles spenden können, nur eines nicht: Trost.

Die bemerkenswerteste Episode auf der nun folgenden Jagd von Strauß nach Sinn und Zweck in einer perspektivlos gewordenen politischen Vita beginnt kurz nach der Bonner Wende. Seit Jahresende 1982 berichtet ihm Josef März, ein alter Freund aus den oberbayerischen Gründungstagen der Jungen Union und CSU, der sein Geld unter anderem mit Fleischhandel verdient und dadurch über beste Ostkontakte verfügt, dass die DDR in echte Zahlungsschwierigkeiten zu geraten droht und kurz davor steht, ihre Kreditwürdigkeit am internationalen Kapitalmarkt zu verlieren. März verfüge über einen besonders kompetenten und vertrauenswürdigen Kontakt zur anderen Seite, den Strauß unbedingt kennenlernen sollte. Der DDR-Vertreter, Alexander Schalck-Golodkowski, Staatssekretär für Außenhandel und, wie sich Jahre später erweisen wird, hochrangiger Offizier des Ministeriums für Staatssicherheit, sei höchst interessiert an einer Begegnung – natürlich streng geheim. Insgesamt benötige Ost-Berlin Devisen im Wert von einer Milliarde DM. Eile sei geboten, und am Entgegenkommen werde es nicht mangeln, solange kein offenes Junktim zwischen *do ut des* konstruiert werde.

Vorangegangen waren dieser Fühlungnahme bereits zwei Versuche, Nothilfe aus Bonn zu erhalten. Ein erster war in der Schlussphase der Schmidt-Regierung gescheitert, weil Ost-Berlin keine Gegenleistungen vertraglich zusichern wollte.[1] Nicht besser erging es einem zweiten Anlauf, einen Kredit in Höhe von 500 Millionen DM mit der im Ostgeschäft erfahrenen *Berliner Bank* zu vereinbaren. Kohl, gerade ins Amt gekommen, verweigerte die Absicherung der Kreditvereinbarung, solange die DDR ihr Entgegenkommen nicht sogar als Vorleistungen zu erbringen bereit sei. Da die Bonner Weigerung nicht aus heiterem Himmel kam, hatte Schalck mit Rückendeckung von Mielke und Honecker frühzeitig mit der Erkundung eines direkten Wegs zu Strauß begonnen. Denn falls Strauß, der kälteste aller westdeutschen kalten Krieger, gewonnen werden könnte, wer wollte das Geschäft dann noch torpedieren? Und einen besseren Leumundszeugen als den Strauß-Freund März kann man nicht aufbieten, will man mit dem bayerischen Ministerpräsidenten und CSU-Vorsitzenden in konstruktive, notwendigerweise ziemlich riskante Gespräche kommen.

Keine Frage: Ein Szenario wie geschaffen für den traurigen König von Bayern, der vergeblich neue Freude an der Politik zu finden sucht. Dass Strauß in Bonn zeitgleich darauf drängt, in den Verhandlungen über die außen- und deutschlandpolitische Ausrichtung der neuen Koalition die Gangart gen Osten zu verschärfen, scheint seinem Ehrgeiz, Neuland zu betreten, Neues zu wagen, zu widersprechen. Im April 1983, als die Gesprächsanbahnung bereits weit fortgeschritten ist, kommt es noch heftiger, nachdem ein am Kontrollpunkt bei Hof schikanierter Bundesbürger in den Händen der DDR-Grenztruppen buchstäblich vom Schlag getroffen wird und stirbt. Erfreut ist darüber in Bonn natürlich niemand, aber muss man diesen Vorfall, wie es Strauß nun lautstark tut, gleich als »Mord« bezeichnen? Ginge es nicht, so der Konsens, eine Nummer kleiner? Als wäre das Geschäft der Entspannungspolitik nicht ohnehin schwer genug.

Welch kuriose Konstellation in Bonn: ein Kanzler und seine Gefolgschaft, die im Grunde die Ost- und Entspannungspolitik der Vorgängerregierung fortsetzen wollen, doch keinen Anpack finden; und auf der anderen Seite ein bestens ausgewiesener Entspannungsskeptiker, der gern Klartext redet und doch ganz pragmatisch im Leben unterwegs ist.

Auch für die DDR-Führung ist dies keine leichte Situation. Der Grenzzwischenfall hätte ungünstiger kaum kommen können, die öffentliche Anklage ihres künftigen Gesprächspartners, der auch die mörderischen Selbstschussanlagen an der innerdeutschen Grenze anprangert, gefährdet womöglich den dringend benötigten Kredithandel. Schalck, von März auf das Genaueste präpariert, kann dies nicht schrecken. Dass Strauß kein leichter Brocken ist, das wusste man auch vorher. Die Sondierungen gehen weiter, und so kann sich Strauß sehr sicher sein, wie dringend die DDR auf Westgeld angewiesen ist.

In jede einzelne Stufe der Sondierungen und dann ab dem 5. Mai, dem Tag der ersten Zusammenkunft zwischen Strauß und Schalck im Chiemgauer Gut Spöck von Freund März, bei jedem Verhandlungsschritt ist Kohl eingeweiht. So, wie es sich Strauß auch umgekehrt wünschen würde, hält er den Kanzler ständig auf dem Laufenden. Anfangs ist Kohl gegen das Geschäft, immerhin hat sein Kanzleramt die zweite Anfrage Ost-Berlins abgelehnt. In mehreren langen Gesprächen, bei denen zeitweilig auch der in der Regierungszentrale für die Deutschlandpolitik zuständige Staatssekretär Philipp Jenninger zugegen ist, ringen die beiden um das Für und Wider.[2] Schließlich gelingt es Strauß ausnahmsweise einmal, Kohl zu überzeugen: Die wirtschaftliche Lage in der DDR müsse schon sehr verzweifelt sein, wenn Ost-Berlin im Westen um Hilfe flehe und sich dabei ausgerechnet an ihn, Strauß, wende. Nicht auszudenken, was alles passieren kann, sollte aus dem Devisenengpass eine echte Wirtschaftskrise werden. Ein Aufruhr wäre nicht ausgeschlossen, das sehen Kohl und Strauß genauso wie die DDR-Führung, und das Eskalationspotenzial unkalkulierbar; womöglich käme es sogar zu einer blutigen Niederschlagung und – siehe 17. Juni – sowjetische Panzer könnten durch ostdeutsche Städte rollen. Sei einem an der deutschen Frage noch irgendwie gelegen, so lautet am Ende das schlagende Argument von Strauß gegenüber Kohl, dann könne man nur wählen zwischen der Inkaufnahme von Krieg, den keiner will, und dem »Aufkaufen des Ladens«. Durch neue direkte Kreditbeziehungen mache man die DDR abhängiger vom süßen Gift der D-Mark.[3]

Dass bei dieser Versuchsanordnung das sture Pochen auf Zusagen von humanitären Gegenleistungen seine Bedeutung verliert, liegt auf der Hand. Was nun ausgehandelt und kommen wird, ist nicht das Ende, sondern der Anfang eines Zusammenhangs, in dem die DDR immer wieder auf westdeutsche Hilfe angewiesen sein wird. Da wird sie tunlichst alles unterlassen, die Gegenseite, von der sie jetzt abhängig ist, zu enttäuschen. Nur Gesichtswahrung, die muss man Ost-Berlin zugestehen. Und so geht schließlich alles erstaunlich geschmeidig über die Bühne. Den offiziellen Verhandlungen zwischen Strauß und Schalck folgt Punktum die technische Umsetzung; besichert wird der Kredit mit einer erstrangigen Forderungsabtretung seitens der DDR. Ohne jede öffentliche Ankündigung ist die humanitäre Entspannung an der innerdeutschen Grenze – eine der informell verabredeten Ge-

Merkwürdige Partner: Alexander Schalck-Golodkowski (rechts) ist DDR-Unterhändler beim Milliarden-Kredit. Im Hintergund Strauß-Intimus Wilfried Scharnagl.

rechte Seite
Erster Meinungsaustausch: Überraschender Besuch bei Erich Honecker
auf Schloss Hubertusstock, 24. Juli 1983.

genleistungen – von einem auf den anderen Tag zu spüren, und bis zum Herbst 1984 werden die rund sechzigtausend Selbstschussanlagen und Splitter-Minen abgebaut.

Nur Bonn bleibt Bonn, denn kaum landet der Milliardenkredit auf dem Kabinettstisch der schwarz-gelben Koalition, ist er schon unabgestimmt in den Nachrichten und die Aufregung groß. Die verblüffende Wendung von Strauß verschafft seinen linken Kritikern natürlich innere Befriedigung. Komplexer ist die Gemengelage in der CSU. Denn die plötzliche Kurskorrektur von Strauß und deren unkoordinierte Offenlegung schaffen allerhand Verunsicherung. Natürlich goutiert die Mehrheit unter den Seinen den entspannungspolitischen Überraschungs-Coup. Und doch wird er auf dem unmittelbar bevorstehenden Wahlparteitag der CSU einen hohen Preis bezahlen müssen. Bei seiner Wiederwahl erzielt er das schlechteste Ergebnis seiner Laufbahn: Von den 1100 stimmberechtigten Delegierten geben ihm lediglich 662 das Ja-Wort, ein Ergebnis, das auch in dem um die Enthaltungen und ungültigen Stimmen bereinigten und damit ein wenig geschönten Ergebnis in Prozenten ziemlich niederschlagend ist.

Wütend verlässt Strauß vorzeitig den Parteitag, er ist tief getroffen über das geschwundene Vertrauen seiner Partei.[4] In seinen Erinnerungen wird er Jahre später schreiben: »Daß ich 1983 die Union insgesamt und die CSU im besonderen aus einem toten Winkel herausgeholt und Handlungsspielraum hergestellt habe, wurde von vielen allerdings nach wie vor nicht gesehen – und manch einer wollte es auch nicht sehen. Bundeskanzler Kohl hat auf dem CSU-Parteitag jenes Jahres in München gesagt, wer Strauß wegen des Milliardenkredits kritisiere, kritisiere auch ihn. Das war eine korrekte und der politischen Verantwortung angemessene Darstellung. Aber sonst hat Bonn gemauert. Man wollte nicht haben, daß zuviel Sonnenschein auf mich fiel.«[5]

Dennoch findet diese vielleicht wichtigste politische Episode am politischen Lebensabend von Strauß noch eine krönende Sahnehaube. Urplötzlich, am 24. Juli 1983, wenige Tage nach dem Parteitags-Desaster, taucht Strauß in Schloss Hubertusstock am Werbellinsee auf, um einen weiteren Diktator in die Reihe seiner Gesprächspartner aufzunehmen – nur, dass ihm dies, ähnlich verhielt es sich ja mit Mao, niemand in Deutschland verübelt. Etwas unbeholfen stehen sie da nach ihrer Begegnung vor der Presse. Strauß, der Mann, der selten in Verlegenheit zu bringen ist, weiß nicht so recht, wohin mit seinen Händen. Auch sein Gegenüber, Erich Honecker, ist merklich unsicher: Man sieht ihm an, dass er nach Worten sucht, doch keine passenden findet. Da wirkt die Aufforderung der Fotografen, man möge sich für das obligate Protokollbild die Hände reichen, wie eine Erlösung. Der Augenblick der Sprachlosigkeit ist überwunden, Strauß versteht sich zu einem ersten Scherz: »Einen Handstand machen wir aber nicht«, ruft er den Reportern zu. Und Honecker, um Lockerheit bemüht, fügt an: »Auch keinen Salto.«

Viel, sehr viel sogar hat Strauß zeit seines Lebens erreicht, die höchsten und letzten Ziele jedoch nicht. Das Kanzleramt bleibt ihm versperrt, und auch das Außenministerium, als er dies will, ist ihm nicht vergönnt. Man sollte meinen, dass jene, die bekommen haben, was Strauß verwehrt geblieben ist, und die in ihren Ämtern unbestritten Großes dann bewirkten, wenigstens im Rückblick ein souveränes, unverkrampftes Verhältnis zu jenem Mann entwickeln können, der sie so oft gereizt, bis zur Weißglut gebracht und unzählige Male ihre Kreise gestört hat.

Mitnichten! So wie sich schon bald die Legende vom klugen, raffinierten Helmut Kohl, der Strauß 1980 den Vortritt in den Abgrund gelassen habe, einbürgert und unausrottbar wird[6], so findet auch der Milliardenkredit eine geschichtsverbiegende Nachbetrachtung und Kanonisierung der vermeintlich weiseren Gegner des Bayern. Es ist wohl wahr, dass das Ost-Berliner Abenteuer von Strauß seinen Gegnern und den notorischen Entspannungsfreunden in die Hände spielt. Wenn Strauß sich mit dem SED-Regime politisch einlässt, dann gerät er unweigerlich in Legitimationsnöte, wenn er andere für ihre Ost-Kontakte und ihre auf Ausgleich mit den kommunistischen Staaten gerichtete Politik kritisiert.

Ein funktionaler Zusammenhang liegt hier zweifellos vor, so wie es auch schwer bestreitbar ist, dass die Niederlage von 1980 Strauß sozusagen politisch kastriert hat. Falsch wird diese Beschreibung allerdings dann, wenn sie als genialer Plan von Kohl ausgegeben wird, der auf diese Weise den ewigen Rivalen klein gefaltet habe. So wie Kohl 1979/80 nicht mehr richtig im Geschäft war, gerade noch eine marginale Rolle bei der Bestimmung des Kanzlerkandidaten spielte und diese dann damit ausfüllte, alles zu unternehmen, um Strauß zu verhindern, so kann von einem ausgeklügelten Plan des frisch gewählten Bundeskanzlers, Strauß die letzten

Kalte-Krieger-Zähne zu ziehen, indem er ihm den Vortritt auf dem Weg gen Ost-Berlin gelassen hätte, keine Rede sein. Tatsache ist, dass Kohl zunächst strikt gegen den Kredit war, dann von Strauß überzeugt werden musste und schließlich, als sich ein positives Resultat abzeichnete, erfolglos versuchte, Strauß auszubremsen und den Erfolg – durch seinen Staatssekretär Jenninger – für sich selbst einstreichen zu lassen.[7] Was mag in einem Mega-Gold-Medaillen-Gewinner wie Kohl wohl vorgehen, dass er dem ewigen Zweiten selbst Platzierung und Silber nicht zu gönnen vermag?

Auch Hans-Dietrich Genscher, ein anderer Sieger ewiger Kämpfe mit Strauß, wird nach dessen Tod nicht davon lassen können, ziemlich gönnerhaft seine vermeintlichen Hilfestellungen zu preisen, mit denen er für Strauß wenigstens ein bisschen internationales Parkett aufpoliert habe: »Um mir die Außenpolitik in der Koalition nach 1982 zu erleichtern«, so berichtet Genscher in seinen 1995 erschienenen Memoiren, »habe ich ausländischen Gesprächspartnern immer wieder gesagt: ›Empfangen Sie doch einmal Franz Josef Strauß. Sie werden sehen, der ist anders als Sie denken.‹ (…) Manchem Gesprächspartner im Ausland muß ich geradezu wie ein Strauß-Jünger vorgekommen sein.«[8]

Wie ein vorweggenommener Kommentar zu dieser allerdings höchst eigenwilligen Mitteilung liest sich eine prägnante, verächtliche Charakterisierung Genschers durch Strauß in dessen eigenen Erinnerungen: »Genscher ist der Inhaber eines Weinfasses und einer Schublade. Im Faß ist der Wein, wenn auch schlechter, in der Schublade sind viele verschiedene Etiketten, die jeweils auf die gerade abgefüllte Flasche geklebt werden.«[9]

Im Vergleich mit der Gegnerschaft zu Kohl ist die erbitterte Rivalität zwischen Strauß und Genscher leicht zu erklären: Die beiden haben wirklich nichts gemeinsam. Seit ewigen Zeiten kennen sie sich. Als Strauß im Zuge der *Spiegel*-Affäre von der FDP aus der Bundesregierung gedrängt wurde, war Genscher zwar noch nicht Parlamentarier, aber als Geschäftsführer eine Art Leitender Angestellter der FDP-Bundestagsfraktion. Für Strauß zählte er damals zu den treibenden Kräften seiner erzwungenen Abberufung.

Während der sechziger Jahre dann gehörte Genscher zu den jungen Kräften, die den organisierten Liberalismus in Deutschland ganz neu austarieren wollten – programmatisch sehr viel breiter, deutschlandpolitisch progressiver, koalitionspolitisch grundsätzlich offen nach allen Seiten. Als Vorsitzender der FDP seit 1974 steht Genscher aus Sicht von Strauß auch in voller Mithaftung für den ökonomischen Schlamassel und die tiefroten

öffentlichen Finanzen, die Rot-Gelb hinterlassen hat; der Wechsel von Genscher und seiner FDP in die neue Koalition ist für Strauß zum nicht geringen Teil auch ein aalglattes Herausschleichen aus der Verantwortung für die
schwierige Hinterlassenschaft, mit der sich die neue unionsgeführte Bundesregierung herumplagen muss.

Kohl, der zumeist nach Kräften seinen Wendepartner gegen Strauß verteidigt, bekommt immer wieder aufs Neue zu hören, was für ein Wendehals
der Vizekanzler ist: Der Außenminister sei »seit 1974 der gleiche geblieben«,
bedrängt Strauß den Kanzler in einem neunstündigen Vieraugengespräch
mal wieder im Sommer 1984; wenn Genscher »ein so tüchtiger und auf die
Vertretung der deutschen Interessen drängender Mann sei, dann kann man
nur annehmen, daß entweder die sozialdemokratischen Koalitionspartner
ihn daran gehindert haben oder daß er selbst hier versagt hat.« Er, Strauß,
sei jedenfalls erst dann bereit, seine Meinung zu revidieren, »wenn ich
sichtbare, spürbare und sich auswirkende Ergebnisse einer angeblichen
Kursänderung beobachte.«[10]

Allerdings ist es nicht leicht, es Strauß hier recht zu machen. Als etwa
die FDP am Anfang der Diskussion über die Entlastung der deutschen
Wirtschaft mit weitreichenden Vorschlägen zur Kurskorrektur aufwartet,
findet Strauß, das sei nun auch nicht der richtige Weg: »weil gerade die FDP
in ihrem Bündnis mit dem Sozialismus ja 13 Jahre alles getan hat, um gemeinsam mit den Sozialdemokraten die Lohn- und Lohnnebenkosten zu
erhöhen«[11]. Wahrscheinlich gehe es der FDP mit ihren windigen Ideen gar
nicht um die Sache, sondern in erster Linie darum, »ganz gezielt an die
Adresse bestimmter Wählerschichten« Offerten zu machen. Auch wenn die
Vorschläge rasch wieder vom Tisch sind, sei »der Stein (…) ins Wasser
geworfen, er werfe wählerpolitisch seine Wellen und das sei ja schließlich
seine Absicht gewesen«.[12]

Kaum besser kommen die in der 1985 anhebenden Debatte um eine
große Steuerreform vorgelegten Entlastungsvorschläge der Liberalen weg,
obwohl Strauß diese im Grunde »für richtig« hält. »Aber es sei denkbar
unseriös«, hält er dem in der Sache leidenschaftslosen Kohl vor, »dies in
einer unlauteren Schleichwerbung darzustellen mit dem Ziel bestimmte
Wählerschichten von der Union wegzulocken und in die Arme der FDP zu
treiben.«[13] Elf Seiten darüber, wer wie zu entlasten sei, habe die FDP vorgelegt, aber nur elf Zeilen, wie das gegenfinanziert werden könne. Schweige
die CDU hier weiter, dann komme er, Strauß, nicht umhin festzustellen,
»daß die FDP mit massiver Unterstützung der CDU sich aufbaue und uns

Wähler wegnehme«. Dabei gehe es nicht allein um die Fragen der Seriosität und Durchsetzbarkeit von sympathisch klingenden Forderungen, sondern »um eine rücksichtslose Demagogie der FDP«, mit der sie bereits erste Erfolge »bei relativ naiven und zum Teil enttäuschten Wählerschichten« aus dem Mittelstand verzeichnen könne. Und dies immer und immer wieder auf Kosten der Union, was ärgerlich genug sei. Das Geschäft, das die freien Demokraten da betrieben, sei aber auch deshalb brandgefährlich, weil so »die Union in die Zange zwischen den Vorwürfen der Demontage des Sozialstaates (…) von Seiten der SPD und der Stimmenauszehrung bei den mittelständlichen Wählern durch die verantwortungslosen Manöver der FDP« gerate.[14]

Überhaupt sei den liberalen Kohl-Freunden, wie Strauß im Sommer 1985 dem Kanzler klagt, mittlerweile alles recht, um die eigenen Stimmen unlauter zu mehren. Wirtschafts- und finanzpolitisch griffen sie die Union von rechts an, außenpolitisch hingegen von links. Mit der seit einiger Zeit in Umlauf gebrachten Redensart von einer »neue(n) Phase konstruktiver Entspannungspolitik« bilde sich allmählich eine »Verbindungslinie Bundespräsident-SPD-Genscher« heraus. Kohl und Strauß sind sich zwar einig, dass sich der Außenminister »mit dieser für ihn typischen Manövrierhaltung« wohl eher nicht den Spielraum für ein Rolle rückwärts in eine neue alte Koalition verschaffen wolle, denn »eine solche Wende« würde, findet auch Strauß, »das Ende der FDP bedeuten«. Aber weiß man's? Würden CDU und CSU abermals in die Opposition verdrängt, so viel scheint Strauß sicher, »kämen sie in diesem Jahrhundert nicht mehr an die Regierung«.[15]

Auf dem Spiel steht jedenfalls einiges, auch wenn sich die Gefahr nur schwer berechnen lässt. Grund genug allerdings, nicht einfach tatenlos zuzuschauen, während die FDP den Unionsparteien bei den Wählern aus dem bürgerlichen Lager allmählich das Wasser abgrabe. Was hat die Union, haben die Erben Konrad Adenauers und Ludwig Erhards nicht alles klaglos aufgegeben! Die Außenpolitik, das Markenzeichen des Gründungskanzlers; die Wirtschaftspolitik, der Wählermagnet in den ersten beiden Jahrzehnten der Republik – beide Positionen sind in den Unionsparteien verwaist, werden im Kabinett seit Jahr und Tag von den Liberalen wie »Erbhöfe« reklamiert. Das, findet Strauß, sei nicht länger hinzunehmen; er werde, gibt Strauß Kohl mit auf den Weg, »auf einer Korrektur in der Zukunft bestehen«.[16]

1985 wird Strauß siebzig. Die erste aus einer Bundestagswahl hervorgegangene Kohl-Regierung hat Halbzeit bis zum nächsten Wahlgang – ihr Ansehen ist, alle demoskopischen Werte sind im Keller. Ein Meinungstief für eine Regierung in der Mitte der Legislaturperiode ist an sich weder neu noch dramatisch, wenn, ja, wenn sie es als Ansporn nimmt, bis zum nächsten Wahltag Greifbares und Zukunftversprechendes auf den Tisch zu legen. Seit der von einer deutlichen Bevölkerungsmehrheit getragene Kampf gegen die Stationierung amerikanischer Mittelstreckenraketen entschieden ist, richtet sich der Blick allerdings noch schärfer auf das zentrale Versprechen von Kohl bei Amtsantritt, den wirtschaftlichen Niedergang der Bundesrepublik zu stoppen und zu wenden.

Vieles ist gelungen. Die ererbte Wachstumskrise ist erst einmal überwunden. Während die Propheten, die das allgemeine Ende des Wachstums überhaupt und damit auch das Ende des auf stetem Zuwachs gründenden Geschäftsmodells der westlichen Gesellschaften verkünden, im ergrünenden Deutschland weiterhin Hochkonjunktur haben, wächst die deutsche Wirtschaft wieder. Auch das zweite große Problem, mit dem die Regierung Schmidt zum Schluss zu kämpfen hatte, die galoppierende Inflation, ist spürbar eingebremst. Nahezu unverändert krisenhaft bleibt allerdings die Lage am Arbeitsmarkt. Die monatlich verkündeten Arbeitslosenzahlen – zumeist als Aufmacher der in weiten Bevölkerungskreisen nach wie vor als halbamtlich angesehenen *Tagesschau* – sind für die Wähler der wichtigste Indikator dafür, ob es vorangeht. Im Jahr vor der Wahl wird die Quote immer noch bei äußerst beunruhigenden neun Prozent liegen.[17]

Weiterhin uneingelöst ist auch das zentrale Wahlversprechen, »Leistung muß sich wieder lohnen« – von einer Steuerentlastung der Einkommen, von einer Senkung der Lohnnebenkosten ist ebensowenig zu sehen wie von einer Gesundung der Staatsfinanzen, für die sich bürgerliche Wählerkreise rege interessieren. Es ist nicht einmal ausgemacht, ob die ersten und unbestreitbaren Verbesserungen der Bundesregierung zuzurechnen sind oder ob sie sich nicht vielmehr der anziehenden Weltkonjunktur verdanken. Dass die FDP hier jetzt auf die Tube drückt, ist also leicht verständlich, wie auch die Nöte des größeren Koalitionspartners unter solchem Druck. Ziemlich stark ist in dieser Phase der Unionsgeschichte der linke Flügel der CDU, der zudem mit Norbert Blüm und dem stets unaufgefordert rauflustigen Heiner Geißler über echte Rampensäue verfügt. Da es mehr Arbeiter und Arbeitslose als Unternehmer in Deutschland gibt, ist klar, was die Parteilinken von einer Senkung des Spitzensteuersatzes halten,

*Gequälte Freude: Mit dem Kanzler bei einer Gedenkfeier
1985 in Würzburg.*

wenn gleichzeitig über Schrumpfkuren für den Sozialstaat verhandelt werden soll.

Von der FDP getrieben, von den eigenen Leuten gebremst – und der Kanzler? In einem langen Gespräch am Urlaubsort von Strauß in Südfrankreich, zu dem Kohl extra anreist und über Nacht bleibt, gewinnt der Gastgeber, wie schon so oft, den Eindruck, dass mit Kohl einfach kein Vorankommen ist: Bei der Steuerreform kuscht er vor Stoltenberg, in Details sich zu vertiefen wäre wohl zuviel verlangt. Der »Bundesfinanzminister sei sehr unbeweglich«, resümiert Strauß am Ende der Unterredung, »und der Kanzler wage ja doch nicht gegen ihn zu entscheiden«.[18] Aus dem 1983 vollmundig angekündigten Projekt einer großen Steuerreform wird in dieser Legislaturperiode nichts werden. So bleibt es erst einmal bei einer »halben Wende«[19], und die Steuerpolitik geht in die Wiedervorlage für die Zeit nach der Bundestagswahl 1987 – bis dahin muss man sehen, wie man über die Runden kommt.

Oder liegt dem, was auf den ersten Blick wie eine weitere Variante des hinlänglich bekannten Dilettantismus Kohls aussieht, in Wahrheit ein perfider Plan zugrunde? Allmählich, im Frühjahr 1985, drängt sich Strauß jedenfalls der Verdacht auf, Kohl lege es bewusst darauf an, »durch seine Politik die CDU/CSU so zu schwächen, daß die CSU schwächer würde als die FDP und daß ihm im übrigen ein Ergebnis, bei dem CDU und CSU zusammen nur noch 42 % bis 44 %, die FDP 10 % bis 12 % hätten, als Dauerlösung für die Zukunft am angenehmsten wäre.« Kohl weist diesen Vorwurf »natürlich nachdrücklich, wie auch zu erwarten war«, zurück. Strauß, der sich das eigentlich auch nicht recht vorstellen mag, ist es jedoch wichtig, Kohl wissen zu lassen, »daß wir dieses Spiel, die gewerbliche Mittelschicht der FDP zuzuschieben und durch Stoltenbergs übertriebene Sparpolitik an der Sozialfront Einbrüche zu ermöglichen, längst durchschaut hätten und nicht mehr bereit seien, das auf unbegrenzte Zeit mitzumachen«.[20]

Aus Sicht der FDP ist das eine ziemlich brauchbare Versuchsanordnung für den kommenden Wahltag, die Analyse von Strauß über wildernde Liberale in christdemokratischen Jagdgründen so abwegig nicht. Kohl, der Spezialist fürs Allgemeine, und Stoltenberg als Oberkameralist mit Liebe für den letzten Spiegelstrich überlassen jedenfalls dem kleinsten Koalitionspartner nahezu kampflos das Feld. Zugleich versucht Genscher mit äußerstem Geschick auf seinem Terrain, der Außenpolitik, zu punkten. Und da kommt Strauß stets wie gerufen. Nach dem heftigen Streit um die Nachrüstung ist klar, dass eine weitere Klimaverschärfung im Verhältnis zum Osten den Bogen wohl deutlich überspannen würde.

Genscher, der überall Chancen für eine Entspannung der Ost-West-Beziehungen wittert, die er der Öffentlichkeit ständig breit erläutert, ist da viel näher am Puls der Zeit als Strauß oder Kohl, der den neuen Hoffnungsträger auf eine bessere Welt, den 1985 frisch in Stellung gekommenen neuen starken Mann der Sowjetunion, Michail Gorbatschow, lange Zeit beschweigt, um sich dann doch ein zitierfähiges Statement entlocken zu lassen: Auch Goebbels sei ein begnadeter Propagandist gewesen.[21]

Strauß ist da von anderem Kaliber als Kohl, als Mann des eindeutigen Wortes ist ihm eines wenigstens in seiner ganzen Laufbahn nie gelungen, den Spitzenrepräsentanten eines anderen, zumal für Deutschland wichtigen Landes, offen zu beleidigen. Viel zu kalt ist dieses Heißblut, wenn es um Fragen der hohen Diplomatie geht. Er, der die wohl größte Erfahrung im Umgang mit Diktatoren hat, wird immer wieder warnen, mahnen, wenn deutsche Interessen auf dem Spiel stehen, doch niemals Türen zuschlagen.

Zu den großen Aufregerthemen der frühen Regierungsjahre Kohls zählt beispielsweise die weiterhin völkerrechtlich ungeklärte Frage der deutschen Ostgrenze. Jeder Auftritt eines Regierungspolitikers bei einer Vertriebenenkundgebung wird da zum Balanceakt zwischen Revanchismusvorwurf und unzeitiger Preisgabe deutscher Ostgebiete. Strauß, der diese Klippen immer wieder ohne größere Blessuren umschifft, obwohl er stets ohne Einschränkung am deutschen Rechtsstandpunkt festhält, sieht natürlich, dass es zunehmend schwierig wird, diesen Posten auf Dauer zu halten. Er wird ihn allerdings nicht verfrüht aufgeben und erwartet dies auch von seinen Mitstreitern. Wenn es hart auf hart komme, soll jedenfalls sicher sein, wem sein Vorzug gilt: die »Treue unserer Vertriebenen und unserer Flüchtlinge« ist ihm »wichtiger als das Wohlbefinden kommunistischer Machthaber«, legt Strauß Kohl in einem ihrer vielen Rendezvous dar. Dies schließe freilich in keiner Weise aus – ganz im Gegenteil, Strauß hält dies »für notwendig« –, mit »ihnen zu reden, zu verhandeln, Verträge zu schließen und Geschäfte zu machen«.[22]

Geradezu albern mutet ihm hingegen die Vorstellung an, der westdeutsche Rumpfstaat selbst könne das große Rad in den Ost-West-Beziehungen drehen. Eben diese Illusion verbreite Genscher, indem er gebetsmühlenartig von einer zweiten Phase der Entspannungspolitik künde, in der die Bundesrepublik ein Schrittmacher sein solle. Am Ende komme es jedoch, so Strauß zu Kohl, auf das Verhältnis der beiden Supermächte an, hier entscheide sich »die Zukunft der Entspannung« und nicht durch deutschen Aktionismus; wenn man ehrlich sei, müsse man anerkennen, »daß heute kein echter Spielraum für weitergehende Schritte auf unserer Seite« gegeben sei. Es entspreche zwar dem »besonderen Stil der Außenpolitik Genschers«, einen anderen Eindruck zu vermitteln. In Wahrheit bleibe dessen »telegene Spektakularität« und die Masche seines »multilateralen Aktionismus (...) ohne jedes Ergebnis und ohne jeden Sinn außer dem für ihn wünschenswerten Ergebnis, möglichst oft und wirksam im Fernsehen und in den Zeitungen zu erscheinen«.[23]

Was Strauß unter Genschers besonderem Stil versteht, kann man sich leicht ausmalen, und der CSU-Vorsitzende erinnert die Öffentlichkeit ja auch regelmäßig daran, dass er wenig von diesem Außenminister hält. Noch deutlicher wird Strauß allerdings intern, insbesondere dem Kanzler hält er zu jeder sich bietenden Gelegenheit einen Vortrag über den »Geist Genschers«, der »alles tue«, um dort, wo er gerade unterwegs sei, »die deutsche Bedeutung unter den Nullpunkt zu drücken«, und immer, wenn es heikel werde, »sich jeder Festlegung und jedem konstruktivem Beitrag durch Dampfplauderei bzw. durch verschwommene Phrasen zu entziehen« versuche.[24]

Schlimm genug, was Genscher da im Schilde führt, doch richtig arg wird es für Strauß erst dadurch, dass der Kanzler seinem Vize blindlings

folgt. Warum er das tut, ist schwer zu entscheiden, doch keine der denkbaren Antworten kann Strauß gefallen. Unwahrscheinlich, dass Kohl insgeheim richtig findet, was Genscher treibt. Unerfahrenheit und mangelnde
intellektuelle Durchdringung der Zusammenhänge stellt Strauß immer in
Rechnung. Aber geht es nicht um noch etwas anderes, darum nämlich,
Strauß bei allen wichtigen außenpolitischen Fragen »auszuschalten« und
daher dem »Außenminister zu gestatten, seine persönlichen Vorurteile und
FDP-Eigenarten (…) zu kultivieren und zu demonstrieren«? Sehr deutliche
Indizien für diese Vermutung sieht Strauß insbesondere in der Nahostpolitik, in der er seit Jahrzehnten über Erfahrungen und Kontakte verfügt.
Versucht er sich hier einzubringen, bekommt er hinhaltende Antworten des
Kanzlers, der »wieder Zeit gewinnen, einer Entscheidung ausweichen, mich
auf die lange Bank schieben und im übrigen selbst seine amateurhafte
Außenpolitik und Mittelostdiplomatie zu Geltung bringen« wolle. Derart
in Fahrt geraten, erspart Strauß dem Regierungschef im vertraulichen Gespräch selbst einen wirklich üblen historischen Vergleich nicht. Durch
Kohls Verhalten in der Nahostpolitik fühlt sich Strauß »beinahe erinnert«
an Kaiser Wilhelm II., allerdings als »unruhiges Gegenbeispiel«: Während
Seine Majestät »sich überall eingemischt« habe, »rede (Kohl) über alle
Dinge«, obwohl er »von diesen Dingen wenig Ahnung« habe, und ziehe es
vor, von Genscher abzuhängen, statt sich für sachkundigen Rat zu öffnen.[25]

Immer wieder Genscher, es vergeht kein intensiveres Gespräch zwischen Kohl und Strauß, in dem dieser nicht kräftig vom Leder ziehen
würde. Stets geht es um mehr oder weniger bedeutende Divergenzen in
konkreten Fragen, doch nie vergisst Strauß, sie ins Grundsätzliche einzu-
ordnen. Und immer fühlt sich Strauß von Kohl alleingelassen, bei »allen
Dreiergesprächen« stehe es »immer Eins gegen Zwei«[26].

Es ist zum Verzweifeln mit diesem Kanzler. Schon früh setzt in den
Protokollnotizen von Strauß über seine Gipfel-Begegnungen ein resignati-
ver Tonfall ein. Im Frühjahr 1984 wird Strauß dabei so grundsätzlich, dass
es auch hier lohnt, eine längere Passage wiederzugeben: »Ich habe ihm (…)
erklärt, er solle endlich einmal erkennen und sich nicht in Schweigen hüllen, wenn er darauf hingewiesen werde, daß die deutsche Außenpolitik
unter Genscher und seinen innerparteilichen Rücksichtsnahmen auf die
chaotischen Verhältnisse in der FDP einfach eines Landes wie der Bundesrepublik Deutschland in weiten Bereichen unwürdig seien, daß sie bei
weitem nicht die nötige Wirksamkeit erzielen könne und daß Selbstdar-
stellung und Überlebenskunststücke des Außenministers den Vorrang vor

einer massiven Vertretung der deutschen Außenpolitik hätten. Die deutsche Außenpolitik sei höchstens dann noch gefragt, wenn Bonn als Geldgeber in Betracht komme, aber nicht wenn der politische Einfluß von Bonn im deutschen Interesse geltend gemacht werde. Ich hätte es allmählich satt, immer wieder darauf hinzuweisen, aber der Kanzler müsse sich seiner Verantwortung hier in dem Zusammenhang bewußt sein, daß es so nicht weiter gehen könne.«[27]

An Genscher sich abzuarbeiten, tut der Seele gut und ist auch immer wohlgetan, aber liegt hier das eigentliche Problem? Ist es nicht vielmehr eine Etage höher, beim Kanzler, angesiedelt? Auf jedem Politikfeld sitzen die Haken anders, was mit dem jeweiligen Sachthema und den involvierten Personen zu tun hat. Entscheidend aber ist: *Überall* gibt es Probleme und *nirgends* greift Kohl beherzt ein. Dass der Kanzler offenkundig keinerlei Leidenschaft für irgendein politisches Thema außer dem seiner eigenen Machtbefestigung in sich trägt, wird sich wohl nicht mehr ändern. »Helmut Kohl ist auf diesem Gebiet nicht bewandert und informiert«, so lautet eine weitere hübsche, immer sarkastischer werdende Variation in den Protokollen von Strauß über seine Vieraugengespräche mit Kohl, »vielleicht will er es auch gar nicht sein, um weiterhin im Sumpf des keltischen Niemandslandes waten zu können«.[28] Aber dass Kohl mit seinem Schlendrian, dem sprichwörtlichen Aussitzen, seinen unberechenbaren und oftmals unvorhersehbaren Ad-hoc-Entscheidungen auf längere Sicht nicht nur seiner eigenen Stellung, sondern auch dem Image der Union als regierungsfähiger Partei schade, kann Strauß einfach nicht verstehen.

Leider rundet sich für Strauß das Bild von Kohl jetzt endgültig ab. Er wird, es wird wohl nicht mehr anders werden. Alles Werben, die meisten Versuche, mit Argumenten zu überzeugen, schlagen fehl. Die direkten Gespräche, mögen sie noch so lang und ausführlich sein, sie fruchten kaum, Kohl ist für Strauß unerreichbar. Man könnte es also aufgeben, zumal nun neben dem permanenten Hinhaltenden immer häufiger auch einfachste Absprachen nicht funktionieren oder gar nicht mehr erst versucht werden.

Am 13. Juni 1985 etwa beraten sich die beiden wieder einmal über Gott und die Welt. Nur die wichtigste unmittelbar anstehende Personalie, die Auswechselung des Regierungssprechers Peter Boenisch, hält Kohl tief in seinem Herzen vergraben. Dass Boenisch demnächst gehen wird, ist zwar kein Geheimnis, aber dass Kohl dies schon am folgenden Tag verkündet und sogleich einen Nachfolger präsentiert, ohne dies Strauß gegenüber auch nur erwähnt zu haben, trifft diesen tief. »warum hast du dich mit mir ueber die frage der nachfolge von boenisch nicht unterhalten?«, fragt Strauß telegraphisch: »in der zwischenzeit habe ich naemlich erfahren, dass peter boenisch sich schon seit mehreren tagen mit dieser absicht traegt und dass geruechte dieser art bereits in bonn im umlaufen waren«. Nichts ändere dies an der »positiven bewertung« des Nachfolgers Friedhelm Ost. Was wirklich kränkt, ist die Art und Weise, wie Kohl ihn einfach links liegen lässt, was Strauß »in peinlicher weise wieder daran erinnert, dass man selbst bei solchen entscheidungen, bei denen die gemeinsame politik eine rolle spielt, mich ausschaltet. das wirkt verstimmend und verschlechtert abermals die atmosphaere.«[29]

Und doch hat Kohls Verhalten einen rationalen Kern: Strauß ist für ihn weit weg, München liegt auf einem anderen Stern. Strauß ist ein Auslaufmodell. Ganz kommt Kohl nicht an ihm vorbei, Strauß kann nach wie vor ungeheuer lästig werden – als unverzichtbarer Koalitionspartner verfügt er über ein enormes destruktives Potenzial. Wenn es sein muss, kann er sogar die ganze Regierung lahmlegen. Und eines hat sich in den ersten gemeinsamen Regierungsjahren ja gezeigt: Auch ein frustrierter Strauß wird, solange er noch irgendwie bei Kräften bleibt, niemals aufstecken. Im Alltag von Kohl indes findet Strauß fast gar nicht mehr statt, umgekehrt verhält es sich vollständig anders. Doch auch aus dieser Perspektive stimmt: Strauß ist wirklich ganz weit weg und München auf einem fernen Stern.

Seit jeher, lange bevor Strauß Ministerpräsident geworden ist, eilt der bayerischen Staatsverwaltung ein Ruf wie Donnerhall voraus. Nirgends in Deutschland funktioniert die politische Administration so gut und präzise wie unter dem weiß-blauen Banner. Auch vom bayerischen Regierungschef wird das erwartet und wurde zumeist erfüllt. »Um in Bayern zu regieren«, heißt es in Feuchtwangers *Erfolg*, »muß man sich auf die Spielregeln verstehen. In Bayern muß man, damit die Volksseele kocht und wieder still wird, simplere Mittel anwenden als in der übrigen Welt. Anderswo muß man krumm regieren: in Bayern senkrecht.«[30] Leider ist Kohl aus Sicht von Strauß tief, viel zu tief im *Anderswo* verhaftet. Ein bisschen senkrechter dürfte es schon sein. Aber die Hoffnung auf Besserung, sie schwindet.

Letzte Tage – lange Schatten

Selten sind es Vorsätze, schon gar nicht die guten, die ein Leben ändern. Manchmal lenken Schicksalsschläge den Lebensfluss noch einmal in eine ganz andere Richtung, des Öfteren entscheiden Krankheit oder purer Zufall und in der Politik am häufigsten die Macht der Umstände darüber, wie es weitergeht. Erst recht gilt das für die letzte Kehre: Kaum ein Politikerleben, schon gar kein langes, wird durch freien Entschluss oder den Tod beendet, in der Regel sind es verlorene Wahlen oder erzwungene Rücktritte, die mit einem letzten Paukenschlag das Ende setzen.

Auch in dieser Hinsicht weicht Franz Josef Strauß gewaltig von der Norm ab. In seinem Fall könnte man es sich bei der Bestimmung des letzten Wendepunkts eigentlich einfach machen, weil ein schwerer Schlaganfall ihn am 1. Oktober 1988 final und zwei Tage später dann letal aus dem aktiven Leben reißt. Im Rückblick drängt sich jedoch eine andere Zäsur auf, nach der nichts mehr wie zuvor im Leben von Franz Josef Strauß ist und mit welcher der Beginn der letzten Lebensphase einsetzt. Wie so vieles in diesem Leben zeichnet sich auch diese Schlussstrecke durch ein außergewöhnliches Übermaß aus. Die letzten Tage beginnen am 22. Juni 1984, mit dem Tod seiner Frau Marianne. Mehr als vier Jahre werden sie dauern, diese letzten Tage.

Der Tag, an dem Marianne Strauß stirbt, ist eigentlich ein Allerweltstag für ihren Mann. In seiner Funktion als turnusmäßig amtierender Bundesratspräsident ist er am Tag zuvor, es ist Fronleichnam, nach Jugoslawien zu politischen Gesprächen geflogen. Der Chefredakteur des *Bayernkuriers*, Wilfried Scharnagl, begleitet ihn, wie fast immer auf solchen Reisen, und diesmal auch Franz Georg, der jüngere Sohn, der soeben seinen Wehrdienst beendet hat. Marianne, gesundheitlich angeschlagen und von einer nur langsam ausheilenden Gürtelrose geplagt, hat gemeinsam mit der Familie an der Fronleichnamsprozession teilgenommen. Nachdem sie sich von ihrem Mann und ihrem Sohn verabschiedet hat, fährt sie ins Tegernseer Tal. Am nächsten Tag besucht sie in Rott ihre Schneiderin, die sich um die passende Garderobe für eine anstehende Reise nach Tibet kümmert, zur

Anprobe. Auf dem Heimweg macht sie noch Halt bei ihrer besten Freundin, die in Rottach wohnt. Zusammen trinkt man ein Glas Wein, eine halbe Stunde vor Mitternacht bricht Marianne Richtung Kreuth auf, wo die Familie seit einigen Jahren eine Nebenwohnung unterhält. »Mit hohem Tempo fahrend«, so schildert es Franz Georg Strauß, »kam sie keine 10 Minuten nach Abfahrt langsam von der Fahrbahn ab, ratterte mit den rechten Reifen sekundenlang auf dem Bankett dahin und raste ungebremst neben einer Brücke, die über einen Feldweg führte, in einen Erdwall, ein kräftiger Ast schlug ins Fahrzeuginnere. Unzweifelhaft war dies der Todeszeitpunkt.«[1]

Erst am nächsten Morgen entdeckt ein Bauer die Unglücksstelle und verständigt die Polizei. Strauß, inzwischen in Zagreb angekommen, ist an diesem Vormittag mit seiner Delegation unterwegs, als der Fahrzeugkonvoi zu einem nicht vorgesehenen Stopp auf eine Raststätte gelenkt wird. Ein Uniformierter öffnet die Wagentür und fordert Franz Georg auf, ans Telefon zu kommen. Nichts ahnend, im wahrsten Sinne aus dem heiteren kroatischen Himmel – kaum Wolken, strahlende Sonne – ereilt so zunächst den Sohn und dann den Ehemann die schreckliche Nachricht aus Deutschland: »Die Mami ist tot, Autounfall, heute Nacht, bei Scharling, verunglückt.«[2]

Ähnlich wie es nach dem Tod von Franz Josef Strauß sein wird, ranken sich um das abrupte Ableben seiner Ehefrau bald Legenden. Für die Hinterbliebenen, denen solches Gerede natürlich nicht entgeht, wird so der Schmerz noch größer. Doch nicht nur die Spekulationen der Sensationspresse und das Geraune der Klatschbörsen stören die Stille der Trauernden – das Bild wäre nicht komplett, fehlte die Politik als Ruhestörerin. Am Abend nach der Beisetzung im kleineren Rahmen (aber was heißt schon klein im Zusammenhang mit Strauß: Familie, Freunde und »mehrere hundert Repräsentanten der deutschen Politik« geben Marianne Strauß das letzte Geleit) wird nach 22 Uhr das Bonner Kanzleramt vorstellig. Kohl müsse dringend mit dem trauernden Witwer sprechen. Es kommt dann auch zum Telefonat der beiden, in welchem der Kanzler den CSU-Vorsitzenden über den Rücktritt von Otto Graf Lambsdorff als Wirtschaftsminister im Gefolge des Parteispenden-Skandals unterrichtet.[3] Manche finden es »pietätlos«[4], andere bemerkenswert, wie Kohl »mit einer bisher bei ihm nicht gekannten Zügigkeit« Martin Bangemann als Nachfolger präsentiert. Strauß selbst wirkt nach dem Gespräch mit Kohl auf seinen jüngeren Sohn »arg niedergeschlagen«.[5]

Staatstrauer wird für die Frau ohne Amt nicht angeordnet, die riesige Welle der öffentlichen Anteilnahme am Tod von Marianne Strauß zeigt

Beisetzung von Ehefrau und Mutter. Am 22. Juni 1984 verunglückt
Marianne Strauß bei einem Autounfall tödlich.

allerdings, dass Volkstrauer herrscht. Und ein bisschen Staatstrauer gibt es dann doch noch, denn nicht nur die Führung der CSU gedenkt in ihrer Vorstandssitzung am 16. Juli 1984 der Gattin ihres Vorsitzenden, sondern auch der bayerische Landtag würdigt ganz offiziell vier Tage später Leben und Werk der Landesmutter.[6]

Als solche stand Marianne Strauß selbst im Rampenlicht, beliebt bei den Menschen im Land. Für den Gatten und die drei zurückgebliebenen Kinder bringt ihr Tod tiefen Schmerz, für die Öffentlichkeit ist er vor allem ein Medienereignis. So, wie es siebenundzwanzig Jahre zuvor mit ihrer Ehe begann, so ist auch der Trauer um seine Ehefrau Privatheit nicht vergönnt. Mit dem Ausheben des Grabs, dem Lesen der Totenmesse, dem stillen Gedenken ist es nicht getan. Heerscharen von Reportern sind angereist, ein Wald aus Kamerastativen umsäumt das Trauergeschehen. Statt stillem Geleit gibt es für die Bildschirme in allen deutschen Wohnstuben Live-Übertragungen, die Tränen der Familie in Echtzeit und anschließend Fotostrecken in allen wichtigen Publikumsmagazinen, die Boulevardpresse nicht zu vergessen.

Diese Bilder indessen, die den trauernden, versteinerten, den schwer gezeichneten Mann zeigen, werfen gleich die nächsten bangen Fragen auf.

Denn wenn auch keiner der Außenstehenden erahnen kann, was er mit dem Tod seiner Ehefrau alles verloren hat, so ist doch offensichtlich, dass Strauß hier eines lebenswichtigen Stücks seiner selbst beraubt worden ist.

Die Trauer im Hause Strauß ist groß. »Wie in anderen Familien auch, denen der Mittelpunkt genommen wurde, war plötzlich Leid und Verzweiflung eingekehrt«, schreibt Franz Georg Strauß in seinen warmherzigen Erinnerungen an den Vater: »Unsere Welt hatte sich verdunkelt.«[7] Ablenkung und Gedenken zugleich bietet die eilends ins Leben gerufene Marianne-Strauß-Stiftung, die weniger durch materielle Zuwendungen als durch beherzte Mentorenschaft und praktische Lebenshilfe für Bedürftige tatkräftig das ihre leistet, um den Namen der Verstorbenen mit einem angemessenen Nachleben zu ehren. Monika, die Tochter, ist bereits verheiratet und lebt außer Haus, doch ähnlich resolut und schonungslos gegen sich selbst, wie die Mutter es war, nimmt sie deren repräsentative Aufgaben an der Seite des Vaters wahr. Lange dauert es nicht, bis die junge Frau, die zehn Tage nach dem Verlust der Mutter erst zweiundzwanzig Jahre alt geworden ist, in diese Rolle hineingewachsen ist.

Die Söhne bilden derweil am Familiensitz eine Art WG mit dem Vater, entlasten ihn soweit wie möglich – und sind, vor allem, einfach da. Franz Georg, der zwischen Abitur und Bundeswehr das Vernünftigste getan hatte, was man als Kind eines Übergroßen tun kann – weit weg, in diesem Fall: nach Frankfurt, zu ziehen, ein eigenes Leben aufzubauen –, ist nun, da der Vater auch ihn braucht, heimgekehrt. Noch Monate später registriert Friedrich Voss, dass Strauß »über den unerwarteten Tod seiner Frau nur schwer hinweg« kommt. Das Bedürfnis, »von Menschen umgeben (zu sein), die er mag und die ihn mögen«[8], wird größer. Bis an sein Lebensende wird bei Franz Josef Strauß die Angst vor dem Alleinsein nicht mehr weichen.

Manche Beobachter glauben nach dem Tod von Marianne eine besondere Geschäftigkeit des Hinterbliebenen ausmachen zu können: »Sein Leben wird von jetzt an noch schneller, noch rastloser.«[9] Andere bemerken eher das Gegenteil. Schlagartig ist mehr Zeit und Raum für persönliche Begegnungen. Peter Boenisch beispielsweise, seit Jahrzehnten eng mit ihm verbunden, erlebt bei ihrer ersten längeren Begegnung seit dem Tod der Frau ganz neue Seiten. Im Bogenhauser Hof sind sie zum Essen verabredet. Gewöhnlich kommt Strauß zu einer solchen Begegnung eine Stunde zu spät, Boenisch kalkuliert das ein und trifft selbst erst fünfundvierzig Minuten nach der vereinbarten Zeit ein. Doch da sitzt sein Freund schon – er war diesmal pünktlich – und nimmt ihm nicht mal die Verspätung krumm.[10] Das Bedürfnis, einen vertrauten Menschen um sich zu haben, überwiegt alles andere, den Ärger und auch seine notorische Ungeduld. Überhaupt müssen jetzt politische Termine, die eben noch als unverhandelbar galten, weit häufiger als früher hinter dem Verlangen nach menschlichen Begegnungen zurückstehen.

Die Angst vor dem Alleinsein wird mit der Zeit so groß, dass sie am Schlaf zu nagen beginnt. Die Freundin von einem der Söhne, die öfter über Nacht in der Sendlinger Männer-WG bleibt, wird sich später gut an viele Nächte erinnern, in denen es an der Tür klopfte und der sich ein wenig vom Rast- zum Schlaflosen wandelnde Strauß jemanden zum Reden suchte.[11]

Natürlich bleibt das Leben von Strauß strapaziös. Solange die Batterie noch Spannung hat, wird er gar nicht anders können, als weiter zu hetzen, auch wenn es weniger wird und sich die Schwerpunkte zu verlagern beginnen. So ist es das eigentliche Wunder, dass er erst in seinem siebzigsten Lebensjahr derart gravierende gesundheitliche Nöte bekommt, dass sie sich nicht mehr einfach wegdrücken lassen. Herz- und Kreislaufprobleme plagen ihn schon seit längerem, irgendwann ist ein ernst zu nehmender Diabetes hinzugekommen. Starkes Übergewicht, jahrzehntelanges Stressessen und -trinken – und überhaupt die permanente Anspannung – tun ein Übriges. Wie sich nach seinem Tod drei Jahre später bei der Autopsie zeigen wird, erleidet er wahrscheinlich Anfang 1985 einen stillen und daher unbehandelten Herzinfarkt. Weitere Malaisen kommen hinzu.[12]

Im Frühjahr 1985 dann der Beweis, wie elend Strauß sich fühlen muss: Freiwillig bucht er eine Kur für zwei Wochen in Bad Füssing. Die Tage im Johannesbad, wo er ein kleines Apartment bezieht, tun richtig gut und zeigen ihm: Bayern geht ohne ihn nicht unter, der Münchner Apparat läuft während seiner Abwesenheit wie eine wohlgeölte Maschine. Und so verlängert Strauß die Kur unbesorgt um eine weitere Woche, an deren Ende er wie ausgewechselt ist: dreizehn Kilogramm weniger bringt er auf die Waage. Er kauft sich neue, sogar halbwegs modische Anzüge, kommt »flott daher«, wie Franz Georg erfreut feststellen kann; »physisch und psychisch wieder aufgebaut«, beendet er den Kuraufenthalt »voller Tatendrang«.[13]

Den lebt er jedoch weniger am Rhein aus, sondern es zieht ihn immer mehr zu Auslandsreisen und vermehrt auch solchen, die eher der Bildungslust gewidmet sind, am liebsten mit geländegängigem Pkw, denn er mag die langen Umwege durch historisch bedeutsame Landschaften. Strauß ist nicht nur Flieger aus Leidenschaft, er ist auch bekennender Automobilist –

weite Fahrten wie im Sommer 1984 nach Albanien oder im Sommer 1985 über Bulgarien Richtung Istanbul sind eigentlich nur dann ein echtes Vergnügen, wenn er selbst am Steuer sitzt: Jeden Sommer gibt es jetzt ausgedehnte Rallye-Reisen, nicht mal notwendig mit politischem Aspekt, die stets etwas von einem ausgedehnten Betriebsausflug mit den engsten Freunden und verbliebenen Weggefährten – aus Bonn ist niemand dabei – an sich haben.

Manche Lebensakzente verschieben sich. Strauß lässt seit dem Tod seiner Frau mehr Leben in seinem Leben zu, was natürlich nicht bedeutet, dass er das Dasein eines rüstigen Rentners führen würde: Bei aller Frustration, bei allem Ärger vor allem über Kohl und Genscher hat er noch genügend Energie, um sich immer wieder ins Getümmel zu stürzen. Und auch in Bayern ist einiges geradezurücken. Die Schmach des 1983er Parteitags darf sich nicht wiederholen, und auch die für 1986 mal wieder anstehenden Landtagswahlen sind ein ernst zu nehmender Test auf seine verbliebene politische Validität.

Für seine innerparteiliche Stellung kommt es gerade recht, dass Strauß permanent mit Bonn und Kohl über Kreuz liegt. So kennt man ihn, die Christsozialen lieben ihn dafür, dass sie unter seinem Vorsitz stets ein wenig anders als die anderen, als diese restdeutschen Christdemokraten sein dürfen. Vielleicht verdankt sich das eine oder andere Prozent bei seiner Wiederwahl im November 1985 auch Mitgefühl – imposant ist sein Resultat allemal: 98,8 Prozent der Abstimmenden wollen ihn weiterhin als Vorsitzenden sehen; nur 1979, auf dem Höhepunkt des Streits mit der CDU um die Kanzlerkandidatur, hat er ein besseres Ergebnis erzielt, damals waren es 99 Prozent.

Nicht ganz so zufriedenstellend wird im nächsten Jahr die Ernte bei der Landtagswahl, für die vorsichtshalber die fast schon bescheidene Zielmarke *55 plus X* Prozent ausgegeben wird. Dass X am Ende nur 0,8 betragen wird, mag auf den ersten Blick wie ein weiterer Schritt auf dem Abstieg seit den glorreichen Tagen von Alfons Goppel erscheinen, der Strauß drei Jahre überleben wird. Doch die 86er-Wahl findet in einem landespolitischen Klima statt, das von Zumutungen, auch für die eigene Basis, geprägt ist, wie selten zuvor. Einige Aufregerthemen, die anderenorts zu Wahlzeiten lieber unter den Teppich gekehrt werden, stehen auf der Agenda von Strauß – und er stellt sie offen zur Wahl. Mit Großprojekten wie dem Neubau eines modernen Münchner Flughafens im Erdinger Moos, der Durchsetzung des Rhein-Main-Donau-Kanals und der Wiederaufbereitungsanlage, die im oberpfälzischen Wackersdorf entstehen soll, präsentiert Strauß der Wählerschaft einige seiner Herzensthemen, deren ökologische Fragwürdigkeit mittlerweile selbst in konservativen Kreisen offen diskutiert wird.

Mit der vollen Wucht seines Modernisierungsoptimismus geht Strauß in diese Landtagswahl hinein, die seine letzte sein wird. Ausbau und Erneuerung der Infrastruktur und des Wirtschaftsstandorts Bayern, der ungebrochene Glaube an die Segnungen von Wissenschaft und Technik für die Welt von heute und morgen, schließlich die Nutzung der Kernkraft zur Energieerzeugung, die er als erster verantwortlicher Bundesminister in der Adenauer-Zeit maßgeblich mit auf den Weg gebracht hat: Es ist eine Art Vermächtnis zu Lebzeiten, das sich 1986 mit ihm zur Wahl stellt. Er ist sozusagen der letzte Mohikaner einer Denkungsart, die in den fünfziger Jahren mehr oder weniger Grundkonsens aller Parteien war, der aber unter den Vorzeichen starker außerparlamentarischer Protestbewegungen längst korrodiert ist.

Die Sozialdemokraten, einst nicht weniger Fortschritts- und Modernisierungsverfechter als Strauß, haben weder in der Umwelt- noch in der Friedensfrage rechtzeitig die Kurve bekommen, um das Entstehen einer neuen Partei links von ihr zu unterbinden. Seit 1983 sitzen Die Grünen im Bundestag. Für die Union sind sie weniger ein Problem: Sie sind nicht Konkurrenz, sondern liefern geradezu ein willkommenes Feindbild.

Strauß, der als Kanzlerkandidat der Union zu den Taufpaten der Grünen zählt, macht es sich da nicht ganz so leicht wie die Schwesterpartei; er sieht sehr wohl, dass Erhaltung und Schutz der Natur ein durchaus konservatives Thema ist, zumal für eine Partei wie die CSU, »die das schöne Bayern erfunden hat«[14] – ein Bayern, das nicht zuletzt schön ist, weil es dort so viel Natur gibt. Ein Veto von ihm gab es jedenfalls nicht, als der Freistaat 1971 als erstes Bundesland einen Umweltminister installierte, und auch bei der verfassungsrechtlichen Verankerung eines Staatsziels »Umweltschutz« ist Bayern, 1984 unter seiner Führung, Vorreiter in Deutschland.

Die Erhaltung der natürlichen Lebensgrundlagen gleich noch mit nationalem Rang im Grundgesetz auszustatten, ist ihm kein Herzensanliegen. Aber weil Kohl hier mauert und »große Bedenken« hat, dies könne womöglich Schule machen und Begehr für »weitere Staatsziele« progressiver Art wecken, ist Strauß in Bayern »tätig geworden«, wie er dem Kanzler unter vier Augen erläutert, nachdem dieser »versichert habe, daß der Bund nicht tätig werden wolle«.[15] Umwelt und Schöpfung bewahren zu wollen, das ist für Strauß kein Problem. Schwierig wird es erst dort, wo sich die Übereinstimmung dieses Ziels mit den Modernisierungsprojekten in der Praxis nicht von selbst ergibt – mit anderen Wort: wenn es konkret wird.

Einige Monate vor der Landtagswahl 1986 bekommt das Thema Umwelt zusätzlichen, und zwar gewaltigen Auftrieb; die Reaktorkatastrophe von Tschernobyl am 26. April 1986 rückt die Atomkraft über Nacht in den Mittelpunkt der nationalen Politik. Ein besonderes Trauerspiel ist in diesem Zusammenhang die Informationspolitik der Bundesregierung, die von dem für Umwelt zuständigen Innenminister Fritz Zimmermann und damit einem CSU-Repräsentanten zu verantworten ist. Schon schlimm, was sich da in der Ukraine ereignet habe, findet auch Zimmermann, doch sein sophistisch zutreffender Hinweis, exakt das gleiche Unglück könne sich in Deutschland nicht wiederholen, da der gerade havarierte Reaktortyp hier nicht gebaut worden sei, bewirkt genau das Gegenteil von dem, was jetzt gebraucht wird: allgemeine Beruhigung. Die vermag auch seine andere Beschwichtigungsformel – »Eine Gefährdung besteht nur in einem Umkreis von 30 bis 50 Kilometer um den Reaktor herum, dort ist sie sehr hoch. Wir sind 2000 Kilometer weg«[16] – nicht zu entfalten. Nicht einmal im Hause Strauß, denn dort ist Tochter Monika gerade schwanger und sorgt sich über womöglich auch hierzulande kontaminierte Lebensmittel, insbesondere Milchprodukte.[17]

Kohl, der bisher weder für noch wider die Atomkraft irgendeine Leidenschaft hat erkennen lassen, aber eine ausgesprochen gute Witterung für Themen hat, die innenpolitisch unbeherrschbar werden könnten – in einem guten halben Jahr ist Bundestagswahl –, fackelt nicht lange: Postwendend bekommt Zimmermann die Zuständigkeit für Umweltfragen entzogen, und mit Walter Wallmann, dem Frankfurter Oberbürgermeister, zaubert der Kanzler ein Kabinettsmitglied aus dem Hut, das fortan einem neuen Ressort für Umwelt und Reaktorsicherheit vorstehen wird. Strauß ist »nicht bereit, zugunsten Zimmermanns und im Ergebnis gegen Wallmann bei Kohl zu intervenieren«, hält Friedrich Voss in seinem Tagebuch fest,[18] er kämpft weder für den von ihm abfallenden Freund, noch gegen den Zuständigkeitsverlust der CSU in Bonn.

Die Ereignisse von Tschernobyl und das Projekt Wackersdorf liegen in einer Zeit der atompolitischen Lethargie; die Kernenergiepolitik Kohls, so bilanziert im Rückblick Joachim Radkau, der Pionier und Nestor der atompolitischen Geschichtsschreibung in der Bundesrepublik, bleibt »insgesamt blass und passiv«:[19] Man vertraut darauf, dass es irgendwie weitergeht, nur

Verantwortung übernehmen will niemand. Vor dem Bau neuer Kraftwerke stehen das atomrechtliche Genehmigungsverfahren mit seinen unzähligen Tücken und die deutsche Verwaltungsgerichtsbarkeit. Nachdem das AKW Mülheim-Kärlich bei Koblenz schon vor seiner Inbetriebnahme stillgelegt worden ist, glauben nur noch wenige an einen neuen Aufschwung der Atomwirtschaft. Strauß und Kohl zählen nicht dazu.

Doch auch ohne neue kerntechnische Großanlagen besteht Handlungsbedarf. Nicht zuletzt ist die Frage offen: Wohin mit dem Müll aus deutschen AKWs? Die Ministerpräsidenten beschäftigen sich vor allem mit einem nuklearen Schwarzer-Peter-Spiel, der Kanzler will sich am Atommüll nicht die Finger verbrennen. Es liegen also wieder einmal ideale Voraussetzungen dafür vor, Strauß auf die Palme zu bringen. Eigentlich sind Ernst Albrecht und das Land Niedersachsen, wo auch die Lagerung des Atommülls vorgesehen ist, im Wort, doch Albrecht fürchtet die politischen Risiken. Mit Brokdorf, Gorleben und der Freien Republik Wendland gibt es in seinem Bundesland schon genügend Unruhepunkte für die Anti-Atom-Bewegung; zusätzliche politische Durchsetzungskosten für die nukleare Wiederaufbereitung will er jedenfalls nicht tragen. Am Ende ist nur Strauß bereit, in die Verantwortung für das zu gehen, was alle Kollegen wollen.[20]

Die Alternative zur Wiederaufbereitung in Deutschland wird bald nach dem Tod von Strauß umgesetzt. Das Vertrauen der Industrie, dass ein politisches Wort in Deutschland etwas gilt, tendiert jetzt gegen Null. Strauß haben sie noch zugetraut, Wackersdorf gegen alle Widerstände – aber mit 55 plus X Prozent der Stimmen im Rücken – durchzuziehen. Die absurde Vorstellung einer permanenten transnationalen Atommüllverschiebung in Europa, das Herausstehlen aus der nationalen Verantwortung für den national produzierten Nuklearabfall sowie die Aufgabe eines hochtechnologischen Industriezweigs mit Exportchancen: Zu Strauß hat das nicht gepasst.

Es ist schwer zu entscheiden, wie viel Vernunft – manche mögen diese für fehlgleitet halten, aber eine innere Rationalität ist schwer zu bestreiten – und wie viel Stolz auf ein gehöriges Stück eigener Lebensleistung bei Strauß dazu führten, dass er bis zu seinem Lebensende für die eigentlich mit Blick auf die gesellschaftliche Durchsetzungsfähigkeit verlorene Sache kämpfte. Einsicht und Eitelkeit liegen nah beieinander. Doch berechenbar war das und auch seine Verlässlichkeit.

Ein halbes Jahr nach dem Tod von Strauß erhält Max Streibl, sein Nachfolger als bayerischer Ministerpräsident, Besuch vom VEBA-Chef Rudolf von Bennigsen-Foerder, der wissen will, ob auch der neue Mann in der

Münchner Staatskanzlei zu den Zusagen seines Vorgängers stehen wird. Am Ende des Gesprächs weiß er es nicht genau, aber auch das ist eine Antwort, mit der er etwas anfangen kann. Als unmittelbares Ergebnis des Treffens – so erinnert sich Werner Müller, engster Mitarbeiter von Bennigsen und später dann unter Gerhard Schröder Bundeswirtschaftsminister – steigt die VEBA aus und verbringt ihren Dreck lieber nach Frankreich.[21] Schnell, noch im April 1989, ist der Vertrag mit COGEMA ausgehandelt und unterschrieben: Damit ist Wackersdorf beerdigt, aufbereitet wird nun in La Hague.

Am 12. Oktober 1986, dem Tag der Landtagswahl, ahnt niemand etwas von der bald bevorstehenden Beisetzung der Wackersdorfer Pläne und schon gar nicht vom nahenden Tod des Wahlsiegers in knapp zwei Jahren. Es ist nicht der strahlendste Sieg, den Strauß erringt, aber gemessen an den ungünstigen nuklearen Vorzeichen, unter denen der Wahlgang gestanden hat, ist das Ergebnis durchaus respektabel. Keines seiner umstrittenen Großvorhaben hat er unter dem Tisch gehalten, jeder wusste, wen und was er mit Strauß wählt. Populär ist das, wofür er offen – mehr tollkühn als tapfer – geworben hat, durch seinen Wahlsieg nicht geworden. Aber eine beeindruckende Legitimationsgrundlage, am heiklen bayerischen Fortschritt weiterzubauen, hat sich Strauß damit verschafft.

Mit ähnlichem Elan, als ahne er, dass es bereits um sein politisches Testament geht, stürzt er sich in die koalitions- und unionsinternen Positionskämpfe vor der auf den 25. Januar 1987 festgesetzten Bundestagswahl. Wahlkämpfe sind immer auch das Duell der Spitzenkandidaten. Dieses Mal fordert der Versöhnungsspezialist aus Düsseldorf, Nordrhein-Westfalens Ministerpräsident Johannes Rau, für die SPD den Unionskanzler heraus. Doch der Kandidat ist mehr damit beschäftigt, seinen eigenen Laden zusammenzuhalten, als den Titelkampf mit Kohl auszutragen. Es ist die Zeit, in der die Sozialdemokraten besonders schwer unter der Konkurrenz mit den Grünen leiden. Eigentlich will die Partei in ihrer gefühlten Mehrheit selbst ergrünen, den letzten Ballast der Schmidt-Jahre hinter sich lassen und Friedens- und Anti-Atomkraft-Partei sein; gleichzeitig ist eine Koalition mit den Grünen, die nach wie vor als Bürgerschreck funktionieren, noch unvorstellbar. So zieht die SPD ohne Koalitions-Wunschpartner und mithin ohne Machtperspektive in die Schlacht. Die ist damit fast schon verloren, zumal sich die Umfragewerte für die Koalitionsparteien auf wundersame Weise erholt haben.

Im Grunde, so scheint es einige Monate vor dem Wahlgang und so kommt es am Ende dann ja auch, geht es nur noch um das Austarieren der

Verhältnisse innerhalb der bestehenden Koalition: Wie viel CDU, wie viel FDP, wie viel Strauß wird es am Ende geben? Während die Liberalen den Druck auf die Union hochfahren, sich endlich zu der bereits 1983 versprochenen großen Steuerreform zu bequemen, trägt Strauß den Streit um die Außenpolitik und ihren Spitzenrepräsentanten Genscher in die Auseinandersetzung hinein. Themen wie die Lockerung der Richtlinien für den Rüstungsexport, mit denen er bei Kohl stets auf Granit gebissen hat, die aber auch in der Bevölkerung nicht gerade populär sind, werden herausgekramt und gegen Genscher gesetzt, ohne dass Strauß eine Antwort auf die Frage hätte, wie man damit bei den Wählern punkten kann. Und auch von seiner ewigen Entspannungsskepsis mag angesichts des neuen Moskauer Superstars Michail Gorbatschow und dessen Perestroika-Versprechen – seine programmatischen Bücher, die in jenen Jahren erscheinen, sind allesamt Bestseller in Deutschland – niemand etwas hören.

Die Gemengelage ist allerdings noch komplizierter, und das nicht nur, weil Strauß und die CSU in der Steuerpolitik eigentlich näher bei den Liberalen stehen als bei Blüm und Geißler. Denn unmöglich erscheint es wenige Monate vor der Bundestagswahl nicht, dass die Union in die Nähe einer absoluten Mehrheit geraten könnte. Dass dies der FDP nicht lieb wäre, liegt auf der Hand. Aber auch Kohl oder Geißler bereitet die Aussicht, sich demnächst mit Strauß und seiner Partei als alleinigem Koalitionspartner auseinandersetzen zu müssen, wenig Freude. So gesehen betreibt Strauß mit seinen Polarisierungen und Attacken gegen die Liberalen den besten Wahlkampf, den sich Kohl und Genscher wünschen könnten. Ob er es merkt oder nicht: Strauß steckt in einer strategischen Klemme. Die von ihm Bedrängten können mit Blick auf ihr Wunschergebnis gar nicht anders, als beherzt den Strauß mit Strauß auszufechten. Als schwarzer Buhmann zeigt er doch selbst am besten, warum die Liberalen so wichtig, gar unverzichtbar für das bürgerliche Lager sind: Eine bessere Versicherung gegen Strauß als den wahlkämpfenden Strauß gibt es einfach nicht.

In der Vergangenheit war er stets ein Aktivposten der deutschen Politik. Er gab Themen vor, setzte viel durch, und sei es auch nur – in Oppositionszeit ist ja mehr nicht zu gewinnen – in den eigenen Reihen. Jetzt ist er fast schon zum Spielball von Kohl und Genscher geworden. Mal nutzt das den Liberalen, die Strauß ins Feld führen können, wenn sie ihre wirtschaftspolitischen Themen gegen die Union forcieren wollen, mal ist es für den Kanzler, der von einer härteren Gangart in der Außenpolitik sowieso nichts hören möchte, von großem Nutzen, dass der CSU-Chef die FDP aufschreckt, damit ein ums andere Mal ins Leere läuft und sich so allmählich als Widerpart von Kohl verschleißt.

Im Großen und Ganzen folgt das Machtspiel zwischen Kohl, Genscher und Strauß bis zu dessen Tod vorgezeichneten Linien: Strauß kann sich aus dem Korsett der objektiven Konstellation einerseits und dem festen Willen seiner Gegenspieler, ihn unter Kontrolle zu halten, nicht herauswinden. Er sieht es selbst, ohne den geringsten Ansatz dafür zu haben, sich aus seiner Ohnmacht zu befreien. Seine Ohnmacht wandelt sich in Wut, die sich aufstaut, bis sie schließlich eruptiv ausbricht.

Die Vorstellung einer überengen Kameradschaft zwischen Kohl und Genscher, die auch – vielleicht sogar vor allem – gegen ihn gerichtet ist, um ihn von Bonn fernzuhalten, ist nahezu unerschütterlich. Für Strauß sind die beiden Widersacher im Grunde gleichermaßen vom Streben nach persönlicher Macht besessen. Sehr viel mehr treibt sie aus seiner Sicht nicht an.

Nun war der CSU-Vorsitzende nie ein Machtverächter, und man wird nicht sagen können, dass er in der Erlangung von Macht keine persönliche Genugtuung empfindet. Gerade die mit äußerster Zähigkeit betriebene Rehabilitierung nach der *Spiegel*-Affäre lehrt das Gegenteil. Im Vergleich zu Kohl indes fällt auf, dass Strauß der letzte Biss, die letzte Konsequenz beim Machterwerb, beim Machterhalt und auch beim Auskosten und der Verteidigung persönlicher Macht fehlt. Beide haben sich auf ihrem Weg nach oben viele Feinde gemacht. Doch anders als der Kanzler, der von Biedenkopf bis Geißler jeden seiner Feinde vernichtet sehen will, fehlt Strauß jeder Tötungsinstinkt, der nur mit der Vernichtung der Verfolgten zu beruhigen wäre. Seine Gegner in München müssen aus ihren Ämtern weichen, als Strauß Ministerpräsident wird, aber sie dürfen Prestige und Status behalten – dem gesichtswahrenden Abschied aus der ersten Reihe der Politik stellt sich Strauß nicht in die Quere. Einer, Ludwig Huber, wird Präsident der Bayerischen Landesbank, ein anderer, Bruno Merk, Präsident des bayerischen Sparkassen- und Giro-Verbands. Am Ende überwiegt bei Strauß immer das *Leben und leben lassen*.

Wichtiger noch ist ein anderer Aspekt: Mit der ihm eigenen Urgewalt greift Strauß immer wieder nach Macht. Doch selbst seine erbittertsten Gegner unterstellen ihm nie, dass dies für ihn ein Selbstzweck ist: Sein Streben nach Macht und Position ist stets Mittel zum Zweck der Durchsetzung seiner politischen Ziele; für einen wie Augstein liegt gerade in diesen das eigentliche Problem. Daher das Unerbittliche, die Gnadenlosigkeit, mit welcher der *Spiegel*-Chef Strauß jahrzehntelang bekämpft. Im Fall Kohl hingegen, dem es – abgesehen von den europäischen Themen – bis zur deutschen Einheit und auch wieder danach genügt, sich in Macht zu sonnen, reicht Verachtung. Der eine lehrt seine Gegner das Fürchten, der andere trainiert die Lachmuskeln seiner Verächter. Aus dieser Perspektive betrachtet, ist Strauß mit seinen politischen Zielen gefährlich – und Kohl einfach nur *Birne*.

Vieles an Kohl bringt Strauß an den Rand der Verzweiflung. Das Schlimmste aber ist, dass aus seiner Sicht der Kanzler einfach nicht verstehen kann, was ihn antreibt: »Ich habe ihm in unmißverständlicher Formulierung dann klargemacht«, so rekapituliert Strauß eines seiner vielen Vieraugengespäche mit Kohl, »daß ich nicht mit gepackten Koffern auf der Landstraße nach Bonn sitzen und darauf warten würde, daß mich irgendein vorbeifahrendes Fahrzeug mitnimmt. Aber bestimmte Aspekte der Bonner Politik, vor allem der Außenpolitik, seien auf die Dauer einfach nicht mehr erträglich. Bei allem Verständnis für die Rücksichtnahme auf die FDP dürften aber hier nicht wesentliche deutsche Interessen dann unter dem Fernsehbedürfnis und Überlebensbedürfnis des Außenministers wegen seines Parteivorsitzes überwiegen.« Kohl könne einfach nicht verstehen, dass es Strauß nicht darum gehe, »irgendein Amt in der Bundesregierung zu erhalten«, auch nicht das des Außenministers, sondern um eine Richtungsänderung in der Sache, »damit das Gewicht der Bundesrepublik Deutschland in der Welt wieder zur Geltung kommt«. Denn, so fährt Strauß in seiner Protokollaufzeichnung fort: »Das könne nicht durch Dampfplauderei, durch hektische Reiseaktivitäten und sinnlose Konferenzstrategien mit einer Mammutproduktion an überflüssigen Papieren (...) erreicht werden.«[22]

Es ist schwer zu bestimmen, wen Strauß innerlich mehr ablehnt: Kohl oder Genscher. Dem Außenminister kann man wenigstens noch zugutehalten, dass er ja die Sache der Union nicht zu vertreten hat, sondern die der Liberalen. Mit Genscher kann und muss Strauß sich streiten, aber ein *agree to disagree* mit ihm fällt leichter als mit einem, der dem Papier nach doch Gesinnungsfreund sein müsste. Eine Szene jedenfalls wie jene, die Genscher in seinen Memoiren schildert, wäre in einer anderen Konstellation dieser drei Koalitionsführer nicht vorstellbar: Am Abend nach der Europawahl 1984 streiten er und Strauß sich in Kohls Gegenwart wie die Kesselflicker, fast scheint es, als könne es zu Handgreiflichkeiten kommen. Kohl wird das zu viel: »Wenn sich die Sache so entwickelt, dann möchte ich lieber gehen.« Kaum ist er weg, meint Genscher: »Herr Strauß, warum sollten wir weitermachen, wenn der nicht mehr zusieht?« Strauß lacht, »die Luft ist raus«, man bestellt noch ein Bier, einen Schnaps, und dann geht jeder friedlich seiner Wege.[23]

Man mag diesen Schwank glauben oder nicht, am festen Glauben von Strauß an eine innige Kumpanei von Genscher und Kohl auf seine Kosten ändert das nichts. Von innerer Wut verblendet, fehlt Strauß der klare Blick dafür, dass der Kanzler seinen Außenminister nicht ohne weiteres mit seiner Richtlinienkompetenz einbremsen kann. Genscher gegenüber muss Kohl seine Neigung, irgendwann jeden aus seiner Mannschaft und Umgebung wie Gesinde zu behandeln, zügeln. Tatsächlich belauern sich die beiden vermeintlich dicken Freunde permanent, ganz traut keiner dem anderen über den Weg.

Genschers langjähriger Mitarbeiter Wolfgang Ischinger beispielsweise erzählt eine durchaus bezeichnende Anekdote: Von einer zweitägigen Auslandsreise zurückgekehrt, lässt sich Genscher auf dem Weg vom Flughafen Köln/Bonn zum Auswärtige Amt telefonisch über die letzten Neuigkeiten vom Tag unterrichten und erfährt dabei, dass Kohl eine kleine Runde hochkarätiger Unionspolitiker zusammengetrommelt hat – unter ihnen der Verteidigungsminister –, um über die nächsten Schritte in den deutsch-amerikanischen Beziehungen zu beraten. Von der FDP ist niemand zugegen. Grund genug für Genscher, die Fahrtroute zu korrigieren. Unangemeldet – »Ich bin der Koalitionspartner. Ich brauche keine Einladung« – fällt er im Kanzleramt ein, stürmt das Vorzimmer Kohls – »Sind die da drinnen?« – und platzt in die Besprechung hinein. Nach einer Stunde ist alles vorbei und der Außenminister auf dem Weg zu seinem Amtssitz. Noch während der Fahrt legt er seinem staunendem Mitarbeiter die Logik seines Tuns dar: »Der Kohl muß jetzt mal lernen, dass ich sein Partner bin, nicht ein Mitarbeiter, den man vielleicht einlädt oder vielleicht auch nicht. Und das hat er heute. Das war sehr gut so.«[24]

Vergleichbare Lernerfolge bei Kohl kann Strauß trotz intensiver Bemühungen nicht verzeichnen. Ihm fehlen schlicht die Druckmittel, um den Kanzler auf Kurs zu zwingen, wenn es hart auf hart kommt. Zwar kann die CSU innerhalb der Koalition ähnlich viele Abgeordnete wie die FDP – genau besehen sind es sogar ein paar mehr – in die Waagschale werfen. Aber am Ende muss sie sich immer wieder der Logik, kleinere Schwesterpartei der CDU zu sein, beugen. Spätestens seit Kreuth ist dabei das Drohpotenzial aus Bayern stark reduziert. Ein anderes Mittel als das starke Argument hat Strauß einfach nicht, um Kohl für sich und seine Positionen zu gewinnen.

Und wie wichtig dem Bundeskanzler politische Inhalte im Allgemeinen und konzeptionelle Handreichungen aus Bayern im Besonderen sind, das hat Strauß zur Genüge erfahren dürfen, ertragen müssen.

In außen- und sicherheitspolitischen Fragen, die innerhalb der Koalition strittig sind, kommt Strauß damit nie allzu weit. Das ist vor allem mit Blick auf eines seiner Herz- und Lebensthemen bitter. Die Frage, wie die Bundesrepublik angesichts massiver militärischer Bedrohung – unter den Rahmenbedingungen des Nuklearzeitalters – den Ernstfall verhindern oder sich zu der Möglichkeit, dass er eintreten könnte, verhalten sollte, hat Strauß seit seiner Zeit als Verteidigungsminister immer wieder umgetrieben. In letzter Konsequenz haben seither alle Fragen und Analysen zur nuklearen Abschreckung geführt, aber auch zu der Erkenntnis, dass die strategischen Interessen der Vereinigten Staaten als nuklearer Schutzmacht sich nicht unbedingt mit denen der Bundesrepublik decken. Dreh- und Angelpunkt für die deutsche Sicherheit ist somit die möglichst enge Verbindung der nationalen Interessen Amerikas mit der Sicherheitslage in der Mitte Europas. Gleichzeitig ist es für den atomaren Habenichts Bundesrepublik überlebenswichtig, dass im Ernstfall das zentrale Schlachtfeld – und dies wäre Deutschland – nicht zum alleinigen Spielfeld anderer wird, die es dann in der Hand hätten, das zu zerstören, was eigentlich verteidigt werden sollte. Beide Aspekte, die Stärkung der Anbindung Deutschlands an die globale Abschreckungsmacht der Vereinigten Staaten wie die Einflussnahme auf die militärischen Eventualpläne und Vorkehrungen, weisen in dieselbe Richtung: Die Bundesrepublik muss über so viel nukleare Mitbestimmung im Rahmen der Bündnisstrategie verfügen wie eben möglich.

Aus dieser Perspektive war die Entscheidung zur Nachrüstung eine strategische Meisterleistung: Sie stärkte die amerikanische Sicherheitsgarantie für Europa und Deutschland und wandelte gleichzeitig das Eventualfall-Risiko an der Nahtstelle des alten Kontinents um.[25] Zum Zeitpunkt des Nato-Doppelbeschlusses im Dezember 1979 konnte Strauß den Gang der großen Politik lediglich aus seiner Münchner Ministerpräsidentenloge verfolgen, und doch war dies eine Entscheidung ganz in seinem Sinne. Für Kohl und Genscher verhält es sich ein wenig anders: Der Kanzler sieht in der Durchsetzung der Nachrüstung in erster Linie – auf einer abstrakteren Ebene – einen Dienst an der deutsch-amerikanischen Freundschaft, während für seinen Außenminister das Zeigen von Härte wesentlich dazu dient, Handlungsspielraum in der Ost-West-Entspannung zu gewinnen. Es sind klar unterscheidbare Kalküle, die jeden der Drei zum Befürworter des Doppelbeschlusses haben werden lassen – und so ruht ihr Konsens auf einer schwer zu durchschauenden Mischung von prinzipieller Übereinstimmung, Missverständnis und einem unausgesprochenen strategischen Dissens.[26]

Wie wacklig die gemeinsame Haltung in strategischen Fragen tatsächlich ist, deutet sich bereits bei den ganz unterschiedlichen Reaktionen auf die amerikanische Initiative zum Aufbau eines Raketenabwehrschilds, der *Strategic Defense Initiative* (SDI), an. Genscher sieht die Gefahr einer neuen Runde des Wettrüstens und die möglichen Auswirkungen auf das allgemeine Klima zwischen Ost und West. Kohl ist darum besorgt, zwischen der amerikanischen Initiative und dem französischen Widerstand zerrieben zu werden. Nur Strauß geht an die Sache mit analytischer Nüchternheit heran, wägt Vor- und Nachteile ab und erkennt vor allem, dass Präsidenten Reagan entschlossen ist, die Pläne durchzusetzen. Strauß ist daher von Beginn an um die Formulierung einer eindeutigen deutschen Position bemüht, die das Unabänderliche akzeptiert und für Deutschland das Bestmögliche herauszuholen versucht: die Ergänzung des amerikanischen Programms um eine europäische Komponente, eine *European Defense Initiative* als europäische Raketenabwehr unter amerikanischem Dach.

Am Ende wird es tatsächlich ein deutsch-amerikanisches Kooperationsabkommen geben, und den Franzosen zuliebe sogar noch ein scheinalternatives, eigenes europäisches Hochtechnologie-Programm namens *Eureka*, das alsbald der Vergessenheit anheimfallen wird. Aber es wäre nicht diese Koalition, käme man geschmeidig, einstimmig, gar zügig zu einem Ergebnis. Strauß sagt *Ja*, Kohl *Ja, aber*, Genscher betont vor allem das *Aber*, um sich am Ende doch zu einem *dann ja ...* durchzuringen – eine »verwirrende Vielfalt von Meinungen aus Regierungsmunde«, klagt Strauß gegenüber dem Kanzler, sei zu vernehmen. Kohl selbst, so kennt Strauß ihn: wie immer schwankend, was »nicht von politischer Klugheit und von politischem Führungsvermögen« künde. Statt für das Programm zu werben mit einem Bekenntnis, »die atomaren Waffen zwar nicht aus der Welt zu schaffen, weil das eine Utopie wäre, aber ihre Bedeutung zu relativieren, ihre Einsatzmöglichkeit immer überflüssiger darzustellen und somit das Schreckgespenst, daß aus der atomaren Abschreckung eines Tages atomarer Schrecken werde, aus dem Erwartungshorizont zu verbannen«, sei »das Ganze doch eine ziemlich kakophone Angelegenheit geworden, bei der die Bevölkerung immer mehr in Verwirrung geraten sei«. Dass freilich die Bevölkerung den Demoskopen zufolge mehrheitlich gegen SDI und eine deutsche Beteiligung eingestellt sei, dürfe man nicht als »ein unvermeidliches Naturereignis oder ein unabänderliches politisches Faktum« hinnehmen, sondern sei »auch auf den Mangel an Führungsvermögen, auch auf den Mangel an geistiger Führung in Bonn zurückzuführen«.

Doch es ist einfach zwecklos. Haarklein legt Strauß dem Kanzler die strategische Essenz des amerikanischen Vorhabens dar, der aber zuckt sprichwörtlich nur mit den Schultern, wie Strauß frustriert notiert: »Helmut Kohl wollte selbstverständlich das nicht wahrhaben, wie er ja immer solche Auseinandersetzungen bzw. solche streitigen Themen unter den Teppich zu kehren, aus seinem Bewußtsein zu verdrängen und durch weitschweifige Ausführungen über alle möglichen Themen zu überspielen versucht.«[27]

Mit viel formelkompromisslerischem Kleister können die Haarrisse in der Koalition überdeckt werden, und auch zu einer ernsthaften Verstimmung mit den Freunden in Washington und Paris kommt es nicht. Strauß kann mit dem Ergebnis leben, nicht aber mit dieser ewigen Wiederkehr würgender Positionsbestimmungen. Der eigentliche Schadensfall tritt aus seiner Sicht dann zwei Jahre später ein, als der bislang fruchtlose zweite Teil des Nato-Doppelbeschlusses Gestalt anzunehmen beginnt. Die Stationierung amerikanischer Mittelstreckenwaffen war ja beschlossen worden als Antwort auf die sowjetische Aufrüstung mit SS-20-Raketen. Sollte diese rückgängig gemacht werden, wäre die Nato ihrerseits bereit, auf die Nachrüstungswaffen *Pershing II* und nuklear bestückte *Cruise Missiles* in Europa zu verzichten.

Seit dem Amtsantritt Gorbatschows beginnt sich die Sowjetunion zu bewegen. Der neue sowjetische Führer träumt gemeinsam mit Reagan Mitte Oktober beim Gipfel von Reykjavik von einer atomwaffenfreien Welt.[28] Die vor der Stationierungsentscheidung von 1983 zaghaft geführten und bereits im November 1982 abgebrochenen Abrüstungsverhandlungen über die europäischen Mittelstrecken-Raketen kommen erneut in Gang und nehmen diesmal rasch Fahrt auf. Beide verhandlungsführenden Parteien wollen jetzt ein Ergebnis – die Sowjets, um den neuen Kurs unter Gorbatschow mit konkret fassbaren Taten zu unterfüttern, die Amerikaner, um, der Linie Reagans folgend, den nuklearen Geist so weit wie möglich zurück in die Flasche zu drücken. Was ehedem unverhandelbar war, fällt plötzlich unter den Tisch, beispielsweise die sowjetische Forderung nach Einbeziehung der französischen und britischen Nuklearsysteme. Und aus der ursprünglichen Abrüstungsrunde zu den neuen Mittelstreckenraketen wird über Nacht ein Abkommen über die Beseitigung sämtlicher Systeme mit einer Reichweite von 500 bis 5500 Kilometer – Reykjavik zeigt Wirkung.

Der einzig störende Posten auf der sich bildenden Gesamtrechnung sind ausgerechnet die unter Strauß als Verteidigungsminister von der Bundeswehr angeschafften und dann in Deutschland stationierten Kurzstrecken-Raketen *Pershing I*, die mit unter amerikanischer Verfügung stehenden Nuklear-Sprengköpfen bestückt sind. Ohne dieses Waffensystem wäre Mitteleuropa und vor allem Deutschland – abgesehen von den allseits Horror und Selbstabschreckung auslösenden nuklearen Gefechtsfeldwaffen wie Minen – eine atomwaffenfreie Zone, ohne dass die Bedrohung durch konventionelle Waffen auch nur einen Deut gemindert wäre. Zudem würde mit der Beseitigung aller taktischen Atomwaffen aus Deutschland der letzte Rest nuklearer Mitbestimmung der Bundesrepublik schwinden und die amerikanische Nukleargarantie auf ein Stück Papier reduziert, auf das man vertrauen, dem man glauben kann – oder auch nicht.

Kohl, wohl ahnend, welcher Streit mit Strauß da ins Haus steht, sollte er dem internationalen Druck zur *Pershing*-Abrüstung nachgeben, wartet einfach ab, bis Strauß mal wieder auf einer Reise ist, um dann ganz unschuldig – Strauß war gerade nicht erreichbar – die Gunst der Stunde zu nutzen und ohne jede Abstimmung mit ihm grünes Licht zu geben.[29] Und mit der hastigen Preisgabe der »einzigen Raketen im deutschen Besitz, die für nukleare Sprengkörper verwendbar«[30] sind, geht gleich noch ein Riesenstück der politischen Lebensgeschichte von Strauß mit koppheister.

Als Strauß ein gutes Jahr später mit der Abfassung seiner Memoiren beginnt, scheint die Wut noch auf Höchsttemperatur zu kochen: »Das Haupthindernis für eine nüchterne und realistische Waffen- und Abrüstungsdiskussion«, urteilt er im Rückblick, »ist der in vielen Köpfen fest verwurzelte (…) Aberglaube, daß Abrüstung allein schon den Frieden sichert. Dabei haben wir in den zwanziger und dreißiger Jahren an einem dramatischen Beispiel, das fünfzig Millionen Menschen das Leben gekostet hat, erlebt, daß Abrüstung nicht den Weg zum Himmel des Friedens, sondern zur Hölle des Krieges geöffnet hat.« Und konkret mit Blick auf die Verschrottung der deutschen *Pershings* fällt sein Urteil kaum gnädiger aus, denn nunmehr sei man auf dem Weg zu einer »Bündnisstrategie, die auf Zonen höherer und minderer Sicherheit« hinauslaufe.[31] Es sind eben nicht nur irgendwelche Waffen, die jetzt abgerüstet werden: Der Kern dessen, was sein politisches Denken überhaupt ausmacht – souverän, gleichberechtigt und -wertig, frei zu sein –, ist berührt.

Merkwürdige Zufälle sind es, die dafür sorgen, dass viele der großen politischen Lebensthemen von Strauß – Atomenergie und nukleare Mitbestimmung – ausgerechnet an seinem Lebensende noch einmal auf den Tisch kommen, dabei eine radikale Umwertung erfahren, bevor sie nach seinem Tod – das eine früher, das andere später – dann gänzlich hinfällig werden. Hartnäckig versucht sich Strauß dem Strom der Zeit entgegenzustellen, doch die Zeit geht jetzt gnadenlos über ihn hinweg. Auch wenn Strauß in den letzten beiden Jahren seines Lebens nach außen hin wie eh und je erscheint, voller Kraft und Tatendrang, seine politische Statur wird immer schwächer. Und auch der Mythos verblasst. Hellsichtige Beobachter wie der Münchner Starjournalist Herbert Riehl-Heyse haben schon früh durchschaut, was es mit jenen »merkwürdigen Emotionen« auf sich hat, die sein bloßer Name seit Jahrzehnten auslöst: dass, bei Lichte betrachtet, »eine geradezu vorsätzliche Begeisterung rationalen Erwägungen ebensowenig standhält wie eine manchmal schon recht komische Dämonisierung«.[32]

Mit der Bundestagswahl 1987 rundet sich ein weiterer Prozess der Entzauberung ab, der mit der verlorenen Kanzlerkandidatur eingesetzt hat. Denn wer glaubt jetzt noch ernsthaft an den bösen »schwarzen Mann der Republik«? Ist nicht für jedermann sichtbar, was Hans Magnus Enzensberger bereits 1982 über Strauß gesagt hat? »Eine Figur aus dem Kasperltheater« sei der doch im Grunde: »Wenn ihr nicht brav seid, holt euch der böse Franz. Nun, möge er euch lange erhalten bleiben; denn wenn er euch abhanden käme, müßtet ihr auf ein Gruseln verzichten, von dem ich behaupten möchte, daß es euch ausgesprochen wohlig den Rücken hinunter läuft.«[33] Selbst seine Rolle als Buhmann kommt ihm also schließlich abhanden. Am Ende, so rückblickend Sven Kuntze – ein gegenüber Strauß politisch kritischer, persönlich aber durchaus wohlwollender Fernsehjournalist, den die politischen Spiele in der Bundeshauptstadt mit den Jahren immer mehr anwidern –, am Ende begreift Strauß wohl nicht mehr ganz, was und wie ihm eigentlich geschieht: »Eine Aussage von Strauß, die mit der Regierung eins war, war keine Meldung wert. Er spielte eine festumrissene Rolle in einem Spiel, dessen Regeln nicht er, sondern Bonn bestimmte. Ich weiß nicht, ob ihm das je bewußt geworden ist. Wir haben ihn benutzt, ausgenutzt und vorgeführt.«[34]

Je weniger er als Buhmann taugt, umso besser eignet er sich als Sündenbock im eigenen Lager. Für irgendwen in der Union ist er immer schuld an irgendeinem Ungemach, im Grunde ist er jetzt irgendwie an allem schuld. Besonders das schwache Unionsergebnis bei der Bundestagswahl

1987 kreiden ihm die Wortführer der CDU an. Paradox, aber wahr: Gerade weil trotz allem immer noch so viel Feuer in ihm brennt, geht diese Rechnung zumeist auf. Denn seine Gegner sind jetzt stärker als er, die Konstellation steht eindeutig gegen ihn. Aus eigener Anstrengung kann Strauß fast nichts mehr von Bedeutung durchsetzen.

Die tragische Wendung am Ende seines Lebens wäre allerdings nicht vollständig, könnte er nicht doch noch einen letzten durchaus gewichtigen Sieg erringen. Und es ist ausgerechnet die FDP, mit deren Hilfe das möglich wird. Die Liberalen lassen nämlich nach der Wahl ebensowenig wie Strauß beim Stichwort Steuerreform locker – die groß sein soll!

Versprochen war dieses zentrale Projekt, das der wirtschaftlichen Gesundung – »Leistung muss sich wieder lohnen« – dienen sollte, ja bereits unmittelbar nach der Wende, doch nichts war daraus geworden. Jetzt aber machen Liberale und Christsoziale unmissverständlich klar, dass es keinen Koalitionsvertrag geben wird, der sich nicht auf den beherzten Eingriff in den Steuerurwald, Tarifabsenkungen und damit Entlastungen verpflichtet. Doch in der CDU will niemand so richtig an das Thema heran: Kohl sowieso nicht, die Parteilinke sieht den Sozialstaat schrumpfen und steht schon deshalb jeder Steuersenkung – abgesehen vom Eingangssteuersatz – reserviert gegenüber, und auch Gerhard Stoltenberg, der Bundesfinanzminister, redet lieber über neue Einnahmequellen und Modelle der Gegenfinanzierung als über Entlastungsschritte im Detail. Gute Voraussetzungen also, um sich bei den Verhandlungen über einen neuen Koalitionsvertrag virtuos im Kreis zu drehen.

Als sich nach endlos erscheinenden sechs Wochen immer noch kein Ergebnis abzeichnet, ist wieder einmal einer jener magischen Momente gekommen, an denen Strauß der Kragen platzt. Übellaunig ist er ohnedies schon die ganze Zeit seit der Bundestagswahl. Dass die FDP stark zugelegt hat, die Union deutliche Verlust von 4,5 Prozentpunkten beklagen muss – wobei die CSU mehr als zwei Prozentpunkte an eine sich rechts von ihr neu formierende Partei, die Republikaner, abgegeben hat –, das alles schmeckt dem CSU-Chef überhaupt nicht. Der Hauptschuldige ist rasch gefunden. Strauß ist jedenfalls »wild entschlossen, Kohl einiges heimzuzahlen«,[35] und ein geeigneteres Forum als die Koalitionsverhandlungen gibt es dafür kaum: Sollte es keine Verständigung über die Senkung des Spitzensteuersatzes – von 56 auf 53 Prozent – geben, dann müsse Kohl seine neue Regierung eben ohne die CSU bilden. Die werde ihn zwar dulden und auch wo möglich stützen, aber für Ministerposten gebe sie sich dann nicht mehr her.[36]

Bei so viel Druck – selbst Stoltenberg ist dabei – kann Kohl nicht umhin, den gewaltigen Widerstand aus den eigenen Reihen beiseite zu schieben. Er lenkt also ein, doch weil der Zank der vergangenen sechs Wochen offenbar so vergnüglich war, soll das Reformwerk erst zum 1. Januar 1990, unmittelbar vor der nächsten Bundestagswahl, in Kraft treten. Bis dahin ist genügend Zeit, an der Reform, die tief in die bestehende Steuersystematik eingreifen soll, herumzubasteln und den Streit in Gang zu halten. So kommt es dann auch, da in der Sache nichts weiter geklärt ist. Strauß und die Liberalen verlieren aber auf der Strecke ihren Verbündeten Stoltenberg, der nach der Affäre um seinen Nachfolger als Ministerpräsident in Kiel, Uwe Barschel, deutlich geschwächt ist und überhaupt seinen Ministerialbeamten gegenüber ein wenig hörig zu sein scheint.

Nicht einmal, ob der Mix aus entlastenden und belastenden Maßnahmen gleichzeitig oder in Stufen in Kraft treten soll, ist abgemacht. Strauß und Lambsdorff sind für eine Reform aus einem Guss, in einem Schritt, andere wollen das Projekt über zwei oder drei Stufen strecken, und Stoltenberg möchte sich erst einmal über die Mehreinnahmen – sprich Steuererhöhungen – freuen, bevor ein, zwei Jahre später dann an einer anderen Ecke des Steuersystems gewisse Entlastungen greifen könnten.

Das Ende des Streits, der sich im Wiedervereinigungsprozess unerledigt verlieren wird, erlebt Strauß nicht mehr mit. Aber er hat vorausgeahnt, wie das, was als Fortsetzung seiner eigenen Finanzreform während der Großen Koalition gedacht war, ausgehen würde. In einem seiner letzten großen Presse-Gespräche, das er Mitte August 1988 an seinem südfranzösischen Ferienort mit Mainhardt Graf von Nayhauß führt, blickt er frustriert zurück auf die Diskussionen der vorangegangenen Monate: »Ich halte die hektischen Manöver hinein in die Kartoffeln, heraus aus den Kartoffeln für falsch. Das Ganze ist doch ein Beweis dafür, daß man Finanzpolitik mit längerem Atem führen muß« und nicht von der Hand in den Mund.

Dass er auch in diesen Fragen von Kohl gar nichts erwartet, ist nicht überraschend: »Da sitzt Herr Kohl da, kennt die Materie nicht, versteht die Probleme nicht, weil er als Generalist sich auf der Oberfläche bewegt.« Wem der Kanzler letztlich recht gibt, hängt offenkundig davon ab, wo am ehesten eine »Kabinettskrise« droht. Und das ist zumeist der Bundesfinanzminister. So wundert es nicht, dass Strauß allmählich auch bei Stoltenberg am Ende seines Lateins ist. Resigniert, mit ausgesprochen leiser, gebrochener Stimme klagt er dem Besuch sein (nicht zur Veröffentlichung bestimmtes) Leid: »Stoltenberg ist einer der größten bürokratischen, stupidesten

Esel, die ich je kennengelernt habe. Mit diesem Mann zu verhandeln ist so unglaublich. So etwas an Unbeweglichkeit, an bürokratischem Starrsinn, an bornierter Rechthaberei, an Ignoranz. Sein Gehirn sind seine Beamten (...).«[37] Mit beiden zusammen, mit Kohl und Stoltenberg auf der Brücke – da kann das Schiff nur untergehen.

Ganz so schlimm kommt es nicht, das Schiff geht nicht unter, es findet schlingernd seinen Weg. Es gibt, nach qualvollvollen Monaten des Steuerstreits, sogar ein Ergebnis, von dem freilich kein Glanz ausgeht. Das Beste an dieser Steuerreform ist, dass sie überhaupt zustande kommt – nicht jedoch, ohne Strauß noch einen kräftigen Hieb mitzugeben, der nicht nur bei seinen Kritikern die bislang verdrängte Frage aufwirft, ob Strauß es nicht jetzt wirklich hinter sich hat.

Im Grundsatz sollen die geplanten Entlastungen bei der Einkommensteuer und für die Wirtschaft durch Anhebung der Mehrwertsteuer und einiger Verbrauchssteuern finanziert werden. Unter anderem betroffen ist die Mineralölsteuer, für die es aber schon immer vielfältige Ausnahmen gegeben hat. Da es der Bundesregierung nie gelingt, eine Steuerreform aus einem Guss auf den Tisch zu legen, ist es kein Wunder, dass jedes Detail für sich betrachtet und monatelang debattiert wird. Irgendwann kommen auch die marginalen Fälle auf den Prüfstand, unter anderem eine Steuer, die immerhin 7000 Deutsche – die Privat- und Hobbyflieger der Republik – betrifft. Und hier bahnt sich wirklich Skandalöses an! Während die Autofahrer allesamt geschröpft werden, soll die Steuer auf Flugbenzin entfallen. Da der gewerbliche Luftverkehr von dieser Steuer ohnedies befreit ist, bleiben am Ende eben jene 7000 Fälle übrig. Strauß setzt sich vehement für die Abschaffung dieser Steuer ein. Aber gehört er, der Hobbyflieger aus Leidenschaft – so fragen nun Presse und Öffentlichkeit –, nicht selbst dieser kleinen Gruppe an, die davon profitieren würde?

Eine Debatte ist damit eröffnet, in der nichts zu gewinnen ist. Dass Strauß, der in der Regel all seine Flüge abrechnen kann – denn sie sind dienstlich veranlasst –, in Wirklichkeit nicht betroffen ist, spielt keine Rolle: Dann ist ihm eben Klientelpolitik vorzuwerfen. Im Nachhinein lohnt es noch weniger, als es zeitgenössisch ertraglos bleibt, über das sachliche Für und Wider dieser Winzsteuer zu räsonieren. Zwar setzt sich Strauß in dieser Frage durch, so stark ist er politisch noch. Aber die öffentliche Debatte kann nur verloren gehen. Und das ist Kohl bestimmt nicht unrecht, im Gegenteil, eine solche Einladung zu Spott und Häme auf Kosten von Strauß nimmt der Kanzler dankend an. So tritt der Regierungschef am 7. Juni 1988

Moskau: Besuch bei Gorbatschow, begleitet von Wilfried Scharnagl, Theo Waigel, Edmund Stoiber und Gerold Tandler (von links nach rechts).

in einer Sitzung der CDU/CSU-Bundestagsfraktion, die gerade das ganze Elend der Steuerreform zu beraten hat, mit Unschuldsmiene noch einmal schön hinterher: Leider müsse das mit der Befreiung des Flugbenzins sein, es gebe da »sehr subjektive Gründe, die Sie alle auch kennen«.

Auch in dieser allerletzten Schlussphase, als der sichtbare Teil seines politisches Lebenswerks sich aufzulösen droht und er selbst kurz davor steht, doch noch zu werden, was er nie war und nie sein wollte – ein Spielball fremder Kräfte –, fällt mancher Glanz auf sein Dasein. Das Jahr 1987 wird nicht zu Ende gehen ohne drei Spektakel, die allerdings kaum spektakulär zu nennen sind.

Nach der Vorgeschichte des Milliardenkredits liegt es auf der Hand, dass der Abstecher Erich Honeckers nach Bayern während seines Besuchs in der Bundesrepublik zwar nicht den politischen, aber doch irgendwie den protokollarischen und auch symbolischen Höhepunkt markiert. Dieser deutsche Kommunist in München – er ist der erste seiner Art seit Eisner, der in der bayerischen Landeshauptstadt triumphalen Einzug hält, natürlich unter gänzlich anderen Vorzeichen. Und gerade deshalb liegt so viel Symbolkraft in Honeckers Visite. Geradezu entspannt begrüßt die neben

West-Berlin gar nicht mal so heimliche deutsche Hauptstadt des Anti-Kommunismus den Vertreter der Todfeinde von einst.

Auf ähnlicher Linie liegt der zwischen Weihnachten und Neujahr platzierte Überraschungsbesuch von Strauß in Moskau – das Flugzeug dorthin steuert er selbst. Kohl ist dort wegen seines Goebbels-Vergleichs noch immer Persona non grata, Strauß hingegen ein gern gesehener Gast Michail Gorbatschows. Die konservativen Kräfte des Westens sind sich noch längst nicht einig, ob Margaret Thatcher richtig liegt, wenn sie den neuen sowjetischen Führer als einen Mann preis, mit dem man gut ins Geschäft kommen könne. Strauß steht da mit seiner Skepsis keineswegs hinter Kohl zurück, aber es passt eben zu diesem Mann, dass er sich persönlich ein Bild machen möchte. Und siehe da: Er reist als Skeptiker ab – und kehrt als Hoffnungsfroher heim. Denn, wie Strauß in seinen Memoiren resümieren wird, »(i)n der Sowjetunion sind die Dinge im Umbruch«. Und: »Was für die Vergangenheit galt, gilt nicht für Gorbatschow, nicht für die Gegenwart«, und was die Zukunft bringen werde, stehe »auf einem anderen Blatt«.[38] Wenn andere – ob Richard von Weizsäcker, der bereits im Sommer 1987 in Moskau war, oder Hans-Dietrich Genscher – über Gorbatschow sprechen, klingt das zwar optimistischer, aber auch Strauß hält jetzt den Wandel in der Sowjetunion und damit in Europa und der Welt insgesamt für möglich.

Es ist, wie es schon die erste Begegnung mit Honecker 1983 war, ein großer Schritt, den Strauß damit macht, und so wird er auch von der deutschen Öffentlichkeit in der nachrichtenarmen Jahresendzeit 1987 aufgenommen. Selbst darin liegt allerdings eine gewisse Tragik dieses politischen Lebens, das auf Großes gerichtet, und doch im Kleineren steckengeblieben ist. Es drängt sich nämlich die Umkehrung des legendären Satzes von Neil Armstrong auf: ein großer Schritt für Strauß, doch für die Menschheit eher ein kleiner.

Für die bunten Blätter gibt es im letzten Lebensjahr von Strauß ebenfalls einen Glanzpunkt: Im November 1987 besucht der britische Thronfolger Prinz Charles Deutschland, und am breitesten ist der ihm ausgerollte Teppich natürlich in München. Noch kann keiner ahnen, dass sich hier zwei Menschen begegnen, die ein ähnliches Schicksal zu erdulden haben: die Krone, sie scheint zum Greifen nahe und bleibt doch unerreichbar. Im Übrigen stehen beide Herren im Schatten ihrer jeweiligen Begleitung. Tochter Monika, an der Seite von Strauß, macht auch bei diesem protokollarischen Höhepunkt eine vorzügliche Figur – im Mittelpunkt des all-

Staatsbesuch: Prinz Charles und Lady Diana auf Visite in München.
Strauß-Tochter Monika in der Rolle der Landesmutter, 1. November 1987.

gemeinen Interesses steht aber Lady Diana, der Pop-Star schlechthin des internationalen Parketts.

Honecker – Gorbatschow – Lady Diana, jeder dieser Glanzpunkte weist unverkennbar darauf hin, dass die Zeit über Strauß hinweggegangen ist. Erfüllung, neues Glück wird er aus seinem Lebenselixier, der Politik, kaum mehr schöpfen können. Umgeben von vielen, in München auch von Freunden, wird es doch einsamer um ihn, je weiter er fortrückt aus dem Zentrum des großen politischen Geschehens – seiner eigentlichen Bestimmung.

Vielleicht ist es aber treffender, nicht von einer Einsamkeit *um* ihn, sondern von einem größer werdenden Gefühl des Alleinseins *in* ihm zu sprechen, das keine Geschäftigkeit, keine Ablenkung, kein Aktionismus zu kompensieren vermag. In der Politik bekommt er dies jeden Tag aufs Neue vorgeführt, wo auch Etappensiege gegen Kohl oder Genscher – viele sind es ja nicht – nur Zwischenstationen auf dem Weg in die eigene Marginalisierung sind.

Mit Blick auf seine persönliche Lebenssituation, das immerhin, nimmt Strauß nach dem Tod der Gattin rasch sein Geschick selbst in die Hand; bald ist er wieder offen für eine neue Beziehung. Schon bevor er im Herbst 1986 eine Gefährtin bis an sein Lebensende findet, hält Strauß Ausschau, nicht immer in der passenden Altersklasse. Über längere Zeit etwa zieht sich eine Beziehung mit einer jungen Ärztin hin, bis diese im November 1985 klarstellt, dass Strauß ihr »wirklich ein lieber Freund geworden« ist, der er auch bleiben soll: »Als väterlicher Freund, nicht aber als möglicher Geliebter.«[39] Vor seinem dienstlichen Umfeld schottet Strauß diese Seite seines Privatlebens erfolgreich ab; eine Karte jener Umworbenen, die einige Wochen später in der Ministerpräsidentenpost liegt, erhält den Bearbeitungsvermerk des persönlichen Büros von Strauß: »Absender (…) nicht bekannt«.[40]

Nach einer mit Blick auf die Trauer um Marianne angemessenen Frist melden sich auch frühere Bekannte beim Witwer Strauß und versuchen wieder anzubändeln – nicht ohne zu betonen, dass dieser wissen solle, »daß ich ein Mensch voller Diskretion bin, zuverlässig und verständnisvoll«.[41] Zufallsbegegnungen kommen hinzu, eine fröhliche Faschingsbekanntschaft aus dem März 1988 beispielsweise möchte im normalen Leben fortführen, was der Aschermittwoch erst einmal beendet hat.[42] Immer wieder auch bekommt Strauß von einem Freund die Telefonnummern und Bilder von Damen, die irgendwo die letzten Lebenswege von Strauß gekreuzt haben, zugesteckt: »Man bittet um Retournierung des Fotos und freut sich über einen Anruf.«[43]

Zu jener Zeit ist der gleichermaßen suchende und begehrte Witwer allerdings bereits in festen Händen. Ende November 1986 hat Strauß, er ist jetzt 71, eine 31 Jahre jüngere Salzburgerin, Renate Piller, bei der Feier zur Eröffnung einer Münchner Anwaltskanzlei kennengelernt.[44] Wie stets in Herzensangelegenheiten, geht es auch diesmal bei Strauß sehr schnell: Allzu lange bemüht er sich nicht, die neue Beziehung der Öffentlichkeit vorzuenthalten – drei Monate sind die beiden zusammen, und schon steht der Gedanke an eine Hochzeit im Raum. Widerstände gegen die neue Partnerin bei seinen Kindern kann Strauß zwar nicht ausräumen – nach seinem Tod wird es zum Eklat kommen –, aber ihm gelingt es, die Vorbehalte einigermaßen zu umschiffen. Die gemeinsame Zeit verbringen die beiden meist nicht in München, sondern bei ihr oder auf dem Paschberghof, einem prächtigen Landsitz des Strauß-Freundes Franz Josef Dannecker in der Nähe von Kufstein. Intensivere Begegnungen im Familienrahmen beschränken sich im Wesentlichen auf die Urlaubszeit.

Es ist schwer zu sagen, was Strauß in Renate Piller sucht und was er findet, sieht man einmal vom Grundbedürfnis nach Zweisamkeit ab. Umgekehrt ist auch den engsten persönlichen Freunden von Strauß nie ganz klar, was Renate Piller über den magischen Reiz, an der Seite eines menschgewordenen Mythos zu stehen, hinaus an ihn bindet. In jedem Fall ist sie ein völlig anderer Typ als Marianne. Bei beiden wäre es vorstellbar, dass sie ein paar Dankeszeilen für eine schöne gemeinsam verbrachte Zeit in Paris mit dem Hinweis auf einen in den nächsten Tagen anstehenden Pediküre-Termin verbinden, den Strauß bitte nicht vergessen solle. Gänzlich unvorstellbar indes, dass die verstorbene Ehefrau ihrem Mann bei dieser Gelegenheit noch esoterisch angehauchte Handreichungen übermittelt hätte, etwa – wofür es Hinweise gibt – eine Jahresaufstellung von Lostagen, aus welcher er ersehen möge, wann die Zeit gut für besondere oder wichtige Entscheidungen sei und welche Tage sich hierfür absolut nicht eigneten.[45]

Jene, die nahe an Strauß dran sind, wissen freilich, dass kein Jungbrunnen dem alt gewordenen Mann die Kraft der Jugend zurückbringen könnte. Sie sorgen sich um Strauß, wollen sich um ihn kümmern, mischen sich ein – doch wenn das Objekt der Sorge solche Bemutterungsversuche bemerkt, ist ihm das gar nicht recht. Im Sommer 1988 beispielsweise kursieren in München Gerüchte über eine bevorstehende Umbildung des bayerischen Kabinetts, und in diesem Zusammenhang fällt immer wieder der Name Peter Gauweiler, damals Staatssekretär im Innenministerium, der Stoiber als Chef der Staatskanzlei ersetzen soll. Das kommt für Strauß, wie er dem Landeskorrespondenten der *Frankfurter Allgemeinen Zeitung* in einem ausführlichen Hintergrundgespräch darlegt, nicht in Frage. »Für mich ist Stoiber unentbehrlich«, gerade weil der erst gar nicht versucht, ihm kumpelhaft zu kommen, sondern mit Disziplin und Umsicht die Aktenberge abarbeitet. Solche Tugenden werden an dieser Stelle gebraucht – und nicht noch ein weiteres schlampertes Genie: Stoiber ist also unersetzlich, »und zwar Stoiber als Stoiber, nicht nur als Funktion (...). Wenn es morgen Stoiber nicht gäbe, dann würde nicht Gauweiler sein Nachfolger werden. Das ist völlig abwegig.« Es ist aber nicht nur das Anforderungsprofil für seinen Kanzleichef, das Strauß veranlasst, Gauweiler – den er im Übrigen ebenfalls schätzt – auf Distanz zu halten, sondern auch die Vermutung, sein persönliches Umfeld wolle etwas mehr Kontrolle über ihn gewinnen. Strauß schließt jedenfalls nicht aus, dass einer seiner besten Freunde, der wiederum mit Gauweiler »eng befreundet« ist, diesen ins Spiel gebracht hat, in der Hoffnung, eine »direkte Verbindung« in Herz und Kleinhirn der Staatskanzlei aufzubauen.[46]

Auch hier ist schwer zu durchschauen, was dem Umfeld von Strauß mehr am Herzen liegt, »nah beim Schah« zu sein oder ernsthafte Sorge um den Freund. Der rapide Verfall seiner Kräfte ist in den letzten Monaten seines Lebens für die, die ihm eng verbunden sind, jedenfalls ebensowenig zu übersehen wie seine dramatischen Stimmungsschwankungen.

Einerseits, wie Mainhardt Graf von Nayhauß bei seinem letzten Besuch im Sommer 1988 am südfranzösischen Ferienort von Strauß bemerkt, ist er ganz der Alte. Man verbringt den vollen Tag zusammen und fährt mit dem Boot hinaus aufs Meer. Anschließend fällt dem Gast »zu Beginn des vereinbarten Interviews die Umstellung auf nüchterne Arbeit schwer, dem Vollblutpolitiker Strauß nicht die Spur«.[47] Andererseits: Wer Strauß in diesen Tagen näher erlebt, gewinnt ein differenzierteres Bild. So heißt es etwa in dem Tagebuch der Freundin des Strauß-Sohnes Max Josef, die zeitgleich mit Nayhauß in Les Issambres weilt: »Der Vater ist so undurchsichtig und launisch, schwankend in seinem Auftreten, dass er die eigene Einschätzung von ihm stets verwirrt. Auf dem Boot erscheint er wie ein greiser alter Mann, der krumm und in sich gekehrt auf der Rückbank sitzt. Man weiß niemals, was er denkt und wie er sich fühlt. Seine Bewegungen sind abrupt und ungelenk durch den voluminösen Bauch. Im Wasser sieht er wie ein eigenartiges Tier aus, sein runder Kopf mit den zugeschwollenen Augen wippt auf und ab, wie ein herausgereckter Schädel einer Wasserschildkröte. Das ist die eine Seite. Die andere ist, wenn er ganz in seinem Element mit Besuchern oder Freunden redet. Dann wirkt er so agil und geistig präsent wie im Fernsehen. Gleichzeitig ist er unberechenbar launisch.«[48] Mal wirke er wie ein Greis, von dem man nicht wisse, ob er überhaupt noch etwas mitbekommt, vor allem, wenn es um private Dinge gehe, die ihn nicht sehr kümmern. In der nächsten Sekunde aber, sobald politische oder historische Themen auf dem Plan stehen, »wacht er einfach auf und da war er auch wieder der alte«, und »da war dies Greisenhafte dann verschwunden für ein paar Sekunden oder Minuten.«[49]

Am Ende des Urlaubs gibt es große Aufregung, weil Strauß von einer Fischvergiftung niedergestreckt wird. Die Kinder organisieren ein Flugzeug, das den Vater nach München in die Obhut seines Freundes und im Ruf eines Wunderheilers stehenden Leibarztes Valentin Argirov transportiert. Der stellt wenig fest, was zur Beruhigung der Sorgvollen beiträgt – fast alle Werte sind desaströs; nicht zu sprechen von den kardiovaskulären Dauerbaustellen, dem Diabetes, dem Übergewicht. Nichts Beruhigendes also, aber eben auch nichts wirklich Neues.

Selbstverständlich sind die meisten der ärztlichen Ratschläge ausgeschlagen, kaum dass sie gesprochen sind. Aber die Stimmung hat sich doch verändert. »Am Dienstag war Vater Straußens 73. Geburtstag«, notiert Max' Freundin in ihrem Journal: »Gefeiert wurde wieder in Kreuth. Über all diesen Feiern liegt ein seltsamer Zug der Auflösung, den man als Outsider vielleicht in der Weise nicht so bemerkt. Selbst Max spricht jetzt des Öfteren von den Zeiten, wenn es die Hirsch-Gereuth-Straße nicht mehr gibt.«[50]

Strauß hat jetzt gerade das Alter erreicht, in dem Adenauer zum ersten Mal zum Kanzler gewählt wurde, was er dann vierzehn Jahre blieb. Doch auf jenen warten jetzt keine neuen Aufgaben mehr, vor allem: Der Verfall ist sichtbar, das Ende zu erahnen – und doch scheint es noch in weiterer Ferne zu liegen. Dass Strauß das Steuer, nicht nur im übertragenen Sinne, noch fest im Griff hat, stellt er auf dem Rückflug vom seinem letzten Ausflug in die internationale Politik unter Beweis: Bei Überquerung der Alpen fällt plötzlich der Druck ab, Strauß leitet sofort einen steilen Sinkflug ein, die Maschine verliert dramatisch an Höhe. Während die Hälfte der Insassen des Flugzeugs wegen des Sauerstoffverlusts das Bewusstsein verliert oder sich dem Schicksal ergibt, steuert Strauß die Leck-geschädigte Maschine lehrbuchartig über die Alpen, landet sicher auf dem nächstgelegenen Flughafen und bestellt per Funk seinen Fahrer und die der anderen Passagiere dorthin. Einer der mitreisenden Ministerialbeamten meldet sich für die nächsten Tage krank, den anderen sitzt zumindest der Schock tief in den Gliedern. Strauß hingegen fährt gleich danach weiter aufs Oktoberfest.

Auch an den kommenden Tagen ist nicht erkennbar, dass er irgendwie beeinträchtigt wäre: Unbekümmert bricht Franz Georg mit seiner Freundin in die Vereinigten Staaten auf. »Na, dann flieg halt. Ich wünsche Dir alles Gute«,[51] verabschiedet ihn der Vater etwas grantig – er ist momentan nicht so gut auf seinen Jüngsten zu sprechen. Dieser nimmt das sportlich, kein Hauch von Unheil, schon gar nicht von letztem Abschied, liegt in der Luft. Als Franz Georg wenige Tage später die Nachricht vom Zusammenbruch des Vaters erhält, reist er Hals über Kopf zurück. Doch den Vater wird er lebend nicht mehr sehen. Noch bevor er die Maschine zurück nach Deutschland besteigt, erfährt er von dessen Tod – die nicht ganz aktuellen Zeitungen, die den Passagieren gereicht werden, haben derweil, so erinnert sich Franz Georg, »nur ein Thema: Was ist mit Strauß, was ist, wenn er nicht mehr ist?«[52]

Nil nisi bene

Für den Samstag am Ende der diesjährigen Wiesn, es ist der 1. Oktober 1988, hat Strauß vormittags eine Verabredung mit dem neuen Bonner Verteidigungsminister Rupert Scholz, dem Nachfolger des zur Nato gewechselten Manfred Wörner. Ab dem späteren Abend will er den Rest des Wochenendes mit Renate Piller auf dem Paschberghof verbringen. Dazwischen nur noch ein Termin in den Jagdgründen des Fürsten von Thurn und Taxis bei Regensburg. Ein ruhiges, halbwegs entspanntes Wochenende steht also bevor – Max Josef, der eigentlich immer um ihn herum sein muss, meldet sich mit seiner Freundin ab zu einer der äußerst raren vaterfreien Freizeiten: nach Südtirol, das genaue Ziel ist in München unbekannt, eine Erreichbarkeit nicht hinterlegt. Erst am Vormittag des 3. Oktober, der zum Todestag von Strauß werden wird, will sich Max telefonisch in der Staatskanzlei erkundigen, ob alles in Ordnung ist. So erfährt er, dass der Vater im Krankenhaus liegt, dass es nicht gut um ihn bestellt sei. Ohne Näheres zu wissen, reisen Max und seine Freundin Hals über Kopf ab, beim Verlassen des Hotels sehen sie, was die aktuellen Zeitungen in ihren Überschriften berichten – dass Franz Josef Strauß am Samstag, unmittelbar nach seiner Ankunft in Regensburg, einen schweren Zusammenbruch erlitten habe, seither ohne Bewusstsein sei und in Lebensgefahr schwebe. Mit dem Schlimmsten sei zu rechnen. Einer der Zeitungsleser erkennt den Sohn jenes Mannes, der gerade im Krankenhaus der Barmherzigen Brüder mit dem Tode kämpft, spricht ihn an und will gar nicht glauben, dass der junge Strauß hier und nicht am Krankenbett des Vaters weilt.

Vom ersten Moment an ist eigentlich klar – und die Ärzte nähren da keine falschen Hoffnungen –, dass Strauß nicht mehr aufwachen wird. Der nie veröffentlichte Obduktionsbericht vermerkt, dass bereits unmittelbar nach dem Schlaganfall am 1. Oktober irreversible Hirnschädigungen eingetreten sind.

Zwei Tage später ist Strauß tot. Kurz nach der Mittagsstunde läuten in München die Kirchenglocken, der bayerische Rundfunk unterbricht das Programm und sendet Trauermusik. Das ganze Land hatte ein Wochenende der Ahnung und weiß es jetzt schon sicher, bevor Max Streibl, der

Letztes Geleit: Der Sarg von Strauß auf dem Weg durch München,
umsäumt von trauenden Bürgern, 7. Oktober 1988.

stellvertretende Ministerpräsident, verkündet: »Tief erschüttert habe ich die
schwere Pflicht, den Tod des bayerischen Ministerpräsidenten Dr. h.c.
Franz Josef Strauß bekannt zu geben. Es ist Staatstrauer angeordnet«.[1]

Ganz ohne Anordnung finden sich Tausende von Menschen ein und
säumen die Straßen, auf denen nächtens der Leichnam von Regensburg
nach München überführt wird. Dort wird er öffentlich im Prinz-Carl-Palais,
dem Dienstsitz des bayerischen Ministerpräsidenten, aufgebahrt, es folgen
Gedenksitzungen, Trauerakte, ein mit gewaltigem Aufgebot an nationaler
und internationaler Prominenz gefeiertes Pontifikalamt im Münchner Dom.
»Es ist eine Beerdigung, wie sie München seit dem Leichengang seines Mär-
chenkönigs Ludwig II. im Jahre 1886 nicht mehr erlebt hat«, so fasst es der
Münchner Journalist Rudolf Schröck zusammen, getragen von dem Gefühl:
»Bayern weint und die Welt trauert, als Strauß zu Grabe getragen wird.«[2]

Nach dem vom Münchner Kardinal Wetter gelesenen Totenamt im
Liebfrauendom nimmt der auf einer sechsspännigen Lafette ruhende Sarg
den Weg, der bisher den Leichenzügen der bayerischen Könige und der
Münchner Kirchenfürsten vorbehalten war: durch die Ludwigstraße zum
Siegestor. Tagelang beherrscht Schwarz das Stadtbild, lange wird Trauer
über München liegen.

Einen wie Strauß wird es nie mehr geben, da sind sich alle Nachrufe einig. Überall im Land werden Extra-Blätter gedruckt, *Spiegel* und *Stern* bilden da keine Ausnahme; der *Bayernkurier*, dessen Herausgeber Strauß war, widmet ihm gleich zwei Sondernummern, am 8. und 15. Oktober. »Der Titan ist tot. Das Urgestein, der Vollblutpolitiker, der Machtmensch, Bayerns Monarch Franz Josef Strauß«, schreibt Anneliese Friedmann, die Herausgeberin und Eigentümerin des größten Münchner Boulevardblattes, der *Abendzeitung*. »Einer wie er wird nicht mehr auf Bayerns Thron sitzen.«

Je größer das Grab, desto mehr Heuchelei passt hinein, und das Grab von Strauß ist wirklich riesengroß. Fast jeder Streit ist scheinbar vergessen und aller Hass verblasst. Würde man von Strauß nichts als die Kondolenzen kennen, so könnte man fast meinen, eine unumstrittene Jahrtausendgestalt sei dahingeschieden. Für den unbedingten Willen, das Scheidende und Fremde, auch Feindschaft und Gehässigkeit, wenigstens während der Trauerzeit hinter sich zu lassen, bietet die Predigt von Joseph Kardinal Ratzinger, des späteren Papst Benedikt XVI., zu der am 8. Oktober – einen Tag nach den pompösen Münchner Trauerfeierlichkeiten – in Rott am Inn erfolgenden Beisetzung die geradezu ideale Konsensformel, auf die sich Freunde und Feinde von ehedem auch Jahrzehnte später noch verständigen können: »Wie eine Eiche ist er vor uns gestanden, kraftvoll, lebendig, unverwüstlich, so schien es. Und wie eine Eiche ist er gefällt worden.«

Diese überwältigenden Sätze blenden zwar das lange politische Siechtum der letzten Jahre aus – der Baum war, um im Bild zu bleiben, schon seit längerer Zeit ziemlich krank –, und doch entsprechen sie der allgemeinen Wahrnehmung von Strauß bis zu seinem Schluss. Dass Ratzinger dabei lediglich Malraux' Worte über den verstorbenen General de Gaulle zitiert, an die sich der Präfekt der römischen Glaubenskongregation mit Blick auf das Ende von Strauß eben erinnert fühle, tut der Tatsache keinen Abbruch, dass dieses Wort – auf den Bayern gemünzt – fast kanonisch geworden ist.[3]

»Nil nisi bene« – so lautet von altersher der kategorische Imperativ des Totengedenkens. Doch wenige Maximen werden bei der Umsetzung in die Praxis derart pervertiert. Nur Gutes über einen Toten sagen zu sollen, ist ja keine Aufforderung zur Lüge, denn das Gute ist ohne Wahrheit und Wahrhaftigkeit nicht zu haben. Ernst genommen, kann *nil nisi bene* daher nur bedeuten, »dasjenige, was nun einmal zu sagen ist – nämlich letztlich doch die Wahrheit! – auf eine gute, ja auf treffliche Weise zur Sprache zu bringen«.[4]

*Kurienkardinal Ratzinger zelebriert die Beisetzung von Franz Josef Strauß
in Rott am Inn, 8. Oktober 1988.*

Und tatsächlich, Ratzingers Gedenkansprache über Strauß erfüllt an
ganz anderer, bis heute übergangener, vielleicht auch verdrängter Stelle das
nil nisi bene auf vortrefflichste Art.[5] Denn gegen Ende seiner Predigt führt
er mit Blick auf »zwei ganz konkrete Züge der biblischen Geschichte« eine
der großen Figuren des Alten Testaments als Vergleichsgröße an: »Einmal
von der großen Menschlichkeit her, die wir selbst durch die ferne Zeit hindurch über den König David aus den Zeugnissen der Bibel vernehmen.
Menschlichkeit, die ihn in allen Bedeutungen des Wortes und vor allem
ihren vielfältigen Gehalten charakterisierte: Freude am Leben, Freude an
der Welt, am Tun, Freude an der Schönheit, auch an den Genüssen des
Lebens, Menschlichkeit auch mit ihren Schwächen und Fehlern. Mit dieser
Menschlichkeit verbindet sich ein Zweites, das in der Schrift ›Furcht Gottes‹
heißt und das er Verantwortung nannte. Er war von dieser Furcht Gottes,
von dem Wissen um Verantwortung tief durchdrungen und zugleich war
diese Furcht Gottes von Vertrauen getragen und geprägt.«

Es sind geradezu ungeheuerliche, um Wahrhaftigkeit bemühte Worte,
die Ratzinger da spricht. Denn König David ist ja weit mehr als jener listige
Knabe, der Goliath, den Riesen, zur Strecke bringt und als der er im begin-
nenden post-christlichen Zeitalter der westeuropäischen Gegenwarts-

geschichte am ehesten noch erinnert wird. Er ist auch weit mehr als der Einigungs- und Gründungskönig des auserwählten Volks. Große Gaben zeichnen ihn aus, an Talenten ist er reich. Ein Meister der Staatskunst und souverän in der Beherrschung des Kriegshandwerks, ist er zugleich ein Mann des Geistes, beseelt von den Musen, und der biblischen Überlieferung zufolge der Verfasser vieler und bedeutender Psalmen.

David war ein milder Mensch, er verschonte Saul, der ihm ans Leben wollte, mehrfach vor Rache und Strafe. All dies war David, er war aber noch mehr – und gänzlich anderes. Er war ein Frevler, ein Sünder, der schwerste Schuld auf sich geladen hat. Er brach das Eheversprechen und begehrte des Anderen Weib. Den gehörnten Urija befahl er in den sicheren Tod. Sein Schuldkonto ist prall gefüllt. David, ein Held und gottesfürchtig – David, ein Sünder der Maßlosigkeit. Schließlich finden beide Enden immer wieder zusammen: Er kann zögern und zaudern, kennt Zweifel und Zerknirschung – er ist ein Starker und Schwacher zugleich. David, eine Gestalt, die in einer Person zeigt, welche guten und welche bösen Kräfte im Menschen stecken. Kein Licht ohne Schatten, er ist kein strahlender, er ist ein gebrochener Held.

Allzu vieler Momente des In-sich-Gehens, der Zerknirschung und Zerrissenheit werden die Außenstehenden bei Strauß nicht gewahr, und vermutlich sind sie selbst den engsten Freunden und der Familie weitgehend verborgen geblieben. Aber es hat sie, wie gesehen, gegeben, immer wieder. Und auch dieser Widerstreit reiht sich nahtlos ein in das Ganze des Lebens von Strauß: Es ist ein Kampf, ein Kampf um Freiheit und um Selbstbestimmung. Hier genau liegt der Schnittpunkt seines persönlichen Strebens und seiner politischen Botschaft.

Selten im Letzten bedacht, ist Strauß in allen Lebens- und Schaffensphasen hohes Risiko gefahren, seinem Verständnis von Freiheit rücksichtslos, vor allem gegen sich selbst, gefolgt. Besser aufrecht verlieren, als sich gekrümmt zum scheinbaren Sieg winden. Auf wen passen jene schaurigen Reime aus einem der verharmlosend »Gesellige Lieder« genannten Gedichte Goethes besser als auf Strauß?

> Du mußt Herrschen und gewinnen
> Oder Dienen und verlieren
> Leiden oder Triumphieren
> Amboß oder Hammer sein.[6]

Die ganze Wahrheit ist dies aber noch nicht. In einer Nebenbetrachtung seiner Venezianischen Epigramme kommt Goethe auf die Metapher von Amboss und Hammer zurück und führt noch ein drittes Element ein:

> Wehe dem armen Blech! Wenn nur willkürliche Schläge
> Ungewiß treffen und nie fertig der Kessel erscheint[7]

Viele Schlachten hat Strauß gewonnen, ähnlich viele, allerdings die wichtigeren, verloren, mal war er Hammer, mal war er Amboss. Der größte Horror hat ihn am Lebensende fast doch noch ereilt, er ist ihm, dem Freiheitsliebenden, allerdings erspart geblieben: Gekrümmtes Blech, das war er nie.

Nachbemerkung und Dank

Dieses Buch endet mit dem Tod des Titelhelden und nicht mit dem Fortleben der Kinder. Ist deren Schicksal, das seit Jahrzehnten immer wieder Zeitungen und auch Gerichte beschäftigt hat, sozusagen als Nachgeschichte zur Hauptfigur nicht von erheblichem Belang? Kann man beides wirklich trennen? Ja, man muss es sogar! Vor allem die Tochter Monika und der älteste Sohn Max sind seit dem Tod des Vaters eigene Figuren des öffentlichen Interesses geworden. Der jeweilige Aufstieg fiel unterschiedlich steil aus, der Absturz ebenfalls – in beiden Fällen liegt ein tragischer Stoff zum Greifen nahe. Inwieweit das mit dem Namen Strauß, der Familienzugehörigkeit der Kinder zusammenhängt: Dies auszuleuchten ist eine eigene Geschichte, ein eigenes und – bei gründlicher Recherche – nicht eben schmales Buch. Vor allem: ein gänzlich anderes als das vorliegende.

Der jüngere der Strauß-Söhne, Franz Georg, hat vor einigen Jahren selbst einen Erinnerungsband über den Vater geschrieben. Herausgekommen ist ein überaus sympathischer, informativer Text, der aus guten Gründen des öfteren hier zitiert wird. Der Autor begründete sein Buch auch mit dem Hinweis auf die Bonn-Lastigkeit der Erinnerungen des Vaters und der seither erschienenen Literatur: »Seine Zeit als Ministerpräsident wird dagegen nur als Randnote und damit weit unter Wert abgehandelt.«

Unbestreitbar zählt Strauß zu den bedeutendsten bundesdeutschen Landesfürsten. Unter seinem Patronat als CSU-Vorsitzender und stets die Landesinteressen vertretender Bundespolitiker wurde in Bayern ein Umbruch der Modernisierung eingeleitet und dann von ihm selbst als Ministerpräsident mehr oder weniger vollendet, der seinesgleichen sucht. Doch an den Regional- und Strukturpolitiker würde heute vielleicht nur noch der Name des Münchner Flughafens erinnern, wäre Strauß nicht ein Politiker von nationalem Rang gewesen. Er war auf vielen Bühnen unterwegs; seine historische Bedeutung aber verdankt sich seiner Präsenz im Großen Haus. Dies war sein geschichtlicher Resonanzraum. Deshalb findet seine Zeit als bayerischer Ministerpräsident in der vorliegenden Biographie nicht dieselbe Beachtung wie seine Rolle als Bundespolitiker.

Kann man über Strauß eigentlich noch Neues, wenigstens Originelles schreiben? Über ihn ist schließlich jedes denkbare Urteil der Bewunderung längst gesprochen worden und noch viel mehr das Gegenteil. Den einen ist er Dämon, den anderen ein Retter mit Tendenz zum Erlöser. Und da niemand ein gutes Gefühl dabei hat, in ihm nur Licht oder nur Schatten zu sehen, vergisst kaum jemand zu erwähnen, was Strauß ja selbst einmal zitiert hat: Er ist ein Mensch in seinem Widerspruch. Mit einem solchen Weichspüler als Zusatzmittel ist dann jedes Verdikt mehr oder weniger auf der sicheren Seite – allerdings ist so die Grenze zu wohlklingenden Leerformeln gleichfalls leicht überschritten. In diesem Sinne ist Strauß dann barock, doch Demokrat zugleich, Monarch und Anarchist, Herrscher und Rebell, ein Kraftwerk mit der Sicherung eines Kuhstalls. Schön mag das klingen, es muss auch nicht falsch sein – doch was eigentlich erklären solche Formeln? Skepsis ist hier angebracht, denn so wie alle Klischeevorstellungen schneiden auch diese den Weg zur Erkenntnis ab. Kaum anders verhält es sich mit einer zweiten großen Gefahr, wendet man sich einem derart prall gefüllten Leben wie dem von Strauß zu: dem Irrglauben, die zahllosen Anekdoten, die es über ihn zu erzählen gibt, könnten aus sich heraus etwas erhellen und erklären. Der langjährige Musikkritiker der *FAZ*, Wolfgang Sandner, erinnert in seiner vorzüglichen, im Frühjahr 2015 erschienenen Biographie über Keith Jarrett an eine schöne Einsicht Alfred Brendels: »Mit Anekdoten kommt man dem Wesen einer Sache so wenig nahe wie ein Astronom dem Saturn, solange er nur dessen Ringe studiert.« Die Scheinplausibilität, die sie erzeugen, kann also die Beschreibung der entscheidenden Wendungen und Wirrungen nicht ersetzen, auch wenn sie zum Leben eines Franz Josef Strauß dazugehören wie die Ringe zum Saturn.

Nicht nur Menschen, auch Bücher haben ihre Geschichte. Dies gilt auch für das vorliegende Buch, das vor vielen Jahren bereits angekündigt war und dann sehr lang auf sich warten ließ. Deshalb eine kurze Notiz in eigener Sache – genauer: das Zitat eines anderen, ungleich bedeutenderen Autors, der sich seinem Verleger zu erklären hatte und dabei Umstände der Verzögerung preisgab, die auch für diese Strauß-Biographie zutreffen. Es sei vielleicht verwunderlich, schreibt Arthur Schopenhauer im Frühjahr 1843 an Friedrich Arnold Brockhaus, dass er den zweiten Band seines Hauptwerks *Die Welt als Wille und Vorstellung* »erst 24 Jahre nach dem ersten liefere. Doch ist der Grund kein anderer, als eben nur, daß ich nicht früher habe damit fertig werden können (…).«

Für die Verzögerung des Erscheinens trägt allein der Autor die Verantwortung, doch vielen ist zu danken, dass dieses Buch überhaupt erscheinen konnte. An erster Stelle seien die genutzten Archive und ihre Mitarbeiter erwähnt, wobei ich den stets hilfsbereiten Herrn Dr. Claus Brügmann (†) im Archiv für Christlich-Soziale Politik (ACSP) und die großzügige Begleitung durch Herrn Dr. Günter Buchstab des Archivs für Christlich-Demokratische Politik (ACSP) hervorheben möchte. Aus früheren Recherchen konnte ich auf einige Bestände aus dem Bundesarchiv zurückgreifen – etwa die Nachlässe von Heinrich von Brentano und Fritz Schäffer –, was sich allerdings nur in wenigen Anmerkungen niederschlägt. Sehr dankbar bin ich Herrn Dr. Ulrich Wirz, der mir Zugang zu den Nachlasspapieren des Freiherrn von und zu Guttenberg verschaffte, die mehrfach ihren Aufenthalt- und Bestimmungsort gewechselt haben und jetzt im Staatsarchiv Bamberg liegen. Ausgesprochen hilfreich waren die zahlreichen Auskünfte von Klaus Dreher, Esther von Krosigk, Meinhardt Graf von Nayhauß und General Gerd Schmückle (†), die nicht nur geduldige Gesprächspartner waren, sondern auch bereitwillig ihre wertvollen Privatarchive öffneten. Aber natürlich war das wichtigste Entgegenkommen jenes der Kinder von Franz Josef Strauß, mich an dem seinerzeit noch weitgehend unsortierten Nachlass des Vaters arbeiten zu lassen. Hierfür, wie auch für das unermüdliche Engagement von Max Josef Strauß, kann ich gar nicht laut genug danken!

Unzählige Gespräche mit Wegbegleitern unterschiedlichster Provenienz sind diesem Buch zugute gekommen. Wo ich dies durfte, habe ich in den Anmerkungen die Namen genannt. Ihnen allen, aber auch den Ungenannten, bin ich zu Dank verpflichtet. Hervorheben möchte ich allerdings einige Gesprächspartner, in deren Schuld ich besonders stehe. Herbert Riehl-Heyse (†) und Wilfried Scharnagl brachten gerade in der Anfangszeit des Projekts viel Zeit und Geduld auf, um Fragen zu beantworten und mit dem Verfasser gemeinsam laut nachzudenken. Gleiches gilt für Herrn Dr. Helmut Kohl, der noch in seiner Amtszeit als Bundeskanzler für erste Gespräche offen war, und für Papst Benedikt XVI., den ich – damals noch Kurienkardinal und Chef der Römischen Glaubenskongregation – ausführlich befragen durfte. Sehr wertvoll für den Verfasser und bestimmt nicht leicht für sie selbst waren die Gespräche mit Frau Dr. Ulrike Pöhl über private Aspekte des Lebens von Franz Josef Strauß, die auch in einer vornehmlich politischen Biographie einfach nicht fehlen dürfen. Nicht allen wird mutmaßlich alles gefallen, aber Ernst und Bemühen werden in diesen Fällen dem Autor hoffentlich zugebilligt.

Wie leicht zu erkennen ist, stellt das vorliegende Buch keine journalistische Arbeit dar. Jedoch sind dem Verfasser im Zuge der Recherchen in seinem eigentlichen Brotberuf allerlei Unterlagen in die Hände gefallen oder zu Gesicht gekommen, die für diese Biographie von erheblichem Nutzen waren. In der Regel sind diese Quellen mit dem Hinweis »Kopie im Besitz des Verfassers« im Anmerkungsapparat ausgewiesen. Die Überlasser wollen meinen herzlichen Dank lieber im Stillen genießen.

Unmöglich wäre es, aller, die in kritischen Phasen der Entstehung dieses Buchs wichtige Hilfe gegeben haben, namentlich zu gedenken. Genannt werden müssen aber Frank Trümper und Michael Neher, die sehr frühen Textentwürfen auf die Sprünge geholfen haben, sowie Dr. Daniel Koerfer, der das ganze Manuskript kritisch begutachtet hat. Als besonderer Glücksfall hat sich Bernd Klöckener, mein Lektor, erwiesen. Was dieser für das Buch bewirkt hat, ist am besten mit einem Wort aus dem 116. Kapitel von Musils *Mann ohne Eigenschaften* umrissen: Er verkörperte das »Generalsekretariat für Genauigkeit und Seele«.

Kein Buch ohne Verleger – in diesem Fall gilt das ganz besonders. Denn ohne den eigentlich nur schwer begründbaren Optimismus von Jens Dehning, Programmleiter des *Siedler Verlags*, hätte ich es nicht geschafft: Zuerst sein geglückter Wiederbelebungsversuch des Projekts, dann sein stoischer Umgang mit den nicht beabsichtigten und doch recht virtuos ausgefallenen Zumutungen, denen er zeitweise durch den Autor ausgesetzt war – schwer auszumachen, was da größer sein muss: meine Entschuldigung oder mein Dank. Das gilt auf ähnliche Weise für Dirk Rumberg, der mir von der ersten bis zur letzten Sekunde dieses Projekts zur Seite stand. Mal war er Sherpa, oft genug Notarzt – immer jedoch ein echter Freund …

Schließlich gibt es Menschen, die ein noch schwereres Los gezogen haben. Manches, was meine Familie ertragen musste, werde ich wohl nicht mehr gutmachen können. Nicht einmal, dass ich das doch alles für Euch gemacht habe, kann ich behaupten. Aber widmen kann und möchte ich dieses Buch meiner Tochter Katharina, die bestimmt einmal verstehen wird, was ihr Vater da tat.

ANHANG

Abkürzungsverzeichnis

ACDP	Archiv für Christlich-Demokratische Politik der Konrad Adenauer-Stiftung
ACSP	Archiv für Christlich-Soziale Politik der Hanns-Seidel-Stiftung
AdsD	Archiv der sozialen Demokratie
Anm.	Anmerkung
bearb.	bearbeitet
BMF	Bundesminister der Finanzen
BMVg	Bundesminister für Verteidigung
BP	Bayernpartei
BPA	Presse- und Informationsamt der Bundesregierung
BVP	Bayerische Volkspartei
CDU	Christlich-Demokratische Union
CSU	Christlich-Soziale Union
Dd.	Durchdruck
dpa	Deutsche Presse Agentur
Dt.BTag	Deutscher Bundestag
FAZ	*Frankfurter Allgemeine Zeitung*
hekto.	hektographiert
HR	Hessischer Rundfunk
KÜ	Kommentarübersicht des Presse- und Informationsamtes der Bundesregierung
ms.	maschinenschriftlich
m.w.N	mit weiteren Nachweisen
NDR	Norddeutscher Rundfunk
Nl.	Nachlass
Ns.	Niederschrift
SFB	Sender Freies Berlin
SPD	Sozialdemokratische Partei Deutschlands
St.B.	Stenographische Berichte
StBKAH	Stiftung Bundeskanzler-Adenauer-Haus
WDR	Westdeutscher Rundfunk
Wp.	Wahlperiode
ZDF	Zweites Deutsches Fernesehen

Anmerkungen

Prolog

1 Rudolf Augstein an Franz Josef Strauß, 24. April 1957; nebst Unterlagen zum Streit mit Adenauer über die Veröffentlichung des Interviews in: ACSP, Nl. Strauß, Bestand BMVg 120.

2 Freundliche Mitteilung von Marliese W., einer langjährigen Bonner Bekannten von Strauß.

3 Franz Josef Strauß an Konrad Adenauer, 13. April 1957; ms. Dd. in: ACSP, Nl. Strauß, Bestand BMVg 209.

4 Kraus, *Aphorismen*, S. 214.

5 *Der Tag*, 5. Juni 1957 (»Bei der stillen Hochzeit in Rott am Inn«).

6 *Die Welt*, 20. Mai 1957 (»Hochzeit verschoben«).

7 Franz Josef Strauß an Konrad Adenauer, 14. Mai 1957; ms. Dd. in: ACSP, Nl. Strauß, Bestand BMVg 209.

8 Konrad Adenauer an Franz Josef Strauß, 23. Mai 1957; ebd.

9 Heinrich Krone, Tagebucheintragung vom 4. Juni 1957, in: Krone, *Tagebücher*, Bd. 1, S. 256.

10 Vgl. etwa Strauß, *Erinnerungen*, S. 248–250.

11 Vgl. hierzu Schmückle, *Ohne Pauken und Trompeten*, S. 157–168. Die wörtlichen Zitate sind der Wiedergabe der Darstellung des verantwortlichen Einsatzführers durch Schmückle entnommen (S. 164).

12 Zitiert nach *Der Tag*, 5. Juni 1957 (wie Anm. 5).

13 Hellmuth Heye an Franz Josef Strauß, 29. Mai 1957; in: ACSP, Nl. Strauß, Bestand BMVg 484/6.

14 Konrad Adenauer an Franz Josef Strauß, 23. Mai 1957; in: ACSP, Nl. Strauß, Bestand BMVg 209.

15 St.B. Dt. BTag, 2. Wp., 215. Sitzung, 26. Juni 1957, S. 12654–12657.

16 *Berliner Zeitung*, 12. Juni 1957 (»Kriegsminister als Heiratsschwindler«).

17 Franz Josef Strauß, undatierte Notizen; in: Teilnachlass Franz Josef Strauß, Marianne Strauß-Stiftung.

18 Zitiert nach *Der Spiegel*, 12. Juli 1957 (»Zuviel verlangt?«). Vgl. hierzu und zum Folgenden Groß, *Hanns Seidel*, S. 134–136, 180f. Umfangreiche Dokumentation mit persönlichen Notizen und Schriftwechseln in: ACSP, Nl. Strauß, Bestand Familie K 49.

19 Protokoll der Besprechung zwischen Bundespräsident Theodor Heuss und Bundeskanzler Konrad Adenauer am 22. Juli 1957; abgedruckt in: Adenauer/Heuss, *Unter vier Augen*, S. 220–225, hier S. 222.

20 Franz Josef Strauß an Hanns Seidel, 23. Oktober 1957; ms. Dd. in: ACSP, Nl. Strauß, Bestand BMVg 811.

21 Hanns Seidel an Franz Josef Strauß, 26. Oktober 1957; ebd.

22 Franz Josef Strauß an Hanns Seidel, 12. November 1957; ms. Dd.; ebd.

Herkunft und Kindheit

1 Mann, »Gladius Dei«, S. 215.

2 Ebd.

3 Vgl. hierzu mit vielen Nachweisen Bauer/Piper, *München*, S. 216–242.

4 Mann, »Gladius Dei«, S. 215.

5 Die folgenden Angaben beruhen, soweit nicht anderweitig belegt, auf einem Gespräch des Verfassers mit Maria Strauß sowie auf dem von Strauß autorisierten Porträt von Thomas Dalberg (*Franz Josef Strauß*, S. 7–14) und der von Maria Strauß überprüften revidierten Auflage des Buchs von Otto Zierer (*Franz Josef Strauß. Ein Lebensbild*, S. 7–72).

6 Vgl. hierzu Schnorbus, *Arbeit und Sozialordnung*; Haupt/Crossick, *Die Kleinbürger*.

7 *Jasmin*, 30. Juli 1971 (»Ich blieb ledig, denn einen Mann wie meinen Bruder fand ich nie«), S. 15.

8 Joseph Kardinal Ratzinger, der Maria Strauß in den sechziger Jahren bei einer Pilgerreise ins Heilige Land lange vor deren Bruder kennenlernte, im Gespräch mit dem Verfasser.

9 Vgl. hierzu und zum Folgenden auch Maria Strauß, »Herkunft und Familie«, S. 42–44.

10 Thielicke, *Zu Gast auf einem schönen Stern*, S. 364.

11 Maria Strauß, »Herkunft und Familie«.

12 Strauß, *Erinnerungen*, S. 16.

13 Undatierte Aufzeichnung aus dem Jahre 1980 von Maria Strauß, angefertigt als (nicht abgesandte) Antwort auf eine briefliche Anfrage vom 15. Januar 1980 von zwei Herren, die sich als Studenten der Universität Heidelberg ausgaben. Brief und Antwortentwurf in: ACSP, Nl. Strauß, Bestand MPr 48.

14 Vgl. Zorn, *Bayerns Geschichte*, S. 145–209.

15 Vgl. hierzu und zum Folgenden Strauß, *Erinnerungen*, S. 16–19.

16 Das Folgende beruht auf einem Gespräch des Verfassers mit Maria Strauß. Vgl. hierzu auch Dalberg, *Franz Josef Strauß*, S. 12f.

17 Franz Josef Strauß an Max Josef Strauß, 29. Juni 1978; in: Archiv der Marianne Strauß-Stiftung, Bestand Privatakten Kinder.

18 Vgl. Tucher, »Gemeinsame Schulzeit«.

19 Vgl. Kurt Vogel, »Mein Schüler Strauß«.

Fronterfahrungen

1 Franz Josef Strauß, handschriftlicher Lebenslauf vom 3. Oktober 1941, aus Anlass der Abkommandierung zum Offiziersanwärterlehrgang an die Truppenluftschutzschule in Stettin-Altendamm am 12. September 1941 abgefasst und eingereicht; Ablichtung in: ACSP, Nl. Strauß, Bestand Familie K 9.

2 Strauß, *Erinnerungen*, S. 33.

3 Krieger, *Franz Josef Strauß*, S. 16.

4 Selbstauskunft (Dezember 1957), S. 10; in: Privatarchiv Schmückle.

5 Willy Stickler an Franz Josef Strauß, Silvester 1986; in: ACSP, Nl. Strauß, Bestand Familie K 52.

6 Strauß, Lebenslauf, 3. Oktober 1941 (wie Anm. 1).

7 Selbstauskunft, S. 16 (wie Anm. 4).

8 Strauß, *Erinnerungen*, S. 20.

9 Die Memoiren von Franz Josef Strauß sind, wie fast alles in seinem politischen Leben,

ein grandioser Torso geblieben. Lange vor der Vollendung des ersten von zwei geplanten Bänden ist er gestorben. Nicht alles – weder was Inhalt, noch was Sprache betrifft – an der postum herausgegebenen, von Wilfried Scharnagl edierten Ausgabe wird man Strauß deshalb zurechnen dürfen, aber die dokumentarische Echtheit dieser Memoiren, die auf Diktate und Gesprächsaufzeichnungen des verstorbenen Autors zurückgehen, ist wohl in weitesten Teilen gegeben.

10 Selbstauskunft, S. 24 (wie Anm. 4).

11 Interview mit Thomas Dalberg und Marcel Hepp, März 1968; Tonbandabschrift, S. 10 und 13; in: ACSP, Nl. Strauß, Bestand Sammlung Kray, sowie Selbstauskunft, S. 17 (wie Anm. 4).

12 Dorothee Grokenberger an Franz Josef Strauß, 6. September 1981; in: ACSP, Nl. Strauß, Bestand Familie K 20.

13 Strauß, *Erinnerungen*, S. 33.

14 Franz Josef Strauß an Rudi Mitterwieser, 18. August 1939; Ablichtung der Postkarte in: ACSP, Nl. Strauß, Bestand Familie K 6.

15 Strauß, *Erinnerungen*, S. 44f.

16 Vgl. hierzu Siegfried Lindacker an Bayerische Staatskanzlei, z. Hd. Herrn Dr. Knittel, 3. Juni 1980; in: ACSP, Nl. Strauß, Bestand Familie K 52. In diesem Brief, der in manchen Details von der Schilderung in Strauß' *Erinnerungen* abweicht, in der Substanz aber dessen Schilderung deckt, heißt es unter anderem: »Ich traf Herrn Fergg während des Krieges gelegentlich und nach dem Krieg bis zu seinem Tode am 29. 4. 1971 regelmäßig zu unseren Abteilungstreffen und bei meinen gelegentlichen Besuchen in München. Bei einem dieser Treffen (…) erzählte mir Herr Fergg von einer schwierigen Situation, in der er sich im Krieg einmal befunden hätte. Ein Batteriechef (…) hatte bei ihm gegen Strauß einen Tatbericht eingereicht. Herr Strauß hatte im Gespräch mit Kameraden über die Aussichten für den weiteren Kriegsverlauf bezweifelt, ob die Serie der Siege bis zu einem guten Ende fortgesetzt werden könne. Er verglich das Wirtschafts- und Industriepotential des damaligen Deutschland einschließlich der besetzten Gebiete mit dem Potential der Gegner und kam zu dem Schluß, daß wir nach voller Umstellung der gegnerischen Wirtschaft von Friedens- auf Kriegswirtschaft wahrscheinlich vom Material erdrückt würden. Da in der damaligen Zeit ein Tatbericht wegen Wehrkraftzersetzung in der Regel für den Betroffenen mit dem Todesurteil endete und Herr Fergg dies auf keinen Fall zulassen wollte, befahl er Herrn Strauß zum Rapport. Er machte Herrn Strauß auf die Folgen, die bei der Weitergabe des Tatberichts für ihn eintreten könnten, aufmerksam und forderte ihn auf, künftig mit seinen Bemerkungen vorsichtiger zu sein, auch wenn sie sachlich noch so richtig seien und vernichtete den Tatbericht.« Anzumerken ist allerdings, dass ein solcher Vorfall zum gegebenen Zeitpunkt sicherlich schwer bestraft worden wäre, dass nämlich erst nach der Verschärfung der Kriegsgerichtsbarkeit im Jahre 1944 hierfür Todesurteile ausgesprochen wurden.

17 Alois Mertes an Franz Josef Strauß, 4. September 1980; in: ACSP, Nl. Strauß, Bestand MPr 7.

18 Franz Josef Strauß an Franz Dirlmeier, vermutlich vom 8. Januar 1940. Tatsächlich trägt dieser Feldpostbrief das Datum vom 8. Januar 1939, doch dies ist offenkundig falsch, da Strauß damals noch nicht Soldat gewesen ist. Die Ortszeile führt an »im Westen«, und auch die in diesem Schreiben enthaltene Schilderung der Umstände seines Dienstes weisen zweifelsfrei auf den Januar 1940 hin. Eine Ablichtung dieses

Schreibens so wie der weiter unten zitierte Brief von Strauß an Dirlmeier hat dessen Sohn Ulf Dirlmeier mit Begleitschreiben vom 30. August 1982 an Strauß geschickt; in: ACSP, Nl. Strauß, Bestand Familie K 20.

19 Ebd.

20 Strauß, *Erinnerungen*, S. 38.

21 Strauß an Dirlmeier, 26. Oktober 1939 (wie Anm. 18).

22 Franz Josef Strauß an Franz Dirlmeier, 29. Mai 1940; Ablichtung in: ACSP, Nl. Strauß, Bestand Familie K 32. Weitere Kopie mit Begleitschreiben von Ulf Dirlmeier an das Wahlkampfbüro F. J. Strauß, z. Hd. Herrn Facius, 17. März 1980; in: ACSP, Nl. Strauß, Sammlung Kray, Sonderakte PO 1.

23 Strauß an Dirlmeier, 8. und 9. Juni 1940 (wie Anm. 22).

24 Ebd.

25 Strauß, Lebenslauf, 3. Oktober 1941 (wie Anm. 1). Zum militärischen Werdegang von Strauß vgl. eine undatierte ausführliche tabellarische Auflistung in: ACSP, Nl. Strauß, Bestand Sammlung Kray, Sonderakte PO 1. Zu den Kriegserlebnissen der folgenden Jahre vgl. auch Strauß, *Erinnerungen*, S. 46–57.

26 Interview mit Dalberg und Hepp, März 1968 (wie Anm. 11), S. 21.

27 Vgl. Strauß, *Erinnerungen*, S. 47f.

28 Vgl. Kohlmann, »Begegnungen mit Leutnant Strauß«.

29 Franz Josef Strauß an Hasso Brodtke, 21. Juli 1988; eine Kopie des Briefes sowie des Schreibens von Brodtke an Strauß vom 30. April 1988 im Besitz des Verfassers.

30 Bengtson, »Vor fünfzig Jahren«, S. 59.

31 Interview mit Dalberg und Hepp, März 1968 (wie Anm. 11), S. 21f.

32 Strauß, *Erinnerungen*, S. 53f.

33 Ebd. Vgl. hierzu auch Heinrich Lades an Franz Josef Strauß, 20. Juli 1979; in: ACSP, Nl. Strauß, Bestand Familie K 32.

Nichts geht und alles ist machbar

1 Vgl. Strauß, *Erinnerungen*, S. 55–57.

2 Maria Strauß, undatierte Aufzeichnung (um 1979/80), S. 3; in: ACSP, Nl. Strauß, Bestand Familie K 9.

3 Vgl. hierzu Bruckner, *Kriegsende in Bayern*, S. 169; zum Folgenden: Strauß, *Erinnerungen*, S. 57f.

4 Major E. F. Rivinus jr. (Headquarters 939th Field Artillery Bataillon), Recommendation, 16. Mai 1945, Blatt 1; Übersetzung des Verf.; in: Stadtarchiv Schongau, Unterlagen Strauß; abgedruckt in: Braun, *Der unbekannte Strauß*, S. 26.

5 Dienstvertrag vom 28. Januar 1946 (sic); Ablichtung einer abgezeichneten Abschrift in: ACSP, Nl. Strauß, Bestand Familie K 9. Mit Schreiben vom 11. November 1985 hatte der Regierungspräsident von Oberbayern die Originalakte an Strauß geschickt, mit der Bitte um Rückgabe zwecks Weiterleitung an das Staatsarchiv, und Strauß ließ eine Kopie davon anfertigen. Vgl. hierzu auch Braun, *Der unbekannte Strauß*, S. 28–30.

6 Franz Josef Strauß an seine Eltern und Maria Strauß, 6. Juni 1945; in: ACSP, Nl. Strauß, Bestand Familie K 9.

7 Vgl. hierzu und zum Folgenden die diversen Aktenstücke aus der in Anm. 5 bezeichneten Akte in: ACSP, Nl. Strauß, Bestand Familie K 9, sowie Braun, *Der unbekannte Strauß*, S. 30–39, m.w.N.

8 Spruchkammer-Beschluss vom 15. Oktober 1946; Kopie einer beglaubigten Abschrift

in: ACSP, Nl. Strauß, Bestand Familie K 9. Vgl. auch Strauß, *Erinnerungen*, S. 36.

9 Vgl. Braun, *Der unbekannte Strauß*, S. 87–91, 98–108.

10 Strauß, *Erinnerungen*, S. 68.

11 Interview mit Thomas Dalberg und Marcel Hepp, März 1968; Tonbandabschrift, S. 74; in: ACSP, Nl. Strauß, Bestand Sammlung Kray; vgl. hierzu auch Dalberg, *Franz Josef Strauß*, S. 47f., sowie Strauß, *Erinnerungen*, S. 73–75.

12 Alexander Scharff an Franz Josef Strauß, 11. Januar 1946; in: ACSP, Nl. Strauß, Bestand Familie K 9.

13 Alexander Scharff an Franz Josef Strauß, 3. Februar 1946; ebd.

14 Franz Josef Strauß an Alexander Scharff, 11. Juli 1946, Hervorhebung im Original, ms. Dd.; ebd.

15 Interview mit Dalberg und Hepp, März 1968 (wie Anm. 11), S. 64.

16 Ebd., S. 65.

17 Vgl. hierzu und zum Folgenden Braun, *Der unbekannte Strauß*, S. 67–72.

18 Vgl. die beiläufigen Erwähnungen in Strauß, *Erinnerungen*, S. 54, 144.

19 Franz Josef Strauß an Willi Ankermüller, 21. Februar 1947; ms. Dd. in: ACSP, Nl. Strauß, Bestand Familie K 9.

An der Pforte

1 Franz Josef Strauß, Fragebogen zur Person aus dem Jahr 1961, undatiert, Antwort auf Frage 30; eine ausführliche maschinenschriftliche Fassung mit handschriftlichen Entwürfen in: Privatarchiv Schmückle.

2 Strauß, *Erinnerungen*, S. 29.

3 Vgl. hierzu Braun, *Der unbekannte Strauß*, S. 73–86.

4 Franz Josef Strauß an Fritz Schäffer. November 1945; in: ACSP, Nl. Strauß, Bestand Familie, Nachtrag Rott.

5 Köhler, »Der Mittwochskreis beim ›Ochsensepp‹«, S. 72.

6 Heizler, *Die Exekution*, S. 109.

7 Vgl. hierzu Schlie, *Kein Friede mit Deutschland*, S. 141–163, sowie Scherzer, »Josef Müller«, S. 47–56, m.w.N.

8 Scherzer, »Josef Müller«, S. 71.

9 Vgl. hierzu Henke/Woller (Hg.), *Lehrjahre der CSU*, passim, insbes. S. 21–27, sowie die Interviews mit Franz Heubl und Hans Weiß, in: Hanns-Seidel-Stiftung (Hg.), *Josef Müller*, S. 205–214.

10 Strauß, *Erinnerungen*, S. 75f.

11 Protokoll des Zonenausschusses der CDU in Lippstadt, 17./18. Dezember 1946; in: Konrad-Adenauer-Stiftung (Hg.), *Konrad Adenauer und die CDU*, S. 251.

12 Vgl. hierzu und zum Folgenden Fait, *Die Anfänge der CSU*, S. 56–77, sowie Schlemmer, *Aufbruch, Krise und Erneuerung*, S. 90–118.

13 Protokoll der Sitzung des Erweiterten Vorläufigen Landesausschusses der CSU am 30./31. März 1946 in Bamberg, zitiert nach: *Die CSU 1945–1948*, Bd. 1, S. 47–184, hier S. 93f.

14 Ebd.

15 Ebd., S. 94.

16 Ebd., S. 146.

17 Müller, *Bis zur letzten Konsequenz*, S. 288.

18 Scherzer, *Josef Müller*, S. 83.

19 Ein von Achim Oster verfasstes Protokoll befindet sich in: ACSP, Nl. Müller. Vgl. zum Zusammenhang Scherzer, *Josef Müller*, S. 83–87, m.w.N., sowie Schwarz, *Vom Reich zur Bundesrepublik*, S. 307–309, 468f.

20 Vgl. hierzu Hettler, *Josef Müller*, S. 19–36, 44–46, sowie Müller, *Bis zur letzten Konsequenz*, S. 373–378.

21 Heizler, *Die Exekution*, S. 109.

22 Protokoll der Sitzung des Erweiterten Landesausschusses der CSU am 6. Juli 1946 in München; zitiert nach: *Die CSU 1945–1948*, Bd. 1, S. 423–513, hier S. 491. Vgl. hierzu auch Mintzel, *Geschichte der CSU*, S. 88–91.

23 Ebd., S. 509.

24 So Müller auf der Sitzung des Landesausschusses der CSU am 3. Januar 1947 in Augsburg; zitiert nach: *Die CSU 1945–1948*, Bd. 2, S. 961–1060, hier S. 1040.

25 Protokoll der Sitzung der Landesversammlung der CSU am 14./15. Dezember 1946 in Eichstätt; ebd., Bd. 1, S. 835–960, hier S. 949.

26 *Süddeutsche Zeitung*, 12. November 1946 (»Dr. Josef Müller – Koalitionspartner Hitlers«). Vgl. hierzu auch Hettler, *Josef Müller*, S. 274–280, wo das Vernehmungsprotokoll im Zusammenhang wiedergegeben ist.

27 Vgl. hierzu und zum Folgenden Fait, *Die Anfänge der CSU*, S. 147–178.

28 Protokoll der Sitzung des Landesausschusses der CSU am 28./29. Februar 1948 in Regensburg; zitiert nach: *Die CSU 1945–1948*, Bd. 2, S. 1533–1699, hier S. 1631.

29 Franz Josef Strauß an Hans Scherer, 20. Mai 1948; in: ACSP, Nl. Strauß, Bestand Familie K 9.

30 Vgl. hierzu Eschenburg, *Jahre der Besatzung*, S. 396–399.

31 Interview mit Thomas Dalberg und Marcel Hepp, März 1968, Tonbandabschrift S. 79f.; in: ACSP, Nl. Strauß, Bestand Sammlung Kray. Vgl. zu diesem Vorgang die knappe Darstellung bei Strauß, *Erinnerungen*, S. 87f. Vermutlich ist der Angriff gegen Schlange-Schöningen auf der Sitzung der CDU/CSU-Fraktion des Frankfurter Wirtschaftsrates am 5. Juli 1948 vorgetragen worden. In einer Anlage zum Protokoll ist lediglich summarisch von »scharfer Kritik an der Amtsführung von Dr. Schlange-Schöningen« die Rede, die »in der Hauptsache von bayerischen Vertretern und Abgeordneten der DP« vorgebracht worden sei; vgl. hierzu Anlage zu Nr. 76/Ergänzung zum Sitzungsprotokoll; abgedruckt in: *Die CDU/CSU im Frankfurter Wirtschaftsrat*, S. 241.

32 Weder in der Erhard-, noch in der Müller-Literatur ist erforscht, woher das riskante Engagement Müllers rührt. Vgl. zum Zusammenhang die knappe, aber sehr kenntnisreiche und nützliche biographische Skizze von Volkhard Laitenberger (*Ludwig Erhard*, S. 52–63).

33 Strauß, *Erinnerungen*, S. 86f.

34 Ebd.

35 Ebd., S. 84.

36 Franz Josef Strauß an Dorothee Grokenberger, 9. Februar 1949; in: ACSP, Nl. Strauß, Bestand Familie K 9. Aus der gleichfalls erhaltenen Gegenkorrespondenz ist ersichtlich, dass dieser oder ein Brief ähnlichen Inhalts, der in einer handschriftlichen Fassung vorliegt, die nach drei Seiten abbricht, die Adressatin nie erreicht hat.

A Star is born

1 Vgl. Müller, *Bis zur letzten Konsequenz*, S. 359f.

2 Vgl. Schlemmer, *Aufbruch, Krise und Erneuerung*, S. 242–269, insbes. S. 250–252, m.w.N.

3 Franz Josef Strauß an Rudolf Morsey, 19. August 1981; ms. Dd. in: ACSP, Nl. Strauß, Bestand Familie, Nachlieferung Kreuth (Materialsammlung Rhöndorf, 21. August 1949).

4 Vgl. Schlemmer, *Aufbruch, Krise und Erneuerung*, S. 341f.

5 Interview mit Thomas Dalberg und Marcel Hepp, März 1968, Tonbandabschrift, S. 82; in: ACSP, Nl. Strauß, Bestand Sammlung Kray.

6 Vgl. Wengst, »Die CDU/CSU im Bundestagswahlkampf 1949«, insbes. S. 10–15, 40f.

7 Vgl. Schlemmer, *Aufbruch, Krise und Erneuerung*, S. 456f.

8 Konrad Adenauer an Hans Erhard, 13. August 1949, Persönlich/Vertraulich; abgedruckt in: Adenauer, *Briefe 1949–1951*, S. 83f.

9 Konrad Adenauer an Hans Ehard, 16. August 1949; ebd., S. 86.

10 Der Bevollmächtigte Bayerns des Vereinigten Wirtschaftsgebietes (Johannes von Elmenau) an die Bayerische Staatskanzlei, zu Hd. von Herrn Ministerialrat Dr. Baer, 21. August 1949, streng vertraulich; ms. Dd. in: BA, Nl. Pünder/265; zitiert nach einer nebst Begleitschreiben des Bundesarchivs vom 22. Oktober 1981 an Strauß übersandten Kopie, die sich im Nachlass Strauß (wie Anm. 3) befindet. Rudolf Morsey spricht dem 2 1/2-seitigen Schreiben, dem »Elmenau-Protokoll«, eine hohe Aussagekraft zu, belege es doch, dass Adenauer bereits vor der am 21. August 1949 in Rhöndorf abgehaltenen Konferenz führender Unionspolitiker eine Festlegung der CSU hinsichtlich einer kleinen Koalition erlangt habe. (Vgl. hierzu Morsey, »Die Bildung der ersten Regierungskoalition 1949«, wo das Elmenau-Protokoll erstmals erwähnt und im Wortlaut zitiert wird; weitere Hinweise s.u., Anm. 13.) Davon kann jedoch schwerlich die Rede sein. Abgesehen davon, dass der Brief Elmenaus einem Ergebnis-, nicht aber einem Verlaufsprotokoll der Unterredung zwischen Adenauer und Ehard entspricht, war der Protokollant bei der Frankfurter Begegnung Gastgeber, »der sich in dieser Eigenschaft um die protokollarischen Belange kümmern mußte, so daß er über die im Sitzungszimmer geführten Gespräche nicht vollständig unterrichtet war.« (Vermerk des Referats A III 6 der bayerischen Staatskanzlei vom 10. November 1981, in dem u.a. eine am 2. November 1981 telefonisch eingezogene Auskunft Elmenaus wiedergegeben wird; in: ACSP Nl. Strauß, wie Anm. 3.) Aus dem Protokoll selbst ist lediglich eine Präferenz Ehards für eine kleine Koalition ersichtlich.

11 Strauß hat im Rückblick immer wieder dargetan, dass ihm der Inhalt dieses Gesprächs nicht bekannt gewesen sei. Abgesehen davon, dass es tatsächlich keinerlei Hinweise auf eine Unterrichtung oder gar Instruktion des CSU-Generalsekretärs durch Ehard gibt, sprechen auch die Umstände hiergegen, da die ausführliche Unterredung in Frankfurt erst am Nachmittag begann, Ehard jedenfalls günstigstenfalls erst in der Stunde der Abreise von Strauß in München hätte eingetroffen sein können. Auch für ein Telefonat der beiden liegen keine Indizien vor.

12 Vgl. hierzu Strauß, *Erinnerungen*, S. 104–106, sowie Strauß an Morsey, 19. August 1981 (wie Anm. 3).

13 Gebhard Müller, Aufzeichnung über die Beratung führender Unionspolitiker am 21. August 1949 in Rhöndorf; erstmals abgedruckt bei Morsey, »Die Rhöndorfer Weichenstellung«, Dokument Nr. 1, S. 513–529, hier S. 525f. Vgl. hierzu auch Wengst,

Auftakt zur Ära Adenauer, eine ausgesprochen nützliche Quellensammlung, in der das Müller-Protokoll gleichfalls abgedruckt ist (S. 33–41).

14 Strauß an Morsey, 19. August 1981 (wie Anm. 3).

15 Strauß, *Erinnerungen,* S. 111f.

16 Müller, Aufzeichnung (wie Anm. 13), S. 527f.

17 Adenauer, *Erinnerungen 1945–1953,* S. 228.

18 Vgl. Gelberg, *Hans Ehard,* S. 289f., sowie auch zum Folgenden Henzler, *Fritz Schäffer,* S. 286–303.

19 Protokoll der Sitzung der CDU/CSU-Bundestagsfraktion, 1. September 1949; abgedruckt in: Wengst, *Auftakt zur Ära Adenauer,* S. 140f.

20 Blankenhorn, *Verständnis und Verständigung,* S. 53.

21 *Die Neue Zeitung,* 20. Oktober 1949 (»Sorgen und Wünsche der Bundestagsabgeordneten«).

22 Zahlreiche Unterlagen, Kontoauszüge und Korrespondenzen finden sich zu diesem Themenkreis u.a. in den Nachlässen von Siegfried Balke (ACDP I-175-033/3; 044/1; 045/1) und Franz Josef Strauß (etwa: Bestand Familie, K 14).

23 Vgl. etwa Franz Josef Strauß an Konrad Adenauer, 11. Juni 1953 (mit Anlage), Adenauer an Strauß, 4. Juli 1953; in: StBKAH III.24.

24 Franz Josef Strauß an Hugo Geiger, 17. Juni 1953; in: ACSP, Nl. Strauß, Bestand BMVg 301. Dort befindet sich auch ein Brief von Geiger vom 16. Juni 1953, auf den Strauß antwortet.

25 Ebd.

26 *Süddeutsche Zeitung,* 17./18. Juni 1950 (»›Sonne der Einheit‹ über der CSU. Die Landesversammlung der bayerischen Regierungspartei tagt in Kempten«).

27 Vgl. etwa *Süddeutsche Zeitung,* 19. Juni 1950 (»In Einigkeit, ganz ohne Sensationen. Randnotizen von der Landesversammlung der CSU in Kempten«).

28 Vgl. hierzu *Süddeutsche Zeitung,* 29. November 1950 (»Parlamentssitze unter dem Rechenstift. Warum die stärkste Partei nicht die meisten Abgeordneten erhält«).

29 St.B. Dt. BTag, 1. Wp., 106. Sitzung, 13. Dezember 1950, S. 3923.

30 Strauß, *Erinnerungen,* S. 244.

31 Adenauer, *Erinnerungen 1945–1953,* S. 371.

32 St.B. Dt. BTag, 1. Wp., 112. Sitzung, 18. Januar 1951, S. 4199, 4197.

33 Ebd., S. 4202. Weder im Nachlass Schäffer, noch im Nachlass Strauß findet sich ein Hinweis darauf, dass die Anfrage zwischen den beiden abgestimmt war. Aber auch für das Gegenteil gibt es keine Indizien. Bemerkenswert ist indes, dass es in der Sitzung des Kabinetts am Tag nach der Bundestagsdebatte keine kritische Nachbetrachtung gab, obwohl sich Adenauer zwei Monate zuvor von seinen Ministern äußerste Zurückhaltung bei diesem heiklen Thema erbeten hatte. Vgl. hierzu das Protokoll der die Kabinettssitzung vom 7. November 1950 (*Die Kabinettsprotokolle der Bundesregierung,* Bd. 2., S. 804–816, hier S. 815) sowie vom 19. Januar 1951 (*Die Kabinettsprotokolle der Bundesregierung,* Bd. 3, S. 74–82).

34 Zitiert nach Henzler, *Fritz Schäffer,* S. 405.

35 Zitiert nach Bickerich, Strauß S. 52.

36 Otto Lenz, Tagebucheintragungen vom 6. und 7. Februar; zitiert nach: *Im Zentrum der Macht,* S. 248f.

37 Ebd.

38 St.B. Dt. BTag, 1. Wp., 190. Sitzung, 7. Februar 1952, S. 8118–8128, hier S. 8118. Vgl. hierzu auch Strauß, *Erinnerungen*, S. 159–164.

38 St.B. Dt. BTag, 1. Wp., 190. Sitzung, 7. Februar 1952, S. 8124.

40 Heinrich Krone, Tagebucheintragung vom 7. Februar 1952, in: Krone, *Tagebücher*, Bd. 1, S. 99.

41 Otto Lenz, Tagebucheintragung vom 7. Februar 1949; zitiert nach: *Im Zentrum der Macht*, S. 249.

42 *Münchner Merkur*, 16. Februar 1952 (»Porträt des jungen bayerischen Politikers Franz Josef Strauß. ›Ich bin neutral, sagte das Schaf‹«).

43 *Ruhr-Nachrichten*, 17. Juli 1952 (»Mehr als Nachwuchs«).

Auf der Suche nach einem angemessenen Amt

1 Strauß, *Erinnerungen*, S. 115.

2 Wilhelm Niklas an Konrad Adenauer, 11. Mai 1951; in: StBKAH III.21.

3 Vgl. Schwarz, *Adenauer. Der Aufstieg*, S. 905, 931, 939.

4 Vgl. hierzu und zum Folgenden Schwarz, *Adenauer. Der Staatsmann*, S. 29–31, sowie Strauß, *Erinnerungen*, S. 201–203. Die Urkunde zur Verleihung der »Goldenen Ehrennadel« nebst Anschreiben von Auto-Hirschvogel (Peiting) vom 28. April 1952; in: ACSP, Nl. Strauß, Bestand Familie, K 9.

5 Otto Lenz, Tagebucheintragungen vom 18. und 19. August 1952; zitiert nach: *Im Zentrum der Macht*, S. 410–414, hier S. 413.

6 *Union in Deutschland*, 20. August 1952 (»Politische Inventuraufnahme auf dem Bürgenstock«).

7 Otto Lenz, Tagebucheintragung vom 21. August 1952; zitiert nach: *Im Zentrum der Macht*, S. 414f., hier S. 414.

8 Vgl. hierzu die aufbewahrten Briefe von Marliese Grouven an Franz Josef Strauß in: ACSP, Nl. Strauß, Bestand Familie K 9.

9 Strauß, *Erinnerungen*, S. 202.

10 *Der Spiegel*, 26. November 1952 (»Die Belange Bayerns«).

11 Vgl. zum Gesamten Schwarz, *Adenauer. Der Staatsmann*, insbes. das Kapitel »Wie man Erdrutschwahlen inszeniert«, S. 66–105, sowie Schwarz, *Die Ära Adenauer. Gründerjahre*, S. 187–196.

12 Marliese Grouven an Franz Josef Strauß, undatiert; in: ACSP, Nl. Strauß, Bestand Familie K 9.

13 Strauß, *Erinnerungen*, S. 210. Ähnlich auch die Rundfunkansprache in der Sendereihe »Minister stellen sich vor« des Südwestfunks vom 14. Dezember 1953; hekto. Ns. in: ACSP, Nl. Strauß, Bestand BPA, 1949–1953. Eine Aufzeichnung aus der Zeit der internen Beratungen über die Kabinettsbildung von Ministerialdirektor Hans Globke, der wenig später Staatssekretär und Chef des Bundeskanzleramtes wurde, weist aus, dass Strauß ursprünglich als Bundesminister für besondere Aufgaben vorgesehen war, dann aber auch als Familienminister erwogen wurde; in: Nl. Globke, ACDP I-070-002/1.

14 So ist das Kapitel über jene Jahre in seinen *Erinnerungen* (S. 210–242) überschrieben.

15 *Ruhr-Nachrichten*, 14. November 1953 (»Wie ein Panzer: Franz Josef Strauß«).

16 Rundfunkansprache (Südwestfunk), 14. Dezember 1953 (wie Anm. 13).

17 Ludwig Erhard an Konrad Adenauer, 13. Januar 1954; in: StBKAH III.23.

18 Konrad Adenauer an Franz Josef Strauß, 15. Januar 1954; abgedruckt in: Adenauer, *Briefe 1953–1955*, S. 73.

19 Franz Josef Strauß an Konrad Adenauer, 22. Januar 1954; in: StBKAH III.22.

20 Franz Josef Strauß an Konrad Adenauer, 2. Februar 1954; ms. Dd. in: ACSP, Nl. Strauß, Bestand BMVg 211.

21 Franz Josef Strauß an Konrad Adenauer, 25. September 1954; in: StBKAH III.22.

22 Ebd.

23 Konrad Adenauer an Franz Josef Strauß, 6. Oktober 1954; abgedruckt in: Adenauer, *Briefe 1953–1955*, S. 166.

24 Vgl. hierzu die Darstellung bei Strauß, *Erinnerungen*, S. 212–219. Zur richtigen Einordnung der Rolle von Strauß vgl. vor allem die bislang in der Forschung unbeachtet gebliebene Tagebuchaufzeichnung des späteren Botschafters Josef Jansen vom 4. August 1954, in: Nl. Jansen, ACDP I-149-008.

25 Marliese Grouven an Franz Josef Strauß, 9. August 1954; in: ACSP, Nl. Strauß, Bestand Familie K 9.

26 Aufzeichnung Franz Blücher vom 10. Oktober 1954; zitiert nach: Schwarz, *Adenauer. Der Staatsmann*, S. 169f.

27 Franz Josef Strauß an Konrad Adenauer, 8. Oktober 1954; in: StBKAH III.22. Als Faksimile auch abgedruckt in: Adenauer, *Briefe 1953–1955*, S. 168–173.

28 Konrad Adenauer an Franz Josef Strauß, Telegramm vom 9. Oktober 1954; in: ACSP, Nl. Strauß, Bestand BMVg 211.

29 Wie Anm. 27, S. 3.

30 Franz Josef Strauß an Konrad Adenauer, 16. Oktober 1954; ms. Dd. in: ACSP, Nl. Strauß, Bestand BMVg 211. Vgl. hierzu auch *Der Spiegel*, 5. Oktober 1955 (»Atom-Minister. Am Telephon Globke«).

31 *Frankfurter Rundschau*, 21. Oktober 1954 (»Sonderminister Strauß nimmt plötzlich Urlaub«).

32 Konrad Adenauer an Fritz Schäffer, 18. Oktober 1954; in: StBKAH III.22. Das kurze Gespräch zwischen Adenauer und Strauß fand an diesem Tag statt.

33 Groß, *Hanns Seidel*, S. 127.

34 Heinrich Krone, Tagebucheintragung vom 23. Januar 1955; abgedruckt in: Krone, *Tagebücher*, Bd. 1, S. 155.

35 Heinrich Krone, Tagebucheintragung vom 9. Februar 1955; in: Ebd., S. 157f., hier S. 158.

36 Ebd.

37 Heinrich Krone, Tagebucheintragung vom 19. Februar 1955; in: Ebd., S. 161f.

38 Vgl. hierzu die Tagebucheintragungen bei Heinrich Krone vom 31. März 1955, 19. April 1955, 29. April 1955, 30. Juni 1955, 4. August 1955; in: Ebd., S 167f., 171, 174, 183f., 185f.

39 Marliese Grouven an Franz Josef Strauß, 24. Mai 1955, Hervorhebung im Original; in: ACSP, Nl. Strauß, Bestand Familie K 9.

40 Franz Josef Strauß, nicht abgesandter Brief an Marliese Grouven vom 29. August 1955; in: ACSP, Nl. Strauß, Bestand Familie, K 9.

41 Franz Josef Strauß an Konrad Adenauer, 9. August 1955, streng geheim; ms. Dd. in: ACSP, Nl. Strauß, Bestand BMVg 211.

42 Konrad Adenauer an Franz Josef Strauß, 19. September 1955; in: ACSP, Nl. Strauß, Bestand BMVg 211.

43 Vgl. das Protokoll der Kabinettssitzung vom 6. Oktober 1955; in: *Die Kabinettsprotokolle der Bundesregierung*, Bd. 7, S. 553f.

44 Strauß, *Erinnerungen*, S. 224.

45 *Die Welt*, 1. Oktober 1955 (»Der Atom-Minister«).

Etappensieg

1 Interne Vorlage (Kattenstroth) für den Bundeswirtschaftsminister und den Staatssekretär vom 13. Juni 1953; zitiert nach: Fischer, *Atomenergie und staatliches Interesse*, S. 91.

2 Ludwig Erhard an Hans Globke, 23. Juli 1954; zitiert nach: Ebd., S. 96.

3 Franz Josef Strauß an Konrad Adenauer, 9. August 1955, geheim; ms. Dd. in: ACSP, Nl. Strauß, Bestand BMVg 211.

4 Franz Josef Strauß, »An der Schwelle eines neuen Zeitalters. Die Bundesrepublik Deutschland und die Ausnutzung der Atom-Energie für friedliche Zwecke«, in: *Bulletin BPA*, Nr. 201, 25. Oktober 1955, S. 1678.

5 Vgl. Fischer, *Atomenergie und staatliches Interesse*, S. 263–268, sowie Radkau, *Aufstieg und Krise*, S. 242ff.

6 Strauß an Adenauer, 9. August 1955 (wie Anm. 3).

7 Ebd. Zu Werner Heisenbergs Lebensweg, Forschungsleistung und wissenschaftspolitischen Aktivitäten vgl. Cassidy, *Werner Heisenberg*.

8 Maier-Leibnitz, »Atomminister für ein Jahr«, S. 41.

9 Verhandlungen des Deutschen Bundestags, 22. Juni 1956, StB, 2. Wp. nachtragen Protokoll der 152. Sitzung.

10 Franz Josef Strauß an Konrad Adenauer, 2. Dezember 1955; in: StBKAH III.22. Zum Streit innerhalb der Koalition vgl. den Briefwechsel zwischen Konrad Adenauer und Thomas Dehler, teilweise abgedruckt in: Adenauer, *Briefe 1955–1957*, S. 70f., 72f., m.w.N.

11 Franz Josef Strauß am 1. Oktober 1955 im NDR; hekto Ns. in: ACSP, Nl. Strauß, Bestand Sammlung Kray; ähnlich bereits am 26. Juli 1955 im HR, abgedruckt in: *Bulletin BPA*, Nr. 140, 31. Juli 1956, S. 1374f.

12 Strauß, *Erinnerungen*, S. 222.

13 Weizsäcker, *Der bedrohte Frieden*, S. 192.

14 Maier-Leibnitz, »Atomminister für ein Jahr«, S. 47.

15 Strauß an Adenauer, 2. Dezember 1955 (wie Anm. 10).

16 Franz Josef Strauß an Wilhelm Kopf, 20. April 1956, vertraulich; ms. Dd. in: ACSP, Nl. Strauß, Bestand Familie Nl.

17 Franz Josef Strauß an Hermann Höcherl, 11. April 1956; ms. Dd. in: ACSP, Nl. Strauß, Bestand BMVg 238.

18 Vgl. hierzu und zum Folgenden Schwarz, *Adenauer. Der Staatsmann*, S. 249–267.

19 Strauß an Kopf, 20. April 1956 (wie Anm. 16).

20 Strauß an Höcherl, 11. April 1956 (wie Anm. 17).

21 Aufzeichnung von Hans Globke, 26. Juni 1956; in: Nl. Globke, ACDP I-070-001/1.

22 Hans Globke an Konrad Adenauer, 7. April 1956; in: StBKAH III.17.

23 Konrad Adenauer an Hans Globke, 12. April 1956; in: Nl. Globke, ACDP I-070-052/2.

24 Franz Josef Strauß an Konrad Adenauer, 5. Mai 1956; ms. Dd. in: ACSP, Nl. Strauß, Bestand BMVg 210.

25 Strauß, *Erinnerungen*, S. 271. Die nachfolgende Schilderung und wörtliche Rede sind ebenfalls den *Erinnerungen* von Strauß entnommen. Vgl. hierzu und zum Folgenden auch Schwarz, *Adenauer. Der Staatsmann*, S. 270–273.

26 Konrad Adenauer an Theodor Blank, 13. August 1956, persönlich; in: Nl. Blank, ACDP I-098-005. Auf den einschlägigen Gebrauch von Redewendungen, die sich mit der Gesundheit seiner Zeitgenossen beschäftigen, hat mich freundlicherweise

Karl Carstens im Zusammenhang der Kontroverse um Hans Kroll, den zweiten Botschafter der Bundesrepublik Deutschland in der Sowjetunion, aufmerksam gemacht.

27 Heinrich Krone, Tagebucheintragung vom 27. September 1956; abgedruckt in: Krone, *Tagebücher*, Bd. 1, S. 230.

28 Aufzeichnungen über die Tagesordnungspunkte 5 und 6 der Kabinettssitzung vom 3. Oktober 1956, geheim; in: Nl. Blank, ACDP I-098-005. Schwächer und glättender ist die amtliche Überlieferung, abgedruckt in: *Die Kabinettsprotokolle der Bundesregierung*, Bd. 9, S. 608–617, hier S. 615f.

29 Interview mit Thomas Dalberg und Marcel Hepp, März 1968; Tonbandabschrift, S. 96; in: ACSP, Nl. Strauß, Bestand Sammlung Kray.

30 Strauß, *Erinnerungen*, S. 274.

31 Das Rücktrittsgesuch von Blank und ein ms. Dd. des Dankesbriefs von Adenauer vom 19. Oktober 1956 in: StBKAH III.22.

Nukleare Ambitionen

1 Strauß, *Erinnerungen*, S. 272. Zur Rolle von Seidel in der Besprechung mit Adenauer vgl. die vollständige Tonbandabschrift eines »Gespräch(s) des Bayerischen Ministerpräsidenten Franz Josef Strauß mit Dr. Georg Meyer vom Militärgeschichtlichen Forschungsamt Freiburg am 24. April 1981 in der Bayerischen Staatskanzlei«, S. 29; Kopie im Besitz des Verfassers.

2 Hanns Seidel an Franz Josef Strauß, 19. Oktober 1956; in: ACSP, Nl. Strauß, Bestand BMVg 312.

3 *The New York Times*, 17. Oktober 1956 (»Rising West German. Franz Josef Strauß«). Übersetzung des Verf.

4 *Die Welt*, 23. Oktober 1956 (»Das Wagnis«).

5 Konrad Adenauer an Franz Josef Strauß, 22. Oktober 1956, *Persönlich!*; in: ACSP, Nl. Strauß, Bestand BMVg 209.

6 Konrad Adenauer an Franz Josef Strauß, 22. Oktober 1956, *Privat!*; in: Ebd. Zum engen Verhältnis zwischen Globke und Rust vgl. Rust, »Streifzug mit Hans Globke«; zum Zusammenspiel zwischen dem Chef des Bundeskanzleramtes und den Staatssekretären in den Ministerien vgl. Thedieck, »Hans Globke und die ›Gewerkschaft der Staatssekretäre‹«.

7 Eine gute Zusammenfassung des aktuellen Forschungsstands zu den nuklearen Ambitionen von Strauß bietet Conze, »Griff nach der Bombe?«.

8 Interview im *Bayerischen Rundfunk*, 28. Oktober; abgedruckt in: *Bulletin BPA*, Nr. 207, 3. November 1955, S. 1732f. (1732).

9 Interview mit der *Neuen Rhein-Zeitung*; abgedruckt in: *Bulletin BPA*, Nr. 87, 12. Mai 1956, S. 823.

10 Franz Josef Strauß an Heinrich von Brentano, 6. September 1961, geheim, Tgb.-Nr. 16/61/geh. (Hervorhebung im Original); zitiert nach der 2. Ausfertigung, nebst Anschreiben an Konrad Adenauer vom 6. September 1961; in: StBKAH III.43. Der Brief bezieht sich auf eine Pressemitteilung des Auswärtigen Amtes vom 31. August 1961.

11 Franz Josef Strauß, Ansprache im *Bayerischen Rundfunk*, 25. Januar 1956; abgedruckt in: *Bulletin BPA*, Nr. 22, 1. Februar 1956, S. 177–179, hier S. 178.

12 Zu diesem schließlich zum Dauerproblem und -dilemma der westlichen Verteidi-

gungspolitik werdenden Komplex vgl. Joffe, *The Limited Partnership*, S. 45–55, sowie Schwartz, *NATO's Nuclear Dilemmas*, S. 35–61.

13 Vgl. etwa Bracher, *Europa in der Krise*, S. 313–331, 398–408.

14 Vgl. Korvig, *The Myth of Liberation*.

15 *Neue Zürcher Zeitung*, 16. November 1956 (»Die NATO-Strategie in Deutschland«).

16 *Frankfurter Allgemeine Zeitung*, 13. November 1956 (»Strauß über die Sowjetunion«).

17 *Frankfurter Allgemeine Zeitung*, 6. November 1956 (»Wir wollen keinen Krieg gewinnen. Ein Gespräch mit dem Bundesverteidigungsminister Franz Josef Strauß«).

18 *Frankfurter Allgemeine Zeitung*, 15. November 1956 (»Maßhalten«).

19 Helmut Schmidt, »Warnung an Minister Strauß«; *Sozialdemokratischer Pressedienst*, 15. November 1956. Zur erstaunlicherweise lange Zeit verkannten Parallelität im strategischen Denken von Schmidt und Strauß vgl. die vorzügliche kleine Studie von Thomas Enders, *Franz Josef Strauß – Helmut Schmidt und die Doktrin der Abschreckung*.

20 Zitiert nach *Schwäbische Landeszeitung/Augsburger Zeitung*, 13. November 1956 (»Strauß: NATO kann Sowjets vernichten«).

21 *Frankfurter Rundschau*, 14. November 1956 (»Unverantwortlich«).

22 *Hamburger Abendblatt*, 22. Oktober 1955 (»»Strauß – Schwert der Union‹«).

23 *New York Herald Tribune*, 15. November 1956 (»Assurance to Bonn«); *Rheinische Post*, 15. November 1956 (»Bundesrepublik steht nicht allein«).

24 *Süddeutsche Zeitung*, 24. November 1956 (»Minister Strauß mustert die Truppe … und stellt fest: Zuwenig Waffen, zu viele Bürokraten, zuwenig Kasernen und Übungsplätze«).

25 *Neue Zürcher Zeitung*, 22. Dezember 1956 (»Zwischenbilanz der deutschen Wiederbewaffnung. Minister Strauß über Wehrprobleme«).

26 *Die Welt*, 16. Februar 1957 (»Der Starke Mann vom Jahrgang 1915«).

27 Vgl. hierzu und zum Folgenden Schwarz, *Adenauer. Der Staatsmann*, S. 330–333.

28 Vgl. hierzu mit vielen weiteren Nachweisen Fischer, *Atomenergie und staatliches Interesse*, S. 201–223, 274–282.

29 Franz Josef Strauß an Konrad Adenauer, 21. September 1956; ms. Dd. in: ACSP, Nl. Strauß, Bestand BMVg 210.

30 Konrad Adenauer, Diskussionsbeitrag in der Bundesvorstandssitzung der CDU am 26. April 1954; abgedruckt in: *Adenauer: »Wir haben wirklich etwas geschaffen«*, S. 138–233, hier S. 196.

31 *Life*, Juli 1957; zitiert nach *Die Welt*, 11. Juli 1957 (»Nicht als Fußvolk«).

32 *Die Welt*, 12. Juli 1957 (»Strauß dementiert«).

33 Kabinettssitzung vom 20. Juli 1956; Protokoll abgedruckt in: *Die Kabinettsprotokolle der Bundesregierung*, Bd. 9, S. 484–489, hier S. 487.

34 Franz Josef Strauß vor der CDU/CSU-Bundestagsfraktion im September 1956; zitiert nach: McArdle Kelleher, *Germany and the politics of nuclear weapons*, S. 56.

35 Zitiert nach Adenauer, *Erinnerungen 1955–1959*, S. 296.

36 Vgl. hierzu und zum Folgenden *Frankfurter Allgemeine Zeitung*, 9. April 1957 (»Atomwaffen für die Bundeswehr – aber erst später«).

37 Weizsäcker, *Der bedrohte Frieden*, S. 192.

38 *Archiv der Gegenwart*, 12. April 1957, S. 6385.

39 Ebd.

40 Franz Josef Strauß im WDR am 13. April 1957; abgedruckt in: *Bulletin BPA*, 16. April 1957, S. 634.

41 Franz Josef Strauß an Konrad Adenauer, 13. April 1957; ms. Dd. in ACSP, Nl. Strauß, Bestand BMVg 209.

42 Konrad Adenauer, Bericht zur Lage vor dem Bundesvorstand der CDU, 11. Mai 1957; das Protokoll der Sitzung ist abgedruckt in *Adenauer: »Wir haben wirklich etwas geschaffen«*, S. 1223–1253, hier S. 1224f.

43 *Die Zeit*, 18. April 1957 (»Minister Strauß erklärt:«).

44 *Neue Rhein-Zeitung*, 25. April 1957 (»Strauß zitterte am ganzen Körper«); *Süddeutsche Zeitung*, 25. April 1957.

45 *Archiv der Gegenwart*, 19. April 1957, S. 639. Zu Adenauers Kurs in der Abrüstungspolitik vgl. Siebenmorgen, *Gezeitenwechsel*, S. 170–186 m.w.N.

46 Wolfgang Schollwer, Tagebucheintragung vom 11. Mai 1957; abgedruckt in: Schollwer, *Liberale Opposition gegen Adenauer*, S. 23.

47 Vgl. hierzu und zum Folgenden die überaus gründliche und zuverlässige Darstellung bei Lappenküper, *Die deutsch-französischen Beziehungen*, Bd. 1, S. 1166–1179.

48 Josef Jansen an Franz Josef Strauß, 28. November 1956; in: ACSP, Nl. Strauß, Bestand BMVg 600. Zur Rolle von Violet vgl. auch diverse Tagebucheintragungen von Jansen ab 1954; in: Nl. Jansen, ACDP I-149-008.

49 Josef Jansen, Tagebucheintragung vom 20. Dezember 1956; ebd.

50 Aufzeichnung über die deutsch-französische Rüstungskooperation, 21. Dezember 1956, ohne Autorennennung; abgedruckt in: *Die Bundesrepublik Deutschland und Frankreich*, Bd. 1, Dokument Nr. 216, S. 677f. Das Original des Schriftstücks befindet sich in: Nl. Jansen, ACDP I-149-003. Die äußere und sprachliche Typik dieses Dokuments weist auf Jean Violet als Verfasser des Memorandums hin.

51 Heinrich Blankenhorn, Tagebucheintragung vom 17. Januar 1957; abgedruckt in: Ebd., Dokument Nr. 217, S. 678.

52 Notiz von Jean Violet, 18. Februar 1957 (Übersetzung des Verf.); in: ACSP, Nl. Strauß, Bestand BMVg 600.

53 Jansen, Tagebucheintragung vom 4. August 1954 (wie Anm. 48).

54 Ebd., 6. März 1956.

55 Vgl. Großmann, *Die Internationale der Konservativen*, S. 458–496, 533–544.

56 Das Protokoll der Unterredung ist auszugsweise abgedruckt in: *Die Bundesrepublik Deutschland und Frankreich*, Bd. 1, Dokument Nr. 219, S. 682–688. Vgl. hierzu und zum Folgenden m.w.N.: Lappenküper, *Die deutsch-französischen Beziehungen*, Bd. 1, S. 1180–1199, sowie Schwarz, *Adenauer. Der Staatsmann*, S. 394–401.

57 Josef Jansen an Franz Josef Strauß, 15. November 1957; in: ACSP, Nl. Strauß, Bestand BMVg 600.

58 Josef Jansen, Tagebucheintragung vom 20. November 1957 (wie Anm. 48). Das Protokoll der Unterredung zwischen Strauß und Chaban-Delmas ist auszugsweise abgedruckt in: *Die Bundesrepublik Deutschland und Frankreich*, Bd. 1, Dokument Nr. 220, S. 689–693.

59 Josef Jansen an Franz Josef Strauß, 22. November 1957 (wie Anm. 57).

60 Konrad Adenauer an Franz Josef Strauß, 27. November 1957; in: ACSP, Nl. Strauß, Bestand BMVg 209.

61 Vgl. hierzu Barbier, »Les négociations franco-german-italiennes«, S. 112f.

62 Peyrefitte, *C'était de Gaulle*, S. 346.

63 Franz Josef Strauß an Konrad Adenauer, 11. September 1958; ms. Dd. in: ACSP, Nl. Strauß, Bestand BMVg 209.

64 Franz Josef Strauß an Konrad Adenauer, 9. Oktober 1958, Mb-111/58, streng geheim; ms. Dd. in: ACSP, Nl. Strauß, Bestand BMVg 209.

Die besten Jahre

1 Protokoll des Gesprächs zwischen Theodor Heuss und Konrad Adenauer am 9. Oktober 1956; abgedruckt in: Adenauer/Heuss, *Unter vier Augen*, S. 209–212, hier S. 210.

2 Konrad Adenauer an Franz Josef Strauß, 1. Dezember 1956; in: ACSP, Nl. Strauß, Bestand BMVg 209.

3 *Hamburger Echo*, 20. Dezember 1956 (»Strauß droht Kanzler mit Rücktritt«); *General-Anzeiger*, 21. Dezember 1956 (»Gefährliche Waffen«). Thomas Dalberg berichtet, gestützt auf ein ausführliches Interview mit Strauß aus den späten sechziger Jahren, eine ähnlich Begebenheit, ohne allerdings eine Rücktrittsdrohung von Strauß zu erwähnen. Vermutlich handelt es sich bei diesem als Vieraugengespräch zwischen Adenauer und Strauß wiedergegebenen Streit um die oben erwähnte Sitzung des Bundesverteidigungsrats. Vgl. Dahlberg, *Franz Josef Strauß*, S. 123f.

4 Konrad Adenauer an Franz Josef Strauß, 13. Februar 1957; in: ACSP, Nl. Strauß, Bestand BMVg 209.

5 Franz Josef Strauß an Konrad Adenauer, 14. Februar 1957; ms. Dd. in: ACSP, Nl. Strauß, Bestand BMVg 209.

6 *Süddeutsche Zeitung*, 15. Februar 1957 (»Strauß im brennenden Flugzeug notgelandet«).

7 *Abendpost*, 16. Februar 1957 (»Minister Strauß spielte unfreiwillig Stuka-Flieger«).

8 Ebd.

9 *Allgemeine Zeitung/Neuer Mainzer Anzeiger*, 20. Februar 1957 (»Strauß setzt sich temperamentvoll zur Wehr«).

10 *Kölnische Rundschau*, 20. Februar 1957 (»›erstunken und erlogen!‹ sagt Strauß«).

11 Alle Schlagzeilen stammen aus der sozialdemokratischen Zeitung *Vorwärts*, 8. Februar, 22. Februar, 5. April, 13. Mai 1957.

12 Franz Josef Strauß an Konrad Adenauer, 14. Mai 1957; in: StBKAH III.24.

13 *Frankfurter Allgemeine Zeitung*, 10. August 1957 (»Tumult um Strauß im Hofbräuhaus«); *Schwäbische Landeszeitung/Augsburger Zeitung*, 10. August 1957 (»Beifall und Pfiffe für Strauß. Saalschlacht-Atmosphäre im Hofbräuhaus«).

14 *Frankfurter Rundschau*, 19. August 1957 (»Mut und Feigheit«).

15 *Die Freiheit*, 23. August 1957 (»Minister ohne Würde«).

16 *Vorwärts*, 6. September 1957 (»›Großmacht‹-Politiker Strauß entlarvt. Eisenhower-Zeitung warnt vor den Plänen der CDU/CSU«).

17 *Neue Zürcher Zeitung*, 14. September 1957 (»Der Verteidigungsminister im Wahlkampf«).

18 Protokoll des Gesprächs zwischen Theodor Heuss und Konrad Adenauer am 1. Oktober 1957; abgedruckt in: Adenauer/Heuss, *Unter vier Augen*, S. 231–234, hier S. 233.

19 Maria Strauß an Franz Josef Strauß, 19. März 1957; in: ACSP, Nl. Strauß, Bestand Familie K 59.

20 Franz Josef Strauß an Hartwig Cramer, 15. April 1957; in: ACSP, Nl. Strauß, Bestand BMVg 409.

21 Vgl. hierzu und zum Folgenden im Zusammenhang Henzler, *Fritz Schäffer*, S. 505–535.

22 Vgl. ebd., S. 560–562.

23 Franz Josef Strauß an Konrad Adenauer, 31. Juli 1957; Abschrift in: Nl. Vialon, ACDP I-475-002/1.

24 Fritz Schäffer an Konrad Adenauer, 9. August 1957; ms. Dd. nebst Begleitschreiben von Schäffer an Strauß, 9. August 1957 in: ACSP, Nl. Strauß, Bestand Nachlieferung Rott.

25 Der Bundesminister für Verteidigung, Kabinettsvorlage, 30. August 1957, für die Sitzung am 3. September 1957; eine mit vielen Marginalien versehene Ausfertigung dieser Vorlage befindet sich in: Nl. Vialon, ACDP-I-475-002/1.

26 Heinrich von Brentano an Franz Josef Strauß, 3. September 1957, MB 726/57g, Geheim; in: ACSP, Nl. Strauß, Nachlieferung Rott.

27 Auszug aus dem Kurzprotokoll über die 194. Kabinettsitzung am 3. September 1957, sowie Konrad Adenauer an Fritz Schäffer, 4. September 1957, vs-vertraulich (wie Anm. 25).

28 Der Bundesminister der Finanzen, Kabinettssache, 17. September 1957, betr. Freigabe von Verteidigungsresten; in: Nl. Vialon, ACDP I-475-002/1.

29 Vgl. Fritz Schäffer, Aufzeichnung über die Kabinettssitzung am 18. September 1957; ms Dd.; ebd.

30 Wie Anm. 18 (Hervorhebung im Original).

31 Ebd.

32 Vgl. hierzu Gablik, *Strategische Planungen*, S. 116–119, sowie den Bericht von Adalbert Weinstein, der die dramatische Zuspitzung der ganzen Begebenheit zufällig als Augen- und Ohrenzeuge im Bundesministerium der Verteidigung miterlebt hat, in der *Frankfurter Allgemeinen Zeitung*, 21. September 1957 (»Strauß setzt seinen Personalchef ab«).

33 *Frankfurter Allgemeine Zeitung*, 3. Oktober 1957 (»Strauß: Keine Differenzen mit der Armee«).

34 *Der Spiegel*, 2. Oktober 1957 (»Das Hillebrand-Lied«).

35 Vgl. hierzu und zum Folgenden Siebenmorgen, »Militär und Zivile Politik«.

36 Strauß, *Erinnerungen*, S. 270.

37 Ebd., S. 275.

38 Heinrich von Brentano an Franz Josef Strauß, 13. Mai 1958, VS-Vertraulich MB 516/58, persönlich, vertraulich; in: ACSP, Nl. Strauß, Bestand BMVg 179.

39 Franz Josef Strauß an Heinrich von Brentano, 13. Mai 1958, VS-Vertraulich MG 381/58, persönlich; ms. Dd. ebd.

40 Vgl. Konrad Adenauer an Theodor Heuss, 2. Januar 1958, sowie Theodor Heuss an Konrad Adenauer, 3. Januar 1958; abgedruckt in: Adenauer/Heuss, *Unserem Vaterland zugute*, Dokumente 197, 198, S. 248. Die Aussprache zwischen Heuss und Adenauer am 9. Januar 1958 hierüber ist dokumentiert in Adenauer/Heuss, *Unter vier Augen*, S. 259–261.

41 Heinrich von Brentano an Konrad Adenauer, 26. Februar 1958; in: Nl. Globke, ACDP I-070-3/1,6.

42 Der Plan wurde am 24. August 1958 nach Stichworten von Strauß durch seine beiden Pressereferenten Gerd Schmückle und Wolfram von Raven formuliert und noch am gleichen Abend über Presseagenturen an die Öffentlichkeit gebracht. Vollständig abgedruckt unter der Überschrift »Der Weg zum Frieden« in: *Bulletin BPA*, 27. Februar 1958, S. 329f. Zur Entstehungsgeschichte vgl. die Tagebuchnotiz von Gerd Schmückle zum Stichwort »Disengagement/24. Februar 1958«; in: Privatarchiv Schmückle. Bereits einige Tage zuvor hat Strauß die Grundgedanken seines Konzepts in der CDU/

CSU-Bundestagsfraktion vorgetragen; vgl. hierzu *Die Welt*, 22. Februar 1958 (»Minister Strauß greift Idee der verdünnten Zone auf«).

43 Heinrich von Brentano an Franz Josef Strauß, 3. September 1958, Geheim 406-68/58; ms. Dd. in: Nl. Schröder, ACDP I-483-286.

44 Ludwig Erhard an Franz Josef Strauß, 5. September 1958, Geheim, V – 694/58 geh.; amtlich beglaubigte Ausfertigung ebd.

45 Vgl. hierzu im Zusammenhang die Schilderungen der beiden Hauptprotagonisten: Strauß, *Erinnerungen*, S. 335–351; Peres, *David's Sling*, S. 66–86. Vgl. des weiteren die ausgesprochen nützlichen und informativen Studien von Niels Hansen (»Geheimvorhaben ›Frank/Kol.‹«) und Isaac Israel (*Les relations germano-israéliennes de 1949 à 1965*, eine unveröffentlichte, 1971 an der Sorbonne eingereichte Dissertation).

46 Staatssekretär Carstens, Aufzeichnung für den Minister »Betr.: Israel«, 12. Juni 1961, (wie Anm. 43).

47 Vogel (Hg.), *Deutschlands Weg nach Israel*, S. 141.

48 Ebd., S. 137.

49 Franz Josef Strauß an Konrad Adenauer, 15. Januar 1958; ms Dd. in: ACSP, Nl. Strauß, Bestand BMVg 209.

50 Vgl. exemplarisch zu den aufgeführten Aspekten den Diskussionsbeitrag von Albert Schnez, der unter Strauß Chef des Führungsstabes der Bundeswehr war und später Inspekteur des Heeres, im Rhöndorfer Gespräch vom 18/19. November 1999; abgedruckt in: *Adenauer und die Wiederbewaffnung*, S. 131–133.

51 Bruno Heck an Franz Josef Strauß, 15. April 1969; in: ACSP, Nl. Strauß, Bestand BMF 336.

52 Franz Josef Strauß an Bruno Heck, 13. Mai 1969; ebd.

Fallhöhe

1 Heinrich Krone, Tagebucheintragung vom 25. August 1958; in: Krone, *Tagebücher*, Bd. 1, S. 373f.

2 *Stuttgarter Zeitung*, 8. November 1957 (»Strauß plant Brückenschlag zur SPD. Gespräch der Stuttgarter Zeitung mit dem Bundesverteidigungsminister«).

3 *Die Welt*, 13. November 1957 (»Strauß verhandelt mit der SPD«). Zum Prozess der Annäherung zwischen Opposition und Regierung vgl. Soell, *Fritz Erler*, S. 218–232.

4 Franz Josef Strauß an Carlo Schmid, 8. Mai 1957; Schmid an Strauß, 15. Mai 1957; in: AdsD, Nl. Schmid 1357. Zum Verhältnis zwischen Strauß und Schmid vgl. Weber, *Carlo Schmid*, S. 410, 572–574, 698.

5 *Frankfurter Allgemeine Zeitung*, 14. Oktober 1958 (»Strauß wünscht ein Gespräch mit der SPD«).

6 Konrad Adenauer an Franz Josef Strauß, 14. Oktober 1958, persönlich; ms. Dd. in: StBKAH III.24.

7 *Neue Rhein-Zeitung*, 8. März 1958 (»Strauß spielt mit dem großen Krieg«).

8 *Neue Rhein-Zeitung*, 17. Oktober 1958 (»Strauß: ›Ich stelle die Gretchen-Frage‹«).

9 Protokoll des Gesprächs zwischen Theodor Heuss und Konrad Adenauer am 9. Oktober 1956; abgedruckt in: Adenauer/Heuss, *Unter vier Augen*, S. 209–212, hier S. 210.

10 Franz Josef Strauß an Konrad Adenauer, 15. September 1959; in: StBKAH III.24.

11 Franz Josef Strauß an Konrad Adenauer, 8. Oktober 1959; ebd.

12 Konrad Adenauer an Franz Josef Strauß, 13. Oktober 1959; in: StBKAH III.24.

13 Franz Josef Strauß an Konrad Adenauer, 16. Januar 1958; ms. Dd. in: ACSP, Nl. Strauß, Bestand BMVg 209.

14 Franz Josef Strauß an Konrad Adenauer, 7. Februar 1958, 1. März 1958, 28. März 1958; alle als ms. Dd. ebd.

15 Franz Josef Strauß an Konrad Adenauer, 11. September 1958; ms. Dd. ebd.

16 Franz Josef Strauß an Konrad Adenauer, 15. Dezember 1959; in: StBKAH III.43.

17 Konrad Adenauer an Franz Josef Strauß, 30. Dezember 1959; ms. Dd. ebd.

18 Konrad Adenauer an Franz Josef Strauß, 16. November 1957, Persönlich; in: ACSP, Nl. Strauß, Bestand BMVg 209.

19 Konrad Adenauer an Franz Josef Strauß, 7. Dezember 1957; ebd.

20 Franz Josef Strauß an Konrad Adenauer, 9. Dezember 1957; ms. Dd. ebd.

21 Franz Josef Strauß an Konrad Adenauer, 18. Juni 1958; in: StBKAH III.43. Vgl. hierzu und zum Folgenden Gablik, *Strategische Planungen*, S. 141–166.

22 Aufzeichnung von Referat 10 des Bundeskanzleramtes für den Bundeskanzler, 20. Juni 1958, geheim; in: StBKAH III.43.

23 Konrad Adenauer an Franz Josef Strauß, 20. Juni 1958; in: ACSP, Nl. Strauß, Bestand BMVg 209. Zur Pressekonferenz von Strauß vgl. *Die Welt*, 20. Juni 1958 (»Minister Strauß nennt fünf Phasen für eine Abrüstung«), sowie *Frankfurter Allgemeine Zeitung*, 20. Juni 1958 (»Strauß gliedert das Bundesheer um«).

24 *Der Spiegel*, 19. März 1958 (»Hörensagen«).

25 Protokoll der Besprechung zwischen Theodor Heuss und Konrad Adenauer vom 8. Juli 1958; abgedruckt in: Adenauer/Heuss, *Unter vier Augen*, S. 270–276, hier S. 275.

26 Zum Verhältnis zwischen Adenauer und Brentano vgl. die einfühlsam präsentierte Dokumentation in: Baring, *Sehr verehrter Herr Bundeskanzler!* Über Meinungsverschiedenheiten substantieller Art zwischen Brentano und Strauß informiert zuverlässig: Kosthorst, *Brentano und die deutsche Einheit*, insbes. S. 110–112, 137–143, 231–234, 255f., 371f.

27 Heinrich von Brentano an Franz Josef Strauß, 16. Dezember 1959; in: ACSP, Nl. Strauß, Bestand BMVg 179. Zum Inhalt des vorangegangenen handschriftlichen Briefs hat Strauß einige kurze Bemerkungen auf dem Schreiben Brentanos niedergelegt.

28 Strauß an Brentano, 16. Dezember 1959; ms. Dd. ebd.

29 Brentano an Strauß, 9. August 1961, Streng Geheim; ebd.

30 Strauß an Brentano, 11. August 1961, Streng Geheim; Konzept des Telegramms, Min. BüroTgb. Nr. 3/61 str.geh.; ebd.

31 Brentano an Strauß, 19. August 1961, Streng Geheim, MB 99/61 str.geh.; ebd.

32 Strauß an Brentano, 25. August 1961; ms. Dd.; ebd.

33 Brentano an Strauß, 28. August 1961, persönlich; ebd.

34 Konrad Adenauer, Aufzeichnung vom 27. September 1961 über ein Gespräch mit Franz Josef Strauß am 26. September 1961, Geheim; in: StBKAH III.16/4.

35 Strauß an Adenauer, 2. Oktober 1961; ebd.

36 Adenauer an Strauß, 6. Oktober 1961; ms. Dd. ebd.

37 Strauß an Adenauer, 11. Oktober 1961; in: StBKAH III.16/4.

38 Adenauer an Strauß, 12. Oktober 1961; ms Dd. ebd.

39 Vgl. zum Folgenden *General-Anzeiger*, 2. September 1958 (»Wachtmeister bot Minister Strauß die Stirn«); *Der Spiegel*, 3. September 1958 (»Kommandos am Kreuzweg«).

40 *Frankfurter Rundschau*, 2. September 1958 (»Bravo, Herr Hauptwachtmeister«).

41 *Welt am Sonntag*, 7. September 1958 (»Unsere Meinung. Wachtmeister Hahlbohm«).

42 *Kölnische Rundschau*, 4. September 1958 (»Blumen für den Polizisten Hahlbohm. Jetzt ist er populär – Kraftfahrer stoppten und gratulierten«); *Schwäbische Landeszeitung/ Augsburger Zeitung*, 16. September 1958 (»Hauptwachtmeister Hahlbohm«).

43 *New York Herald Tribune*, 5. September 1958 (»Bonn Policeman in Tiff With Strauss«); *Neue Zürcher Zeitung*, 6. September 1958 (»Verkehrspolizist gegen Minister«).

44 *Frankfurter Allgemeine Zeitung*, 18. September 1958 (»Der kalte Krieg des Ministers«).

45 *Frankfurter Allgemeine Zeitung*, 19. September 1958 (»Abgewiesener Strauß gibt nicht nach«); *Süddeutsche Zeitung*, 14. November 1958 (»Strauß schickt Telegramm an Richter«).

46 *Süddeutsche Zeitung*, 17. Oktober 1958 (»›Schnell schalten und rüber‹ – dachte Zeuge Strauß«).

47 *Frankfurter Allgemeine Zeitung*, 17. Oktober 1958 (»Das Brüllen auch beim Kommiß abgeschafft«).

48 Franz Josef Strauß an Hans Globke, 9. Oktober 1958, Vertraulich; in: Nl. Globke, ACDP I-070-059/3.

49 Strauß an Adenauer, 20. Januar 1959; Konzept mit hs. Korrekturen von Strauß und versehen mit dem hs. Vermerk »ab 20.1« in: ACSP, Nl. Strauß, Bestand BMVg 209.

50 Vgl. beispielsweise Franz Josef Strauß an Josef Hermann Dufhues, 30. Juli 1960, Persönlich, Einschreiben, ms. Dd., nebst Antwortschreiben vom 14. Oktober 1960 in: ACSP, Nl. Strauß, Bestand BMVg 436.

51 *Frankfurter Allgemeine Zeitung*, 27. Oktober (»Tumulte bei einer Strauß-Kundgebung«).

52 *Frankfurter Rundschau*, 30. Oktober 1958 (»Mit Hyänen duzen?«).

53 *Frankfurter Allgemeine Zeitung*, 28. Oktober 1958 (»Peinliche Erinnerungen«).

54 *Süddeutsche Zeitung*, 4. November 1958 (»Strauß korrigiert sich«).

55 *Die Welt*, 11. November 1958 (»Strauß stellt richtig«). Der genaue Wortlaut der Redepassage im Zusammenhang ist als Tonbandabschrift widergegeben in: *Bulletin BPA*, 13. November 1958.

56 *Berliner Morgenpost*, 14. September 1958 (»Kein Respekt vor dem Gesetz«).

57 *Süddeutsche Zeitung*, 3. September 1958 (»Strauß hat's eilig«).

58 *Der Tagesspiegel*, 20. September 1958 (»Der geheimnisvolle Strauß«).

59 *Bild*, 10. März 1958 (»Tröpfchenweise«).

60 *Süddeutsche Zeitung*, 25. März 1958 (»Die schreckliche Entscheidung«).

61 Protokoll der Besprechung zwischen Theodor Heuss und Konrad Adenauer vom 8. Juli 1958; abgedruckt in: Adenauer/Heuss, *Unter vier Augen*, S. 270–276, hier S. 275.

62 Heinrich Krone, Tagebucheintragung vom 18. Juli 1962; in: Krone, *Tagebücher*, Bd. 2, S. 77f., hier S. 78.

63 Heinrich Krone, Tagebucheintragung vom 19. Juli 1960; in: Krone, *Tagebücher*, Bd. 1, S. 435.

64 Strauß, *Erinnerungen*, S. 409f.

65 Vgl. hierzu ebd., S. 366–368, sowie Schwarz, *Adenauer. Der Staatsmann*, S. 727f.

66 Franz Josef Strauß an Konrad Adenauer, 26. August 1961, Tgb.Nr 14/61 str.geh., Streng Geheim; 3. Ausfertigung in: ACSP, Nl. Strauß, Bestand BMVg 209.

67 Heinrich Krone, Tagebucheintragung vom 20. Juli 1962; in: Krone, *Tagebücher*, Bd. 2, S. 79; vgl. auch die Eintragungen vom 9. April und 19. Juli 1962; Ebd., S. 56, 78.

68 Heinrich Krone, Tagebucheintragung vom 14. Mai 1961; in: Krone, *Tagebücher*, Bd. 1, S. 494.

69 Gerd Bucerius an Franz Josef Strauß, 19. Mai 1961; Abschrift des Schreibens in: Privatarchiv Schmückle.

70 Franz Josef Strauß an Gerd Bucerius, 26. Mai 1961, Min.Büro Az.: 6668; Abschrift des Schreibens ebd.

71 Gerd Schmückle, Aufzeichnung »31. Juli 1961 – Montag – Washington – 10.30 Shoreham-Hotel (Strauß-Schmückle)«; in: Privatarchv Gerd Schmückle. Zu den Gesprächen von Strauß in den USA vgl. auch den Bericht des damaligen deutschen Botschafters in: Grewe, *Rückblenden*, S. 481–484. Vgl. hierzu und zum Folgenden vor allem auch die vorzügliche, sehr quellennah geschriebene Studie von Rudolf Steiniger, *Der Mauerbau*, S. 218–224.

72 Gerd Schmückle (wie Anm. 71). Vgl. zu den tatsächlich vorhandenen, gegenüber Strauß aber nicht artikulierten Zweifeln an der Begrenzbarkeit einer militärischen Auseinandersetzung um Berlin, die auf Seiten der amerikanischen Administration durchaus gehegt wurden: Newhouse, *War and Peace in the Nuclear Age*, S. 153f.

73 Meeting between the Secretary of Defense and Federal Republic of Germany Minister of Defense Strauss, Memorandum of Conversation, 14.7.1961, zitiert nach der deutschen Übersetzung in Steininger, *Der Mauerbau*, S. 220.

74 Aufzeichnung über ein Gespräch zwischen Konrad Adenauer, Franz Josef Strauß und dem Staatssekretär des Auswärtigen Amtes, Karl Carstens, am 3. August 1961, geheim; Abschrift in: Nl. Globke, ACDP I-070-027/2.

75 Gerd Schmückle, Aufzeichnung »9.10.1961«; in: Privatarchiv Schmückle. Vgl. hierzu auch die Darstellung in den Memoiren von Schmückle, *Ohne Pauken und Trompeten*, S. 264–266.

76 Mende, *Die neue Freiheit 1945–1961*, S. 477.

77 Vgl. Koerfer, *Kampf ums Kanzleramt*, S. 558.

78 Vgl. Schwarz, *Die Ära Adenauer. Epochenwechsel*, S. 228.

79 Franz Josef Strauß und Cyrus Sulzberger, Memorandum of a Bet, 14. April 1961; in: ACSP, Nl. Strauß, Bestand Büro Bonn 151/3860. Übersetzung des ersten Teils des Zitats vom Verf.

Eine verhängnisvolle Affäre

1 Konrad Adenauer an Heinrich Krone, 28. September 1962, streng geheim; in: Nl. Krone, ACDP I-028-008/1.

2 Altmann, *Das Erbe Adenauers*, S. 11.

3 Vgl. hierzu den Problemaufriss von M. Rainer Lepsius, »Die Bundesrepublik Deutschland in der Kontinuität und Diskontinuität historischer Entwicklungen«.

4 *Frankfurter Allgemeine Zeitung*, 10. November 1962 (»Nie mehr wie vorher«).

5 Vgl. Klotzbach, *Der Weg zur Staatspartei*; Gaus, *Staatserhaltende Opposition*.

6 *Der Spiegel*, 5. April 1961 (»Der Endkampf«), S. 14–30, hier S. 28, 30.

7 *Der Spiegel*, 2. Januar 1957 (»Der Primus«), S. 11–29, hier S. 11f.

8 Ebd., S. 20.

9 *Der Spiegel*, 12. Dezember 1962 (»Liebe Spiegel-Leser«), S. 21.

10 Brawand, *Rudolf Augstein*, S. 136–139, hier S. 137. Vgl. hierzu und zum Folgenden auch die ergänzenden Details bei Brawand, *Die Spiegel-Story*, S. 169–172. Über den genauen Termin gibt es unterschiedliche Angaben. Während Leo Brawand, der bei der Begegnung anwesend war, den 9. März 1957 nennt, datiert David Schönbaum in seiner frühen Studie über den *Spiegel*-Skandal die Zusammenkunft auf den späten Sommer,

also die heiße Phase des Bundestagswahlkampfs (Schönbaum, »*Ein Abgrund von Landesverrat*«, S. 47). Ausweislich der Terminkalender von Strauß für 1957 (in ACSP, Nl. Strauß, Bestand Familie, Terminkalender 1949–1961) muss es zu der spontanen Einladung seitens Augsteins an Strauß tatsächlich am und für den 9. März 1957 gekommen sein; allerdings ist die für den Verlauf des Abends nicht unbedeutende Abfahrt des Nachtzugs nach München dort für 22.26 Uhr vorgemerkt.

11 Vgl. Hachmeister, *Der Gegnerforscher*, S. 105–108, 316–322.

12 Zitiert nach Brawand, *Rudolf Augstein*, S. 139.

13 Augstein (Hg.), *Überlebensgroß Herr Strauß*, S. 9.

14 Dass die Kampagne gegen Strauß ursprünglich lediglich Teil der »*Spiegel*-Strategien gegen die CDU« und ihre profiliertesten Repräsentanten gewesen ist, belegen die autobiographischen Aufzeichnungen des früheren leitenden *Spiegel*-Redakteurs Georg Wolff. Vgl. hierzu Hachmeister, *Heideggers Testament*, S. 165f.

15 *Der Spiegel*, 1. Mai 1957 (»Die Franz-Josefs-Legende«). Diesen Kommentar zur Titelgeschichte (»Abschreckung bis zum Letzten«) hat Augstein unter dem von ihm häufig verwendeten Pseudonym Jens Daniel veröffentlicht. Zum erfolglosen Versuch Adenauers, das seitenlange Interview von Strauß in dieser *Spiegel*-Ausgabe zu verhindern, vgl. die Intervention des Kanzlers vom 23. April 1957 sowie ein Telegramm von Augstein an Strauß vom 24. April 1957 in: ACSP Nl. Strauß, Bestand BMVg 120.

16 *Der Spiegel*, 3. Dezember 1958 (»Nadelstiche, Salami«), S. 16f.

17 *Der Spiegel*, 23. Mai 1962 (»Kaiser-Manöver«), S. 18–21, hier S. 18.

18 Ebd., S. 21.

19 *Der Spiegel*, 31. Mai 1961 (»Hans und Franz«).

20 *Der Spiegel*, 31. Januar 1962 (»Kapfingers Erzählungen«).

21 Konrad Adenauer an Franz Josef Strauß, 17. März 1962; in: ACSP, Nl. Strauß, Bestand BMVg 209.

22 Heinrich Krone, Tagebucheintragung vom 26./27. März 1962; in: Krone, *Tagebücher*, Bd. 2, S. 50f.

23 Vermerk des Persönlichen Referenten Dr. Barth für Adenauer über den Untersuchungsbericht von Dr. Petz zu Fibag, 26. März 1962; nebst Anlagen in: StBKAH III.17.

24 Heinrich Krone, Tagebucheintragung vom 7. April 1962; vgl. auch die Eintragungen vom 27. März und 9. April 1962; in: Krone, *Tagebücher*, Bd. 2, S. 51, 56.

25 Hans Globke an Heinrich Krone, 27. Juli 1962; in: Nl. Krone, ACDP I-028-011/3.

26 Heinrich Krone, Tagebucheintragung vom 27. März 1962; in: Krone, *Tagebücher*, Bd. 2, S. 51.

27 Hans Globke an Heinrich Krone, 4. August 1962; in: Nl. Krone, ACDP I-028-011/3.

28 Gerd Schmückle, Aufzeichnung vom 17. September 1962; in: Privatarchiv Schmückle.

29 Freundliche Mitteilung von Gerd Schmückle.

30 Hans Globke an Heinrich Krone, 27. Juli 1962 (wie Anm. 27).

31 Hans Globke an Heinrich Krone, 26. Juli 1962 (wie Anm. 27). Die Abschrift eines zweiseitigen Vermerks von Globke für Adenauer vom 21. Juli 1962 – »Dem Vernehmen nach beabsichtigt der SPIEGEL neue Angriffe gegen Minister Strauß zu starten« – über die Recherchen des *Spiegel* zu den Komplexen »Onkel Aloys« und einen weiteren Fall von Spezl-Wirtschaft findet sich in: Nl. Krone, ACDP I-028-030/1.

32 Kurt J. Bachrach-Baker an Rudolf Augstein, 27. Juni 1962; in: Privatarchiv Schmückle.

33 Rudolf Augstein an Kurt J. Bachrach-Baker, 1. August 1962; in: Privatarchiv Schmückle.

34 *Der Spiegel*, 26. September 1962 (»Liebe Spiegel-Leser«), S. 28. Die Geschichte selbst ist unter der Überschrift »Onkel Aloys« im gleichen Heft (S. 29–42) erschienen.

35 Ebd.

36 Engelmann, *Meine Freunde, die Millionäre*, S. 162.

37 Ebd., S. 170.

38 *Der Spiegel*, 26. September 1962 (»Onkel Aloys«), S. 29–42, hier S. 35.

39 Ebd., S. 36.

40 Ebd., S. 42.

41 Ebd., S. 38.

42 Vermerk des Abteilungsleiters I im Bundeskanzleramt für Staatssekretär Globke, 27. September 1962, über eine Mitteilung von Staatssekretär Hopf; ms. Dd. in: Nl. Mercker, ACDP I-274-003/1.

43 *Abendzeitung*, 29. September 1962 (»Warum ich gegen Strauß kämpfe …«).

44 Unter seinem gebräuchlichen Pseudonym Moritz Pfeil veröffentlichte Augstein in der folgenden Woche einen gleichnamigen Kommentar, *Der Spiegel*, 3. Oktober 1962, S. 28.

45 Franz Josef Strauß an Gerd Schmückle, 3. Oktober 1962; in: Privatarchiv Schmückle.

46 Ebd.

47 Franz Josef Strauß an Konrad Adenauer, 28. März 1958; in: ACSP, Nl. Strauß, Bestand BMVg 209.

48 Konrad Adenauer an Hans Seidel, 6. Juni 1958; in: StBKAH III.39.

49 Ebd.

50 Friedrich Zimmermann an Franz Josef Strauß, 25. Juli 1960; in: ACSP, Nl. Strauß, Bestand BMVg 290.

51 Friedrich Zimmermann an Franz Josef Strauß, 20. August 1960; in: ACSP, Nl. Strauß, Bestand BMVg 297. Den Zuschlag für Jahrs Anteile erhielten stattdessen Gerd Bucerius und Richard Gruner; vgl. hierzu Dahrendorf, *Liberal und unabhängig*, S. 166f.

52 Franz Josef Strauß an Konrad Adenauer, 12. Oktober 1962; ms. Dd. und handschriftlicher Entwurf von Strauß in: ACSP, Nl. Strauß, Bestand BMVg 209.

53 Konrad Adenauer an Franz Josef Strauß, 16. Oktober 1962 (wie Anm. 50).

54 *Der Spiegel*, 10. Oktober 1962, S. 32–53. Ausgeliefert wurde diese Ausgabe, wie üblich, zwei Tage vor dem Erscheinungsdatum, also am 8. Oktober 1962.

55 *Der Spiegel*, 13. Juni 1962 (»Stärker als 1939«). Vgl. hierzu und zum Folgenden auch Seifert u.a. (Hg.), *Die Spiegel-Affäre*, Bd. 1, S. 235f.

56 Vgl. hierzu und zum Folgenden den Leserbrief von Reinhard Weber, dem damaligen Mitberichterstatter beim zuständigen 3. Strafsenat des Bundesgerichtshofs, in: *Frankfurter Allgemeine Zeitung*, 18. Oktober 1988. Die nachfolgende Darstellung der Abläufe stützt sich, soweit nicht anders vermerkt, auf die im 20. Band seiner Entscheidungssammlung abgedruckten Feststellungen des Bundesverfassungsgerichts, sowie auf Schönbaum, *»Ein Abgrund von Landesverrat«*, S. 70–101.

57 Franz Josef Strauß an Konrad Adenauer, 19. November 1962, streng geheim; in: StBKAH III.28. Durchdruck und Briefentwürfe, teils handschriftlich von Strauß; dieses Schlüsseldokument befindet sich in: ACSP, Nl. Strauß, Bestand BMVg 209.

58 Strauß an Adenauer, 19. November 1962 (wie Anm. 57).

59 Mende, *Von Wende zu Wende*, S. 70.

60 Strauß an Adenauer, 19. November 1962 (wie Anm. 57).

61 Ebd.

62 Konrad Adenauer im Hintergrundgespräch mit amerikanischen Journalisten am 12. November 1962; Wortprotokoll abgedruckt in: Adenauer, *Teegespräche 1961–1963*, Dokument Nr. 23, S. 277–294, hier S. 278.

63 Konrad Adenauer an Hans Globke, 7. September 1960, Geheim; Abschrift in: StBKAH III.17.

64 Handschriftliche Marginalie Adenauers auf dem Brief von Strauß vom 19. November 1962 (wie Anm. 57).

65 Vgl. Seifert u.a. (Hg.), *Die Spiegel-Affäre*, Bd. 1, S. 239.

66 Vermerk des Abteilungsleiters I des Bundeskanzleramtes vom 19. November 1962 über ein Telefonat mit Staatssekretär Globke; Abschrift in: Nl. Mercker, ACDP I-274-003/2.

67 Strauß an Adenauer, 19. November 1962 (wie Anm. 57).

68 Schenk, *Auf dem rechten Auge blind*, S. 261–263.

69 Vgl. hierzu Schwarz, *Adenauer. Der Staatsmann*, S. 1043, Anm. 57, mit Bezug auf die Sitzung des CDU-Präsidiums vom 2. August 1965.

70 Hermann Josef Abs am 26. Oktober 1985 bei einer Adenauer-Konferenz von Zeitzeugen und Wissenschaftlern; abgedruckt in: *Konrad Adenauers Regierungsstil*, S. 212; Interpunktion des Originalzitats (»Gewußt, er hat es von mir verlangt!«) korrigiert.

71 Strauß an Adenauer, 19. November 1962 (wie Anm. 57). In einem internen, vermutlich vom Vize-Präsidenten des BND, General Langkau, verfassten Vermerk vom 2. September 1965 »*Betrifft:* »SPIEGEL«, ohne Aktenzeichen, über den Zeitablauf wird dieses von Gehlen gegenüber Adenauer abgestrittene Gespräch bestätigt: »Erst am 17.10.62, um 17.50 Uhr, fand der Vortrag (Gehlens) beim Herrn Verteidigungsminister statt. Bei dieser Gelegenheit erfolgte die Unterrichtung über die Maßnahmen gegen den ›Spiegel‹. Am 18.10.62 traf Präs. BND in der Zentrale ein, wo er erstmalig von dem genauen Vorgang der ›Fallex-Angelegenheit‹ unterrichtet wurde.« Kopie im Besitz des Verfassers.

72 Schönbaum, »*Ein Abgrund von Landesverrat*«, S. 62f.

73 Ebd., S. 81, sowie die Pressemitteilung des Generalbundesanwalts beim Bundesgerichtshof vom 6. November 1962, abgedruckt in: Seifert u.a. (Hg.), *Die Spiegel-Affäre*, Bd. 1, Dokument Nr. 4, S. 303f.

74 Schmückle, *Ohne Pauken und Trompeten*, S. 293, 296.

75 Vgl. hierzu Schwarz, *Adenauer. Der Staatsmann*, S. 788–780 m.w.N.

76 Heinrich Krone, Tagebucheintragung vom 11.–17. November 1962, 19. November 1962; in: Krone, *Tagebücher*, Bd. 2, S. 115–117, 119.

77 Hans Langemann an Franz Josef Strauß, 23. September 1972; in: ACSP, Nl. Strauß, Bestand Familie K 9.

78 Interview mit Thomas Dalberg und Marcel Hepp, März 1968; Tonbandabschrift, S. 126f.; in: ACSP, Nl. Strauß, Bestand Sammlung Kray.

79 Aufzeichnung des Bundesnachrichtendienstes 273 Nr. 34/62 str. geh. vom 14. Dezember 1962 für Präsident Gehlen, »*Betrifft:* Äußerungen des Oberst Schmückle gegenüber einem ausländischen Journalisten«; 2. Ausfertigung; Kopie im Besitz des Verfassers. Vgl. hierzu auch eine in der Tendenz ähnliche, für Heinrich Krone bestimmte Aufzeichnung von Norbert Mühlen vom 16. Dezember 1962; in: Nl. Krone, ACDP I-028-010/4.

Krise – Endkampf – Untergang

1 Heinrich Krone, Tagebucheintragungen vom 22. und 23. Oktober 1962; in: Krone, *Tagebücher*, Bd. 2, S. 107f.

2 Heinrich Krone, Tagebucheintragung vom 7., 8., 9. November 1962; ebd., S. 114f.

3 Vgl. Seifert u.a. (Hg.), *Die Spiegel-Affäre*, Bd. 1, S. 238f.

4 Heinrich Krone, Tagebucheintragung vom 22. Oktober 1962; in: Krone, *Tagebücher*, Bd. 2, S. 107.

5 Vgl. hierzu Leugers-Scherzberg, *Die Wandlungen des Herbert Wehner*, S. 274f.

6 Vgl. Schwarz, *Die Ära Adenauer. Epochenwechsel*, S. 283.

7 *Frankfurter Rundschau*, 1. November 1962 (»Hier scheiden sich die Geister«).

8 Erklärung des Deutschen Journalistenverbandes, 30. Oktober; nachgedruckt in: Seifert u.a. (Hg.), *Die Spiegel-Affäre*, Bd. 1, S. 381f.

9 Manifest der Gruppe 47, 28. Oktober 1962; zitiert nach: *Die Welt*, 31. Oktober 1962.

10 Vgl. etwa den Beitrag von Hans Habe in der Kölner *Neuen Rhein-Zeitung*, 20. November 1962 (»Strauss und Amerika«), in dem es u.a. heißt, die Vereinigten Staaten würden Deutschland auch »danach beurteilen, ob es sich zu weiteren Strauß-Jahren verurteilt«.

11 *Süddeutsche Zeitung*, 8. November 1962 (»Die Stunde der Prüfung«).

12 Vgl. Soukup, *Ich bin nun mal ein Deutscher*, S. 215–217.

13 Vgl. hierzu und zum Folgenden Lau, *Hans Magnus Enzensberger*, S. 150–152.

14 Zitiert nach Richter, *Briefe*, S. 427.

15 Vgl. exemplarisch die Leitartikel von Alfred Rapp in der *Frankfurter Allgemeinen Zeitung*, 29. Oktober 1962 (»Pressefreiheit und Landesverteidigung«), und von Karl Hermann Flach in der *Frankfurter Rundschau*, 29. Oktober 1962 (»Bei Nacht und Nebel«).

16 Vgl. hierzu und zum Folgenden etwa *Freie Presse*, 30. Oktober 1962 (»Was sagte Franz Josef Strauß bei dem Empfang auf Schloß Brühl?«), *Frankfurter Rundschau*, 29. November 1962 (»Schwächeanfall in der Cuba-Nacht«), sowie Weber, *Carlo Schmid*, S. 655.

17 Eine Ablichtung der Gegendarstellung und des Briefs von Franz Josef Strauß an Henri Nannen, beide Schreiben datieren vom 24. November 1962, befinden sich in: Nl. Globke, ACDP I-070/060/1.

18 Zitiert nach: *Ein Provisorium lacht*, S. 157.

19 *Abendzeitung*, 29. Oktober 1962 (»Der Fall Augstein«); *Stuttgarter Zeitung*, 29. Oktober 1962 (»Staatsschutz oder Rache?«).

20 *Frankfurter Allgemeine Zeitung*, 30. Oktober 1962 (»Die andere Seite der Spiegel-Affäre«). Vgl. auch Schönbaum, »*Ein Abgrund von Landesverrat*«, S. 104.

21 Wolfgang Schollwer, Tagebucheintragung vom 29. Oktober 1962; abgedruckt in: Schollwer, *FDP im Wandel*, S. 74.

22 *Abendpost*, 30. Oktober (»Das 60-Sekunden-Interview mit Minister Strauß zum ›Spiegel‹«).

23 Erich Mende an Konrad Adenauer, 2. November 1962; ms. Dd. nebst Anschreiben Erich Mende an Heinrich Krone, 2. November 1962 in: Nl. Krone, ACDP I-028-030/1.

24 Zitiert nach Seifert u.a. (Hg.), *Die Spiegel-Affäre*, Bd. 1, S. 252.

25 *Süddeutsche Zeitung*, 2. November 1962 (»Es geht um die Demokratie«); *Abendzeitung*, 3. November 1962 (»Der Polizeistaat marschiert«).

26 Heinrich Krone, Tagebucheintragung vom 5. November 1962; in: Krone, *Tagebücher*, Bd. 2, S. 113.

27 Wolfgang Schollwer, Tagebucheintragung, 6. November 1962; abgedruckt in: Schollwer, *FDP im Wandel*, S. 77.

28 Protokoll der Bundespressekonferenz, 29. Oktober 1962; abgedruckt in: Seifert u.a. (Hg.), *Die Spiegel-Affäre*, Bd. 1, Dokument 12, S. 434–452.

29 *Die Welt*, 31. Oktober 1962 (»Spanische Verhaftung«).

30 *Die Welt*, 2. November 1962 (»In Bonn geht das Mißtrauen um«); *Frankfurter Allgemeine Zeitung*, 2. November 1962 (»Deutscher Oberst an der Festnahme von Ahlers beteiligt?«); *Die Welt*, 3. November 1962 (»Oberst Oster: Ich sage kein Wort«).

31 *Frankfurter Allgemeine Zeitung*, 7. November 1962 (»Minister Fraga bestätigt die Einschaltung von Interpol«).

32 *8-Uhr-Blatt*, 3. November 1962 (»Im *Spiegel*-Fall bin ich nur Strauß …!«).

33 *Bild*, 3. November 1962 (»*Bild* an Bonn: Endlich Farbe bekennen!«).

34 Zitiert nach der Transkription der Sendung in: Seifert u.a. (Hg.), *Die Spiegel-Affäre*, Bd. 2, S. 408–419, hier S. 419.

35 *Süddeutsche Zeitung*, 8. November 1962 (»Die Stunde der Prüfung«).

36 St.B. Dt. BTag, 4. Wp., 45. Sitzung, 7. November 1962, 1949–1963, S. 1980–2010, hier S. 1961f.

37 Ebd., S. 1980.

38 Heinrich Krone, Tagebucheintragung vom 6. November 1962; in: Krone, *Tagebücher*, Bd. 2, S. 114.

39 Heinrich von Brentano an Konrad Adenauer, *Persönlich*, 7. November 1962; Abschrift in: Nl. Krone, ACDP I-028-030/1.

40 Wie Anm. 36, S. 1993.

41 Ebd., S. 1994.

42 Ebd., S. 1984.

43 Ebd., S. 1994.

44 Ebd., S. 1990.

45 Ebd., S. 1996.

46 Ebd., S. 1997.

47 Hessischer Rundfunk, 6. November, 21.00 Uhr; hekto. Transkription in: ACSP, Nl. Strauß, Bestand BPA 1962.

48 *Augsburger Allgemeine*, 5. November 1962 (»Strauß: Stammberger wußte vom Ermittlungsverfahren«).

49 Richard Stücklen im Gespräch mit dem Verfasser. Die wörtlichen Zitate sind seinen Memoiren entnommen: Stücklen, *Mit Humor und Augenmaß*, S. 327. In der umfangreichsten autobiographischen Einlassung von Höcherl, der selbst keine Memoiren veröffentlicht hat, fehlt jeder Hinweis auf diese Episode; vgl. Vogel, *Hermann Höcherl*, S. 120–125.

50 St.B. Dt. BTag, 4. Wp., 46. Sitzung, 8. November 1962, S. 2013–2026, hier S. 2013.

51 Ebd., S. 2013f.

52 Ebd., S. 2015.

53 Ebd., S. 2015.

54 Ebd., S. 2017f.

55 Ebd., S. 2018f.

56 Ebd., S. 2017.

57 St.B. Dt. BTag, 4. Wp., 47. Sitzung, 9. November 1962, S. 2074–2089, hier S. 2074.

58 Ebd., S. 2077.

59 Ebd., S. 2077f.

60 Ebd., S. 2081; vgl. auch ebd., S. 2082.

61 Schönbaum, »Ein Abgrund von Landesverrat«, S. 126.

62 Süddeutsche Zeitung, 9. November 1962 (»Nach der Redeschlacht«).

63 Gerhard Ritter, Leserbrief in der Frankfurter Allgemeinen Zeitung, 10. November 1962.

64 Karl Dietrich Bracher, Leserbrief in der Frankfurter Allgemeinen Zeitung, 13. November 1962.

65 Heinrich Krone, Tagebucheintragung vom 7., 8., 9. November 1962; in: Krone, Tagebücher, Bd. 2, S. 114f.

66 Der Spiegel, 19. Februar 1958 (»Dummes Zeug nach zehn«). Vgl. hierzu den neunseitigen Vermerk vom 15. August 1958 des persönlichen Referenten an Bundesinnenminister Schröder über die Chronologie des Geschäftsgangs, VS-Vertraulich; in: Nl. Schröder, ACDP I-483-082/1.

67 Der Stern, 21. Februar 1959 (»Wer schützt uns vorm Verfassungsschutz?«). Wie die meisten anderen Wochenpublikationen wies der Stern seinerzeit für seine Ausgaben ein Publikationsdatum aus, das nicht mit dem tatsächlichen – früheren – Erscheinungsdatum identisch ist. Vgl. zum Geschehen selbst auch Nayhauß, Denk ich zurück an Bonn, S. 142–147.

68 Das Telefonat zwischen Max Güde und Gerhard Schröder ereignete sich in der Nacht vom 13. auf den 14. Februar 1959. Unter dem Datum des 14. Februar hat Güde Inhalt und Verlauf des Ferngesprächs protokollartig in einem mehrseitigen Brief an den Bundesinnenminister festgehalten. Unter dem 17. Februar informierte Bundesjustizminister Fritz Schäffer den Bundeskanzler über den Vorgang und legte seinem Schreiben, das in Abschrift zur Kenntnis auch an Schröder ging, die Abschrift des Briefs von Güde an Schröder bei; beide Schreiben in Abschrift in: Nl. Schröder, ACDP I-483-082/1.

69 Heinrich Krone, Tagebucheintragung vom 7., 8., 9. November 1962; in: Krone, Tagebücher, Bd. 2, S. 114f.

70 Süddeutsche Zeitung, 22./23. September 1962 (»Verstärkte Rivalität zwischen Schröder und Strauß?«).

71 Vgl. Oppelland, Gerhard Schröder (1910–1989), S. 509f.

72 Carstens, Erinnerungen und Erfahrungen, S. 237f.

73 Heinrich Krone, Tagebucheintragung vom 11.–17. November 1962; in: Krone, Tagebücher, Bd. 2, S. 115–117.

74 Ebd.

75 Vgl. Frankfurter Allgemeine Zeitung, 13. November 1962 (»Adenauer: Hopf kehrt in sein Amt zurück«).

76 Wolfgang Schollwer, Tagebucheintragung vom 14. November 1962; abgedruckt in: Schollwer, FDP im Wandel, S. 78f.

77 Erich Mende in seinem Bericht zur innenpolitischen Lage auf der Sitzung des FDP-Bundesvorstands am 19. November 1962; das Protokoll ist abgedruckt in: FDP-Bundesvorstand, Die Liberalen unter dem Vorsitz von Erich Mende, Dokument Nr. 33, S. 372–382, hier S. 373.

78 Corriere della Serra, 16. November 1962 (»Il ›Caso Spiegel‹ può dare origine a una nuova politica della Germania«), zitiert nach: Seifert u.a. (Hg.), Die Spiegel-Affäre, Bd. 1, S. 203; vgl. auch Die Welt, 17. November 1962 (»Döring: Zweites Ziel ist Adenauer«).

79 Franz Josef Strauß an Konrad Adenauer, 19. November 1962, Streng geheim; in: StBKAH III.28.

80 *Welt am Sonntag*, 18. November 1962.

81 *Kölner Stadt-Anzeiger*, 19. November 1962 (»Wie Siegfried stand er in der Nibelungenhalle«); *Die Welt*, 23. November 1962 (»Strauß kämpft wie ein Löwe«).

82 Schönbaum, *»Ein Abgrund von Landesverrat«*, S. 138–143.

83 Hans Globke an Konrad Adenauer, 19. November 1962; auszugsweise Abschrift nebst einem ausführlichen handschriftlichen Schreiben (»vertraulich«) von Globke an Krone unter dem gleichen Datum in: Nl. Krone, ACDP I-028-011/3.

84 Entschließung des Vorstands der CDU/CSU-Bundestagsfraktion vom 20. November; in: Seifert u.a. (Hg.), *Die Spiegel-Affäre*, Bd. 1, S. 269.

85 Heinrich Krone, Tagebucheintragungen vom 19., 25. und 26. November 1962; in: Krone, *Tagebücher*, Bd. 2, S. 119, 121f.

86 Karl Kanka an Franz Josef Strauß, 26. November 1962; in: ACSP, Nl. Strauß, Bestand BMVg 246.

87 Hans Globke, Notiz »Dem Herrn Bundeskanzler vorzulegen«, 27. November 1962; in: StBKAH III.28.

88 Heinrich Krone, Tagebucheintragung vom 27. November 1962; in: Krone, *Tagebücher*, Bd. 2, S. 122f.

89 *Süddeutsche Zeitung*, 22. November 1962 (»F.J. Strauß im Bräuwastl«).

90 Vgl. hierzu Leugers-Scherzberg, *Die Wandlungen des Herbert Wehner*, S. 278–286, sowie Wirz, *Karl Theodor von und zu Guttenberg*, S. 176–237.

91 Strauß an Nannen, 24. November 1962 (wie Anm. 17).

92 Notiz über eine telefonische Durchsage von Globke für Adenauer, 28. November, 14.10 Uhr; in: StBKAH III.28; vgl. im Übrigen Schwarz, *Adenauer. Der Staatsmann*, S. 797f.

93 *Rheinische Post*, 30. November 1962 (»Strauß will kein Ministerium«); *Frankfurter Allgemeine Zeitung*, 1. Dezember 1962 (»Strauß verzichtet auf das Verteidigungsministerium«).

94 Vgl. Schwarz, *Adenauer. Der Staatsmann*, S. 809.

95 *Stuttgarter Zeitung*, 21. Dezember 1962 (»Zapfenstreich in Wahn«).

96 *Der Spiegel*, 26. Dezember 1962 (»Strauß-Abschied. Haben wir den dann noch?«), S. 19.

97 Osterheld, *»Ich gehe nicht leichten Herzens …«*, S. 168.

98 Freundliche Mitteilung von Peter Boenisch.

Im Abseits, zermürbt

1 Tonbandabschrift eines Gesprächs zwischen Mainhardt Graf von Nayhauß, Marianne und Franz Josef Strauß am 14. Juli in Rott am Inn und am 8. August 1969 in *Miramar* (Südfrankreich), S. 56; in: Privatarchiv Nayhauß.

2 Franz Josef Strauß an Rudolf Augstein, 7. Mai 1969; ms. Dd. in: ACSP, Nl. Strauß, Bestand BMF 11.

3 Rudolf Augstein an Franz Josef Strauß, 24. Juni 1969; ebd.

4 Franz Josef Strauß an Rudolf Augstein, 9. Juli 1969; ms. Dd., ebd.

5 Sebastian Haffner, »Kein Ende der Spiegel-Affäre«; in: *Forum. Österreichische Monatsblätter für kulturelle Freiheit*, 3/1963; wiederabgedruckt in: Haffner, *Zwischen Krieg und Frieden*, S. 200–210.

6   Zitiert nach *Der Spiegel*, 12. Juni 1963 (»Liebe Spiegel-Leser«). Andere Rückübersetzungsvarianten ins Deutsche berühren den Kern der Aussage nicht, vgl. etwa die *Süddeutsche Zeitung*, 4. Juni 1963 (»Strauß für Beziehungen zu Israel«), wo es statt »ernstzunehmender deutscher Presse« heißt: »seriöse deutsche Presse«.

7   *Süddeutsche Zeitung*, 12./13. Juni 1963 (»Strauß über seine Israelreise«).

8   *Die Welt*, 8. Juni 1963 (»Was uns so alles bewegt«).

9   Strauß vor dem Internationalen Presseclub München am 3. April 1963; zitiert nach: *Die Welt*, 4. April 1963 (»Strauß: Zunächst Sache der CDU«).

10 Ebd. sowie *Frankfurter Allgemeine Zeitung*, 4. April 1963 (»Strauß lässt bei der Kanzlersuche Brentano den Vortritt«).

11 Vgl. Wirz, *Karl Theodor von und zu Guttenberg*, S. 161–237.

12 Vgl. hierzu ebd. sowie die Dokumentationen und diversen Schriftstücke in den Nachlässen von Konrad Adenauer, Heinrich Krone, Hans Globke und Karl Theodor von und zu Guttenberg.

13 Nietzsche, *Zarathustra*, S. 261.

14 Vgl. Morsey, »Karl Forster«.

15 Hans Berger, Tagebucheintragung vom 17. Dezember 1962; in: Nl. Berger, ACDP I-400-017/4.

16 Protokoll der Sitzung des CSU-Landesvorstands vom 8. Dezember 1962; in: ACSP. Guttenberg hat seine Zustimmung zum Schiedsgerichtsverfahren später indirekt bestritten; vgl. Guttenberg, *Fußnoten*, S. 91–93.

17 Aufzeichnung Guttenbergs über das Gespräch mit Strauß am 17. Dezember 1962; in: Nachlass Guttenberg, Band 211.

18 Bericht des Leiters des Strategischen Dienstes an den Präsidenten des Bundesnachrichtendienstes vom 3. Dezember 1962, 273 Nr.29/62 streng geheim; Kopie im Besitz des Verf.

19 Strauß an Guttenberg, 10. April 1967, persönlich-vertraulich; ms. Dd.; in: ACSP Nl. Strauß, Bestand BMF 335.

20 *Der Spiegel*, 20. Februar 1963 (»Strauß. Immer tiefer«).

21 *Münchener Katholische Kirchenzeitung*, 13. Januar 1963. Der Brief ist u.a. dokumentiert in der *Süddeutschen Zeitung*, 10. Januar 1963 (»Geistliche Ratschläge für Strauß«).

22 *Christ und Welt*, 18. Januar 1963 (»Ist die CSU ein Fußballklub?«).

23 Vgl. exemplarisch *Die Welt*, 7. März 1963 (»Strauß zum Rücktritt aufgefordert«).

24 *Süddeutsche Zeitung*, 25. Februar 1963 (»Studenten gegen CSU-Führung«).

25 *Süddeutsche Zeitung*, 6./7. April 1963 (»Studenten fordern den Rücktritt von Strauß«).

26 Heinrich Krone, Tagebucheintragung vom 6. Januar 1963; in: Krone, *Tagebücher*, Bd. 2, S. 143–145, hier S. 144.

27 Wirz, *Karl Theodor von und zu Guttenberg*, S. 280; *Die Welt*, 7. März 1963 (»Strauß zum Rücktritt aufgefordert«).

28 Vgl. hierzu im Zusammenhang Gauly, *Katholiken*, insbes. S. 203–205.

29 *Die Welt*, 4. April 1963 (»Strauß: Zunächst Sache der CDU«).

30 *Frankfurter Allgemeine Zeitung*, 4. April 1963 (»Strauß läßt bei der Kanzlersuche Brentano den Vortritt«).

31 Franz Josef Strauß auf der Landesversammlung der Jungen Union Bayerns am 20. Mai 1963 in Regensburg. Vgl. hierzu: *Nürnberger Nachrichten*, 21. Mai 1963 (»Strauß: ›Die goldenen Jahre sind vorbei‹«).

32 Winfried Martini, Hörfunkkommentar im WDR II, 3. Juli 1963; zit. nach: KÜ, 4. Juli 1963.

33 Parteitagsprotokoll. Vgl. *Süddeutsche Zeitung*, 8. Juli 1963.

34 *Süddeutsche Zeitung*, 8. Juli 1963 (»F.J. Strauß spielt seine gewagteste Partie«).

35 Wie Anm. 32.

36 *Die Welt*, 16. Juli 1963 (»Strauß und kein Ende«).

37 So Josef Riedmiller, rhetorisch fragend, in seinem Leitartikel in: *Süddeutsche Zeitung*, 9. Juli 1963 (»Die Zukunft der CSU«).

38 *Frankfurter Rundschau*, 17. Juli 1963 (»Klotz am Bein«).

39 *Rheinische Post*, 14. August 1963 (»Brennender Ehrgeiz«).

40 *Frankfurter Allgemeine Zeitung*, 8. Juli 1963 (»Die Wiederwahl«).

41 *Stuttgarter Zeitung*, l4. August 1963 (»Erhard setzt seine Sondierungsgespräche fort«).

42 *Nürnberger Nachrichten*, 14. August 1963 (»Franz Josef Strauß war sehr redselig«).

43 *Der Spiegel*, 21. August 1963 (»Ein neues München?«).

44 Heinrich Krone, Tagebucheintragung vom 21. September 1963; in: Krone, *Tagebücher*, Bd. 2, S. 222f., hier S. 222. Teilabdruck auch in: Morsey/Repgen, *Adenauer-Studien*, Bd. 3, S. 181.

45 *Kölner Stadt-Anzeiger*, 6. November 1963 (»Strauß baut im Stillen seine neue Karriere auf«).

46 Freundliche Mitteilung eines der Gesprächsteilnehmer, der namentlich nicht genannt werden möchte.

47 *Kölner Stadt-Anzeiger*, 10. Januar 1964 (»Strauß gibt sich sanft und scherzt«).

48 St.B. Dt.Btag, 4. Wp., 106. Sitzung, 9. Januar 1964, S. 4871–4883, hier S. 4883.

49 *Der Spiegel*, 22. Januar 1964 (»Putnik«).

Exerzitien ohne Rast

1 Zweig, *Joseph Fouché*, S. 106f.

2 Ungekürzte Niederschrift eines Interviews von Mathias Walden (SFB) mit Franz Josef Strauß am 17. April 1967 für die ARD-Sendung »Ein paar Tage im Leben von Franz Josef Strauß«, S. 16; in: ACSP, Nl. Strauß, Bestand Familie Nl. Rott.

3 Interview mit *Jasmin*, 29. September 1969.

4 Strauß, Historiker der er war, hat kaum etwas weggeworfen und diese Berichte säuberlich abgelegt. Umfangreiche Sammlungen befinden sich im Nachlass.

5 Zu den Personen vgl. die entsprechenden Personalakten sowie diverse Unterlagen im Nachlass Strauß, Bestand Familie.

6 Vgl. beispielsweise Edmund Stoiber, »Vermerk für den Herrn Parteivorsitzenden zur Terminfestlegung«, 9. Oktober 1979; in: ACSP, Nl. Strauß, Bestand MPr 1.

7 Freundliche Mitteilung von Norbert Schäfer.

8 Vgl. Zierer, *Franz Josef Strauß*, S. 343.

9 Marianne Strauß im Gespräch mit Mathias Walden, zitiert nach einem Brief von Mathias Walden an Marianne Strauß vom 11. Juli 1967; in: ACSP, Nl. Strauß, Bestand Familie Nl. Rott.

10 Ludwig von Danwitz an Heinrich Krone, 15. Juli 1964; in: Nl. Krone, ACDP I-028-009/6.

11 *Der Spiegel*, 1. April 1964 (»Unheilbar gesund?«). Diesen Kommentar hat Rudolf Augstein unter seinem gängigen Pseudonym Moritz Pfeil geschrieben.

12 *Der Spiegel*, 22. Juli 1964 (»Bum-Bum«); 9. September 1964 (»1a Schütze«).

13 *Der Spiegel*, 9. Dezember 1964 (»Dinge des Alltags«).

14 Strauß bei einer CSU-Veranstaltung am 12. April 1964 in Bad Tölz, zitiert nach *Garmisch-Partenkirchner Tagblatt*, 13. April 1964.

15 *Süddeutsche Zeitung*, 16. Oktober 1964 (»Strauß und die Justiz«).

16 Einstellungsverfügung in: Seifert u.a. (Hg.), *Die Spiegel-Affäre*, Bd. 1, S. 549ff.

17 Vgl. hierzu und zum Folgenden die Dutzende Bände umfassenden Prozessakten im Nachlass Strauß.

18 Vgl. *Nürnberger Nachrichten*, 19. November 1964 (»Strauß hat 350 000 Vermögen«).

19 *Kölner Stadtanzeiger*, 10. März 1965 (»Richter fragten Frau Marianne«); *Stuttgarter Zeitung*, 10. März 1965 (»Schecks zur Disposition des Parteichefs«); *Frankfurter Rundschau*, 10. März 1965 (»Wo fließen die Straußschen Geldquellen?«); *Frankfurter Allgemeine Zeitung*, 10. März 1965 (»›Eine Kontrolle haben wir nie vorgenommen‹«); *Süddeutsche Zeitung*, 7. April 1965 (»Der Zivilstreit Strauß-Augstein«).

20 *Die Zeit*, 2. April 1965 (»Schatzsuche in Bayern«).

21 *Hamburger Abendecho*, 8. April 1965 (»Die tollen Nächte des Franz Josef Strauß«).

22 *Christ und Welt*, 9. April 1965; vgl. auch *Süddeutsche Zeitung*, 8. April 1965 (»Augstein bringt neue Vorwürfe ins Spiel«); *Frankfurter Rundschau*, 9. April 1965 (»Zum Schluß der Verhandlung eine wilde Drohung«), sowie die selbstgerechte Darstellung in den Erinnerungen des späteren Referendarausbilders von Edmund Stoiber und seinerzeitigen Augstein-Anwalts Otto Gritschneder (Gritschneder, *»Fachlich geeignet, politisch unzuverlässig ...«*, S. 152f.).

23 Franz Josef Strauß an Clemens-August Andreae, 26. August 1965; Clemens-August Andreae an Franz Josef Strauß, 1. September 1965; in: ACSP, Nl. Strauß, Bestand Familie K 23.

24 Clemens-August Andreae an Franz Josef Strauß, 28. April 1964; ebd.

25 Clemens-August Andreae an Franz Josef Strauß, 1. September 1965; ebd.; vgl. *Der Spiegel*, 1. Mai 1966 (»Dr. Inns«).

26 *Neue Illustrierte*, [24.] August 1964.

27 Heinrich Krone, Tagebucheintragungen vom 19. März 1964 und 8. Mai 1964; in: Krone, *Tagebücher*, Bd. 2, S. 277, 320.

28 Heinrich Krone, Tagebucheintragung vom 19. März 1964.

29 Vgl. hierzu autoritativ Hildebrand, *Von Erhard zur Großen Koalition*, S. 99–111, sowie Hentschel, *Ludwig Erhard*, S. 485–510.

30 Heinrich Krone, Tagebucheintrag vom 19. Mai 1964; in: Krone, *Tagebücher*, Bd. 2, S. 290f.

31 Heinrich Krone, Tagebucheintragungung vom 8. Juli 1964; ebd., S. 310.

32 *Christ und Welt*, 17. Juli 1964 (»Der Schlauere blieb Franz Josef Strauß«).

33 *Die Zeit*, 17. Juli 1964 (»Jo mei, der Strauß Franz Josef«).

34 Karl Schmid im Gespräch mit Max Josef Strauß und dem Verfasser.

35 Gabriele Münter, unter anderem in den Dortmunder *Ruhr-Nachrichten*, 13. März 1964 (»Auf jeden Gruß reagiert Strauß mit Lächeln«).

Comeback

1 So die Überschrift eines Leitartikels von Paul Sethe in *Allgemeine Zeitung/Neue Mainzer Zeitung*, 9. Juli 1964.

2 Freundliche Mitteilung von Theo Waigel.

3 *Rheinische Post*, 10. April 1965 (»Gestern schwieg Strauß«).

4 *Die Welt*, 12. April 1965 (»Strauß: Ich bin weder Heiliger noch Dämon«).

5 *Die Zeit*, 16. April 1965 (»Kriegserklärung in Schwabing«).

6 *Die Welt*, 12. April 1965 (»Das Trommelfeuer des Franz Josef Strauß«).

7 Zitiert nach *Die Zeit*, 28. September 1962 (»Gepriesen viel, noch mehr gescholten«).

8 Meyer, *Huttens letzte Tage*, S. 400.

9 Hektographiertes Redeskript,; Kopie im Besitz des Verfassers: S. 39–42.

10 *Die Zeit*, 16. April 1965 (»Maß und Methode«).

11 *Hamburger Abendecho*, 15. Januar 1965 (»Strauß will nach Hamburg«).

12 *Stuttgarter Nachrichten*, 16. Februar 1965 (»Strauß ist in Hamburg unerwünscht«).

13 *Süddeutsche Zeitung*, 15. Februar 1965 (»Wahlkampfredner Strauß – in Hamburg unerwünscht«).

14 *Rheinische Post*, 22. April 1965 (»Kühle Überlegungen in Norddeutschland. Die CDU und das ›Problem Strauß‹«).

15 *Die Zeit*, 30. April 1965 (»Schlüsselfigur Franz Josef Strauß«).

16 Kabinettssitzung vom 21. Juli 1965, Protokoll eines anwesenden Beamten; Kopie im Besitz des Verfassers. Wie sehr die Agitation der FDP gegen Strauß dem Seelenleben der Parteiführung entsprach, dokumentiert beispielsweise das Protokoll der Sitzung des Bundesvorstands und der Bundestagsfraktion der FDP vom 1. April 1965; abgedruckt in: FDP-Bundesvorstand, *Die Liberalen unter dem Vorsitz von Erich Mende*, S. 620–626.

17 Heinrich Krone, Tagebucheintragung vom 20. Mai 1965; in: Krone, *Tagebücher*, Bd. 2, S. 374ff., hier S. 375.

18 Heinrich Krone, Tagebucheintragung vom 14. Juni 1965; ebd., S. 384.

19 Protokoll über ein Gespräch des Bundesministers Schröder mit Premierminister Macmillan in London am 14. August 1963, geheim; abgedruckt in: *Akten zur Auswärtigen Politik der Bundesrepublik Deutschland 1963*, Bd. 2, Dokument Nr. 300, S. 1015–1020, hier S. 1019.

20 Zur Affäre Huyn vgl. Wirz, *Karl Theodor von und zu Guttenberg*, S. 390–404, sowie Osterheld, *Außenpolitik unter Bundeskanzler Ludwig Erhard*, S. 252f., 263. Aufschlussreich ist auch die Mischung aus politischem Bekenntnis und Erlebnisbericht bei Huyn, *Die Sackgasse*.

21 *Quick*, 28. März 1965 (»Versager des Jahres«). Vgl. hierzu und zum Folgenden den ausführlichen Bericht in der schweizerischen *Weltwoche*, 9. April 1965 (»Der negative Held im Mittelpunkt des deutschen Wahlkampfs«).

22 Der Artikel in *Quick* wurde von Horst Fust und Mainhardt Graf von Nayhauß geschrieben. Beide erinnern sich, dass sie dabei von Strauß mit internen Informationen versorgt worden sind. Mit der Veröffentlichung im gleichen Tenor in *Bild* hatte Strauß dagegen nach Erinnerung von Peter Boenisch, damals Chefredakteur, nichts zu tun; diese Veröffentlichung soll auf Adenauer zurückgegangen sein.

23 Interview mit Strauß in *Der Mittag*, 2. April 1965 (»Strauß: ›Das lasse ich mir nicht gefallen‹«).

24 *Der Stern*, 6. April 1965.

25 *Christ und Welt*, 9. April 1965 (»Vom ›Stern‹ gefallen«).

26 Heinrich Krone, Tagebucheintragung vom 15. Juli 1965; in: Krone, *Tagebücher*, Bd. 2, S. 395.

27 Strauß im August 1965 bei Wahlkundgebungen u.a. in Stade, Rotenburg, Holzminden

und Hannoversch-Münden; vgl. *Süddeutsche Zeitung*, 14. August 1965 (»Studienrat bringt Strauß aus dem Konzept«).

28 *Der Spiegel*, 1. September 1965 (»Das alles auf Ehr, das kann er ...«).

29 Erhard an Strauß, 21. Oktober 1965; Strauß an Erhard, 21. Oktober 1965; zitiert nach: Hentschel, *Ludwig Erhard*, S. 690, Anm. 28.

30 Interview mit *Welt am Sonntag*, 5. September 1965.

31 Vgl. hierzu Mende, *Von Wende zu Wende*, S. 199–203, sowie Hentschel, *Ludwig Erhard*, S. 579–588.

32 Vgl. hierzu und zum Folgenden Morsey, *Heinrich Lübke*, S. 308–311, 345–352, 457–468.

33 Heinrich Krone, Tagebucheintragung vom 11. Oktober 1965; in: Krone, *Tagebücher*, Bd. 2, S. 419f., hier S. 420; Textvariante b; siehe hierzu die Originalquelle in: Nl. Krone, ACDP I-028-076/1.

34 Heinrich Krone, Tagebucheintragungunf vom 12. Oktober 1965; in: Krone, *Tagebücher*, Bd. 2, S. 419f., hier S. 420.

35 Hans Berger, Tagebucheintragung vom 6. Oktober 1965; in: Nl. Berger, ACDP I-400-012/1.

36 Gebhard Müller, handschriftliche Stellungnahme mit Anschreiben an Staatssekretär Berger vom 9. Oktober 1965; in: Nl. Berger, ACDP I-400-026/6.

37 Osterheld, *Außenpolitik unter Bundeskanzler Ludwig Erhard*, S. 251f.

38 Hans Berger, Tagebucheintragung vom 22. Oktober 1965; in: Nl. Berger, ACDP I-400-012/1.

39 Hans Berger, Tagebucheintragung vom 23. Oktober 1965; ebd.

40 Hans Berger, Tagebucheintragung vom 25. Oktober 1965; ebd.

41 Adelbert Weinstein an Franz Josef Strauß, 31. März 1965; in: ACSP, Nl. Strauß, Bestand Familie K 23.

42 *Civis*, Januar 1966 (»Strauß hat sich gewandelt«), S. 14f.

43 Heinrich Krone, Tagebucheintragung vom 29. September 1965; in: Krone, *Tagebücher*, Bd. 2, S. 412.

44 Wie Anm. 42.

45 Ebd.

46 *Welt am Sonntag*, 16. Januar 1966 (»Strauß – Schmidt: Das halten wir voneinander«).

47 *Frankfurter Rundschau*, 9. August 1965 (»Strauß ließ die schwarz-rote Katze aus dem Sack«).

48 *Süddeutsche Zeitung*, 7. November 1966.

49 Vgl. hierzu m.w.N. Oppelland, *Gerhard Schröder (1910–1989)*, S. 678.

50 Selbstverständlich zählt er den alten Widersacher zum engsten Kreis der möglichen Nachfolger Ludwig Erhards. Walter Althammer, damals ein enger Weggefährte von Strauß aus der CSU und seinerzeit Mitglied des Vorstands der CDU/CSU-Bundestagsfraktion, schreibt in seinen Erinnerungen sogar, Strauß habe sich intern eindeutig auf Schröder für die Nachfolge Erhards festgelegt. Vgl. Deutscher Bundestag (Hg.), *Abgeordnete des Deutschen Bundestags: Aufzeichnungen und Erinnerungen*, Bd. 16: Walter Althammer, S. 130. Vgl. auch *Christ und Welt*, 4. November 1966.

51 Franz Josef Strauß an Simon Peres, 20. August 1966; in: ACSP, Nl. Strauß, Bestand Familie, Nachtrag Rott am Inn (Übersetzung d. Verf.).

52 Shimon Peres an Franz Josef Strauß, 17. Juli 1966; in: ACSP, Nl. Strauß, Bestand Familie, Nachtrag Rott am Inn. (Übersetzung d. Verf.)

53 Interview mit dem *Hessischen Rundfunk*, 4. November 1966, abgedruckt in: KÜ,
7. November 1966, Anhang VIII; *Kölnische Rundschau*, 5. November 1966 (»Strauß:
Müssen auch mit der SPD verhandeln«).

54 In der Kabinettssitzung vom 9. März 1966 gibt Mende einen kurzen Bericht über den
gescheiterten Versuch einer Versöhnung am 5. Dezember 1965. Erhard wiegelte in der
Sitzung vor Eintritt in die Tagesordnung alle Gerüchte über eine etwaige Kabinettsumbildung zugunsten von Strauß ab; Protokoll eines anwesenden Beamten; Kopie im
Besitz des Verfassers. Vgl. hierzu auch *Die Welt*, 4. März 1966 (»Mende: Strauß wäre
das Ende der Koalition«); *Welt am Sonntag*, 6. März 1966 (»Strauß kontert Mendes
Attacken«).

55 Vgl. Görtemaker, *Geschichte der Bundesrepublik*, S. 431f.

56 Strauß in der Sitzung der CDU/CSU-Bundestagsfraktion am 12. September 1966; vgl.
zu dieser wichtigen Sitzung auch die Darstellung bei Barzel, *Im Streit und umstritten*,
S. 93–95.

57 Strauß in seinem Bericht zur Lage vor dem CSU-Landesvorstand am 7. Oktober 1966;
Protokoll zitiert nach Mintzel, *Geschichte der CSU*, S. 387.

58 Vgl. hierzu und zum Folgenden Hildebrand, *Von Erhard zur Großen Koalition*,
S. 218–231.

59 Heinrich Krone, Tagebucheintragung vom 29. Oktober 1966; in: Krone, *Tagebücher*,
Bd. 2, S. 517f., hier S. 517.

60 Vgl. Dreher, *Helmut Kohl*, S. 94–105.

61 Vgl. etwa *Süddeutsche Zeitung*, 13. Juli 1965 (»Strauß fordert die Große Koalition«);
Interview mit Strauß in *Die Zeit*, 8. April 1966 (»Zurück ins Kabinett«).

62 Tagebucheintragung von Hans Berger, 19. Oktober 1965; in: Nl. Berger, ACDP I-400-
012/1.

63 Vgl. exemplarisch *Der Mittag*, 14. Januar 1966 (»Strauß will Finanzminister werden«);
Hamburger Abendblatt, 15. Februar 1966 (»Erhard will Strauß ins Kabinett holen«);
Bild, 16. Februar 1966 (»Erhard will Strauß als Finanzminister«). Siehe hierzu auch
Anm. 54.

64 Strauß an Erhard, 5. Juli 1966, ms. Dd.; Erhard an Strauß, 15. August 1966; Erhard an
Strauß, 17. August 1966; in: ACSP, Nl. Strauß, Bestand Familie K 26/B.

65 Hans Berger, Aufzeichnung für den Bundespräsidenten, »Betr.: Augenblickliche
Situation der Regierungskrise«, 3. November 1966; in: Nl. Berger, ACDP I-400-
015/1.

66 *Die Zeit*, 18. November 1966 (»Rumpelstilzchen Strauß«).

67 *Der Spiegel*, 26. September 1966 (»Der Überminister«).

68 *Westfälische Rundschau*, 30. November 1966 (»Ein weiß-blauer Dämon«).

Wird alles gut?

1 Brandt, *Begegnungen und Einsichten*, S. 176.

2 Klotzbach, *Der Weg zur Staatspartei*.

3 Vgl. Repgen, »Finis Germaniae«.

4 Schaefer/Nedelmann (Hg.), *Der CDU-Staat*.

5 Halberstam, *The Best and the Brightest*.

6 *Industriekurier*, 12. Januar 1967 (»Der Balanceakt des Franz Josef Strauß«).

7 Franz Josef Strauß an Kurt Georg Kiesinger, 1. Dezember 1966; in: Nl. Kiesinger,
ACDP I-226-304.

8 Kabinettssitzung vom 7. Dezember 1966; Protokoll abgedruckt in: *Die Kabinetts-protokolle der Bundesregierung*, Band 19, S. 504–517.

9 Strauß an Kiesinger, 1. Dezember 1966 (wie Anm. 7).

10 Beitrag des Bundesministers der Finanzen zur Regierungserklärung (Fragen der Regierungspolitik), versehen mit einem Anschreiben Strauß an Kiesinger, 6. Dezember 1966; in: Nl. Kiesinger, ACDP I-226-304.

11 Vermerk des Abteilungsleiters II im Bundeskanzleramt für den Herrn Bundeskanzler, 6. Dezember 1966 (Hervorhebungen im Original) sowie die handschriftliche Anmerkung auf dem Redeentwurf von Strauß vom 6. Dezember; in: Nl. Kiesinger, ACDP I-226-304.

12 Zitiert nach: Knorr, *Der parlamentarische Entscheidungsprozeß*, S. 219.

13 Vgl. hierzu und zum Folgenden: Strauß, »Begegnungen in Bonn«, sowie Schmoeckel/Kaiser, *Die vergessene Regierung*, S. 67f. In Kiesingers Memoiren, die die gemeinsame Parlamentszeit mit Strauß umfassen, sind die Zeugnisse erstaunlich spärlich und blass (Kiesinger, *Dunkle und helle Jahre*, S. 513).

14 Vgl. hierzu Schwarz, *Adenauer. Der Staatsmann*, S. 690f.

15 Vgl. hierzu Ahlers, »Brief aus der Haft«, S. 286. Der Briefwechsel zwischen Ahlers und Kiesinger mit Schreiben von Ahlers (10. November 1962, 24. Januar 1963) und Kiesinger (15. Januar 1963) ist überhaupt aufschlussreich; in: Nl. Kiesinger, ACDP I-226-A137. Kiesinger hatte öffentlich erklärt, er könne sich nicht vorstellen, dass Ahlers ein Landesverräter sei. Daraufhin bedankte sich Ahlers mit einem persönlichen Brief, in dem es u.a. heißt: »Schade, daß Sie Ihre Praxis (als Rechtsanwalt, d. Verf.) nicht mehr ausüben. Ich hätte Sie gern als Verteidiger gewonnen.«

16 Protokoll der Kabinettssitzung vom 7. Dezember 1966 (wie Anm. 8).

17 Sitzung des Bundesverteidigungsrats vom 2. März 1967; zitiert nach dem Protokoll eines anwesenden Beamten; Kopie im Besitz des Verfassers.

18 Ebd.

19 Ebd.

20 Franz Josef Strauß an Kurt Georg Kiesinger, 15. Februar 1967, Persönlich; in: Nl. Kiesinger, ACDP I-226-A285.

21 Wie Anm. 17.

22 Vermerk des Staatssekretärs des Bundespräsidialamts Hans Berger für Bundespräsident Heinrich Lübke »über eine Besprechung zwischen dem Herrn Bundeskanzler und dem Herrn Bundesratspräsidenten am 3. März 1967 über Erklärungen von Strauß in der gestrigen Sitzung des Bundesverteidigungsrates«, 7. März 1967; in: Nl. Berger, ACDP I-400-27/1. Lübke befand sich in der besagten Zeit auf einer mehrwöchigen Auslandsreise und wurde während seiner Abwesenheit vom schleswig-holsteinischen Ministerpräsidenten Helmut Lemke vertreten.

23 *Handelsblatt*, 14. März 1967 (»Schreibtisch mit Wanderstab«).

24 Franz Josef Strauß an Kurt Georg Kiesinger, 29. November 1967; in: Nl. Kiesinger, ACDP, I-226-A285.

Professor Plisch und Dr. h. c. Plum

1 Vgl. hierzu und zum Folgenden Soell, *Helmut Schmidt. 1918–1969*, S. 573–575.

2 Ehmke, *Mittendrin*, S. 44.

3 Guttenberg, *Fußnoten*, S. 143.

4 Zur nicht gänzlich geklärten Herkunft und Urheberschaft des Spitznamens vgl. Lütjen, *Karl Schiller (1911–1994)*, S. 222. m.w.N.

5 Vgl. Spree, »Gewonnen, um verspielt zu werden?«.

6 *Jahresbericht der Bundesregierung 1967*, S. 142.

7 Vgl. hierzu im Zusammenhang Schmoeckel/Kaiser, *Die vergessene Regierung*, S. 291–294 m.w.N.

8 Zitiert nach: *Das große Wilhelm Busch Hausbuch*, S. 210–230, S. 222.

9 Kabinettssitzung vom 7. Dezember 1966, Protokoll eines anwesenden Beamten; Kopie im Besitz des Verfassers.

10 *Der Spiegel*, 2. Januar 1967 (»Hausmitteilung«).

11 Vgl. hierzu und zum Folgenden Stoltenberg, *Wendepunkte*, S. 167–170.

12 Vgl. Soell, *Helmut Schmidt. 1918–1969*, S. 590.

13 Hildebrand, *Von Erhard zur Großen Koalition*, S. 285.

14 *Nürnberger Nachrichten*, 21. Januar 1967 (»Polizei mußte den Saal sperren«).

15 Karl Schiller und Franz Josef Strauß, Diskussion zum Thema »Die Staatsfinanzen« im Deutschen Fernsehen am 23. Januar 1967; KÜ 24. Januar 1967, Anhang I.

16 *Lübecker Morgen*, 6. März 1967 (»Strauß: Wir haben uns übernommen«).

17 Vgl. hierzu und zum Folgenden Stoltenberg, *Wendepunkte*, S. 167–170.

18 Zitiert nach Gassert, *Kurt Gorg Kiesinger 1904–1988*, S. 517.

19 Helmut Schmidt an Kurt Georg Kiesinger, 12. April 1967; in: Nl. Kiesinger, ACDP I-226-A007.

20 Zitiert nach Schneider, *Die Kunst des Kompromisses*, S. 173.

21 Rainer Barzel an Kurt Georg Kiesinger, 19. Juni 1967; in: Nl. Kiesinger, ACDP I-226-A002.

22 Die Beschlüsse des Bundeskabinetts zur Mittelfristigen Finanzplanung sind abgedruckt in: *Bulletin BPA*, 8. Juli 1967.

23 Vgl. hierzu und zum Folgenden das Protokoll der Kabinettssitzung vom 4. Juli 1967, Tagesordnungspunkt 6; abgedruckt in: *Die Kabinettsprotokolle der Bundesregierung*, Bd. 21, S. 341–350, hier S. 342–346.

24 Ebd.

25 Hans Berger, Tagebucheintragung 5. Juli 1967; in: Nl. Berger, ACDP I-400-012/1.

26 Wie Anm. 18.

27 Ebd.

28 Ebd.

29 Vertrauliche Aufzeichnung vom 14. Juli 1967 eines Teilnehmers an der Kabinettsberatung vom 4. bis 6. Juli 1967; Ablichtung im Besitz des Verfassers.

30 Gerhard Schröder an Kurt Georg Kiesinger, 14. Juli 1967; ms. Dd. in: Nl. Schröder, ACDP I-483-287/4. Hervorhebung im Original.

31 Ebd. Vgl. hierzu und zum Folgenden Torsten Oppelland, *Gerhard Schröder (1910–1989)*, S. 690–693.

32 Vgl. hierzu Carstens, *Erinnerungen und Erfahrungen*, S. 337f.; Haftendorn, *Kernwaffen und die Glaubwürdigkeit der Allianz*, S. 284; Treverton, *The »Dollar Drain« and American Forces in Germany*, S. 89.

33 Undatierter Entwurf eines Schreibens von Gerhard Schröder an Kurt Georg Kiesinger, dem Inhalt nach abgefasst nach dem 18. Juli 1967; in: Nl. Schröder, ACDP I-483-287/4.

34 Vermerk »betr. Rücktrittsangebot«, 20. Juli 1967; in: Nl. Schröder, ACDP I-483-287/4.

35 Vgl. hierzu Kroegel, *Einen Anfang finden!*, S. 182–184.

36 Vgl. Schneider, *Die Kunst des Kompromisses*, S. 170; Schmidt, *Weggefährten*, S. 402f.
37 Herbert Quandt an Franz Josef Strauß, 27. Dezember 1966; in: ACSP, Nl. Strauß, Bestand Familie, Nachtrag Rott am Inn.

Deutsche und andere letzte Fragen

1 Vgl. Hans Maier, Strauß als Rhetor. Redekunst und Parlamentarismus heute, in: *Anspruch und Leistung*, S. 261–280.
2 Vgl. hierzu und zum Folgenden Geiger, *Atlantiker gegen Gaullisten*, S. 485–494.
3 Vgl. hierzu und zum Folgenden die immer noch höchst instruktive Studie von McArdle Kelleher, *Germany and the politics of nuclear weapons*.
4 Ernst Majonica, Tagebucheintragung vom 15. Februar 1967; zit. nach: Majonica, *Das politische Tagebuch 1958–1972*, S. 470f., hier S. 471.
5 Franz Josef Strauß an Kurt Georg Kiesinger, 15. Februar 1967, Persönlich; in: Nl. Kiesinger, ACDP I-226-A285.
6 Karl Schiller in der Sitzung des Bundeskabinetts vom 11. Januar 1967; zitiert nach: *Die Kabinettsprotokolle der Bundesregierung*, Bd. 20, S. 53–83, hier S. 74.
7 Franz Josef Strauß in der Sitzung des Bundeskabinetts vom 11. Januar 1967; zitiert nach der Protokollnotiz eines in der Sitzung anwesenden Beamten, S. 5f.; Kopie im Besitz des Verfassers.
8 Wie Anm. 4.
9 Sitzung des Bundesverteidigungsrats vom 2. März 1967; zitiert nach dem Protokoll eines anwesenden Beamten, S. 4; Kopie im Besitz des Verfassers.
10 Ebd.
11 Ebd., S. 4f.
12 Hans Berger, Vermerk vom 7. März 1967 über eine Besprechung des Herrn Bundeskanzlers und dem Herrn Bundesratspräsidenten am 3. März 1967 über Erklärungen von Strauß in der gestrigen Sitzung des Bundesverteidigungsrates; in: Nl. Berger, ACDP I-400-027/1.
13 Ebd. Vgl. hierzu Gassert, »Kurt Georg Kiesinger, Rainer Barzel und das europäische Projekt«, insbes. S. 168f.
14 Vgl. Türk, *Die Europapolitik der Großen Koalition 1966–1969*, S. 57–79, 97–144.
15 Vgl. Schrafstetter, *Die dritte Atommacht*, insbes. S. 166–178.
16 20. Sitzung des Bundesverteidigungsrates am 12. Oktober 1967, 10.00 Uhr; Protokoll eines anwesenden Beamten; Kopie im Besitz des Verfassers, S. 1f.
17 Ebd., S. 4.
18 Ebd., S. 8.
19 Ebd.
20 Vgl. hierzu Hoeres, *Außenpolitik und Öffentlichkeit*, S. 85–106, 279–345.
21 Herbert, *Geschichte Deutschlands im 20. Jahrhundert*, S. 752.
22 Vgl. Hoeres, *Außenpolitik und Öffentlichkeit*, S. 100–105.
23 Zu Armin Mohler und seinem intellektuellen Umfeld vgl. in diesem Zusammenhang Weißmann, *Armin Mohler*, S. 129–139, 159–167.
24 Vgl. etwa das tonangebende Buch *Charakterwäsche* von Caspar von Schrenck-Notzing.
25 Zitiert nach Leggewie, *Der Geist steht rechts*, S. 203.
26 23. Sitzung des Bundesverteidigungsministers vom 22. Januar 1968; zitiert nach dem Protokoll eines anwesenden Beamten, S. 3, Kopie im Besitz des Verfassers.

27 Ebd.

28 24. Sitzung des Bundesverteidigungsrats am 14. März 1968; zitiert nach dem Protokoll eines anwesenden Beamten, S. 3f.; Kopie im Besitz des Verf.

29 Vgl. Krüger,»Schlachtfeld Bundesrepublik?«.

30 Vgl. hierzu Strauß, *The Grand Design*, sowie die ein Jahr später, 1966, erschienene, veränderte deutsche Fassung dieses Buchs: Strauß, *Entwurf für Europa*. Vgl. auch die ein wenig hochrossige, gleichwohl nützliche Auseinandersetzung bei Heuser,»The European Dream of Franz Josef Strauß«, insbes. S. 79–83, 91–93, 98–102.

31 Wie Anm. 28, S. 4.

32 Ernst Majonica, Tagebucheintragung vom 14. März 1968; zit. nach Majonica, *Das politische Tagebuch 1958–1972*, S. 530.

Der konservative Modernisierer

1 *Frankfurter Rundschau*, 4. Oktober 1998 (»Mit Strauß verliert die CSU einen großen Teil ihres Programms«). Vgl. Müller, *Schwierige Machtverhältnisse*, S. 71–92, sowie Kießling, *Die CSU*, S. 149–210.

2 Zitiert nach ebd., S. 182.

3 Vgl. Köhler, *Helmut Kohl*, S. 112–114.

4 Vgl. hierzu und zum Folgenden Eichhorn, *Durch alle Klippen hindurch zum Erfolg*, S. 244–272, insbes. S. 244–247, sowie Renzsch, *Finanzverfassung und Finanzausgleich*.

5 Vgl. Strauß, *Die Finanzverfassung*, insbesondere das Vorwort.

6 Vgl. Friemberger, *Alfons Goppel*, S. 240f.

7 Vgl. Heinsen,»Der Kampf um die Große Finanzreform 1969«.

8 Vgl. Eichhorn, *Durch alle Klippen hindurch zum Erfolg*, S. 251–262.

9 Kaiser, *Planung*, S. 7.

10 Ruck,»Ein kurzer Sommer der konkreten Utopie«, S. 362. Vgl. auch Herbert, *Geschichte Deutschlands im 20. Jahrhundert*, S. 805–809.

11 Vgl. hierzu sowie zum fortgeschriebenen Muster der Entwicklung in den sechziger Jahren Radkau/Hahn, *Aufstieg und Fall der deutschen Atomwirtschaft*, S. 127–141.

12 Sitzung des Bundeskabinetts vom 15. März 1967, Protokoll eines anwesenden Beamten; Kopie im Besitz des Verf.

13 Strauß, *Entwurf für Europa*, S. 7.

14 Vgl. etwa zusammenfassend *Die Zeit*, 23. März 1979 (»Die amerikanische Herausforderung«)

15 Strauß,»Vorwort«, in: Servan-Schreiber, *Die amerikanische Herausforderung*, S. 7–18, hier S. 11.

16 Jandl, *Laut und Luise*, S. 175.

17 Theodor Adorno an Max Horkheimer, 8. Dezember 1966; in: Horkheimer, *Briefwechsel 1949–1973*, S. 629–632, hier S. 630f.

18 Zitiert nach *Die Welt*, 11. Mai 1966. Siehe auch Anm. 19.

19 Meinhof,»Franz Strauß«, S. 86f.; erstmals erschienen in: *Konkret*, Oktober 1966.

20 Sitzung des Bundeskabinetts vom 27. Juli 1967; zitiert nach dem Protokoll eines anwesenden Beamten, S. 5, Kopie im Besitz des Verfassers.

Wenn der Albtraum Alltag wird

1 Franz Josef Strauß in der WDR-Sendung »Baff«; zitiert nach: *Der Spiegel*, 6. Januar 1969 (»Personalien«).

2 Marianne Strauß, Tagebucheintragung vom 1. März 1969; in: ACSP, Nl. Strauß, Bestand Marianne Strauß.

3 Marianne Strauß, Tagebucheintragung vom 21. April 1969; ebd.

4 Marianne Strauß, Tagebucheintragung vom 26. April 1969; ebd.

5 Friedrich Fromme, »Eugen Gerstenmaier«, S. 164. Vgl. zum Zusammenhang Scholtyseck, »Eugen Gerstenmaier im ›Dritten Reich‹ und in der Bundesrepublik«, S. 215–223.

6 Heinrich Krone an Kurt Georg Kiesinger, 10. März 1969; in: Nl. Kiesinger, ACDP-226-A005.

7 Dürrenmatt, *Die Physiker*, S. 77.

8 Vgl. hierzu im Zusammenhang Baring, *Machtwechsel*, S. 42–121.

9 Ebd., S. 27.

10 Vgl. im Zusammenhang Schönhoven, *Wendejahre*, S. 431–451.

11 Ebd., S. 235, vgl. auch ebd., S. 250–267.

12 Zit. nach: Neumaier, *Bonn, das provisorische Herz*, S. 228.

13 Vgl. hierzu im Zusammenhang Müller/Walter, *Graue Eminenzen der Macht*, S. 68–81.

14 Vermerk vom 5. April 1969 von Hans Neusel für den Herrn Bundeskanzler über ein Telefonat zwischen Franz Josef Strauß und dem persönlichen Referenten Kiesingers; in: Nl. Kiesinger, ACDP I-226-A305.

15 *Stuttgarter Zeitung*, 29. April 1969 (»Der abwesende Strauß«).

16 *Stuttgarter Zeitung*, 6. Juni 1969 (»Strauß fehlt bei der Suche nach Kompromissen. Der CSU-Vorsitzende profiliert sich außerhalb der Entscheidungsgremien«).

17 *Der Spiegel*, 9. Juni 1969 (»Und sagte kein Wort«).

18 *Christ und Welt*, 20. Juni 1969 (»Der redende Schweiger. Was will Franz Josef Strauß?«).

19 Helmut Kohl an Kurt Georg Kiesinger, 12. Februar 1969; in: Nl. Kiesinger, ACDP I-226-A005.

20 *Süddeutsche Zeitung*, 7. Juli 1969 (»Strauß fast links von der Mitte«).

21 Zitiert nach *Der Spiegel*, 28. Juli 1969 (»»Die benehmen sich wie Tiere‹«).

22 Ebd.

23 *Frankfurter Rundschau*, 1. August 1969 (»Junge Union: Strauß nahe der NPD«).

24 *Die Zeit*, 1. August 1969 (»Strauß und die Tiere«).

25 *Münchner Merkur*, 5. August 1969 (»F.J.S. – die permanente Provokation«).

26 Vgl. exemplarisch *Stuttgarter Zeitung*, 9. August 1969 (»Kolle-Ersatz«), sowie *Süddeutsche Zeitung*, 9. August 1969 (»Strauß vergaß«).

27 NDR, 8. August 1969; zit. nach KÜ, 11. August 1969.

28 *Der Stern*, 17. August 1969 (»Strauß und der Rechtsstaat«).

29 *Der Spiegel*, 22. August 1969 (»Von Strauß, Tieren und anderen Menschen«); *Welt der Arbeit*, 29. August 1969.

30 Vgl. *Neue Ruhr Zeitung*, 29. August 1969 (»Nach drei Anläufen gab Strauß auf«).

31 *Welt am Sonntag*, 31. August 1969 (»Gegen dieses Geschrei kam auch Strauß nicht an«).

32 *Frankfurter Allgemeine Zeitung*, 2. September 1969 (»Strauß attackiert Schiller«).

33 *Westdeutsche Allgemeine Zeitung*, 3. September 1969 (»Strauß im Revier«).

34 *Stuttgarter Zeitung*, 4. September 1969 (»Schlammbad der Seele«).

35 *Westfälische Rundschau*, 5. September 1969 (»Mit Musik, oder durch die Hintertür. Bei den Bauern fürchtet Franz Josef Strauß keine APO«).

36 *Westfälische Rundschau*, 5. September 1969 (»Erst das Goldene Buch – dann pfeifende Rebellen«).

37 *Rheinpfalz*, 5. September 1969 (»Franz Josef Strauß verfolgen die ›Tiere‹«).

38 Ebd.

39 *Nürnberger Nachrichten*, 5. September 1969 (»Strauß will kein G'lump anpreisen«).

40 Ebd.

41 *Süddeutsche Zeitung*, 8. September 1969 (»Tumulte um Strauß in der Bayernhalle«); *Augsburger Allgemeine*, 11. September 1969 (»Bei Strauß zittern die Zeltwände«).

42 *Westdeutsche Allgemeine*, 11. September 1969 (»Ordner schleppten pausenlos störende Demonstranten ab«).

43 *Neue Zürcher Zeitung*, 13. September 1969 (»Strauss' Kampagne an der Ruhr«); *Frankfurter Rundschau*, 13. September 1969 (»Strauß – unser aller Risiko«).

44 Kurt Georg Kiesinger, Informationsgespräch mit Journalisten, Protokoll vom 24. Juli 1969, S. 2; in: Nl. Kiesinger, ACDP I-226-008/1.

45 *Handelsblatt*, 4. September 1969 (»Strauß auf den Dörfern«).

46 *Neue Ruhr Zeitung*, 19. September 1969 (»Wird Strauß drastisch ist die Freude groß«).

47 *Der Stern*, 21. September 1969 (»Was sind das für Männer? Eva Windmöller hat Franz Josef Strauß und Walter Scheel im Wahlkampf beobachtet«).

48 Ebd.

49 *Jasmin* 20/1969, 29. September 1969.

50 Interview in *Bild*, 19. September 1969 (»Strauß setzt auf Sieg«).

51 Interview in *Abendzeitung*, 24. September 1969 (»Rainer Barzel soll die erste Geige spielen«).

52 Vgl. *Der Spiegel*, 30. Juni 1969 (»Kunst des »Timings«).

53 Vgl. beispielsweise Strauß auf dem Landesparteitag der CDU Niedersachsen; in Auszügen dokumentiert in: *Frankfurter Allgemeine Zeitung*, 12. März 1969 (»Gegen das Wort Machtwechsel empfindlich«).

54 Interview in *Welt am Sonntag*, 9. März 1969 (»Erhielt die FDP Zusagen von Brandt?«).

55 Musil, *Der Mann ohne Eigenschaften*, S. 18.

56 Interview in *Bild*, 19. September 1969 (»Strauß setzt auf Sieg«).

Liberalitas Bavariae

1 Telegramm von Franz Josef Strauß an den bayerischen Ministerpräsidenten Alfons Goppel, 18. Juli 1969; Kopie mit weiteren Materialien in: ACSP, Nl. Strauß, Bestand BMF. Dokumentiert u.a. auch in: *Der Spiegel*, 28. Juli 1969 (»›Die benehmen sich wie Tiere‹«).

2 Nietzsche, *Menschliches, Allzumenschliches*, S. 214.

3 *Ha'aretz*, 2. Juni 1963; zitiert nach: *Süddeutsche Zeitung*, 4. Juni 1963 (»Strauß über die Beziehungen zu Israel«); ausführlicher: *Frankfurter Neue Presse*, 4. Juni 1963 (»›Man liebt mich nicht‹«).

4 Zitiert nach *Der Spiegel*, 5. Juli 1971 (»Verantwortung und Ananas«).

5 Vgl. etwa Rhodes James, *Churchill. A Study in Failure*.

6 Die Offenlegung, dass Franz Josef Strauß Vorbild für die Romanfigur des Hackl ist, ergibt sich zweifelsfrei aus dem Brief von Hermann Lenz an Hanne Trautwein, seine spätere Ehefrau, vom 1. August 1938, abgedruckt im Anhang zur Neuausgabe des Romans: Lenz, *Neue Zeit*, S. 409–411, hier S. 410.

7 Ebd., S. 18.

8 Ebd., S. 18f.

9 Hermann Lenz an Hanne Trautwein, 1. August 1938; ebd., S. 409–411, hier S. 409f.

10 Siehe hierzu oben, Kapitel I.2 (Fronterfahrungen).

11 Zitiert nach *Der Spiegel*, 21. Juli 1969 (»Eine enge Beziehung zu Gott«).

12 *Bild am Sonntag*, 1. September 1985 (»Am Freitag wird Strauß 70 – Meine Siege, meine Niederlagen«).

13 Johannes Gross, »Der schwarze Riese – Korrekturen zu einem Klischee«.

14 Interview mit dem ARD-Magazin *Report*, 17. März 1975; zitiert nach: Kü. BPA, 18. März 1975.

15 *Süddeutsche Zeitung*, 26. Juli 1969 (»Der Rechts-Strauß«).

16 *Der Spiegel*, 19. Mai 1969 (»Herzog Doppelzunge«).

17 *Capital*, Januar 1969 (»Lieber Ananas-Farmer in Alaska als Bundeskanzler«).

18 Zitiert nach Bogdanor, »Every hero becomes a bore«.

19 Es handelt sich hier um eines der fünf von Richard Wagner vertonten *Wesendonck-Lieder*.

20 Vgl. Richter, *Leben im Ausnahmezustand*.

21 Friedrich Zimmermann an Franz Josef Strauß, 14. Juni 1977, vertraulich; in: ACSP, Nl. Strauß, Bestand MPr 95.

22 Franz Josef Strauß, Das Verhältnis von Programm und Pragmatismus in der politischen Praxis. Referat auf der Tagung des Politischen Clubs der Evangelischen Akademie Tutzing, 26.–30. Mai 1976 (Hervorhebung im Original); abgedruckt in: *Die Grundsatzdiskussion in der CSU*, S. 9–25, hier S. 11, 21.

23 Wie erhellend und von jeher gängig nautische Metaphern zur Durchdringung der menschlichen Existenz und des Strebens nach Freiheit sind, belegen besser als alles andere die beiden kleinen Meisterstudien aus dem Nebenwerk von Hans Blumenberg: *Schiffbruch mit Zuschauer* (1979) und *Die Sorge geht über den Fluß* (1987).

24 Dorothee Grokenberger an Franz Josef Strauß, 6. September 1981; in: ACSP, Nl. Strauß, Bestand Familie 9.

25 Hanna Woge an Franz Josef Strauß, 8. November 1984; in: ACSP, Nl. Strauß, Bestand Familie K 40.

26 Ebd. Vgl. im Übrigen zu Herkunft, Kindheit und Jugend von Marianne Strauß die Erinnerungen ihres Sohnes Franz Georg (Strauß, *Mein Vater*, S. 152–155).

27 Vgl. ebd., S. 154f.

28 Marianne Strauß war eigentlich, so weit bekannt, keine Tagebuchschreiberin. Mit Ausnahme der Jahre 1967 bis 1969, als ihre Ehe am Abgrund stand, sind keine Notate überliefert. Dem Anschein nach ist es ein plötzlicher oder plötzlich umgesetzter Entschluss, denn ein eigenes Journal führte Marianne Strauß nicht. Stattdessen finden sich ihre Notizen in dem dem jeweiligen Jahr zugeordneten Jahreskalender, DIN-A5-Größe und gebunden, der pro Tag Raum zwischen einer Viertel- und einer ganzen Seite vorsieht. Zumeist sind es kurze Stichworte, selten vollständige Sätze oder zusammenhängende Schilderungen, die sie notiert. Überläufe eines Eintrags auf eine andere Seite gibt es nie. So weit nicht ausdrücklich gekennzeichnet, sind die Zitate originalgetreu übernommen, also ohne orthographische oder grammatikalische Korrektur.

29 Marianne Strauß, Tagebucheintragung vom 27. Januar 1968; in: ACSP, Nl. Strauß, Bestand Marianne Strauß, Jahreskalender 1968.

30 Ebd., 22. März 1968.

31 Ebd., 16. Februar 1968.
32 Ebd., 5. Februar 1968.
33 Ebd., 30. März 1968.
34 Ebd., 13. Januar 1968.
35 Ebd., 29. März 1968.
36 Ebd., 17. Februar 1968.
37 Ebd., 8. März 1968.
38 Die folgenden Schilderungen, insbes. die Datierungen, beruhen, so weit nicht anders vermerkt oder offenkundig, auf ausführlichen Gesprächen mit Ulrike Pöhl, geborene Pesch. – Die Frage nach Art und Qualität der *Beziehung* zwischen ihr und Franz Josef Strauß ist seit einer ersten Veröffentlichung durch den früheren *Spiegel*-Redakteur Wolfram Bickerich (*Franz Josef Strauß. Die Biographie*, Düsseldorf 1996, S. 221–223) immer wieder thematisiert worden. Zentrale und einzige angeführte Quelle dieser Schilderung ist ein angebliches Tagebuch von Marcel Hepp, des 1970 jung an Krebs verstorbenen Mitarbeiters von Franz Josef Strauß. Hierauf beziehen sich auch die nachfolgenden Veröffentlichungen von Thomas Schuler (*Strauß. Die Biographie einer Familie*, Frankfurt am Main 2006, S. 230f.) und Werner Biermann (*Strauß. Aufstieg und Fall einer Familie*, Berlin 2006, S. 220–224). Je nach Temperament des Autors, fallen die Schilderungen unterschiedlich farbenfroh aus, in der Substanz aber sind sie weitgehend identisch – schließlich bezieht sich ja jeder auf Bickerich und das von diesem angeführte Hepp-Journal.
Sind schon die vorgeblichen Inhalte aus diesen Notaten, wie noch zu sehen sein wird, offenkundig im Wesentlichen falsch, so hat keiner dieser Autoren das Tagebuch, wenn es dies denn tatsächlich geben sollte, je in der Hand gehabt oder in irgendeiner anderen überlieferten Schriftform zu Gesicht bekommen. Auf Befragung durch den Leiter der *Spiegel*-Dokumentation, Hauke Janssen, hat Bickerich eingeräumt, dieses Tagebuch tatsächlich nicht zu kennen; vielmehr habe er sich auf allgemein zugängliche Informationen berufen. Auch ist das in verschiedenen Netz-Publikationen schwirrende Gerücht, der *Spiegel* selbst sei im Besitz des Hepp-Tagebuchs, falsch. Nach Auskunft von Janssen an den Verfasser kann dies ausgeschlossen werden. Die einzige biographische, allerdings mehr an dessen Ideenwelt interessierte, unlängst erschienene Studie zu Marcel Hepp (Nils Wegner, *Die deutsche Geschichte geht weiter … Die Brüder Marcel und Robert Hepp und ihr politischer Weg in den 1950er und 1960er Jahren*, Berlin 2015) weiß gleichfalls nichts von einem Tagebuch zu berichten. Es ist demnach bis zur Vorlage des Beweises als wahrscheinlich anzunehmen, dass die Existenz dieses Tagebuchs frei erfunden ist.
Doch auch als Kolportage – von der ein weiterer Autor, Wilhelm Schlötterer (*Macht und Mißbrauch*, S. 100) meint, sie gehe auf den langjährigen Freund und kurzzeitigen Feind von Strauß Franz Heubl zurück, was immerhin plausibel klingt (aber gleichfalls noch nicht belegt ist) – taugen die angeblichen Hepp-Zitate nicht, da sie offenkundig falsch sind. So behauptet etwa Bickerich, Strauß habe erst nach seinem Wiedereintritt in das Bundeskabinett Ende 1966 Ulrike Pesch, »eine 17jährige Primanerin«, kennengelernt – wann genau, lässt der Autor offen. Auch Biermann schreibt, Ulrike Pesch sei damals 17 Jahre alt gewesen, »also 35 Jahre jünger« als Strauß; auf ihn beruft sich auch Professor Dr. Wikipedia (»(* 1951 in Köln)«), allerdings ist die junge Dame bereits am 9. August 1947 geboren. Dies ist auch insoweit von Belang, als alle Autoren die Beziehung zwischen den beiden als »Affäre« (sexuelle Handlungen inklusive)

qualifizieren und mithin Strauß ein strafwürdiges Verhalten unterstellen wie auch den Eltern von Ulrike, die sich demnach der Kuppelei schuldig gemacht hätten. Auch andere vorgebliche Details sind schlicht erfunden, etwa die Behauptung, Strauß habe Ulrike Pesch zum Abitur einen VW-Käfer geschenkt – tatsächlich haben die Eltern diesen auf Vermittlung von Strauß für Ulrike und ihren Bruder gekauft, der den Wagen dann auch hauptsächlich nutzte.

Besonders phantasievoll fällt bei allen Autoren ein zudem noch völlig falsch datierter Auftritt der Strauß-Gattin Marianne im Elternhaus von Ulrike aus, mit dem die angeblich betrogene Ehefrau dem unsittlichen Treiben ihres Mannes ein Ende gemacht habe. Geradezu für die Umsetzung durch Bewegtbilder gut erfunden, doch leider fern jeglicher Wahrheit, sind die dem Hepp-Tagebuch angedichteten »bitteren Tränen«, die Strauß darob geweint haben soll.

Mit der einzig wirklichen Quelle, die für alle Autoren zugänglich gewesen wäre, nämlich der angeblichen früheren Geliebten von Strauß, hat indes niemand gesprochen; Werner Biermann hat es immerhin versucht, wurde aber abschlägig beschieden.

Nach Skriptschluss dieses Buches – und daher leider nicht mehr berücksichtigbar – ist ein weiterer Band über Strauß erschienen, diesmal aus der Feder eines renommierten Historikers (Horst Möller, *Franz Josef Strauß. Herrscher und Rebell*, München 2015), der eine gewisse Skepsis gegenüber dem Hepp-Tagebuch bekundet und teilweise zu Recht beklagt, dass vor ihm alle voneinander abgeschrieben haben – um dann mehr oder weniger dasselbe zu tun, nämlich ohne eigene Nachprüfung die falsche Essenz der Schilderung Bickerichs zu übernehmen. Von origineller Perfide ist allerdings ein übler Nachsatz, der gleichfalls von einem falschen und damit auch strafrechtlich problematischen Geburtsdatum von Ulrike Pesch ausgeht: »Wie deren spätere Eheschließung mit einem zwar nicht 35, aber doch immerhin 23 Jahre Älteren zeigt, besaß sie offenbar ein Faible für – vergleichsweise – ältere Herren« (S. 301).

39 Vgl. Pamperrien, *Helmut Schmidt und der »Scheißkrieg«.*
40 Marianne Strauß, Tagebucheintragung vom 1. Januar 1968; in: Nl. Strauß, Bestand Marianne Strauß, Jahreskalender 1968.
41 Ebd., 5. Februar 1968.
42 Ebd.
43 Ebd., 11. Februar 1968.
44 Ebd., 2. März 1968.
45 Ebd., 19. März 1968.
46 Ebd., 21. April 1968.
47 Ebd., 10. Mai 1968.
48 Ebd., 27. Mai 1968.
49 Ebd., 12. April 1968.
50 Ebd., 10. März und 22. April 1968.
51 Ebd., 10. März 1968.
52 Ebd., 3. Mai 1968.
53 Ebd., 14. Mai 1968.
54 Siehe hierzu oben, Anm. 36.
55 Freundliche Mitteilung von Ulrike Pöhl, geborene Pesch.
56 Marianne Strauß, Tagebucheintragung vom 3. Juni 1968.
57 Ebd., 14. Juni 1968.
58 Ebd., 15. Juni 1968.

59 Ebd., 22. Juni 1968.
60 Ebd., 14. April 1968.
61 Ebd., 5. Januar 1969.
62 Ebd., 9. Januar 1969.
63 Ebd., 11. Januar 1969.
64 Ebd., 20. Februar 1969.
65 Ebd., 23. Februar 1969.
66 Ebd., 1. März 1969.
67 Ebd., 19. April 1969.
68 Vgl. die Tagebuch-Eintragungen von Friedrich Voss im Mai 1970 und März 1972; in: Voss, *Den Kanzler im Visier*, S. 33f., 61.
69 Strauß, *Mein Vater*, S. 152.
70 Ebd.
71 Blumenberg, *Schiffbruch mit Zuschauer*, S. 10f.
72 Ebd., S. 11 (kursive Hervorhebung des Hesiod-Zitats im Original).
73 *Der Spiegel*, 22. Juli 1996 (»Das Geld, die Macht und FJS. Wie Franz Josef Strauß Politik und Geschäft miteinander verquickte (I)«).
74 Vgl. Weber, »Föderalismus und Lobbyismus«, S. 33f.
75 Vgl. hierzu und zum Folgenden Rösch, *Franz Josef Strauß*, S. 242–249.
76 Im Strauß-Nachlass finden sich nur vereinzelte Hinweise.
77 Stiller, »Strauß, Schreiber & Co«, S. 311–314.
78 Ebd., S. 257.
79 Zitiert nach Bickerich, *Franz-Josef Strauß*, S. 192. Vgl. die Berge von Prozessunterlagen in: ACSP, Nl. Strauß, diverse Bestände.
80 Schlötterer, *Macht und Mißbrauch*.
81 Eine gute Zusammenfassung des vom *Spiegel* geführten Sündenregisters findet sich in: *Der Spiegel*, 29. Juli 1996 (»Das Geld, die Macht und FJS. Wie Franz Josef Strauß Politik und Geschäft miteinander verquickte (II)«).
82 Vgl. hierzu und zum Folgenden Dreher, *Ein Kampf um Bonn*.
83 *Der Spiegel*, 29. September 1950 (»Klug sein und mundhalten«).
84 Vgl. Schröck, *Franz Josef Strauß*, S. 120f.
85 *Der Spiegel*, 15. April 1959 (»Die richtige Ebene«).
86 Strauß, *Mein Vater*, S. 182.
87 Franz Josef Strauß an Robert Lembke, 13. Mai 1957; ms. Dd. in: ACSP, Nl. Strauß Bestand BMVg 667.
88 Ebd.
89 *Deutsche Zeitung und Wirtschaftszeitung*, 28. Januar 1959 (»Wie der Geldhunger die politischen Sitten verdirbt«).
90 Franz Josef Strauß an Hans Globke, 20. Februar 1959; ms. Dd. in: ACSP, Nl. Strauß Bestand BMVg 526.
91 Ein vollständiger Satz von Kopien der Dokumente, deren Echtheit anhand der Originalakte überprüft werden konnte, befindet sich im Besitz des Verf. Alle nachfolgenden Zitate, soweit nicht anders vermerkt, beziehen sich auf Stücke aus diesem Aktenkonvolut.
92 Reinhold Kreile an das Finanzamt München-West, 23. Juni 1965, Blatt 2.
93 Reinhold Kreile an die Gesellschafter der EURECO Büro für Wirtschaftsberatung Gmbh & Co Kommanditgesellschaft, 1. Juni 1966.

94 Reinhold Kreile an die Bayerische Vereinsbank Bank, 8 München Rotkreuzplatz, 21. Dezember 1964.
95 Reinhold Kreile an die Bayerische Vereinsbank, 8 München Rotkreuzplatz, 8. September 1965.
96 Wolfgang Pohle an Reinhold Kreile, 24. Januar 1966.
97 Reinhold Kreile an Franz Josef und Marianne Strauß, 27. März 1968.
98 Reinhold Kreile an Franz Josef Strauß, 8. Dezember 1969 nebst Anlagen.
99 Reinhold Kreile an Marianne und Franz Josef Strauß, 18. August 1970.
100 Schreiben Dr. Petzel ppa für C. Bertelsmann Verlag Hauptverwaltung an die Eureco GmbH & Co. KG, 18. September 1970.
101 Reinhold Kreile an Leo Kirch, 24. März 1972.

Amfortas allerorten

1 Baring, *Machtwechsel*, S. 193.
2 Vermerk vom 24. März 1983 über ein am selben Tag geführtes Telefonat zwischen Kurt Georg Kiesinger und seinem Bonner Büro; in: Nl. Kiesinger, ACDP I-226-A305.
3 Voss, *Den Kanzler im Visier*, S. 20.
4 Vgl. Barzel, *Ein gewagtes Leben*, S. 275–299.
5 Voss, *Den Kanzler im Visier*, S. 24.
6 Sitzung der CSU-Landesgruppe im Deutschen Bundestag am 8./9. Januar 1970 in München; Protokoll abgedruckt in: *Die CSU-Landesgruppe im Deutschen Bundestag*, S. 451–469, hier S. 453.
7 Voss, *Den Kanzler im Visier*, S. 22.
8 *Westfälische Rundschau*, 13. Dezember 1969 (»... wenn man Franz-Josef Strauß heißt ...«).
9 Vgl. Grau, *Gegen den Strom*, S. 36f.
10 *Stuttgarter Zeitung*, 4. Dezember 1969 (»Der Bayer Strauß läßt Bonn links liegen«).
11 Görtemaker, *Geschichte der Bundesrepublik*, S. 475–596.
12 Vgl. Repgen, »Finis Germaniae«.
13 Zu Geschichte und Verfall der *Hallstein-Doktrin* vgl. Kilian, *Die Hallstein-Doktrin*.
14 *Süddeutsche Zeitung*, 7. September 2001 (»Das war die BRD«, Folge 36: Günter Gaus, »Die ›DDR‹«).
15 Herbert Wehner an Kurt Georg Kiesinger, 11. Mai 1967; in: Nl. Kiesinger, ACDP I-226-A 311. Vgl. hierzu Gassert, *Kurt Georg Kiesinger 1904–1988*, S. 556–558.
16 Willy Brandt an Kurt Georg Kiesinger, 15. Juli 1968; in: Nl. Kiesinger, ACDP I.226-A 001.
17 Willy Brandt an Kurt Georg Kiesinger, 30. Juli 1968; ebd.
18 Vgl. hierzu und zum Folgenden Peter Brandt u.a., *Karrieren eines Außenseiters*, S. 266–288.
19 Über das tatsächliche Datum der Begegnung in München gibt es unterschiedliche Angaben, je nachdem, auf welche Quelle man sich stützt. Stefanie Waske (*Mehr Liaison als Kontrolle*, S. 150) datiert das Treffen auf Ende Januar 1968, Philipp Gassert (*Kurt Georg Kiesinger 1904–1988*, S. 597f.) nennt den 31. Januar. Die weder von Gassert noch Waske berücksichtigte Studie über Leo Bauer von Peter Brandt u.a. (*Karrieren eines Außenseiters*, S. 282), die nicht zuletzt auf der genauen Kenntnis von Bauers Nachlass beruht, gibt den präzisesten Bericht der Begegnung und ihres Kontexts, nennt aber den 6. und 7. März 1968. Vgl. auch den detailgenau informierten

Bericht in *Der Spiegel*, 8. April 1968 (»Alles Kapitalisten«), der offenkundig aus erster Hand unterrichtet wurde und gleichfalls die Begegnung auf Anfang März 1968 datiert.

20 Karl Theodor zu Guttenberg, Aufzeichnung für den Herrn Bundeskanzler, 16. April 1968, S. 1; in: ACDP I-226-A 311.

21 Vgl. ebd., S. 1–4.

22 Ebd., S. 3.

23 Protokoll der Sitzung des Koalitionsausschusses, 4. April 1968; abgedruckt in: *Der Kressbronner Kreis*, S. 75–79, hier S. 78.

24 Undatierter Vermerk Büro Kiesinger, Betr. Ablauf der Gespräche SPD – KPI 1967/68, S. 2; in: Nl. Kiesinger, ACDP I-226-A 311.

25 Vgl. hierzu eine acht Seiten umfassende undatierte Aufzeichnung mit Marginalien Kurt Georg Kiesingers und weiteren Nachweisen; in: Nl. Kiesinger, ACDP I-226-A 311.

26 Vermerk Staatssekretär vom 3. September 1969 über ein Gespräch zwischen Bundeskanzler Kiesinger und Bundesminister Strauß, S. 2; in: Nl. Kiesinger, ACDP I-226-009.

27 S.o., Kapitel III.3.

28 Vgl. Waske, *Nach Lektüre vernichten*.

29 St.B. Dt.Btag, 6. Wp., 6. Sitzung, 29. Oktober 1969, S. 91f.

30 Vgl. Grau, *Gegen den Strom*, S. 60.

31 Vgl. ebd., S. 59f.

32 Vgl. etwa Bender, *Offensive Entspannung*; ders., *Zehn Gründe für die Anerkennung der DDR*; ders., *Die Ostpolitik Willy Brandts*.

33 Bender, *Die »Neue Ostpolitik«*, S. 126.

Strategische Wirren

1 Vgl. hierzu und zum Folgenden Schönhoven, *Wendejahre*, S. 576–578, 599–642.

2 Interview mit Franz Josef Strauß; in: *Deutschland-Magazin*, Heft 1/2, Februar 1970.

3 *Der Spiegel*, 2. November 1970 (»Man muß die FDP zerstören. Industrielle paktieren mit Strauß«). Die vorangegangenen Zitate stammen ebenfalls aus diesem Bericht, der nach Angabe des *Spiegel* auf einer Protokoll-Notiz von Friedrich Karl Flick beruht. Vgl. hierzu auch Jungbluth, *Die Quandts*, S. 293.

4 Wie Anm. 2.

5 Vgl. hierzu und zum Folgenden Grau, *Gegen den Strom*, S. 84–108 m.w.N.

6 Vgl. etwa die Schilderung bei Schneider, *Alois Mertes (1921–1985)*, S. 110–123.

7 Voss, *Den Kanzler im Visier*, 34f.

8 Ebd., S. 35.

9 Zündorf, *Die Ostverträge*, S. 58f.

10 Vgl. Grau, *Gegen den Strom*, S. 108–129.

11 Ebd., S. 48–59.

12 Franz Josef Strauß an Rainer Barzel, 25. August 1970; ms. Dd. in: Nl. Kiesinger, ACDP I-226-A603.

13 Glotz, *Die Beweglichkeit des Tankers*.

14 Vgl. in diesem Zusammenhang Mintzel, *Geschichte der CSU*, S. 402–406.

15 Protokoll der CDU-Bundesvorstandssitzung vom 13. März 1970; abgedruckt in: Barzel, »*Unsere Alternativen für die Zeit der Opposition*«, S. 177–213, hier S. 178–181.

16 Strauß an Barzel, 25. August 1970 (wie Anm. 12).

17 Wilfried Scharnagl, »Stark gegen die eigene Partei«, in: *Bayernkurier*, Sondernummer

2014 (»Wer war Franz Josef Strauß wirklich? Das Sonderheft zum Jubiläumsjahr 2015«), S. 100–102, hier S. 100; wortgleich, wenn auch etwas ausführlicher und in einen größeren Zusammenhang gestellt, findet sich dieser Text schon in Scharnagl, *Mein Strauß*, S. 179–199, hier S. 179.

18 Ebd.

19 Strauß an Barzel, 25. August 1970, wie Anm. 16.

20 *Münchner Merkur*, 11. April 1970 (»Das Problem ist der gemeinsame Mut«).

21 Ebd.

22 Vgl. hierzu und zum Folgenden Mende, *Von Wende zu Wende*, S. 327–336, 338–340, sowie Grau, *Gegen den Strom*, S. 98f., 132–134.

23 ebd., S. 121f.

24 Siehe hierzu oben, S. 367f.

25 *Stuttgarter Nachrichten*, 19. Oktober 1970 (»Dreimal brüllte der bayerische Löwe«).

26 *Der Spiegel*, 26. Oktober 1970 (»Ich brauche nur zwölf Stunden Zeit«).

27 Voss, *Den Kanzler im Visier*, S. 36.

28 Franz Josef Strauß an Kurt Georg Kiesinger, 19. Januar 1971; in: Nl. Kiesinger, ACDP I-226-A603.

29 Vgl. *Stuttgarter Zeitung*, 25. Januar 1971 (»Strauß beschwört Kiesinger«); *Die Welt*, 26. Januar 1971 (»Strauß: Vorbehalte gegen gewisse CDU-Vorstellungen«).

30 *Frankfurter Rundschau*, 26. Januar 1971 (»Der CDU-Parteitag feiert Strauß«).

31 *Frankfurter Rundschau*, 26. Januar 1971 (»Heck sieht lange Oppositionszeit«).

32 *Rheinische Post*, 25. Februar 1971 (»Strauß kam erst zum Schluß richtig in Fahrt«).

33 *Süddeutsche Zeitung*, 25. Februar 1971 (»Gedränge beim politischen Aschermittwoch«).

34 *Bayernkurier*, 6. März 1971 (»Bericht zur Lage«).

35 Vgl. Gassert, *Kurt Georg Kiesinger 1904–1988*, S. 736f.

36 *Der Stern*, 11. April 1971 (»Ein Mann von bescheidener Machart«). Vgl. auch *Süddeutsche Zeitung*, 8. April 1971 (»Strauß: Schröder zum Kanzler geeignet«).

37 *Süddeutsche Zeitung*, 8. April 1971 (»Franz Josef Sphinx«).

38 *Handelsblatt*, 25. Juni 1971 (»Strauß denkt an Kanzlerschaft«).

39 *Deutsche Zeitung/Christ und Welt*, 2. Juli 1971 (»Strauß läßt Luftballon steigen«).

40 *Frankfurter Allgemeine Zeitung*, 31. Juli 1971 (»Offizielle Bewerbung von Strauß um Kanzlerkandidatur weiter ungewiß«); *Stuttgarter Zeitung*, 27. August 1971 (»Sandkastenspiele mit Franz Josef Strauß«).

41 *General-Anzeiger*, 31. Juli 1971 (»Franz Josef Strauß spielt auf Zeitgewinn«).

42 *General-Anzeiger*, 17. September 1971 (»Strauß fordert mehr Opfer für die Einigung Europas. Für 1973 keine Kanzler-Kandidatur«), sowie ein ausführliches Wortlaut-Interview in diesem Blatt vom selben Tag (»Strauß: Die Europäer müssen noch enger zusammenrücken«).

43 Bracher/Jäger/Link, *Republik im Wandel 1974–1982. Die Ära Brandt*, S. 60f.

44 Franz Josef Strauß, Rede vor dem CSU Parteitag in München, 26./27. Oktober 1971; zitiert nach der leicht gekürzten Fassung, abgedruckt in: *Bayernkurier*, 23. Oktober 1971 (sic!).

45 Voss, *Den Kanzler im Visier*, S. 56. Vgl. auch Grau, *Gegen den Strom*, S. 218f.

46 St.B. Dt.Btag, 6. Wp., 171. Sitzung, 23. Februar 1972, S. 9752.

47 St.B. Dt.Btag, 6. Wp., 172. Sitzung, 24. Februar 1972, S. 9918.

48 Ebd.

49 Wie Anm. 46, S. 9761ff.

50 Vgl. *Der Spiegel*, 13. März 1972 (»Nun gut, wann's denn sein muß«).
51 *Der Spiegel*, 17. April 1972.
52 Barzel, *Auf dem Drahtseil*, S. 63f.
53 Grau, *Gegen den Strom*, S. 279 m.w.N.
54 Vgl. Baring, *Machtwechsel*, S. 406.
55 Grau, *Gegen den Strom*, S. 293f.

Der letzte Preuße

1 *Frankfurter Allgemeine Zeitung*, 22. April 1972 (»Liberaler Anwalt und alternder Star«).
2 Ebd.
3 Franz Josef Strauß an Rainer Barzel, 26. August 1971; Kopie in: Nl. Kiesinger, ACDP I-226-A603.
4 *Bild am Sonntag*, 22. August 1971 (»BILD am SONNTAG-Exklusiv-Interview – Ich schäme mich: Die Fahne wird eingezogen«).
5 *Süddeutsche Zeitung*, 1. September 1971 (»›Pannen‹ mit Strauß«).
6 Scharnagl, *Mein Strauß*, S. 213.
7 Diese Formulierung wurde von Strauß häufig in Gesprächen mit engen politischen Freunden gebraucht. Ursprünglich stammt sie wahrscheinlich aus dem Kontext des Gaullismus-Streits innerhalb der Union in den sechziger Jahren und markierte jene politischen Kräfte, die um nichts in der Welt auch nur ein leises kritisches Wort über die Vereinigten Staaten von Amerika duldeten. Vgl. hierzu Franz Herre in: *Rheinischer Merkur*, 15. Oktober 1965 (»Feigheit vor dem Freund«).
8 Vgl. Grau, *Gegen den Strom*, S. 377f.
9 Vgl. hierzu und zum Folgenden Görtemaker, *Geschichte der Bundesrepublik Deutschland*, S. 567–571.
10 Bracher/Jäger/Link, *Republik im Wandel 1969–1974. Die Ära Brandt*, S. 75f.
11 Vgl. Zündorf, *Die Ostverträge*, S. 213.
12 Vgl. ebd., S. 189, 200–203, 210.
13 Vgl. ebd., S. 217.
14 Vgl. ebd., S. 218, sowie die ausführliche Schilderung der Zusammenhänge in Bahr, *Zu meiner Zeit*, S. 393–423, insbes. S. 396–398.
15 Grau, *Gegen den Strom*, S. 386. Zum Folgenden vgl. ebd., S. 386–393.
16 Rösch, *Franz Josef Strauß*, S. 420, Anm. 1724 und 1725.
17 Bracher/Jäger/Link, *Republik im Wandel 1969–1974. Die Ära Brandt*, S. 89.
18 *Deutschland-Magazin*, Heft 1/2, Februar 1970.
19 *Augsburger Allgemeine*, 2. Februar 1972 (»Strauß: Ich scheue den Gang nach Karlsruhe nicht«).
20 Vgl. Grau, *Gegen den Strom*, S. 418f.
21 Kiep, *Was bleibt ist große Zuversicht*, S. 75.
22 *Die Zeit*, 1. Dezember 1972 (»Wir müssen weg von der Klagemauer«).
23 Vgl. Grau, *Gegen den Strom*, S. 470–472.
24 Vgl. ebd., S. 418–451, insbes. S. 418f., 437–451.
25 Strauß, *Erinnerungen*, S. 500.
26 Voss, *Den Kanzler im Visier*, S. 78.
27 *Bild am Sonntag*, 18. Februar 1973 (»Strauß: Wir hätten ›Nein‹ sagen müssen«).
28 *Südwest Presse*, 12. Januar 1972 (»Bayern sollen die letzten Preußen sein«).

29 Strauß, *Erinnerungen*, S. 500f. Vgl. auch die Dokumentation des gesamten Verfahrens: *Der Grundlagenvertrag vor dem Bundesverfassungsgericht.*

30 Vgl. zu den politischen Auswirkungen des Verfassungsgerichts-Spruchs zum Grundlagenvertrag den Aufsatz von Daniel Koerfer, »Den Anspruch wachhalten«.

31 Zitiert nach *Frankfurter Rundschau*, 24. Oktober 1970; vgl. auch: Imanuel Geiss, »Hokuspokus mit den Preußen«; in: *Vorwärts*, 27. Januar 1972.

Rückzug halben Herzens

1 Vgl. Kühnhardt, »Ideologiebildung in der Dritten Welt«.

2 Vgl. Bracher, *Europa in der Krise.*

3 Einen ersten Überblick über den reisepolitischen Aktionsradius von Strauß ergibt die Aufstellung aller dokumentierbaren Reisen zwischen 1952 und 1988 auf der von der Hanns-Seidel-Stiftung kuratierten Website {www.fjs.de/reisen.html}.

4 *Der Spiegel*, 23. August 1976 (»Kohl: Man weiß nicht, was man wählt«).

5 Vgl. Gerhard Schröder, *Mission ohne Auftrag.*

6 Vgl. Horlacher, *Mit Strauß in China*, sowie den auf neuen chinesischen Quellen beruhenden Bericht von Johnny Erling, in: *Die Welt*, 7. Januar 2015 (»Wie Mao einst Franz Josef Strauß entführte«).

7 Vgl. *Der Spiegel*, 28. November 1977 (»Arbeiten lernen«), sowie *Die Zeit*, 16. Dezember 1977 (»Was Strauß in Chile lobte«).

8 Franz Josef Strauß, in: *Bayernkurier*, 23. Januar 1971 (»Bismarck, die Erben und Heinemann«).

9 Kleinmann, *Geschichte der CDU*, S. 343.

10 Vgl. hierzu Bökenkamp, *Das Ende des Wirtschaftswunders*, S. 64–78, 90–112.

11 Rede von Franz Josef Strauß vor der CSU-Landesgruppe am 19. November 1974 in Sonthofen; zit. nach: Bickerich, *Franz Josef Strauß*, S. 336–354, hier S. 336–338. Vgl. zum Zusammenhang auch ebd., S. 253. Die Sonthofener Rede ist erstmals in Auszügen abgedruckt in: *Der Spiegel*, 10. März 1975 (»Aufräumen bis zum Rest dieses Jahrhunderts. Franz Josef Strauß über die Strategie der Union«).

12 Ebd., S. 344.

13 *Der Spiegel*, 10. März 1975.

14 *Süddeutsche Zeitung*, 10. März 1975 (»Kontroverse um Klausurrede von Strauß«).

15 *Rheinische Post*, 12. März 1975 (»Barzel: Das ist doch wohl ein dickes Ei!«).

16 *Süddeutsche Zeitung*, 13. März 1975 (»Ein Selbsttor von Strauß«).

17 *Frankfurter Allgemeine Zeitung*, 10. März 1975 (»Strauß will ›nur warnen und anklagen‹«).

18 *Die Zeit*, 14. März 1975 (»Alter Schädel unter altem Hut«).

19 *Bayernkurier*, 15. März 1975 (»Das Volk denkt anders«).

20 *Bayernkurier*, 5. April 1975 (»Chronik eines Rufmords«).

21 *Frankfurter Allgemeine Zeitung*, 17. März 1975 (»Strauß im Wahlkampf«).

22 Bei der Bundestagswahl 1957 erzielte die Union die absolute Mehrheit der Stimmen und Mandate. Bereits 1953 verfügten die C-Parteien über die absolute Mehrheit der Mandate, allerdings nur deshalb, weil genügend Wählerstimmen an Parteien gingen, die unterhalb der Fünfprozenthürde blieben. Es war abzusehen, dass die kleinen Splitter-Parteien bei der Bundestagswahl 1976 keine Rolle spielen würden, so dass annähernd die absolute Mehrheit der Stimmen erlangt werden müsste, um über eine Mehrheit im Parlament zu verfügen.

23 *Münchner Merkur*, 16. Oktober 1974 (»Strauß kann sagen, was er will«).

24 *Frankfurter Allgemeine Zeitung*, 15. November 1974 (»Strauß will offensiv um den Wähler kämpfen«).

25 *Weltwoche*, 13. November 1974 (»Kanzlerkandidat Strauss«).

26 *Abendzeitung*, 18. Januar 1975 (»Mao als Kanzlermacher«).

27 *Frankfurter Allgemeine Zeitung*, 5. Februar 1975 (»Hier baut einer kräftig an seiner Kanzlerkandidatur«).

28 Interview mit der *Abendzeitung*, 3. März 1975.

29 *Frankfurter Allgemeine Zeitung*, 25. Februar 1975 (»Strauß warnt vor Zeitdruck bei der Suche nach einem Kanzlerkandidaten«).

30 Vgl. Köhler, *Helmut Kohl*, S. 232f., 235f.

31 Vgl. Biedenkopf, »Kanzlerkandidatur«.

32 *Bild am Sonntag*, 8. Juni 1975 (»Beschluß: Strauß Kanzlerkandidat«).

33 Schwarz, *Helmut Kohl*, S. 202.

34 Hermann Kunst an Hans Berger, 28. August 1975; in: Nl. Berger, ACDP I-400-019/2.

35 Schwarz, *Helmut Kohl*, S. 195f., 220f.

36 Zit. nach ebd., S. 218.

37 Voss, *Den Kanzler im Visier*, S. 157.

38 Freundliche Mitteilung von Norbert Schäfer.

39 Vgl. Zimmermann, *Kabinettstücke*, S. 21–25.

40 Ebd., S. 28f.

41 Freundliche Mitteilung von Helmut Kohl.

42 Voss, *Den Kanzler im Visier*, S. 166.

43 *Der Spiegel*, 29. November 1976 (»Kohl ist total unfähig zum Kanzler. Franz Josef Strauß über das Verhältnis von CSU und CDU und über Spitzenpolitiker beider Parteien«).

44 Vgl. Schwarz, *Helmut Kohl*, S. 221, sowie zum Folgenden S. 222–226.

45 Gerstenmeier, »Ärgernis, Ballast und Auftrag«, S. 46.

46 Hermann Kunst an Hans Berger, 28. Mai 1977; in: ACDP I-400-019/2.

47 Holmes, »Homesick in Heaven«.

Wann, wenn nicht jetzt?

1 Zitiert nach *Der Spiegel*, 5. Juli 1971 (»Verantwortung und Ananas«).

2 Vgl. Schönbohm, *Die CDU wird moderne Volkspartei*, sowie Kleinmann, *Geschichte der CDU*, S. 419–432.

3 Vgl. hierzu Geißler, *Die Neue Soziale Frage*.

4 Vgl. hierzu und zum Folgenden Stoiber, *Weil die Welt sich ändert*, S. 51f., sowie Köpf, *Stoiber. Die Biographie*, S. 61–64.

5 Vgl. hierzu *Die Welt*, 12. Dezember 1978 (»Geißler: Glück für Menschen, das bleibt unsere Parole«); *Westdeutsche Allgemeine Zeitung*, 12. Dezember 1978 (»CSU rückt vom ›Glück‹ der CDU ab«).

6 Heiner Geißler an Edmund Stoiber, Fernschreiben vom 15. Dezember 1978 mit hs. Marginalien von Franz Josef Strauß; Kopie im Besitz des Verf.

7 Edmund Stoiber an Heiner Geißler, Fernschreiben vom 17. Dezember 197; Kopie im Besitz des Verfassers.

8 Wie Anm. 6.

9 *Rheinische Post*, 9. Dezember 1978 (»Wirbel um Strauß-Lob für Biedenkopf«). In die-

sem Artikel ist der Wortlaut des Tonbandmitschnitts der einschlägigen Interview-Passage abgedruckt.

10 *Rheinische Post*, 8. Dezember 1978 (»RP-Gespräch mit Ministerpräsident Strauß – ›Biedenkopf hat das Zeug zum Kanzlerkandidaten‹«).

11 Vgl. etwa die zusammenfassende dpa-Meldung vom 8. Dezember 1978, 14.56 Uhr.

12 Erklärung des CDU-Vorsitzenden Dr. Helmut Kohl gegenüber der dpa »zu dem heute in der ›Rheinischen Post‹ veröffentlichten Gespräch mit Franz-Josef Strauß«, 8. Dezember 1978; Kopie in: ACSP, Nl. Strauß, Bestand Büro Bonn 155/3891.

13 *Frankfurter Allgemeine Zeitung*, 12. Dezember 1978 (»Kohl: Strauß demontiert die CDU-Führungsspitze«).

14 Vgl. *General-Anzeiger*, 12. Dezember 1978 (»Bundesausschuß verurteilt neue Personaldiskussion«); *Frankfurter Allgemeine Zeitung*, 12. Dezember (»CDU-Bundesausschuß spricht von unverantwortlicher Personaldiskussion«).

15 Klaus Dreher, Notizen über vertrauliche Informationsgespräche, Eintragung vom 8. November 1978; in: Privatarchiv Dreher. Vgl. auch Dreher, *Helmut Kohl*, S. 213.

16 *Süddeutsche Zeitung*, 12. Dezember 1978 (»Die Opposition fragt Strauß nach seinen Bonner Plänen«); *Ruhr-Nachrichten*, 12. Dezember 1978 (»CDU-Außenminister hieße Strauß«).

17 Franz Josef Strauß an Friedrich Zimmermann, 11. Dezember 1978 *PERSÖNLICH – VERTRAULICH!*; ms. Dd. und handschriftlich von Strauß ergänzter Entwurf des Schreibens in: ACSP, Nl. Strauß, Bestand Ministerpräsident 34.

18 Ebd.

19 *Bayernkurier*, 16. Dezember 1978 (»Gelassenheit tut not«).

20 Franz Josef Strauß an Helmut Kohl, 22. Dezember 1978; in: ACSP, Nl. Strauß, Bestand Büro Bonn 155/3891.

21 Ebd.

22 Vgl. hierzu Dreher, *Helmut Kohl*, S. 214–217.

23 Kurt Biedenkopf an Franz Josef Strauß, 9. Dezember 1978; Kopie im Besitz des Verf. In diesem Schreiben heißt es außerdem: »An der Universität würde man sagen, daß der Altmeister unserer Politik einem Jüngeren die Venia Legendi erteilt hat.«

24 Franz Josef Strauß an Kurt Biedenkopf, 18. Dezember 1978; Kopie im Besitz des Verf.

25 *Die Welt*, 11. Januar 1979 (»CSU: Die Diskussion in der CDU dient persönlicher Entkrampfung«).

26 Franz Josef Strauß an Helmut Kohl, Fernschreiben vom 17. Januar 1979; in: ACSP, Nl. Strauß, Bestand Parteivorsitzender 272/146.

27 Helmut Kohl an Franz Josef Strauß, 17. Januar 1979; Kopie im Besitz des Verf.

28 Edmund Stoiber an Heiner Geißler, Fernschreiben vom 2. März 1979; Abdruck in: ACSP, Nl. Strauß, Bestand Büro Bonn 155/3891.

29 Ebd.

30 Dreher, *Helmut Kohl*, S. 219.

31 Helmut Schmidt an Franz Josef Strauß, 23. Januar 1979; in: ACSP, Nl. Strauß, Bestand Ministerpräsident 33.

32 Vgl. Dreher, *Helmut Kohl*, S. 219f.

33 Schwarz, *Helmut Kohl*, S. 239.

34 *Süddeutsche Zeitung*, 8. Februar 1979 (»Den Begriff entmythologisieren«).

35 Vgl. hierzu im Zusammenhang Jäger/Link, *Republik im Wandel 1974–1982. Die Ära Schmidt*, S. 127–130, sowie Zimmermann, *Kabinettstücke*, S. 66–76.

36 Vgl. Dreher, *Helmut Kohl*, S. 223.

37 *Die Welt*, 23. Mai 1979 (»Kohl zum Verzicht bereit, will aber Strauß stoppen«).

38 Zimmermann, *Kabinettstücke*, S. 81.

39 Freundliche Mitteilung von Peter Boenisch.

40 *Die Welt*, 25. Mai 1979 (»Strauß gibt Drängen aus CDU und CSU nach: Ich trete gegen Schmidt an«).

41 Freundliche Mitteilung von Norbert Schäfer.

42 Wie Anm. 40.

43 Strauß, *Mein Vater*, S. 50.

44 Franz Josef Strauß in den *heute*-Nachrichten des ZDF, 24. Mai 1979; zit. nach: KÜ 25. Mai 1979.

Habemus candidatum

1 Vgl. hierzu Füllenbach/Schulz, *Entspannung am Ende?*, S. 185–192, sowie Yergin, *The prize*, S. 674–698.

2 Zitiert nach Yergin, *The Prize*, S. 698.

3 Zitiert nach Werner A. Perger, *Deutsches Allgemeines Sonntagsblatt*, 1. Juli 1979.

4 *Süddeutsche Zeitung*, 26. Mai 1979 (»Strauß wollte Kohls Vorschlag zuvorkommen«). Vgl. hierzu und zum weiteren Zusammenhang auch die höchst aufschlussreichen Aufzeichnungen von Friedrich Voss (*Den Kanzler im Visier*, S. 190f.), einem früheren Mitarbeiter von Strauß, langjährigen Bundestagsabgeordneten und hochloyalen Wegbegleiter des CSU-Chefs.

5 Erklärung des CSU-Präsidiums vom 28. Mai 1979, mit weiteren Materialien in: ACSP, Nl. Strauß, Bestand Ministerpräsident 57, Bestand Parteivorsitzender 380/641.

6 *Süddeutsche Zeitung*, 26. Mai 1979 (»Sonderparteitag der CDU soll über Kanzlerkandidaten entscheiden«).

7 *Frankfurter Allgemeine Zeitung*, 28. Mai 1979 (»In der CDU wächst der Widerstand gegen einen Kanzlerkandidaten Albrecht«), *Frankfurter Rundschau*, 28. Mai 1979 (»Kandidatenfrage spaltet die Union. Auch viele CDU-Politiker für Strauß«).

8 Helmut Kohl an Franz Josef Strauß, Fernschreiben vom 28. Mai 1979; in: ACSP, Nl. Strauß, Bestand Ministerpräsident 57.

9 Franz Josef Strauß an Helmut Kohl, Fernschreiben vom 28. Mai 1979; Konzept und Dd. ebd.

10 Fritz Zimmermann, Erklärung des CSU-Landesgruppenvorsitzenden vor der CDU/CSU-Bundestagsfraktion am 29. Mai 1979 in Bonn; Ablichtung in: ACSP, Nl. Strauß, Bestand Parteivorsitzender 380/641.

11 Franz Josef Strauß an Ernst Albrecht, Fernschreiben vom 30. Mai 1979, 12.00 Uhr; von Strauß abgezeichnetes Konzept in: ACSP, Nl. Strauß, Bestand Ministerpräsident 57.

12 Albrecht an Strauß, Fernschreiben vom 30. Mai 1979, 16.25 Uhr; ebd.

13 Strauß an Albrecht, Fernschreiben vom 30. Mai 1979, Uhrzeit nicht zu ermitteln; Konzept ebd.

14 Helmut Kohl, Brief an die Damen und Herren des Bundesvorstands, Bundestagsabgeordneten und weitere Personen, 1. Juni 1979; Ablichtung in: ACSP, Nl. Strauß, Bestand Parteivorsitzender 380/641.

15 Kohl, *Erinnerungen. 1930–1982*, S. 536.

16 Ebd., S. 535f.

17 Joseph Kardinal Höffner an Franz Josef Strauß, 2. Juni 1979 (gleichlautendes Schrei-

ben unter demselben Datum an Helmut Kohl) in: ACSP, Nl. Strauß, Bestand Ministerpräsident 57.

18 Joseph Kardinal Höffner an Alfons Goppel, 1. Juni 1979 (gleichlautendes Schreiben unter demselben Datum an Kurt Georg Kiesinger); ms. Dd. ebd.

19 Karl A. Lamers an Helmut Kohl, 16. Juni 1979; Kopie in: ACSP Nl. Strauß, Bestand Parteivorsitzender 272/147.

20 Dreher, *Helmut Kohl*, S. 229.

21 Vgl. hierzu und zum Folgenden Jäger, »Helmut Kohl setzt sich durch«, S. 153.

22 *Die Welt*, 13. Juni 1979 (»Kandidaten-Gipfel am Tegernsee«); vgl. auch *Frankfurter Allgemeine Zeitung*, 13. Juni 1979 (»Die Parteienlandschaft mit ihren unterirdischen Flussläufen«).

23 Dreher, *Helmut Kohl*, S. 230.

24 Edmund Stoiber in einem Interview mit dem Blatt der hessischen CDU *Hessen-Kurier*; zitiert nach: *Die Welt*, 13. Juni 1979 (»Kandidaten-Gipfel am Tegernsee«).

25 Vgl. hierzu und zum Folgenden *Rheinische Post*, 16. Juni 1979 (»CDU-Zentrale empört über Geheimtreffen mit Strauß«); Jäger/Link, *Republik im Wandel 1974–1982. Die Ära Schmidt*, S. 137.

26 Heiner Geißler im Gespräch mit dem Verf.

27 Dreher, *Helmut Kohl*, S. 230.

28 Vgl. ebd., S. 229f.

29 Jäger, »Helmut Kohl setzt sich durch«, S. 153.

30 Vgl. Voss, *Den Kanzler im Visier*, 191f.

31 Helmut Kohl an Franz Josef Strauß, 2. Juli 1979; in: ACSP, Nl. Strauß, Bestand Ministerpräsident 57.

32 Karl Carstens an Franz Josef Strauß, 3. Juli 1979; ebd.

Himmelfahrtskommando

1 Gross, *Die Deutschen*, S. 24.

2 *Münchner Merkur*, 21. März 1979 (»Tollkühn ist er nicht«).

3 *Neue Zürcher Zeitung*, 8. Juli 1979 (»Strauß auf dem Marsch nach Bonn«), Hervorhebung im Original.

4 *Frankfurter Allgemeine Zeitung*, 7. August 1979 (»Nach der Nominierung Pluspunkte auch für Kanzlerkandidat Strauß«). In diesem Artikel werden die Anfang August 1979 veröffentlichten Erhebungen für den Vormonat des Instituts für Demoskopie (Allensbach) und der Forschungsgruppe Wahlen (Mannheim) referiert.

5 *Die Zeit*, 7. September 1979 (»Ein Chamäleon als Kanzlerkandidat«).

6 *Wirtschaftswoche*, 9. Juli 1979 (»Strauß vor den Toren«).

7 Hans Jörg Sottorf, in: *Handelsblatt*, 12. Juli 1979 (»Der Staatsmann«).

8 *Frankfurter Allgemeine Zeitung*, 16. Juli 1979 (»Die Chance des Außenseiters«).

9 *Frankfurter Allgemeine Zeitung*, 17. Juli 1979 (»Wie sich Kanzlerkandidat Strauß den Wahlkampf vorstellt. Ein Gespräch«).

10 *Die Welt*, 26. Oktober 1979 (»Glotz: Aufsteiger Strauß spricht Arbeiter an«).

11 *Bild*, 12. Juli 1979 (»Loderer: Strauß ist klug, aber …«).

12 *Die Zeit*, 3. August 1979 (»Strauß will den Test an der Ruhr«).

13 *Süddeutsche Zeitung*, 12. Juli 1979 (»Einigung in der Strategiekommission erst nach heftigem internen Streit«).

14 *Die Welt*, 12. Juli 1979 (»Geißler ging zu weit. Strauß: Geht es schon wieder los?«).

15 *Süddeutsche Zeitung*, 12. Juli 1979 (»Wissmann: Strauß hat ›Bringepflicht‹«).

16 Wie Anm. 14.

17 *Kölnische Rundschau*, 12. Juli 1979 (»Geißlers ›Vorbehalt‹ ließ Strauß auffahren«).

18 *Frankfurter Rundschau*, 12. Juli 1979 (»Strauß war drauf und dran zu gehen«); *Frankfurter Neue Presse*, 12. Juli 1979 (»CDU-Führer pfiffen Geißler beim Strategietreffen zurück«).

19 Edmund Stoiber an Heiner Geißler, 13. Juli 1979 (Persönlich!); Ablichtung in: ACSP, Nl. Strauß, Bestand PV 380/641.

20 Edmund Stoiber an Norbert Blüm, 9. Juni 1979; ebd.

21 Stellungnahme des Geschäftsführenden Ausschusses der Arbeitsgemeinschaft Christlich-Demokratischer DGB-Gewerkschafter zur anstehenden Beratung der Wahlkampfaussagen der Union, schriftlich niedergelgt am 23. Juli 1979 und beschlossen am 18. Juli 1979 nebst Anschreiben von Maria Weber und Heribert Scharrenbroich an Franz Josef Strauß vom 23. Juli 1979; Kopie im Besitz des Verfassers.

22 *Der Spiegel*, 30. Juli 1979 (»Linke Liste«).

23 *Frankfurter Allgemeine Zeitung*, 16. Juli 1979 (»Strauß und die Sozialausschüsse«).

24 Edmund Stoiber an Matthias Wissmann, 12. September 1979; Ablichtung in: ACSP, Nl. Strauß, Bestand MPr 1.

25 Ebd.

26 Vgl. exemplarisch *Welt am Sonntag*, 16. September 1979 (»Unterwegs mit Strauß«), sowie *Die Zeit*, 21. September 1979 (»Strauß bläst zum Angriff auf die Roten«).

27 *Welt am Sonntag*, 16. September 1979 (»Nach Aufruhr um Strauß: Wird aus Bonn jetzt Weimar?«).

28 *Die Zeit*, 6. Juli 1979 (»Nun: der Zweikampf der starken Männer«).

29 Golo Mann an Marion Gräfin Dönhoff, 21. Juni 1980; abgedruckt in: Mann, *Briefe 1932–1992*, S. 265f.

30 Wie Anm. 27.

31 Edmund Stoiber an Dieter Stolze, 9. Juli 1979; Ablichtung in: ACSP, Nl. Strauß, Bestand MPr 1.

32 *Neue Zürcher Zeitung*, 23. September 1979 (»Kanzleraspirant Strauß kommt nicht in Tritt«).

33 *Die Zeit*, 5. Oktober 1979 (»Kein Sprungbrett für Deutschland«).

34 *Die Zeit*, 5. Oktober 1979 (»Eine militante Heilsarmee«).

35 *Der Spiegel*, 8. Oktober 1979 (»Die CSU ist ja eine moderne Partei«).

36 Vgl. Golo Mann an Edmund Stoiber, 9. Oktober 1979; abgedruckt in: Mann, *Briefe 1932–1992*, S. 259–261, sowie die Einordnung dieser Episode in den größeren Zusammenhang mit vielen Nachweisen bei Bitterli, *Golo Mann*, S. 404–432, hier S. 412f., und die Schilderung bei Stoiber, *Weil die Welt sich ändert*, S. 71f.

37 Edmund Stoiber, in: *Die Zeit*, 12. Oktober 1979 (»Das Bewußtsein schärfen«).

38 *Der Spiegel*, 25. Februar 1980 (»Das deutsche Wort«).

39 *Süddeutsche Zeitung*, 12. Dezember 1979 (»Abschied von der Konfrontation«).

40 *Stuttgarter Zeitung*, 14. Januar 1980 (»Der Kandidat läßt die Donnerschläge zu Hause«).

41 *Der Spiegel*, 5. November 1979 (»Schieres Entsetzen«).

42 Edmund Stoiber an Hermann Höcherl, 2. November 1979; Ablichtung in: ACSP, Nl. Strauß, Bestand MPr 1.

43 Edmund Stoiber an Klaus Rose, 14. November 1979; ebd.

44 *Die Zeit*, 23. November 1979 (»Wir und Franz Josef Strauß«).

45 *Die Zeit*, 14. Dezember 1979 (»Kein Zampano, ein Detailhuber«).

46 Alois Mertes an Franz Josef Strauß, 29. Oktober 1979 (Persönlich); in: ACSP, Nl.Strauß Bestand MPr 7.

47 Marginalie von Strauß; ebd.

48 Schneider, *Alois Mertes (1921–1985)*, S. 416, Anm. 350.

49 *Rheinische Post*, 14. Dezember 1979.

50 *Münchner Merkur*, 15. Dezember 1979 (»Großer Wirbel um Strauß-Interview«).

51 *Neue Zürcher Zeitung*, 16. Dezember 1979 (»Vorwahlmanöver von Franz Josef Strauß«).

52 *Der Spiegel*, 4. Februar 1980 (»So Lautlos«).

53 *Der Spiegel*, 11. Februar 1980 (»Exotische Lösung«).

54 Ebd.

55 Vgl. Soell, *Helmut Schmidt. 1969 bis heute*, S. 667 und S. 1028, Anm. 82.

56 Vgl. hierzu und zum Folgenden einen Vermerk von Friedrich Zimmermann vom 12. Februar 1980, mit handschriftlicher Zufügung von Strauß (betr. Spiegel v. 11. II. 80, No. 7/1980. S. 27 »Exotische Lösung?«; in: ACSP, Nl. Strauß, Bestand MPr 34., sowie Zimmermann, *Kabinettstücke*, S. 185f.

57 Edmund Stoiber an Matthias Wissmann, 29. Februar 1980; in: ACSP Nl. Strauß, Bestand MPr 1.

58 Edmund Stoiber an den Hauptgeschäftsführer der CDA Heribert Scharrenbroich, 4. März 1980; ebd.

59 Edmund Stoiber an Heiner Geißler, 15. April 1980; ebd.

60 *Stuttgarter Zeitung*, 8. März 1980 (»Der Krisen-Tourist«).

61 Vgl. hierzu und zum Folgenden Wiegrefe, *Das Zerwürfnis*, S. 355.

62 *Die Zeit*, 21. März 1980 (»Strauß sammelt Punkte«).

63 Vgl. *Süddeutsche Zeitung*, 15. März 1980 (»Nur Kassandra wollte Strauß auch nicht spielen«) sowie Finger, *Franz Josef Strauß*, S. 435f. m.w.N.

64 Carter, *Keeping Faith*, S. 500.

65 Jimmy Carter, Tagebucheintragung vom 13. März 1980; ebd., S. 500f. Teilübersetzung des Verf.

66 Vgl. hierzu und zum Folgenden Voss, *Den Kanzler im Visier*, S. 210–216.

67 Ebd., S. 216.

68 Vgl. hierzu und zum Folgenden Stoltenberg, Wendepunkte, S. 263f.

69 Amiel, *Tag für Tag*, S. 280.

Und wo er verjagt ist, bleibt die Unruhe doch

1 Das Folgende beruht auf mehreren ausführlichen Gesprächen mit den Strauß-Kindern, vor allem mit Max Josef Strauß und Monika Hohlmeier, sowie den Schilderungen in den *Erinnerungen* von Franz Georg Strauß (*Mein Vater*, S. 69–86). Vgl. im Übrigen Biermann, *Strauß*, S. 255–266.

2 Vgl. Strauß, *Mein Vater*, S. 84.

3 So etwa Klaus Dreher im Gespräch mit dem Verfasser.

4 Strauß, *Mein Vater*, S. 85.

5 Richard Stücklen an Franz Josef Strauß, 5. September 1975; in: ACSP, Nl. Strauß, Bestand Familie K 42.

6 Voss, *Den Kanzler im Visier*, S. 220.

7 Ebd., S. 201.

8 Maier, *Böse Jahre, gute Jahre*, S. 256.

9 Strauß, *Mein Vater*, S. 86.

10 Voss, *Den Kanzler im Visier*, S. 218.

11 Ebd., S. 223.

12 Ebd., S. 222.

13 Vgl. Dreher, *Helmut Kohl*, S. 240–242.

14 Voss, *Den Kanzler im Visier*, S. 222.

15 Ebd.

16 Ebd., S. 223.

17 Otto Graf Lambsdorff an Franz Josef Strauß, 6. November 1978; in: ACSP, Nl. Strauß, Bestand Mpr. 33.

18 Franz Josef Strauß an Otto Graf Lambsdorff, 27. November 1978; Brief sowie hs. Entwurf von Strauß vom 24. November 1978; ebd.

19 Strauß, *Erinnerungen*, S. 508.

20 Vgl. Genscher, *Erinnerungen*, S. 457, 470–473, sowie Heumann, *Hans-Dietrich Genscher*, S. 111f.

21 Protokoll der Sitzung vom 8./9. Januar 1970 der CSU-Landesgruppe; abgedruckt in: *Die CSU-Landesgruppe im Deutschen Bundestag*, S. 451–459, hier S.453.

22 Soell, *Helmut Schmidt. 1969 bis heute*, S. 819–901.

23 Görtemaker, *Geschichte der Bundesrepublik*, S. 593f.; Wirsching, *Abschied vom Provisorium*, S. 17–26.

24 Vgl. Schell, *Die Kanzlermacher*, S. 119–133.

25 Strauß, *Mein Vater*, S. 82–86.

26 Voss, *Den Kanzler im Visier*, S. 194–196.

27 Voss, *Den Kanzler im Visier*, S. 224.

28 Ebd.

29 Genscher, *Erinnerungen*, S. 447f.

30 Zitiert nach Voss, *Den Kanzler im Visier*, S. 226.

31 Ebd., S. 228.

32 Ebd., S. 229.

33 *Der Spiegel*, 24. Dezember 1973 (»Kandidat Scheel: Man darf nie aufhören«).

34 Schwarz, *Helmut Kohl*, S. 256–272.

35 Voss, *Den Kanzler im Visier*, S. 230.

36 Schell, *Die Kanzlermacher*, S. 120.

37 Ebd., S. 125.

38 Voss, *Den Kanzler im Visier*, S, 236.

39 Zimmermann, *Kabinettstücke*, S. 132.

40 Ebd., S. 503f.

41 Vgl Schwarz, *Helmut Kohl*, S. 277f., 282–289.

42 Ebd., S. 500.

43 Ebd., S. 505.

44 Vgl. Zimmermann, *Kabinettstücke*, S. 125–127.

45 Freundliche Mitteilung von Helmut Kohl.

46 Brecht, *Lob des Revolutionärs*, S. 237.

Der traurige König

1 Bernhard von Bülow an Philipp Graf zu Eulenburg, 23. Juli 1986; abgedruckt in: Röhl (Hg.), *Philipp Eulenburgs politische Korrespondenz*, Bd. 3, S. 1714.

2 Vgl. Maier, *Böse Jahre, gute Jahre*, S. 247f.

3 Freundliche Mitteilung von Wolfgang Schäuble.

4 Vgl. Finger, *Franz Josef Strauß*, S. 460.

5 Maier, *Böse Jahre, gute Jahre*, S. 255.

6 Voss, *Den Kanzler im Visier*, S. 235.

7 Vgl. etwa Helmut Kohl an Franz Josef Strauß, 23. Januar 1967; in: ACSP, Nl. Strauß, Bestand BMF 351.

8 Helmut Kohl an Franz Josef Strauß, 18. April 1967; ebd.

9 Helmut Kohl an Franz Josef Strauß, 6. November 1969; in: ACSP, Nl. Strauß, Bestand Büro Bonn 139/3793. Nahezu wortgleich das Schreiben von Kohl an Strauß vom 30. Oktober 1973; ebd.

10 Helmut Kohl an Franz Josef Strauß, 8. März 1971; ebd.

11 Helmut Kohl an Franz Josef Strauß, im September 1975; in: ACSP, Nl. Strauß, Bestand Familie K 42.

12 Boenisch, »Kohl und Strauß«, S. 163.

13 Jedenfalls so übereinstimmend alle Kohl-Biographen.

14 Joll, *1914: The Unspoken Assumptions*, S. 24.

15 Kohl, *Erinnerungen. 1982–1990*, S. 745.

16 Pucher, »Der Pfälzer und der Bayer«, S. 276.

17 Strauß, *Erinnerungen*, S. 508f.

18 Kohl, *Erinnerungen. 1982–1990*, S. 746.

19 Vgl. Melder, »Koalitionsstreit und der Vorwurf der Führungsschwäche«, S. 205.

20 Vgl. exemplarisch Perger, »Kohl und die Geschichte«, S. 59–71.

21 Schwarz, *Helmut Kohl*, S. 475.

22 *Die Zeit*, 6. Januar 1986 (»Ein Kanzler wie ein Eichenschrank«).

23 Voss, *Den Kanzler im Visier*, S. 243.

24 Ebd.

25 *Süddeutsche Zeitung*, 6. Mai 1983. Vgl. hierzu und zum folgenden die Briefe von Edmund Stoiber an Heiner Geißler vom 6. Mai 1983 sowie von Edmund Stoiber an Helmut Kohl unter dem 9. Mai 1983; Kopien im Besitz des Verf.

26 Ebd.

27 Vgl. auch Kohl, *Erinnerungen. 1982–1990*, S. 175.

28 Protokoll über das Gespräch zwischen Helmut Kohl und Franz Josef Strauß am 26. April 1985; Kopie im Besitz des Verf.

29 Vgl. Strauß, *Mein Vater*, S. 163f.

Lauter Trostpreise

1 Vgl. Köhler, *Helmut Kohl*, S. 411. Vgl. im Übrigen hierzu und zum Folgenden den Aufsatz des Verfassers (Siebenmorgen, »Das große Spiel hinter der Kulisse«), für den erstmals die vollständigen Verhandlungsunterlagen und Handakten von Alexander Schalck-Golodkowski gesichtet und ausgewertet werden konnten.

2 Philipp Jenninger in der Dokumentation »Geschichte im Ersten: Der Milliardendeal – Strauß und die DDR«, Erstausstrahlung in der ARD, 6. Oktober 2014, 23.30 Uhr.

3 Diese Schilderung beruht auf freundlichen Mitteilungen von Helmut Kohl.

4 Monika Hohlmeier, wie Anm. 2.

5 Strauß, *Erinnerungen*, S. 418.

6 Vgl. Schwarz, *Helmut Kohl*, S. 344f., sowie Köhler, *Helmut Kohl*, S.412–416, die zwar anerkennen, wie gering die tatsächlichen Einflussmöglichkeiten Kohls im gesamten Prozess der Kandidatenfindung gewesen ist, aber dennoch in der für den CDU-Vorsitzenden ohne eigenes Zutun so glücklich ausgegangenen Episode so etwas wie eine List der Geschichte und auch des klugen Taktikers Kohl am Werke sehen.

7 Vgl. hierzu Siebenmorgen, »Das große Spiel hinter der Kulisse«, m.w.N.

8 Genscher, *Erinnerungen*, S. 471.

9 Strauß, *Erinnerungen*, S. 505.

10 Franz Josef Strauß, Aufzeichnung über ein »Gespräch mit Bundeskanzler Helmut Kohl am 24. Juli 1984 von 11.00 Uhr bis 20.00 Uhr«, S. 4; Kopie im Besitz des Verf.

11 Protokoll über das Gespräch zwischen Helmut Kohl und Franz Josef Strauß am 26. April 1985; Kopie im Besitz des Verf.

12 Ebd.

13 Franz Josef Strauß, Aktennotiz über das Gespräch mit Helmut Kohl am 24. und 25. August 1985 in Les Issambres, S. 11; Kopie im Besitz des Verf.

14 Ebd., S, 12.

15 Ebd., S. 19f.

16 Ebd., S. 21.

17 Vgl. Schwarz, *Helmut Kohl*, S. 272f. und 330f.

18 Wie Anm. 13, S. 10.

19 Schwarz, *Helmut Kohl*, S. 330.

20 Wie Anm. 11, S. 10f.

21 Schwarz, *Helmut Kohl*, S. 475.

22 Wie Anm. 11, S. 15f.

23 Wie Anm. 13, S. 22.

24 Wie Anm. 11, S. 9.

25 Wie Anm. 11, S. 10.

26 Wie Anm. 10, S. 22.

27 Ebd. S. 3f.

28 Wie Anm. 13, S. 26.

29 Franz Josef Strauß an Helmut Kohl, Fernschreiben vom 14. Juni 1984, 13:20 Uhr, persönlich-vertraulich; Kopie im Besitz des Verf.

30 Feuchtwanger, *Erfolg*, S. 416.

Letzte Tage – lange Schatten

1 Strauß, *Mein Vater*, S. 177.

2 Ebd., S. 176.

3 Ebd., S. 178.

4 Voss, *Den Kanzler im Visier*, S. 269f.

5 Strauß, *Mein Vater*, S. 179.

6 Vgl. *Marianne Strauß. Ein Buch der Erinnerung*, insbes. S. 21f.

7 Strauß, *Mein Vater*, S. 198.

8 Voss, *Den Kanzler im Visier*, S. 271.

9 Biermann, *Strauß*, S. 289.

10 Freundliche Mitteilung von Peter Boenisch.

11 Freundliche Mitteilung von Esther von Krosigk.

12 Strauß, *Mein Vater*, S. 202f.

13 Ebd., S. 208–210.

14 Riehl-Heyse, *CSU. Die Partei, die das schöne Bayern erfunden hat.*

15 Franz Josef Strauß, Aufzeichnung über ein »Gespräch mit Bundeskanzler Helmut Kohl am 24. Juli 1984 von 11.00 Uhr bis 20.00 Uhr«, S. 13; Kopie im Besitz des Verf.

16 Friedrich Zimmermann, zitiert nach: Radkau/Hahn, *Aufstieg und Fall der deutschen Atomwirtschaft*, S. 348

17 Vgl. Strauß, *Mein Vater*, S. 227.

18 Voss, *Den Kanzler im Visier*, S. 293.

19 Radkau/Hahn, *Aufstieg und Fall*, S. 347.

20 Wie Anm. 15.

21 Freundliche Mitteilung von Werner Müller.

22 Wie Anm. 15, S. 17f.

23 Genscher, *Erinnerungen*, S. 472.

24 Ischinger, »Gate-Crashing beim Bundeskanzler«, S. 85f.

25 Vgl. Ploetz, »Erosion der Abschreckung?«.

26 Vg. Rödder, »Bündnissolidarität und Rüstungskontrolle«, S. 123–132.

27 Protokoll über das Gespräch zwischen Helmut Kohl und Franz Josef Strauß am 26. April 1985; Kopie im Besitz des Verfassers, S. 2f.

28 Vgl. Adelman, *Reagan at Reykjavik.*

29 *Frankfurter Allgemeine Zeitung*, 27. August 1987 (»Bei einer amerikanisch-sowjetischen Übereinkunft Kohl zum Verzicht auf Pershing bereit«), sowie *Süddeutsche Zeitung*, 28. August 1987 (»CSU fühlt sich von Kohl übergangen«).

30 Köhler, *Helmut Kohl*, S. 562.

31 Strauß, *Erinnerungen*, S. 514.

32 Riehl-Heyse, *CSU*, S. 9.

33 Enzensberger, »Die Installateure der Macht«, S. 131.

34 Kunze, »Wir haben ihn benutzt, ausgenutzt und vorgeführt«, S. 42.

35 Schwarz, *Helmut Kohl*, S. 384.

36 Strauß, *Erinnerungen*, S. 520.

37 Tonbandmitschnitt eines Gesprächs zwischen Franz Josef Strauß und Mainhardt Graf von Nayhauß am 18. August 1988 in Les Issambres, Frankreich; in: Privatarchiv Nayhauß.

38 Strauß, *Erinnerungen*, S. 564.

39 Schreiben an Franz Josef Strauß, 16. November 1985; Kopie im Besitz des Verfassers.

40 Schreiben an Franz Josef Strauß, 31. Januar 1986; ebd.

41 Schreiben an Franz Josef Strauß, 29. März 1987; ebd.

42 Schreiben mit Foto an Franz Josef Strauß, 23. Februar 1988; ebd.

43 Schreiben an Franz Josef Strauß, 16. Juni 1988; Kopie im Besitz des Verfassers.

44 In der Literatur wird der 28. November 1986 als Tag der ersten Begegnung genannt, vgl. Biermann, *Strauß*, S. 293f. Renate Piller selbst schreibt am 28. Mai 1987 an Franz Josef Strauß, dass es »heute« genau ein halbes Jahr her sei, dass sie sich kennenlernten.

45 Mehrere Zeitzeugen erinnern sich gegenüber dem Verfasser übereinstimmend an solche Begebenheiten.

46 Undatierte Aufzeichnung über ein Telefongespräch mit Roswin Finkenzeller (FAZ), abgezeichnet vom Amtschef der Staatskanzlei am 5. August 1988; in: ACSP, Nl. Strauß Bestand MPr 4.

47 Nayhauß, *Chronist der Macht*, S. 399.

48 Tagebuch Esther von Krosigk.

49 Ebd.

50 Ebd.

51 Strauß, *Mein Vater*, S. 270.

52 Ebd., S. 271.

Nil nisi bene

1 Vgl. für dieses und die folgenden Zitate: Schröck, *Franz Josef Strauß*, S. 15–17.

2 Ebd.

3 Joseph Kardinal Ratzinger, Predigt bei der Beerdigungsmesse für Franz Josef Strauß am 8. Oktober 1988 in Rott am Inn; abgedruckt u.a. in: *Sonderheft des Bayernkurier zum Jubiläumsjahr 2015*, S. 115–117.

4 Leicht, »Nil nisi bene«, S. 29.

5 Der herzliche Dank des Verfassers gilt Papst Benedikt XVI., der sich, damals noch Kurienkardinal, in Rom am 6. September 1997 – dem Geburtstag von Strauß und kurioserweise zu eben jener Stunde, als die Trauerfeierlichkeiten für Lady Diana in London begangen wurden – zu einem ausführlichen Gespräch u.a. über seine Traueransprache für Strauß bereitgefunden hat.

6 Goethe, »[Kophtisches Lied.] Ein anderes«, S. 241.

7 Goethe, *Epigramme*, S. 311.

Quellen- und Literaturverzeichnis

UNVERÖFFENTLICHTE QUELLENBESTÄNDE
Offensichtliche Tipp- bzw. Rechtschreibfehler in Zitaten wurden stillschweigend korrigiert.
Archiv der sozialen Demokratie (Bonn)
  Nachlass Carlo Schmid (zitiert als: AdsD, Nl. Schmid)
Archiv für Christlich-Demokratische Politik der Konrad-Adenauer-Stiftung (St. Augustin)
  Nachlass Siegfried Balke (zitiert als: Nl. Balke, ACDP I-175)
  Nachlass Theodor Blank (zitiert als: Nl. Blank, ACDP I-098)
  Nachlass Hans Berger (zitiert als: Nl. Berger, ACDP I-400)
  Nachlass Hans Globke (zitiert als: Nl. Globke, ACDP I-070)
  Nachlass Josef Jansen (zitiert als: Nl. Jansen, ACDP I-149)
  Nachlass Kurt Georg Kiesinger (zitiert als: Nl. Kiesinger, ACDP I-226)
  Nachlass Heinrich Krone (zitiert als: Nl. Krone, ACDP I-028)
  Nachlass Reinhold Mercker (zitiert als: Nl. Mercker, ACDP I-274)
  Nachlass Gerhard Schröder (zitiert als: Nl. Schröder, ACDP I-483)
Archiv für Christlich Soziale Politik der Hanns-Seidel-Stiftung (München)
  Nachlass Josef Müller (zitiert als ACSP, Nl. Müller)
  Nachlass Franz Josef Strauß (zitiert als: ACSP, Nl. Strauß, Bestand …)
  – Bestand Büro Bonn
  – Bestand Bundesminister der Verteidigung (zitiert als: BMVg)
  – Bestand Bundesminister der Finanzen (zitiert als: BMF)
  – Bestand Familie
  – Bestand Ministerpräsident (zitiert als: MPr)
  – Bestand Presse- und Informationsamt der Bundesregierung (zitiert als: BPA)
  – Bestand Sammlung Kray
  – Bestand Marianne Strauß
Privatarchiv Klaus Dreher (Bonn)
  Notizbücher über vertrauliche Hintergrundgespräche
Privatarchiv Esther von Krosigk (Köln)
  Tagebuch
Privatarchiv Mainhardt Graf von Nayhauß-Cormons (Bonn)
  Diverses Schriftgut und Tonbandaufzeichnungen
Privatarchiv General a.D. Gerd Schmückle (München)
  Diverses Schriftgut und Tagebuchaufzeichnungen
Staatsarchiv Bamberg, Archiv der Freiherren von und zu Guttenberg (Guttenberg)
  Nachlass Karl Theodor von und zu Guttenberg
Stiftung Bundeskanzler-Adenauer-Haus (Bad Honnef-Rhöndorf)
  Nachlass Konrad Adenauer (zitiert als StBKAH)
Archiv des Verfassers
  – Diverses Schriftgut aus dem Geschäftsbereich des Bundesnachrichtendienstes (BND)
  – Protokollaufzeichnungen über Sitzungen des Bundeskabinetts

– Protokollaufzeichnungen über Sitzungen des Bundesverteidigungsrates
– Sonstiges Schriftgut

VERÖFFENTLICHTE QUELLEN

a) Sammlung amtlicher Dokumente und Veröffentlichungen

Akten zur Auswärtigen Politik der Bundesrepublik Deutschland 1963, hg. im Auftrag des Auswärtigen Amtes vom Institut für Zeitgeschichte von Hans-Peter Schwarz u.a., München 1994.

Bulletin des Presse- und Informationsamts der Bundesregierung (zitiert als: *Bulletin BPA*).

Die Kabinettsprotokolle der Bundesregierung, Bd. 2, 1950, bearb. von Ulrich Enders und Konrad Reiser, hg. im Auftrag des Bundesarchivs von Hans Booms, Boppard 1984.

Die Kabinettsprotokolle der Bundesregierung, Bd. 3, 1951, bearb. von Ulrich Enders und Konrad Reiser, hg. im Auftrag des Bundesarchivs von Hans Booms, Boppard 1986.

Die Kabinettsprotokolle der Bundesregierung, Bd. 9, 1956, bearb. von Michael Hollmann, Kai von Jena und Ursula Hüllbusch, hg. im Auftrag des Bundesarchivs von Friedrich P. Kahlenberg, München 1998.

Die Kabinettsprotokolle der Bundesregierung, Bd. 19, 1966, bearb. von Christine Fabian und Uta Rössel, unter Mitwirkung von Ralph Behrendt und Christoph Seemann, hg. für das Bundesarchiv von Hartmut Weber, München 2009.

Die Kabinettsprotokolle der Bundesregierung, Bd. 20, 1967, bearb. von Walter Naasner und Christoph Seemann unter Mitwirkung von Christine Fabian und Uta Rössel, hg. für das Bundesarchiv von Hartmut Weber, München 2010.

Jahresbericht der Bundesregierung 1967, hg. vom Presse- und Informationsamt der Bundesregierung, Bonn 1968.

Kommentarübersicht des Presse- und Informationsamtes der Bundesregierung (zitiert als: KÜ).

Stenographische Berichte der Verhandlungen des Deutschen Bundestags (zitiert als: St.B. Dt. BTag, Wp.).

b) Sonstige Quellensammlungen, Memoiren und zeitgenössische Literatur

Adelman, Ken: *Reagan at Reykjavik. Forty-Eight Hours That Ended the Cold War*, New York 2014.

Adenauer, Konrad: *Erinnerungen 1945–1953*, Stuttgart 1965.

Adenauer, Konrad: *Erinnerungen 1955–1959*, Stuttgart 1967.

Adenauer, Konrad: *Briefe 1949–1951*, bearb. von Hans Peter Mensing (*Rhöndorfer Ausgabe*, hg. im Auftrag der Stiftung Bundeskanzler Adenauer-Haus von Rudolf Morsey und Hans-Peter Schwarz), Berlin 1985.

Adenauer, Konrad: *Briefe 1953–1955*, bearb. von Hans Peter Mensing (*Rhöndorfer Ausgabe*, hg. im Auftrag der Stiftung Bundeskanzler Adenauer-Haus von Rudolf Morsey und Hans-Peter Schwarz), Berlin 1995.

Adenauer, Konrad: *Teegespräche 1961–1963*, bearb. von Hans Peter Mensing (*Rhöndorfer Ausgabe*, hg. im Auftrag der Stiftung Bundeskanzler Adenauer-Haus von Rudolf Morsey und Hans-Peter Schwarz), Berlin 1992.

Adenauer, Konrad: *Briefe 1955–1957*, bearb. von Hans Peter Mensing (*Rhöndorfer Ausgabe*, hg. im Auftrag der Stiftung Bundeskanzler Adenauer-Haus von Rudolf Morsey und Hans-Peter Schwarz), Berlin 1998.

Adenauer, Konrad/Theodor Heuss: *Unserem Vaterland zugute. Der Briefwechsel 1948–1963*, bearb. von Hans-Peter Mensing (*Rhöndorfer Ausgabe*, hg. im Auftrag der Stiftung Bundeskanzler Adenauer-Haus von Rudolf Morsey und Hans-Peter Schwarz), Berlin 1989.

Adenauer, Konrad/Theodor Heuss: *Unter vier Augen. Gespräche aus den Gründerjahren 1949–1959*, bearb. von Hans-Peter Mensing (*Rhöndorfer Ausgabe*, hg. im Auftrag der Stiftung Bundeskanzler Adenauer-Haus von Rudolf Morsey und Hans-Peter Schwarz), Berlin 1997.

Adenauer: »Wir haben wirklich etwas geschaffen«. Die Protokolle des CDU Bundesvorstands 1953–1957, bearb. von Günter Buchstab (= *Forschungen und Quellen zur Zeitgeschichte*, Bd. 16), Düsseldorf 1990.

Ahlers, Conrad: »Brief aus der Haft: Dank an Kurt Georg Kiesinger«, in: Oberndörfer (Hg.), *Begegnungen mit Kurt Georg Kiesinger*, S. 286f.

Altmann, Rüdiger: *Das Erbe Adenauers*, Stuttgart 1960.

Anspruch und Leistung. Widmungen für Franz Josef Strauß, hg. von Friedrich Zimmermann, Stuttgart 1980.

Auftakt zur Ära Adenauer. Koalitionsverhandlungen und Regierungsbildung 1949, bearb. von Udo Wengst (= *Quellen zur Geschichte des Parlamentarismus und der politischen Parteien, 4. Reihe: Deutschland seit 1945*, Bd. 3), Düsseldorf 1985.

Bahr, Egon: *Zu meiner Zeit*, München 1996.

Baring, Arnulf: *Sehr verehrter Herr Bundeskanzler! Heinrich von Brentano im Briefwechsel mit Konrad Adenauer 1949–1964*, Hamburg 1974.

Barzel, Rainer: *Auf dem Drahtseil*, München/Zürich 1978.

Barzel, Rainer: *Ein gewagtes Leben. Erinnerungn*, Stuttgart/Leipzig 2001.

Barzel, Rainer: *Im Streit und umstritten. Anmerkungen zu Adenauer, Erhard und den Ostverträgen*, Berlin 1986.

Barzel: »Unsere Alternativen für die Zeit der Opposition«. Die Protokolle des CDU Bundesvorstands 1969–1973, bearb. von Günter Buchstab mit Denise Lindsay (= *Forschungen und Quellen zur Zeitgeschichte*, Bd. 56), Düsseldorf 2009.

Bayernkurier, Sondernummer 2014 (»Wer war Franz Josef Strauß wirklich? Das Sonderheft zum Jubiläumsjahr 2015«).

Bender, Peter: *Offensive Entspannung. Möglichkeit für Deutschland*, Köln 1964.

Bender, Peter: *Zehn Gründe für die Anerkennung der DDR*, Frankfurt am Main 1968.

Bender, Peter: *Die Ostpolitik Willy Brandts oder Die Kunst des Selbstverständlichen*, Reinbek 1972.

Bengtson, Hermann: »Vor fünfzig Jahren«, in: Carstens u.a. (Hg.), *Franz Josef Strauß*, S. 58–62.

Biedenkopf, Kurt H.: »Kanzlerkandidatur«, in: Filmer/Schwan (Hg.), *Helmut Kohl*, S. 172 bis 174.

Blankenhorn, Herbert: *Verständnis und Verständigung, Blätter eines politischen Tagebuchs 1949–1979*, Berlin 1980.

Brandt, Willy: *Begegnungen und Einsichten. Die Jahre 1960–1975*, Hamburg 1976.

Brauckhoff, Kerstin/Irmgard Schwaetzer, *Hans-Dietrich Genschers Außenpolitik*, Wiesbaden 2015.

Brawand, Leo: *Die Spiegel-Story. Wie alles anfing*, Düsseldorf 1987.

Brawand, Leo: *Rudolf Augstein*, Düsseldorf 1995.

Carter, Jimmy: *Keeping Faith. Memoirs of a President*, Toronto 1982.

Carstens, Karl: *Erinnerungen und Erfahrungen*, hg. von Kai von Jena und Reinhard Schmoeckel (= *Schriften des Bundesarchivs*, Bd. 44), Boppard 1993.

Carstens, Karl/Alfons Goppel/Henry Kissinger/Golo Mann (Hg.): *Franz Josef Strauß. Erkenntnisse – Standpunkte – Ausblicke*, München 1985.

Der Grundlagenvertrag vor dem Bundesverfassungsgericht. Dokumentation zum Urteil vom 31. Juli 1973, hg. vom Presse- und Informationsamt der Bundesregierung in Zusammenarbeit mit dem Bundesverfassungsgericht, Heidelberg o.J. (1975).

Der Kressbronner Kreis. Die Protokolle des Koalitionsausschusses der ersten Großen Koalition aus CDU, CSU und SPD, eingeleitet und bearb. von Stefan Marx (= *Forschungen und Quellen zur Zeitgeschichte*, Bd. 63), Düsseldorf 2013.

Der Staatssekretär Adenauers. Persönlichkeit und politisches Wirken Hans Globkes, hg. von Klaus Gotto, Stuttgart 1980.

Deutscher Bundestag (Hg.): *Abgeordnete des Deutschen Bundestags: Aufzeichnungen und Erinnerungen*, Bd. 16: *Walter Althammer*, München 2002.

Die Bundesrepublik Deutschland und Frankreich: Dokumente 1949–1963, hg. von Horst Möller und Klaus Hildebrand, Bd. 1: *Außenpolitik und Diplomatie*, bearb. von Ulrich Lappenküper, München 1997.

Die CDU/CSU im Frankfurter Wirtschaftsrat. Protokolle der Unionsfraktion 1947–1949, bearb. von Rainer Salzmann (= *Forschungen und Quellen zur Zeitgeschichte*, Bd. 13), Düsseldorf 1988.

Die CSU 1945–1948. Protokolle und Materialien zur Frühgeschichte der Christlich-Sozialen Union, hg. im Auftrag des Instituts für Zeitgeschichte von Barbara Fait und Alf Mintzel unter Mitarbeit von Thomas Schlemmer, 3 Bde., München 1993.

Die CSU-Landesgruppe im Deutschen Bundestag. Sitzungsprotokolle 1949–1972, bearb. von Andreas Zellhuber und Tim B. Peters (= *Quellen zur Geschichte des Parlamentarismus und der politischen Parteien*, 4. Reihe: *Deutschland seit 1945*, Bd. 15/1), Düsseldorf 2011.

Die Grundsatzdiskussion in der CSU. I. Studien – Berichte – Dokumente, hg. von Peter Gutjahr-Löser und Theo Waigel (= *Berichte und Studien der Hanns-Seidel-Stiftung e.V.*, Bd. 12), München 1977.

Dürrenmatt, Friedrich: *Die Physiker. Eine Komödie in zwei Akten*, Zürich 1962.

Ehmke, Horst: *Mittendrin. Von der Großen Koalition zur Deutschen Einheit*, Berlin 1994.

Ein Provisorium lacht. Bonner Anekdotenschatz, zusammengetragen durch 54 sachkundige Chronisten, vorgeführt und illustriert von Hans Traxler, Frankfurt am Main 1965.

Engelmann, Bernt: *Meine Freunde, die Millionäre*, Darmstadt 1963.

Enzensberger, Hans Magnus: »Die Installateure der Macht«, in: ders., *Politische Brosamen*, Frankfurt am Main 1982, S. 130–140.

FDP-Bundesvorstand: *Die Liberalen unter dem Vorsitz von Erich Mende. Sitzungsprotokolle 1960–1967*, bearb. von Reinhard Schiffers (= *Quellen zur Geschichte des Parlamentarismus und der politischen Parteien*, 4. Reihe: *Deutschland seit 1945*, Bd. 7/III), Düsseldorf 1993.

Finger, Stefan: *Franz Josef Strauß. Ein politisches Leben*, München 2005.

Gaus, Günter: *Staatserhaltende Opposition, oder: Hat die SPD kapituliert? Gespräche mit Herbert Wehner*, Reinbek 1966.

Geißler, Heiner: *Die Neue Soziale Frage. Analysen und Dokumente*, Freiburg 1976.

Genscher, Hans-Dietrich: *Erinnerungen*, Berlin 1995.

Gerstenmaier, Eugen: »Ärgernis, Ballast und Auftrag. Notizen zum hohen C der Union«, in: *Das Elend der Christdemokraten. Ortsbestimmung der politischen Mitte Europas* (= *Herderbücherei Initiative*, Bd. 21), Freiburg 1977, S. 29–46.

Glotz, Peter: *Die Beweglichkeit des Tankers. Die Sozialdemokratie zwischen Staat und neuen sozialen Bewegungen*, München 1982.

Grewe, Wilhelm: *Rückblenden. Aufzeichnungen eines Augenzeugen deutscher Außenpolitik von Adenauer bis Schmidt*, Berlin 1979.

Gritschneder, Otto: »*Fachlich geeignet, politisch unzuverlässig …*«. *Memoiren*, München 1996.

Guttenberg, Karl Theodor Freiherr zu: *Fußnoten*, Stuttgart 1971.

Heinsen, Ernst: »Der Kampf um die Große Finanzreform 1969«, in: Hrbek (Hg.), *Miterlebt – Mitgestaltet*, S. 187–223.

Heizler, Rudolf: *Die Exekution und andere Beobachtungen eines Zeitzeugen*, München 1989.

Henke, Klaus-Dietmar/Hans Woller (Hg.): *Lehrjahre der CSU. Eine Nachkriegspartei im Spiegel vertraulicher Berichte an die amerikanische Militärregierung* (= *Schriftenreihe der Vierteljahrshefte für Zeitgeschichte*, Bd. 48), Stuttgart 1984.

Holmes, Oliver Wendell: »Homesick in Heaven«, in: The Complete Poetical Works of Oliver Wendell Holmes, 2009 (Reprint der Ausgabe 1891), S. 184–187.

Horkheimer, Max: *Briefwechsel 1949–1973*, hg. von Gunzelin Schmid Noerr (= *Gesammelte Schriften*, hg. von Alfred Schmidt und Gunzelin Schmid Noerr, Bd. 18), Frankfurt am Main 1996.

Hrbek, Rudolf (Hg.), *Miterlebt – Mitgestaltet. Der Bundesrat im Rückblick*, Bonn 1989.

Huyn, Hans Graf: *Die Sackgasse. Deutschlands Weg in die Isolierung*, Stuttgart 1966.

Im Zentrum der Macht. Das Tagebuch von Staatssekretär Lenz 1951–1953, bearb. von Klaus Gotto, Hans-Otto Kleinmann und Reinhard Schreiner (= *Forschungen und Quellen zur Zeitgeschichte*, Bd. 11), Düsseldorf 1989.

Ischinger, Wolfgang: »Gate-Crashing beim Bundeskanzler«, in: Brauckhoff/Schwaetzer (Hg.), *Hans-Dietrich Genschers Außenpolitik*, S. 85–87.

Jandl, Ernst: *Laut und Luise*, Olten 1965.

Kaiser, Josef H. (Hg.), *Planung*, Bd. I: *Recht und Politik der Planung in Wirtschaft und Gesellschaft*, Baden-Baden 1965.

Kiesinger, Kurt Georg: *Dunkle und helle Jahre. Erinnerungen 1904–1958*, hg. von Reinhard Schmoeckel, Stuttgart 1989.

Koch, Peter: *Das Duell*, Hamburg 1980.

Kohl, Helmut: *Erinnerungen. 1930–1982*, München 2004.

Kohl, Helmut: *Erinnerungen. 1982–1990*, München 2005.

Köhler, Karl: »Der Mittwochskreis beim ›Ochsensepp‹. Die Union wird geboren«, in: Michael Schröder, *Bayern 1945. Demokratischer Neubeginn. Interviews mit Augenzeugen*, München 1985, S. 68–87.

Kohlmann, Gert: »Begegnungen mit Leutnant Strauß«, in: Carstens u.a. (Hg.), *Franz Josef Strauß*, S. 62–66.

Konrad Adenauers Regierungsstil, hg. von Hans-Peter Schwarz (= *Rhöndorfer Gespräche*, Bd. 11), Bonn 1991.

Konrad-Adenauer-Stiftung (Hg.): *Konrad Adenauer und die CDU in der britischen Besatzungszone 1946–1949. Dokumente zur Gründungsgeschichte der CDU Deutschlands*, bearb. von Helmut Pütz, Bonn 1975.

Krone, Heinrich: *Tagebücher. 1. Band: 1945–1961*, bearb. von Hans-Otto Kleinmann (= *Forschungen und Quellen zur Zeitgeschichte*, Bd. 28), Düsseldorf 1995.

Krone, Heinrich: *Tagebücher. 2. Band: 1961–1966*, bearb. von Hans-Otto Kleinmann (= *Forschungen und Quellen zur Zeitgeschichte*, Bd. 44), Düsseldorf 2003.

Krone, Heinrich: »Aufzeichnungen zur Deutschland- und Ostpolitik 1954–1969« (auszugsweiser Abdruck aus den Tagebüchern von Heinrich Krone), in: Morsey/Repgen (Hg.), *Adenauer-Studien*. Bd. III, S. 134–201.

Leisler Kiep, Walther: *Was bleibt ist große Zuversicht. Erfahrungen eines Unabhängigen. Ein politisches Tagebuch*, Berlin/Wien 1999.

Lenz, Hermann: *Neue Zeit. Roman. Mit einem Anhang: Briefe von Hermann und Hanne Lenz 1937–1945*, ausgewählt von Peter Hamm, Berlin 2013.

Maier, Hans: *Böse Jahre, gute Jahre. Ein Leben 1931ff.*, München 2011.

Maier-Leibnitz, Heinz: »Atomminister für ein Jahr«, in: *Anspruch und Leistung*, S. 33–49.

Majonica, Ernst: *Das politische Tagebuch 1958–1972*, bearb. von Hans-Otto Kleinmann und Christopher Beckmann (= *Forschungen und Quellen zur Zeitgeschichte*, Bd. 55), Düsseldorf 2011.

Mann, Golo: *Briefe 1932–1992*, hg. von Tilmann Lahme und Kathrin Lüsse, Göttingen 2006.

Marianne Strauß. Ein Buch der Erinnerung, hg. von Wilfried Scharnagl, Percha am Starnberger See 1984.

Meinhof, Ulrike: »Franz Strauß«, in: dies., *Die Würde des Menschen ist antastbar. Aufsätze und Polemiken*, Berlin 1994, S. 84–87.

Mende, Erich: *Die neue Freiheit 1945–1961*, München 1984.

Mende, Erich: *Von Wende zu Wende 1962–1982*, München 1986.

Morsey, Rudolf: »Die Rhöndorfer Weichenstellung vom 21. August 1949. Neue Quellen zur Vorgeschichte der Koalitions- und Regierungsbildung nach der Wahl zum ersten Deutschen Bundestag«, in: *Vierteljahrshefte für Zeitgeschichte* 28 (1980), S. 508–542.

Morsey, Rudolf/Konrad Repgen (Hg.): *Adenauer-Studien*, Bd. III: *Untersuchungen und Dokumente zur Ostpolitik und Biographie*, Mainz 1974.

Müller, Josef: *Bis zur letzten Konsequenz. Ein Leben für Frieden und Freiheit*, München 1975.

Nayhauß, Mainhardt Graf von: *Denk ich zurück an Bonn. Das war die Macht am Rhein*, Eltville 2000.

Nayhauß, Mainhardt Graf von: *Chronist der Macht*, Berlin 2014.

Oberndörfer, Dieter (Hg.): *Begegnungen mit Kurt Georg Kiesinger. Festgabe zum 80. Geburtstag*, Stuttgart 1984.

Osterheld, Horst: »*Ich gehe nicht leichten Herzens …*«. *Adenauers letzte Kanzlerjahre – ein dokumentarischer Bericht* (= *Veröffentlichungen der Kommission für Zeitgeschichte*, Reihe B: *Forschungen*, Bd. 44; *Adenauer Studien V*), Mainz 1986.

Osterheld, Horst: *Außenpolitik unter Bundeskanzler Ludwig Erhard 1963–1966. Ein dokumentarischer Bericht aus dem Kanzleramt* (= *Forschungen und Quellen zur Zeitgeschichte*, Bd. 23), Düsseldorf 1992.

Peres, Shimon: *David's Sling*, London 1970.

Peyrefitte, Alain: *C'etait de Gaulle. La France redivient la France*, Paris 1994.

Richter, Hans Werner: *Briefe*, München 1997.

Rust, Josef: »Streifzug mit Hans Globke durch gemeinsame Jahre«, in: *Der Staatssekretär Adenauers*, S. 27–38.

Schaefer, Gerd/Carl Nedelmann (Hg.): *Der CDU-Staat*, 2. Aufl., Frankfurt am Main 1969.

Scharnagl, Wilfried: *Mein Strauß. Staatsmann und Freund*, Neuried 2008.

Schmidt, Helmut: *Weggefährten. Erinnerungen und Reflexionen*, Berlin 1996.

Schmückle, Gerd: *Ohne Pauken und Trompeten. Erinnerungen an Krieg und Frieden*, ungekürzte, überarbeitete Taschenbuchausgabe, München 1984.

Schlötterer, Wilhelm: *Macht und Mißbrauch. Franz Josef Strauß und seine Nachfolger. Aufzeichnungen eines Ministerialbeamten*, Köln 2009.

Schollwer, Wolfgang: *Liberale Opposition gegen Adenauer. Aufzeichnungen 1957–1961*, hg. von Monika Faßbender (= *Biographische Quellen zur deutschen Geschichte nach 1945*, Bd. 9), München 1990.

Schollwer, Wolfgang: *FDP im Wandel. Aufzeichnungen 1961–1966*, hg. von Monika Faßbender (= *Biographische Quellen zur deutschen Geschichte nach 1945*, Bd. 15), München 1994.

Schrenck-Notzing, Caspar von: *Charakterwäsche. Die amerikanische Besatzung in Deutschland und ihre Folgen*, Stuttgart 1965.

Seifert, Jürgen (Hg.): *Die Spiegel-Affäre*, Bd. 1: *Die Staatsmacht und ihre Kontrolle*; Bd. 2: *Die Reaktion der Öffentlichkeit*, Olten/Freiburg 1966.

Servan-Schreiber, Jean-Jacques: *Die amerikanische Herausforderung*, Hamburg 1968.

Stoiber, Edmund: *Weil die Welt sich ändert. Politik aus Leidenschaft. Erfahrungen und Perspektiven*, München 2012.

Stoltenberg, Gerhard: *Wendepunkte. Stationen deutscher Politik 1947 bis 1990*, Berlin 1997.

Strauß, Franz Georg: *Mein Vater. Erinnerungen*, München 2008.

Strauß, Franz Josef: *The Grand Design. A European Solution to German Reunification*, New York 1965.

Strauß, Franz Josef: *Entwurf für Europa*, Stuttgart 1966.

Strauß, Franz Josef: »Vorwort«, in: Servan-Schreiber, *Die amerikanische Herausforderung*, S. 7–18.

Strauß, Franz Josef: *Die Finanzverfassung*, München/Wien 1969.

Strauß, Franz Josef: »Begegnungen in Bonn«, in: Oberndörfer (Hg.), *Begegnungen mit Kurt Georg Kiesinger*, S. 335–340.

Strauß, Franz Josef: *Die Erinnerungen*, Berlin 1989.

Strauß, Maria: »Herkunft und Familie«, in: Carstens u.a. (Hg.), *Franz Josef Strauß*, S. 42–51.

Stücklen, Richard: *Mit Humor und Augenmaß. Geschichten, Anekdoten und eine Enthüllung*, Forchheim 2001.

Thedieck, Franz: »Hans Globke und die ›Gewerkschaft der Staatssekretäre‹«, in: *Der Staatssekretär Adenauers*, S. 144–159.

Thielicke, Helmut: *Zu Gast auf einem schönen Stern*, Hamburg 1984.

Tucher, Leonore von: »Gemeinsame Schulzeit«, in: Carstens u.a. (Hg.), *Franz Josef Strauß*, S. 52–54.

Vogel, Kurt: »Mein Schüler Strauß«, in: Carstens u.a. (Hg.), *Franz Josef Strauß*, S. 54–58.

Voss, Friedrich: *Den Kanzler im Visier. 20 Jahre mit Franz Josef Strauß*, Mainz/München 1999/2000.

Weizsäcker, Carl Friedrich von: *Der bedrohte Frieden. Politische Aufsätze 1945–1981*, München 1981.

Zimmermann, Friedrich: *Kabinettstücke. Politik mit Strauß und Kohl 1976–1991*, München 1991.

Zeitungen, Zeitschriften, Magazine, Dokumentationen und Rundfunk

8-Uhr-Blatt
Abendpost
Abendzeitung
Allgemeine Zeitung/Neuer Mainzer
  Anzeiger
Archiv der Gegenwart
Augsburger Allgemeine
Bayernkurier
Berliner Morgenpost
Berliner Zeitung
Bild
Bild am Sonntag
Capital
Christ und Welt
Civis
Corriere della Serra
Der Mittag
Der Spiegel
Der Stern
Der Tag
Deutsches Allgemeines Sonntagsblatt
Deutsche Presse Agentur
Deutschland-Magazin
Deutsche Zeitung/Christ und Welt
Deutsche Zeitung und Wirtschaftszeitung
Die Freiheit
Die Neue Zeitung
Die Welt
Die Weltwoche
Die Zeit
Echo der Zeit
Forum. Österreichische Monatsblätter für
  kulturelle Freiheit
Frankfurter Allgemeine Zeitung
Frankfurter Neue Presse
Frankfurter Rundschau
Freie Presse
Garmisch-Partenkirchner Tageblatt
General-Anzeiger
Hamburger Abendblatt
Hamburger Abendecho
Hamburger Echo

Handelsblatt
Hessen-Kurier
Hessischer Rundfunk
Jasmin
Kölner Stadt-Anzeiger
Kölnische Rundschau
Konkret
L'Express
Lübecker Morgen
Münchener Katholische Kirchenzeitung
Münchner Merkur
Neue Illustrierte
Neue Rhein-Zeitung
Neue Ruhr Zeitung
Neue Zürcher Zeitung
New Statesman
New York Herald Tribune
New York Times
Nürnberger Nachrichten
Quick
Rheinische Post
Rheinpfalz
Ruhr-Nachrichten
Schwäbische Landeszeitung/Augsburger
  Zeitung
Sender Freies Berlin
Sozialdemokratischer Pressedienst
Stuttgarter Nachrichten
Stuttgarter Zeitung
Süddeutsche Zeitung
Südwestfunk
The New York Times
Union in Deutschland
Vorwärts
Welt am Sonntag
Welt der Arbeit
Westdeutsche Allgemeine Zeitung
Westdeutscher Rundfunk
Westfälische Rundschau
Wiesbadener Kurier
Zweites Deutsches Fernsehen

Zitierte Literatur

Adenauer und die Wiederbewaffnung, hg. von Wolfgang Krieger (= *Rhöndorfer Gespräche*, Bd. 18), Bonn 2000.

Amiel, Henri-Frédéric: *Tag für Tag. Textauswahl und Vorwort von Leo Tolstoi*, hg. und mit einem Nachwort versehen von Felix Philipp Ingold. Aus dem Französischen von Eleonore Frey, Zürich 2003.

Appel, Reinhard (Hg.): *Helmut Kohl im Spiegel seiner Macht*, Bonn 1990.

Aretz, Jürgen/Rudolf Morsey/Anton Rauscher (Hg.), *Zeitgeschichte in Lebensbildern. Aus dem deutschen Katholizismus des 19. und 20. Jahrhunderts*, Bd. 6, Mainz 1984.

Augstein, Rudolf (Hg.): *Überlebensgroß Herr Strauß*, Reinbek 1980.

Baring, Arnulf: *Machtwechsel. Die Ära Brandt-Scheel*, Stuttgart 1982.

Barbier, Colette: »Les négociations franco-german-italiennes en vue de l'établissement d'une coopération militaire nucléaire au cours des années 1956–1958«, in: *Revue d'Histoire Diplomatique* 104 (1990), S. 81–113.

Bauer, Reinhard/Ernst Piper: *München. Die Geschichte einer Stadt*, München 1993.

Bender, Peter: *Die »Neue Ostpolitik«. Vom Mauerbau bis zum Moskauer Vertrag*, 3. Aufl., München 1995.

Bernecker, Walther L./Volker Dotterweich (Hg.): *Persönlichkeit und Politik in der Bundesrepublik Deutschland. Politische Porträts*, Bd. 1, Göttingen 1982.

Bickerich, Wolfram: *Franz Josef Strauß. Die Biographie*, Düsseldorf 1996.

Biermann, Werner: *Strauß. Aufstieg und Fall einer Familie*, Berlin 2006.

Bitterli, Urs: *Golo Mann. Instanz und Außenseiter*, Zürich 2004.

Blumenberg, Hans: *Schiffbruch mit Zuschauer*, Frankfurt am Main 1979.

Blumenberg, Hans: *Die Sorge geht über den Fluß*, Frankfurt am Main 1987.

Blumenwitz, Dieter/Klaus Gotto/Hans Maier/Konrad Repgen/Hans-Peter Schwarz (Hg.): *Konrad Adenauer und seine Zeit. Politik und Persönlichkeit des ersten Bundeskanzlers*, Bd. II: *Beiträge der Wissenschaft*, Stuttgart 1976.

Bökenkamp, Gérard: *Das Ende des Wirtschaftswunders. Geschichte der Sozial-, Wirtschafts- und Finanzpolitik in der Bundesrepublik 1969–1998*, Stuttgart 2010.

Boenisch, Peter: »Kohl und Strauß«, in: Appel (Hg.), *Helmut Kohl im Spiegel seiner Macht*, S. 161–167.

Bogdanor, Vernon: »Every hero becomes a bore. Why there is no definitive biography of Churchill«, in: *New Statesman*, April 2011, http://www.newstatesman.com/books/2011/04/churchill-british-britain.

Bracher, Karl Dietrich: *Europa in der Krise. Innengeschichte und Weltpolitik seit 1917*, Berlin 1979.

Bracher, Karl Dietrich/Wolfgang Jäger/Werner Link: *Republik im Wandel 1974–1982. Die Ära Brandt* (= *Geschichte der Bundesrepublik Deutschland*, hg. von Karl Dietrich Bracher, Theodor Eschenburg, Joachim C. Fest und Eberhard Jäckel, Bd. 5/I), Stuttgart 1986.

Brandt, Peter/Jörg Schumacher/Götz Schwarzrock/Klaus Sühl: *Karrieren eines Außenseiters. Leo Bauer zwischen Kommunismus und Sozialdemokratie 1912 bis 1972* (= *Internationale Bibliothek*, Bd. 126), Bonn 1983.

Braun, Luitpold: *Der unbekannte Strauß. Die Schongauer Jahre*, Schongau 1992.

Brecht, Bertolt: »Lob des Revolutionärs«, in: ders., *Werke. Große kommentierte Berliner und Frankfurter Ausgabe*, Bd. 11: *Gedichte 1. Sammlungen 1918–1939*, bearb. von Jan Knopf u. Gabriele Knopf, Frankfurt am Main 1988.

Bruckner, Joachim: *Kriegsende in Bayern*, Freiburg 1987.

Cassidy, David C.: *Werner Heisenberg. Leben und Werk*, Heidelberg 1995.

Conze, Eckart: »Griff nach der Bombe? Die militärischen Pläne des Franz Josef Strauß«, in: Doerry/Janssen (Hg.), *Die SPIEGEL-Affäre*, S. 69–85.

Dahrendorf, Ralf: *Liberal und unabhängig. Gerd Bucerius und seine Zeit*, München 2000.

Dalberg, Thomas: *Franz Josef Strauß. Porträt eines Politikers*, Gütersloh 1968.

Das große Wilhelm Busch Hausbuch. Ein heiteres Album, mit einer Würdigung von Dr. Claus Elwenspoek, 4. Aufl., München 1966.

Dierken, Jörg/Stefan Timm (Hg.): »*Quod bonum felix faustumque sit*« – *Ehrenpromotion von Walter Jens zum Dr. theol. h. c. am 3. Juni 2005 in der Universität Hamburg* (= Hamburger Universitätsreden, Neue Folge 10), Hamburg 2005.

Doerry, Martin/Hauke Janssen (Hg.): *Die SPIEGEL-Affäre. Ein Skandal und seine Folgen*, München 2013.

Dreher, Klaus: *Ein Kampf um Bonn*, München 1979.

Dreher, Klaus: *Helmut Kohl. Leben mit Macht*, Stuttgart 1998.

Eichhorn, Joachim Samuel: *Durch alle Klippen hindurch zum Erfolg. Die Regierungspraxis der ersten Großen Koalition (1966–1969)* (= Studien zur Zeitgeschichte, Bd. 79), München 2009.

Enders, Thomas: *Franz Josef Strauß, Helmut Schmidt und die Doktrin der Abschreckung*, Koblenz 1984.

Eschenburg, Theodor: *Jahre der Besatzung 1945–1949* (= Geschichte der Bundesrepublik Deutschland, hg. von Karl Dietrich Bracher, Theodor Eschenburg, Joachim C. Fest und Eberhard Jäckel, Bd. 1), Stuttgart 1983.

Fait, Barbara: *Die Anfänge der CSU 1945–1948. Der holprige Weg zur Erfolgspartei*, München 1995.

Feuchtwanger, Lion: *Erfolg. Drei Jahre Geschichte einer Provinz. Roman* (= Gesammelte Werke in Einzelbänden, Bd. 6), Berlin und Weimar 1993.

Filmer, Werner/Heribert Schwan: *Helmut Kohl*, 5. Aufl., Düsseldorf 1991.

Fischer, Peter: *Atomenergie und staatliches Interesse: Die Anfänge der Atompolitik in der Bundesrepublik Deutschland 1949–1955* (= Internationale Politik und Sicherheit, Bd. 30/3), Baden-Baden 1994.

Friemberger, Claudia: *Alfons Goppel. Vom Kommunalpolitiker zum Bayerischen Ministerpräsidenten* (= Untersuchungen und Quellen zur Zeitgeschichte, Bd. 5), München 2001.

Fromme, Friedrich Karl: »Eugen Gerstenmaier«, in: Bernecker/Dotterweich (Hg.), *Persönlichkeit und Politik*, S. 155–167.

Füllenbach, Josef/Eberhard Schulz: *Entspannung am Ende. Chancen und Risiken einer Politik des Modus vivendi* (= Schriften des Forschungsinstituts der Deutschen Gesellschaft für Auswärtige Politik e. V., Bonn, Reihe: Internationale Politik und Wirtschaft, Bd. 43), München 1980.

Gablik, Axel F.: *Strategische Planungen in der Bundesrepublik Deutschland 1955–1967: Politische Kontrolle oder militärische Notwendigkeit?* (= Internationale Politik und Sicherheit, Bd. 30/5), Baden-Baden 1996.

Gassert, Philipp: *Kurt Georg Kiesinger 1904–1988. Kanzler zwischen den Zeiten*, München 2006.

Gassert, Philipp: »Kurt Georg Kiesinger, Rainer Barzel und das europäische Projekt«, in: Küsters (Hg.), *Deutsche Europapolitik Christlicher Demokraten*, S. 157–178.

Gassert, Philipp/Tim Geiger/Hermann Wentker (Hg.): *Zweiter Kalter Krieg und Friedensbewegung. Der NATO-Doppelbeschluss in deutsch-deutscher und internationaler Perspektive (= *Schriftenreihe der Vierteljahrshefte für Zeitgeschichte*, Sondernummer), München 2011.

Gauly, Thomas: *Katholiken. Machtanspruch und Machtverlust*, 2. Aufl., Bonn 1992.

Geiger, Tim: *Atlantiker gegen Gaullisten. Außenpolitischer Konflikt und innerparteilicher Machtkampf in der CDU/CSU 1958–1969* (= *Studien zur Internationalen Geschichte*, Bd. 20), München 2008.

Gelberg, Karl-Ulrich: *Hans Ehard. Die föderalistische Politik des bayerischen Ministerpräsidenten* (= *Forschungen und Quellen zur Zeitgeschichte*, Bd. 18), Düsseldorf 1992.

Goethe, Johann Wolfgang von: »[Kophtisches Lied.] Ein anderes«, in: *Goethes Werke in 14 Bänden. Hamburger Ausgabe*, hg. von Erich Trunz, München 1981, Bd. 1, S. 241.

Goethe, Johann Wolfgang von: »Epigramme, Venedig 1790, Nr. 14«, in: *Goethes Werke. Weimarer Ausgabe*, hg. im Auftrag der Herzogin Sophie von Sachsen, fotomechan. Nachdruck d. Ausgabe Weimar 1887–1910, München 1987, Abt. 1, Bd.1, S. 310f.

Görtemaker, Manfred: *Geschichte der Bundesrepublik. Von der Gründung bis zur Gegenwart*, München 1999.

Grau, Andreas: *Gegen den Strom. Die Reaktion der CDU/CSU-Opposition auf die Ost- und Deutschlandpolitik der sozial-liberalen Koalition 1969–1973* (= *Forschungen und Quellen zur Zeitgeschichte*, Bd. 47), Düsseldorf 2005.

Gross, Johannes: *Die Deutschen*, Frankfurt am Main 1967.

Gross, Johannes: »Der schwarze Riese. Korrekturen zu einem Klischee«, in: ders, *Unsere letzten Jahre. Fragmente aus Deutschland 1970–1980*, Stuttgart 1980, S. 262–269.

Groß, Hans Ferdinand: *Hanns Seidel 1901–1961. Eine politische Biographie* (= *Untersuchungen und Quellen zur Zeitgeschichte*, Bd. 1), München 1992.

Großmann, Johannes: *Die Internationale der Konservativen. Transnationale Elitezirkel und private Außenpolitik in Westeuropa seit 1945* (= *Studien zur Internationalen Geschichte*, Bd. 35), München 2014.

Hachmeister, Lutz: *Der Gegnerforscher. Die Karriere des SS-Führers Franz Alfred Six*, München 1998.

Hachmeister, Lutz: *Heideggers Testament. Der Philosoph, der* Spiegel *und die SS*, Berlin 2014.

Haffner, Sebastian: *Zwischen Krieg und Frieden. Essays zur Zeitgeschichte*, Berlin 1997.

Haftendorn, Helga: *Kernwaffen und die Glaubwürdigkeit der Allianz: Die NATO-Krise von 1966/67* (= *Internationale Politik und Sicherheit*, Bd. 30/4), Baden-Baden 1994.

Halberstam, David: *The Best and the Brightest*, New York 1972.

Hansen, Niels: »Geheimvorhaben ›Frank/Kol‹. Zur deutsch-israelischen Rüstungszusammenarbeit 1957–1965«, in: *Historisch-Politische Mitteilungen* 6 (1999), S. 229–264.

Haupt, Heinz Georg/Geoffrey Crossick: *Die Kleinbürger. Eine europäische Sozialgeschichte des 19. Jahrhunderts*, München 1998.

Heinrichs, Hans-Jürgen (Hg.): *F.J.Strauß. Der Charakter und die Maske. Der Progressive und der Konservative. Der Weltmann und der Hinterwäldler*, Frankfurt am Main 1989.

Hentschel, Volker: *Ludwig Erhard. Ein Politikerleben*, München 1996.

Henzler, Christoph: *Fritz Schäffer (1945–1967). Eine biographische Studie zum ersten bayerischen Nachkriegs-Ministerpräsidenten und ersten Finanzminister der Bundesrepublik Deutschland* (= *Untersuchungen und Quellen zur Zeitgeschichte*, Bd. 3), München 1994.

Herbert, Ulrich: *Geschichte Deutschlands im 20. Jahrhundert*, München 2014.

Hettler, Friedrich Hermann: *Josef Müller (»Ochsensepp«). Mann des Widerstands und erster CSU-Vorsitzender* (= *Miscellanea Bavarica Monacensia*, Bd. 155), München 1991.

Heumann, Hans-Dieter: *Hans-Dietrich Genscher. Die Biographie*, Paderborn 2012.

Heuser, Beate: »The European Dream of Franz Josef Strauß«, in: *Journal of European Integration History* 4/1 (1998), S. 75–103.

Hildebrand, Klaus: *Von Erhard zur Großen Koalition 1963–1969* (= *Geschichte der Bundesrepublik Deutschland*, hg. von Karl Dietrich Bracher, Theodor Eschenburg, Joachim C. Fest und Eberhard Jäckel, Bd. 4), Stuttgart 1984.

Hoeres, Peter: *Außenpolitik und Öffentlichkeit. Massenmedien, Meinungsforschung und Arkanpolitik in den deutsch-amerikanischen Beziehungen von Erhard bis Brandt* (= *Studien zur Internationalen Geschichte*, Bd. 32), München 2013.

Horlacher, Wolfgang: *Mit Strauß in China. Tagebuch einer Reise*, Stuttgart 1975.

Israel, Isaac: *Les relations germano-israéliennes de 1949 à 1965*, Paris 1971 (unveröffentlichte Dissertation).

Jäger, Wolfgang/Werner Link: *Republik im Wandel 1974–1982. Die Ära Schmidt* (= *Geschichte der Bundesrepublik Deutschland*, hg. von Karl Dietrich Bracher, Theodor Eschenburg, Joachim C. Fest und Eberhard Jäckel, Bd. 5/II), Stuttgart 1987.

Jäger, Wolfgang: »Helmut Kohl setzt sich durch, 1976–1982«, in: Schwarz (Hg.), *Die Fraktion als Machtfaktor*, S. 141–159.

Joffe, Josef: *The Limited Partnership. Europe, the United States and the Burdens of Alliance*, Cambridge, Ma. 1987.

Joll, James: *1914: The Unspoken Assumptions, Inaugural Lecture delivered 25 April 1968*, London School of Economics and Political Science, London 1968.

Josef Müller. Der erste Vorsitzende der CSU. Politik für eine neue Zeit. Gedenkschrift zum 100. Geburtstag, hg. von der Hanns-Seidel-Stiftung, München 1998.

Jungbluth, Rüdiger: *Die Quandts. Ihr leiser Aufstieg zur mächtigsten Wirtschaftsdynastie in Deutschland*, Frankfurt am Main 2002.

Kilian, Werner: *Die Hallstein-Doktrin. Der diplomatische Krieg zwischen der BRD und der DDR 1955–1973* (= *Zeitgeschichtliche Forschungen*, Bd. 7), Berlin 2001.

Kleinmann, Hans-Otto: *Geschichte der CDU*, Stuttgart 1993.

Klotzbach, Kurt: *Der Weg zur Staatspartei. Programmatik, praktische Politik und Organisation der Sozialdemokratie 1945 bis 1965*, Bonn 1982.

Knorr, Heribert: *Der parlamentarische Entscheidungsprozeß während der Großen Koalition 1966 bis 1969. Struktur und Einfluß der Koalitionsfraktionen und ihr Verhältnis zur Regierung der Großen Koalition*, Meisenheim 1975.

Koerfer, Daniel: *Kampf ums Kanzleramt. Adenauer und Erhard*, Stuttgart 1987.

Koerfer, Daniel: »Den Anspruch wachhalten«, in: *Frankfurter Allgemeine Zeitung*, 26. Juni 2013.

Köhler, Henning: *Helmut Kohl. Ein Leben für die Politik*, Köln 2014.

Köpf, Peter: *Stoiber. Die Biographie*, Hamburg 2001.

Korvig, Bennet: *The Myth of Liberation*, Baltimore 1973.

Kosthorst, Daniel: *Brentano und die deutsche Einheit. Die Deutschland- und Ostpolitik des Außenministers im Kabinett Adenauer 1955–1961* (= *Forschungen und Quellen zur Zeitgeschichte*, Bd. 26), Düsseldorf 1993.

Kraus, Karl: *Aphorismen. Sprüche und Widersprüche. Pro domo et mundo. Nachts* (= *Schriften*, hg. von Christian Wagenknecht, Bd. 8), Frankfurt am Main 1986.

Krieger, Wolfgang: *Franz Josef Strauß. Der barocke Demokrat aus Bayern* (= *Persönlichkeit und Geschichte*, Bd. 150), Göttingen 1995.

Kroegel, Dirk: *Einen Anfang finden! Kurt Georg Kiesinger in der Außen- und Deutschlandpolitik der Großen Koalition* (= *Studien zur Zeitgeschichte*, Bd. 52), München 1997.

Krüger, Dieter: »Schlachtfeld Bundesrepublik? Europa, die deutsche Luftwaffe und der Strategiewechsel der Nato 1958 bis 1968«, in: *Vierteljahrshefte für Zeitgeschichte* 56 (2008), S. 171–225.

Kühnhardt, Ludger: »Ideologiebildung in der Dritten Welt. Zwischen Nationwerdung und demokratischem Aufbruch«, in: *Vierteljahrshefte für Zeitgeschichte* 35 (1987), S. 661–675.

Küsters, Hanns Jürgen (Hg.): *Deutsche Europapolitik Christlicher Demokraten. Von Adenauer bis Merkel 1945–2013* (= Forschungen und Quellen zur Zeitgeschichte, Bd. 66), Düsseldorf 2014.

Kunze, Sven: »Wir haben ihn benutzt, ausgenutzt und vorgeführt«, in: Heinrichs (Hg.), *F.J. Strauß*, S. 38–45.

Laitenberger, Volkhard: *Ludwig Erhard. Der Nationalökonom als Politiker* (= Persönlichkeit und Geschichte, Bd. 126/127/128), Göttingen 1986.

Lappenküper, Ulrich: *Die deutsch-französischen Beziehungen 1949–1963. Von der »Erbfeindschaft« zur »Entente élémentaire«*, Bd. I:*1949–1958*, Bd. II: *1958–1963*, München 2001.

Lau, Jörg: *Hans Magnus Enzensberger. Ein öffentliches Leben*, Berlin 1999.

Leicht, Robert: »Nil nisi bene – Laudatio«, in: Dierken/Timm (Hg.), *»Quod bonum felix faustumque sit«*, S. 29–44.

Leggewie, Claus: *Der Geist steht rechts. Ausflüge in die Denkfabriken der Wende*, Berlin 1987.

Lepsius, M. Rainer: »Die Bundesrepublik Deutschland in der Kontinuität und Diskontinuität historischer Entwicklungen: Einige methodische Vorüberlegungen«, in: ders., *Demokratie in Deutschland: soziologisch-historische Konstellationsanalysen. Ausgewählte Aufsätze* (= Kritische Studien zur Geschichtswissenschaft, Bd. 100), Göttingen 1993, S. 145–154.

Leugers-Scherzberg, August H.: *Die Wandlungen des Herbert Wehner. Von der Volksfront zur Großen Koalition*, Berlin 2002.

Lütjen, Torben: *Karl Schiller (1911–1994). »Superminister« Willy Brandts* (= Archiv der sozialen Demokratie der Friedrich-Ebert-Stiftung, Reihe: Politik- und Gesellschaftsgeschichte, Bd. 76), Bonn 2007.

Mann, Thomas: »Gladius Dei«, in: Thomas Mann, *Die Erzählungen*, Frankfurt am Main 1986, S. 215–235.

McArdle Kelleher, Catherine: *Germany and the Politics of Nuclear Weapons*, New York 1975.

Melder, Heinz-Joachim: »Koalitionsstreit und der Vorwurf der Führungsschwäche«, in: Filmer/Schwan, *Helmut Kohl*, S. 204–207.

Mintzel, Alf: *Geschichte der CSU. Ein Überblick*, Opladen 1977.

Meyer, Conrad Ferdinand: »Huttens letzte Tage. Eine Dichtung«, in: ders., *Sämtliche Werke*, Bd. 2, 2. revid. Aufl., München 1991, S. 372–452.

Möller, Horst: *Franz Josef Strauß. Herrscher und Rebell*, München 2015.

Morsey, Rudolf: »Die Bildung der ersten Regierungskoalition 1949«, in: *Historisches Jahrbuch der Görres-Gesellschaft* 97/98 (1978), S. 418–438.

Morsey, Rudolf: *Heinrich Lübke. Eine politische Biographie*, Paderborn 1996.

Müller, Kay: *Schwierige Machtverhältnisse. Die CSU nach Strauß*, Wiesbaden 2004.

Müller, Kay/Franz Walter: *Graue Eminenzen der Macht. Küchenkabinette in der deutschen Kanzlerdemokratie. Von Adenauer bis Schröder*, Wiesbaden 2004.

Musil, Robert: *Der Mann ohne Eigenschaften* (= *Gesammelte Werke in neun Bänden*, hg. von Adolf Frisé, Bd. 1), Reinbek 1978.

Neumaier, Eduard: *Bonn, das provisorische Herz. Rückblick auf 20 Jahre Politik am Rhein*, Oldenburg/Hamburg 1969.

Newhouse, John: *War and Peace in the Nuclear Age*, New York 1989.

Nietzsche, Friedrich: *Menschliches, Allzumenschliches* (= *Kritische Studienausgabe*, hg. von Giorgio Colli und Mazzino Montinari, Bd. 2), München 1988.

Nietzsche, Friedrich: *Also sprach Zarathustra* (= *Kritische Studienausgabe*, hg. von Giorgio Colli und Mazzino Montinari, Bd. 4), München 1988.

Oppelland, Torsten: *Gerhard Schröder (1910–1989). Politik zwischen Staat, Partei und Konfession* (= *Forschungen und Quellen zur Zeitgeschichte*, Bd. 39), Düsseldorf 2002.

Pamperrien, Sabine: *Helmut Schmidt und der »Scheißkrieg«. Die Biographie 1918–1945*, München 2014.

Perger, Werner A.: »Kohl und die Geschichte«, in: Reinhard Appel (Hg.), *Helmut Kohl im Spiegel seiner Macht*, Bonn 1990, S. 59–71.

Ploetz, Michael: »Erosion der Abschreckung? Die Krise der amerikanischen Militärstrategie am Vorabend des NATO-Doppelbeschlusses«, in: Gassert u.a. (Hg.), *Zweiter Kalter Krieg und Friedensbewegung*, S. 31–48.

Pucher, Paul: »Der Pfälzer und der Bayer«, in: Filmer/Schwan, *Helmut Kohl*, S. 259–279.

Radkau, Joachim: *Aufstieg und Krise der deutschen Atomwirtschaft 1945–1975. Verdrängte Alternativen in der Kerntechnik und der Ursprung der nuklearen Kontroverse*, Reinbek 1983.

Radkau, Joachim/Lothar Hahn: *Aufstieg und Fall der deutschen Atomwirtschaft*, München 2013.

Rauscher, Anton: »Karl Forster (1928–1981)«, in: Aretz u.a. (Hg.), *Zeitgeschichte in Lebensbildern*, Bd. 6, S. 231–149.

Renzsch, Wolfgang: *Finanzverfassung und Finanzausgleich. Die Auseinandersetzung um ihre politische Gestaltung in der Bundesrepublik Deutschland zwischen Währungsreform und deutscher Vereinigung* (= *Politik und Gesellschaftsgeschichte*, Bd. 26), Bonn 1991.

Repgen, Konrad: »›Finis Germaniae‹: Untergang Deutschlands durch einen SPD-Wahlsieg 1957«, in: Blumenwitz u.a. (Hg.), *Konrad Adenauer und seine Zeit*, S. 294–315.

Rhodes James, Robert: *Churchill. A Study in Failure 1900–1939*, London 1970.

Richter, Maren: *Leben im Ausnahmezustand. Terrorismus und Personenschutz in der Bundesrepublik Deutschland*, Frankfurt am Main/New York 2014.

Riehl-Heyse, Herbert: *CSU. Die Partei, die das schöne Bayern erfunden hat*, München 1979.

Ritter, Gerhard A./Merith Niehuss: *Wahlen in Deutschland 1946–1991. Ein Handbuch*, München 1991.

Rödder, Andreas: »Bündnissolidarität und Rüstungskontrolle. Die Regierung Kohl-Genscher, der NATO-Doppelbeschluss und die Innenseite der Außenpolitik«, in: Gassert u.a. (Hg.), *Zweiter Kalter Krieg und Friedensbewegung*, S. 123–136.

Röhl, John C. G. (Hg.): *Philipp Eulenburgs politische Korrespondenz*, Bd. 3, Boppard 1983.

Rösch, Karl: *Franz Josef Strauß. Bundestagsabgeordneter im Wahlkreis Weilheim 1949–1978*, München 2014.

Ruck, Michael: »Ein kurzer Sommer der konkreten Utopie. Zur westdeutschen Planungsgeschichte der langen 60er Jahre«, in: Schildt u.a. (Hg.), *Dynamische Zeiten*, S. 362–401.

Rummel, Alois (Hg.): *Die Große Koalition 1966–1969. Eine kritische Bestandsaufnahme*, Freudenstadt 1969.

Schenk, Dieter: *Auf dem rechten Auge blind*, Köln 2001.

Schell, Manfred: *Die Kanzlermacher*, Mainz 1986.

Scherzer, Hans Karl: »Josef Müller – Politik für eine neue Zeit«, in: *Josef Müller. Der erste Vorsitzende der CSU*, S. 27–94.

Schildt, Axel/Detlef Siegfried/Karl Christian Lammers (Hg.): *Dynamische Zeiten. Die 60er Jahre in den beiden deutschen Gesellschaften* (= Hamburger Beiträge zur Sozial- und Zeitgeschichte, Bd. 37), Hamburg 2000.

Schlie, Ulrich: *Kein Friede mit Deutschland. Die geheimen Gespräche im Zweiten Weltkrieg 1939–1941*, München/Berlin 1994.

Schlemmer, Thomas: *Aufbruch, Krise und Erneuerung. Die Christlich Soziale Union 1945 bis 1955* (= Quellen und Darstellungen zur Zeitgeschichte, Bd. 41), München 1998.

Schlemmer, Thomas/Hans Woller (Hg.): *Bayern im Bund, Bd. 3: Politik und Kultur im föderativen Staat* (= Quellen und Darstellungen zur Zeitgeschichte, Bd. 54), München 2004.

Schmoeckel, Reinhard/Bruno Kaiser: *Die vergessene Regierung. Die große Koalition 1966–1969 und ihre langfristigen Wirkungen* (= Bouvier Forum, Bd. 6), Bonn 1991.

Schneider, Andrea: *Die Kunst des Kompromisses. Helmut Schmidt und die Große Koalition 1966–1969*, Paderborn 1999.

Schneider, Georg S.: *Alois Mertes (1921–1985). Das außenpolitische Denken und Handeln eines Christlichen Demokraten* (= Forschungen und Quellen zur Zeitgeschichte, Bd. 61), Düsseldorf 2012.

Schnorbus, Axel: *Arbeit und Sozialordnung in Bayern vor dem 1. Weltkrieg (1890–1914)* (= Miscellanea Bavarica Monacensia, Bd. 19), München 1969.

Schönbaum, David: »*Ein Abgrund von Landesverrat«. Die Affäre um den »Spiegel«*, Wien 1968.

Schönbohm, Wulf: *Die CDU wird moderne Volkspartei. Selbstverständnis, Mitglieder, Organisation und Apparat 1950–1980* (= Forschungen und Quellen zur Zeitgeschichte, Bd. 7), Stuttgart 1985.

Schönhoven, Klaus: *Wendejahre. Die Sozialdemokratie in der Zeit der Großen Koalition 1966–1969* (= Die deutsche Sozialdemokratie nach 1945, hg. von Dieter Dowe, Bd. 2), Bonn 2004.

Scholtyseck, Joachim: »Eugen Gerstenmaier im ›Dritten Reich‹ und in der Bundesrepublik: Widerstehen und sich Wehren«, in: *Historisch-Politische Mitteilungen* 13 (2006), S. 215–223.

Schrafstetter, Susanna: *Die dritte Atommacht. Britische Nichtverbreitungspolitik im Dienste von Statussicherung und Deutschlandpolitik* (= Schriftenreihe der Vierteljahrshefte für Zeitgeschichte, Bd. 79), München 1999.

Schröck, Rudolf: *Franz Josef Strauß. Eine Bildbiographie*, München 1990.

Schuler, Thomas: *Strauß. Die Biographie einer Familie*, Frankfurt am Main 2006.

Schwartz, David N.: *NATO's Nuclear Dilemmas*, Washington, D.C. 1983.

Schwarz, Hans-Peter: *Vom Reich zur Bundesrepublik. Deutschland im Widerstreit der außenpolitischen Konzeptionen in den Jahren der Besatzungszeit 1945–1949*, 2. Aufl., Stuttgart 1980.

Schwarz, Hans-Peter: *Die Ära Adenauer. Gründerjahre der Republik. 1949–1957* (= Geschichte der Bundesrepublik Deutschland, hg. von Karl Dietrich Bracher, Theodor Eschenburg, Joachim C. Fest und Eberhard Jäckel, Bd. 2), Stuttgart 1981.

Schwarz, Hans-Peter: *Die Ära Adenauer. Epochenwechsel. 1957–1963* (= *Geschichte der Bundesrepublik Deutschland*, hg. von Karl Dietrich Bracher, Theodor Eschenburg, Joachim C. Fest und Eberhard Jäckel, Bd. 3), Stuttgart 1983.

Schwarz, Hans-Peter: *Adenauer. Der Aufstieg: 1876–1952*, Stuttgart 1986.

Schwarz, Hans-Peter: *Adenauer. Der Staatsmann: 1952–1967*, Stuttgart 1991.

Schwarz, Hans-Peter (Hg.): *Die Fraktion als Machtfaktor. CDU/CSU im Deutschen Bundestag 1949 bis heute*, München 2009.

Schwarz, Hans-Peter: *Helmut Kohl. Eine politische Biographie*, München 2012.

Siebenmorgen, Peter: *Gezeitenwechsel. Aufbruch zur Entspannungspolitik*, Bonn 1990.

Siebenmorgen, Peter: »Franz Josef Strauß und die verborgene Prägekraft des Josef Müller«, in: *Josef Müller. Der erste Vorsitzende der CSU. Politik für eine neue Zeit. Gedenkschrift zum 100. Geburtstag*, hg. von der Hanns-Seidel-Stiftung, München 1998, S. 167–179.

Siebenmorgen, Peter: »Militär und Zivile Politik: Die Rolle von Franz Josef Strauß«, in: *Adenauer und die Wiederbewaffnung*, S. 91–98.

Soell, Hartmut: *Fritz Erler. Eine politische Biographie*, 2 Bde., Bonn 1976.

Soell, Hartmut: *Helmut Schmidt. 1918–1969. Vernunft und Leidenschaft*, München 2003.

Soell, Hartmut: *Helmut Schmidt. 1969 bis heute. Macht und Verantwortung*, München 2008.

Soukup, Uwe: *Ich bin nun mal ein Deutscher. Sebastian Haffner. Eine Biographie*, Berlin 2001.

Spree, Hans-Ulrich: »Gewonnen um verspielt zu werden? Finanzpolitik der großen Koalition«, in: Rummel (Hg.), *Die Große Koalition 1966–1969*, S. 76–94.

Steininger, Rolf: *Der Mauerbau. Die Westmächte und Adenauer in der Berlinkrise 1958–1963*, München 2001.

Stiller, Michael: »Strauß, Schreiber & Co. Das weißblaue Amigo-System«, in: Hans Leyendecker/Heribert Prantl/Michael Stiller, *Helmut Kohl, die Macht und das Geld*, Göttingen 2000, S. 247–472.

Treverton, Gregory F.: *The »Dollar Drain« and American Forces in Germany. Managing the Political Economics of Alliance*, Athens 1978.

Türk, Henning: *Die Europapolitik der Großen Koalition 1966–1969* (= *Schriftenreihe der Vierteljahrshefte für Zeitgeschichte*, Bd. 93), München 2006.

Vogel, Reiner: *Hermann Höcherl. Annäherung an einen politischen Menschen*, Regensburg 1988.

Vogel, Rolf (Hg.): *Der deutsch-israelische Dialog. Dokumentation eines erregenden Kapitels deutscher Außenpolitik*, Bd. 1, München 1987.

Weber, Petra: *Carlo Schmid 1896–1979. Eine Biographie*, München 1996.

Weber, Petra: »Föderalismus und Lobbyismus. Die CSU-Landesgruppe zwischen Bundes- und Landespolitik 1949 bis 1969«, in: Schlemmer/Woller (Hg.), *Bayern im Bund*, S. 23–116.

Waske, Stefanie: *Mehr Liaison als Kontrolle. Die Kontrolle des BND durch Parlament und Regierung 1955–1978*, Wiesbaden 2009.

Waske, Stefanie: *Nach Lektüre vernichten. Der geheime Nachrichtendienst von CDU und CSU im Kalten Krieg*, München 2013.

Wegner, Niels: *Die deutsche Geschichte geht weiter … Die Brüder Marcel und Robert Hepp in den 1950er und 1960er Jahren* (= *ERTRÄGE. Schriftenreihe der Bibliothek des Konservatismus*, Bd. 2), Berlin 2015.

Weißmann, Karlheinz: *Armin Mohler. Eine politische Biographie*, Schnellroda 2011.

Wengst, Udo: »Die CDU/CSU im Bundestagswahlkampf 1949«, in: *Vierteljahrshefte für Zeitgeschichte* 34 (1986), S. 1–52.

Wiegrefe, Klaus: *Das Zerwürfnis. Helmut Schmidt, Jimmy Carter und die Krise der deutsch-amerikanischen Beziehungen*, Berlin 2005.

Wirsching, Andreas: *Abschied vom Provisorium. Geschichte der Bundesrepublik Deutschland 1982–1990*, München 2006

Wirz, Ulrich: *Karl Theodor von und zu Guttenberg und das Zustandekommen der Großen Koalition* (= Oberfränkische Köpfe, Bd. 4), Grub am Forst 1997.

Wünsche, Horst Friedrich: *Ludwig Erhards Soziale Marktwirtschaft. Wissenschaftliche Grundlagen und politische Fehldeutungen*, Reinbek/München 2015.

Yergin, Daniel: *The Prize. The Epic Quest for Oil, Money and Power*, New York 1991.

Zierer, Otto: *Franz Josef Strauß. Ein Lebensbild*, 4. erw. Aufl., München 1979.

Zorn, Wolfgang: *Bayerns Geschichte im 20. Jahrhundert. Von der Monarchie zum Bundesland*, München 1985.

Zündorf, Benno: *Die Ostverträge*, München 1979.

Zundel, Rolf: *Macht und Menschlichkeit. ZEIT-Beiträge zur politischen Kultur der Deutschen*, Reinbek 1990.

Zweig, Stefan: *Joseph Fouché. Bildnis eines politischen Menschen* (= Gesammelte Werke in Einzelbänden), 3. Aufl., Frankfurt am Main 1994.

Personenregister

Kursive Ziffern verweisen auf Abbildungen.

Bildnachweis

akg-images: 41 (Paul Botzenhardt), 117, 547 (AP); bpk: 13 (Hanns Hubmann), 99 (Hanns Hubmann), 323 (Bayerische Staatsbibliothek/Felicitas Timpe), 333 (Kurt Rohwedder), 343 (Kurt Rohwedder), 395 (Kurt Rohwedder), 397 (Kunstsammlungen Chemnitz/László Tóth), 443 (Benno Wundshammer), 551 (Hanns Hubmann); CSU/Ortsverband Schongau: 54; Darchinger, J.H./Friedrich-Ebert-Stiftung: 327, 561; DER SPIEGEL: 201, 223 (Max Ehlert); dpa Picture-Alliance: 131 (Kurt Rohwedder), 146 (Kurt Rohwedder), 159 (Kurt Rohwedder), 174 (Wolfgang Hub), 189, 231 (Goettert), 247 (AP Images), 260 (Kurt Rohwedder), 270 (Klaus-Dieter Heirler), 413 (Konrad Giehr), 458, 499 (AP Images), 501 (UPI), 549, 577 (Wilhelm Bertram), 579, 603 (Sanden), 631 (Giehr), 645 (Frank Mächler), 665, 673 (Harry Melchert), 675 (Istvan Bajzat); Interfoto: 637 (Wolfgang Maria Weber); Presse- und Informationsamt der Bundesregierung: 475 (162990 Lothar Schaack), 609 (47788 Engelbert Reineke), 623 (Richard Schulze-Vorberg); Privatarchiv: 433, 437; SZ photo: 12 (UPI), 25, 37 (Ludwig Hübl), 63 (Georg Georgii), 87 (dpa), 278 (ap/dpa/picture alliance), 288 (Dagmar Wiede), 365 (dpa), 373 (Karl-Heinz Egginger), 392 (ap/dpa/picture alliance), 518 (Werek), 529 (Lothar Kucharz), 537 (ap/dpa/picture alliance), 567 (ap/dpa/picture alliance), 608 (Alfred Haase), 630 (dpa), 667 (Teutopress), ullstein bild: 479 (dpa)